中国近现代稀见史料丛刊【第四辑】

张剑 徐雁平 彭国忠 主编

甲午日本汉诗选录（上）

查屏球 编著

何中夏 邵劼 蒙显鹏
徐俪成 刘洁 李由 任雅芳 选录

本辑执行主编 张剑

凤凰出版社

图书在版编目（CIP）数据

甲午日本汉诗选录 / 查屏球编著. -- 南京 : 凤凰出版社, 2017.6
（中国近现代稀见史料丛刊. 第四辑）
ISBN 978-7-5506-2589-1

Ⅰ. ①甲… Ⅱ. ①查… Ⅲ. ①中日甲午战争－研究②汉诗－诗歌研究－日本 Ⅳ. ①K256.307②I313.072

中国版本图书馆CIP数据核字(2017)第099280号

书　　　名	甲午日本汉诗选录
编　　　著	查屏球
责任编辑	樊　昕
出版发行	凤凰出版社(原江苏古籍出版社) 发行部电话025-83223462
出版社地址	南京市中央路165号,邮编:210009
出版社网址	http://www.fhcbs.com
照　　　排	南京凯建图文制作有限公司
印　　　刷	江苏凤凰通达印刷有限公司 南京市六合区冶山镇,邮编:211523
开　　　本	880×1230毫米　1/32
印　　　张	40.25
字　　　数	1046千字
版　　　次	2017年6月第1版　2017年6月第1次印刷
标准书号	ISBN 978-7-5506-2589-1
定　　　价	198.00元(全二册)

(本书凡印装错误可向承印厂调换,电话:025-57572508)

袁行霈先生题辞

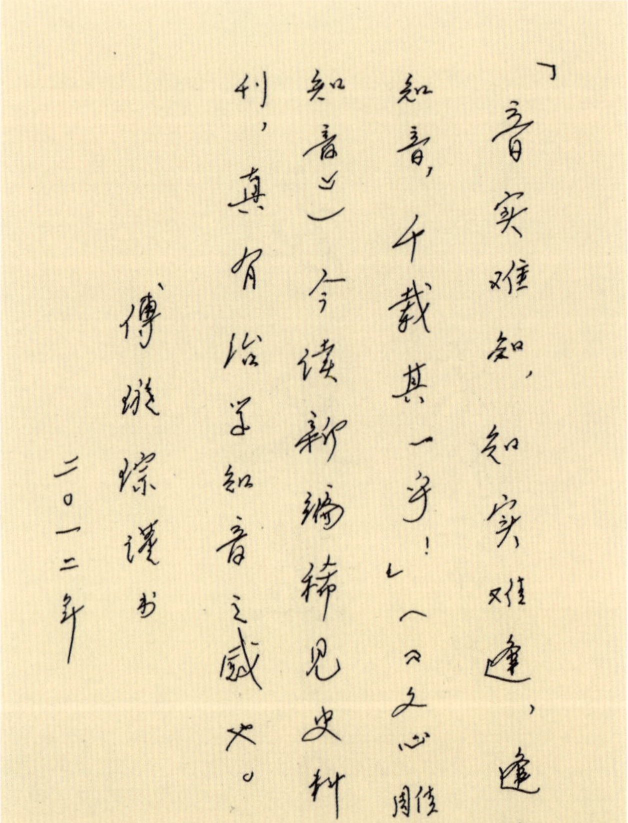

「音实难知，知实难逢，逢其知音，千载其一乎！」（《文心雕龙·知音》）今读新编稀见史料丛刊，真有治学知音之感矣。

傅璇琮谨书

二〇一二年

傅璇琮先生题辞

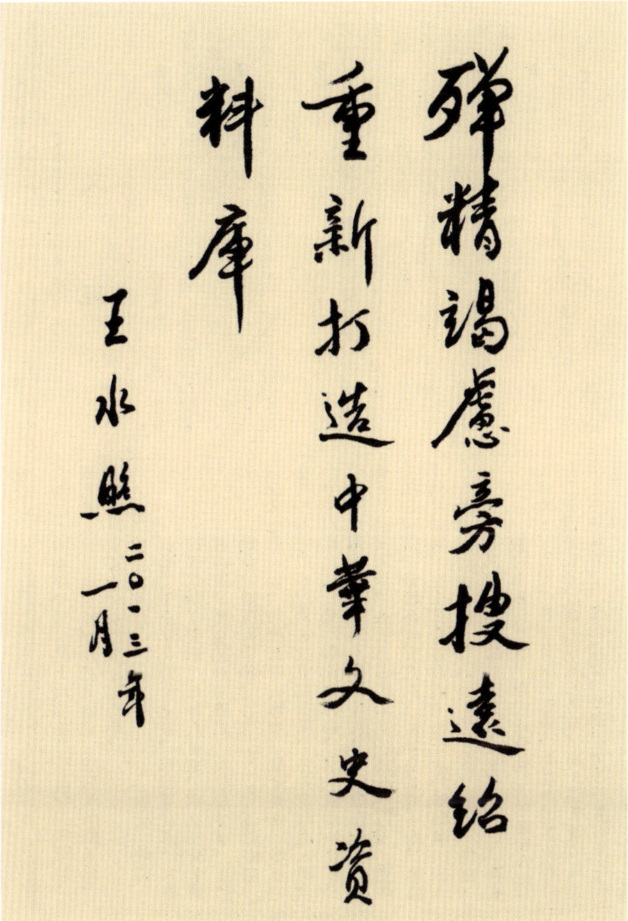

殚精竭虑旁搜远绍
重新打造中华文史资料库

王水照
二〇一三年一月

王水照先生题辞

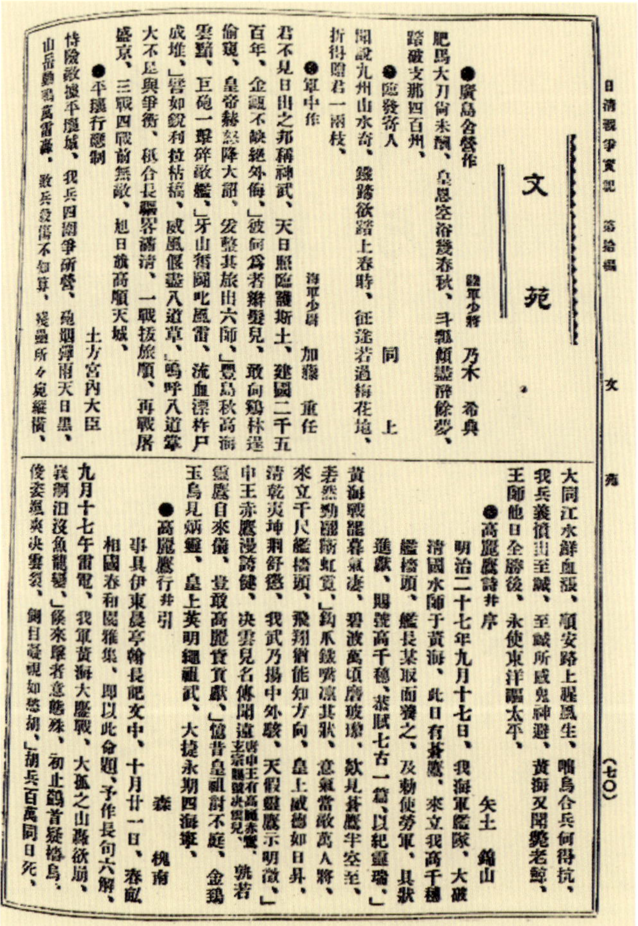

文苑

●廣島舍營作　陸軍少將　乃木希典

肥馬大刀尚未酬、皇恩空浴幾春秋、斗瓢傾盡醉餘夢、踏破支那四百州、

●臨發寄人　同上

聞說九州山水奇、鐵蹄欲踏上春時、征途若過梅花塢、折得贈君一兩枝、

●軍中作　海軍少尉　加藤重任

君不見日出之邦稱神武、天日照臨護斯土、建國二千五百年、金甌不缺絕外侮、」彼何爲者辮髮兒、敢向鷄林逞偷窺、皇帝赫怒降大詔、爰整其旅出六師、」豐島秋高海雲黯、巨砲一聲碎敵艦、」牙山猶鬪叱風雷、流血漂杵尸成堆、」譬如銳利拉枯槁、威風偃盡八道草、」嗚呼八道掌大不足與爭衡、秪合長驅窖滿清、一戰拔旅順、再戰屠盛京、三戰四戰前無敵、旭日旗高順天城、

●平壤行應制　土方宮內大臣

恃險敵據平壤城、我兵四圍爭所營、砲烟彈雨天日黑、山岳動搖萬雷轟、敵兵殺傷不知算、殘壘所々屍縱橫、大同江水鮮血漲、順安路上腥風生、嗚烏合兵何得抗、我兵義憤出至誠、至誠所感鬼神避、黃海又聞殲老鯨、王師他日全勝後、永使東洋講太平、

●高麗鷹詩并序　矢土錦山

明治二十七年九月十七日、我海軍艦隊、大破清國水師于黃海、此日有蒼鷹、來立我高千穗艦檣頭、艦長某取而養之、及勅使勞軍、具狀進獻、賜號高千穗、恭賦七古一篇、以紀靈瑞、」

黃海戰罷暮氣淒、碧波萬頃磨玻瓈、欻見蒼鷹半空至、老然勁翮掠虹霓、」鈎爪鐵嘴凜其狀、意氣當敵萬人將、來立千尺艦檣頭、飛翔豈能知方向、皇上威德如日昇、清乾夷坤翔舒懲、我武乃揚中外駭、天假靈鷹示明徵、」中王赤鷹漫誇健、決雲見名傳聞遠（唐中王有高麗赤鷹玄宗題贊決雲兒）、孰若靈鷹自來儀、豈敢高麗賚貢獻、」憶昔皇祖討不庭、金鷄玉烏見祥靈、皇上英明繩祖武、大捷永期四海寧、

●高麗鷹行并引　森槐南

事具伊東晨亭翰長記文中、十月廿一日、春畝相國春和園雅集、即以此命題、予作長句六解、

九月十七午雷電、我軍黃海大鏖戰、大孤之山轟欲崩、哀猢汨沒魚龍變、」倏來隼者意態殊、初止鷁首疑檣烏、俊姿颯爽決雲翮、側目凝視如愁胡、」胡兵百萬同日死、

《日清战争实记》所载汉诗

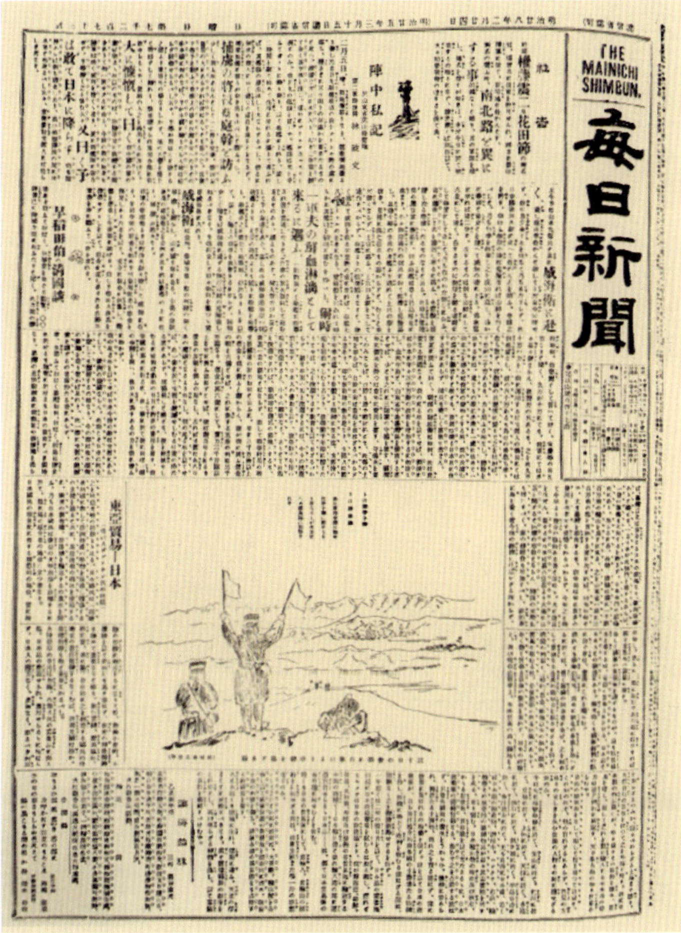
THE MAINICHI SHIMBUN.
每日新聞

《每日新闻》所载汉诗

《风俗画报》所载日清战争图

《中国近现代稀见史料丛刊》总序

在世界所有的文明中，中华文明也许可说是“唯一从古代存留至今的文明”(罗素《中国问题》)。她绵延不绝、永葆生机的秘诀何在?袁行霈先生做过很好的总结:“和平、和谐、包容、开明、革新、开放，就是回顾中华文明史所得到的主要启示。凡是大体上处于这种状况的时候，文明就繁荣发展，而当与之背离的时候，文明就会减慢发展的速度甚至停滞不前。”(《中华文明的历史启示》,《北京大学学报》2007年第1期)

但我们也要清醒看到，数千年的中华文明带给我们的并不全是积极遗产，其长时段积累而成的生活方式与价值观具有强大的稳定性，使她在应对挑战时所做的必要革新与转变，相比他者往往显得迟缓和沉重。即使是面对佛教这种柔性的文化进入，也是历经数百年之久才使之彻底完成中国化，成为中华文明的一部分;更不用说遭逢“数千年来未有之变局”、“数千年未有之强敌”(李鸿章《筹议海防折》),“数千年未有之巨劫奇变”(陈寅恪《王观堂先生挽词序》)的中国近现代。晚清至今虽历一百六十余年，但是，足以应对当今世界全方位挑战的新型中华文明还没能最终形成，变动和融合仍在进行。1998年6月17日，美国三位前总统(布什、卡特、福特)和二十四位前国务卿、前财政部长、前国防部长、前国家安全顾问致信国会称:“中国注定要在21世纪中成为一个伟大的经济和政治强国。”(徐中约著《中国近代史》上册第六版英文版序，香港中文大学2002年版)即便如此，我们也不能盲目乐观，认为中华文明已经转型成功，相反，中华文明今天面对的挑战更为复杂和严峻。新型的中华文明到底会怎样呈现,又怎样具体表现或作用于政治、经济、文化等层面,人们还在不断探索。这个问题,我们这一代恐怕无法给出答案。但我们坚信,在历史上曾经灿烂辉煌的中华文明必将凤凰浴火,涅槃重生。这既是数千年已经存在的中华文明发展史告诉我们的经验事实,也是所有为中国文化所化之人应有的信念和责任。

不过,对于近现代这一涉及当代中国合法性的重要历史阶段,我们了解得还过于粗线条。她所遗存下来的史料范围广阔,内容复杂,且有数量庞大且富有价值的稀见史料未被发掘和利用,这不仅会影响到我们对这段历史的全面了解和规律性认识,也会影响到今天中国新型文明和现代化建设对它的科学借鉴。有一则印度谚语如是说:“骑在树枝上锯树枝的时候,千万不要锯自己骑着的那一根。”那么,就让我们用自己的专业知识与能力,为承载和养育我们的中华文明做一点有益的事情——这是我们编纂这套《中国近现代稀见史料丛刊》的初衷。

书名中的“近现代”,主要指1840—1949年这一时段,但上限并非以一标志性的事件一刀切割,可以适当向前延展,然与所指较为宽泛的包含整个清朝的“近代中国”、“晚期中华帝国”又有所区分。将近现代连为一体,并有意淡化起始的界限,是想表达一种历史的整体观。我们观看社会发展变革的波澜,当然要回看波澜如何生,风从何处来;也要看波澜如何扩散,或为涟漪,或为浪涛。个人的生活记录,与大历史相比,更多地显现出生活的连续。变局中的个体,经历的可能是渐变。《丛刊》期望通过整合多种稀见史料,以个体陈述的方式,从生活、文化、风习、人情等多个层面,重现具有连续性的近现代中国社会。

书名中的“稀见”,只是相对而言。因为随着时代与科技的进步,越来越多的珍本秘籍经影印或数字化方式处理后,真身虽仍“稀见”,化身却成为“可见”。但是,高昂的定价、难辨的字迹、未经标点的文本,仍使其处于专业研究的小众阅读状态。况且尚有大量未被影印或数字化的文献,或流传较少,或未被整合,也造成阅读和利用的不便。因此,《丛刊》侧重选择未被纳入电子数据库的文献,尤欢迎整理那些辨识困难、断句费力、裒合不易或是其他具有难度和挑战性的文献,也欢迎整理那些确有价值但被人们习见思维与眼光所遮蔽的文献,在我们看来,这些文献都可属于“稀见”。

书名中的“史料”,不局限于严格意义上的历史学范畴,举凡日记、书信、奏牍、笔记、诗文集、诗话、词话乃至序跋汇编等,只要是某方面能够反映时代政治、经济、文化特色以及人物生平、思想、性情的文献,都在考虑之列。我们的目的,是想以切实的工作,促进处于秘藏、边缘、零散等状态的史料转化为新型的文献,通过一辑、二辑、三辑……这样的累积性整理,自然地呈现出一种规模与气象,与其他已经整理出版的文献相互关联,形成一个丰茂的文献群,从而揭示在宏大的中国近现代叙事背后,还有很多未被打量过的局部、日常与细节;在主流周边或更远处,还有富于变化的细小溪流;甚至在主流中,还有漩涡,在边缘,还有静止之水。近现代中国是大变革、大痛苦的时代,身处变局中的个体接物处事的伸屈、所思所想的起落,藉纸墨得以留存,这是一个时代的个人记录。此中有文学、文化、生活;也时有动乱、战争、革命。我们整理史料,是提供一种俯首细看的方式,或者一种贴近近现代社会和文化的文本。当然,对这些个人印记明显的史料,也要客观地看待其价值,需要与其他史料联系和比照阅读,减少因个人视角、立场或叙述体裁带来的偏差。

知识皆有其价值和魅力,知识分子也应具有价值关怀和理想追求。清人舒位诗云“名士十年无赖贼”(《金谷园故址》),我们警惕袖手空谈,傲慢指点江山;鲁迅先生诗云“我以我血荐轩辕”(《自题小像》),我们愿意埋头苦干,逐步趋近理想。我们没有奢望这套《丛刊》产生宏大的效果,只是盼望所做的一切,能融合于前贤时彦所做的贡献之中,共同为中华文明的成功转型,适当“缩短和减轻分娩的痛苦”

前 言

本书收录了中日甲午战争前后日本文人所作与战事有关的汉诗，这些作品多是受日本近代军国主义思潮影响的产物，战后各类日本文学史著或研究者已很少提及，差不多已被扫进了历史垃圾箱，尘封了七十余年。然而，从汉文学史角度看，这些作品比较典型地体现了日本明治时代文学风气，反映了日本汉文学在历经一千余年发展之后的整体风貌。江户时代二百多年的稳定，带来了汉文学的普及，至幕末明初，写作汉诗文几成日本幕士、藩士的基本技能，明治之后，汉学地位沦替，然而，传统尚存，汉诗文写作仍是日本士人一种主要的知识技能，汉诗还是其时士人言志抒情的主要手段之一，在知识阶层汉诗风犹盛。侵华战争以及随后的日俄战争进程更加刺激了这一诗风的流行，甲午战争仅持续了十个月，所掀起的汉诗热潮却有十几年，在人数与作品数量上，都大大超越了前期各个阶段，这确确实实是因侵略战争而生的"恶之花"。江户近三百年，"李攀龙《唐诗选》"一直是当时读书人必读的基本教材，所以，这些人多承袭唐诗之风，主要是效仿高、岑的边塞诗与李、杜诗，如平山漱石所言："人在昌龄诗句里，黄沙百战见余豪。"虽然，有些诗句与词汇稍显生涩，但其声腔用语对唐诗亦步亦趋的痕迹是非常明显的。如其中以绝句居多，一些歌行也多是由连章绝句构成的，若以严格的近体律法为标准，很多作品可能都不能成为诗。但是，对于日本作者而言，这是一种完全脱离于他们口语的书面语，虽然这种书面语他们已使用了一千多年，但实际上还是一种外语，与朝鲜书面语、口语分离不同，日本自六世纪之后就有了自己的文字,并有与口语相一致的书面语体系,以假名写作的文学形式更为通行,但长期以来仍是以汉诗文作为高雅的文学形式与官方话语形式,发展出一套训读方法以及由此而产生的汉诗文思维方法,日本文人以这种特殊的阅读方式与思维方式写出了与中土汉语相同的书面语,并一直保持着与中土对话交流的水平,其上乘者置于中土文人诗集中几可达到乱真的程度,这本身应是一个值得研究的文化现象。十八世纪初,朝鲜文人申维翰在《海游闻见杂录(下)》记录了日本人学写汉诗的情况:"其为字音,又无清浊高低。欲学诗者,先以四韵积年用工,能辨某字高某字低,苟合成章。其为读书,不解倒结先后之法。逐字辛苦,下上其指,然后仅通其意。如'马上逢寒食',则读'逢'字于'寒食'之下。'忽见陌头杨柳色',则读'见'字于'杨柳色'之后,文字之难于学习又如此。虽有高才达识之人,用力之勤苦,视我国当为百倍。所以文人韵士阅世无闻,而其间一二操觚之辈亦无由扬其声于国中矣。"他看出日本人学写汉诗之艰难,同时也承认其中杰出者之成就。日本汉诗这一运势到了甲午战争时,似乎得到了一个喷口,迅速爆发起来。战争冒险的顺利,以小克大的成功,极大刺激了明治诗人的创作热情,其时各种宣传工具都开足马力,大力鼓吹战争的狂热,上至宰臣下到士卒,都有汉诗发表;经营中国、入主中原的野心与政治氛围也大大推进了他们对中国文化的了解,提升了他们接受汉诗艺术的能力。明治汉诗就是在这一背景下有了长足的发展,与甲午战争有关之汉诗已成当时的一个文化热点。随着日本近现代教育的转制,汉诗文训练渐渐退出基础教育体系,这一辈诗人应是最后一代系统接受汉学教育者,这类诗也是日本汉文学发展的最后阶段的代表之作,对于日本汉文学史而言,这是一个高峰,也是最后的高潮,对研究日本汉文学史来说,这应是一段不容忽视的环节,它比较全面地展示了日本文人吸纳、化解汉诗文的能力,体现了中国古典传统在异域里一种特殊的传承与发展。如果从东亚汉字文化圈的发展看,这一段时间也是日本与中国诗文交流最频繁的时期，所见作品中有很多与清使馆人员的酬唱之作，当时黎庶昌等人都为日本人的诗集写过序，汉字书面语在这段时间共同化的程度达到了历史最高点，因此，这些诗对于研究近代东亚文化交流是很有意义的。

当然，更为有意义的是，这些诗作对于研究甲午战争历史乃至日本侵华史，具有独特的史料价值。首先，这些诗比较集中地反映了日本的侵华野心。在明治维新之初，征韩派虽然作为一个政治势力被清除出政治核心，但是对侵略战争的狂热理念与新政者是一脉相承的，这些作者或是参与制定侵华政策者，或是直接参与战争者，或是鼓动者，他们多在诗中从皇国史观及军国主义立场叙述他们侵华的“原因”与动机，赤裸裸地表现了他们对华的侵略野心，比较典型地暴露了当时军国主义者对侵略战争的迷狂。由其诗中可清楚看出，继丰臣秀吉后，“将唐之领土纳入我之版图”的野心自萌发到发展已延续了四百多年，在这些诗中，诗家多将甲午侵华战争与三百年前丰臣侵朝战争相联系，似乎是在完成丰臣未成之功业。如山县有朋《廿一年五月检视对州炮垒遂到朝鲜釜山　明治廿一年戊子》言：“烟水茫茫望帝都，几多岛屿欲相呼。若教太阁假年齿，长把江山入版图。”“釜山山色更关情，忆起当年此远征。谁识英雄无限恨，加藤古垒小西城。”作者是日本现代军队的创始人之一，也是甲午侵华战争中的主帅，诗作于战争爆发前六年，其时他在对马岛眺望对面的朝鲜就想到了二百多年前丰臣秀吉侵朝之事，他认为如果假以时年，秀吉“假道（朝鲜），超越山海，直入于明，使其四百州尽化我俗，以施王政于亿万斯年”的意图也是可以实现的。又如，加藤熙《丰太阁征韩歌》更是直言：“绝海艨艟走群龙，勿道小蛇吞象志。”以蛇吞象之野心暴露无遗。又如，谷口蓝田《送松平子宽应聘赴清国》言：“单身应聘六千里，斯道重兴四百州。”所送对象只是担任教官，而他竟将这一行为与经营四百州之事相联系。又如，乃木希典《明治二十七年十月九日日清役出征途次广岛大本营》所言更为直接：“肥马大刀尚未酬，皇恩空落几春秋。斗瓢倾尽醉余梦，踏破支那四百州。”长谷川三岳《从军行》：“万里秋风绿水流，千年积雪白山头。明朝立马知何处，禹域茫茫四百州。”岛田见山《平壤陷落》：“禹域茫茫四百州，天兵一战气横秋。长驱直捣幽燕地，带砺山河唾手收。”本多玄谷言：“可知扬武固天意，震动支那四百州。”森月峰《从军行》：“长风万里远征舟，梦走山河四百州。”松田学鸥《僚友丰田别府二君将赴韩清忽率赠二首》：“豪怀最忆西风里，蹂躏支那四百州。”他们所思所想都是在吞并中国。又如当时《每日新闻》所载无名氏诗之言更为狂妄：“若教提督在今日，并力应屠四百州”，“鸭绿投鞭期已近，梦魂飞绕北京城。”显然，由朝鲜而直指中国，就是他们一惯性的侵略思维，以至成为诗家的常用语。有些史家以近代西方殖民主义影响来解释日本的侵华行为，而由这些诗看，两者关系并不大，他们更多地是承袭了丰臣秀吉以来的侵华野心，是一种野蛮的征服者思维，全然没有尊重他国领土主权的近代平等意识，其时他们还在与西方列强争取国家的平等权，而对邻国却公然践踏了国家独立、民族自由之现代国家理念。

其次，这些诗多暴露了日本军国主义者在战争中的残忍与野蛮，从中可以看出此后“二战”中日军的种种暴行的历史渊源。其时日本已初入现代文明社会，但由这些诗看，战争鼓吹者不过是操着现代武器的野蛮人。虽然，他们一再标示孟子王道思想，又以宋儒修齐治平观念自况，但在诗中更注重的是夸示日军暴力，无视战争给他国人民带来的痛苦。很多诗以嗜血为军人豪气，以血流成河、尸积如山为壮观之象。如“万骑一败争遁逃，鲜血饱膏日本刀”（向山黄村），“隔桥炮火激雷霆，河水涨红鲜血腥”（福原周峰），“水军战罢万尸浮，腥血潮红大海流”，“屠城战血蔑征袍，移帐边尘拭佩刀”，“刀头战血万人惊，匣里犹留斩虏名”（副岛种臣），“狭巷短兵交刃处，杀人血泻作河声”，“硝雾黑藏危堞暗，血痕红渍伏尸殷”，“战骨如山血如河，腥风漠漠鬼哭多”（竹添井井），“屠城鏖战喋鲜血，快剑脱函光陆离”（高桥白山），“剪屠转斗血如流，到处街头尸作丘。彻夜铳声余响在，朝来始见战尘收”,“好机易失时难遇,直振大刀屠北京”(高桥午山),“斩馘无数血漂杵,杀敌容易如屠羊”(菰芦渔隐),“请见百炼秋水日本刀,屠尽豚尾百万兵”(濑户含翠)……这类以屠杀为快之句,处处皆是。这与他们效法的唐人边塞诗是全然不同的,也没有杜诗中“边庭飘血成海水,武皇开边意未已”的批评。

其时,由于双方武器技术级别与军队素质有差别,清弱日强,已成定势,诗家所宣扬的实际上是一种以强凌弱的暴力,唯因诗家多无这一意识,丧失了人道主义的同情心,甚而宣扬屠城之事,如“快剑一挥光陆离,斩人如草战酣时。蛮军屠杀无遗憾,旅顺港头征讨师”(福原周峰),“难忍功名争竞念,梦魂一夜屠清京”(立见尚文),“屠汝醢肉我劳无,好扫四百余州梦”(高木信威),“挥剑屠尽四百余州豚”(《每日新闻》无名者),“一朝屠尽无噍类,生而还者三人耳”。日军在占领旅顺时,疯狂屠城,当时国际报刊已有过报道与谴责,但是,这些诗不仅无视,没有一丝罪恶感,竟仍不停地鼓吹着这种血腥暴行,这种以罪恶为美的思维方式充分暴露了侵略者的野蛮与残忍。又如斋藤鹤汀《送友人从军》:“握手了时还举觞,征鞍欲上气扬扬。送君唯恨破虏日,不见霜刀屠犬羊。”以屠杀为快感的罪恶意识,竟然成为他们赠别之言,这种以血腥暴力自夸的行为,在三十多年后的侵华日军中更是变本加厉了。“二战”中,日军在中国制造的多起屠城、屠村等暴行应与这类嗜血文化导向有一定的关系。我们曾天真地想象在这些连篇累牍的战争诗中,或许会有表现厌战或反战的作品,然而,几经搜寻,无论在总集中,还是诗人别集中,竟然未发现一篇,大感意外。这或许有战时舆论管制的因素,然而,这种集体性的战争狂热,还是让人震惊的。将他们的别集与当时报刊所载、专集所收相比较,可以看到,有些过度血腥的诗作,作者并未将之收入别集中,显然,对一些作者来说,他们也知道公然宣扬暴行是为人所不齿的。今天以之为反面教材,对于了解当时日本军国主义者强盗逻辑与好战心理,揭露日军暴行罪证,具有不可替代的作用。

同时，这些诗产生于日本明治维新初成之时，体现了日本在近现代转型进程中狂恣急进的精神面貌，其中更多的自信来自于对清朝的蔑视。这些诗中用了很多蔑清词语，相对于前期对中土文化的尊崇，明显有一种后来居上者的暴发户心理，也比较集中地反映了日本近代社会在脱亚入欧进程中的心理状态。一些诗人强解儒家华夷之辨为己所用，反客为主，斥清朝为胡夷，无视整个中国仍以汉文化为主体的事实，以儒家文明主导者自居。自清入主中原后，朝、日两国长期以来不以之为儒家正朔，自身也不甘于边缘化，甲午战事的结果使他们这一意识益发膨胀。虽然他们在诗中引援华夷意识多是为其侵略行为寻找借口，有意放大满汉政治矛盾，有其不可告人的动机。“一击挫来尊大气，自今不必诩中华”（森鸥村），这可能才是他们的真正用意。但是，我们将这些诗置于晚清政治背景下考察不难见出，它在客观上对中国近代志士也产生了一定的影响。甲午战后，大量学子赴东洋求学，他们与这一批汉诗人交往频繁，以同盟会为代表的“驱除鞑虏，恢复中华”政治口号与这些诗所表达的内容极其相似，两者之间的关系确实值得研究。另外，这些诗又多以实录的方式记录了战争的进程，对战事的记载，比起各类史籍更为具体，本身也是研究甲午战争的重要史料。其中，关于一些战事的记录确实也暴露了晚清落后的政治与涣散的军力，这对于认识晚清政治特点，探索中国在近代落后之因，又具有一定的参考价值。

全书分为三个部分，第一部分：别集选录。选择了五十余位作者，从他们的别集中选取与战争有关的诗作，选录范围是：一是直接表现甲午战争的作品；二是在此前后所作与甲午战争有关的诗，其中有些人由于介入战事较深，则将其在战争前后所作的与中国相关的作品都选录了。在每位作者名下都附有简略的作者介绍。第二部分：专集部分。先选择了当时影响较大的两部汉诗总集《明治汉诗》、《昭代诗集》中的相关作品。前者虽成于战争之前，但其中的征韩论调与此后战争直接相关。又取录了《征清诗史》、《大纛余光》两部专集。前者是一个战争参与者所作的战争实录诗,后者是当时人选录的其时名流所作的与战事有关的作品。最后,选录了战后编辑的两部汉诗文诗集:《征清诗集》、《征清词林》,后者中的一些汉文作为史料亦较稀见,故一并录入。类似这样的专集还有很多,取录的作品多有重复,本书以此两书为主兼收其他,其中有少数诗与别集选录部分重复,因需其评语,且为了保持原书的完整性,或存目,或存诗。第三部分:报刊摘录。战争期间,日本主要报刊媒体多刊发了一些与战事相关的汉诗,本书主要选取了当时影响较大的三种报刊《每日新闻》、《日清战争实记》、《东京日日新闻》中所载与战争相关的汉诗,同时也从另外三种报纸《风俗画报》、《国民新闻》、《万朝报》上摘录了部分汉诗,与前面选诗重复者,多存目去诗,以显示其诗最初的发表状态,展示当时日本的舆论趋向。书以选录诗歌为主,一般不出校记、注解。仅少部分有说明,以括号标识。

本书在撰述过程中一直得到本丛书主编张剑先生的关心与指导,凤凰出版社姜小青社长与责编樊昕先生也悉心关照,复旦大学中文系及王水照、朱刚教授也给予了特别的支持,保证了本书编辑会的成功举行。这些都应是要特别感谢的。全书由查屏球主持编撰,何中夏、邵劼、蒙显鹏、徐俪成、刘洁、李由、任雅芳参与选录,查屏球、任雅芳、徐俪成负责统稿,各家选录内容皆于诗末以小字注明,未注明的部分为主编所录。由于书成众手,资料复杂,水平有限,不妥之处,望得方家指教。

第一部分　别集选录

冈本黄石

冈本黄石(1811—1898),彦根藩(今滋贺县彦根市)人,名宣迪,字吉甫,号黄石。通兵法,能诗书。藩士出身,曾师事梁川星岩,幕末时为尊攘派领袖,力谏藩主井伊直弼实施攘夷。樱田门外事变后,身为家老辅佐幼主井伊直宪,追随德川幕府。晚年居东京,与杉听雨、岩谷一六为文友,是明治后期诗坛影响较大的汉诗人,以下作品选自《黄石斋集》第六集(黎庶昌为序)。

放　歌

男儿学而至三十,桑弧蓬矢须独立。四十名初闻四方,区区讵被升斗縶。坐庙堂上旋洪钧,令君尧舜风俗淳。入相出将世瞻仰,金紫灿烂如眩人。乾坤一变明治岁,五洲今为六国势。强吞弱吐如何乎,日本魂宜养其锐。嗟余报国无寸功,半生徒尔事雕虫。不成神仙不成佛,尚是人间一畸翁。

小野湖山

小野湖山(1814—1910),出生于三河吉田藩领近江国(滋贺县)浅井郡,与大沼枕山、鲈松塘并称为明治三诗人。本姓横山,名卷,字怀之,后改姓小野,亦改名长愿,改字舒公、士达等。别号有湖山、晏斋、玉池仙史等。作为家中长子,起初继承父业学习医术,后接触朱子学与汉诗,师事梁川星岩、藤森弘庵等名家,并在梁川星岩发起的玉池吟社中崭露头角。小野湖山具有坚定的勤皇思想,多次为国事奔走,安政大狱起后,被幽闭在三河吉田城内。直至樱田门外之变后,方被解除幽闭,再次参与吉田藩政。明治维新后,担任新政府总裁局权参事、记录局主任等职。明治四年(1871)废藩置县后,退养在家,诗酒度日。明治十六年(1883),获得明治天皇赐砚,故名其书斋“赐砚楼”。著有《湖山楼诗钞》、《湖山楼十种》、《赐研楼诗》等作品集。以下汉诗即选自《湖山楼十种》。

读宋史

晚节黄花句亦工,朝廷朋党未成风。宋家第一好人物,莫是能诗韩魏公。

读清人斌椿《乘槎笔记》十首录五

九万鹏程未足夸,水蒸船又火轮车。天涯真个比邻似,笑杀当年汉使槎。

珍奇眩目水晶宫,身落神机鬼巧中。用《记》中语。观国之光真快事,佛俄英米一帆风。

奇热蒸蒸汗湿衣,沍寒凛凛粟生肌。休惊气候朝昏变,忽自南荒到北陲。亦《记》中语。

千古文人所未云，笔端写出海天云。炎风朔雪磨臣节，又是当途第一勋。

俯仰乾坤感有余，呼夷称夏果何如。却思在昔吾夫子，浮海乘桴发叹初。

岸田吟香将赴清国诸友共开别筵酒间赋赠

名是卖药韩伯休，其实多智老范蠡。范蠡船小泛五湖，杜诗：范蠡舟偏小，王乔鹤不群。君船巨大渡瀛海。伯休避名名益高，君名早传英与米。清于我邦若比邻，暮去朝来真自在。君不见秦皇汉武皆人豪，采药之船来几艘。神山在眼隔烟雾，求而不得心空劳。君赍灵药向彼地，绝奇事又绝快事。吁嗟！入山之韩何足称，航海已胜泛湖智。

谷口蓝田

谷口蓝田(1822—1902),名中秋,字大明,别号介石。肥前有田人,佐贺藩世臣。先祖是韩国归化人,因此常自报为韩姓。早年求学于广濑淡窗,成人后前往江户从学于羽仓简堂数年,与斋藤竹堂、赖三树三郎为比肩之秀,并以"韩介石"之名享誉都门。此间,他还与许多兰学者相交,洞悉海外时事。业成归藩,于弘道馆执教,后下帷于乡里。庆应元年(1865)前往长崎,独力开发高岛炭矿,与副岛苍海、大隈重信等相交甚厚,共为国事而奔走。明治元年(1868)后,被迎为鹿岛藩黉弘文馆教授,兼任大参事。废藩后,教授子弟以资生活。日占琉球后,执教于冲绳师范学校。明治二十六年(1893),受时任第六师团长的北白川宫能久亲王之召而赶赴熊本,得到亲王的宠遇,移住大阪、东京。亲王薨逝后,游说各地,倡导道德。至晚年,开办蓝田书院,设立行道会,致力于儒教的振兴。著作有《蓝田遗稿》、《蓝田谷口先生全集》等。以下选自前者。

奉送小松宫大总督殿下征清

泰山辽水旭章翻,到处前徒攻后奔。总督权从天上至,平和机在战中存。元时形势妖氛涨,明季风云暮色昏。擒纵方归大王手,刚柔并用定乾坤。

伊藤相公博文别业沧浪阁雅集次韵赋呈

干羽舞阶皇道恢,养闲聊此筑高台。辅君自有吁俞美,爱士堪钦吐握才。雨湿幽林晓云绿,波摇清篁晚帆开。相公功业以何比,富岳光浮掌里杯。

送外孙谦也从井户川大尉之西蜀

斯文曾授汝，大孝在扬名。陪坐六年外，远游万里程。峨眉新月影，巫峡晓猿声。幸得从良士，须推报国诚。

辛丑三五夜自寿

八十太公歌凯旋，亦闻李靖取朝鲜。抱痾不遂勤王志，无德无功到此年。

送松平子宽应聘赴清国

说易谈诗有率由，与君提挈几春秋。单身应聘六千里，斯道重兴四百州。经世行参备公列，抱忠宁仿晁卿俦。到日主人如有问，殷勤宜述善邻谋。

胜海舟

胜海舟(1823—1899),幕末、明治前期政治家,开明派、幕府海军的创始人。胜海舟出生于江户本所的武士之家,自幼贫困。曾从岛田见山学习剑术,又从永井青崖修习兰学和兵法,有志于西洋兵学和炮术。安政二年(1855)进入长崎海军传习所学习。安政七年(1860)任职“咸临丸”号舰长,出使海外。回国后,奉命培养幕府和各藩海军人材,建立幕府海军。戊辰战争时,作为旧幕府代表与新政府军领导西乡隆盛进行谈判,为实现江户的和平开城立下功绩。明治时代,担任政府外务大丞、海军大辅、元老院议官、枢密顾问官等职。胜海舟的政治见解高出凡俗,反对甲午战争,在北洋舰队提督丁汝昌战败殉国后,专门撰写过文章以示追悼。著有《海舟遗稿》、《陆军历史》、《海军历史》、《幕府始末》、《开国起源》等书。后刊有《胜海舟全集》二十一卷、别卷一卷。以下诸诗录自《海舟遗稿》[胜海舟著、龟谷馨编,鸿盟社,明治三十二年(1899)]。

韩国大院君自画悬崖兰见惠乃赋小诗以谢

世事半儿戏,岂堪作盲评。长白山头月,独照绿江清。

日清战役后书感

唯伤鲁太子,今击清大使。狂浪恣徘徊,欢息招国耻。邻邦牵恶感,岂唯顽强訾。顺运渐向逆,忽漫殊误是。春风积雪融,阳和军机弛。疾病生兵营,恐到大事已。庙谟谁所划,切希能终始。

偶感二十七年作

邻国交兵日,其军更无名。可怜鸡林肉,割以与鲁英。

二十八年二月时事有感而赋二首

货币非瓦石，滥用或窘迫。我言国财匮，若辈皆嘲噱。再言出师非，要路亦不怿。病卧数阅月，果知无筹策。

众庶多危惧，净云蔽大晖。今哉南洲逝，无甲东前知。何人克其终，唯待天定时。

闻辽东还附有感而赋

世事都儿戏，闭门独默思。濛濛六合里，大义有谁知。

二十八年二月十七日闻旧知清国水师都督丁汝昌自杀之报我深感君之心中果决无私亦嘉从容不误其死期嗟叹数时作芜诗慰其幽魂

忆昨访吾庐，一剑表心里。委命甚诚忠，儒者闻之起。君固识量洪，万卒皆遁死。心血溅渤海，美名照青史。

江马天江

江马天江(1825—1901),名圣钦,字永弼,称骏吉、正人。近江坂田郡下坂中村人。本姓坂氏,因身为京都仁和宫侍医江马榴园的养子而承“江马”一姓。少壮,出京学医,后前往大阪,从绪方洪庵学习洋学,又入梁川星岩之门学诗。幕府末年,为王事而奔走。庆应二年(1866),任太政官史官,明治二年(1869),辞之,闲居京都东山并讲授儒学。在西园寺公望于京都设立私学之际,曾被迎为宾师。晚年专意于临池吟诗,书名皆享誉关西。著有《退享园诗钞》、《赏心赘录》、《古诗声谱》等。以下选自《退享园诗钞》。

纪　事

吾兵视死一毛轻,万里狼荒期勒名。海陆军皆传战胜,貔貅士各竭忠诚。水轮翻浪鲸鳌避,毳幕围林豺虎惊。举世人思远征苦,送遗堆积满屯营。

夸大独尊轻近邻,不知国运日沉沦。艨艟逃海潜支港,将帅缺人凭外臣。狼狈四疆传警急,仓皇各省募兵频。可怜祖庙奉天府,戎马蹂躏委战尘。

(刘洁选录)

杉浦梅潭

杉浦梅潭(1826—1900)名诚,俗称兵库头,字求之、求卿。旧滨松藩士族,本姓久须美氏。是幕臣杉浦某的养子,移籍东京。曾受业于大桥讷庵,并先后学诗于横山(小野)湖山、大沼枕山。业成,出仕幕府,担任开成所头取、目付,庆应元年(1865)为累进函馆奉行。明治元年(1868),被举为静冈藩公议人,二年,出仕外务省,后就任开拓权判官,进为中判官、大判官。明治九年(1876),转为开拓使三等出仕。十年(1877),致仕。十一年(1878)九月,与向山黄村创办了晚翠吟社,同以吟咏为乐。著有《梅潭诗钞》二卷,以下即选自于此。

马山驻军图效乐府体

兄善战,弟善谋。十三州,唾手收。不择其美择其丑,古来名将皆低首。七十余战苦几回,阵于马山尤壮哉。睥睨敌军八万骑,醉眠帐里鼾如雷。

福岛中佐远征图

登高必自卑,行远必自迩。行陆不厌迟,一骑绝万里。人是博望马是龙,人马一致双影驶。寒云落日天地白,冰雪埋险山崔嵬。马蹄冻裂鲜血殷,腰间白龙鳞甲紫。钦君决志不避艰,一身是胆古豪拟。不畏冱寒与溽热,大漠七月炎如燬。午间秣马夜则行,寝不解衣糒充馁。从出独都三百里,空前壮图骇人耳。远望东海天苍苍,下马未饮崎阳水。君不见黑龙江水乌岭云,日本男儿一鞭尘。

丰岛海战图

丰岛湾口妖云黯,峨峨如山者何舰。豨奴恃众不知兵,海疆万里敢来犯。红旭射波旗帜明，将军叱咤风雷轰。硝烟蔽天紫电掣，弹丸四迸坤轴崩。骄鲸贪鳄遁无地，死尸纵横鲜血腥。哭声惨憺苍溟水，七百余人同日死。一舰才免危，败衄心算违。风鹤恐追击，仓惶争奔驰。西望渤海潮流急，旌旆影小黄龙泣。斧钺问罪严天诛，日本男儿义且侠。

旅顺城

天下无比旅顺口，蜿蜒入海蛇影走。神劖鬼凿穷人工，暗拟女娲补天手。摹仿洋法最雄大，苦辛卅年经营久。

吾皇帝廿七年十一月十八日，晓烟蒙，三路之军齐力攻。此时四面炮雷激，硝烟黯澹凝不融。烟中闪闪剑光紫，肉飞骨碎霜华红。最后突贯破铁壁，亡虏无迹坚城空。君不见佛将曾策旅顺甚详，悉非四万之众，六月之久功难必。法越之役，佛将孤拔曰：非派军舰四十只而经半年不能奏功。日本大将人中龙，一战举之仅三日。

乙未新年

阅历沧桑七十翁，生逢圣世气犹雄。艺南大纛克怀远，朔北三军频破戎。陇上寒梅星斗白，城头霁日雪霜红。恩威洽及新皇土，万里燕山草偃风。

对酒赠故人

慨然投笔向辽东，饮别犹思大醉中。心抱隐忧歌更激，酒浇磊块气逾雄。健儿日啮燕山雪，骍马晨嘶朔北风。待汝摩天岭头险，宝刀三尺奏奇功。

残月越关和歌题

边庭积雪铁衣寒，渤海山东战已阑。马上将军气吞虏，古关残月举鞭看。

读征韩史

海水净洗分鬓发，天诲有验韩可伐。男装暂假严清容，亲临三军执斧钺。果断见机不逡巡，战舰截波飞健鹘。三韩从是称西蕃，先圣后圣其揆一。方今庙谟宣远猷，膺惩毕竟在怀柔。君不见一千七百余年后，震荡禹贡十二州。

送须永镬斋游朝鲜

碧空远望水风腥，饮别高楼酒易醒。敢叱骅骝驰紫陌，固期鹏鹗破沧溟。孤帆日落茫音信，一剑光寒转性灵。玄菟城头胡角动，半天云气昼冥冥。

早秋苦热

灌园消残热，几回举桔槔。花缀珊瑚色，鲜鲜紫薇梢。去年此时节，万里送同胞。凉州歌悲壮，马上饮葡萄。功名生勤苦，身如百炼刀。创痕犹未愈，归来不言劳。将军恩荣渥，先蒙华衮褒。天候异时事，依然火云包。玲珑玉堪碎，卖冰蒯人号。待看风露夕，秋空圆月高。

题银杯诗为宫本鸭北

廿七年十月征清役，驻跸于广岛，诏开议会。君为贵族院议员，议终后所赏赐。

开匣光煸灿，菊花雕镂鲜。銮舆移跸日，星使讲和年。杯里瑞香泛，掌中恩露圆。只当为大宝，永世子孙传。

（刘洁选录）

向山黄村

向山黄村(1826—1897),日本幕末与明治初有名的汉学家、诗人,原是色仁左卫门真净的三男,年幼聪明,为幕臣向山源太夫收为继子,随千坡廉齐(古贺精里的门人)在昌平阪学问所学习,安政三年(1856),接替了养父工作。文久元年(1861)参与外交事务,庆应二年(1866年)随德川昭武亲王远渡巴黎,晋谒了拿破仑三世。明治维新后追随旧主人德川家去了静冈。以骏府静冈黄村为名号,任静冈学问所行长,后到东京,与杉浦梅潭、稻津南洋一起创立翠诗社,以写汉诗度过余生。《冰川清话》记,胜海舟对黄村为人有很高的评价,他与岛田翰、杨守敬曾有交往,著有《景苏屋檐诗钲》、《游晃小草》等,以下选自《景苏轩诗钞》。

闻牙山丰岛捷报

日出扶桑海气红,满山草木偃东风。谢公折履无完齿,捷报频来自战中。

期将战骨暴沙场,日本男儿铁石肠。丰岛牙山无立草,雄风一扫势难当。

喜儿慎吉自战中来

誓将一死酬明主,谁复倚门谁陟岵。不意生还仍再逢,喜心翻倒泪如雨。

送慎吉航海赴亚丁

昨自战场返,重经敌国行。暂逢而乍别,冬送又春迎。意气轩天地,功名赌死生。防身剑三尺,跨海斩长鲸。

饮马长城窟行

君去饮马长城窟，马蹄踏翻三尺雪。妾守空闺不肯眠，梦魂飞绕长城边。长城万里昔谁筑，今见神兵下自天。朔风卷地吹飒飒，飒飒啾啾鬼哭杂。万骑一败争遁逃，鲜血饱膏日本刀。殷勤凭孰烦寄语，慎莫思妾心中苦。只愿将军三箭定天山，待君生入玉门关。

闻威海卫陷丁提督死节

飞剑腾空射斗牛，东来兵气凛如秋。夜深有力果何者，负去几多藏壑舟。

守战纵饶有许远张巡，城池那得恃金汤。可怜丁姓老提督，一死差令人意强。

送须永馥斋赴朝鲜次其留别四首韵节二

阳关三叠不堪闻，握手暂时何忍分。且得停骖才话别，无由剪烛细论文。正邪有鉴悬明月，贫贱之交义薄云。投笔戎行轻万里，却从海外策奇勋。

焉得相从共苦辛，偷安愧我老风尘。斩蛇谁复提三尺，投鼠何烦发万钧。城下寻盟应有日，樽前再会岂无因。寸心誓欲报知己，高义似君能几人。

五月三十日纪事三首

十丈旌旗海旭红，貔貅百万驾艟艨。鹰扬号令森严下，席卷山河指顾中。相国若非劳转饷，将军那得博奇功。纳降惩罪宣威德，长使辽东仰日东。

秦庭痛哭有包胥，细柳连营尽亚夫。闻凯自怜遗一老，执殳不得备前驱。先遮渤海扼航路，遂取台湾归版图。大笔岂无韩柳子，聊歌俚曲颂皇谟。

忽从明治忆元和，万岁嵩呼答凯歌。幕府当年平祸乱，王师此日戢干戈。英姿飒爽麒麟画，玉殿铿锵剑佩摩。头白遗臣真幸矣，尚留残喘浴恩波。

郑成功

岂与田横一例论，孤身唾手挈乾坤。笑焚儒服揖文庙，誓揭义旗酬圣恩。三世维持正朔在，百年祭祀典型存。王师已略台湾岛，欲唤英魂起九原。

秋闺寄怀土居香国在台湾

色丝锦字织回文，欲寄无由意绪纷。闺里听残秋夜雨，海东望断暮天云。三千里外长为客，二六时中独忆君。早晚期将能事了，燕然山上勒奇勋。

福原周峰

福原周峰(1827—1913),名亮,字公亮,又称清介、百合之助。长门萩人(今山口县萩市),长州藩藩士。日本嘉永五年(1852)任长州藩校明伦馆文学寮舍长,安政元年(1854)奉藩命,任相州浦贺守备。归藩后,游学长崎,研究西洋兵学。长州藩内尊王攘夷论大兴后,赴京都任职,侦查幕府情势,后从军。明治元年(1868)任军舰华阳丸船长,后任大坂藩邸留守居,明治十五年(1878)辞职后担任神官。先后任大和神社、男山八幡、伊弉诺神社宫司、伊势神宫权宫司、大鸟神社、平野神社宫司。与神田香岩(神田喜一郎祖父)关系尤为亲密,曾与小野湖山等人结成优游吟社。主要著作有《外征纪事五十绝》、《外征纪事诗存》、《梅花唱和集》、《泪河余滴》、《香草斋诗集》、《太古山房诗钞》等。《外征纪事五十绝》以五十首绝句的形式,按时间顺序描述甲午战争的过程,狂热地歌颂日本政府和军队,讽刺清政府及官兵,叙事颇有不实之处,但真实地反映了甲午战争对日本知识人的影响。本书于明治二十九年(1896)一月由大阪市青木恒三郎出版发行、香草吟户藏梓,卷首题"香草吟户存稿/周峰福原亮公亮/外征纪事五十绝",有明治乙未(1895)山县有朋题字,同年七月小野弘小引、同年八月矢土锦山跋文。每首绝句皆有批点,批语作者为小野乌有生、高野竹隐,全诗之后又集小野湖山、小野乌有生、谷如意、藤泽南岳、高野竹隐、本田种竹、野口宁斋、近藤南州等当时日本汉诗文名家评语作"总评"。这些评语集中反映了当时的汉诗文作家对甲午战争的看法,对理解诗作、时风皆有裨益,兹亦为摘出。此外,这五十首诗并非作于一时,其中的大部分最初曾分作《外征杂记二十首》、《外征杂记续编》、《续外征杂记十八首》先后发表,见载于《日清战争实记》,文字略有不同。

外征纪事五十绝

蔑如邻好动渝盟，乘衅朝鲜出大兵。派遣使臣先问罪，天皇赫怒竟亲征。

小野乌有生曰：邻旧败盟，天人共愤。王者之师，天意人心之从，大义由来，非吞噬世界所解。高野竹隐曰：起二首，先提大纲。蔑好渝盟，乘衅出兵，神人共弃，不战师老，使臣问罪，不服而后亲征，名正义顺，堂堂王者之师，万国具瞻。此其胜败之数已如睹火，何况将忠士勇，马革鸿毛，争期报效，宜乎疾风振枯，所向无前。作者直白据实顺次纪述，是一部诗史。

外征师旅拥旌旄，敌忾激昂心胆豪。绝海从戎期马革，全军视死等鸿毛。

乌有生曰：兵器之精，战术之巧，泰西诸国仍可相比。退生为耻，进死为荣，若我将士，未见俦伦。以皇师全捷之功，专归科学进步之效者，不特诬忠勇绝伦之将士，恐未审国家特有之性质。

巡洋支队两三支，驶到南阳殷海天。开战须臾吾大捷，纳降且获敌戈船。

乌有生曰：巨舰操纵，大炮发射，快利迅疾，如旋飙若掣电，此事我军得意。所谓驶到须臾，可以想象其状。

牙山一道列屯营，突击瞬时歼虏兵。燕雀君臣应破胆，王师振旅入京城。

乌有生曰：海既须臾大捷，陆又瞬时歼虏。小朝廷胆落心寒，而六飞扬扬，振旅入城，气宇轩腾，欲冲天空。有此意而有此句，快绝壮绝！竹隐曰：燕雀君臣，破胆束手，犹有待乎平壤消息，何其瞆瞆。

六师北进势如云，士马精强策伟勋。不数征韩文禄役，碧蹄馆下走明军。

乌有生曰：征清军名正义直，兵精器练，文禄之役固非比伦；然文禄之人犹能走明军，今文明皇师克积弱清兵，有未可遽夸衔者。且也骄狮贪鹫前后相窥，不容毫惰慢，余深以谦㧑抑损，望于将士。

隔桥炮火激雷霆，河水涨红鲜血腥。奋击几回冲敌垒，败兵逃入练光亭。

乌有生曰：炮激雷霆，水涨鲜血，惨淡修罗场，而读去惟见其壮快，曾无痛楚之状，直是一幅勇战图画。而言外见皇师无寸退而有余勇，妙甚。

奏勋平壤孰为魁，四面火枪轰万雷。忽有勇兵排闼入，北军齐上牡丹台。

乌有生曰：一卒先登，万夫齐奋，古名将所以先身教而后威令也。听我军将校常在前，彼将校必在后，亦足以知勇怯所判。数首声调绝佳，纪事文所不能及。竹隐曰：十八联队，十二勇士，奇勋不没。

后军一队近城隈，劲敌如潮驰突来。奋斗全僵火枪手，满洲胡骑月毛堆。月毛，邦语谓白马。

乌有生曰：满洲骑队兵强马壮，闻于天下，我兵人马共小，一见若非其敌，而炮无虚发，连毙数百骑。勇壮之胆、精炼之技如此。竹隐曰：满洲胡骑，所谓铁中铮铮者，亦在所不没，是史笔。

海洋岛北大孤东，巨炮毁天烟焰红。山岳欲崩潮水激，雷轰电击碎艨艟。

乌有生曰：我海军技俩至此役全然呈露。明清舰队胆破心裂，不复能军。不特炮弹雷轰电击，名声亦震天撼地。

水军战罢万尸浮，腥血潮红大海流。敌舰轰沉无只影，灵鹰戢翼立樯头。

乌有生曰：浮尸蔽海，海沸漂丹，亦惨亦壮。后半雷轰电击之后，海阔天高之气象，何等豪爽。竹隐曰：戢翼二字妙。从闲处传出海军绝大雄伟之概，胜陈数十文字。

鸭绿投鞭进我兵，九连城又凤凰城。势如破竹前无敌，逃窜何能得抗衡。

乌有生曰：宋人云："军恶掊克，而士卒自雠其将佐；民恶侵渔，而百姓自畔其守令。”胡清情实殆若此，况海陆连败，逃窜之不暇，安能抗衡。当时奉天、北京既在将军方寸之中，毋乃和议犹太早乎？

外征诸将翊皇猷，中使传宣大诏优。奚况三军颁酒脯，天恩沾渥泣貔貅。

乌有生曰：楚王拊三军，士皆同挟纩。况三军颁酒脯，伤痍赐绷带，皆感泣欷歔，在千艰万楚之中，犹坐春风。竹隐曰：中使传诏，貔貅沾泣，民政厅苦心招抚，万家烟火，玉黍炊香，日东新版图已沾王化如此，将士所以有从军之乐，而无异域之苦。便知“羌笛何须怨杨柳，春风不度玉门关”，究是亡国之音。

关市无征地免租，军厅政略布皇谟。万家烟火赈民灶，玉黍炊香新版图。

乌有生曰：胡清将校掳掠劫夺之事，到处民荒境旷；才入新版图，则灶烟黍香。仁暴之别，判如冰炭，不疑箪食壶浆，实有其事。竹隐曰：“新版图”三字与第四十五首“古满洲”字，大有关键。

日章扬旆火轮驰，黄海鲸涛送六师。整旅花园河口上，敌人逃避不能支。

乌有生曰：伤弓之鸟可以虚弦下，况火轮船头，日章焕耀，六师整旅登陆，宜矣狐鼠逃窜，灭影消迹。

金州城接大连湾，旅顺口连和尚山。疆御万军空溃走，北洋锁钥是重关。

乌有生曰：锁钥不守，关门不扃，炮垒船厂，举供诸敌国，犹得谓有将乎？唐太宗云：“炀帝不择人守边，劳中国筑长城以备虏，今我用李绩守并，突厥不敢南，贤长城远矣。”长城且不及一将，况一旅顺。清廷徒赖要害，不养将才，真是太阿倒持。

宿世恩仇非偶然，郑生相见说因缘。辕门献物表归顺，明代遗民刘雨田[1]。

乌有生曰：朝家异日编归忠传，雨田应是第一人。闻雨田前日从大山将军入东京，尔后阒无消息，所以待渠果何如？一人之望，失之与得，所关匪鲜少，知庙算固靡遗。

快剑一挥光陆离，斩人如草战酣时。蛮军屠杀无遗憾，旅顺港头征讨师。

乌有生曰：蛮虏酷毒成性，我兵一罹凶手，则支裂剖抉，琢剖屠剔，虽豺狼不若也。同胞见之愤惋彻骨，发冲而眦裂，屠戮歼夷，孰不快之。西人不知皇军神武不杀之实，反以豺狼诛锄犹为负文明军之旨，徒见其迹，不原其实，适见彼不解文明之旨耳。竹隐曰：一则宣慰归顺，一则快剑一挥，见天戈一指，恩威兼施，谁传旅顺虐杀，以诬我王师者矣。

盛京一带阵云屯，征雁声寒度塞垣。逐北归来占敌寨，日东骁将驻戎轩。

乌有生曰：将军掀髯扬眉之状跃如，可无横槊之吟。

何日王师奏凯旋，戎衣如铁逼残年。香闺灯下中宵梦，多到胡城朔漠边。

乌有生曰：塞上行绝唱，而我邦义勇之风及钗裙，祈良人效身君国，不愿无功而旋。不论胡清，虽欧米人所不梦想。军人之室，读之首肯者，盖不甚多，然诗意则是葩经本旨。

居然禹域且休论，丑虏冥顽似老豚。不许来朝媾和使，直须衔璧到军门。

---

① 陆海军士官素养会于1895年出版之《凯旋纪念帖》第十六《旅顺口之大攻击》详载刘雨田投敌事，并录刘赠日人七律一首："旗鼓喧天动地来，东洋山岳毓英才。武臣慈善如人意，文士风流契我怀。事喜陶朱心管乐，性耽淡薄志盐梅。送君南浦凝神久，波浪飞花万里开。"其下评曰："其文辞虽不甚雅，其至诚可嘉。"

乌有生曰：未至衔璧，早已以玉帛易兵戎，所谓两国之福，盖莫加焉。然冥顽依然，中华自居，倭奴待我，未知禹域终不归瓜剖豆分也。

突击蕃军转斗来，暮云黯澹断鸿哀。高榆白草照阴火，绝塞虏营吹死灰。

乌有生曰：暮云断鸿，白草黄榆，照阴火而吹死灰，点缀许多凄惨悲凉光景，描出事实于神领意解之间，甚妙。连作中尤要此变化。竹隐曰：如闻鬼哭啾啾，谁敢送弱师遣迎天戈矣。

屠城战血蔑征袍，移帐边尘拭佩刀。手斫彘肩开夜宴，革囊乳酿劝葡萄。

乌有生曰：烂斑征袍血痕，拭了秋水一握，斫彘肩，劝葡萄，壮快淋漓，足奋怯起羸。竹隐曰：酣战归来，斫彘开宴。男儿毕生应无此快事，恨不能我正宗胜军美酒，战场如淮，痛饮慰劳也。

乌合胡兵屡袭来，宋庆依克敌渠魁。运穷连败丧军气，仗械弃途奔窜回。

乌有生曰：临敌则望风远遁，被攻则闭垒深藏。逮吾兵还，然后现形耀影以示武。此小民尚气、女子有志者犹不为也，切为彼国羞之。是金牙吾塔遗宋将书中一语，一何似清将举动。岂狐鼠状态是汉人遗传性耶？一结靡旗乱辙，横尸委仗，狼藉之状可见。

雪扑毳衣冰结须，严冬护塞列前驱。夜深侯骑传新警，又向辽阳逐鞑奴。

乌有生曰：征清军糜雪秣冰，枕戈寝甲，曾无屈挠之态，夜半新警，跃然奋起，锐气勃勃如见，尤是健儿谣佳境。

鏖战长驱大漠兵，胡儿白骨填边城。不须河畔冰开日，直突天津入北京。

乌有生曰：陆破城垒，海沉艨艟，皇师所向，霆扫风除，天津北京，破竹之势耳。然而庙算自始不在此，所以三军不得逞志。

和战豫期来大东，汝曹使节便相同。而今张邵成何事，凭吊胡元杜世忠。

乌有生曰：先以异邦人窥我动静，次之以张邵二使，又次之以老李，非是洗心易虑，且图缓持久，因以乞邻强国，欲借其威力薄我要求。不知一旦所假威力，后来难除祸根，似巧甚拙，亦是汉土历朝所踏故辙。

膺惩此役大规模，骄虏难逃斧钺诛。万里风涛等平地，艨艟蔽海运雄图。

乌有生曰：东瀛神州雄图，此役为开手，图南之翼，仅试一振，异日长飞远举，不令海上王之名，独属英国。竹隐曰：庄重高亮，"运雄图"三字表彰海军之功，尤为的确。

荣城县是古东齐，龙睡湾深海气迷。此处吾兵曾上岸，至今警语止儿啼。明嘉靖中吾边民犯山东。

乌有生曰：堂堂六师所临，即边民曾到之处，未轻轻可夸振古未有，盖海岛人固有之规模，少见扩张耳。又曰：龙睡海迷，用得自然，妙甚。竹隐曰：于足利氏不逞之徒犹且尔，何况王师恩威并施，民之望之如云霓，昔闻其言，今见其实矣。

荣城战血祭军神，驰突海屯当要津。排列刘公岛阴舰，水雷一击化烟尘。

乌有生曰：如山峨舰化作烟尘，机器作用亦堪骇愕。虽然用器在人，听水雷艇员皆赌一死，故得跃然赴死若我兵者，雷艇之功始伟，令北洋舰队无只影者，亦不得不归我兵特有之义勇。

炮台摧破海营冲，舰队击沉全挫锋。难保残余一军港，乞降敌将仰芙蓉。芙蓉，药剂之名。

乌有生曰：曰定远、曰镇远、曰经远、来远、致远、靖远六大舰，黄龙彩鹢，舳舻相衔，入我东京湾，事才距今三四年。当时彼自谓足以耀威东洋，何其意气之盛，转瞬之顷，除一镇远外，皆轰沉破碎，船只与当年意气共销尽无痕，昨日耀威之将，只今乞降之虏。盛衰倏变，走马灯不若。呜呼！人与邦国必毋在盛忘衰而可。竹隐曰：某国士官评黄海之役云："非清海军之器械不精，将士不勇，诚由日东将士之勇猛异常。”闻我海军将士之从役使，舰中无一白布片。长沼淡斋云：“器利壮人胆。”把此文明利器，行以斗大之胆，与其精练，毕使丁提督仰天太息，一服阿芙蓉，仅取完节，亦一掬之泪，不得不为他酹。

拔城陷阵直长驱，席卷中原归版图。岂止支那州四百，日东威武溢寰区。

乌有生曰：我兵不论骑精步锐，略之运用，器之操纵皆可为法。其至耻怯尚勇，一国成俗，碧瞳红发之人或惊而讶，威武溢寰区，非夸言也。

以夷变夏昔闻之，蛮俗今看化汉儿。放伐将施王者政，应须汤武想当时。

乌有生曰：占领地处分，且休说万国公法。帝国仁义之师伐罪吊人，流仁布德，固是列圣谟训，即禹汤文武之道耳。辫发奴只宜革面向风，变夷从夏耳。

十万貔貅各作群，海城兵又盖平军。腥风血雨牛庄巷，鏖战无端到夜分。

乌有生曰：我兵善战，敌又能逃，一战之后，动旷日弥久，我军兵悍马骄，不堪髀肉之叹。牛庄一战，无端尸山血河，稍慰军气云。

相隔辽河战哨敷，从来呐喊惯驰驱。王师奏捷入营口，迎路碧胪皆面谀。

乌有生曰：堂堂泰西大国，亦乍傲乍恭，令识者哄笑，况天涯沦落牧师之徒，逢百战百胜之皇师，不怪其献媚呈笑。“碧胪”谀黄人如描。

屠尽牛庄白骨多，田庄焦土又如何。渡辽飞将从天下，直踏坚冰路在河。

乌有生曰：天兵鏖战剿讨，所触衄锐挫锋，在我雪岭冰河视同坦途，在彼盖为从天下自地涌耳。

破浪飙轮气象雄，图南万里驾长风。垂天鹏翼未全展，且戢澎湖群岛中。

乌有生曰：鹏且戢翼，鲲且敛鳞，蓄锐养威之意，叙得妙。诗亦轩昂雄伟，有破浪驾风气象。

进征流鬼以南天，炎毒相蒸气候偏。百战健儿犹辟易，虎狼队里枕戈眠。邦人呼吐泻病谓虎狼痢，军人多罹此病。

乌有生曰：自大纛一进艺南，迄澎湖岛一击，无韬略不中机，令胡清陆讋水栗。连胜余锐，猛气咆勃，可挫百万军，反令幺微机虫逞虎狼之毒。无限伤心之事，且以谑语叙之，感溢言外。竹隐曰：辛酸光景，写出真如目睹。

九原呼起郑成功，恢复如今汝旧封。樽俎折冲真伟略，台湾占据不须锋。

竹隐曰：尊俎折冲，谈锋相敌，神武不杀，上兵伐谋，是所谓其功大者也。

敌相请和要会同，依然傲慢在其中。赵家富弼休相拟，盟约重申百计穷。

乌有生曰：拟富是太傲慢，辽夷视我也。至以一狂竖比荆卿，亦太狼狈，岂谓身在秦皇之地乎？孰不喷饭。百挫辱，百败衄，视不知耻，上下相蒙，务取恬熙，殆汉土历朝遗传丑态。辽主母后犹有曰："自古汉来和蕃，不闻蕃去和汉。"竹隐曰：荆卿富弼，一则傲慢，一则狼狈，真不值一笑，瞒着平和误外交，咄咄怪事。作者略下断案，确不可移易。

地划东西作唇齿，讵知皇汉是同胞。诈谋瞒着平和局，渝约由来误外交。

乌有生曰：皇汉齐轨同文，辅车唇齿，天然形势，于东洋防备，足掎角相持，特奈和好之名空存，修睦之实不举，所谓瞒着手段。邦人勿忘唇亡齿寒之时而可也。

轿车一击耻文明，损我皇威罪不轻。燕北使臣狼狈甚，枉将狂竖比荆卿。

如豆负伤何足患，媾和事就护生还。李爷心事太痴绝，要拭硝瘢妆老颜。

乌有生曰：痴甚又慢甚。两国和战，亿兆安危，担在一肩，而拘拘于豆瘢消存。要是不知国家痛痒的，安能足任东洋平和大局面。

包藏祸心恩化仇，东奔西走欲何求。国民公愤激昂甚，盍迓外宾供膳羞。膳羞字本山阳《兵儿谣》。

乌有生曰：曰某舶至某港，某舰去某洋，往往口耳相属，胁肩重足，余窃不堪孤愤幽闷，作者所谓激昂，实不过一部之人也。

曾折花枝当酒筹，春风容易送归舟。北邻骄虏通声息，犹是包胥泪未收。

乌有生曰：忘修好善邻之大义，反乞怜虎狼之国，有包胥之迹，而无包胥之忠。骄虏亦卖恩贩德，豫成饕餮之地，国情之险，战国视今犹平地坦途。竹隐曰：包胥一哭巧乞怜虎狼之秦，未知当时有永远之计否也。

三国同盟借箸谋，平和两字划鸿沟。征人侧耳微闻语，啼血声迷古满洲。啼血谓杜鹃。

乌有生曰：干戈所得，失之尊俎；尊俎所获，复劳干戈。辽东冻封之骨，台南热炙之尸，啾啾鬼哭遥相应否。一结婉切欲泣。竹隐曰：读至此放声痛哭，热泪斑斑纸上矣。予亦近日获古体一篇，中有“鬼哭半岛风雨昏，死为鬼雄尚啼冤。凯旋不用为招魂，留与遗恨知子孙”一解，未及此首婉约，深得风人之旨也。

谁使外人肝胆寒，互论时事托毫端。葵心倾上新闻志，却惧危言害治安。

乌有生曰：新志之言，往往煽俗搅时；然激昂人心，令不安姑息，功亦伟矣。不然满天下夸张揄扬，狂颠舞踏，与胡清罔上诬下，相距几何。

圣明天子永终誉，绥抚邻邦意自如。公义昨敷宣战诏，宽仁令下媾和书。

乌有生曰：护得庄重温厚，动止一依仁义，万国谁复有之，所以令圣明天子永终誉，偏因将相互和，官民相亲，近日纷纷扰扰，窃恐上累轸念，下招外侮。

平和克复罢边屯，上将戎衣朝至尊。鼓吹欢呼迎道左，嫖姚先入凯旋门。

乌有生曰：骄虏结伙，威压势制，知嫖姚吞泪听鼓吹。

欢迎到处犒三军，将士征袍染塞云。恭上捷书收战局，金鵄特赐赏殊勋。

乌有生曰：脱紫血斑斑征衣，垂金鵄灿灿赏牌。旌功表绩之典备矣，更愿解队归邑之兵，大有犒劳慰藉之法。

嵩呼一路溢欢声，人马如云入玉京。欲纪外征希代绩，不须杰观筑鲵鲸。

竹隐曰："圣明"以下诸篇，昌明博大，气调态度，至恰好处。如是乎真足讴歌圣世，发阐我神州之威武，以示后代矣。

总　评

小野湖山曰：近日诗家祝捷之作颇多，大抵不免一样文字，周峰君连作，逐次详记，别开一局面，是老成手段。又曰：连作数十首，足见绰然余裕，周峰君诗锋百炼，真与吾军诸将战锋一般。

谷如意曰：纪事诗自是一体，老笔纵横，细大无遗，使读者有身临其境，亲睹其战之想，此卷可当一部战争实记也。

藤泽南岳曰：发如铳丸，闪如刀锋，吾周峰翁诗才纵横，多惊人之语矣。自西征事兴，操觚士皆争讽咏之，而未有详于翁也。翁诗积至五十篇，何其富乎。以余观之，可谓一番京观耳。其感动人心，固有胜丰公祠前一古冢也已。

小野乌有生曰：仁义之兵，不期衒耀而威武自赫奕；真实之诗，无意竞争，而风神自超妙。近日咏颂盛典者，万千不啻，绘句绨章，剪辞裁藻，非献媚则干誉，极力竞巧。虽词乃美，意则陋矣。周峰老人五十咏，真挚剀切，豪健清隽，与滔滔之流自异其撰。反复咏诵之间，随意记注，不觉赘疣满纸。虽洪量所容，恭敬则欠，一读抹杀为幸。

高野竹隐曰：记事慎重，不借铺张，下笔沉着，不涶肤廓，娓娓数十首，无一复笔，细大不泄，尤获鉴裁。其苍劲简挚，痛剀浑成，不肯作一浮响泛语，而气格已骎骎于盛唐矣。洵吟坛之大史笔，可备圣代之铙吹也。

本田种竹曰：纪实之作，出语必新，使事必切，每一首亦必有一意，毫无泛构虚设之病；自非才识灵敏，功力精确，何以得此。杜少陵称高、岑二公诗云：意惬关飞动，篇终接混茫。此十字亦可移评兹篇。又曰：《外征纪事五十首》，愈出愈妙，变化莫测。自朝鲜出师之发端，至奉天山东进剿，澎湖诸岛攻取，与夫马关会盟，三国干涉之故，具载靡遗，出语亦极明畅。四十六首以下，局面一换，雍容和雅，足以鼓吹升平，末首“欲纪外征希代绩，不须杰观筑鲵鲸”，可谓颂扬得体矣。

野口宁斋曰：周峰翁诗鲜而秀，圆而润，天地之大，山川之美，人情风俗之细，毫发无遗，浑成入化。五十首有雄劲者，有清挺者，有悲壮激扬者，有奔放自在者，与平生诸作稍异其撰；然笔路畅达，著手成春，正翁得意处也。其中噌吰鞺鞳，如闻渴羌酒食之声，獧锐嫖姚，如见猛士斫营之状者，戛戛乎独造，特推绝调。

近藤南州曰：近日征清之役，在吾邦实为开天辟地以来非常之伟功矣，夫记非常之伟功，非非常之才非常之笔，则不能也。今周峰君，自胡虏开衅，至大纛凯旋，一一以绝句记之，其数及五十首之多，而诗格雄伟奇丽，褒贬得当，是真可谓以非常之才非常之笔，记非常之伟功者也。君一日携至，使余题一言，余乃反复吟诵，书此以塞责，只耻其言之不非常耳。

矢土锦山跋：周峰福原先生《外征集纪五十首》，日清交战事迹，条分缕析，笔简意该，余私称曰一部诗史。夫福原，长州著姓，晚近之世以武将显者，济济辈出，惜乎大率前后死事，而先生则久以诗鸣江湖。一文一武，均传千古，干戈笔砚，未易轩轾。况先生兹篇以诗记战，有诗史之目，真不惭为诗坛老将也。明治乙未八月上浣锦山矢土胜之题

（李由选录）

副岛种臣

副岛种臣(1828—1905),本姓枝吉,初名龙种,别号苍海、一一学人。日本肥前国佐贺(今九州佐贺县)藩士出身,早年即学习汉学和国学,接受尊王攘夷思想,参加以其兄长枝吉神阳为中心的"楠公义祭同盟"。安政六年(1859),出继为同藩藩士副岛利忠的养子,而改姓副岛氏。庆应三年(1867),与大隈重信一起倡言大政奉还。入仕明治政府后,与福冈孝弟共同起草了组织法《政体书》。明治六年(1873),因征韩论争失败而辞职。副岛种臣是著名的汉学者,擅长汉诗与书法,为明治天皇讲授过《大学》、《中庸》等儒家典籍,但同时也是甲午战争和日俄战争的积极鼓吹者。现有《苍海全集》六卷,以下诸作即选于此。

宫古人来诉方际圣明图治之秋犹苦掊克饕餮之政税算人头意在剥夺故既申告之内务大臣阁下顾问元老今赞助之而可也余闻了怅然有此作

琉球南走足波漪,问俗谁能先褰帷。厚禄吏人饶午睡,百年父老泣朝饥。

冲绳那霸丝麻市,宫古重山日月迟。荒服只今图内属,无教椎髻漏恩私。

哀清国

宫阉欢虞犹昨日,乾坤倒覆直今朝。西安车驾山川远,北阙风云星斗遥。万国媾和羞褒妲,九州推戴谢唐尧。拥兵不动南方督,诛杀吉人唯自骄。

万国堂堂陷北京，未曾师出敢无名。誓平群盗护星使，愿戮元凶寻约盟。祸戒连鸡不相下，势停孤凤最先鸣。若犹到此图私利，世界何由公道明。

先登第一我师雄，万国军中最奏功。曾不相高真有始，乃无至悔克图终。撤兵议作休侵盗，拜将坛成慎战攻。禹迹士民何悉罪，应彰仁义答苍穹。

一去满洲无满洲，满洲天子欲焉由。关河辽远寓公所，旅食萧条亡国秋。此日李侯谩放语，当年康子而罹尤。忍令三省发祥地，投与龙然饿虎咻。

绝句八首之一

甚爱平生李鸿章，风流洒落耐衣裳。大邦丞相元如此，一见曾能洞肾肠。

广岛作

天皇戎服御行营，鞑靼朝鲜次第平。尔辈休夸东武事，如今广岛是京城。

偶　吟

战胜余威震朔河，秋高群雁乱行过。天兵所向卷枯叶，鞑靼胡王奈汝何。

赠李中堂

保定天津识少荃，黑头宰相赫威权。横滨今日重相见，皓首蓬婆两可怜。

咏史南宋

毳幕穹庐二圣遥，南迁何事弃宫祧。党争中国帝廷小，将泣两京胡马骄。对客围棋犹制敌，跨驴载酒不参朝。贤奸并相高陵误，宋代竟无兵气销。

题石幡翁夜遁韩城图

独力难摧贼阵坚，使臣万死脱仁川。寒村食尽唯尝果，绝海途穷忽遇船。禁暴除奸虽不就，导和修好得终全。鸡林何用牛刀割，宜厚邻交备北边。

送姚子梁通守还清国

江城五月送君还，杜宇声中泪满衣。惜别但知今夕短，论文应恨故人稀。魂随画鹢驰吴楚，梦趁征骖到海沂。莫厌九州西更远，干戈戢日访庭园。

陪清国李星使宴

龙旆扬风东海天，高门景仰属名贤。筹边长策胸中蓄，接壤亲交坐上延。共道醇醪同德量，叨陪才俊萃华筵。樽前和气何纷蔼，化作满堂春烛烟。

寄怀成富清风君在清国

禹域山河仔细看，笑他花月醉吟鞍。丈夫不用携行李，四百余州一剑寒。

到吉川经健兄家出示旧刀昔三韩之役所用有铭云斩韩人首

刀头战血万人惊，匣里犹留斩虏名。此日化龙风雨合，清时莫作不平鸣。

赠伊东海军中将

舰船相接大于山，战血潮红渤海湾。中将指麾能破敌，几人不溺得生还。

寄怀山路陆军中将

将军勇进著威名，每战先驰冲敌营。狭巷短兵交刃处，杀人血泻作河声。

田边莲舟

田边莲舟(1831—1915),名泰一、太一,号莲舟、菁槎。幕末维新时期的武士、外交官。甲府徽典馆学头田边石庵次子,早年入昌平坂学问所(昌平黉)学习,因成绩优秀入职为甲府徽典馆教授。后参与幕府对外交涉事务。文久三年(1863),随幕府使团前往法国谈判横滨锁港事,因交涉失败遭到免职处分。庆应三年(1867),跟随由水户藩主等人组成的幕府使节团参加法国巴黎万国博览会。明治维新后,参与明治政府的外交事务,历任外务省大书记官、元老院议官等。晚年以诗文、著书为事,也是维新史料的编纂委员,著有《莲舟遗稿》、回忆体作品《幕末外交谈》等,以下选自《莲舟遗稿》。

游西山

宦迹滞燕山,三度换鹕蟀。埋头空簿书,束身困簪笏。似妇闭在车,如兔罹于毕。壮怀不可申,仰梁漫郁怫。渐偷公事闲,膏车试一出。惠风扇微和,恰遇暮春日。驱出西直门,如骥脱缰逸。免得城里尘,征衣不须拂。汤山古离宫,温泉今犹沸。天子劳宵旰,不复驻玉跸。悲哉十三陵,凭吊客心怵。石人立夹路,介胄而黼黻。摩挲谁垂泪,遗事史氏述。伏莽肆鸱张,厄遭阳九孽。青衣辱何甘,泥马走不屑。慷慨殉社稷,景山帛一匹。遗诏莫伤民,有君无臣弼。兴败真有数,奈何其亡忽。居庸山如屏,雄关推第一。字刻景泰字,国步知觊轨。独木支倾厦,于公邦之杰。遗庙尚轮奂,千载仰壮烈。出关孔道仄,溪石苦凹凸。蹇驴鞭不前,十步三四歇。冷冷听水流,入耳声清越。得名弹琴峡,怜其协吕律。八达岭插云,登临心胸阔。罡风吹人倒,瞪目又挢舌。荒草高没腰,铁炮埋半折。低徊认当时,崇祯字仿佛。妙峰山峨峨，萦纡石磴屈。香火娘娘祠，抱孩期可必。愚氓愚堪怜，一步一屈膝。行到翠屏山，山气真幽绝。上有乔木茂，下有清泉渫。愧非谢康乐，舐毫嗟才竭。长林抱伽蓝，褒然有卧佛。静现涅盘姿，足使尘妄灭。闻说此间寺，建自前明末。椓奴弄威权，内顾自悚栗。愿修来生福，苦海祈济拔。不知无功德，金碧比涂血。清冷玉泉水，溃沫如白雪。一掬沁肺肝，文园可医渴。石桥长百尺，遥望似虹霓。石舟重万斤，藏壑无人窃。圆明园长闭，土墙处处缺。犹堆劫余灰，往事怕细说。失信挑强敌，祸生骇仓卒。千万犒军金，才免社稷失。平生夸华夏，城下盟何蔑。有寺名檀柘，年岁多历阅。闻自李唐时，残碑多折蹶。地古松亦古，老干诩强倔。状似狂龙狂，争珠互挐掣。喜得数月游，足解胸间结。杜陵赋北征，体物悉曲折。退之咏南山，遣辞称奇诎。古人既逝矣，遗风庶可掇。飞黄绝其影，仰跂愧跛鳖。归来小斋里，坳砚墨汁滑。三更荧青灯，漫然一走笔。

吴江舟中

雨濛濛里一刀轻，截水橹柔微有声。两岸桑田青不了，塔尖遥认嘉兴城。

居庸关于忠肃祠

杙竖弄权当灶炀，土木之变事仓皇。丧君有君定金瓯，郕王不比宋康王。将倾大厦支一木，未剥夙既见阳复。神算独运有何人，正色立朝于忠肃。何物徐珵敢论天，漫将钟虡议南迁。背城一战寒虏胆，想见擐甲率士先。易储休咎无论列，吹毛求疵肆诋讦。大臣殊乎事君人，以安社稷而为悦。意欲二字将谁欺，与莫须有同一噫。当时东市惨碧血，即今此地屹崇祠。吾来下马春之暮，缭乱桃花迷岭路。回头居庸雄重关，居然千载金汤固。人世生死何足论，留取芳名汗青存。歌罢楚些三叹息，如见云旗降英魂。

谒岳忠武庙

两宫沙漠痛何言，千古人悲三字冤。臣志未能终北伐，天心自欲弃中原。灵旗犹有风云气，祠树长含涕泪痕。寂寞骑驴湖上客，一般遗恨一般论。

圆明园

十里宫垣傍水涯，朱门昼锁满蛛丝。道是官家避暑地，墙缺尽从马上窥。石人无首石柱倒，何辨当年堂与奥。琉璃瓦碎委蒿莱，狐兔骄跳鸦鹊噪。荒凉若许何由然，低徊吾欲问青天。傍有野老挥泪说，时在咸丰辛酉年。失信招寇将谁咎，闻有蕃王为戎首。火轮破浪铁锁沉，十万横磨剑何有。八里桥头暗氛埃，一朝胡骑骇飞来。三月未灭咸阳火，历劫空余昆明灰。既不知彼何知己，一蹴浪试黔驴技。可怜谋国无有人，城下之盟春秋耻。君不见康熙御极我武扬，北边罗刹曾跳梁。剪之朝食非不难，犹托唱兰费协商。明主自有经邦策，毕竟邻交重玉帛。奈何后昆不能遵，空使行客泣陈迹。呜呼，空使行客泣陈迹。

梧竹翁自长城携一砖归谓秦时物也使琢成研为作短歌

长城砖盈尺，琢成研，坚于石。不数铜雀兼未央，摩洗独认蒙恬迹。磨来墨汁积一斗，擘窠字就骇奇辟。世上俗书尚姿媚，任他群儿笑哑哑。且并此砚藏，卅年而后出之，使人奉以为人间之至宝，天上之玉册。翁自谓“予书经卅年应名世”。

高渐离击筑

拟将一击挫强秦，矐目看他几苦辛。拼得此身酬死友，留将遗策至韩臣。满车鲍臭沙丘路，半夜狐鸣野水滨。地下知君应大笑，泽边况有斩蛇人。

饮马长城窟

雪片扑面大似掌，马腹陷没马首仰。长城窟冻泽腹坚，饮马不得一滴泉。男儿从军行万里，报国只知有一死。死且不怯何怯寒，一任龟手与堕指。同其袍兮同其仇，杀敌之外无他求。不想貌图云台上，金印挂肘爵封侯。

读《征韩史》

世民顿兵辽水东，乃与隋炀同其终。手滑往往不知止，如是末路笑英雄。阅史偶到壬辰役，浩叹此事将无同。海内疮痍未全愈，休养不计治道隆。驱之干戈委锋镝，佳兵才自慰情钟。鲽域人民有何罪，刵耳百万筑冢崇。兵法戒骄又戒贪，果然七年无成功。称谓伟略高千古，毋乃目瞽而耳聋。比之今日西征举，并观庶乎发其蒙。犹恐不戢或致焚，窃希及早櫜其弓。西畴时及春耕好，霏霏连日膏雨融。

观镇远

潮头叠白风吹急，沙岸千人万人集。道是新获镇远舰，今日方向此港入。舱上炮塔两边舷，三尺精铁巧里袭。受弹四百一十四，痕如蜂窠犹屹立。东洋独擅第一名，宜哉当时称靡及。奈何旭日瑞光东方升，妖云扫尽黄龙泣。递来隔海千里遥，风凄汽笛声空涩。呜呼乎天下无敌惟有仁，利器虽有奈无人。一死独怜丁提督，不负爱新觉罗骨鲠臣。

岁暮杂感

白衣苍狗漫纷纭，洛蜀是非难可分。西海鲸鲵扬浊浪，北山猿鹤有移文。荆公河朔空招谤，王安石为相，容辽所请，割河朔地七百里，曰"将取之者且与之"云云。介子楼兰不策勋。傅介子使西域，矫诏诱杀楼兰王。自笑诗人无事事，送穷残酒一杯醺。

黄村云：用典确切。贯堂云：笔力健挚，后联尤妙。梅潭云：洛蜀是非，渊源河朔，不堪感慨。吾侪闲人，唯饮浊酒饯残年耳。

题《荆公集》后

万言献策伟抱负，尧舜汤武念在口。垢面囚首坐讲经，名声高见凌北斗。得意遭遇神宗知，沙门善神环左右。党同伐异事更张，当年气焰可炙手。青苗法行天下怨，宋室南迁将谁咎。目以巨奸以误国，吾曰唯唯又否否。临川有集文与诗，千载之下可再披。上追韩柳与李杜，下与欧苏足相持。孤峭内含丰腴味，雪里老梅可比之。何人诮以野狐精，辞如相排意相推。要之读书与经国，断是两歧非一歧。我欲依公判爰书，误国则是奸则非。君不见周官为治有苏绰，亡齐兴周饶方略。又不见明代儒宗方孝孺，毕竟不免铁错铸。寄语人君欲用才，徒莫学问许盐梅。不学无术汉霍光，麒麟阁上姓名魁。

古战场

此古战场也，天阴闻鬼哭。猿鹤虫沙不计年，野燐焰作苔花绿。黄狸黑狐夜开宴，髑髅为碗罗馐膳。好似当年将军奏凯还，饮至锡享甘泉殿。呜呼乎，世上只知战捷功勋尊，无人解招未归魂。

鸭绿江

鸭绿之江长白山，两边自古屹重关。怜他防守无人在，委我摧残反掌间。硝雾黑藏危堞暗，血痕红渍伏尸殷。阵头立马手挥策，若见将军笑破颜。

受降城

不须新筑受降城，拔彼龙旗立旭旌。示义之师兼示武，因粮于敌又因兵。何时干羽舞阶静，会见天河洗甲清。斯待来年春渐满，好教寰宇醉升平。

日出邦

邦号日出日为标，普照灵光妖忽销。电掣雷轰天黯淡，樯倾樯折海清寥。多年空怵羊妆虎，善价谁沽狗续貂。圣武吾皇南面坐，东洋深受百川朝。

有友自台湾归共饮某亭有作

莲幕高谈虱手扪，斯才知不老柴门。抚民能判良将莠，施政尤兼威又恩。伟迹久传新附地，征衣犹著旧涛痕。灯红酒绿三更雨，喜得今宵对榻论。

读《征韩伟略》

十万耳朵一抔土，想见丰公赫而怒。暴师三军无成功，毋宁后世嘲黩武。英雄手滑不知停，空残海内外生灵。当年杨广李世民，前车有戒聋不听。斯公智勇不世出，千虑之失或有一。何知心事有别在，外征欲图邦内之静谧。当时逐鹿犹有人，力屈不是心服真。若不掷与一块肉，会将向我吠狺狺。控御有索握在手，驱将健儿拼命走。要之自保一策耳，伟功何比气长足之后。昔人不悟今人仍，毁誉往往错淄渑。魅人耳目到今日，其身何曾野狐凭。吁嘻乎，其身何曾野狐凭，九原有知将笑斥鷃议大鹏。

观蒙古来寇帧画

昔诵新乐府，爱诵蒙古来。今日来观之，顿觉心胸开。挥刀直前不怯死，十万虏兵何虫蚁。倒樯登舰敌辟易，男子国中真男子。布置得方画逼真，宛似足蹈而目睹。当时龙口斩世忠，历历胜算在胸中。唯有相摸太郎指挥定，一断能奏不世功。独怪博多铸铜像，不铸乌帽缓带之英雄。迭石塔上立何物，缁衣缠身头是童。

芳川越山

芳川越山(1831—1920),名显正,号越山,阿波麻植郡川田村人。幼时从有井进斋学习汉学,后赴长崎学医,结交文人志士。明治四年(1871)与伊藤博文共同赴美考察。后任职内务大辅、东京府知事、内务大臣、司法大臣等。日俄战争后被赐爵位,升任皇典讲究所长、国学院大学长。著有《越山遗稿》。以下录自日本国会图书馆藏《越山遗稿》。

送世外之朝鲜

胸中自有屈人兵,万里重寻牛耳盟。风雨韩山犹黯惨,迟君霹雳一声晴。

送井上世外再赴朝鲜

一身忧国不忧烦,又赋皇华出紫垣。惊浪卷山玄海白,愁云压地赤关昏。交邻元是依仁义,持节休言恣噬吞。相见鸡林天忽霁,满城和气笑声喧。

寄贺《世界之日本》发刊,次春亩韵

驱神缚鬼夙升堂,健笔人传班马传。飞走看他千里外,东风满地日旌扬。

船发神户港

长鲸鼓浪夕阳闲,背指苍茫兵库湾。笑看商船兼贾舶,何论北狄与南蛮。

中村正直

中村正直(1832—1891),幼名太郎,号敬宇,明治时代的启蒙思想家、教育家。出生于江户幕府同心之家,曾求学于昌平坂学问所,分别师从佐藤一斋、桂川甫周修习儒学和兰学。庆应二年(1866),以幕府遣英留学生监督的身份赴英。归国后担任静冈学问所教授。翻译刊行《西国立志篇》(又名《自助论》)和《自由之理》(后称《自由论》),对于近世日本启蒙思想产生了巨大影响。明治五年(1872),出仕于大藏省。六年(1873),开设家塾同人社。又与福泽谕吉、森有礼、西周、加藤弘之一起设立明六社,宣传启蒙思想,是《明六杂志》主要执笔者。明治八年(1875)四月于《明六杂志》第三十五号发表《论支那不可侮、不该侮》,认为中国"发明有用器具甚多,非本邦所能及","倘若支那学欧美,其见识或将超过欧美"。有汉诗集《敬宇诗集》,黎庶昌为之序,以下即录自此集。

送榎本公使赴北京

高秋持节赴燕京,身仗安危任岂轻。每见疾行无善步,须知渊默有雷声。简书事少公堂静,风月兴饶诗思清。将见同文同德合,四郊尽撤两邦兵。

送竹添井井赴朝鲜

通经足大用,寄重视立品。君兼此二者,才美不容掩。三韩箕子国,文物多仪范。智识阂边隅,不见泰西舰。古者我师彼,周孔受教谂。今者彼师我,外交革旧染。将见国论定,暴徒息陵犯。我苟有忠信,何难令彼感。此行在睦邻,持重如韩范。宁无赫赫名,不被小衅撼。国家方新造,休养干戈敛。边境幸无事,吾辈可高枕。

日清笔谈集题词

我邦于汉土，兄弟情相合。古有遣唐使，留学度几腊。中世往来者，俊杰有僧衲。战尘相隔离，敦盘久不歃。明治开中兴，使节互延纳。学士与友人，侨札殷酬答。春风联衣袖，秋夕扫床榻。以笔代唇舌，言语同应接。学问相资益，不特夸敏捷。吾友大桥氏，兹卷近编辑。向我索一言，卷首染墨汁。涓流当有源，春云不无峡。笔话尚有素，经史要讲习。片言发至诚，多辨何用喋。况是忠信交，情意贵欢洽。不用斗口角，轻薄事捷给。

高安氏小说题辞

日本支那及朝鲜，三邦合盟金石坚。辅车相依唇齿全，犹如同气连枝然。信义为国忠恕田，信义为炮忠恕船。信义守后忠恕前，忠恕防后信义先。虎视眈眈位于乾，志吞四邻侮弱孱。其欲逐逐如鹰鹯，我有信义永不迁。东方美人相合联，西方美人相合连。绝世英雄相招延，四海豪杰相合牵。蜻域鸡林及北燕，三邦信义交团圆。不怕饿虎吐谗涎，强援在上赫赫天。

依田学海

依田学海(1833—1909),名朝宗、后百川,字百川,历任温古馆勤番、假目付、郡代官、藩邸留守。维新之后,担任佐仓藩权大参事。明治五年(1872),任东京会议所书记官。八年(1875),迁为太政官编修局编修,十四年(1881),为文部省书记官,十八年(1885),辞官,此后专意于文笔生活。依田学海偏爱有关汉学者稗史,精于演剧。著有《谭海》、《学海记踪》、《新评戏曲》等。甲午战争期间出版诗集《征清录》[六合馆书店,明治二十七年(1894)]本书最后一部分《奏凯作唱》为汉诗文,以下据此而录。

闻朝鲜警报有此作

汉唐守遗俗,东海箕子国。物久而朽腐,上下紊厥德。辫发取九州,并欲谋吞蚀。日出好义侠,自主共戮力。扶弱非利土,补败非伺隙。如何迷去就,纷错生疑惑。维时三伏日,炎热融金石。土寇既荡平,纷议犹未熄。八道阴雾屯,京城妖云塞。祸胎万人惧,危机一发隔。何不行勇断,弊政尽厘革。战氛化祥蔼,凉雨施膏泽。篝灯阅前史,洞观兴亡迹。俯仰思古今,夜山残月白。

缥渺大瀛海,星罗纷万国。强弱相牵制,武备兼文德。黠者乘厥虚,浸润谋蚕蚀。誓约徒为耳,所贵在兵力。韩土介鲁清,虎视互窥隙。分党小朝廷,君臣共惶惑。吾邦重信义,同盟等金石。使彼窥窬徒,渐次归殄熄。小人纵谗间,言路辄壅塞。谠论疑毁谤,忠告见踈隔。若或一嗟跌,不免起兵革。巨舰蹴云涛,旌旗盈山泽。土民荷担立,恐追文禄迹。庶几安人心,曲直别皂白。

七月廿五日吾秋津洲高千穗二舰逢清军舰靖远操江广乙三舰及运送船于韩海丰岛清舰发炮挑战吾舰迎击沉其运送船溺二千五百人降操江走靖远广乙偶读《国民新闻》有《树旭旗》七言古诗因用其韵

黑云一点苍茫边,忽然巨舰凌青天。海风簸荡黄龙泣,太阳旗耀争相前。四舰围绕互掎角,恃众殆类腐鼠辈。轰炮一声铁板碎,红光破浪猛火爆。一舰沉没云涛摧,二舰半裂鸣狂雷。穷寇莫追回吾军,特擒一舰凯歌来。咄满鞑子同婴儿,地广民众将何为。醇酒欲醉顺天府,灿烂旭日辉大旗。

杉浦梅潭曰:开战第一、二舰大捷捕获,各国无比,为吾海军吐气,快绝快绝。

景福宫

景福宫前妖气黑,排闼欲尽使臣职。红花碧竹志未成,大鹏一击始展翼。韩王悔过除奸臣,鸡林自此风云新。合纵盟成坚于铁,锁关陈兵西绝秦。海风吹裂灵兴岛,牙山草木归一扫。铁研磨得数斗墨,燕然勒铭欲属稿。

杉浦梅潭曰:以前二公使为陪衬,提起大鹏一击笔力万斤。又曰:“秦”字押得甚妙。

牙山行

敌兵犹屯牙山壁,我军已及成欢驿。安城伏兵一战尽,轰然巨炮飞霹雳。硝烟暗澹战五时,清军虽勇力不敌。须臾山河炮声止,器械狼藉万尸积。战胜结冑缨,古人曾所云。丰岛昨日鏖艨艟,牙山今日歼千军。日东炼铁清如水,万马蹴破燕山云。

安城渡

炮声轰，伏兵起，将军奋勇激战士。辫发奴，岂足惧，何不飞越一带水。叱咤而来剑生风，一丸如电中其胸。虽丸中胸气益奋，息已绝矣身不偾。呜呼奈何泪泛滥，恨君不见牙山陷。

松大尉

死无益，死何轻。死破敌，死犹生。吾爱松大尉，逢伏气不屈。一跃安城渡，剑光飞电疾。大尉死，激三军。敌垒拔，黯战云。鸿毛泰山真男子，呜呼大尉不徒死。

杉浦梅潭曰：钱牧斋评李茶陵乐府曰："长短丰约，徐疾高下，随所会为之。"仆于此篇亦云。信夫恕轩曰：好章法，自《敕勒歌》来。又曰：大尉得此二句，可以瞑矣。

李老爷

日本国小岂(敌)我，犹捕飞蛾投烈火。吾有练军猛于虎，多且不惧况幺么。李耶袁耶好大言，虚喝何能吓杀人。丰岛牙山屡败绩，飞报前后频相闻。掩耳盗铃真愚竖，匿败装胜何所补。惭愤成病袁本初，壅蔽欺君李林甫。

杉浦梅潭曰：袁恃大国夸权力，小才汉耳。李不然，见多年接白皙之迹，处事模棱，能排国难，亦是一世奸雄，决非可侮敌也。信夫恕轩曰：结二句对仗收笔，何等妙案。

灭耶灭讴五章

顷者闾巷有"灭耶灭谣"，词素鄙俚，然颇带敌忾之气，乃翻作此曲。

支那之水军何其懦，坚舰利炮画葫芦。红瞰一射黄龙死，二千五百归天吴。防海将士心胆裂，总兵降矣灭耶灭。

信夫恕轩曰：红瞰黄龙，不期而对，妙。

支那之陆兵何其懦，成欢牙山一战屠。草木变作山河血，膜拜求哀辫发奴。巾帼免死弃旄节，将帅休矣灭耶灭。

信夫恕轩曰：巾帼二字，使用得妙。

支那之文臣何其懦，慷慨气节一人无。黄金如山夸豪富，不为国谋为身图。宋明末路归一辙，宰辅耄矣灭耶灭。

信夫恕轩曰：是岂彼土文臣，我国文臣，亦无乃然耶？又曰：“耄矣”二字，原于《左氏》来。

支那之武臣何其懦，平时相夸韩岳徒。事急万金募无赖，兵营成群皆羸驽。八旗百万役何说，三貅疲矣灭耶灭。

信夫恕轩曰：平生矜于勇气者逢事必怯，所以有好画龙之说。

支那之人民何其懦，败而不怒非丈夫。盍来试日本刀利，辽东平壤何(踟)蹰。雄心消磨气挫折，国势衰矣灭耶灭。

信夫恕轩曰：彼避我实击其虚之意乎，未可必轻也。又曰：五阕感遇叙述，忼慨闲暇，使世之文学博士等为灭耶灭矣。吁彼辈荷笔立朝，皆沉默先生而已，未闻作一诗一文，徒素餐尸位，不知其家生无足子，亦可怜焉。

杉浦梅潭曰：五章异趣同曲，自是一种声调，非扬非李，或类尤展成耶？

本田种竹曰：天才飙发，音节壮厉，字句皆不涉深僻，专以明鬯为主，此尤易入人肝脾。

（《日清战争实记》第六编又有杉浦梅谭《寄依田学海》诗，《日清战争实记》第二十三编有中村秀太郎《依田学海翁曾有支那灭耶灭谣五章，字句飞动，音节极妙，玩读数四，不堪技痒，今依灭耶灭三字获威海卫灭耶灭短古五首》）

威海卫

威海镇海森俨列，燕山门户牢于铁。日本艨艟自天来，万仞怒涛蹴乱雪。独怪敌舰一只无，海天云尽沙禽呼。一声两声巨炮响，自此岂难冲大沽。虽然轻敌夸胜非长计，回帆且养三军锐。不若千舰万舰云集时，待我长鲸饱吞噬。

次向山黄村韵

吾有笔一枝，锋锐大如椽。奇文描山水，(广)洋卷云烟。新诗写豪雄，须眉乃宛然。近苦无题目，枯坐耸吟肩。今年炎威甚，茅庐火炉煎。鸡林风云动，倏忽飞电传。山震炮声崩，海怒战云缠。上下气激昂，谁肯贪安便。我将挥吾笔，刻画诸将贤。盲传与腐史，不敢争后先。风生简册上，云现砚池边。庶使迂儒气，奋扬一洗湔。

杉浦梅潭曰：海陆二战，尽"山震"二句"风生"二句，颇虽近自负之言乃是实事，决非虚言，豪放气老益壮，使读者瞠若于后。

九月十三日皇上移跸广岛行营遥督海表军政恭纪廿四韵

疆域标天日，一灵万国高。怀柔皇德盛，招抚叡思劳。远客殊优遇，贵宾厚宠褒。三韩方弭伏，九土独骄敖。若不禁觎觊，遂将纵饕餮。群论同意决，众口一辞牢。将师多谋略，宰衡富俊豪。调停施砭石，裁割试鸾刀。丰岛初闻捷，牙山再告逃。顽冥何悔过，凶桀愈增叨。义藉干戈力，势须征战鏖。六军降帝阙，八骏度宫壕。曙色开金戟，秋风动白旄。火轮飞电疾，铁骑奋鹏翱。翠嶂迎宸眄，丹霞映御袍。龙营临港口，凤辇驻林皋。田甫防扰害，人民戒驿骚。重权烦圣运，太柄仰亲操。炮怒崩岩骨，血流渍野蒿。精兵歼巨刃，坚舰碎惊涛。勇进宁云苦，长驱莫少挠。辽东平若砺，燕北举如毛。雅奏邀回驾，凯歌贺建櫜。王基千载固，明世喜相遭。

杉浦梅潭曰：诗格严正，色泽老苍，盖宪章杜律，脱王李套语，非万钧笔力不得排此等文字。籾山衣洲曰：森严伟丽，居然变雅，所谓其才则海涵地负，其力排山倒岳，先生有焉。信夫恕轩曰：开口先喝起天日，次以万国趁势，叙出眼光笔力并高，又曰：笔力堂堂正正，如武侯始出祁山。梅潭翁恐甘受巾帼，呵呵。又曰：至尊英风，须眉毕励，笔力千钧。

过墨水百花园作十三日

败锦(烂)斑晓露丛，满园草木入秋风。韩山未报好消息，想见壤城鲜血红。

信夫恕轩曰：游屐犹待韩报，志士仁人如斯耶。

此夕中秋也用去年韵

冰光满地净无烟，瑶关珠宫在眼前。横槊何人韩海上，戎衣寒照一轮圆。

信夫恕轩曰：奇奇俪俪。

捷报屡至赋此志怀

捣虚出不意，兵法之所重。王师一破敌，禹域大震动。率土起义愤，万姓尽奋踊。何不弃此机，占领彼要港。吾闻台湾岛，澎湖接鸡笼。沃壤物产富，烟云见鸿洞。延平所根据，卅年兵马拥。曾使辫发徒，敛手久惴恐。楼船若一(发)，踏破鲸波汹。乃使少有备，如何敌义勇。取以为吾有，内地应惊悚。夸大纵如彼，必然出和讲。国(势)压东洋，朝聘争接踵。苍溟万流归，北辰众星拱。

杉浦梅潭曰：立论出人意表，亦是一奇策，然前有大敌不遑顾后，恐是不免席上议，吾未首肯也。

又

汉武讨匈奴，大将遣卫青。唐宪征淮西，裴度统甲兵。士卒臂使指，迅疾若建(机)。发纵随意旨，呼应尔乃灵。阃外不掣肘，大功始得成。不见文禄役，诸将互相争。攻掠有勇奋，胜负无奇(谋)。自从近事起，未出大将旌。虽云军律重，委任莫乃轻。将相会众杰，庙堂聚群英。谁哉举一臂，蹶起蹴沧瀛。兵士皆(踊)跃，旗帜忽精明。斗舰飞电急，奔蹄轰雷惊。必见旭阳影，高耀北京城。

襟怀。时惟炎暑，伏庶为国自重。恕轩曰：丰公客，秦仪客中客，怀二事以点生意，文法纤密。信夫恕轩曰：苏天囚以著已有志于诸史，会其极佳，观者或到于此否也。

记丰岛战

清国使其操江舰将王永发，假英国高升船载清兵一千百余，将航朝鲜。报达牙山，清舰济远、广乙二只出迎，遭吾秋津、吉野、浪速三舰于丰岛洋。时战端未启，吾舰揭将旗示之礼也，清舰不应，开炮挑战。吾舰以其地多洲屿，故避出水面，清舰发炮击之，三舰还战，炮弹乱发，硝烟蔽人，几震涛怒。战过一时，济远不能支，逃走直隶海；广乙破坏最甚，逃入东湾。忽见二只船自海上来，即操江、高升也。秋津直迎击操江，操江又不能支，遂降。乃搴其旗，代以日章旗。济远之逃也，吉野追驰骋数十里，炮弹数及之，济远入浅水，乃还。先是，浪速迎高升，鸣炮止其行，使士官驾小舸见之，船长曰："清兵一千余，并器械搭焉。"士官曰："能尾我来否。"曰："唯命。"乃发舸促之。船长曰："吾欲从命，奈清将不肯何?"既一船大拢欲战，吾舰扬号曰："舍汝船。"船长曰："请送一舸。"曰："何驾汝舸?"清拟铳船长，船长与水手皆投逃，为我所救。于是吾舰发炮乱击沉之，皆死。闻有战以来，败舰或死或逃，无举船纳降者，其降此为始。实甲午七月廿五日也。恕轩曰：结三十一字以代论赞，佳甚。

记牙山战

清大将叶志超、副将聂士成，率二千五百余人屯牙山，欲藉名平寇，劫制朝鲜也。既闻吾军入京城，已退韩人叛王者，国王李熙下教欲革旧政，则大惧，增筑堡寨于成欢驿，据险设备，防御甚严。吾使臣大岛圭介受王旨，请清兵撤去，不从则击之。恕轩曰：不从则击，神丹灵药。师团长大岛义昌乃进兵龙仁，营七原，遣使谕清将，清将不听。七月廿八日义昌议敌严备本道，急攻之恐多死伤，非计也，不若达出其背以乘不意。恕轩曰：义昌源九郎再生。乃以寡兵当其前，夜发大军度水，遇伏击，退之。进出阵后，敌不知也。明日昧爽，我前军呼躁而前，敌以为寡兵易与，发炮迎战。俄闻后军炮击，大惊，相顾而溃，吾军乘之，前后挟击，杀五百余人；我将校亡者五，兵卒七十人余。敌走洪州，大将叶志超等仅以身免，粮食器械委积盈途，皆为我所获，恕轩曰：作者亦龙门后弟。百川曰：余尝阅旧史，丰太阁朝鲜役，五将与明人战，克者三，小早川隆景之碧蹄馆，加藤清正之蔚山，岛津义弘之新塞是也；然不过籍此以完吾军耳，未尝闻有进取之功，擒获之利也。恕轩曰：此论仆不服，请他日拔剑斫柱相共谈之。如近日海陆大捷则不然，擒一舰，沉一舰，走二舰，及破两寨，杀伤五百余人，获器械粮食无算，不复见其双影，于韩土其功伟矣。岂谓古今人不相及耶！虽然前途甚远，形势万变，切望诸将蓄力持重，不轻小敌，不贪小利，重能为国建大功也。恕轩曰：绪末不似论古体，似书缵结法，可惜哉！信夫恕轩曰：合前后二篇，不满千余字，而纪言叙事，明如睹火，真为太史。使仆为之，万言不啻。嗟呼！

记小西摄州十字枪

毙郑拨于釜山，此枪也；刺申砬于弹琴台，此枪也。悬军长驱，跃入王城，八道震骇，万骑胆落，莫非此枪之力焉。若夫明兵围平壤，蜂拥蚁集，一望无际，执此奋击，敌兵披靡，完军而退，虽败且然，此枪之力可知矣。独怪关原之役，未及接战，而阵乱不可禁，此枪不能染一寸之血，并其身付他人，何也？一胜一败，有其数耶？抑发纵指使，不得其人焉？皆非也。欲耀武于海外，著名于后世，其气充矣，志盛矣，此枪则有功矣；及藉势图利，贪土谋财，枪之利不变于昔，而主人之气馁矣，此枪不过一顽铁焉耳。摄州就检于竹中氏，此枪传其部下须藤某，某传南宫神官不破氏三百余年。吾友小崎公平为岐阜县知事，一日过不破氏，见而爱之，祠官曰："吾家宝之久矣，诸侯千金购之不肯，公有心人也，请以为献。"公平大喜，厚谢之，命工砥砺，且改造其杆，置之左右，使余为记其始末。今兹甲午七月，有朝之变，志士奋欲效力疆域，余虽老矣，岂无所感乎。乃为之记。

牡丹台

旋风吹黑羊角岛，烈火焰红牡丹台。清兵必死扼要害，万炮齐发声如雷。前者仆，后者进。(敌)益众，气益奋。一卒蹶起攀城垣，捷如飞鸟降开门。三军呐喊蜂拥入，烟塞咫尺天为昏。白旗城上翻薄暮，沛然俄逢起雷雨。不知巧为缓兵计，乘隙苍皇群马惊。呜呼，天兵无意诛幺么，盍早降伏投干戈。不然昆冈同焚在眼前，奈尔顷刻生命何。

杉浦梅潭曰：词短意长，英气冲天，字字皆血，铮如有声，使读者有立弹丸雨注间之想。

（刘洁选录）

绪方南湫

绪方南湫(1834—1911),字子仪,别号拙斋、孤松轩。丰前小仓人。本姓西氏,后入绪方家。师从广濑淡窗,后跟随广濑旭庄学习经史,善诗。又学医于绪方洪庵,文久二年(1862),继绪方洪庵之后担任幕府奥医师兼医学所头取之职。明治二年(1869),任大学中助教,后升为文部权大助教,任绪方病院院长。明治二十二年(1889),设立大阪慈惠病院。明治二十八年(1895)后隐退,以文墨雅度余生。著有《南湫诗稿》、《南湫遗稿》等。以下录自日本国会图书馆藏1904年刊《南湫诗稿》卷二上卷。

感　兴

目以鸡林杀气横,男儿唾手忆功名。壮图有士多磨剑,小集无人不说兵。几队艨艟翻海去,三军旗鼓破云征。神州威武君看取,整顿乾坤在此行。

从军行四首录三

王师六月入三韩,忽遇秋风衣尚单。优诏一降如挟纩,军中猛士不知寒。

黄州云接大同湾,能策功名何处山。欲报国家唯有死,此行不敢愿生还。

旰衣宵食感皇恩,征人谁又问寒温。将军频奏三军捷,百战功皆归至尊。

闻黄海捷喜而赋

君不见日本男儿魂,知有国不知有身。又不见日本男儿胆,倒澜可回山可撼。百万貔貅皆精忠，令明律严内和衷。挫强扶弱义而顺，一步肯借无礼邦。朔风吹怒发，秋气彻豪骨。黄海万里几艨艟，彼我相遇互驰突。水雷激，巨炮轰，疑是山崩地亦裂。霹雳声中波浪翻，虏舰数只忽沉沦。祝融逞威救无术，有似周郎烧北军。败余之舰皆逃遁，谁期输赢半日分。铁舰如城终何用，果知制胜在其人。我军将士素精练，危机一发应机变。西驰东逐如鬼神，肉飞骨裂犹善战。果然奏凯歌，欢呼震山河。虽由诸将勇，亦知天佑多。大捷如许古未闻，国光赫赫四瀛加。鸣呼，万里杳渺黄海水，远流威名无穷已。伟哉，宇内未曾有之功，全归万世一系圣天子。

灵鹰行

鹰兮鹰兮果有意，百尺樯头戢双翅。水军此日奏凯歌，黄海秋气涨天地。鹰兮见机速于飞，来服吾皇恩与威。况又渡海近玉座，金眼钩觜生光辉。我军貔貅本精锐，有似剑翮摩天势。不怪灵鸟来呈祥，彼我自古多有例。君不见虞潭曾起义军时，野鹰飞舞屋上来。又不见神祖东征大捷日，灵鸡弰上放金色。

又闻旅顺捷有此作

旅顺天险世无匹，满清锁钥是第一。坚垒绝壁巍然高，守之铳炮十万卒。我将我士何豪雄，一击欲拔咄嗟中。金州早已属攻陷，万里山河扼辽东。一夜疾风卷地起，纵横突进虎贲士。巨炮轰天天欲崩，倏忽摧破几堡垒。孤城落日安可撑，阴云惨淡万尸横。须臾山上胡角断，旭日之章翻旆旌。壮哉，义兵所向前无敌，宛然似过无人域。百战百捷真可惊，皇威一朝辉万国。已令万国肝胆寒，更愿东洋从今保平安。百年大计在终局，取之虽易治之难。君不见，宇内千古青史上，不乏骁将乏良相。

夜寒独觉

飞霰敲板扉，宛如弹丸坠。落叶翻砌阶，又疑千军至。寒威袭衣衾，一夜不能睡。因忆西征人，枕戈定何地。禹域极北州，天候与我异。冰合渤海中，雪深辽阳外。比之今夜寒，岂可同日议。况又冲冰雪，驰驱炮烟际。思之又思之，感激岂无泪。此心知者谁，残灯光一穗。

岁末村况

生子当生男，功名岂属女。我有三男儿，生来皆好民。伯投金州城，仲向奉天府。季也未丁年，孝养侍老父。老父犹矍铄，与季事耘锄。且如今年秋，年熟食有余。二儿誓许国，敢为惜微躯。唯愿树异勋，千载传美誉。山村冬又残，家家新酝碧。野梅早泄春，雪里香脉脉。邻人忽报喜，今夕是何夕。起舞提捷书，倾尽一太白。

乙未新年二首

白发迎新气未衰，江湖何幸遇清时。全家齐酌屠苏酒，一卷先翻战捷诗。风雪远征思北地，梅花香信到南枝。行宫闻说停朝贺，感泣何人不泪垂。

草堂佳色属三元，椒酒传杯亦国恩。已有皇威辉海宇，全同春气满乾坤。幽篁一曲鸟调舌，香雪半团梅还魂。老境尤宜省虚礼，不投名刺到朱门。

赋得塞上迎春

奉读敕辞称亿年，庆云遥拜日东天。春风未至羌胡地，瑞气先浮帷幕边。百里人烟新版籍，四疆草木旧山川。六军奏凯知非远，应在津沽冰解前。

寄怀天野铁腕在金州

一枝载笔上征途，万里关山冰雪区。眼阅沧桑多感慨，身从兵马共驰驱。将军勋绩旧城郭，天子恩威新版图。报国文章千古贵，永兼猛士美名俱。

闻威海卫战报得十四绝句

神州巨舰驾神兵，舻舳相衔渡大瀛。笳角无声山岳肃，六军容易上荣城。

水军从海陆军山，山海环攻振险关。丑虏恰如囊底鼠，悲风惨雨满长湾。

一败彼抛军器回，临机猛士出奇才。炮身冰结无由解，乃使傍人放尿来。

一视同仁王者师，路傍救得失亲儿。儿驯在手犹挥剑，恰同赵云酣战时。

水雷轰击术堪惊，死地何期再得生。日本男儿胆如斗，危机一发博功名。

雷艇胶沙忽阻行，潜身衔酒胆堪惊。销烟弹雨纷飞底，万死谁图得一生。

大可比山坚是城，艨艟成队恣横行。可怜一夕轰沉尽，渤海空留二远名。“二远”斥清国军舰镇远、定远。

破墟残垒雨凄凉，孤立难支十日粮。唯有张巡能固守，贺兰终不救睢阳。

赠书谕敌语淳淳，猛将仁慈亦绝伦。早有丁爷乞降至，放还丑虏四千人。

缺舌喃喃太厚颜，满船降虏上前湾。左担右负辕门外，脱却戎衣向故山。

拟为黄金赌一身，堪咍竖子志难伸。去秋神港放还后，再作辕门缚面人。

名动清军如几春，杀身末路即为仁。赤心有此丁提督，四亿万中才一人。

直隶显官尊宠光，声名独属李中堂。如论报国忠君绩，输与水师丁汝昌。

九重焉得知时世，言路难通误长计。不逐康乾伟业来，蒙尘欲学咸丰帝。

亦君恩十二首录六

一系奉明主，臣民忠悃存。干戈争战日，决死亦君恩。

已有人和在，何唯地利存。千场无一败，连胜亦君恩。

妻子有余俸，绝无忧虑存。功名画麟阁，战死亦君恩。

边土新施令，又无苛政存。春风自骀荡，野醉亦君恩。

星使请和至，先知礼意存。忽然优下诏，休战亦君恩。

钦仰璇宫上，千秋淑德存。伤痍受恩士，义教亦君恩。

寄怀某将军在台湾

男儿志望在功名，万里钦君事远征。蔗圃蹴尘晴走马，樟林啸月夜分兵。篝灯影暗鲛人窟，笳角声悲虎将营。群岛妖云犹未敛，须令我武震寰瀛。

福泽谕吉

福泽谕吉(1835—1901),字子囲,号三十一谷人,生于丰前中津藩下级武士之家。日本近代著名的兰学者、教育者、启蒙思想家。早年曾于绪方洪庵的私塾学习兰学。安政五年(1858),秉受藩命在江户开设兰学塾(庆应义塾大学前身)。此外,还创设了商法讲习所(一桥大学前身)、传染病研究所(东京大学医科学研究所前身)等教育机构。明治十五年(1882),又创刊以"不偏不党"为旗帜的日刊报纸《时事新报》。福泽谕吉对传播西方资本主义文明,推动日本资本主义发展做出了巨大的贡献,被誉为"日本近代教育之父"、"明治时期教育的伟大功臣"。同时,他还是日本近代第一位军国主义理论家,高唱侵华论和脱亚论,将日本"文明开化"的近代化进程与侵略中国密切联系起来,公开鼓吹弱肉强食的强盗哲学,有着军国主义的全部特性,也是甲午战争汉诗的思想背景,著有《西洋事情》、《文明论之概论》、《福翁自传》等,以下诗作选自岩波书店 1961 年版《福泽谕吉全集》第十六卷。

读黄海海战新闻纪事

李鸿章

黄袍雀帽剥夺频,向寒之砌御察申。重重业晒君谛给,不幸长命亦国缘。

原书诗后日文注:黄袍雀帽是指黄马褂与三眼花翎,是清廷对官员的赏赐物,《新闻纪事》报导黄海海战后李鸿章因战败问罪被剥夺黄袍雀帽,其感叹缘何活如此之久。

丁汝昌

假令往生无所尤，自业自得自然酬。回首十年以前事，长崎乱暴觉居不。

原书诗后注：《上海新闻》报导，黄海海战时北洋水师提督丁汝昌、副提督埃恩罗兹达恩战死，后知是误报。明治十九年丁汝昌率北洋水师四舰来长崎，其有水兵上岸暴乱与前来镇抚的警察发生冲突，双方多人死伤，谈判处理，久而未决。

埃恩罗兹达恩

变挺来是变热拳，无敌最后海洋边。古筒卖入腹膨处，百日说法一发烟。

原书诗后注：埃恩罗兹达恩，是清国雇请的德国技师，他是旅顺炮台的设计者。日清开战前，清国高升号从牙山运兵，他随舰行，被我浪速舰击沉后，游泳到岸获生。后为北洋水师编队副提督，他与其他权贵在清国购买炮舰时大饱私囊。

乙未元旦明治二十八年

世情无岁不呈新，矧又文明德必邻。万里同风鲜旭日，燕山渤海手中春。

挥刀为体动明治二十八年

腰间秋水一挥扬，自是乃翁养老方。二竖多年侵不得，知他宝剑吐龙光。

龟谷省轩

龟谷省轩(1838—1913),名形,字子省,对马人。曾学诗于广濑旭庄,游于京都,与松林饭山、广濑林外等切磋诗文。明治元年(1868),上京受到岩仓具视知遇而辅佐之,又参与制定新政府的诸项制度。期间,跟随安井息轩究习儒学。二年(1869),担任大学教官,四年后辞职,并在上野不忍池畔开办家塾,创办光风社刊行著书以资日用。数年后,著书大行于世,资产获丰而关闭光风社,潜心于诗文。龟谷省轩藏书甚丰,晚年偏好易学、庄子和佛典。其文喜用桐城派之说,风格简洁温雅。或得益于与黎庶昌等驻日公使的交往,又擅长律诗,以苍老幽玄见称。著有《函山纪胜》二卷一册(1888)、《咏史乐府》二卷(1900)、《大矶竹枝坩淘绫渔唱》(1900)、《省轩文稿》四卷四册(1902)、《省轩诗稿》二卷二册(1903)、《咏史百首》、《诗文要诀》、《诗语精华》、《修身儿训》、《言行类编》二册、《释教文范》二册、《论语管见》、《孙子略解》等,以下选自《省轩诗稿》[榊原文盛堂,明治三十六年(1903)]。

闻韩警有感

十万貔貅士,欲清海外尘。运输连舳舻,旗鼓满城闉。庙略非张武,皇情在善邻。不知韩土主,何以答深仁。

高云外曰:不知者以为我好开衅于邻邦,是省轩所以有此作。韩人宜三复也。

闻说悬军意气豪,艨艟万里破波涛。虹旌摩垒江城动,胡角裂云山月高。忧国三秋添皓发,谈兵半夜抚长刀。庭松忽起戈铤响,骤雨倾盆风怒号。

股野蓝田

股野蓝田(1838—1921),名琢,字子玉,别号邀月楼主人,播州龙野人,藩儒股野景质之子,少时受业于林复斋,善诗、书。1870 年任龙野藩“大属”之职,翌年任职教部省,其后历任太政官大书记官、内阁书记官、内阁记录局长等职位,1900 年出任帝室博物馆总长。任职教部省时,与三岛中洲、藤泽南岳、土屋凤洲等文人诗酒唱酬,为一时美谈。著有《饶歌余响》、《苇杭游记》、《介寿集》、《邀月楼存稿》等。以下录自日本九州大学附属图书馆藏 1919 年刊《邀月楼存稿》卷一、二、三。

鲤城口占

鸡林风急轸宸忧,禹域山河入圣筹。捷报荐从天外至,翠华驻跸艺南秋。

长剑据鞍天厩良,壮心漫拟羽林郎。勋名恐被少年笑,鬓影秋寒镜里霜。

捷报飞来大本营,天兵昨夜陷平城。料知鸭绿江南路,早已长驱策北京。

投鞭横绝大同江,数万贼兵争乞降。正义所存谁敢敌,拟扶小弱挫强邦。

独力东方任折冲,保持箕子旧提封。扶颠毕竟亦天意,借我快刀诛毒龙。

万雷怒激劈山飞,鲸鲵秋涛残夕晖。休说当年伊澳事,如斯海战古来稀。

堂堂旌旆卷秋云,大岳长江壮我军。寄语征清诸将士,金鸦衔敕待殊勋。

富岳摩天国势隆，我皇神武我民忠。鸡林一洒黄龙血，狮鹫瞠然不竞雄。

鹘逐鸦群试远翔，万方环视仰邦光。茫茫四百余州地，是我三军演武场。

中堂毕竟假英雄，渠自为谋渠自穷。百万清兵如病叶，秋来偏怯旭旗风。

平壤行应制并引

明治廿七年九月十七日，平壤捷报至。其翌夜直，侍臣传旨赋诗，限以七古。恐悚奉命，但愧措辞艰涩，不能状其快战。

鸡林风起屯群蜂，满廷错愕急夜烽。其邦虽小自有主，彼何为者称附庸。傲然蔑视天津约，出兵援弱是凌弱。北拥平壤南牙山，恃众漫学夹击略。我军倡义据京城，秋毫不犯令严明。一战已破牙山垒，再战直冲平壤营。雁影秋高山河壮，角声吹月夜嘹亮。将军如虎士如熊，气吐长虹战胆王。城壁屹立控大同，旌旆乱翻暮天风。怜渠戎装来授首，盛字毅字虚势雄。排阵左右张两翼，中军呼应到江北。环攻呐喊不顾身，炮烟弹雨压城域。孤城落日安可支，争先遁窜委伏尸。从来义举天所佑，骄兵曷敢敌王师。凯歌声里晓云霁，旭旗高带旭光丽。

黄海歌并引

明治廿七年九月十七日，我舰队遇敌于黄海，剧战数时，遂得大胜。桦山中将还奏其状，惊天动地之概，历历在目，使人胆旺气壮。因有此作，谨录以上。

雷霆怒，鲸鲵惊，黄海之战压胡清。英气飒爽桦中将，凯旋奏状天子营。我舰十二敌十四，红日黄龙暸旗帜。炮声渐急阵势迫，黑烟蔽天涛卷地。比叡赤城陷重围，樯折将倒不退避。臣亦遇水雷，雷逸得无事。山也可拔海可覆，鼓勇奋进如猛鸷。击碎四舰火三舰，余舰獐怯走乱次。日落沧溟失遁踪，憾不追穷歼残类。奏毕肃然不伐功，中将意态见诚衷。天颜有喜侍臣贺，恩言嘉赏将士忠。君不见，平壤夕，鏖战拔城栅。又不见，丰岛天，急击捕敌船。连胜如破竹，犄角海应陆。鸣呼黄海之战岂翅鲸鲵惊，狞狮悍鹫亦将慑且服。

灵鹰行

曾闻凤凰应德辉，汝来无乃感皇威。一从胡清启衅隙，绝海风涛派六师。旭旗所向荐克捷，黄海之役功最奇。维时甲午秋九月，我舰剿敌策无遗。雷霆所触鲸鲵毙，狂澜卷血腥风吹。凯歌奏罢炮烟散，忽见舰樯栖俊姿。一卒如猴攀樯上，敛翼帖首任人縻。劳军适有天使至，赍还具状进丹墀。金眸铁翮气飒爽，不让李唐决云儿。王师自古多祥瑞，奚啻玉乌与金鸦。史官录上灵鹰记，朝野喧传争献诗。为瑞为祥且休说，雄视宇内事可期。如彼清兵燕雀耳，四百余州好横飞。

明治甲午十一月游严岛征长之役曾经此地诗中故及

劫尘一梦记曾游，卅载重登仙屿舟。华表鹤归波际夕，林间鹿戏画中秋。丰公霸业寻陈迹，平族遗经阅古愁。风物依然人老矣，白云红叶思悠悠。

送大山大将远征

鞍头提剑叱风云，统督貔貅第二军。席卷满清州四百，可无名岳勒高勋。

天戈所指阵云披，蹂躏山河恩赐骐。料得北京城外晓，笑横长剑望降旗。

呈山县大将

大将督征清第一军，长驱到安东县，罹病。上优诏召还，特参帷幄。

万里提军入满洲，山河震荡北云愁。拔城收土国威远，置县免租皇泽流。义激于心期毙已，恩深似海且归休。病余豪骨须珍重，特旨行营赞大猷。

鲤城口占二首

献鹰献鹤献驼骡，征服殊方捕获多。已有降人齐感泣，又看毛羽浴恩波。

几场鏖战震山河，诸将雄心快奈何。奏凯频添新乐谱，儿童到处学军歌。

甲午禁营除夕

一宇行营即禁闱，我皇宵旰运神机。十旬驻跸岁云暮，万里征清师未归。胡角吹霜风淅沥，朔鸿横海月依微。玻窗寒透砚池冻，拟促侍臣添御衣。

乙未禁营元旦

挫强扶弱未班师，盛德增辉日月旗。地角天涯钦义举，韩山渤海仰皇慈。建斯千载不磨绩，巩我万邦无比基。只为圣衷思战苦，新年特敕废朝仪。

敕题醒又醉并引

征清之役，扈大纛在广岛。山县将军帅第一军来，将自宇品港出征。敕赐酒其将校于泉亭，使土方宫相、米田侍从及余飨之。众皆感激，衔恩沾醉，余中酒三日。其翌直宿，侍臣传旨曰：“陛下闻二日醉，未闻三日醉，宜依次题赋七古，明朝录上。”余恐惧奉命。

醒又醉兮醒又醉，人间万事无若醉。从来恶客不解醉，恶言谩嘲醉人醉。醒者常醒醉者醉，醒者不可与语醉。百忧在醒不在醉，醒时多忧宜酣醉。安得中山千日醉，身不知忧唯知醉。春风骀荡花自醉，花气氤氲月亦醉。月醉花醉君须醉，莫使花月笑不醉。对花对月皆堪醉，何必峨眉能侑醉。诗有夜饮期必醉，盛时只应歌既醉。或有拔剑斫地醉，或有低吟浅酌醉。不妨邻舍拥瓮醉，不妨井中投辖醉。荷锄而醉捉月醉，今古茫茫谁最醉。儒为儒醉佛佛醉，学欧米者欧米醉。士醉农醉又商醉，百工各为其技醉。常人唯为一身醉，唯有心醉与身醉。乃知世间人尽醉，醉者忘醉却嘲醉。吾颂醉德酌且醉，龙蛇走纸笔墨醉。浩浩而歌昏昏醉，俯仰乃觉天地醉。

送横井编修从大总督赴清国

慨然义气压时流，载笔从军督府舟。今古应无斯义举，神人共赞我鸿猷。龙拏虎攫山河壮，雨惨风凄草木愁。战史藉君三长手，宣扬伟绩照千秋。

送僚友长崎君从大总督彰仁亲王赴清国

眼底山河新战场，劫尘堆里扈亲王。盛京草木含春露。渤海风涛卷夕阳。世态世情谙大势，皇威皇德赞余光。欲同将士酬家国，不负平生铁石肠。

奉次春亩首相丙申元旦书感韵

有断而行鬼避之，丈夫临事敢迟疑。赞襄和战镇邻境，宣布恩威抚岛夷。盖世伟勋谁是匹，济时雄略固无师。头童齿豁人将老，许国丹心未少衰。

丙申一月十九日饭渊某招邀同人于红叶馆余亦与焉席上赋似主人

六师奏凯入青春，休道南荒犹劫尘。已看武威如许耀，不知文运仗谁新。琴樽助兴展心晤，翰墨订交同气亲。吐凤屠龙吾辈事，讴歌盛世岂无人。

平壤口占

箕子陵前箕子碑，荒城残壁夕阳悲。古提封废几千劫，借问英灵知不知。

鸭绿江口占

滚滚长江划满韩，想曾天险架桥难。貔貅夜度虎山麓，狼狈知他心胆寒。

（邵勍选录）

山县有朋

山县有朋(1838—1922),日本军事家,政治家。原名山县狂介,明治维新后改为山县有朋。长洲藩士出身,早年拜入松下村塾门下,接受“尊王攘夷”思想。后参加过戊辰战争,历任陆军卿、参军、参谋本部长、内务大臣、农商大臣和内阁总理大臣(首相)诸职。明治四十二年(1909)伊藤博文死后,成为日本最有权势的元老,对内阁的交替和重大内政外交问题等都影响重大。他还三任枢密院院长,是日本陆军之父,开启了长州藩军人控制陆军的惯例。甲午战争爆发时,任第一军司令,率军入侵朝鲜,成为日本第一个跨越鸭绿江的统帅。明治三十一至三十三年(1898—1900)重任首相,派兵加入八国联军,镇压中国义和团运动。作有《近卫兵纪念碑》、《含雪山县公遗稿》等。以下选自《含雪山县公遗稿》。

赴冲绳船中作明治十一九年丙戌

孤帆破浪向南州,又有边防关客愁。岛屿茫茫三十六,青山一发是琉球。

送徐公使还清国

有似辅车兼齿唇,中分一水国相邻。回头试看东洋上,如此江山可付人。

廿一年五月检视对州炮垒遂到朝鲜釜山明治廿一年戊子

烟水茫茫望帝都,几多岛屿欲相呼。若教太阁假年齿,长把江山入版图。

釜山山色更关情,忆起当年此远征。谁识英雄无限恨,加藤古垒小西城。

到朝鲜京城遇中秋有感明治廿七年甲午

出师万里奉皇猷，行路将吾不自由。期见天津桥上月，韩城城里遇中秋。

平安道上作

到处山河新战场，凄凉风色近重阳。平安道上秋将老，却想奉天城外霜。

取九连城有作

所向无前意气雄，欲依粮敌敌还空。何时饮马长城窟，万里山河一路通。

奉敕将发满洲示两师团

马革裹尸元所期，出师未半岂容归。如何天子召还急，临别阵头泪满衣。

丙申元日试笔明治廿九年丙申

风动旌旗收战尘，满城车马太平人。山河新入版图里，共祝君王万岁春。

甲辰五月接第一军渡鸭绿江报赋此明治三十七年甲辰

破险王师意气豪，战声撼地激狂涛。远征忽忆清霜晓，鸭绿江头残月高。

十一月廿一日梦陷旅顺赋示乃木将军

百弹激雷天亦惊，包围半岁万尸横。精神到处坚于铁，一举直屠旅顺城。

次某氏韵，时奉天城攻击正酣明治三十八年乙巳

对峙两军今若何，战声恰似迅雷过。奉天城外三更雪，百万精兵渡大河。

巡视满洲军防御线有感

开原铁岭渺平芜，诸将拥吾前后驱。遥听炮声隔山起，一天风雨入昌图。

丰公石垣城趾怀古

家住石垣城趾东，晨昏相对感无穷。江山分占君休笑，胜绝风光在此中。

中根淑

中根淑(1839—1913),幕末明治时代的汉学者、随笔家。江户人,本姓曾根,号香亭、迷花生等。幕府旧臣,后又参与明治政府事务。中根淑较早以西洋文法理论分析日语,著有《日本文典》。另有《庆安小史》、《兵要日本地理小志》、《香亭雅谈》以及汉诗集《行脚非诗集》等。以下选自《行脚非诗集》。

西乡隆盛墓

中兴第一策奇功,何苦纷纷又起戎。西海鲸鲵翻怒浪,南肥草木靡狂风。竟无身得偿余罪,尚有人能谅寸衷。辽左用兵今若彼,往时抗议不曾空。

伊藤博文

伊藤博文(1841—1909),德川幕府末期长州藩士出身,幼名利助,字俊辅,号春亩,后改名博文。自幼生活贫困,寄宿寺院。后进入吉田松阴的松下村塾学习,参与尊王攘夷运动,并在赴英留学回国之后,参与领导倒幕斗争。明治维新后,负责政府的外交事务,积极主张将欧美各国的政治制度、教育生产方面的“开明风气”移入日本,并提出废除封建诸藩,建立府县之制。明治四年(1871),以副使身份参加由右大臣岩仓具视率领的使节团,访问欧美诸国,倡导“殖产兴业”,推进了日本资本主义的工业化进程。明治十四年(1881),赴欧考察过后推崇德立宪国制度,以确立天皇绝对主义的统治体制。明治二十五年(1892)第二次组阁,首开用天皇压制议会的先河。甲午战争后,主持与李鸿章谈判议和,迫使清政府接受条件极为苛刻的《马关条约》。清国戊戌政变后,参与营救康有为、梁启超、黄遵宪等人。伊藤博文是长州五杰之一、明治九元老之一,也是日本历史上的首位内阁首相、枢密院议长与贵族院院长。明治三十九年(1906)就职第一任朝鲜统监,后被朝鲜义士安重根刺杀于哈尔滨。有汉诗集《藤公诗存》传世,以下即选自此。

自清国归朝有作

解纷不用干戈力,谈笑之间又缔盟。万里归舟风浪静,载将春色入京城。

奉命巡视琉球

六只艨艟旗色雄,鹏程万里驾长风。谁知军国边防策,辛苦经营方寸中。

明治二十七年六月所感

夏初天象测知难，雨去雨来转瞬间。岂啻乾坤独如是，此中人事亦循环。

甲午七月作所寄李中堂云

八道风云未起尘，岂无醉梦到天津。知君豪放平生志，应有雄图惊鬼神。

征清歌

大风吹起渤海浪，朝鲜八道战尘扬。可怜小邦苦外侵，千里山河天城障。日东天子爱苍生，直发三军进大旌。君不闻海洋岛外沉敌舰，又不闻平壤城头鏖万兵。沈阳胡族彼何为？敢逞鸱张抗王师。早应燕京树降幡，长使东洋致缉熙。狮舌蹯舑久苦饥，鹫目眈眈暗窥机。割断大事铁与火，我武我文扬国威。

游严岛

偷闲半日出行宫，祠畔停节访晚枫。兵马倥偬人欲老，天边霜气月如弓。

又

水碧沙明映万樯，海边一路好风光。飞鸿没影湘云外，波际洲山点点苍。

严　岛

严岛风云几变迁，天妃池畔浪摩天。长留讨贼英雄迹，岂啻佳称千古传。

甲午十月二十一日广岛春和园雅集分韵得山占一诗以示众宾

文坛诸将发斑斑，把酒推敲谈笑间。笔阵千军横扫处，王师已报定天山。

赋似明瑞

童儿六岁气如虹，下笔云烟生坐中。大器晚成须记取，英雄少小未英雄。

破　窗

破窗月画眉，一遂落梅时。有客挥椽笔，墨香飞入卮。

书　感

干戈岁月两推移，春雨秋风羽檄驰。北伐班师机未熟，南航制海计何奇。挫强局势虽辽远，字小皇谟在辑熙。愧我叨参军国政，都俞无荣献丹墀。

岛尾得庵来饮赋似

一从东海动兵机，五大洲中羽檄飞。遮莫王师频报捷，北燕风景近斜晖。

乙未四月作

长风万里送人归，订约犹看羽檄飞。遮眼云烟果何兆，个中消息是天机。

失　题

平生私淑在前贤，肯冀微衷能动天。千古谁知诸葛志，批灯时读出师篇。

京都作

连云楼阁出栏横，六六峰峦雨始晴。山色依然带王气，一千年后旧神京。

二十八年五月车驾还幸东京，博文亦在供奉之列，恭赋

大纛扬扬去向东，凯歌载道万人同。二千五百年前事，就与中兴伟业崇。

书　怀

苍苍白露望茫茫，千里江山草亦香。眼底乾坤堪瘗骨，英雄何处不家乡。

二十九年大础别业成仍揭李少荃题赠沧浪阁三字其五月十三日招邀东京名流落之有诗

维武维文日渐恢，中兴熙运抵春台。天心未藉伊周力，世上岂无房杜才。岳色千秋含雪秀，沧浪一阁拂松开。寻盟兹会骚坛士，同捧君王万寿杯。

又

南熏五月麦芒天，胜会时间鸡黍筵。诗费推敲人即俗，酒忘畛域客皆仙。山花岩上随风落，水鸟波间带雨眠。休问浮沉尘世事，壶中日夜自然迁。

除夕辞京

五十六年余半日，都门此去向何边。春风明日屠苏酒，好驾鸣皋朝九天。

丙申元旦对岳有感自题小照

资性由来天所赋，穷通有命复奚疑。心随日月分明晦，脚履山河试险夷。今古一人谁是我，乾坤万象即皆师。芙蓉岳雪千秋洁，执此华韵志未衰。

丙申岁将赴台湾有作

战后烽烟迹欲无，百年长计在皇谟。节旄衔命辞天阙，去见海南新版图。

赴台湾舟中作

鸣皋时欲脱鸡群，万里风涛共鹤闻。物外何缘忘境遇，世闻有路出尘氛，晴光忽动南洋浪，孤影尚留东海云，行视台湾新领土，普覃皇化好敷文。

台北族馆喜雨

夏山带雨半天云，忽见惊雷拂瘴氛。一阵清风来坐上，满楼无客不欣欣。

题台北城壁

同仁一视汉阴晴，须以斯心荣治平。满堂唱和乾坤动，日本天皇万岁声。

台湾巡视中作

即是神州南海关，节旄今日入台湾。一条铁路穿山出，万顷秋田傍岸环。铁树花开荆棘里，水牛背露涧流间。途逢父老询新政，只愿皇恩及岛峦。

际会风云从六龙，宣敷皇化纳蛮宾。百年草木沾新泽，千里车书脱旧封。淡水东流入蓬岛，玉山北向揖莲峰。郑家遗迹今何在，只见古坟没野榕。

广岛驻营将校为征清役战死者修祭赋此

东海扬尘去年事，六龙移跸广陵城。提戈韩白辞宸国，画阁萧曹参幕营。敌国请归荣圣德，王师奏凯耀威名。军团弟五多忠死，来吊英魂泪欲倾。

偶　感

去年今日侍鸾舆，咫尺天颜阅羽书。一转乾坤事如梦，湘南烟水忆鲈鱼。

书　怀

回首风云几变迁，仰看日月照山川。皇威已及台湾岛，兵气全销渤海天。麟阁留名羞老骨，烟波晦迹是神仙。五湖春色方今好，欲浮优游诗酒船。

自宇品至严岛舟中作

身入仙寰自不知，天然风致即吾师。舟游半日烟波里，击楫醉吟归去词。

其　二

曾扈鸾舆事远征，广陵秋色入眸清。从来自有并州感，又趁轻舟寻旧盟。

将赴清国有作

读书谁道知天地，百术何缘浮太虚。欲试翱翔无羽翼，逍遥才得托舟车。

又

芙蓉峰雪夏犹寒，不似人间苦热难。借我平生好颜色，如今一别照心看。

神户作

天悬日月照山川，今古斯中几变迁。贫富贤愚果何物，圣人亦已在黄泉。

发长崎

曾赋苍烟白露诗，正知实践在斯时。茫茫四百余州地，不问前程有险夷。

发仁川

远辞韩关向燕京，为是微衷寻旧盟。不问风涛千里险，雄心真欲掩沧瀛。

津市听潮阁追怀黄鹤楼游踪有作此夜晴日明

浩荡身如水上鸥，浪游未解客中愁。闲吟时倚听潮阁，残梦犹萦乘鹤楼。襟里书编资独乐，天涯风物任人收。津市此夕还赊醉，白雪茫茫与月浮。

奉命将赴朝鲜

日月照临寰宇中，阴晴虽异四时同。只看人事难穷测，成败由来疾似风。

偶然步前韵

莫道平戎谈笑中，杞忧独不与人同。时翻元寇当年史，毛发冲冠向北风。

仁　川

花开麦秀满平田，窗外风光雨后天。春晚闻莺眠忽觉，明朝又上汉江船。

入韩杂诗

韩城风色转荒凉，战后山河经十霜。烽火急传黄海上，天兵再度向辽阳。

时事偶感

空前大敌近西邻，猛政临民如暴秦。韩满山河埋万骨，溅将热血报天人。

浪华寓楼作

春雨鸿城迎鹤车，恩光载道化风舒。当年大业留遗迹，今日有人编史书。

古风一首送大山总司令出征

大地球中东海隈，三千余岁帝阍开。纤尘未犯神灵地，自称东瀛小蓬莱。上古未闻开锁论，祖宗宏谟气宇恢。执长补短即遗法，四海归仁齐子来。武门搜横亦何有，神皇伟略嗟伟哉。西欧晚近研智术，电线火轮万里缩。夸唱文明专利功，舟车所到逞权谲。谁放活眼观全球，安识玉帛非戈矛。和亲侵略伴兵力，一朝相反恩化仇。宇内大势已如此，今上睿明完大猷。励精图治无宁日，三十余年不暂休。教民育材绍祖业，国光渐将辉五洲。曷料骄虏忽启衅，两翼已伸韩满洲。阴风惨淡云四翳，旷日空手危金瓯。宣战大诏从天降，三十万军水天浮。王师渡海已五月，前锋所向翻旆旒。进占全胜堪计日，元帅膺选大山侯。授钺专征辞魏阙，平生研钻子房筹。胜负胸中有成竹，妖氛坐觉豁朔陬。须期破敌归来日，百战功就除宸忧。东洋平和从此始，盛名青史照千秋。

偶作

欲寄骚思送远征，沧浪阁上梦频惊。汽车时载军兵过，夜半犹闻万岁声。

夜坐述怀

秋风底事独伤神，鸣鹤苍景惊攀频。月照空庭霜满地，天涯堪想远征人。

无题

奇计问天天不应，应将人事赞中兴。任他世上毁誉论，先辈遗言即准绳。

无题

残棋局未终，打劫管穷通。人若问胸具，唯余热血红。

沧浪阁偶成

诗志多年竟不酬，幽居单寄钓鱼洲。心如秋水寒光阔，迹似浮云去路悠。银色横空西岭雪，金波流月五湖舟。平生情绪何须解，旷古襟怀孰匹俦。

失题

洌上阴云影未收，天皇轸念几时休。想君下马京城夕，白露金风不耐秋。

题雪江晚景图

白雪纷纷枯木鸣，寒江只见一竿横。渔翁钓罢归心切，不顾岸风翻浪声。

时事有感

不辞风雨洒渔笠，朔北霜威凛似戈。操柁谁能支覆没，孤舟岂许托狂波。

赠东乡司令官

帷幄筹谋妙入神，水军战术亦惊人。皇谟深远仁如海，欲系安危镇四邻。

赴韩国作

治乱谁言有两途，修文讲武是良谟。胸中所画无他策，欲使韩山草木苏。

自韩国归

老去何辞济万艰，新盟系得两邦间。芙蓉一别三旬日，迎我天边开笑颜。

失　题

逐鹿中原彼一时，海南游猎策何奇。春帆载笔归来日，经国文章上玉墀。

扈从韩皇北巡中作

呼白呼黄人种别，云韩云日本朋俦。乾坤俯视惟寥廓，一视同仁保亚洲。

乙酉十月将赴满洲启行作

秋晚辞家上远程，车窗谈尽听虫声。明朝渤海波千尺，欲吊忠魂是此行。

旅顺

渤海湾头新战场，两军忠骨土犹香。恩仇本是非私怨，追吊当年转断肠。

久联二百三高地，一万八千埋骨山。今日登临无限感，空看岭上白云还。

十月二十五发奉天赴哈尔宾汽车中作

万里平原南满洲，风光阔远一天秋。当年战迹留余愤，更使行人牵暗愁。

土屋凤洲

土屋凤洲(1841—1926),名弘,字伯毅。泉州岸和田人。十二岁,入藩黉讲习馆,受业于相马九方,专攻蘐园古学。十九岁,师从但马的池田草庵,研修朱子、王阳明、刘念台等人的学说。归藩之后,潜心经史诸子,同时钻研长沼流的兵学。明治三年(1870)复为藩黉教授,五年(1872),受召参与堺县的学政,兼任师范校长,并建立家塾晚晴书院。后为吉野师范学校校长、兵库县师范学校教谕、奈良师范学校校长,兼任奈良县学务课长,还与古泽介堂携力兴办平城吟社。明治二十六年(1893),为华族女学校教授,大正五年(1916)后,几次被召入宫中御讲经书。其交游者中,与诗文造诣深厚的清人陈曼寿、叶松石等亲善。著有《晚晴楼诗钞》、《晚晴楼文钞》、《文法纲要》、《皇朝言行录》、《近世丛谈》等。以下选自《晚晴楼诗钞二编》[开发社,明治四十一年(1908)]。

赠福岛中佐

功名元是男儿志,事业须为天下先。冒险或窥馋虎窟,攀危时上绝崖巅。五洲英俊避三舍,万里江山归一鞭。如此远征应少匹,自今谁复说张骞。

明治二十七年甲午七月二十八日书事

鸡林八道扬妖氛,貔虎三千威何云。丰岛一战获虏舰,牙山再击屠敌军。如此奇捷何容易,神州精英万国闻。

次韵伊藤侯近作

一代英雄果若何,丰公事业梦空过。卷来四百余州土,不学当年失计多。

乙未春初书事五十五岁

貔貅十万久西征，闻说前军已进营。想见边城杀气暗，满天风雪殄胡兵。

（刘洁选录）

秋月天放

秋月天放(1841—1913),名新,字士新,俗称新太郎,别号必山、瑞华七剑堂,丰后人,日田藩儒秋月橘门的长子。幼时接受父亲庭训,及长,从学于广濑淡窗。明治四年(1871),起身于兵部中录,历任陆军大录、大尉、少佐、参谋本部编纂课长,经太政官少书记官、权大书记官、内务省参事官、书记官、图书局长,后任东京女子高等师范学校兼文部省参事。明治三十二年(1899),敕选为贵族院议员,曾出入于福井学圃的涵咏吟社,也曾寄诗给江幡澹园的《江湖词藻》,著有诗集《天放存稿》、《知雨楼诗存》,以下即选自《天放存稿》[东京秀英舍工场,明治三十年(1897)]。

漫言三首明治二十七年

仓庚音又管弦声,自占风流按酒兵。一望炮烟忽奔窜,乃公不惯听轰轰。

浅斟低唱倚蛾眉,妇在军中兵气疲。果是将军不好武,何为无学杜陵诗。

辕门狼藉校书衣,细柳森严彼一时。不怪拿来提督服,和将秋雨晕胭脂。

大风歌

茫茫禹域州四百,鞑虏何物卷如席。乘他内乱夺人国,肆然尊大不揣力。一朝向我动兵革,我皇震怒飞霹雳。陆屠海歼入穷北,北京君臣无颜色。忆昔蒙古忽必烈,灭宋侮我来作贼。天助我武神威赫,鏖其人而碎其舶。鞑蒙毕竟同一族,自称中华实蛮貊。我屡代天行诛罚,仁者无敌古言确,不知燕然山头勒石日,辫发之儿何处去索食。

无论汉唐宋明历代帝王灵,尧舜禹汤文武亦将以手加其额。

寒夜不寐

木秃叶无余,北风卷云急。逻靴警夜深,簌簌霜华涩。

病中风雨有怀征西诸将

浪浪来不已,冻雨洒山麓。带风鸣夜深,撼我卧病屋。忽忆远征人,结阵高寒陆。万众皆寝薪,上将亦枕幞。急霰迸军刀,猛飙卷戎服。提剑手已龟,挥鞭臂全木。值此风雨甚,念君艰难酷。起身不能眠,顾影愧重褥。

寄横井继祖在广畴军营

投袂忘家兼忘身,征袍千里扈西巡。按歌妓院醒前梦,草檄辕门惊后人。海岳吞屠气盘礴,风霜披沥胆轮囷。相从欲贾君余勇,谁识鬓毛不再春。

岁杪偶感

战云黑压北溟滨,陆歼飞翔海戮鳞。日月不停岁云暮,雨风如晦夜怀人。国民争献膺惩费,天子方思将帅臣。努力貔貅远征士,凯旋应及对芳春。

怀远征诸将次大苏除夜野宿韵先是有军司令更任之命第四故及

征夫赑屃就同徂,不怕冱寒行崄途。既报顽民归版籍,曾无嬖妾窃兵符。将军心赤推人腹,壮士冰玄结蝟须。我识王师入燕日,春风满地听来苏。

乙未元旦二十八年

新正闻捷报，祝酒酌银缸。已白梅依水，初红日挂窗。苗獠唯事虐，神武不诛降。仁暴天渊别，春风及异邦。

次东坡《正月廿日》诗韵原十首录三首

一月二十五夜检西南役时稿偶闻我军已拔盖平城

不屑驰趋权贵门，自甘萧寂住寒村。灯前笑检旧诗句，衣上怕看新酒痕。报国干城凌大雪，爱亲命脉逐奇温。从军今日成遥梦，北望徒劳垂老魂。

读战报

仁义之师入北门，真成甘雨洗荒村。五字用唐句。冰封绝壑明烽火，雪压平原殷血痕。中夜击鹅同李愬，何人扪虱谒桓温。吾钦将士冒锋镝，万古长留不死魂。

古言飞鸟避辕门，五字用唐句。今见天恩及僻村。早有老更迎道左，曾无儿女掩啼痕。裹粮不用析骸爨，卧雪还疑挟纩温。彼我同仁埋骼骨，一坛香火祭雄魂。

立春日高岛张甫来访席上作

冰雪痕消又立春，柴门昼启接闲宾。我须全白应毋我，人眼能青有几人。吹万风来窾謑(宊)，无量酒灌胆轮囷。与君今日相逢处，共忘微官在此身。

闻清国依墨人乞和有作次张甫韵

三军鼓气迫燕京，刻日将为城下盟。自牖约遥依墨国，复隍吝合愧朱明。怀柔善政仰良吏，残杀虚闻任外评。不虐降人怜捕虏，皇师所主在真诚。

又二首

亿万臣民亿万心，知他祸本百年深。出师未战身先遁，谁使英雄泪满襟。

王师十万向燕都，义士未闻攘臂呼。莫怪当年河北郡，如今十八省中无。

二月一日作

漠漠黄云月失明，千寻积雪压胡城。猛飙飞石征袍裂，奔浪掀天战舰横。旅顺居民尽归顺，盖平残虏底全平。令严吏士更清肃，满野鸡豚寂不惊。

二月三日作

朝廷拒绝使臣言，要为东洋绝祸源。杀气未开雷雨怒，战云高压日星昏。至仁非欲血漂杵，逸德由来火燎原。山海关门不难破，北京会见大旗翻。

媾和篇

茫茫大坤舆，昊天无私覆。内外分华夷，我笑彼人陋。其于三韩国，且道是我有。皇心在提携，匪寇欲婚媾。战端从彼开，忘为善邻友。我师出以律，武扬惊宇宙。勇将督三军，猛狮逐百兽。严翼武服共，执获肤公奏。遂令乞和使，再拜百顿首。我皇仁如天，容请垂三宥。圣谟戒骄奢，明诏劝忠厚。寄语天下人，愿以勤俭副。成功已无前，图治在善后。寄语庙堂士，天命实不又。

五月三十日圣驾凯旋恭赋

王旅西旋五月晨，欢声雷辊入云振。至尊不是人间种，一怒而安天下民。大旆央央风有力，六龙娇娇路无尘。城中早已芳菲歇，忽讶今朝再遇春。

七月病中作

养痾久不伍渔樵，蒲褐风瓯伴寂寥。气结四郊云幂幂，昼寒七月雨萧萧。湛渊谁蓄心珠贵，浊世唯看肉柱摇。闻说台南未休战，舞干何日格三苗。

读台湾战报

战报从台北，几回伤我神。贼心狠似兽，兵气倦如春。圣主久宵旰，诸公可欠伸。蕃荒元小丑，不日敛风尘。

久雨叹

昨夏恒旸若，亢旱人欲哺。今夏全相反，徂暑尚霖雨。天日惨失光，稻苗瘦如缕。菜蔬根无须，其叶不湑湑。加之台南凶，未肯就绥抚。有似殷顽民，乃欲有尔土。维昔式辟人，不柔茹刚吐。堂堂神武雄，欲笑仲山甫。唯为海山险，末力负强弩。战舰艰下锚，征夫苦运糈。况逢疫流行，猛于南山虎。救药不可及，死丧十过五。天意既不臧，人事亦如许。宵旰劳皇心，何以答明主。只须俭与勤，家邦程神禹。宴安是酖毒，吾敬敬仲语。

山县伯以功列为诸侯赋呈

将军下马谒君王，有诏封侯赐鸹章。灵凤冲天悬异彩，明珠出海放神光。元勋中最富经验，高爵外殊推德望。闻道朝廷方倚重，岂容肥遁老南湘。

送田村陆军中佐之独逸

也似周时分七雄，万邦列立大洋中。神州终古仰明主，德国三朝倚老翁。虎视互贪狼鹿贡，犬牙相接马牛风。寰区形势今何若，判断在君方寸中。

乙未中秋

何以超然忘我忧，有情元易惹闲愁。杯浮绿蚁瓶花映，囊逐青帙诗卷留。异域远征人万里，一年良夜月中秋。百壶载酒属前梦，灑上犹思学陆游。

闻朝鲜近事

邸报披来万恨长，秋风吹冷九回肠。急流勇退各于党，忧国奉公今则亡。纵有铜标画北海，岂无铁路贯东洋。方逢觳觫迍邅日，谁是救时良栋梁。

次仙台诸子中秋用袁简斋淮上对月韵诗

林枫微赤荻花残，白月离云大似盘。唯我异居非异趣，与君同夜负同看。蓬头半断人将老，银烛高烧夜不寒。惭愧楼头漫对酒，兵戈未熄海南端。

湘南别业寓中，张甫寄示次胜间田知事韵诗，乃步其韵言志

缁来战报倚危楼，何以消吾胸里愁。海气莽苍龙卷浪，星文错落剑横秋。双行有泪非怀土，千岁无人不抱忧。闻道辽阳戍犹在，兵戈曷日得全休。

乙未除夜

山河落落瓦樽前，天地悠悠岁序迁。人过中年多感慨，月当除夜故婵娟。钱神高扬知何恨，腕鬼穷追如有缘。百八钟声闻不尽，明朝四海又新烟。

丙申纪元节恭赋

宝祚无穷天壤间，纪元佳节宠光颁。风飘仙乐丰明殿，日映龙颜大内山。田野全开禽兽匿，兵戈初熄国家闲。微臣亦有黄封赐，惭以菲才列末班。

空山独语

白首消磨意气豪，自甘屏迹卧蓬蒿。鸡猪鱼蒜吃何择，猯貉狐狸噉未遭。海送狂雷惊断梦，风挥悲泪洒吹毛。迂顽只合守缄默，廊庙岂无萧与曹。

又

传道韩廷复沸腾，缙绅毕竟尽苍蝇。牝鸡苔冷冤魂结，老鹫秋高辣气蒸。匪发匪飘今刺桧，事齐事楚古怜滕。良医医国何人是，宰相未闻三折肱。

又

开国于今五百年，小邦时运屡迍邅。通衢蛇虎啖人尽，当路豺狼执命专。谁蓄阴谋行威喝，可教义战属云烟。提撕有约炳如日，忍见中流不系船。

读春亩侯台南诸作

已将义战立勋名，更向台南载大旌。草檄蛮荒谕父老，投文溟渤走鲵鲸。笔锋皆挟风霜气，砚海犹闻云浪声。北顾岂无多少感，茫茫何处是幽井。

继祖至自西征赋赠时为陆军编修

义战堂堂动六军，遂教东海绝妖氛。逮今不早修良史，向后何缘入秦客。

尧母陵

尧母陵前泪不干，遥遥乡思在云端。何人为扫新阡路，春雨秋风宿草寒。无似丧先妣，服除未几即出游，春秋享祀属诸门生者三年。于兹每思及之，不禁泣血。

将抵清风店大风扬沙雨亦从至

野宽风力大，尘卷夕阳黄。雨声追客到，心与马蹄慌。

纪信城

汉王黄盖出东门，却遣真龙天外翻。兔尽狗烹何足怪，曾无血食报忠魂。

杜太后故里

谁将黄袍加我儿，儿有大志我先知。殿前检点飞腾日，正是王家孤寡时。吾家借作前车鉴，兄终弟及母相疑。枢臣记言慈颜喜，宁知枢臣心则否。榻前一诏卷狂风，常棣花碎血痕红。

八卦台

睥睨坤舆黑子哉，亚欧弗墨是浮埃。五洲兴废凭谁卜，欲问庖牺八卦台。

新乐县途上

渺渺平沙驿路长，如舟小屋倚林塘。一生惯啖椿榆叶，知否人间有稻粱。

鄂王庙

痛饮黄龙志欲成，金牌何事枉班兵。中原草木皆腥气，十道风云尽哭声。谁道贼臣能构狱，不知高庙竟无情。两宫长作望乡鬼，月苦霜凄五国城。

隐畊曰：字字精当，笔挟风霜。紫瀓曰：不即不离，吊古绝唱。雪门曰：老吏幽狱。

端木子故里

先贤故里远来游，满陇黄云正麦秋。十哲之中推经济，多知贯得到源头。大仁店近熏风暖，飞凤山高朝旭浮。堪笑世间穷措大，漫将贫贱傲王侯。

卫州途上

万里黄沙两丝鬓，自怜吟骨瘦于诗。雨行苦冷晴行热，乍著重裘乍著絺。

新乡县阻雨西风寒甚

征衣敝尽发鬖鬖，愁对清樽独自倾。乱后中原多战骨，眼中宿莽是荒城。驿窗有梦寻乡梦，灯火无情照客情。记取新乡今夜雨，西风匝屋作秋声。

同盟山

同盟山上树森森，想见当年旄钺临。不是周王能克受，人心向背即天心。

罂粟花

翠袖轻翻不受尘，娇红艳紫殿残春。前身应是倾城女，香色娱人又杀人。

紫瓛曰：体兼比兴赋，语证去来今，自是君身有仙骨，世人那得知其故。

宿孟县

大行西来郁峥嵘，屏围幛列拥燕京。迤为百花又马耳，余势起伏趋井陉。我行日与山相远，山色送我青不尽。山灵应与我有缘，几回相望转缱绻。昼行看山未暂间，夜窗又自对孱颜。今宵始与名山别，无端又梦故园山。

孟　津

天涯飘荡竟如何，齐鲁幽燕次第过。虐雪炎风人欲老，两年两处渡黄河。客冬，御雪过山东渡黄河。

洛　阳

落尽百花春巳残，熏风一路据征鞍。魏姚自有前生约，恰到河南看牡丹。

乾　陵

武家风是吕家风，玩弄乾坤在掌中。地下相逢应一笑，绮罗丛里两英雄。

天津桥

人才何必分南北，标榜漫传道学名。独使半山忧社稷，天津桥上杜鹃声。

王祥河

听得鸦儿反哺声，征人来此若为情。北邙陵墓多无识，一水长留孝子名。

楚坑行

楚坑高兮秦关低，坑中夜夜哭声凄。一丛髑髅怨不灭，化为乱石啮马蹄。君不见乌江重瞳子，头飞肉散无完体。何若秦卒二十万，能全身首聚坑底。

紫𪊨曰：字字奇闻，长吉锦囊佳句，何以加兹。

崤　函

三晋云山连秦树，斜阳欲没崤函路。乱石怒与车轮搏，响彻幽岩起怪雾。当年此地扼戎兵，刀折弦绝天冥冥。二陵风雨来不尽，秦人骨白晋山青。

穴居歌

凿崖为室土为席，只有扃扉不须壁。屋上坦坦广几弓，牛挽碓车人晒麦。在屋戴地出践天，上天下地距咫尺。垂髫黄发长团栾，终身唯知穴居适。竹生竹生欲何为，十年敝尽远游衣。病妻稚子天一角，楚水秦山鬓欲丝。呜呼何不掷书买耒耜，穴居子笑远游子。

函谷关

峰峰叠如夏云起，中通一线不方轨。重关已扼百二雄，形胜更控黄河水。忆昔秦人擅富强，祖龙威暴乃虎狼。负嵎耽耽牙磨剑，六国如醉六王狂。珠履金印争延宾，凭轼结靷来往频。宁知扶危自有道，堪笑鸡鸣狗盗人。

又

五更鸡唱辞荒驿，函谷马嘶天欲白。重迭抱关皆土山，山巅山腹种麻麦。

宿盘豆驿寄怀友枝庄三

我发燕京日，君书自远臻。未展心先喜，一读泪满巾。君夙乐高蹈，忧道不忧贫。常棣萼柎散，辛苦在天伦。陟屺遥瞻望，望断萱花春。中夜梦负米，觉来疑是真。对人强言笑，向隅独吟呻。天心薄孝子，何地植忠臣。吾言不他告，君闻且勿嗔。归期秋风近，乡味欲及莼。与君浮鹰水，依旧钓细鳞。今夜月如眉，我行初入秦。屋梁依稀影，思君展转频。知君当此夕，亦当思故人。

潼关即风陵所在

匹马蹄声急，风陵欲起风。河流抱城阔，山势入秦雄。市近人烟密，关高鸟道通。长安何处是，目断夕阳中。

紫巘曰：浑灏流转，五律正宗。剑盟曰：壮采纷披。

华山二首

云际苍龙隐鳞甲，天边玉女露娇鬟。诗囊欲蓄烟岚秀，立马贪看大华山。

暂驻征骖大华前，满林积翠雨如烟。云间铁锁通仙路，天半瑶华涌妙莲。大地茫茫吾欲老，千秋邈邈客犹眠。名山在眼难攀得，奈此风尘未了缘。

鸿　门

重瞳视近不视远，沐猴而冠韩生哂。谁道大王性不忍，不忍可忍忍不忍。剑舞双双白日寒，真龙低首惨无神。蓦地一卷风云起，玉斗撞碎泣谋臣。君不见新安白骨高于冈，冤气于今草不苍。忍坑秦卒二十万，不忍俎上一汉王。

紫巘曰：奇思独辟，却又俯拾即是，故妙。又曰："不忍"句精，兴似于。又曰：神光离合，纸上有风云之色。

晨起浴骊山温泉

湿烟缕缕日升迟，风冷云清晓鸟悲。最是远来憔悴客，温泉如鉴照须眉。

灞　桥

水绿山明阅几朝，古陵寂寞草萧萧。多情只有风前柳，飞絮随人过灞桥。

长安旅夜

承露盘空仙路绝，延秋门古夜乌悲。无情一片长安月，偏向离人照鬓丝。

咸　阳

洗尽炎尘一雨晴，田田苜蓿马蹄轻。终南山色长安月，夜送行人入渭城。

始　皇

法若牛毛吏如虎，却强秦网太恢疏。销兵未到泽中剑，劫火犹余圯上书。徐福三千携艳玉，祖龙一夕化游鱼。经营别见英雄迹，万古长城铁不如。

马　嵬

六军底事驻前旌，枉杀蛾眉太不情。毕竟君王忘旰食，美人未必定倾城。

赠扶风孙明府

四海皆兄弟，逢君信此言。一身忘是客，终日为停辕。践履儒风贵，耕耘土俗敦。南熏生意满，膴膴古周原。

夜发岐山寄内

岐山风化启雎麟，走马朝来西水滨。自古圣贤皆好色，有情烟月笑离人。

冒雨逾大散关至东河桥

怪雨脚底起，还倾头上盆。千峰悬飞瀑，万壑互吐吞。云与人争路，人奔云亦奔。一笑跨奔云，泠然下前村。

白家店雨夜

石气蒸作云，吹送千山雨。羁怀惨不乐，孤灯耿蓬户。夜黑林有风，恶梦忽逢虎。

剑盟曰：横空盘硬语，是学昌黎而得其神似者。

度凤岭

栈云关雨满客袍，我行逾远气逾豪。秦川如线树如荠，立马天边凤岭高。

留侯祠

水自涓涓山自葱，祠堂深锁夕阳中。赤松应在荒唐境，黄石终归亡是公。只愿报韩全素志，敢言佐汉奏奇功。史家徒说知几早，千古无人识苦衷。

度画眉关至马道二首

晓月送我画眉关，忽到铁佛焦岩间。铁佛、焦岩，俱地名。武曲之蹊何屈曲，褒谷之水几弯弯。欲坠不坠石抱石，欲飞不飞山掖山。千古烟霞应有待，不遣尘踪久仙寰。武曲铺西有石，镌“千古烟霞”四大字。

奇峰当面起，怪石压头倾。褒谷连斜谷，山耕杂水耕。陇云晴带雨，秦树夏啼莺。莫问兴亡事，前途多古城。

马道驿北一水曰樊河相传酂侯追淮阴至此及之

隆准是盲龙，重瞳乃沐猴。天下几人识英雄，独有漂母与酂侯。一夜东遁鞭匹马，非我负汉汉负我。樊河水涨不可行，下马河上藉草坐。无端听取碧蹄声，何人履我呼我名。厚意未报一饭德，回鞭且酬知己情。却有神骏留化石，祸机似讽狗烹客。千载钟室有谁吊，石马不嘶山月白。山上有石状如马，传为淮阴所乘马所化。

观音碥

巨灵擘怪石，迭之作奇峦。绿草生石隙，袅娜媚于兰。上有百尺瀑，吹雪六月寒。下有千丈壑，水黑毒龙蟠。一步一奇出，百回千回看。欲写幽奇景，倪黄亦应难。诗魔已乞降，苦声绕笔端。忽惊紫云起，慈佛立巑岏。

褒姒铺

烽火冲霄虏骑驰，檿弧箕服果妖儿。一言一笑倾人国，善学展禽是息妫。

鸡头关

七盘之路何峥嵘，水啮山根山欲倾。人影高从九天落，吟肩耸与乱峰争。岩留凤嘴云常护，岭上一岩名凤嘴。石化鸡头夜不鸣。岭上又有巨石，状如鸡头，因以为关名。百二秦关从此尽，平原开处见褒城。

栈中杂诗

游遍中原尚未还，肩舆又向锦城间。乱峰迎客益门镇，冷雨吹衣大散关。谁架垂虹通石栈，我来叱驭度云山。凭君莫说三巴路，未听

朝天岭朝天镇在其下

雄镇踞一方，形势如在井。出井忽近天，道是朝天岭。俯视嘉陵江，倒蘸千仞影。日光不到处，湿云朝暮冷。鸟路几萦回，连天一线永。前行人已远，犹在后人顶。巨石当道出，赑屃各争猛。起者如豹虎，欹者如舴艋。或瘦而巉嶙，或秀而明靓。或狞而攫地，或顽而生瘿。百窍自玲珑，一一可贯绠。岩间水滴久，此中皆幽景。巨灵去何年，无人来管领。昂头啸苍穹，日落万籁静。

千佛崖

悬岩临水甚奇崛，谁向岩间刻千佛。大龛小龛佛累累，面目依稀总如活。过客拍掌称奇妙，全身装成金碧耀。但恐佛有灵兮佛亦愁，愁竭民膏涂石窍。

刘茂锡自陕西送至广元临别赋以为谢

相遇论交臭味真，天涯知己胜乡亲。蜀山栈与秦川峡，一路凭君作主人。

听妓弹琵琶

青衫有客入三巴，望断东天远忆家。一握江州司马泪，嘉陵水上听琵琶。

昭化县客次遇盗

如有人兮户半开，梦醒急呼僮仆来。独失汗衫与破帽，盗兮盗兮费我疑。盗儿之意何为耳，入室未尝胠行李。深知寒儒太落魄，无乃梁上古君子。闻说萑苻遍江湄，夜夜来觑行旅帷。殷勤示我前车戒，果然君子是吾师。呜呼汝盗有德性，何不告我以名姓。天下原少忠恕人，勿向他人加盗行。

昭化阻雨

江声隐隐柝声沉，孤枕凄凉万里心。数尽归期闻点滴，巴山夜雨一灯深。

剑　阁

不入剑州路，马知蜀山奇。曲折凿成道，夹崖压人危。半峰以上峭而立，气冲霄汉势岦岌。裙腰一带乱石围，铁色黯黕晴犹湿。截然中断开一门，高架重关障雄藩。时平锁钥生绿锈，日紫雉堞带血痕。东客万里来巴蜀，无端乡愁积成斛。临风且歌蜀道难，遇雨又唱淋铃曲。蜀道即今为康庄，蜀山依旧攒剑铓。剑铓日触离人目，不怕离人割愁肠。

姜平襄侯祠剑门南数百步为姜公驻军处，其左隔水立上有公祠

奇峰争削芙蓉锷，千朵万朵拥剑阁。高鸟退飞不能度，全蜀北门资锁钥。阴平鼓声如疾雷，北兵踊跃从天来。屈膝甘向魏廷拜，刘家孺子何不才。姜公祠枕潺湲水，我来下马烟雨里。断碣残碑涕泪多，荒烟蔓草迷古垒。卧龙虽逝犹有君，其奈天意厌三分。邓艾槛车钟会死，忠魂含笑对剑山。

宿剑门驿

酒痕泪点客衣斑，一夜归心满剑关。巴雨蜀云人万里，杜鹃声里梦家山。

不寐有感

水行苦多风，山行苦多雨。蜀山行不尽，雨丝日缕缕。备尝远客情，写入新吟谱。勿谓少年狂，我已为人父。灯昏破屋中，漏湿无干处。愁闻邻儿啼，呱呱频索乳。

天成桥上作

剑门疏雨散如尘，淡绿浓青点缀新。欲画不知身入画，天成桥上看山人。

发剑州

鸡筹报晓梦魂惊，又治行装出剑城。雨蚀残碑前代字，风吹老柏漠时声。剑门以南老柏夹道，相传为蜀汉时所植。半生诗酒逞狂态，万里江山吊古情。温饱原非男子志，破簦短褐一身轻。

剑州杂诗二首

湍流激石响如霆，古庙阴森龙气腥。云絮乱黏巴树白，子规啼破蜀山青。天低剑外朝扪斗，雨滴愁边夜听铃。远役何堪多病客，数茎蓬鬓渐星星。

木叶初黄上栈车，绿阴时节尚天涯。云封剑阁猿啼昼，雨满巴山客忆家。故剑依人情切切，余之西航属家累于增田氏。声丝学语响哇哇。一女甫三岁。殷勤莫把归期问，岷岭吴江万里赊。

上亭子铺一名郎当驿，即明皇闻铃处

诗情酒兴任纵横，莫管蛾眉恨未平。地下三郎应妒杀，看山合笑听铃声。

送险亭下作

鸡鸣桑树夕阳颓，一望平原秧绿堆。山入云中飞舞去，人从天上步虚来。升仙无术客将老，七曲山有盘陀石，相传为仙迹。送险有亭颜始开。预想梓潼今夜梦，犹攀星月绕崔嵬。

下轿歌

自入栈道，每遇高山危磴必下轿而步，以分轿夫之劳。陶公云：彼亦人子也。作《下轿歌》。

下山如入井，上山如升天。盘曲石为梯，岦岌马难前。轿夫跋涉云岚里，雨淋日炙无时已。舁我入井又升天，一肩积血两团紫。君不闻古圣重民力，力役三日心恻恻。又不闻良将恩如父，常与士卒同辛苦。我下轿步脚铸铁，蹈破山腹石皆裂。轿夫举手一齐呼，勇是孟贲心是佛。吁嗟乎，坐轿人与舁轿人，一劳一逸大不均。舁者莫辞一身苦，坐者须发一念仁。大道陵夷风俗薄，富役贫兮强陵弱。要知我苦人亦苦，莫向人前贪独乐。我顾轿夫每长叹，客路何忍加呵谴。坦处乘轿仄处行，历尽蜀山险万变。

发梓潼

剪剪轻寒袭细绵，我行已出万山前。舆窗日日霏微雨，始信梅霖到蜀天。范《记》云：蜀中无梅雨。未必然也。

雨中过石牛堡

松竹深淡翠欲流，丘园晓冷淡烟浮。天停宿雨为今雨，速日滂沱，昨天阴而不雨。人叱水牛耕石牛。剑州以南多水牛。山转溪回又蛮落，鹃啼猿叫总离愁。闺中若问金钱卜，用成句。一片归帆八月秋。

过魏城驿抵绵州

湿云低处一鸠鸣，十日曾无雨日晴。满地桑阴深又浅，吹为绿雨到绵城。自绵州抵皂角铺，一路所过宛如故乡风景。一路鹧鸪泥滑滑，千山杜宇雨霏霏。映衣秧绿浓于染，出屋炊烟湿不飞。堂北草深怀益母，天南羽倦忆当归。松光竹影参差里，写出乡园白版扉。

飞石在涪江，俗传从罗江飞来

巨石一夜乘长风，飞自罗江来涪江。形如厦屋色如铁，屹立洪波千顷中。汝无羽翼解飞舞，坚骨棱棱自千古。惟汝能挽既倒澜，故向横流作砥柱。何不飞向穷闾贷一椽，无家之子泣风雨。

庞侯祠

岁时俎豆自悠悠，祠庙巍然祭靖侯。才大真难容百里，功成尚恨出中谋。侯尝献上中下三策，先主用其中策以取蜀。鹰扬未集三巴业，凤去长留万古愁。独使一身当内外，卧龙何以复神州。

过弥牟镇观八阵图慨然有作

嗟嗟八阵图，千秋迹不灭。雄材冠武韬，精义探文易。迭成三尺垒，分作八门辟。中藏十万兵，铠光寒白日。威留鱼腹浦，气蒸蛾眉碛。忆尝征南蛮，神出而鬼没。又复临中原，风雷卷地发。生前无匹敌，死犹走仲达。郁郁定军松，萧萧弥年月。我来对悲风，满腔沸热血。马革当裹尸，高卧非人杰。

成都雨夜

帘冷香消梦后情，锦城歌管夜三更。伤心奈此天涯客，独对残灯听雨声。

昭烈庙即惠陵所在

修廊曲殿矗层层，尚守先祧有老僧。一体君臣长合祭，祔祭武侯及诸功臣。三分事业继中兴。荒烟何处埋疑冢，翠柏于今护惠陵。汉贼从来不两立，紫阳特笔凛如冰。

后　主

降车远出锦官城，从此炎刘火德倾。小学兴亡关正统，才愚终始听阿衡。一抔陵土艰难业，千古苹蘩庇荫情。配食昭烈庙。剩有永安宫里诏，英雄心事自光明。

草堂寺

大耳经营垒壁荒，三郎遗迹亦茫茫。水光竹影城西路，来访诗人旧草堂。

织机石祠

世上漫传织女机，荒庭草色满烟扉。无情当日乘槎客，不载天孙载石归。

赠陈锡鬯明府

客里光阴亦惜分，每逢知己便论文。到门今雨心如洗，入室南风人欲熏。德政原从儒行得，颂声早藉口碑闻。庆云一片须珍重，燮理他年定属君。陈有德政，详于《栈云峡雨日记》。

蜀产歌

蜀锦颜色不炯炯，粗功今日居下等。宁远又竭金银气，寒精夜夜泣空矿。山深却少栋梁材，运搬远从黔滇来。煤炭唯上富家灶，柴草仅给贫户炊。茶树斫残稻苗嫩，仓谷足以济凶馑。别有药物推大宗，年年贩卖金百万。君不见禹域殷富在江南，粟米如山又浴蚕。锦绣文章千万户，西来猛虎视眈眈。

晓逾山泉铺

石气蒙蒙白，散作万山云。马影当面失，铃语到耳闻。行至天近处，忽然吐朝暾。一半是浑沌，阴阳犹未分。一半金世界，万象粲成文。自疑化瞿昙，不然入仙群。须臾云卷尽，辽阔天地宽。顾影发大笑，犹是风尘人。

过古折柳桥

锦城春事去匆匆，泸水渝山又向东。客思浓于戎酒绿，衰颜何似蜀江红。锦城以南水皆浊而赤。一家消息云天外，十载光阴离别中。慵向桥头寻古柳，鬓寒影瘦不禁风。

自内江至隆昌

稻花香里鸟声圆，山色围村水满田。风景依稀故园路，不知身到夜郎天。隆昌，古夜郎地。

晓发荣昌

屋小气如蒸，出门见残月。月弦赤于火，知送夜来热。欲乘晓气清，客先鸡声发。

盐　井

盐井至小可覆掌，接篾袅袅几百丈。远送竹桶取盐水，牛车挽之冉冉上。桶承笕送长不绝，泻入红炉鸣活活。火候渐进水气尽，无端高堆万斛雪。闻说巴东朐朋井，盐水自凝形如笋。碎来万点吹不飞，咸中别带甘味永。君不见蜀江如箭石巉巉，万里不通海客帆。天心巧作生生计，海有海盐山山盐。

德政坊

文翁黄霸无处无，德政之碑满通衢。口碑不如石碑美，今人应笑古人愚。昨日一茎生两穗，今日群虎过江逝。闾阎菜色非冻馁，讼庭哭声皆感涕。一朝解任无人说，碑字埋苔任摧折。石碑口碑孰为久，口碑不灭石碑灭。

重庆府

盘石擎城耸半空，大江来抱气蒙蒙。山风带热水合毒，身在蛮烟瘴雨中。

巴　峡

雍州行遍又梁州，客路风尘欲白头。载得归心下巴峡，长江万里一孤舟。

泊施家滩

施家滩上泊舟时，落尽杨花听子规。山静江深天在水，一痕新月小于眉。

涪　州

荔枝推闽中，经岁味尚美。川广虽多液，干之则瘠矣。要取其未干，健马驰千里。七日到长安，妃笑天颜喜。我来乘扁舟，溯洄涪州水。何处妃子园，日没江烟里。

酆都县道家以冥狱为在酆都，遂以此地当之

酆都一带夕阳东，树色深笼古梵宫。安得移身冥狱住，水明山绿画图中。

泊马唐湾是夜雨

愁边灯火灭还明，到枕疏钟夜几更。一叶扁舟巴峡底，篷窗和雨听滩声。

忠州刘晏、陆贽、李吉甫、白居易诸公皆尝谪于此

斜阳映水暮烟浮，山郭凄凉气似秋。只为先贤遗爱在，荒城千古表忠州。

石宝砦

孤根拔地耸云表，天风浩浩吹不倒。绝顶现出梵王宫，十层楼阁是磴道。上方钟鼓度晨昏，画中烟水下界翻，灵境多被僧占有，乃信福地在法门。

双渠子滩名

漩涡欲吞舟，舟子巧回避。右转又左旋，绰绰有余地。一涡才过一涡生，江心殷殷万雷声。群山挟舟皆飞动，孤客性命鸿毛轻。君不闻滟滪大如马，瞿唐逼仄不可下。又不闻江流出峡险始夷，险始夷时江少奇。自古熊鱼难兼得，笑问江神知不知。

竹虚曰：愈奇，一结有卓识，通体冗足。

由胡滩至万县

出峡又入峡，奇石争献奇。胡滩以东最奇绝，几回狂呼神欲驰。人言乱石江之蠹，吾谓乱石是宝璐。有石大江生颜色，无石大江只泥淤。石飞石跳滩又滩，石气连山山骨寒。安借夜半负山力，一担轿子移奇峦。万县城西有轿子山，以形似得名，最为奇拔。

巴阳峡峡口有龙蟠石，长数百丈

毒龙化为石，恋水犹蟠曲。水走龙欲吞，大江为之蹙。峡口隘如闸，孤舟太逼仄。水面忽生鳞，凉风吹山绿。

夔州二首

高城一片白云间，江气蒙蒙控百蛮。腰下宝刀鸣不歇，乱山何处鬼门关。

鱼腹浦前风欲生，永安宫上雨初晴。滩声高涨黄龙峡，月色将秋白帝城。二十年来为客日，八千里外忆家情。孤篷只趁东归水，屡向舟人问去程。

瞿唐峡

滟预当其口，盘涡与舟争。一跃入瞿唐，水势如瓴倾。奇岩高百尺，崭绝皆削成。彤纹赤甲烂，素彩粉壁明。何年毒龙爪，爬劈痕纵横。上见穴居者，天半带云耕。麦禾无生意，瘦叶皆倒生。天窄迟漏日，江雾未全晴。黑石滩无色，风箱峡有声。客子方被褐，病骨冷欲惊。行出大溪口，山明水亦平。三峡从此始，作诗纪我行。赤甲、粉壁，岩名；黑石，滩名；风箱，峡名。崖上穴居者数户，山间有土处皆垦为田，种以菽麦。

泊巫山县

千古阳台定若何，翠鬟依旧蘸晴波。孤舟载得巫山梦，为雨为云恨更多。

巫　峡

巫峡之山高且大，峰峰直矗青天外。争奇献媚看何穷，天然一幅好图画。青则染蓝白撒盐，凿以龟圻削以铁。癯然而长毛生胫，秃然而童颔无髯。松峦相对翠屏翠，望霞还与起云媚。飞凤翩翩舞态浓，登龙跃跃鳞甲坠。松峦、翠屏、望霞、起云、飞凤、登龙，皆十二峰名。矫如高士脱尘俗，濯如美人新出浴。已将超逸兼雍容，端庄又见娇态足。中有巫山第一峰，插天玉笋双玲珑。俨然占得九五位，臣使诸山来朝宗。君不见瞿唐未免挟霸气，至此正惊王者贵。又不见效颦颦亦好，嫣然西陵假十二。黄牛峡有假十二峰，绵其明媚。黄牛一名西陵峡。

铁棺峡

黄粱梦里沧桑变，石火光中阅世频。千载铁棺悬不朽，天边白骨笑行人。

紫黻曰：怒骂以嬉笑出之，使君于此不凡。

舟中所见

谁将劫灰此中积，满山黯黮如泼墨。居民藉以谋衣食，面目深黑疑鬼魅。溅水筑填竹筒内，捏成一样筒儿大。堆地千筒又万筒，筒筒担来向舟卖。君不见巴东土煤贱于薪，千筒不抵钱一缗。又不见黄河南北数十郡，柴草不给烧马粪。

泊叶滩

雨丝纷不收，风意冷于秋。忽觉短篷重，峡云来压舟。

人鲊瓮滩名，在归州

滩声怒欲卷城走，晴天雷在地中吼。孤舟不当一叶轻，千涡万涡涌左右。左舷桨折去无痕，右舷幸有两桨存。迁右就左浑不定，努力撑舟抵峡亹。宛似睢旸婴孤垒，力抗千军争生死。又似李陵战方苦，裹创犹闻鼓声起。忽堕涡中势不测，舟人相看惨无色。握糈投水祷江神，合掌瞑目念菩萨。菩萨于我无宿缘，江神与人亦漠然。独有周孔真吾师，为我尝说涉大川。邪许声中共击楫，转舟稍得就利涉。此生初能出万死，譬之冲围得凯捷。惊魂未定青山送，半日朦胧心如梦。谓君勿复说既往，掩耳怕闻人鲊瓮。

香溪口香溪之源出昭君村，秭归又有宋玉故居

冷雨凄风送暮哀，美人才子共尘埃。玲珑一掬香溪水，流自昭君村里来。

兵书峡

祖龙一炬竟何如，峡里当年留烬余。天意好生非好杀，谁来绝壁读兵书。

舟中感怀

杳杳东天远，家乡只梦还。风腥人鲊瓮，日炙马肝山。饱惯江涛险，终输水鹭闲。自惊明镜里，着雪鬓毛斑。

过新滩入马肝峡

乱石如剑森矗立，穿破舱底不易涉。官檀龙门各争险，新滩两岸，南曰官檀，北曰龙门，见陆《记》。危滩最怕豪三峡。新滩又名豪三峡，见范《记》。竹子来时水淼漫，石沉江底不见滩。扁舟坐稳诗可录，且向峭壁询马肝。马肝峡，石壁峭绝处有石下垂如肝状，因以得名马肝，又为砚石别名。

空舲峡

波光潋滟远涵青，无限奇峰展画屏。宛转随舟看更好，棹郎指点是空舲。

自黄牛滩至下牢溪

好脱征衫贳绿醪，拚将一醉写吟毫。舟从白帝城头落，山向黄陵庙外高。奇句欲争三峡险，惊魂已惯九江涛。西风吹送潇潇雨，日暮猿声是下牢。

黄牛峡

百里好山千尺水，扁舟载我画中过。瞿唐巫峡皆奇绝，看到黄牛景最多。

出峡抵邓家沱

峡门开处水平空，又遇江干正敛风。山入夷陵皆贴地，扁舟来系绿杨中。

泊邓家沱

久为巴蜀客，又向楚天过。村古蚊声集，江开月色多。淫祠仍陋俗，夜舫自蛮歌。搔尽星星鬓，羁愁奈汝何。

紫薇曰：盛唐嗣飨。

宜昌夜泊

夷陵厄巴蜀，荆楚有门庭。月照虎牙白，山连马肺青。虎牙、马肺皆滩名。三游留古洞，至喜表高亭。凭吊无人共，合情近酒瓶。

过荆门

山低树远水连村，隐隐城垣白一痕。柔橹不摇风力软，扁舟容与下荆门。

过松滋骤雨正晴大月如盆

凉声瑟瑟满前湾，秋近苹风荻露间。城影沉烟唯有树，天光接水欲无山。雨犹余滴孤篷冷，舟自随波两桨间。今夜空闺应忆我，松滋对月赋刀环。

沙　市

市近风前岸，烟迷雨后湾。眼中千里水，何处一拳山。价贱瓜堆地，沿江多产西瓜。税多舟畏关。白鸥谁得狎，飞没淼茫前。

过石首县

山容若张盖，雨敛夕阳浮。千尺楚江水，一帆何处舟。地卑鱼上岸，城破草藏牛。试问刘郎浦，绣林依旧不。

雨后凉甚是日立秋

一江凉雨压轻舟，日暮潇潇芦荻洲。更有秋风催客急，先吾已到岳阳楼。

泊车湾

江色茫难辨，萧萧独夜舟。疏篷间听雨，远客早知秋。天黑雁声湿，水寒鱼气愁。前途犹辽远，点检旧征裘。

阻风二日

休将逆浪诉封姨，野蔌堆盘酒满卮。连日停舟殊不恶，篷窗细补纪行诗。

遥望洞庭湖

大江水与洞庭水，其间仅隔一带耳。秋江高涨一带沉，岸树点点浮如荠。湖光忽从树杪得，天邪水邪同一色。极目渺茫疑无地，龙气深蒸云梦泽。岳阳之楼在何处，欲往从之阳侯怒。君山翠黛为谁容，无人更吊湘妃墓。湖水北注江水东，江湖相会划青红。青红百里流不乱，风帆蹴破五彩虹。

螺山阻雨二首

村色晚烟外，客樯风岸前。避人如少妇，默生学枯禅。江黑雨悬夜，灯青虫聚船。不堪秋气冷，水枕梦难圆。

栈云犹在袂，水枕又篷窗。虫咽荒村草，雨寒残夜缸。秋声连楚泽，客梦落吴江。隔岸僧庵近，晨钟断续撞。

自螺山至嘉鱼县

雨后秋江水涨湾，人家多在淼茫间。白帆点点遥相映，一岸垂杨一岸山。

九　江

孤篷桃尽首重回，五老峰头霁色开。不怪眼前无好景，看山人自蜀中来。

浔　阳

沦落天涯白发生，荻花枫叶义秋声。琵琶听遍江南北，一到浔阳便有情。

乙亥岁航海赴清国十二月十二日舟到山东芝罘是夜海月鲜明与山雪相射觉寒光料峭逼人

朔风簸海涌狂澜，吹到烟台意始安。雪色月光浑不辨，夜山一白压篷寒。

发黄山馆

缁尘和雪满征裘，瘦马啴啴行不休。蹈尽峰峦三日路，残山送客出登州。

乐安县途上

睡魔才去又诗魔，深掩车帷笔屡呵。海外交游知己少，客中情味得酸多。荒城寒色连平野，古驿残星带瘦骡。明日春风何地到，今年尽日渡黄河。

黄　河

神禹疏通后，黄河万古流。水枯高出岸，冰合狭容舟。前路犹千里，征人欲白头。心随东逝浪，远到日边不。

芝阳除夜

明日逢元日，清樽幸不空。村荒寒色外，年尽马蹄中。守夜杯盘冷，围炉榾柮红。一行肥萨客，聚首话乡风。森公使萨州人，颍川书官与余为肥州人。

沪上游草·沪上岁暮

自信儒冠误此生，前途似梦未分明。年丰故国民犹乱，春近他乡客有情。绿眼红毛争互市，嗷鸿饥鼠泣孤城。夜深独对寒灯坐，砚水生冰笔有声。

题顾少梅罗浮香梦图

非云非雪白茫茫，梅花万树围草堂。人与梅花争清瘦，花香深处梦亦香。仙境隔在深山中，疑与人间路不通。明月夜来静无影，孤鹤呼侣迷西东。披图清香犹满幅，吟骨如冰诗不俗。谁作此图顾少梅，题诗之人其姓竹。

李孝子歌

山左有孝子，世居日照里。天日不照孝子身，既盲其目又聋耳。

儿聋母亦聋，儿盲母亦盲。儿唯有一诚，此诚通神明。盲则视无形，聋则听无声。承意扶起居，抚体问寒燠。母心乐融融，何须耳与目。李孝子，明且聪。绝胜世上为人子，有目如盲耳如聋。一朝血泪染斩麻，孝子性命风中花。吾闻天亦有耳目，独厄孝子一身毋乃酷。

初春书感

敝褐依然薄宦身，功名多属少年人。梅花冷落桃花笑，同是东风一样春。

上 巳

只闻柔橹响，江雾隐行舟。雨妒花魂碎，风狂蝶梦愁。香泥诗客杖，春味酒家楼。故国谁修禊，兵戈满九州。本邦镇西之乱至今未平，亲戚故旧不通音信久矣。

锦旗行我朝天子亲征，必以锦旗前导命。亲王发师，亦赐锦旗遣之

昨日锦旗东，今日锦旗西。昨日东民哭，今日西民啼。未闻钟室烹走狗，晋阳之甲漫借口。一麾直欲卷蜻洲，萨儿之胆大于斗。战骨如山血如河，腥风漠漠鬼哭多。千村万落为焦土，呜呼奈汝苍生何。

送人归日本

懒云如梦雨如尘，陌路花飞欲暮春。折尽春申江上柳，他乡又送故乡人。

映藜堂坐雨分韵得春字

奇遇原知有宿因，披肝露胆日相亲。聊凭酒兴充吟客，为写诗狂学醉人。十亩绿阴催薄暮，一庭红雨送残春。不须结伴跑青去，门外纷纷车马尘。

葛隐畊陈曼寿汪晓村诸子来过

雨声昨夜过江津，落尽红桃长绿苹。轻燕受风慌似客，垂杨委地懒于春。烟云到处留清梦，诗酒凭谁作主人。野蔌山肴须尽醉，征衣明日又缁尘。予将游杭苏故云。

杭苏游草·丁丑三月携家探西湖之胜 十八日发上海抵黄渡水色渐青

东风催我著征裘，泛宅遥为吴会游。千点杨花轻似絮，一篙春水滑于油。题诗已遍巴中路，胜景又探湖上楼。北马南船随意乐，天涯薄宦胜封侯。

十九日小雨过大窑土人多置窑烧砖瓦 自此至杭两岸皆桑田也

砖窑火冷湿烟微，十里荒村水半扉。乍暖乍寒春晚雨，时裘时葛客中衣。淡淡人语穿桑出，袅袅帆光映柳飞。最喜别添新荐美，箨龙擘玉鳜鱼肥。

游鸳湖

水光磨出碧琉璃，花蘸胭脂柳蘸眉。一笑翩鸿来照影，鸳鸯湖上立多时。

廿日泊大麻是夜雨

渔户炊烟一带横，泊舟方及晚潮生。微风袅柳参参影，细雨敲篷点点声。客里青衫时有泪，镜中白发最无情。携家好伴江湖梦，戒旦同听长短更。

廿一日舟到杭州

笔砚杂脂粉，妻孥同一船。水清人影外，山到橹声前。鱼价贱于菜，桑条剪作拳，桑树剪去上条至数年复成拳样，谓之拳桑。忍看兵乱后，膏腴半荒田。

廿二日游西湖初雨后晴三首

画舫浮春弄玉箫，衣香扇影水迢迢。东风吹遍千株柳，青到苏堤第六桥。

苏小墓前春欲空，流莺啼破一林红。细沾山翠霏霏雨，远送衣香习习风。古寺幡幢烟柳外，美人笑语画船中。移篙又向三潭去，仿佛瀛洲有路通。

淡妆何窈窕，浓抹亦鲜妍。西子娇容足，苏仙好句传。楼明皆倚水，桥小不妨船。最好三潭夜，花间抱月眠。

岳王坟

偏安宋室厌中兴，自坏长城修岁缯。香火千年岳王墓，青山何处吊诸陵。

孤　山

湖光澹澹雨潸潸，处士坟留积翠间。千里风尘怜薄宦，一家忠孝吊孤山。西匪之役杭城林典史一家殒忠，葬诸孤山。薛太史慰农撰联有“孤山终古属林家”之句。诗因多病年年瘦，鬓为忧时种种斑。鹤子梅妻真可羡，青云何似白云间。

廿三日上吴山山上有伍胥庙

当日鸱夷最可伤，江流曲折绕钱塘。潮声不到伍员庙，一片吴山对夕阳。

廿六日将登洞庭山自嘉兴转舟西折抵平望泊焉

水如碧玉几回环，帆走桑阴漠漠间。儿女有情同客味，诗囊无税过江关。回头已失嘉兴树，当面飞来七子山。闻说洞庭奇石富，又迂舟路问孱颜。

廿七日过吴江县

长竿插在钓鱼矼，映水鸬鹚立一双。乱后荆榛锄未尽，荒城残日过吴江。

过黄泾距洞庭山可廿里

牧童何处去，牛背立饥鸦。老洫纵横水，荒村八九家。草深难辨路，芦断忽通艖。指点洞庭近，苍苍倚晚霞。

是夜泊铜村

隔桥知市近，欲上酒家楼。夜热天合雨，崖倾树攫舟。人从忧患老，宦为斗升谋。莫使机心动，江湖有白鸥。

廿八日抵苏州泊阊门外雨大至赋似内人

蹇驴曾度栈云间，每听铃声鬓欲斑。今夜姑苏城外雨，篷窗剪烛话巴山。

呈俞荫甫太史太史主讲西湖诂经精舍，著述等身

霁月光风满讲帷，熏陶自恨及门迟。汉唐以下无经学，许郑之间有友师。金印终输经国业，尘心不系钓鱼丝。玉堂若使神仙老，辜负湖山晴雨奇。

枫桥雨夜寒山寺为发贼所毁，仅存基址

渔火欲沉江草外，客愁来聚酒杯前。荒烟冷雨寒山寺，人在枫桥半夜船。

登惠山俯瞰太湖是日微雨屡至惠山一名九龙山

时开时阖雨成态，乍灭乍生云亦奇。无限水光看不足，九龙山上立多时。千重浪自中心涌，一白天包四面垂。此个丈夫真气象，西湖虽美是西施。

虎丘寺

古寺人稀落日斜，钟声隐隐隔烟霞。真娘墓上春如梦，蝶懒蜂狂自落花。

剑　池

云烟随变灭，霸业总茫茫。唯有剑池水，一泓寒玉光。

留别苏城诸贤

别酒骤歌恨奈何，海槎明日又烟波。一旬游胜三年学，为受苏城丽泽多。

陆奥宗光

陆奥宗光(1844—1897),日本政治家、外交家、武士(纪州藩藩士)、维新元勋。本姓伊达,江户时代通称伊达小次郎、陆奥阳之助,号福堂。其父是和歌山藩士,他于幕末时期参加海援队,维新后得岩仓具视的赏识,步入日本政界,历任外国事务局御用挂、兵库县、神奈川县知事、大藏省租税头、元老院议官。明治十一年(1878)因牵涉企图颠覆政府的土佐立志社事件被免官,入狱五年。出狱后游历欧美,归国后入外务省,明治二十一年任驻美特命全权公使。明治二十三年当选第一届众议员。历任内阁、农商务相、外务相,在版籍奉还、废藩置县、征兵令、地租改正等改革中发挥了很大作用。明治二十七年通过《日英通商航海条约》调整,实现领事裁判权的收回,但坚持对华强硬路线,利用朝鲜东学党起义之机,施展狡狯的外交手段,发动了甲午中日战争,主导了日清战争(甲午战争)开战、讲和以及三国干涉还辽的处理。以下选自《陆奥宗光遗稿·福堂诗存》。

读《水浒传》赋诗二首

假忠假孝一无真,泛爱振穷也似仁。天下漫呼及时雨,奸雄多是妄柔人。

若遇明王参国谋,吴生应是卧龙俦。智星可惜光芒小,吴照梁山盆大洲。

失　题

古称善邻国之宝,兵家亦云是凶器。蚌鹬尝贻渔人利,庙谟远大鉴始终。终有战胜祸已甚,万骨莫买一将名。

读《万国史书》有感

中外六大洲始乱，上下三千年兴亡。茫茫宇内无义战，强食弱肉似屠场，读来瑞气蔼眼底，一篇米国独立章。

饭冢西湖

饭冢西湖(1845—1929),原名饭冢静庵或饭冢纳,号西湖,字修平,出生于出云国松江藩,在铁炮洲庆应义塾从福泽谕吉求学,因聪明能干受到胜海舟关注,并推荐为维新政府征士,明治三年(1870)留学法国,学习法律,明治十三年(1880)回国。与西园寺公望交往密切,明治十四年(1881)加入《东洋自由新闻》,热心民权运动,又倡导国家主义运动,有诗集《西湖四十字诗》传世,以下即选自此。

访杨州画师于浪华寓

迹远心神静,占来风月权。水流人影外,山出橹声前。画拟明朝法,诗追唐代贤。一樽浪笔酒,联榻劈吟笺。

偶　题

世波何扰扰,斯道有谁任。文物无中外,风云自古今。看人多白眼,报国只丹心。只合加餐饭,微躯抵万金。

森槐南(名大来)曰:五律幽怨,本乎少陵,今人无专考此体者,以予辈所见,十余年来惟有一西湖处士耳。又曰:伫兴忘言,悠然自得,其性情高澹如此。极似平易处正是极其精微处,淘汰澄练,超超玄箸,岂非五字长城乎?又曰:如清流贯逵,若孤鹤出群,十余年来五律名家,首屈指西湖处士,顾其名甚著,世无钟期久矣。又曰:闲适仍以杜为本,不敢入韦柳门,遥而萧真,绝俗优上,隐逸诗宗之堂。此是西湖处士特长之处,十余年来墨守一格,不为时习所染,殊难得也。

古泽介堂

古泽介堂(1847—1911),名滋。土佐佐川人。明治维新后,与父亲古泽为政事奔走。1870 年出使伦敦,归国后提议设立民选议院。1875 年任元老院权大书记官,后历任正法院制局、太政官、内务省书记兼参事等职。1893 年担任奈良县知事兼奈良帝室博物馆长。晚年致力与地方诗坛的振兴,著有《介堂存稿》。以下录自日本国会图书馆藏 1933 年刊《介存堂诗稿》。

奉送陆军大将山县公赴朝鲜统帅

大声沨沨震六合,乾动雷发妖怪灭。笔底龙蛇六句诗,送公径须诵此辞。尝请公书宋石介《庆历圣德颂》中"大声沨沨,震摇六合,如乾之动,如雷之发,昆虫踯躅,妖怪藏灭"六句,装以为幅。绝海万里往统帅,棱威赫赫天王旗。军中一范贼落胆,范仲淹巡边,军中为之语曰:军中一范贼落胆。仲淹乃石介诗中四贤之一也。满汉山川入指挥。投鞭鸭绿不足道,唾手幽燕正此时。门生空有投笔志,敢请行军司马随。裴度淮西之役,韩愈为行军司马。

皇上亲征此夜驻辇神户恭赋绝句

山河有影望中摇,神武陵头气廓寥。想见行宫今夜月,清辉遥涌海门潮。

王师二首喜平壤黄海之捷也

王师传捷何神速,平壤攻围不信宿。辫发胡儿漫尊大,定知一战心胆破。君王英武开宏谟,绝海行师遗算无。将军深谋士善战,直取燕京作北都。

王师不恃船作铁，士心惟城胜败决。绝海悬军寡击众，破碎胡船如破瓮。将军叱咤驱波涛，风火勃勃躬口鏖。乃知忠义奏兹捷，不负平生胆气豪。

王师又一首

八道风云即日平，三军直指凤凰城。长驱不见关河险，临战唯知性命轻。万里幽燕辽故土，百年坟墓虏王京。已颁大诏布中外，赫赫东方王者兵。

圣德篇

明治二十七年八月，天皇下诏伐清。九月亲征，幸广岛。十六日，陆军大将山县有朋将第一军，破虏于平壤，拔之。十七日，海军中将伊东佑亨破之黄海，沉其四舰。十月，山县有朋渡鸭绿江，拔九连、凤凰二城。十一月，陆军大将大山岩将第二军，陷金州城，取大连湾。辽东之地将期日而为我有矣。海外出师之盛，振古以来未之有也。臣兹遭斯盛运，不胜踊跃，谨赋是诗。

明治天子经万邦，彼何胡虏言纷哤。冥顽稽诛长慢侮，吞噬欲敢乘邻讧。祖宗有典存弱小，十年教战军需充。六师堂堂进大旆，天造神断由圣衷。义明名正中外睹，将士慷慨思捐躬。平壤合击雷霆震，坚城不费半日攻。黄海酣战波涛沸，虏舰歼灭秋洋空。频年虏亦饬海陆，连营列幕矜军容。虏唯知走不知战，人羊岂敌忠义锋。大连旅顺虚榷筑，奉天已在破竹中。三韩置府余烈远，始见辽土归提封。君王实是英雄主，出师能建非常功。如闻燕山虏媪哭，满清命与胡元同。岂无朱火伏煨烬，东风一起扬余红。君不见，黑山之西长白北，水甘草美留先踪。牛羊驼骡修贡献，天子俟汝丰明宫。承承继继千万载，如此盛运希遭逢。圣德应须被金石，绝代文章要巨公。下视嵩高驾江汉，巍巍直比天之崇。

陷旅顺

捷书昨夜传万里，天兵飞渡辽海水。旅顺险要虏所倚，多年牢筑自矜恃。观兵阅武耀远近，峨舰坚垒相角犄。自谓金汤不足拟，岂知胡虏技止此。天兵忽下铁门破，猛士呐喊风雷起。北门锁钥何脆弱，二万胡军大半死。形胜久绝西人窥，一战而取功亦伟。寄语天骄早作书，天兵之攻鬼神似。

皇武曲五首

明治二十八年四月，与清平，天皇跸西京。臣兹伏睹盛事，不胜感激踊跃，恭赋皇武曲五章。

天骄走使乞和频，皇帝咨俞命大臣。事势分明相觉悟，桓桓万里折冲人。

浮辞崇饰复何为，皇运休明胡运衰。早励良规听舌策，能求多福识安危。

倒覆东西不足论，《文选》：蹴昆仑使西倒，踏太山令东覆。君王威武廓乾坤。南荒受得台湾岛，却拓玄冥作北门。

皇帝文明被八荒，黄图不复海为疆。风涛熨贴连寥廓，万国争瞻日月光。

合战收功威德宣，百川朝海日中天。微臣欲上休明颂，只祝君王寿万年。

送土居通豫赴台湾管理邮政

新官称意向天涯，万里遥乘八月槎。森舍勤王传我种，台湾卷地入皇家。

黑　旗

台湾始蒙日月临，黑旗敢叛乃何心。土摇山獠吾赤子，岂容鬼域逞荒淫。总戎亲王监哮虎，剪屠已至台中府。白马青丝能几时，杜诗：白马青丝谁家子。粗豪且逐风尘起。如闻韲粉十月期，只须面缚冀万一，天子之恩汝不知。

明治二十九年丙申元旦二十二韵

晓日上扶桑，曈曈照万方。元正开节序，圣德颂君王。虎表春秋雷，龙飞历数长。英姿不世人，宸断允乾刚。武克提纲纪，文恩布宪章。从初法创业，明治元年诏书曰：法乎神武创业。稽古岂重裳。昨者洪功集，无前伟绩扬。鲲涛偃北海，鹏翼运南荒。岛獠新编籍，星躔远划疆。邻邦赖保护，列国避威强。帷幄经纶密，风云将相良。帝师优葛亮，尚父重汾阳。千载当嘉会，微官忝一翔。御容违咫尺，盛服拜厅堂。加岁宁知老，登兹喜益昌。山河矜旧国，士女丽新装。玉管传歌谱，金觞送酒香。旗霞烂映耀，松霭郁青苍。池柳堪舒眼，园莺欲弄吭。年华添乐事，无意卜丰祥。不有升平作，焉看翰墨光。应须燕许笔，俊异在周行。

北　清

社稷无灵久，安危一妇人。将军骑白马，主父倚黄巾。口实资雄国，声言救使臣。哀哉自招祸，焉得恃和亲。

（邵劼选录）

乃木希典

乃木希典(1849—1912),长州藩藩士出身,幼名无名,曾用名源三郎、文藏。1868年随山县有朋参加日本戊辰战争。1871年毕业于陆军士官学校,1877年参加平息西乡隆盛挑起的日本西南战争。1885年晋少将,任第十一步兵旅旅长。1886年赴德国研究军事。归国后历任近卫第二步兵旅旅长、驻名古屋第五旅旅长。中日甲午战争时任第二军第一旅旅长,率部侵占中国旅顺、辽阳。1895年率第二师入侵台湾。翌年任台湾总督,1900—1904年退役。1904年日俄战争爆发后任第三军司令,以"肉弹"战术攻克旅顺。次年参加奉天之战。战后任军事参议官,皇孙裕仁的导师。1912年明治天皇病逝后,同其妻剖腹殉节,成为日本武士道精神的典型代表。遗有《乃木希典日记》,以下选自和田正雄编《乃木将军诗歌集》(鹤书房1943年版),其中部分作品是作于日俄战争期间,因与其在甲午战争中的经历相关,故一并选录。

明治二十七年十月九日日清役出征途次广岛大本营

肥马大刀尚未酬,皇恩空落几春秋。斗瓢倾尽醉余梦,踏破支那四百州。

临发寄人

闻说满洲山水奇,铁蹄欲蹈早春时。征途若过梅花地,折得赠君一两枝。

明治二十八年占盖平城

稀有杨柳无竹梅,满洲地僻又奇哉。飞云塞下尚冰雪,何日东风渡海来。

往时征战事纷纷，一望浑无不断魂。节及清明风物冷，柳杨仅绿劫余村。

盖平城外偶成

平戈朔北事纷纷，满目浑无不断魂。节近清明风物冷，垂杨浅绿劫余村。

次折泽少佐韵

夜色沉沉杜宇啼，浮云弦月影高低。不如归去声何处，数万征人梦里听。

盖平攻击纪念日

青石关头雪，飞云寨下风。当年兵马梦，感慨有谁同。

明治三十二年春于台湾

晚春时节宜行旗，车上梦魂不到家。麦亩蓝田青一样，残红处处老樱花。

想雨中进击行军演习病中戏墨

满天风雨漂人马，士气猛然如潮流。战友相看无一语，那边好敌几残留。

神州风景

晃山秋色今将好，内外人称是日光。三十年前曾游地，紫黄红白野花香。

过公主陵

朱楼粉粉绿阴中，公主陵前清水通。欲访英雄功业迹，秋风一路蓼花红。

与征人

义人何说利，倦鸟自知还。谁爱苦中乐，我偷忙里闲。

过日御端书感诵次韵

曾期立马乌拉山，樽俎和成收戟还。窃吁膺惩犹未遂，东洋风浪几年闲。

凯　旋

皇师百万征强虏，野战攻城尸作山。愧我何颜看父老，凯歌今日几人还。

明治四十一年满洲差遣

和风祥气日月闲，表忠碑上奠花环。英魂千载眠应稳，旅顺城边新绿山。

内田远湖

内田远湖(1854—1944),名周平,字仲准,别号湖钓者,出生于远江滨松,早年于岛田篁村之双桂学舍就学,及长而志于医,进入帝国大学医科大学。后有感于时局,弃医从儒,往来于川田瓮江之回澜社,学习文章,并与服部爱轩、中村樱溪、松平天行、浅见饭峰等人结下友谊。明治二十三年(1890)一月,德富苏峰设宴招待坪内逍遥、森田思轩等文坛三十余人,其时远湖作为汉诗文界人物,其名与依田学海、森槐南等并列。其学宗洛闽,推崇山崎暗斋,重视大义名分。曾于大日学馆(现东洋大学)讲授哈特曼美学与汉学,后转移至庆应义塾大学。晚年参与编辑《大正诗文》,并参加雅文会。著作有《远湖文髓》、《远湖小品》、《宽政三年博士之学勋》,以下录自1943年正谊塾刊《远湖片帆》。

观那古耶城址有感而作时明治二十八年十一月七日也

大海淼茫涛拍天,碧湾斜通古墟边。古墟高在万仞上,坂道如梯垒壁坚。忆昔丰公抱奇策,欲奴三韩臣明国。相得形胜筑行营,层楼连云不可测。英雄何用五湖游,俯窥八道四百州。绝海连樯从此发,意气轩昂贯斗牛。今见山郭几百雉,中央之巅平似砥。远望对州近壹州,风光兼领海山美。侯第伯邸断础存,千军万马曾所屯。土人往往拾古瓦,桐章犹认旧时痕。莫谓穷兵出躁佻,莫谓丧儿慰寂悄。汉武雄才石勒胸,磊磊落落日月皎。我来探胜自唐津,呼子湾头唤渡频。秋深气清景更好,村老为导语殷勤。吁噫如今东洋风云恶,猛鹫奋翅图贪攫。怀古慨然感不堪,谁追丰公逞雄略。

石川文庄曰:前段追叙丰公之伟迹,后段言东洋风云恶,顾眄有致。而感时抚事,使读者奋发奉公之志。要之洵有裨益风教,与彼嘲风弄月之作，迥异其撰。敬服敬服。

冈崎春石曰：层层叙来，力遒气雄，能尽怀古低回之意。末段感慨深切，决非徒作也。

日本国民歌效该伯氏①《独逸祖国歌》而作。该者，独国诗杰也。明治二十四年

君不见佳气蔼蔼瑞穗国，山川秀丽风俗醇。言灵于今多讽咏，不骞不崩存其真。剑玺之美民归服，皇化普被率土滨。我称此美曰日本，永远须崇斯宝珍。又不见四海无波浦安国，上下一体情相亲。寒夜脱衣怜冻馁，二千年来沾至仁。民富朕富旨殊渥，先皇之训当书绅。我称此民曰日本，永远须爱斯国民。又不见士气有余细戈国，雄武自古震四邻。西讨三韩莫不服，东征虾夷悉来臣。余勇桓桓今犹在，终朝皇威宇内伸。我称此勇曰日本，永远须蓄斯精神。

（何中夏选录）

---

① 该伯：盖贝尔(Emanuel Geibel, 1815—1884)，德国诗人，评论家。

岩溪晋

岩溪晋(1855—1943),字士让,号裳川,别号半风瘦仙。丹波福知山(今京都府福知山市)人。祖父嵩台是福知山藩主朽木纲贞的老师,父亲达堂也是一名藩儒,岩溪晋幼年时即在父亲的指导下诵读汉籍。明治六年(1873)来到东京,五年后成为森春涛的门人。当时他的作品主要见于《新文诗》杂志(1875—1883)。明治十三年(1880),作为备受关注的新近诗人,他与桥本蓉塘、森槐南、永井三桥、籾山衣洲、杉山三郊、上梦香等人一起入选了浅见绫川所编的《东京十才子诗》。森春涛去世后,他常常参加关泽霞庵的梦草吟社、森川竹蹊的鸥梦吟社以及明治二十三年(1890)结成的星社,逐渐奠定了在诗坛的地位,明治二三十年代的《新诗府》、《精美》、《新诗综》等杂志亦常常向其约稿。明治三十五年(1902)他加入以江木冷灰为主唱的唱和诗会檀栾会,同时也是随鸥吟社最初的成员之一。森槐南去世后,他与国分青厓并列为诗坛泰斗,晚年担任艺文社顾问、二松学社诗学教授。作品有《裳川自选集》五卷(昭和十一年,1936)、诗话《感恩珠》、《谈笑余响》(明治四十二年,1909),并编选、评点《昭代鼓吹》一辑(益友社,明治二十九年,1896)、二辑(益友社,明治三十一年,1898),编著、出版《檀栾集》(明治三十六年,三十七年,四十年,四十五年)。别集《裳川自选集》分为“遣”、“兴”、“莫”、“过”、“诗”五卷,以下录自国立国会图书馆所藏《裳川自选集》(1936年版)及《日清战争实记》。

得旧友书却寄

我友久西游,人传客中死。昨夜旅雁飞,天涯寄一纸。云上龙门山,下瞰黄河水。源发昆仑西,浊流奔万里。百二古潼关,残树北风起。兴亡秦汉墟，形胜一何美。古来百万骨，峥嵘传青史。匹马又北行，幽燕一鞭指。太行屹障天，地利不可恃。秋暮入燕都，时交悲歌士。高官多噉名，老臣亦利齿。滔滔四亿民，行甘犬羊跪。外患何时休，吞噬任蛇豕。阴雨思绸缪，牖户长已矣。读罢心慨然，言言有至理。安知东亚忧，不自彼邦始。风雪方载涂，一身幸莫毁。堂上况有亲，此语告吾子。

鹿角兜阪川翠涛君嘱

史之所已载，记事犹不全。史之所未记，书实宜以传。史称藤肥州，先锋征朝鲜。敌兵望风走，投降弃戈铤。蹂躏咸镜道，山河归一鞭。会宁虏王子，其事在史编。其勋谁所奏，其迹长泯焉。幕下有一士，名忠姓阪川。两俘只手获，辕门羸羊牵。兜鍪录功赐，余光鹿角悬。敢说请缨系，志壮挥空拳。敢说搴旗勇，百战殪左贤。子孙世其禄，家祀三百年。眇彼小私乘，何靡鬻笔愆。闻言碧蹄役，军情颇缠绵。后世操觚者，动挟私见偏。呜呼史不信，再付秦坑烟。

题郑成功乞援于日本书后

崇祯之变何忍言，百年朋党开祸源。金瓯全缺逆阉手，汤镬竟见名臣冤。熏天势焰极惨烈，山河破碎烟尘昏。万乘天子拥虚器，征讨诸将私卖恩。宫门不守贼四集，君臣掩泪仓皇奔。春灯唱罢鬼已馁，诸陵风雨号蜀魂。郑公提剑蹶然起，一赌孤注乾与坤。手擎日月奉正朔，风云台岛兵马屯。鼙鼓动地电雷震，黄龙不敌朱鸟幡。连营奏凯犒牛酒，战袍笑拭膻血痕。帷中韬略定奇策，一书挥泪乞大援。外臣元是草莽士，誓将直节清中原。孤城半壁社稷重，臣身未死国才存。其词哀痛血成字，后人一读声先吞。可惜皇天厌朱德，将星夜陨天昏昏。英雄伟略毙而已，千秋岂以成败论。三皇五帝事邈矣，嬴颠刘蹶无子孙。今日皇帝昨日贼，为贼为帝皆同根。何况沈阳旧胡种，幽燕终拥南面尊。代兴历世有定数，何人圯上兵书翻。久矣玉帛挟诈术，已称弱国为南藩。我皇赫怒问彼罪，六师一胜直北辕。风涛万里惨无色，蓦然又倒横海鲲。九泉有知郑公瞑，祭坛犹胜羞苹蘩。东方屹立尚武国，煌煌万古扶桑暾。

送槐南词宗从春亩伊藤公游清国

相公上表辞九阍，优诏忽下嘉至诚。沧浪阁下濯缨水，大矶小矶开晚晴。仙缘一夜忆博望，乘槎此试千里行。一身昨任泰山重，天风拂袂飘然轻。从游有客载吟笔，欲向碧海期掣鲸。属车相侍二十岁，人人又是钦识荆。崎岖世路乱荆棘，身经毁誉全玉成。表圣检束报知己，王卢兼博怜才名。空明缥缈蜃吐气，海若相送天吴迎。有时鱼龙跃出窟，中天大月长笛声。知君自有羽化思，人间何地求蓬瀛。潮鸡报晓梦尚稳，翻觉人海波不平。忆昔星使驾峨舰，曈曈旭影笼锦旌。樽俎之间折冲好，一朝笑订邻交盟。此盟不渝如皦日，岂图沈璧归争衡。阴雨渐霁一天定，幕中宾从歌洗兵。两邦文武玉帛见，史臣献颂黄河清。边亭烽火忽传警，幽州白日丽欃枪。长蛇封豕逞吞噬，苏张掉舌论纵横。白雁来，青山转，北风急，大厦倾。南张北李共袖手，东亚半壁谁又婴。闻说此行属览胜，游踪浩荡鸥意争。六朝文物古今感，五湖烟水风月情。追随诗酒有君在，才抱八斗倾百觥。高谈风发震四座，闻者胆落心又惊。相工抵掌哑然笑，天下文衡宜合并。名声自是遍禹域，盘空气象何峥嵘。山河四百莽苍地，胸拓万里诗长城。

送本田种竹游清国

海日高出扶桑东，光射十丈珊瑚红。登岳昨学列子御，衣袂飘飘扬天风。一气长啸凌绝顶，扪星手叩天上宫。三伏饱嚼太古学，奇寒凛冽骨玲珑。笔彩五色写宏丽，云海出日披鸿蒙。余豪又见此游壮，山河更须词笔雄。君诗所长在怀古，当时刘许才当同。空城潮打女墙坏，废宫花碎井栏空。秣陵残粉六朝后，建业青山双眼中。又泝长江月明夜，乌鹊匝树人推蓬。吴楚青苍洞庭水，万千气象吞云梦。少陵魂魄唤不返，任君文光凌彩虹。甲门应有倒屣蔡，传舍何见弹铗冯。人生此境最可重，笑他得失论鸡虫。又忆能诗槐南子，昨游载笔兼观风。高歌痛饮一叉手，凌沧摇岳惊巨公。百年天地两吟友，香南雪北留爪鸿。诗卷共见国之瑞，敢谓月露风云工。东邦文物本炳蔚，奎运千古期无穷。我赋长句试高唱，若有听者或破声。

恭读大诏赋长古一篇

明治庚戌秋，九月辰维吉。盥沐奉诏一读毕，吾皇允文允武德御天，望之如云就如日。江山半壁东亚洲，箕邦久作外内忧。百年祸源发兹土，善邻未足策千秋。圣明英断定大局，豕蛇已绝吞噬欲。仁王山下小朝廷，共得同化全同俗。邦典新制王家仪，异数礼遇钦宸慈。李氏修系绵瓜瓞，秋风无复歌黍离。顾思干戈百战事，一举援弱宜大义。沙场白骨堆成山，犹有疮痍满天地。当其贼焰势燎原，我兵为护宫禁垣。噫彼顽民抑何幸，叨受免租行赦恩。扶桑暾日光杲杲，闻说讴歌遍八道。宜遵皇绩安其生，守分各得子孙保。黄麻纸上拜德音，正知亿兆能一心。鸳鸯鸂鶒自在浴，鸭绿江水恩波深。

送松川尾山将军赴任朝鲜驻札军司令官

将军手执阃外权，远奉斧钺抚朝鲜。形胜暗控八道外，风云莽落双眼前。大陆兵祸结未解，积骸流血成山川。西邻复辟真儿戏，傀儡何人一丝牵。香南雪北各割据，群雄几时为团圆。坛上已领六军士，恩威兼行谁可比。曹氏鹰扬王龙骧，轻车公孙强弩李。想见胸间拓万里，长城筑在方寸里。膺惩百战帷幄筹，伟功赫奕照青史。若有边警传文烽，投鞭直断鸭绿水。辕门日落笳声长，回顾白草旧战场。毳帐按部菟郡月，铁马临关龙堆霜。李朝君臣监大势，金尺生光得完局。表忠须刻大文章，修交自有善邻策。焉得干戈轻玉帛，居民作息勤三农。吐蕃无寇陇西麦，治不忘乱常阅兵。钤韬宁数孙吴略，朔风猎猎吹戎衣。草间狐兔不用缚，虎迹纵横雪打围，南山一日倒白额。

送董绶卿归清国次留别韵

欲送观风万里人，不知怀抱向谁陈。山河今日收边燧，寰甸多年涨虏尘。漫道鲁连来踏海，要闻贾谊又论秦。如今宣室求贤急，天子应无问鬼神。

新正偶赋寄从军人二首

马革平生誓裹尸，投身万里远征师。善邻策仰千秋事，尚武风钦百代遗。终见降兵来解甲，不须老妪去吹篪。戈头扫尽欃枪影，杲杲春暾照大旗。

死守半年攻甚难，奇谋拔帜岂论韩。已经百战筑京观，又把一麾登将坛。淝水兵逃风鹤静，齐城力尽火牛寒。春风忽到恩仇散，皇德洋洋渤海宽。

久芳徽潭随朝鲜督人都折柬见招

话到鸡林感自同，麟台褒鄂未专功。独无蜀主谋存祀，谁为钱王颂表忠。河岳一朝归版籍，风云几度忆英雄。相逢不叙寒暄语，别后心情杯酒中。

闻牙山捷报

阃外谁持兵马权，铁蹄蹀血铁连钱。诏传宣战义何正，谊到善邻名自全。城壁三军争拔帜，江流一道竞投鞭。扶桑杲日曈曈影，照到白龙玄菟天。

送森槐南扈驾赴于大本营

与君此夕欲分携，岂把寻常别语题。海国秋风吹旅雁，山阁晓月促鸣鸡。传家诗笔堪凌古，绝世天才足应奎。屹立神州形胜壮，翻空大纛拂晴霓。

闻平壤捷再接黄海大捷报

草木皆兵动鼓鼙，韩山云物带余凄。浮尸绝海归鱼腹，战骨孤城委马蹄。帷幄运筹边檄急，军门奏捷凯歌齐。儿童游戏敌王忾，又拟挥刀戮老鲵。

读《申报》书感

乌群四散战场尘，末路何人说爱亲。落日川原天雨血，阴风城垒夜吹磷。衣冠有泪叹豚犬，帷幄无筹动鬼神。一败怜他兵势尽，欲教社稷殉权臣。

寄国分青厓在山县大将幕四首

男儿壮志报蓬桑，一剑凌秋百战场。义激诸军天所鉴，威加异域武维扬。烽前城塞朔云黑，笛里关山边月黄。要见北征新乐府，五花汗血马龙骧。

怀柔有策免征租，谕檄一传民瘼苏。箕国祸机关盗贼，沈阳兵势属屠沽。笳声夜警三边戍，雁影秋悬八阵图。歌颂鸭江今日绿，天如帝德入嵩呼。

荒城白日古幽州，鼓角声悲惨淡秋。廊庙宰臣论主战，沙场战鬼悔封侯。悲歌四面重瞳楚，帝业三分大耳刘。东亚山河支半壁，风云空自结奇愁。时有诸豪三分割据之说。

依然形胜古今同，历历兴亡指顾中。如此山河争割据，知无天地出英雄。荒墟禾黍秋风动，破庙松楸暮雨空。昔岁才平长发贼，蒙尘欲复继咸丰。

送山本中尉从军

意气横天吐彩虹，送君有此大雄风。地堆霏雪马蹄白，潮卷乱星鱼眼红。武耀山河州四百，威争日月海西东。沙场若免裹尸事，百战归来话伟功。

越山相公席上得麻赋呈此时清使到马关和议初成，大纛返西京

我武如天蔑以加，乞降万里送星槎。春回北地洗兵雨，日丽东山迎辇花。贫士襟怀空傲世，名公清白自传家。今宵只醉金樽酒，座有多才温八叉。

闻朝鲜变事三首

国交本自重同文，李氏小廷多异闻。北苑风凄松庙雨，南山月黑岘宫云。事因内沮政权乱，谋恃外援兵势分。忆昨我皇宣大义，辽东万里久悬军。

无端动地鼓鼙声，内宦传呼门有兵。求剑未知招惨祸，脱簪何意衒虚名。雕龙夜泣烟尘乱，石马秋嘶草木惊。国步几经多难后，讴歌要见颂河清。

八道山河国仅存，烟尘几度逼宫垣。未闻春雨脂田泽，私卖秋风戚畹恩。金殿刀飞霜有血，玉台镜破月无魂。汗青一世董狐笔，须雪邦家今日冤。

星冈茶寮送土居香国之台湾

祖筵初遇酒杯间，万里投荒鬓未斑。地入版图风偃草，蛮分部落树如山。熟蕃畏生蕃来攻，尽伐林，故以林木无有，其境界相分。灾余潭水瘴氛黑，战后野花猩血殷。国运莫同今夜月，虾蟆蚀处是台湾。此夕月蚀。

友人某游朝鲜顷日寄一诗因赋二律却赠

一封远到自鸡林，八道风云马上吟。水带龙腥飞雨涨，山藏虎气乱云深。时危益切君臣感，地险徒资盗贼心。人过空屯堆白骨，满天

磷火夕阴阴。

悲风满目渺空原，百战场荒蓬断根。阴壑雪吹征马仆，大空云压老雕屯。一抔碧葬留魂气，千古丹心剩血痕。知自星烽传岭北，江波扬浊黑龙翻。

喜皇军第一捷报檀栾清集席上得文韵二首

绝海波涛涨绿氛，楼船诸将气如云。万兵直自日边出，一战已为天下闻。大义宣威金马诏，奇功锡命水犀军。平生笔砚耽闲事，雅颂何人继柳文。

何时鱼腹葬三军，眼见东风赤壁焚。蛇豕几年逞欲望，君臣一代误功勋。阴云绝塞马屯万，落日残樯乌作群。虏帐筹谋羸得在，鬼磷迷处哭声闻。

杂感限韵二首

横海将军船爨犀，封关谁要一丸泥。建牙当笑惊回纥，尝胆常期报会稽。塞北三军新部署，辽东百郡旧封提。虏兵未辨风尘色，何日降旗引白霓。

敲门吏慰老夫妻，急唤点行征月氏。新人举盏持鹦鹉，壮士看刀要鹂鹈。天有风雨分十五，地犹陇亩正东西。大笑河阳曾起役，石壕深夜苦相啼。

茗集送志贺龙湖经朝鲜游清国次留别韵

汗血神驹振鬣鸣，匹如壮士赋西征。山河一剑黑龙省，雨雪双鞋玄兔城。壮志峥嵘堪报国，远游浩荡不期程。粤南燕北事相似，肯说终军曾请缨。

书怀十二题其一

南北相争决胜筹，风尘传警望烽楼。英雄不复追三国，儿辈焉能取九州。异域干戈虽暂戢，中朝玉帛奈空修。庙堂应定善邻策，独有杞人犹抱忧。

送某大尉行箕封

浩歌拔剑白虹横，痛饮江楼酒百觥。马革多年期报国，龙韬一卷好论兵。秋高绝漠盘苍鹘，月黑空洋吼老鲸。铙吹声中行色壮，楼船破浪入韩京。

（李由选录）

陆羯南

陆羯南(1857 — 1907),日本国民主义政治评论家。日本新闻社长。父中田谦斋是弘前藩御茶坊主头,有微禄,明治四年(1871)入藩校教官工藤他山私塾思齐堂学习,明治六年(1873)进旧藩校后身东奥义塾,明治七年(1874)转入宫城师范学校,两年后退校,进京学习法国法律,考入司法省法学校,明治十二年(1879)因抗议腐败与福本日南、加藤恒忠、国分青崖退校,进入一家新闻社,又因犯谗谤律被交二次罚金,又入北海道官办制糖所工作,这一时期入亲戚陆治五兵卫家续嗣。明治十四年(1881)入京进入新设的农商务省做法语翻译,明治十六年(1883)入太政官文书局工作。明治十八年(1885)为内阁官报局编辑课长,明治二十一年(1888)春退职,加入《东京电报》、《日本新闻》,羯南三十三岁任主笔与社长。推介西欧文明,强调日本利益,鼓动国民追求幸福生活,又在《日本人》杂志发文批评政府,影响甚大,明治二十三年(1890)、参与创立东邦协会并任评议员,并发起国家经济会。作有《近时宪法考》、《自由主义如何》、《大臣论》、《近时政论考》、《国民论派》等,明治二十九年(1896)主导各社新闻同盟抗议政府管制,入樽井藤吉、中村太八郎创设的社会问题研究会,任评议员,明治三十一年(1898)创立东亚同文会任干事长。明治三十三年(1900)参与近卫笃麿、富田铁之助关于日俄开战的商议。翌年到清、韩视察。明治三十六年(1903)赴欧美旅行,归后不久病逝。羯南是与三宅雪岭、德富苏峰、朝比奈知泉、池边三山、福本日南、山路爱山等齐名的明治中期新闻界巨擘。同时代鸟谷部春汀评价他:“有古处士之风,政治思想是建立在中国儒教基础上的国家主义。……注重贵族与平民的调和,强调行政的知识化。”他反对全盘欧化,主张有选择的西化,强调国民性、国民精神、国民意识等问题,主编《日本》，成为伊藤、黑田、山县、松方、桂等历代内阁的批评者，几度被罚停刊，推进了国民言论的自由。以下选自《陆羯南诗稿》。

送东海散士赴难波次国友峡云韵。峡云诗云："汉北射虎志未酬，好君湖海伴闲鸥。贾生忧国文章在，张子慨时铁椎投。共话曾游风雨夜，重期再会莼鲈秋。勿言前路多辛楚，水绿山青古帝州。"

北马南船志未酬，笑君身迹似凫鸥。只当利剑钝中藏，休取明珠暗里投。俗坏汉家无柱石，道衰鲁国有春秋。人生失意寻常事，好趁江山出帝州。

送后藤伯之伊势伯为大同团结首唱者，侵寒暑，求政朋，可谓老而益壮矣

曾侵炎暑试漫游，湖海求朋犹未休。相识权臣多是敌，同盟志士半为囚。山西赴会三千里，关左纳交十五州。白首忧民侠气在，满天风雪又登舟。

哭樱庭经纬自号乾外布衣，夙赴朝鲜，久在京城。会东学党起，皇师攻平壤，乾外布衣踊跃从军，途罹疾疫而殁

乾外布衣士，从军渡大同。大同流不返，黄海潮空通。魂魄寄孤剑，苹蘩飨寸衷。三韩戎马事，知汝率先功。

送正冈子规从军子规病弱而气壮，每恐徒死于窗下。皇师入辽东，将逼榆关，子规不听人之抑留，断请从军，赴近卫师团驻地

壮心不已又登舟，相送风云日色愁。仗剑只当入燕市，请缨何用系羌酋。艨艟泛海三千里，旌旆掩空四百州。生遭兵马倥偬日，知汝功名笔欲投。

乙巳春寄怀一户将军

几回鏖战励残兵，单骑先登旅顺城。当日殊勋天下识，炮台诏赐将军名。

赠某将军在满州

唾手燕云久策勋，庙堂和议太殷勤。莲营应有班师恨，谁是当年岳将军。

送鸟居素川从军明治二十八年

愚尔谕胡虏，化为皇国民。山东多豪杰，移檄讨嬴秦。

国分青崖

国分青崖(1857—1944),仙台人,父盛久是仙台藩士,曾入藩学养贤堂,从国分松屿、落合直亮、冈鹿门(千仞)学汉学、国学、汉诗。明治十一年(1878)到东京入司法省法学校学习,与原敬、陆羯南、福本日南、加藤恒忠等人交往,退校后为《朝野新闻》高知新闻记者,明治二十二年(1889)入《日本新闻》社。战争期间被派往辽东半岛,在《日本新闻》连载发表汉诗、时事评论,痛烈批判当局,日俄战争前,因《桧可斩》、《植物类》受到禁言处分。明治二十三年(1890)与森槐南、本田种竹组成诗社《星》社,大正十二年(1923)担任大东文化学院教授,昭和十二年(1937)入选帝国艺术院会员,出版《评林》第一集《诗董狐》(明治书院,1897),存诗三万首,以下选自《青厓诗存》。

避纳费

扶桑环国皆重洋,眈眈虎视窥四疆。天子亲减内廷费,造船制舰谋海防。海内臣民本忠勇,拜读凤诏惴深恐。敢不感泣慰宸襟,争献资都口接踵。堂堂公侯伯子男,荣爵常列鸳鹭班。平生一忧不到躬,食饱衣暖心长闲。未见一人慨国事,未见一人答天意。千金不惜贮阿娇,乃为舴艋避纳费。呜呼此辈何为人,上反圣明下反民。民庶模范无其宽,王室藩屏有空名。苟不反躬竭臣节,家累百万竟何益。纨袴公子肠已腐,徒剩面皮厚似铁。

独神圣

脱衣减膳九重宫,感激嘘唏四海同。上院纳资完舴艋,苍生献费裨艨艟。朋人不触奉公义,理窟枉诬忧国忠。党议乾坤独神圣,未须容易答宸衷。

评云：圣主减膳以补艨艟，四海感激岂有异同。独彼党人，理窟诬忠，言托党议，心轻宸衷。

向僻陬

鞅鞨北连千岛洲，人烟寂寞雪霜稠。久忧豺虎窥边境，远絜妻孥向僻陬。紫阙赐金嘉壮志，苍生投费助雄谋。拓疆开地男儿事，也胜登坛万户侯。

评云：渺茫千岛，冰山横流。何物宁声，奋投僻陬。天恩优渥，赐金佐谋。男儿立志，何必封侯。

真丈夫

拓境多年抱壮图，愧将饱暖事游娱。投身雪海冰溟里，勇武如君真丈夫。

评云：投身绝境，开拓莽芜。矫矫男儿，赳赳武夫。

出凤城

单骑长征耐并名，丈夫报效在斯行。冰山横海千层险，短舸凌涛七只轻。绝快雄图酬宿昔，至艰大业见平生。墨堤花柳看将近，独背春风出凤城。

评云：柔惰安逸，饱暖肥轻。滔滔流俗，只事偷生。骑越沙漠，舸涉冰溟。唯此二人，海陆并名。

代谢忙

勋阀诸公鬓带霜，老来无策避锋芒。党人硬软变迁速，台阁新陈代谢忙。失势庸官心郁郁，投机俗吏色扬扬。可怜更革真儿戏，傀儡追番几上场。

评云：青天霹雳，百僚苍黄。出者郁郁，入者扬扬。代谢无效，何尔匆忙。儿童之戏，傀儡之场。

奈神州

鸡林消息足殷忧，衔命朝浮舴艋舟。秦楚北邻非我友，李牛东学定谁仇。干戈有迹余深悔，玉帛无人重远猷。东海近多风浪警，金瓯万古奈神州。

评云：弱肉强食，侵略不休。狼秦虎楚，谁友谁仇。三韩日惨，八道云愁。履霜冰至，奈我神州。

锁祲氛

八道山川锁祲氛，啼儿长忆鬼将军。丰公一去无豪杰，谁使三韩用我文。

误顺逆

内人卑，外客尊。卑如奴，尊如神。廊庙一执欧化策，海内滔滔误顺逆。外客投旗馆，馆主何丁宁。内人投旗馆，馆主何无情。外客搭铁路，驿夫何恳到。内人搭铁路，驿夫何残暴。此事往往世上传，世人惯看亦恬然。自屈风长士气灭，不信金瓯长不缺。呜呼驿夫馆主何足尤，望之不异剑刻舟。岂知金紫粲烂诸缙绅，足加同胞不自羞。

影翩翩

港门日泊万邦船，丑陋成风只爱钱。处处教坊延外客，登场裸蝶影蹁蹁。

评云：猾贾无耻，只知爱钱。处处翠楼，裸蝶蹁蹁。

解语花

日见门前簇马车，山川好向远人夸。主翁只识钱堪爱，艳说秦淮解语花。

评云:有客远来,何物堪夸。妖冶眩目,北里樱花。

即非人

非平氏者即非人,此语曾疑今果真。树党成朋擅威福,道路相见皆逡巡。防海事业国大事,凤书昨降从枫宸。朽腐船舰不成用,旭旗何日翻瀛滨。铁路之利世无比,深山邃谷驰飙轮。苞苴狼籍足私计,暮夜黄金人不瞋。农工业衰国瘦瘠,庠序无道颓彝伦。内治本源误顺逆,枉道励精安黎民。复古业成二十岁,太平卿相家不贫。推引同类斥他类,欲将饱暖全一身。至尊宵旰宸忧切,不知何以酬尧仁。浮云满目暗天日,茫茫当路皆棘榛。呜呼,长乎萨乎我不识,非藩阀者非大臣。盍自反省履公道,有人尝胆还卧薪。

哀悼碑

飒爽虬髯眼有光,忆曾柱石镇朝堂。萧曹重器司钱谷,房杜宏才任栋梁。风扑残花红片片,雨过新树碧苍苍。忠魂今日招何处,哀悼碑前几夕阳。

评云:虬髯飒爽,正笏立堂。年华瞥眼,十五星霜。狡兔跋扈,猾鼠披猖。大厦欲倾,谁任栋梁。

愁杀人

四海安危系一身,奇灾殉国是名臣。春深哀悼碑边路,绿树啼鹃愁杀人。

评云:任危殉难,不顾一身。今何在哉,社稷之臣。

天雨石

青天雨石地大鸣,温暖如毁候俄更。东岳拔地三万丈,炎炎猛火峰顶生。鸡林云物日更恶,羽檄旁午纷纵横。防谷令出人心怒,玉帛将渝唇齿盟。天事人事两已急,只手谁挽颓阳倾。樽俎折冲今何用,危机一发是交兵。闻说韩廷变庙策，使臣尚未去京城。此时东岳焰亦息，三陆之天云忽晴。莫乃民意所激感天地，莫乃山灵代人漏不平。

评云：韩廷重兵事，深怕破邻盟。料识使臣署，旭章依旧明。

在兵力

欧人有权数，侵略日及东。威吓夺其气，欺负移其风。心醉皮相美，精神早已空。名义虽长在，其实与亡同。安南与缅甸，英佛交残贼。暹罗复危难，仅存奄奄息。可悯弱之肉，遂为强之食。道义不可求，文明在兵力。

评云：齿岂不寒兮唇亡，坚冰将至兮履霜。

万邦舟

渊深学术独无俦，外政多年赞帝猷。埋骨城南高阔地，墓门长对万邦舟。

评云：元勋衰凋，谁赞帝猷。一接讣音，涕泗横流。

东海寺

奥岳岧峣连剑铓，剑飞铓裂炎煌煌。全诚殉国险何避，名士奉公身竟亡。空山香火瘗侠骨，故人涕泪传文章。惆怅忍过东海寺，萧萧悲风起白杨。

评云：山裂何兆，人死何祥。仰问皇天，皇天苍苍。俯问大地，大地茫茫。吊山哭人，泪落沾裳。

奈汝何

妖雾锁八道，虎啸韩山阿。公使肠铁石，中流撑狂波。折冲不误策，两国免干戈。功就归来官不喜，石乎石乎奈汝何。

评云：鸟尽弓藏，兔死狗烹。今古志士，同一伤情。

耶苏国

石室玻窗艳海滨,中看歌舞涨妖尘。舞风杨柳朝牵客,含露蔷薇夜媚人。百鬼久闻跳白日,十金何怪鬻青春。文明习俗元如此,不负耶苏国里民。

评云:章台杨柳,日招醉人。巫峡云雨,是何妖神。百鬼跳昼,十金鬻春。基督教徒,耶苏国民。

负光荣

铁蹄踏裂碧峥嵘,绝顶巉岩自刻名。报国一身穷险厄,叙勋三品负光荣。蜃楼秦乐鼋鼍舞,龙火腾空象纬晴。伟业只今谁似尔,欢呼声满凤凰城。

评云:仙音缥缈,天女拥旌。万龙照水,鱼鳖出迎。子弟慕勇,父老表诚。狂呼喝采,声撼帝城。

自观兵

苍震黄离德业成,何唯被服学儒生。思贤礼厚招宾客,监国心虚下俊英。东阁半宵谁进讲,西池六月自观兵。时清不用商岩皓,早见黎元颂太平。

评云:储宫聪明,玉润金声。思贤苑成,罗致俊英。紫阙询名,青山阅兵。海内苍生,谁不泪横。

窥北陲

何物猎船窥北陲,碧瞳胡族赤毛夷。去来海上谁能测,出没波间不可知。岂道典章关实势,可怜盟约只空辞。土民尤恐神人怒,大雾重重画不披。

评云:杳杳北境,渔船数窥。毛赤瞳碧,其章花旗。法律虽严,竟无所为。盟约虽完,奈属空辞。

大雾冥冥锁朔边，土人忼慨欲呼天。怪他社稷森严律，不及花旗盗猎船。

器加锐

闭锁机，爆裂药。谁发明，谁制作。刻苦淬励发精衷，惨淡经营惊化工。兵器加锐敌人畏，吾国始有真艨艟。伟哉技师伟哉大尉，万古海军长吐气。

评云：弹药不利，炮器不精。龙然舴艋，岂曰强兵。藩阀巢窟，私利妒名。有此二人，仅见忠诚。

姓冠大

大合曾征韩，八道皆震栗。大井曾图韩，雄志中道失。今见大石子，樽俎善辨诘。奇哉三人姓冠大，长使韩国抱忿嫉。干戈玉帛疏与亲，东亚大势安危分。大字且勿嫌，大字何足恒。堂堂大朝鲜，大院之君国，王父恒恐也。

评云：大字有何罪，韩人闻不怿。不怿竟何为，吾笑韩人窄。勿言大字破协和，更有井字关风波。井井之井大之井，韩人其如井字何。

愧九泉

屈指从军事，茫茫廿六年。千兵空乱草，一将独凌烟。世运悲隆替，人情感变迁。当时唯报国，今日漫争权。静坐思中夜，能无愧九泉。招魂关外路，惆怅夕阳前。

评云：骨委乱草，功画凌烟。生者人羡，死者谁怜。一梦冥冥廿六年，从军故旧半黄泉。白河关外秋风早，忍荐香花立墓前。

盘谷府

咫尺山川杀气横，飞来南信骇升平。旗旌满地千弹迸，舴艋沉渊万炮轰。久恃富强何履道,数轻贫弱漫加兵。可怜盘谷府头月,半夜一轮依旧明。

评云:炮弹雨下,苍天烟横。艨艟粉碎,大海波惊。恃强行暴,侮弱加兵。虎狼其心,尚夸文明。

三百万

威吓求港塞,胁迫要赔偿。佛人何跋扈,暹人何仓皇。昨日一邦灭,今日一国亡。风气日不竞,惨淡大东洋。君不见黄金三百万,佛人心术贪如狼。

评云:骄意大凌小,怯心弱畏强。乾坤双涕泪,邦国几兴亡。

城下盟

白种与黄族,纷纷几斗争。暹罗元弱国,法朗最强兵。胁见石头辱,惨闻城下盟。旭旗何日耀,妖雾黯东瀛。

评云:暹称小国,法元强兵。胜败已定,岂足抗衡。石头降幡,城下订盟。唯此形势,其奈东瀛。

自在观

东亚妖云欲拂难,唇亡不免齿先寒。苍生谁建千年计,黄阁唯偷一日安。中国炮台空说险,北溟军港漫夸宽。时清闲却边防事,付与西人自在观。

评云:中国要冲,空说马关。北门重镇,漫夸室兰。怯心媚大,姑息偷安。邦家险塞,任敌纵观。

正多事

唇齿辅车国,沧波咫尺通。奸人常误事,刺客竟成功。虎豹千山月,旌旗八道风。鸡林正多难,拨乱要英雄。

东学党

悲歌东学党，闻道逼京城。运会千年变，威腾两国兵。官军连败绩，羽檄正纵横。昨夜艨艟发，风云黯大瀛。

王者师

盘踞平壤州，元称要冲地。山峻而城坚，拔之岂容易。胡兵亦狡狯，夙知割据利。炮垒筑已成，斥候四出骑。堂堂王者师，诡道常所避。牙山一凯旋，休兵养锐气。谁道空旷日，轻举深自畏。不乘其无虞，以俟彼有备。爱敌本侠心，不效草贼智。一战决雌雄，宇内伸大义。早应拔巢窟，歼灭无遗类。

惭小捷

东方君子国，仁义遍寰区。可恶鸱枭虏，宁容斧钺诛。六师惭小捷，万里策长驱。鸭绿江虽险，于吾如坦途。

赋凯旋

堂堂王者旅，所向欲无前。剑戟风霜凛，艨艟铁石坚。和戎多误国，宣战不违天。盍速拔巢窟，归来赋凯旋。

发东京

亲征车驾发东京，沿道欢呼父老迎。勇武无伦吾所恃，顽冥不悟彼何情。天晴剑戟星辰动，风卷旌旄日月明。万里凯旋应有算，皇皇神武治寰瀛。

工谈笑明治二十八年

西镇关门控海阿，乞降谁捧国书过。髡头宰相工谈笑，马褂使臣伤跌蹉。只合端严张俎豆，勿将姑息戢干戈。期君一事且持重，闻说至尊宵旰多。

评云：髡头宰相，曾抵天津，有句曰：笑谈不用干戈力，俎豆之间好订盟。马褂使臣，今到马关，不知将以何语自矜其功乎？

制骄心

漫称倭主古犹今，神圣久遭渠辈侵。割地索金真琐事，直将名分制骄心。

评云：倭主倭酋，彼之所口。中国中华，我之所耳。名分不可以不正，骄心不可以不制。

挫气锋

拟将玉帛代兵烽，尊俎寻盟礼遇恭。一旦变灾生草卒，千秋遗憾此狂蠢。岂无使节加辞柄，恐有廷臣挫气锋。闻说吾皇宣旨渥，仁风解愠共雍容。

评云：我之不幸即彼之幸，所以加辞柄。昨则彼来请我，今则我往谢彼，所以挫气锋。

恃西洋

败衄千军势不扬，外援漫恃是西洋。燕京天子无他术，只学当年石敬瑭。

评云：昔石晋之窃权也，借兵于契丹；今满清之请和也，求援于西洋。阖国臣民尽是敬瑭，岂独天子。

杞人忧

貔貅百万拥朱旒，气压燕云十六州。讲和使臣飞羽翰，征清督府解龙舟。漫传戎翟筹边策，莫为苏张误国猷。笑杀春帆楼上会，洪钧空抱杞人忧。

评云：王师气压燕云，使臣心拟苏张。春帆楼上之会，总督府中之策，不知传何消息。

解文明用李鸿章韵

皇谟绝代极寰瀛，谁拟金缯购和平。操纵干戈原在我，支持社稷转怜卿。外援漫金联三国，末运宁知误一生。自有优恩同覆载，胡人亦合解文明。

评云：《日日新闻》亦载次韵，诗有“和局欲成思魏绛，节旄将秃悯苏卿”之句。此自戎视我国也，又自匈奴视我国也，可谓失体之甚者矣。

旧瘢痕

李牛朋党几恩怨，媾和盟成议尚喧。他日文华殿中宴，知君笑指旧瘢痕。

评云：樽俎三旬，才全使命。豆大瘢痕，能排众口，何其多幸。

似赵括

如斯乎，我已熟。知此语，何太壮。解役碧眼儿，大澂谈兵似赵括，徒知死法不知活。君不见田庄台一败肝胆寒，百里逃走十三山。

评云：赵括能读父书传，不知合变；吴大澂能谙西人训练方，每战必败，胶柱鼓瑟。今古好对，宜补入李氏《蒙求》中也。

利锱铢

西人黠，清人迂。清人可诒三寸舌，欲乘祸乱利锱铢。我得兵书汝何所，用汝速行不给俸。清人黠，西人迂。西人可诒三寸舌，欲乘祸乱利锱铢。

评云：西人欲利，清人欲利。西人欲诒清人，清人却诒西人。清人黠乎，西人迂乎，孰知乌之雌雄？

千载忧

金缯盟就战尘收，社稷难蠲千载忧。一自合淝持节到，翻然朔地使兵休。满清既践宣和约，戎翟重陈绍定谋。恨煞史童终误国，他时虎狼搅中州。

评云：宣和海上之盟，绍定和元之约，童贯、史嵩之实为之主，遂令赵宋覆灭罔拯。合淝不戒前辙，结托三国，以保满州咫尺之土，而贻东洋千载忧，可叹哉！

包胥哭

漫云玉帛会盟同，宁料邻邦声息通。大局风云看忽变，一时体面补何工。秦廷已有包胥哭，齐土谁全乐毅功。廿万征人皆奋忾，侧身北望黑龙东。

评云：包胥之哭秦廷也，固欲以赖其扶援；乐毅之略齐土也，遂至见被其回收。彼则一时侥幸，此则千古痛恨。殷鉴昭昭，足深以戒。

还赵璧

大局谁能解纠纷，诸公筹策太殷勤。风云俄见山川改，使节曾夸尊俎勋。今日终看还赵璧，当时漫誓割燕云。粉摧万骨终何用，落日关河朔北军。

使人吁

涛声怒激使人吁，朔雪边风旧版图。碧海艨艟横战气，神州黼黻仰皇谟。千军既殄辽东豕，万里何屠漠北胡。借问议和伦桧辈，莫令宗泽渡河呼。

一田畴

洗兵鸭绿大江流，秣马卢龙古塞秋。破虏神军数诸将，连营不见一田畴。

评曰：逃赏申胥，辞爵田畴。昔有其士，今无此俦。

阁上名

汉武开边自悔情，朱明远饷祸根成。劝君莫卖卢龙塞，为买麒麟阁上名。

评曰：卢龙卖塞，麒麟买名。勇覆三军，谁谓忠诚。

重边功

衣冠晨赴紫宸宫，锡爵元勋宠命隆。圣代不同炎汉业，登坛万户重边功。

评曰：元勋锡爵，恩宠隆隆。封侯万户，世重边功。

画功臣

洛阳宫殿贺平新，勋属宠官三百人。今日云台无剩壁，汉廷何处画功臣。

评曰：曰子曰男，曰侯曰伯。功臣如林，云台似窄。

学暴秦

闻道停刊费苦辛，敢将心血黩埃尘。贾生涕泪忧宗社，谢子文章劾佞臣。幕下狗鸡空有士，宫中鹿马定何人。可怜藩阀诸元老，焚籍坑儒学暴秦。

评曰：指鹿为马，古有大臣；鸣鸡盗狗，今有小人。可怜阀阅，虞渊日沦。焚书之智，徒袭暴秦。

景福宫

第一解叙闵妃进御也，第二解叙宫嫔为妃所鸩杀也，第三解叙妃见厉也，第四解叙真灵君司巫祝也，第五解叙真灵君淫奔也，第六解叙阉竖以真灵君之宠

齐恸哭

凤城三日绝鸣弹，海内苍黔泪不干。花萼风残琪树冷，银潢派断竹园寒。铭旌黯黮开金殿，画戟森严护玉棺。沿道万声齐恸哭，浮云无限满长安。

空杳杳

黄麻传丧昨降朝，十道山河看动摇。穷里儿童悬画像，中原父老慕清标。寒风朔漠晨留跸，溽雨南溟夜倚桡。鸾影凤姿空杳杳，寝园松柏锁云霄。

太平象

元勋柱石列云台，不问边云压海来。明治太平知有象，论功行赏第何回。

评曰：元勋柱石，列在云台。论功行赏，十有数回。巧官鼓腹，边塞扬埃。太平瑞象，且此倾杯。

黑龙江

敢将威力压邻邦，断浦秋风闪帜幢。更望浮云天直北，楼船竞下黑龙江。

评曰：黑龙江古称水势险，绝难行舟；今则捩楫一转，楼船如飞，运输之利冠西部利亚。闻鲁兵之赴浦塞者，多下此江。

乱云摩

鸡林北望乱云摩，几万胡兵倚马歌。朝仆夕颠金闵朴，昨非今是日清俄。宫阍机事谁传实，闾巷飞言半混讹。可悯韩廷唯半壁，难支八道旧山河。

是鄂罗

霹雳晴天走百魔，风云又急汉山河。黑龙江北侧身望，杀气蒙蒙是鄂罗。

谒藤公

矶驿寻盟即药笼，闻言板伯谒藤公。只称战后经营急，宁问廷中责任空。狗肉羊头终底用，奴颜婢膝为谁忠。漫将结托联朝野，多病才人坐拾功。

评曰：春王正月尚寒威，板伯藤公会大矶。当日民权自由说，二十年后始知非。谁奏勤王一片心，由来结托为黄金。高人漫向江湖说，今日宫中御感深。

金十万

尊俎马关谋不全，勋名枉被九重传。巧官画策多慫政，私党声援欲保权。内帑拜恩金十万，外边吞恨鬼三千。辽东今日烽烟尽，长白山连鄂国天。

评曰：辄举辽州附北邻，干戈空费几酸辛。谁图十万貔貅外，第一封侯是阃臣。第一封侯是阃臣，大勋位贵绶章新。君恩如海深难测，又赐黄金十万缗。又赐黄金十万缗，叨恩狎宠是何人。请看廿七八年役，辄举辽州附北邻。

没骨翁

谁以清廉目此公，黄金暮夜数图功。语言欺世诈为信，容貌误人奸似忠。老去何心媚诸相，耄来无力御群雄。民权不起自由死，南海今余没骨翁。

挽颓澜。使臣弄柄谋非小，君主还宫事更难。一部勿忘亡国史，分明殷鉴在波兰。

评云：鸡林时事太纷纭，私党争权玉石焚。一部波兰亡国史，为君不惜细翻文。

奈神州

燮理失宜，时局渐难。一片婆心，岂忍旁观。虚怀所画，两伯任官。阁议不协，诸相挂冠。互抛情实，各沥肺肝。至诚当职，庶回倒澜。

战后经纶足杞忧，龙蛇惨淡奈神州。黄金到处青山在，白璧何心暗夜投。策就偏期安鼐鼎，时危岂可挟恩仇。慨慷自破三猿戒，侠骨棱棱老未休。

评云：聚米散谷，投机之才，一夜博千金；奖歌励舞，化欧之政，余弊满四海。翻然有所悟，以至诚杞心奔走国事，洵足以功过相偿，无庸吹毛索庇也。

何处风云试错盘，星槎曾驻古三韩。民心如旧宪章美，宫阙萧条春草寒。

李中堂

王师向无敌，当日气何扬。得意取南岛，厚颜还朔方。蹉跎藤内阁，矍铄李中堂。借问马关舌，今添几尺长。

评云：干戈迹敛，瀛海波清。李伯将来，何以欢迎。大国名士，一代老雄。乘槎千里，日域观风。把臂谈时，置酒论文。盍以礼遇，维邦之宾。唇齿相依岂偶然，恩仇一梦已云烟。岂无大策兴东亚，为问英雄李少荃。

两使臣

万里怀柔策，修交重比邻。干戈销战伐，玉帛结相亲。华胄双男爵，钦差两使臣。才堪图报效，学亦拔侪伦。瑞露大兼小，西林新代陈。弱甘巾帼晋，强事虎狼秦。月明麻府夕，花丽圣都春。何以报天子，殷忧劳紫宸。

评云：外政之举，在得其人。清俄两邦土壤相接，关系亦大，尤不可不择其人。西男爵、林公使孰优孰劣，我不得而知。待其显于行事，将更细评之。

辽朔干戈事已陈，折冲报国更何人。春风吹入北冰海，雁去燕来双使臣。

镇中原

巍然太庙镇中原，松柏森森白日昏。社稷千年传国玺，帝王万古戴天孙。骄心欲渎神明德，薄俗渐忘宗祖恩。此事从来所关大，怪他世上寂无言。

评云：骄心渎神，薄俗忘恩，尚谓之文明风欤？此风渐长，则邦家将有不测之祸。诗云："相鼠有皮，人而无仪。"司教育之政者，其可不留心焉乎！

山根立庵

山根立庵(1861—1911),名虎臣,字炳侯,长门(今山口县)萩人,中学退学后,自学汉诗文写作,参加自由民权运动,创办《长洲日报》,1898 年曾到上海,主办东亚同文会报《东亚时报》,又曾受袁世凯之聘任保定军官学堂教官,辛亥革命前回国,有诗集《立庵诗钞》二卷,明治四十五年刊（铅印),以下选自于此。

赠金玉均

只手空期回倒澜,壮图踯躅梦阑残。腐儒不识千秋计,俗吏徒偷一日安。故国山河余涕泪,天涯冰雪几辛酸。病余犹有经纶在,欲把东瀛打作丸。

朝鲜文弱,与我同病,国家大计尽败于腐儒俗吏之手。此诗良药苦口,以激厉之词,寓恳挚之意,维持东亚,洵属伟人。

奉读还辽诏有感

楼船压海事纷纷,何料庙论俄返军。百战金戈凌朔雪,一朝玉斧割燕云。讲和谁道汪黄力,奏捷休论韩岳勋。无数英雄埋骨处,胡儿牧马上斜曛。

马关客中

湖海十年既倦游,津头三日系归舟。灯前忍听秋娘曲,旧识美人多白头。

春帆一幢,我辈伤心之地;秋娘一曲,君家感旧之游。湖海闲情,宗邦涕泪,于彼于此,各有会心矣。

送人之台湾

群盗纵横扰海陬，悲歌击楫誓中流。幕府何人报平虏，楼船诸将尽封侯。恶浪无边连吕宋，妖氛满眼锁檀洲。若教肉食如君辈，何有九重宵旰忧。

声情激越，君国萦怀，具有祖逖枕戈、刘琨舞剑之概。

挽六士诗戊戌年作

杨深秀

夜深前席鉴精诚，痛哭还同汉贾生。登车有志清河朔，上书肯避弹公卿。且存浩气塞天地，剩有忠魂恋帝京。剧恨豺狼当道卧，上方无剑任横行。

刘光第

大节如公鲜矣哉，力扶兰芷剪蒿莱。生前儋石任家破，身后黄金挂剑哀。终古英魂归蜀道，百年侠骨葬燕台。敢同抉眼吴门恨，忍见敌兵入阙来。

谭嗣同

就义从容白刃前，肯将赋命问青天。论追酌古文无匹，学溯求仁书必传。为君子儒兼古侠，宗慈悲佛异狂禅。自从柴市文山死，碧血痕新六百年。

林　旭

和靖高风少穆贤，名家有后岂无缘。一时人物出尘表，六烈士中最少年。白日争光岂必古，苍生何罪其如天。鸾离凤别知无恨，千载贞魂伴夜泉。

杨　锐

忧时策治奏新文，献赋雕虫薄子云。百族扬眉望新政，万方多难仰明君。朝衣有恨赴东市，左袒无人入北军。为问草间偷活辈，金川一恸竟何云。

康广仁

读书万卷彼何功，岭表成仁独有公。堪痛残骸委沟壑，但余怒气薄苍穹。洛阳无客哭彭越，许下何人埋孔融。离筑轲歌今不再，谁过燕市吊孤忠。

宋存礼云：悲壮苍凉。此种题目，正宜少陵、遗山之笔为之。又云：君诗好处，在无儿女子气。温李诗非不工，但粉泽太重，不能上追李杜。元遗山云“拈出退之山石句，始知渠是女郎诗”，此物此志也。

章炳麟云：奇肆崛崨，无大白不能读，无铁板不能歌。六士成仁之日，余曾目击，悲痛之极，只在青莲庵伏裴村先生棺一哭，每欲诔行写哀，至今不能成一字。读立庵诗，怦怦然动三步腹痛之感矣。当时有掇昌黎“臣罪当诛，天王圣明”八字为挽者，余直唾之不识其何心也。

嘉兴寻刘伯伦墓不得有作

烟雨楼前载酒随，扁舟停棹水之涯。访遍伯伦埋骨处，舟子摇头皆不知。酒德一颂自千古，天坏文章独有斯。当时声名照林下，有耳者鼎铛知之。讵料姓名终埋没，怜君身后命亦奇。吾生燥发嗜米汁，过庭早岁诵高什。每读一句倾一杯，常恨旷世不相及。朅来万里踏海游，狂歌烂醉东吴陌。骑鲸人去既千年，醉魂仿佛呼不答。呜呼，尧舜千钟，仲尼无量，三代郅隆非荒唐。风气滔滔与世下，礼法逾繁真逾亡。君独卓然典午际，休言身世太郎当。忆其五斗解酲时，科头散发意怡愉。天地为一朝，八荒为庭衢。心神直与真宰会，四肢九骸视之侔泥涂。回首当时几豪彦，盛衰一瞥疾如电。洛阳铜驼埋荆棘，王谢台榭空飞燕。何如此公身以一锸从，青山到处留游踪。直以六合为坟墓，不在区区马鬣封。我来不洒寻常怀古泪，如不痛饮被公笑。船头倾尽百壶酒，浇江不拟生刍吊。醉来浩歌凭帆樯，极目湖云望苍茫。仿佛水妃来助饮，金支翠羽闪夕阳。

宋恕云：豪情大可见，以诗论亦几于晁无咎矣。

丁祖荫云：排奡之气，有四顾天地窄之概，读竟可浮一大白。伯伦辟出酒世界，以醒而醉，醉而死为目的，众人皆醉，不忍独醒。立庵知之于酒国，重开新界，当招伯伦之魂于独一无二酒世界中，而与天地万物同一醉。伯伦先醉立庵后醉，余亦读此诗而心醉。

寄黄叶秋村在台督幕

幕游海外岁加三，忆尔狂奴故态甘。开府安危系宣武，令公喜怒来髯参。定应落帽迎嘲解，不待诣门扪虱谈。唯使海陲熄烽火，不妨饮酒日沉酣。

健句如铁铸成，昔人云语不惊人死不休，此诗洵有此气概。

送文芸阁学士之日本

登楼勿复说离愁，不是寻常汗漫游。沧海横流悲故国，蓬莱清浅泛孤舟。包胥恸哭能存楚，苏代纵横岂为周。到日诸贤当倒屣，声名早已动瀛洲。

孤臣去国，东海茫茫。易水之歌，同一悲痛。英雄肝胆，有相契于微者矣。

本田种竹

本田种竹(1862—1907),生于阿波(德岛县),名秀,字富卿,通称幸之助。早年随京都江马天江习诗。明治二十五年(1892)为东京美术学校(现东京艺术大学)教授,后为文部大臣官房秘书,明治三十九年(1906)退官后为自然吟社主持,有诗集《怀古田舍诗存》,以下即选自此。

重阳清国汪芝房星使会饮,诸同人子红叶馆赋呈节录

苍苍天色敞神州,云物晴开百尺楼。大国辎轩观古俗,东都冠盖会名流。星楂江汉鱼龙夜,玉笛关山霜露秋。作赋高才非我事,黄花短发向人羞。红枫池馆碧云隈,虚敞轩楹夕丽开。万古心胸惟白酒,百年风日此高台。孙郎不见登山啸,谓前随员孙君异。陈子今无惊座来。谓前参赞陈哲甫。幸我疏狂仍健在,年年巾舄许追陪。

对酒岂无怀故乡,幨帷万里驻东方。丹枫梦冷吴江水,白雁秋高蓟塞霜。世局风云非宿昔,人生醉笑几重阳。敦盘且合娱翰墨,只愿斯盟永不忘。

清国汪芝房星使关修禊宴于红叶馆有诗攀韵以呈

酥雨浥芳萋,江南莺乱啼。绮筵逢折简,笋屐远冲泥。桃靥湿红重,柳丝鲜绿齐。夕虹围塔殿,春泽满凫鹥。佳节倾华盖,名园集玉蹄。烟花樗杜曲,诗酒白苏堤。画壁佳姬唱,纱笼旧句题。山川为俯仰,朋侣几招携。秉烛前游续,闻歌昔梦迷。素襟新月照,青鬓落英栖。短夜情何罄,中年气易低。只应穷子美,日日醉瀼西。

清国星使汪芝房招宴芝山红叶馆予用《新城修禊水绘园短古八首》韵一时兴到之语纵笔慢调勿尤非礼何幸过之节录

一年只合醉清明，烟景招人天亦情。有女如花笑垆畔，三春三月凝妆迎。浣华笺子手频擘，锦江应化酒千石。为君且赋丽人行，不用狂歌拓金戟。谁家姐妹住青溪，第三桥头春欲迷。一坞桃花深一坞，中有画眉相向啼。春江滟滟抱花市，恍在朱帘碧榭里。记得陈髯唱紫云，柳丝轻拂青骢尾。谓前参赞陈哲甫。

题唐妹城趾图津轻斋藤积翠嘱

我足未践唐妹碕，藤君乞我唐妹诗。袖中一卷出江山，山气墨气同淋漓。乱峰如马势将走，崩涛訇磕隘其口。云雾咫尺蛟龙愁，大块一噫入昏黝。风沙路上少行人，云木城头古栈悬。痛绝源家旧骨肉，棠棣花落八百年。廷尉勋名冠柳幕，不知何罪招鼎镬。藩镇河山铁券亡，征车遥遥投朔漠。边兵飒如风雨来，万弩射潮潮势颓。北方之强次郎在，杀身成仁筋骨摧。当时海内诸侯伯，有如秦越视肥瘠。挫强扶弱果几人，如次郎者真难获。侠气当年重素盟，遗民于今说芳名。千秋有泪洒尺布，万里终免坏长城。龙飞峡地名拆云生垒，厩马洞地名荒草藏雉。英雄魂魄哭东风，山花寂历故城趾。卷图风雨来山楼，坐觉苍茫万古愁。浮云直北倚剑望，不知何处靺鞨州。

台北莺春亭小集此日会者向山黄村、龟谷省轩、岛田蕃根、寺田望南、国分青厓及释石谷

村园门巷锁松筠，隔断东台裙屐尘。无奈瞢腾犹中酒，最难消遣是余春。风中飘絮离乡客，叶底残花善病人。纱帽隐囊同调在，且将睡笑了闲身。

迭前韵

绀殿遗墟拥古�,刀兵浩劫阅前尘。溷中花亦伤奇数,婪尾杯宜泻老春。咄咄世间多怪事,悠悠天下少闲人。青山便与诸公饮,至竟乾坤寄此身。

日前接金古筠沪上凶信此日分王半山句“绿阴幽草胜花时”得时字

绿树人家隐箔帷,黄鹂巷口草离离。春风惯贳村墟酒,又是楝花吹帽时。台北有小坊曰黄鹂巷。

红桥碧水赋春嬉

人面桃花映酒卮,此境风怀滋味别。绿阴天气杜鹃时。酒肆藏名悔已迟,此心徒与昔人期。落花吹白袈裟影,金粟如来示现时。三四谓石谷上人。百年痛饮是吾师,儿女风云曾笑之。去去长安台省侧,人间寂寞郑当时。望南醉后纵谈古今人物,快甚。年来解唱惜春诗,也被东风吹鬓丝。春雨坊前花谢尽,夕阳墟落鸟啼时。春雨,坊名;夕阳,村名。俱皆属台北。

初夏台北闲居以王荆公“绿阴幽草胜花时”句为韵

樽酒惜余春,花阑风雨促。闭门深竹中,人语响寒绿。青山围古巷,花木一门深。返照林间入,啼鹃破夕阴。不说人间事,空山水自流。百年惟一梦,花落佛龛幽。红药水边村,绿芜山下道。美人迟暮心,四月怜芳草。湿绿压林扉,幽苔通曲径。科头三两朋,静话溪山胜。长安三日雨,树色万人家。独坐草堂午,牡丹开一花。蚁垤王侯富,山中笑不知。槐花风洒地,白屋午眠时。

台北闲居再迭前韵

春风半掩门，月落啼禽促。清晓上林皋，湖光开净绿。烟林春漠漠，苔气雨中深。古巡无人处，幽花卧屋阴。绀宫敞林表，彩翠夕阳流。暝色何来合，诸天一磬幽。桑麻晡里村，松柏谷中道。穷巷有诗人，门栽书带草。棣棠春一篱，茅屋两三径。不见旧风流，故墟怀静胜。相传太田道灌遗迹山吹里者，乃今之日暮里也。道灌别号静胜。清风竹林好，辛苦又移家。手洗三竿碧，颓墙扶野花。夜色云埋树，鹃声月独知。灯摇风入幔，山阁酒醒时。

闲居三迭韵

夜雨响深林，吾心凄以促。今朝南涧中，花竹纷红绿。鸡犬闻乡里，一村榆柳深。熏风惠然至，虚室贮清阴。昔上台南阁，梅花水乱流。今来台北路，夏气密林幽。江南岂不佳，春尽江南道。江南烟雨多，肠断青青草。苦竹覆寒厨，苍藤蒙古径。我非华胥人，不值红都胜。芍药一名红都胜。

偶访天台寺山僧不在家

微风如有意，吹拂石床花。乾坤双鬓在，心事一灯知。独掩衡茅卧，山城风雨时。

同四迭韵同青厓山人赋节录

鸿台烟树断，明灭大江流。夕自灌丘望，古原落日幽。物我日逍遥，息机方见道。阶前含笑花，屋后忘忧草。布袜谢人间，相携寻涧径。大笑拍君肩，天门说灵胜。潇洒孟夫子，鹿门山下家。半生终不仕，日日只迷花。

闻鸡林边警五迭韵节录

八道征输尽，风云属外家。累臣魂夜泣，古渡堕杨花。咒谶鬼神闳，朝廷犹不知。秦关皆虎豹，万里乞兵时。

寄怀锦山槐南两书记在广岛大营

玉斧征蛮府，辕门转饷时。天河摇鼓角，海日照旌旗。涛壮广陵镇，风高严岛祠。辞臣陪彩仗，应和柏梁诗。

星斗西南转，山河气色分。陈琳宜草檄，王粲此从军。辽海千帆雪，秦关万里云。不眠思塞上，金柝夜深闻。

西征纪事二十首节录

王俭山川非附庸，契丹昆族尚狂蠢。中朝仁德期绥抚，外国干戈失折冲。肃肃旌旄悬日月，峨峨舰舶压鱼龙。羽林飞将从天下，休道崤函险几重。《后汉书》注：平壤即王俭城。《东国通鉴》云：东方初有神人降于檀木下，立为君，是为檀君，国号朝鲜。《东史》云：檀君名王俭。

风尘边镇久无宁，骄虏频年犯小廷。铁甲如云连朔漠，天戈此日扫妖荧。牙山月黑鼓声死，海岛血红潮气腥。车骑绎骚亭障外，六师径合下龙庭。胡人祭神处曰龙庭，见于李白诗。

长风破浪叱鼋鳌，横海将军胆气豪。肘后新悬都督印，腰间斜带赫连刀。水犀奋斗冲坚舰，封豕仓皇弃节旄。落日回头黄海上，左魂右魄哭烟涛。

悬军绝域涉陂陀，一路寒云乱棘多。辽代城楼荒白日，汉家封徼尽金河。笑擒都护安西马，醉唱阴山敕勒歌。九月沙场天欲雪，朔风毡帐枕琱戈。

眼中不置雁门豪，战罢河流笑洗刀。中使重来颁酒脯，天恩万里拜荣褒。黄榆关塞狼烟尽，白草川原马骨高。齐唱安东平一曲，曈曈日色照征袍。安东平，曲名。

诸将忠良翊圣衷，严明约束此从戎。三千蕃部横戈外，百二秦关揽辔中。应有留侯帷幄策，可无萧相转输功。覆帱皆谓天王地，惠雨恩风万里通。

冬至前一日与黄村翁夜话分韵同作

蒲团芋火坐相仍，夜帐新寒酒味增。却想北征人万里，长河跃马蹴层冰。

喜皇军第一捷席上分韵得寒

朔漠何容一鹗抟，六军龙虎尽桓桓。破山火炮铁沉舰，擘海金蛇雷炸丸。绝塞跳梁征突厥，外庭稽颡见呼韩。捷书日献丰明殿，定有君王带笑看。

昌平州道中杂诗节录

居庸上谷古边墙，莽莽风烟接太行。日出人耕沙卤地，平原枯草散牛羊。

陇田凹凿路微明，巾上秋风禾黍声。野日荒荒澹无影，恍然人自地中行。村落田间，往往穿土为路，低于地者数尺甚至一二丈，园圃皆在人头上。

数家烟火带林丛，豚栅鸡埘邻里通。曲曲沟渠秋水浅，芝麻花绽一篱风。

番奴柳下暮分餐，石路霜痕秋草干。落日风铃声不断，驼峰高并乱山寒。每驿站有驼房者，蒙古人来饮驼小憩，一人有曳数十头者。

北指关山冷陉路，居庸关一名冷陉，太行八陉之一。夕阳来过密云城。朔风卷地黄尘起，知有千羊作队行。蒙古人驱羊群入关者，其多以千数，过处尘起万丈，不辨咫尺。

初旭离山宿雾空，柳边槐处驿西东。傍流沙路暮田紫，隔崦人家柿叶红。

行人马语夕寻烟，鼓角风寒粉堞连。天暝昌平城外路，秋菘如雪满平田。城门外田圃，皆莳白菜。

琉璃河

初阳淡淡照郊坰，老柳参差未卸青。秋涸琉璃河上水，一群绣鸭晒莎汀。

涿鹿途上

涿州城北渡桑干，霜陨亭皋木叶斑。合沓乱山青未了，天边何处雁门关。

白沟河

商飙飞木叶，吹度白沟河。土蚀长平镞，霜寒督亢坡。遥空愁倦翮，落日怯征羸。金宋空鸿划，回头叹逝波。

定　州

燕南连赵北，莽莽棘榛间。夜月飞狐塞，秋风倒马关。云山宜骋望，道路不辞艰。一剑尘衫客，悲歌酒破颜。

琉璃厂访王阮亭故第四首

松竹琉璃巷口斜，尚书甲第阅尘沙。名贤三昧提风雅，藻鉴千家集菁华。落月丛祠吟翠羽，苍苔老屋唱桐花。奉香一瓣平生志，终古文章此大家。

风云儿女写新辞，天壤精英憎鬼知。巴蜀山川开气象，皇华旌节见容仪。江春感旧红桥酒，岁暮怀人雪屋诗。吟到衍波词几阕，家家团扇忆当时。

邹鲁弦歌道未堙，巨公山左誓扶轮。宋漫堂汪尧峰至竟非同日，王李休论有替身。龙象庄严原丽则，镜花空妙即诗神。而今满地筝琶调，不独钟谭旧辈伦。

碧云不见美人来，曾记文章落上台。嗟我后生三百载，从君难展一时才。济南独角风骚盛，岱顶巨毫云汉开。空忆落笺堂畔水，萧疏杨柳拂寒苔。

万柳堂康熙间，益都冯相国以三月上巳屡会饮诸名流于此堂，诗酒极盛，一时传为佳话

竹槛花廊沙水濆，褉辰裙屐昔成群，名宾谁匹赵松雪，好事人同廉野云。骤雨打荷传旧曲，元廉野云会赵松雪等于此堂，歌姬刘名解语花，歌《骤雨打新荷》之曲，见于乐令堂《广客谈》。春风补柳足遗闻。嘉庆中有人添植杨柳，名曰《春风补柳图》，题咏者极多。吾来系马陌头树，露叶萧萧空薄曛。

重阳同服部小村二子游天宁寺

城西云物敞秋晖，此日登高士女围。佛寺黄花迎客笑，关山白雁背人飞。净厨晚供伊蒲馔，老衲寒披坏色衣。落日塔铃风自语，郭门灯火树依微。

当涂县

清江树影澹浮空，青山白纻渺茫中。秋风日暮一樽酒，可酹桓公酹谢公。白纻山一名桓公山，桓温领妓奏乐处。青山一名谢公山，谢朓筑室所居。

蟂矶孙夫人庙

孤庙依然枕水流，千年家国恨悠悠。信潮上下思吴蜀，泪雨东西隔女牛。建业空醒珠帐梦，永安不锁玉人愁。魂归环佩孱陵月，寂寞刘郎浦口秋。

过太平府有人谈发逆之事因以志感

一廓江山映粉垣，当年贼势阵云屯。妖星射夜黄山塔，逆焰焦天金柱园。唐代银刀称内乱，汉时铜马夺诸藩。中兴诸将今存几，西望湘乡黯断魂。

彭泽县怀陶靖节

挂帆西指曲湾隈，笑对秋风酌浊醅。县郭人烟围水柳，渔家罟网晒沙苔。小姑山名雨洗青螺出，彭浪矶名晴澄雪练开。如此江山清绝处，先生容易赋归来。

五人墓

魏阉盗政柄，矫旨害循良。罗织锦衣狱，缇骑纷纷忙。疏劾逮吏部，宁顾民之望。万姓翕然起，汹呼憾屋墙。白冤以身代，环泣攀辕黄。暴吏怒如虎，呼囚掷银铛。众皆发义愤，直前冲锋芒。哭声溢闾里，械系生命戕。安请天子剑，妖氛白日攘。泣血伏阊阙，再睹明堂光。谁能戮一鹭，谁复援顺昌。唤昌唤不返，一鹭气仍昂。悲哉五人侠，颜马沈周杨。忼慨誓相赴，气节凛冰霜。从容就死地，鼎镬甘如饧。天下闻之泣，名字千秋芳。取义虽未大，亦能维常纲。至今虎丘路，松桂秋凄凉。英灵哭风雨，流水咽山塘。路旁一片石，过者皆沾裳。风散纸钱灰，白杨影依依。鬼雄尚如在，宿草啼寒蛩。我唱大招曲，毅魄来冥茫。

新年第二日杭州府领事署招宴内外宾客者三十余人酒间赋呈领事

灯花笑语画堂开，喜鹊巡檐霁雪堆。满座敦盘宾既醉，渡江梅柳气先催。人间酒最乌程贵，海上风从日本来。“风从日本来”，李太白句。明旦涌金门外见，六桥春水绿于苔。

日暮僦舟发西兴

暮发西兴渡，川涂客念凭。岸风摇水枕，江雪洒舟灯。夜永酒频醒，天空寒更增。嘹嘹闻断雁，怜汝避罗缯。

山阴道上人家多见养鹅者有感赋此

东晋黄蛾溷乱日，岂意将军善翰墨。李唐天子赚兰亭，玉匣昭陵亦荆棘。崇山峻岭空千年，风俗于今慕前贤。裹鲊字仍童子记，题扉桥因老婆传。山阴道士最好事，黄庭换鹅是妙嗜。高格羽毛雪然明，鹤一鸥三品应比。后世论书何纷纭，王顺伯肥尤延之瘦门户分。莫以野鹜笑家鸭，几人眼见王右军。

镇　江

大江秋色水迢迢，白日鱼龙惨不骄。极浦千帆通楚蜀，中流两点认金焦。塔势晴分天半树，风声寒挟海门潮。依然铁瓮城仍在，芦荻洲前客驻桡。

望九龙山有怀王孟端事

王绂风流翰墨踪，恨无同尔倚云松。重阳节后天涯洒，侧帽诗人望九龙。王孟端号侧帽山人，又号九龙山人。

马当镇

长天秋水落霞红，缓看名山倚短篷。笑谢江神容少住，一帆不乞马当风。

九江晚望

古渡烟波落照中，轻帆叶叶趁西风。一江吹白芦花雪，乱雁如尘滚远空。

舟发九江时云晴月出水天相接清不可言凝瞩久之

露荻风林渺去津，苍茫月色霁寒旻。野空独戍树成障，云尽大江星近人，逆浪老鱼闻更静。团沙丛雁语相邻，孤舟此夜耿难寐，灯火依依谁与亲。

京口佛照楼晤陈太令家驹有诗赠次韵赋答

一笑相逢处，江山是宿因。行车随澍雨，飞舄见仙人。闻抱西河痛，应谙大地尘。且斟京口酒，珍重百年身。

丹徒怀古

海门形势郁崔巍，铁瓮江山拥旧畿。武帝射蛇呵白日，仙童捣药泣青衣。樗蒲一掷乾坤定，赵魏中原气运非。虎步龙行千古迹，新洲芦荻水禽飞。

游金山寺

京口故都禾黍繁，华严法界尚琳园。可怜人代尘俱灭，如此江山佛独尊。谁吃花猪调老衲，笑抛玉带镇空门。风流解脱我曹在，须与东坡居士论。

登金山绝顶

翠巘嵯峨水四围，有人长啸最高矶。江山一览留宸藻，山顶有亭曰"江山一览"，乾隆御榜犹在。楼阁诸天见佛威。木落虚空烟鸟灭，云残洞窟雨龙归。夕阳塔铎晴相语，飒沓天风卷客衣。

芜湖怀古

流峙千年阅霸才，英雄起灭等尘灰。吕蒙城垒多荒草，谢尚江山有废台。谁梦黄须环日去，终怜白犬自天来。于今人唱湖阴曲，夕照渗金水雾开。

陶谷南斋陶弘景隐居址

松风层阁坐吹笙，岭上白云非世情。一样陶家栖隐迹，无人香火祭通明。弘景字通明。又云栗里陶渊明祠，香火不绝。

南昌登滕王阁

滕王高阁屹洪都，彩笔龙门绝代无。王勃，绛州龙门人。画栋珠帘自今古，江襟湖带有荆吴。危栏人俯鼋鼍窟，残墨谁传蛱蝶图。孤鹜落霞秋水渺，夕阳回首独踟蹰。

晚过女儿港

苇花如雪洒船篷，月出湖云渚树中。一味新寒吹酒醒，女儿浦口夜还风。

湖上望大姑山戏作七古一章小姑山与大姑山相距殆二百里

小姑闻昨嫁彭郎，大姑未嫁心暗伤。日日云鬟雾鬓好，兼之水佩而风裳。宫亭湖水净照影，彭蠡一名宫亭湖。碧云明月秋浩洋。大姑小姑渺相隔，愁思天末劳瞻望。彩鸾智琼自古说，人间仍唱凤求凰。吾欲与乡索佳耦，月下冰语非荒唐。滕王高阁距此近，画栋珠帘南浦傍。滕王风调冠世胄，彩笔烂如云汉章。山抹微云才岂让，画蝶并见画眉情。绣鞋若能效罗袜，大姑山一名鞋山。凌波应为到南昌。烟际红柏爇华烛，江干黄竹开巾箱。比翼者何晒沙日，绣出七十二鸳鸯。大姑顾我玉齿粲，新词我且吟催妆。彭蠡原比彭矶大，大姑真当嫁滕王。

发南昌口号

人生几得酹滕王，画阁湖山醉一场。解缆芙蓉桥下水，鹧鸪声里出南昌。

夜发汉口舟行数十里酒醒不寐有作

别酒瞢腾梦未安，故人隔在白云端。亭皋木叶秋方尽，鼓角江城夜已残。斜汉低空沙树小，飞星过水渚霜寒。回思畴昔题襟处，剪烛西窗笑语团。

琵琶亭三首

法曲凄凉感旧京，黄芦苦竹古湓城。他年又洒杨枝泪，秋月春风一样情。

琵琶一曲泪纵横，枫叶荻花秋水明。怜煞元和八司马，江州司马最多情。

夜月檀槽写水声，声声暗自诉平生。佳人也有知音泪，不似匆匆唱《渭城》。

自安庆赴金陵舟中寄怀沪上诸友先是禾原有书劝早回沪

澄江如练夕霞浮，路近宣城云树秋。小谢青山吟未了，天边何处识归舟。

甘棠湖

残荷老柳水西东，黯淡寒云落镜中。安得重游携酒榼，甘棠湖上醉春风。

将游南昌早发九江

古驿灯花烬，鸡鸣戒晓眠。谁怜千里客，又上九江船。残月迫人冷，远愁兼水连。鄱阳蒙不见，霜气澹于烟。

舟达南康雨至不能上岸怅然赋此

昨啸汉阳峰顶坐，南康江渚辨云松。今到南康迷咫尺，湿云不见汉阳峰。

雨中渡彭蠡湖

烟水茫无际，天垂小洞庭。彭蠡，一名小洞庭。湖帆迷蜑雾，潭雨送龙腥。浦远空明月，明月，浦名。矶危有落星。落星，矶名。扬舲千万顷，恍似一浮萍。

饶州绝句得萧韵四首

江郭人烟拥丽谯，大龙桥接小龙桥。估帆一一轻于叶，去趁浔阳九派潮。

石屋山头返照遥，金鱼滩上不通潮。瓦窑烟隔湖田市，水柳人家酒旆招。

雨过天青烟接窑，名陶此地一何饶。官哥定汝无颜色，只合黄金铸致尧。清康熙雍正间，饶州府吏年致尧督励陶工，其制精好异常，殆不让宋代定汝官哥诸烧器，至今人称曰年窑。“致”一作“希”。

沙湖秋水长兰苕，玉马山云薄似绡。不见风流姜白石，红楼小女坐吹箫。南宋姜白石生于此地。

黄鹤楼

黄鹤仙人安在哉，人亡鹤去白云隈。山连城郭参差出，树带汀洲迤逦开。万里江流无日夜，千年文物此楼台。夕阳何限登临意，独立苍茫首重回。

赠鄂省张香帅之洞

勋名宇宙照星枢，绣斧山河筹策纡。裴节度当推大幕，杜当阳岂不通儒。文章江汉伊人在，天柱东南只手扶。四海风尘多难日，忠良惟有翊皇谟。

荆河口

挂席荆河口，西风落叶翻。兰荪秋水渚，橘柚夕阳村。楚俗祠山鬼，巴歌泣岭猿。莫从三峡去，吾意在湘沅。

渡洞庭湖

木叶霜初下，秋风壮岳州。烟波三楚国，天地一孤舟。湘泽苍茫合，鱼龙澒洞愁。九嶷看不见，落日黯中流。

望君山

泽国烟波上，有山其姓君。髻鬟凝晓翠，星月澹秋云。轩帝台仍在，钧天乐自闻。中流如可即，我欲祭蒿焄。

芦林潭夜泊

模糊雾树罩船窗，芦荻萧萧古钓矼。月黑水心灯火小，夜深人语响空江。

岳阳楼上拜范文正公像

百尺楼檐插斗杓，俨然袍笏见英翘。先忧后乐关天下，长水高山此器标。画粥平生惭肉食，麦舟盛谊重朋僚。当年解唱《渔家傲》，公寄《渔家傲》词一曲，称为佳作。泽国神灵夜月邀。

岳州府

秋风有客弭荪桡，白日烟岚水荡摇。湖口人家鱼菜富，霜前丘陇橘柑饶。寒山无地葬穷杜，少陵以大历五年秋病卒，旅殡岳阳。墓木何年锁二乔。此地亦有二乔墓，至今犹存。古道萧条烟火外，谁知和泪折芳椒。

长沙贾傅庙

一宇丛祠摇落辰，萧条异代易沾巾。长沙安河纡筹策，宣室虚烦问鬼神。风雨空林啼恶鹏，江山故宅黯承尘。方今厝火积薪日，谁与此公为替身。

江上望黄梅山

雨霁黄梅县，毗岚佛岭浮。传衣怀半夜，敲碓竟千秋。初祖西来意，大江东去流。莫论南北派，明月照虚舟。

蕲州歌

日已夕兮芦之漪，月已驰兮予心悲。白头渔父一再唱，事寝急何不渡为。泛彼扁舟何所有，披沥肝胆见斯叟。一盎麦饭恩何多，百金宝剑辞不受。忼慨赴义真丈夫，何啻淮阴一漂母。吾来弭棹蕲水干，伍员洲外城堞寒。芦中穷士今岂无，江上丈人去不还。

晴川阁

晴川杰阁势嵯峨，粉堵丹楹压岸阿。此地浊清江汉合，当年词赋郢鄢多。凤凰山碧云横槛，鹦鹉洲明草接陂。空忆渔阳祢衡鼓，伊人不见渺烟波。庭有一块石镌题“烟波石”三字。

岳阳楼

岳阳楼百尺，势欲压山川。积水何汪泱，长洲相亘连。巴陵微有树，云梦欲无天。万里沧州客，高歌斗酒前。

平望驿

吴山无影黯春潮，吴女清歌入浦遥。六扇低篷初月底，梦中记过画眉桥。

舟过吴江

青山树色晓岚浮，两岸人家帘未钩。雨霁垂虹亭外水，风帆婀娜入苏州。

横　塘

老闸南头水蔚蓝，酒家杨柳飐风帘。菰蒲蛤蜊年来梦，曾自金荃句里谙。温飞卿句云：菰蒲蛤蜊梦横塘。

要离墓

黄衫侠少悔当时，剑术年来说向谁。寂寞太平山下路，寒云古木吊要离。

舟近石湖所见

野人篱栅浸清流，漠漠水田斜抱洲。一幅分明名画本，徐熙花草戴嵩牛。

孤山观梅杂吟节录

风衫缂缲嫩寒晨，苔径低徊岸角巾。行到水边篱落处，园林雪后鹤如人。

后世纷纷漫说诗，眼中宁可有江为。影疏香暗天来妙，枉被人呼一字师。《紫桃轩杂著》：南唐江为诗：竹影横斜水清浅。林君复改二字为疏影、暗香，遂成千古绝调。《静志居诗话》亦引用此事云：所谓一字之师，与生吞活剥者有别也。

嘉遁湖山乐有余，梅花世界小精庐。一门僮仆皆冰玉，不怪家无封禅书。林逋有句云：茂陵他日求遗稿，犹喜家无封禅书。事见《宋史》本传。

湖上青山心迹孤，莫从瑞颂说祥符。朝元殿上万芝草，不及寒梅三百株。

石门县

松江西去接平坡，斜日石门城外过。蟹簖参差秋水蹙，菱田远近暮风多。枯桑疑雨鸣荒陌，老柳如人卧浅波。箬笠蓑衣今夜梦，可无新句和渔歌。

嘉兴绝句

吴女掺掺善操舟，青篷泛泛小于鸥。一湖菱芡清歌起，水木依微烟雨楼。

丹徒县登城楼即目

千年江表地，形胜控三吴。山拥丹阳郡，潮通练水湖。深槐围古庙，有孔子庙。落日下平芜。欲吊英雄迹，兰陵酒一壶。

京口京口为古润州，唐许浑此州人

仙梦瑶台迥碧霄，飞琼何在水迢迢。露华吹白润州晓，落月依稀丁卯桥。

焦山观梅用壁间王梦楼旧题二律原韵节录

空山瘗鹤二千年，老树魂寒苔壁前。霁雪微明松际路，春云倒荡水中天。雨花好合问禅室，香海宛如浮法舷。老衲蒲团分坐话，粥鱼茶版亦因缘。

游平山堂得二绝示寺僧石香

欧九文章绝代才，流风遗韵岂蒿莱。红梅翠竹刊沟路，载酒平山堂上来。

寒鸦枯柳带江城，落日凄凉独客行。寄语山僧他日约，粥香饧白作清明。

吸江亭在焦山绝顶

雷音马大师，口吸西江水。谁参万法真，唯有庞居士。

金陵怀古节录

形胜控荆杨，千年此建康。大江限南北，天意鉴兴亡。难保唯宗社，频绍几帝王。那如能恃德，险堑总荒凉。霸图何在哉，城阙但尘埃。天玺传神谶，坤宫酿祸胎。祖龙望气叹，五马渡江来。一片秦淮水，繁华去不回。

哭陆军少尉足立美坚

父曰汝美坚，勤王即我志。儿曰慎唯唯，儿誓奉父意。严秋八九月，召募赴辽塞。塞上何所见，岩疆拥旌旆。百二称天堑，婴守恃地利。铁纲蒙墩台，雷炮殷山隧。少尉何堂堂，眼中无胡骑。冰霜指堕时，炮车夜负赑。沙饭未下喉，里疮阵头出。梯空攀绝崖，斫暗偪层寨。一麾兵皆随，叱咤风声厉。炸弹忽烧云，天裂石亦碎。少尉无完骨，血雨戎衣渍。鸣呼吾事毕，向敌仍决眦。一死竟千秋，横草功名遂。时岁才三十，壮烈一何异。廷锡纷圣褒，况颁坤宫赐。君家双白亲，对之吞感泪。请君且瞑目，谁不感勇义。上以报明主，下以严父诲。

送春亩统监侯之任韩国

新衔恩诏出宸宫，东海安澜画策中。身领诸乡兼使相，义扶与国在和衷。弦歌季子宜移俗，凿空张侯当让功。知唱苏来民庶悦，山川八道洽春风。

十二月十三日清国董秋曹绥乡将回国设宴邀饮同人有留别二律见示次韵代赆

虚愿文章久切磨，严程期迫已无何。同心烛恐添红泪，到手杯须卷白波。沧海云沉孤月出，江山雪霁远帆多。行过汉上应回首，笳角风霜激楚歌。

破浪长风万里舟，平生真不负兹游。实归果见由虚往，小喜何曾忘大忧。柏署楷模关素操，獬冠声誉是清流。思君暇日新汤沐，拄笏西山好句求。

寄怀人在满州自然吟社课题

辕门笳鼓竞军声，已见天河洗甲兵。边土曾闻怀远县，昔人唯说受降城。依然莽苍江山色，赢得飞腾战伐名。底事至今松漠北，关河雨雪绝行程。

森鸥外

森鸥外(1862—1922),名林太郎,字高湛,别号千朵山房主人、牵舟居士、观潮楼主人、显微斋主人、侗然居士、参木舍、五木生、转丸堂主人、忍冈樵客、缘外樵夫、湖上逸民、台麓学人、小林绀珠、钟礼舍、浮沤氏、须菩提、艮崖、隐流、妄人、挟书生、腰辨当、归休庵、芙蓉、鮭坂居士、梦见る人等。石见津和野(今属岛根县)人。1872 年,随父亲赴东京,寄宿于亲戚西周家(时任陆军大臣、宫内省侍读),两年后进入东京医学校预科就读,并以官费生的身份进入本科,1882 年于东京大学医学部毕业,成为东大医学部最年轻的毕业生,随即成为陆军军医。1884 年到 1888 年间赴德国留学,在修读卫生学、卫生制度的同时,潜心于文学、美学、哲学、艺术的学习。回国后,先后担任陆军军医学校教官、同校长,参加了甲午战争,其后升任近卫师团军医部长。1899 年,降职为驻扎小仓的第十二师团军医部长。1902 年,恢复第一师团军医部长的职务,在日俄战争中担任第二军医部长,转战各地。1907 年,担任陆军军医总监,兼陆军省医务局长。1916 年,被编入预备役,一时赋闲,第二年担任宫内省帝室博物馆馆长兼图书馆馆长,1919 年创设帝国美术院,兼任院长。在此期间,森鸥外在医学领域创办了《卫生新志》、《医事新论》(1889)、《公众医事》(1907)等刊物,以《东京医事新志》、《裁判医学新志》等刊物为阵地,发表医学相关论文。在文艺方面,发表了《舞姬》等小说,《审美纲领》等评论,《即兴诗人》等译著,在各方面都非常活跃。发起创办的文艺类杂志有《栅草纸》(1889)、《目覚まし草》《艺文》《昴》《我等》,他令后人瞠目结舌的成就,被木下杢太朗誉为“底比斯的百门之都”。生于津和野藩医官世家的森鸥外,从幼年时便受着以“医儒两全”为目标的培养,在家乡时,从村田久兵卫学《论语》,从藩儒米原纲喜学《孟子》,其后又进入藩学养老馆就学，此外，还一直跟随父亲学习荷兰语。来到东京之后，在进修医学的同时，从依田学海学汉文，从佐藤元苌学汉诗，从福羽美静、加部严夫学和歌。在他的小说《雁》中，主人公沉迷于上梦香的香奁体诗歌，这一情节正是森鸥外当时生活的侧写。经过依田学海修改的汉文《后光明天皇论》(1874年前后)，用七言古诗意译的豪夫(Wilhelm Hauff)童话《盗侠行》(1881年前后，后收入《於母影》)，以及《航西日记》、《在德记》(《独逸日记》原文)、《队务日记》、《还东日乘》等作品均为汉文写作，从中可以推测出森鸥外的基本学养。这样的汉文修养，让他在此后的翻译事业中能够从容选择译语，意义重大。在甲午战争、日俄战争中，森鸥外两度领略远东大陆的风貌，这一点也值得引起注意。大正(1912)以后，森鸥外开始着手历史小说、史传的写作，创作了《羽鸟千寻》、《大盐平八郎》、《涩江抽斋》、《伊泽兰轩》等许多关于近世儒者、儒医的作品。1915年，森鸥外应天皇要求写作《大正乙卯春日恭赋》，并以此为契机连续三年向《大正诗文》投稿，汉诗文水平精进痕迹清晰可见。在此时，森鸥外受到了他最欣赏的汉诗人桂湖村的多方指导。在担任图书馆馆长期间，森鸥外提拔吉田增藏的事迹，也值得铭记。著作有《鸥外全集》三十八卷。以下作品出自《鸥外全集》第十九卷"汉诗"，岩波书店1988年版；及《鸥外全集》第二十五卷"徂征日记"，岩波书店1989年版。

明治二十七年十月十二日作　峡南早川君有诗见赠乃次韵却寄

一扫韩山不见难，天兵逐北战将阑。贼情才恐撄鳞怒，士气应忘堕指寒。期我瘦骸埋异城，钦君孤剑谢骚坛。艨艟解缆知何日，且赏湾头月正团。

附:早川峡南《呈鸥外先生》①

千里休歌道路难,先锋主帅战将阑。满清群贼骄胆碎,箕子山川朽骨寒。临阵狂夫仍倚剑,能文医正早登坛。驻军不识秋光老,赋到当头月一团。

附:明治二十七年十二月十一日,早川峡南《次前韵呈鸥外文宗二首》

仗剑从军历万难,金州城外岁将阑。海边冰合龙潭冷,月下霜飞虎帐寒。平虏何时休戍旅,操觚相伴上文坛。不堪战后荒凉境,遍野尸骸遍地团。

人情自古结交难,忙里谈心兴未阑。军旅生涯堪痛惜,词人气骨转清寒。风骚我爱辅轩笔,文阵君登李杜坛。立雪拜堂闻教处,腊梅花上月团团。

十月三十一日作赠芳翠画伯

踏破韩山战血腥,刀光帜影入丹青。军营一夜无聊甚,余事还为柳敬亭。

十一月五日作途上所见

委圃连千里,望林知有村。人逃鸡犬逸,空屋逗斜曛。

十二月二日作　拟寄内

朔风侵戎幕,寒威彻敝裯。正谈瀛海战,忽动故园忧。倚枕频呼烛,开门屡听筹。别时霜叶落,前路雪花稠。旅服双珠泪,邮灯几斛愁。情非分厚薄,理自隔沈浮。旗鼓军容肃,刀圭药性投。所希能起死,岂复觅封侯。

① 早川峡南,名恭次郎,为患者输送部军医。此处所录早川峡南诗均出自森鸥外《徂征日记》,《鸥外全集》第三十五卷。

明治二十八年一月十二日作　旅顺战后书感次韵

朝抛鸭绿失边疆，暮弃辽东作战场。磷火照林光惨淡，伏尸掩野血玄黄。雄军破敌如摧朽，新政施恩似送凉。天子当阳威德遍，何须徒颂古成汤。

附：早川峡南《旅顺口进击所见》

三军咄喊逼严疆，光景萧疏是战场。鲜血满溪流水赤，欃枪委地阵云黄。江山凛冽舆图壮，壁垒荒残雨雪凉。失崄清兵真可笑，北洋此地固金汤。

附：早川峡南《元旦呈鸥外先生》

身如鱼水许驱驰，暑往寒来莫计时。异域春回堆雪里，丹心只有早梅知。

四月二十九日作　乙未春日在金州城风雨不辍者数日连句以排闷森高湛、神保涛

朔北春来晚湛，城中客到稀。彻宵风雨急涛，连旦曙光微。欹枕闻边雁湛，披蓑采绿薇。嗟叹肉生髀涛，慷慨泪沾衣。猾相劳樽俎湛，雄军收鼓旗。马嘶槽枥下涛，乌伺幄帷围。桃李开还落湛，梦魂去复归。沧浪千万里涛，有母倚荆扉。

九月七日作　台湾军中野口宁斋有诗见寄次韵

征程不碍一身闲，幕府名流日往还。战迹收来诗卷里，羁愁消得酒杯间。昨闻鼍鼓鸣貂角，今见龙旌指凤山。好是天南凉气到，桂香飘处赋平蛮。

九月十六日作　寄怀早川峡南次其送别韵

携手河梁往事悠，南荒叹我久淹留。接天波浪风云急，满地干戈

同时俊煞龚尚书，肠断横波一注初。人梦依花吹白蝶，仙妆临水照红蕖。琴心夜月帘栊小，墨晕疏梅砚匣虚。何似江南吴祭酒，念家山破渺愁予。

江关萧瑟庾兰成，幡影依稀记石城。永巷长门有苔影，乌啼枫落又潮声。美人入道红妆换，佳侠含光翠袖惊。便道延陵不忘故，如何一诺负侯嬴。

濯足沧浪水不清，出山心事竟难明。君王已被燕脂辱，词客还偷蝼蚁生。名教罪人良可叹，风流宗主洵多情。当时更愧烟花贱，犹是鸿毛一死轻。

家国茫茫事可嗟，诗人今尚说三家。暗香春动梅村月，秀色晓餐芝麓霞。笑我独拈红豆子，知君闲读碧窗纱。无端梦入虞山路，吟到蘼芜夕照斜。

清国公使馆参赞黄公度遵宪改官米国桑港领事将赴之赋以赠别

沧海月白凉纷纷，旗章波织星汉文。天鸡一声碧树晓，空水缥缈吹仙云。云之君兮施霞佩，红日射浪老鱼拜。依稀人在扶桑东，扶桑犹隔蓬岛外。蓬岛暂且留旌旆，天风浩浩随白鸥。阆苑新传紫阁诏，月槎更复凌沧洲。烟涛茫茫云幻灭，鲛人手擎一丸月。灵鼍按鼓敲柁楼，老蜃嘘气现宫阙。中有织绡娘子邀，倩君诗句题冰绡。云母玲珑透空薄，铿然宝瑟风飘摇。侍女隆隆磨麝墨，醉笔署来水精国。夜阑漏滴玻璃寒，屏外蜡烟如纛直。

小病无聊阅明季杂史得六律

乍歌乍哭发冲冠，如此兴亡良可叹。帝子弱魂归碧落，美人诡计进红丸。清流犹且争朋党，浊乱真难责阉官。委鬼头飞茄蔓断，谁知既是局阑珊。

玉匣珠襦梦一场，可怜慵髻学啼妆。斑斑红泪唾壶热，瑟瑟秋心团扇凉。露湿萤灯吹壤殿，蛩寒苔月照阴房。西施何幸五湖葬，不值煤山风雨荒。

是峡猿声栈宇声，蜀王殿上鼓鼙鸣。童谣偏管贼长短，庙议漫争功重轻。高屋建瓴无一计，覆巢完卵岂孤撑。晓来满地干戈影，春草如丝血乱萦。

乌纱红袖两倾城，又学齐梁痴绝生。只有秀才争结社，不闻天子爱谈兵。春寒露井堕明月，花谢钩栏啼晓莺。谁信酒阑钟歇夜，离离北斗照空营。

漏箭声沉蜡泪斜，荒鸡忽报走钿车。满街都督穷如鼠，千骑旌旗乱似麻。悲啸守城惟战鬼，哀鸣恋阙是宫鸦。那知更有无家雁，江上秋风怨暮笳。

夭桃弱絮命飘摇，犹伴秦楼人姓萧。古苑燕脂凝角井，旧都宫阙化团瓢。蝉无一语夕阳下，蝶有双魂花影招。却是便宜为乞食，王孙夫妇惯吹箫。

接到蓉塘连篇迭和余才涩气沮已竖石头之幡矣忽闻朝鲜变报慨然有所感又迭一律时壬午七月二十九日也

倒卷旌旗入浪堆，谰言顿使我心哀。中兴功业凌烟阁，末路英雄戏马台。可惜良臣成贼去，又闻猘狗血人来。满腔屹屹悲歌激，磊磈难消酒百杯。

孔雀东南行　题《扬州十日记》后

孔雀东南飞不去，五里徘徊一反顾。西北高楼半作灰，而今目断秦淮树。秦淮明月秣陵秋，一水盈盈河汉流。白发老伶仍入选，妙龄天子最无愁。桃叶新歌柘枝舞，霓裳法曲淋铃雨。若使恶声无夜乌，谁知杀气有鼙鼓。鼙鼓声噪扬州城，廿四桥上烟尘生。铸错空叹六州铁，操戈本是同室兵。堂堂四镇爪牙士，阋墙甘作虫沙死。堪嗤贼孽番山鹞，可惜将材黄闯子。局势一变阑残极，只手江淮障无力。铁骑北来胡角哀，孤臣痛哭战袍赤。曰臣可法死臣职，愿庇城中生灵百千亿。维时乙酉四月廿六日，日无色，月亦蚀，去年煤山旁，万乘悲仓皇。红鹃衔血贵人哭，黑风卷雨流贼狂。乃今慭遗福王一，终致破国何余殃。君臣六代艳残粉，板桥五月飞新霜。故巢春燕旧主换，别宅秋鸿斜照凉。衣冠独有岭头月，梅花一枝吹冷香。君不见尚书西北孙传庭，阁部东南史道邻。一样忠魂不可泯，哀哉尚是亡国臣。

反箜篌引

《箜篌引》，朝鲜津卒霍里子高妻丽玉所作，即乐府所谓《公无渡河》是也。今倚其声反其意以送木下梅里真行赴任朝鲜。

公乎散发凌沧洲，凉波如星点白鸥。飘然一苇此中去，拍手大笑烟雨收。眼前指顾何处是，半壁混同江水流。兔山唇缺斜阳补，鹿鸟秋寒落叶愁。落叶打人雁凄切，行行重忆河梁别。折尽垂杨千万条，一时望断长安月。公乎长安多故人，诗酒风流文墨亲。由来将相原无种，似此遭逢更绝伦。浮槎云汉新星使，簪笔兰台旧史臣。但使文章藏虎豹，何须台阁画麒麟。君不见檀君祠下风森肃，虎爪痕斑腥草木。又不见平壤城头鼓角残，瘦马嘶月空濠寒。丰公遗迹无人吊，箕子孤坟有狐啸。山河满目几兴亡，黍离麦秀冷残照。公乎公乎行其间，中心振触悲无端。古来成败同一辙，绝世英雄如是观。毋叹沧桑如转烛，我今为鼓箜篌曲。噫嘻，东方日出扶桑红，公乎笑度鸭江绿。

九日清国黎公使庶昌招同诸名流作登高曾时家君出游余列席末次公使诗韵奉谢兼志感怀

相逢一笑共开颜，云物苍茫眉睫间。遥浦橹声来北雁，全楼秋色卧南山。同人作集诗宜澹，公使将汇刻席上诸人诗作一专集。达者为官兴更闲。知我原非餐菊伴，可能有分列仙班。眼底山河霞透光，登临未必叹斜阳。延年酒共茱萸辣，嘉夜佩同兰茝芳。独有白衣为傲客，老来金粟学空王。那知今似参差燕，留得寒雏傍画梁，家君今秋在身延山，为先祖父母修大道场，自诵《法华经》八卷。风尘容易换朱颜，几岁残杯冷炙间。佳节欣逢上邦士，平生梦见故乡山。半林剩有枫人老，十亩能容桑者闲。但未能离年少习，黄花一醉笑联班。澹云如水带山光，黄叶声多又夕阳。凉雁一行横朔气，幽兰四壁歇秋芳。衔杯例拟陶彭泽，邀笛谁为桓野王。江左风流今尚在，愧吾无笔比齐梁。

送杨惺吾守敬还清国

旧读庐陵集古录，珠玑金玉陈辉煌。近闻毛家汲古阁，华林石室加收藏。谁其兼者人姓杨，家法奇字穷毫芒。商彝周鼎细参错，经史苍雅相审详。顾亭林翁覃溪而后谁颉抗，好古直上韩苏堂。琼签牙轴苦不足，乃搜遗逸来扶桑。奇书千卷盈箧筐，瑶华十乘夸缥缃。碑版苔篆赤粲烂，纤纬竹简青仓琅。白云下护霞彩扬，似有十丈珊瑚光。天鸡一声欲归去，仙槎缥缈神彷徉。呜乎八极何茫茫，几人万里周遐荒。谩夸区区枕中秘，披函好傲淮南王。

国岛铁耕送其弟石耘上都盘桓数日将归去应新兵召募予壮其行赠以是诗

今秋七月雨，田禾生耳水流决，八九月之交，长安风沙倍惨烈。北邻南巷往来绝，杜老胸中屋空设，所思不见更踟蹰。木叶响如邻笛咽。谓亡友蓉塘。知音不可作，拟筑望乡台，乡关渺何处，君自浓州来。欣然相见愁眉开，促膝不觉连衔杯。恰是岑参好兄弟，当推入洛机云才。感君骨肉至情重，几宵灯火对床拥，寒暄偶及岁丰凶，无端又触填膺痛。闻说前月月在望，宇宙昏垫疑洪荒。顽云晦冥白日匿，雨脚射地声溯滂。蓝水苏水怒涨黄，巨防一溃势莫当，庐舍漂没民流亡。浓州直接我乡里，中间只界一江水。水灾乃若斯，我乡可知矣。而今风激万窍鸣，四野凄怆哀鸿征。非关边海干戈动，时清佛交兵。总是流民恸哭声。忽传府帖下，点兵一何急。君闻跃然起，不屑妇女泣。我朝尚武祖训遵，儆戒又蒙宣谕谆。如何黔首终不悟，动辄畏之如避秦。只言子粒日辛苦，岂知田是官家土。不思效报肆潜逃，即致流离彼自取。刀头忽已磨，马鞍忽已驮。铁衣忽已束，情丝忽已拖。他人正怅怏，君遂翻然往。嗟予怀乡久隐忧，对此感激无以酬。送行聊酌一尊酒，君亦一笑看吴钩。君弟独留岂无泪，也当耻洒别离地。把酒临风一浩歌，其中无限苍茫意。疾飙吹云如转蓬，见君意气成长虹。壮哉将相宁有种，愿赠君以大王之雄风。

林栎窗信将游清国观西湖荷花戏赋八绝句意在借以志湖山胜概不专荷花故语无伦次

不道鸱夷自海东，借来曲院万荷风。无端羞煞西施面，一舸斜阳又闹红。

苏公堤下水如烟，第四桥边罨画船。几日还过天竺寺，问谁同坐合欢莲。

眼波眉语也通灵，油壁迎君酒未醒。刚报盈盈瓜欲破，尽人来摘听莺亭。听莺亭摘瓜，张约斋西湖赏心乐事之一。

幽探一路不胜情，时复半闲堂下行。乱草寒烟闻蟋蟀，岳王坟畔独无声。

苍凉天水迹空陈，德寿宫荒野草新。一样青山歌里转，可怜别是一家春。青山转，亡金时童谣也。别是一家，春亭名，宋度宗新创，或谓此非佳谶，后果验。

雷峰塔影夕阳闲，崇福钟声暮鸟还。犹唱菊花新曲破，更无人念旧家山。菊花新曲破，崇福寺故事，见《武林旧事》。

一角孤山罗绮尘，影疏香暗几时春。恨无万树梅花认，四百年前旧主人。

谩把后村诗句哦，累人孤冷奈梅何。自今一段莲花案，翻向江湖集里多。栎窗文雅风流，尤工韵语而隐于书贾，故云。

题朝鲜人洪琴石英植书成三问夷齐庙诗后为鞍悬鹤峰作

孱王獐怯下殿走，宫门不见虎豹守。嘻嘻出出天忽红，蛾贼在前火在后。昔时麦秀今鸡林，可怜化作豺狼薮。逃生皆学箕子狂，杀身惟记臣洪某。矢石雨下发上冲，恨无寸铁诛群凶。手持王裾伏不起，血流满面还从容。曰臣创重臣死矣，身自此辞魂尚从。丹心白日照青史，传闻亦掩伤心泪。矧乃亲睹书淋漓，握拳透爪数行字。吾友鹤峰一少年，雄才卓砺自无前。薇山爱诵伯夷传，蓬岛笑拍洪崖肩。一见论文已心折，但觉须眉气寒烈。同将怨望咎夷齐，固知肝胆非胡越。书赠名臣诗一篇，想见当时腕屈铁。我今披此泪连丝，题句本当无愧辞。鸿毛一死万万古，不比西山长苦饥。所嗟酿祸岂甘露，皇天无术庇王涯。至今余恨沁入纸，仿听飒飒悲风吹。

北条鸥所将游清国北京乃泛咏燕都形胜系以近事赠别四首

刀兵劫换几沧桑，不改金元古帝乡。洗象河阴春柳碧，晾鹰台北朔云黄。筑声燕市歌应壮，雁影秦城路更长。何代园陵还宿草，居庸积翠照斜阳。

沈阳王气一何雄，绣岭风云指顾空。紫塞歌残雀翎白，朱家运尽贼巾红。忽传动地铜笳角，犹见连天玉蝃蝀。劫后昆明灰不死，伤心重此说咸丰。

谩言天险倚崇墉，亭堠虚传海外烽。北狩辱衔英吉利，西来祸烈阿芙蓉。近闻闽水更沉戟，谁与鸡林劳折冲。为道东瞰光赫赫，地无兵甲有春农。

知出扶桑第几程，珊瑚赤射海霞明。翻来觅药求仙案，例去乘风破浪行。鲛女赠绡将雾剪，冯夷击鼓共鼍迎。个侬自笑真多事，独在尘寰赋北京。

五月一日每日新闻社有移局改张之举索余题句

阐发幽光遍四寰，价廉寒士更欢颜。定知手有如椽笔，架出胸中屋万间。英米清韩独佛俄，事无远近毕搜罗。近来翻得攘夷案，不共樱门血影磨。读画东山雨后春，落红新绿匠心匀。是谁痼疾能如此，吾爱烟霞一散人。笔阵酣开英俊场，珍珠小字粲生光。婆心照出人情薄，醒世还须纸半张。

春亩相公手誊清相李鸿章奏疏歌为同僚龙居氏赖三作

汉城一夕腾妖氛，俄然王殿赤焰焚。兔青鸭绿忽骤尘，彻天杀气吹黑云。咄哉乱兵冲我军，其旗黄者尤纷纭。乘衅而起宁无因，一时难使玉石分。事定必待公论伸，维十八年乙酉春。海波霞蘸红日轮，相公衔命辞枫宸。诞持虎节临天津，乃不辱国不破亲。谛盟务体天家仁，一纸忽传彼辅臣。李鸿章奏谨覆陈，翰林侍读张佩纶。疏称日本贪狼吞，欺我属国鸱枭蹲。劫盟索费难伏驯，请简水犀募旅贲。一举东伐威声振，臣谓不可奚须论。水师未炼妄哆唇，诚恐临事徒逡巡。公看一笑渠自尊，虚张洞喝如狗狺。独斯一老持枢钧，毅然谲谏忠且纯。未可遽谓秦无人，急召庶僚趋馆门。别誊一本具状闻，公亦分笺书记群。玉蟾蜍滴砚缬纹，蚕眼小字朱阑匀。即此半张笔墨痕，至今密栗犹如新。当时僚俊皆彬彬，就中龙君推佚伦。携归万里忘艰辛，秘笈宝爱同瑶琨。我岂红幕莲花宾，狂态动吐车中茵。传观不觉香手熏，肃然起敬烟氤氲。想当澒洞风尘昏，事连三国难解纷。争桑酿祸非善邻，搔瓜构怨宁忍云。矧乃唇齿联同文，公能披豁开天真。折冲尊俎机若神，尔来东海生清沦。混同江水空奔浑，岳莲终古摩苍旻。光华四射扶桑暾，毫发无憾策伟勋。而复虚已能訚訚，虽半张纸安可泯。见公用意尤周谆，题诗聊颂公之勤。与公手泽天地存，是我之幸君其珍。

十一月二日有随春亩大臣巡阅冲绳长崎麑岛广岛各县之命喜极成诗不知笔之所如

云幢牙戟拥青油，雄略奚论管乐俦。好举菊觞称圣寿，时天长节前一日。谁参莲幕献边筹。天孙分赐支机石，琉球开国之君名天孙氏，故云。小吏叨陪破浪舟。肯道佣书班定远，偶然投笔便封侯。濯足东瀛万里涛，元龙意气未须豪。罗针北极星芒小，铜柱南天海色高。一片风帆三日到，九州弓矢十年弢。

二十一日到冲绳岛入那霸港

炎风澒洞海波浑，尚自腾红晓浴暾。确是附庸皇日本，邈焉开辟古天孙。雄图只说兴王勃，文献徒征册使尊。彼亦一时休谩诩，源家祠庙俨然存。柔橹舟回水一湾，湾头平接淼茫间。云中帆挂鸡笼屿，涛末天排马齿山。直似螺痕浮巨浸，好随潮势走诸蛮。大言自笑书生耳，建柱功名亦等闲。脚跟已觉与天浮，踪迹真称汗漫游。岛国人家风浪窟，海门笳角夕阳楼。蛟涎潮落萦沙出，鸿爪诗成扫壁留。未必吟龙驯不易，恨无豪气压沧洲。台湾直北福州东，只觉蛮荒气脉通。心似石顽分黑白，发将簪束混雌雄。一年地上无霜雪，万古天边绝雁鸿。想见当时神箭力，至今乌雀也伤弓。顷民有墨党白党之日，又球地无雁，乌雀之属亦罕见。

冲绳竹枝二十首

蜿蜒岛势卧虬龙，故事无人话册封。惟记迎恩亭下水，古来东海镇朝宗。

那霸港头来去潮，瀛洲仙客笑回桡。长虹秋霁有谁赏，初日光浮明治桥。桥在垣花。“长虹秋霁”，清人所撰琉球八景之一。

鲛区蜃穴沐恩波，皆唱军门鼓吹歌。为补竹枝诗一卷，天妃宫外水如罗。

拟织中山绝妙辞，八重姑米绢细披。黄昏墟市灯光粲，幼妇嫣然卖色丝。霸港晚市尤盛，妇人多鬻绢细缎布，以八重山久米岛所产为贵。

白蕉衫薄雨丝濡，谩诧穷荒风土殊。热带围中新月令，仲冬凉卧碧纱裯。球地多蚊，四时不撤纱帷。

泉崎夜月浸空明，久米村深薄雾生。正是闽人归化处，一篱疏竹小榕城。久米村是闽人三十六姓移住之地。

犬吠鸡鸣石壁深，家家榕树绿成阴。女儿不系同心带，笑指郎头合股簪。人家砌石成墙，又多称榕树以遮日光，土俗，男子头髻插簪以大帕东腰而女子则不系带，可称异风。

棕榈叶暗月初升，擘破蛇弦如裂缯。恩主来时休错认，阿侬门巷夜无灯。妓家夜不点灯闭户圆寂，殆不觉其为狭斜也。客至叩门辄应曰：恩主来邪。恩主者，土语犹言郎君，酒间或挡蛇皮三弦，枨枨可听。

焚香双拜女牛星，相传球地属系牛织女星分野。灌木丛中私语听。但愿欢心同铁树，侬情不换万年青。石墙上杂种花卉苏，铁树、万年青尤多。

十五盈盈歌舞工，春来省识爱芳丛。可怜手印梅花样，豆蔻梢头正小红。女子十四五以墨点手背，作梅花文，岁岁增加，至嫁时而止。

娇喉脆韵鸟绵蛮，画烛惊鸿舞袖斑。花鼓十番传口说，银丝缨络碧云鬘。舞装如此，歌调则一种幺渺之音，有“遂口说”、“十番口说”等诸曲。

首里城头松影圆，崇元寺里午钟传。隔帘芳草茶烟碧，品得中山第一泉。泉在首里瑞泉门下，旁有碑，徐葆光镌“中山第一”四字。

桄榔风响趁凉归，夹路芭蕉支子肥。雨足藷田泥掘髁，鹁鸠啼后妇呼豨。

瘦马寒嘶落照边，秋花狼藉蝶蘧然。不知豕有何奇福，隐向村姑鬓畔眠。妇人头载重担而行，间有载豚豕者。

村落人家环竹篱，径无落叶只松枝。夕阳红处看看尽，翻觉佛桑花外迟。

荒荒海日乱山颓，绝壁松涛激暮哀。乍挂一痕弓样月，八郎心事未全灰。

碧天何处是瀛洲，濯足真成万里流。笑上七星山绝顶，前罗三十六蜉蝣。琉球属岛凡三十六，七星山在牧志村。

藩国荣衰几叹嗟，祇今裙屐闹繁华。可怜古炮台遗迹，落日秋风铁板沙。炮台在那霸港口，中流有巨礁，四围皆平沙，沙坚如铁，名铁板沙，沿海皆是，国人恃以为金汤。

弓衣织句愧虚名，枫落吴江任客评。只爱梦楼神韵好，月明如水拨银筝。

一角青山海上霞，楼船破浪壮晨笳。朗吟飞渡环球水，谁信回仙袖有蛇。东屋主人以饭匕蛇一头为赠

自琉球归泊五岛珠浦作

片帆远自小球东，拜得扶桑出日红。五岛云涛沧海上，一船松翠乱山中。蛮烟含色珠生浦，渔笛无声浪打篷。撑入白苹香动处，与鸥同避石尤风。

四月一日竹内氏中村楼书画会邂逅孙君异点及清国游历官傅懋元云龙顾少逸厚焜余以事先去，闻席散后古梅内翰拉三人赴湖心亭极文酒征逐之盛即用其唱和原韵兼寄君异

墨江楼榭许吟联，也胜移封向酒泉。恰有桥名通两国，好教春思涨前川。柳丝船系无间处，花雨莺啼不断天。细腻风光修禊近，飞觞还忆永和年。

吟袖湖亭醉后联，想君诗思涌源泉。啼红啼绿莺千里，吹雾吹烟柳一川。不是花迷众香国，欲留春住大罗天。相逢自恨空归去，樱再开时已来年。

闻鱼楼谑赠

画楼弦索响枨枨，巫峡前头水不长。神女来时疑是梦，小姑居处未无郎。鬟云滞作终朝雨，脸粉融残隔宿香。昨夜初三月仿佛，潮红眉子最难忘。

对帆楼晚眺

高楼对酒忘颜酡，历历帆樯不断过。水寺钟声催月上，商船灯火与星罗。云容曳尾龟山树，雁影联行砚海波。将我旗亭壁间字，写来代赌美人歌。

玄海洋二首

褰裳涉玄海，海水激天风。山撼蓬莱没，涛兴渤澥空。覆军笑胡虏，失算惜英雄。底事徒长望，新罗未姓丰。

不知何处火，四射瘦鲛惊。鱼腹谁魂魄，波心独灭明。掉头冲雨进，动足踏涛轻。筑紫冥冥里，休寻鬼哭声。

对　马

云帆忽落海西陬，夹岸烟峦入对州。八道征输销筑戍，三年笳鼓警防秋。山巅野火时焚树，礁角风涛夜覆舟。市上谁家闲卖药，无人不识是韩休。

瀛洲难觅九还丹，只觉青山秀可餐。官道沿溪敷白石，人家隔树露朱阑。定知鸡犬随云住，合有神仙出洞看。极目沧溟连碣石，阿谁肠断乱涛寒。是日游鸡知村，官道白石、人家朱阑，皆途中所见。

海上歌

混混茫茫江海大，银涛碧落莽无界。潮势压云云亦崩，一槎飞出神山外。回首神山千万重，鱼尾灭没霞无踪。天半文章现紫蜺，蜃中宫阙朝苍龙。翠盖金支相耀眩，谁知此即波涛变。黑雨一阵从西来，与我征帆试鏖战。连山忽倒舳舻横，鞺鞳三军雷鼓声。鲸吞鼍作幺么事，好挽洪流洗甲兵。豁然天朗云空阔，无数青螺小如发。望中何处高句丽，落日沉沉岛影绝。

釜　山

红树疏疏绕绿湾，平潮拍岸鸟飞还。市墟半向帆边隐，人物全如画里闲。芦荻吹香秋水渚，笠衫飘影夕阳山。侧身东望渔樵笑，不信仙瀛别有寰。

登临百尺永嘉台，一任寒涛响若雷。群屿如星朝北极，孤帆观日驻东莱。息波亭古平芜合，筹海楼危乱树颓。除是沧洲人笑傲，四屏山色为谁开。

征韩今古总难论，想见津头万马屯。恶浪腥飞酣战气，乱山苍瘗败亡魂。争先虎将风云变，虎将谓加藤清。正扼险枭雄壁垒。存有小西行长城址。忽忆东南天尽处，鱼龙萨海怒相吞。

行空天马笊苍烟，龙尾龙头势蜿蜒。天马、龙头、龙尾皆山名。滚滚尘扬东海倒，腾腾云走朔风旋。萧梢自照扶桑日，俶傥谁争祖逖鞭。剩见江山气凋丧，不应骏骨苦怀燕。

元山津中秋观月歌

鹤御如梦辽东游，一尊笑倾沧海流。奇哉空际月一片，三千里外之中秋。天不有涯海无角，团团只觉杯当头。吸嘘万斛波穆穆，顾视大地皆糟丘。当兹兴复不浅夜，何处羽衣吹笛楼。关山倒影照毫末，白潮碧汉同一浮。蓬瀛使者飘散发，桂桨荡破西岩幽。闻言兔山在咫尺，便觉蟾光纷不收。韩姬三五联臂舞，夷歌风袅声咿嘎。言无可解可以醉，非吾土兮聊复愁。坐中有客啸向月，示我虎皮斑白裘。此地山君足双跨，文箫彩鸾有意不。为君脱卸换一斗，当筵何必江南讴。请看中天好明月，不论三岛与十洲。只能饮者有仙骨，莫惜名姓鸡林留。

元山人家矮陋腥秽不可当

旧俗衣冠敞，生涯狗彘兼。血痕腥溢肆，煤气黑熏帘。蠢合虫沙化，奸难薮泽歼。可怜箕子国，不见麦渐渐。时永兴十贼未归殄灭。

顷随伊藤枢密还自朝鲜清国黎公使招赴重阳燕集赋谢

登楼一望碧虚宽，冠盖还联两国欢。菊影杯心知九日，涛痕天末忆三韩。才随朔雁乘风返，谁对西山拄笏看。厚谊感公如挟纩，称觞且话塞云寒。

九日清国黎公使红叶馆燕集率赋二律

爽气晴峦涌翠鬟，登高望远此江山。平临云木秋明瑟，轩豁烟涛鸟往还。汉使星槎超碧海，天孙艳锦缀仙班。年年嘉会黄花笑，风雨重阳属等闲。

红枫叶叶照衫裳，张燕居然昼锦堂。挟瑟妙姬茱插鬓，临风醉帽酒飘香。秋高何气山能碧，人澹无言菊自黄。一卧严亲嗟白发，缘悭未得奉华觞。

清国严达叟辰墨花吟馆辑志图陈喆甫明远嘱题

春兰采采补笙诗，膳罢馨香沁砚池。《陔余丛考》图。墨作花来如彩戏，书由酒借胜钱痴。瓶酒借书图。扁舟不动吴山影，弱柳才飘越国丝。《篷窗载笔图》。咫尺桐江垂钓隐，让君著作闭门时。《海滨闭户图》。

重阳黎莼斋公使登高雅集见示留别诗二章即次原韵奉饯

秋意平分海与桑，三山楼阁奉离觞。六年此会才风雨，年年会日皆属快晴，是日忽雨。今别何堪又夕阳。舟楫中流期共济，敦盘两国愿偕臧。瓜期纵及茱萸节，不改菊花依旧黄。

临觞忽忽有余思，安得星轺永不移。赋压登高大夫列，花寻衣白野人期。满城雨冷江枫落，一夜天寒海水知。极目涛连徐福墓，可堪酹酒重题诗。大使游南纪问徐福墓有诗十数篇，传诵一时。

阴历十月二十七日黎莼斋公使招集公署侍醇殊欢谨呈二律恭送还轺

辅车相济国交深，重系乘轺一片心。仙岛龙蛇纷漾日，祖筵冠盖蔼如林。针头海路罗星宿，涛外天风鼓瑟琴。绣斧更应排雾去，虬南瘴气渐阴森。

北边控带亦悠悠，满眼山河莽自愁。锁钥须教严鞑鞨，波涛讵肯逆琉球，两家长计联衡策，全局危机借箸谋。知展舆图奏丹陛，东皇久已重同仇。

滩光七里梦飞来，心折波涛良史才。辑志图成傲鸥鹭，怀人诗好到蓬莱。有《墨花吟馆怀人诗集》一卷。莺啼香国嬉春日，花笑狂奴醮甲杯。醉上元龙楼百尺，时喆甫折简招饮。云天望断子陵台。

上海黄梦畹言旋在近同人醵集江东中村楼即次红叶馆原韵为赠

我欲掣鲸碧海骖鸾嘘紫烟，纵目骋怀上下三千年。雕虫文字作结习，男儿堕地真可怜。扶桑挂弓差自壮，决眦一角红霞边。何人拂衣可同调，衔杯以外无圣贤。云有蹈海客来问，凌波仙是曹子建，是鲁仲连，当其落笔兴乍旺，更压青莲诗百篇。宫商余事细咀嚼，香心春息吹兰荃。相逢一笑万花歇，触手樱笋春生筵。飞觞擘笺恣挥洒，附骥深幸微名传。酒中问君信美否，碧虚楼阁三山无。当年徐福乐忘返，搴裳况有麻姑嫣。闻言申浦亦多丽，狂奴愿结欢喜缘。飞凫果践再游约，多载童女童男船。

五月十一日有贼伤露国太子于大津，干连两国事体极大中外绎骚枢密院彻宵秉事十二日皇上幸西京十四日副岛枢密持枢密院议长以下十八人联署书往西都唁问大来从焉车中次枢密原韵

络绎传书日载涂，枢臣多向洛阳趋。平生小伎愧何补，辍笔叨随经国儒。

西都纪事诗

红尘飞骑走长楸，争望平安古帝州。绿草鸭河春水满，翠华凤阙暮云愁。十年再见衣冠会，三日不闻丝竹讴。自是九重宵旰切，合无人醉夕阳楼。

忆昨联欢缟纻初，吹笙鼓瑟拥金舆。嘉宾有礼邻交重，刺客无谋剑术疏。梃击狱滋三大案，杞忧祸作一封书。二句借用明季事。重劳车驾苍黄入，蜡泪宫门夜月虚。

庭燎通宵晢晢光，传宣中使立彷徨。天颜不悦咨汤药，御馔频停撤酒浆。旋见蹄轮趋玉阙，定知夔契侍金床。纶扉事秘无人识，沟水声回但断肠。

车如流水响如雷，晨召群僚帐殿开。岂放商岩采芝去，亟教安石出山来。中兴一度艰危局，上相寻常尊俎才。会待长沙宣室问，沧浪渔父谩迟回。

我皇亲掖病痍行，鸣马萧萧出洛京。辇路山河凄欲涕，楼船笳鼓肃无声。银涛翻日鱼龙拜，练甲如星卤簿迎。自古修交宁有此，北邻臣子定伤情。

飒爽须眉俨若仙，据鞍谁识济时贤。老臣骨鲠频征入，天子枢钧自运旋。河岳英灵环黼坐，雷霆精锐动台躔。更依北斗望京阙，闻说中宫少晏眠。

市侠奇勋赐锦袍，府君严谴首徒搔。天家赏罚亲裁鉴，畿甸风烟递绎骚。可有大臣俱引罪，只闻匹妇自衔刀。宗周未陨渠何恤，机杼应叹漆室劳。

东山钟山乱云层，上有迎銮洒扫僧。复道哀湍激松吹，寝园暮雨湿萤灯。一夫酿祸诛须必，四海惊心变未曾。独使官家忧罔极，明朝驾幸月轮陵。

二十一日车驾还京春亩沧海诸公在扈从之列大来亦厕供奉末班率用春亩公原韵以志喜

千钧一发系危机，喜见诸公随辇归。袍笏涴尘莫遑拂，昨来天子尚宵衣。

上副岛苍海公兼言余怀二十四韵

磊砢松柏姿，神寒骨峻竦。厉色排严霜，动使萧曹恐。旷代生若人，天子独知重。赞勷无阙遗，皇图喜克巩。矢诗威凤臻，下笔洪涛涌。周情与孔思，万古日星拱。顾念风雅衰，浮响竞滥冗。卓荦无曹刘，建安且难踵。沉痛杜拾遗，飘逸李供奉。其外唐诗人，大半类寒蛩。矧乃今榛芜，得非吾道壅。此事谁提撕，后死力怂慂。我与二三子，过誉谬延宠。谓是龙之媒，俶傥渥洼种。持之献王廷，意态夐森耸。岂无竖子名，自顾增惭悚。文字耽虫雕，生涯甘桎拲。岁晚已峥嵘，入春世论汹。闭门徒觅句，缩似茧中蛹。时抱鱼目羞，谩疑马背肿。感公不遐弃，剖璞示珪珙。莫谓改辙迟，愿效扶轮勇。大雅或可作，小才嗟穷踊。狂简何其多，吾徒慎作俑。

镜中梅和大久保湘南

欲成烟雾欲成霞，雪阻帘栊月罩纱。似有个人仍不动，即知是影任相遮。洗铅何意凭妆盒，漱玉无言对井华。更讶窥窗莺哢晓，花非花处艳于花。

雾鬟风鬓忽见临，背人还立玉阶阴。自家翠袖那堪折，时世红妆不许寻。睡起犹疑冰濯魄，印来才证月同心。菱华似水能清浅，无奈幽香尔许深。

香南雪北记琼洲，强被移栽入画楼。影若不留随笛散，身原无准和烟浮。神君降帐空闻语，倩女离魂澹亦愁。谁与乐昌圆好梦，忍教破镜一生休。

临风婑媠上仙鬟，倒映蛾眉绘远山。斜欲抱烟何澹薄，萧然倚合尚幽闲。桃花人面防崔护，杨柳腰身鄙小蛮。只许梦中鹤同照，盈盈碧玉自回弯。

含章殿里悄窥春，悟后何妨有色因。隔帧云移不知处，一奁月出更无人。几生修得香熏骨，阿堵传来妙入神。莫使寿阳频揽取，怕他眉额带轻颦。

玲珑四面敞银屏，暗处香摇蓦现形。的的是花看不错，真真较画觉逾灵。几家霜角曾吹晓，此夜瑶台正聚星。恐被钗头幺凤唤，参横斗转峭魂醒。

空际仙根不易栽，罗帷夜半有谁开。神光缥缈灯离合，香色模糊雪去来。世外佳人蝉脱壳，定中禅侣镜非台。一声清磬发深省，羞照诗脾万古埃。

奉和春亩相国

闻说东君信不违，梅花如雪点瑶扉。风和旋喜南枝暖，霰集会忧百卉腓。春水白鸥邻别墅，宫袍采石隐鱼矶。稻粱深愧官池雁，梦向沧浪阁下飞。

《鸡林诗选》题辞宁斋嘱

王风蔓草泪同沾，箕子山川日逼崦。三百周诗删述后，何人采到麦渐渐。

依稀记得宋熙宁，雅乐虽亡有典型。好与鸡林补诗史，千秋当废旧图经。

杨花渡口暮云斑，澹宕春风鸭绿间。八道歌谣自盈耳，可教姓字擅香山。

由来外国传多讹，况复声诗堙灭多。长记名臣辞义正，首阳仍责采薇歌。

澹云微雨小姑祠，谩道高丽绝妙辞。定与渔洋翻旧案，集中半是性灵诗。

乾嘉诗格渐颓残，沦到咸同不耐观。似此中原无愧否，辽东属国旧衣冠。

楼船破浪古登莱，曾带扶桑日影来。悔不珊瑚收铁网，碧云暮合永嘉台。

我歌君舞一尊空，灯下乌阑钞未终。搜到三韩缘底事，且将残沥酹丰公。

野口宁斋《三体诗评释》刻成索予题辞谩作四绝句应之

才情双绝抵清新，中晚唐诗最可人。宛是江南好风景，落花片片媚浓春。

汶阳选法未荒唐，一字精微细酌量。不解当年虚谷叟，野人门外说冠裳。

笑煞操戈物茂卿，谩言周弼是无名。如何苦奉坊间刻，转被沧溟误一生。

今人格调饰粗才，吾爱宁斋有别裁。但是江湖芜秽甚，会心文字付谁来。

古历重三汪芝房星使凤藻红叶馆禊燕率赋四章以言我怀

觞咏神山旷代无，霓旌绛旆集蓬壶。深知潭水桃花意，重补乘风破浪图。汪悔庵使琉球时所作。芝浦红霞春散绮，禊堂银烛夜流珠。履綦尽是瀛洲选，也许王乔笑蹑凫。

搴杜风流步屧轻，采诗盈袖韵锵铮。画阑曲比兰亭水，妍唱圆于茂苑莺。红粉齐回新节使，晚樱酣近古清明。平原十日须留饮，钏动花飞总有情。

忆昔花开廿四番，同将芍药赠婵媛。流觞故事家家酒，绘水新声在在园。绝代销魂关冶习，三春迭唱倒词源。而今望断苏门啸，碧海珠沉何忍言。谓孙君异。

芳尊不御谩蹰躇，怊怅须防相见初。拓戟狂陪修禊燕，闭门笑谢绝交书。仍怜孙楚才真异，且恕嵇康懒有余。若道转喉多触讳，诗人未合厕簪裾。

重九燕席次芝房星使原韵

清浅蓬莱劳载驰，星轺又值九秋时。须知菊是东篱物，且采神山五色芝。

浮槎偏觉日边闲，韵事仍联两国间。徐福楼船风引去，登高谁肯说牛山。

伏雨阑风忽廓澄，天教九日会仙朋。久钦君是龙门选，如此瀛洲几度登。

休道诗人使酒豪，且随簪履赋刘糕。曲终下里那须数，上有芙蓉自雪高。

清国黎受生太守汝谦嘱题贤母萧太夫人稻畦芸菜图

闭门锄菜谁其伦，母仪翻见萧恭人。经营山呰十数亩，硗埆顿觉膏腴匀。黔山苍苍堕兵劫，赤眉铜马来蹴踏。始知避乱在未萌，以锄代戈菜为甲。如酥嫩雨沾绿菘，流水采采春蓬蓬。笑使佳儿调夕膳，不知何处有宵烽。天茁此徒恭人力，宋宇种蔬三十品。时雨之后按园圃，曰天茁此徒助予。鼎俎见豫章语。阖里晏然恭人德，即悬一幅芸菜图。百年长侍恭人侧，夕阳酹酒闻孝乌。

古历重三汪芝房星使红叶馆燕集用副岛枢密韵赋五言二十句

蓬岛莺花日，芝山翰墨筵。水回芳杜曲，樱罨丽人天。节使风流会，春城禊饮传。兰亭遵故事，笋屐竞新篇。酥雨霏烟浥，华堂绛炬然。醉来逾款浃，绮合自绵芊。反顾瀛波影，遥连沪渎边。苍茫谁独立，清浅欻千年。存济思同谊，绸缪仗众贤。式瞻觞咏兴，不独乐林泉。

次本田种竹晚春台北闲居诗韵

草堂琴思愔，忽被熏风促。动操入无弦，众山响而绿。伫兴何妨独，忘言不在深。无心白云甚，午作半峰阴。曲曲穿深竹，涓涓注浅流。羡君闲杖屦，泉石日寻幽。人住夕阳村，门当夕阳道。花惜夕阳花，草怜夕阳草。皆言唱和工，天籁绝畦径。昨赋午桥庄，今吟辋川胜。古人论暗合，只字可名家。我有旧题句，牡丹才一花。诗补牵萝屋，跫音醉不知。何人仍倚竹，日暮卖珠时。

感　兴

玄菟云连鸭绿波，谩猜入室更操戈。可怜镜落花飞日，陡听青丝白马歌。满眼君臣空燕雀，谁家职贡此山河。替他整顿乾坤了，始信东方义愤多。

八月法宫引送山县大将军奉命出师朝鲜

天皇八月坐法宫，诏书宣战颁辽东。威弧直指玄菟郡，雕戈远慑濊惠戎。本营大纛奄瀛梅，六军练甲纷貔熊。未闻鸡林属禹贡，旋看箕国平蛮讧。义扶倾厦仗独木，气薄白日成长虹。神惊丰岛霆轰势，魄夺牙山电扫功。平壤城头鼓鼙急，稍稍溃卒复蚁集。径须一举覆巢歼，闻说我军犯险入。帝将秘算授元戎，想见宸衷轸原隰。扬威云磔猬毛。

松花江北朔云黄，山海关南铁路长。秋毫不犯敷王化，春煦相随入奉昌。

燕台是日几人朝，市筑无声俱寂寥。青芜半合长春馆，绿水空潆玉蛛桥。

电扫朱明指顾间，居庸当日是雄关。惟今祖庙不能守，积翠春回天寿山。

高丽王殿逗晨光，渐见卿云烂庙廊。甲子如遵太阳历，衣冠同奉万年觞。

昨辞行在走天涯，到手春风酒一卮。犹带广陵涛势壮，海光莽莽动须眉。

新年第三日偕乐园小集赋似石埭

酒暖灯红别一乡，与君偕乐不妨狂。春风浑颂王师捷，绮燕还依敌国粮。各自文章关世局，同人尊俎壮词场。醉挥金戟看星斗，万树梅花角韵霜。

六日草堂小集迭前韵

天地春风辟乐乡，欲于何土寄吾狂。洗兵辽海星生角，牧马燕山雪作粮。对垒相持皆酒士，出门一笑是沙场。花前同作封侯梦，谁卧卢龙塞上霜。

酒酣放歌三迭韵

芙蓉晴雪镇仙乡，药草难医是酒狂。三岛好翻秦故事，九州去觅禹余粮。人烟朔北新疆土，鬼火辽东旧战场。大笑董龙鸡狗耳，醉魂蹴破蓟关霜。

四迭韵

醉倒扬州佳丽乡，兴豪未讳罪言狂。调情会借三杯酒，折节宁甘五斗粮。玉笛梅花美人榭，青春鹦鹉少年场。与侬一榻参禅悦，且趁樊川鬓未霜。

孟春九夕将赴广岛啸楼话别分韵得灰

梅花合向尾州开，京国才人饯一杯。三日驱车趋广镇，千金何马市燕台。玉瓯社稷边须拓，银杏英雄志未灰。春入啸楼今夜酒，神驰幽北古龙堆。

闻丁禹亭死虽我公敌不能不诗以吊之

战弗能利斯死耳，兵弗能救便降矣。降而就义何从容，谁人不惜军门死。王师破竹势莫当，庸知所恃非金汤。可怜满汉水火里，曾无半个丁刘张。刘公祠下涛呜咽，月黑水犀吞恨入。他时祭尔环翠楼，四山风雨魂夜泣。

赋得莺有好音贺近卫翠山公八十八寿

幽谷梅花未坐莺，羡君眉寿冠簪缨。百年乔木参天绿，先着春风第一声。

送高杉东一赴任支那金州

鱼龙春浪泛晨光，照见高生鞍马装。貔虎三千聚威旅，英雄一半出防长。百年后死风云变，六尺遗孤名姓香。折赠梅花净冰雪，家门忠孝好传芳。君为东行先生嫡词故云。

马关寓目用玉池禊饮原韵

坛浦风光渔老谙，扁舟散发带微酣。不知潮有平门恨，蹁得爬沙庭岂得已，药攻对证疾辄瘳。医国活人本同轨，不荷金戈挟金匕。行宣圣朝覃抚恩，深悯雕题亦赤子。况我兵丁炎雾中，金蚕蛊毒将母同。君将人命任已责，横海楼船无此功。三军尽为霍去病，便见南风与箫竞。倒戈豚犬景升刘，时刘永福据台南。礼魂忠义成功郑。丈夫居此亦足豪，不须勒铭铜柱高。世上小儿较功利，奚异斥鷃翔蓬蒿。余事以诗播重译，獞花犵鸟入清格。钩辀亦化温敦风，榛芜斯道蛮荒辟。吟成依斗望帝阍，南顾无忧休复论。庙堂此后纡筹策，变化惟防北海鲲。

原氏野毛山别墅题壁

高台坐啸气如仙，眼阅沧桑万户烟。海角炮声新铁舰，日边帆影古金川。拍空云浪来殊域，隔巘松涛韵绝巅。呼吸真应通帝坐，好招鸾鹤下瑶天。

送土居香国赴官台湾

堂堂开府镇炎方，釜底游魂尚陆梁。雨暗千林铜弩发，雷过大泽赤蛇藏。嫖姚计日收庄跻，翡翠来朝贡越裳。秋满黄蕉丹荔路，邮签好去入南荒。

偶感似尾张藤井紫水动兼寄柳社诸子

故城杨柳碧何如，送客林丘感有余。风雨只愁乔木下，炎凉已判一蝉初。都门酒局会奚冷，乡党音书久渐疏。为报诗人闲聚散，吾徒近日畏声誉。

芳川越山司法题正示镰仓怀古诗征和率赋

一千年后参天树，空拱芙蓉岳色雄。寺古哀湍回坏道，雨昏阴火照幽宫。迹存佛理泡沤外，泪堕王风蔓草中。莫向平原谈射猎，至今狐免亦伤弓。

又二首

海光明灭乱云斜，不见千年列戟家。大树飘零星堕井，空城寂寞浪淘沙。雀台衰草无残瓦，萤苑垂杨有暮鸦。一种霸图风雨歇，漆灯夜夜走金蛇。

片云仍讶白旗斜，转眼恩家更怨家。破楚功酬属镂剑，椎秦恨失博浪沙。熏天气焰尼成将，落地巢雏凤变鸦。肠断鹤冈祠畔路，菊为茂草蛰幽蛇。

镰仓妙本寺怀古

法鼓凄凉泪满巾，眼看碧草映阶新。可怜三世颠涂地，谩道遗孤托有人。床笫之间疏骨肉，英雄自古累姻亲。不堪更酹长兴墓，长兴比企能员法号。嵇待中袍血未湮。

三谷耕云仲听松涛处招饮即吟

松涛飒似短兵鏖，墙角风来明月高。应照土城人骨白，弹痕秋透战时袍。耕云详说土城子及旅顺战况，故云。

用《才调集》体题伊藤绍春公子博邦走马小照

丝鞭朝去出宫墙，软绣天街走马场。春水绿波明照影，桃花红雨乱飘香。翩翩公子银鞍上，的的佳人锦瑟旁。怕向池塘闲勒辔，柳阴深处有鸳鸯。

秋晓诗岁云秋矣，夜何其长，耿耿予怀，不寐达旦，作《秋晓诗》四章

欃枪昨夜射人明，烽火甘泉彻五更。何处花蕤马嵬影，可怜钟怨景阳声。旋惊风浪生银浦，久识蟾蜍薄太清。多事星轺汉家使，不应真犯斗牛横。

牵牛花瘦梦迢遥，星夕曾伤露已饶。苦向颓垣扶独立，谁禁骤雨

不终朝。惊梧秋井纷纷坠，残烛宫门暗暗排。从此天河呜咽水，忍看乌鹊血填桥。

汉宫桂蠹几回枯，椒殿苍黄古亦无。只恨金张连外戚，未闻褒妲自中诛。冬青半树成灰土，秋草空坟散晓乌。野火明年烧不尽，伤心玉匣葬珠襦。

绮皓安刘四百春，垂亡匿壁转伤神。曹公自是倾炎室，吕后何曾贬庶人。微蜺得雌才吐彩，荒鸡无牝不为晨。骇闻鸳瓦朝来裂，霜向东方出日新。

金泽保胤汇清国通行尺牍为一编求予引首会有所思乃赋四绝句代之题辞

海外春愁一纸书，古人重译更何如。欲知远道绵绵思，割取桃花尺半鱼。

自从和议返辽东，闻说苏杭一苇通。喜见江南消息早，北枝是否笑春风。

北洋楼舰劫灰沉，只觉蓬莱尔许深。东海麻姑相问讯，几回清浅到如今。

五弦为尔暂调和，锦字何劳缄恨多。幸免绝交嵇叔夜，曾无悔过窦连波。

哀辞七章

王师若疾飙，卷箨拂氛妖。欻见秋旻霁，俄惊桂树凋。瘴乡归荡涤，潢裔竟萧倏。昨哭须磨月，谓故参谋总长宫殿下。征袍泪未消。

帝授亲贤钺，天何不慭遗。两闻哀痛诏，矧乃廓清期。诸将论功贵，三军奏凯随。岂知风雨夜，舆榇入京师。

凤山鏖战剧，龙种指挥劳。卒伍同艰苦，渠魁远遁逃。破颜谁跃马，夺彩忽投刀。是夜中营角，悲风咽海涛。

萧晨登帐将，练甲带洟痕。秘不知何事，严相戒勿喧。忽传衡盖返，已见舰樯屯。海日惨无色，苍黄奚忍言。

震悼传宸极，哀荣赐国丧。百年享寝庙，三日遏丝簧。铜柱标蛮徼，金轮册法王。山僧追往事，执绋泪浪浪。

锦旗冲雨入，幕府覆巢时。劫爇延琳宇，兵骸拄殿基。流萤纷照路，破屋泣羞糜。二十余年事，残鹃独自知。

当年都督府，薤露昨犹新。尽瘁今相见，穷泉讶未真。曾同车驾扈，哀此鄂拊亲。松邸闻呜咽，谓现参谋总长宫殿下。愁云闭帝阍。

先君子七祥忌辰用石埭原韵志感

聚如落叶散如烟，今日修斋亦偶然。生死金兰同入簿，春秋花鸟几编年。江湖满地仙踪邈，鸡犬无声佛火虔。犹胜名流多不祀，一瓢残酒抵清泉。

玉池仙馆剪烛第一集分韵得青

十年话雨一灯青，疏竹潇潇韵夜棂。秋在帐纹如水里，篆痕吹梦入冥冥。吴门狂士记张灵，画里醉魂芝草馨。应是万梅花下梦，仙山飞瀑见婳娙。壁挂张梦晋仙山采芝图洵希世宝也。

后赤壁夜清樾书屋小集席上率赋

客作临皋集，旷怀仍旧多。论文观止此，问月乐如何。今夜羽衣梦，前游乌鹊歌。知从横槊后，万古擅髯坡。

朱秀水《天地储精砚歌》并引

乙未十二月，土居香国还自台湾，持此砚见赠，背镌朱竹垞铭辞，其首句云：“天地储精，端岩蕴石。”因以名砚并赋长歌志喜。

是何端溪苍玉砥，故人得自凤山觜。袖归东海一片霞，割来置我乌皮几。扶桑杲日临明窗，敢教瘴雾涴衣紫。墨云霮䨴痕有无，半泓仍是台湾水。温润而栗坦其形，亦铭中语。信知久储天地精。马肝龙尾亦何有，厥背分明竹垞铭。竹垞集中咏砚作，巨篇首数玉带生。当时磨此写长句，落笔定作硁硁声。几时弃置南荒谪，数行痛泪玉蟾滴。此地曾经亦姓朱，谁炼成功忠义魄。抱负免佥降表名，乞援资草遗民檄。一般破家亡国哀，奚异厓山风雨夕。自从沉霾二百年，恩怨如梦沧桑迁。舆图忽已拓日域，梯航竞欲朝尧天。若令一物不得所，黑山贼氛岂遽蠲。洗发精光射南斗，砚兮乃寻翰墨缘。我友从军歌竞病，时发研山海岳兴。辕门笑揖石乡侯，诗成掷地金声迸。知余雅爱曝书亭，为我揩摩鸲眼净。八分小篆青郁律，珍比琅玕美人赠。昨者副督高将军，旋师亦携万石君。一人助逆顽若铁，抱砚不屈血嚼龈。怜其愚戆赦弗死，致诸相府传异闻。转叹此砚配寒士，萧斋宝气空氤氲。

除日大矶群鹤楼口占

欲听仙鹤此鸣皋，先揖芙蓉岳色高。落日海天来饯岁，浮云世事笑观涛。罗罗群屿疑星点，渺渺平沙唱浪淘。谁似白鸥闲若许，长安回首梦俱劳。

岁旦书怀

第一晨晖岳雪呈，春风浩荡罢长征。顺民航海朝畿辅，赔款如山铸甲兵。百战壮丁归部伍，中原父老拜勋旌。家家同把椒花酒，先颂台疆早削平。

卅四春风入鬓愁，毁多誉少忍回头。诗人本合驯鸥鹭，胥吏奚妨学莺鸠。既与梅花同卒岁，敢言桐叶抵封侯。沾醺偏感天恩渥，任是儿曹哂未休。

和春亩相公《自题小照》诗韵

松柏岁寒逾挺秀，履霜冰至不须疑。春风毕竟归和煦，王道从来最坦夷。心外曾无真主宰，眼前谁是大宗师。闲中读易梅花下，一笑群芳尽早衰。

次锦山元旦诗韵

率土庆雷破蛰龙，惊闻小丑再传烽。既教毗舍颁新历，敢与延平说旧封。台湾古名毗舍邪国，延平即郑成功封号。铁甲楼船立飞渡，银涛瀛海尽朝宗。莫言春令犹严栗，须使炎荒一识冬。

广莫之野歌送朝比奈珂南知泉游露国

广莫之野天穹窿，厥初何国非洪蒙。后五万年泝今世，恒沙帝王亡是公。微闻四海水皆立，朝宗不独扶桑东。徒令海若笑河伯，是谁神化游无穷。黑海迤北逴龙艴，层冰积雪争巃嵸。亚欧连亘几万里，上游半壁神无功。或云古之罗刹国，但有阴杀无昭融。岂知北斗执其柄，意欲径扫欃枪空。当夫乾坤杀机动，气求声应思飞翀。譬如雕鹗盘远势，六合鸾猊齐忡忡。大局转圜陋胶柱，昔贤远害嗟冥鸿。国亦随时有显晦，且保东旭长曈昽。今年天更眷朔陆，其君加冕颇启聪。红纬重书汁光纪，宝符欻膺颛顼宫。共球万国入王会，珠盘玉敦光熊熊。雪面参军鹳眼碧，黄须鲜卑珊鞭红。我皇圣谟重邻好，辑睦莫外车书通。星槎特简龙种贵，玉节更附将军雄。乃有一人控黄鹄，愿倚阊阖登阆风。周流昆仑县圃外，笑拂长剑望崆峒。平生慷慨负伟略，元精中贯如白虹。好将彩笔干气象，然后素志酬桑蓬。即今宇内各虎视，弗用兵战以器攻。羽书一瞬仗电母，火炮百里惊丰隆。巨鲸奋鬣不能阻，破浪立致千艨艟。五丁却走巨灵死，劈险铁轨穿谾谼。征输动辄累巨忆，未闻咄咄民鼓咙。出奇自足震遐迩，此皆人力非鬼工。知君眼界大开豁，观风一一旷发蒙。威仪既存揖让际，得失岂在争鸡虫。鹓雏不受腐鼠吓，何为局束天地笼。大人溟涬同一气，默契鹏运扶摇中。为君长歌叩真宰，玄冥穷发云霁霁。天门虎豹畴与辨，自彼视我将毋同。

四月八日剪烛第四集和石埭原韵

细腻风光约伴行，樱花看到夕阳晴。莺声仍共香泥滑，草色旋随蜡屐生。避俗琴尊无主客，寻幽车马绝逢迎。吟迟罚不辞金谷，莫负青莲秉烛情。

水野大路重赴台湾前数夕邀饮同人于富春楼率赋叙别

黄鹂百啭唱将离，重探天南万里奇。熟识山光浮碧黛，饱餐荔味劈红肌。瘴乡已作并州想，珠月还应合浦随。回首长安花事尽，销魂渐及牡丹期。剪烛第四铭君有"破禅早及牡丹期"之句。

五月十三日沧浪新墅胜集和春亩相国原韵

歌云捧日气洪恢，万象平临笑倚台。钟鼎崇勋偏折节，山林遗逸自多才。真人在坐霞嘘噏，列宿当轩海阖开。终古平泉无此盛，萧曹园绮共传杯。

席上复和春相即兴诗韵二首

霓裳同咏大罗天，绕阁松风洒玳筵。李白钓鳌称海客，留侯避谷爱神仙。殿春余卉参差笑，信宿闲鸥自在眠。咫尺云涛看起灭，此心休逐景光迁。

一从阊阖会云龙，为栋为梁落落松。缥缈绛霞迎羽盖，岧峣紫阁引岚峰。琅玕芝草奇芬合，鸾鹤钧天广乐雍。安得凭公贡瑶阙，日边红杏更相逢。

春亩相国奉命巡视台湾余亦在随槎之列次相国发都口占诗韵

渺莽云涛路有无，岂知万里入鸿谟。何人放眼乾坤外，不独江山是画图。

楼船蹴浪入津关，直抵基隆第一湾。日色珊瑚红四射，山光眉黛碧回环。

箐阴深合悬崖顶，瘴气仍流乱嶂间。愿听伏波铜鼓壮，铙歌声里赋平蛮。时犹有土匪之赘，故云。

东来紫气若蟠龙，绝海遥输万里震。民岂怀归明职贡，天教割取汉提封。

与他虬岛作荒服，自此蓬山添一峰。相对偏惊风物异，愧无佳句咏棕榕。

丙申六月巡台篇用蒋茗生《台湾赏蕃图》诗韵兼效其体

火轮日旆虹霓辕，南荒去看生熟蕃。炎徼亦属神州山，行化瘴疠为春暄。前史茫昧不可究，裸人彳亍丛笑喧。髑髅目饰金银镮，螺拳头发疑蛟缠。连臂乍如饮涧猿，悬崖直下尻接肩。鸣弓霹雳齐掷鞬，栶瓢同啜人血鲜。蠢俗犹知重婚嫁，佳老歪蕃语谓少年爱妈良美女子也妍。尔猫尔达仙乎仙，蕃谣男指女谓尔猫，女指男谓尔达惹。海蛤数升螺数钱。以此为聘。鼻琴谐合耳镯偏，男女戏游，以鼻琴相挑，意合则成夫妇。两颐针刺网巾纹。女将嫁时，两颐用针刺如网巾纹，不刺则男不娶。鹿皮树皮遍体悬，前溪拍浮女伴牵。波摇粉臂如击绵，台海采风图云：彰化以北蕃妇，日往溪洒沐浴，女伴牵呼，拍浮蹀蹀，谑浪相嬲。台人有“浪映桃腮花片落，波摇粉臂玉鱼游”之句。只以社酋为长官，相邀踏地罗舞团。下体摇摆轻且儇，淫思古意情更闲。审女摇臀而舞，其状奇丑可笑。狉狉獉獉追笑欢，百年巢处瘴海壖。醉饱徐吹鸦片烟，卧看连嶂剑戟攒。江山如此久为满清踞，半壁已变侏离言。嫉视辫奴恨刺骨，尝云东有祖国尊。蕃中古谚如此。尔来伏莽徒渐繁，而今乃沐日域恩。圣朝拓地〔一〕万里，岂凭杀戮事穷黩，誓师〔号〕仗义，适应威弧弯。辽阳沈阳一旦撤烽堠，揖让之间直取台湾澎湖，列屿供篱樊。万邦噤口不敢肆谣诼，坐令大局绝祸源。藤侯乡侯新受节，桂帅更继桦将军。疮痍苏等肉枯骨，虫沙死为招馁魂。恩威兼济揭日月，历历马矶、鸡笼、鲲身、鹿耳新川原。诞敷圣泽海亦靖，乘风十日无惊澜。全台声教自兹始。郑成功朱一贵僭窃皆堪删，榕叶蕉叶绿满川，逋薮电扫贼胆寒。耕凿依旧皆良田，青秧白鹭隐映图画间。台北城头午笳动，两行鼓乐轿亦便。顺民焚香点烛竢，叩头崩角意可怜。铁轨晨趋新竹市，峡围崖逼愁车颠。更乘蟒甲下淡水，蟒甲，舟名，今台北城外有艋舺街，艋舺即蟒甲。问俗细大无遗捐。何物狂匪犹延残喘逞螳臂，云林出没多骄猥。飘风骤雨不终日，捣巢会见鼎铸奸。摇头大笑飓母死，碧天暝戛云际舷，红毛赤嵌看不见，墨点一发空苍宽。打鼓隘口何斗峭，打狗古作打鼓。古来此险无还船，巨礁惨裂波朝天，疑驱百怪来趋班，性命呼吸心忧煎，石佛石塔空相连。打狗口外，南北二镇名，石佛，石塔。三十六岛一衣带，便向禹穴搜奇编，千山莫如厦门丑，"天下千万山，莫如厦门丑"，赵瓯北句。只见万石磊落纷现前。狰狞人立互排斡，虎鹿咆吼争其先，忽听潮音和梵呗，清磬一声，上有普陀祇树园。万石岩、虎鹿石、小普陀皆厦门名胜。布帆小住来选胜，夹道佛桑红正娟。宾筵敞开领事署，壶觞深感地主贤。呜乎东海朝百川，中兴圣烈二十七八年，欧之英俄德法、墨之合众国，珠盘会盟辞令娴。神谟庙算有定夺，辑交耀武从经权。南门保障北门钥，文身卉服争拜芙蓉巅。我生海岳抱奇志，附槎喜偿初愿全。掣鲸归来梦寐犹腾骞，宁辞触热凋朱颜。诗成滂葩非蠡测，丙申六月巡台篇。

佐世保阻风有感

台北长涛指顾通，镇西门户扼青空。数峰云合冥冥雨，积翠松生谡谡风。转瞬景光如世事，随波身迹付渔翁。前程漆黑何须问，已试蛮烟蜑雾中。

芦花滩口战船停，独倚溪楼看胜形。断峡浮云连赤壁，乱峰飞雨入苍溟。去年兵甲无人说，竟夕弦歌任客听。信宿谁能发深省，隔林鱼梵自泠泠。

海洋月夜

台澎万里驾风还，已隔苍茫积水间。只见金波平若席，直浮明月到神山。

诸相五首

经岁军储且未充，清流白马一朝空。苏张动世因联合，李蔡为人在下中。枚卜重趋丹阙召，算缗久拥素封雄。汉家肯重钱刀利，竟使弘羊位上功。

钧天昨夜听云璈，四海宾朋甲第高。平地风波防旧阀，隐然敌国视前曹。籍贪名姓党魁贵，兴觉冠裳公燕豪。笑把黄花拚酩酊，喜看碧眼醉葡萄。

众口居然欲铄金，谁存葵藿向阳心。只争依托何人重，定识猜嫌各自深。白日雷霆环殿柱，紫宸袍笏伏廊阴。御前唯诺俱流汗，虚赚苍生望雨霖。

王师薄伐罢征清，反以危言忌太平。慷慨卧薪何代事，谦恭下士若为情。熏天气焰黄金助，百战疮痍白骨撑。若识还辽真屈辱，诸公未可念功名。

夔龙争出凤城西，绂冕连云白日迷。宾客炎凉田窦换，池园豪富恺崇齐。当年奴仆随珠履，昨夜风雷动马蹄。慎莫近前天尺五，恐令鼻息化虹霓。

送永井禾原罢官赴清国上海

白日蜂衙早识微，茫茫江海决然归。一生萍约浮犹可，半熟粱炊醒已非。花落谁言幽草好，风流只觉旧人稀。春申浦口看飞絮，定有闲愁沾客衣。

酣樱闹杏罨成丛，转烛飞花感断蓬。宦海磨人若磨墨，估帆愁水复愁风。且弃无赖醉三日，有底不平春一空。毷氉明朝重绾柳，尊前青眼喜君同。

记事书感

楼船西极耀诸蛮，飞渡齐烟反掌间。鱼气夜惊莱子国，浪花秋怒羡门山。怜他防海征丁尽，忆昨班师洗甲还。今日同仇忍回首，田横岛冷月如环。

《台北八胜诗》黑屋天南久嘱

何人玉戏夺天工，欲以冬冰语夏虫。为是芙蓉白如许，炎荒争拜雪玲珑。屯山积雪

慈云缥缈拥瑶岑，弹指岚飞紫竹林。彼岸回头普陀近，山风直作海潮音。观岫拖岚

长虹扬彩卧沧洲，咫尺奔雷哄上头。车影灭明烟一道，半边雨过夕阳流。铁桥夕照

罗轻扇小趁凉还，认得弓鞋刚一弯。素舸缘流谁濯足，苕苕明月堕云间。稻江新月

芭蕉叶大压人家，鲜不知名蛮徼花。怪底吟衫乍如水，瘴来前岭罩阴霞。锡岭晚霞

水风猎猎响菰蒲，三两凫鸥相拍呼。上有乌牛浮鼻过，一川烟雨戴嵩图。阑渚晓风

冷雁哀猿和竹枝，笛声帆影又参差。全然画出新城句，芦荻无花日暮时。芦洲帆影

横海将军罢远征，赤眉何事尚纵横。笛中莫谩吹杨柳，闻说边愁却尽生。戍楼笛声

将发帝都春亩侯相有诗率用原韵口占一绝

茫茫禹迹今犹梦，明日回头恐作虚。山海关前谁立马，卢沟桥下且乘车。

釜山晚眺

海门山色碧依然，未觉前游光景迁。人影生漪明镜底，夕阳行酒玉壶前。渔舸将逐鸥夷迹，战垒仍望太合船。蠢蠢白衣如白鹭，有谁来往问桑田。

海上即事志感

极望鸡林雾半披，布帆不动鸟飞迟。未知风色何时变，谩诧岩形当面奇。国弱谁扶倾厦急，海平全忘倒澜危。群山万壑空屏障，眼看九天云下垂。

汉江舟中

扬舲径泝汉江水，滚滚黄流三十里。江华岛角戍垒闲，伏波楼下眠鸥起。闻昔战舰横芦滩，沉江定有铁锁残。是谁筹海卫畿道，今我击楫轻波澜。推篷一笑望何壮，信美宛成吾土想。莫令王气随逝川。南山万古青无恙。

景福宫词

仁王山色郁崔嵬，不见三年玉辇回。黼坐尘封勤政殿，虚悬日月照蒿莱。

憔悴芙蓉怨素秋，哀湍喷薄响岩幽。可怜宫殿微风极，燕雀高栖庆会楼。

坤宁小阁闭青苔，鬼火星星恨未灰。剩溅白头宫监泪，玉壶楼下进香来。

乾清宫外醉香桥，桥下潺湲水一条。流恨不消红藕死，露花风叶泣萧萧。

汉家伏后比伤心，匿壁仓皇夜月沉。今日曹瞒亦黄土，不应魂魄恨华歆。

松岳浓岚湿绮扉，灵风白日动秋帏。不禁哀泪迸林薮，何处空坟烧宝衣。

观稼门荒草满阡，夕阳箕子旧山川。渐渐麦秀空如浪，大有轩头碧涨天。

昌德宫观女乐引

昌德古宫倚山作，溪峦窈窕藏琼阁。门楼牌坊不记名，是日赐筵大合乐。瞿毹红照演庆堂，嘉宾琴瑟东西厢。梨园弟子娇结束，绛唇珠袖排两行。先是内庭教歌舞，传头仿佛开元谱。伎成风纸佥名呼，念奴玉笛花奴鼓。鼓舞盘盘迎拍挝，委脊髻侧鹈钗斜。孔翎翠羽摇冉冉，垂手香颤双枝花。鼓舞。反袂飕飗风乍起，炼钢一掣柔绕指。公孙聂隐神合离，白虹紫电射秋水。剑舞。是何少年衫笠姿，长身玉立携蛾眉。低回似怨新婚别，扑朔迷离浑不知。男舞。惊散一双雄蛱蝶，乐极哀来泪交睫。汉宫不见倾国人，只听蝉声催落叶。叶舞。曲终不觉月在檐，凉漪满殿吹细帘。韩廷衮职亲进酒，捧杯还倩双玉纤。行人既醉心愉悦，曲中悲欢几回阅。出门遥拜庆运宫，两国猜嫌从此绝。

龙山晓发是日大雾

龙山苍苍晓翠分，长天一色麻浦云。江山如此人不出，霸才犹说大院君。可惜身为天子父，暮年神伤南内雨。骨肉满眼空羁孤，梧柳洞深啼杜宇。忽然大雾迷四篷，魂若不毅非英雄。舟人指点孔德里，白杨萧飒凄以风。

登州海上即事兼吊丁禹廷

晓从威海入烟台，齐鲁云烟眼底开。岱岳喜迎新稷契，秦皇怅望古蓬莱。当年觅药楼船尽，昨日操戈炮垒颓。独有伤心丁令鹤，飞来泪溅浪花堆。

九月十二日荣中堂禄北洋医学堂燕集叨陪席末恭赋纪盛兼呈袁慰廷廉访世凯

旌旗津口夕阳开，鼓栾清秋笑举杯。喜厕冠裳盍簪集，待看琴瑟改弦来。西昆北漠今同轨，东箭南金尽异材。最是推袁多骏骨，明朝携手上燕台。时廉访应召上都。

王菀生观察修植招饮席上次其赠伊侯诗韵

纵目津门阔，高楼倚上游。江山尚余恨，花鸟亦关愁。势异三分国，洲连半壁欧。谁防未然祸，尔我慎边筹。

燕京使署读中岛时雨雄《日本酒歌》辄歌而和之

佩刀无若日本刀，鹂鹈莹膏龙血臊。割断人间不平事，岂知酒亦如此刀。酒兮酒兮尔之来，此实不远千里，冰心一片，笑见玉壶峙。杯底山河如聚米，怜取扬波皆浊水。燕山健儿拍铜斗，争来一沾日本酒。直令饮者留其名，寂寞圣贤今乃有。忘我忧，借君箸，摇五岳，驱百祇，酒中乾坤一整顿，才信尧舜千钟奇。还他风俗淳且良，汝阳不愿移封王。髯参长啸肝胆露，忽复斫地悲歌狂。君不见幽州胡马客，日醉葡萄浮太白。不知匣中刀一鸣，边风澒洞来自北。

西苑纪事诗

明治三十一年九月二十日即光绪二十四年八月初五日，清国大皇帝御勤政殿，接见伊藤侯相，毕赐酒果于西苑门内朝房，大来以随员之末得亲觐龙光，叨沾仙醴，恭赋七言长句四篇，用志钦仰。

沧海安澜正及时，昆明锦石动涟漪。九天阊阖开鱼钥，两国夔龙集凤池。往日画图观象战，先朝御制赋冰嬉。今皇勤政应无比，特召王宾近殿墀。

太液溶溶接紫霄，牙樯锦缆木兰桡。镜中舷戛琼华岛，树杪虹浮玉蝀桥。驰道青槐拥仙仗，妆台白塔想云轺。闻言问寝鸡鸣后，瀛秀园门下辇邀。

星环帝坐俨分行，雉尾徐开凤翼张。微见御炉丝冉冉，旋闻天语玉琅琅。中兴政已期振作，外国臣今愿对扬。咫尺蓬莱清浅水，自兹同济屡搴裳。

天潢银汉共仙篙，谓庆邸。似此恩荣有几遭。中海新声咏鱼藻，上林故事赐樱桃。晾鹰南泊奇毛健，拄笏西山爽气高。傥许宸垣行揽胜，好从退食记金鳌。

看月有怀是夕古历中秋

长城雁影几回翔，忍过完颜旧帝乡。月魄衔冤迷绛市，露华流恨满银墙。泝从河汉人何在，照到昆仑夜未央。惊见瑶池启明镜，蛾眉萧飒是秋霜。

永井禾原徐园雅集偶抒胸臆兼似沪上诸名士四首

笑拂宫袍走九州，渔竿铁笛海云浮。带将太液池头月，来作春申浦上秋。岂想清商偏变徵，忽惊甘露是疏谋。西风菰米莲房外，触起江湖满地愁。

沪渎烟波小住佳，燕山消息动关怀。党成新贵争功急，祸至清流覆辙偕。命驾谁思羹脍美，陶情拟借竹丝谐。翻怜严谴新疆客，灯火凄凉百石斋。张樾野荫恒家藏王石谷画百辐，而无一赝本，故以此名斋。

夜半贤良寺里钟，李少荃鸿章在燕都寓贤良寺中。钟鸣漏尽听吟蛩。一身何误贻家国，百战无功让附庸。辽海怒涛频撼地，夔城落日又传烽。时四川有余蛮子之警。徙薪虚费邻人告，白发扪心恨万重。

且喜同文重亚洲，联翩裙屐竞赓酬。移宫换羽霓裳序，脆管繁弦菊部头。前日蔡和甫观察招饮洋务局看戏，是日姚石泉汪穰卿又同观女伶演伎。眼看乾坤皆戏剧，谁将粉墨抵春秋。重来好饯黄花节，愿与群英续此游。

晓入长江过通州即目

平远江山始，微茫塔树分。人家稀可数，舟语近堪闻。触目生秋意，回头问白云。天涯谁避弋，惊雁落纷纷。

江阴县所见

绝壁闲亭崍，峰峦紫翠攒。江流微一蹙，潮势复千盘。炮垒为谁戍，估帆行自安。莫如鸥意乐，秋雪散芦滩。

夜过镇江

长年指点镇江楼，映带寒潮上下流。两点金焦看不见，夜船灯火认瓜州。

北固南徐取次过，吴头楚尾梦如何。客愁无月冥蒙夜，第一沾衣水调歌。

他日扁舟归莫迟，扬州风物最相思。好赊京口斜阳酒，流水寒鸦万柳丝。

拥被一觉已过金陵东方渐白遥回望钟山于烟霭模糊中

蒋山烟树晓葱茏，拥被空闻白下钟。怪底秋风秣陵水，流侬残梦到吴淞。

芜　湖

采石江声远，天门帆影移。吴船集姑熟，蜀客问蛾眉。天门山即大梁山，一名蛾眉山。芦苇萧萧响，旗竿猎猎吹。幸无泷吏讯，静检画中诗。

天　堑

天堑茫茫未足凭，樯楼笑倚最高层。无多人物论成败，不尽江山管废兴。秋水落霞生荻港，夕阳孤鹤下铜陵。仙踪安得青莲兴，手挹浮丘一再登。铜陵有李太白酒楼。

小孤山

讴鸦柔橹出菰薄，澹雅仙鬟见小姑。只待马当风送雨，彭郎矶外片云孤。

湖口县

天以空蒙烟，故补湖口缺。一帆来破之，了了见林樾。庐山露半面，夕阳又飘忽。遥知彭蠡湖，倒影浸溟渤。谢公凌绝巅，诸峤若簪笏。李白乘舟行，石镜照毫发。九迭屏风间，迤逦启金阙。石梁何处边，白虹纷出没。回看大江流，泻我襟胸阔。仙人来飞霞，秀色可揽结。

湓　浦

皖口西来此问津，峰峦峭削压城闉。天吞彭蠡风涛壮，云拨匡庐面目真。闻昔九江师屡败，即今五老揖相亲。氤氲不绝香炉顶，讶许仙幡紫气新。

浔阳小泊口占

省却天涯沦落情，扁舟半日泊湓城。城头踠地垂杨柳，不见黄芦苦竹生。瑟瑟闻声秋可怜，夕阳枫叶荻花天。琵琶亭下潮千尺，肯送佳人过别船。

九江吊李太白

谪仙昔卧香炉峰，手折九朵金芙蓉。便道杓铛共生死，九江之水如酒浓。海倾鳌抃须臾事，谒帝金銮空得意。不骑鲸去歌凤来，此时江合变为泪。可怜永王五百金，买尽白日飞升心。一钱不用还自误，朗月清风何处寻。

黄　州

夜深波浪涌，楚火两三明。云是赤壁下，忽闻乌鹊声。雪堂何处所，鹤梦苦难成。欲拍铜弦唱，暗愁随月生。

古琴台

枯荷残荻满沧洲，写出琴台万古愁。一自先生绝弦后，移情惟此月湖秋。台在湖中。

汉　阳

王气销沉已不堪，空言犹托晋清谈。无端愁绝桓宣武，杨柳萧萧老汉南。

伊藤侯相甫抵江夏张香帅之洞设燕于黄鹤楼大来亦忝席末即赋是篇

黄鹤仙人不可见，黄鹤留题昔贤遍。平生梦寐黄鹤楼，要看白云古今变。

鹦鹉洲边淼淼波，晴川阁下帆樯过。风景不殊聊复尔，夕阳虽好奈若何。

独喜中流存柱石，十年将帅蒙恩泽。滔滔沔汉此朝宗，张公真是江海客。

忽报海上红霞来，清秋画角油幢开。伫看伊人宛在处，夹岸锦浪相潆洄。

联欢岂独缟纻谊，寻盟须固金瓯计。不然四海狂澜腾，动沦神州陆沉势。

此会乃能消百忧，此筵自尔足千秋。即余此遇更奇绝，敢期真个登此楼。

爱吟白也诗千首，相思长系武昌柳。脚翻拳挝恕疏狂，吹笛请歌将进酒。

欲历游楚境不果夜出汉口作

暝色荆门来，洞庭渺何许。神往岳阳楼，气接潇湘浦。忽已促归装，夜辞鄂州渚。程须早下吴，梦犹不离楚。自我出蓬瀛，久分黄鹄举。敢谓游意倦，非关风水阻。矫首望苍梧，心伤帝之所。青山空九疑，权失虎变鼠。感此怅不乐，推篷再延伫。大江莽自流，中原恐无主。鹦鹉吊祢生，攻奸急鸣鼓。炎日沦虞渊，杀身竟奚补。美人隔秋水，汉皋忆交甫。解佩亦徒为，披诚谁共语。靡靡且行迈，茫茫触离绪。天黑星争光，灯火澹孤屿。

金陵偶占

眼看龙蟠虎踞雄，大江东去六朝空。可怜燕子桃花恨，浑与临春结绮同。半里桥残垂柳碧，最高峰迥夕阳红。梅村乐府南厢叟，泪堕鸡鸣十庙中。

下关江口待安庆轮船不至赋此排遣

形胜金陵旧所闻，南朝烟草尽芳芬。福王社稷莺花尽，洪逆疮痍玉石焚。燕子矶高红带日，卢龙塞远白连云。顺流却觉帆来晚，容易江山怕落曛。

与春亩爵相赴禾原虹桥轮船公司夜燕
时阴历九月十二夕月光皎洁如昼

同乡殊土会群贤，陪得扶桑第一仙。菊澹未消重九醉，月明犹待十分圆。美人虹影桥摇水，画舫灯痕桨荡烟。何日金阊门外去，馆娃相见照婵娟。

读禾原《浙游漫草》题其后

全湖倒景鉴清虚，笑放扁舟代蹇驴。一棹移来剡溪雪，孤山求到茂陵书。情能独往诗中得，花乍微明月下如。想见黄昏浮动气，和杭州酒满衣裾。

泪洒黄冠一曲琴，凤宫残趾俯苍岑。晚钟和雪敲天竺，旧事如烟问武林。丰乐楼花莺细细，翠寒堂柏月森森。只今惟有冬青恨，谁向吴山立马临。

雪日无聊读钱蒙叟《有学集》有《戏咏雪月诗》因拈其雪事七题仍系以端歌

周武王

八百诸侯练甲雪，照见白鱼纣可伐。妲己玉骨冻已僵，独哀西山冷薇蕨。以暴易暴同云濛，会朝天色清曈昽。河伯笑拱师尚父，本是孤舟蓑笠翁。

穆天子

穆王八骏飞影速，蹴散昆仑玄圃玉。欢娱转毂阆风凉，盛姬不返悲黄竹。山陵自出四海家，王母戏幻瑶池花。飘如柳絮散蝴蝶，谁为猿鹤谁虫沙。

宋太祖

夹马营中雪花飐，一榻之外无红焰。此时不问学究家，冻煞殿前赵点检。炽炭烧肉呼妻迎，吾意正尔姑试卿。出门一笑雪欲霁，群星残月犹微明。

蔡州夜捷

悬瓠城头饿鸱叫，四无人烟雪薶灶。自天降下天王旗，杀气军声压山峭。铁骑蹴踏风回旋，百二十里无停鞭。封狼熊貙一扫尽，败甲残鳞空漫天。

谢家咏雪

撒盐空中兄子朗，柳絮因风女才长。公大笑乐家庭间，芝兰玉树森萧爽。苻坚虽走天南倾，中年哀乐难为情。典午山川何所比，胡马如雪纷纵横。

龙门赏雪

嵩高照人风雪裹，龙门石楼冰蕊蕊。倚阑西望烟微扬，有马萧萧渡伊水。钱公传命官属休，府事甚简且少留。笑开厨传醉回眄，梅花乱洒歌姬头。

宋子京修史

锦障覆屋花迸霰，闭门垂帘雪微颤。椽烛金钗姬两行，消寒且草唐书传。呵冻濡墨香淋漓，自非解人那得知。寄语相公空自苦，读书杲山啜粥时。

偶 占

谁道风情不可删，尊前爱挈好鸦鬟。人间纵酒颠花外，修到神仙也等闲。绿杨城郭是扬州，廿四红桥骑鹤游。明月二分珠十斛，腰缠解去作缠头。

明皇秉烛夜游图

太真夜邀韩国姨，借取夺月光千枝。三郎笑召高力士，窃来宁哥玉笛吹。报道春酣木芍药，且趁今宵花未落。朱衣一队夹金莲，学士传宣赋行乐。不醉名花倾国前，酒中臣亦空称仙。自兹三万六千日，夜夜愿侍君王筵。那知蜡炬成灰速，晓见老乌啼啄屋。绣褓跳梁金鉴亡，锦袍谗逐玉鱼戮。翻思剑阁度崔嵬，一时赏识勒铭才。傥令此心早自烛，轧荦卒干安在哉。可怜重过伤心地，漆灯虚照香囊泪。输与羌村老拾遗，夜阑相对如梦寐。

曼殊宫阙式微歌五章

清初达赖剌麻上表称曼殊师利大皇帝。曼殊者，满洲转音也。顷得七律五章，无可命题，因取篇首一句，名之《曼殊宫阙式微歌》。

听我歌终唤奈何，岂有祸氛扬虎旅，谁令政柄倒龙阿。一团盗贼潜朱邸，十国弓旌蹙玉河。二百年来无此劫，鬼车血溅泣铜驼。

南苑鸣鞘转翠旗，大红门外草萋菲。前朝此泊名飞放，列祖曾经看打围。南苑即南海子，元之飞放泊也，顺治康熙间为阅兵校猎之所，拳匪初屯于此。惊说赤眉骄禁御，回看紫阙黯宸晖。上林忽作逋逃薮，无数鹰鹯喂肉归。

炮火津门遂不支，积骸如莽水流迟。操戈只有官相煽，罪己曾无诏自悲。红粉哭随黄发队，青磷走帀皂雕旗。生灵岂与他家事，早下天兵十万师。

蟾蜍秋作玉泉音，万寿山幽月亦阴。悔极仍寻旧窝免，祸来难保覆巢禽。肯贪章献临朝久，才信金轮误国深。霜鬓三年训何政，颐和园里独沾襟。

回首瀛台泪自潸，芙蓉太液露斑斑。木兰秋狝知应近，文庙龙髯不可攀。他日伤心剩焦土，当时茧足走荒山。咸丰避难时，文宗忠足疾扶拐登舆，见英国人雪印霍手记。苍茫吾意何人喻，曾识清皇惨戚颜。

五月初五雨日陶庵通侯招饮观踯躅花坐间有客谈及金圣叹唐才子诗之说因戏用其体即兴口占

牡丹才谢紫藤垂，怕看蔷薇卧晚枝。凭仗杜鹃花似火，禁持梅子雨如丝。藏于金屋应殊品，开向侯门倍艳姿。一种雪然还可爱，熏香侍女笑低帷。

纪事诗

天宝出师小勃律，忽风四起天惨栗。雪中冻合四万人，蕃汉生还惟各一。久诧异闻传西阳，宁知奇祸烈今日。古奥之野饿鸱啼，猛听城头吹筚篥。全军椎鼓冲雪行，此时未觉气萧瑟。将军髯磔奋猬毛，势如愬下蔡州日。健儿踊跃拍斗从，笑看火自鼻端出。尽言快比击黄獐，霹雳鸣弓马蹄疾。岂意生坑转瞬间，阱机所伏真难必。阴风吹刮八甲山，雪积巑岏冰峭崒。可怜无数玉髑髅，铸出虎头燕颔质。犹坐剑树刀山中，挺然强项耻屈膝。四肢如铁发如针，何人闻之不胆栗。谩恨轻生非战场，傥令破敌敌皆怵。今异唐室穷兵年，闻道天恩赐优恤。人间唱遍苦寒行，那似从军冻死卒。谢庭柳絮且休吟，党帐羊羔难尽述。不为袁安亦幸哉，吾辈围炉环堵室。

七月十一日同都门鸿儒硕彦邀饮清国吴挚甫先生汝纶于东台酒亭即赋长古一章呈政

九州之外瀛海涵，海外更九天包函。此言虽出邹衍口，本非燕齐迂怪谈。如何四千余载史，宛如禹穴窅叵探。有《山海经》恣闳诞，刑天干戚空参覃。刘安《坠训》郦元注，徒尔奇谲资嘲哈。马班以来外国传，遐裔要眇无人谙。象胥重译谁究诘，别风淮雨纷差参。鲜卑氐羌晋僭伪，吐蕃回纥唐子男。运倾四海虢鳌抃，德衰群雄睁虎眈。疏虞多在不审敌，虚诩贡物来珠蚶。慢藏多盗古所戒，叩诸学者何婀娿。侈陈符瑞具谓圣，太平寰宇供搜妉。一朝衅成错难铸，割其版籍偿戈铩。延陵先生经世学，潜心典籍非玩眈。夙窥河图括地象，星宿耿耿元精含。雅以古文定伏胜，挚甫著有《写定尚书》。亦能新论追桓谭。行己用世破万卷，方知书味良醰醰。湘乡军幕草快檄，莲池书院闻妙谽。傥论支那真学问，魏源顾绛并君三。燕山昨遭百六会，两宫宵旰忧如惔。上林万马喂苜蓿，广厦一栋摧楩楠。时危伫见伟人至，先生乃出藏书龛。治安新策育英俊，坤舆文献须访覃。鸾皇前戒望八极，飘风晻霭云昙昙。天津发轫远求索，扶桑暂税虬龙骖。观风便从日域始，莫谓快捷趋终南。行周昆仑月窟外，岂止问道崆峒嵁。直谣白云燕王母，直将王母醮游同，挚甫近日和三岛侍讲句也。将驱青犊随老聃。蓬莱真人翳来御，列仙儒争接佩簪。是时雨罢阆风敞，琪树翠拖神山岚。觞酬流霞嚼甜雪，碧湖荷叶摇䍦毿。坐中一伧不自揣，长句覆瓿中心惭。识韩有幸志向往，敢望倾盖如之郯。先生胸早有成竹，一言愿回青子甘。方今两国士相见，动称唇齿母乃憨。鲸鲵移陆海倒立，百年难保戎马惔。云龙矫矫合变化，蛩蛩岠虚非所堪。不相沿袭各努力，有剥斯复喉祛痰。然后辅车自相济，合离何用询史儋。

挚甫见和大用外腓真体内充令人未敢逼视惟仆曹郐浅陋谬以强秦见拟若无所酬或竟谓秦无人也苦搜枵腹复制一篇白皓赤团趁韵而已

太古洞瀰鸿蒙涵，一球毂转气内函。劬妪覆育仗真宰，五洲皆作同日谈。天圜九重孰营度，仰看日月宁可探。羿妻私窃灵药入，夸父渴逐阳乌覃。无数星辰安所系，斗柄何揭箕舌唅。璇玑玉衡谩在察，周髀灵宪难详谙。岂知泰西测圆术，能以人力毫芒参。坐穷父乾母坤象，易丁一索而得男。天文已精舆地晳，咫尺万里恣目眈。却笑千年蠡勺者，不知许事空噉蚶。混沌一凿利马窦，诧其精赅意实婪。力排便道功圣学，食古未化从所妉。破费精神事考据，不悟西极骎戎锬。梯山航海器日巧，黜浮崇实除荒耽。公输墨翟走且匿，鬼出电入危萌含。琴弦不改尚胶柱，殷鉴窃忧曹与谭。而今鸿儒济世出，深闵众醉沦醪醰。大道端倪气磅礴，文章秾郁菁华馣。时艰蒿目隐忧切，兴衰之故致意三。慨然浮海肠内热，何曾一日能忘惔。自言口衔精卫石，生意惨淡伤枯楠。犹将倾阳誓葵藿，逍遥敢筑避世龛。愿向虞渊挽羲驭，再瞻周孔声教覃。呜乎风疾劲草见，若人一现如优昙。自兹运会或一转，振作势若追风骖。展拓雍乾旧版籍，龙沙之西葱岭南。自强要在拨云雾，五岳一一呈青嵐。若遗其本废儒术，恐类魏晋尊庄聃。仆曾破浪游上国，诗程浩荡方投簪。卢龙蜿蜒趋渤海，居庸积翠飞烟岚。形胜为谁雄若许，泣拜西苑芙蓉毿。三省半非干净土，董龙鸡狗真贻惭。江山容易割丰沛，图书漫漶思侨郯。今日诵君歌激烈，臣酸常自希君甘。悲自中来不可断，移山谁谓愚公憨。盘空硬语并妥帖，扪舌箝口吟偏倓。嗟予沟浍苦盈溢，末力鲁缟孱何堪。胡为扛鼎效绝膑，呕心动欲成患痰。一片精诚等巢谷，公无止我循至儋。

十九日吴挚甫卿僦宅永田街与余家邻并偶读《古欢堂集》有《移居诗》和者甚盛因次其韵赋成一篇寄似索和

环堵墙外班班车，崇朝风雨谁移家。眼前此屋久突兀，萧艾渐长潜麏麚。昨来洒扫忽无迹，气色有似高官衙。先生客中暂为主，三径松石随攲斜。安排竹炉瓦钵好，秋鲜决明阶下花。想见凭阑笑点笔，芭蕉叶大翻墨鸦。喜追王翰卜邻愿，催诗岂待街鼓挝。急遣寸莛扣钟吕，笙簧或一调皇娲。

二十七日偕吴君乔梓赴玉池之招用前韵赋呈

仙辀陪驾李郭车，去赴玉池居士家。神飙飞影蹑躞蹀，骥騄偏许骖麏麚。入门尘喧杳然绝，燕子撤垒蜂休衙。庭苔绿净不可唾，撑屋疏竹翛翛斜。主人金粟擅三绝，一龛妙吐青莲花。殷勤劝客碧筩饭，乘兴不觉啼昏鸦。禹域真儒仰木铎，周宣石鼓能亲挝。酒酣笑作科斗字，鸾翔凤翥追黄娲。

读吴辟疆启孙诗本偶获一篇即书其后还之

韩欧王苏数大家，读尽缥缃三万轴。三才万象虽牢笼，诗惟老杜为归宿。岂知真成学杜者，前有玉溪后山谷。有明诸公美捧心，反令识者皆颦蹙。剩馥残膏不复存，虎皮羊质空刺促。正法眼藏二百年，一在桐城一常熟。豫章骨法撑楂枒，樊南丰腴透肌肉。寸心得失谩较量，要还少陵真面目。今读吴郎一卷诗，排风毛质穿杨镞。祖灯心印惜抱轩，万牛谁媲麟角独。悔予少小喜西昆，无题碧城伤丽缛。二冯宗旨亦未窥，何况江西气森肃。行思改辙从执鞭，霜空直与鹰鹯逐。句不惊人死不休，他生免落泥犁狱。

八月初三日苦雨闷坐适辟疆送到和章因迭韵重寄兼似杜显阁之堂显阁前有风雨五古见示诗中故云

有笔未得诛云师，直俾滂沱倒天轴。愁霖十日不出门，穷巷昏昏思卧宿。忽惊剥啄来新诗，亦如天汉泻厓谷。词倒三峡吞五湖，令我潢潦坐受蹙。文章经世无二途，诗教温敦戒迫促。任君胸有《过秦论》，落蒂会须待瓜熟。昨闻陈东颇上书，击奸欲啖孔壬肉。虎豹白日蹲天阍，徒为狂吁耸众目。自贻履尾咥人凶，射不能中等亡镞。庖丁满志能踌躇，藏刀乃擅奏伎独。小杜罪言风雨篇，悲歌忼慨洗秾缛。君亦笙娲推祸源，皮里阳秋母太肃。古来明膏多自煎，不防沙蜮伺影逐。敢以橄榄酬琼琚，无使乌台案具狱。

读《深州风土记》赋赠挚甫

兵事官制及河渠，森然义例金石书。休言用才限方域，披卷味同州土腴。俗与《荆楚岁时》殊，奇岂《吴越春秋》如。列眉数表尤可宝，灿若宗庙陈琏瑚。遣唐使者装满车，扶桑久珍张鹭书。王朝文囿资沾溉，浮艳猥琐亦多腴。千年人谱无差殊，青钱万选终何如。艺文愿补游仙窟，铁网讵可遗珊瑚。张驾《游仙窟》一书，系遣唐使所斋归者，与《白氏文集》并称，嵯峨天皇枕秘，我王朝文学之盛实疑源乎？此虽诲淫小说，仍是千年以上物，不得与杂事秘辛等伪书同视也。

八百松楼酒间挚甫戏效灯谜云日本背面美人打《诗经》一句皆不能精着挚甫笑曰带则有余众称其工妙即赋一绝

水如油碧酒如渑，背面美人阑小凭。他日思君衣带缓，江楼长记制春灯。

十三日星冈茶寮邀饮福原周峰请吴君乔梓暨杜显阁李光炯德膏郭虞扬钟韶来会

伏雨阑风喜暂闲，东西耆硕接怡颜。秋将桐叶先寻约，天为诗人一破悭。树里众星银汉水，梦中千劫铁围山。循环国运关文运，莫道蓬莱是别寰。

星冈燕后二日玉池小集饯周峰西归，用其星冈见赠原韵前日挚甫酬君句云坐中裙屐联翩客争似芙蓉第一峰故诗中及此

彩笔干霄动帝京，祖筵复订玉池盟。天知明日销魂别，夜放凉蟾作意晴。白雪芙蓉新擅誉，云汉客星久悬名。仰看鹫鸾俱鸣盛，深幸吾侪圣代生。

念七日偕吴挚甫柳桥酒楼观烟火戏口占一律

曼衍鱼龙壁上观，然犀一照俯临阑。空中乍现炎官伞，水面疑堆火齐盘。用以相攻真下策，举来为戏本平安。那堪回首蓬莱殿，烽燧当年立马看。

日前闻种竹有娲字韵诗迭到五篇而至今未蒙开示不知何以见外如此戏依韵志慊即寄非有意角力也

老子昔驾青牛车，望气候之关尹家。由来物类有相感，君看牝麀追牡麚。田郎笔是介亭石，奇峰剑戟来排衙。久知性癖类颠米，胸亦磊落无偏斜。良金藏矿玉韫璞，不然恐使人眼花。我今未食指先动，争肯嗜鼠同鸱鸦。若磁引铁偶技痒，石马何曾伤斧挝。不相送似亦无憾，慎莫石破天惊娲。

读种竹和答诗知其为七迭韵因和见答

世间纷载鬼一车，白日去瞰高明家。我心本不愧屋漏，野性惟可群麇麚。玉炊桂薪难坐致，岂免作吏趋朝衙。十年相知林下客，箕踞白眼从渠斜。坐对新诗觉形秽，君自出水芙蓉花。九天玉霏弥六合，壮彩腾翥黄金鸦。伶人执乐失鼓节，浮云游目忘操挝。殆移我情有如此，寡匹未用忧媲娲。

再和种竹见答不觉前后亦已五用此韵，无补费神，几于玩物丧志，任君有十迭二十迭，仆请从此阁笔

何人闭门频造车，不知世有投辖家。鹤长凫短各相似，我请缩项学麐麚。傥教道子画变相，终南多接宰相衙。此时恨无禹鼎铸，但见巾服随风斜。山人独免猿鹤怨，闲对淮南丛桂花。红尘席帽梦春水，扁舟鸣橹柔讴鸦。偕隐鲍姑更贤慧，不须射雉穿轻挝。昼长写倦《洛神赋》，笑许歌鼓征夷娲。

啜茗雅集席上次韵赠辟疆

神龙挟雨一长吟，岂比僧雏铜碗音。句律真成冰叩玉，归期且缓菊飘金。青苹泛水秋声动，绿树围园暮色沉。最喜山林杳冥里，移情得听子春琴。莫向杞天怀隐忧，眼看沧海久横流。名留政要千秋后，竿进须期百尺头。河朔豪筵胡不饮，柏梁联句偶方收。中兴闲气钟斯席，欲压君家四百州。

九月七日永井禾原招同石埭裳川及清国王彭园治本燕于其逗子新墅对君山楼即兴率次原韵

海天诗卷擅吟秋，楚尾吴头一再游。花月近回淞水棹，晖阴坐拟岳阳楼。忽闻欸乃烟中出，欲采芙蓉木末求。那得相从理鱼具，乾坤长寄此生浮。管领瑠璃汗漫秋，远来携我恣奇游。云龙追逐群趋海，

雷雨苍茫四逼楼。江上丈人吹笛过，槎头新语钓鳊求。倏然风静波如席，浩唱沧浪醉拍浮。风雨终朝洗素秋，烟消日出惬清游。仙山倒景排双髻，云物奇观聚一楼。圣世巢由何用隐，渔家皮陆且相求。击鲜不作临渊羡，缸面鳞鳞绿酒浮。

席上杂和

涪叟投荒万里回，当年奇句让君才。烟波较比潇湘阔，一笑沧溟引入杯。

茫茫巨浸看潮回，不数玄虚作赋才。谁卷巴陵洞庭险，袖归东海小于杯。

一曲红绡日几回，风情渐老愧无才。近来全敛琵琶手，懒举青春鹦鹉杯。彭园促予作香匳体诗故及。

阴历十四夜玉池一半儿集觞黄小宋观察璟于酣雪亭先是小宋过访见示其扇头和挚甫作即前日星冈燕集寰字韵也因迭韵赋赠

扶桑泛影绿尊间，喜见真人冰雪颜。江夏宗风名夙识，金华仙诀意休悭。一天诗梦云中阁，八月神槎海上山。径欲梯空置怀袖，烂银盘涌大瀛寰。

又杂次小宋诗韵

破浪来寻翰墨因，当杯一笑酒沾唇。芝槎旧梦披图觅，鸿雪新缘把臂真。玉宇月摇如解佩，珊枝竿拂欲垂纶。谢君持赠团团影，入握清风韵碧筠。原作《书团扇见赠》。

杯中明月幻中真，仙岛争迎上国宾。桂子天香飘此夜，云鬟玉臂忆伊人。辉于异土圆如故，歌到同声德有邻。不是一番阴翳后，争能形影倍相亲。

借问蟾宫斫桂仙，几曾修就月团圆。山河亦已经荒劫，世界还须照大千。庾老楼头多逸兴，坡公海外有奇缘。忻然笑换春婆扇，佳话何当欧米传。

小宋嘱题《壮游图记》

今日黄筌蓬岛住，欲留真迹遍仙寰。争询乡国珠为海，笑指沧洲月若环。爪雪随鸿印梁苑，鬓霜有吏识潼关。壮游更羡乘风后，补画金鳌缥缈山。

古中秋湖心亭檀栾第七集赋一律并赠吴挚甫时挚甫言旋在近

龙女吹箫夜出游，檀栾高会好中秋。拣枝乌鹊三珠树，听水霓裳七宝楼。吴质不眠看露脚，常仪无语惜刀头。广寒倒作湖心影，坠粉莲房暗自愁。

又次冷灰韵

瀛海何虹现彩桥，来仪喜引凤鸣箫。潜心拟究羲文奥，悦耳羞闻郑卫娇。偶值中秋咏岩桂，谁还诸夏作陵苕。为君高挂轩辕镜，早扫阴云鉴永宵。

九月二十一日永井禾原招饮来青阁同挚甫乔梓黄小宋暨石埭裳川冷灰诸友在阶前拍照毕分韵得文口占即兴

秋庭拍取菩提照，凉入芭蕉叶叶云。默识真禅本非树，吾无隐尔木犀熏。

又次小宋诗韵

顿忘霜愁侵鬓华，阴虫四面任渠哗。团来芙岳千秋雪，餐尽丹丘一道霞。有客将填精卫石，留人且醉碧山槎。蹴翻东海难为水，何似

念五日春亩侯相华甲寿筵即赋呈政

老圃秋容晚倍馨，黄花一笑佐遐龄。神仙争奉英雄寿，云雾仍烝岳渎灵。海上沧波涵万象，沙头绿酒倒双瓶。应关丝竹苍生意，度曲松风自在听。

席上仿吴挚甫

万里珠沉海月愁，屋梁颜色亦难留。可怜皖口梅花路，雪积如山是首丘。

临江楼燕集即赋呈清国诸宾

东胜南瞻一气赊，乍看若木挂仙槎。日临太甲云中盖，枣剖安期海上瓜。文字小因从有漏，人天大会本无遮。应须同此霓裳咏，联作蓬山赤县霞。

酒间又得一首

微言或恐坠轩羲，痛极高歌莫讳悲。龙象何当真蹴踏，豕蛇未肯就羁縻。秦灰澒洞连兵甲，鲁壁凄凉听竹丝。不合倒流汶泗水，诸君砥柱力扶持。

出师并序

《出师》，纪武功之盛也，韩子《元和圣德诗序》云：率先作歌诗以称道盛德，不可以辞语浅薄，不足以自效为解。余亦犹此意尔。柳子《献平淮夷雅表》云：周宣大小雅铿鍧炳耀，荡人耳目，宣王之形容与其辅佐，由今望之若神人然，是非吾所望矣。柳子又曰：盗取古书文句，聊以自娱。噫，森子其庶几乎。

我师出矣，于海之外。马韩辰韩，惟一衣带。海水汹汹，奔鲸有沛。厥丑维何，维鸷伊旆。血人于爪，肆为谲狯。古之乌孙，康居奄蔡。既恃荒裔，自恢鬼区。冰天雪窖，旃帐穹庐。乃逾绝漠，乃专朔隅。天狼烂烂，下垂其胡。乃饵乃诱，罔彼寡孤。蟠踞辽沈，莫我敢虞。惟此辽沈，三韩牖户。惟此三韩，实我疆圉。遭兹虓虺，莫敢宁处。帝念绸缪，拳拳尊俎。仁虽驺虞，奈何猰貐。我师出矣，如旱斯雨。帝戎装矣，万国望矣。开九阊矣，宣四方矣。招摇铓矣，钩陈苍矣。师腾骧矣，兵气扬矣。雷鼓喤矣，龙旗央矣。金鸮翔矣，虏魄丧矣。列缺霹雳，海立山飞。济物之浦，旅顺之沂。奔轮猋怒，咄咄嘻嘻。崩涛焦烂，如在鼎胹。铁甲齑粉，鱼龙骇驰。髡彼凶丑，奋我神威。于赫丰原，惟日之杲。帝猷克壮，惟天之保。彀彉抗岳，亦孔之狡。彼狂且昏，自取震掉。帝援天矛，氛祲霆扫。会朝清明，仰瞻苍昊。惟帝惟天，皇矣是祐。英灵扶舆，亦生硕辅。风后力牧，惟肱惟股。皤皤元老，尹吉山甫。云门铙吹，乐悬钟虡。百僚侍祠，告功神祖。出师七章章十二句。

纪事一首　玉池一半儿集席上作

夜营吹角凤城端，耿耿星芒拓戟看。辽海掣鲸擒索虏，天山传箭走乌桓。势成但觉建瓴易，战捷逾知销甲难。凝聚乾坤忠义气，梅花铁骨铸春寒。

送伊藤大使往韩国

阿罗思国盘长虬，尾从勿吉连挹娄。黑水白山失瓯脱，兔青鸭绿无鸿沟。高丽亭堠暗烽燧，日出天子挥神矛。冰海进兵唐绝域，星槎奉使汉通侯。天门日见捷书报，韩廷犹似风中纛。闻道其君少晏眠，皇情矜切念邻好。英谋秘略谁得知，公也阙廷屡蒙召。时危未许紫芝歌，契深亲拜黄麻诏。诞持龙节乘长风，楼船捧日波涛红。箕邦草木入熙煦，交孚威惠回冲融。宇宙皆知圣猷远，出师本意非兴戎。非常运会仗鱼水，方立万世不拔功。扫荡大荒安肃慎，云龙风虎骋豪俊。天兵照雪朔汉惊，疾雷破山金鼓震。黄金帐殿亦何有，月支头颅堪血刃。是时公独忧黎元，身膺稷契致尧舜。公之此志旷代希，公之此行转祸机。遥知敌亦窃心折，万古义战生光辉。杜陵久效贡公喜，迟暮帷幄神空飞。满城梅花夹道雪，春风作诵遄公归。

檀栾集席上限韵诗自亦不知其述何事惟风人之旨言之想应无罪尔

封侯夫壻别春闺，黯澹眉山翠帐低。漏咽疑回陇头水，天明怨报汝南鸡。自非王事谁无泪，便是兵丁亦有妻。为贶梅花歌子夜，早平胡虏不须啼。

送三谷耕云大尉从征露军

有脚阳春遍海寰，知随笳鼓到边关。万樱花发须臾顷，百战场开梦寐间。戟照扶余城上月，旗摩粟末雪中山。剪除封豕长蛇尽，跃马看君夺彩还。

双芝仙馆剪烛集席上和梦山原韵

丈夫本合事钤韬，投笔戎轩亦足豪。手缚降王吾事毕，不然日日醉醇醪。无定河边青海涯，而今战骨未胜薶。君看五万万军费，典到贫闺寒女钗。春愁怕向笛中飞，落尽早梅寒袭衣。我欲巡檐犹索笑，玉兰花上月微微。

辽阳行

辽阳天险敌所恃，东南峭崿攒锯齿。岂意骸积黑英台，血成太子河中水。千山绵亘徒崎岖，雷霆精锐欻坦途。合围十日十夜战，二十万众膏莽芜，蝥弧耀日梯冲入。鼎鱼穴蚁嗟何及，焚香牛酒犒王师。土民喜极翻呜咽，陪都原庙犹氛埃，昔日发祥何有哉。清祖行兵本容易，顺流长驱从北来。君不见朱明经略袁应泰，孤军曾此遭颠沛。死辽葬辽鬼夜号，阴风吹火市旗旝。又不见今之克鲁巴图金，败马无声泪满襟。鸦啼镇远楼头树，一种凄惶望阙心。清太祖天命六年已取奉天，进围辽阳，放太子河水于壕，乘势驱杀溺死者，壕堑皆满，水尽赤，明经略袁愿泰在城东北镇远楼监战，城陷，乃于楼上望阙拜疏曰：臣至辽，见人心不固，不可以守，是以有死辽葬辽之誓，今果陷，臣力竭而死，望皇上收拾人心为恢复计，遂焚楼自缢。

效香山讽谕诗

狻猊抟熊罴，百兽皆詟悸。杀气崖谷回，腥风林莽被。熊怒声咆哮，猊奋力赑屃。一击中要害，将欲割其胾。龙失鳞甲威，虎敛爪牙利。鲸鲵为潜匿，鲲鹏亦回避。流血已云惨，祸比烈炎炽。川原荡一空，只恐无噍类。嵬峨巨白象，居中翳昂鼻。愿体天地仁，息斗救颠踬。乐从不复疑，猊兮故多智。豁达展雄风，虚己徇大义。奈何身内虫，侈口肆横议。或欲戳熊掌，或欲断熊臂。或欲寝熊皮，或欲舐熊骴。纷纷无忌惮，申申仍善詈。见弹思炙鸮，未察敌情伪。持狭愿却奢，良图安可觊。熊虽负巨创，岂忘跋扈志。猊虽示洪量，亦岂功废篑。国家有战伐，本以惩贪恣。必绝百年患，此事何容易。谁学狮子虫，哓哓举国醉。莫令象鼻掩，遽谓前言戏。

日本海海战大捷功成歌

水犀练甲赫专征，电激风行薄海惊。驱驾洪涛擒颉利，披攘蒙雾殄氛鲸。蛟鼍远自玄冥北，倏忽周流弱水西。怪魅到头虚眩耀，群阴遭日伏雌霓。军容整暇旆旌闲，以佚待劳三月间。神鬼莫窥方略秘，藏舟对马壹岐山。紫溟直北郁陵南，一举天骄百丑戡。烜赫帝功辉八极，欲回宇宙入囊龛。诸将须眉飒爽同，龙蛇惨淡决雌雄。闻言奏捷甘泉殿，并录飞灰万骨功。击沉十有二艨艟，罔两游魂逐浪空。坐看海祲归荡涤，威灵全不借神风。烛龙焰涩昼冥冥，谁唤幽都噩梦醒。兵尽国危空恤后，孱王掩泣抱螟蛉。倒悬欲救海参崴，强效鲁阳戈一挥。逆道违天波赤血，可怜鱼腹葬封豨。

星冈雅集晤清国笠云禅师率赋二律以赠

一杖穿云凌汉槎，来寻海外会无遮。扶桑遍荫菩提树，方丈还开震旦花。讲罢人天清磬彻，吟成日暮碧云赊。乾坤蹴踏从龙象，浩劫何须话恒沙。

往年舟楫阻江沱，搔首三湘怅望多。岳麓道林萦梦寐，赤沙青草渺风波。君能东海浮杯渡，我愿诸天载酒过。便欲因之询胜概，壁间杜句定如何。

芝浦海楼送仙坡游清韩即作短歌一首其中一解用留别原韵

溟浪吞蓬壶，滔天白浩浩。送君万里之长风，驱山走海倏忽〔流〕。卷去无数蜉蝣岛，方今覆载无遐陬。不须海客八月舟，天汉亦可褰裳游。何况清与韩咫尺，一水盈盈秋浮杯。从此渡司马，浦口百尺楼。酒阑雨霁凉滴树，明月忽然照征路。一仙坡作百仙坡，千波万波载君去。

和春亩公乾坤不变四言

日月轮转，风云径通。沧浪万里，海阔天空。

又和身世委孤剑五言

一饭不忘国，常先天下忧。笑谈时抵掌，尽是百年猷。

又和三五年间西复东七言时宿雨始霁爽碧如洗车正过山阳道中也

金尺山河鸭绿东，扶颠决策一诚通。指挥已定披氛翳，霁日甘霖沛泽中。

马山浦即目和春亩公韵

水软山温绿夹湾，谁知此地是雄关。中藏犀甲三千弩，白马银涛指顾间。

过大田车站金云养郑葵园皆在云养出和仓富氏欢迎伊公七律一首见示即依韵赋此

棣萼邦交绝外侵，欢呼载道感孚深。伯伊仲吕千秋仰，孔思周情万国钦。事定寰中无马跃，诗成天半有鸾吟。拂衣一笑谁同调，想见夔龙契此心。

七月六日祇谒昌德宫恭赋一律以呈春亩枢相

羽卫环车入阖闾，济时元老冠扶桑。正逢甘雨随轮注，顿觉熏风绕殿凉。长揖万乘聊诀别，聘望八极可翱翔。仍分四海鸿飞翼，永覆韩储守器旁。

八日景武台园游会作

神皋景武古台旁，复岭重峦绕苑墙。清暑迎凉帘四卷，松风纤扬碧华堂。

碧树周阿隐藕塘，依稀扇影与巾香。寝园正苦樱桃热，翠鬓调冰卖蔗浆。

闻昔君王观稼回，庆丰斋下独低徊。兔葵燕麦看如故，十二年前客复来。

亭午清阴转绿槐，敞筵庆会旧楼台。日长漏阁无人报，只有池莲自在开。

花飞镜落忍回头，水殿芙蓉暗抱愁。银汉红墙空隐隐，青芜不见玉壶楼。

九日咸宁殿赐燕太皇命限韵人新春三字即赋一绝

寿宫朱夏会天人，碧树彤庭午景新。和气随凉生殿角，扇头犹认李花春。此日赐扇上画李花故云。

十一日云养过访客次见赠折扇滕以七律一章即次韵道谢

昨别重逢未计年，今瞻眉雪秀依然。沾同碧砌丹楹燕，初六日东行阁赐燕，与云养同席。惠荷银钩玉唾篇。野意山情蜕轩冕，酒场诗地识神仙。并祛鄙吝触烦热，松箑凉吹枕簟眠。

十三日翠云亭雅集得一律

豁胸披见寸云深，天亦为收三日霖。鱼水君臣无内外，衣冠巢许在山林。竹台松崦围层岫，芝盖霓旌拥翠岑。最喜熏弦能解愠，曲终犹听绕梁音。

有红梅者侍席即用春亩公韵赋之

回首英雄自古然，红梅绰约抵神仙。乃知佐汉子房志，不在赤松黄石边。

再用前韵酬金沧江泽荣

不废江河滚滚然，诗源谩别圣兼仙。扶桑若泝方言古，多在朝鲜洌水边。星宿罗胸光烂然，真丹心折曲园仙。伊余宿昔有同好，神往小浮梅槛边。

沧江续赠一绝意在言外谩次其韵

骚人饮露木兰花，鄢郢城南有几家。忠信波涛能涉险，休教屈子赋怀沙。汉阳古渡是杨花，白鸟沧江飞处家。欲往从之舟不见，酒阑钟歇月笼沙。

再次云养韵酬吕荷亭圭亨

甚愿相留可判年，蕴真惬遇共怡然。托将白石三生契，迭尽青莲一斗篇。屠肆钓溪寻尚父，苍梧碧落忆回仙。促蹄无奈欢悰短，不值炊粱片刻眠。

迭韵酬郑茂亭万朝兼题其《策鳌吟稿》后

平生奇绝是今年，汗漫东游气浩然。横海楼船掣鲸手，凌云词赋策鳌篇。鸥程今我随槎使，琴操因君悟水仙。安得倚装灯剔雨，苏家兄弟对床眠。

叠韵酬郑葵园

岂图再觌未期年，面别蹉跎转怆然。海角关心锦鳞字，天涯到手翠云篇。相思玉洞绵芳草，葵园宅在相思洞。同咏霓裳邈众仙。梦见不如披卷见，一声残笛破愁眠。

满洲舰为雾御碇海中半日春亩公有诗即景次韵

百丈楼船蹴浪还，平明四望失孱颜。晦冥雾积蚩尤苦，咫尺程忧滟滪艰。俄顷凌空排日驭，恍然驾鹤趁仙班。沧波一碧神魂壮，遥数全罗历历山。

将赴满洲赋以志别

白草黄沙一望齐，五年战迹已凄迷。几人更泝辽金史，饮马混同江水西。白狼河北夕阳低，蒙鞑风烟入马蹄。万里息争瓯脱地，胡人谩牧触藩羝。

车过函岭春亩公有诗即次韵

昨夜星辰照客程，银河欲浪不闻声。森然万象沉寥外，坐觉神超寰宇行。

船中次春亩公诗韵

突黔席暖曾无暇，绝海楼船几十回。墨翟孔丘何足数，雄心笑付掌中杯。

又叠函岭诗韵

忠信涉涛辽海程，国殇感极暗吞声。封侯食肉功成后，谁掩当年万骨行。

铁岭丸船上闻横山某吹洞箫奏千鸟曲

翔鸟千群驻碧霄，鱼龙夜静海迢迢。仙心已跨辽东鹤，铁岭秋高听洞箫。

重阳前一日登临二百三高丘作

积骸撑拄最高台，俯瞰金汤生暮哀。半岁鼎鱼空壁垒，三军瓮鲊化蒿莱。陂陀雷劈苍涛吼，嵂崒风寒白日颓。独喜登临重九近，菊花长傍战场开。

奉　天

浑水萦回北斗杓，秋高平陆限穹霄。周原膴膴连丰镐，殷土茫茫奄沈辽。双阙建中巍跌荡，二陵在望郁岧峣。飞龙翔凤藏弓剑，旧俗何人忆射雕。

归舟一百韵

归舟殓毅魄，恸绝呼旻天。云日晦光彩，素旐悲风翩。倾翻渤海水，泻作万泪涟。沾遍满洲野，此恨安可填。坐舱听笳咽，热血回肠煎。伏枕屡欲起，裹创忘未痊。白浪骤澎湃，蛟龙号九渊。神鬼共惨淡，覆载从崩骞。擎天仗一柱，公实不世贤。弥纶庙谟密，翊赞台阶全。足迹三万里，勋业四十年。丹衷誓许国，不觉霜满颠。册府宪典贵，姓名寰宇传。至尊常倚畀，万品凭陶甄。雅望夹宸极，英姿冠凌烟。始知衮职美，不独伊周专。晚监韩国政，威惠交昭宣。遂资调护力，益巩宗主权。檀君社久屋，箕子封邈焉。李根一何弱，槿露朝空鲜。推诚置人腹，感激盟莫愆。受其六尺托，敢数商岩仙。鸿飞绝四海，琴张调五弦。彼民亦额手，国祚希长延。奈何荆高徒，妄拟太子燕。乌头与马角，飞语嗟纷然。古来不晓事，贻祸累百千。误人还自误，君子须慎旃。公怀皎何似，霁月光连娟。温颜勉善诱，若辈愚可怜。扶颠局略完，沧浪秋鼓舷。六合入清啸，飙游辽沈边。旅顺扼隘口，沙滩沉战船。黄金与白玉，剑戟峥嵘连。案子椅子岭，二龙鸡冠巅。铁网铲濠阻，土囊罨堡坚。露军恃此险，殊死交戈铤。沟壑尽流血，草木皆腥膻。活薶万貔虎，炸裂千鹰鹯。杀戮代耕作，白骨黄沙田。此语今日验，缅矣李青莲。二百三丘顶，公也望眼穿。阵图瞭指掌，人马蚁磨旋。争堕劫火里，跕跕同飞鸢。彼我兵死鬼，躬各为国捐。忠勇无差殊，壮烈金石镌。用凶非得已，虽圣所不悛。平和固装甲，私忿浑应蠲。祭罢表忠塔，公涕流潺湲。还酹露殇墓，泣荐诗一篇。翌趋奉天省，柝木回星躔。旷原莽回互，浑水中萦淀。正值古重九，驿站黄花妍。恰庆公诞日，觞寿车窗前。东望长白山，磅礴纡蜿蜒。清祖发祥地，鸭绿直泝沿。我有保韩责，此其关与键。松江击琨楫，黑水争狄鞭。万里若反掌，铁路一线牵。龙蛇傥起陆，何以防喉咽。公胸早了了，所贵机制先。陪都拥重镇，五剧颇喧阗。往观故宫阙，绣柱围花砖。由武功坊入，大清门东偏。当中崇政殿，黼坐日月悬。飞翔相左右，璀璨百宝骈。祖宗重弓箭，故俗习射畋。缔构亦云固，奕世仍瓜绵。纯庙金兜鍪，炳煜装珠蠙。法朗双佩剑，疑有黄虬缠。其余鼎彝器，罍斝暨豆笾。又有汉铜鼓，叩之雷礚礚。后为凤凰楼，巍立望氛祆。清宁接帷趾，仿佛思云軿。西登文溯阁，宿昔殊垂涎。四库有全本，可以求真诠。搔头惜景短，明发征须遄。公为破颜笑，盍留怀椠铅。悤悤促幞被，行行逾陌阡。转瞬过铁岭，弥望惟平川。禾黍尽铚艾，散牧丛牠豜。渐近内蒙古，荒漠无萋芊。行人在驼背，时见金鞍鞯。暮投长春县，暂莅观察筵。孤标颜氏子，晋接羞肥鲜。公时引杯谓，老景桑榆迁。墨突黔未暇，同辈嗤足胼。惟此忧国念，炯炯内自然。当时不在意，谶兆谁洞玄。后事可战栗，欲言五体痟。痛哉哈宾市，阴云迷四廛。突有一韩竖，挺身铳在拳。三发倏命中，裂帛天外鹃。呜乎恨罔极，公逝如蜕蝉。蒙知廿余载，予命尤迍邅。从公六浮海，载笔惭非椽。不测及斯祸，一丸贯肩骿。遭难亦附骥，得曰非因缘。与公不同死，随行空备员。丧纪岂能诔，迫切难终编。

有以琵琶弹词哈尔宾索题者感赋

檀槽呜咽四弦哀，气薄滃云林木摧。君识鲁公门下吏，百年风雪哭西台。

除夜祭诗戏作

画里通禅春乍横，祭诗一偈入无声。旧年灯火新年雪，玉竹冰梅越样清。玉池画意即诗情，沸沸香从十指生。常爱淋漓余沛好，墨梅花上有斜行。

荻野迦陵岫来过偶翻《东坡集》检出其《和蔡准郎中见邀》诗即用苏韵且效其体赋得二首

扫堂置酒灯火幽，不见伊人三十秋。孟浩然驴灞桥雪，祢正平赋鹦鹉洲。垂垂屋角梅欲笑，端居偏耻吾生浮。昔年共挝骂奸鼓，今夕何辞投辖留。

君不见相如四壁立，朝典裘，暮涤器，不逢狗监饮岂休。行藏谩判显与幽，纷纷得意失意秋。神仙但是醉乡住，酒杯之外无瀛洲。看来行路亦容易，如舟载沉还载浮。李白不同草木腐，解道饮者名能留。君不见韩门阆仙贾，虽祭诗，不祭酒，一生惟以诗瘦休。

十一月二十日胜岛仙坡为予设哈尔宾遭厄周岁纪念之燕席上次韵志感

苍黄当日血濡裘，休道防身犹未周。谢传门生痛华屋，郑公幕客哭孤舟。月前惊鸟伤弓夜，霜下穷猿失木秋。此意经年说何忍，残躯对酒愧吟俦。

松平天行

松平天行(1863—1945),名康国,字子宽,别号破天荒斋、琼浦,江户人。幕府大臣大久保忠恕(当时为长崎奉行)季子,奉嗣旗本松平家。年少时就学于堤静斋、三岛中洲。东京大学预备门卒业后,于1886年赴美国,在密歇根大学学习法律、政治,取得学士学位后归国,进入《读卖新闻》报社工作,任至主笔。1903年,被当时清朝直隶总督袁世凯聘为政治顾问,三年后又受聘成为湖广总督张之洞的政治顾问。1907年回国,担任早稻田大学教授会议员(期间改称教授),直至1943年。其间又深得平沼骐一郎赏识,在东洋文化研究所、无穷会等学术机关开展讲座,指导后进。松平天行熟读经史,诗文皆通,与日下勺水、盐谷青山、牧野藻洲等人均为好友。著作有《咏史九十九绝》(1885)、《湘鄂游草》(1911)、《天行文钞》四卷三册(1933)、《天行诗钞》二卷二册(1933)、《韩非子国字解》等。以下录自松平先生古稀纪念文集出版挂整理《松平诗钞》(1933)。

朝　鲜

眈眈有虎久垂涎,见说鸡林势岌然。自古萧墙常酿祸,于今绅笏只争权。檀君祠庙寒烟里,箕子山河落日前。朝楚暮秦徒反复,不知余喘赖谁延。

秋夕偶感

久旱亘夏秋,残暑镕金铁。薄暮生微凉,如鱼出涸辙。移榻坐中庭,林月光映彻。有友遗以酒,欲饮忽呜咽。韩山方用兵,炎风吹战血。胜败偏关心,中肠更复热。潋滟杯底影,尚是战场月。

乙未元旦

云蒸霞蔚旧山川，西望行营大纛悬。此日天颜知有喜，王师奏凯是今年。

灵鹰行

大湖山头大鏖战，万道炮火如流电。铁舰破碎海底沉，鳌背出波黑一寸。硝烟散尽秋天苍，夕波弥弥漂斜阳。欻见一鹰自天下，止在高千穗舰百尺樯。献之至尊前，蓄之御苑里，史官记事词臣赋，丞相开宴祝休祉。天意茫茫不可知，毕竟祸福因人为。圣主厌闻祥瑞事，微臣愧献灵鹰诗。西望兵马犹倥偬，此时岂暇荐雅颂。鹰兮鹰兮汝何来，一声欲闻朝阳凤。

边　词

唾手燕云志未休，怕闻朝议重怀柔。使臣千里传何诏，一夜将军忽白头。

寄人从军在辽东

陈琳早岁擅文名，朔北从军载笔行。草檄奇才参幕府，吟诗素习笑书生。中天星月千营影，大地山河万马声。归来示我战场咏，纸上应闻剑戟鸣。

赠宫岛咏士咏士在清国长安，从张濂亭学。濂亭殁，服丧。适清与吾邦构难，咏士结束东归，备尝艰苦。途过洞庭有诗，凄怆欲绝

留违君父去违师，游子低回欲泣岐。生死从容因义断，恩雠反复遇难知。秋风驿路梦魂远，夜月关山鼓角悲。今日相逢泪先落，酒醒休唱洞庭诗。

都门秋思

对酒难消万古愁，来年兵祸未全休。金戈铁马台南路，苦月酸风塞北秋。戍卒何当期振旋，功臣早已列封侯。都门今有泰平象，日夜弦歌涌画楼。

笑将富贵付儿曹，自负元龙湖海豪。政柄从来归阀阅，人材一变重钱刀。闲鸥眠水夕阳冷，独鹤摩空秋气高。谁识满城歌吹里，有人关户读《离骚》。

丙申元旦

王师去岁凯歌旋，佳气氤氲凤阙边。四海雍熙新有象，烽烟化作御炉烟。

（徐俪成选录）

松田学鸥

松田学鸥(1864—1945),名松田甲,字有信、忠信,别号爱雪、皆梦(俳句用)、味茶香草堂主人。会津藩(今属福岛县)人,旧藩士。兄长是旧米泽高等工业学校(现山形大学工学部)第一代校长、工学博士大竹多气。会津城被维新党攻陷之后,松田一家随藩主松平容保一同迁移至陆奥斗南藩,再迁往北海道札幌,备尝辛酸。1878 年,松田学鸥赴东京,第二年进入近藤真琴的"攻玉社",学习测量学。当时,旧白河藩士市川方静、伴勘三郎、松泽信义等同乡前辈,多是测量学界草创期的开拓者,与他们同事,使松田学鸥获益颇多。1882 年,松田成为参谋本部的测量技术员,随军参加了甲午战争、日俄战争,并在甲午战争后于东北和台湾进行地图绘制工作。1906 年以后,开始担任临时测图部的测量主任,参与了台湾、朝鲜、满洲等地的地形勘察活动。1908 到 1909 年,被分别派往中国南部和蒙古地区进行实地测量。1911 年,松田离开参谋本部,担任朝鲜总督府临时土地调查局监察官。1918 年 4 月调查局解散,松田本想回国,但是受到朝鲜总督府递信局吏员养成所的挽留,在养成所教授修身、国语等课程,1923 年退官后依然受嘱留在总督府文书科任职。在此期间,松田学鸥开始撰写日朝交流史方面的论文。1933 年,年已古稀的松田学鸥在完全卸任后依然笔耕不辍,极力促进所谓"日朝融合"。在少年时代,松田学鸥对汉诗只是略有心得,在参谋本部工作时期才正式开始学习汉诗写作,因为工作的缘故,松田有大量机会接触各地的山川风物,这些景物引发了他心中的诗情,使他对汉诗写作产生了由衷的热爱。起先,松田学鸥师从森春涛,森春涛死后又受教于森槐南、森川竹磎、野口宁斋,并参加了 1900 年 9 月创立的星社。1910 年以后,松田学鸥参与了关泽霞庵的雪门会,江木冷灰的檀乐会,大久保湘南的随鸥吟社等诗社，向《新诗综》、《百花栏》、《随鸥集》等刊物不断投寄作品，确立了自己作为诗人的地位。在移居首尔之后，松田学鸥深受总督斋藤实的欣赏，参与了以文会、忘机吟社的创立，又独自创立了汉襟社，用以指导后进诗人。同时，松田学鸥还嗜好和歌、俳句，在和歌方面，被井上通泰的南天庄歌会引为同人，书法方面师从永坂石埭，风格雅致。著作有《皆梦轩诗钞》三卷(1933)、《忘机小舫诗存》(1943)、《日鲜史话》六编(1927)、《续日鲜史话》三编(1929)、《朝鲜历代篇》、《朝鲜杂记》、《朝鲜漫录》、《朝鲜丛话》等。

以下录自《皆梦轩诗钞》上卷。

吴　港

中国要冲地，谯门殷炮声。风光明似画，山势俨如城。旗帜烟间闪，艨艟海上横。故人时置酒，慷慨善谈兵。

严岛五首选一

古往今来不耐情，沧桑回首感还生。隋皇土木遗模壮，箕子山川杀气横。当日豪华归梦幻，何人慷慨策功名。天风蓦地狂澜起，眼见艨艟作队行。

送僚友之韩清

惨淡风云满汉阳，弹丸雨下血玄黄。磨刀临旅勇而武，投笔从军慨以慷。霸略我推丰太阁，人才休说李中堂。旭旗向处辄无敌，此夕钦君快上航。

凌驾长征万里舟，碧空杳杳水悠悠。神兵去镇鸡林道，丑虏来屯鸭渡头。好检山河详地利，须供帷幄补军筹。豪怀最想西风里，蹂躏支那四百州。

将游播州有作

昨饯同僚向汉城，今怜匹马上羁程。半生尘幞随行李，何日霜刀斫敌营。村雨松风空入梦，边云塞月也关情。狂奴故态依然在，一曲离歌酒百觥。

大阪城

浪速城高朗旭悬，丰公威武尚昭然。曾从斧钺戮蛇豕，长使朝廷安豆笾。铁马七年驱异域，将星一夜陨东天。英魂底下拚微笑，今日亲征凤诏传。

寄友在朝鲜军中

铁骑边关意气豪，不知秋气逼征袍。风生黄海浊波起，霜满白山明月高。城垒残更振鼓角，貔貅十万拥旌旄。怀君一夜眠难就，笑拭筐中三尺刀。

中秋观月书怀[①]

亲征诏出九重天，玉辇今宵驻凑川。料识楠公碑上月，十分清影一层圆。王师渡海在三韩，铁笛一声更欲阑。霜满行营风肃肃，白头山上月输寒。

将赴满洲有作

骤然奉命拜天阍，感极茅堂倒酒樽。万里戎轩酬夙志，半生问学报殊恩。白河冰雪皑皑远，黄海风涛漭漭翻。梅笑柳妍春二月，从军喜我出都门。

---

① 此首《皆梦轩诗钞》未收，录自《日清战争实记》。

去上金州千里途，百蛮今日仰皇谟。军无劫掠严持法，民唱讴歌大免租。朝察风云临绝塞，夜观星象立平芜。测山量水是吾任，要划神州新版图。

玄海洋舟中

千里征途思渺漫，此行谁也说艰难。峭帆遥指盛京省，一鸟不飞玄海滩。霏雨冥蒙遮故国，回风飒沓卷狂澜。铙歌奏罢襟怀壮，笑倚舷头百尺栏。

过山东角

断岸如崩白浪翻，湾头遥看我兵屯。旭旗灿照山东角，齐唱高歌酌酒樽。

从普兰店抵金州途上

旷野茫茫雪满袍，奇寒彻骨利于刀。行三十里无人影，村店那边沽浊醪。

街头乱后少行人，新战场荒未觉春。蓦有长风吹卷地，金州城外月如银。

将赴台湾有作①

朔雪穷边奏凯还，峭帆今日指台湾。琉球鼍鼓欢谈里，吕宋鲸涛睥睨间。南窜黑旗应斧锧，东来紫气压羌蛮。男儿本有桑蓬志，休说征途万里艰。

森槐南评：封疆新拓，恩威兼施，小丑跳梁，不日殄灭。正李献吉所谓“越南海北霹雳动，蛮夷尽奉王正月”时也。诗亦格健神勇，不愧

---

① 此首载《东京日日新闻》1895年7月20日“文苑”，题作《乙未七月将赴台湾有作二首》。

空同。

吾生笔砚代干戈，万里从军鬓未皤。偏喜皇威开版籍，已闻蕃部唱讴歌。澎湖淡水风云尽，新竹宜兰雨露多。圣世遭逢真快事，离堂杯酒亦恩波。

船过马关

樽俎折冲千古传，版图新辟海南天。春帆楼外夕阳水，送我从戎万里船。

基隆港

沧溟万里驾楼船，始见新疆横眼前。星影堕郊残垒乱，涛声走岸怪岩连。鸡笼岭上树悬日，马锁湾头草接烟。如此海山守宜固，有人倚剑白云天。

偶　成

潮流一道接琉球，版籍由来是帝州。沃壤眼看饶土物，良民心服仰皇猷。英雄碧血剩原草，小丑黑旗如狗偷。载笔笑吾诗胆壮，写将山水掌中收。

淡水港即事

午热渐收禽语闲，芭蕉林下静于山。炮声一夜梦先醒，新月光流淡水湾。

台北逢吹野听云赋似

一别犹如昨，相逢复此同。抽毫君草檄，测地我从戎。残日照流水，远山明夕空。不愁多瘴气，形胜使人雄。

新竹城杂咏

虎头山上炮烟围，鸡卵沟边弹雨飞。好测地形资战略，不关腥血蔑戎衣。

炮响一声惊客眠，结装直上郭南边。仰瞻尖笔山头晓，旭旆堂堂映碧天。

积尸狼藉乱山头，碧血渍苔凝不流。草树无风残日暝，暮云低地鬼啾啾。

从新竹抵后垄途上

朝来疏雨过，新竹一城凉。鸡语征装促，马声行路长。风涛连岸白，烟树满山苍。翳翳蛮雨外，熹微认旭光。

后垄见生蕃人来

被发文身蛮貊风，腰横利刃手雕弓。恨无立本丹青笔，画此天然意态雄。

白沙墩

喊声仿佛大涛翻，一扫虏军兵马屯。树影婆娑羌笛冷，月明如昼白沙墩。

彰化营中罹瘴热有作

书剑相从绝域军，关河满目涨妖氛。龙潜大泽千年水，鹘没危峰万仞云。夜露毳裘沙上卧，晓风铙吹梦中闻。一朝瘴疠侵毛骨，无限愁怀不可言。

中　秋

碧虚如水雁声飞，大月高高云翳稀。南土中秋成胜赏，一樽白雪恋清辉。桄榔影动风生席，蟋蟀啼来露湿扉。今夜兴怀吟不尽，秋凉何说异乡非。白雪，恩赐酒名。

播阳去岁醉登舟，今日宁期天外游。沙白松青空昨梦，剑光灯影入吟愁。银蟾不负新皇土，玉笛仍思旧酒楼。自笑东西南北客，明年何处是中秋。

从员林街抵刺桐巷途上

关河鸿雁入苍茫，北斗桥边夜气凉。醉拔腰间三尺剑，一天风露肃光芒。北斗街。

川原千里晓云凄，一路西通浊水溪。满地泥沙行不得，青山日出鹧鸪啼。浊水溪。

铁泉桥途上

村荒人寂晚风腥，狼藉尸骸满野坰。鸟啄腐肠龙啮骨，败蕉乱竹夕阳青。

战尘漠漠涨山河，嘉义回头感慨多。忆得当年柴大纪，遗民仍唱守城歌。赵瓯北有《诸罗守城歌》，诸罗则嘉义之旧称，柴大纪，当时守将。

入台南

扫荡妖氛吉语同，仰看四野旭旗红。台南今日铙歌壮，瓯北当年史笔雄。诸将有勋谁纪盛，此身无分岂论功。只余忠义平生志，行吊延平国姓公。

谒郑成功庙

王师连捷敛干戈，吾亦台南唱铙歌。跳梁小丑今殄灭，东来旭旗照山河。忆昔朱家失余煜，诸陵风雨杜鹃哭。岂忍宗室任颠倾，独力支之郑大木。大木享生日本东，身长故国艰难中。慨慷张目视雠寇，一身是胆胆是忠。忽焚儒服蹶然起，南渡养武孤岛里。坚持正朔二十年，爱抚士民如我子。马肥粮足兵又精，且向母国请援兵。数行文字浑哀惋，一副血泪推丹诚。可愍一朝偶罹疾，回天无力命亦毕，万里埋骨异乡山。明季遂无荩臣出，乾坤已归沈阳胡。尔来三百阅兔乌，社稷几见垂颓仆，气节如君一人无。吾皇膺惩交矛戟，且取台澎入版籍。今日庙前酹酒来，地下堪慰忠义魄。山河空作旧时看，英姿不见思渺漫。露重赤嵌城址草，秋深国姓港头澜。

安平港

秋空渺渺入延眺，安平镇头独无鞘。鲲身屿连鹿耳门，鱼龙出没海潮啸。海潮晨夕几浅深，人事兴亡自古今。红毛旧垒寂无影，艨艟蔽海壮客心。王师逐贼如卷席，战败丑虏无魂魄。孤帆一片何处行，望之不见云涛碧。

送铃木越南赴恒春

荡胸豪气指南边，待看观风记几篇。蛮女奇妆牡丹社，犵花艳态恒春天。

古历九月十三夜

天高过雁杳，吟骨与秋清。丑虏残云灭，皇威大月明。把杯浮竹影，擫笛和蕉声。南土霜无陨，单衣坐五更。

天长节谨赋

作颂今年胜去年，台南捷报早应传。纵无绿酒酬佳节，自有丹心誓上天。椰底榕阴蛮水冷，菊花枫叶故山妍。遥思此夜丰明殿，诸将金鸦陪御筵。

安溪寮宿舍，罹病无聊，得小诗十首选五

贼旗云雾黑，天旆晓暾红。满岛妖祲尽，神威草偃风。

血腥新战场，敌殪沙沉戟。老树炮丸痕，检看穿一尺。

笳角警深更，风奔云气敛。秋天万里清，星斗森于剑。

怀哉国姓爷，感极衣襟湿。今日见清廷，危于明社稷。

思诗到夜深，风竹何萧瑟。天上雁行双，坐中灯晕一。

醉卧炎荒月，狂吟塞上风。男儿炼肝胆，毕竟在从戎。

除　夜

风鸣修竹雁声遥，忆到游踪未寂寥。朔北雪深秋水冻，台南沙热铁戈销。雄心今岁怜吾辈，浩唱何人饯此宵。御赐法酝斟不尽，春风在手绿如潮。

元旦刺桐巷作

杀气边关已绝痕，曈昽旭日照乾坤。天南版籍新颁历，战后襟怀笑对樽。菊带恩光黄醮酒，竹含瑞露绿笼门。百蛮争颂王正月，手捧青松拜圣恩。

送村山节南赴恒春

去从台北向台南，劫后风光几驻骖。行到安平山水壮，郑森遗迹吊云岚。

朱家末路泪潸潸，龙种空埋古凤山。殉节五姬且留迹，野花泣露夕阳闲。

王化敦敷南海隈，土蕃额手笑言陪。牡丹社里君回首，和气东风日本来。

发基隆港

此生只合白鸥驯，却带长刀混战尘。铁马飞蹄蹴貂角，云鹏张翼击鲲身。故山隔海三千里，绝岛从戎廿一旬。去上归舟犹健在，莺花好醉洛阳春。

归　京

炎南朔北两星霜，身与东风入帝乡。锈涩宝刀留碧血，花浮玉盏带清香。毫端写出新皇土，脚底过来百战场。数叶地图春满幅，云涛回首已苍茫。

铁马金戈天一涯，岂期生返故山家。朔方杀气纷冰雪，炎徼军声卷热沙。敢谓微功赐桐叶，惟将奏凯醉梅花。思量身世迹如梦，且坐春风斟彩霞。

春事方阑探都下诸胜得七律六首选二

炎南朔北几酸辛，万里归来逢禊辰。战后青袍留血晕，洛中红屐涨香尘。花才三日迹成梦，人历两年心始春。太怕阑珊芳事歇，鞭丝晴趁艳阳晨。

靖国祠前冒晓寻，熏微曙日逗园林。帝州正气万邦仰，圣世洪恩四海钦。魂也不回留碧血，神乎如在见丹心。岳莲皜洁三千丈，辉映樱花自古今。

送僚友赴台湾选二

击筑浩歌今饯君，昨吾此地亦从军。龙盘赤道近呼烛，鲸出黑潮高吼云。皇泽远施驱瘴气，蕃疆入化绝妖氛。翻怀将士当年死，可有丰碑勒伟勋。

台东蕃部本鸿蒙，路绕峰峦一线通。赤裸黥颜容似鬼，咆林攀木势如熊。犵花艳照千山外，猺鸟声幽深箐中。境僻舆图缺明久，待君缩地奏成功。

（徐俪成选录）

田边碧堂

田边碧堂(1864—1931),名华,字秋谷,通称三郎,备中长尾人。幼年从塾师学句读,青年时因多病休学,以诗画自适,后从事实业,经营日清汽船会社,后又投身政界。早年喜好绝句,以"绝句碧堂"自名,有诗集《凌沧集·衣云集》、《碧堂绝句》等。

送手岛海雪之辽东

关山雪后已班师,方许诗人跨马之。又与梅花横铁笛,春风吹满古句丽。

吴淞舟中

春田高下散牛羊,野庙门前帆影长。三月江南烟雨里,无村无水不垂杨。

上　海

向晚龙华寺畔回,桃花滚雪入青苔。十年不贯吴姬酒,细马驮春亦复来。

抵苏州

夕阳山色拥津楼,人在溶溶上水舟。杨柳春风闻不断,莺声百里到苏州。

松江舟次

吴江春尽雨声中,野水如云上夜篷。啼散晓鸦残梦远,落帆亭下碧蒙蒙。

泊黄鹤楼下

洞庭云尽片帆斜，五月江城客忆家。古曲何人横玉笛，临风吹落大梅花。唐有大、小《梅花曲》。

过枫桥镇

火照吴枫霜一篷，清愁如水梦惺忪。诗人那得等闲听，夜半寒山寺里钟。

菱湖舟次

日落菱湖菱唱幽，湖波瑟瑟荡扁舟。湖中女子年三五，小笛工吹水国秋。

西湖岳王坟

金牌十二枉班兵，空使英雄涕泗横。遗恨岳王坟上树，还成风雨渡河声。

钱塘江

江上丈人如白鸥，英雄未克旧恩酬。苍茫一剑秋风泪，隔水青山是越州。楚捕子胥至江上，有父老救之，胥解剑谢之，父老不受，胥后每食必祝曰：江上丈人。

山阴舟中

会稽秋色禹陵东，百里水田栌叶红。队队白鹅来复去，青山无数橹声中。

淮　阴

淮阴不见带刀儿，寂寞风云卷钓丝。流水坡塘秋草尽，黄牛砺角故侯祠。

自清江浦回抵扬州

鲤鱼风里片帆开，两岸芦花雪作堆。回望家乡千里外，清淮明月送人来。

云州途上

山阴道上啸新秋，群壑苍苍水北流。辄被天风吹送我，白衣缥渺入云州。

松　江

青苍极浦三百里，淼淼秋生笛一腔。忆得鲈乡亭下泊，落帆此处又松江。

简野道明

简野道明(1865—1938),日本汉文学者(汉字学者)、言语学者、教育家。出生于江户国吉田藩藩士家庭,幼名米次郎。在小学时就开始学习汉学,中学毕业后任小学校教员,后入爱媛县师范学校学习,在南予地区执教。30岁入东京高等师范学校,卒业后任东京师范学校教师,在任期间,编辑《汉文读本》、《故事成语大辞典》。1923年编辑汉和辞典《字源》刊行,成为中等汉文教育权威,所编教材广为流行,为多所中学校使用。以下选自其诗集《虚舟诗存》。

送赤松君之台湾

故园人无数,气节独推君。廿年任学职,育英有殊勋。今春奉官命,将入海南云。海南新附地,化俗在斯文。誓宣圣明化,欲扫他妖气。一日来叙别,谈论快吾耳。苟得答君恩,不论生与死。言终仰青天,慷慨按剑起。气节一何豪,可谓真国士。嗟吾胡为者,落魄在帝畿。碌碌无成事,半生与心违。浮云横天末,归禽倦尚飞。人生知己少,临别思依依。送君浮太白,倚阑对斜晖。

将游禹域赋此言志

宁识百年生有涯,笑他局促苦羁縻。悲歌怀古燕京市,慷慨抚今沂水湄。衡岳排云寻禹迹,岱宗宾日读秦碑。只须随处探名胜,正见春风澹荡时。

玄海滩

渺茫玄海水连天,槿域山横落日边。谁识陈人远征意,要寻陈迹与陈编。

曲阜杂咏

春服已成三月天，探寻禹域旧山川。低徊难去尼丘下，风咏独行沂水边。楷树干枯阴寂寂，杏坛址废草芊芊。何人回得狂澜倒。绍古开来望后贤。

西湖谒岳王坟

髫年夙仰鄂王贤，凭吊临风泪自潸。正气独留千古在，巍然庙貌镇湖山。

庐山杂诗录二

探胜宁辞行路难，篮舆冲雨上庐山。山巅独宿齐云阁，人与白云分半闲。

山色依然绿，水声无古今。美人杳何处，独笑虎溪浔。

长　沙

长沙城外系轻舟，曳杖吟行芳草塘。日暮无端思楚客，澹烟微雨隔潇湘。

善竹桥侍中

侍中大节日星垂，特笔史编天下知。凭吊不嫌三伏热，石栏干角立多时。

禹域漫游杂感

浮生只合事优游，富贵观来水上沤。刘蹶嬴颠空一梦，韩文苏赋自千秋。夕阳羸马长城窟，细雨低帆白鹭洲。总为江山助诗兴，莫愁湖畔且淹留。

丽王碑

丙辰古中秋后一日吊高丽王碑，碑在高丽里，史称灵龟二年置，高丽人于武藏者，即此地土民，今犹其后裔云。

丽王碑古倚荒丘，风雨一千二百秋。地下应消羁客恨，如今箕域也神州。

西村时彦

西村时彦(1865—1924),号天囚,字子骏,号硕园,生于大隅种子岛(今属鹿儿岛县)西。幼年就学于乡儒前田丰山,十四岁于藩侯前讲读经书,1882年,作为第一批官费生入学东京大学文学部古典讲习科,深受重野成斋、岛田篁村的熏陶。大学退学后,以社会讽刺小说《收废品者之篮》(1887)而知名。后担任《大阪公论》、《大阪朝日新闻》记者、主笔。1893年,作为《大阪朝日》特派员前往海参崴,取材报导福岛少佐在西伯利亚的独身旅行。1894年,朝鲜东学党起义爆发,西村天囚赶赴首尔,就当时朝鲜半岛内中、朝、日三国的关系发表了一系列评论,引起轰动。1898年,第一次赴中国旅游;1899年再度访中,滞留两年有余,详细研究中国国情,历访各地乡绅硕儒,搜集珍贵汉籍,于1911年组织成立怀德堂财团法人。1916年5月,西村天囚被聘为京都大学文学部讲师,1920年担任公爵岛津家临时编辑所总编,后专任宫内省直属人员,并担任讲书使。著有《硕园先生遗集》、《日本宋学史》、《学界的伟人》、《谷三山》、《尾张敬公》、《怀德堂考》等。以下录自《硕园先生诗集》第三卷《焚余吟草》(怀德堂记念会,1936年)。

赴釜山舟中癸巳四月

此夕始离家国天,一衣带水是朝鲜。休将行路劳慈梦,儿在稳波明月船。

海参崴

形胜依然见要冲,登高顾望感盈胸。负山南港名金角,抱岛西湾是黑龙。天冷坚冰全锁海,世平荒塞不传烽。何知昔日蓬蒿地,卅载沧桑忽改容。

游红岬

萍踪犹是负莺花，北极天寒春未加。留杖黑龙湾上路，空林啼鸟夕阳斜。

游尼古利斯克村观古佛像

征衣已敝发蓬蓬，又伴吟筇远访风。部落迹空芳草绿，可汗城废夕阳红。原头有像留长恨，疆上无人建伟功。四面山河独依旧，遗图历历寸眸中。

观一古碑

英雄事业竟何为，枉使后人题好诗。有客斜阳芳草上，青苔拂尽读残碑。

送平守时君诣广岛行营贺捷诗并引

君种子岛氏，其先出于左马头行盛。行盛之死西海也，有庶子曰菊王丸。其母抱而依北条时政。及长，改名信基，任肥后守，赐种子、屋久等十二岛，是为高祖。九世左近将监时尧始获铁炮于葡船，以功叙从五位。至其子久时，实为南海一小诸侯。元和以后，始仕岛津氏，犹食种子岛，不失威望。明治维新，奉还采邑，家道渐衰。君八岁失怙恃，为旧臣所育，得一线不绝。自信基至君，实二十七世也。君今年十七，身材长大，风丰闲雅，将有所回衰而树立焉。自日清事起，天子驻纛于广岛，捷报频至，海内踊跃，种子、屋久二岛之士民，推君为代员，使诣营贺捷，盖光荣也。乙未春，君与旧臣前田宗成上程途过浪华，居予家者数日，将往广岛也。抑予家为种子岛氏之支族，情意所系，欢虞相同，未尝不惓惓于家道盛衰之际也。今目睹盛举，曷任欢忭，乃作五古一篇，以壮其行云。

我皇文且武，威德八纮敷。遐迩沾圣泽，中外仰宏谟。满清胡为者，骄顽盟忽渝。不讲善邻道，虎视逞觊觎。我皇赫斯怒，鸿诏出紫枢。六军进大纛，万里策雄图。边城皆蹂躏，禹域任驰驱。虏将弃守走，单于来献俘。唯将惩有罪，岂敢杀无辜？执公扶友国，仗义破胡虏。扫荡已有日，肃清曷无途。丕哉我皇业，伟功前古无。君是名家子，六尺忽为孤。大节存天地，旧人护凤雏。成长逢盛世，岂可伍樵苏。慨然负邑望，捧表上皇都。翼如跪阙下，贺捷语非谀。衣锦归乡里，光荣满厥躯。我家君支族，情义同欢虞。目睹斯美举，心中最怡愉。家谱须特笔，君业在操觚。千秋纪盛世，万古起懦夫。

与同里诸同人饮席上分韵得先字曩予从军得疾而归

萍迹东西二十年，归来置酒一灯前。长身却被儿童笑，落魄偏牵父老怜。唯说君王新事业，又寻湖海旧诗缘。乱时未报平生志，且与乡人贺瓦全。

将奉母辞乡丰山先生饯饮席上分韵得阳字赋以留别

也奉阿萱辞故乡，大风何日赋飞扬？虽无奇策济黎首，聊有微衷酬圣皇。悟后参禅新解脱，醉来嘲世旧疏狂。笑吾犹抱桑蓬志，不向樽前说断肠。

广岛杂诗

寒夜行营炬火明，戎衣霜白赤章兵。风流独有丞相在，旅馆残灯花影横。伊藤首相。

万里山河剑气横，将军斗胆压胡城。故人寒夜遥相思，不忍悠悠举酒觞。鸟尾将军。

平壤即事马玉昆骂叶志超曰叶有逸走之计而已二句故云

残垒如棋烟雾蒙，将军一走赤旗空。满城寒月照枯骨，腥气吹衣芦荻风。

平壤船桥吊今井中尉墓

战后江村飞碧燐，沙埋折戟涨腥尘。寒鸦落日秋风急，孤客天涯哭故人。

（徐俪成选录）

内藤湖南

内藤虎次郎(1866—1934),号湖南,生于陆奥国毛马内村(现秋田县鹿角市),父内藤是南部藩士,号士湾,是儒家折中学派者。13岁时通读了赖山阳的《日本外史》,1884年毕业于秋田师范学校,担任小学训导主任,执行校长。1887年入京。1897年任佛教杂志《明教新志》记者,主编是大内青峦,之后任《三河新闻》报、《日本人》杂志、《大阪朝日新闻》报、《台湾日报》、《万朝报》专栏作家,在日俄战争中以宣扬开战论而名声大振。1907年入京都大学文学部史学系东洋史学讲座讲师,1899年至中国游历,著《燕山楚水》,1909年为京都大学教授。1910年得到校长狩野亨吉推荐,获博士学位,并任京都大学东洋史学讲座教授二十年,与同事狩野直喜、桑原骘藏组成"京都学派"。1926年退休,为帝国学士院院士。著有《近世文学史论》、《清朝衰亡论》、《支那论》、《新支那论》、《韩国东北疆界考略》、《支那上古史》、《支那中古的文化》、《支那近世史》、《支那史学史》、《支那目录学》、《支那绘画史》、《湖南文存》、《湖南诗存》等。以下录自《湖南诗存》(《内藤湖南全集》第14卷,筑摩书房,1976年)

甲午春日寄怀畑山吕泣

久闻金革衽高穹,孰向中原赋大风。行逢燕市椎埋者,为指南天贯日虹。朔国风云梦剑华,春寒病骨又天涯。料知匹马踣冰雪,月黑宵投剧孟家。

游清杂诗次野口宁斋见送诗韵

风尘满目近中秋,一剑将观禹九州。故旧当年空鬼籍,江山异域久神游。斗低朴昔开藩地,天接羲和宾日头。要访秦皇勒铭处,片帆先指古之罘。

郊原草木激悲风，万马闻曾蹀血红。王气朔方钟异类，龙神碣石限山戎。重关洪武修时壁，废苑咸丰劫后宫。一路寒烟荒冢底，算来枯骨有英雄。

庙前楸槚朔风多，斜日蒿莱没石驼。披发煤山嗟若彼，借兵回鹘竟如何。兴亡关数倾难挽，夷夏惟天覆不颇。剩得丰碑深刻在，乾隆皇帝谒陵歌。

寂寞山川阅废兴，秦淮秋色感难胜。莫愁湖冷疏疏柳，长乐桥荒漠漠塍。儿女英雄千载恨，君王宰相一春灯。凭谁更问南朝事，碎雨零烟满秣陵。

楼空不见鹤翩跹，落日浮云客系船。赖有司勋诗句在，竭来薄海羽书传。三分形势连衡策，一代经纶劝学篇。俯仰古今无限意，平波浩渺接长天。

开城三首丙午八月

统一肇基功绝伦，裔孙犹自荐蘩苹。满山松槚护幽宅，刻石依稀十二神。高丽太祖显陵。

断瓦残当半作灰，某宫某殿费低回。一从王气销松岳，荒草茫茫满站台。满站台，高丽王宫址也。

驸马西征恨奈何，望恩色目意蹉跎。南门旧物铜钟在，款识奇文认土波。南大门有元至正间铜钟。土波，吐蕃也。

平壤怀古二首

胥余开国太闲关，重见朱蒙缔造艰。每每原田存井制，绵绵孙子悯殷顽。封疆曾限勾骊水，祀典谁崇盖马山。旧俗偏传歌舞好，教坊裙屐独斓斑。

九梯宫址已纷纷，浮碧楼危带夕曛。檀木荒唐祠宇峻，箕陵假托黍粢焄。居民谁记乙支绩，殊域空留好太坟。弩末犹能当大敌，倚栏凭吊盖苏文。

奉天二首用稻叶君山韵

沈阳风物入新秋，龙脉遥连古建州。霜陨东牟山色惨，云低北徼雁声愁。二陵佳气葱茏合，四塔寒光缥缈浮。历历兴王形胜地，登临人倚最高楼。

钟簴依然靖祲氛，信陵曾此却秦军。阿訇汲井涵新月，班弟吹螺度暮云。鸳瓦日烘龙凤阁，穹碑苔蚀满蒙文。三边犹说沙尘黯，惭愧无才足解纷。

关　东

山川毓秀是关东，佳气昭陵镇郁葱。偏见碧苔侵石马，包衣揽泪说天聪。

威远堡门丙午十一月

山连女直势逶迤，古驿风烟阅劫波。欲问重关南北址，边墙杨柳已无多。

入间岛用稻叶君山见赠诗韵

烟笼瓯脱望将无，榆柳河边秔稻腴。草没九城叹远略，燧传六镇掣藩胡。久闻孩懒地形壮，拟访女真碑字纡。今日善邻依付托，莫令尹拓旧勋孤。

望长白山迭韵

嵩岭东西碧有无，来龙长白尽膏腴。发祥人说鄂多里，亡国孰怜乌剌虞。远水绕郊烟杳霭，老林亏日路盘纡。艮维莽莽千年迹，惆怅临风托兴孤。

将游清国用铃木豹轩见送诗韵却寄庚戌八月

愧吾骨相少髯虬，又作乘槎八月游。问礼何当寻柱下，采风未可赋刀头。藩邦筐篚来王日，幽朔烟尘落木秋。但喜遭逢千载会，遗篇孔壁久神留。

小林天龙

小林天龙(1866—1908),名庆二郎,字云卿,别号二十八宿外史、少女庵(狂诗)。信州饭田人,旧蕃士。1884 年赴东京,就学于专修学校,1888 年为《山形新闻》记者,不久即辞职,再度上京。1892、1893 年入《中央新闻》,后转入《万朝报》。期间,从军于甲午战争、日俄战争,驰誉文坛,在《万朝报》上与围城寺天山、堺枯川、内藤湖南等展开论战,使得销量大增,著有《燕蓟从军集》(1902)、《天龙渔人史诗稿》二卷二册(1915)。

留别诗次野口宁斋韵

绝域从军趁战尘,唯知落落壮心新。威弧直指天津水,却引诗人一问津。

广岛客舍与志贺龙湖酌

高楼百尺夜飞觞,酒胆轮囷眉宇昂。羽檄电驰全世界,戎轩虎绣大文章。浩歌激荡海山气,长剑平分剑斗光。痛饮今宵须彻晓,扁舟明日是他乡。

过巨济洋

海鹤一声如警人,眼看八道尚风尘。吊起巨济洋中月,无复当年李舜臣。

船过黄海

海雾弥天昼晦冥,啾啾鬼哭不堪听。民生偏恐蹈前辙,宰相宜无媚外廷。当日艨冲惊紫凤,一时血肉滚沧溟。神州回首云千里,独有怒潮依旧腥。

威海卫

连云雉堞驻王师，称霸东洋彼一时。如此江山空复弃，海风摇曳异邦旗。

直隶湾船中书感

决眦燕廷劫火深，康乾伟略梦空寻。艨艟蔽海朔风怒，波浪滔天西日沉。涂炭生民偏有泪，垂帘太后果何心。千秋休问崖山事，独倚舵楼阅古今。

太　沽

万里经黄海，孤舟溯白河。山川无霸气，关塞遍铙歌。天接幽燕尽，云连渤碣多。君王拥虚位，社稷竟如何。

天　津

惨淡阴云天日空，伏尸狼藉迸腥风。翠甍粉壁皆兵燹，血涨白河流水红。

七月三日纪事

紫竹林外火烧空，榴霰弹急耳欲聋。白衣大尉气若虹，矗立不动飞丸中，叱咤部下舌生风。将军鼓勇争奏功，鲜血俄迸戎炮红，昊天何意夺英雄。四海应仰贯日功，死到沙场是善终。

乘水雷霆赴芝罘寄怀天津诸友

半死骄阳烈，狂涛快艇飞。天空低绝海，风急卷征衣。客土且离别，京城正合围。奇勋谁有策，旷日失兵机。

芝　罘

腾腾地气壮扶桑，禹域山河半夕阳。蓟北新闻何处报，辽东旧事使人伤。长天浪立鱼龙舞，旷野云垂雕鹗翔。七十二湾峨舰屹，烟台冥色入苍茫。

长崎迎阳亭与避难诸人会饮

琼浦烟波百尺楼，一尊此夕散羁愁。酒肠似海身仍健，文思如泉志未酬。绝域赋诗经万死，书生观战又千秋。征歌选舞多豪气，肯落人间第二流。

武雄温泉神宫皇后之遗迹

灵泉犹傍古行宫，匼匝青山拥武雄。今日邻疆方有事，镇西儿女说神功。

福陵千岁楼与鲤洋岭云诸子酌席上赋似

万里归来客，居然湖海豪。佳人来侑酒，壮士笑看刀。气可冲牛斗，谈酒及豹韬。诗成谁剪烛，风雨扑征袍。

佐世保客舍题壁明日重赴北清

海风卷雨夜凄迷，梦讶波涛是鼓鼙。孤剑复为观战客，要将双手制鲸鲵。

玄海洋

莽云涛莽天拓开，银山白马去仍回。胡元士卒半鱼腹，相模太郎真将才。意气谁能吞宇宙，文章我欲叱风雷。楼船掀舞轻如叶，忆昔神飙鏖敌来。

再入直隶湾有感

楼船蔽海望无涯，波际连樯八国旗。不唱瓜分言最巧，可知虎视势逾危。雄心我有千秋笔，冷眼谁看一局棋。重趁战尘何限感，豺狼满野漫相疑。

太沽夜泊独酌率赋

日落舷头杯独衔，酒边凉气满征衫。可怜戍卒诉饥渴，有个书生耐苦咸。狂野连天低列宿，回风卷海送千帆。浩歌一醉豪如许，恍听双龙吼剑函。

再入天津

重入干戈劫后州，四边野哭尚啾啾。鬼磷影乱天方夜，马鬣封新夏欲秋。冰火凄凉名士宅，铁蹄蹂躏美人楼。烟尘浩荡云千里，国破城荒泪自流。

日本军

八国兵马屯如云，巨礮轰天百里闻。天津城固不可拔，环攻肉搏劳且勤。东来健儿气如虎，从古勇武称绝群。战则必胜攻必取，一卒能当百孟贲。维时七月十四日，搴旗斩将知谁勋。旭旗幢幢鼓楼上，无人不说日本军。

天津市街散策

耐此天津浩劫何，弹丸穿壁似蜂窠。草间骏马鬣空振，市上流氓肩互摩。远树苍茫心惨淡，空城寂寞泪滂沱。烂尸腐骨无人葬，卷起阴风满白河。

七月二十六日苦热有作

祝融呵气火云生，溽暑醉人如带酲。日永辗轮停不去，风微流水热于烹。一群午齕柳阴马，半死暮归沙上兵。廊庙诸公有知否，即今疫鬼满边城。

（蒙显鹏选录）

夏目漱石

夏目漱石(1867—1916),名金之助,江户牛込(今东京都新宿区)人。幼年曾被过继而改姓盐原,不久恢复原姓。1879年,进入东京府第一中学就读,两年后转学二松学舍,埋首于汉籍、小说之中。不久,开始厌弃赖山阳的文章,倾倒于荻生徂徕,在撰写《蔑园十笔》时,已成长为一名早熟的少年。1884年,进入大学预备门,同年生中还有中村是公、芳贺矢一、南方熊楠等人。1888年,进入本科英文专业,第二年一月与正冈子规相识,对文学抱有深厚的兴趣。在用汉文为正冈子规《七艹集》撰写读后感时,第一次使用"漱石"之名。另外,夏目漱石还将自己的纪行汉诗文集《木屑录》交付归乡养病中的正冈子规,寻求指正。1890年,就读帝国大学文科大学英文系,1893年毕业,进入大学院继续钻研学问的同时,担任东京专门学校、东京高等师范学校讲师,教授英文。1895年,赴任伊豫松山中学担任教谕,期间,甲午战争军中得病归来的正冈子规常来漱石处寄宿,两个月间,两人共同创作俳句、汉诗,兴味无穷。1896年4月,赴熊本第五高等学校就职,翌年,长尾雨山亦来熊本赴任,与夏目漱石结识,指导漱石的汉诗写作。1900年5月,夏目漱石被派往英国留学,1903年1月归国,担任第一高等学校及东京帝国大学文科大学讲师,教授《文学论》,潜心于莎士比亚戏剧的评释。1905年1月,《我是猫》刊载于杂志《杜鹃草》(ホトトギス),夏目漱石因文章的潇洒谐谑而声名鹊起,并通过随后的《少爷》、《草枕》两部小说奠定了自己的文坛地位。1907年,应邀加入《东京朝日新闻》社,创作《虞美人草》、《三四郎》等,为近代日本文学树立了标杆。1910年8月,因胃溃疡在伊豆修善寺辗转疗养时吐血,一时生命垂危。在稍微恢复健康之后,重新开始创作活动,在空闲时又拾起中断了十年的汉诗、俳句创作。直到去世之前一百天左右，每天午后如日课般持续写作汉诗。漱石的汉诗，有时会因为文字处理方法上的问题而遭人批评，但他带有禅味的诗风，开拓了与汉诗专门家迥然不同的境界，因而得到了高度的评价。松冈让《漱石的汉诗》、吉川幸次郎《漱石诗注》出版后，人们开始重新认识和探讨夏目漱石汉诗的价值。夏目漱石的著作有《漱石诗集》(1916)，《漱石全集》等。诗歌录自《漱石全集》第十二卷（岩波书店，1967 年）。

无　题①

闲却花红柳绿春，江楼何暇醉芳醇。犹怜病子多情意，独倚禅床梦美人。

无题四首②

快刀切断两头蛇，不顾人间笑语哗。黄土千秋埋得失，苍天万古照贤邪。微风易碎水中月，片雨难留枝上花。大醉醒来寒彻骨，余生养得在山家。

辜负东风出故关，鸟啼花谢几时还。离愁似梦迢迢淡，幽思与云澹澹闲。才子群中只守拙，小人围里独持顽。寸心空托一杯酒，剑气如霜照醉颜。

二顷桑田何日耕，青袍敝尽出京城。棱棱逸气轻天道，漠漠痴心负世情。弄笔慵求才子誉，作诗空博冶郎名。人间五十今过半，愧为读书误一生。

驽才恰好卧山隈，夙托功名投火灰。心似铁牛鞭不动，忧如梅雨去还来。青天独解诗人愤，白眼空招俗士咍。日暮蚊军将满室，起挥纨扇对崔巍。

---

① 出自明治二十七年三月九日寄给菊池谦二郎的信。

② 出自明治二十八年五月二十六日寄给正冈子规的信。

无　题[1]

破碎空中百尺楼，巨涛却向月宫流。大鱼无语没波底，俊鹘将飞立岸头。剑上风鸣多杀气，枕边雨滴锁闲愁。一任文字买奇祸，笑指青山入豫州。

无　题[2]

海南千里远，欲别暮天寒。铁笛吹红雪，火轮沸紫澜。为君忧国易，作客到家难。三十巽还坎，功名梦半残。

（徐俪成选录）

① 出自明治二十八年五月三十日寄给正冈子规的信。

② 出自明治二十九年一月十二日寄给正冈子规的信。

正冈子规

正冈子规(1867—1902),本名正冈升,又名正冈常规,笔名越智处之助,别号獭祭书屋主人、竹之里人、野球。伊豫松山(今属爱媛县)人。自幼从外祖父、藩儒大原观山学习汉籍。1890年进入东京大学国文科就读,开始编纂《俳句分类全集》。1892年退学进入《日本》报社工作,并开始连载《獭祭书屋俳话》。1898年2月,撰写《给歌者的书简》,倡导革新短歌,恢复《万叶集》的风调。正冈子规从军参加了甲午战争,途中得病归国,在神户、须磨、松山等地疗养,在松山时,曾与夏目漱石同居,每日以俳句、汉诗为娱。1896年4月,在《松萝玉液》中陈说汉诗人的恶癖,与野口宁斋论战。同年8月至年末陆续写成的《文学》中也开始尝试点评汉诗诗坛,不时与森槐南、国分青崖、本田种竹等人发生冲突,此后使用"越智处之助"的笔名继续批评森槐南,并以此改变了报界汉诗诗坛的版图。著作有《汉诗稿》一卷、《子规全集》二十二卷、《别卷》三卷。以下录自《子规全集》第八卷(讲谈社,1976年),录文以子规删定前原作为准。编年从《子规全集》。

病 起

辽东从戎马,舟中得病回。六旬卧神户,枯骨壮心灰。
壮心何处追,来舍须磨驿。逍遥游虚清,朝起又成夕。
朝夕倚栏伏,风从空际生。青松含海色,白帆逐雨声。
雨声倏忽过,污浊都洗净。片云堕沧波,煌煌月如镜。
镜月照眉宇,意气神明通。长啸无所倚,剑戟跃胸中。

金州城

旌旗十万卷天来，一战国亡枯骨堆。犬吠空垣人不住，满城风雨杏花开。

须　磨

两三渔户渺春波，山下断碑涕泪多。一去芳魂招不返，青松烟月古须磨。

正冈行

阿娘在堂年五十，鲜鱼不荐帛不袭。妹年廿六嫁儿去，裁衣煮菜家事助。吾素多病与世乖，碌碌三十未迎妻。阿娘为儿悯孤寒，儿为阿娘悲无孙。生不兴家绝系谱，死何面目见父祖。一任世人呼吾为猖狂，只期青史长记姓正冈。

过余户村森某村庄题柱

鸡犬孤村富，松菊三径闲。南窗倦书起，门外有青山。

养痾在乡里松山与夏目漱石同寓

书剑寄君志，莼鲈忆国心。人烟绕城起，金气从海侵。素月离山上，秋风动竹林。不堪共分手，夜静露华深。

从军得病稍愈而归京

从军期死别，何计得余生。拂泪儿看母，擎杯妹庆兄。夜山当牖黑，白菊映灯明。三径虽寥落，犹能不世情。

病中偶成

寒扉人不到，静卧识阴晴。病固任天命，心闲与物平。霁窗孤蝶影，乔木冻禽声。此际无何有，几篇诗立成。

效寒山体

道到寒山尽，寒山古木多。风高断鸡唱，云冷起樵歌。问道无应者，向上竟如何？再还寒山路，寒山古木多。

又

赁我半檐屋，老婆贪而痴。得钱无几日，促债度三时。我畏唯支颊，婆嗔欲嚬眉。问婆若无我，迁怒向阿谁？

根岸侨居杂咏四首

邻家有花树，独见草生庭。书卷不离手，犹存两鬓青。

白云去不留，过雨蝉声促。林樾郁含檐，山风熏绀绿。

霜林挂北斗，城市隔东台。世上嚣嚣绝，秋声自远来。

海南射蓬矢，都北结茅庵。都北冱寒苦，未能还海南。

从军过大联湾船上口占

万骑发营晨起尘，艨艟夕发广陵滨。西连渤海天无限，东顾扶桑月一轮。魍魉惊逃旗上影，鱼龙起舞瓮头春。乾坤何物不来服，波扑舷端意气新。

古刀行

万里从征戎，我有欲刀意。松伯羽林郎，一刀受惠赐。此刀五百年，人未识钝利。若到山海关，将向胡夷试。一夜匣中鸣，戛戛走铁骑。蹶起把刀看，脱室气扑鼻。秋水绝纤埃，隐隐精气翠。横刀舞婆娑，群妖惊且悸。排户毛发竖，踊跃斫大地。霜气凛满空，北斗七星坠。

访种竹君听话诗而还

访君古寺北，山暗雨萧萧。辞君三更近，天寒星清寥。竹篱吠野犬，林树响怪枭。唔咿谁氏子，一灯细不消。丁丁围棋客，暗窗明光摇。细路几屈曲，极处枯木乔。柴门吾庐是，小妹点烛邀。病心睡不得，思量长夜遥。拥炉腮平膝，俳句点芭蕉。

寒　园

寒园不日涉，任他风雨荒。惟栎荫檐角，后门接林冈。汲水常自是，屐迹回圊房。糯衣亦于此，桁竿倒影长。秋草已枯尽，空地微低昂。稚松与嫩竹，晴曦映翠光。蔷薇瘦含蕾，一花带霜黄。水仙三寸短，残菊无余香。孤蜂从何到，低飞追南阳。翩翩褐色蝶，不肯向花狂。仅是十弓地，为吾足徜徉。身似冻蝇动，负暄得小康。医药固无效，病根入膏肓。今日偷余命，明朝且茫茫。

道灌山

登临思往事，此地白云飞。大野孤鸢舞，远村群马归。功名存古木，霸业落斜晖。欲下冈陵路，晚风吹客衣。

咯血歌

咯血本乡台，杜鹃花发时。缬红染云笺，文章灿陆离。咯血辽东海，怒涛成五彩。归来试赋诗，悲壮鬼神骇。咯血又咯血，咯血竟不辍。渐觉肺气衰，吟肠益皎洁。只应洒尽万斛血玄黄，笔端虹霓覆天长。

大联湾

咽喉控斯地，战罢哨兵骄。帐幕从山麓，艨艟压海潮。马蹄乌独起，人迹麦将凋。自是金州近，野平一路遥。

馒头山在旅顺

炮台最高处，云是馒头山。地逼数峰合，海遥一鸟还。功名驱俊杰，鼓角走夷蛮。须向白河去，孤云隐约间。

老虎尾在旅顺

风波赁舟渡，上岸客心清。背近鱼雷厂，仰看蛮子营。大船连波簇，巨炮与潮平。仗剑开豪气，日旗淅沥声。

金　州

顽嚣蒙恩泽，乱后却安全。有女拾遗返，无人挈产迁。柳阴嘶白马，花外起青烟。画景空归我，伤春独黯然。

三崎山山在金州城东门外，葬通译官藤崎、钟崎、山崎三氏处也，故有此名

俯自山头望，金州一万家。开城兵革息，布政德威加。枯骨生春草，孤坟下暮鸦。英灵长拥护，此地物情嘉。

山东会馆在金州城内

战余城郭夕萧森，杀气未收惊鸟心。夜宿禅房春似梦，海棠花下月沉沉。

旅顺港

嵯峨威远垒，突兀黄金山。海水才出入，汇蓄绿一弯。上为旅顺市，下为旅顺湾。家屋层层重，丘陵载人寰。桅樯参差乱，埋水船舶黫。二龙山在北，北道可以关。椅子山在西，险要不可攀。面海崂嵂嘴，兵舰绝往还。馒头与松树，点缀护其间。十个炮台在，绕市如刀环。呜呼此坚城，一战附等闲。宝刀伐清兵，譬如芟茅菅。死尸杂人

马，流血山河殷。欧客慑缩首，将军始开颜。开颜常难久，世途多险艰。此地再归彼，赢得泪痕斑。由来欧罗巴，文明即夷蛮。佛独不解义，鲁西固冥顽。两端持首鼠，英吉亦黠奸。只应自有恃，兵力耻虚孱。

金州城外散策

兵甲岂堪繁，吟筇独出门。马蹄人迹路，柳叶杏花村。蛮客喃喃语，征衣漠漠翻。儿女不知战，采菜在田园。

黄海船中

火船轻如叶，夜深风怒号。天边唯大月，海面总洪涛。扬武王师勉，纪功吾笔劳。壮怀时郁郁，满引醉芳醪。

十二月卅日竹村炼卿至赋似

佳宾过白屋，萍水此时逢。残菊倒委地，嫩松茂秀冬。煮茶午风暖，交膝夕阳春。再会复何岁，好兹留客踪。

其　二

吾庐君始过，寂寞概如斯。契阔谈诗夕，胸怀观画时。木老挟寒径，山近出颓篱。莫厌滞留久，菜蔬足疗饥。

日本新闻社员开新年宴会于开花楼

几报捷书年一新，东都风物对金樽。悲歌舞剑君休验，翠席如波斩伏鼋。

从　军

万里从军不遑寐，关山花发多乡思。有人吹笛向城中，一夜群星尽零地。

黄　海

回顾家乡渺渺间，波上白云何处还。孤鹘西飞三百里，海穷天尽总无山。

金州城外

离散亡民不可求，杏花空屋燕儿愁。山中四月草犹短，不为行人掩髑髅。

（徐俪成选录）

横川唐阳

横川唐阳(1868—1929),名德郎,字有邻,又称横山德、横山悳,信州诹访郡四贺村人。于第一高等中学校医学部(后为千叶医学专门学校,现千叶大学医学部)卒业后,以军医身份参加了甲午、日俄战争。甲午战争后随军驻扎台湾,赴台前森槐南等人曾集体赋诗为其践行。义和团事件之后,转而服役于日军驻北京部队。在此期间,横川唐阳曾作为森鸥外的下属,与其密切来往。1894 年 5 月,成为陆军省医务局御用挂,担任一等军医;1909 年升任三等军医正,成为第十五师团滨松卫戍医院院长;1911 年升任二等军医正,担任第十一师团善通寺卫戍医院院长;1916 年任第七师团(旭川)军医部长,成为一等军医正后退役。之后,横川唐阳在东京青山地区开办诊所,但遭遇火灾,其后又罹患中风,生命最后十年间基本在病床中度过。横川唐阳早年师从森槐南,其诗才受到老师的肯定,在 1890 年 9 月参与了星社的创立,第二年又同平田耕石一起,作为补助员参加了《鸥梦新志》的编辑。此外,他还经常参加关泽霞庵领导的雪门会,多次向《新诗综》投稿,并被推举为随鸥吟社的名誉会员。除汉诗外,横川唐阳还嗜好俳句,他仿照当时流行的“论诗绝句”,出版了“论俳绝句”,矶野秋渚称他的尝试为俳句评论界的嚆矢。其弟横川云波亦以汉诗知名。横川唐阳的著作有《游燕今体》(1902)、《伦排绝句》(1911)、《揖五山馆集》(1916)、《唐阳山人诗钞》六卷二册(1923)等。

盂兰盆节书感在台湾

征战谈酣剑气催,膝前此事梦低徊。戊辰岁家君出征于北越,儿时屡闻其状。秋风铁马三千里,家祭兰盆十七回。先陇寒泉空宿草,南荒落日独登台。垂髫稚子今人大,也伴王师执戟来。

舰　宴

蒲桃逢美酒，取次不停斟。四面秋涛健，中天皎月临。看星拌剑舞，横槊压龙吟。乌鹊南飞去，楼船夜色深。

森槐南评：一片灏气，使人眉扬神壮，二联俱抵盛唐。

七月二十六日慰问使中村侍从武官见临恭赋

宸念纡炎陆，云涛远问寻。兵丁枕戈久，瘴疠毒人深。紫气随天使，熏风颁凤音。甘醇恩赐在，再拜向东斟。

森槐南评：沉厚得体，五句紫气二字，直贯到结末，章法更工。

八月十四日雷雨率赋

雷雨南山气势奇，早期来日捷书驰。云中一道剑华紫，想见王师电击时。

森槐南评：雷光礮碑，诗亦闪烁射人，真有迅雷不暇掩耳之势。

寄怀家兄三松

群盗如毛警尚传，关河迢递涨烽烟。炎云南地铄金日，故国西风湛露天。父老辛勤稻粱熟，王师踊跃鼓鼙阗。鹅湖山下应思我，黍酒香吹秋社前。

森槐南评：意到笔随，后半即其神来之候。

寄印月从弟

西风回首忆曾游，地北天南道路悠。灯火芸窗消永夜，鼓鼙战垒警高秋。书生力学光阴贵，壮士从戎肝胆投。记否扁舟同出峡，橹声雁影一帆愁。

森槐南评：俯仰黯然，见笃挚之情。

台北营寓与鸥外先辈夜话赋呈

万户砧声明月圆，天南唯仗雁书传。可怜铁马金戈梦，不到香闺已一年。

笑向明窗卸战袍，江湖月旦此文豪。行看彩笔映枫锦，千朵山光秋倍高。

十月二十五日天津即事

血色如新铁色苍，寝棺已带来年霜。墓田虽美非君土，今日魂兮归故乡。

二月五日夜稿日清战役卫生事迹冻伤篇作

字酌文斟冻砚知，韩城堕指是王师。寒灯照破百年后，可似赖翁心苦时。

（徐俪成选录）

福井学圃

福井学圃(1868—1918),名繁,字公简,又称繁太郎,东京人。少年时从大久保敢斋习句读,1883、1884年左右,进入位于神田一之桥的外国语学校学习德语,两年后退学,转而就读于三岛中洲开办的二松学舍,学书法于长三洲,学诗于冈本黄石、长梅外。当时,冈本黄石门下的大岛怡斋有逸才之称,名声显赫,福井学圃以兄事之,不久就让大岛怡斋发出"后世可畏"的感慨。福井之诗,初学王孟之枯澹,渐及老杜之沉痛,进而回溯汉魏古调,尤精五言律诗。1893年,创立涵咏诗社,邀三岛中州、冈本黄石与野口小苹为特别社员,在森槐南的星社之外别树一帜,深受诗坛瞩目。当时福井学圃年仅二十六岁,却深受小野湖山、岩谷一六、向山黄村、依田学海等诗坛耆宿的推许,诸位前辈不惜劳苦,为福井的诗社奔走支援。特别是小野湖山,甚至将赠金刻印诗集之事作为遗命写在了自己的墓碑铭中。在成立涵咏诗社的前后,福井学圃还与末广铁肠、籾山衣洲创办了穆如吟社。1904年,福井学圃参加了石幡东岳、山井清溪等人创办的以文会,磨砺文字功力,又与村冈栎斋、日下勺水、安井朴堂、松平天行、小牧樱泉、西村天囚等人亲密交往。进入大正时代(1912)后,福井学圃协助森川竹磎创办《诗苑》,被推举为随鸥吟社的负责人,又担任了雅文会的顾问,为汉诗文的振兴做出了不懈努力。此前,福井还受到宫内省图书寮长官胜间田稔的推荐,于1903年就职宫内省图书寮,晚年甚至一度被定为敕撰碑文的撰写者,可惜最终未能实现。福井学圃一生以高士自许,不愿被看作鬻名之辈,因此在生前一直没有为自己出版诗集。现存著作有《学圃遗稿》(1919)、《学圃逸民集》(1930始)等。以下录自福井澉辑《学圃逸民集》乙签,1932年开明堂东京支店印。

遇。二仪喜气中，阵处景云护。

送早川峡南从军

千里从军意气昂，金天肃杀正飞霜。神州旗帜辉晴旭，禹域山河带夕阳。塞草无边沙漠漠，河冰未合水茫茫。期君平日回生手，好向行营试秘方。

得黑原银台唐津信赋此以寄

戎轩投笔起，买炭峙军储。潮怒艨艟健，风高木叶虚。一行新雁字，千里故人书。报国仗长剑，莫言秋鬓疏。

代妇送别

结发为夫妻，常比鸯与鸳。双栖不相离，誓全偕老言。忽闻鸡林警，隔海烟尘昏。王事洵靡盬，君亦去从军。男儿元许国，意气吞乾坤。赳赳倚长剑，鞍马辉朝暾。愿君勿顾家，早奏麟阁勋。持杯壮行色，临别岂销魂。艨艟破波浪，极浦苍茫云。贱妾守空闺，区区何足云。

九月十三日车驾幸广岛恭赋十二韵

天祖英谟远，今皇盛德崇。惟文承圣统，允武总元戎。问罪师名正，亲征诏语隆。使臣趋太庙，率土仰宸衷。钦若高秋节，兹劳万乘躬。雷霆威倏震，雨露气仍融。传跸山阳道，行营旧帝宫。神武帝东征至安艺，居埃宫。翠华明旭日，仙仗肃西风。韬略超千古，洪猷叙九功。桓桓实貔虎，赳赳尽罴熊。潮势吞黄海，星文动大同。会当崩厥角，玉帛定朝东。

瑞鹰诗

铁爪凌寥廓，星眸射浩洋。悠悠随大旆，肃肃立牙樯。朔漠雄心远，风云劲翮藏。无猜看战捷，有向发休祥。狡兔奚逞窜，雏鹏莫肯当。玉阶宸眷渥，上苑永栖翔。

对　菊

百二山河我武扬，乾坤孰不仰徽章。金葩一样东篱菊，开到今年别有香。

纪时事

万里悬军近盛京，战云漠漠压长城。风沙扑面形骸黑，冰雪侵袍剑戟明。绝后空前恢远略，蠲租赐粟赈新氓。庙堂元自存成算，惟敬只今莫敢撄。

孤城落日结边阴，莫道关门武卫森。穴蚁鼎鱼成底事，风声鹤唳亦惊心。连天荒树金州冷，打岸寒潮渤海深。扫荡比来频送喜，膺惩要使万方钦。

送岩堀痴堂慰问征清军及吊战殁诸士

报国丹心动绀园，知君识拔意逾敦。玄冬飞锡寒云迥，万里浮杯积水昏。雪窖冰山犒行阵，黄沙白草吊忠魂。何关露宿风餐苦，住世应真不二门。

岁　晚

六师屯绝域，朔气入边笳。雪片大如席，风声寒卷沙。世情方尚武，民俗自排奢。岁晚传连捷，乾坤喜色加。

新年作

万古鸿基远，三元凤历昌。威棱辉海外，车驾驻山阳。嫩日重门丽，祥风紫陌长。嵩呼祝新岁，率土拜休光。

春色满皇都

布泽生成泰，乾坤籥橐中。四郊沾雨露，率土遂昆虫。水嫩山光动，烟轻日色融。游丝萦柳陌，淑气转兰丛。禁树高低绿，宫花深浅红。天涯息兵马，朔北亦春风。

寄铁肠居士

杜绝啼血树阴青，仰见浮云白日冥。世上讹言槎贯月，病中豪气剑冲星。乾坤多事方缄口，家国关心亦掩扃。药里书签岑寂甚，纵横有策倩谁听。

大鹫行

北方大鹫不知饱，狰狞侧脑摩铁爪。黑雕自西来相匹，腾娇岂莫心捧日。唐人《雕》诗：摇心捧日。傍有五彩旗斓斑，突兀颉颃苍茫间。盲风怪雨黄龙哭，阴漫漫兮满大陆。君不见扶桑旭日何曈曈，万古天门虎豹雄。

闻须永大舆途中罹病遥有此寄

赤马熏风度，京华绿树幽。君今阻流疫，天似妒佳游。谈笑死生际，苍茫家国忧。箕邦空入梦，烟浪路悠悠。

五月三十日车驾还幸恭赋五言诗十八韵

大纛山阳道，天皇统六师。渝盟兹问罪，扶弱本无私。剑玺严纶诏，金汤壮帝基。和调询将相，感激及童耆。貔虎咸精锐，勋功即倍蓰。搢喉夺肝胆，拔角悯疮痍。扫荡凯应奏，远征年欲期。输诚三命使，割壤且偿赀。风雨开王会，乾坤举国维。辽东振旅后，黄海洗兵时。扬武威棱憯，敷文庶绩熙。恢图轶往古，酿化普边陲。北斗拱双阙，南熏清九逵。云收佳气叆，门峻绿阴滋。曼衍鱼龙戏，经营江汉诗。雝雝回凤驾，雅雅闪鸾旗。踊跃迎仙仗，欢呀仰盛仪。光华县日月，万物公葳蕤。

青山所见

撼地欢声将士回，英姿飒爽笑颜开。鬓髯如戟戎衣古，不怪沙场百战来。

送朴泳孝似大舆

锦陵宫外天茫茫，中宵缇骑追捕忙。残衫破帽以身遁，复看出日来扶桑。维厉之阶妇长舌，纷纷朋党颓纪纲。簪笏满廷羊头烂，琴弦已弛须更张。春秋列国事吞噬，彼眈眈者争贪强。合从连衡不可恃，山河八道思一匡。扶植独有邻邦在，千秋高义何堂堂。故人相迎情好笃，始信并州是故乡。王孙岂莫一饮报，范叔绨袍铭不忘。罪臣空俟乌头白，日夜辗转回中肠。海楼痛饮烧烛短，拔剑斫地歌激昂。峭帆西指华盛顿，北米文物兹观光。回瞻岳莲影渐远，鲸鱼跋浪开汪洋。碧血未化春申浦，行矣君子勤周防。

望仙阁访岩堀痴堂痴堂为从军布教师自辽东还赋似

万里遐征客，萧条别后魂。相逢先问疾，喜极却无言。人解齐辽语，衣寒冰雪痕。清凉望仙阁，一榻对山尊。

战伐须选将，不论兵弱强。青磷团野草，阴鬼哭沙场。海阔艨艟尽，云愁垒壁荒。历观成败迹，喜我武威扬。

归来凯歌日，胜境养疴宜。浴后多拖杖，闲中笑覆棋。窗明知海曙，云动觉峰移。征逐从今始，山深去采芝。

病中杂诗五首选二

懒慢废盥栉，凄凉衣带宽。天高秋气厉，雀噪晚愁攒。蹇我无鸢骨，徒渠重鹖冠。遥思大冤路，征戎尚艰难。

旭日粲金鵄，功高圣主知。乾坤战伐里，将相和调时。朔北须尝胆，南荒且察眉。炎风跕鸢处，旁午羽书驰。

闻鸡林警

孔德街头虎视眈，牝鸡几唱日玄雾。未忘武后倾唐志，尚见明皇复辟心。龙衮空流侍中血，海云岂莫远臣吟。《墨子》：近臣则喑，远臣则吟。秋风健在新星使，杀活禅机这里深。

闻鸡林十月变遥寄大舆

秋高金气压天河，忍见椒宫妖祲多。后主魂消景阳井，太真血涴马嵬坡。逐臣万里定酬志，壮士只今空卧痾。八道山川仍黯淡，百年形势竟如何。

寄斋藤戴维在台湾

版籍新开未建櫜，禁军遥厌大冤涛。不容群盗妨皇化，暂以游魂借尔曹。山拥鸡笼瘴烟黑，港连鹿耳暗潮高。列营夜静桄榔雨，洒酒椎牛剑气豪。

（徐俪成选录）

横山耐雪

横山耐雪(1868—1923),医师,汉诗人,本名大蔵,字士静。第三高等中学医学部(冈山大医学部前身)毕业后,归乡里岛根县,明治二十四年(1891)在日登村(木次町)开业,主持眼科诊疗。任岛根县医师会副会长。同时上京与永坂石埭交流汉诗,三十六年(1903)于松江建立剪淞吟社。著作有《出云诗综》、《松心榭诗钞》等,以下选自后者。

读　史

仲连踏东海,子陵耕桐庐。渊明抚松菊,季鹰忆莼鲈。凡此诸君子,身迹仙凡殊。千金弃不顾,轩冕同泥涂。请看百世下,高风照寰区。

昭君嫁匈奴,太真马嵬死。丽质成祸根,薄命终相似。宠恩本浮云,色空古今是。何啻商人妇,泪落浔阳水。

上下三千岁,忧愤岂无人。禾黍增叹喟,采薇怨犹新。怀沙沉湘水,出师泣鬼神。读史想黄虞,移蔡气益振。文谢与刘方,辞色凛霜旻。人情渐浇季,义气日沉沦。举世希苟安,黄金唯是珍。请看觉罗氏,国灭无忠臣。

前旅顺诗录二

驱马萧条柳树屯,满天飞絮雪花翻。积骸成莽无人敛,鬼哭磷迷战后村。柳树屯

霜戈映日大旗明,百里山河十万兵。关帝庙前荒草合,秋风寂寞水师营。水师营

后旅顺诗录五

几封马鬣吊忠魂，野色萧条战后村。鬼火青迷荒垒上，凄风惨雨古中元。中元

一轮明月照沙场，雁字横空行几行。令重辕门人警夜，玉镮刀上有新霜。中秋

旧战场连新战场，树犹如此奈荒凉。无端愁杀桓司马，杨柳垂垂又夕阳。秋感

虹霓藏影冻河流，朔雪边云满戍楼。将士不知皲瘃苦，今朝新赐辟寒裘。立冬

边月荒寒风怒号，满天杀气阵云高。将军胸蓄兵千万，又对篝灯读豹韬。冬夜

读史有感

自恃金张旧业遗，貂蝉冠饰漫矜持。铅刀一割君休问，帐下英雄是女儿。

朋党排挤互费才，早知天下祸机胎。勿言鼠贼黄巢辈，倾覆唐家社稷来。

金盆蟋蟀斗余闲，粉饰升平瞬息间。藉削无方诛责继，不关风雨满厓山。

狩野直喜

狩野君山(1868—1947),名直喜,字子温,别号半农人,出身于熊本。自济黉中学毕业后,入帝国大学文科大学汉学科,受岛田篁村、竹添井井等人熏陶,于明治二十八年(1895)毕业。明治三十三年(1900),奉命赴北京留学,然因义和团事件回国;翌年再度留学,与硕学名儒交游。明治三十九年(1906),参与创设京都帝国大学文科大学,担任教授,负责中国哲学;翌年获文学博士学位,随后转而负责中国文学。自此直至昭和三年(1928)任满退休,与东洋史学科的内藤湖南、桑原骘藏等共同开拓了京都大学的新学风。在此期间,曾为调查敦煌文献前往中国,亦曾考察欧洲诸国的中国学研究情况,并致力于与中国、西欧的学者展开合作。自大学退休后,任东方文化学院京都研究所(后为东方文化研究所,现京都大学人文科学研究所东方部)所长并掌管其运营。其尊奉清朝考据学,一变旧日本儒学止于祖述宋学之风气,树立实证之学风;文学方面,则着先鞭于元曲研究,并为敦煌学研究打下基础。其门下优秀学者辈出,如武内义雄、青木正儿、小岛佑马、本田成之、仓石武四郎、吉川幸次郎等。并善诗文、书法。著作有《君山诗草》(1960)、《君山文》九卷一册(1959)、《支那学文薮》、《读书籑余》、《中国哲学史》、《清国行政法》等,《君山诗草》为吉川幸次郎所集,其跋曰:“此所录非其全豹。盖先生之业,固在于经,其君山文犹有意问世,诗尤余事,故录之不勤,遗珠犹多也。”甲午之岁,狩野尚大学在籍。吉川跋曰:“既游东京大学,受业岛田篁村,专意治经,而吟咏不废。当时篇什,杂志《帝国文学》录其一二。”以下录自1960年君山文刊行醵金同人刊《君山诗草》。

己巳岁除夜书感

故乡短驿又长亭，默数归程酒半醒。烽火北门新版土，衣冠东小学朝廷。斥朝鲜。山中老宿头将白，世上英雄眼孰青。守岁灯前无限感，雪声时带雨声听。

明治辛丑再奉官命游学清国熊本诸友饯于酒楼席上次落合君东郭韵

再携书剑作西游，笑我雄心不暂休。榆塞风云虎狼窟，金陵佳丽帝王州。十年破帽长成客，一夜明灯静照秋。却怕姑苏城外泊，江枫渔火惹乡愁。

沪上杂诗

沈阳何日止干戈，时露兵占领满洲。忍听胡儿敕勒歌。惟有江南花似雪，酒痕不及泪痕多。

寄冈西门从军在满洲军政署

关塞风雨暗，辕门旗帜明。沈辽没胡虏，父老望天兵。草檄奇才在，请缨豪气横。好教闾里静，不负作儒生。

送冈崎学士游支那时民国兵起南北相攻势如乱麻

恤邻长策竟如何，只手难回沧海波。蔓草寒烟清庙阙，惊沙落日汉山河。蓟门孤客愁闻笛，燕市群儿笑负戈。休向瀛台访遗事，光宣朝士已无多。

从军行送某赴任哈尔宾

绝塞风尘暗鄂罗，天兵百万度关河。书生自有防秋计，碧眼骄胡奈汝何。

（何中夏选录）

久保天随

久保天随(1875—1934),本名久保得二,别号兜城,父次让是高远藩士,家住东京市下谷区徒步町,继业旧藩主内藤赖直母方久保氏,18岁开始学习汉诗,1899年由东京帝国大学汉文科卒业,在《帝国文学》发表评论、随笔,并以编著汉籍评释与汉诗译注为生。1915年参与大礼记录编纂委员会工作,得以广阅内阁文库藏书。1920年为宫内省图书寮编集官,1924年夏旅行满州并发表诗集,第二年以《西厢记研究》申请学位,1927年11月获文学博士学位。同年4月主持随鸥吟社事务。1929年任台北帝国大学教授,担当文政学部东洋文学科的中国文学、中国文学史讲座,著有《柳宗元》、《韩退之》、《唐诗选新释》、《白氏评释》、《支那文学史》、《文章轨范精义》、《东洋通史》、《山水写生纪行文集》、《书信文作法》、《二十世纪新式书翰文》、《槿域游草》、《辽沈游草》等。以下选自《秋碧吟庐诗钞》。

清宫词四十首

清国盛时,文字之狱数起,故未闻有作宫词者也,属者读清季稗史数种,三百年间掖庭琐事遗闻记述极详,兴替之迹历历可征,但有过夸张者,然亦不失为绝好诗料也。于是择事新采丽者入咏,得四十首,题曰《清宫词》。杨铁崖云:宫词,诗家之大香奁也,不许村学究语。予词粗拙,岂敢望之,唯得续史香匨全史宫词则足耳,其注本事于每首后亦仿之云。

一注横波暗带愁,将军底事误恩雠。连朝苦荐人参汁,博得江南二百州。松山之役,明蓟辽总督洪承畴被掳,械至盛京,以死自誓,绝粒累日,皇太极百计劝降不听,既而闻其好色,遣宠妃博尔济吉特氏就谋之,妃密贮人参汁于小壶,效婢装入,奉承畴曰:将军纵绝粒,独不可少饮而后就义耶?语次意态极凄惋,且以壶承其唇,承畴不得已少沾饮焉,如是者数日,妃多方劝慰,迭进美馔，承畴意稍转，遂决计降于清。顺治元年从入关，叙内院大学士，次年出经略江南，后再出戡定楚粤滇黔诸省，尽平之，妃亦以功立为后，其子福临，即顺治帝也。

琼楼天半管弦喧，丹诏新宣太后婚。多事春官定仪注，嵩呼漫拟父皇尊。顺治入关后，摄政王多尔衮艳太后色通焉，即其嫂也，无几遂行下嫁礼，实王阴怂恿之于群臣也。恩诏宣天下，有"朕不忍太后独处，仰体慈怀敬谨遵行"等语。时摄政王衔上复增父皇二字，及帝长，丑之，乃削去；后托以谋叛，追削其封。至乾隆思掩其迹，仍复之。

日日红衫裛泪痕，玉颜憔悴在长门。他时重上昭阳殿，顾影徘徊悄不言。顺治之后，科尔沁部亲王吴克善之女也，多尔衮视帝如子，为之定婚，帝既长，耻多尔衮之所为，迁怒于后，隐谪冷宫三年，终废之，越五年，旋悟其非，又复之。

股钗扇合夙因奇，紫玉化烟无限悲。仿佛梁家迹相似，清凉山上舍身时。顺治十七年八月，贵妃董鄂氏卒，帝哀悼殊甚，谕礼部议谥号，后数月遂遁入五台山，祝发披缁，吴梅村《清凉山赞佛四诗》即咏此事也。或云妃盖冒辟疆姬人董小宛也，明弘治末被掠至京师入宫，赐姓册立为贵妃，辟疆知之，惧罹大祸，乃撰《影梅庵忆语》凡二千四百言，托之已死，而梅村所谓"墓门深更阻侯门"者亦似有微意。

花外朦胧月似烟，羊车潜到掖门前。儒臣他日讲经处，合废《南山》诗一篇。康熙庶妹有殊色，强纳之为妃，允禩等即其所出云。

昨闻诸将凯歌还，献馘割生都等闲，后宫新宠袁熙妇，唯得君王一破颜。三藩之变，人仅知云南吴氏、福建耿氏、广东尚氏，而孔有德之婿孙延龄袭有孔爵，亦助三藩，三藩既平，孙亦授首，孔女四贞因父旧功释而不问，其实康熙已纳之宫中矣。

阿监传呼永巷驰，沉沉玉漏夜深时。红毡裹得人如玉，却怕龙闱侍寝迟。康熙定例，后妃宫女进御当直，内监承旨宣召，卸衣裹毡背负而来，盖以防不虞云。

燕都花月是邦畿，椎髻弓靴殊俗非。十丈铁牌长不朽，毡车幸免送明妃。康熙于宫门外立一铁牌，大书禁汉装妇人入宫，故采选宫女三百年来汉人赖以免。

九重深掩夕阴催，天上俄传薤露哀。帐望寝宫才咫尺，斧声烛影尽疑猜。康熙曩废太子允礽，他子亦未立，六十一年疾大渐，手书遗诏曰：朕十四皇子缵承大统，十四皇子即允禵也。贤明英毅，尝统师开边，甚得西北人心，故帝欲立之，而第四皇子胤禛侦知遗诏所在，急入侍病，尽屏诸昆季，不许入内，私改十字为第字，时帝已昏迷，有顷忽醒，见胤禛在侧，询之知实，大怒，投枕击之不中，胤禛跪而谢罪，无几遂殂矣。胤禛袭位，改元雍正，尔后宫中文牍遇数目字必繁画大写，亦其絜矩之一端也。

龙精长护御床头，白日深宫魑魅愁。百步击人红血滴，匣中霜刃剧吴钩。雍正性猜忌，伺察极严，尝制杀人一利器，形浑圆似球，中藏快刀，刀旁有机如弹簧式，俾逻者携之，行或遇有怨仇谋害者，逻者即暗以其器罩头，用机一拨，其首已断入器中。捷飞而逸，虽大庭广众之间，亦仓猝不及觉也，一时咸忌惮之，因名其器为“血滴子”。

朝暮内廷钟鼓鸣，昔闻妙法说无生。只缘礼佛愿欢喜，日向雍和宫里行。清初历世崇奉喇嘛，至雍正殊甚，敕愿之寺遍于辇毂，故俗间有“在京和尚出京官”之谚，雍和宫中又设佛殿，所列如欢喜佛，尤极秽亵，不堪称道云。

一朝晏驾老臣疑，剪尽同根报岂迟。千古快心三寸剑，可怜义愤属蛾眉。雍正即位后，渐除诸弟，惨虐殊甚，闻者为竖发，岳钟琪等举义不成，狱兴辞连吕留良，父子就戮，留良孙女某尤精剑术，为祖报仇，遂入宫刺帝，人皆称其有侠气。

戏台红烛斗婵娟，法曲南山韵欲仙。佳气满城新点缀，黄楼近与翠亭连。自古祝寿之盛未有如乾隆间奢侈者，十六年十一月二十五日寿母后钮祜禄氏华甲，分地张灯，剪彩为花，铺锦为屋，自西华门至西直门凡十余里，丹碧相映，不可名状，每数十步构戏台，北调南腔、舞衫歌扇皆为一时妙选。其景物之点缀有以色绢为山岳状，锡箔为波涛纹，而广东之翡翠亭、湖北之黄鹤楼等殊穷奇巧云。

缥缈扬空丝管音，龙舟系缆绿杨浔。樊姬进谏非关妒，遗恨深于汴水深。乾隆南狩六度，颇有惭德，《南巡录》等皆削而不书，盖欲蔽其丑耳。尝次德州，时招妓数十登舟侍燕酒间，极媟亵，适孝贤后自他舟来见之，语涉刺讽，帝疑其妒，径捽其发以足蹴之，后忿恚，遂蹈水死，帝醒始追悔，故饰终之典，视他后独隆。

玉洁冰清心事违，慈宁宫里血沾衣。女贞花落江皋晚，愁绝香魂化蝶飞。香妃者，回部某王妃也，殊色闻于世。乾隆三十年，将军兆惠征回疆生获之，致于京师，帝大喜，处之西内数年，守节不移，太后钮祜禄氏闻之憎甚，遂命宫人缢杀之，帝为之不怡者数日，今燕都陶然亭北有孤冢乃谓其葬处，故以香冢称焉，侧有小碣，不知何人所建铭，止四十五字，字摹隋体，披草剔藓，尚隐约可辨识，曰：浩浩愁，茫茫劫，短歌终，明月缺，郁郁佳城中有碧血，碧亦有时尽，血亦有时灭，一缕香魂无断绝，是耶非耶化为蝴蝶。

玉碎珠沉最断肠，廿年一梦恨茫茫。死生往复如前约，谁识探环获邓郎。雍正时，有一妃貌极姣丽，太子年将冠，以事入宫过妃侧，见其方对镜理发，戏自后以两手掩其目，妃大惊遽，持梳击之中额，太子觉痛走出，翌日月朔往谒母后，钮祜禄氏母后见伤痕诘之，却疑妃之调太子，立赐死。太子大骇，欲白其冤不得，于是以指染朱驰往妃所，妃已缳帛，气息垂绝，太子乃乘闲以指朱印妃颈，且曰：我害尔矣，魂而有灵，俟二十年后其复与吾相聚乎？乾隆中叶，和珅以满洲官学生在仪卫中，帝尝见之，其貌与妃绝相肖，因密召入令，跪近御座俯视其颈，指痕宛在，乃知为妃之后身也。因倍怜惜，不数年骤跻相位，而珅之贪恣，帝虽知之，毫不谴责。嘉庆为太子，恶之殊甚，即位后数其二十罪，遂诛之。

满苑春阑宫市开，惊看珍玩积成堆。大官人是圣天子，福海东边去又来。唐德宗时有宫市，衹宦者为使，白昼至市中，左顾右望以抑买人物耳。若宫中设市，古今唯乾隆行之。圆明园福海之东，有同乐园，每届新岁，特于园中设市，凡古玩估衣以及酒肆茶坊，无一不备。店主俱以宦者为之，皆先期自外城各店肆采择交入，言明其值具于册，售去者给钱，存留者还原物，大臣以下入园游览，皆竞相购买，或集而啜铺总与外间等，帝时徒步过之，就各肆亲检其簿册，众音杂沓，纷然并作，帝每顾而解颐，凡九日始辍。嘉庆四年帝崩，此例乃废。

坤宁宫里夜开筵，鼓板声中唱《访贤》。从此重门闻爆竹，连朝驱鬼送残年。乾隆朝每岁腊月二十四日之夕，祀灶神于坤宁宫，帝自临之，坐坑上击鼓板唱《访贤》一曲，后亦和之，执事官鹄立环听，唱毕送神，帝乃还宫。是日以后，帝临朝自寝宫。

六十年来雨露滋，上皇逊位太平时。闲余惯唱胡僧咒，日倚龙床开眼迟。乾隆禅位后，往往屏侍臣，闭目若熟寐，而口中喃喃有所语。嘉庆尝侍侧，虽极力谛听，遂不能解，因问和珅，对曰：上皇所诵者，西域秘密咒也，诵此咒，则所恶之人虽在数千里外，当立死，即不死亦必有奇祸。嘉庆由是知珅亦娴此术，誓必诛之云。

贼势如潮门欲摧，杀声卷地激风雷。恍看金甲神无数，便拟昭陵石马来。嘉庆十八年林清之变，宫门蹀血，祸延三辅，经数月始定。传云：贼入禁门时，恍惚见金甲神自天而降，中有绿袍赤面怒目而视者，即关羽也。故畏慑奔窜，卒不敢入，既而雷雨交作，殛毙贼徒甚多。帝闻之以为天神之协助也，命其子诣昭显庙，时应宫致谢而壮穆之，封号益崇。

卅载临朝著浣衣，唯言俭德古来稀。如何衮职尊蓝面，翻使史鱼尸谏非。道光在位三十年，衣非三澣弗易，宫中用款岁不逾二十万，颂之者至谓其俭德，三代下第一人，汉文帝、宋仁宗几莫能及。然不辨忠奸贤愚，穆彰阿为军机大臣，妨贤病国，王鼎与之同列。一日廷争极谏，归舍自缢，帝虽震悼优恤，而亦不究其事而止。

嫩凉如水露珠妍，子夜艳歌愁暗牵。长记桐阴深处宿，月明纱帐澹于烟。那拉氏者，惠征之女，小字兰儿，生长南中，少而慧黠，嫘艳无匹，雅善南方诸小曲。咸丰初被选入圆明园，居桐阴深处，帝一日游园中，闻有歌南调者，心异之，问随行内监，得共人，遂幸之，是为后年之西太后也。

銮舆北狩太匆匆，酣饮都忘国祚穷。一夜内监求鹿血，楸梧雨冷旧离宫。咸丰颇耽于声色，体多疾而常黄，医谓鹿血可饮，盖以补阳分之虚也。于是禁苑中畜鹿百数，十日取其血以进。洪杨之乱，兵革遍于天下，急警日到，帝措而不问。十年七月英法联军焚圆明园，帝避难幸热河行宫，湫隘内外，防禁不严，帝日出游，益溺于声色，翌年七月疾大作，急令供鹿血，仓卒不可得乃殂。

水精帘卷月明凉，照见鸳鸯瓦上霜。连臂宫人歌正断，秋宵错怨为谁长。安得海者，直隶南皮人也。自宫入内为阉官，时西后新寡，年未逾三十，得之欢甚，得海藉是以干国柄，先谮同治短，又笼络朝臣，势焰骎骎，殆与明季魏忠贤埒。帝憎之甚。八年七月西后命得海往南方织办龙衣。帝密诏山东巡抚丁葆祯预为备，葆祯遣兵执之于济南，具疏以闻，西后惶骇不知所为，东后乃召诸大臣议之，咸言祖制内监不得出都门，犯者死无赦，当就地正法，得海遂伏诛。

斜月绮窗梧叶秋，景阳钟送五更愁。盈盈天上银河水，终岁何心限女牛。同治皇后阿鲁特氏气度端凝，不苟言笑，帝敬礼之，伉俪甚笃。西后素喜慧妃，至是益忿恚，每皇后入见，不毫假以辞色，谓帝曰：慧妃贤明宜加眷遇，皇后年少未娴礼节。阴使内官严监视之。帝大不怿，于是终岁独宿乾清宫。

白龙鱼服夜深时，丝管楼台月正移。例向金环巷中宿，阿谁好拟李狮狮。同治独宿，恈憏无聊，内侍有导为微行者，帝欣然颔之，往往步出内城，日作狭斜游。十三年冬，以患天花痘崩，而人疑其为阴毒云。

剑履仓皇西阙趋，艳妻方煽大臣愚。黄麻扯裂终无用，徒尔攀髯哭鼎湖。同治疾大渐，皇后阿鲁特氏侍侧，会侍郎李鸿藻入见，帝乃与之谋，以贝勒载澍入承大统，且口授遗诏，令鸿藻于榻侧书之，凡千余言，其所以防禁西后者至密。诏成未发，鸿藻既出，径至西后宫，私告之，又出袖中草诏以进，西后大怒立碎其纸，掷于地叱鸿藻出，顷刻帝崩。是日薄暮，西后突召诸王大臣等至养心殿西暖阁，众先问帝病，西后含笑应曰：皇帝无恙。良久西后复曰：圣躬颇虚弱，未有子，脱有不测，必立嗣，卿辈试思其可者，众无应者。西后徐曰：醇亲王之子载湉甚聪睿，吾欲立之为文宗显皇帝嗣，卿辈以为何如？众皆唯唯，无敢违者。西后始厉声曰：然则皇帝已崩矣。众闻之失声大哭，而议既定，西后犹恐族人争立或变生肘腋也，令李鸿章统重兵驻京师以备之，始宣布其事，以明年为光绪元年，东西两后垂帘听政如旧，越七年东后崩，由是西后独临朝。

玉几临轩吕后瞋，千言遗诏祸机新。传哀北阙又余痛，谅暗朝廷未十旬。光绪既立，阿鲁特氏以事多违遗诏，悲痛不禁。西后闻之，亟召见，批其颊曰：尔既害我子，尚思作太后耶？阿鲁特氏跪于地，泣不止，久之始还宫，日夕悲啼，终殁，年仅二十二，时大丧未满百日。

焚却琼函一纸书，深宫罢酒共欷歔。无端枉杀王皇后，正是垂帘得意初。初咸丰殊宠那拉氏，立其子载淳为太子，既而恶其渐放纵，欲废之而未果，及热河疾笃，密附遗诏于东后钮祜禄氏曰：西后援母以子贵之，义不得不并尊为太后，然其人非可倚信，他日操行不轨，汝宜召集廷臣，将朕此旨宣示，立赐死，以杜后患。故同治一朝，东后独主持庶政，性亦温醇笃厚，竟无失德。既而西后拥立光绪，威权赫灼，纵恣殊甚，东后既老益倦怠，而颇怀不平，因思所以感悟之。一夕置酒宫中为西后寿，既酣，屏左右共话咸丰旧事，相对悲泣者久之。既而袖出一函授西后，使观，西后启视，色顿变，盖函中所藏即咸丰遗诏也。东后仍索还，焚于烛上曰：此纸已无用，焚之太佳，吾今日亦可以复命先帝于地下矣。西后惭愤交并，强作感泣态，遂罢宴而散。无几西后以饼饵数合进奉，东后即取一二枚食之，味殊不适，然不至太苦，戌刻俄逝矣。噫，此非中毒而殂欤？

绮窗深锁锦成窠，传道六郎承宠多。御膳八珍分一半，仍教梳髻绾青螺。安得海伏诛后，西后无聊不禁。光绪初，李莲英以梳新髻入侍，宠幸殊甚，内廷遗膳例与内监，然莲英所嗜，西后必节食以遗之。莲英直隶河间府人，本一无赖子，曾以私贩硝矿系县狱，后得脱，改业补皮靴，是以人呼为“皮硝李”云。

姑娘赐坐绣屏前，倾国倾城一例妍。唯为官家总闲事，当筵恨杀李延年。李莲英有女弟色美，光绪辛卯壬辰间年甫及笄，尚未适人，西后召入，宠甚，呼为“大姑娘”，莲英本欲进之后宫以固恩宠，帝自幼体羸，不喜渔色，所图竟成画饼，而莲英惎帝，其一实原于此云。

御厨漫道进猩唇，依样连朝一再陈。绝羡何曾饫蒸饼，残杯冷炙最悲辛。寇连材《宫中日记》曰：皇上每食三膳，其馔有数十品，罗列满案，然离御座稍远者半已臭腐，盖连日以原馔供故也。近御座者亦大率久熟干冷，皇上每食不能饱，有时欲令御膳房易一馔品，御膳房必奏明西后，西后辄以俭德责之，故皇上竟不能言。

万乘天子似孤囚，寂寞瀛台又值秋。日暮西风吹得急，湖波四面渚莲愁。西后久有欲废光绪之意，戊戌变法之后殊甚，而恐其外逃，遂幽帝于南海瀛台。南海者，大内之离宫，而瀛台在海之中心，四面皆环以水，一面设板桥以通出入，西后以腹心内监十余人严守之，名虽至尊实则囚虏矣。

神京失守妾无家，劫火连天鼓角哗。满殿溅来嫣血紫，西华门外走骡车。拳匪之变，八国联军以七月二十日入京，其翌未明，西后青衣徒跣，泣而出宫，光绪及后皆单袷随行，至西华门外乘骡车。珍妃帝所最宠，而西后最恶之，既不及随驾，乃投井而死，宫人自裁者亦无数。

君臣掩面泣相看，麦豆救饥才一盘。破驿西风角声咽，五更布被梦魂寒。是日薄暮，驾至贯市，帝及西后不食已一日，民间或献麦豆，至以手掬食之，须臾而尽。时天渐寒，求卧具不得，村妇以布被进濯，犹未干，乃拥之而卧。

水边谁续丽人行，裙屐趁春风日晴。花草雨余生意满，疏蜂冷蝶也多情。燕京素乏林泉之胜，公园尤阙如焉。庚子之后，百度维新，仿泰西之制，于西郊创万牲园，园之隙地更辟为农事试场，比年异物萃植益多，西后屡幸，此极冶游之乐，而驻跸一夕费七十万钱。

梨园供奉感殊恩，丝管连宵捧玉尊。莫遣崔徽歌《水调》，花前容易欲销魂。西后颇嗜音，内廷供奉凡十数人，崩后菊部飘零，崔灵芝独在耳，闻崔声调悲惋，闻者为掩泣云。

万寿山前鹃语悲，千门深锁夕阳迟。红愁绿惨伤春泪，洒入王家绝妙辞。西后生时居颐和园，崩后园亦渐荒废，近时海宁王静庵国维有《颐和园》词，音节悲凉，殊为绝唱。

琉璃世界水晶宫，想见阿房气象雄。例是纷奢亡国早，义旗昨日下江东。宣统登极后，遽筑水晶宫以奉养其嗣。母宫在宁寿宫东，掘地为池，立水中央，凡三层，层九间，以铜为栋，以玻璃为墙，墙之夹层中置水蓄鱼，红鳞空游，荇藻参差，青翠如画。下层地板亦以玻璃为之，可开阖，时或揭起，驾小舟达宫外，结构异常，盖旷古所无云。

铜驼荆棘有余哀，陵土未干鼙鼓催。莫向寿皇亭下过，夕阳古栢乱鸦回。光绪欲行新政，戊戌变法，锐意勇决，几有一日千里之势，然满人大员齐起痛诋之，西宫愈专权，一律复旧，继此以拳匪之乱，国运日不振，两宫崩后，未三岁清室遂亡，悲夫！

读《燕子笺》

侠气柔情貌共殊，怜才自古属名姝。酬卿便扫春愁尽，描得听莺扑蝶图。

锦笺偷写断肠词，帘外春阑梦醒时。好在因缘都赖汝，可怜燕子亦情痴。

瘦影亭亭暗自伤，何时鸾镜照新妆。为情得病宁辞死，绝似当年杜丽娘。

六师虎豹一朝空，闻道潼关战血红。始识文人元有胆，龙韬容易策奇功。

风云河北羽书催，玉帐争推草檄才。翻笑相如谕巴蜀，行宫忽献贼头来。

当初漫怨渺佳期，薄幸萧郎不自持。细柳营中偿业债，依稀早认夙因奇。

人间艳福见参军，今夜华筵烛影分。未免行云犹妒色，情钟第一是飞云。

拍遍红牙尽断肠，翩翩才调岂寻常。若教不遇乱离日，声价宁输玉茗堂。

忍把斯才尘土埋，阉儿悔过莫相排。诸公狭量真无谓，至竟清流是乱阶。

离奇结构妙通神，写上吴绫细字新。错使君王看不足，秣陵歌舞劫前春。

读《幽闺记》

北来铁骑忽长驱，城上乌啼王气徂。元识谢玄能却敌，翻教董卓议迁都。美人白屋姻缘合，公子绿林心迹孤。骨肉天涯消息断，家家零落泣榛芜。野哭邮亭彼一时，药炉缱绻命如丝。三秋鸿雁羁愁苦，万里风沙乡信悲。自许文章堪济世，仍知天道本无私。飞扬恰值中兴日，金榜题名殊未迟。拜月亭前一炷香，相思入骨隔参商。闺中花鸟情千种，劫后关河泪几行。悄倚绣床寻旧梦，懒临明镜理残妆。宁期来日团圆夜，台上箫声引凤凰。

黄仲则《两当轩集》予往年颇爱诵之顷复翻阅一过率赋七古二首乃题其后用集中前后《观潮行》韵

举世轻肥重五陵，雅音将绝谁振兴。天教才俊出寒素，有似丰城剑气腾。弹铗依人几处届，插脚翻觉八荒隘。就中广陵兴最豪，观潮欲浮九州外。平生惭作寒螿号，浩吟惊见星斗摇。被发醉中唾壶碎，酒气噀空虹未消。关门昔日弃繻入，场屋称屈嗟何及。生不能得万户封，伤心和泪千首湿。尽教泷吏笑个侬，未暇名山伴青童。呕心长吉命偏短，无端一折龙泉锋。呜呼世事等游戏，歌激每使穷鬼避。想君跨鹤返瑶宫，俯视齐烟浮大地。自古高才不遇时，得丧毕竟天只知。我比君寿今跻五，浮生碌碌何处之。洞庭波兮下木叶，兰有秀兮湘岸立。风尘中人似君稀，耿耿胸挟元精入。偶然堕谪下界停，不怪王侯倒屣迎。晚年摄取幽并气，酒肆歌成尽商声。海内何人不心折，词锋自淬百炼铁。万古诗名太白楼，想见白袷洁于雪。南北驰驱岁月遥，随处幕中声价高。遏云逸响风吹落，溟渤扬波五岳摇。闲吟遣闷空朝暮，车声嘈管向何处。诗卷幸非投溷余，钓竿未拂珊瑚树。呵壁问天天亦愁，墨花飞舞烟云浮。乾坤剩得神磅礴，侠骨须埋鹦鹉洲。玉楼缥缈绝消息，千丈虹光消不得。怜看他家趁韵诗，败纸惨作死灰色。

拟元人《怀古十台诗》

醉拥西施日宴娱，秋风一夕动高梧。中原临会祸机露，乱世贪功霸略粗。想见寝宫惊越寇，仍闻乐府唱吴趋。江心仿佛灵胥怒，十丈潮头白马驱。姑苏台

雄风台上拂衣寒，始信三休登陟难。鼎重王廷非力取，璧埋祖庙是争端。故宫花住娇魂瘦，晚岫霞分猎火残。谁使君王终饿死，溪边荒塚叶声干。章华台

河山旧国晚烟中，陇树苍茫落照红。卅载经营期报复，千金容易致豪雄。蓟丘长怆风云色，济上忽亏征战功。陵土难埋无限恨，霸图怅绝一朝空。黄金台

宋玉宅残秋草黄，楚宫遗迹更茫茫。神仙宁耐衔冤久，云雨错疑牵恨长。郢客从来矜和寡，骚人底事抵才狂。竹枝声咽啼猿苦，十二峰前日断肠。朝阳台

高歌快意古来稀，台上大风云亦飞。社稷宁关豺虎乱，衣冠始见帝王威。酒徒绝代肺肠在，游子千年魂魄归。回首伤怀思猛士，只应记得白登围。歌风台

黄楼十丈据遗基，黯惨风烟泗水湄。尽有兴亡关气运，谁图恩怨变安危。江东子弟伤新鬼，垓下头颅报旧知。剩见台南山色翠，后来闲管别离悲。戏马台

长乐门摧腾杀声，彝伦变剧事堪惊。佳兵四海烦劳甚，久病六宫巫蛊成。谗间逾多楚无极，逋逃又异晋申生。壶关请与田郎梦，才尽追思骨肉情。望思台

漳水东流去不回，几多宫观劫余灰。终生权略三分业，旷古文章七子才。墓表题名欺后世，帐前奏伎引余哀。依稀疑冢亦荒草，秋老西陵风雨来。铜雀台

危槛重檐霄汉间，登临旷望泪潸潸。北来频叹鼓声急，南渡偏悲王气闲。画舫烟波两江水，斜阳金碧六朝山。留题剩得青莲句，万古伤心凤不还。凤凰台

乱余创业禁纷奢，何暇凌歊玩物华。外寇大功移晋祚，斩蛇异兆又刘家。篚中徒贡岭南布，露底欲啼秦地花。歌舞三千诬亦甚，荒台洒酒夕阳斜。凌歊台

蒋剑人《啸古堂集》中有《续十台怀古诗》予亦仿颦

赵瑟罢弹秦缶催，登坛叱咤疾于雷。若非夹谷幸无事，亦是武关愁不回。三晋风云何末运，一时将相尽雄才。可怜规谏身先死，免听长平战鬼哀。会盟台

惊魂七日雪中围，休说华夷服主威。欲与秦皇争远略，翻输齐虏识危机。黄沙始诱狂胡寇，青史犹疑秘计非。毕竟和亲多恨事，琵琶马上送明妃。白登台

富春山色碧嵯峨，七里滩头酹酒过。一例功名笑卿相，孤高心迹托烟波。祠堂最重仲淹记，竹石偏伤皋羽歌。万古层台想精爽，乾坤

清气此间多。子陵台

浮云西北一回头，地势荆襄据上游。早日清流逃党祸，几年虚誉镇雄州。寓公无奈厕中泣，孽子果贻泉下忧。输与秦川豪贵客，关山戎马赋登楼。呼鹰台

筑室徐方曾几时，风怀且与乃翁期。文章夙识五官将，骨肉唯羞七步诗。乌鹊南飞既无地，旌旗东下漫劳师。广陵目断波涛险，鼓角重城壮志悲。赋诗台

日射觚棱九殿高，临轩笑着碧纱袍。神州久叹衣冠尽，羯狗宁关父老劳。别殿春酣红芍药，深宫夜倚白樱桃。枉教魏武无颜色，添得华林气更豪。冰井台

六朝金粉欲销魂，形胜犹思王气存。老剩天威贼难犯，生为饿鬼佛无恩。青山几阅刀兵劫，香刹昔栖龙象尊。处处寝陵花落尽，城南箫鼓度晨昏。雨花台

杨花飞尽李花荣，历历兴亡万感生。凤舸龙舟冠终古，春兰秋菊尽多情。中原鼓角兵戈早，南国江山社稷轻。台畔去来唯夜月，帝魂污血惨无声。吴公台

当初父老苦留君，能拯危亡非抚军。三辅烟尘迷日月，六师貔虎壮风云。锦城驻跸畏途隔，玉玺移宫真性分。地辟天开未无憾，干戈河北更纷纷。灵武台

飘零唯着一袈裟，红箧发缄双泪斜。北极朝廷终易主，南天瘴疠独无家。净因尽剩真龙迹，末路何须正学嗟。浩劫才销迎老佛，谁怜四十阅年华。礼斗台

读《沧桑艳》传奇

三五盈盈粉墨娇，登场当日记魂销。前身合是苏台柳，闲向春风斗舞腰。

怅绝香闺绮梦残，遥天一瞥送离鸾。尘生京兆画眉笔，又望黄衫作侠难。

才来阶下径回车，祖法清严胜汉家。矧是君王宵旰日，纷纷蚁贼鼓声哗。

枉教夫婿觅封侯，艳舞娇歌转眼休。底事巫云吹散急，孤衾偏梦玉关秋。

凄凉旧禁日迟迟，身堕泥犁愁不支。凝碧池头管弦起，啼红怨翠锁双眉。

情关儿女竟难除，昨得围中乃父书。缟素六军来卷地，秦廷错认哭包胥。

乱余邂逅夙因奇，满目沧桑总不知。且喜明珠还合浦，将军一笑破关时。

冲冠一怒为红颜，断案真成重似山。却币堪钦吴祭酒，千秋诗史不能删。

廿载君恩海样深，依依昔梦苦相寻。黄绳枉断红尘绊，直抵班姬自悼心。

绮才毕竟为多情，应悔青春浪获名。仍剩舞余词一卷，莺花身世感二生。

洞霄宫里几经年，回首悲欢一惘然。昨日侯家花姊妹，临淮老妓更堪怜。吴梅村《临淮老妓行》笺注：冬儿与陈圆圆同为田宏遇所蓄伎，后归刘泽清。

七泽三湘风鹤秋，欃枪落地阵云愁。虎狼心性竟难改，不是深宫同梦谋。

殉国娄妃一样哀，惊鸿照影独低徊。西风吹皱寒波碧，闲煞芙蓉并蒂开。

霞帔星冠第几仙，蕊珠宫阙五云边。绝怜故国神游日，忆到红羊历劫前。

引商刻羽继梅村，历历兴亡仔细论。莫向滇池歌此曲，桄榔花下易销魂。

读朱淑真《断肠词》

绣余拈句丽于春，无限幽愁也夙因。千古才情竟为累，钱塘苏小是前身。

镇日寒闺珠泪零，绮才应是瘦伶俜。风流孽债偿难得，前有文姬后小青。

依依别恨记魂销，锦样才华玉样娇。独唱独酬听和雨，落花时节夜迢迢。

千秋怨耦苦寻思，愁病相仍只自知。怯顾风前花小影，海棠亭畔梦醒时。

春灯花市夜悠悠，昨梦商量一段愁。只是风情酷相似，何须刊去柳梢头。

妙词唱罢坐宵分，闲捻名香月下焚。千古沉冤总难雪，唯将薄命倍怜君。

后《圆圆曲》

吴梅村《圆圆曲》初成，吴三桂一见，恐其伤声名，使人急赍重币往求删去，梅村却之不许。顾三桂为乱实在梅村殁后二年，若使梅村见延陵终始，必当续成一大篇也。后人传圆圆者概以梅村诗为本，如陆云士叙其为闯贼掠去之事，铺张甚力，而入滇以后却从阙略，钮玉樵较详悉，而不审其死。近时丁传靖有《圆圆传辑补》，杂引诸书，考据颇精。按顺治中，三桂进爵云南王，乃据桂王五华山故宫为藩府，增崇侈丽，圆圆亦骄贵无比，因将正妃位，固辞而止，三桂乃别娶，其妇性甚妒悍，群姬之进幸者辄杀之，唯圆圆顺适其意，独居别院，绝不相排轧，亲如娣姒久之。三桂潜蓄异志，圆圆察其微，以齿暮色衰，请为女道士，退处洞霄宫。三桂训练之暇，每来过，清谈竟日而还。康熙癸丑，三桂造逆，戊午殁于衡州，辛酉云南城破，圆圆自赴莲花池而死，即葬池傍。滇中今传《商山鸾影》一卷，载圆圆降鸾之诗。道光中阮赐卿从其父云台游滇，曾亲吊其墓，作《后圆圆曲》云。嗟乎，圆圆半生与夏姬、萧后相类，殆无足言者，唯其末毅然出于一死，洁身全节，其人始可传也。赐卿之诗予未及见之，今咏其事，窃拟继梅村，续貂之讥，固不遑顾念也。

万顷滇池烟水长，五华山色郁苍苍。碧鸡金马旧荒服，铁券丹书异姓王。南界交挝拓封土，龙盘虎踞称天府。泸水初清瘴雾消，鬼方洒遍洗兵雨。楼阁玲珑紫霭生，红酣翠鞞媚新晴。惊见郿都加壮丽，更修郿坞费经营。殿上笙歌公燕日，圆圆才貌故无匹。曾经丧乱慰余生，夙自烟花怜淑质。红粉青蛾脸晕霞，回风一曲舞腰斜。依然倾国好颜色，绝似馆娃宫里花。娘子驰名承盛意，专房当日亚坤位。章台杨柳愧前生，故剑枉停椒殿议。两宫无忤笑相邀，幸免上阳叹寂寥。南苑春酣宜斗草，西楼月转共吹箫。别院烛残宵正永，龙闹侍寝漏声静。却促君王作早朝，景阳钟断曙光冷。闻道吴门杀气昏，句栏姊妹几人存。自从错受主恩重，廿载深宫梦有痕。斯生悔被铅华误，世味甘酸容易悟。捐弃非关团扇词，凄凉绝胜长门赋。从来孽海卷狂波，慧业难偿岁月磨。象床犀枕非吾恋，铜鼎丹炉愿更多。冠帔洗妆俄入道，除名代籍收踪早。黄叶山中泉石清，洞霄宫里红颜老。尽日松风万壑哀，焚香礼斗且徘徊。每遭骥骑传呼到，例是长杨射猎回。废兴惯见当场剧，野性终教其族赤。窃识君王蓄异图，娄妃极谏苦相惜。祸福眼前多所思，碧桃花落日迟迟。一声疏磬洞天寂，闷对瑶窗几敛眉。果然雄帅为狂贼，蚁聚蜂屯兵气黑。拟自长沙绝洞庭，山河破碎日无色。潦草风云百战余，安危变局计何疏。赭袍玉带圆坛顶，晚节翻伤夙志虚。豺狼势蹙无由起，鹤唳半宵惊不已。淮上昨传黥布奔，湖阴今报王敦死。六师电扫入荒陬，凯唱声高祲气收。既愁铜雀灰尘冷，又见姑苏麋鹿游。苍梧云黯谁相吊，白骨青磷群鬼啸。无奈蜾矶余痛深，却羞花蕊新诗妙。满目西风晚飒然，红衣狼藉水生涟。惊鸿影落莲池底，玉碎珠沉惨可怜。恨血痕消鸳冢小，一抔荒土蘼芜绕。哀蝉落叶不堪悲，湘浦竹寒魂已杳。想见泬寥笙鹤闲，蕊珠宫阙列仙班。天风吹净步虚路，好伴飞琼响佩环。六扇云窗九华帐，芸童迎见欣无恙。朝谒玉皇香案前，夕过金母瑶池上。回头旧国杳茫中，嬴蹶刘颠王气终。翁仲无言卧荆棘，应嗟形胜误英雄。苍山历历小于粒，九点齐烟辨城邑。莫怪麻姑鬓有霜，沧桑劫后泪痕湿。骖鸾跨凤不停飞，弱水三千日影微。神游飘忽随烟雾，紫府高寒悄自归。海天缥缈愁摇曳，堕谪当初经几岁。便觉蓬山日月长，蜉蝣定悔人间世。既从末路哭娉婷，野史丛残语不经。鸾闺气节泰山重，始许红妆照汗青。转瞬荣华愁欲绝，昆明遗事为君说。千古伤心莫与俦，坠楼唯有绿珠烈。

所施圈过目各题一绝排闷

千秋靖节尽同心，至味都从字外寻。底事钱郎漫高步，雕章琢句变徽音。《韦苏州集》

乐府青莲须共驰，桥霜店月又新奇。檀郎千古被人误，枉道金筌侧艳词。《温飞卿集》

绝爱丽辞声韵谐，楚骚遗意亦清佳。终生不作颓唐态，白发乌阑赋绣鞋。萨天锡《雁门集》

碧窗深锁病厌厌，燕妒莺猜愁更添。絮语难终格逾下，漫将貌似续香奁。王次回《疑雨集》

黑江秋尽咽悲笳，雪砚冰帘归思赊。头白可怜诗作卷，廿年唯惯赋龙沙。吴汉槎《秋笳集》

文章经术盛名齐，诗与王查异町畦。根柢深兼才力厚，盘空硬语忆昌黎。朱彝尊《曝书亭集》

欲从教外悟真传，老境长斋诗亦禅。妙句果然归见性，佛前灯照意珠圆。王禹卿《梦楼诗集》

江西末派日纷纷，破碎尖酸何足云。传奥殚来存古调，玉溪后劲有夫君。王壬秋《湘绮楼诗集》

停棹争听牙版长，湖山住得旧清狂。张王周李联镳处，绝似诗家有晚唐。仇仁父《无弦琴谱》

绮愁谱入莫愁歌，红衲裹将珠泪多。浙派遗声嫌熟套，新腔好续郭频伽。蒋剑人《芬陀利室词集》

续《续十台怀古诗》

十台续十台，屋下架屋，然鄙意犹以为慊也，顷乘闲自选新题，乃作《续续十台怀古诗》。

雨粟当年天亦哀，依然鸟迹遍苍苔。终生识字伤人事，万古呕心唯鬼才。许慎六书供考据，蔡邕八法费疑猜。名山早晚藏难尽，欲起秦皇付劫灰。造字台

宝剑千金持赠君，名贤心迹极殷勤。死生已矣嗟何及，高义翛然洵未闻。玉帛重来悲旧国，衣冠一去剩荒坟。临风洒尽清秋泪，终古青山落日曛。挂剑台

中原萍梗此生休，俯仰乾坤又值秋。落日雄关消紫气，西风废径问青牛。茫茫大道分三教，鼎鼎浮生奈百忧。若是清虚能养拙，何须羽化玉京游。望气台

越绝河山春正移，鹧鸪声里草离离。累年征战同蛮触，惊世功勋有种蠡。窃识君王类乌喙，翻令烟水送鸱夷。谁怜坐卧久尝胆，歌舞高台才一时。越王台

西风汉上客衣单，古意苍茫晚照残。流水高山依旧在，瑶徽玉轸向谁弹。从来刎颈谈何易，真个知音值又难。极目楚天愁不尽，一湖秋色败荷寒。伯牙台

落落乾坤大布衣，挺然释难古来稀。唯将气慨排秦帝，直驭风云解赵围。辞贶千金同敝屣，射书一箭济危机。先生玉貌堪冥想，万古碧霄鸿鹄飞。鲁连台

试上嶕峣磴势危，祖龙遗迹邈难知。关河烽火销兵后，沧海波涛鞭石时。他日宫中看图谶，几年天下裹疮痍。巨碑善颂漫多事，谁料咸阳水德衰。琅琊台

袍笏尊前联句催，撞钟伐鼓尽欢来。功名莫怪卫青贵，滑稽又知方朔才。才是东巡塞瓠子，欲从西极获龙媒。武皇得意便当止，迟暮胡为悔不回。柏梁台

河梁一别首重搔，万里黄云魂梦劳。枉使史公成发愤，既输飞将负余豪。伤心绝塞龙沙远，转眼故人麟阁高。当日生降何面目，五千铁骑葬蓬蒿。李陵台

伏符呈瑞起炎精，始见真人帝业成。乱世群雄无大志，中兴诸将尚专征。龙拏虎掷风云变，地老天荒岁月更。万古英灵想余烈，西风落木作军声。千秋台

读《水浒后传》四十首

忠义堂前酹一杯，金沙滩上夕阳颓。姓名早已动蛮貊，气焰难消是祸胎。

吴越同舟看至情，绿林豪侠续前盟。今宵要洒仇家血，酒气吹灯剑又鸣。

数奇几处误英雄，调虎离山计亦工。绝似青州当日惨，满城瓦砾血痕红。

云雨荒唐老更痴，谁知春恨蹙蛾眉。招奸衒色禁难得，世上仍多谷树皮。

长箭雕弧猎骑奔，一腔侠气雪奇冤。野花红腻夕阳里，莫是丽华嫣血痕。

陶朱当日苦经营，底事风云顷刻更。饮马川头旗帜壮，果然众志俨成城。

赵围鲁酒例牵连，杀气凭陵洞府前。旋向白云坡上住，风尘潦倒活神仙。

孤孀三口两家存，长掩雨花台下门。铁石心坚矜苦节，浮萍错道本无根。

万顷玻璃开太湖，打头风起客舟孤。偶然再会频悲喜，曾似浔阳午夜无。

隐卧吴王销夏湾，何堪鱼税吏胥奸。若教黑狱衔冤死，玉版祥符亦等闲。

夙慕虬髯志气殊，楼船破浪触蓬壶。金鳌岛上应佳谶，万里天南新版图。

传家神射服群蛮，吴蜀成婚且破颜。整顿乾坤知有日，敢输三箭定天山。

美人毕命绣帏空，半夜残灯惨不红。却是谗谀有余毒，株连几个又飘蓬。

野梅门巷薄寒天，逋客相逢亦夙缘。翠袖佳人病初起，前身应是月宫仙。

燕雀君臣醉太平，北天封豕忽纵横。苦心才复六州土，无奈空城鬼哭声。

劫后浔阳犹有楼，数行醉墨写奇愁。重来江口洒红血，咽断寒潮九派流。

几处报仇唯恐迟，可怜血性是男儿。就中双尔毙三虎，意气曾轻博浪椎。

杀声卷地火光红，豺虎心骄堕术中。声价初高神算子，三千铁骑亦沙虫。

桓桓骁武冠三军，嗣得箕裘名共闻。当日黎阳战殊苦，恨无破虏树功勋。

皂旗昨日渡黄河，奈此金汤难守何。玉帐西风铁衣冷，一天星月雁声多。

白日无光霜欲飞，阴森冤气锁圜扉。谁怜富贵频招祸，铁券犹存乱世非。

一朝袍笏化青磷，遗臭于今犹觉新。慷慨绝奇王铁杖，莫嫌剑侠传中人。

护龙河水血流红，愁绝汴京王气终。正是青衣行酒日，胡尘无地起英雄。

山河板荡暗吞声，青子黄柑输寸诚。北狩仓皇悔何晚，绝怜误国是聪明。

读《剪灯新话》二十一首

草得上梁文一篇，凌波舞罢醉琼筵。满囊珠玉归装重，翻笑韩家谀墓钱。《水宫庆会录》

扑朔鬼随宵正深，归来自耻报仇心。若非梨枣除荆棘，何识前生是翰林。《三山福地志》

华表辽东鹤不回，湘累万古有余哀。英雄好乱漫多事，几个真推管乐才。《华亭遇故人记》

凤钗证得夙因奇，看自幻中情更痴。容易离魂偿业债，文君畴昔夜奔时。《金凤钗记》

百尺高楼倚碧天，红闺词笔久流传。萧郎艳福谁相匹，姊妹花开朵朵妍。《联芳楼记》

年来傲诞世间闻，未信他生应报分。却有冥司彰直道，旋饶折槛一朱云。《令狐生冥梦录》

楼船载国忽漂沦，话到兴亡共怆神。松醪劝客谱金缕，当日桃源无此人。《天台访隐录》

罨画湖山忆昨游，三生慧业话风流。芙蓉泣露悄为别，依旧西轩烟水秋。《滕穆醉游聚景园记》

一魄守骸冤恨长，何人黑夜到西廊。浮生荒惑又无数，何啻髑髅成粉妆。《牡丹灯记》

赋罢催妆夙恨平，金环鱼扇尽多情。宁如梦里长相见，又骑青鸾到玉京。《渭塘奇遇记》

几载蓬蒿仲蔚居，谶文有验素心舒。旋看淮上兵戈起，卅万生灵鬼一车。《富贵发迹司志》

酆都天黑锢妖蛇，疑狱终然判正邪。梦里功名辄延寿，当初落拓不须嗟。《永州野庙记》

古庙无人缺月孤，乱云四合怪禽呼。腾身先破妖邪胆，赖有腰间金仆姑。《申阳洞记》

雨打梨花春尽余，干戈满目泪涟如。可怜玉碎捐躯日，难寄崔徽诀绝书。《爱卿传》

凤别鸾离怨翠闺，风尘重遇有余凄。到头难索黄衫侠，枉作鸳鸯冢上栖。《翠翠传》

击鼓吹笙兴不穷，月明照彻水晶宫。灵胥俨在三高上，醉里又夸诗句雄。《龙宫灵会录》

骨碎魂飞死亦难，偶然奇祸一身单。只缘骂鬼惊凡俗，却自冥司得美官。《太虚司法传》

一去尘寰涤不平，刊书偏喜故人情。晚生何德媿颜卜，仍道修文选亦精。《修文舍人传》

白榆深处谒天孙，相嘱人间雪我冤。独怪归来收迹早，绝无警世妙辞存。《鉴湖夜泛记》

当时错怨贾平章，富贵神仙梦一场。再世姻缘长不尽，并头莲底宿鸳鸯。《绿衣人传》

十年断尽旧因缘，无复鸾胶续凤弦。寄语嫦娥犹记否，秋香亭上照婵娟。《秋香亭记》

戏题《士女图》追和吴梅村

此题吴谷人尝翻入曲，嚼徵含宫，洵推绝调，予曩欲亣之谱调笑转蹈　套，而未娴倚声，乃沿其旧，亦以绝句出之，唯务标新意耳。

五湖烟水放篙迟，老后风怀惜艳姿。一入吴宫过廿载，掩羞同否浣纱时。《一舸》

烛暗歌残玉帐前，大王意气尚依然。翻怜不使冲围走，携手笑登亭长船。《虞兮》

旃帐秋残汉月明，琵琶弹罢若为情。须知一女安天下，闲却防胡万里城。《出塞》

十载穹庐悲愤余，胡笳按拍泪涟如。曹公盛意宁难解，为是多才记父书。《归国》

几处回城笳角传。毡裘肉食俗尤鄙，射猎胡奴带弧矢。有美一人含睇看，燕支绝色总风靡。倾鬟素面谢凝妆，花让婵娟玉让光。姑射神仙肌是雪，昭阳女弟体原香。绛纱系臂情同旧，当日宫闱称领袖。花蕊频蒙蜀主怜，宝儿独擅隋家富。黄金为屋玉为扉，帘幙一重灯九微。翡翠衾温春意重，流苏帐掩漏声稀。无端浩劫乾坤改，安得繁华镇长在。六师深入鼓鼙催，螳斧误贻终古悔。黑水营前红血流，三更刁斗警清秋。专车载得防风骨，铁马还从葱岭头。天骄浪负威名著，只少河山宜割据。貔貅万帐俨成屯，下殿青衣何处去。弱质空伤玉帐俘，此时薄命一身孤。弓刀结队拥先后，扶上雕鞍便就途。碛里髑髅群鬼泣，故宫目断独呜咽。绝域风云奏凯高，千乘车骑期程急。露宿宵宵旅梦惊，内官奉旨远相迎。行过邯郸油壁稳，红尘夹路入燕京。燕京三月烟花暖，双阙晴开佳气满。太平天子爱风流，迟日亭台弄弦管。西内春残绿始繁，深深别院送黄昏。怪底颦眉单坐久，罗襟犹涴旧啼痕。零丁却觉加妍妙，梳洗偏羞镜相照。例是息妫终不言，非如褒姒殊嫌笑。盘石有时还转移，填膺此恨有谁知。闭居莫比陵园妾，申志常思纪叔姬。回头破国事难述，欲报深仇虚度日。输着帷中聂隐娘，龙文匕首掣无术。徒尔徊徨烦圣衷，要看鸡犬识新丰。满苑肆廛人杂沓，参天楼观玉玲珑。推枕空床秋夜永，薄帏半揭霜华冷。复道曾劳鹤籞趋，掖门岂许羊车幸。岁月欺人容易过，离莺别凤竟如何。新恩虽重义难忘，余喘犹存痛亦多。既经尧母心频颤，家法教儿每诃谴。闻道圜丘驻跸迟，慈宁宫里召相见。坠楼一死有余甘，毕竟赘旒生自惭。落花恋树果何益，绿湿红沉惨不堪。寂寂幽房锁疏牖，一条雪练萦螓首。玉奴决意太从容，免与东昏辄孤负。飒飒阴风四壁寒，似闻梁上鬼声酸。龙驾俄回户初启，花钿委地奈摧残。殡宫守夜月如烛，明日空山又埋玉。可无箫鼓送西施，《薤露》唱残歌一曲。千载恩雠迹已陈，汗青留得艳名新。水洁霜清翻自失，蕙心兰质本殊伦。自古容华易销歇，流光瞥眼更飘忽。紫玉唯余冢上烟，绿珠亦作土中骨。浮生短梦蓦然醒，漠漠苔埋恨血腥。一缕香魂呼可返，化为蝴蝶瘦伶俜。麦饭冬青谁扫墓，依依春色等闲度。红棠雨冷长蘼芜，肠断陶然亭下路。

五续《十台怀古诗》

白首龙钟西入周，豹韬一握足奇谋。纵成文武当年业，独奈夷齐百世忧。斧钺行诛临牧野，鱼盐有利拓营丘。此间曾引安车路，闲却磻溪碧玉流。钓台

洙泗文章长不泯，圣贤与我即同伦。终生志为风霜苦，万古道从穷饿真。城险黄河还北曲，沙寒白日忽西沦。倦游十载归来晚，驿路长愁车马摩。厄台

当筵赵女锦成围，连胜功高主父归。不怪富强六雄服，何图嫡庶一猜非。天低代北催秋气，山界秦中带夕晖。末路最怜遭惨祸，沙丘雀鷇独嘘唏。丛台

风云草昧靖南荒，椎髻文身瘴疠乡。去国关心剩坟墓，登台得意着冠裳。雨过五岭林花白，日落一天潮气黄。形胜自然堪割据，尉佗何敢比高皇。朝台

睢阳曲罢有余哀，万乘旌旗去不回。歌哭他年会高李，文章千古忆邹枚。桐门日暮烟初合，棘泽天寒雪欲来。河洛于今伤战乱，可堪劫后吊荒台。吹台

风流遗躅易伤心，晚向金花市畔寻。乱草虫声和露湿，疏桐月色与秋深。绝怜才子漫多事，赖有佳人偏好音。归凤求凰莫相负，茂陵却唱白头吟。琴台

诸公勋业轶萧曹，筑得云台拔地高。路入崤函驱虎豹，江通巴蜀进旌旄。列侯既饱宴游乐，圣代宁忘征战劳。满目沧桑人事换，洛阳宫殿亦蓬蒿。云台

琼华岛上彩云横，百尺妆台接玉京。监户出身不嫌贱，掖庭进禄有余荣。野花错认钗头小，秋水偏疑镜面平。才调居然传好句，依依月傍日边明。妆台

传车北向路悠悠，台下悲吟泪不收。畴昔孤舟事方往，如今一死志堪酬。新墟井邑非周土，胜国君臣尽楚囚。回首临安千里隔，满天风雨惨于秋。鱼台

何来杀气变乾坤，阅世兴亡迹尚存。谁劝儿皇割边地，频惊胡骑满中原。风生紫塞悲笳动，秋到白沟征雁翻。缅想高人刘梦吉，登临当日赋销魂。易台

碧蹄馆

西大门外三十里，驿路斜通峡谷里。惠阴在北砺石南，千岩巉立山对峙。高阳墟落接碧蹄，地势近抱昌陵低。林木翳荟围沮泽，川陆处处开稻畦。征韩当日多遗策，平壤失守堪痛惜。提督狃胜频侮吾，轻装疾驱如卷席。先锋四更出城行，逾险而遇天始明。镎鼓相望战殊苦，交绥未肯分输赢。乃迎中军据绝地，且候骄胡蔽野至。万铳齐发阵可崩，挥击正凭刀枪利。六队踊跃双翼张，纵横驰突气倍昂。鲜血忽染枯草赤，惊见积尸高似岗。奋挺大呼追兵急，雷奔电激容易及。可怜人马走且僵，雨后泥淖遍原隰。坡州遥隔云几重，奏凯旋趁暮色浓。斩首一万犹徒尔，恨不生擒李如松。参议威名震四海，六十英勇依旧在。侍从年壮勋绩奇，灿然史上放光彩。一捷能使贼胆寒，千屯入夜哭声酸。底事乳臭居主帅，出师海外功成难。古战场荒易斜照，深菁宛有群鬼啸。乱峰高下不知名，摄衣登临一凭吊。三百星霜首重回，关河秋色带余哀。一团黄沙随风起，仍疑铁骑蹴空来。

东近世自贞享元禄已还，声教诞敷，郁郁文盛，瑰玮奇逸之士，凤翥龙跃。以诗鸣者如新井在中、梁田景鸾、祇园伯玉、秋山子羽，皆卓然名家。近菅茶山、赖山阳、广濑淡窗、梁川星岩亦以韵事擅场，论者谓日儒诗学溯源三唐，或规抚宋之苏陆、明之李王、清之王袁赵张，莫不具体而造其极，盖同文吾中国，而其贤达士夫又有集益择善之卓识，以故缘情赋物，订韵撰声，恒如骖之靳。国孰无邻，或政俗不甚相远，未有扢扬风雅若斯沆瀣者也。东京久保天随先生毓灵上

都，驰誉闳校，行路万里，著书百篇，弱龄而揽玩芳华，中岁则荡涤纨绮，比自定《秋碧吟庐诗》如干首，皆惬心贵当之作，其为诗奄有众美，不名一家。以格调论，大致得力明七子，假涂宋之四灵而跻于盛唐，所谓端庄杂流丽，刚健含婀娜，方之吾国康乾诸名辈，其殆随园、瓯北之仲叔乎？天随劬学而好游，往往以游进其学，行年甫四十，马迹遍三山，而未遑税驾中土为惜，顾其诗中有《拟元人十台怀古》及《题韦温雁门诗集》诸什，于吾国方舆名胜、昔贤著作三致意焉。与君共东海，盈盈一衣带水耳。他日携琴载鹤，惠然肯来，凡吾山川风物必有莫逆于心，而增益锦囊佳句者。鲰生酷嗜日本樱花，如朱文恭客水户时，昨今两春得《樱花词》十六阕，自定近词名《餐樱词》，将就天随正拍焉。其为沆瀣，当复何如。云山万重，相思相望，亮天随有同情也。上元乙卯重阳前三日桂林况周颐夔笙序于海上之眉隐楼。

予尝读江户物茂卿之诗而善之，谓吾同文之国，一水相望，安得并世有其人相与游处结文酒谈谐之欢耶？岁戊午怀子献侯东游，得交其贤士大夫，而识久保天随先生，乃以书抵予，亟称其才，又曰卿茂诗尚已，先生且突过之。予自此而思慕先生，未尝一日忘于怀。乃者先生介献侯以所著《秋碧吟庐诗钞》甲签见贻，且嘱于乙签弁一言，予受而读之，焕乎有文咏，其所志渊然穆然，作金石声，乃使予欢欣鼓舞而不自已。唐音也，视甲签尤进矣。先生于汉魏以来诸名人之诗，皆推究其义法渊源，虚心冥思，益以所自得，宜卓然成就有若此也。先生信浓高远人，闻其地为本洲之脊梁，山有浅间、户隐、枪岳、乘鞍、驹岳，河有天龙、千曲、岐苏，湖有芙蓉、诹访，巅崖、崛峍，烟波弥漫，吾虽不得往而游焉，读其诗想望之，崇峦清流之胜，宛在几席间，则诗境之夐绝千古，益可知矣。夫自贞享元禄以来，风雅称盛，明治维新旧学且加盛，枕山、湖山、春涛、松塘、听秋、黄村、三洲、省轩、即山诸君子皆富有篇什，负一时之望，先生继之而起，相与颉颃著作之林，何其伟也。呜呼，吾国今日时流方以新文学相号召，若中风狂走而靡知所届，亦闻东邻贤哲之风而知所返乎。抑吾二国者，唇齿之邦也，自朱舜水往，吾道东而其国日强，吾国诗篇之流传亦至明治而日多，谓非同文之沆瀣能若是乎。今而后吾愿二国贤士大夫兴于先生之诗，而益求亲善之道焉，斯可矣。中华民国九年庚申长至杭县徐珂仲可撰。

铃木虎雄

铃木虎雄(1878—1963),名虎雄,号豹轩,别号药房。出身新泻,长善馆二代馆主铃木惕轩之第八子,曾为大桥家养子,后重改为铃木姓,其妻为陆羯南之次女鹤代。幼年于长善馆师从父亲惕轩,后于东京英语学校、东京府寻常中学、第一高等中学校学习,明治三十三年(1900)自东京帝国大学文科大学汉学科毕业。历任日本新闻社、台湾日日新报社、东京高师讲师、教授等职。明治四十一年(1908),就任京都帝国大学文科大学副教授。大正八年(1919)升任教授,昭和十三年(1938)成为名誉教授。昭和三十三年(1958)获选文化功劳者,昭和三十六年(1961)荣获文化勋章。其早年攻汉诗,以豹轩为号,于和歌则称药房。曾于报纸《日本》连载《药房漫草》,并代替病重的正冈子规担任短歌的评选人。此外,亦收集陆羯南之诗文,编为《羯南文录》。藏书总数超过一万四千册,现作为"铃木文库"藏于京都大学文学研究科图书馆。有诗集《豹轩诗钞》(1938)、《药房主人歌草》(1956)、《豹轩退休集》(1956)等,以下录自1938年弘文堂刊《豹轩诗钞》,其中一部分作于日俄战争时,因内容多涉甲午战争事,故有选录。

汉江行伤韩人金玉均死也

杨花津头饥啄鸟,路旁死人无完肤。腥风夜吹飞头颅,阴火明灭鬼揶揄。月色森森冷菰蒲,有物人立语康衢。吾昔丧元暴路隅,廊庙器材今有无。往岁政紊紫夺朱,毂下鞞鼓急号呼。黔首颛蒙堪忧虞,朝廷衮职谁觊觎。天命犹未假狂夫,亡命神州风物殊。芙蓉白雪众蹔趋,莺花春满小西湖。蜑烟瘴风鼋鼍区,月夜魂归故山庐。局促固非辕下驹,零丁何识沧海珠。今年与客就行途,艨艟遥指清北都。玉山不学袖手愚，获儿欲探猛虎须。沪上突出荆聂奴，怀璧竟失千金躯。多年天涯德不孤，此日遗憾泣葭莩。漫道逆贼被天诛，八道驿传争欢娱。市上白昼掷无辜，微躯何惜奈庙谟。英露独佛森盘纡，近闻暹罗输版图。尚轻志士重贿帑，小国存亡待须臾。伍员忠诚赐属镂，包胥血泪宁如吾。吾岂忠诚伍员徒，惜哉挂眼东门见亡吴。

送人从军于朝鲜三首

南山寇盗暗尘埃，赤马关头战舰开。堕地从军良壮矣，倚天横槊亦悠哉。功名我辈空王泽，事业君伦是霸才。烈日严霜须努力，此行何必望归来。

龙吼腰间一剑鸣，轩天意气策纵横。固知陈蕃慵除室，设有刘琨岂解兵。受命凶门辞耆旧，图功麟阁答升平。觉罗诸将真儿戏，想见旭旗摇汉城。

英雄业废竟如何，御侮感君慷慨歌。七国纵横风雨变，三天社稷鼓旗多。远征若不平交址，豪气应无要伏波。记取韩山唇齿地，伟图容易莫蹉跎。

东方欲曙篇送人从军

东方欲曙天鸡号，星河渐没晓日高。山阳营门鱼钥动，帷幄倥偬按钤韬。万乘天子亲戎事，宵旰御床劳谋议。绝海楼船羽林兵，驰逐直据形胜地。昨夜天兵拔牙山，万里韩山鲜血殷。犹似狂飙卷枯叶，胡儿奔北几人还。碧蹄馆荒秋草短，大同江寒杀气满。一战平壤何在哉，长白山南胡马断。捷书日奏虎幄中，天颜有喜近臣同。黼黻忠良重社稷，大猷于今非和戎。忆昨拜读五色诏，理义文章共焜耀。君王仁慈视众庶，谕旨丁宁泣老少。子今弃锄往投军，意气已冲渤海云。誓为吾皇作京观，义战如斯古未闻。君不见黄海之水几百尺，胡虏恃险恣横逆。又不见神州兵强三千年，明君怀德临九边。天下岂有仁者敌，降旗应出燕京壁。金鼓未交我能知，胜败之数固历历。

从军行二首十八岁

苍黄树胡旗，不知何垒壁。篝火灭又明，前岸如有敌。将军思津梁，健儿应沙羃。乃脱血战袍，跃渊水声砉。乱流近前汀，寒月照芦荻。拔刀断铁锁，悠尔钩画鹢。归来潜行间，何敢称功绩。斯心只奉君，持以扫夷狄。

朝辞山阳里，暮入古幽州。风劲秋草断，天寒宿荒邱。陇头玄冰裂，雪满黑貂裘。古戍笳声动，南拱广陵秋。不道关山苦，不愿取封侯。君恩泰华重，明日平满洲。

蒲生褧亭曰：古意古调。

桂湖村曰：起首颇佳，是高岑家法，而句法则不同。

出师曲三首

櫜下点检急，王命征夷蛮。军牒看名字，不死畎亩间。驱马出闾里，苍茫望关山。道傍相送者，叩鞍涕泪潸。稚子嗟何意，见爷只破颜。岂不思六亲，壮士去不还。

洪涛秋八月，舳舻破冥蒙。杀气连海岱，孤剑向辽东。辽东三千里，土俗皆昧蒙。戎狄今充斥，誓欲策边功。蓬瀛倏已远，塞关断云中。弯弓射胡月，茫茫天地空。

美哉岫岩固，河山开天府。守备得士心，百万何足数。在德不在险，兴亡今犹古。胡军忽奔崩，王师才三鼓。谂尔辽阳兵，更能余勇贾。固欲明名分，岂事尺寸土。

征夫行

同云黯惨朔风烈，低飞鸷鸽哀鸣绝。夜来云压医巫闾，山名。辽海扬波波巀嶫。王师已度岫岩营，北扼海城驻甲兵。胡地天寒不足道，将军下令决西征。朝为候骑进，间道向虏阵。暮抱黄粱眠，坚冰在须鬓。谁知从军苦，漫说绥边功。画旗冻裂缸瓦雪，雕戈寒拂晾甲风。缸瓦，塞名。晾甲，山名。落日欲下战场柳，辕门且饮葡萄酒。猡犹鞣鞨更何论，决眦北望辽阳口。夜深过阡陌，阴风草木腥。烂尸委饿虎，远近鬼火青。人生为戍卒，沙场不空没。临榆关头月欲低，几时饮马长城窟。愿化塞上青青草，年年萦缠单于骨。

神州诗

神州秀灵气，发为山河美。黎民天所降，忠良又何似。有事荷剑戟，无事执耒耜。侯伯几废兴，皇权未尝徙。巍荡同尧舜，颠蹶异杨李。清室近勃兴，诸夏从风靡。朱明无余烬，昭穆绝禋祀。至今四百州，不见真男子。胡君任跳梁，天命谁顾諟。壬辰韩山事，过失固在彼。当时玉帛盟，昭昭如白水。去岁复动师，况乱邻邦纪。吾皇赫斯怒，虎符招猛士。森严问罪文，炳乎仰纶旨。大纛驻广陵，六军均拊髀。维自肇国来，人知胜与死。寄语胡天子，险隘不足恃。三百年繁华，幻虚如海市。不日破满洲，进拔白河垒。皇基固宏渊，昭代无穷已。

送人之澎湖岛

别泪且衔鹦鹉杯，南方多难亦堪哀。瘴烟满地戍楼出，潮道通天蛮舶来。关外已飞司马檄，帐中复用伏波才。澎湖西望风涛恶，要警边防备变灾。

丁汝昌禹庭

重围岛上壮军声，一箭降书生命轻。幕下健儿同日死，齐东又见古田横。

平壤歌

箕子庙边月欲低，朱雀门头鸟乱啼。啼声未绝金鼓起，胡兵逃兮大江西。

坤宁殿行为朝鲜闵妃遭害作

云岘宫边狐夜啼，坤宁殿外星河低。画栏桂树怨秋月，铜壶漏残阒柳堤。苍袍奚奴入南内，珠帘散乱雕柱碎。玉面红摧芙蓉花，蜂腰血点兰麝佩。忆昨行幸光化门，倚宠眼无君王尊。绮筵歌舞秋千动，梯云夜半月中奔。秋风玉匣怜团扇，飞燕已去昭阳殿。弦管凄凉汉山高，铁马驰突祥原县。烽烟腾上冒云霄，乾坤可猎河汉焦。嫦娥早向蓬山去，人间空留钿雀翘。呜呼往事安足道，永巷萋萋空秋草。首阳谁复采蕨薇，朝廷能招商山老。庙前云门调八风，衣冠肃雍朝彤宫。白环银瓮远应致，钟镛河图明堂中。诏曰尔臣和鼎鼐，昔时嬖竖今何在。吕家产禄无所施，伊霍池馆失光彩。太子贤良日讲经，永言孝思椒房灵。长生殿里风雨夜，肠断当年雨淋铃。

时事杂感五首

将军细柳屯，奉诏事戎轩。慷慨去中国，艰难镇外藩。文章开幕府，笳角壮辕门。尔等徂王土，非为异域魂。

炎风天子国，辛苦暮南征。橡樟深山合，龙蛇大泽横。云连吴越树，雾压汉夷城。急致蕃王缚，朝廷夙赐缨。

射雕辽海月，饮马淡江流。转战三千里，回看四百州。令严寒柝重，梦冷夜刁幽。壮士中宵起，长天笑倚矛。

塞北山河改，台南未洗兵。杀人嗟已惨，弃土一何轻。戍卒穹庐敝，功臣甲第成。幸逢贤宰相，万里慎横行。

盗贼犹猖獗，黄麻下紫宵。旌旄齐就郡，侯伯灿罗朝。筹策岂其拙，干戈未敢骄。但看乘世乱，早已爵封饶。

大纛自西都还感赋五首

乾坤氛祲满，戎马几时终。雨冷春申浦，花零云岘宫。椒房环佩断，箕庙棘榛空。回首十年事，茫然向朔风。

天骄修玉帛，万国尚连兵。秦殿一闻哭，楚阶谁决盟。星槎河上远，汉日漠边明。还拜痛哀诏，吞声血泪横。

猛士辞沙漠，銮舆又北归。春光残雁塞，日色丽龙旗。未敛朔方贡，空收南海玑。不知玄菟月，何以照戎衣。

翠旌千万骑，紫气九重门。剑佩迷花雾，衣冠映鹤轩。孔明筹策拙，安石典型存。沙场新战骨，怕有未招魂。

衮职朝廷盛，时清拜冕旒。何为劳圣主，倏又失幽州。魍魉牙山夜，蛟龙坛浦秋。春宫犹问寝，尔辈不空忧。

桂湖村曰：豹轩专攻杜诗，三年而有余，故克历藩翰，而将入堂奥也。五首大概规模杜之《至德二载甫自京金光门间道归凤翔乾元初从左拾遗移华州掾与亲故别因出此门有悲往事》、《收京》、《有感》诸作，沉痛抑郁，间见风谲之语，深得少陵之旨，感咏何止。

读史四首

幕府文书百计穷，干戈南国走群雄。趦跳豹虎青云日，偃蹇鲸鲵黑海风。若为戎马平胡虏，却有盐梅出汉宫。自是君王临四极，诸公谨慎勿论功。

东台鼓角剧纵横，弢箭行人各发营。万里飞烽侵夜月，千军降虏出江城。洗兵势压周王雨，摩垒威凌汉塞旌。许国固应期马革，麒麟不用画虚名。

十万王师奏凯还，銮舆东幸度函关。天开洪海风烟际，地旷饶州草木间。上国箪浆逢父老，中原垒壁拥河山。甲兵全熄功臣死，惆怅城边泪滴斑。

中兴圣主定神州，四海苍生捧寿瓯。德洽山阳频集凤，功成野外且放牛。衣冠狄国归朝贡，社稷忠臣献远猷。短褐今逢王化日，扁舟宁趁五湖游。

本田种竹曰：风骨遒上，辞气沉重，洵近代不易获之作，盖发源于老杜《诸将》及《咏怀古迹》等数篇，全不务貌袭而得其神似者，可以与查初白《咏史八首》同传于不朽矣。

丙申秋夜感怀寄习卿兄一百韵

秋风拂林樾，凉露摧蕙兰。孤鸿度关塞，游子滞江干。天地气肃杀，日月如跳丸。远望浮云外，悲歌热肺肝。君在越山北，我在武州端。武州今帝里，禽兽昔盘桓。平原霾白日，阴风草木刓。英雄起大泽，兵马回狂澜。荆榛开霸府，父老见衣冠。君臣修礼乐，文章三百年。群侯赐邸第，雕檐杂画砖。歌舞烟霞月，楼台车马烟。繁华倏为祟，沙场鲜血膻。大军西南起，势若蛟龙蟠。今皇鸾凤质，黼黻伊吕贤。晋文自辞隧，周宣果渊渊。乃听娄敬计，东迁宝鼎安。九重宫殿壮，霞表楹桷丹。庶民来城郭，巷陌尘埃连。谁重邹鲁道，唯争子母钱。管鲍交情薄，陶猗竞罗纨。挤人陷阱里，投石袖手看。我辈固闻道，何敢共笑欢。茫茫八极外，斯道我行单。天涯谁知已，举首问昊天。或思隐岩穴，未屑追神仙。思君育英乐，笑见讲堂鳣。五经探堂奥，诸史互论难。有时风舞雩，朗咏浴沂旋。春山冲蛇蝮，秋郊放寒鹯。琴窗晓钟冷，书帷夜月圆。庄周畏牺牛，邵雍哭杜鹃。乾坤存同气，云雨阻重峦。黄花空入梦，紫荆几枝残。鹡鸰已分散，桥梓悲黄泉。天未吊我辈，故使发长叹。我性愚而懒，最被父兄怜。深背趋庭训，疏放羡杏坛。孤剑游上国，百事总汗漫。登楼空王粲，弹铗又冯谖。偶然归故国，家人共团栾。一喜我长大，总忘鬓如潘。亲恩谁得解，嬉侍藜藿筵。彩衣未能着，何以戏堂前。问我客中苦，恕我平日愆。与君共行乐，深觉慈恩宽。因意侍慈严，泛海至角田。角田，邑名寺，泊至角田，沿海数里以水石胜闻。长风吹鲽海，峭帆朝叩舷。剑岳嵚巇秀，大海动日寒。波涛崭岩屹，积铁纷雕镌。老木翳鸟道，怪禽叫飞湍。洞龛瓮罂裂，树倒藤葛缠。云蒸虬龙怒，石崩剑戟攒。斗峡争一瀑，河汉虚空悬。猿狖坠嵌窦，涧壑呀联蝉。魂惊生觳霹，樯乌翥翩翩。决眦去鸟外，佐山大于拳。黄云连靺鞨，落日接三韩。海内余奇胜，我辈独专权。当时亲犹健，恨笔不如椽。至今一思此，中肠似熬煎。我复辞膝下，霜晨解征鞍。父曰勿误道，母曰且加餐。君曰报家国，我独向日边。孤驿愁不寐，野店梦相牵。客楼漫散帙，堪读陟岵篇。遥闻双亲健，旅愁足少痊。夜雨冷徐榻，晴雪薄苏毡。一朝梦魂恶，得书我心酸。关山如飞度，道路奔且颠。上堂谒慈严，荐药意千般。当时知有此，我岂玩文翰。恸哭泉石咽，涕泣涌百川。惨淡属纩意，青山空盖棺。日月惨无影，松风徒珊珊。苹蘩何处采，琴瑟为谁弹。唯今君与我，生死何可拚。慈萱渐将老，侍欢宜击鲜。往者去不返，居诸何若遄。欲忘不能忘，中夜每悯然。天地共寥落，忧苦或前缘。木落秋霜白，千里望眼穿。呜呼乾坤里，几人姓名传。顾惭罔极德，低首泪潺湲。不负子路米，不著祖逖鞭。屡被蛙黾笑，空期鹍鹏抟。幸无传家禄，万卷书巑岏。文章与道义，操守当益坚。生不能报父，辟邪我分全。泉下定一笑，弘道输微涓。泼泼渊中鱼，飞飞天上鸢。细以推物理，终极信团团。朔风飘鸣雁，寒皋露方泫。鸱枭叫老树，高楼独倚栏。北塞飞白雪，阴郁冬意阑。北堂短檠下，应梦孤客眠。愿勿梦墨水，我在剑岳巅。人事多衰盛，世事常变迁。辽海才寝战，台南蝥贼专。庙算固难测，孤客泪涟涟。弁置无复道，寄君一幅笺。云外钟声湿，寒空月娟娟。

桂湖村曰：近人诗集大都多近体，少古体，虽有作者，不上数十韵也。豹轩摇笔挥洒辄成此百韵，洋洋洒洒，桴鼓互鸣，钟镛迭响，其才之敏，气之遒，足以压倒群贤，雄视诗坛矣。又曰：昔人云：长篇铺叙有法，起结齐整方为合格。又云：近体杂古体不损其雅，古体杂近体，味索然尽，豹轩折肱斯道者，固应有所自得，何须予表出。又曰："梦魂恶"一段，悲恻伤怀，真堪陨涕，辞发于情者动人如此。

杂诗四首

征清诸将奏奇勋，烽燧暂休辽海云。尚觉国家深患在，山林不放马牛群。

朝廷似畏犬羊群，八道韩山半夕曛。一自肃陵葬金碗，何人洒泪吊檀君。

何人洒泪吊檀君，辽海战场空古坟。闻说胡儿来牧马，黑龙江上尽阴云。

玉殿彩霞鱼钥分，六龙晴出上林云。君王朝御青山野，亲赐旌旗貔虎军。

闻朝鲜大院君李夏应薨四首

君臣相顾眼难开，玉几凄凉血泪哀。盐铁悉随夷狄尽，弓刀谁使蒺藜摧。洞阴云恶龙空蛰，塞北风惊虎欲来。恸哭满朝振殿瓦，摇摇落月下宫槐。

毁誉笑付世间儿，尤物争将成败规。道辨华夷颇有气，业淆王霸亦何奇。狱门阴雨盘骸骼，海岛酸风卷甲旗。侠骨棱棱高万古，峥嵘一片战和碑。江华岛之变，大院君建碑京城曰：主战非和，主和卖国。主和者皆股栗从命。

胸里风波怒不平，岩扃日月奈澄清。坤宁殿草飞鲜血，云岘宫狐叫乱荆。自古厉阶缘外戚，至今尸禄是名卿。何知窀穸非为福，鞅鞅西望更怆情。

鼎湖龙去坠天弓，箕子山川落日中。宋室夹攻非远略，虞君贷道岂奇功。本朝冠盖人皆尽，汉水风烟花自红。倚剑浩歌因洒泪，肠回乱世哭英雄。

桂湖村曰：大院君，韩国人豪，今也亡矣，四律寄感慨于叙事，行议论于典故，颇致怆恻意。

杂感二首独取胶州湾，露取旅大，我兵将退威海卫，而英代入其垒矣。又闻露兵入满洲，英舰守舟山群岛

朔方妖气拥中原，闻说鲁齐又动幡。玉帛唯言鱼水约，干戈久蓄虎狼魂。秦兵强暴偏侵晋，辽马狡阴不抗元。谁赖拟为恢复计，西望痛哭泪频吞。

辽山一割恨何消，满眼徒教胡马骄。势去急流空觅剑，揠来西亩却枯苗。松花江上朝看日，杨子津头暮候潮。南北风云稍欲动，纷纷泪落侍中貂。

桂湖村曰：二律巧咏时事，饶见笔力，其气沉郁，其思俊逸，确非捋撦堆垛优孟衣冠之比也。遗山《梦阳后四忆堂》时有此音耳。其《暮春杂诗》云：接连烽火傍孤城，豺虎公然陌上行。赤羽飞腾晨避泽，黄巾旗帜夜椎牲。已闻渤海新传檄，谁使潢池更弄兵。莫待承平俱故事，汉家耽阁请长缨。赋明社末运者而今日不能莫此感，追观豹轩诗，故特录出云。

五月七日三首

五月七日清国悉纳偿金于我政府，我兵将退威海，予甚悲将士之意焉，得不怅然赋之哉。

威海何边蕲大牙，春风碧草飐杨花。唯今废垒巢无鹊，依旧空林幕有鸦。铁骑断云腾燕月，残兵落日哭胡沙。北人如问南人势，为道楚烟三户家。

荒城急管夕阳危，回首苍茫何所之。柳外青骢嘶剑戟，花间乳燕绕旌旗。将军置酒把杯舞，卒伍踏歌弹锷悲。重问刘公岛边垒，乱云莽棘没崇基。

嗷嘈斗舰卷阴云，渤海天穹半夕曛。北望髑髅迷苜蓿，春来风雨长榆枌。画栏泣拜还辽诏，寒帐每谙栖越文。不莫中原恢复计，朝廷弗用岳将军。

桂湖村曰：运之以俊逸才，行之以沉劲气，每篇不雷同，而饶有新意，响亮锵铿，郁为伟观。今少就句论，“唯今废垒巢无鹊，依旧空林幕有鸦”，不典而慨乎，“柳外青骢嘶剑戟，花间乳燕绕旌旗”，不丽而整乎，“北望髑髅迷苜蓿，春来风雨长榆枌”，不奇而切乎，至如“铁骑断云腾燕月，残兵落日哭胡沙”，则作者得力笔路，洵足一唱三叹矣。

侯嬴歌

周家宝鼎辞镐京，天下辩士谈纵横。魏王唯恐秦恫喝，时危不救邯郸城。信陵尊贤因虚左，就中傲骨是侯嬴。谈笑立决救赵策，慷慨偏嫌帝秦名。侯生门客字朱亥，袖提铁槌鸿毛轻。绣帐已窃卧内符，邺下横夺晋鄙兵。王龁将卒散如雾，函关不闻秦人声。功成富贵随所致，丈夫何敢恋簪缨。引义拔剑从容死，回首大笑白日明。秋云一片高不落，下瞰群岳何靡靡。君不见鲁曹沬，又不见赵庆卿。壮志大功非大异，高踪清芬何可期。周秦人物几千万，唯有鲁连与范蠡。侯嬴与之为鼎足，事业千秋涅不淄。道人作歌颂其义，斯心何有俗人知。

桂湖村曰：毛西河论诗，指摘时弊，云：如吴下清客，门巷竹扉萧萧，又如货郎儿摊多，盛盘骨董，小有把弄，又如勾栏子弟用胶清刷鬓，踏砑光袜，以自为美好，士气尽矣。此岂丈夫所为者，方今诗风亦稍似西河时，其能忌庸俗、恶纤弱，以气为主。如豹轩者，有几人乎？

送稻叶君山岩吉之清国九首

已亥腊，予将归北越，途见君山，君山索予诗，乃赋。

绝海鱼龙卷素波，乘春远别欲如何。清时社鼠窜朱瓦，乱国山魈藏女萝。将自申江浮七泽，更从荆楚溯三巴。东风不为舟行便，乃拂金鞘斫白鼍。

叹息治安策竟空，满胡阃内说和戎。秦关风雨起王猛，浙府山川泣陈同。盐铁岂无商榷术，俎尊应有折冲工。江湖子弟漫慷慨，君更怀忧入峡中。

忆昨山中抵掌谈，古寺秋风动佛龛。坐上云生寒石井，窗间月落老松庵。孤浮大海帆光断，远思晴湖雁影涵。别后方知梦君处，征旆悠悠度夕岚。

携手河梁涕泪纷，吴山楚水路遥分。绮城杨柳画中见，古庙鹧鸪愁里闻。汀树哀烟荆口月，岩花寒日蜀门云。行春似解故人意，万里依依独送君。

夕阳饮马大江流，极目荒荒四百州。野渡人空平草木，春山日落散羊牛。辽关胥吏枉售剑，采石书生不舣舟。客子鸣镖揽兴废，古今龙斗渺生愁。

日照汀洲起宿凫，春风两岸入青芜。守令门外石为虎，野老田间兔触株。燕赵故墟乔木大，鲁齐遗迹断云孤。君看文物隆衰际，浑在朝廷辨哲愚。

扬舲万里此西征，扬子春寒绿渐生。顾指吴山朝雨暗，回望蜀道暮烟平。孤帆迷莽青枫树，一剑飘萧白帝城。知尔有愁还负气，不教清泪堕猿声。

蜀中南接贵云山，北限秦韩岩崿间。篁樾翳天金玉丽，蚕桑覆地米鱼闲。英雄驰逐空今古，攻守情形孰险难。行到锦江吊先主，征衫定涴泪痕斑。

时艰始思济时才，胆大略疏何拙哉。诸葛任人拟韩子，郭隗献策是燕台。九州瓜裂谁先唱，天下三分暗已催。君若西行试君事，计成功立复归来。

桂湖村曰：七十二句有瑰奇者，有沉丽者，有豪健者，有典切者，高辄近于唐贤，低亦不下明人，虽其间有稍失粗大者，然绝无纤靡调，沨沨乎雅正之音哉。

燕京篇

燕京六月被围急，万国使臣报绝粒。羽檄纵横暗风尘，沿道未闻援军入。貔貅桓桓我皇师，半夜听鸡肉生脾。阵中笑捻金仆姑，塞外欲虏辫发儿。当时宰相兜鍪客，折冲不讲纵横策。遂使六国窥秦关，虞虢何由修玉帛。东兵西马引辎车，冀北一半成废墟。清家仓皇弃社稷，此事须验乱离初。西土教徒国比豻，阳贵平和阴恣悍。虎攫狼噬侵封疆，坐使拳团致背叛。殿宇峥嵘飞翚隆，白日放火天为红。杀戮教徒如刈草，劓刖壮夫贯女童。此辈蒙昧疏谋计，幽愤激发欲拯世。清廷煽动误本末，九州竟酿累卵势。群黎蜂起戕使臣，诸道缤纷烧城闉。黄巾跳梁铜马獗，屠掠掩压外邦民。外邦闻警飞使节，攻守略定期歼灭。七国一齐出将军，誓天慷慨气惨烈。黄海波涛吼风雷，铁舰冲撞涛破摧。王师先登太沽垒，俄德亦据北塘台。旌旗蔽天腾炮焰，鼓鞞接地草木飐。剑气低昂昼贯虹，天津以西无阻险。衔枚长驱占杨村，咫尺突兀望京垣。欧旅间道攻西北，我兵东夺朝阳门。城中使馆战正苦，逆虏攻袭无朝暮。刀折弹尽张空拳，一时才保肃王府。城东烽火照暮云，杀气森森动斗文。眼见义师破围至，城中喜悲抱将军。自从清室助盗贼，四海冥蒙阵云黑。须诛渠魁谢列邦，文恬武熙建皇极。列邦固声救星槎，丹书岂宜割山河。晋文诡计假虞道，齐桓谲术挑楚戈。贼寝河北犹交战，龙蛇唯待风云变。俄德法英咸鹰扬，可怜东海日卑贱。胡狄诳张骗赵孤，狳犹暴慢蹙周图。谁雇魏绛议和戎，焉知娄敬劝迁都。晋政难赖江南壁，宋室遽弃河北镝。君臣相顾泪湿衣，百二河山风萧瑟。两宫北狩指晋阳，霜露侵辇圣心伤。黄裃当年临玉户，青山此日充画障。五国城边沙浩浩，苍梧野南云皓皓。空望日月出还没，玉銮何时上南道。日暮倚栏送飞鸿，帘前无人城楼空。霜锦云绣冷行殿，璧月桂花思故宫。景山萧条禁鼓歇，衣冠奔崩剑佩竭。翡翠金殿闷晓烟，鹦鹉雕栏虚夜月。万寿山空草离披，圆明园荒长荇蓠。秋花狼藉覆紫砌，怪鸽营巢镂凤楣。亲王歌馆今何在，丞相舞榭失光彩。朱幕翠帘霏雾寒，乱禽重来墙又改。平生养将备国艰，士卒虓虓气挫豻。督府连境拥精仗，雌伏不敢出邑山。此时不出将何意，无乃年老图私利。不知国破家亦亡，尔辈何不思圣泪。黑龙以南胡马骄，况复榆关聚戎貂。唐家已无郭子仪，汉廷谁拟霍嫖姚。氛祲漠漠沉天日，义民不解救宗室。清若摧灭我亦危，保全封疆我其匹。岂图朝廷惮西欧，堂堂神州阙国猷。画策每随夷虏后，枯骨枉买敌国欢。还辽相公新拜诏，峨冠大带临廊庙。平生意气轻霍伊，乾惕强自比周召。定有宏谟达枫宸，未闻尊俎施经纶。俄德公然据齐辽，昔何扬扬今何沦。当时还辽由兵少，今日水陆盛旌旐。雪耻逞意今其时，逡巡何以仿弱小。闻道廷议割闽江，摇尾追随西土龙。瞬时唯成弥缝计，百年其奈危帝邦。家国宝器在礼貌，如今权门轻名教。庠序不出社稷臣，阀阅何知忠与孝。李颠牛蹶恋衣冠，攀龙附凤多素餐。龌龊簿书误大体，诸君争使圣心安。壮士中宵瞻河汉，拔剑斫地剑光烂。欲为圣皇甘捐躯，起望星斗发浩叹。寂寂寥寥儒生家，尽日读书避牛车。普天唯期树道纪，勤劳应同种桑麻。儒生慷慨壮士噫，功业忍归朝臣败。请君弃掷优柔态，秋风盍试俊鹘迈。

桂湖村曰：燕京变起，日滋事端，远者和以问亲，旧者睽以就新，仁义之道，荡然亡矣。有心之士慷慨拊膺，末如何也。此篇叙述六月以来之事委详明，赡亳无渗漏，骨力雄健，辞藻伟丽，中幅尤极淋漓酣嬉，读至"可怜东海日卑贱"，发竖眦裂，洵此大作。

送国府犀东种德之台湾

犀东子临发，柬友索余诗，余诗在意而不在辞，若徒喜其辞不顾其意，则何为于余诗。佞顺逆意，妾妇之道，直规不回，丈夫之谊，易谀以箴，犀东子可以知余志。

乘秋度洪海，载翰谕悾恫。壮哉远游子，俊气断彩虹。借问何攸之，万里入南中。南中风土异，炎瘴恒朦胧。城阙随岩险，河山接苍穹。丰条敷永绿，繁荣吐常红。材矿藏天积，鱼禾迟地通。雪烨控良府，何遽委犷童。更思澎湖障，严锁扼闽崧。满胡曩扰乱，四海正兴戎。幽燕覆旌旆，鱼龙哭艨艟。黄袆避故堞，峨冠纷彤宫。与国拥列戟，使者怀剖桐。或恐尽高鸟，废匮弃宝弓。危势招祸眚，仁人思全功。虽居偏孤地，仗义存至公。中土警腓弱，边心欲实充。沉潜敷规画，启迪期明聪。小人喻愒利，烈士知匪躬。甘心赴患难，应使皇道隆。辟富与养气，神化移野风。使彼狉狉族，变为长城丛。立言重躬践，细行要敬崇。戒慎睹达德，好色岂英雄。道以干惕畅，理以精悫融。事以慢易塞，业以放纵穷。闻言犹贰行，仆岂不忡忡。因君万里航，欣然致微衷。

桂湖村曰：气势浑灏，体格完厚，言之有物，必中肯綮。近人送别之作，大抵辞虽美而无规戒，其或有焉，未为详赡，此特词意并到，与昔贤为伍，王世贞论杜诗云：以意为主，以独造为宗，以奇拔沉雄为贵，此篇亦几乎有之。

基隆海北即目

海上潮光晓未明，舷头漠漠暗云横。南来风起开烟雾，咫尺青山突兀生。

船入基隆港舸上口占

驰舸苍衣箨笠蛮，晴波淡淡载人还。岩屏曲折抱湾水，水底倒涵鸡笼山。

入台纪事六首

七肚驿西碧带流，两边山阔辟田畴。夏来苗本绿三寸，细径时时出水牛。

翠篁深处是谁家，蔓草绵绵瓦屋斜。男子敝衣赤脚走，妇人云髻簪红花。

南台日午火云烘，苑里妖花射眼红。向晚星天殊粲粲，相思树上起清风。

园林昼静丽禽翔，花草斓斑蜂蝶狂。独怪夏天秋已到，南风四月木犀香。

菠萝赭黄蕉实黄，鳖鱼甘苾枣茶香。清风一榻竹帘下，玉碗又盛琥珀光。

暮上城西艋舺台，川原苍绿夕阳开。大墩山仄云中出，淡水河明树里来。

谒台湾神社二首

亲王奉钺讨边疆，躬冒弹烟临战场。一夜前军大星落，万年威武照南荒。

风摇杨柏叶声悲，帝子祠前薄暮时。鸟去山空花自落，春寒阴雨卷灵旗。

圆山望观音山

鸡江南注淡江湾，两岸萧条绿野闲。当面连冈平远处，空中现出观音山。

剑潭寺

昔时全盛剑潭寺，今化儿童诵句堂。辫发先生执鞭立，漫看石佛放金光。

淡水舟中望关渡作

日落清江曲，片帆游子情。平原烟欲尽，断峤月方生。树色关门渡，潮声沪尾城。夜渔灯火远，击楫下空明。

黄植亭曰：绘影绘声，情景欲活，后幅写望字十分透彻，读之恍惚身游其际。

粘舜音曰：炼格炼意，炼字炼句，俱极苍古，不徒以写景见长，洵非凡手所及。

台北客中杂咏十二首

万点槿花发，斓斑风露朝。游蜂求蜜去，乌柏至芭蕉。初日照林屋，薜墙翠蔓斜。小禽误栖止，玉露坠红花。

炎风吹巨竹，不动半天云。瞑坐萧斋里，暗知兰桂熏。玄蛇横瓦壁，白蜥跃萝墙。永昼无啼鸟，黄风入草堂。

雷电荡云澂，虹蜺垂野开。疏帘卷未下，急雨摇林来。隐见树间树，参差山外山。夕岚青欲尽，一点鸟飞还。

黄植亭曰：苍翠如春日，柳绰约如老树花，节短音长，余韵可掬，写景亦极古致，非得力于六朝气息者安能有此？

禾稻盈平野，纵横引绿风。牛归遥草外，人立夕阳中。蜻蜓磨地乱，蝙蝠薄天飞。野色红将尽，苍茫向落晖。

少女执鞭立，竹湾古渡头。锦湍远明灭，鹅鸭溯川流。步出圆山路，瞻望和尚洲。苍苍千竹暮，片月照行舟。

灯火林间灭，星光天外稀。微风吹野草，照寂一萤飞。童儿篱下语，阿姊笑言非。夜烛照高柳，鸣蝉穿竹飞。

黄植亭曰：笔端变幻，光彩陆离中忽见野外。

上台北城残壁二首

台北城存垒壁空，时平无复见英雄。哀烟蔓草残垣下，碧水青山夕照中。

四塞江山形势雄，总归皇土版图中。唯今此地新开府，红日旗翻草木风。

时事杂咏九首

吹南极

营门仗剑望燕云，眼中无复李将军。一死直欲报君国，雄风压倒千人军。自从四海绝兵炬，须髯男儿爱红女。醉歌乱舞翠帐中，昔何勇猛今何怯。南中狭斜娇面多，壮士夜夜戏素娥。攀花折柳不足道，窃玉盗香又如何。官长相见不相识，上下竞奔渔丽色。蛾眉之斧不能胜，淫荡之风吹南极。

何暴汉

春水返溪脚，春风吹花垣。不知何暴汉，突如入篱藩。妇女走相叫，狼藉红裙翻。民欤抑又吏，白日骚后园。四处已偷奸，徒党将更繁。民间若有此，赴官宜诉冤。兽行不在民，嗟乎复何言。

眠镜台

奸党纷纷如雨来，翠眉浪藉绛裙开。不知赤帽黄线子，白日何边眠镜台。

捕五头

鼠疫日猖獗，频频我生休。吏曰汝人民，谨为捕鼠筹。朝夕扫瓦壁，反复渫渠沟。多多更益善，少亦捕五头。一月三十日，五头必当求。捕获逾五头，赏金可之酬。五头若不获，汝等当有尤。人民闻此语，汲汲求鼠俦。鼠贼渐将尽，五鼠无得由。唯恐课罚金，却为养鼠谋。

鼠六头

贤吏忙为驱疫谋，已分训令欲除忧。愚民若恐黄金罚，屋里窃存鼠六头。

蝶与蛇

问君何所携，数十彩蛱蝶。问君何所赠，五七蛇蟒箧。鳞甲耀白日，凛凛使人慑。红舌吐草中，踊跃欲击颊。蝶也丽羽毛，黄紫一何晔。置之栏楣间，真如戏花叶。今日蝶与蛇，丛窟已又成。台湾文库里，一见得其情。奇哉寄赠人，飘乎似幽灵。来时有其影，去时无其名。

匿名人

鲜鲜蛇蝶羽鳞新，文库堂中别见春。世上纷纷争衒卖，南方有此匿名人。

白刃闪

白刃闪，鲜血紫。女子叫，惨风起。台北厅，府前市。楼之上，户之里。男者商，女者妓。妓而妻，妻似豕。高者山，低者水。出于尔，反于尔。痴情果，总若此。

太多忙

桃花洞口一株杨，移植少年游冶郎。怪着绿条低向外，千丝折尽太多忙。

北　塞

北塞风云惨不收，传闻海外又防秋。露军跳跃三千里，满室震惊十六州。开矿称权因借口，撤兵破约更何谋。设令双骑化樵采，黑水以南不可留。

黑龙流

日英连袂护辽州，谁敢公然弄诡谋。第二撤兵期已过，露军不渡黑龙流。

观慈善剧歌

东奥饥馑惨烈烈，无衣无食救途绝。百谷已尽剥木皮，野无寸碧草亦缺。老幼相拥仆道上，妇男号哭眼流血。杀马煮席何足言，捕攫虫蛇食蜥蜴。同胞齐生天地间，独有何辜罹此孽。南中俳娼闻此事，亦有人心肠为热。简书纷纷告四方，技场新开慈善剧。画楼宝阁绿水濒，百花烂漫何处春。弦管悠扬起天半，云中忽现姑射神。雪衣霓裳风里举，落花飘飘点玉尘。媚态娇容赴缓节，戏蝶游蜂临拂巾。宛如柳条靡风晓，忽似海棠睡雨晨。或如惊鸿翻艳雪，又似游鱼啄白苹。牡丹已散红莲开，春莺方辞夏燕来。更有一队娘子军，锦带银扇影逦迤。节奏宛转左右当，闲花细细驻游丝。座客观之争缠头，缓歌一曲金百千。寄语世上饱食人，须为同胞寄米钱。

游北投

台北城西纱帽东，川岩回曲路幽穷。登楼下见温泉绿，倚槛平临落日红。云去云来山色里，鸟歌鸟笑水声中。浴成长啸向前巘，明月新悬修竹丛。

九月七日静处山人寄诗来酬之三首

诵君原上咏，惆怅思何穷。满目风云色，无由寄断蓬。

明月照无尽，清风吹不穷。可怜属良夜，南海转萍蓬。

碧水泛明月，东山兴不穷。烟波空隔绝，谢尔问征蓬。

原倡云：思君复徘徊，原上愁万穷。明月照孤雁，秋风吹断蓬。

憔　悴

憔悴南冠一楚囚，自惊岁月似川流。莺花酣日辞京邑，霜露清时又早秋。北阙风云频洒泪，西山猿鹤未成谋。离乡愈觉乡园乐，肠断天南万里楼。

绕　城

绕城无处不峦峰，我爱南山碧色浓。日出卷帘排密竹，月明移杖傍疏松。风云一失虎成鼠，玉石混同蛇化龙。何人忘却乘除事，且来携手对蘢蓯。

城　南

城南道上草连天，远望故乡泪泫然。举目山河非我土，伤心风物带哀烟。悠悠隔国三千里，落落托生廿六年。惆怅不堪还独立，暮云乔木急寒蝉。

黄植亭曰：景中有情，情中有景，悲歌慷慨，天地为愁而大气仍复盘旋其间，如读庾子山《哀江南赋》。

台湾神社祭日恭赋四首

神州兵马权，未敢将臣传。列圣常振武，亲王时镇边。大旌一指顾，群虏咸奔迁。皇祖皇宗业，创基固广渊。

亲王金玉贵，南渡俨戎装。壮烈三军气，靡披百战场。余威长尚在,明德久扬香。祠庙青山上,万年护大荒。

北虏漫跳跃,廷臣未破颜。习兵播但际,飞舰水云间。杀气连辽海,妖氛接白山。九泉如有识,定策济时艰。

朱幄连山树,清笙响水浔。粢牲已丰洁,剑履尽忠忱。雍肃文兼武,仆僵聋与喑。年年逢盛典,阖岛拜祠阴。

时事杂咏十四首

读宣战诏四首

昨拜宣战诏,感奋涕泪坠。兵者德之凶,固乖文明义。遽兴水陆师,岂其为朕志。北俄正跳梁,清韩进旗帜。今而不膺惩,异日危国位。是以劳朕民,谁不赴艰地。

昔读还辽诏,言言哭吞声。今拜征俄诏,义烈气何平。初疑诏中言,无曾及要盟。久知圣人德,如忘宿怨成。唯为东洋故,欲扫侵辽兵。曲直既甄别,胜数归正名。

王师征北俄,唯今最得时。徒说成与败,我固不取之。坐以待覆灭,宁若赌安危。国权屈不伸,国利亦将移。成国复何意,干戈固所期。事成永享利,事败我有辞。

昨夜军令下,吾皇大召兵。男儿赴国难,岂遑顾恩情。辞我白发亲,别我弟与兄。感激双泪坠,不觉哭失声。忽复跨鞍马,去去自此征。生必歼丑虏,死必护圣明。

水军夜袭

水军长驱决夜袭,雷艇壮士发尽立。星死雪黑沧溟怒,直截玄涛踊跃入。电光雷声起暗中,炮熕乱射天为红。纵横驰突战舰间,势如鲸鲵驾丰隆。我艇弹丸一当百,翏翏发响火生风。碎者既一搁者二,其余敌舰命将穷。天明日出静云盖,三队艨艟来相会。勇战奋斗乘洪涛,列位一线如长带。君不见金山铁山虎负嵎,敌潜其下不出趋。我舰精锐无所用,暮天归去南云孤。

战局变

奇哉俄军志，在退不在战。败亦以为胜，自夸巧后殿。我闻辽阳役，猛烈激雷电。杀伤数相似，此事非讹传。况彼宜守地，弃掷走远甸。何者乘此时，漫说战局变。或是出流言，或是出浅见。

坏蚁儿

英报所论议，忽然异前时。扬俄而抑日，噫嘻事何奇。外人从军者，岂尽有操持。临事展私忿，托怨构虚词。喧传海外纸，世论遂相疑。我愿疑似际，辩明必勿遗。不用分内外，要归贵无私。大人慎微细，金堤坏蚁儿。

复奚疑

我观邻邦史，易君如奕棋。君而不利民，易之不为奇。建国体既尔，仁者须再思。借问彼朝廷，有无文明仪。结仇以忘德，唇齿若不知。岂是其民意，朝廷殉己私。朝廷化私党，一日非所宜。寻究清韩祸，潜伏竟在斯。私党真无用，断灭复奚疑。

英雄士

我观清与韩，靡弱难自恃。文明视为敌，愚劣反自喜。其民岂有过，政府失治理。如今日露战，祸乱由何起。苟不清其源，浊流何得止。一旦逐盗贼，修墙直宜始。扰扰邻邦事，纷纷入人耳。谁能断乱麻，怀哉英雄士。

又

韩室君臣似风蝇，清廷不免一私朋。寻常加减乘除外，何处英雄谙废兴。

读捕获露舰所关辩明书

东洋善例始于余，何用西人唾弃余。况有精神合公法，痛快一篇明辩书。

萧墙中

俄人默，英人喧，昼出雷，雨覆盆，胜败论可哂，褒贬须臾泯。官知恃庙算，民知持坚忍。不疑官民堪克终，万艰亦应奏大功。唯恐人情有弊处，往往祸起萧墙中。

有深愁

苟有战胜实，嚣嚣何足尤。苟无战胜实，默默亦可忧。不问嚣与默，吾心有深愁。高峰多烈风，繁木落叶稠。一身既不免，一国亦其俦。功成遭妒忌，祸利不易收。

难阻止

奉天未陷时，辽阳既占日。谁思盟邦人，反弄颠倒笔。西人自有西人心，胜乎败乎更何寻。实势滔滔难阻止，敌军复退铁岭阴。

纪战四首

蛤蟆塘

车颠炮碎血玄黄，毙马纵横溪谷荒。风雨蛤蟆塘下夜，神兵梦更向辽阳。

南　山

半岛北门第一关，金城铁壁是南山。皇军突击两三次，手擢宝刀斩虏蛮。

得利寺

新战场空乱骨堆，阴云残日照荒台。与君怯说当时事，一万露兵飞化灰。

大石桥

撼地炮声晚始消，胡营列阵鹫旗飘。岂知飞将夜兴旅，追北直过大石桥。

黄植亭曰：声余于意，意余于词，雄迈高浑，力能屈铁，直使满洲战捷景况历历如在目前，而笔端尤饶有古气，飒爽凝秋，大足壮人胸臆。

山东对州海捷四首

陌上童儿拍手欣，捷书新自九天闻。秋风八月山东角，日本海军破露军。

堂堂敌舰廿余连,乱若疾风卷叶然。不怪败残二三片,飘零齐北楚南天。

对州北望阵云寒,战罢海天不见山。唯有鱼龙戏沉舰,将军日暮逐胡还。

二月旅仁奏功后,浦盐舰队尚依然。今朝一举碎南北,始得能收制海权。

黄植亭曰:力厚声高,气魄浑雄,楮墨间如观对岛海战,大破敌舰队,势若疾风卷叶,妙在首首俱从旁人说出,拍手欢呼,尤觉精神,十倍所谓“画舫疏帘看奕棋”者。“秋风八月山东角,唯有鱼龙戏沉舰”是绝妙好词。

进不休

铁鞭横断鸭江流,分路并行进不休。肃肃天兵三十万,旌旗直指古辽州。

黄植亭曰:堂堂之阵,正正之旗,落落数语,无一闲字,无一弱音,恍惚间如闻千军万马声,盖神乎技矣。

胆如斗

夜雪狂,风涛吼。驾孤艇,近港口。电灯闪,敌有守。弹如雨,落前后。大声叱海若发炮,不运手雷弹一中,的的峨舰粉赍剖,水军将士胆如斗。出没变化似神母,再战能使旅顺空,极东总督弃府走。

瓜将军

敌舰在仁川,我舰包其外。炮烟咄嗟起,訇訇动暮霭。一舰自焚弃,一舰没涡濑。呜呼俄战舰,不战卷旌旆,呜呼瓜将军,万人仰勋带。

陷辽阳

辽阳天下险，露军天下强。屯兵二十万，积蓄半星霜。坐以俟远客，劲敌未易当。王师噫何勇，长驱征边场。激战十二日，遂能陷辽阳。战局势渐定，自此得小康。所愿逐丑虏，斥之满洲疆。放之黑龙外，奏凯报吾皇。

万岁歌

右队既逾太子河，左中两翼下山坡。朝来扫敌秋天碧，唱出天皇万岁歌。

台湾神社二首

山秀水清处，橙黄橘绿秋。圆山拜祠庙，追思泪空流。

沙河新会战，俄虏近歼亡。快事如斯少，九原欲起王。

肥田野

肥田野，生卒年不详，又称小草，甲午中日战争时期任日本第三师团法官长。第三师团创建于1888年，前身为名古屋镇台，故又名名古屋师团，是日本最早成立的新式陆军之一。甲午战争时期，师团长为桂太郎(1848—1913)，山县有朋门徒，深受山县有朋器重，在其带领下，第三师团于1894年登陆朝鲜，先后参与了攻占平壤、九连、安东、析木、海城、牛庄、田台庄等地的战役，是日本在朝鲜、辽东战场的重要军事力量。《小草先生阵中杂咏附南洋漫画》于1895年8月由名古屋的扶桑新闻社出版发行，收录了肥田野作于甲午战争时期的汉诗，从时间跨度上，诗作起自登陆朝鲜，终于胜利返回名古屋，涉及第三师团的众多战斗行动，叙述虽带有日军强烈的主观色彩，但仍是我们深入了解甲午战争的重要史料。为肥田的诗作漫画及序的是铃木经勋，战争期间他以扶桑新闻社社员的身份从军，负责拍摄、报道。此处据日本国立国会图书馆藏本，录铃木之序及肥田野之诗。

小草先生阵中杂咏　铃木经勋序

明治二十七年，清国失邻谊，皇师讨之。夏六月，予航海入朝鲜国，从第五师团视战况于牙山、平壤而归。冬十二月，再航海入清国，第三师团已陷岫岩、析木诸城，在海城，予往从之，视其战况。小草肥田野先生以法官长在团中，就而语。先生咏诗，予乃画其阵状。予成画，先生乃咏其战况。轰炮锵剑之间，为清雅之乐矣。先生通经典，能诗文，清人闻其名，请教者多焉。第三师团之入清国也，不啻观武烈，又耀文雅矣。其行军之际，与先生语，有吟咏则予录之，及归，为一册子。先生常语曰："自古从军者之诗，多悲哀之辞，是可厌也。从军者宜一句一章使人励志振气也。"予深服其语，故予之画，以世画论之，则或多不适法，见者以先生之语评之则可也。今欲存阵中谈笑之迹于后世，付之剞劂氏，因书之卷首。

明治二十八年七月南洋铃木经勋识

发长直路至仁川舟中作长直路在朝鲜国全罗道之南端长兴。附近大小岛屿相依，曰古今岛，其间为港湾，九月十日运船二十七，载将卒辎重发路，以军舰十六护其前后，整列而进

旭帜央央指越东，舰烟漠漠涨苍空。敌中纵有周郎在，不使史官记武功。

仲秋望与诸将校会宴汉城公使馆馆在京城南隅南山之下

仲秋时节月如霜，张宴南山举酒觞。满坐佳客同国士，不知身是在他乡。

下青石关至金川阵营途中作关在黄海道开城西北，据山立关

青石关前一路横，日倾林谷暮烟生。金川营是在何处？隔岭遥闻嘶马声。

宿黄州城城据德月山，枕赤壁江。城北启玄门傍有小亭曰抚剑，眺望甚佳。前十日清军据焉，我师走之

战余城市室栖鸠，赤壁空围德月头。抚剑亭边风景好，败军将亦有诗否。败军将，谓清将也。

平壤台口占台据丘，枕大同江，箕子所都，小西行长所夺也

高壁浚池粮盈仓，城南城北甲锵锵。一朝败衄血涂地，休说满洲骑士刚。

牛羊无主鸟空鸣，草木风腥不耐行。玄武门头秋寂寞，碧衣殷血满山城。碧衣，清兵之服装。

到处田芜屋壁崩，松间忽见绿台层。可怜闵相畏天意，修饰郊头箕子陵。陵在城北，元荒，韩相闵泳骏修之而祠之。

天使来平壤犒军

海风山雨暗长天，四方凯歌闻日边。汽笛一声同水里，传言天使犒军船。

宿安州城城枕清川江，曰细柳营。城北最高处有堂曰拱辰，下有松林，鹤徘徊其间。山头月出，眺望甚佳。向清兵二千据焉，闻平壤陷，弃甲而逃

拱辰堂畔四望宽，鹤过松林月上峦。想见清军屯宿夜，一声嘹唳破寒肝。

登百洋楼楼在安州城西北隅，题曰"关西第一楼"。携茶及栗子登之

兵刃不血到安州，登此关西第一楼。栗子为肴茶当酒，师行亦作江湖游。

义州城偶成城在朝鲜极西，与清国接疆。清军来朝鲜之日，风雨相继，阡陌之马迹车辙足征其行军之艰，我师发宇品至义州，经五旬无一雨

潦水没轮泥没蹄，清军来日雨凄凄。天公似与东人便，踏遍韩山不见霓。

渡鸭绿江江在韩、清二国之界，义州城与虎山、九连城隔江为鼎足。我师晨渡，击清军虎山下，破之。清军横尸山下而退，晚进入梨子园。九连城、安东县诸军不战皆溃

履霜晨发数千兵，鸭绿江头残月清。天宇无云万雷起，九连城下宿禽惊。

夕日西倾山色微，风吹秋草叶纷飞。可怜鸭绿江边碧，都是深闺

裁切衣。碧衣，清兵之服装。

九连曲

九连城下东来兵，不负九连连胜名。何用九连汗马背，一鞭挞破九连城。

一鞭挞破九连城，奈彼九连城下盟。纵有九连山水锁，九连提手共偕行。

九连提手共偕行，难奈九连途不平。有寿九连相见易，一朝疾走九连程。

一朝疾走九连程，谁识九连肠断情。曾祷九连城下佛，九连有死九连生。

九连有死九连生，又愿九连同辱荣。欲语九连望不得，九连城上风云横。

九连城上风云横，岂莫九连鸿雁征。情绪九连难写尽，九连采笔挑灯檠。

九连采笔挑灯檠，涕泪九连掩双睛。相思九连何日灭，欲求谖草九连茎。

欲求谖草九连茎，反侧九连眠不成。忆昨九连城下晓，九连话里炮声轰。

九连话里炮声轰，起卧九连心事怦。遗恨九连何所为，九连城下东来兵。

安东贺天长节安东沿鸭绿江，在九连城南数里

陇在掌中蜀可望，三军将士尽精刚。安东今日祝天寿，明岁开筵是洛阳。

马玉昆马氏败于平壤，走入安东县，又走入岫岩城，未几，我师攻之，又走

一从败衄去平壤，鹤唳风声几遽惶。百步走同五十步，古人有语莫漫谤。

十二月十二日陷析木城次日又陷海城二城在岫岩城北、牛庄城东南、安山站南

二城连陷意偷哉，不省寒风擘面来。逐北追亡忘路远，马蹄蹴雪白云叆。

晾甲山下作山在海城西，敌将宋庆谋复海城，使其将某率兵九千，阵山南感王寨，一名缸瓦寨，我师击走之

朔风卷地雪花扬，旭帜扬扬向感王。未接兵刃气先奋，冰凝马尾碎锵锵。

阵中得女儿讣

云涛万里乡音少，偶得信书寄讣来。料识家人拭涕语，红衣自是无心裁。

海城除夜

积雪埋山行路难，海城城上驻征鞍。只忧髀里生肥肉，不管新霜上鬓端。

海城元旦

元戎报晓旭光新，万壑千山一样春。王泽不分疆内外，沾来黄海海西人。

观喜山头所见山在海城北十数町后教军场傍。一月十七日依氏、常氏率兵一万有余来攻海城，我师立牙旗山上，击却之

三道虏兵来逼郛，须臾溃散入村隅。原头恰似悬新幅，雪后寒鸦枯木图。

送会计检查官伊藤名佑敬**大内**名丑之助**二子归故国**

相遇阵头话旧情，何图倏忽举离觞。凭君传语故园士，柳色新时入北京。

海城营中作画之一

列阵营中飘旭章，貔貅十万竞精刚。民群赠馈辎车接，官府犒劳驿马忙。卧蓐瘐俘感恩厚，窥营饥寇羡粮穰。床头有被枕头酒，寒夜无人说故乡。

次高桥骑兵中尉海城偶成韵中尉名喜七郎，为第一军管理部员。画之二

黄沙碛里不看梅，犹得东风消雪来。自古汉人多怯委，吟云春莫到辽隈。

题铃木南阳海城营中笑语图南洋名经勋，游历南洋诸岛，察其地理，能诗画写真，以扶桑新闻社员从军，在阵头写影。画之三

城外战阑笑满营，牛刀又用小鸡兵。朔风时送轰雷响，知是王师追北行。

留别海城秀才马鸾声字鹏九王乃香字孟兰

欲逐东风拂虏尘，厝山山下着征衲。陌头辔按频回首，是为城中有故人。厝石山在海城内，文庙所在。

破海城围至头河堡途中作画之四

大雪埋途蹄不轻，巷门系马烧枯茎。枪声渐远知虏败，漫数遁逃几里程。

> **长顺**长氏与依氏攻海城阵干线堡，我师夺之，走入鞍山站。其众万余，阵山南，终夜烧矩示势，平明我师入城，已逃不见只影

似效虞生增灶爨，荧荧炬火压星辰。不知长氏学谁术，日出城中无一人。

牛庄城即事画之五

城将疏谋略，不察眉毛焦。累壁如穷鼠，还无得食猫。

> **吴大澂**吴氏奉敕率兵数万督辽东诸军。二月入牛庄城，与长氏、依氏谋复海城，榜四方曰："日本兵而降我者，免其死，日给二食。"我师向牛庄城，遁逃，不知所之

遁逃星换日，驷马尚忧徐。执尝劝降笔，将榜免获书。

宿牛圈子牛圈子，小邑也，在营口西北三里田庄台东里余。画之六

踏过银界一旬程，投宿辽河河畔闳。碎破坚冰汲流水，饮终马马沸茶铛。

田庄台即事台在辽河西畔，辽东之要冲也。故朝鲜九连城、海城、牛庄、旅顺、盖平之败将散卒皆集此台。画之七

辽东要道称田台，败将散兵咸集来。计划一年支数刻，天飘黑焰地糁蚧。

宋庆宋氏以大军守安东县，我师攻虎山，不战而走，入海城，又败而入田庄台。后数遣将图复海城，不利，而众服威名，不敢散云

老翁矍铄似廉生，多食犹贪大树名。只为将军忍遗失，丁男不发楚歌声。

屯缸瓦塞

驰驱来往辽江边，古战场中复驻鞯。塞上如今无虏影，只看残雪白皑然。

四月初三偶成

东风消雪满山兀，和气解冰辽水潺。想象亩傍陵畔野，白樱黄鸟韶光阒。

与韩之家之家字甲三，唐韩愈之后，世居永平府昌黎县。清顺治八年七世祖某有罪，被移奉天府海城县邓家台子

将帅怠骄招众嘲，相臣谲诈误邻交。汉廷如使卿当路，我马何因过此郊。

发缸瓦塞

马蹄到日朔风寒，烽火烟消春已阑。闻说天津江月好，扬鞭又向

大连湾。

与清溪道师师住盖平城三江会馆，姓殷，名自兴，金山寺宗派

沙碛不生竹，秃山云亦空。语师寻茯地，松秀大洋东。

游红花峪峪在盖平城北数町，有杏、李、枣果树园

鸟声蝶影恼吟魂，半日偷闲出阵门。竹策戎袀跨铁马，任蹄探到杏花村。

落盖平河架桥盖平城南有河，歧为二，元无桥，第一师团架假桥，已坏。第三师团之入盖平城也，师团长命工兵队架二桥，队长佐川少佐督工事兵站，司令官丸井中佐、行政支部长粟屋中佐斡旋材料，十日告成。大桥名樱，小桥名旭，乃行渡桥式，载仁亲王、桂中将临之，各手执松树种之中洲，以为记

不用乘舆济众生，小桥呼旭大桥樱。将军手执稚松种，好与长江流盛名。

奉送载仁亲王赴任复州

盖平城外路悠悠，朝雨浥尘柳色稠。恨杀旭樱桥下水，潺潺不洗别离愁。

凯旋令下

熏风习习属清和，柯叶无声修海波。碛里甲兵三十万，阵头齐唱太平歌。

山东会馆宴会席上馆在盖平城北街。凯旋令下，师将发，五月十八日会诸将校，设宴，城民奏《全胜令》（乐名），役夫舞《万岁乐》，军人唱《千秋曲》，尽欢而去

大枪荡荡小枪彭，不似填然鼙鼓声。万岁舞应全胜乐，千秋歌满盖平城。

送香川桑麓归故国桑麓名嘿识，真西僧徒，长门三田尻人

远来殊域遇师兄，殊域又今歌《渭城》。聚散无常人世事，举杯休道有余酲。

归明寺温泉坨台堡东花山下黄旗堡有归明寺岔水庙，庙边有一溪温泉涌出。坨台堡，奉天将军依克唐阿之所生

岔水庙边涌白汤，依家门畔一径长。何如空趁溪流去，不濯将军卑怯肠。

青云寺温泉泉在熊岳城东望儿山下古城子青云寺旁、清沙河边，鹤鹭亦来浴，近人不惧

好是剑尘委水涯，灵泉沸沸吐清霞。蓬莱近日烽烟绝，羽客还来弄白沙。蓬莱，辽东异名，下同。

驻军复州城

报道前山风疠缠，折肱刮骨毒难蠲。令严不许进车马，期莫千军触瘴烟。

应宇治田炮兵戴维嘱题美人图大尉名虎之助，为第三师团副官

锦字缝成日未春，凉风风里理蓬松。分明难语深衷事，借得琴弦诉绿棒。柳阴弹琴

任地庭外燕喃欢，独执编书养静宽。中有远人亲写字，松阴倚几几回看。松下读书

读平和约款

众寡难分输与赢，日章旗底走龙旌。蓬莱花鸟台湾月，付与吾侪纵咏评。

题复州行政支部长小笠原宪兵中佐扇头中佐名尚弼

雷雨来过辽海滨，棘花飘尽柳花新。知君手扇加多事，扫却苍蝇又赭尘。

游永丰寺寺在复州城南门外，寺畔有六角练石塔，高五丈，名文珠宝塔，传曰辽东元属韩，为唐所侵，民鬼为祟，唐人为建寺筑塔，祭祀至今不废

辽山元属韩家田，古寺犹看故事传。今日毗沙来又去，向借借问是何缘。

赠小笠原行政支部长

不须车马戴心参，山泽又无桴鼓音。更有烟霞恼君暇，使将吟咏换弹琴。

观马市偶成复州城南门外鬻马牛，有旗人某以古画法帖换马牛而去

烽火烟消枪响收，农家始得就田畴。旗人无赖乏刀剑，携持图书换马牛。清国谓满洲幕下之士为旗人，他为民人，以别异之。

林炎臣见赠一诗次其韵以答炎臣字炳南,住复州北关。好读书,子玉文,年十六,少通和语,许出入阵门,一日来予居房,录予戏咏清国将军诗数首,归示炎臣,炎臣乃赋一绝赠予,予因次其韵答之

可惜将家皆眊眸,为令败闻一时流。后车他日愈前者,莫把蹉跎论劣优。

留别小笠原行政支部长

野花江月入吟评,玉句金章铮又铮。归去将传故园友,蓬莱山水为君鸣。

次林炎臣送别韵以留别

不似徐骑款段游,时逢骚客亦难留。和词未就鞭戎马,南去将投东去舟。

题柳树屯兵站壁屯,辽东之极南,大连湾埠头也

鸟啭桃梨花发日,月明山野雪晴时。风光应笑东来客,过尽辽东未有诗。

凯旋舟中作

长风吹浪送连樯,天色苍苍接水光。莫问津头何所在,大阳明处是吾乡。

还金鯱城

胡客衕人簇以雯,欢声潮涌祝烽磤。满城知领吾无绩,重岁从军鬓未颁。金鯱城头日未曛,雨余街色绝尘氛。休言铁马行蹄缓,载得韩山清野云。

(李由选录)

大池松江

大池松江，女，生卒年不详，号波光女史，静冈县人。善书、诗，少时开始学习颜真卿、赵孟频、王羲之等人的书法。甲午战争期间，她以所获润笔之资赠日本征清军人的家人，并作诗寄怀征清军人，于明治二十八年(1895)出版诗集《战端西征吟》，内含51首五绝，热情歌颂日本的战功，表达了对发展日本军事实力以占领全中国的期待。该诗集由东京人西村政之助发行，有作者日文自序，楠本正隆题词，依田学海序，末广重恭题词，速水坚曹题跋。以下诗作录自国立国会图书馆藏《战端西征吟》。

尸堆猩血迸，山泽发腥氛。弹雨剑光闪，扫来平壤云。
腥雨梦尸横，妖云逐日晴。芳樱花一笑，霞外旭章明。
神州人不奸，心色赤于丹。蹈海侵冰雪，遂教敌胆寒。
军士归元气，冰心洁似梅。寒威将断指，何害笑颜开。
蜻蜓何勇伟，欲嚼凤凰城。无饱犹无倦，不鸣又不惊。
春风送远征，昼锦属天兵。可笑夸华夏，愁云拥北京。
三千余万兵，一味属牺牲。休讶得连胜，无人不至诚。
败卒肉飞尽，硝烟混边沙。光风翻旭旆，旅顺散霜花。
踞虎牙山麓，跃龙韩海天。迎春顽梦醒，不是旧朝鲜。
义兵留战地，犯雪压寒梅。元气逾清洁，向人一笑开。
谁言吾地微，弹雨日霏霏。收拾功名去，锦衣故国归。
铁铠更戎衣，远征人未归。空闺孤枕梦，定向海云飞。
迸血涨红霞，征清护国家。情人气逾壮，不肯醉烟花。
四千万尽忠，一片欲忘躬。岳笑樱花笑，暾香在海东。
樱州香色暖，笑汝称中华。请看义军洁，满天涨锦霞。

病父兮贞妇，送夫海外征。唯言君国事，不敢说离情。
指背远家邦，雁行鸭绿江。我军心不动，敌慨望归降。
万里蹈冰雪，征人独对梅。梅花呈一笑，戎服带香回。
送兵征战地，追想忆家愁。吾有一枝笔，欲消家族忧。
寄托一针在，埋头手自缝。忽忆征清战，向笺挥笔锋。
蜻洲乃虽小，国体几千秋。英气成风俗，长存礼让优。
女子比男儿，人间岂可疑。弱能制强处，应知文化时。
贤母产贤子，古今多此俦。世间浮薄妇，色相独夸优。
贱女非文化，樱花千万生。红裙汝何物，誓勿喜浮荣。
女流之教育，要是我邦风。休习欧洲俗，无孝又无忠。
外色动途抹，遂为宠利人。谁医风俗去，女德自今新。
烈士挥雄剑，能扬君国光。自愧一枝笔，难迎圣代昌。
寄情人世外，女性愧前贤。自笑爱风雅，耽书亦宿缘。
追慕右军迹，未成全美书。心观临古帖，神在把毫初。
浮生如一梦，天下与谁游。笑见人情薄，中心何足忧。
军士荷戈出，女儿担笔征。奋然元气发，梦上北京城。
日清战未休，经过二春秋。六十州元气，平吞四百州。
樱花兼国士，正气报皇恩。瞰香明霁色，暖雪满乾坤。
媾和使节来，谋略太疏哉。不识实权在，空遭摈斥回。
水雷摧敌舰，可见我威强。威海卫湾碧，映来红旭章。
名将两三辈，泣为自灭生。饥鸦频凶报，切迫北京城。
日本称樱乡，精神扬国光。春风吹一路，万里送花芳。
攻击去牛庄，敌尸积作堆。支那春色灭，始见国光开。
欲辉皇国美，军费逐时加。若欲及降服，应求赎偿多。
国体好须保，女流勿面谀。神功纵勇武，蹈海事征诛。
银界渺无限，弹丸飞不休。雄心兵愤发，容易获金州。
波澜归血战，克教敌将惊。丰岛摧清舰，皇军博美名。
禹域衰文武，可怜属俗氛。神州正义士，胆气泣清军。

音信千里通，夺来造化工。一挥真自在，气韵占高风。
悠然对端砚，仿佛见云烟。润泽温于玉，知期出洞天。
报国谁爱躬，无士不精忠。日本称神国，四民慕德风。
万马风云散，山川草木腥。梅花神洁白，占得战场馨。
梅花残雪白，桃发淡霞红。将近奉天府，兵征险路中。
征清几战功，未足决雌雄。笑掬黄河水，泰山落掌中。
弱腕岂无力，书成龙卷云。休言男女异，一笔扫千军。

世运既扬扬，人心自快快。尚存五尺身，放浪游尘界。答波光女史诗以诗
西洲楠本正隆

波光女史善书兼诗，以此周游天下，顷以其所获润笔之余，赠征清军人家族，何其笃于义也。今读其寄怀军士诗数十首，感慨淋漓，义气见乎文字，无一句虚构也。闻明末有秦良玉，以一女子破贼，诸将服其忠勇，女史之义，何愧良玉耶？彼以武，此以文，其揆一也。明治廿八年三月　学海老人依田百川

题《西征吟》卷首

杞人忧天坠，嫠妇不恤纬。慷慨西征吟，风骚寄五字。临池传古法，姿势何妍媚。载笔行千里，敢问家财匮。剩将润笔钱，一挥锡示类。古来几丈夫，谁比君高谊。况于巾帼间，求此忧世志。一笑娘子军，开府效儿戏。

明治廿八年三月　铁肠居士末广重恭

首首自肺肝中流露来，殆非巾帼手段。乙未三月　学海老人百川

（李由选录）

附：服部爱轩《爱轩遗文》二则

钲记代

钲一枚，状若铜盘，径七寸，有奇缘若干寸分，里面墨书“顺利字号”四字。乙未征台之役获之贼营。台湾之归我版图也，清将刘永福率匪徒煽乱扰命，势颇猖獗，于是朝廷命近卫师团长北白川亲王剿讨，余率部下在前队转战，所在进

抵新营庄，会永福使英人某赍书来请和，余谓彼虽请和，情伪难测，安知非待我懈而袭之哉？乃传令严防备，将架桥急水溪，忽有贼军凡一千五六百人济水而至，其先锋驰突来迫锐甚，我兵不过三分之一，皆殊死战，此地四面甘蔗成林，不能辨贼营远近，余因贼炮声测其距离，令炮兵射击炮弹，正落其营中，贼军溃乱，相踏藉而遁，进至其营，则僵尸如山，旗帜兵仗，遗掷无算，此钲即其一也。台湾地势崄恶，运输不通，而贼徒皆慓悍不畏死，加以瘴疠为虐，其能得速戡定者，虽由皇上威德，抑亦总督师团长以下至将卒致身奉公谋合机宜之所致。余之驽劣亦得以展微力，叨荷勋赏，何其幸也。每退食燕居试援此钲，一击焉，其声殷殷，达十数町，杀气四迸，恍觉如置身两军之间，目睹呐喊奋击之状，乃记其由以镌之，并永福书传家，因物寓戒，安不忘危，庶几乎策励奋起，有图报效于他日也。

成斋曰：叙战状处戛戛有响，乃见服兄笔力。河野荃汀曰：记一钲而令读者起敌忾心，一结极妙。猗堂曰：末幅铿锵，笔带风霜。

附：读中村栗园与福泽谕吉书

明治初，朝廷新与欧米各国缔交，文物制度，概模仿于彼。福泽谕吉之徒唱开化说，风靡海内，视汉籍如败纸，以道德为迂腐，甚则至以楠公比匹夫缢沟渎。栗翁与福泽有旧，与书论辩，当时闻其事，心窃伟之。岁戊戌，余就职滋贺县中学，滋贺翁之乡也，偶有藏其书稿者，无虑数百千言，首述偏智巧贱孝悌之弊，遂及汉学之所以不可废。或理以谕之，或情以动之，词意恳到，莫不肺腑中出。因叹曰：顾当时翁岂不知彼徒迷溺既深，此书之无益，徒费说辞，而恳到如此者，亦唯尽我心之诚耳，非忧国之深，何以至此哉。翁即世未久，弊害百出，果如其言，而在上者犹不觉悟，遂至近日废汉学之议兴焉，会有愤起争之者，其事仅止。然其争之者多，皆少壮卑贱之士，若夫名声著闻，职位共优者，则寂如吞炭，或有自称汉学迂远者，察其所为心，不过恐忤俗吏之意，丧自己之便耳，其至鄙至劣，曾商贾之不如，胸中岂复有国家哉！呜呼，列圣之所资以维持世道人心国家康平金瓯无缺者，任于一二俗吏破坏灭尽，而袖手傍观，又从助其奸，比辈也不独列圣之罪人，抑又翁之罪人也哉！

勺水曰：子裁遇忠孝节义事，感愤激昂，斯篇亦可见其一斑。樱溪曰：栗翁一书差强人意，当时有号栗园者三人，皆一世之伟也，曰浅田栗园、曰宇田栗园、曰中村栗园。

第二部分　专集选录

一、《明治汉诗》

《明治汉诗》,高桥易直编,明治十一年(1878)版。其中颇多征韩论调,本书择其一二以见甲午前日本汉诗之风。

鹫津宣光

鹫津宣光(1825—1882),尾张人。名文郁或宣,通称九藏,号毅堂,尾张人。是大沼枕山、森春涛的老师,受益斋汉学影响,曾师事伊势的猪饲敬所,曾入昌平学问所学习,研究过清朝军事海防史,抄录《圣武记》,1850年出版《圣武记采要》。因触犯幕府忌讳,失去尾张藩籍,入房州隐栖,又到上州久留里藩学与江户讲学,再获尾张藩聘请为幼君德川义宜的侍读,曾为明伦堂教授,改革藩学。在藩倡论勤皇,受到藩内佐幕派的指责。维新后曾为明治政府大学少丞,登米县权知事,文部省宣教判官、司法判事、司法少书记等,是东京学士会院会员。著有《亲灯余影》、《毅堂丙集》、《薄游吟草》等。以下诗选自《明治诗抄》卷中。

读清人杂著

炮火飞扬开劫运,一朝破碎旧山河。官兵百万胡为者,输与刘家几翠娥。

又

手把新篇读百回，乱离到此有余哀。深宵一片窗前月，曾照唐湾白骨来。

紫原和

紫原和，龙野人。诗录自《明治诗抄》卷中。

失　题

君不闻，北条公，西海一声摧艨艟。又不闻丰关白，蹂躏八道如卷席。想昨鳄鱼起西洋，欲纵贪噬吞扶桑。秀灵磅礴天所赋，郁积不散有时王。樱田三月卷白雪，血痕模糊迸江缬。西海炮战何雄伟，夷酋碎头头破裂。其余银峰及津川，壮士豪怀胆如天。虽然事体触型典，无乃性灵激忧煎。秋风惨惨吹短发，晓对明镜惊病骨，回头英雄皆黄土，元气如缕绝欲竭。嗟呼，世有升沉无古今，至诚所萃鬼神临。安得威武如丰北，奋起百万敌忾心。

加藤熙

加藤熙，水府人。诗录自《明治诗抄》卷中。

丰太阁征韩歌戏用十二支体

驰逐群雄如鼠辈，游刃聊试解牛技。一搏扶摇虎生翼，守株岂待谗兔至。绝海艨艟走群龙，勿道小蛇吞象志。万马蹂躏八道衢，貔貅如云亦羊驰。猿郎武威大明震，岂啻鸡林归版图。三韩从来日本狗，训服又为牧猪奴。

浅田宗伯

浅田宗伯，信浓国筑摩郡栗林村人，曾从学于熊谷硅硕，又从高远藩儒臣中村元起学医，后入京都、江户，学习赖山阳和猪饲敬所的儒学著作。后到大阪从大盐平八郎学习阳明学，并研究江户诸名医处方，曾为德川将军家医及宫内省侍医，为天璋院德川庆喜送免死信给西乡隆盛，救治过法国公使、嘉仁亲王（大正天皇），被称为中医六贤人龙头。明治维新后任宫内省侍医，以下诗录自《明治诗抄》卷下。

蒙古入寇图

胡元志气日骄泰，并吞华夏势益天。颠扬天地如打丸，又向五方擅狡狯。一朝大举入蜻蜓，艨艟为城础为屏。兵气冲波紫海黑，毒烟送雾蛮风腥。东方神武万国魁，尊王攘夷确不猜。相模太郎最英断，边防森严叱万雷。愤极鬼神亦灵武，卷起黑潮飓寥恕。汉胡鸡林百万兵，蛟龙负汝归水府。镇西诸将卷风云，孤岛之间歼残军。狼贪终致中华耻，异域鬼哭簇妖氛。呜呼，治乱兴亡在须臾，那中杀运移东隅。残明弱清鉴不远，庙堂请见元寇图。

森春涛

森春涛(1819—1889),名鲁直,字希黄,通称浩甫,号春涛。父森一鸟为尾张一官医生,子森槐南亦是知名汉诗人。春涛早年对学医无兴趣,从鹫津益斋习诗,与同门大沼枕山一起被称为门下双璧,入京之后,又得梁川星岩知遇。明治七年(1874)在东京建茉莉吟社,聚集了以伊藤博文,山县有朋等明治政府要员为首的政治实力派诗人群,影响了江户以来诗坛走向,培养弟子众多。创办了汉诗文月刊《新文诗》,刊印《东京才人绝句》影响甚大,对明治汉诗的兴盛作出了贡献。其诗受清诗的影响,擅长艳丽诗,著有《春涛诗钞》、《岐阜复杂诗》等。

送人赴朝鲜

毕竟无功胜有功,凛然攘臂未为雄。莫侵他讳买他祸,闻说鸡林同犬戎。

平壤城荒战血斑,搔头鸭绿兔青间。檀君祠下应惆怅,落木秋寒九月山。

二、《昭代鼓吹》

《昭代鼓吹》由岩溪晋编选、点评，益友社出版。第一辑出版于明治二十九年(1896)，第二辑出版于明治三十一年(1898)。岩溪晋，生平简介见前文。《昭代鼓吹》，稽书名之意，可知编选目的在于以诗歌颂扬当代之盛，故所选诗歌皆是当时人的作品，这些人在文学史上多无声名。每辑之后附有入选作者的简介，据此可以稍知作者里贯、职业等信息。虽然是书的批点主要着眼于诗歌艺术层面，但由于编选的目的在于鼓吹当代之盛，因此也选入了一些反映甲午战争的诗歌。以下诗歌即从日本国立国会图书馆所藏本中辑录。

甲午十月余归自京都，此日季弟令一入陆军教导团

依田稼堂名喜信，字顺甫，信浓野泽人

弟兄同室奉欢稀，母氏慈训仰断机。堂上喜悲何可说，季儿远去大儿归。

霜钟三首 野泽吟社课题其二

依田稼堂

坚冰将至畏天意，旰食如常忧圣君。早起几人怀报国，威棱仰见我皇军。

送某台湾布效师

清水大拙名龙，在近江比叡山

淡水波涛静，宜兰雨露濡。武威钦外耀，皇德入嵩呼。法施大功德，身过新版图。道涂须自重，台岛土风殊。淡水宜兰皆地名。

送征清之士

天野菘香名佐一郎，武藏忠生人

秋风萧飒马蹄轻，意气冲天剑自鸣。知是征人敌王忾，梦魂飞到北京城。

时事书感

森松阴名长勋，字士刚，又号抚松。甲斐人

百战辽东奏凯还，三军今又定台湾。澎湖淡水讴歌涌，新竹宜兰正朔颁。雨露所施深似海，旗旌不动俨如山。词人今日岂无感，梦落瘴烟漠漠间。

送人之台湾八首

桥本水秋名敬，大阪人

送君夕酌淀江楼，意气轩昂冲斗牛。诗梦回时催醉乐，旧愁尽处起新愁。半痕月落澎湖晓，万里云寒淡水秋。一死何人期马革，男儿此处亦风流。

吟蛩如雨洒荒丛，话别樽前酒不空。末运转怜刘永福，孤忠谁说郑成功。夜深征马嘶庭后，秋老双龙吼匣中。直指南荒三万里，楼船破浪海风雄。

浩歌一曲酒酣时，此夕高楼赋别离。仿佛醉中驱白马，分明梦里斩青狮。角声度水风声壮，剑气冲天月气奇。豫识从军功赫赫，万人感激送征旗。

猎猎秋风吹战袍，知君决死气何豪。戍兵警夜笳声动，健鹘摩空纛影高。已见恩威如秦岳，久将身命比鸿毛。想来斫阵战酣日，一击须膏百炼刀。

被酒雄心气纵横，醉中相对又论兵。露华欲冷残蛩寂，夜色将残片月明。瘴雨连山幽战鬼，炎飙卷海吼长鲸。楼头拔剑何人舞，唱出莫哀歌一声。

人乘峨舰一长吟，今日送君感不禁。大陆风云生杀气，荒城刁斗起雄心。宝刀照夜霜无色，铁笛吹秋月有音。仿佛水天青杳渺，台湾万里海相深。

唱罢《渭城》意浩然，一挥长剑啸长天。古城残败人烟散，废垒荒凉鬼火然。旗旆秋悬关月外，燧锋夜警岭云边。楼船风南去台湾近[①]，九万鹏程落眼前。

鲸涛南下是台湾，苍鹘低迷云外山。岛上秋寒渔叟寨，城头月落妈公关。斫营半夜惊残卒，传檄何人谕百蛮。忍忆远征行路苦，西风何日夜说刀环。

送从军者

三瓶卧龙名严，通称寅之助，岩代福岛人

忠肝义胆健男儿，一剑酬恩在此时。奏凯堂堂扬武日，功勋待见赐金鵄。

夜坐闻捷报

深夜沉沉独不眠，忽闻千里捷书传。三军飞度鸭江绿，云惨凤凰城外天。

平壤病中作二首

仁城弥作字号不详，在广岛野战炮兵队

豫期跃马著先鞭，何料微躯触瘴烟。秋雨牡丹台下夜，梦魂几度绕山川。

复见北京城下盟，三军已拔凤凰城。唤醒病客关山梦，处处荒鸡报晓声。

---

① 编者注：此处疑有衍字。

忆 家

仁城弥作

万里从军人远征，满城光景岂堪情。幸逢他日生还日，却话今来对月明。

乙未重阳偶成

中野松涛名彦市，远江人

蛮雨瘴烟新战场，征人万里未归乡。登高今日重阳酒，不识谁家说断肠。

韩山病中夜坐

大津瘦山名彦，在朝鲜釜山

病怀归思两低迷，闲把乌丝改旧题。夜半天南飞断雁，秋风荒驿雨凄凄。

明治甲午天长节

儿玉阳州名浩，筑后榎津人

遥想龙衣带御香，南山寿色与天长。征清说到膺惩事，锦旆双悬日月光。

追吊会次淡山韵

绝海征人甘苦艰，远衔凤命伐夷蛮。三军齐进硝烟下，一死唯期血战间。

残垒风醒平壤府，空洋雨暗大孤山。招来魂魄幽冥里，仿佛还看壮士颜。

乙未中秋二首

石墨星海名义方，字古愚，通称勇吉，因幡青谷人

满地玲珑露欲流，一天明月桂花秋。何人夜半贪清赏，玉笛声飞隔水楼。

银汉无声满碧空，秋清玉露与金风。将军应感今宵月，横槊长吟渤海中。

从军行

森月峰名为雄，上野世良田人

长风万里远征舟，梦走山河四百州。月下何人横槊望，寒潮夜骇大连秋。

拟军中新年作

渤海曙光红似血，看来士气坚如铁。边城一拜向东天，八朵芙蓉千古雪。

时事感吟

仓田云南名康平，陆中人，在东京

台湾今是属封疆，绝域山河放国光。武将成名军万里，文臣误策约千章。

论功行赏金鸮灿，领地收偿皇土张。城上高辉双日月，禁园秋色菊花芳。

征台感吟

王师转战向台湾，瘴雾蛮烟漠漠间。未识干戈何时戢，英雄泣写笔尖山。

送某人营

三沟龙峰名修,信浓人

壮士辞家意太雄,悲歌击筑激秋风。知君无复生还意,许国丹心贯白虹。

偶　成

志到遂初全未成,山村落魄尚论兵。仰天惋慨为何事,空羡皇军向北京。

十一月三日天长节行祝贺式终开酒筵席上

石原泉乡名皆三郎,美浓人

瓶插黄花满座香,主客讴歌举酒觞。遥怀元帅阅兵去,万国使臣观国光。

仲秋寄友人在辽东陈营

默林不染名字不详,播磨龙野人

三千世界月如银,金气满空风色新。遥想辽东秋万里,军营犹有枕戈人。

闻朝鲜变报有感

冈本岳南名安治郎,安房人

干戈才戢未安宁,忽见深宫血雨腥。不是斗争患家国,怨云仇雾锁韩庭。

春日闻捷报

菊地馨哉名觉太郎,陆奥大间越人

水陆王师大捷传,旭旗影闪日东天。辫奴一败胆先破,白日幽州转黯然。

闻牙山捷报

牙山半壁阵云屯，鼓鼙一动敌逃奔。我军壮勇惊人目，大捷朝来达帝闱。

吊病没兵士

河西朴斋名弘甫，信浓人

峨舰冲波人远征，身世元比羽毛轻。沙场一死千秋誉，青史长传不朽名。

送兵士外征

本田祖阳名房太，日向人

直破云涛万里风，须期竹帛记勋功。壮吟横槊舷头月，四百余州在眼中。

西征八景

佐佐木桑村名专吉，陆中人

九连城秋月

秋满关山新战场，九连城外啸深霜。料知月下征人梦，半落燕京半故乡。

宇品归帆

月前横槊叱风涛，战胜三军意气豪。宇品湾头帆影壮，凯歌声和海潮高。

成欢夜雨

阴云蔽月夕蒙蒙，残垒无人夜雨空。想起将军当日战，似看枯叶散寒风。

黄海夕照

楼船曾此逐长鲸，战鬼啾啾魂魄迷。夕照翻秋天色赤，怒涛万丈带余凄。

北京晚钟

枫衰柳老有谁看，七十二沽秋色残。无复钟声破顽梦，燕京山色夕阳寒。

平壤落雁

弹雨硝烟迹忽收，月光空照旧城楼。旌旗不见黄龙影，落雁声寒平壤秋。

牛庄暮雪

伏尸狼藉战场堆，雨雪孤城转惨哉。流血兼旬凝不散，腥风满地袭人来。

凤凰城晴岚

远岭逦迤旷野平，将军驻节凤凰城。飞来岚气晴无雨，天日瞳瞳映大旌。

奉悼北白川宫亲王亲王台湾扫攘之功在世人耳目，今不待缕述。其尝为东睿山输王寺宫法嗣，会际戊辰之役，为东军所拥，航海入奥州，途次宿我旧泉藩，藩兵护送，予以医员扈从到若松城，今接讣音，哀悼曷胜，恭赋以代挽歌

北乡琴雨名重郎，在神户

武雄匹似武尊风，万里节旌征犷凶。寄祸曹遭东叡厄，至诚岂践北朝踪。功勋千载留青史，恸哭一朝骑白龙。回顾当年感何已，扈舆垂泣到苍松。

乙未天长节

中村古槐

满城瑞雨绝纤尘，佳气氤氲映紫宸。北海观威城郭壮，南荒拓土版图新。

辕门领赏无遗士，麟阁策勋多哲臣。战后可知皇化洽，万邦宾客祝良辰。

丙申新年

中村古槐

祥烟瑞雾满城春，尚武遗风殊觉真。车马天街早朝处，不看战后伐功人。

河岳添光战后春，神州自见物情真。金章紫绶拜年客，皆是征清百胜人。

迎明治三十年

斋藤笠东

一盏屠苏祝令辰，我生不负太平民。春风户户闻弦诵，深仰圣朝文物新。

寄怀濑谷生从军在朔方

儿玉市隐名正道，羽后秋田人

恨我秋霜点鬓毛，功名今日属君曹。枕戈岂结思乡梦，投笔何辞报国劳。绝海吼鲸边月大，荒城盘鹘阵云高。沙场斩虏归来处，腥血淋漓滴战袍。

古中秋观月有感寄怀沼田生从军在台湾

怀人独坐倚高楼，白露横空银汉流。玉笛关山边月夜，铁衣城塞朔风秋。辽东鼙鼓动天地，台北燧锋冲斗牛。百战不磨酬国志，敢说登坛万户侯。

阿弥陀峰吊丰公古庙址

当年英略鬼神惊，八道山河鼙鼓声。荒庙春深春草合，空山落日鹧鸪鸣。

寄山祀平和克复后一年元旦口号

关根松翠

善邻已见戢戈鋋，我武维扬大义宣。芙岳千秋国之镇，俨然独立日东天。

乙未新年作

住柳村

祥云蔼蔼绕宸宫，四海波平和气同。尚武余威辉异域，凤凰城上旭旗风。

吊佐藤辰藏君死于台东

本田祖阳名房太，日向人

一讣忽传双泪流，悲风惨雨奈何秋。男儿殉国应无恨，埋骨南荒新帝洲。

拟从军行中

村弥山

男儿敌王忾，草木尽天兵。后有千军援，前无一剑横。月倾长白巅，雨暗北京城。呐喊声声响，知为万岁声。

不说山河远，干戈几战场。挟辀冲敌阵，横槊入边疆。雁叫古城月，马嘶荒野霜。回头天万里，何处是家乡。

从军行

高桥策山名八策，伊豫人

王师十万远西征，男子从军岂惜生。身挺剑花弹雨里，心期史上博功名。

忆市川铜藏君

市川乐山名竹麿，武藏人

才略英名夙出群，忻然一跃远从军。挺身殉国真男子，目断辽东万里云。

福岛中佐

伊藤枕江

万里倚天三尺刀，亚欧横断气何豪。旷原风急星光乱，层岭霜深月气高。遮莫炎氛侵断发，笑看冰雪压征袍。知君漠北据鞍望，起伏连山如怒涛。

（李由选录）

三、《征清诗史》

《征清诗史》为高桥白山所作的专题诗集。高桥白山(1837—1904),名利贞,字子和,通称敬十郎,上伊那郡高远藩士高桥确斋的长子,曾就学于藩校进德馆,后经鹫津毅堂帮助进入藤森天山门下,又与大沼枕山等诸名士相交,识见逐渐开阔。明治初期,担任过小野村(现日本辰野町)的时习馆初代馆长以及洗马村(现日本塩尻市)塾主等职务。明治四年(1871)春,藤森寿平在新田村(现日本丰科)开塾实践社,被招为此社的塾头。明治六年(1873)二月,受到筑摩权令永山盛辉的认可,共同致力于师范教育活动,并成为研成学校的初代校长。传闻白山于居处开设塾学,门人多达数千人众。其著作有《征清诗史》、《说论要略》、《白山楼诗文钞》、《白山楼诗钞》等。《征清诗史》成书于甲午战事结束后两年,由白山之子高桥作卫誊写。因高桥作卫本人曾亲入战场,后又供职于征清海战史局,故此书在史料征引方面颇具官方色彩。书中以熟稔的汉文表达,将诗歌、史事、评说合为一编,并论及日本军国主义的扩张意图、用兵策略,宣扬日本在整个战争过程中的军威国势,最后,因耿耿于欧洲各国的干预以致日本未遂本心,而效陆游作《示儿》之举,发出"传至家庭,使我子孙日夕讽诵,如置身于苦战间而存爱国之念焉"(《征清诗史叙》)的感慨。此书为我们更好地洞察甲午战争的那段硝烟历史、政治深度,以及当时日本国内的汉诗创作、文坛走向,提供了重要的线索和启示。以下录自日本国立国会图书馆藏《征清诗史》(高桥白山著,高桥作卫校,国文社明治三十年[1897]版)

白山曰:凡事有不可忽者,有记而不可忘者。方今,东西邦国,对峙争雄,所以其立国护民全名义者,惟有和与战而已。和破则战,战败则偿金割地。和战之机，间不容发，而保和之道，不在于亲好矣。夫兵备不全，则和不可保。知和之不可保，而修兵备，兵备全而后和可保矣。是乃宇内现时之大势也。若夫以和议已成，谓外患不足虞，以敌舰未来，谓无事可久，苟生安逸之心，则国势陵迟，为强邦所侵掠，而不能自立焉。抑立国之体，名义为重矣。先王创业垂统，二千五百年于此，未尝受外邦侵掠。奉先王遗业，自立于东洋者，皇国之大名也。扬先王威武，不受外邦之侮者，皇国之大义也。思名义之所存，察大势之所趋，修兵备以应不测之变者，今日之急务，而不可一日忽焉。征清之战启端于朝鲜，我国宽恕屡让步，而清国顽傲，恣其谲诈。四千万臣民，扼腕切齿，膺惩之师，出于万不可止。而公愤之所激发，自将校士卒，至军夫马丁，莫复期生还者。进当弹丸雨注冲，勇战奋斗，以死为荣，枕骸横野，毙尸漂海。至其侦骑陷围，艇队袭敌，坚冰冻肤，积雪伤肉，危险艰苦，不可名状。积劳累功，悉拔辽东城寨，歼灭北洋水师。媾和之日，清国割我所略取之地。其地皆我同胞抹血沉骨之场，收为版图，理固为当。而欧洲强邦，横暴恣睢，妄容其喙，是乃臣子之所为憾而不可须臾忘者也。呜呼，此憾亦惟兵备未完之所致，若不早图，将有再悔，大修兵备，此为时矣。况于有忠臣烈士伟业不可以不继者乎！方今各邦之人，欲奋智勇以张国力，而或能致富强，或陷贫弱，其贫富强弱，莫不关于邦人优劣者。平和之不可侥幸，侵略之无所底止，优胜劣败，时势之变，递至于此。而征清之役，一战破骄清昏梦。进当危难冲路，则以此役为启东洋战伐之端。谁曰不然？夫欧洲兵力，震慑东洋，盖非一日。英佛版图，遍于南陲。鲁国铁轨，将告成功。方此之时，清国尚学宋人故智，赇强邦以苟幸无事，韩民羸弱轻佻，无复一人忧国家者。是实东邦危急之秋也。岂不戒惧哉？余窃察宇内大势，详和战所由，以说兵备为急务。观强邦横恣，伤忠臣烈士致死，而以论其志业之不可不继，使后人有所兴起焉。

皇家威德

皇家威德日维新，一系神孙临兆民。义是君臣恩父子，美风卓绝万邦人。

日本统纪

皇系联绵树德崇，深根固蒂自无穷。三千统纪雍熙化，人在春风和气中。

日本文教

黎元辑穆国风淳，弦诵声连文教新。一德唯忠四千万，无非义勇奉公人。敕语曰：义勇奉公，可以扶翼皇运矣。

白山曰：我国居民，奉万世一系皇帝，尽忠皇室。子孙世继其志，而勤劳王事。国民之于皇家，义为君臣，恩如父子。夫缵先世之绪，成父祖之志者，于孝道为重矣。然则不为忠臣者，不得为孝子也。

日本士风

邦人一致奉皇家，义胆忠肝吐国华。请见神州刚毅士，天真烂漫漫，叶平似樱花。

日本士气

实力有气斗间明，慷慨淋漓报国诚。五尺身躯都是胆，唯知有死不知生。

武　功

男装自握六军权，遥突贼巢筹策全。丑虏惊惶申誓约，犒师金帛八十船。右神功皇后

白山曰：神后征服三韩，而百济荐秀士献《论语》，寻致织缝，酿冶

诸工，我国文化大进。自古武功之开文治者极多。历山王东征，而亚细亚西部诸国，传希腊语；十字军终，而欧罗巴各邦，始趋文明。征之东西史乘，邦国之趋开化，不独关于文教也。

蔽海艨艟巨熕轰，西陲寇逼不曾惊。太郎眼界原无敌，歼灭胡元十万兵。右北条时宗

八道朝鲜山河唾手收，夙期异域建封侯。长驱万里如风雨，震动朱明四百州。右丰臣秀吉

白山曰：论者或曰：秀吉之征三韩，不及时宗破元寇之功。时宗一击，歼十万虏兵，使外寇不再窥边疆；秀吉远出兵于海外，连战七年，不能成其志，末路仅完军而还，可以见其优劣矣。今之用兵者，宜效时宗所为，不可学秀吉，是徒观成败之迹，而不知时势者也。方今东西相对峙，而东洋诸邦，输一筹于泰西者，盖乏于进取气力之所致也。方此之时，苟为东邦谋，宁学丰公所为，进当万艰之冲，不可效太郎以取退守策也。

和　战

列邦对峙试驱驰，鸷鹫奋飞蹲猛狮。求战成和和启战，机唯一发见安危。

白山曰：邦国互争雄长。和则为文明民，斗则猛虎狞狼，变诈无所不至，情伪不可测知。和战之机，间一发耳。论者曰：自古不以和误国者几希。独我北条时宗，先斩元使臣，决防御策，故不蹑亡国覆辙，可以为处外寇之法。余以为不然。如时宗所为，可行之当时，而不可行之今日。用于胡元则可，用于欧米各邦则不可。不知变通之道，过激处事，适足以启大衅。且夫以和误国者，和成则怠于兵备，和破而不能战，屡和屡战，偿金割地，自取覆亡而已。抑和战者，安危之所系也。治国者，民命为重矣。安得不以和为主哉？虽然保和之要在修兵备，兵备完则和战之权归于我，和战之权归于我，而后和可保矣。呜呼，兵备之不完，虽欲保和，其将能乎？

成　败

朝成暮败几兴衰，大势变迁非可支。进取谁能攘臂起，东洋危急在焦眉。

白山曰：余尝读万国史，有普通史，有特别史。分普通史为二种。其一，合万国以为一大体。邦国文化，及于全体，其兵力关于大势者纪之。不然者，虽旧国不载录。而其所纪者，欧洲之各邦也。所不载录者，东洋之诸国也。今屈指东西诸邦，曰英、曰露、自独佛澳伊至兰瑞等各小邦，其文化兵力与大势相应，足以自立矣。而如东洋诸国，印度、缅甸、暹罗、安南、朝鲜、支那，或归欧国版图，或惴惴焉忧其侵略，幸一日无事而已。史之不录，抑有故也。呜呼，亚细亚之大如此，而国力之不振如彼，岂可胜叹哉？虽然，宇内大势之变不穷，朝成暮败，兴衰递变，强弱易地，则进取之不可已者，必然之势也。方此之时，兴文化，修兵备，挽回东洋颓势，以辉国名于史上者，非我忠勇四千万臣民，其谁望耶？

外　寇

独翻青史坐更深，一穗寒灯照古今。安逸易招倾覆祸，邦家兴废在人心。

白山曰：外寇之祸，不在一国勤劳日，而在上下安逸时。不忧劲敌之难御，而忧人心之易怠。窃察治乱成败迹，安逸愈久，则人心愈怠，变生不虞，其祸不可救也。当丰臣秀吉时，我国丧乱才平，人心未安。秀吉以外征为事，将士皆裹疮痍，远趋海外，丁壮毙兵役，老弱疲馈饷。秀吉中道没，将帅不和。方此之时，使明韩并力大举来乘其衅，我国之安危未可知。而当时不闻有外寇之祸也。德川家光为久安无事之计，锁海港以绝外交者二百余年，不复知宇内形势，人心日怠，兵备驰废。至是欧米风气益开，我国独受固陋之弊。及米国来乞互市，朝野汹汹，和战不决，内讧外患，事不可为。由是观之，外寇之祸，不生于勤劳之日。而安逸之蠹国，适足以取倾覆之祸矣。今而回顾幕季之事，使人毛骨俱悚。惟圣断英果，辅弼忠良，赖祖宗之灵与皇天之佑，转祸乱机，为大业复兴。会兴文讲武二十余年，击破骄清懒眠，奏前世未曾有之功。今也，和议方成，国家无事，宜及此时，修海陆军备，经纪南岛，警戒北门，进制宇内大势矣。苟忧国家者，近察之幕季，远鉴之丰臣氏，以勤劳为常，虽劲敌不足以为患也。

东洋诸国

佛英经略遍南陲，露国雄图难测知。唇齿相依殷鉴炳，日清离合卜兴衰。《左氏传》曰：唇亡齿寒。

白山曰：东洋诸国，印度、缅甸、安南、暹罗，为英佛所略。露国中央亚细亚铁道，夙奏其功。西伯利亚铁轨，计画已定。方此之时，日清两国相合，则东洋平和可保矣，离则其安危未可知也。

清国不知我欲修兵备保平和以应宇内大势

满清国老日蹉跎，徒恃人民土地多。却妒神州文武绩，不知我意在平和。

白山曰：电气汽力，运转机械，过山渡海，欧亚犹比邻然。东洋大势，不得以不一变。清国徒恃地大人多，徜徉容与，为不足虞，如坐弊船将入深渊。我国夙有忧于此，欲兴学讲兵制大势以保东洋平和。清国独妒我文武成绩，以为有异图，及见废琉球藩、扶掖朝鲜国，猜疑睽戾，暗生敌忾之心。顽冥之不可论，昏眠之难醒觉，不复顾东邦气运将日衰萎。若非有我国俨然当冲路以护其颓运，则欧国侵蚀，何所底止？岂不戒惧哉？

傲顽侮我妄睽违，不问东洋大势非。无复提携和好意，北洋舰队耀兵威。

白山曰：清国呼我为倭，指朝鲜为东藩，干涉韩政，教唆权臣，以防我商业，修北洋军备，以示其兵威。我让而彼益骄，欲无背驰，不可

余人，妇女被凌辱者数人。

屈辱激成我国人怒

八洲壮士发冲冠，日本刀鸣紫气寒。公愤犹如怒涛起，激成终见启兵端。十七年，京城变，我国人罹惨毒祸，而《天津条约》只定三款而已，不足以伸其屈辱矣。防谷赔偿，不过十一万圆，我商人损失犹多，盖对外策疏。而清国弥益傲顽，激成我国人怒，终启兵端。

刺客杀金玉均二十七年五月二十七日

星日光辉明晦时，国家风气阖开期。已哉志士回天业，一木难支大厦欹。

半途事败不成功，慷慨空伤顽陋风。猛虎毒龙知苦节，严霜烈日见孤忠。清李经芳诱金玉均于上海，使韩刺客洪钟宇杀之，具极惨状。金玉均流寓我国数岁，朝野之士多与之交，及闻其死，愤清人谲诈与韩人残忍，莫不起敌忾之心者。

白山曰：余尝游小野田警保局长家，观金玉均书。局长在小笠原岛日，与玉均交，尔后音问不绝，因谈玉均事迹甚详，曰：明治十五年，玉均与朴泳孝同奉使来于我国，接朝野名士，始知宇内大势，后因井上外务卿言，有所觉悟，以改朝鲜弊政为任。归国之后，与朴泳孝等收揽志士，欲脱支那羁绊而全朝鲜独立，半途事败。朴、金二氏，遁投我国，闵族请执之不许。又将托清国要求于我。政府虑以生大衅，移玉均于小笠原岛，数月转北海道，居五年，又抵东京。朝鲜政府发刺客伺朴、金二氏。二十七年五月，清李经芳诱致玉均于上海，使刺客洪钟宇杀之，致尸于韩廷。韩廷大喜，枭之汉江杨华津，榜曰：大逆无道金玉均之尸，寸断四肢，枭之各道。夫金玉均，忧国之士，固执公道者也。韩廷权臣挟私怨而戕之，清国助之，以恣其残忍。公道之不行至此，清韩前途可以见矣。我国人尤重公道，待物甚厚，如金、朴二氏，岂忍弃之乎？孔子不射宿，仁者护穷鸟。清韩之人口称仲尼，而其行为如此，所谓未读《论语》时，是此等人。读了后又只是此等人，便是不曾读者欤。

朝鲜东学党乱韩人呼洋教曰西学，称东学党者，其意排洋教也

志士乘机除暴横，暴横，指闵族。国民未止怨嗟声。闵家再执韩廷政，八道山河尽甲兵。闵族握韩廷权，贪污无所不至，国民怨嗟。十七年，开进党乘机毙党与夺其柄。闵族依清兵作乱，再擅政权。无几东学党起。二十七年三四月交，乱民会集，至五月蜂起者，及一万余人，以除暴官污吏为名。

清国出兵于朝鲜以公文报之二十七年六月二日

知照行文理不当，耄哀误国李中堂。自称犹践天津约，枉唱属邦言似狂。《天津条约》曰：出兵于朝鲜，则可公文知照。六月二日，李鸿章报曰：属邦朝鲜有内乱，请援。因出兵，践《天津约》，通之贵邦。

白山曰：十八年，英国军舰略取朝鲜巨文岛，露国促清国政府撤去英兵。清国告英政府曰：巨文岛，朝鲜国之所领也。朝鲜国实臣属我，幸勿害我权利。英兵辄去。清国曩答我国及米佛公使曰：清国不关于朝鲜国和战大权。其所言前后异辞，而露英两国亦无所鞫讯。诡谲之无穷，公法之不明，往往若此。今李鸿章公然呼朝鲜为属邦者，安知非藉口于巨文岛之事乎！

政党相争互攫拏，纷论横议乱如麻。清廷误作分离兆，岂计一邦同一家。《论语》曰：邦分崩离析。清国见我政党相轧，议论不协，海军扩张、制铁计画不如意，以为人心分离兆，臆测我不能用力于外事，而出兵于朝鲜。

大岛公使入朝鲜京城二十七年六月十日

清廷伺隙出精兵，进上牙山已六营。公使黎明侵大雨，疾驰如矢入京城。大岛公使搭八重山舰至仁川。常备舰陆战队护卫公使，冒大雨入京城。时清兵上牙山者，天津三营、旅顺三营，皆称精锐。

第五师团中混成旅团一部队入京城二十七年六月十二日

皇军振旅上仁川，铳剑相摩五夜天。进据京城根本地，出师一跃著先鞭。二十七年六月十二日，我第五师团混成旅团一部队，一千余人，搭和歌浦丸至仁川。时我军舰松岛、千代田、高雄，自福州、赤城，自芝罘来，与吉野、筑紫、大和等，同在仁川近海，护卫运送船上陆。即夜，向京城以定我根据，绝牙山、平壤连络。清兵孤立失势。

第五师团中混成旅团达仁川二十七年六月十四日

王旅飞从天外来，耳难及掩迅奔雷。李爷臆计龃龉甚，遽发公文求撤回。我陆军就第五师团中，编成混成旅团，大岛少将义昌将之。廿七年六月十一日，发宇品港，兵凡五千人，运送船十只。十四日达仁川。于是，李鸿章臆计，大为龃龉，遽发公文，以要求我兵撤回。

我国人心一决

六镇貔貅势欲骞，一朝杀气满乾坤。庙堂未下膺惩令，犹有深谋远虑存。阖国人心一决，日望开战，然政府豫知平和日有列国干涉之事，虑遗其辞柄，隐忍俟时机至。

韩兵炮击大岛公使二十七年七月二十三日

韩王谢意太殷勤，急使迎来大院君。独立实明开国政，京城小斗解纷纭。大岛公使迫韩廷要求废清韩条约，攘斥清兵二事。七月二十三日，将谒韩王，拂晓至光化门，韩兵俄然炮击公使。我护卫兵应之，毙十余人，夺亲军总营，进入城中。韩兵争先逃走。森少佐护卫王宫。公使谒王，有所奏请。王陈谢赐敕语曰：予知弊政不可不改，而为事情所掩蔽。戾贵国好意，自今以后，将唯教是从。因驰使召大院君，委以国政。于是，韩廷一新，免清国干涉，贬贪污权臣，举贤才，除积弊，设军国机务所，攘斥牙山清兵，以明独立之实。

定征清战略

作战先开第一期，直前扫荡北洋师。幄中夙有筹边策，渤海湾头树旭旗。

白山曰：帷幄征清之策，虽不可知，然读以彰仁亲王任征清大总督敕书，而见分战略纲领以为二：盖扫荡北洋敌舰，把握韩清二海权，略辽阳奉天而树旗于渤海湾头者，是为前期战；全军渡海，置大总督府于旅顺，堂堂之阵，正正之旗，破山海关，取太沽炮台，进而陷北京城者，是为后期战。所谓扼喉拊背者也。我军之胜算定于中，而精兵战于外，投机应变，进退如意，不异臂使指，宜乎百战百胜，能立旷世之功也。若非我宽洪许和，则长驱万里，制四百州之命，期已在三旬间。抑前期之战，以海军为先驱，使我舰队不得全胜，则后期之功，固难必矣。然而开战于丰岛，首奏殊勋，黄海之役，大破清军以制海上之权，威海卫之战，歼清国水师、水雷舰队之勇，以震慑欧洲强邦矣。六镇貔貅，蔽海航行，直上敌地，拔要港，陷坚寨，飙驰电击，将克日迫北京以奏后期之捷。清国虽骄顽，乌得不谢罪输诚乞降于军门哉？呜呼，如征清之役，可谓能不违战略之所豫期者矣。

编制联合舰队二十七年七月

编制新成舰队全，进军遥指北洋天。奋为攻势当冲路，把握韩清海上权。清国北洋水师，称为精锐，战舰坚牢，盖非易当。老成诸将校，皆有所虑，战略未决。桦山中将建议，欲进试攻击。有特旨，以桦山中将任海军军令部长，合常备舰队、西海舰队及诸舰，编制一大舰队，称联合舰队，伊东中将为司令长官，坪井少将将第一游击队，相浦少将将西海舰队。编制已成，集合海军全力，其势大振。

白山曰：我政府观东洋形势，知将有不测之变，夙决海军振张议。桦山中将时擢为海军大辅，巡回欧洲，观视兵制，招欧国高等技师，用力于军舰制造之事，拮据积劳，经营惨淡。黄海之役，我舰之奏殊勋者，其制作多系中将在职日。明治二十五年，帝国议会。中将固执海军扩张议，锐意论辨，不遗余力。当时议员，摈斥海军，不容中将之言。至今悔其失言，复何益？盖中将之虑可谓远矣。征清之役，中将以特旨当大任，编成一大舰队，集合帝国海军全力，进取攻势，以把握海上权。其功岂不伟哉？夫中将之当时用力于国防，拮据积劳者，经十有余年，而后其功大显。自今以后，任国防责者，犹中将之当时用心，果断从事，不少解怠，则兵备益完，国势益张，他日能成大功，庶几乎有优于征清役者矣。因略叙中将经历，欲使后人效之也。

丰岛海战启日清战端二十七年七月二十五日

吉野排波快若飞，将军应炮不愆机。卒逢清舰制全胜，开战伟功扬国威。七月二十三日，联合舰队发佐世保，向朝鲜海，第一游击为先锋。二十五日午前七时，吉野、秋津洲、浪速三舰，进至丰岛冲，遇清国北洋水师济远、广乙二舰。坪井少将在旗舰吉野。敌舰见之，不表礼意，悉开炮门，遽为战备。既而彼我交发炮，兹启日清战端。

战斗旗翻意气豪，猛风卷海怒涛高。火光一闪艋艟碎，波际先倾广乙号。激战，凡一时二十分。清舰善战，然我第一游击舰队精锐，固非可当。广乙先蒙我丸，大减速力，知不能遁，向东岸浅渚而驰。济远仓皇，不遑避险，沿岛阴走。后见广乙破碎，委湾东小澳，盖清兵自火其火药库而逃也。

济远仓皇冒险驰，操江惊悸揭降旗。千兵号哭高升没，满海腥风漂死尸。会清舰操江户商船一只来，见我军舰惊走，而知其不可脱，揭白旗。军舰浪速士官就商船捡之，则英船高升号，为清国所雇，载将校十六人，陆兵一千二百人，野炮十二门，将至牙山湾也。因命随行，船长从命，清兵胁之，不肯随行。便劝船长去船，清军又沮之，冥顽难晓，移晷四时。我舰虑敌来袭，揭赤旗以示危急意，遂击没之。船长以下，得免者三人。英人闻之，颇生物议。英国东洋舰队司令长官，以日本军舰所为为正当。泰西公法学者，亦同归正于日本。事得明白。

睨隙强邦如虎狼，骚然物议变难量。光明心迹谁容喙，日本行为归正当。

白山曰：高升号籍英国，及我舰击沉之，英人置啄者甚多。然至审议其当否，莫一可指斥者，事归明白，物议全止。盖我舰之处事，在急遽忙剧间，而不愆其措置，不亦敏乎？

丰岛风云惨未开，高升沉没最堪哀。自兹韩海全归我，欧米商船不复来。

白山曰：战阵之间，有不期成功而其功最伟者，丰岛之役是也。明治二十五年，帝国议会，议军备扩张之事。众论不协，言涉冗杂，使海军失信于国民矣。及征清役起，皆曰陆战胜可必矣。海战之输赢，未可知也，多怀危疑者。丰岛之战，卒逢清舰，不失应炮之机，一战制全胜，击破广乙，捕操江，走济远，而我舰体不少毁损，兵士无死伤者。于是乎，使国民知有我战斗力，大超过于彼者，以解其惑，振作四千万人勇气，岂非不期而得伟功者乎？高升号之事，又发于不期，偶于开战之初，击沉强国一船，而各邦商船，不复见只影。韩海全归我有，得擅运漕船来往，可谓伟功中尤伟者矣。

安城渡夜战二十七年七月二十八日夜

云影蔽天星失明，全军衔枚肃无声。川流泛溢桥梁断，没脚深泥不可行。混成旅团屯韩京龙山三旬。七月二十五日，旅团长大岛义昌发龙山，二十八日，至素沙场，南有成欢驿。清军据丘陵，与我阵地相距里余。水田沼泽相连，中央有川，曰安城渡。清军列垒，张左右翼，正面高处，筑二炮台，垒前开豁，弹道长伸，不得近之。大岛少将分军为二，使武田中佐将右翼，自将左翼，将乘暗袭成欢。廿八日夕，各队戎装，以待令下。此夜宿云掩天，晦冥不辨咫尺。夜半有命曰直可进击。兵士跃然而起，全军衔枚，肃肃无声。二十九日午前零时三十分，左翼队渡安城川上流，右翼队直行涉水田。敌豫断绝桥梁，壅塞下流。水没肩，泥埋脚，不得脱靴。时山中尉以下溺死者二十余人。渡川过沼泽，则村间伏起，铳弹如霰。松崎大尉从容列队于塘阴而应战，武田中佐下马励众，田边大尉又来援之。

塘阴列队向清兵，麾骑冲飙蓦地生。奋进致身松大尉，安城一死策勋名。松崎大尉先众奋进，丸来中股，大尉不屈，益进突敌，丸又贯其肺而毙。

神州男子不思生，铳剑连锋毙敌兵。横道遗尸清劲卒，纪胸直隶练军名。我军连铳枪突敌兵。敌兵败走，遗尸横道。检之胸下黑书，曰直隶练军炮兵，盖李鸿章所素养之劲兵也。

第五师团中混成旅团拔成欢垒二十七年七月二十九日

皇军渡水据丘陵，云捧旭旗松翠凝。堪笑敌弹愆正鹄，炮声轰破九霄层。安城渡战，凡三十分间，而清军败走。右翼武田支队，正列前进。既而左翼队渡上流，对敌右翼，列炮于高丘松林，射击第七堡。武田支队攻第五堡。敌盛开巨炮应战，轰然震天，然照准不精，尽误正鹄。我榴霰弹命中数回，闻叫号声。大岛少校下令突击，陷第一堡，进拔第二堡。武田支队又陷第四、第五二堡。

一堡先隳四堡危，勇兵肉薄敌难支。戈铤委地牙旗倒，中有军营日记遗。我全军内薄第三垒，清兵弃牙旗争逃，遗总兵聂士成军营日记。此战我将校死者二人，下士卒三十二人，敌死伤凡五百人。

混成旅团先锋后期古志少佐愤慨伏刃

泪洒战袍痕未干，万兵吊死共凄酸。军歌声激新添谱，一曲韩山行路难。参谋本部当出兵之初，以马关为兵站部根据，开场设仓库，厚其本源。仁川、龙山各置兵站部。然军夫募集，未足供其使用。朝鲜内地兵站部，征发韩民。韩民避役，运输失便，行军困难最甚。七月二十六日，混成旅团先锋古志少佐将向振威，所雇人马悉逃，后期而不得发，痛愤发病，伏刃而死。

发宣战诏二十七年八月一日

复和永远保光荣，圣诏昭昭大义明。热血淋漓四千万，一齐倾注北京城。诏曰：期依赖汝有众，忠实勇武，速克复平和于永远，以全帝国光荣。先是，丰岛之役，日清两国已启战端，因以八月一日发宣战大诏。

联合舰队大举袭威海卫二十七年八月十日

舷头裂呲水茫茫，波上何边决战场。威海卫空无舰影，炮台时见白烟扬。二十七年八月十日，伊东中将率全舰队二十只及水雷艇，向威海卫，进入湾内，回转数次，不见敌舰，岸上炮台时试射击而已。

日韩两国结攻守互相助盟约二十七年八月二十六日

讨平乱党东学党镇猖狂，驱逐骄兵清兵攘陆梁。为结日韩攻守约，不将弱肉委贪狼。

山县大将出征二十七年九月九日

赐刀大将总戎行，云日腾腾旗影扬。命重宫中亲补式，陛辞万里带荣光。我征清军大举将入满州，第三师团全军戎装已成，第一师团亦将续发。八月三十日，行亲补式于宫中，以山县陆军大将补第一军司令官，赐宝刀。九月九日，同第三师团长桂中将发宇品港。

驻大纛于广岛二十七年九月十五日

远进大营威力全，总收海陆二军权。东洋正值风云会，仰见飞龙在碧天。

玉仗煌煌照碧空，锦旗高揭九天风。广陵城外夜将半，铁笛声兴凉月中。王师大举，分为二军，欲一渡鸭绿江，略辽阳奉天，一上金州半岛，取要港，以扼渤海咽喉。计划已熟。九月十三日，车驾发东京。十五日，驻大纛于广岛行营，亲统制陆海两军。

豫定取平壤策

将军计划豫期程，暂待敌师凑一城。海陆临机相策应，欲歼清国八旗兵。我军将攻平壤。第五师团长野津中将部署诸将：大岛少将将混成旅团为前卫，立见少将自朔宁，佐藤大佐自元山，各将混成旅团支队而进。柴田中佐将本队第一行进团队，友安中佐将本队第二行进团队，安满中佐屯京城，大迫少将屯元山，平野大尉屯洛东，以八月三十一日发京城。同十五日进平壤，行军十五日。盖此役集清军于一城，而欲歼之也。清军入平壤者，盛字军十一队，提督总兵卫汝贵统之；奉军九队，提督总兵左宝贵及总兵聂桂林分管之；毅字军八队，马玉昆统之；奉天练军，盛字营四队，丰升阿统之。凡三十余队，一万三千余人。

搜索骑力战而死

日本刀寒吐白虹，丈夫临死气逾雄。人称一骑当千勇，朱染亭边战血红。八月十日，我搜索骑至中和，逢清兵百余人。町田中尉、竹内少尉以下，死者六人。西庄平见捕，不屈而死。得脱者仅二人。

第五师团向平壤二十七年八月三十一日，发京城。九月十五日，达平壤

铁蹄高响玉骅骢，百里平城指点中。烟火荒凉鸦影乱，溪村秋近夕阳风。

第五师团达平壤九月十五日

良将觇机握豹韬，健儿含笑抚吹毛。胡笳声动韩山夕，敌壁横空月影高。

陷平壤城自九月十五日至十六日

断岸悬崖平壤东，山河萦带地形雄。岌乎绝险连西北，箕子台高摩碧空。平壤城东，断岸高峻，北西有牡丹、箕子、乙密等高台，西控大同江流，山河萦带，要害连接，只南方朱雀门，地势稍低，盖朝鲜第一雄镇也。

船桥船桥里战苦力尤勤，少将勇刚元逸群。联队旗前吾欲毙，挺然先众破清军。船桥里战，阵地平衍。敌据高堡，并力夹击我军。我军当野炮着发点，近接连发铳火线内。而我山炮不得阵地，遥在后方，试榴霰弹，不能奏功，因进炮队，忽为敌丸所集，永田少佐负伤，山本大尉战死。激战移时，各队弹药已竭，一户少佐部队将校尽死伤，武田中佐部队士官皆死。我军色沮。西岛、武田二中佐，长冈少佐等，疾呼励众。大岛少将义昌挺身奋进，曰：吾与联队旗同毙耳。遂破清军。

合击一朝诸垒颓，争登天崄牡丹台。清兵股栗无逃路，四面皇军呐喊来。立见少将将朔宁枝队，佐藤大佐将元山枝队，进攻诸垒。元山支队拔一垒、二垒，朔宁支队拔三垒、四垒，遂陷牡丹台。时攻城炮未达，城壁坚牢，不

可破坏。

日午牙城只独存，榴弹聚中碎周垣。神州兵卒胆如斗，逾壁直开玄武门。三村中尉部下一卒，跳逾城壁，开玄武门，我军进入城。

本队鼓旗观示也势威，孤城落日陷重围。满州突骑能轻命，三百精兵不一归。野津中将将师团本队，渡大同江，至平壤西一里山川洞而阵，意甚决矣，曰：此城而不拔，则乃公墓地也。徐进迫城。城中色动，满州骑兵出城驰突。我步兵丛射之。敌骑豨突不止，毙者二百六七十人。

暮天雷起雨如倾，忽见城门揭白旌。一夜溪流红血涨，伏尸毙马乱纵横。十五日午后四时，骤雨如倾，各队收兵。四时三十分，城中炮响顿歇，白旗翻七星门，有一韩人赍书至。元山枝队佐藤大佐一见，致之立见少将。时大雨沛然，书字湿润，漫漶难辨。少将读书未了，静海、大同等诸门皆揭白旗。少将自与桂大尉过炮台下，至小宝门，欲审敌情，言语不通，要求笔谈。清国将校无携笔纸者，不得以明其意，因约明日相见而去。此夜，城兵向义州甑山二街道逃走。我兵要击之，杀伤无算。箕子台下，死者最多。街道二十四五间，见百二十人尸体与三十毙马相枕藉，鲜血淋滴，溪水为红，其惨状可以想见矣。此役我军死者，将校八人，下士卒百五十余人，敌死伤凡二千余人，降虏五百余人，将校左宝贵、徐玉成、杨建春、金得凤、定祥、周某等皆死，其余死者犹多云。

白山曰：余观平壤之战，考之行军日程，见其所豫定之不违，而知野津中将明于战略。后有传中将言者曰：平壤之战，肉薄高垒，以一日拔坚城。据欧国军法而论之，为失于急剧者。夫良将之用兵，犹国手之应病，投方剂，所用之药石不一，而效验愈多。盖急剧之策，用之欧军则不可，用之清兵则其功著矣。是中将之所以能制全胜也。且夫屈从清国，不能自伸，观望成败，以怀两端者，韩人之病也。而使韩人决其向背，在平壤一战。然则中将急剧之策，不独歼清军以奏功于平壤，而又能治韩人两端之病者也。

黄海之役二十七年九月十七日

北方遥望黑烟生，樯影逾高舰体明。横阵向吾张羽翼，中央二远定远、镇远屹如城。丰岛战后，敌舰深潜渤海湾不出。我舰队大举，至威海卫而空归，不闻炮声三十余日，余勇满身，思会敌舰。会清国送兵于朝鲜，其扬陆地，在鸭绿河口大东沟得因操江舰长言而知，然未能审敌消息也。十六日夜，伊东中将率主战舰队，出大同江；吉野、高千穗、秋津洲、浪速为先锋，坪井少将在旗舰吉野率之；松岛、千代田、严岛、桥立、比睿、扶桑为本队，伊东中将在旗舰松岛率之；赤城、西京丸从之，桦山中将在西京丸观战，舰总十二只，为单纵阵，向海洋岛航行。午前十时二十分，遥望一抹烟于北方，稍近则数只舰影也，烟筒愈高，舰体愈大。于是揭信号，整战备，使各舰就列，置赤城、西京丸于列外。海程已蹙，明知为敌舰队，众皆踊跃，勇气倍蓰。敌舰定远、镇远、来远、经远、致远、济远、平远、靖远、扬威、超勇、广甲、广丙及镇南、镇中，总十四只，伴水雷艇六只而来，北洋水师提督丁汝昌在旗舰定远，独逸客将某为顾问，左翼总兵林泰宗在镇远，右翼总兵刘步瞻在旗舰定远，各当管驾官任，盖护运送船，发旅顺口，至鸭绿河口大东沟将归，会我舰队，因欲决战也。敌舰队张左右翼，以为横阵。定远、镇远在中央，游军在其后。

先锋破浪逼清兵，疾若飙风舰影轻。海路六千丸仅达，劈空敌炮万雷轰。先锋诸舰，疾如飙风，斜过敌前，逼其右翼，距离六千米突。敌旗舰先开炮，诸舰相继争发。我军以其距离犹远，不应而进。

巨丸如织毒烟横，杀气冥濛昼不明。战士鼓舷呼快绝，扬威超勇一时倾。我本队继先锋，掩赤城、西京而进。炮战已开，声震天地。敌后翼为我先锋所迫，阵乱战苦，扬威、超勇，被丸火起，不能进退。先锋诸舰，益进射之。超勇沉没，扬威逃至大鹿岛畔，浅渚胶着焉。

中军本队制敌威如虎，前队第一游击应机健似龙。一线阵形头尾活，常山蛇势作操纵。敌中坚不顾后翼危急，迫我本队。本队诸舰，炮利而速力优，敌舰被我丸甚多，定远大樯为折。敌舰不屈，奋进健斗。定远、镇远、来远、经远、致远等欲与我本队决雌雄。松岛等诸舰与先锋吉野等，绕敌舰为回转，操纵尤巧，一线阵形，头尾相应，如常山蛇。比叡、扶桑、赤城、西京诸舰，舰体脆弱，速力迟缓，不能堪激战，故陷危险，仅能得脱。

扶桑沉毅术无违，比叡勇刚能出围。小舰赤城真大胆，西京天祐脱危机。比叡速力迟缓，与本队隔，舰长樱井少佐欲乱敌阵形而走，进入经远、定远间，势甚勇猛。敌舰队欲捕获之。少佐发速射炮，敌尸累积甲板，会巨弹来，坏下甲板。火起，三宅大军医、村越少军医、石塚大主计以下死者十余人。

苦战出围，而居列外。比叡已脱列，扶桑孤立甚危。定远进来，忽将冲突。舰长新井大佐夷然不惊，巧为回旋，以左舷诸炮一齐射定远舰腹，徐行合本队。赤城舰体最小，故在列外射击定远、镇远，然速力甚微，不能续于本队。来远、致远、广甲来逼。佐佐木大尉先伤，桥口少尉战死，舰长阪本少佐奋勇督众。巨丸坏舰桥，而毙少佐，佐藤大尉代之。敌丸屡中舰樯，伤佐藤大尉，松冈大尉又代督战。近藤兵曹代松冈大尉，指挥炮台，发速射炮，中来远，起烈火，会第一游击来遮敌舰，始出死地。西京丸武装，又在列外，随本队而进，见比叡、赤城陷重围，揭信号以告舰队。舰队顾救二舰。西京丸忽失掩护，孤立当敌冲路，巨丸来碎汽器，不能转其舵机。平远、广丙率水雷艇数只来射，西京丸避之，水雷掠左舷而去。敌再射，以为命中，放声欢呼。西京丸亦决死，水雷又过船下。此日，军令部长桦山中将，搭西京丸观战，船蒙炮丸大小二十余，损伤最甚，然无死者。

白山曰：此日，桦山中将在西京丸观战。敌见其船体大，认为上将所搭，争进迫之。中将当炮弹冲，悠然使船员写影激战状者，凡四回。英雄胸中，绰存余地，此可以见矣。尝闻海军将校评中将曰：宁丧全舰队，不可丧中将。中将，我海军精神也。盖此役水雷之不中，安知非皇天护我海军精神哉？

黑云炫烂限时弹，时限弹，多发于宫中。白水跳腾着发丸。着发丸，落水中而发。铁舰冲撞鏖战急，腥风血雨涌狂澜。

旗舰炎炎起炽氛，火光百道照溟云。巨丸聚中多伤死，血沫迸飞糜肉纷。旗舰松岛，揭将旗先进，为敌丸所聚中，火药爆发，震动欲裂，火移舰体，不可扑灭，炎焰照天，白烟满海，炮坐、炮架多摧，死伤八十余人。志摩大尉、伊东少尉皆死，血迸肉飞。伊东中将泰然立舰桥，指挥兵士以军乐队等非战员补填炮队，奋勇力战。

海云惨淡日光阴，屡见悲号清舰沉。败敌远逃天已暮，水波渺渺迹难寻。

凯歌声起敛斜晖，水尽天空宾雁飞。涵影万里韩海绿，凉风吹上健儿衣。敌舰超勇先沉，扬威伤走，胶着浅渚。来远、平远火起，经远、致远相寻沉没，济远、广甲、广丙前后皆逃，定远、健斗损伤最甚，火炽不灭。桥立、严岛、千代田、扶桑齐迫之。镇远独掩定远，奋当我诸舰，收战而退。时五时三十分也。此役清舰沉没者三,胶浅渚者一,我军不失一舰,清军免全舰队覆没者,赖镇远、定远力。

皇国威名扬九区,若斯激战古来无。欧人休说墺伊役,世界争观黄海图。

白山曰:余阅日清战舰比较表。清国,舰只五十二、吨数六万九千,多于我二十四只、一万一千吨;其一等甲铁舰定远、镇远皆世界有数良舰,而富于战斗力。如我带甲舰扶桑,吨数居其半,制作系于旧式,速力迟缓,独水雷艇吨数有过于彼。而黄海之战,不与,观之比较表,战胜固难必矣,唯恃我舰速力稍优耳,而大破清舰,一举收海上权者,是乃将士兵卒技能精敏、勇敢无比之所致也。此日敌舰,或烧、或沉、或伤而逃。奋斗不屈、收战而去者,定远、镇远二舰也。若使我舰有力能当之者,此役歼清舰亦非难也。抑海上之战,坚舰利炮为主,不能独恃兵士精锐也。后之忧外患者,宜鉴于定远、镇远善战,以制舰铸炮为务。

我海军收黄海之权

战后云开水接天,波头无影各邦船。旭旗相照连千里,一胜归吾黄海权。黄海一战,敌舰损没殆尽,深潜渤海湾,不能复来袭。海上之权,全归我有,航路安全,运漕如意,献黄海捷也。皇上特遣敕使于舰队,诏曰:制压敌海,殊勋无比。呜呼,海军之功,不亦伟乎?

白山曰:朝鲜海,日清两国必争之地也,得其权者胜,失之者败。胜败之决,在其海权得丧。丰大阁之征朝鲜也,我海军为韩将李舜臣所破,海上之权归朝鲜而辎重不接。陆军虽精锐,然不能过鸭绿之水。征清之战,若使敌水师擅海上权,我第一军孤立不得深入敌地,亦何与文禄役异乎?然而黄海一战,大破敌军,收海上权以制全胜者,赖海军功。抑九环之国,以海军为防备主。英人屡与西班牙战,以扩张海军为务,尽国力于坚舰利炮,积劳累功,兵力日强。及佛帝拿破仑第一世与西班牙并力来袭,英将纳尔森率舰队横冲路,鏖没佛军。拿破仑抱旷世之才，拥欧洲精兵，而不得近于貌列颠岛沿岸。盖英国之雄视世界者，海军之力也。我国地势，酷肖英国，而黄海之役，与特拉华尔牙战相类。将校士卒忠勇，凌驾英人，而伊东中将之功，不让纳尔森，岂不盛哉？虽然国家安危关于海军弛张，胜败之数归于海权得丧，而我国之致力于海军，岁月犹浅，战舰未全，则扩张之务不可少怠也。传曰：胜则狃，狃则怠。胜而克戒，是国之所由保也。其言可以鉴矣。

灵鹰有明二十七年九月十七日夕

战休樯上止灵鹰，黄海波恬瑞气凝。九万云程翘劲翮，一腾欲掣北溟鹏。黄海战胜夕，有一鹰来止于军舰高千穗樯桁，铁嘴钩爪，漆睛放光，剑翮欲扬，笼供天览赐名称高千穗。昔者神武东征，金鸦上弰；神后讨韩，赤鳞护船。今灵鹰又来，止于舰樯，一军以为战胜兆。

开临时帝国议会二十七年十月十六日开会

车驾亲临敕议臣，天颜咫尺宠光新。军资一亿五千万，满院无非协赞人。十五日，开帝国议会于广岛，车驾亲临会堂。十九日，决募军费一亿五千万圆之议。

白山曰：我帝国议臣，外争内和，国家无事，则侃言侃侃，树党为朋，一旦缓急，则翕然协合，如面手之不期而相救。抑我国民，戴万世一系皇室，一国犹一家然，岂不懿美哉？

第一军达义州二十七年十月廿日

繁霜如雪满军营，月照韩山雁影横。鸭绿投鞭期已近，梦魂飞绕北京城。我征清军，以第三师团、第五师团编成第一军，山县大将为司令官，野津中将为第五师团长，桂中将为第三师团长，大岛上将义昌为第九旅团长，立见少将为第十旅团长，大迫少将为第五旅团长，大岛少将久直为第六旅团长，黑田少将为第一军野战炮兵监，小川少将为第一军参谋长，将进渡鸭绿江，前军已过安州入定州。先是，清国溃兵，掠夺而过。沿道韩民，闻我军至，荷担皆逃，征发甚难，运输失便，经二十日，得达义州，行军六十余里。

清国严守备

虎山遥接九连城，六十余营三万兵。联系堡高天险地，寒流拍岸大江横。平壤已陷，清李鸿章增发援军，举四川提督宋庆为征讨总帅，称为老将知兵者，盛设守备，以待我军。盛字军十八营，铭字军十二营，毅字军十营，芦防淮勇，及古北口练军四营，淮军仁字虎勇五营，总二万四千五百人；安东县太孤山守兵，十三队三千七百人；黑龙江兵，马步十二营，四千人。丰升阿、庆祥、聂桂林、倭克津泰等统之，设幕营于鸭绿江边，据虎山险，筑联系堡八所。

大山大将出征第二军发宇品港二十七年十月

恩赐龙驹嘶日边，大旗照水阵云鲜。巨艑峨舸连苍海，排破风涛澥渤烟。波涛汹涌地如浮，横槊赋诗真壮游。人立舷头遥聘眼，水云一抹古金州。我征清军，以第一师团及混成旅团编成第二军，以大山大将任司令官，赐宝刀骏马。十月十五日，大山大将率山路第一师团长、乃木、西两旅团长、井上参谋长以下数十人，发宇品港。十五日夕，渐次达渔隐洞，运漕船三十余只。

第二军达花园河口十月二十三日发渔隐洞，二十四日上花园河口

船不点灯终夜驰，二军始入满州时。海兵先上花园口，丘顶排云搴国旗。帝国舰队之在渔隐洞也。伊东中将遣八重山、磐城、岛海等诸舰，于金州半岛东岸，探究第二军扬陆地，十数日而得好地点，即花园口也。盖此地点，虽欧人未曾知也。地点已定，中将帅舰队，护第二军，以十月二十三日发渔隐洞，至海洋岛，则日已暮，然不点灯而进。二十四日，达花园河口，千代田陆战队先上，搴军舰旗，以为目标。

联合舰队掩护陆军十月二十四日夜

夜色濛濛烟雾浓，暗中岂莫水雷冲。电灯照海明如昼，十里波头

跃白龙。此夜海上警备尤力。至夜半，一舰放空炮，于是各舰以电灯照海，备敌艇来袭。

第一军工兵第五大队架军桥于鸭绿江二十七年十月二十四日夜

甲流鸭绿江甲流乙派鸭绿江乙流奏奇功，千尺军桥若鬼工。梦破清兵胆先落，长江一夕现飞虹。鸭绿江分为甲乙丙三流，甲丙二流，水浅可渡，乙流经八十间，深一丈许。我工兵乘暗夜，造船桥于乙流，作架柱桥于甲流，至晓竣功。

第一军渡鸭绿江取虎山九连城清兵夜溃十月二十五日

将军旗鼓疾如神，飞渡过江士气新。四十敌营齐失守，九连城里阒无人。二十五日，大迫少将将右翼渡军桥，登东方高山。桂中将将本队渡军桥，迫敌垒正面。敌见军桥成，大惊。黑田少将列炮于高地助本队，垒兵应战不屈。大迫支队窥虚，自东山激射垒中，垒兵扰乱。敌将率九连城兵二千来援，其势甚锐。立见少将邀击之。敌走入梨子园，我兵尾击，陷梨子园。桂本队、大迫支队，进拔虎山。二十六日，攻九连城，城兵已遁。此役，我兵死者十九人，敌死尸凡五百余。虎山敌垒四十余，皆失守。

第一军第五师团进入凤凰城十月十九日

竹节迎刀不觉坚，马头朝望凤凰城名烟。八旬老将何颜面，健走弃城逭奉天。

征雁高飞树影稀，回飙扬石点戎衣。连旬日本刀藏室，风鹤先人逞猛威。清将宋庆受命为元帅日，意气颇扬，曰：此行不能攘倭，一死以报国耳。及虎山四十余营失守，而知凤凰城亦不可守，慨然曰：败衄至此，何颜再见清帝。颓龄八十，余生何惜？枕城死耳。部下谏之，遂走奉天。清兵将走，放火街市，延烧不灭者，一昼夜。

第二军取金州城十一月六日

太子山名山东转路程，迂回十里跋峥嵘。健行中将猛于虎，夜到乾家地名为露营。第二军上花园河口，进貔子窝，自貔子窝至金州，行程凡二十里。十月五日，至黄家店。河野大佐攻东方，乃木少将向前面，山路中将出敌背。中将转路，迂回涉险十余里，入夜露营乾家屯。众皆惊中将健步。

太和尚岭战方开，一垒难支二垒隳。鬼上官人以山地中将比清正犹麾勇卒，复州鞞鼓动城来。十一月六日，河野支队拔大和尚山二垒，列炮山上，临金州城中。师团本队，自复州街道入，进迫城壁。城兵狼狈，逾墙争走。

坚城耸在白云中，仰见重门锁半空。金钥铁扉皆粉末，一团火药奏奇功。本队呐喊将入城。城壁高三丈余，四方城门固锁，因装爆药，破坏铁扉而入城。

联合舰队泊长山列岛边长山岛，在黄海

角声高入碧云层，寥廓清虚夜气澄。白露金风秋欲半，长山影冷一轮冰。第二军之攻金州，舰队泊长山列岛边，与之策应，进而为攻大连湾谋，顾而掩护花园口外商船。

第二军取徐家山十一月七日

徐家山峙势巑岏，征雁影高风日寒。坚垒耸空兵已走，红沙崖下白云残。徐家山，在大连湾与金州城之间，炮台巍然耸空。我陆军致书海军，讲夹攻之策。敌不战而走。

皇军陷大连湾炮垒十一月七日

进行无复一兵劳，到处清军弃守逃。巨熕装填供我用，居然唯见敌台高。大连湾，金州半岛要害，而坚垒利炮备焉。我军期敌力争。十一月七日黎明逼垒，不见守兵，诸台大炮装填弹药，垒中遗弃旌旗兵仗甚多，中有水雷图及防御方略图书等。

舰队入大连湾十一月七日

拘引敌船探水雷，大连湾外几旋回。旭光辉到三山岛，忽报皇军领炮台。联合舰队在花园河口长山列岛，拘引敌船凡三十余只。十月二十七

日，捕敌水雷布设船捷顺号，命名大连丸。十一月六日，进至大连湾外三山岛，弹击鲇尾信号台，既而筑紫、赤城二舰来报曰：和尚岛敌垒，见我国旗翻。水雷艇二十三号又报曰：敌垒炮门皆仰空。盖此时皇军自陆路，入大连湾炮垒也。

金州城内置民政厅十一月十二日

创置金州民政厅，十条政则行政规则护顽冥。战时禁止携戎器，严戒军夫及马丁。第二军发令，禁止军夫马丁带戎器，置民政厅于金州城内，以护蠢顽为务。

恩德并施安土人，严明军律政从仁。抚绥招谕惟为务，近喜远来逃窜民。《论语》曰：近者喜，远者来。

第一军第五师团侦察队破连山关清兵夺摩天岭险十一月十二日

连天关险势岧峣，四十人家书寂寥。侦骑凌云攀绝壁，摩天岭名岭上立寒飙。第一军过鸭绿江天险，拔虎山四十余营，入九连城，取安东县一带地，因以凤凰城为假根据地，置司令部，以立见少将为司令官。少将发侦察队，搜索辽阳奉天敌情。十一月十一日，侦队进破连山关。连山关有民舍四十，南北峻岭连亘，西有摩天岭崄。十二日，侦队更进，逐摩天岭敌。

第一军第五师团侦察队逢敌兵于寨马集近傍十一月十三日

猛然豨突吉林兵，出没妨吾北进行。候骑冲围试勇战，不陨日本男儿名。吉林清兵，出没牵制我北进军。立见旅团侦察队与之相逢，激战数回。十一月十三日，足立大尉一中队，与清兵三千战于寨马集近傍，平井大尉来援，且战且退，柳原中尉殿战不还，数日之后，得其剑鞘于战地。

联合舰队再挑战于威海卫港十一月十七日

阵形一字破波驰，舰影缝天直若丝。松岛赤城俨成列，定知清将

拊背时。白山曰:以欧将之所论,观旅顺城之役,如我计划未当而得胜于侥幸者。老成欧将以旅顺城为东洋第一要害,曰:攻其背面,要数万大军,陷之当费许多时日。见战死者及数千人,盖所熟计精画也。而我军用二万兵,一日而拔之,战死者仅三十八人。夫今之论兵者,察胜败于军备精粗,而不问其兵勇怯。若使清兵不怯劣如彼,我军不勇敢如此,则胜固为幸,否则我军之所策,未为不当也。兵法曰:知敌知己,百战百胜,其是之谓乎?

清军袭金州城十一月廿一日

七千敌骑若云屯,横列纵行白马奔。巨炮一轰先破胆,清军不敢近城门。我军陷旅顺日,敌兵乘虚袭金州城。河野大佐力战退之。清军步兵七千,为横列纵行,骑兵三百,皆跨白马,东驰西奔,最为壮观,来逼城门。城兵仅千三百人,开野炮二门,每发命中。敌兵不敢近城门,既而奋进,欲夺我城外阵地,势甚猖獗。平野少尉防战而死。城兵又开野炮,射击敌军,敌军少沮。午后二时三十分,有传旅顺已陷者。我军气大振。无几,敌将收兵去。此役我兵死者十八人,敌尸委路者五百余。

第一军将向海城

漠漠寒云锁燕京,万重峰影杳前程。两军第一军、第二军气脉要连接,半岛枢机是海城。海城,当辽东半岛枢要,塞北京冲路,故不取海城以通第一、第二两军气脉,则不能得北进之便也。

第一军枝队夺黄岭子险十一月十七日

半空黄岭万岩重,据险敌营峰又峰。选拔步兵才四十,冒丸奋进唱先锋。第一军欲扫岫岩敌。十一月十七日,三原枝队达黄岭子麓,敌步兵千五百人,骑兵二百五十人,野炮二门,据险要。我町田中尉率选拔步兵四十人攻之。山皆岩石,峭立如削,顶上置兵,弥登弥高,已夺一峰,敌犹在一峰。中尉鼓勇,夺其最高峰。敌兵望之,下峰争走。枝队本部齐进夺黄岭子险。此战我兵无死者,敌死伤未详。

第一军取岫岩十一月十八日

人走悬崖捷似獑，轻兵早已夺嵌崭。雾晴帷幕栖乌在，本队徐徐入岫岩。十八日，三原枝队进逼岫岩城，町田中尉击退敌骑兵，夺河岸高地。敌兵弃城走。大迫少将豫知敌走，不欲劳我兵，宿红家堡子。晓雾已晴，不见守兵。徐整本队而入城。

第一军破清兵于崔家房十一月十九日

暴雪狂飙白水城，拔刀直拂黑龙兵。阵头篝火万星耀，笑见清军惊脱营。敌窥我第一军侧面。山县大将下令，使西岛大佐助立见少将击退宽甸寨马集敌。立见少将命西岛大佐部队备寨马集，自率旅团本队至草河城。敌军二千，在崔家房。前卫友安中佐呐喊夺高地敌营。敌更据最高丘，隔水铳战。既而日暮，山上清兵与山间清兵自相射击，我军笑之。时寒气酷冽，小铳杠杆冻结难用，因以篝火取暖。清兵望之，弃山上阵而走。

第一军第五师团第十旅团破清兵于樊家台十二月十日

猛兵勇卒冻伤多，堕指高寒雪没靴。清将乘机何所获，又横死尸满山阿。立见少将部下兵，患冻伤者，十中及五。敌谍知之，将袭凤凰城。时桂中将向海城，立见少将牵制黑龙江将军依克唐阿兵，率旅团本队至樊家台，与黑龙江兵三千余相值。地势险峻，敌据左右峰峦。立见少将使安满少佐上高地当之，又列炮六门，射击敌右翼。安满大队进夺敌第一战线，炮队亦移射击敌第二战线。敌兵善战，不敢退一步。安满大队呐喊迫之。敌军色动。立见少将使今田豫备队突之。今田少佐揭联队旗先进，一队拔刀入敌中。敌兵不能支而走。此役我兵死者十一人，敌死尸百十五，捕虏十五人。

第一军第十旅团破清兵于一面山自十二月十日，至十四日

猛火挟风烧雪天，喊声动地突中坚。沙场涂抹淋漓血，一队清军独肃然。十二月十日，黑龙江敌军来撞我凤凰城东北虚。十二日，城兵应战，凡三时间。敌兵进登一面山，相持不战者一日。十四日，富田少佐放火上风，破

一面山敌左翼。山口少佐突入其中央阵地。敌一队，在右方高地，肃然不动，开炮临我。我将校感其进止有法。

伏兵葱岭射清军，毙尸填溪号哭闻。一面败余无敌影，警烽不照奉天云。立见少将伏兵于葱岭，要敌走路，敌兵死者甚多。清军不再近凤凰城边。

第一军取柝木城十二月十二日

弱兵惊悸望风逃，柝木城头寒日高。战马嘶云铙吹急，回飙捲雪满征袍。我军每战必胜，然辎重不继，故不能进军，遂决意北进，将攻柝木城。桂中将将师团本队，大岛少将久直为前卫，大迫少将将右侧枝队，佐藤大佐将左侧枝队，冈田、木村二少佐率辎重队。十二月十二日，至柝木城。敌兵弃城而逃。此役，无战之可记者，然堆雪坚冰，草鞋靴袜，冻结如铁，行军艰苦，不可胜言也。

第一军第三师团取海城十二月十三日

鹤唳风声心易惊，败余清兵只希生。皇军每战无伤死，驱逐残兵入海城。桂木队、大岛前卫、大迫旅团，行破敌兵，入海城，我军无死者。海城，当四通八达衢路，市街宏广，足以为策绵通第一、第二两军气脉矣。

第一军第三师团拔缸瓦寨十二月十九日

北风动地白沙惊，军鏖兵交决死生。激战移时缸瓦寨，雪中伏尸乱纵横。海城，为辽东枢要之地，清将轻弃而后大悔，欲并力以复之。元帅宋庆合兵万余，阵缸瓦寨，示方略曰：总兵张光前，可以部队四千大炮十门，固守盖平城；提督聂士成、总兵吕本元，攻凤凰城；黑龙江将军依克唐阿，冲凤凰城东北；而宋庆自严缸瓦寨守备，进复海城。桂中将谍知之，以十二月十九日攻缸瓦寨、马圈子战最激。我将校士卒死者颇多，鲜血淋漓，积雪皆红。我兵奋战，进逼缸瓦寨。敌兵顽抗不屈。诸队苦战移时，全军呐喊，突敌三回，终拔寨。此日剧战，自午后一时至五时，我军死者五十四人，敌死者不下三百人。

夜战病院

行军百里跋嵯峨，露幕风帷夜枕戈。白雪染红原上血，铳伤兼见冻伤多。我兵患铳伤冻伤、在海城野战病院者，无虑二百余人。缸瓦寨役，伤者横于雪上，体失知觉，鲜血染衣，冻硬如铁，脚袢鞋袜，冰着皮肤，不可解脱。院医剪截其周围，注以微温汤，待冰解除，而后施治云。

明治二十八年乙未元旦我征清军迎岁于战地

春回战地祝新年，海陆国旗千里连。十万貔貅称宝寿，一齐敬礼拜东天。马革皆期包战尸，身犹未死值年移。王师十万辕门晓，缥缈唱兴君代词。政厅治化助军功，关市无征听讼公。皇德犹如阳气发，奉天省名冰雪已春风。

革囊乳酿共谈兵，战地迎年寻旧盟。将士相逢何所约，花时同到北京城。

日本内地明治二十八年新春

陛戟森严日色明，云成五彩锦旗击。山阳犹驻亲征跸，赳赳干城护大营。外征将士若鹰扬，内国人民气激昂。一致精神四千万，滔天敌忾溢东洋。屡报辽东破鞑奴，祝声如涌满街区。三竿旭日曈昽影，照到皇家新版图。

第二军陷盖平城二十八年一月十日

勇兵冒险试登攀，奋进弹丸激射间。敌垒皷衰旗影乱，皇军先夺凤凰山。清军欲复海城，营口、盖平、高刊互通气脉，增发援军。我第二军已陷旅顺，使混成旅团攻蓋平城，乃木少将将本队，斋藤少佐为前卫，隐岐大佐将右侧枝队，秋山少佐率骑兵。盖平守兵，约五千人，大炮十余门，出城而据高地。一月十日，我军迫城。平野旷阔，敌弹远达。竹中少佐麾步兵，进夺凤凰山，敌势稍衰。

东南崖角树军旌，高叫先登第一名。少将叱咤冲敌阵，渡冰直取盖平城。小川少尉攀盖平河东南角，树队旗，是为先登第一。营口敌兵作纵队，冲我左翼，势甚猛烈。乃木少将叱咤励众，渡盖河冰，奋当敌兵。敌兵披靡，遂进陷葢平城。此役我兵死者，将校一人，下士卒四十五人，敌死者凡四百余人。

大斥候队

忠勇忘身十七名，不知咫尺有清兵。埋山大雪真天助，仅脱危难达海城。第二军欲与第一军通气脉，使田中中尉率选拔兵十七名至海城。中尉行候盖平敌状，过香家屯近傍。清兵三千知之，将掩击，会大风雪，不果。斥候队仅脱危难，而达海城。于是，第一、第二两军，气脉始通。

第一军与第二军连络二十八年一月十日

王师连战破清兵，略取盖平连海城。一二两军通脉络，燕山自是可横行。四百余州累卵危，挫摧败衄力难支。笑他兵勇咸豚犬，意气今犹说八旗。桂中将使门司少佐牵制盖平敌背，至则盖平城已陷，于是，第一军与第二军连络。

清军四袭海城自二十八年一月十七日至二月二十一日

败余清将按兵留，城外战尘犹未收。四堡相连临旷野，俨然警备在高丘。清军欲复海城，来袭四回。桂中将严亮甲、唐王、欢喜、双龙四山警备，击而却之。

骑兵驰逐玉骅骢，积雪如银接远空。战队三重弧线状，清军列在画图中。桂师团长与野津司令官同巡堡垒，至欢喜山，眼界豁然，积雪如银。敌攻击队连亘三里，为弧线状，骑兵数百，西驰东奔，观如画图，踌躇移时，不敢逼城，为我军所击破。

白草黄榆日欲曛，敌营旗帜乱缤纷。向车蛕斧张虚势，城外蠢蠢二万军。清军袭海城，我军持重，欲待敌兵近城掩击歼之。清将不悟，以为城兵寡单，悉军来袭者四回，杀伤过当。我兵死者，前后仅八人耳，敌死者三百五十余人,捕虏四人。

海陆并力将夹击威海卫

怯敌深潜大港中,海军志业几时终。艇员舰队致全力,欲奏清师歼灭功。清舰尚潜威海卫。渤海之权,未全归我,因欲海陆并力,歼威海卫敌。

关海军大尉遗功

山东地理太分明,记事精详画策成。千古遗功关大尉,文书今见裨征清。

白山曰:故海军大尉关文炳,信浓人也,久在清国,跋涉山川,而相地势险易。时乘小舟,而测量渤海沿岸,或变容貌,以遍睹各所炮台。明治二十五年,辞我公使馆,将归本朝也,故取迂路,过芝罘、威海卫、荣城湾,记其城垒市街村落里程等,记事精确,详密无遗。今而见大尉之所为,犹豫知有征清役而为之者,其智可谓明矣。大尉归路,至巨文岛近海,遇飓而没,岂不惜哉?皇军之将攻威海卫也,得大尉记事所裨益极大。其容易陷港背炮台者,大尉之功居多。呜呼,大尉遗绩如此,虽死不朽也。

第一游击舰队炮击登州府二十八年一月十八日

煤气冲空铁舰趋,蛇矶庙岛日方晡。海天酿雪寒云淡,敌岸高台影欲无。十八日,鲛岛少将率第一游击队过直隶峡,进至登州府,炮击敌台,以牵制其陆军。

第二军上山东省荣城湾一月十日

蔽海舳舻旌旆连,寒风激浪蹴长天。灯光照彻鱼龙窟,巨舰堂堂护大船。第二军欲拔威海卫背后炮台。一月二十日,进至山东岬角荣城湾,大山大将为司令官,井上少将为参谋长,佐久间中将为第二师团长,山口少将为第三旅团长,少将贞爱亲王为第四旅团长,黑木中将为第六师团长,大寺少将为第十一旅团长，伊东中将率舰队护运送船，其扬陆，经五日而终。其明日大风剧浪，破坏栈桥。二十四日，进入荣城县。

陷威海卫港背诸炮台一月三十日

炮炮震山轰万雷，全军向敌仰崔嵬。右纵并力左纵队，齐陷坚牢诸炮台。我军进迫威海卫背面，一月三十日，将攻诸炮台。二十九日，定诸将所向：黑木中将将右纵队，渡边少佐为右翼，大寺少将为左翼，佐久间中将将左纵队，山口少将为右翼，少将贞爱亲王为左翼。左纵队向凤林集东南高地，右纵队一部当前面敌，全部与左纵队连络，以助攻战。及战方酣，其势互变，右纵队独攻百尺崖所诸垒，左纵队陷凤林集东南高地。

陷威海卫背面诸炮台一月三十日

百尺崖高冰雪凝，炮台声在白云层。皇军先陷摩天岭，熕火照空山欲崩。威海卫背面诸炮台，其坚牢不逊于旅顺城，筑连系堡，自百尺崖所至摩天岭，最为绝崄。我军奋战，陷摩天岭、杨峰岭。清兵防战太力，我军列野战炮及敌垒卤获炮，射之。敌不少屈，定远、镇远诸舰又炮击摩天岭，以援杨峰岭，弹着精确，粉碎炮台外部。既而赵北嘴、百尺崖等诸炮台皆陷，杨峰岭敌，犹据险瞰射，会火药库蒙丸爆破，敌兵乃走。午后一时，威海卫东岸诸炮台悉为皇军所陷。此战我军死者，将校二人，下士卒六十四人，敌死尸凡七百余。

取威海卫市街及西部炮台二月一日

极天鸟道望悠悠，峰影纠纷残日收。三万貔貅战袍冻，朔风吹雪满崖头。二月一日，皇军取西部诸炮台，小战数次，将入威海卫。二日，依田大尉往侦察之，不见敌兵。此战我兵死者，将校一人，下士卒五人，敌死尸凡百余。

舰队屡炮击要塞炮台

银山起伏怒涛生，杀气凭陵巨炮轰。落日黄龙旗未倒，蚍蜉援绝数千兵。第二军拔威海卫背面诸炮台，联合舰队，虞敌逃走，警戒港口最严。时猛风怒涛，雪城银山，递相击排，荡摇松岛等大舰，犹簸扬小舟之状。此间舰队炮击日岛、刘公岛者数回。敌死守而不屈。

水雷艇队除防材通航路二月三日夜

冰结戎衣海水寒，巨材铁索激波澜。一夕用心真惨憺，先开舰队伟勋端。敌设防材于威海卫湾内，张径口一寸三分铁索三条，结束大木，附着以锚，其一端自日岛达龙庙嘴边，一端直达刘公岛，长凡二里，构造坚牢，不可破坏。我艇队欲乘暗夜袭敌舰，二月三日，入湾内，百方苦心，六号艇最致力，仅开航路而归。

水雷艇队击沉敌旗舰定远二月四日夜

诀饮悲歌趋敌时，海天月黑斗杓垂。士能决死成功地，果见波头定远欹。二月四日夜，我艇队将袭敌舰。第二水雷艇队五只，藤田少佐在司令艇二十一号，第三艇队四只，今井大尉在司令艇二十二号，艇员将趋敌地，无复生还之意，举杯诀饮，悲歌慷慨。三更月落，星斗满天，艇队进入湾内，迫敌锚地。乌海爱宕，发炮牵制敌舰，艇队二列前进。夜色暗黑，岸礁犬牙，不得正阵形，进近定远，发水雷者五只，命中者三。既而为敌舰所知，皆蒙弹丸。九号艇破机关室，部员悉死伤。十九号艇来救，敌尾击甚急，因弃艇上陆。二十二号艇为敌所迫，坐礁，铃木少尉溺死。六号艇蒙炮弹一，铳痕四十八。五日天明，遥望定远航行无异状，我艇员窃疑鱼形水雷无效。至午后，定远舰体始倾。

水雷艇队击沉来远威远宝华三舰船二月五日夜

艇中死士气成虹，敌海截波如疾风。震慑欧洲斯一事，征清尤伟水雷功。二月五日夜，第一艇队四只，将再袭敌舰，饼原少佐率之，令各艇处后事而发。此夜，敌舰锚地，警戒最严，电灯照海，煌如白昼。我艇队望灯光而驰。敌舰悟之，炮铳丛射。艇队冒丸急进，射来远者三发，又击沉威远及运漕船宝华，狙击镇远不中。此夜舰队操纵极敏，命中奏功而不损艇体，无死伤者。至是清舰存者，唯镇远、平远、济远、靖远、广丙耳。敌势大衰。二月七日，联合舰队大举，功敌要塞炮台。炮战太烈，敌水雷艇队伺隙而逃。我舰队击碎捕获，不脱一只。第二游击队发丸爆破日岛火药库，第三游击狙击其隐见炮架。日岛炮火全熄。八日，第三游击队攻刘公岛，第一游击破坏防材，切断铁索。九日，第三游击又攻刘公岛、龙庙嘴二炮丸，击沉靖远。十一日，第三游击，又迫刘公岛，射程甚近，照准精确，每发命中敌台。敌亦盛开炮火，击破天龙舰桥，损伤葛城数炮，中野大尉以下死者数人。此日，敌台所发皆用坚铁弹，不复见榴弹，既而应战渐衰，因知其弹药不给。

白山曰：米国南北战争后，世始知水雷效用。露土、智白、清佛诸役，皆用外装水雷，其后有鱼形水雷之制，而效用未明。征清之役，用之能奏奇功，以证其效力，而我艇队勇往敢为，使欧洲强国震慑矣，岂不伟哉？

北洋水师提督丁汝昌乞降二月十二日

置酒当年肝胆倾，劝降书致友情诚。白旗垂下风无力，一死欲全千百兵。伊东中将往年与丁提督交，置酒谈笑，托肝胆交，因赠劝降书，曰：拘小节者，不能立大功。阁下暂游日本，徐为清国谋，以议其颓运，不亦善乎？阁下果率舰队来投我军，我皇宽容，待以礼貌，是余之所保也。余言发友谊之诚，阁下谅之。丁提督见书曰：友情真可感矣。然报国之义，固非可弃也。即而坚舰屡碎，弹药亦尽，千百兵民，同见惨状，期非远也。乃致降书曰：欲保全生灵。为请休战，献威海卫船舰、刘公岛炮台兵器于贵国，望不伤害海陆军内外国官员兵勇，而许其归乡。敌舰镇北揭降旗，载军使程璧光至。伊东中将与诸将议，容丁提督请。程璧光复命。丁提督曰：得保全生灵，吾事足。托后事于英客将而自杀。定远管驾官刘步蟾、刘公岛统领张文宣、靖远管驾官叶祖珪殉死。我旗舰传信号，告丁提督死于舰队，停止奏乐，以将官礼吊之。

吊丁提督

战休孤岛水苍茫，惨澹阴云日隐光。送柩貔貅犹有泪，无情草木亦悲伤。一月十三日，刘公岛牛道台来议降伏条约，不决。十四日议成，缔结十一条规约：使海陆军士官兵卒及外国人宣誓不再与日清现在战争之事；给汽船康济号送丁提督柩，以慰其亡灵也；许清国外国海陆将校便乘，使之随意航行。此役我海军死者士官四人，下士卒二十三人，敌海陆降服军人、将校二百二十三人，下士卒以下四千九百一人，合五千二十四人，捕获军舰镇远、平远、济远、广丙、镇东、镇西、镇南、镇北、镇中、镇边，总十舰。

论丁汝昌

漫言一死救兵民，巨舰坚台委敌人。以我国风论士道，丁提督岂是忠臣？

白山曰：论者或以丁提督为苦节孤忠，有古烈士之风，曰：二万敌军拥后，数十舰艇迫前，坚垒尽陷，巨舰皆沉，孤城无援，弹尽食乏。提督之致舰、纳炮台、一死以全清国、欧洲将校兵民，万不可已之势。而其所为，莫不可者，万口附和，称扬极矣。然使提督重清帝之命，知其责任之所存，身与舰共碎，将校皆横尸于炮台下，不殉兵民而殉清帝，振起清人志气，有所决则，我军虽精锐，然未能遽逾山海关、太沽之险也。提督之所为果能如此，优于保全生灵之功也远矣。此之不思，而致军舰、纳炮台，以利于敌人，与睢阳死守人相食之事相反。今盛称提督，使我国人仿其所为，害国风甚大。呜呼，如丁提督以我国臣子之道论之，岂得称苦节孤忠之士哉？

我军取太平山二月十四日

万铳如雷散剑华，士逢劲敌勇逾加。将军叱咤风生地，顽抗清兵乱若麻。第一军北进，第二军发金州。二十四日，第一师团将攻太平山，乃木少将将左翼枝队，西少将将右翼枝队，山地中将将师团本队为豫备队。午前七时，乃木枝队取太平山东部，西枝队取其西部。清军左翼，兵力强盛，列新式利炮于要地，弹道长伸，射法亦巧，其右方西七里沟庄、黄家窝甫，防御完备。敌将马玉崐部下赵云奇，奋进致躬，战尤剧烈，既而清兵益加，顽抗不敢退一步，进为攻势。山地中将下令，试一大突击，夺西七里沟庄、黄家窝甫。敌兵溃走。此战我兵死者，尉官二人、下士卒二十七人，敌死者二百余人，捕虏二人。

朝来开战暮收兵，大雪埋原不可行。仅达军营粮食乏，饥寒一夜待天明。此日午前六时开战。午前八时，将赴宿营，大雪埋原，不分行路，加以粮食缺乏，饥寒兼至，患冻伤者，不下千人。

第五师团将北进二月二十日

晓月光寒冰在髭，旌旗猎猎阵云披。望风弱敌如衰叶，山海关南四万师。清帅宋庆总四万兵，在海城近傍，扼我军北进要路。我军欲及辽河，冰未开，略取营口、牛庄、田庄台等。二月二十二日，第五师团北行，将会第一、第三两师团，因集海城街道黄花甸。

第一军第三师团破沙河沿清兵二月二十八日

石头山名侵晓夺崔嵬，清将难支长虎台。地名。二十炮门齐向敌，云间堡垒起炎埃。敌兵益加，将近海城。桂中将使大迫少将备观喜山，使大岛少将久直攻沙河沿。大岛少将侵晓上石头山，以铳枪突敌，敌溃走，即列炮山上，射击长虎台，敌弃垒走。大迫部队攻大富屯，敌防战不屈，欢喜山开炮二十余门，聚中敌垒，敌又弃垒走。此战，我兵死者十五人，敌死者二百余人，捕虏一人。三月二日，大岛少将进兵干线堡。堡以民屋为假堡。三月二日，前卫内藤、林二大队侵云迫堡。会天晴，敌知我兵至，惊悸争先走。时午饭未终，营中列食膳。

第一军第三师团入鞍山站三月二日

老虎山名蹲空铁石山名高，一夫当险万兵劳。鞍山要害金汤固，乌合清军弃垒逃。鞍山站，距海城七里，为辽阳街道一大驿堡，有老虎、铁石二山，所谓一夫当险，万卒不能过之者也。桂中将观其形势，发难期必胜之叹。三月一日，我第五师团间道迂回，出鞍山站背面。敌谍知之，狼狈弃垒而走。桂中将留富永少佐部队守鞍山站，进至刘家台，待第五师团来。

第一军举大部队攻牛庄城三月四日

街道坦然如砥平，商家构造固于城。顽奴死守当冲路，壁上弹丸骤雨倾。我军豫定进军方略：第一军第三、第五两师团，将陷牛庄城，与第二军第三师团相会，大举拔田庄台。牛庄当辽东枢要，为日清两军必争场，地势平坦，街衢广阔，可以行千军万马焉。清将魏光熹、李光久、刘树元等率十九营兵守之，其数不及一万。我军举大部队攻之，步兵十二大队，骑兵二中队及四小队，炮五十门，工兵三中队；第三师团为右翼纵队，桂中将将本队，大迫少将为前卫；第五师团为左翼纵队，奥中将将本队，大岛少将义昌为前卫，三月四日，齐进迫牛庄城。牛庄市街只有城名耳，然商家构造，牢固如城，市外新筑厚壁，为复郭状。四日，奥中将使大岛义昌攻牛庄正面。敌持无烟火药新式连发铳，丸下如雨。平原广阔，无避敌弹之地，死伤颇多。我兵蹈尸争进，山炮野炮两队、援队、豫备队，齐进援大岛枝队。

先登少佐中丸僵，激战移时多死伤。爆裂爆裂药一轰天地动，尘飞粉碎二坚墙。富冈中佐迫牛庄东北端。今田少佐先众进，中丸毙。今田大队、奥山大队激战涉二时，夺敌东面第一防御线。大平桥东有烧酌店，屋壁最坚，以大炮射之，不得破坏。敌在壁中，狙击我兵。奥中将患多损兵，使工兵以爆裂药破坏壁墙。马场少佐用九连城所获地雷火，碎二坚壁。敌兵大沮。

两回爆裂揭降旌，伏地求哀顽悍兵。辫发系来如缧绁，就囚二百八十名。我工兵将入爆破家屋，清兵惧揭白旗，出就囚者二百八十名。四日，桂中将使大迫少将攻牛庄北面，使大岛少将久直迂回出其西。大迫旅团先锋佐藤大佐迫防御线挑战。敌不应，射程愈蹙，墙阴伏起，万铳丛射，伤大佐腕。大佐包创进战。大迫少将使石田大佐赴援，石田大队唱军歌进，与佐藤部队呐喊声应，如海潮来，我各队勇气大振。炮丸碎片，又伤佐藤大佐膝骨而倒。门司少佐代指挥联队，殊死而战，铳剑相接，敌不能支。我军进入市街。大岛少将久直迂回出牛庄西，又与林大队至东南部要敌退路，毙之甚多。三好大佐取牛庄西北一带民家，内藤大队驱逐敌兵，入市街南，铃木大队攻西北部。南部质店，牢如城郭，敌兵伏匿，顽抗不屈，投劝降书二回，不应。因放火，火移火药库，乃致降书。就囚者，将校十余人，下士卒四百余人。

剪屠转斗血如流，到处街头尸作丘。彻夜铳声余响在，朝来始见战尘收。四日，市街尽为我军所陷，逃路已塞，残兵据家屋抗战，彻夜不绝铳声。至五日，战全休。此役我军死者，将校三人，下士卒六十九人，敌死者凡千八百人，降虏将校二十三人，下士卒六百十一人。

第二军入营口三月六日

敌帅自知营口危，牛庄已陷势难支。天寒辽水冰犹合，一夜撤兵西岸移。营口距牛庄十二里余。清帅宋庆知牛庄已陷，营口孤立难守，及辽河冰未开，撤营口、老爷庙、后家油房等军，退守西岸。三月六日，山地中将率西旅团及独立大队，以乃木旅团为左翼，将攻营口。隐岐大佐进入市街，敌兵已渡辽河冰而逃。

保护营口顺民及居留欧人

战后经营太苦辛，又看皇德及欧人。辽河波稳民安堵，雨露恩沾率土滨。营口，北清良港也，欧米人来往焉。野津司令官维持市中秩序，抚绥港内顺民，加特别保护于居留人生命财产。英米领事厚谢之。营口所得，军舰一只，小汽船二只，大炮四十五门，小铳百八十挺，火药函百四十余个。

第一第三第五三师团齐向田庄台

日本寡兵冲大军，霜风一鹘入鸦群。三师始会庄台田庄台役，正正旌旗拂白云。日清开战以来，我军海战以寡破众。平壤之役，以第五师团大部分与十八联队；虎山九连城之战，以第三、第五两师团一半与第十旅团；旅顺口、威海卫役，加一师团以一旅团耳，合三师团。用军以上大兵者，以田庄台役为始。

三师团齐进陷田庄台三月九日

地回组练晓光浮，二百炮门轰阵头。战罢寒天云幂幂，连营警角肃貔貅。三月九日，三师团齐进，攻田庄台。第三师团攻其正面，第一师团围其右，第五师团扼敌退路，第三师团在中央，第一师团为右翼，第五师团为左翼，开二百余门炮火，声动天地，敌不能支，争先逃走，为我兵所要击，死尸成堆。我军之向田庄台也，欲合围歼清兵。清兵伺围线空隙，脱去者六七千人，沿河岸走者五六百人，残兵犹潜市街。我军惩牛庄役，放火驱之。火不灭者一昼夜。此战我兵死者仅十六人，敌死尸二千余。

置大总督府于旅顺口三月六日

作战方开第二期，皇军海陆奏功时。将官进退权尤重，一品亲王总大师。三月,置大总督府于旅顺口。十六日,以参谋总长小松宫一品彰仁亲王任征清大总督,将以四月十三日发宇品港向旅顺口,敕曰:征清海陆各军,既经作战第一期,将开第二期,委以全团指挥任,假以将官任免权。

白山曰:我征清军,取旅顺、威海卫至营口、田庄台,是为作战第一期;陷大沽,拔山海关,长驱入北京,是为作战第二期。今也第一期既奏功,因进总督府于旅顺口,属以大本营作战诸机关一部,欲以开第二期之战。皇军之入北京,军门见素车白马,期非远也,不亦快乎?

旅顺口

贮粮督役课群工,根据已完军奏功。政务井然皆就绪,神州雨露化蛮风。旅顺口司令部,贮粮督工,以修军备,除污秽,改蛮习,以抚顺民。于是治化大行。

王师犹未偃干戈,已见顺民归德多。急曲繁弦声若涌,剧场歌舞见人和。旅顺口有演剧场,虽战时,然未尝绝丝竹声,可以见其人和矣。

驾风猛浪蹴天寒,人倚军厅放眼看。敌将致身降舰到,港中现出一峰峦。降舰镇远,入旅顺口,舰体巨大,如港内现出一峰峦者。

北海春光何处求,寒云漠漠水悠悠。人传总督新开府,一陈东风到港头。

清国悔渝盟使李鸿章来请和许之四月十七日

总督进营师北行,克期欲迫北京城。清廷大悔渝盟衅,罪也。割地偿金输厥诚。清国大悔渝盟,以李鸿章任钦差头等全权大臣,以李经芳任钦差全权大臣来请和。朝廷许之,以伊东博文、陆奥宗光为全权办理大臣,议于马关。四月十七日,媾和议定。

日清两国媾和条约

赫赫神功维圣谟,宣示有众见宏模。血流漂杵辽东野,貔虎桓桓辟壮图。我皇帝陛下宣示有众曰:点检日清两国全权大臣所定媾和条约,无所间然，因批准之。第二条曰：以奉天省南部，自鸭绿江口至平安河口，自平安河口亘凤凰城海城营口至辽河口折线以南地及城市、堡垒、兵器制造所，在辽东湾东岸黄海北岸，属奉天省诸岛屿，台湾全岛及其附属诸岛屿、澎湖列岛永远割与日本国。第四条曰：清国以库平银二亿两为军费赔偿金与日本国。

大师凯旋

禹域来廷师凯旋，南熏旗影郁祥烟。膺惩大典皇威震，万岁祝声殷勤天。

欲迎百战奏功人，早起倚门垂白亲。壮士归家余勇在，戎衣犹见血痕鲜。

王旅啴啴武是扬，功臣稽首拜勋章。斗间未敛紫龙气，纛下新生金鸦光。

谨读《还附辽东诏敕》

义战大名辉炳然，和亲复旧德罔愆。慎微戒渐邦家计，谨奉敕书期百年。《还附辽东诏敕》曰：露、独两帝国、佛国共和政府，以日本帝国领辽东半岛地，为不利于永远平和。朕恒眷眷于东洋平和，而与清国交兵者，亦欲以谋平和而已。清国既悔渝盟，交战理由炳焉，宽洪处事，亦不损帝国威严也，因容友邦忠言，还附半岛地，百僚臣庶，能体朕意，深视时势大局，慎微戒渐，勿误邦家大计。

白山曰：我邦与清国，同文而唇齿相依，两国离合，东洋安危之所系也。皇上之眷眷于平和，圣虑可谓远矣。事无万全，理唯一断，不吝于取舍，智者之事也。今夫欧洲之强非易争，而东邦之好不可弃，则先修邻交，固根本，以期成业于百年者，固国家之至计。而区区半岛之地，不异于弊屣也。《语》曰：见小利，则大事不成。信哉！

李鸿章

心忘正义不知羞，智力穷来逞诈谋。李氏外交非有术，宋人故智贿欧洲。

白山曰：世人称李鸿章为善外交者，然李氏不顾宇内之大势，不为与我国提携以保东洋平和之计，骄傲生隙，力尽智穷，而哀告攀援，依欧洲强国以逞其诈术，至是局面一变，东洋危机，间不容发。善外交者，其岂如此乎？

沙场埋骨

原野横尸我武扬，忠臣鲜血国家光。黄沙埋没同胞骨，磷火犹青百战场。

游魂难招

烈士碑前日欲晡，征人去尽鸟空呼。游魂万里难招得，泣见奉天新地图。盛京省海城，葬我军战死者，建石题曰：殉国烈士碑。

白山曰：征清之役，观歼北洋水师，悉拔辽东城寨，悬军万里，海陆并进，而知陷北京之非难矣。见媾和议定，辟版图于海外，而知我国势将大伸张矣。抑东洋自有东洋之权。我军百战百胜，宣扬威武，媾和之议，无所间然，而使欧国置喙于其间者。盖东洋诸国兵力，不能制彼横暴，自全权利，清国屡纳重赂，以启其心之所致也。呜呼，欧国坚舰横行于五洲，而东邦之兵备未完，何以能战？何以能守？思之至此，使人凛然竖立毛发矣。

尝胆卧薪

有时蠖屈待龙伸，骄气全消忠愤新。战士疮痍犹未愈，又为尝胆卧薪人。

白山曰：任富强之务者，非有宽弘之量，何以胜其重乎？非有刚毅之志，何以致其远乎？余尝见欧洲航海者所为，而知其豪胆坚志优于东邦之人。欧国之欲开通诸大陆航路也，自十三世纪至十七世纪，从航海之业者，五百年矣。所计划四。其第一为回亚非利加大陆而南航者，葡国航海王黾勉从事三十余年，而其业未成。后王继志，千四百九十八年，一舰队始达印度。其第二为向西航行达东洋者，千四百九十二年，阁龙至亚米利加近海哥仑比亚，千五百二十二年。麦哲仑达亚米利加，其船一周地球而归。其第三为过北冰洋而东航者，距今十八年前。瑞典硕学某，得开航路。其第四为过北冰洋而西航者，未闻奏其功。盖欧洲天候微温，土地硗确，所产货物，不足以充需用。洲人专事交通贸易，当开航路，前者不归，后者继焉，千难万艰，不少屈折，必达其志，而后已是，乃所以致其富强也。余见东邦之人，未尝振力从其事，事不成则曰：欲为，不能。能之，岂不为乎？呜呼，是不为也，非不能也。苟任富强之务者，宜以刚毅为志，以宽弘为量，见事之不成，为之而不已，何忧其不成哉？《语》曰：士不可以不弘毅，任重而道远。余感欧人之弘毅不挠，经五百年久以致今日之盛，而叹东邦之不振，因叙其航海事业概略，以告与吾同忧者。

巍巍高德

巍巍高德动宸衷，为让辽东百战功。须记奉天南部地，一朝在我版图中。

白山曰：余读西史，窃有所感，惹尔日三世之行苛政也。佛国助华盛顿成米利坚独立，拿破仑一世之将合欧洲也，联邦之兵破之，悉复其旧土。尼歌拉士、历山二帝之屡略土耳其也，英佛等诸国争之，使鲁国还其侵地。英、鲁、佛，欧洲之强国也，然兵败力穷，或丧属邦、遭流窜，或激战流血、多亡兵士，屈辱亦甚矣。夫忌强护弱者，列国之常。而忌强者，实也，护弱者，名也。当其忌强，以护弱为名，不复问正理之所存，斥公为私，以是为非，要在兵力耳。盖三国之强，尚受屈辱者，不计其力之过也。我之征清国，以平和为主，其处侵地也，智明事当，有可取之理而取之，有可还之义而还之，不失取与之权矣。然欧国以我取远东为害东洋平和，则使欧国不得取之者，亦保平和以全我国权之道也。我之所任，可谓重矣。自古成大业者，必先有惊宇内耳目之功，可以镇列国邪心矣。征清之役，我军海陆并进，百战百胜，威武震动宇内，是乃进立旋天转地伟勋之秋也，振起东洋之策，岂可不讲哉？

告子孙

爱国心开当强源，至诚只合答皇恩。试看忠士征清绩，日本隆兴新纪元。

跋

乙未夏，征清役起。不肖奉命从海军趣清国，急遽之间，不遑归乡辞于家君。家君闻儿从军，大喜，寄书于战地，嘉赏之，寻有教音，曰：悉报战斗之状。媾和后，归旧里，则家君更使儿谈从军中所闻见，详细周密，无复遗漏。家君深忧国事，丙申冬，据儿所报与战史战报等所记，著《征清诗史》，以传家庭，盖有所感也。今兹丁酉三月稿成，命儿校阅。儿方在征清海战史局，因证之公报，改其传闻有异同者，三阅月而订正全毕。谨按此书，首称皇家威德，以叙国民忠爱致身立功之所由，次观东洋大势将一变，以说兵备为急务，终仿忠臣烈士之死，而论其志业不可以不继。呜呼，家君有所感，作史传家庭，则捧读不怠，存心于国事者，子孙之务也。因书卷尾以自警云。高桥作卫识。

（刘洁选录）

青巃嵲。健翮高排云，孤云影明灭。艟艨不暂止，落日寒潮咽。男子非无泪，中肠亦百结。雄心窄八荒，岂作寻常女儿别。思汝平昔说勤王，明目戟手而胆张。乌乌醉唱从军行，出身夙羡羽林郎。六谷醉后，常诵王右丞“出身仕汉羽林郎”诗。思汝今日在殊域，喑哑驰骋百战场。铁骑深藏绿江雾，剑华高拂白山霜。近闻王师戡群丑，群丑蹭蹬远逃走。何日见汝归拜明光宫，肘后累累金印大如斗。

种竹曰：钦堂长于文，傍善韵语，鲸鱼翡翠，各体莫不具。寄怀六谷一篇，洒洒洋洋数百言，其体度音响，节族步趋，皆合古人之轨，盖原本于昌黎者，以元好问一派精练文字，色泽刚润，方见换骨脱胎之妙，自有一种特色。

钦堂精心绩学，宏览多闻，故其诗文，材富赡，力雄大，而辞章伟丽，足以运之。诗品所称“真力弥漫，万象在傍”盖亦不难造也。此篇句法，错落奇古，使一个轻快少年面目，跃然笔下，所谓“方寸起五岳”者，足以当之。盖借送别，叙述六师出征之由，与健儿慷慨之状，一片无聊之感，因以摅出。比之于模拟剽袭，生气甚少者，不足同日语也。

闻家兄率兵将赴朝鲜赋此遥寄家兄时在小仓

大庭云心

敌王所慨何忠烈，箕子山川忽流血。炮车轰轰瞋百雷，疑是天崩地亦裂。宣战诏已出庙堂，转欢国光益发扬。水犀十万蔽海下，六镇貔貅气激昂。君今练兵九州野，横槊看月辕门下。意气勃如不暂休，欲向沙场驱铁马。捷书忽报陷牙山，虏兵半没大同湾。凤纸佥名召相将，想见霁日浮龙颜。帷幄亲裁军国事，宵衣旰食劳圣意。四海谁不仰皇猷，苍生齐挥感恩泪。西望韩城渺烽烟，杀声蹴沓落耳边。金鵄勋章入谁手，剑气光芒冲九天。羽书愈急将征战，云山相隔不相见。我应赠君百炼秋水刀，君亦与我一发神臂箭。人间若能得七生，与君世世为弟兄。同胞同心好殉国，鹡鸰原头一片情。战云横抹鸭绿水，知君勇跃拔敌垒。马革裹尸真丈夫。誓报万世一系之天子。

种竹曰:健快迈往之气,同笔势相盘旋,踔厉风发,跌宕淋漓中,寓忠厚友爱之至情。言言真挚,自然沁人心脾。读至末段,掉尾有力,最得赠言体,与陆剑南“世间壮士如有此,何不来归汉天子”同一结构,而气象昌大处,迥出于彼之右矣。

“挽弓须挽强,用箭须用长。射人先射马,擒贼先擒王”,我百万貔貅,慷慨渡海,意气昂然,真有如此者,诗笔酣酣嬉嬉,使人仿佛“英姿飒爽来酣战”之致。噫,可以送家国干城矣。

竹内少尉死事诗

岸泽醉经

少尉名英男,埼玉县人,其死王事,乡党生光,因赋此诗。

遥辞帝阁从膺惩,来宿中和古庙庭。太白狂流犯奎星,一天风露欲三更。忽然炮声轰疾霆,胡虏恃众来争衡。七骑闻警连镖迎,少尉此时气峥嵘。奋击突进何纵横,虏骇沓藉波涛崩。惟是其任在远侦,乃战乃退逢伏兵。黄尘蔽月天冥冥,俄见火攻趹踶悲嘶鸣,呜呼少尉空结缨。战后山川草木腥,碧血纷纷朱染亭。三军昨拔牙山营,六师今陷平壤城。虽然将帅韬略精,职由少尉详敌情。君不见武州从古多豪英,武勇历历垂汗青。若求报国功可铭,少尉独留千秋名。火攻,少尉爱马名

少尉之事,诗中已详,不用我赘。诗笔沉痛而简劲,沉痛者其情也,简劲者其词也。得之于乡党,少尉不死。余曾观安藤某所画中和奋战图,笔力矫健,使人想见“少尉此时气峥嵘”之状云。

送栗本碧水从军

奥田大观

文不可无武,武不可无文。王赫爰整旅,所向奏伟勋。牡丹台下血痕滑,万岁山头王气歇。巨炮翻海海若逃,一朝扫荡鲸鲵窟。君今载笔远从军,到日秋霜染绿发。壮心凛烈角声吹,剑芒冲斗寒于月。

温庭筠《过陈琳墓》诗云："莫怪临风频惆怅，欲将书剑学从军。"书剑并举，所谓"文不可无武，武不可无文"者是也。诗笔酣畅，凛有生气，视襞积字句、乏自运之神者，则夐乎远矣。皎然《诗式》云："诗有'四不'：气高而不怒，怒则失于风流；力劲而不露，露则伤于斤斧；情多而不暗，暗则蹶于拙钝；才赡而不疏，疏则损于筋脉。"如此诗者，庶几得'四不'之诀乎。

九月十四日属阴历中秋对月有感偶检李青莲问月诗遂步其韵寄远征军人

砚野素堂

志士报国是此时，远向鸡林踊跃之。八道人民悉畏服，为我驰驱共相随。大纛昨日出宫阙，数万军势益奋发。王师所向不可当，凛凛英气何处没。我皇德泽若阳春，光辉赫赫洽比邻。维时中秋方三五，对月今夜感几人。大同江流浩浩水，闻说三军已渡此。直须突进陷北京，略取平壤在瞬里。

黄石曰：琤琤有响，一读令人呼快，感服感服。

闻君龄七十四，老而益壮，今见此诗，笔力刚健，真有足压少年者，廉颇、马援，诗坛洵有其人，其或少时走马奋槊，而意气乃尔耶。我皇恩泽二句，波澜老成，全首皆活。

平壤捷歌

宫下碧云

填委沟壑皆僵尸，血染草木腥四吹。可怜落日鼓声死，横倒十丈黄龙旗。漫道天险坚堡垒，神兵一向竟何恃。只有啾啾战鬼魂，不尽大同呜咽水。冰霜朔北随寒飙，幽燕胡儿还自骄。三军貔虎意气激，大将更拜霍嫖姚。广陵今驻元戎纛，帷幄有人筹策足。白草河边草未枯，秋风饮马鸭江绿。霍嫖姚，指山县将军。

英气勃勃，杂然满纸，而字字精丽，句句鲜明，是精神能运笔墨者也。"只有啾啾战鬼魂,不尽大同呜咽水"二句,最为凄怆独绝。

黄海海战歌

堤学轩

黄海秋色连玄菟,澄波千里碧平铺。西望何处是太沽,辽左齐东岸曲纡。咄臊羯狗满洲胡,诬天慢神盟敢渝。楼船十四如连珠,与我一战试赢输。舰队逆之齐疾驱,扬旗装炮在须臾。誓歼灭之后餐铺,十有二舰舳衔舻。万炮雷轰惊天吴,硝烟黯澹鱼龙区。烟中仿佛群龙趋,驱电喷云影有无。大舰蹴浪去憨憨,小舰凌涛行踥跦。我舰九只倏忽徂,比叡赤城形势孤。定远镇远如城郛,舰坚炮利来欲屠。奇获徒期兔触株,猛威何异虎负嵎。樱君昂昂千里驹,奋前轻敌比锱铢。遮莫敌舰欲我拘,急炮连发乘不虞。舱内火起曰嗟吁,动机转舵岂踟蹰。疾如脱兔迅飞凫,敌舰之间蓦地刳。赤城代之实崎岖,彼舰如骥我如驽。谁视死地如坦途,萨南男儿好丈夫。凛乎状貌何魁梧,麾兵睥睨按湛卢。平生报国心岂辜,忠义奋捐七尺躯。二舰杳然驱而逋,西京为殿岌岌乎。巨舰逼迫鬼揶揄,势似秦楚压滕邾。黑头将军胆力粗,英姿飒爽森虬须。督战叱咤麾虎貙,硝烟满袍黯模糊。既追飞电驶舵艅,仅见水雷避艖艄。浪高舰小没盘盂,奋迅死地脱斯须。九舰回旋路萦迂,常山蛇势来相扶。健儿踊跃伏厂逾,输弹装炮声喁喁。死者惨状画难摹,飞弹洞胸又穿髑。骨碎肉飞粘梁栌,摧残狼藉红珊瑚。存者赑屃忘艰劬,焦头烂额岂言痡。身上既无完肌肤,淋漓鲜血衣染濡。鏖战五合昼及晡,万雷殷殷心未苏。火攻赤壁烧干芦,儿戏笑杀吴周瑜。主帅何人握虎符,正装灿烂著红毹。云龙风虎从指呼,翻海倒山勋烈殊。前舰轰沉欹盘盂,后舰焚如变红炉。喷烟冲天墨似涂,飞焰映海如泼朱。三舰兵如焚巢乌,四舰将如濡尾狐。可怜求活辫发奴,拍拍波间千头颅。济远管驾何怯懦,乃愆前败先逃逋。余舰狼狈鹞将雏,奔窜山东湾一隅。呜呼胡羯争敌吾,吾有英主执玉铁。运筹帷幕足嘉谟,而矧义战加天诛。平壤要害胜悬弧，犹能一声如摧枯。纷纷扰扰堆军需，伏尸千里满平芜。可知天兵海陆俱，长驱不日冲燕都。白河有人持钧枢，昔何多智今何愚。以舌击敌计龃龉，兴戎惟口将安餬。我武南已震番禺，我武北既撼单于。却有仁义感囚俘，相率罗拜称南膜。武威文德宏规模，坐觉宵旰劳都俞。我皇仪刑万邦孚，我皇风化万里敷。举国闻之皆呕喻，何人击节碎唾壶。涓埃无报徒操觚，始知健儿胜腐儒。闻道鹫狮仍瞿瞿，伺隙窥衅如穿窬。久矣其言多矫诬，一朝向我谄且谀。好将此举示彼徒，长使膻腥绝觊觎。凯旋门耸凌天衢，高揭黄海鏖战图。

韵险而每句押之，而八百余言，冲口而出，挥笔而书，雄健奇杰不可方物之气，磅礴蜿蟺于行墨间，昌黎所云"巨刃摩天"，正谓此种也。余曾作《地震行》八十句，亦用此韵此体，故知个中辛苦者深，于是乎惊魂动魄，比他人最甚，亦所谓小巫见大巫，神气尽者耶。

纪事一首呈桦山将军[①]

古泽介堂

槐南曰：纵手迅笔，势气飞腾，"破碎胡船如破瓮"一句，叙得大孤山奋战情状，真如亲睹，其用笔爽利，极似放翁少作。

君诗如摇毫掷简一气呵成者，而左规右矩，前锻后炼，比之初稿，有不同一字者，宜其拔戟成队，不肯让人也。此篇把"众志惟城胜败决"句为断案，以"不负平生胆气豪"句归到将军，可谓"健笔有余豪，洪钟无纤响"矣。

老将行

久保天心

白发将军须若银，英姿飒爽画麒麟。老去雄心终未已，一鞭去向

---

① 诗见第一部分古泽介堂，题作《王师二首喜平壤黄海之捷也》。

平壤垒。叱咤三军拂胡尘，百战不用论生死。想见鸭绿江水饮马时，辽东草木皆风靡。

据鞍顾眄，伏波将军意气如此，而不能画云台，含雪将军位极人臣之荣，而尚持节刀，千里远征，遂至致恙，曳足之劳，不足数至，妙在切其人。

闻九连城捷报

伊藤壶溪

鸭绿之水流汤汤，吾军飞渡桥作航。虎儿山下入虎穴，十决十荡如驱羊。巨炮轰天战声急，大旗小旗相次僵。伏尸狼藉胡将走，六师所向谁能当。楚幕乌啼夜已白，九连城上生旭光。登城西望杳无际，宦道一线连凤凰。凤凰城陷知不日，羽书奏捷何堂堂。天颜有喜紫纶下，伟勋当赐金鸦章。将士忠勇固无比，父母妻子皆相忘。不愿像上麒麟阁，一死唯愿报我皇。

笔力纵横，不涉粗豪，起首鸭绿，末段麟阁，映带于无意中，而虎儿虎山、驱羊乌啼，凤凰金鸦，皆错综成致，觉锦绣五彩作其心肠，与松轩《灵鹰》诗，作法相同。

纪 事

堀晦园

明治二十七又年，百万貔貅入朝鲜。旭日旗耀平壤府，直渡鸭绿拔九连。君不见禹域虽大不足怖，将遁士走唯争先。

直叙其事，断以末二句，叙者轻易流走，断者纵恣不羁，各有其妙。君长子晴、次子文，俱从征清军，在盛京省，读至末句，必莞尔一笑曰：洵然，洵然，快哉。

虾夷锦歌

阪口五峰

武尊已邈矣，伟哉源九郎。单身入海略遐域，毛人相率归职方。田生赠我古锦段，明霞五色争焜煌。得非当日贡余物，彩文仿佛团凤凰。闻言手工妙成性，就中夷锦名最彰。女夷额上刺青丽，花纹梅样夸靓妆。穹庐夜黑灯四照，梭声轧轧霜满床。苏家回文争得比，巧夺天孙云锦囊。我今获之踊三百，如许锦绣谁有肠。忆曾探胜越之浦，孤帆海上开夕阳。浩歌一吊九郎迹，藏舟岩洞涛硼硠。越之浦，有义经藏舟岩，相传源九郎遁奥州，途经此。回头渡岛三万里，铜标安在云莽苍。星罗千岛拱北极，鸿蒙半属无人乡。白熊吼月震阴岳，长鲸喷雾横大洋。遥青一发鄂罗国，黑龙蜿蜒蟠大荒。茫茫肃慎及靺鞨，如鹏垂翼天日黄。何来杀气蔽高丽，即是靺鞨之邻疆。天外羽檄日旁午，大纛亲征吾武扬。诸王雄略轶武尊，满洲草木威风僵。将军一剑能却敌，九郎虽在莫以当。微臣久抱投笔志，意气今日愈激昂。此时此锦何足惜，我将一割十丈长。裁为大旗小旗擎日月，树之从军辉国光。不然真乃无用物，什袭何益筐中藏。噫嘻乎，什袭何益筐中藏。

槐南曰：开阖变化，动荡无前。具尔许大本领，不仅是锦心绣口。“此时此锦何足惜”以下，把本题掀翻一番，淋漓酣畅之极。

风发泉涌，言之高下皆宜。盖诗之以气胜者也。昔人云：“理足则精神，意足则蕴藉，气足则生动，理与意，皆辅气而行，故尤必以气为主，有气则生，无气则死。”呜呼，可以评君诗矣。而中段正说锦，以“如许锦绣谁有肠”句阖上段，忽以“忆曾探胜越之浦”句开下段，笔路悠悠，绰不相逼，非气如虹者，断不能如此。余所最喜在此。

看潮行

向山黄村

天下壮观钱塘潮，潮头百尺掀层霄。积雨初霁秋八月，海若东来驱河伯。河伯远遁奔海门，白浪黑沙相吐吞。无复水犀射潮手，强弩三千亦何有。大王雄风满兰台，共浮太白呼快哉。更有快事君知否，黄海一战毋乃是。蔽海敌舰半击沉，仅得生还数人耳。

黄仲则《观潮行》起首云："客有不乐游广陵，卧看八月秋涛兴。伟哉造物此钜观，海水直挟心飞腾。"此篇起首之雄阔，亦何让彼。以下奔荡澎湃，如海立，如涛崩，一转入黄海战事，似无何照应，而"三千强弩"句暗导之。用典之切实，较仲则虚用之，则更觉灵活异常。

观潮行次黄仲则韵

田边松坡

大块噫气通广陵，长风八月秋涛兴。银山摩天卷澎湃，万马蹴云奔且腾。飘渺三山蹑足届，侧身俯视八荒隘。一粟指点黄海天，决眦长剑倚天外。天惊石破鱼龙号，洪涛荡潏乾坤摇。艨艟片片沉无迹，余怒訇隐烟雾消。巨灵直破海门入，霆击雷轰追不及。日车倾昃阳乌遁，吞吐鸿蒙一气湿。曾闻有踏浪吴侬，海上岂无求药童。水犀强弩果何物，天兵下击堂堂锋。潮汐干满造化戏，能乘其势猛难避。渤澥天险坐付人，东来王气压燕地。衣冠礼乐回一时，分明大义天人知。太平海受百川水，千秋万古浑东之。

鞺鞺鞳鞳，訇訇匉匉，天柱摧，地维坼，罔象跳梁，天吴睥睨，蜃楼蛟阙，变幻无尽。此笔可以和"观潮七古冠钱塘"之黄童也。柴秋村评黄原作云："观于海者难为海，后之观此诗，亦尔尔。"余于此诗亦云。

送早川军医峡南于役清国

森川竹磎

秋之八月西风高，楼船蹴破万里涛。从军少年意气豪，豪气秋磨日本刀。敌王所忾不可挠，临阵遮莫血涴袍。断臂折脚千百遭，待看凯旋跨雪毦。胸悬金鵄紫锦绦。

九句饶清刚之气，一洗平生纤缛之态，清人读之，亦将破胆于少年意气矣。记二月初七日《申报》所载论说，题曰《论倭人无礼》，中有云："至于文人学士自命风流者，平居习汉文，攻汉学，穷年矻矻，致力于诗古文词，宜若奉汉人为依归，不致多所狎侮矣。乃观彼国近日所出诗报，亦且形诸吟咏，率意妄言，甚至如南摩纲纪、水越成章、森川键藏、野口宁斋等，谬托斯文者，往时皆喜交华人，诗酒流连，此唱彼和，今亦随风而靡，阿附成风，或说纪功诗，或作铙吹词，似通非通，有类盲词唱本，铺张扬厉，诞妄虚夸。噫，一至学士文人，亦且随风逐浪，而通国皆逞倭理说倭话，狉狉然、榛榛然，成为一野倭之世界矣。"何其言之狂而戾至之也！余诸作流传，遭彼毁伤，于我无些痛痒，然至以余为喜交华人者，揣摩亦甚。余性古癖，少时游琼浦，见所谓文人墨客者，心醉清人，而一意以为依归，痛叹其陋。故入京以后，与清客识者，仅仅一二人。清使公署，年年两度雅集，未曾列其席。前年作词，讥演集编中语多系面谀，人或咎其矫激，而不暇顾也。尝谓我辈与清客，同其所学，不要强求益于清客，而《申报》诬我以"诗酒流连、此唱彼和"，不得其肯綮，可一笑耳。顾竹磎亦不多与清客交者，当与余同感也矣。

题郑成功乞援于日本书后[①]

岩溪裳川

种竹曰：此绝好题目，在今日则尤觉活妙，而未睹世人言及此者，独为裳川慧眼所窥破，满幅挥洒，气遒词丽，先自东林党祻提起，左萦右回，渐入本题，亦复转折，而终始不离郑大木之意，绕绕于行墨间。此种结构，不徒推老手，尤服活变才俩，多在意料外，末缴归重本朝，颇称得体。

君律绝既有定论，近者染指于七古，哀丽者有《忏绮行》，豪快者有此诗。全篇无生语、无笨句、无滞字、无率意，"外臣元是草莽士"四句，包括郑书意，简而核，是此诗大眼目处，而作者用力，最在起首，逆阉党祻，以至福王南渡，一一摅列不遗，使人有读《明史》南北纪之想。或谓崇祯之变，不与本题相涉，然祸之作，不作于作之日，亦必有所由兆，是作者微意所存。昔赵秋谷读汪蛟门《题浯溪磨厓碑》诗四十韵，览其起句曰"杨家姊妹颜妖狐"，遽掷地曰："咏中兴，而推原天宝致乱之由，虽百韵可矣。更堪作尔语乎?"此语不过取快一时，不足为君增毁也。

山斋闻虫

川岛小泉

何来爽气生帘栊，秋在唧唧啾啾中。金钟儿和络纬翁，欹枕一夜感不穷。四亿万人可怜虫，恸哭西风向大东。

小题大做，妙在以"感不穷"三字一转，以"可怜虫"承之。末句箪食壶浆迎王师之意。

---

① 见第一部分岩溪晋诗。

春和园雅集醉中迭冷字韵

岩谷古梅

六师我武扬。万里粮不乏。所向已无前,鹰鹯驱鹅鸭。海摧巨舰陆坚城,威震英露惊普法。高歌一曲和箫铙,四百余洲皇化洽。

槐南曰:兴会所到,淋漓挥洒,不复加修饰,而莽苍之气,遒折之力,断匪夷所思。

先生诗以坦荡胜,坦易者,多触景言情,因事起意,眼前景,口头语,自能沁人心脾,堪人咀嚼,无求工之意,而笔笔畅达,字字跳跃,洵不易及。"鸭"韵险艰,乃以譬喻出之,信手驱驾,毫无窒碍,是东坡秘诀,而先生长处也。

高丽鹰诗

矢土锦山

黄海战罢暮气凄,碧波万顷磨玻璨。欻见苍鹰半空至,砉然劲翮断虹霓。钩爪铁嘴凛其状,意气当敌万人将。来立千尺舰樯头,飞翔犹能知方向。皇上威德如日升,清乾夷坤荆舒惩。我武乃扬中外骇,天假灵鹰示明征。申王赤鹰漫夸健,决云儿名传闻远。唐申王有高丽赤鹰,玄宗赐号决云儿。孰若灵鹰自来仪,岂敢高丽责贡献。忆昔皇祖讨不庭,金鸦玉乌见炳灵。皇上英明绳祖武,大捷永期四海宁。

槐南曰:灵祥嘉瑞,远超隆古,而锦山此篇,浑灏博雅,金相玉质,直与汉代《朱鹭》、《赤雁》之什媲美。虽起燕许手笔于今日,亦不能争胜,昔李汉序昌黎文,称其"诡然而蛟龙翔,蔚然而鸾凤跃,锵然而韶钧鸣",吾诵此篇,则知诗文无二途也。

《左氏》曰:"见无礼于其君者,如鹰鹯之逐鸟雀也。"所谓天假灵鹰示明征者,岂徒为哉!据养鹰人说,此鹰系数千里外产,来自东南,形不甚大，俊捷精鸷，能击鹤，扼其吭。事详佐佐木伯爵家书中。“钩爪铁嘴凛其状”一句，意气凛凛，有风霜起笔端之想。

灵鹰行[1]

森槐南

锦山曰：“曰鱼龙，曰鹢首，曰樯乌，曰愁胡，曰鸭江，曰鹰扬，曰虫沙，曰晾鹰台，曰白领翎雀，曰鲸鲵，曰虎豹，曰鸾凤，多点禽兽鳞介，使人有纵观一大动物园之思，而措辞名义，匪夷所思。世动曰槐南宗吴梅村，而此却师王渔阳，盖槐南最善读清人集，集其美以大成者，嗟乎韪哉！”

鹰之徕，天下辞赋之士，发之于歌咏者，无虑数十百人。然失之犄者，棱角峭厉，而乏温柔敦厚之旨。失之易者，流丽光泽，而少含蓄浑成之趣。先生此篇，既厉而深，亦宏而丽，战与鹰，一笔齐写，舸没血滚，以见鹰之姿态，攫身侧目，以见战之光景，而主客之别，明于字句之间。李梦阳《林良画角鹰歌》云：“草间妖鸟尽击死，万里晴空洒毛血。”吴伟业《海户曲》云：“传说新罗玉海青，星眸雪爪如晴练。”皆极力刻画。然李借之，述君王好画好畋之害。吴因之，发家国兴亡之叹。先生则以颂楼船之大捷，拟嵩呼之万岁。事体已殊，诗亦典重瑰丽，良足铸之金而磨之石。

灵　鹰

小室屈山

虓彼飞隼下碧天，戢翼爰止高樯颠。其时楼船凯歌起，捷书并献至尊前。维昔神祖平夷类，山深忽见灵鸮至。王师今日征满清，微物亦征帝国瑞。君不见百战百胜期不违，啴焞雷霆白日飞。四百余州空燕雀，鹰乎鹰乎一震威。

---

[1] 见第一部分森槐南《高丽鹰行》。

圣天子在上，王师无前，鹰之为瑞昭昭也。今以“四百余州空燕雀”衬出，有情有色，而后其所关系亦大，才人灵笔，行无不可。

灵鹰诗

藤胁松轩

海雾四裂黑风俄，莽涛排空万丈起。水犀十万叱风云，楼船突击雷电驶。破碎贝阙摧蛟宫，鱼龙汩没鼋鼍死。战罢黄海流血涨，一角大孤暮山紫。倏有苍鹰搏穹窿，劲翮决云力不揣。盘旋欲下似择栖，径向千尺舰樯止。俊爽姿态气横秋，下瞰悠然且凝视。金眸射人炫生华，何况钩爪仍铁嘴。皇威由来震八荒，即今灵兆良有以。山呼齐献我皇寿，皆道振古无与比。六军气势日益扬，海摧峨舰陆高垒。大旆连云向无前。鹰鹯驱禽便相似。鸡林八道仰我威，鸭江凤城亦风靡。大捷有日只合期，风毛雨血满燕市。

蓝川曰：起得莽莽苍苍，使人魂惊魄动，胸悸心痿。结末四句，极力刻画，以许多地名陪衬，尤觉逸态横生。

才力雄鸷，有天马行空不可羁勒之势，起手多用物名，以逼出灵鹰，末段多用地名者盖暗中应之也。

有人征灵鹰诗赋此以示

松平破天荒

大孤山头大鏖战，万道炮火如流电。铁舰破碎海底沉，鳌背出波黑一寸。硝烟散尽秋天苍，夕波弥弥漂斜阳。欻见一鹰自天下，止在高千穗舰头百尺樯。献之至尊前，养之御苑里。史官记事词臣赋，丞相开燕祝休祉。天意茫茫不可知，毕竟祸福因人为。圣主厌闻祥瑞事，微臣愧献灵鹰诗。平生报国志未骋，岂将末技邀恩幸。遗稿不留封禅书，孤山处士林和靖。

激而言之，眼中无人。“圣主厌闻祥瑞事”一句，突如飞来，屹然而秀，犹灵鹰止樯上，而末技恩幸，以至封禅遗稿，次序井然，妙有关系，借“孤山”二字，结“大孤山头”句，又奇警，又劲健，抱负之大，亦可见矣。

天下泰平行

富田鸥波

文臣不爱钱，武臣不惜死，天下泰平矣。吾尝闻之宋岳飞，征之今日知果尔。六师堂堂征满清，赳赳武夫不惜生。旭旗所向皆披靡，直将不日冲北京。韩国弱，清国昧，扶弱摧昧在除害。岂啻海内开泰平，威信远及八纮外。彼何为者李鸿章，国力徒期较小大。衮衮诸公不爱钱，一亿公债询国会。君不见征夫一死奉公时，内有居者供军资。鸿章鸿章知不知。

君善为启颜之辞，然此篇据岳武穆语，一气回旋，有波澜，有曲折。遂以“鸿章鸿章知不知”结之。冷嘲热骂，恰入其骨，余岂忍因噎废食乎？

旅顺行

小野湖山

又闻捷报喜起舞，我军占领旅顺营。旅顺从来称危险，谁图一昼夜间归削平。想见黄金山上晓，红日旗旆凯歌声。连战连胜前无敌，进击将逼北京城。吁嗟乎神州将士真神勇，奋扬皇威耀八瀛。

先生诗，论事则谈锋横出，摛词则藻撰立成，而皆自肺腑中出之。是所以先生于玉池吟社中，卓然树帜也。此篇直叙其事，不涉枝叶，而寓识力于其中，老成人语，自有典型。呜呼！先生岂与哙等伍者哉。

书　感

牟田石香

禹贡山河是谁乡，嬴颠刘亡几兴亡。日曈曈上扶桑树，眼看旌旆辉旭光。余光照到三韩地，独立独行我所赐。满奴何者徒自骄，暗中欲恣吞噬志。本朝今古唯至诚，明治天皇殊睿明。一笑春秋无义战，不得止用王者兵。膺之惩之威气压，秋风飒飒拂枯叶。牙山平壤九连城，金州旅顺尽臣妾。锁钥今见夺北门，塞外积雪消朝暾。楚歌四面美人泪，燕京一夜风云昏。

先生龄已八旬，矍铄如旧，其诗比兴益明，用事益精。短章雅而伟，大篇豪而古。孙奕所谓醉翁在夷陵后诗，涪翁到黔南后诗，境致相似。此篇独磊落不羁，豪语足破鬼胆。"牙山"到"平壤"二句，一气连读，乃觉其妙。

梦从征清军

小林林塘

君命忽下从远征，孤剑在腰铿尔鸣。王师所向草木靡，鸡林八道无敌兵。饮马鸭绿江头水，长白山下踏破行。旭旗赫赫照异域，一鞭直到北京城。震天动地炮声起，血流漂杵尸纵横。军中嘹亮平蛮乐，彼哉甘修城下盟。一梦忽醒梦非梦，仿佛犹听笳角声。

赵瓯北有《纪梦》一篇，谓梦中迁官。戴武弁，杖节专征，始而声威大振，号令自明，中而短兵近接，巨炮遥轰，割头敛尸，江山清宴，终而形容图阁，策券颁殿，自赞云书生到此真足豪云云。今君所梦，正复相符，而彼讨贼也，此征夷也，所关系之大小，则霄壤异焉。君比瓯北，更足以豪。

雪坡邀梅吟

黑木钦堂

甲午十二月仲六夜，雪。梦中作诗，呜呜如醉歌行，觉后只记起首二句十四字而已，乃续成第三句以下，仍用梦中立意，而是人籁，不若梦中语，解不解间听天籁也。

挂冠归来意若何？为邀雪坡黄梅花。落莫衡门无长物，只容一树偃蹇铁槎枒。昨夜天风吹香雪，月华高寒满山家。拄杖高吟惊翠羽，琼葩乱落白婆娑。晓起南山林表白，眼从霁雪望天涯。绝域悬军压猃狁，大漠风霾卷雪沙。皇家筹策无一误，卫霍边廷奇勋多。蕃部取次齐解甲，金州铁岭无山河。近闻行间多暇逸，刁斗不用警枕戈。令有将军猎雪岭，手格猛虎纷腾拏。吾有尊酒欲赠之，西天奈此云路赊。不若树下尊前浴皇泽，三嗅梅花醉高歌。

钦堂辞官归旧里，读书自乐，茅屋柴门，心地自亮，宜其梦中奏天籁，使人羡清福不已也。诗笔雅以丽，清以遒，以"眼从霁雪望天涯"忽入时事，妙无痕迹，视碧城仙馆中年诸作，不见逊色，昔人或称云伯时风云气少，钦堂沉潜已久，此撷其粹，不袭其弊，使云伯有识，则亦当首肯称善矣。

僧舍寒甚醉而作歌

河田贯堂

我闻恒河之沙真无量，又闻须弥之山乾坤藏。斯际人我结形体，蠢蠢扰扰争彭殇。十二万年一弹指，孔丘盗跖均蜉蝣。鲲鹏图南凌九万，何异蜩鸠抢榆枋。悲哉四大寄火宅，傀儡箧里空伥伥。机熄薪尽烟一片，古来谁不归北邙。我有一法脱斯境，浩荡别辟无何乡。无寒无暑何有苦，死生穷达都相忘。人世峥嵘岁将暮，千草万木雕严霜。朔风怒号绵欲折，我方来投远公房。远公供我醍醐酒，一杯两杯浇饥肠。陶然既如我乡去，歌声激越惊空王。忆哉远征兵十万，冰海雪山百战场。摧陷胡虏不顾死，奋勇偏扬邦家光。呜呼乎须弥高兮恒沙众，讵若万古一系真天皇。

黄村曰：直起数句，有建瓴之势，独造处，使人拍案呼快。

漆园叟之意，大雄氏之语，浑成字，融成句，达人大观，脱然尘外，而末段以"歌声激越惊空王"一转，"摧陷胡虏不顾死"一句，反接起段"彭殇"云云，用意缜密，一丝不紊。盖得东坡清旷之气，而运以唐贤优游平夷之情也。

乙未元旦醉后试笔忽有怀于远征将士慨然赋之其工拙素非所问也

金井秋苹

君不见神后征三韩，降王衔璧肝胆寒。又不见丰公略八道，败将风遁走风尘老。忆昔麦秀歌奇冤，鸡林拓地同桃园。宗周岂是殷民意，偏于本朝称臣藩。却有唐家弑兄者，与师奄至盈西野。骑兵百万驱无辜，鸭绿江寒秋饮马。从此箕邦朝贡稀，山川满目胡尘飞。列圣慈仁在柔远，不忍膺惩宣国威。可憾沈阳丑虏狎恩德，乘威欲灭千年之故国。皇帝怜之誓师曰，咨尔貔貅朕羽翼。邻邦有急应赴援，挫强扶弱竭厥职。穷寇勿追降勿杀，一视同仁宜恤敌。愿奉清皇幸海东，相从樽俎清盟则。一战克丰岛，再战捷牙山。三战旭旗平壤立，四战楼船黄海还。戡定幽燕谅非远，金州已失东门关。况又胡俗无伦理，海氛未靖盗蜂起。恭亲王，李中堂，熏天气势今安在，亢龙有悔空自伤。强敌外压，匪徒内狂。前门后门皆虎狼。何不早牵羊肉袒投降幕府，不然退治汝城池整汝旗鼓。王师无前草偃风，英夷慑伏俄夷怒。北风吹雪哀鸿号，将军意气按宝刀。夜深万幕连天肃，羌笛一声关月高。

意极慷慨，笔却清秀，无怒目掀髯之态。然只写入“皇帝怜之誓师曰”一解，古色苍然，便已出众。以下堂皇伟丽，而凿控纵送，无不如意。末段写及羌笛关月，便以作结，婉转滑脱，骎骎入古人之室。

望　海

冈本随轩

百尺缥缈之飞楼，万千气象攒双眸。拂拭一面玻璃镜，红暾照耀光倒映。鳌掷鲸呿相吐吞，东瀛日夜浮乾坤。晴雪喷山雷鼓响，有如万马蹴空奔。一衣带水连蒙古，铁舰所向尽略取。北洋已握航通权，征服民浴恩波普。由来要港锁钥坚，不容悍寇窥四边。渚柳汀梅近春立，白鸥泛泛风习习。

李白登高丘而望海，讥方士之无益。故有“六鳌骨已霜，三山流安在，扶桑半摧折，白日沉光彩”等句。此篇颂皇威之普及，故有“拂拭一面玻璃镜，红暾照耀光倒映”句。气象阔大，如虬飞蠖动，起雷霆于指顾之间。“铁舰所向尽略取”句，与“穷兵黩武今如此”句，其差何啻天渊。

题藤肥州《猎虎图》

泽崎梨圃

雪历乱，风怒号，积云莽莽寒威豪。虬髯将军突其帽，金锁之中锦红袍。丈八长枪磨炼铁，腰间两刀可吹毛。忽看负嵎猛虎走，一声真觉山月高。爪牙如刃眼生电，蓦地飞来急于箭。英姿不容嶷如山，危一发间笑应变。铁枪一挥疾风过，三叉铓闪忽咄呵。猛虎瞪目肝胆裂，一身左右纷腥血。此时风死阴云晴，有庞然者殪委雪。鸡林争称鬼上官，赫赫威名永不灭。君不见三百年后多将材，远征耀武人未回。今日阵中传笑话，韩虎不出辽豕来。

鬼将猛兽，一手打滚，风雨分飞，鱼龙百变，其状莫可思议。如读《水浒》景阳冈武松打虎一段，末以六师远征衬贴，更以笑话陪出，笔有余裕，使人解颐。

对酒怀故人

本田种竹

我不能云台勒钟鼎，又不能沙场荷金戈。堕地春风三十四，肮脏负气终轗轲。黄衫侠少五陵市，壁间风雨哭太阿。今夕何夕笑相见，尊前起舞同婆娑。关山露布传大捷，王师闻已过沙河。沙河极北鸟飞绝，冰山百丈高嵯峨。汉月荒荒万幕肃，三更鼓角振霜柯。动地风来飞白草，阴山雪片大如鹅。干旌冻裂角弓折，十万胡儿空躅踒。此时何人草飞檄，巨墨手将盾尾磨。磨出一腔忠义气，凛如暾日射霜花。眼中直欲无九州，雪窖冰天于我何。史笔应传祭征虏，功名何必李轻车。人生快事宁有此，班生贾生元同科。我今胡为坐对酒，呜呜抵掌颜其酡。酒热狂呼拓金戟，儿女情少风云多。峨冠缓带竟何用，巾上青天心靡佗。万里东风来天地，笑指斗牛唱铙歌。

黄村曰：一枝健笔，信手挥霍，吐尽胸怀，无不痛快。险韵稳押，皆有天然构造之妙。

始而对酒，次而塞外，次而故人，终而对酒，次序鲜明，首尾照应，雌霓谐其赋手，雕龙隐作文心。瀚泫澄深，渺乎莫窥其涯涘。吴汉槎《秋笳集》，殆将失色。

九连城红螺杯歌赠大庭云心

野口宁斋

如蜗负壳如龟蹲，剖质批心黄流温。蘸甲倾来碧点点，略认当初秋涛痕。想见满人风流绝，宽鞋瘦策例提挈。郭巾吟入凤厅云，谢笠钓罢鸭江雪。王师昨陷九连城，故人偶赋从军行。月氏王头笑相拟，一饮引满三百觥。千里相贻耳热后，祝捷教斟蒲桃酒。病来我怯量三蕉，醉后谁夸才八斗。云心居士酒胆豪，左手持杯右手螯，白日眠在长安市，不负痛饮读《离骚》。新人一笑珊玉佩，为画长蛾调螺黛。有时逃禅绣佛前，老髻如螺无俗态。酒气沸沸十指催，百篇磊落醒自猜。风流一例且持赠，青莲居士鹦鹉杯。吾闻军中清清酎，嵩呼齐献南山寿。蛎壳粗大代羽觞，千秋令节余酣漱。书生枕戈嗟未曾，并饮田食君恩凭。惟好掣鲸一枝笔，词坛亦宜资膺惩。居士有兄从大帅，投醪飨士拜天赐。异书赠自旅顺来，酒间阅到蝇头字。天风浩浩起铙歌，居士衔杯豪气多。帘卷不了波淼淼，春山无数排青螺。

槐南曰：起刻划形容不让髯苏《石鼓》，中幅“新人”一解，忽放异彩，亦所谓刚健中含婀娜者耶？结处无限烟波，妙在语尽而意不尽。

东郭曰：雄深雅健，气魄自大，风调亦佳。笔笔飞动，波澜固推老成。大凡君之作诗，小小题目，犹且关系国家，忠厚恻怛，不愧于前人，是可以知天分也。

小青行

户仓梅室

乙未春，第三师团征发马匹，我家小青亦在其中，余骑至大垣，临别惋惜，乃送至名古屋，赋七古一章志别。

我有马癖人皆知，走过掣电千里驰。踠促蹄厚石欲裂，眼带紫焰双瞳奇。意态雄杰神骨竦，满身血汗风可追。有时跨尔鞭不捉，路傍戏折杨柳枝。忽闻朔北干戈急，铁马三千皆雄姿。尔逢伯乐为尔喜，我岂漫学塞翁悲。猛气便期战场利，底事相送不忍离。小青情不尽，柳城谁唱杨柳辞。

起段疾呼而下，临阵无敌之状，有读杜诗之想。一转婉约，一往情深，“尔逢伯乐”二句，觉纸背有泪，抑小青情也。其情不尽如此，真名诠自称矣。古乐府云：“上马不捉鞭，但折杨柳枝。出门不挥泪，但歌杨柳辞。”今系之杨柳城，灵活有致。

得第一军雪中大破敌于海城之报赋长歌

城井锦原

残夜击柝响海城，江山一白飞雪晴。眸中忽现黑物点，蠕蠕宛如蚁群行。次第相近纵横列，鱼鳞鸥翼军阵成。大将不俟侦骑报，急传号令晨出营。先遣一队试应战，三道设伏三队兵。敌军得得骄意气，炮丸雨注不暂停。前军佯退敌争进，不省背水死地生。伏兵一齐蹴雪起，呐喊声震如雷霆。敌兵狼狈魂魄褫，东西遁走弃旆旌。穷追斩戮尸山积，流血如川迸有声。一军奏凯日正上，旭旗影映红雪明。

点化捷报，辄入诗篇，海城逆袭事迹，明白如见，昔人云："文制本须讽读，不可蹇碍，但令清浊通流，口吻调利，斯为足矣。"此篇约略近之。

闻丁禹亭死虽我公敌不能不诗以吊之①

森槐南

犯斗曰：丁处身艰难之中，力尽捐生，其尽国之思，有足多者。天兵所向，莫不摧枯拉朽，而刘岛死守，困扼弥日，其训练有方，亦可窥见。某太令以奸相丁谓比之，虽作于丁未死之前，似未免苛论。先生昨自广陵返，忽有此篇，盖彼之一死，固值得此一吊也。丁虽恨死，可以瞑矣。刘张辈附而传之，同其不朽。

作史要三长，作诗亦要三长。有才无学识则轻浮，有学无才识则陋腐，有识无才学则粗率。而七古为最然。故钱泳劝于子弟，勿轻易动笔作七古。其说云："七古以气格为主，非有天资之高妙，笔力之雄健，音节之铿锵，未易言也。"先生说七古，亦不外此意，其所制亦不外此意，如此诗，篇章剪短，虽未足悉示先生本领，天资、笔力、音节三者，无一不具，庸人作之，则不眠举鼎绝膑，而一字不苟，纯然史笔，知者知之，我辈不必说也。

乙未二月十八日奥氏欸乃村庄看梅筵上观明宁靖王梅花诗幅真迹

永阪石埭

王名术桂，字天球，太祖九世孙，长杨王术雅之弟也。当明社末运，督军屡溃，流寓四方，及朱成功取台湾，携家就凤山县之竹沪，垦田自赡，闻澎湖之败，又闻刘国轩议降，乃曰，吾事毕矣。竟投缳而死。姬媵五人殉之。其临终也，环坐欢饮，赋五言绝句一首曰："艰辛游海外，总为几茎发。于今事已毕，祖宗应容纳。"事详于《小腆纪传》。

十三陵树风雨荒，潞王琴碎福王亡。艰辛总为几茎发，衣冠独有宁靖王。鼓声惨咽澎湖水，回天无力唯有死。五个婵娟齐致身，凤山

① 诗见第一部分森槐南。

一角残日紫。想其引决投缳时，从容把酒又赋诗。祖宗有灵能容纳，仅仅廿字气淋漓。遗墨流传神所护，海东亦存梅花句。忠芬义芳凝未消，银钩铁画千岁慕，奥君得之不示人，巾箱什袭深自珍。偶于时事有所感，展观欲拂堂壁尘。看梅订约爰邀客，捧出只幅如拱璧。一座观者忽肃然，花气袭人春灯白。昨夜登莱草木腥，北洋颓澜惊轰霆。后三百年有今日，王也地下可以瞑。

槐南曰：凝望殉节，是何等轰轰烈烈之事，梅花诗幅，偶见其风雅余绪，况有五姬捐躯，今借玉池哀丽之词，传芳千古，殆如待后三百年有此人此笔者矣，“忠芬义芳凝未消，银钩铁画千岁慕”两句断案，庶几不朽。结段影写时事，妙在言外。

先生近体，清秀超诣，沉炼出之，如犀麈在握，静扫游尘。其于古体，亦能丰腴其辞，而树之以骨，驰骋其才，而副之以情，如梅花诗幅，实其好题目也。起首举胜朝末运，在一句中，哀婉之笔，不流纵肆，读此七字者，便觉笔墨之中，别有一段深情妙理。末段道及威海卫事，映带有致，后三十日，我混成枝队上澎湖岛，清兵溃散，台海诸岛，归我版籍，宁靖王真可以瞑矣。

老将行

久保桧谷

恨不一扫边尘开外藩，恨不斩单于头竿国门。恨不打除奸雄肃宗社，恨不歼尽草贼除祸根。跨鞍当日缚袴褶，壮心郁勃从戎轩。秋深绝塞笳角急，白草原头旌旆繁。剑光电射喊声起，巨丸寸裂摇乾坤。流血遍野马蹄碧。腥气上冲天日昏。将士裹创食不给，围城援绝城云屯。回首百战枯万骨，我未成功奈君恩。老屋寒灯梦易觉，同时诸将几人存。圣朝德泽及草木，何况殉国将士之子孙。子孙宜继父祖业，乃父乃祖多瘢痕。闻道膺惩太师出，连捷教知天子尊。今吾老矣老益壮，意气空将胡羯吞。马援曳足亦千古，青山不堪埋醉魂。

抚髀肉，摩瘢痕，所谓“烈士暮年，壮心不已”，岂不信乎？此篇学王维《老将行》，而一笔不袭，中幅翻"一将功成万古枯"句为自伤语，以"圣朝德泽及草木"句劝奖子孙，更转入王师远征一段，"青山不堪裹醉魂"句，暗收起首"恨不"四句，无限感慨，出之婉约，不似"犹堪一战立功勋"句，多霸气也。

闻清国李爵相为媾和使来有此作

依田学海

铁舰突兀十五只，眼空东洋前无敌。李爷得意奋疏髯，头上光焰腾千尺。骄夸误国远权谋，几度败局终难收。黄海风怒惊暗浪，旅顺鬼哭声啾啾。秦桧求款遭怒骂，似道讲和多变诈。古来末路极艰难，不知何处正税驾。两国宰相纵横言，想见一掷赌乾坤。此是平族歼灭地，海风残日吹长门。

"铁舰突兀十五只"，昔何其壮也！"旅顺鬼哭声啾啾"，今何其衰也！少荃处水陆挫败之后，当士民毁伤之冲，俯首求和，其情有不可测者，"讲和多变诈"五字，洵为确评。闻少荃归国，众目以今秦桧，恶声满巷，所谓"求款遭怒骂"者，信矣。昔金人称桧曰"翁翁"，称岳飞曰"爷爷"，邦人或目少荃以"李爷"，亦事之相近者也。末段进一步于百尺竿头，感系系之。

云岘宫行

本田种竹

镜破花飞恶谶在，后五百年李氏亡。"镜破花飞"，"后五百年李氏亡"数语，原于高丽人所传谶书云。金州烟尘白日黯，关山盗贼何披猖。十万天兵自天下，扶桑为弓扫欃枪。欃枪堕地鼓鼙歇，锦旗牙帐森开张。直挽天河洗兵甲，复见笾豆胪明堂。讵图祸起萧墙内，七十妖髡恋轩裳。曹操曾将议废后，霍光何独凌诸王。首鼠模棱不可测，笑中有剑深自藏。暗与黄巾作声援，欲教血肉饫虎狼。云岘宫深日不照，大鬼小鬼昼跳梁。大鬼一笑百灵走，天门石崩声雷硠。月中虾蟆口吞吐，天上麒麟血玄黄。夜黑山牛哭寝殿，风腥魇梦惊御床。从此君王日减膳，将语未语心内伤。椒房嫔妃少恩幸，醮坛巫蛊多祷禳。祷禳无效空岁月，衣冠有类忧宗祊。城中狗屠四五辈，乘夜怀匕朱门旁。反震渐看杀羽翼，使嗾谁知除元衡。但道万乘我家子，一立一废随所望。有孙宁无舐犊爱，有儿却未跨灶防。鲧来此座实可惜，阿儿不如阿孙良。可怜名位薄骨肉，思之使人摧中肠。天网虽疏岂得漏，起伏如纠何有常。一旦云司治谳狱，天使人言非荒唐。半夜缇衣急追捕，满门袍笏皆周章。王孙亦受狴犴苦，令严辞厉如风霜。何人拦途挽不止，冠裳颠倒趋仓皇。云是阿孙非所预，渠若有辜吾自当。金郎朴郎是何者，发逆眦裂呼号狂。山狂谷狠避神物，天惊地恸摇庙廊。庙廊臣僚半虮虱，仰天喟息徒彷徨。至赖星轺参鼎鼐，不尔金阊化棘场。噫嘻八道山川日月古，何不福皇连降殃。地下檀君应吞泪，天乎人也终茫茫。

云岘舐犊之爱，酿成祸变，恬不为耻。顽乎陋乎，唯觉其可怜也。君乃把一大疑案颠末，健笔一挥，滔滔四百余言，首尾分明，有披云雾睹青天之想。至其笔酣兴旺，百怪交集，奇恣雄丽，不可逼视，其叙太公骄傲处，学何大复《元明宫行》；其叙君王隐忧处，学吴梅村《永和宫词》；而其所原本，实在韩昌黎《永贞行》。“云岘宫深”以下数句，精思结撰，光华陆离，岂多让“狐鸣枭噪争署置，睗睒跳踉相妩媚”句哉！昔者，韩人李喜之赋续《永贞行》有云：“传呼大臣又连催，中使如风声在口。但见颠倒数公入，依稀不记谁与某。”谋逆事露，君臣狼狈之状，跃出数语之间。韩山失礼，古今同轨，今谓此诗，使人三复“天位未许庸夫子”句耳。

联队旗歌送后备第七联队旗手高桥步兵少尉从军

野口宁斋

少尉手捧联队旗，皇所亲授俨在斯。护旗如皇天佑之。一旗一队同安危。想当两军相角时，硝烟满地堆积尸。见机一发旗一麾，呐喊声起风雨驰。血肉踏藉敌胆褫，弃甲曳兵唯恐迟。垒之未陷旗登陴，旗之一响谁能支。旗下健卒裹疮痍，总是英雄寒颤姿。铙吹奏凯歌征夷，旗上雄风飒相吹。此日从军纷虎貔，浪华城外人聚嬉，百年父老语九逵。拥旗行者知是谁，暗夸臣叔元不痴。内文外武众所推，巧思欲夺造化奇。缒幽凿险遍四陲，学成请缨劳不辞。有事辄投笔一枝，镰台南北绢水湄。霜营月冷操金铍，自道马革甘如饴，男子毕竟豹留皮。家有三岁小女儿，牙牙学唱锦旗词。少妇不赋远别离，壮少尉行无涕洟。我别少尉丰国祠，松火如午雨如丝。春水无声低柳枝，连天鼓角送六师。相见不语家门私，燕京伟勋心窃期。黄龙鳞甲纷纷堕，少尉手中红旭曦。

学海曰：每句用韵，中间变化自在，有风云出没之妙。友人梅潭曰："炼句不如炼意，此篇立意极确，字句从之，不同近人有句无篇者。

湘南曰：今兹四月，同贯卿及公绰，观花小金井，遂抵府中驿而宿焉。翌晨晏起，残醉瞢腾，盥漱才毕，贯卿忽呼笔砚，写此篇。盖将寄在东京某氏也。余等二人在旁，随书随诵，诵至结末，醉眼忽明，不觉绝叫曰："贯卿近业，是为杰作。"相视感叹久之。今且仔细论之，联队旗歌，已为古今独创之题目，而起手用笔端谨，与题相称，"垒之未陷旗登陴，旗之一响谁能支"二句，回顾首段，笔力千钧，拥旗一解，是本题正面。写少尉学问，写少尉忠义，无一缺陷，无一冗沓。"家有三岁小女儿，牙牙学唱锦旗词"，只是眼前事实，而斡旋凑合之妙，匪夷所思。"少妇"二句，以壮语出之，而我别少尉一解，翻带多少凄思，映带焕发，无限滋味，耐人咀嚼。一结"黄龙"七字仍不离"旗"字，至"少尉手中红旭曦"一句，总提全首四十二句二百九十四言，重如九鼎大吕，回环讽咏，神魂飞越。因忆贯卿尝有郡司大尉诗，学藏园乐府体，而得其神髓。此篇浑厚朴茂之处，间见一样笔墨，而其才慧绝伦，藏园亦遂不能及也。少尉为君季父，曩学于工科大学，业成，为工学士，后补第四高等中学教授，更应城河铁道技术之聘，际征清军起，以预备少尉，应召集于大阪，为后备第七联队旗手，可谓荣矣。前年我皇阅武于下毛，少尉以一年志愿兵从焉，贯卿为赋七古一篇送之。结二句云："百万貔貅唯一心，视死由来同弊屣。"盖并咏近卫兵破靴经御览之事也。今与此篇并观，所以其鼓舞作兴，少尉之忠肝义胆者，应知非偶然矣。

卷二

五言古诗

园居夏夜

向山黄村

小园无百亩，茅屋仅一椽。高梧与修竹，乱栽养风烟。夏天不受暑，秋爽来飒然。乘月可人至，对酌聊诗肩。宁知旱熇久，城中热如煎。庙堂况多事，屡有警报传。举头望西隅，杀气惨相缠。而我独何幸，林居得静便。静便果谁力，全凭时宰贤。勋业无今古，忧乐有后先。九重近减膳，三军込戍边。几时下沛雨，楚氛快洗湔。

种竹先生曰：先生方幕府未造之时，樽俎折冲，显名海外，晚岁恬退自守，安心逸乐，日以诗酒为命。顷及鸡林变起，所作诸什，概皆跌宕激昂，挟幽并之气，可见当年意气犹未已也。俯仰古今，忠君爱国之情，蔼然流露于言表。闻令嗣慎吉君，现任海军少佐，为松岛舰副长，率师驰渤海之滨，先生附书后一绝句云："无消息是好消息，不用望云劳所思。淮上功名属儿辈，乃翁长日独围棋。"亦可以见其抱负之大也。

题是"园居夏夜"也，梧竹幽雅之境，联吟静便之趣，已尽其题意，乃以"宁知旱熇久"一句，转入时事，又以"而我独何幸"归到本题，更以"静便果谁力"句，再入时事，以"楚氛快洗湔"句，两意双收，如龙在云中，东云现鳞，西云现爪，如断而续，如离而接，使苏长公见之，当发"我诗已东"之叹也。黄海役，松岛舰奋斗最力，令嗣声名藉甚，后为龙田舰回航委员长，乘汽船朝颜丸，航清国外海，至亚丁，乘舰归朝，其眼中无敌，操纵自如，闻者无不惊叹，继升海军大佐，补筑紫舰长。呜呼，如令嗣者，可谓不愧所谓“勋业无今古”语矣。而翁之眷眷家国，最可钦仰，所谓“忧乐有后先”者，盖亦翁自道语耳。

援朝鲜

依田学海

朝鲜表独立，万国既同盟。何故向清人，甘受属邦名。不见辽与夏，对宋称帝皇。大东重邻交，雄视为主张。国论一朝定，请退牙山兵。鞑子何暴傲，贪饕似虎狼。王师赫斯怒，奋然吾武扬。一战夺险隘，再战破牙营。敌将以身免，士卒走且僵。想昔齐明朝，新罗连李唐。纵兵擅剽略，擒杀百济王。天子大兴师，万里争输赢。志虽不得成，义名千岁芳。近事殆相类，坐视岂人情。吾皇乃绳武，大义出至诚。明诏告挞伐，公法据章程。觉罗起长白，雄图吞朱明。纪纲渐颓弛，志士歌其丧。义师非夸勇，涂炭救民生。上则雪国辱，下以威万方。往长四边发，衣冠复典型。岂唯为三韩，干戈铲不平。

大气旋转，不屑于句法字法中，即如其押韵，旁出宽用，是昌黎遗法也。欧阳公所谓“盖其用韵宽则波澜横溢，泛入旁韵，乍还乍离，出入回合，殆不拘以常格”是也。若其体裁之惬，梅潭翁评之云：“下句庄重典则，一字不苟，是柳柳州《平淮夷雅》一流文字，曲时事入诗，即少陵诗史遗响，徒论工拙于字句间，不足道也。其议论之当，衣州君识之云：“堂堂正论，裁约以入有韵之言，非具十分笔力不能。”“吾皇乃绳武，大义出至诚”，只十字，抵得他千百言，不要扬厉铺张以矜其华藻也。

八月十一日敕使从一位公爵九条道孝来奉币神宫奏告宣战谨纪

高野竹隐

至尊建皇极，缵统综八纮。育物对时茂，重离敷文明。百灵效感格，万国望祥祯。仁实若天覆，怀柔推至诚。启诱朝鲜国，提挈等孤婴。函容捐细故，帝曰谦斯亨。彼清挟狡诡，矜凶抒欃枪。乘其积弱势，利其戚党盲。货其土匪起，淫掠援为名。我谕以大义，彼顽妄搪撑。隐谋实不测，师往护我氓。帝恐扰不辜，钦哉丈人贞。彼凶毋忌惮，暴戾败齐盟。开炮袭我舰，虎威贪自撄。海若笑簸弄，轰碎洪涛砰。沉溺千百人，瞬息饲饥鲸。诏下宣中外，圣武神鬼惊。风云撼地轴，雷霆扬天声。将士致慎重，匹马不嘶鸣。进剿如破竹，乍报牙山平。将帅变服窜，馆谷收戈旌。此胡足追究，我武匪歼儜。国民听王忾，有如弓在弸。结伴争先后，上书请长缨。国家有常制，士民有常生。培养富强源，其从尔农耕。帝命天地应，肃杀行秋令。甘泉夜奏捷，侍从传凉更。众胆依魏阙，银河待洗兵。琪树金风振，璇宫玉露晶。后妃至仁惠，窈窕思远征。报公义至大，为察家室情。毋乃疮痍重，我薄给巾绷。皇衷益惕厉，日御大本营。勿谓万里外，敌情一一呈。于予念大孝，敢坠贻谋宏。乃敕臣道孝，汝往祀宗祊。克复乎平和，诞弘国光荣。臣职在祝史，斋戒视粢盛。闷宫仪固秘，屏息闻韶韺。自惭文弱质，徒有葵藿倾。盛德敢毋纪，大业期合并。神佑启其谋，天健合其行。圣寿万万禩，六合式廓清。修辞斥淫哇，敢拟朱弦鸣。庶几备铙吹，待告大功成。

槐南曰：气局庄重典雅，琬琰成章。如此大题目，非真具如椽之笔者，固不容道其只字也。诗凡分八大段，第一段总领，“启诱”句逗入本题，第二段清军纵掠，我朝出师，第三段丰岛轰击，第四段宣诏焕发，带叙牙山剿除，第五段义旅勇团，争请从戎，点用诏敕中字面，尤极灵活；第六段兼叙时令，随手写后妃赐绷之事，更觉过峡无痕；第七段敕使奉币之正文；第八段就自家身份上作结，四瑚八琏，宗庙之器，天下才人，一齐俯首。

堂堂四百余言，涵养醇粹，器识充然，精力团聚，气象光昌，极人间之伟观。读者神肃，独孤及之论曰："五言之源，生于国风，广于离骚，着于苏李，盛于曹刘。汉魏作者，质有余而文不足。以今揆昔，则有朱弦疏越太羹遗味之叹。"噫，大雅之不起久矣！古音之不传多矣！于今之时，大作偶出，中矩中规，宜风宜雅，独孤若在，则当如何评之？

送森马太赴朝鲜

佐藤六石

高堂两垂白，瘏痵长劬劳。愿儿战争利，汗血追旌旄。忽传西邻警，车马何绎骚。儿也决然起，意气凌时豪。四百州草木，三千里云涛。唾手可斫破，笑抚日本刀。但忧双亲老，暮景摧鬓毛。儿去谁定省，切切委朋曹。祖帐皆感激，举觞侑葡萄。凯旋应不日，想尔功名高。归来高堂上，欢乐诚陶陶。莱衣更呈彩，鲜血滴战袍。

槐南曰：此则自杜之《后出塞》脱化，"笑抚日本刀"之句，较诸"含笑看吴刀"，英气更加一倍。其笔笔流畅，意到笔随，虽元白恐不能争胜。

此篇率然而作，信手更佳，不复深加研练。然叙出从军者之心事，真率自如，情意盎然。"四百州草木，三千里云涛"十字，真作者酒酣以往笔致也。

甲午秋日记事

杉溪六桥

雁来秋气高，明河一道白。王师航海行，箕邦黍离迹。救彼涂炭民，教之治安策。六军疾风驰，清兵乍局蹐。黄海碎艨艟，牙山夺旗戟。百万忠义肝，惟此一心赤。风冷惊梦魂，悲笳月之夕。何日唱凯旋，长城勒巨石。

周峰曰：今日赋时事者，漫以壮激之语填字句，一读虽快，寻味之深，遂乏风骚之旨。此篇不然，娴雅沉练，情意并至，可谓真得古作家之神髓者也。

援韩征清，一篇打滚，而语不苟下，以"王师航海行"始，以"何日唱凯旋"终，首尾相应，所谓常山蛇势者便是，非潦草牵率不经意匠者可比。

捷报屡至赋此志怀①

依田学海

梅潭曰：立论出人意表，亦是一奇策。然前有大敌，不遑顾后，恐是不免席上议，吾未首肯也。

先生此篇，成于平壤、黄海二大捷之后，当时彼北洋舰队尚存，我兵未暇分兵南征。先生大声疾呼，劝以避实击虚，亦孙子"善战者致人而不致于人"意也。闻梧阴先生时，亦有征蛮议，欲变化而取胜者，岂独先生哉！

种竹曰：驱使书卷，左右逢源，议论英爽，笔锋精锐。近日文坛所罕睹之作。洒洒一百四十言，悉发于敌忾忧愤之余。其一种劲气，语挟风霜，凛然不可犯处，此学海之本领，他人决不能及。所谓剔抉心肾，淬砺肺肝之文字，盖自因其人而存者，结尾以掉，唾手燕云之意，跃如于纸上，读者目眦皆裂矣。

邓文度论文云："辞与意背，以诔为容，以聚为约，浮滥而无法，则可以无作。"先生以文为诗，正与文度，同其所见。意之至，辞之随，嫌诔其意也，斥聚其辞也，法度整然。无隙可击。其意则闻者足诫，其辞则学者足祖。

---

① 诗见第一部分依田学海。

秋夕偶感①

松平破天荒

老杜《夏日叹》云："浩荡想幽蓟，王师安在哉！"《夏夜叹》云："念我荷戈士，穷年守边疆。"昔人称，此仁人君子之用心，终食不可忘也。今君胜败关心，欲饮呜咽，一字一句，未尝不出于忧国恤人之余。"潋滟杯底影，尚是战场月"，可谓胸次郁勃，随处激发矣。

述　感

牧野静斋

大盗揭箧囊，縢鐍恐不坚。庸人疏经国，叹息舟壑迁。仁义徒为耳，何以能守焉。觉罗兴朔北，风云卷幽燕。朱明四百州，坐夺金瓯全。庙貌惟易主，钟虡仍旧便。科举开功名，诗书愚众贤。胶柱岂调瑟，求剑但刻舷。彀中英雄老，精气竭注笺。环瀛列国峙，王霸业不偏。玉帛假虚礼，朵颐互竞权。都俞无奇略，民生日沦然。昊天降真主，宠异一姓绵。蓬莱灵淑地，重熙日月悬。一民不获处，如己挤深渊。彼哉永顽陋，执迷不肯悛。中华妄自尊，东藩视朝鲜。暴戾渝故盟，鸭江马一鞭。鲁酒危邯郸，虞虢唇齿连。噫弱肉强食，天下久流涎。干戈一相动，群虎争腥膻。我皇赫斯怒，遏莒命戎旃。黎献致忠谋，将士一身捐。百城草偃风，箪壶表恭虔。丑虏策无措，稽首来乞怜。鸿猷光烈祖，遗训炳万年。皇德六合遍，大义八纮宣。回顾禹域地，旧邦四海先。彬彬文物盛，当时谁比肩。淑世遗泽尽，匪类秽山川。上帝乃眷顾，王师本无前。小往而大来，古圣述简编。祸福相倚伏，老聃说玄玄。思之复思之，耿耿夜不眠。寄语社稷臣，长计在顺天。

君邃于学，诗不多作。此篇思东方之大局，怜旧国之末路，至情

① 诗见第一部分松平天行。

之溢，咨嗟之，咏叹之，淳诚贞粹，言近旨远，根底深而英华自茂，其说科举愚人之弊处，最痛切，最适确。唐太宗观进士卷曰："天下英雄，皆入吾彀中矣。"彼区区一第者，为太宗所笑而不悟，读此诗，则未知以何语答之。

归南短古七章节二

宇田沧溟

函关夕照外，行行皆畏途。心有千岁忧，踯躅时长吁。东方望紫气，泣拜天子都。昨兴征清师，宸衷久劬劳。山阳锦旆闪，大营亲赐铁。诸蛮尽震伏，乾坤仰宏图。贱臣有何分，归旅未弃繻。说是火色者，闲杀六尺躯。今而忆古杰，吾也贱丈夫。凤城自此远，万里一剑孤。芙蓉八朵矗，玲珑映天隅。

关而畏途，关而弃繻，忽叙出征清大事，如断如续，人眼迷离。忽复叙到火色骨相，身世双收，不绝用力。

晓蟾黯关原，碧血沁草葩。蜗牛斗蛮触，貔貅化虫沙。兴亡一转瞬，湖波咽琵琶。金粉古京洛，忽复如浪华。红暾丽城阙，万灶轩轩霞。旌旗大风响，层云听壮笳。吾皇广运德，仁义无津涯。苍生四千万，一心誓国家。无前大雄略，虎掷又龙拏。征韩幺么耳，往事不用夸。魂飞贺兰山，铁衣纷雪花。

沧溟此行，于他篇中，赞丰公云"人是前世杰"，此篇忽谓"往事不用夸"，两两对照，以见圣明睿武，前古无比。若以为矛盾，则不足与论诗也。

夜　寒

冈田松窗

夜深霜威紧，北风穿户隙。衾裯如泼水，忽思远征客。胡地寒何如，冰雪高于棚。步哨夜相警，或复枕戈戟。嗟我蒲柳质，安卧度此夕。思之不能寐，缺月照四壁。

松窗嗜诗如命，所作裒然成卷。其格雅正而不放，其音舒和含蓄而不偏于专一。此篇虽未足尽其长，质而不肆，疏而不笨，斯为得白苏之真意。松窗远矣。

题《寒山独猎图》

岩溪裳川

险翠笼老杉，危峰月半缺。朔风吹断蓬，冻天晓吹雪。猎弓悬在肩，马蹄乱云裂。翻身迎飞禽，一箭散红雪。狐兔投深林，风烟万里绝。陈吴彼何人，屠沽出英杰。大泽谁一呼，只手探禹穴。

槐南曰：风神俊爽，如出王摩诘手，以“风烟万里绝”逼出结意，动关时事，余味自包言外矣。是曰“含毫渺然”。

君诗以瘦寒酸涩，开拓一境，李习之所称“食荠肠亦苦，强歌声不欢”，是其本色也。此篇则忽起忽落，信手拈来，纵横如意，亦非妙语不能。吴梅村《雪中遇猎》云：“犹有长征远戍人，哀哀万里交河卒。”虽所感不同，长短不齐，至因猎想兵，偶同其辙。

冬日感怀

依田学海

疾风卷长林，霜隼落旷野。人间逼急景，天意少宁暇。要港驻龙旗，浩波隔鸾驾。云帆通万里，暝色趁夷夏。曝骨边障撑，惊血辽水泻。候骑风影驰，飞檄电光下。兴废关气数，国运有代谢。寄语彼中人，徒莫事悲咤。

一战取旅顺，牛庄在指顾。辽阳与沈阳，命脉逼旦暮。想昔袁轻略，辽城万骑驻。袁应举奉守辽阳，清太祖奴马儿哈齐天命六年攻取之，应泰督战不克，佩印自焚死。城陷身共亡，壁垒即坟墓。胡虏无百年，今日溢其数。何图大波澜，忽从东洋注。使彼烈士气，至此始一吐。惨淡摩天云，荒凉连山树。海城兵既溃，盖平守不固。锦州可瓦解，辽河堪飞渡。早彻尔守备，莫烦我攻具。尔马闻多白，尔车盍饰素。

梅潭曰：前首以韵胜，后篇以气胜。世或取后首，余独取前篇。盖非熟于唐者不能知。

以韵胜者，光华朗照，而其中有真气，如“兴废关气数”以下四句是也。韵与气，一手收之，与他作纯乎运气者异。其撰先生长处在彼，然余喜时见此种也。

甲午除夕祭诗龛祭诗与星社诸君同赋辄次裳川首唱韵

永坂石埭

刀兵阅一劫，文章惭后尘。久被今人薄，仍独爱古人。谁冀毁后誉，似求幻中真。老来频局促，流景急飞轮。一年惜一刻，开龛又邀宾。聊具尊中旨，且劝盘上辛。祭诗弄古典，定遭岛佛嗔。筑台名避债，嫌其不雅驯。灯火二三点，青荧与竹邻。醉谈张虚势，贫极不言贫。交固在文字，无如同社亲。各自有所喜，而存一色醇。诸君富著作，已期到等身。此夕同为祭，珠玉何璘彬。忽念远征旅，攻略势若神。忠勇勒片石，冰雪凛不泯。悯渠漫恃大，难保国齿唇。食浆争战路，户户署顺民。彼险我为固，宜哉兵贯因。颂捷吾辈事，斗笔入青春。

槐南曰：辞旨清捷，思若涌泉。一起已觉卓然超出时流之外。是曼陀矜尚处，“祭诗弄古典”以下，笔墨酣嬉，俊思横溢，末幅忽为一提笔，逗入时事，以祝捷迎春作结，所谓神到气到笔到者，原唱韵不险，然凡韵庸韵，不巧捺之，即其响哑，故比之于险者易出奇，则押韵更难，诸家临纸踌躇，正为此也。先生不以难为难，下笔自如，一韵更有一韵之工，一字有一字之稳。“忽念远征旅”以下，将笔一放，任手承起首“刀兵阅一劫”句，而韵之凡者警，庸者挺，不见次韵痕迹。诸家搁笔，亦为之也。昔人云：“钟镛振声，而细匏遏其响；兰茝发色，而秾华闷其馨。”信哉！

乙未岁旦试笔

柳井䌹斋

雄鸡一声唱,天地入新年。节物何和煦,万象已春妍。白屋梅花笑,池塘杨柳烟。潜鱼出繁藻,一鹤乃冲天。物类皆自得,生意殊欣然。而我何为者,二竖久缠绵。废酒亲药石,闭户负林泉。萧条家四壁,沉默学老禅。春风恩亦少,争得解倒县。翻思渤海上,战云一带连。壮哉从军士,一身为国捐。死者长已矣,存者形不全。天寒指欲坠,雪深马不前。死生亦何有,剿贼互争先。主上曩移跸,艺南路三千。亲裁军国政,总揽兵马权。宵旰劳圣虑,颂声道路传。方此多事日,谁敢贪醉眠。果然九重上,迎春不迎筵。噫我草泽士,岂谋一身安。琴书有余乐,小病亦应痊。煮茗倾七碗,裁诗耸双肩。开春第一事,试笔展云笺。

安分知足之语,玩景适情之意,以无数曲折出之。若看春空之云,舒卷无迹,得香山之神髓而融会之。䌹斋前年在早稻田文学科,作《香山论》一篇,可知研和久之,水乳全也。

重寄怀扬六谷在韩山次韩昌黎《送石处士赴河阳幕》诗韵

黑木钦堂

大纛征西戎,忠勇多烈士。百死期报恩,尽是真男子。奇勋赖神佑,伟绩屡惊耳。仁者师无敌,山河不足恃。见彼丑奴丑,偷生不知耻。兴败因以分,神州元气起。

从游家君者,十百称多士。而能以勇名,独推扬氏子。投笔事戎轩,健语惊人耳。虽未奏勋名,雄心固足恃。吾侪在牛后,碌碌真可耻。思君雄飞心,懦夫犹欲起。

昌黎诗:“钜鹿师欲老,常山险犹恃。岂惟彼相忧,固是吾徒耻。去去事方急,酒行可以起。”事体与今日不同,然投笔意气,亦有何异乎?是所以钦堂用此韵也。人或谓诗笔平畅,不似昌黎奇不可捉摸,不专以奇险见长，钦堂所学，正昌黎本色也。

乙未纪元节恭赋

冈本随轩

皇祖即位日，纪元凡三千。初举大典礼，明治中兴年。鸡林唇齿国，封豕常垂涎。独立成其美，我皇仁应干。善邻却生衅，出师大诏宣。接战廿余度，奏捷各争先。安东开新府，群氓解倒悬。旅顺设镇守，航海已安便。再来乞和使，失措重悔愆。依违彼所长，许否在吾权。更略威海卫，一路通幽燕。敌邦益战栗，宛若临深渊。时有瑞鹰兆，不数鱼入船。灵鸮止弓弰，今古征同然。东风渐骀荡。梅柳含芳妍。化育雨旸顺，野草欲芊绵。霁雪芙蓉秀，元气表里全。春潮严岛晓，五色之缊烟。岁岁颂斯节，今岁嘉祥延。辉赫扬威武，东洋大变迁。广陵犹驻跸，观望万方虔。宇内未曾有，神州一统天。

以"皇祖即位日"起，以"神州一统天"结，堂堂正正，如王师无隙可乘，磊磊落落，如将士无语可犯。"霁雪芙蓉秀，元气表里全。春潮严岛晓，五色之缊烟"四句，却又伟丽好看，宜士林拟之凤毛，艺苑方知逸驷也。

春雨书怀

依田学海

春雨连五日，梅花黯然落。书窗拥炉坐，披简破寂寞。风洒濯绿筱，露淋侵丛薄。闲愁奈何遣，幽怀何所托？声律会铺张，文章供挥霍。世变入揣摩，时事归臆度。王师济云海，两载据岩壑。露布奏连捷，势若风扫箨。阳焰焚龙窟，干燥水欲涸。鳞族来乞哀，苦求降雨泽。彼哉多谲诈，交际富权略。莫乃藉外援，劫持缔盟约。不然饰情面，异辞谋笼络。吾相足机智，英俊盈莲幕。词组中要害，阴计应销铄。辽沈加版图，山海纳锁钥。春风解坚冰，晴天开旷廓。樱云簇水涯，佳气溢草阁。

梅潭曰：仆尝喜读陈卧子诗，其五古多《选》体，字古意古。此篇不然，以古字出新意，寓议论于曲调，不露锋芒，是所以独异时流也。

雨窗寂寞，极无聊之候也。先生臆度世事于极无聊中，以“春风”、“青天”、“樱云”、“佳气”四句，拓出别境，文心极密，章法极严，而一片忧国之念，不可掩蔽焉。盖此篇成于张邵来使时。“彼哉多谲诈”以下六句，觑破渠心事，明明如火，真一个照魔镜也。近日城中传说云露、佛、独三国合纵，示威东洋。或云和成，李鸿章吐舌冷笑，怪闻满耳，人心汹汹，噫，“劫持缔盟约”耶？“异辞谋笼络”耶？虽未能详其实，渠富权略者，略可推知，未知先生过有何诗乎？五月十日评及之，此日密云不雨，满城阒寂如夜。

势海舟中分得海字赋以山本梅崖

土居香国

蓬岛风雷收，海曦织丽彩。相携晨上舟，远山雪皑皑。咸风吹颜寒，舟跃骇魄每。决眦望西瀛，风云世事改。藻浮疑龙旗，鱼腹不知喂。威海鏖战功，赫灼照千载。佳辰遭纪元，神威俨如在。盛事何人传，君才富词彩。泛槎曾误时，文章本无罪。威激势海波，奔腾连渤海。

衣洲曰：不浮不泛，锵然古调，在香国诗中，又高一格。

香国诗，前者险语破空，豪快自喜，后者幽峭，有时奥古。盖得力于厉鹗、黄景仁者为多，而其专化陈为新，化俗为雅，则平生诗法，始终不变。闻梅厓曾为大井某草征韩檄，事露，入狱多年，末段并及，用笔自然，绰有余裕。

雪晓偶成

野口宁斋

谁将六出花，昨夜人间种。枯木春也回，莺舌时一哢。竹意仍凄寒，松姿自傲纵。冰柱垂垂危，冻渐瀌瀌壅。马耳无青山，鸱尾失画栋。呼杯一长啸，陋妆贫士巷。忽想朔北师，风尘长鸿洞。高高天子旌，翩下朝阳凤。惩彼封豕骄，救此黍离痛。六军惟一心，一剑日磨砻。天马势行空，中路不可控。雪窖冰天中，东风暖相送。恍然顺天府，受降仪礼重。素车城下迎，白马徐揽鞚。佥名谢道清，不用临风恸。作表老谯周，厚颜尚宾从。其余累累者，圣意全活众。仰瞻扶桑暾，九州永朝贡。黄龙何处逃，旗旐白无缝。普率额手庆，今见祯符降。一风旋复回，匝地云瞢瞢。纷如杨花飞，飒似落叶共。咫尺樱田门，死士惊驺哄。刀光粲陆离，杀声殷雷哄。刺相怜聂政，和戎说魏绛。茫茫四十年，恩雠空一梦。道是三月三，桃叶和雪冻。一花潮嫩红，偶似酒微中。

学海曰：诗笔之妙，以吞吐出没为要。若一切露出，做甚么妙。此作应如是观。

種竹曰：敷衍刻画，意到笔随，盖自韩孟联句中获力极多。曰素车，曰白马，曰白旗，有意无意间，与题旨相发挥，可称能手，篇中六用“一”字，虽出偶然，于咏六出花，自是妙合，岂亦不奇哉！

三日禊饮分得激字

吉田梅城

昨雪泥涂难，寒飙仍淅沥。宁知修禊天，白战分羽檄。词坛多英雄，画策互相敌。桃花尚未红，江城天地寂。邻筵饯出征，落梅入玉笛。中有关山声，一曲何凄激。

雪而白战，战而羽檄，檄而词坛，坛而英雄画策，层叠而出，似近谐语，读至“邻筵饯出征”一句，则知上数句，以逼起此句，得此句而前句亦活，而落梅一曲，与桃花尚未开句映对，余席上次曼坨道人韵云：“夭桃消息有谁诣，夜月帘栊笑语酣。雪后晚梅花四照，新重三胜古重三。”亦同此意。

卷三

乐　府

平泽谣

高野竹隐

朴某曰，朝鲜古谶云："清国与南朝鲜，战于忠清，一据平泽，一城牙山。"接战旬日，牙山落，朝鲜独立，作《平泽谣》。

天何由，有蚩尤，地何由，有山川。蚩尤诡主兵，毒雾难掩天。山川虽设险，形势一变嗟何及。虽有豺虎蛟龙不如人心险，孤客忧患危涕集。为蜮则见，为鬼不测。鬼与奸谋，森森相逼。睚眦取快，曾不念国。君不见水之险可飞而渡，山之险可割而据。外侮不可御，内溃何由瘖？不自立尚可，偷安诚可惧。诗书酿盗贼，鼎养馀奸蠹。南山岩岩，仁川泲泲。我民在者，兵往护之。飞蒭转谷不累其一粟，天厨分赉士气感激军和怡。慎勿胡涂没大局，国有成算讵得知。平泽耶？牙山耶？扶弱锄强者仁者师耶！

槐南曰：扶弱锄强，名正义顺，日东王者之师，万国具瞻。视庞然大国，虚张呵喝，徒以入援为名，而纵兵淫掠，涂毒生民者，相去何啻河汉。兹篇胎息汉魏，句铿字响，精采奕奕，亦夫使巳氏之徒，以李王伪古文字，强霸占文坛者，不得不屏气吞声，逃形匿影，何快加之！

谶语荒唐耳，乃能炉冶天地，陶铸性情，才是抑塞磊落之奇，笔是遒劲苍老之健。长句短句，错落离奇。"虽有豺虎蛟龙不如人心险"句，崛然而起，理奥而语重，与李白《蜀道难》同其险艰。"国有成算讵得知"句，峭然而收，言婉而旨微。白居易新乐府无此蕴藉。"平泽耶？牙山耶"句法，学"松耶？柏耶？往建共居者耶"古歌，心诣超人，良由奇颖之气，禀厥生初，秀惠之韵，蕴于所抱。余于此体，多采君诗，若言阿所好，则余不敢辞也。

从军行送六谷祇于役朝鲜

长尾雨山

饮马鸭绿江，洗刀渤海湾。戍衣出凶门，百战不敢愿生还。将军叹髀肉，壮士抚剑舞。径雷席卷四百州，鸡林不足用我武。神州使者劳悬军，何为筹策一殷勤。御侮在无敌，临阵莫稽留。稽留恐有祸机伏，侧身北望阵云愁。

种竹曰：仗清刚之气，行警遒之辞。天骨秀削，音调振绝。一读壮眉目，再读激肝胆，三读以往，情迫气促，毛发皆竖，不觉击节绝叫，四壁为撼震矣。语有分寸，一字不苟下，得诗人激刺之旨，诗至此而始非徒作，感叹何已。

起何雄耸，如削泰华之峰，苍然而立；结何铿锵，如勒奔蹄之马，截然而止。议论之风生，意气之霓吐，有闻鸡而舞之概，有扪虱而谈之想。顾当时状态，有如此诗所忧者。本多玄谷小滨，高士也，亦唱云："君不见王师昔讨播阳贼，贼酋佯降缓战期。城壁已修兵已聚，时势之变素可知。"彼新意，此古调；彼径露，此隐约，虽诗品夐绝，其中心何曾不同乎。

东门行

高野竹隐

出东门，欲行仗剑立。县门羽书来，效国念方急。还覗室视儿索爷啼，妻拥儿衔絮而泣。瓮中无斗粟，桁上故衣悬一袭。不明相告知，意谓贱妾怯。栖鸟踟躇鸣，是日日西仄。仓皇向塘上，拔剑断水水还合。已不上惭白日沧浪天，岂可下顾黄口小儿怜。幸身在兵籍，仍得行穷边。不许恩爱牵，恶浪瘴涛好墓田。烈烈子心，纤纤女手，不使儿敢饥寒死，沧浪之天白日有。妾闻在军一夫一国，君复努力加餐食。妾闻在军难犯号令，君复自爱莫乘胜。去去事正急，贱妾从此辞。吾歌乐府词，东门别更悲。大明无曲照，庶荷皇天慈。

槐南曰：征夫为国悍然直往之概，少妇临别以义相劝之言，并能刻骨入髓。直如自其心窝里抉剔而成者。此种乐府，实足与我神州发阐其美俗，不徒以出汉入魏，摩神揣貌为贵也。

《乐府解题》曰："《东门行》，言士有贫不安其居者，拔剑将去，妻子牵衣留之，愿共餔糜，不求富贵，且曰今时清，不可为非也。"本词原意，不过如此，今君用其题目，反其意思，时用本词文字，却见斡旋之妙。本词曰："盎中无斗储，还视桁上无悬衣。"此谓苦贫欲去也。君曰："瓮中无斗粟，桁上故衣悬一袭。"此谓壮夫为国忘家也。本词曰："上用沧浪天，故下为黄口小儿。"君曰："已不上惭白日沧浪天，岂可下顾黄口小儿怜。"亦一意翻之。乃如本词叠今时清廉难犯。教言君复自爱莫为非。二句君分叙妾闻，新鲜别致，情溢行间，泪存字外。余前者读步兵十八联队兵士家书，如此诗所谓者，比比皆是。宜哉壮夫奋进忘身，视死如归也。噫，见陌头柳色，悔夫婿远征者，毕竟亡国之音耳。

鸡林谣

土居香国

其　一

艨艟堂堂从东来，貔貅十万旗帜开。旭日红丽和城岱，箕子山河曙光催。

外戚执政乃失政，葛罗施松欲灭性。邻邦倾厦恳支持，君子之交宜爱敬。

其　二

狡如狐，觊以覦。猾如鼠，行还伫。胡为乘釁恣贪心，不似生平祟古箴，尔不知螳后禽。

句短而意长，章短而韵长。咀嚼有余，悠然不尽。姜西溟咏古乐府诸什，或可雁行。有人若登百尺危楼，酌斗酒，弹剑为节，仰天以歌，则足使鱼龙起舞。

苦热行

高野竹隐

谁云白日长，我苦白日短。烦闷兼炎赫，执热不能濣。非火非汉谁见之，自东流西蚩尤旗。狐鸣乍传鸡林警，我当大暑更出师。仗剑逾万里，一夫俨如城。我欲请长缨，自悲躯体儜。又不娴节制，惧此匪忠诚。待挽银河洗兵马，重歌六月继大雅。朝来困顿伏枕席，肠因内热愁暴泻。铁马挂檐不一鸣，有类衔枚赴敌营。栏街车作雷声过，斜日射窗一丈明。倏晚风兮林隙，怕秋气兮萧槭。独上高楼，惊心动魂。上有嘒嘒之蝉声，下有幽幽之窀穸。悲哉寒暑之侵人，所志悠悠赌一掷。君不见丈夫叹息良有以，流汗遍体卧还起。羲和羲和快着鞭，经兹数十亦已矣。

槐南曰：以“苦热”为题，而擒纵时事，方是诗家本色，“惧此匪忠诚”一句，以百倍之精神，系诸千钧之笔力。有此题来无此奇构矣。世之触热躁狂者流，漫然下笔，即以为诗史，岂能知之也。

曹植《苦热行》，备言流金铄石、火山炎海之艰难。鲍照《苦热行》，言南方瘴疠之地，尽节征伐而赏之太薄也。后人所赋，或袭植意，或学照词，此篇壮士不苦，而闲人却苦，造意倔奇，银河大月，以衬贴之；铁马街车，以点染之。“所志悠悠赌一掷”句，打时事心事成一丸，可见造语之简妙。

安城渡

新田柑园

挺身前者松大尉，拔剑叱咤刚以毅。安城渡头天未明，敌垒不见呼声沸。呼声沸，铳丸飞。咄何为者满洲儿。遗恨一声胆破裂，马革空裹大尉尸。士气愤，血淋漓。垒齑粉，胡兵三千一时逃。大尉功勋日月高。

长句短句，错落离奇。长者有长句之妙，短者有短句之妙。“遗恨一声胆破裂”，活用大尉死时语，凛有生气，某生亦赋此题，有“仰天三呼残念声”句，或评曰“残念”俗语，然事实不可改，若读此篇，则亦将改“遗恨”为“残念”乎？

喇叭卒

田边碧堂

我兵晓济安城渡，炮火万道迸流光。卒拔丸，将裹疮。呐喊而前气何壮，此时吹角声琅琅。行一步，奏一节，流丸忽洞健儿膺，健儿虽勇躯非铁。音与呼吸相短长，目眦既决唇亦裂。呜咽角何涩，碧涨一腔血。尚唱进军谱，意气凛不折。一军作势气益奋，健儿命与角声绝。血涴游魂招应还，英骨长埋鸡林山。五月闻警起，行时期一死。姓白神，名曰源。其职虽卑其死尊。吾既同乡党，闻健儿风意气轩。备中国，船穗村。健儿出，光闾门。

白神某一喇叭卒耳，而一死殉其职，全军士气为奋，是虽死犹生也，为勋实伟。闻同乡人经理葬事，盛为赠赙，为得未曾盛事，良有以也。“其职虽卑其死尊”一句，断案如铁，不可移动。而叙其死节一解，音节奇古。声调悲壮，忠魂义魄，忽焉在前，笔力真逼藏园。

战城南

高野竹隐

战城南，死垒北。溃败死者谅可哀，腐肠败肉乌争食。请乌且舍择肥肉，将军者安坐美食行威福。士卒虽抄略，见收未足盈其腹。不见将军者，但见卓者旗委者服。短兵接，飞骑蹙，仓黄不能闻号令，魂魄已离啾啾哭。风尘合匝，白日曛黑。有何哲老公，衙门独坐屡大息。外间颇得知，妻孥梦寐忧臆测。汝不闻天戈一指何堂堂，拉枯摧朽真精强。将校率先前，奋斗千百那可当。雨淋日炙不化尽，川原战血流玄黄。黄者涂草莽，玄者英魂毅魄相扶将。荐牲醴，歌国殇。永飒爽，归故乡，威灵扬兮国祚昌。

槐南曰:《战城南》古辞,本伤野战斗死者而作,故此作前半,专叙牙山败兵之苦。“请乌且舍择肥肉,将军者安坐美食行威福”,叶、聂辈抱头鼠窜,可见董龙真是鸡狗也。“有何皙老公,衙门独坐屡大息”,合淝焦忧,想当如此。“汝不闻”以下,略写王师敌忾之烈,以形其相去何啻霄壤。结用《九歌》、《招魂》句法,松崎大尉诸人,庶可瞑矣。

《战城南》古词曰:“战城南,死郭北。野死不葬乌可食。”故后只赋此题者,多用之点缀,斗奇骋异。余所最爱者,古则李白“吾鸢啄人肠,飞上挂枯树枝”,新则梦麟“狐狸嘬血,老鸦啄躯。白日晚下,游魂夜哭”。今读“请乌且舍”一解,凄怆独绝,常人所百思不到,而入才人之笔,一若未经构思者,觉前人皆可废矣。卓者委者,与玄者黄者,前后相应,章法句法,俱臻绝顶。

凯旋门

岸上质轩

迅者雷,疾者电,飞弹掠空是榴霰。安城渡边晓雾冥,胡兵三千皆善战。将军胆如天,跃马挥铁鞭。叱咤忽传掩击令,持满之弩发无前。呐喊起,撼乾坤。胡寨陷,胡兵奔。旌旄铳炮刀枪戟,骸尸头颅乱狼藉。一军合唱凯旋歌,联队旗丽旭光赫。成欢营,牙山城。王师所向敌不勍,三日振旅旋韩京。令严兵气肃,胡囚何觳觫。朝廷初见仁义师,韩民额手咸悦服。相语松崎大尉名直臣,一死报国忠义身。不能生入凯旋门,貔貅也作堕泪人。

能精能细,亦劲亦雄。“旌旄铳炮刀枪戟,骸尸头颅乱狼藉”十四字,录败垒惨状,使人惨鼻,质轩不多作诗,而悟古调,参新意,可惊也。

凯旋曲

佐藤六石

凯旋安城渡，凯旋牙山阿。凯旋威自震，凯旋乐何多。剑鸣凯旋道，旗翻凯旋车。马嘶凯旋门，人唱凯旋歌。

槐南曰：以古《江南曲》为本，音节如《骤雨打新荷》。

婉转而下，一读解颐，六石最长狂诗，善驱使俗语，近者著《日本诗军》一卷，首首落想新警，用字奇巧，使读者不暇捧腹绝倒。诸同人皆望而避之。其诗亦时涉游戏三昧，辄见出色。

灭耶灭谣五章①

依田学海

种竹曰：风谣者，超爷咏歌之辞也。实滥觞于尧时康衢童谣，其来尚矣。降自周秦汉魏六朝，迨唐宋元明，家国治乱之所系，人心祸福之所倚。其感于心而形于声者，凡三百余首。仔细别之，有歌，有谣，有诵，有诗，有辞，有谶，如夏谚齐语，亦其类也。所调操韵体，格则不一。然调长者不过七八十言，短者二言，若四言而止，大抵出自妇孺之口。然自有所以存鉴戒备观省者焉。今学翁此作五阕，化古为新，转俗入雅。辞修而意足，音劲而壮，视之西海童谣、鲁国童谣、《广陵王歌》、《城上乌》童谣，《平中谣》、《董逃歌》诸篇，戛戛独造，具一种妙处，吾知此谣一出，海内人士，户诵家咏。李义山所云"公之斯文如元气，先时已入人肝脾"者，盖有之焉。

杂谣或关乎风俗，或系乎时事，故郭茂倩编《乐府诗集》，包括无遗，本邦士女自然之音，皆以邦语出之，故杂谣一体，作者寥寥无闻。此篇直据童谣，写自家议论，不欲规抚古人。而奇响逸趣，另辟门仞，自我作古之概，足以压一世矣。闻李鸿章来时，命禁《灭耶灭谣》数首

---

① 诗见第一部分依田学海。

不许唱，未知官能得箝先生之舌，焚先生之笔，灭先生敌忾之气乎？

汉城曲

佐藤六石

旌旗翻夜风，行向碧蹄垒。垒高堑自深，决眦月明里。桓桓川将军，短兵战于此。怀古豪气生，横槊壮心起。

连云蔚山城，立马且延眺。一死分所宜，笑抚金错鞘。寒笳入风悲，健儿月中啸。赫赫鬼上官，千秋屹祠庙。

槐南曰：古音古节，即以赋新事，绝妙乐府。方今我国雷霆精锐，如隆景清正者，不一而足。其百战百胜，了如指掌，岂不快哉！

滑而不涩，纵而不控，格似卑而高，意如浅而深，是六石妙处也。今以此手段，学古歌谣，不多修饰，而能动人听者，洵宜。

威海卫①

依田学海

种竹曰：学海翁乐府体，胎息于遗山、茶陵，研寻于西堂、藏园。天才飙发，音节壮厉，上者可以惊心动魄，次亦沁人心脾，此数首较《安城渡》诗，虽稍让一筹，然亦必传之作。

八月十日晓，我舰队大举，袭威海卫，敌舰已遁，乃振旅归，事在黄海海战前。敌军强弱，未易遽判，而我水军诸将，奋然袭敌根据地，可谓壮矣。“万仞怒涛蹴乱雪”句，状其壮，有烘云托月之妙。“虽然”以下，用意深切，不陷粗豪，而诸将实山空手之憾，亦跃跃欲活。

西征铙歌

石田东陵

寥廓秋空河汉流，清霜肃肃拂华游。至尊亲决西征策，禹域风云

---

① 诗见第一部分依田学海。

掌上收。

紫骝嘶立御营傍，剑佩铮锵夜未央。画角何人吹出塞，广陵城外月如霜。

战罢平明唱凯歌，曈昽日色映金戈。鱼龙一夜遁无影，黄海从今不起波。

悲风猎猎马毛僵，七月胡天见白霜。日暮去窥骄虏阵。黄云一骑上高冈。

黑帽健儿元勇往，行营漠北金笳响。边冬寒日黯无光，雪片盘空大于掌。

巨舰长风海上驰，鹰扬意气倚刀时。天门未晓波光黑，太白高高北斗垂。

车驾山阳亲统戎，赓扬圣德万方同。阴风朔雪羌藩地，今在熙熙舜日中。

一洗胡尘河岳净，遐方正看敷仁政。崆峒山上更磨崖，须纪日东天子圣。

汉乐四品，其四曰短箫铙歌，军乐也。蔡邕曰："黄帝岐伯所作，以建威扬德，风敌劝士也。"汉铙歌，或云十八曲，或云二十一曲。如《朱鹭》、《思悲翁》、《战场南》、《巫山高》等是也。皆命题设想，不止颂兵事。而后世直以铙歌名者，皆属奏凯作颂之义，于命题设想者，全然别致。此篇亦其一也。首首纪水陆之大捷，叙将士之猛勇，以我皇神武为首尾，体裁已惬，文字亦刚，洪纤明灭，毕竟精蕴，足使百万貔貅一齐高唱矣。

船桥里

杉浦梅潭

霜惨烈，风萧索，吾君衔枚乘暗斫。平壤壁，大同江，古来天险称无双。士器店头寨栅固，炮雷迸裂弹雨注。旌旆摇动少逡巡，叱咤拔剑将军怒。人马奋跃冲中营。喋血登，踏尸进，白日黯，山河腥。此役不克旗下死，呜呼苦战船桥里。

学海曰：旅团长苦心，写得灭没隐跃于无文字处。

九月十五日船桥里役，敌将马玉昆背水布阵，坚守江边诸垒。叶志超亦誓歼大岛旅团兵，雪牙山辱，奋战太力而我野炮不奏其功，步兵苦斗，自朝至午，一进一退，胜败不决。既弹丸将尽，乃命收兵。此日将士死者无算，旅团长亦负微伤，西岛武田而联队长，皆决死督战，遂不能胜，痛恨曷堪。“呜呼苦战船桥里”一句，声泪并下，可泣鬼神。其余句法参差，调促声迫，状当日危急，一一逼真，鞭风叱霆之气，他作不能及。

牡丹台[①]

依田学海

梅潭曰：词短意长，英气冲天，字字皆血。铮如有声，使读者有在弹丸雨注间之想。

平壤战急，清军树白旗于壁上，立见少将使桂大尉受降。大尉率数兵，立城壁下，应答数四，会大雨遽至，清兵托以天变不测，曰明朝出降，少将笑云：“清兵必遁矣。”果如其言，先生以为“不知巧为缓兵计”，似未必然。而“前者仆，后者进。死益聚，气益奋”四句十二字，高咏一再，使人意气增长。韩愈诗云：“字向纸上皆轩昂。”盖谓此种也。

玄武门

千贺鹤堂

天兵向无前，连陷箕都戍。牡丹台已破。玄武门仍固，千兵呐喊知几回。直下弹丸雨注来。何者矫捷攀坚壁。如山铁门忽洞开。我军齐进敌遁逸，排闼伟勋录第一。归日锡绶金鵄新，原田重吉三河人。

---

① 诗见第一部分依田学海。

玄武门事，诸说纷纷，或云十六士从三村中尉突进，中尉使原田某开门，或云十二士，或云村松某先登，或云村松助原田，登陴破门，而原田某升上等兵事，确不可疑。则其勋与天壤无穷矣。君原田某同乡，一番铺张，亦何足怪。飞弹，柏木城谷有诗云："勇武居然冠一军，弹丸遮莫雨纷纷。开门只手功真伟，樊哙如今又让君。"用古事不泛，与此诗出新意不肆，各具只腕。

舌池门

依田学海

铁浮图，拐子马，金人驰突惊华夏。东洋岂是弱宋比。咄骑兵，何为者，舌池门外银蹄驰。万马蹴云翻画旗。轰然齐放火枪响，一道滚血皆僵尸。呜呼骁骑不足恃，有勇无智率如此。

梅潭曰：叙论相间，中插"银蹄"、"画旗"等文字，便尔活动，非深乐府者，不能解之。

先生乐府，议论多，记事少，锐锋百炼，英气逼人，白马突出，固穷鼠啮猫之计耳。而鼠自鼠，猫自猫，渠自入死地而不悟，其愚真率如此。况其勇亦不足恃乎。

舌池门

杉浦梅潭

冒飞弹，犯险难，满州骑兵何慓悍。旋毛碧蹄皎雪骢，一齐奔逸如疾风。舌池门下卷白浪，向我前队相撞冲。豨勇不免螳螂斧，隆车粉韲尸填江。虽乃尔，克知耻，二百七十骑同时死。

学海曰："卷白浪"二句自"雪骢"来，妙！《新报》中记此事，如曳万匹素练者即是。

此比前诗更进一意。斥其勇，取其知耻，细心而达识，三思下笔，正所以诗家与史为表里也。前诗纵横驰骛，此篇崭绝刻峭，各树一帜于文坛，楚项汉刘，真好敌手也。

从军行

长谷川三岳

万里秋风绿水流，千年积雪白山头。明朝立马知何处，禹域茫茫四百州。

出语豪壮，足令讽咏者慷慨低徊，悠然无尽。

孤山洋

依田学海

世人皆言萨人傲，傲则然矣勇而慓。十四铁舰冲天来，黄海巨炮声如雷。声如雷，波涛怒。日光黯，妖云吐。桦将军，胆气横。死生誓与此舰争，唯有进死无退生。

种竹曰：学海翁诗，每以气胜，先蓄之胸膈，一临纸则郁勃磦砢之状，挥霍奔放之势，千言万语，迎笔而辄成。如此首，尤见其健伉流利，所向无前，洵不愧文坛雄将之目矣。

先生落笔豪放，不惊人不休。盖一片隽骨，老而益壮，假令覆名读之，诵"世人皆言萨人傲"一句，则知为先生诗矣。种竹君以为文坛雄将，洵是。闻西京丸舰长国友海军大佐，最长航海术，此日柁折舳摧，不挠屈，曰："惟直进耳，触则冲撞，甲铁巡洋，非我所问也。"遂突围出，"唯有进死无退生"一句，盖指此也。而系之于桦将军者，以将军偶乘此舰也云。

灵鹰诗

岸泽醉经

皇帝扶辇，兄弟辑睦。如狼如羊，满清不淑。大纛于征，王师肃肃。佑享莅止，士重约束。佑享率止，艨艟衔舳。旐旗央央，式映朝旭。翩翩者鸽，集于船腹。两舰接矣，惊飞绝躅。开我炮门，吹我铁角。碎彼帆樯，坏其帷幄。或火或沉，轰轰爆爆。其望风逃，如爵逢鸶。皇祖在天，照临降谷。降谷下祥，灵鹰攸宿，金眸如电，利爪如镞。健翔横秋，堪歼凡族。载施巨绦，载与鲜肉。载献左右，言问其卜。大人占之，群丑威伏。我武维扬，式终诛戮。皇矣皇帝，配命怀福。王师所向，无思不服。微臣作歌，上赓《黄鹄》。敬究吉祥，乃代华祝。

其音雅而整，其调古而高，有学故醇，有才故警。逶迤往复，曲折顿挫，可谓巧力兼至，闻锦山先生献之九重，供乙夜御览，亦诗人殊荣也。本书不别设四言一体，故录入乐府中。作者曰："微臣作歌，上赓《黄鹄》。"此知其必不咎余僭也。

灵鹰来

富田鸥波

灵鹰来，灵鹰来。来高千穗舰凯歌催，嗟汝胡为而来哉。吾闻此日群鸠至，翔集硝烟弹雨际。汝或无其所化乎？鸠化为鹰出王制。翅劲吻利躯干小，知汝眼中无凡鸟。他时能铩鸷鹗翼，毛血离披见先兆。

言言实录，语语实情。其中生气，殆将飞出，妙有古意而不腐，恰出新裁而不泛。"鸠化为鹰出王制"一语，何等俊捷，使人瞠目。

岁暮行

高野竹隐

烈士麾落日，天地为低昂。莽莽逼岁暮，转战经冰霜。穷阴控大陆，杀气蔽日光。朔风吹倒人，雪花如席扬。侍从来班诏，挟纩裹金疮。东关取旅顺，西徼吞沈阳。月之念二日，将军吊国殇。三军不敢视，义愊摧中肠。风云一匝月，悲歌慨以慷。欃枪未扫尽，太白何苍苍。一歌从军乐，再歌苦寒行。

种竹曰：节骨肖于杜，辞华近于李。绎其所由，则远发源鲍、庾之间。其下笔也，未必模拟，而神味声色，迥然自会，非复近世之所有。

竹君邃于诗，虽以东都一二名家，蔑之与京焉。委读之下，转令予倾倒不禁。

意常新，调常古，不求奇而奇。陈后山论文云："江河之行，顺下而已，至其触山赴谷，风搏物激，然后尽天下之变，变在不求而得之。"诗文其一致，如此篇者，征江河之行者也。

出塞曲三首

石田东陵

羽檄从北到，边亭冥祲氛。中夜揽衣起，抚剑望朔云。男儿重功业，安能守故坟。慷慨随召募，奋身赴边军。上堂别父母，父母辞殷勤。母曰莫相忆，父曰死报君。

风龄怀忠义，少年胆气豪。干戈一朝动，朔北事征徭。塞上云日恶，胡霜凝战袍，疾风卷砂砾，万马缩寒毛。何顾沙场苦，只期名节高。狂胡仍跳梁，临水磨宝刀。

王师远征胡，出塞万余里。荒漠颓日黄，浮云蔽城垒。霜气流千营，边马嘶不已。惊飙忽转蓬，层冰时堕指。盘根看利器，苦节知勇士。精忠当百难，鸿毛轻一死。所愿擒胡王，以献圣天子。

种竹曰：立意昌明，造词茂华，有风力，有品度，优入汉魏堂奥，非专习凝领之久，决所不能到，或恐世有胡钉铰、张打油之徒，不辨其为汉为魏，直以薄今人，一切掊斥，此尚不逮于彼之笑曹刘为古拙者，吾辈笑齿已冷矣。

杜甫《前出塞》，刺开边也，故曰："弃绝父母恩，大声行负戈。"以见壮士出门，出不得已，王师一出，健儿奋然从军，故曰："母曰莫相忆，父曰死报君。"而后彼云："军中异苦乐，主将宁尽闻。"此云："何顾沙场苦，只期名节高。"彼云："苟能制侵陵，岂在多杀伤。"此云："所愿擒胡王，以献圣天子。"其差不啻天渊，而有亲履行间，所不能自道者，则二者同轨，若能加几分沉郁，则少陵虽高，亦何难造。

饮马长城窟行

田边莲舟

雪片扑面大似掌，马腹陷没马首仰。长城窟冻泽腹坚，饮马不得一滴泉。男儿从军行万里，报国只知有一死。死且不怯何怯寒，一任龟手与堕指。同其袍兮同其仇，杀敌之外无他求。不愿貌图云台上，金印挂肘爵封侯。

诗与史表里，一集中必须有可兴可法之作。与人心风俗有关，是昔人所说也。《兵车行》述干戈之苦，无复余蕴。此篇写敌忾之诚，无复遗憾。事虽不同，其关人心风俗则一，如“战友”、“同仇”二句，我四千万人，人人胸中意，后之编史者，宜问真于诗也。

饮马长城窟行

渡部印南

金鼓声冻旌旗凋，戎衣带血风萧萧。归来饮马长城窟，风雪惨淡魂欲消。岂无千里供驰突，长驱往往多战没。青磷空照枯草原，沙场无人收白骨。嗟哉身不离鞍久从军，干戈到处何纷纷。焉得铁骑十万匹，一蹴扫荡燕山云。

此述塞外战苦之状，于“饮马长城窟”五字，固为正意。字字劲，句句健，而步步不离“马”字，末段以“铁骑十万匹”束住，亦就“马”字立说，笔力最推扛鼎。与袁朗“太平今若斯，汗马竟无施。惟当事笔砚，归去草封禅”，异曲同工。

从军行集唐

石井梧冈

已在明君倚注中，文争武战就神功。火旗云马生光彩，万国兵前草木风。方干、杜牧、李白、杜甫

秋天一夜静无云，雁叫汀州不可闻。碛里征人三十万，何时重谒

圣明君。张仲素、皇甫冉、李益、沈佺期

重冈如抱岳如蹲，风掣红旗冻不翻。万里寒光生积雪，暮程遥宿隔云村。薛逢、岑参、祖咏、韦庄

横笛休吹塞上声，何人不起故园情？更催飞将追骄虏，欲夺蓬婆雪外程。张乔、李白、严武、杜甫

边风萧飒动江城，杀气空高万里情。虏气纷纷胆应落，平明吹笛大军行。张乔、温庭筠、韩翃、岑参

白草山头日触摸，黄花戍上雁初飞。身当恩遇常轻敌，只拟平戎不拟归。郎士元、王烈、高适、李群玉

男儿本自重横行，胆气堂堂合用兵。天子预开麟阁待，百千万里尽传名。高适、韦蟾、岑参、张籍

集句一道，似易实难。黄庑堂集唐，材博选精，其以杜句作艳词，集四六作自序，真如天衣无缝。石次皋《饤饾吟》，世称无篇不工，无语不切，见其《昭君怨》，则知名下无虚士矣。君于此体，夙有心得。《从军行》三十首，驱使百家，纵横自在，回环洛诵，讶其句之成，豫为今日也。比前年题画集唐，则其巧更不可阶。

日本刀

海圃竹斋

日本刀，神光溢。神功征三韩，秋水一挥受降疾。斥元臣时宗，讨明臣秀吉。头颅无算秋草飞，紫气冲天映旭日，即今征清六师出。长城以南忽森栗。呜呼在人不在刀，四千万人其心一。

节促音追，逐段而下，势如以快刀破竹。末段“在人不在刀”，学子论其意不在书句法，百尺竿头进一步，山阳外史《日本乐府》何难步趋。

从军行

吉川青洲

六师扶弱壮皇猷，我武一扬惊五洲。莫以征韩诸将比，英雄不止百肥州。

声调激扬，可以歌，可以诵，扶弱与征韩，暗相映照，出语自然，恐作者不自知其妙也。

从军行

蓝桥北

万里从征意气豪，灯前笑抚铁装刀。天寒一夜龙蛇蛰，雪满军门百尺高。

诗笔警健，有卓落不群之概。

边衣曲

林无底湖

五日陷盖平，十日拔海城。辽阳昨夜飞报至，天寒白雪纷纵横。阃外将军赐节钺，去年奉诏征胡羯。捷书分明奏天阍，军中死士捷如鹘。一身郎忘家，曝骨期胡沙。白草茫茫三千里，城楼一望无物遮。铁衣如水戈为枕，朔风浩浩口舌噤。百万胡儿不足恐，为郎只忧寒威凛。夜夜夜深砧声长，刀尺时复委空林。忆到栉风沐雨惨，灯前不免九回肠。短衣而窄袖，马上便驰骤。郎着此衣建殊勋，不愿回文天子奏。自上征途岁月深，寄衣万里消息寻。知妾闺中思郎意，即是塞外报国心。翘首云霞黑，关山望无极。郎今莫愿一身功，三军挟纩宣扬天子德。

揽其词旨，哀怨为宗；玩厥风华，清新是尚。“铁衣如水”一解，委折深婉，曲道人情，沁人心脾，末段以三军挟纩期之，情深意远，得古风人旨。不图无底湖子具此手腕。

塞上曲

市村梅轩

胡笳吹入暮关云，月照寒沙雁阵分。回首长安三万里，摩天岭下又移军。

剑戟光摩霜月明，雄心直指北京城。朔风冻合辽河水，铁马涉水冰有声。

明人学唐者，摹其色象，按其音节，曰唐格也，曰唐调也，而至唐人精神，则瞢焉无悟。是所以其失性情也。此篇赋唐人题目，乃以新意思驱遣之，以新事实点染之，与无病呻吟者，敻焉而别。是谓善学唐。前首第四，出唐人“欲寄征人问消息，居延城外又移军”句，别有意思。后首第四，与明人“天寒夜渡韦沟水，马尾凝冰碎有声”句，略同事实。

白河曲

奥田抱生

白河丝竹锁寒烟，玉树庭花一例怜。珠泪涔涔黄海月，代人痛哭有泉先。鲛人一名“泉先”。

紫竹林枯白日黄，三春风物也神伤。空教蜀魄啼桥上，花月天津梦一场。

幽燕王气瞥然终，忍使遗民哭狡童。蓬蓬犹余歌一曲，满城谁是主人翁。辽亡时，有《臻蓬蓬歌》，末句云：“满城谁是主人翁？”

思已深湛，才复警拔，似爽籁山房。其典之切，其语之婉，而迥幽独绝。传阆亭所谓“律扣虚牝，不风而体自轻，非秋而气已冽”者，除君而谁？

丁督护歌

高野竹隐

将军叱咤天晦蒙，精诚贯月气如虹。精卫不能敢骋驰，徒衔一木智何穷。雷棍电击嗟何及，惊波万丈海倒立。樯头夜黑汹呼号，万夫争命乌相集。临江节士死堪悲，魂遡东流冰裹尸。指我铃木少尉等。彼此惨淡天无色，东方将白白者旗。孤岛婴守旬日矣，元期舰碎人亡而后已。降表转为生灵谋，云吾事毕都护死。可有田横客穿隧，漫闻鲁连书题矢。北洋从是无水师，赢得一死相终始。中堂失措持和议，朝廷含糊谁凭恃。会看素车白马出，洗兵玉蝀桥下水。吾歌都护歌，呜呼奈尔都护何。寡妻恸哭间殡敛，感激王师义气多。君不见士各为其主。望风奔窜真狐兔，亡命狡狯肯比数。无端棺剖尸值僇，吁嗟乎，丁都护！

种竹曰：《丁督护歌》，见于《李青莲集》。按，宋时陆逵之为人所杀，其妻呼丁，时自问敛送之事，每闻，辄叹息曰“丁都护”，其声哀切，后人因其声，广其词云，作者今假以命题，既非夷所思，加之篇中引语不苟，如田横、鲁连，皆古齐山东人，殊觉活切，中幅以下，笔路推开，以迨北廷近状，选材极精，词意俱完。至“吾歌都护歌一解，斡旋得尤有力，终与原题不相离乖，结尾一转，字字血泪，直是惊心动魄语，诚不堪多读也。”

李白所咏，云阳水道舟行艰难之苦。胡震亨曰：“感其土俗之事，即因其土之古歌，名以为歌也。”今因丁姓之相同，亦名以为歌，落笔沉痛，林木为摧。“寡妻恸哭间殡敛”句，此题原意，李白“一唱都护歌，心摧泪如雨”，殆似为此诗言之。闻汝昌生时献策云：“坐待敌兵，自缩其命，不如突出奏奇捷也。”李鸿章不听云：“只坚守威海卫，出则有罪。”汝昌太息久之。“北洋自是无水师”以下六句，激昂悲壮，唾壶可碎。

边　词

奥田大观

铁衣雪卷杨花店，炮火烟飞柳树屯。天津河上冰开日，秾李香摧春雨昏。

杨花柳树，现成好对。前十四字，何等姿致。后十四字，与周峰翁“不须河畔冰开日，直突天津入北京”句同其意。后露此隐，共出张仲素“即今河畔冰开日，正是长安花落时”句。

大院君

富田鸥波

舜为天子，皋陶为士。当时瞽瞍设杀人，舜也窃负逃海滨。孟轲氏言人伦至，天下元无难处事。韩廷有贼害贵臣，首谋乃是王室亲。至亲冥顽过瞽瞍，宁知天理将人伦。父不可刑法难废，国王何以临其民。吾且为王画一策，措置宜仰我皇仁。我皇至圣善养老，佚居东海终其身。

李沂云：“读书非为诗也，而学诗不可不读书。诗须识高，而非读书则识不高；诗须力厚，而非读书则力不厚；诗须学富，而非读书则学不富也。”此语三尺童子知之，而八十老翁或不能行之。若为套语不足顾者，宜三煎此诗而吞下一再也。

卷四

五言律诗

寄怀锦山槐南两书记在广岛大本营[1]

本田种竹

槐南曰：先炼其意，次选其词，再整其格，更审其调，千磨百炼，镂心雕肝，而后始出以示人，是为种竹诗。此种工夫，正非此君不能领略也。出京二旬，实不成半句，虽出事体极大，轻难下笔，亦职由不得此一段工夫。今读故人寄怀之什，忸怩不禁矣。

君于此体，颇能澄汰。昔人云："觅句者，若掘得玉匣子，有底有盖，但精心者，必获其宝。"又云："如人之身，微有一点痛痒，则满身不适。"君在焉，二首吞吐含芳，安详合度，八十个贤人坐中，不着一屠沽儿。拟以刘文房五言长城之目，谁道不字。

寄森槐南在大本营

岩溪裳川

广陵天下镇，形胜豁然开。龙虎山盘踞，舟车客往来。论兵摅壮志，草檄见奇才。宣战膺惩旨，皇谟亦伟哉。

乙夜邀宸赏，灯前坐舔毫。词源三峡泻，剑气七星高。铁马嘶天厩，灵鹰系锦绦。千秋真一遇，感慨有余豪。

竹磎曰：落思之超，用笔之健，固足横绝一世。

前首广岛而大本营，后首大本营而槐南先生。"广陵天下镇"，品其地，出语何耸拔。"剑气七星高"，品其人，句何斗健。句无虚语，语无虚字，笔力崭然，滔滔自运。先生《灵鹰行》一篇，述祥纪瑞，献之于

---

① 诗见第一部分本田种竹。

御前,“乙夜邀宸赏”盖谓此也。

记　事

胜间田蝶梦

胡将皆能走,绝无陈化成。降旗飘废垒,落日下孤城。不解牵羊辱,谁存结草诚。代叹清末史,寂寞藩臣名。

乾隆尝叹:“欺朦失律之提镇,不可不严惩。调度乖方知督臣,不可不更易。”今者连战连败,不降则走,光绪将以何语律众乎?

中秋有三松堂清集分韵得冬

佐藤碧海

秋天清似水,满地露华浓。把酒浮明月,寻诗韵暗蛩。征人合回首,少妇独伤胸。况有微臣泪,云车驱六龙。

槐南曰:开口清迥,前联用字极工。

五六以下,一气呵成,寓景于情中。“云车”二字最有趣。

得　寒

水野芦洲

庭前松树蟠,龙影上栏干。举酒追苏轼,赋诗怀阿瞒。南飞乌鹊尽,西转斗牛寒。安识韩山月,英雄横槊看。

槐南曰:吐属自然,风凋爽绝。

舒朗秀爽,如铙吹晴江,秋空清响。

得　肴

藤井紫水

我原重仁义,何物破邻交。笳声传海角,蛩语咽堂坳。此夕倾樽尽,谁人把句敲。秋高寒剑气,明月挂松梢。

槐南曰:起得有力量,前联承接亦工。

亦有天然一种风韵，满地秋花，以何物品此诗乎。

得庚用吴梅村《虎丘中秋新霁》韵

石井梧冈

闻道韩山信，风云气未平。我军多猛士，何日剿胡兵。今夜中秋好，当空大月清。四檐松籁起，似听凯歌声。

槐南曰：章法井然，水到渠成，尤非作手不能，可称此集压卷。

了不求工，而往往神来，呕心之余，却不能得此种。闻此筵，抱生、桂厓、淡斋、快堂、香国、碧水、屈山诸家，皆有所作，槐南先生总评其诗卷云：明治廿七年九月十三日，车驾驻于柳城，其翌即为阴历中秋，土居香国招同柳舍诸子于其有三松堂。是夜碧天如洗，明月皎洁，余亦在从军之列，遥想诸子诗征酒逐之盛，神驰曷胜，今阅此卷，更弗忍释手。呜呼风流文采，炳耀一时，录四家之诗，亦不堪神驰也。

朝鲜浅水湾中秋

铃木东溟

蓬瀛跳玉兔，渤海漾银澜。遥想故乡宴，谁承慈母欢。关山雁书杳，风露铁衣寒。何日全忠孝，慨然激肺肝。

种竹曰：此篇实系故海军少尉铃木虎十郎君所作也。君威海之役，为第廿二水雷船副管，其踏险冒难遂能轰沉定远舰之功，中外人啧啧称之不已，而其身则为敌弹所震腾，陷于海而死。呜呼悲夫！予曾与君相识，委读之下，不觉欷歔。

余亦辱君下问，改窜其诗稿数十首，其或一笔抹倒者，君虚怀容余说，再三推敲，至稳妥而止。盖其锻炼工夫，有专门家不能到者。既君航海从征，勋名赫赫，而讣报亦至，余更惊叹君之骁勇，作文哀之，又采遗篇数首登此选，亦挂剑微意耳。

秋　兴

清水秋村

梧桐飘一叶，金气早西流。胡海长成客，江山独倚楼。征鸿无片信，明月又中秋。怅望伤千里，风烟莽欲愁。

昨夜风霜急，征人最感秋。胡歌关外月，羌笛戍边楼。肝胆谁投笔，庙廊方运筹。功名男子事，唾手任君收。

前首炼格，后者炼意，炼格者高亮可歌也，炼意者工稳可传也。

闻平壤陷落次小林榖堂韵

田中青山

月下思征战，樽前空酒杯。秋催霜鬓去，凉透铁衣来。丑虏残鸦散，孤城落叶摧。快哉飞电到，欢噱响如雷。

轻隽清新，语近意远。意远著，胸中感慨自溢字间也。语近者，眼前比兴易入人耳也。惟其清新，故不用豪语，而写尽我武维扬之状，惟其轻隽，故彼此双咏，有手挥目送之妙。

吊樱庭乾外

丸濑槐谷

操觚辞帝阙，万里赴边关。际会风云壮，驰驱兵马闲。雪封长白岭，潮接大连湾。未死英魂远，名高绝塞山。

乾外早入鸡林，察山川城砦之险，观人情风俗之异，兵起，载笔从军。偶罹难病死，少年壮志，为之一蹶，可怜也。其所笔战纪，载在《日本新闻》，众目传观，乾外虽死如生矣。其友对马某，属余作挽词，尘事猬集，未能果约。今评此篇，及君行事，亦聊资招魂耳。

秋 夜

斋藤积翠

蹉跎愁白发，昕夕愧偷安。铁马三更月，楼船十丈澜。捷书鸿雁急，杀气斗星寒。忆起戍辰役，剔灯看箭瘢。

豪气飙驰，不毫窘促，读其诗，可以想见其人。

秋 夜

生驹旭轩

酒醒江山静，霜砧夜五更。风云思变化，朔漠羡功名。大将富雄略，万兵轻一生。三韩今夜月，寒照满军营。

豪气飚驰，不毫窘促。读其诗，可以想见其人。

别愚庵师

国分青厓

三旬君卧病，千里我从军。相遇情何切，无言手暂分。关河传鼓角，天地变风云。草檄辕门下，书生思策勋。

年之十月，君应含雪将军聘，赴就连城营。后奉职安东县民政厅，戎马关山，风云鼓角，耳目所触，皆壮其诗怀。诗风一变，有雄壮如岑者，有豪迈如高者。此篇途次入京时所作，才情跌宕，而句句准守明人矩度，不跳出于圈儿外。愚庵赋五绝一首送别云："孤剑三千里，书生报国心。将军新赐坐，草檄是陈琳。"

送手岛秋水之广陵

入江雨亭

大牙悬旭日，双院耸秋云。海近征衫碧，山高落木纷。经纶任多士，词赋扫千军。蹇蹇匪躬是，别离何足云。

对起而势极耸拔，仍有单入之势，而后军国之重，交谊之真，一并写出,“词赋扫千军”句,特推笔力,盖着此一句,则秋水之行不徒尔,诗亦不浮泛也。

将赴朔方,路过黄薇,访田边秋谷于玉岛手岛子谦亦在坐,酒间赋此留别

国分青厓

戎衣行万里,云海路茫茫。宝剑看秋水,金尊酌夜堂。论心多意气,报国足文章。草泽英雄志,从来在四方。

铿锵激楚,字字皆亮。槐南先生评云:“在明人中,足嗣苏门高响。”信然。闻青厓访映碧堂,秋水偶自浪华至,三人鼎坐品诗,至鸡鸣不倦。青厓诗先成,二君相和送其行,爰抄之,志三君友于之情。诸家送别之什亦附焉。

碧堂次韵云:“饯君千里迈,我泪堕苍茫。将别搔双鬓,几时同一堂。山收金铁气,旗卷画龙章。须吊兴亡迹,题诗满朔方。”

秋水次韵云:“云涛连渤海,雁语堕苍茫。诗笔从军旅,戎衣次草堂。奏城空万里,汉法止三章。应见皇风遍,行行大一方。”

介堂送别云:“国士逢知己,从军远度辽。平生高记室,夙识霍骠姚。三省堪传檄,新民既免徭。须教契丹种,感戴圣明朝。”

松坡送别云:“握手慨然久,山川何莽苍。风笳回朔雪,斗剑拂胡霜。谈笑参雄幕,恩威极大荒。横戈歌出塞,浩醉卧沙场。”

东陵送别云:“落木千山下,西风万里行。浮云连朔漠,大雪压边城。饮马河声激,追胡剑气鸣。递迢关塞晚,俯仰独含情。”

栗堂送别云:“蓬蒿提剑起,走马向辽东。旧国河源杳,长城地势雄。黄星临塞上,紫气满关中。万里随飞将,殊方建大功。”

送山田如是从军

根本穆堂

朔北干戈满,故人从远征。秋风鸣剑气,暮笛带边声。抚髀昔年

感，据鞍今日情。一言何壮烈，期死不期生。

诗亦带边声，俊爽无比。所谓意贵透彻，不可隔靴搔痒者，不远也。

广岛偶成

何蠡舟

圣主应乾坤，雄图吞八荒。王师连战克，我武大功扬。公义无偏党，满堂咸赞襄。区区一禽瑞，不敢颂祯祥。

外之连战连胜，内之满场一致。奉戴圣意，发扬国光者，将士之与议员，固无二致。是真大大祯祥，万国具瞻，于是乎一禽之灵，亦可托焉以颂，作者殆以不颂颂之者耶？非耶？

春和园集分得友字赋五律二章

野村欲庵

公余斗诗酒，浑是知心友。文士本彬彬，武夫真赳赳。词如锦绣铺，笔似龙蛇走。一一壮风云，功名落谁手。

小园秋色佳，飞檄青云友。枫叶染霜时，菊花涵露后。杯深一醉酣，韵险苦吟久。要问古燕京，风流如此否。

好爽之气，清空之笔，以不用意出之，笔笔生动，无险韵苦吟之迹。于醇亩、含雪、梁川、无边、越山、陶庵诸公外，别具一种风格。

海鹰诗

田边碧堂

钩爪沥红血，疑从酣战来。维扬黄海阔，一决朔云颓。健息樯头翮，轰闻水底雷。秋高遥献捷，锦绊上瑶台。

槐南曰：简整中饶见飞动之势，盖笔力斗健，辄觉句意流走也。此种五律，当是李义山嫡派。

碧堂胸罗玉笥，笔有锦机，一卷纸，一片砚，摇笔即至。近时注以长江大河之气，汪汪不尽。乃如此篇，四十字中，有无数波澜，有无数曲折，工于铸意，巧不伤雅，谁复调以"纺红绩碧上诗机"语耶？

儿女风云阁席上同赋近事

辻泽菖水

怜彼满清奴，与我争能抵。苜蓿马空肥，葡萄酒仍美。杀身无一人，平日夸多士。笑他廊庙臣，管乐当相比。

六石曰：词才坌涌，辞气清扬。满腹议论，借笔墨而出。字字带风霜，"苜蓿"一联，明人集中佳句。

得人字

落合东郭

整旅王师壮，秋来威武伸。阵云连铁岭，剑血染胡人。邻国要扶助，此机须刷新。当初东学党，闻说似黄巾。

六石曰："邻国"以下，使笔如舌，言所欲言，盖得元白法乳者。

得香字

大久保湘南

王师向无敌，旗鼓一堂堂。剑气贯斗牛，雷车驱阿香。风声寒在树，月色皎于霜。想象雄心警，檐端铁马锵。

六石曰：起得雄壮，若鼓铜铉，若击铁板。"风声"以下，峭而丽，幽而清，洵不易及。湘南之诗，元病纤弱，今也则所闻"旗鼓一堂堂"，何其壮也。我辈老兵，不得不瞠若于后。

得草字

岩溪裳川

栏前万里秋，把酒开襟抱。雁度海天云，马嘶边塞草。风流钦谢安，怪事笑殷浩。鸿业策怀柔，烟尘归一扫。

六石曰：气格高浑，文辞稳秀，尤推“雁度”、“马嘶”一联。

得庐字

野口宁斋

清廷归末运，史笔竟何如？举世惊风鹤，何人出草庐。兵机惟解遁，捷报辄传虚。应悔鸡林变，货奇思可居。

六石曰：前半平易通畅，如不费工夫而成。后半纡余曲折，如刻划而出。昧者读之，疑出别手，而一气贯穿，妙存乎其中。盖善学赵云菘者，非耶？

书　事

土屋凤洲

烽警秋风外，班生笔欲投。韩川杀气满，渤海战声遒。非奏膺惩绩，安宣远大猷。今朝传快报，旅顺殪群酋。

通体一气，无饤饾之习。后联宏伟博大，立言得体，征清将士，宜书诸绅也。

寄怀小笠原海军大尉从征在高千穗舰

天野淞村

燕京犹未陷，天地已秋深。黄海浪声大，白山霜气森。数行怀母泪，一死报君心。何日惩狼戾，伟勋安圣襟。

将士方闲暇，舷头立晚晴。一心思虎斗，孤剑任龙鸣。古月高丽出，黄云渤澥横。何当歼丑虏，天地复升平。

大尉旧唐津藩主，为高千穗舰分队长。黄海役，奋斗超侪，读其《战斗纪事》，天真烂漫，英气充溢于楮表，使人殆忘其为千金子矣。君为其旧臣，如颂如慰，如规如劝，情之深，意之远，有足动人者，字句之豪壮，不必说也。

十二月初五武生祝捷宴会席上题富岳图

泽崎梨圃

名山真不二,八朵宛其形。俨表国元气,秀钟人性灵。玲珑瞻白雪,崒峰入青冥。万古神州镇,皇家永以宁。

嘘吸风云,奔走造化,奇崛而绝雕刻,元遗山太室诗,盖其好典型也。

晓　雪

向山黄村

未晓天先白,群鸡冻不歌。忽开新世界,非复旧山河。酒户集千瓮,渔村归一蓑。屯边兵十万,铁甲冷如何。

镕炼淘汰,独标孤诣。起笔有神,所谓顶上圆光也。酒户千瓮,有“雪满长安酒价高”之趣。渔村一蓑,有“独钓寒江雪”之致。而山河非旧,满洲归我,则铁甲亦不觉冷也。前联宜做语义双关格读之。

寄人在旅顺

永久保春湖

此地寒威凛,遥怀旅顺军。空林纷密雪,古戍黯同云。豪气知吞敌,微身早致君。心肠皆铁石,春至奏奇勋。

第六师团兵屯旅顺,待命将进,不知寒威可恐云。春湖因身居虾夷,辄复忆到,是人情宜然矣。前联写尽冬日舍营中所见,想亦眼前景物,助君诗思也。

新年有作

落合东郭

洪钧随律转,杼轴圣躬劳。今且霞光丽,群山雪色高。登城闻鼓角,望海敞云涛。遥忆胡沙地,风尘满战袍。

东郭能书，明秀似其人，亦似其诗。闻开春试笔，泼墨则祥烟满纸，谢诗任笔，一手兼之，东郭进境可惊也。

乙未新年

门胁黄鼎

凯歌回吉梦，一笑对梅花。鸿业千秋振，兵威万国加。春风添版籍，腊雪尚山家。眼见祥云满，晓鸡真可嘉。

一起突如，却觉灵活，以下兜转而下，情景交融，行于可行，止于可止，使郭频加操管，不如过此。

上大和尚山二首

三谷畊云

登登不辞险，踏破乱云层。峰势立如削，岩容悬欲崩。春寒冰雪合，涧邃斧斤□。长啸天风外，豪怀掣巨鹏。

路回溪转处，逢着梵王家。移榻云生坐，开瓢酒当茶。万竿幽绿竹，一朵粲梅花。洞口题诗去，磬鸣林日斜。

大和尚山在金州，以岩石奇绝称。前首三四，刻画尽致。“移榻云生坐”一句，稳秀自然，似大历十才子，今得之于军中口占，最觉风骨超然。

春初书怀

依田学海

风历通梅意，先开池水浔。东洋阳气动，辽海暮云沉。威压鬼神力，仁怀天地心。春风捷书共，定有报佳音。

梅潭曰：全首气格并到，后联十字，最觉警拔。

昔人诗云：“梅花开日是新年。”先生翻其意云：“风历通梅意。”语极浅，而“东洋阳气动”、“春风捷书共”，皆胎出此句，可谓大笔力矣。后联雄厚博大，觉翰墨之气如虹，犹足贯日，虽放翁中年诸作，未足相拟也。

巡抚安东县西北州郡途上口号

国分青厓

绥抚新开府，王师见远图。秋毫曾不犯，赤子有何辜。庠序宣仁义，山川拓莽芜。愿消烽火影，四海仰唐虞。

具波澜于整密中，存气格于精华外。超然拔萃，生面独开，而句句语语，一无虚设。读者辄知为民政厅员诗矣。

盖平战吾友大贯某奋斗死之赋此为吊

大矢梅洞

功名期凯旋，深入朔方天。蹴雪铁蹄乱，轰云雷炮连，嵩呼临死壮，革裹奉公全。降使今方至，招魂奠一篇。

秋水曰：措词劲健，命意彻底，尤见笔力，妙，妙！

我兵士气，临死不变。受伤后，或有匍匐号令者，有大呼万岁者，有走谒队长诀别者，"嵩呼"、"革裹"十字，何等壮烈，千载如生，某可以瞑矣。结句与起首暗为照应，使读者黯然。

杂感和北条鸥所

高岛九峰

所向皆风靡，敌如尘芥浮。边云迷绝壑，朔雪压危楼。檄已报新捷，笳犹吹古愁。凯旋应有日，行见六师休。

阔大其气象也，朗畅其声音也。"朔雪压危楼"，何其挺拔，"笳犹吹古愁"何其幽峭。鸥处本色，君皆夺而有之。此段唱和，鸥处亦不能披靡也。

闻海城捷报

久保青琴

边月冻无色，胡城立马看。感王空古寨，晾甲耸危峦。万壑寒光合，千林杀气攒。三军皆鼓勇，热血沥胸肝。

第三师团为第一军先锋，感王寨役，奋战破敌，而后敌之逆袭者，不止再三，士气益奋，能耐苦寒，其功伟矣。四十字，其艰其勇，一并叙到，可谓健笔凌空也。

送白岩通译官从军赴北地

田边碧堂

直将超北海，兵气一雄哉。春浪日边涌，晴帆霞际开。何人怀魏阙，诸将笑燕台。只恐和戎早，金缯使者来。

踏破汉山川，曾知侠少年。请缨初入幕，荷戟远临边。才岂舌人老，名应盲使传。平生有奇策，须献大营前。

种竹曰：前首雄骞宏壮，与李北地面目仿佛相似。后首则俊爽圆遒，殆近于查他山中年作。顾二家此等诗，自盛唐大家，获力犹多。吾辈平生所心向，亦在于兹矣。

碧堂五言，体气高妙，格律深稳。锵然而玉应，盎然而春温，于施虞山为近，而时或雄骞，时或圆遒，着手成春，是所以其霸一方也。前首前联切其地，后首后联切其人。

三月廿五日偶成此日予二十九初度

野口宁斋

一啸书楼晓，东风满帝城。春先三日丽，阴历二月二十九日。人后百花生。斫地王郎舞，忧天杞国情。朅来哀雁急，对酒气难平。

霜关风肃肃，玄海水浪浪。转战干戈苦，折冲樽俎忙。保安何所警，御侮或传狂。昨夜观星象，旄头微有芒。

种竹曰：一喜一忧，一俯一仰，中自有欲抑不可之者，宜矣有此叹咏。前首以意趣胜，后首以体势胜，“保安”一联，语有关系，牢不可动，妙甚。

枫桥曰：气魄牢骚，音节苍凉，直入人心脾中，今日之事，衷心难平，余亦有句云：“慷慨逢人说奈何，满城风雨落花多。”今诵高作，感伤更深。

送人入营

杉下耕云

国家多事际，男子策功名。定远方投笔，终军久请缨。千兵千里入，一死一毛轻。足使懦夫起，古人今入营。

君于飞人中，别裁体格，颇具跌宕之致。“千兵千里入，一死一毛轻”，层叠同字，不失纤细，“古人今入营”，句遥承“国家多事际”句，便饶意态，“定远”、“终军”，活对亦妙。

送人之台湾

斋藤栗堂

鹏运图南志，沧溟万里波。危楼运气恶，大泽瘴烟多。壮士军中舞，蛮姬马上歌。片帆从此去，慷慨意如何。

天兵如破竹，万马陟岧峣。黄雾蛇悬树，黑风鲸卷潮。星低南极近，海阔北辰遥。应拓大荒外，归来翊圣朝。

郑森所据之地，天兵重下，快事何以比之。诗如天风海水，沧沧浪浪，足以推倒一世豪杰矣。前首五六，学吴梅村《滇池铙吹》，用之台湾，自然切实。

明治二十八年三月平安神宫构造全成十五日奉安桓武帝灵位时征清之师海陆大捷振古未有之伟勋千载一时之盛典恰同其时诚是幽显齐欢人神同抃恭赋小诗以纪盛事

小野湖山

千古平安地，平安宫始成。圣朝追远典，群姓奉崇情。金碧相辉映，山河亦显荣。威灵及殊域，岂啻镇东瀛。

有一未曾之事，更有一未曾之事。执笔者咏一未曾之事，已不容易，况合写二未曾之事乎！先生乃闲闲构思，以二未曾之事，纳四十字中，不短不长，不古不新，是真可称未曾有之诗矣。因记明治十年九月廿三日，皇子降诞，廿四日，鹿儿岛捷报至，家君喜赋云："奏捷飞书似有期，国家庆事万人知。天降龙种日维吉，地熄狼烟时未迟。振旅船应横紫海，呈祥云已蔼丹墀。他年若值定储节，文德武功承丕基。"亦合写二未曾之事。虽五七同其体，作法恰合，故牵连附记云。

卷五

五言长律

九月十三日皇上移跸广岛行营遥督海表军政恭纪廿四韵[①]

依田学海

恕轩曰：开口先喝起天日，次以万国，趁势叙出。眼光笔力并高；至尊英风，须眉举动，笔力千钧；堂堂正正，如武侯始出祁山，梅潭翁

① 诗见第一部分依田学海。

恐甘受巾帼。呵呵！

先生体大思精，笼罩万有，渊渊乎有本，浩浩乎不穷，无所不能，无所不为，二百四十言，仍以意气胜，滔滔而下，读者唯见笔路之条达，几乎忘句句是排偶文字也。何等老乎！

闻我兵陷平壤不堪欢喜乃赋五言长律一篇以纪之

小室屈山

神州君子国，亚细主连盟。高义扶孤弱，崇文启楚荆。富强吾所任，顽戆彼何情。敢以犬羊卒，欲当虎龙兵。艨艟冲浪走，炮炮震天轰。丰岛朝沉舰，牙山夜斫营。满邱鲜血碧，蔽海伏尸横。既见圣纶发，旋闻大纛征。山河彩云丽，日月锦旗明。冠佩公卿扈，壶浆父老迎。神筹帷幄密，妙算部曹成。乃渡大同水，直冲平壤城。飙驰三道逼，电击万军惊。马毙弹丸影，头飞剑戟声。委沙雕兽盾，仆地画龙旌。意气吞胡羯，风云睨满清。凯旋宁在远，攻略复谁争。闻此不堪喜，且斟三大觥。

江河一泻，乃征其才，光焰万丈，悉由于气。举出师颠末，平壤大捷，系之于十八韵中，可谓手快矣。“马毙弹丸影，头飞剑戟声。委沙雕兽盾，仆地画龙旌”，四句写血战之状，笔笔淋漓，腥风满纸。

第四旅团兵日试野营练习为出师准备赋此书感

生驹旭轩

大野连传鼓角声，声声嘹喨异生平。水涯山阻拟坚垒，夕露晨风戍古营。飒爽武夫欣赴役，殷勤黎庶犒从征。为仁取义是天性，扶弱挫强原国情。一击海洋沉巨舰，更围平壤破孱兵。笑他军旅法规乱，仰此师团号令明。天佑渠才知胜败，庙谟我豫判输赢。貔貅来日远征后，期得北京城下盟。

旅团长伏见宫殿下，以金昭玉粹之质，际烽散燧飞之会。乃试野习，乃练士气，闻旅团上容城湾，殿下徒步雪中，与卒伍艰苦。一军感动,为愿死,旅团一战破敌者,实殿下忠勇慈仁致之也。此诗天骨开张,无缔句绘章之习,而旅团骁勇,活现纸上,以七言长律出之,尤属难得。

甲午十一月三日恭赋三十韵

冈本随轩

列祖开浑沌,扶桑发暗瞢。邦基原有异,帝道孰能同。不拔金瓯固,联绵宝绪隆。惟皇宽法令,率土力农工。顺则人怀璞,敷文世启蒙。恩威逢主圣,献替见臣忠。条约遐方睦,交盟累译通。咸知仓廪实,屡奏讼廷空。久矣攘边寇,宜哉绝内讧。乂安犹铸剑,缵治已櫜弓。问罪济他厄,出师惩彼懵。折冲要秘策,御侮在深衷。拯弱即义战,摧强称德攻。六军分上将,万乘统亢戎。奋进旌旗壮,长驱鼓角雄。咄嗟崩堡垒,容易碎艨艟。岂毋神呵护,应因国协崇。勇鏖如泄窦,酣斗似奔洪。敌立颠墙下,兵行破竹中。犬群惊盛势,蛛网散灵风。赫怒征幽朔,徽猷靖大东。宵衣寒凛凛,旰食热爞爞。化辑民心妥,时和岁谷丰。牙营列仪凤,翠纛肃宾鸿。地久欢呼溢,天长喜气融。苍鹰征伟兆,白鹤扫氛雺。建造维新业,恢弘旷古功。千秋真一遇,四表忽光充。

长律一体,自当以典雅庄重为主,此篇立意有则,缜密无遗,可谓能事毕矣。福井学圃喜为此体,动数百言,而篇法章法,概与古格合,与君才力,在难弟难兄之间。二妙联璧,谁能争之。

雪日十韵

城井锦原

飞丸是何物,飘霰打窗纱。入竹疏远密,带风横又斜。飘扬轻柳絮,缭乱散樱花。门外跫音绝,庭中夜色多。萧条蚕食叶,郭索蟹行沙。静可敲诗句,幽宜啜碗茶。楼低高卧客,壁素读书家。起坐吾多感,瞻望天一涯。王师讨胡虏,塞上急干戈。想见燕山战,血流红雪华。

君诗忽正忽奇，忽庄忽俳。稗史方言，皆可拦入，故长律一体，尚能纵横自在，不受拘束，起首突如来如，亦似飞丸扑窗，而此中已胎末尾王师讨虏一段。其不用力处，即用力过人处也。

乙未新岁纪事

冈本随轩

朔漠千山险，茫洋万里遥。鸟蹊通健马，鲸浪避轻桡。已有运输利，便知衣食饶。高城观积雪，大舰听新潮。剑戟排空耀，旌旄向旭飘。春云呈五色，岁盏启三朝。将卒忠斯显，天神鉴孔昭。东风皇化洽，水陆建铜标。

造格矜庄，润色闳丽，以“千山”、“万里”起，以下双关，无不如意。而以“水陆建铜标”束住，“将卒忠斯显，天神鉴孔昭”十字，清而又醇，质而能古，非熟唐诗者，不能至此境也。

乙未岁朝书怀一百二十韵

野口宁斋

孟阳群蛰振，三朔万机亨。朝旭曈昽影，晨鸡腷膊声。御沟流水暖，上苑早梅盈。鹭鹓班衮衮，剑佩响琤琤。望敞明莲丘，寒销散玉霙。霞气天中丽，椒香坐上萦。柳条青渐泄，草甲茁将崩。乐合平蛮拟，歌宜击壤赓。四千万黔首，二十八新正。海阔山阳道，云开大本营。我皇真睿武，与国固奸狞。劫忘虫沙化，军夸雀豹趟。鸡林先有乱，铜马哄于蝱。竖子思居货，乡丁密点兵。宵行驱鼓角，机发惊聋盲。百事皆牵制，盈廷被使令。安危呼吸迫，干羽后先行。诱导怜顽懦，扶持出悃诚。狼心何所戾，螳臂漫相争。惟此善怜谊，长推义战名。风音宣大诏，神庙荐牢牲。荡涤天将罄，膺惩计正成。谋臣齐管乐，死士尽韩彭。刀鞚忽然进，星芒讶有精。头颅嗟宿昔，髀肉叹平生。丰岛摧楼舰，牙山破战棚。艅艎伊我夺，羁縻笑他儜。败学重瞳楚，奔同一足跫。终朝云黯黪，即日水澄清。渔父江心钓，农夫谷口耕。六师随圣驾，九月纪亲征。丹扆金支出，朝阳白凤鸣。椒房陪众婕，春殿冠群英。拜送森严簿，仰瞻迢递程。嵩呼山献寿，华祝户扬旌。父老村村社，儿童处处黉。戍楼迎衮冕，仙药叶韶韺。秋迥飙轮壮，潮高蜃市晴。广陵笳警夜，严屿磬敲飕。形胜关河固，乾坤日月明。回头嗥虎豹，决眦闪欃枪。踊跃军皆健，腾骧骑是骍。卧何曾释甲，饿尚不呼庚。骤唱凉州曲，遥传赵女筝。败兵从啖撅，弱将聘嫱娙。诘且戈交戟，临风鼓和钲。水湾桥雾暗，羊角岛烟横。已是探囊鼠，仍争打劫秤。澜泥鲜血涩，废堞积尸平。禾黍围荒宇，乌鸢下坏甍。黑河流浩淼，黄海浪硼砰。俨若艨艟耸，殷然炮火轰。蛟宫看粉碎，鳅穴几撑振。虾蟹逃还慑，鱼龙惯亦惊。队旋旗鼓应，心一死生轻。驰骤雷车迅，簸掀地轴訇。焚樯何烈烈，溃舳忽镗镗。霞落飞孤鹜，鹰来掣老鲸。开毛磨铁爪，掉颈张冰睛。可以征祥瑞，奚劳置网纮。疮痍医肃慎，意气压蛮荆。貔子潮吞月，花园路满柽。指弹螟蛉散，肉薄鸽枭愺。扰扰戈终倒，皇皇弩莫抨。侏离烦鴃舌，细作劫游侦。群豕头同白，劳鱼尾自赪。楚伤和氏刖，齐怨郦生烹。歌记尝弹铗，功宁让请缨。誓天歼众虏，哭士类诸甥。辄觉仇将复，焉知敌未勍。虚声坚石壁，杀气遍山坪。呐喊中坚突，逡巡众自瞠。刀跳如此利，锋厉孰能撄。流血真漂杵，嚣声恰沸羹。折竿蛇旝偃，委地战袍猩。追北兜连铠，争光弟弃兄。六韬徒自读，万卒有谁坑。市上新屠狗，波间好墓茔。乡遥魂踯躅，巷狭骨支撑。雨火迷残鬼，风芦啸故笙。士心坚似铁，胡项翠如菁。乌合无军律，蜂屯肆掠搒。招安原恶少，新募或荒伧。帽掷袁耽博，刑残英布黥。椎牛红迸俎，压酒绿浮罂。白玉珊横佩，黄金戛满籝。跳梁欺弱小，呜咽夺嫈嫇。飞羽传连捷，恩纶博大荣。荒淫天所恶，跋扈运终倾。占吉覃王化，军悬仗国桢。大厅开议政，万岁唱称觥。朋党公私别，朝廷水火并。立谈钦果决，举国表忠贞。乾道求同气，坤舆有定评。壶浆千里犒，金帛众民擎。谣快童挥梃，机忙妇组绷。带书思听雁，扫穴愿鏖麖。自昔同雠事,由来敌忾情。毳衣输皓鹤,时节过黄橙。白发威荣壮,元戎划策呈。剑头炊玉粒,盾尾替陶泓。暖挟三军纩,醪分一夕酲。图排鹅鹳阵,吭扼凤皇城。列灶幽霾合,玄阴冻日晶。连山关突兀,分水岭峥嵘。却敌嗤樊哙,冲坚侣灌婴。眼看边塞地,竞作圣人氓。宽大谋完卵,清廉退献琼。穹庐冰十丈,篝火雪三更。柝木沉星斗,临榆急使伻。几时超渤海,不日得燕京。险垒膏涂拔,降王而缚迎。荒凉亡国感,觳觫下盟坛。奏凯归鞲隼,迁乔出谷莺。马盘肥苜蓿,境拓窜鼯鼪。元会皇欢浃,王廷石鼓铿。衣冠周礼乐,画像汉公卿。圣德超千古,天威震八纮。高丽颁宝剑,鞑靼锡朱缨。作颂何人是,春风洽大瀛。

种竹曰:缉事比类,洪纤靡不入辞。刷格选声,疾徐皆自中节。逐段而转,层叠铺叙,其致也,情曈昽而弥鲜,物昭晰而互进。左右逢源,用之不竭,妙骋心机,随方合圆,钩旨以植义,宏词以尽心。可见情经文纬,根茂膏沃,以尽开阖变化之妙,泛澜艺海,作手彬彬。虽世不乏人,人不乏语,其能握灵蛇之珠,抱荆山之玉者,吾今于宁斋见焉。盖自非有此人手笔,不以足纪述明治昌代之伟业也。韩昌黎《元和圣德诗》一篇,凡千有二十四字,古今称为钜制,用较此篇,虽事体稍殊,妙则一也。岂测千百年后,吾党亦出如潮州其人者,不觉一唱三叹。

菖水曰:一千二百言,运之者才,行之者气,洋洋洒洒,余味不尽。菊如澹人评之云:"虽陟泰华而见云霞峰喦之奇秀,泛溟渤而睹洪澜瑰宝之韡丽,未足喻其万一。"先获我意。近者读《日日新闻》所载某生《奉和凯旋四言百六十韵》,出师以后,大事可纪者,概皆写出,而开春而前,则逐段亭述,全学此篇,加之用事作句,亦与此篇相符,今举其最似者,叙东学起乱云:"鸡林有乱,骕集狂猖。竖子募货,乡丁磨铓。"叙大纛西下云:"九月亲征,六师军装。""麟舞丹扆,凤鸣朝阳。群贤列殿,众妃陪房。拜送严薄,仰瞻路傍。献寿嵩呼,祝旗树坊。""黉舍学童,莫不祝皇。戍营迎驾,乐叶宫商。"叙平壤伟勋云:"貔子月皓，花园露瀼。吹笳驰鹿，弹指散蚩。倒戈扰扰，抛弩伥伥。”叙旅顺大捷云：“大声破壁，杀气遍坪。”“流血漂杵，积尸成峥。黄龙幡仆，蠕蠓塞倾。将逃卒泣，弟亦弃兄。徒读六韬，谁敌神兵。”或云“韩朝黯黪，即日清凉”，或云“水湾雾暗，羊角烟雾”，或云“夫谣驮马，妇喜组绊，脱丑蛮俗，愿圣人氓”。读者试与此篇对照，则斧凿之痕，盖不待余言矣。其末段：“士引爵贺，农谣敲钲。工兮踏舞，商兮献羹。”四句一意，落想奇拔，似忠雅堂得意笔，而贯卿《击壤歌》“有士兮引爵贺，农兮击壤歌。工兮群熙熙，商兮舞傞傞”句，是祝大婚二十五年大典作也。某生所心规手摸可想矣。昔者有窃杨衡文登第者，衡见其人，盛怒曰：“‘一一鹤声飞上天’在否？”答曰：“此句知兄最惜，不敢偷。”衡笑曰：“犹可恕也。”不知贯卿亦能恕某生耶？抑又再论诗人德义耶？

卷六

七言律诗

闻朝鲜警书感寄示在谏诸子

谏早鹰城

边警俄传自朔方，侧身西望望茫茫。鸡林八道风云急，蛾贼十年草木荒。竹帛功名钦乃祖，戎轩子弟壮吾乡。他时期汝从军日，好去振衣千仞冈。

公远祖高城公，为龙造寺隆信从弟。羽柴秀吉伐岛津氏时，高城公辅隆信子政家，为其先锋，偶肥前西乡某有罪，秀吉使高城公攻之，代领其地。实北高来郡谏早也。征韩之役，高城公骁名超众，加藤清正聘以肥后玉名郡十五万石，高城公不应，众皆服义云：“呜呼，高城公之勇之义，炳焉史乘！”乡人说之者，无不眉扬。今公以“竹帛功名钦乃祖”，告子弟奖其策勋，事关鸡林，故切实稳当，辄入人耳，其作兴士气，岂仅少哉！顾甲戌荣城之变，急迫焦眉，公偶在海外，家君寄书乡人，说以大义，使终始无渝。宜轩先生诗云“西南乱寻生，细民负担避。手书寄乡闾，谕之以大义。举世称节操，或谓俨可畏。当其披胸襟，蔼然唯和气”是也。呜呼！以诗奖之，以书谕之，忠君忧国之情，君臣同轨，先后齐驱。高城公当莞尔地下矣。

感　兴

森槐南

玄兔云连鸭绿波，谩猜入室更操戈。可怜镜落花飞日，陡听青丝白马歌。满眼君臣空燕雀，谁家职贡此山河。替他整顿乾坤了，始信东方义愤多。

竹磎曰：出师高丽始末，五十六字包罗靡遗，信诗史也。“镜落花飞”是朝鲜开国时谶语，今王妃失势，戚畹窜逐，适以应之矣。少陵《洗兵马》云：“整顿乾坤济时了。”七句用此，非老手不能。

我代韩人，整顿乾坤，绝大勋业也。千万言记此，或未能尽之，而先生系之于“替他”二字，雷霆发荣，云霞焕采，笔力可扛千钧，梁大同中童谣云：“青丝白马寿阳来。”侯景作乱时，乘白马，青丝为辔，欲以应童谣。今借比东学作变也。

闻朝鲜变乱有作

大庭云心

汉家末路起黄巾，未见英雄策济民。争说贼君如破竹，将无天子或蒙尘。艨艟冲海风涛激，鼙鼓轰空云物瞋。他日谁挥黍离泪，兔青鸭绿故城春。

槐南曰：韩山警信日急，余曾有句云：“王风蔓草泪同沾，箕子山川日逼崦。”适以为今谶矣。兔青鸭绿，谁洒新亭对泣之泪者乎？

云心落笔粗豪，不假思索，然无字不经称量而出，盖一气旋转之，故无堆垛积塞之弊也。前半叙邻邦危急，慨当以慷，读了觉酒气沸腾，迸于十指间。裳川君戏题云心诗卷后云："剑气三分酒七分。"虽涉戏谑，真知言也。

闻朝鲜变寄某将校

八木泽鸥汀

六军意气早吞清，不战先知输与赢。旗帜连天悬朝旭，艨艟蔽海掣长鲸。三韩草木惨无色，八道山河碎有声。来日膺惩凤音出，长驱直至北京城。

剑气冲霄，意态雄爽。"惨"字、"碎"字，下笔有力，一句为之活动，韩退之所谓"六字寻常一字奇"是也。

游严岛得七律五首节一

松田学鸥

画里楼台霁色清，沧桑回首感还生。随皇土木遗模壮，箕子山川杀气横。当日豪华归梦幻，何人慷慨策功名。天风蓦地狂澜起，眼看艨艟作队行。

余闻严岛祠清盛，祠外以阁，俗呼曰"千叠敷"。秀吉征韩之日，会诸将于此处，有所筹划云，第五句先吊清盛，第六句暗带秀吉，以入时事。眼前妙语，无微不活，槐南先生云"有目送飞鸿之妙"，信哉！

送人之朝鲜

斋藤栗堂

中夜闻鸡忽大呼，慨慷投笔上征途。星低瀛海潮声壮，云尽长天雁影孤。家国兴亡关历数，书生勋业在菰芦。可怜鸭绿江头月，空照三韩旧版图。

雄心磊磊易蹉跎，阅尽沧桑感奈何。哲妇曾危唐社稷，黄巾终祸汉山河。江连大漠龙湫暗，路入空村虎迹多。万里此行须自重，酒间击筑一长歌。

才情姿肆，意态雄深。语之激，不讳径露。格之高，不嫌粗放。如闻登山之啸，如听临风之哭，想见落纸飒飒如飞之时也。

送栗本碧水

山内桂厓

长剑横腰秋气侵，送君慷慨赴鸡林。悲歌斫地壮行色，大笑激壶豪醉吟。朔漠妖星笳外落，关山明月篴中寻。盛京到日梅应冻，杨柳城头今夜心。

桂厓皭然不滓之怀，冲襟以旷，故其诗不炫才，不任气，一味温藉。有情之充者，“朔漠妖星”，非其本色，然“关山明月”一句，神韵悠然，优占一地。七八归到别宴，即“月落长安半夜钟”意也。

恭读宣战大诏

雄山牧村

满清亡状罪盈科，赫怒吾皇岂有他。谁与邻邦生祸乱，素期全局保平和。神州讵少貔貅士，渤海乍扬鲸鳄波。宣战天言如皦日，怜看黩武弄干戈。

岐山曰：贯穿精绝，语有斤两，盖题目既大，势不得不小心就之也。

我皇法天行健，一日万几，大诏赫赫，真如皎日，拜读者感愤兴起，无不愿敌王所忾。余又读爱亲觉罗氏宣战诏者，言言没理，语语失真，以非为是，以曲为正。“怜渠黩武弄干戈”句，正其铁案也。余知总理衙门诸臣读此诗，则面必发赤如火也。

感秋咏意分韵

向山黄村

英雄豪杰等蚊蝇，城郭山川几废兴。一世浮名何足博，秋风逸兴转堪乘。谁知天下杜苟鹤，我慕江东张季鹰。肉食从今渐多事，履霜且要戒坚冰。

翁诗舒写性情，天真烂漫，不必炫辞章之精，而对偶自严，如“张季鹰”、“杜荀鹤”是也。不必矜组织之细，而针线自密，如中联隔句相应是也。至“英雄豪杰”二句，则气象阔大，摅列虎豹龙蛇等字面，以为豪健者，真可抹倒。《淮南子》曰：“若转丸手中，以自乐。”庶几壮君诗乎？

送某大尉行箕封①

岩溪裳川

槐南曰：格老气苍，插入《秋兴八首》中，亦当居为最上。此种诗，作者平生所无，今诵五十六字，始信其才大无所不包也。

君七律，天授神诣，造绝穷微，其意至笔随者，亦能气格浑成。五十六字，无些懈怠，此种壮语，如出别手。而其中一意贯通，不失本色，是为可贵。其寄青厓四律，槐南先生推其“气苍莽，力遒劲，格雄健，调悲壮”。起句如“荒城白日古幽州，鼓角声沉惨淡秋”，“男儿壮志是蓬桑，剑气秋横百战场”；中联如“烽前城塞朔云黑，笛里关山边月黄”，“如此山河谁割据，知无天地出英雄”；结句如“要见北征新乐府，五花汗血马龙骧”，“歌颂新颁鸭江绿，如天帝德如嵩呼”，皆自铸伟词，虽非当行，余不疑其必传也。

寄一户中佐在朝鲜

斋藤栗堂

铁骑长驱入不毛，风云顾眄拥千旄。燕都城郭三更月，渤海艨艟万里涛。紫塞天寒鹏影迅，黄河日落雁声高。思君夜夜篝灯下，笑踞胡床阅豹韬。

---

①　诗见第一部分岩溪晋。

种竹曰：昔人论诗云："剑气七分，珠光三分。"兹篇当不愧其称，然予则更下一转语云："吴调七分，元调三分。"此遗山沉雄，梅村绝丽，合为一手，方有这种风格。栗堂近日造诣精到，固足以使庸流俗手瞠若于后也。

中佐，第五师团骁将也，从大岛混成旅团长，入朝鲜，平壤役为前卫司令官，奋战有功，后转参谋，进联队长，令闻遍军中。此篇以中佐风云顾盼之概，寓之于苍茫之景。鹏影、雁声，正从中佐耳中眼中写出也。闻中佐筹略最精，其在陆军大学校时，外人称为良参谋官。读至"笑踞胡床阅豹韬"句，特觉其切实不可移易矣。

甲午九月奉拜车驾亲征感激之余恭赋七律八章兼寄怀随銮锦山槐南二先生

大久保湘南

六辔骖鸾万里翱，凤凰宫阙五云高。本朝天子颁鸿诏，昨日将军赐节刀。雨露恩覃箕子国，鱼龙气压伍胥涛。宏猷振古无辞颂，载笔词臣泪满袍。

万岁声中辇路遥，岳莲仙掌揖丹霄。秋清鹤唳来三岛，日丽鸾音和九韶。神后亲征天赫赫，猿郎遗迹草萧萧。双鱼城郭铙歌壮，猛士如云惨不骄。

行宫明月也关情，兵库津头碧浪平。玉宇高寒蟾魄湿，秋旻寥廓雁程横。白河衰草霜无色，黄海雄风潮有声。想得万家砧杵绝，北京城是受降城。

锦旗晴卷海云头，莽苍风烟安艺州。仙岛龙蛇纷漾日，丽谯笳鼓凛生秋。辕门谁草愈风檄，军国亲容借箸谋。试上戍楼瞻北极，满天灏气夜悠悠。

阎巷儿童唱凯旋，凤池令史笔如椽。友邦肯借调和力，皇帝亲持将帅权。一发风云制机早，三军士卒勒功全。汗青炳耀千秋后，长记明治甲午年。

锦山曰：湘南容貌，清秀如美女子，而其挥诗笔，立坛坫，才力纵横，八面辟易。坚阵莫不拔，高垒莫不摩。余私称湘南曰："诗中木村长门也。"本题八首，雄浑隽丽，不使娄水铙歌专美。他日王师凯旋，为湘南者，宜赋《洗兵马》以进献大营，为诗人吐气，果如何哉？

婉丽以陈词，隽永以归趣。鸾驾出城也，铙歌载道也，行宫观月，大纛连云也，次第分明，更以椽笔勒功，归重题位，恍乎临蓬山而俯瞰阆苑。深远郁然，如雨露鱼龙，仙道丽谯，吴谷人亦将避三舍矣。

送森槐南扈驾赴于大本营[①]

岩溪裳川

一意白描，以传其神，非解人则不能知其趣。前联十四字，君一改再窜，三更四订，或为尤韵，或为文韵，久之此篇出焉。捶字结韵，备极精审，竟觉尤韵文韵之不能及。苦哉君吟，炼哉君句！东郭次韵云："决起从军椽笔携，铙歌一曲好堪题。关河历落上游地，云月苍茫中夜鸡。胡马风尘生绝塞，天家斧钺出明奎。秋晴想见牙营外，无数旌旗拂彩霓。"

古中秋墨上步月有感

辻泽菖水

碧云明月一天辉，今夜中秋星亦稀。凉露如流虫欲语，大江东去鹊南飞。征人万里定横槊，思妇千门空捣衣。拟与嫦娥较清影，桂花香里坐苔矶。

此夜提君访露伴于寺岛村居，絮谈欢甚，归上长堤，则东方先白，大月出焉。树影在地，江流不尽，虫声起左右，快不可言。谈偶及征清之师，偶然感兴，君先赋此诗，清秀之中，情思缠绵，且行且吟，和云："流水漫漫扬素辉，月明记我月依稀。檀君山上欃枪闪，箕子庙前

① 诗见第一部分岩溪晋。

烽燧飞。今夜长江谁饮马，西风两岸飒吹衣。征清将士休回首，砧杵无声冷石矶。”至双枕桥，则微云点缀，月已收明，殆如送我两人至此者，未知露伴后兴何如。

车驾亲征进营广岛某拜观卤簿恭纪盛事

新田柑园

扬扬旌旆下天宫，五色云蒸辇路中。周室君臣忧国切，汉家将相运筹雄。箕封重拜朝阳日，禹域终归荆棘丛。想见大营行奏捷，龙颜咫尺策勋功。

柑园应聘赴苇城，已经三年，而才与学进，虽所作不多，作则意沉挚，辞警拔，时有骇心而怵目者。此篇则敛才而雅，具学而稳。闻广陵进营后一日，平壤捷报至，我皇嘉之曰："朕进本营，乃接捷音，深察将士勤苦，嘉其奏殊勋。"末句暗中摸索，偶与其事相符，可谓开嘉占矣。

车驾过尾道臣辰拜伏路旁仰瞻盛仪恭赋七律一章

片山芳湾

征清诏下震山河，旋拜今朝大纛过。瑞气满空天日丽，翠华一道玉銮和。我皇睿武真无匹，举国忠诚岂有他。惟此膺惩事终后，胡人亦合浴恩波。

芳湾才气俊爽，风度翩翩，诗不专学古人，自有穷力追新之妙。后联绝好雅颂。

读《平壤战纪》

寺岛翠峰

风露凄凄画角残，秋高一夜坐更阑。阵中气喜鹰扬快，垒后险知鱼贯难。平壤城高幡影白，大同江阔练光寒。敌军咫尺良宵月，百万征人横槊看。

九月十五日平壤陷，前一夕，即阴历中秋也。金风玉露，素影分明，我军将士，或横槊赋诗，或击节诵古句，兵气大振，今以鹰扬鱼贯，并写作战之艰，幡影练光，皆于月中描出。当时光景，宛然如见，而自然悲壮处，所谓浑灏流转之致者，相距不远也。

闻鸡林捷报有感①

岩溪裳川

种竹曰：锦旗一临，丑虏四散，八公草木，淝水风鹤，不啻也。此二律极写水陆败绩之状，咄咄逼真，殆似耳提而目击者，予《浪华城怀古》一联云："大家豚犬怜儿辈，北内风云属女流。"此纪丰家末造孤寡乱政治事，与后首衣冠有泪二句，约略相似，今而思之，以移咏清廷之母后弱帝，则更觉活切也。

前首我之胜也，后首彼之败也。败者一时失机，束手无策，在彼言之，则老臣空洒新亭之泪，天子将行青城之酒者，故云"欲教社稷殉功臣"。造语奇僻，瓯北殆无颜色。昔人"文章殉人酒殉己"句，不足数也。胜者敌忾之情，及于儿童，唱铙歌，斩孱兵，以为游戏。闻彼土小儿，亦以兵为戏，队伍整整，进退有方，忽一人呼曰"和人来，和人来"，众乃十三为常，其畏我不啻张辽止啼也。觉罗氏末运，噫可怜哉！

送相良生从军

横山黄木

出门一笑马蹄轻，万里戎轩事远征。大白当头烂如月，惊沙扑面利于兵。据鞍草檄风云气，横槊吟诗金石声。自是文章千古业，麒麟未必画功名。

晴澜曰：一气盘空而下，所谓"大字摩崖，振袂千仞"乎。大白当

① 诗见第一部分岩溪晋《闻平壤捷再接黄海大捷报》、《读〈申报〉有感》。

头一联，使晴澜辈之心魂，荡乎天外也，必传句自如此。

或称秦树峰云："如鹰隼横空，飞而食肉。"此语可移称评黄木为人，并可以评其诗句矣。闻海南论诗绝句评黄木云："挂弓我有射雕心，谁和从军出塞吟。"可谓绝好月旦。

纽育客舍偶成

土屋大梦

蓬瀛万里梦魂劳，闻道风尘忽绎骚。皇帝堂堂宣风诏，将军落落带龙刀。朔方天地版图大，日本男儿意气豪。最喜今朝传快报，清廷怒夺老臣袍。

大梦最精庄子，又参禅于圆觉寺，襟怀洒脱，不可以常规拘之。其诗纵击其音，矫捷其态，盖以气行之者也。前年游亚米利加，与碧胪拳毛者，往复乎锱铢之间，而韵语时出焉，亦在尘中而不为尘滓所染者也。此篇偶接快报，铺张一番，其句天成，非关削琢。余谓海外万里，鴃舌纷纷，非但能言人不可得，正索解言人，亦不可得，大梦无聊，可想象也。

外征二首次香山黄村韵

本多天放

外征要务在知情，休说中间一水横。土俗千秋仰先圣，士心百郡慕亡明。欧人虎视非闲事，鲁国鸱张不远程。我亦长城思饮马，白头空望朔云清。

外征军事甚关情，想见战云韩海横。天入遥青孤岛灭，风摇大白一星明。谁来告我月三捷，欲往从之途万程。杳杳轩辕台上雪，并看如席素旗清。

君诗挚性渊邃，真力弥漫，意取其厚，词取其稳。而豪气，而壮志，不愧黄村翁所称"吾生若使十年少，欲荷干戈击满清"矣。"外征要务在知情"一句，陡然而起，军事之艰，外交之难，具有此中，老成人语，自有远虑。偶有报，五月十日诏敕大意云：鲁、独、佛三国以为辽东为本邦所领，非东洋百年之际也，交相切偲，故命有司还附之于清国。呜呼！“欧人虎视非闲事，鲁国鸱张不远程”者，谁不续泪以血乎？

次亲章韵

本多玄谷

大纛堂堂下广洲，宵衣旰食未曾休。海连峨舰千樯影，山拥行营万幕秋。尺一新降征讨诏，六师争赴国家忧。可知扬武固天意，震动支那四百州。

君老而矍铄，关心时局，所作识见超迈，慨乎言之，如短古诸篇，盖亦老杜遗音也。此诗律细意深，文质相宜，正变迭奏，东坡云：“大凡作文，要使气象峥嵘，五色绚烂，渐老渐熟，乃造平淡。”君诗境亦复如是耳。

纪　事

宫尾竹亩

貔貅百万向鸡林，帷幄最思筹策深。我正鹰扬扶小弱，谁能虎视欲侵寻。云迎铁马明旌旆，月照军营肃鼓金。公道相持无敌者，靡然草木总萧森。

我正鹰扬，谁能虎视，一语破天荒，足振聩而发聋。

拟从军作

斋藤积翠

悬军万里前无敌，勃勃雄心天可冲。流血大同涨如海，积尸平壤屹于峰。风云渐敛韩分野，霹雳将飞燕旧封。蹂躏羯胡州四百，北京城上马如龙。

磊落之气，迸出笔端，有芥视岱宗，斗量沧海之致。或谓：积翠时有村野气风，余不信也。

拟从军作

若山江村

貔貅十万势纵横，天地谁能敌我兵。岧崿深山驱虎豹，淼茫碧海挚长鲸。宝刀晓冷霜余影，铁笛秋高月下声。饮马大同江水去，一鞭遥指九连城。

貔貅与猛虎长鲸，妙有关系，而以饮马结之，更见其巧。江村《中秋》一联云："筐底剑鸣龙气冷，城头霜落雁声寒。"亦堪讽诵。

奉寄含雪山县将军在九连城

高田梅南

去督雄师重庙谟，居然意气压羌胡。月前秋肃古城垒，帐下政宽新版图。笳响将军鞭白马，云开江水接玄菟。伟勋豫识金鸡粲，奏凯何时归帝都。

以白马将军对玄菟郡，用古超越寻常，而免租抚民，下令诫帅，宽严并行，足见将军威望遍布内外。闻军中酒铺，有欲居奇货者，将军命闭之，其严如此。"月前秋肃古城垒"句，可谓切将军为人矣。

秋　感

高岛篷川

西风草白马肥时，梦跨连钱边塞驰。匣里老龙鸣不止，镜中影鹤瘦如斯。早知今日请缨易，何悔十年磨剑迟。休道书生无血性，振衣去谒武尊祠。

篷川下笔遒深劲绝，所谓骋老骥于千里，倘欲与之齐足并驰，得乎？不知者皆以为少年才子，宜哉！

相逢是异乡。

君诗笔飘逸，不可以寻常法度窥之。此首却雄整工稳。太近钱受之，会长得此佳赠，必掀髯一笑云"不敢当"。

寄人在朔北

釜泽桥北

被酒高歌对月明，想君诗思不胜清。数行过雁云千里，一曲悲笳夜几更。横槊辕门无限感，裹尸马革可怜生。敌王所慨惟知战，男子不求身后名。

不求名而名传，男子可贵在此。第三句用不识庵诗中语，最妙。

海楼送别

清永秋村

散发高歌风满棂，送君此去入沧溟。雄心一剑鬓仍绿，侠骨三边山自青。北望旌旗连朔漠，东来鼓角激雷霆。明朝酒醒人安在，浦上宾鸿和笛听。

出语清超，无激烈噍杀之音，丰人出色在此。

秋　兴

阪田听冰

不动如山疾似风，将才想见古英雄。莽涛夜卷鱼龙走，高垒月低烽火红。峨舰千樯扼辽左，大旗十月满关东。国威自是震天地，创业终推马上功。

野战当年博大名，应知意气压胡清。草帽霜紧芦笳月，雁背秋高斗柄明。壮士月前齐按剑，将军马上独巡营。何当肉薄顺天府，唾取燕云树旭旌。

魏文帝曰："文以意为主，以气为辅，以词为卫。"诗亦然。一意百炼，运之以气，饰之以词，此为上乘，三首词隽气充，灿烂者光，铿锵者韵，而用意之周到，最为可见。余请以凤雏出壳品之。

甲午天长节

小野梅村

佳节今年胜去年，朔方万里我军悬，艨艟破浪冲威海，旗帜连云压奉天。鸭绿江寒兵气壮，鹅黄酒美圣恩传。料知来日新正宴，好听燕京奏凯旋。

梅村前年欲入海军兵学黉，以身不健不果，有诗云："怜个病躯无所用，千秋恨事不为兵。"其人可想也。故其诗激昂纵逸，可快人目。"鸭绿"、"鹅黄"十四字，匠心自细，得咸宜园真诀。

小病书怀

横川唐阳

药气蓬蓬罩冷帏，中宵梦醒思依依。满阶木叶月初堕，破壁秋灯风四围。客路光阴空复病，吾徒骨相不须肥。征清将士关心久，雪苦霜酸冷铁衣。

唐阳诗以清新刻削、幽峭酸寒为主，而一意往复，不断如缕，致意于章法者转深，此种题目，最适其诗风，宜其神似两当轩主之甚也。君前日补三等军医，受命从军，雪苦霜酸，切望其摄养不怠也。余送别诗云："想见诗成气象雄，一枝刀匕去从戎。关河莽莽千屯月，草木萧萧万马风。鸿雪因缘吾未了，烟霞痼疾汝相同。他时梦落燕山下，旌旆连天十字红。"

十一月六日金州陷清兵走旅顺我队追击至南华岭翌十七日大连湾和尚岛炮台皆归我有赋之志快

三谷畊云

天戈已破几金汤，又取东关意气扬。边塞晨霜鞋欲冻，戍楼夜月剑生芒。神兵忽度南华岭，虏舰遥逃北海洋。借问中堂有何计，清廷此日只仓皇。

南华岭一称难过岭，而神兵一越，如废物去，敌中胆落可知矣。前联阵中实况，笔笔活动，中尉又有句云："耸空和尚山如笑，仗剑金州城下来。斩将搴旗，意气昂然，非骈红俪白之流可望也。"

将赴广陵赋此留别

手岛秋水

西望风云漠漠阴，广陵千里锦旗临。天高铁马夜嘶月，霜紧塞鸿秋促砧。国士经纶原缜密，羽林剑戟自严森。诗人要献征清颂，不负平生一片心。

大纛西下，士气倍扬。二联写来，亦复缜密，七八归到自家，真得其体。余戏送其行云："议员召集感何如，千里广陵乘副车。月出日支山一角，新人空守小蜗庐。"秋水含笑不言。

杂　感

服部担风

海天谁划大鸿沟，百万兵临四百州。风卷碛沙胡骑走，云沉篝火角声愁。梦中意气傲边塞，手里剑铓腾斗牛。坐啸书生何限感，故山落木送穷秋。

担风诗风骨清苍，如千金铁马，腾溪注涧，无所不宜。几乎何阑士一流人。而其清而能绮，如隋苑观剪彩花者，自属别格，世君于皮肉之外矣。

秋　兴

池田贯堂

天骄一夜动边兵，八道山河羽檄惊。雁至王师秋渡海，风回仙纛晓临营。沧溟浩荡鱼龙避，碧落穹隆日月明。瞻望西方多气象，五云缥缈广陵城。

体格高妙，气势沉雄。高故不疏笨，沉故不纵态。敛才就范，其成器可期也。

寄怀铃木海军少尉

田边松坡

关山明月照船头，磊落男儿剑舞秋。黄海云涛供叱咤，白河冰雪岂思忧。霸图今灭辽燕地，王气东来四百州。莫向长风歌出塞，波间有物哭啾啾。

松坡此诗，系客年所作。少尉时在旅顺口，既威海卫战急，少尉乘水雷艇从军，偶于二月初四《日本新闻》登载此诗，种竹君评曰："遒迅扑刺，多自使气，五陵侠客，三河少年，亦当避三舍。若以冰川所云跌宕格拟之，则骇俗一品，约略相近。"读者皆云，其诗何劲，其评何确。而少尉实以此夜入威海湾中，雷击敌舰定远号，艇偶坐礁，少尉为弹所震，失脚入水，笑云："死于弹，不如死于水也。"呜呼逝矣。松坡得报，叹曰："少尉死日，我诗偶出，殆似有宿缘。而'波间有物哭啾啾'一句，怪癖幽冥，今而思之，非佳谶也。虽我不杀少尉，我负少尉者多矣。"欷歔久之，一段因缘，可补古人诗话，乃爰录代评语云。

青厓山人将赴朔方第一军幕以十一月十一日来于广陵余同锦门仙吏把臂一笑欢甚乃共饯饮旗亭率赋七律二章为赆①

森槐南

种竹曰：槐南诗，临题设想，完粹活切，而剪裁之精，纂组之妙，丽典新声，左右萦抽，源源乎不尽矣。譬犹楚人治玉，因方为珪，遇圆为璧，莫一不如志，何等自在。第一首云"平生座啸压曹刘"，不知三君

---

① 诗见第一部分森槐南。

子，孰为曹子建，孰为刘公干，末句所称“终合英雄是仲谋”，盖亦夫子自道焉耳。

先生七律，丰赡其姿，雄秀其骨，有驱云卷涛之气，无剑拔弩张之迹。二首全学梅村，而梅村《送陇右道吴赞皇之任》、《送杨犹龙学士按察山西》、《送王孝源备兵山西》、《送同年江右朱遂初宪副固原》等诸作，未能辄先一鞭。邵青门谓“宋绵洋诗，含吐酝藉，标格隽上，如良玉之温润缜栗，而精采四映也”，亦足以评此诗矣。前首第二句“曹刘”盖指蜀魏，“酒国三分”句，可以征也。第八句谓青厓，“掀髯大笑”句，可以征也。聊为注明。

闻侄四宫中尉从军聊以宝刀一口附以此诗

井上绚堂

何以送之千里行，膺惩今日赋征清。风涛渤海鱼龙跃，云雾韩山虎豹惊。只好功名期竹帛，素知意气抵干城。请看三尺传家剑，夜夜床头鸣有声。

裳川曰：一意奔注，字字欲动。而其情生于文乎？其文生于情乎？我不能得而判之，其文字之雄壮，与其情之真挚，共觉活跳于纸上。

绚堂与裳川君善，故其诗才情风发，一片天真，舒写性情，牢笼物态，全学小仓山人笔法，其学山人者，即所以裳川君激赏不措也。

寄怀旧藩主海军大尉小笠原公在军舰高千穗

田边松坡

烽火远连西海涯，英雄得意剑先知。一天雷电鱼龙泣，八道山河草木悲。鹤唳风声寒敌胆，朔云边月肃王师。辽东霸气今消尽，中国衣冠复古时。

峨舰如城压战场，长风万里势腾骧。蛟龙窟破百灵窜，鱼鸟阵开双翼张。烁电闪空惊海岳，奔雷震水覆金汤。千秋遗憾不鏖敌，回首西天呼夕阳。

种竹曰:先积精思,因神王而发之。每首瑰杰俊亮,惊迈绝俗,昧者以为有腐语而无灵心,是一隅之见,未足轻重作者也。

大尉父明山,德川氏末为阁老,治内政,修外交,其功称伟。维新后隐居自乐,使大尉列军籍,大尉亦慨纨绔子弟之无为,乃孜孜从其职,令闻频传,为唐津人之荣多矣。松坡为其旧臣,故其寄怀文字,与淞村五律,同其作法,而其色苍苍尔,其声落落尔,具山川菁郁浩荡之气,可以追踪七子者,则不得不推专门家为出色也。

平安道上作

国分青厓

晓出关门万古情,云山历乱眼双明。清霜断角黄龙塞,老树高秋白马城。日落星芒生杀气,天寒河水带边声。箭门岭上一回首,倚剑何人赋《北征》。

君投班超之笔,着祖逖之鞭,摅书生之丹心,酧英杰之毅魄,其所作风驰雨骤,电激雷征,见者瞠焉而却走。《义州城》云:"九秋风露胡笳壮,万里关山战马屯。"《呈芽城将军》云:"朔云幂幂寒低戍,边月荒荒夜照营。"与此首二联,皆必传文字也。

朴君泳孝就官惠书赋此却寄

门胁黄鼎

江湖漂泊十年忧,今日皇恩赐紫骝。台阁辄持新玉笏,邦家渐复古金瓯。赠袍于我有深谊,借箸知君策远筹。翻忆才人泉下恨,中兴空负策勋秋云金君玉均。

瓠船际会风云,渐伸其志,而扬扬得意,负众人所期者不少,若其追怀旧事,忆泉下故人,则宜日三省以成素志耳。黄鼎于瓠船,有赠袍之谊,故丁宁反复,颂中带规,"辄"字"渐"字,皆不苟之笔也。七八俯仰低徊,使人黯然。

观俘虏有感

渡边牧野

短衣窄袖发丝丝，几度沧桑华发夷。亡国感深诗赋出，他乡梦醒涕泪垂。秋高东海受降日，地阔中原走马时。一视同仁千古义，圣恩优渥汝应知。

我国待俘之法，仁慈宽大。俘虏怀恩，其或转送外地者，皆惜别护卫将士，所谓融风翕习，八纮钦于大顺者。后联意在言外，一结归到圣恩优渥，最为得体。

闻日吉原二法兄

寺岛翠峰

杖锡飘然千里飞，桑门今日赞皇威。朔方风雪禅衣冷，僚佐山川利剑辉。虎帐讲经过半夜，苔碑荐藻立斜晖。羡君出入死生地，满目烟尘尚未归。

前者，诸宗门僧侣，渡海从军，无事则说教讲经，有事则瘗骨招魂，其为功德不少。后联十四字，叙述亲切，尽其辛勤状态，使人感动。清人画报云，一遇开仗，即于事后，大建醮坛，讽经作法，收召亡魂，特恐倭军全军尽覆。该僧且不知死处，遑问其他，是真梦中说梦者，使弥陀利剑斩其迷心，则或可以顿悟其顽迷也欤？呵呵。

秋　兴

久保天心

西风满地夜萧条，一望无边北斗遥。塞外征人皆倚剑，芦中穷士独吹箫。江湖梦醒千鸿警，苜蓿秋高万马骄。想见胡儿胆先落，东来飞将是嫖姚。

陇上阴云郁未开，秋风立马此高台。夕阳旷野残鸦集，落木空城一雁来。北地羌胡真怯矣，大瀛将士本雄哉。壮心倾尽百杯酒，又向阵头歌莫哀。

此诗原十二首，无音不亮，无思不沉，无骨不劲，足以鼓吹休明，足以驰骋一时。“西风满地”一首，最极矫矫不群之致，得力于黄汉镛者不少。

晚秋即事

长谷川三岳

捷报频传阃外兵，半宵酒醒睡难成。枯林月写戈矛影，落叶风传鼙鼓声。涛壮秋光生绝海，天高月色洒空城。微臣未拜远征命，匣底龙泉锵自鸣。

后联苍凉，第二军战后光景，捉住于秋光月色中，而以眼中影耳中声导之。前联纤细之至，巧虽用深，终输一筹于后联。然梅圣俞语欧阳公曰：“此非我之极致，岂公偶自得于其间耶。”作者亦将有与圣俞同感者乎？

失　题

横山黄木

箕子山川胡马尘，衣冠旧国久沉沦。劫余天地饥鸡犬，战后风云泣鬼神。袍笏貂蝉皆白面，萑苻冠盗即黄巾。扶持残局知谁在，曾是秦庭号泣人。

盈廷白面，举国黄巾，鸡林事局，变态无常，固由其中无人，漫相阋墙也。噫！迁延日久，群议蜂起，或矜意气，或图便私，既无切中窾要之论，亦无忠公体国之心，时事如此，良可长叹。余追怀古筠之什，亦道及此意。而不及此篇铿奇磊落。卓然名家者远矣。“秦庭号泣人”，盖道指朴瓠船也。

寄怀佐藤海军大将在赤城舰

日向竹君

水犀百万气鹰扬，肝胆轮囷掩八荒。惊浪声奔风飒爽，危樯影耸月凄凉。鸿毛一死酬皇泽，竹帛殊功期国殇。此夜怀君多感慨，高歌倚剑海天霜。

黄海役，赤城舰苦战甚力，舰长阪本少佐死之，时午下一时廿五分也。航海长佐藤大尉代督战，偶敌舰来远、致远、广甲三面来逼，柁机已损，大樯亦仆。大尉命树军舰旗于前樯，转柁南去，发舰尾诸炮应战。二时十五分，流丸创大尉，大尉使松冈大尉代督战，廿三分施治才了，头施绷带，再上舰桥督战，士气益振。舰之伟勋，出大尉力者居多，其归泊长崎时，士民欢迎舰中将士于诹访公园，大尉裹疮赴焉，见者想其功，拍手喝采，一路不断。噫！可以为荣也。若夫风吹惊浪，月照危樯之时，大尉读此诗，俯仰叹息，当不胜海天倚剑之慨矣。

阵　中

国分青厓

铁鞭北断鸭江流，杀气幽燕莽欲愁。慷慨英雄伤乱世，廓清志气叹中州。笳声晓警三边雪，雕影寒盘万里秋。自有壮心堪舞剑，辕门夜夜倚旄头。

杜少陵《出塞》诸篇，空多危苦之词，李遐叔《战场》一首，漫极悲凉之状，笔下壮心如此篇者，知资于鼓舞作兴者不鲜也。

寄人在战地

高桥牛山

皇国古来多俊英，雄心勃勃此征清。尸于马革当期裹，命与鸿毛欲竞轻。海进三千水犀甲，陆屯百万虎贲兵。好机易失时难遇，直振大刀屠北京。

雄心勃勃，使笔如刀，直能入木三寸，其一种圆熟处，如老人整巾，体貌自别。

普兰店途上

早川峡南

北风猎猎动高旌，战迹萧条取次迎。百鬼昼行如地狱，万家烟断似清明。辊雷砉电绕原野，白草寒沙接塞城。一路黄昏驱马去，只看泽雁向人鸣。

恭南以医从军，此诗一片荒凉之状，以隽语出之，第三出"白昼相逢半人鬼"句，险语足使凡俗惊倒，真战后光景也。

寄怀吉武中尉

横山黄木

流星烂射赫连刀，惨绿少年肝胆豪。寒月龙沙思马革，篝灯毳幕说戎韬。荒城刁斗边声激，大陆风云杀气高。想汝丹心热于火，笑看朔雪压征袍。

碣石城头日月旗，东来紫气满边陲。昭陵坏土秋风冷，禹贡山川夕照移。一代貂蝉余竖子，三秦毳褐拜王师。犬豚毕竟知机暗，不悔青衣行酒时。

沧溟曰：一气奔注，如黄河溃决，黄木当行本色，仆见之于《从军行》，首首翘秀挺拔，置之张问陶集中，孰辨真假。

黄木轗轲不遇，其诗平生多噍杀抑郁之音，故送别寄怀诸作，皆任意放笔，无一不如意。概皆踔厉风发，别开门径，此篇所录，仅止一斑，其余佳句，如"雕盘靺鞨惊沙黑，山拥乌蛮冻日黄"、"三边杀气连玄菟，万里雄图吊祖龙"、"涛崩辽海鱼龙啸，雪热燕山虎豹惊"、"蛮城风惨鼓声死，貊海潮腥鬼气寒"、"穹庐毡帐鲜卑国，白草黄烟猃狁村"、"燧烽烟黑天狼灭，苜蓿秋肥胡马多"、"万里请缨多意气，少年报国只心肝"、"敕伐天骄非弄武，义扶么弱岂佳兵"、"旌旄晓卷长城雪，

以一片隽气贯之，仍是玉池仙笔，胪陈万国衣冠，九天日月，徒画虚套，绝无生气者，岂得梦思耶？起结回映，章法犹飞动。

命意鲜新，立辞典雅。首七字包至末句。结七字束至起句。笔力之大，解人知之。刘长卿句云"身留一剑答君恩"，七八二句翻其意。偶以自家身分，明月之珠，以暗投于道，人争取之。呜呼！天下之至宝也。

乙未元旦恭赋

矢土锦山

春王正月复其初，宇内仰瞻皇化舒。渤海以东归版籍，燕山他日奉盟书。询谋相将交参幕，亲政凤鸾仍驻车。恩泽无涯殊域遍，朔方草色暖如嘘。

槐南曰：结体雅典，吐属安和，整丽中偏能神纵气逸，故觉敲金戛玉，每句皆响，洵鸾台巨匠，凤阁伟才。庸流学此，动落呆相，此惟可与知者言。

先生略杜之形骸，而得其神俊，力挽少年叫嚣之习，将归平淡，已有鲸鱼碧海之奇，时学兰苕翡翠之秀，惟意所向，诸体皆宜。此篇又容与，又和雅，有衣冠风，使人仰瞻，昔人云人所应有尽有，人所应无不必尽无，李空同是也，此语如恰为先生言之者。

乙未元旦书感

宇田沧溟

紫烟閶阖晓曈昽，齐拜扶桑出日红。尧阙衣冠忆王会，箕邦禾黍叹顽童。鼋鼍深蛰沧溟浪，旌旆高扬朔漠风。奏凯归来知在近，铙歌声涌五云中。

至尊吁咈圣衷殷，要看元戎荡寇勋。凶虏平生棘门戏，王师千载岳家军。榛荆笛里乐浪月，鹤唳兵前辽海云。却想摩天重岭雪，铁骢蹄热血纷纷。

山川四百帝黄图，扶植复怜韩国孤。河鼓霜芒森棨戟，羌胡空慕聒栖乌。未闻三户能兴楚，我意千秋欲沼吴。来日荒关花尽发，天兵飞下古临渝。

觉罗天子是天骄，毁却衣冠怨未销。豪杰菰芦悲胜国，君臣燕雀戏荒朝。炬光一动狐鸣庙，地气南迁鹃哭桥。赫赫皇猷百蛮外，卿云早已入童谣。

去年宝纛下山阳，日月高高我武扬。草莽布衣齐感激，膺惩大诏太堂皇。筹边之策公毋忽，报国一心臣岂忘。恭记行宫罢朝体，丕哉惟德覆洪荒。

真气旋转，是五分剑也；异光缭绕，是五分珠也。剑者声调激而励也，珠者文字精而丽也。激而励者，虞山钱叟可追随也；精而丽者，娄水吴翁可规抚也。“未能三户能兴楚，我意千秋欲沼吴”，是最有钱叟者也；“榛荆笛里乐浪月，鹤唳兵前辽海云”，是最有吴翁者也。滔滔天下，或残杯冷炙，触鼻腥腐之气，或农歌辕议，刺耳俳谐之音，求完璧如此篇者，恐未易觏也。

乙未新正口占

辻香坞

好祝东风新更新，恩威今日及西邻。雪华灿映芙蓉顶，旭影遥连渤海滨。废礼统军皇懋德，致身报国士忠淳。黔黎击壤讴歌遍，明治迎来廿八春。

君为古梅先生女婿，故耳目所濡染，自然相肩。此诗前联遒丽，后联朴茂，清机徐引，绪风微吹，与先生“神武扬光千古耀，皇风敷化万邦宣”句同其工。

乙未元旦次土屋香国韵

加藤蕙畴

绝北悬军威武振，时寒地冻定艰辛。禁来掳掠无私曲，扩得版图敷至仁。樯上灵鹰征圣瑞，阵头旭旆灿良辰。料知百万貔貅士，先祝东方第一春。

“仁”字、“辰”字，固难稳押，今不别求奇，而平易出之，吴可曰：“如险韵，当要稳顺押出之，方妙。”岂独险韵为然哉！香国有“丽日三竿消旧梦，稳波四海祝同仁”、“坚冰结柱仍终夜，好雨洗兵当及晨”二联，亦能词生墨下，意在笔先。

圣　代

山田苹村

圣代仰瞻威武兴，天兵海陆去膺惩。回廊涵水彩霞度，华衮出波红旭升。王子来朝贡仙鹤，词臣献颂赋灵鹰。辕门舆衬知何日，大纛余年驻广陵。

君少入铁兜先生门，手熏指染，所得实深。今隐居授徒，温醇恬旷，与物无竞，而其诗笔酣畅，好用险韵，尤喜叠和，盖在林田新塾中，特属别调，宜其诗抗吟则竹石俱裂，流咏而猿鸟皆欣。

塞上新年

服部南村

边疆今日又三元，先向东方拜海暾。天地无私归大德，山河有喜沐深恩。欢生清晓三杯酒，降认黄龙一片幡。积雪弥空不言苦，坤舆仰我武威尊。

天威所震，暮色亦生，曲名有《塞烟春》者，可谓始见其实矣。李白诗云“东风日本来”，呜呼天哉！

记　事

岛田湘洲

孟阳振蛰入昌年，我武维扬绝海天。塞上风云随叱咤，辽东父老乞哀怜。攻城便赖三军勇，宣战长归万乘权。自古和戎愆国是，妙谟愿使后图全。

居庸千尺地形雄，极目幽燕道路通。胡骑重来横朔北，神兵一下略山东。至尊盛德乾坤大，诸将功勋岱岳崇。四百余州皆震动，长期万国仰皇风。

满腔热血，摅成文字，而以凌空飞动之气运之，故篇篇硬固，不讳直露，是学少陵之神者。三百选士，谁与抗衡。

新正三日集偕乐园酒间赋似石埭锦山种竹三君

森槐南

酒暖灯红别一乡，与君偕乐不防狂。春风浑颂王师捷，绮燕还依敌国粮。各自文章关世局，同人樽俎壮词场。醉挥金戟看星斗，万树梅花角韵霜。

酒暖灯红，风流跌宕，人是雪净冰清，词是云蒸霞蔚，连篇累牍，层见叠出，虽画以旗亭之壁，写以蜀锦之笺，殆不能穷也。先生云："风流唱和，巽亭而后，复睹此胜，玉池隽艳，金门豪宕，佐以甫里沉丽之格，那得不瑰璨夺目。"而先生"绮燕还依敌国粮"句，把捉眼前兴趣，工而不秾，婉而能切，而后文章世局，樽俎词场，两两合写，寸毫不动，神通自在，恰得香苏山馆传灯，非此不足以魁此唱和也。诸家和作，随手抄之，以余诗附骥，聊以志一时之盛耳。

曼坨道人次韵云：谁略莺花无尽乡，春游肯让少年狂。自怜烂醉天为幕，翻笑长生石是粮。炫服裙钗才隔坐，随身竿木又逢场。故人朔北当酣饮，一曲军歌刮剑霜。

金门仙吏次韵云：开拓春风诗酒乡，头番偕乐发轻狂。曾从大驾叨簪笔，屡伏行宫不裹粮。云雪拟赓吟百首，莺花豫约饮千场。建功边徼多军将，待招金门二十霜。

新甫里山人次韵云：千门杨柳帝王乡，轰饮春风不讳狂。开岁此筵宜煎饼，穷冬有客少春粮。金铙竹吹从军乐，白马黄衫游侠场。妆饰太平公等在，镜中犹未点吴霜。

菊如先生《六日草堂小集叠韵》云：天地春风辟乐乡，欲于何土寄吾狂。洗兵辽海星生角，牧马燕山雪作粮。对垒相持皆酒士，出门一笑是沙场。花前同作封侯梦，谁卧卢龙塞上霜。

仙吏叠韵云：只惜青崖客异乡，倒裳无复旧时狂。春寒帐幕酒增价，战罢山河诗富粮。老将自能延隐士，高材争可老名场。何当与汝寻斯会，缕切鸾刀饱脍霜。

山人六叠韵云：樽前聚首话毡乡，我亦高歌拓戟狂。酒热乍疑崩柱壁，天寒或恐绝衣粮。书生岁月请缨志，飞将功名射虎场。气压元龙楼百尺，扶桑桥外月如霜。

先生《酒酣放歌三叠韵》云：芙蓉晴雪镇仙乡，药草难医是酒狂。三岛好翻秦故事，九州去觅禹余粮。人烟朔北新疆土，鬼火辽东旧战场。大笑董龙鸡狗耳，醉魂蹴破蓟关霜。

山人七叠韵云：闻说王风洽貉乡，年头第一喜将狂。白山钟鼓参军幕，黄海帆樯大庾粮。万里关山传露布，二更冰雪忆沙场。诗成不觉须眉动，意气棱棱剑有霜。

犹痴陈人《霞举说诗轩席上次槐南韵赠之》云：百年乐地有斯乡，烂醉生涯故态狂。瓢腹彭亨千日酒，芋魁磊落一冬粮。谁谈坛上封侯事，我上人间傀儡场。聊向江湖强意气，鬓边寒色未成霜。

花笼居士《星社席上送槐南先生再赴广陵》云：自从大纛出江乡，半岁才催诗酒狂。玉箧梅花人话别，关云堠树鸟窥粮。盛名星社风流会，豪兴春园翰墨场。因想广陵书檄夕，月明铙吹冷于霜。

磊落道人《开春六日星社雅集》云：相逢只合醉成乡，故态犹容我辈狂。天地百年诗是命，烟波万顷酒为粮。悠扬玉笛歌三迭，温藉春风梦一场。不耐催人江上路，梅花寒柝月如霜。

啸楼人《新春星社小集书感》云：风雪干戈尚异乡，几人能得酒诗狂。祭书万卷獭为例，食字多年蠹有粮。名想豹皮留竹帛，尸传马革裹沙场。醉中同悼国殇痛，月上梅花凛似霜。

与越山相公话时事赋成

土居香国

谁使邦家盘石安，悬军万里几心酸。固知连战拉枯易，仍是当途修局难。塞上江山风景改，朔方草木雪威寒。君王宵旰咨询博，版籍添他古契丹。

作者有聪明之资，旷荡之才，刻尚风骨，摆脱轻靡，然语意庄重如此篇者希睹焉。闻相公扬风扢雅，善解文字，近者设宴八重，洲桥官邸，招饮种竹、裳川、湘南、屈山诸人，极诗酒之欢，想当途修局，事已就绪，大臣或有余闲耶？使香国听之，则亦当首肯称善焉耳。

答人劝从军

野口宁斋

只有受降无许和，满州回首尚干戈。胡营例听唧喽喊，谓喊叫也。营中禁之，使军士巡逻，见瓯北诗。铁骑徒夸曳落河。回鹘言健儿也。旌卷暮云寒影惨，鼓沉白日死声多。从军王粲足豪气，难奈先生独抱痾。

高楼决眦望苍茫，血肉纵横新战场。史笔谁挥锋百炼，铙歌我唱酒三行。梅花开处颂王化，椒勺荐来哀国殇。肯道书生知得失，存心千古此文章。

槐南先生曰："文章千古，得失存心。"其所自期许者如此，何必投笔从戎，磨盾草檄，始称豪耶？前首落笔，天外奇峰，不特其语似赵，神气骨力，宛然当年第三人也。

莒水曰：君诗运想皆邃。结来必鲜，其声清迥而远闻，拟诸管弦，是笛非箫，是琵琶非阮咸，一时评量风月，睥睨坛坫者，未易先驱也。"唧喽喊"、"曳落河"，对偶天造地设，得未曾有。

孟春九夕将赴广岛啸楼话别分韵得灰

森槐南

梅花合向尾州开，京国才人饯一杯。三日驱车趋广镇，千金何马市燕台。玉瓯社稷边须拓，银杏英雄志未灰。春入啸楼今夜酒，神驰幽北古龙堆。

锦山曰：尾州中村，丰公悬弧之地，质为槐南桑梓，银杏老树，突空矗立，长表英雄遗迹，采入诗中，乃见奇趣横逸。

此夜会者，裳川、六石、东郭、云心，拈酒杯韵各赋，诸家皆七绝，而先生先作此诗，跌宕风华，凤冠龙视，四座惊其速藻。阪口五峰云："此篇三四以下，彼我互用，姿态横生，可见下笔不苟矣。"余次韵寄怀先生在广岛云："密云黯黪几时开，城下盟修便举杯。书秘石渠残旧阁，瓦全铜雀有荒台。谁寻织女机中石，吊到昆明劫后灰。便说乘风千里兴，艺州西去莽涛堆。"

镰仓客中和北条鸥所诗韵

高岛九峰

阳辽万骑蹴边沙，胡垒无人只乱鸦。旌旆连云翻旭影，剑铓和月拂霜花。三章约法遍王泽，千里乞降来使槎。百感难眠客楼夕，海天波卷雨横斜。

诗笔清挺，感慨系之，不袭放翁面目，而精神意态仿佛近之。

读新报所录《西征记事》

津田杉南

东来虓将气何豪，叱咤风生百炼刀。满地奇寒侵马骨，弥空急雪卷鹅毛。朱蛇矛折陈安哭，红抹额翻师德逃。城上从兹烽燧歇，可怜残幕只乌号。

四山草树入穷阴，战后烽烟惨不禁。青石关空旗影尽，白岩城破鼓声沉。夕阳无主驼迷碛，夜雪如人鬼哭林。玉帐刘琨频得气，一樽笑赋枕戈心。

边庭幕帝有廉颇，无复单于走六骡。桴鼓不鸣霜气肃，覆盆重照日光多。鹑衣齐泣蠲租令，貒土旋闻击壤歌。却想惠风几时洽，残冰冻合古滹沱。

屈山曰：用典正确，措辞雅健，所谓锻炼出之，其音铿锵者。

骨韵峭拔，心灵浚发，弃糟粕而孕新奇，余曾评君诗云：僻典奥故，用则为稳惬，钩新摘异，成则为清超。其树一帜于中京者，宜哉！

送松田学鸥赴金州学鸥奉职参谋本部制图部

野口宁斋

雪花乱点鹔鹴裘，脚底山河笔底收。版籍应添新铁岭，舆图已壮古金州。芦笳满地严戎马，雉堞连云敞戍楼。千里从军诗胆大，知君意气压封侯。

东郭曰：格律森严，音调响亮，而遒劲之气，自然流动，最为可喜，“芦笳”、“雉堞”一联，真得梅村家法。

种竹曰：宁斋诗以七律为出色，常自称，未必尚格调，然如兹首，格之与调，自然谐合，接武古人，单以率性达辞为期者，岂复得有之。盖平生则深藏而不显焉耳。可惜夫！

玄海洋上作

松田学鸥

万里烟波望淼漫，征途谁复说艰难。孤帆直指盛京省，一鸟不飞玄海滩。霏雨冥蒙遮故国，回风飒沓卷狂澜。铙歌奏罢襟怀壮，笑倚舷头百尺栏。

海为元兵鏖灭之处，则知所谓铙歌者，蒙古来是也。霏雨回风中，倚栏唱之，欲不襟怀壮阔而得乎？

中雾色开，辕门诗就好衔杯。梦醒求友空闻鸟，客久望夫何处台。旧域径应删禹贡，逸书孰似拾秦灰。皇风吹满安东县，尚是千山雪一堆。”不知青厓掀髯大笑，容我别调乎否？

书　感

藤波千溪

山川满自泪横斜，霸气消沉奈国家。万里邻交忘大义，百年世事付长嗟。豪来马上谁投笔，愁破杯中才辨蛇。想见秦淮今夜月，女儿仍唱《后庭花》。

君为景苏轩高足，熟苏诗，捷于才。瓯北云：“坡诗实不锻炼为工，其妙处在乎心地空明，自然流出，一似全不着力，而自然入人心脾，此其独绝也。”坡已然，学坡者，自不得不然。君又有“满山枯叶霜飞塞，一曲悲笳月照营”、“三竿旭日圣威耀，万里灵鹰吾武扬”，姿态横生，多有思致，而求其本色，则无如此篇。顾黄村翁亦河汉我言也矣。

浪华客舍书怀

横山樱溪

白马当修城下盟，悬军万里去征清。孱兵枉恃金汤固，死士长传竹帛荣。雪密空林闻呼啸，天寒绝海见龙争。客窗夜半春愁足，落拓书生梦北京。

樱溪为樱州山人弟，胸襟轩爽，照人若雪，前年作《浪华》、《平安》、《宁乐怀古》七律各十首，概皆高佚可喜，三桥衣洲二君，期以后来之秀，此诗偶弹别调，独遣无聊，而开口骂倒，不毫假惜，可谓有乃兄之风矣。

细川三斋公二百五十年忌辰恭赋

白石紫洲

干戈百战历崎岖，雄镇金瓯见远谟。云起蛟龙生大泽，风高貔虎负坚隅。青山墓古篆香乱，紫海城残楼橹孤。今日遗臣扬意气，朔方连捷献囚俘。

前联公事历也，后联公祭典也。而一二句并引之，七八放出一境，得不即不离之妙，东郭同题云："一代干戈百战场，鲜明旗帜万人望。神龙出泽风云变，天马行空意气扬。上国青山留墓碣，西陲雄镇拓邦疆。英魂此日果何感，渡海王师征朔方。"发兴相同，寄情无二。

闻我军陷威海卫之报喜赋

八木天川

九霄飞下大军旌，惊破山东十万兵。地裂天崩炮声迸，肉飞骨舞剑花明。荣城湾已非他有，威海卫如为我名。好破刘公孤岛敌，洗兵一雨几时清。

君年愈老，思愈壮，虽格不甚高，足以雄据一方；虽体不甚大，足以疾驱当代。前联之秀，是始学铁兜先生也；后联之巧，是后从枕山翁也。余却取起之突兀，结之沉着。

二月三日作

秋月必山

断然不纳使臣言，要为东洋绝祸源。杀气未开雷雨怒，战云高压日星昏。至仁非欲血漂杵，逸德由来火燎原。娄敬当年弄簧舌，遂令英主泪空吞。

张樵野、邵筱村等，以头等全权大臣，来朝乞和，而其位望不重，付托亦轻，我全权大臣，以其资格不足，断然斥之，不复折冲于樽俎间，事在二月三日。此诗寄感慨于赋咏，藏流动于骈俪，以少陵野老之意，行雪堂居士之才，其骨露情溢处，正文士笔锋利于剑者也。

雪夜杂感

清水柏轩

拔剑王郎歌莫哀，消寒时复欲衔杯。山东胡虏被鸿泽，海上艨艟付劫灰。降尚书今空殉节，老总督昔只夸才。灯前独把《阴符》读，猎猎夜深风雪来。

不踏犓鄙之音，不堕叫呶之习，以其中风趣盎然可掬也。箑川亦有“丁水师终归一死，李中堂定悔长生”句，与后联全相偶合，虽近评林一体，可诵也。至种竹君“丁督护逃空有泪，李将军老竟无功”句，则格调自高。

沙河镇作

国分青厓

九塞阴风杀气生，黄河莽莽戍烟平。襟喉此地雄形势，雷雨何年洗甲兵。星乱千营森有影，霜寒万马阒无声。骄奴不近云中守，玄宝山高堠火明。

月幕命金笳而唱，霜鞭敲铜灯而吟。其情其状，固非凭空结撰者可比。宜种竹君一唱三叹，推其为有数之作也。

太平山行军中得一诗

早川峡南

极目平原指顾间，纵横径路往如还。先锋夕发飞云寨，猛士朝过青石关。雪花满地马蹄热，杀气漫空剑血斑。行尽绎骚车马里，一鞭直指太平山。

二月二十四日，第一师团兵破太平山敌兵，峡南亦从焉。诗笔豪宕不羁，一气呵之，曰飞云寨，曰雪花马蹄，曰杀气剑血，皆平原极目中物也。而以“一鞭遥指太行山”句束住，想峡南精神，此诗顿豁，出口便佳，是此谓倚马才也。

寄怀佐藤北山在旅顺

青柳秋堂

三军意气压幽燕，地拓诸蛮庙略全。父老齐瞻新日月，鼓笳长壮旧山川。连营春入洗兵雨，绝塞风生仗剑天。待汝凯旋同痛饮，长安市上酒家前。

秋堂诗以风趣胜，最长绝句。官柳三眠，新莺初啭，可以品其诗也。此篇颇能爽豁，超出他作。三四学青邱“四海山河归版籍，百年父老见衣冠”一联，恰至好处。

饮观澜亭赋似表兄

佐藤船山

浩浩长风吹破裘，何人唾手觅封侯。墨磨盾尾试才笔，星望旄头有隐忧。薄夜冥蒙山吐月，大湖空阔水明楼。平生感慨付杯酒，拔剑高歌舞不休。

苍莽之气，诗与地相称，所谓江山有助者是也。“星望旄头有隐忧”句，似吐成虹之气，如闻击筑之声，其近制有“雪花纷大漠，月气压长城”一联，亦能写塞外光景。

时事偶题

胜间田蝶梦

想曾文物海西来，烂漫精华逐岁开。经国何须无用学，济民偏要有为才。变通未免瑟胶柱，迷信或疑蛇在杯。寄语鸡林廊庙士，和羹好勿误盐梅。

一出膺惩十万兵，堂堂旗帜倍精明。韩山雾霁驱群虎，渤海浪高歼老鲸。大厦渐倾清社稷，皇天长佑我干城。儿孙不守康乾业，哭向外庭频乞盟。

君现任宫城知县，飞凫入境，露冕观风，众仰一方循吏，自居余事能文，连篇累牍，随时而出。前首劝韩廷，言何谆谆，后首叙我之连胜，并及彼之失计，虽无奇语惊人，自然圆熟，可谓绚烂之极归平淡矣。

偶感

田中听雪

六军练甲意轩昂，剑气森森作有芒。风雪纷飞云黯淡，山河冻合树荒凉。扶持弱国天攸佑，荡涤羌蛮武此扬。最想凯旋三月节，樱花深处谒君王。

骤衰以迅骤为主，鹰隼以轻疾为妙。适当天畔之遐征，辄蓄筐中之奇作，作者敏捷，固由天纵，其弟庸，近者入成城学校，听雪送以诗云："汝有戎轩志，负笈晨向京。此事真大快，不说离别情。只我告一语，汝能可服膺。功名前途远，汝莫安小成。不学匹夫勇，百事唯至诚。近来少年士，急进愿显荣。容易误初志，赵括徒谈兵。莫蹈前车辙，所期国干城。萱堂幸健在，汝扬父母名。我也侍膝下，承欢全一生。行矣莫回顾，光阴不暂停。前林绿树里，杜宇不敢鸣。"平而稳，真而挚，至诚如此，而后豪语亦无漫然放肆之弊也矣。

读新闻纸有感

山本西湖

琉球西去是台湾，早见皇城震百蛮。报至惊心空自苦，赏悬购首彼何顽。熏风万顷甘蔗野，翠壁千层煤炭山。昨夜南溟传大捷，天兵飞下冯宫关。

蔗田万顷，炭矿千层，皆入王土，使邵筱村辈，颜色如土，若其以地势论之，则近接琉球，固宜属我版图。起首暗中及此，耸然而挺，五句拗第六字，盖仿元遗山体也。

雪朝送近卫将士从军

吉田梅城

十万貔貅晓出营，将军白马影分明。迅飙卷地飘毡帐，积雪连云拂羽旌。凤阙何容乞和使，燕都好筑受降城。圣天子是大元帅，埋骨沙场亦有荣。

君以意气自许，故诗语惟其所向，不复更要涵蓄。昔者随园哭鄂襄勤，有“男儿欲报君恩重，死到沙场是善终”句，传文忠爱之不措云：“我不识袁枚何人，能作此语。”此诗七八语意仿佛随园，未知有具只眼如文忠者乎否？

送松井柏轩从军

柳井絅斋

且向离延发醉哦，朔方消息定如何。关山万里朝驱马，风雪三军夜枕戈。满野长云卷芦管，中天明月起铙歌。阿谁一剑脱相赠，载笔书生意气多。

柏轩倜傥不羁，去年十二月，同人集红叶馆，柏轩戏着清兵戎衣，踉跄来会，或云：“好一个袁世凯也。”满座绝倒。今者从征清军，驱马枕戈，其感慨果何如乎？而其意气不负平生，则请征之于他日。

盖平阵中偶成

三谷畊云

马上经年尚异乡，依然士气奋将狂。三军旗鼓连摧敌，万里舟车远馈粮。草白青磷迷野戍，月寒哀雁过沙场。明朝河北应鏖战，剔烛营中扫剑霜。

君寄此诗附记云：一月六日，星社小集诸什，载在新纸，金声玉振，使人一唱三叹。余从军七阅月，所过者尸山血海，所见者硝烟弹雨，一望凄怆，漫次韵书感寄诸贤，闻君创愈，已复其队，转战辽东，刚健倍前，无怪笔力之挺拔，意态之飒爽也。

三月廿八日追怀金古筠有作

野口宁斋

江上桃花三月天，思君不见暮云前。妻梅子鹤别时苦，地棘天荆行路怜。八道山河空有国，两班将相互争权。招魂谁吊春申浦，无赖东风又一年。

种竹曰：去岁春申浦之变，古筠终为不归之客，无几东匪蠢动，兵连祸结，高廷诸臣，互争势位，曾不念社稷者。此作后联十四字，铁铸语，确不可移，古筠之灵而有知，则果将何言。

六石曰：以杨花三月起，以东风一年结，而以春申浦前后呼应，在有意无意之间，位置恰好，文情绝佳。盖春申浦，古筠为刺客所毙处，春申君为李园所诱而死，末路相似，是作者所以斡旋也。

寄怀友人某在清国海城

吉田竹南

斫出生平白玉心，海云千里梦相寻。塞边春色蠮螉动，城上暮烟杨柳深。万弩收铓肃铃阁，一言兴运副宸襟。朔方天气加餐饭，军国要看多士林。

杨柳城头，万物皆春，蠮螉塞上，四山仍雪。竹南在第三师团所在地，故思师团艰苦最切。七八丁宁亲切，所谓深人无浅语者也。闻师团凯旋在近，竹南喝月成吟，驱云作来，盍作铙歌一曲迎之？

四月十七日偕乐园小集分韵得回此日有媾和事成之报喜作

佐藤六石

关云堠树雁声来，入手飞书几度开。渤海烟波新得主，盛京烽火忽成灰。和羹资以盐梅器，草檄由他锦绣才。闻说长安花满道，待看銮辂日边回。

珊瑚打尽大瀛开，此日登临紫气来。玉帐将军余侠骨，金瓯天子爱贤才。文章转使江山丽，谈笑且从樽俎催。三十六湾春浩荡，鸥波无恙一帆回。

种竹曰：有气有韵，有笔有才，尚格调而不近肤廓，修辞华而不陷浮靡，殆似读《慎旃集》中杰作。

此日会者，五峰、种竹、六石、湘南并余五人，分韵赋诗谈次。或云六石贪多，与竹垞同其弊，宜矫之也。既六石诗五首先成，概皆清而不佻，壮而不粗，华而不缛，哀而不激，而咄嗟辨之，士衡患多，诸人亦无奈何之也。呵呵。

卷七

五言绝句

咏时事原七

田中青山

胡尘塞上昏，露布角声促。忽见红暾光，粲然射鸭绿。

投鞭辽水上，可以断其流。将士胆如斗，已吞并与幽。

旗鼓太堂堂，已披豺虎径。将军坐树阴，百战不骄胜。

海外传连捷，凯旋期可知。快矣挥椽笔，燕然勒石时。

种竹曰：清刚之气，动多振绝，一百四十字，本来吐肝沥肺之语，一经润色出之，便见遒快精美，迥不犹人。谁谓将军余事，细心攻诗，一至于此。自古文事武备之喻，实不欺我也。

先生出身剑戟，列籍华绅，其志则尽忠报国，其课则舔毫吮墨，半生功业，一代风流，可并举齐说也。其诗或整丽，或圆秀，而四首概皆劲健，斗出寻常诗品，所谓行神如空，行气如虹者是也。此韵同时作者不少，皆押“绿”字以鸭江，而先生衬以红暾，运用恰新，精采焕发，可推老手矣。

闻鸡林边警

本田种竹

黄蛾军势屯，白雁歌何促。廊庙老臣多，投鞭叹鸭绿。

胡笳风裂地，石阜陈雪深。箕子千年国，山川日月阴。

山连石城险，地控锦江流。沙上征人泪，狐鸣篝火幽。

落日满关河，黄尘连远道。龙城飞将无，万马饱芳草。

君王忧社稷，朝议异庭径。空说古辽东，河山壮形胜。

八道征输尽，风云属外家。累臣魂夜泣，古渡堕杨花。

咒谶鬼神闷，朝廷犹不知。秦关皆虎豹，万里乞兵时。

槐南曰：是《咏史乐府》之遗，余亦欲以此韵赋朝鲜近事。第一首云："绝域骋功名，男儿那刺促。扶桑笑挂弓，饮马鸭江绿。"第二首云："拂珊钓竿矗，说剑酒杯深。径欲掉头去，暮寒生野阴。"溽热困人，中途而废，及读此诗，不觉气沮，有智无智，相去三十里，今始信之矣。

"绿阴幽草胜花时"句，是闲适语也。今以之为韵，咏干戈锋镝之事，已属意外，而奇构别致，使壁垒一新，旗帜俄明，一时莫敢与争锋者。是所以为君为飞将也。金古筠死，韩廷斩其尸，枭首于杨花镇，第六首云："累臣魂夜泣，古渡堕杨花。"知古筠者，不觉放声一哭。

送人从军

佐藤六石

呜咽大同水，斜阳惨不流。离离禾黍秀，野雉一声幽。

铁骑衔枚渡，茫茫鸭水深。风来篝火乱，月入夜山阴。

六石初学张问陶，吸其精华，吐其糟粕，七言律诗，最能神肖。二首一气奔放，所谓胸有成竹，折枝自巧者，其趣仍近问陶，余寄人，有"几回篝火狐鸣聚，无数城墟麦秀多"一联，前首言外意思，盖相同也。

次　韵

细田东乡

天地涨妖氛，感时情转促。秋风度玉关，胡草吹残绿。
灭秦还毙项，只赖运筹深。如今名将在，未必说淮阴。
渤海阻风涛，鸭江知捷径。宜追海未冰，旋凯奏全胜。
六师事征战，诸将尽忘家。风露鸡林野，纷纷拂剑花。
持久为非计，敝端君可知。电速兵家要，纵操莫失时。

东乡舞刀击剑，豪气横空，其诗文取通达，不屑为雕章饰句，而笔墨淋漓，风云气多，盖天性然也。“秋风度玉关，胡草吹残绿”、“电速兵家要，纵操莫失时”数句，言下有响，字中生芒，其俊爽处，突过前人，真聂隐娘三寸剑也。

时事杂吟

岩谷古梅

挤弱背同盟，骄心恣陵爆。神人所不容，焕发出师诏。
亿兆是同心，忠诚期报主。钱财堆若山，争献恤兵部。
伟哉桦将军，神鬼惊雄烈。其胆大于天，一身百炼铁。
樯头光玉爪，旃顶闪金翅。神鸦与灵鹰，古今同一瑞。
鼠窜又狗逃，谁能知国耻。奋前而杀身，左氏一人耳。
大事众相谋，天皇重邦宪。军资议立决，一亿五千万。
创人身忘创，泣说圣恩厚。绷带撒绵丝，深宫劳玉手。
到处歌来苏，我皇仁泽遍。先蠲今岁租，新置安东县。
桓桓神武扬，连战复连胜。并吞四百州，可以奏戡定。

种竹曰：遒劲而不惊挺，简匀而不繁会，洵不愧为老手矣。昔人有云：“人所难言，我易言之。”又云：“寸铁杀人，不必用长枪大刀。”此等数语，豫似为斯篇道破。

先生最长五绝，纯任自然，天机活泼，数十百篇，似不劳力而成，有声画谱之清挺，无罪杂言之简劲，皆为一时所推。今此篇出，而先生集中，为鼎足矣。首首敌忾之余，其妙不用一一释之，“创人身忘创”一首，国母如伤之衷，伤者感泪之状，尽之于仅仅二十字中，非大手腕不能，可推为白眉也。顾家君在时，与先生交最善，家君病笃，先生慰之曰：“君病愈日，宜与余合梓二十字诗，名曰《松梅五绝》，不亦快乎?”家君笑而颔之。事犹昨日，而家君十五祥辰已至矣。浮世茫茫，百感易生，今评此诗，不觉潸焉下涕也。

乙未新年二首

小野湖山

驻跸南艺营，进兵渤海水。自惭衰老身，安坐迎新岁。

八十又加二，幻躯得瓦全。一闲消日耳，敢道乐余年。

种竹曰：简练之极，归乎平正，无一冗辞，无一浮气，非老手不能如此。“自怜衰老身，安坐迎新岁”二句，稳整中含几分劲气，仍是湖山先生笔墨。

笃意真古，辞兴婉惬，每观其文，想其人德，先生有烟。

乙未新年

阪田警轩

陆海歌连捷，乾坤回淑光。维皇春廿八，于牣喜洋洋。

一绝二十字，春容大雅，老儒吐嘱，自足鼓吹太平，陆务观谓“文章本天成，妙手偶得之”，岂有他哉！

闻威海卫捷报次海舟胜伯韵

冈本黄石

山鹊遂无灵，满清归手里。皇威震五州，东海大风起。

虽非五百人，三将同时死。伯仲有田横，永辉千岁史。

魏泰曰：“诗主优柔感讽，不在逞豪放而致怒张也。”先生诗，少而壮而老，篇篇不离此旨。今于汝昌，不取其降，而取其死，洵为确论。而鸥波君反其意云："清国诸将帅，才器推禹廷。败余威海卫，犹有六千兵。一朝仰药死，自言为生灵。生灵何为者，彼岂非兵丁。斗死忘本分，靦颜辞岛营。若爱他性命，何如初不争。不见诸葛亮，躬瘁落将星。不见文信国，兵溃拘幽囹。苦节张与许，死守睢阳城。粮尽食鼠雀，城陷终就刑。臣子一日分，为国竭忠精。仁至兼义尽，万古声明馨。何欤丁提督，折冲谋不成。后事托外将，乞降我司令。休言吾事毕，一死挫全清。于我还得策，克日冲燕京。君看日本汉，战没为殊荣。主将如易地，丑辱若为情。世人称此举，月旦亏公评。谁思冰川伯，吊诗义烈名。和之圯上叟，毅魄比田横。独钦曾将军，看得何眼明。唯悲彼死难，不嘉其所行。犹恐以为教，科书布小黉。竟被欧习化，我士供典型。吾亦裁诗句，要他误梦醒。田横不降死，管乐降偷生。彼各成其志，非有捧日诚。不为忠义鬼，不谋东洋平。丁也降且死，徒尔身为牲。死或泰山重，有时鸿毛轻。寄言后进辈，慎莫失权衡。"其责备者具至，呜呼，汝昌盖棺久矣！且录待论定之日耳。

卷八

七言绝句

偶　吟①

副岛苍海

先生勋业巍巍，载在史册，赋诗皆有感慨，学充而辞达，理实而意深，发挥造化之微，吐纳天地之气，二十八言中，觉有千万言尚不能道尽者，绝句至此，神乎其技矣。录以冠于此体。

---

① 诗见第一部分副岛种臣。

清帝忿怒，褫夺尝所特赐黄色骑马袍，以谴罚之。何赵李得丧相反之甚也。予见之不觉绝倒，几坠楼，为作一绝，以供同志一噱。

清廷末路类周朝，主少国危强自豪。笑破殿前都点检，翻遭马上褫黄袍。

褫黄龙袍，无他奇也，乃以赵匡胤相比，以供笑骂之具。君意气老而益壮，可知也。顾君归休故国，诗词自喜，亦与图南高卧相似，坠马坠楼，序中相映，妙不可言。君又有《闻牙山捷报一绝》云："向日葵心似自夸，鸡冠相倚随军茶。凌晨笑捧碧啰叭，瞿麦压他罂粟花。"盖用园中草木名也。其风流洒脱，是固华山道士之所不能企及也。可为一笑。

送槐南先生

关泽霞庵

悬军万里古青州，龙驾艺阳亲画筹。从此羽书旁午里，知君史笔照千秋。

君诗概以萧散闲旷胜，一朝遇有事之日，则气象开豁，焰射斗牛，其咄嗟而辨者，尤想文字撑腹也。裳川君次韵云："岳莲万古镇神州，纛下将军参远筹。横槊赋诗彼何者，鹊南飞夜月明秋。"余亦次韵云："居然诗笔壮皇州，此去更参莲幕筹。大纛连云森不动，一声刁斗警高秋。"

读久米子城《史论》

西冈宜轩

子城《史论》，识力卓越，近世无比。顷者所笔满清《亡兆论》，博引明清历史，考证确实，亦足以鉴今日之形势。余亦有所感，作五绝句。

牡丹台树碧蹄馆，想见当年摧敌锋。一死谁怜左宝贵，胜他逃将李如松。

易堂曰：宜轩之诗，酷挚于情，盖其性灵然也。目今平壤之战，人皆极力写龙争虎斗之状，以竞壮快之词，宜轩则提一左宝贵来，褒其勇而怜其死，几乎诗人温柔之意矣。近者相传，左智勇得众望，守平壤北面，拒战甚力，适有榴弹爆裂而倒，旁有一青年，幼受其救护，因使令之二十年。自请从军，未尝离左右，见之惊，抱而呼之，不复苏，走诣其长，泣请乘夜还其遗骸，葬于乡里，长为出银千五百两，使十二人舁尸，命一士护而往。北门既败，不可出，乃弃去之，青年就擒，适见我将校，挺而前曰，敢有所请，乃具陈左死壮，且曰日本仁慈，待俘虏之厚感喜过望，顾愿获左总兵之尸，得自葬，死且不朽，一语一泪，将校恻恸，问其服装，令人物色群尸，无有，以禀师团本部，则既聚尸瘗之，不可复辨，青年闻之，惘然自失，如丧心者，见者莫不掩泪，未知信否。然昨见清赐左恤典谕，有负重伤，犹能督战，弹中胸死之句，事亦相符，盖宜轩作此诗，未及知之，而情既及此，可谓善用诗想者也。

斩级斫营期策勋，箕城败卒散如云。当年利器难为用，空说红衣大将军。

易堂曰：红衣大将军炮，盖文禄征韩役，明军所放震天雷也。满祖战于辽，每为其所轰破，既录在余文中。宜轩捉此好文字，表面赋清戎器新古杂陈，占射无效，里面比其军不训练无纪律，以托其兴，实刺其纪纲坏败，将相朊仕，坐俟灭亡，吟咏愈久，滋味愈生。

杀气横空白日高，清军乌合我能鏖。亦知鸭绿江头水，百万王师齐洗刀。

易堂曰：平壤既陷，长驱北进，自古每然。今韩地既无寇，我军洗兵于鸭绿江，则征清之师，于是乎始矣。此过渡之处，诗亦前后之过渡也。恨江岸无只敌，战况索莫，诗亦不免索莫。

取为外府计非迂，好向辽东秣我驹。宜抚生民除积弊，九连城是九头乌。

易堂曰：九头乌，一曰九头鬼，谓侵渔之贪吏也。清兵所过掳掠，不异盗贼，我军方入辽地，所过地皆我有也。宜继师遣循抚使，是吃紧之要务，宜轩作诗之髓在此，其诗亦甚觉发挥，因步其韵以酬之，但黍离图。

周大夫行役，至于宗周，过故宗庙宫室，尽为禾黍，闵周室之颠覆，彷徨不忍去，而作《黍离》诗云。朝鲜今日之事，有不忍言者，故以之告行者，所以激励之也。“要人扶”三字，何等冷语。

口占

山县含雪

向所无前意气雄，欲依粮敌敌先空。秋声萧飒孤城晚，万里山河一路通。

将军负阃外重任，航海入韩，立马瞰清，矍铄不减壮者。其在义州统军亭，指挥一定，先破虎山，次陷九连，安东孤山凤凰，敌皆不在，将军故里。“万里山河一路通”，意气之雄，可想见也。既有微恙，奉敕归朝，又赋二十八字，示野津、桂两中将，字字血诚，笔端有泪，今将军录代本旧题词，读者冀足以知将军忠诚谨悫之概乎？

十月九日夜在阿岘洞幕营不眠口占

大庭梦铁

回首功名事易违，半生髀肉等闲肥。辕门月白秋风急，起抚长刀试一挥。

中尉云心兄也，征清事起，从长谷川旅团长入韩，上花园河口，陷旅顺，我红螺杯歌中，居士有兄从大帅，“投醪飨士拜天赐”者，谓中尉也。诗意壮快，一片天真，足使懦夫起。昔者，朱琦序蔡寿祺《梦绿草堂诗钞》曰：又能驱驰军中，历行列，亲睹旗鼓，奔腾叱咤，其所为诗，非如昔之词人虚拟从军，作豪语助声势也。寿祺幕下参筹耳，尚且如此，况拔刀临阵如中尉者乎？

代人留别

弘田静溪

慨然投笔去从军，离别此时何足云。四百余州归版籍，凯旋门外好逢君。

是百万貔貅之心声也。

苍鹰诗

柏木城谷

十月十日，晨上村衙，家人来报云，苍鹰入屋，归则捕在笼中，其大如鸠鼓其翼也。家人云，初如有物触窗，其音戛然，见则苍鹰攫雀，息于梁间，百方捕之。雀则仅余片毛耳。余谓鹰翱翔山林，性也。作诗放之，诗云：

破窗飞入小苍鹰，铁爪金眸意气腾。百万清兵堪齿冷，雀同战战又兢兢。

豫章翻风，鲸鱼跋浪，小小篇章中，意气自多，是此诗之妙也。顾黄海役，灵鹰示瑞，举世作颂。此篇以雀品清军怯懦之状，盖暗中带叙灵鹰，非泛说也。

虏　廷

金井金洞

十万王师压境临，虏廷危命日西沉。可怜祸起萧蔷内，近事传闻杀福金。满人呼酋长妻曰“福金”。

清后死事属讹传，然在清外字新闻，证为正确，几乎举世不怪。此篇似嘲之，而其实怜之。比清字新纸义至我宫闻者，则岂啻上下床之别哉。

书 感

奈良善斋

艨艟万里驾长风，旗鼓堂堂渤海东。闻道将军连奏捷，献俘昨夜谒行宫。

战罢三军唱凯歌，满廷谲诈意如何。请君须记膺惩事，不破榆关勿议和。

君为退职海军主计总监，想每一战，必有抚髀自叹者，而其诗或喜或忧，皆摅热血，从事雕缋而真意不存者，专抒性灵而俚俗不免者，皆非君所愿，是可钦也。其读史云："北军苦冻南军疫，东伐西征人血碧。不信相公唯宴安，冶游日夜欢声剧。"亦可以识其生平矣。

送平岩柳处从军

高岛篷川

气凛腰间日本刀，十年淬励刃吹毛。秋风万里壮行色，一鹗盘空碧落高。

昔人有"雕盘战后云"句，第四即景言情，便为其后劲，可谓百炼之钢。

十月十五日敕开帝国议会于广岛大本营十七日大驾亲临举开院之典臣孝之亦与焉恭赋一绝

岛田湘洲

霓仗连云羽骑屯，天威咫尺拜纶言。我皇宵旰忧家国，翼赞宏猷答圣恩。

曰满场一致，曰满场一致，眼无政府，又无党派，日本帝国臣民御侮之诚，炳耀乾坤，圣天子宵衣旰食之日，惟此足以报万一也。杜少陵云："独使至尊忧社稷，诸君何以答升平。"读此诗，则其颡有泚，必矣。小室屈山亦有诗云："广陵车驾驻，叆叇紫云浮。议院无朋党，将军富画筹。霓旌辉郎旭，龙马跃高秋。大计一呼决，教惊五大洲。”快哉快哉！

九日登高

堀晦园

秋入夕阳枫树林，骚人携酒此登临。三千里外远征客，霜满车营铁石心。

君每有会意，高啸闲轩，今驱使十三夜之旧句，为九日之新材，见斜照之枫林，想及军营之霜气。意眄殊常，而旨态无极，世有随园，则必采入诗话中。

阴历九月十三夜赋寄在韩某将校

石井桐阴

碧落无云万里清，虫心秋老咽残更。遥思鸭绿江头月，横槊何人赋远征。

用杉霜台韵，而诗境大异，然疏籁振木，行云过天之时，人人有此意思，鸥波君诗云：“万里悬军百战身，貔貅气压鸭绿津。数行过雁三更月，谁是赋诗横槊人。”

送二谷中尉

楫取畊堂

旌旆翻风气萧森，征袍一任峭寒侵。屯田我幕赵充国，伏枥谁知老骥心。

君少时奔走于干戈之间，勇名啧啧，明治中兴，任牧民官，治迹大著。今老矣，诗篇时出，盖静则储蓄其精灵，动则滂沛其气象，读其诗，想其人，可谓不负为松阴先生妹夫矣。

舟发宇智品遥别吉田梅城

乃木希典

闻说满州山水奇，铁蹄蹴破正斯时。征途若遇梅花地，折得寄君三两枝。

将军勇猛绝伦，画策亦精，善抚士卒，均其渴饮饥食，同其晓征夜眠，部下慕如严父，皆愿为将军死，故所向无前，而诗笔清秀，绝无豪语自喜之风，儒将风丰使人想见，区区伯颜辈，不以足比也。

伊东古猿将赴满州途次访予酒间赋示

栗田鹤渚

海楼风雨乱鸡号，被酒中宵抚匣刀。笑道男儿如骏马，死为枯骨价初高。

乱头粗服，险语惊人，鹤渚本来面目，虽病不变，余前年有"才人骏马其揆一，不死为骨不生价"句，殆同一落想也。

春和园席上次伊藤首相诗韵

楫取畊堂

老境何伤鬓发斑，犹余豪骨酒杯间。王师近日渡江去，话到奉天千叠山。

气象雄迈，声调壮朗，"话到"二字，承第二句有力。闻此日君分韵得入字，赋云："公余日短卜清宵，已觉星芒侵坐入。"槐南先生评云："鞭驱险韵，能畅所欲言，酒间豪骨，只当如此。""山"字押得犹响，是真我所欲言也。

十月念一夜春和园雅集分得枝字

杉溪六桥

葡萄美酒泛琼卮，绮席煌煌烛万枝。何日燕京重设宴，摩厓同勒纪功碑。

槐南曰：六桥君，所谓翩翩佳公子，出语婉约，自见才调，三四以壮语一振，刚柔相济，恰到好处。

题外设想，语不窘蹙，衣袂为之飙举。咳唾有如玉霏。周峰翁云："辞藻句贴，规颂相该，不徒作也。"信然。

天长节偶成

伊庭星岭

双鹤盘空鹰坐樯，看来无物不祯祥。行营献寿千秋节，报道前军入凤凰。

星岭滑稽洒脱，生平不耐静坐，爱跳跃，多言笑，不使金棕亭擅喜鹊之目。此篇却静稳，不求奇巧，然以凤凰应鹤应鹰，组织细密，风流自在，尚不失麹道人本色也。五峰君咏鹰篇末句云"鹰扬我武向无敌，前辈已入凤凰城"，用意暗合。

得侄岛田哲造书喜赋

蓝东洋

游侦朝跨赤雷峰，霜后关山急燧烽。敌垒相看色皆沮，秋风一骑出深松。赤雷峰，马名。

闻令侄从第一师团军，在金州，一日跨马细作，道逢敌兵，逆击走之，其勇猛超群可传也。此诗直叙其事，字字生动，如烈风送雨，一气而下，末句最精妙。柳井絅斋云："即一幅帧画也。"

十一月廿一日裹创从军陷旅顺快甚

三谷畊云

自裹疮痍气益雄，挺身又入贼围中。黄昏战罢收兵去，衣上淋漓鲜血红。

土城子役，我兵以寡当众，步兵第三联队苦战，为未曾有。城中讹传，中满大尉、三谷中尉死之，同人大惊，既知中尉受伤不重，我意少降，而未知有裹创从军之快事也。及得此诗，复惊其勇，乃次韵寄怀云："横槊诗成意态雄，刀光四闪夕阳中。眼看旌旆纷纷仆，地上黄龙血战红。"

旅顺军中

桥元鹿村

天兵直下破雄关，想见余威震百蛮。老铁山头旭旗影，秋高渤海一湾湾。

龟井伯爵率写真队，从军赴旅顺，出入矢石之间，采影自如，军中无不称其胆大而心快。鹿村实从焉。前日归朝，赠我以所获朱批《七家诗选》，且言只骑跋涉，备尝艰苦，途次或逢败兵，危不可言。然旅顺已陷，则精神一爽，如忘身在敌地者，乃赋此诗。就而见之，则汹汹湰湰，多具海气，比平生诸作，优者一等，未知使人神往者，与写真孰优乎？

读《旅顺战记》

本间香浦

部伍三千尽劲兵，唯知有死不知生。弹丸飞下猛乎雨，呐喊争登旅顺城。

一败胡军不复振，山川满目旭章新。休言天险金汤固，攻守由来只在人。

长谷川混成旅团，攻二龙山炮垒时，步兵行旷野中，无炮兵掩护之，无家屋树掩蔽之，呐喊直进，敌丸雨下，众或逡巡，旅团长叱之曰："汝不九州男儿乎？"一军激励，肉搏陷之。听者推其猛勇，外人从军者，亦极口称扬。第一首纪实之笔，淋漓酣畅，可以赠旅团长也。后首用吴起语，亦能适确。闻李鸿章语人云："旅顺守兵六千，日本人以兵二万攻之，众寡不敌，理当然耳。"噫！其愚不可及也。

十一月廿一日我军陷旅顺口喜赋

马渡汉阳

漠漠烽烟乱不收，一时战血迸空流。东来飞将自天下，气压支那四百州。

“秋官风骨高，孤鲠冠乡里”，是余前年赠君句也。自谓悉君平生，而君诗平稳和雅，绝不似其人。此篇骨气清苍，非其本色也。然写独眼将军意气，活活欲出，“倚篴高楼，青天欲裂”语，可以品之。

登金州府城楼

铃木东溟

仗剑城头百尺楼，雪晴渤海水天浮。苍茫万里斜阳外，一雁低迷古满州。

危楼缥缈碧云层，十二阑干尽可凭。渤海风涛长白雪，催人万里气飞腾。

豪放边往之气，清炼而出，沉雄古健，足可上凌七子，下接黄门矣。闻少尉学诗于修艺社，而格律声韵，不类敬香君之口吻，或其天禀使之然耶？敬香君识少尉最深，每读其诗，必有物在人亡之感矣。

外征杂记原二十

福原周峰

金州城接大连湾，旅顺口连和尚山。疆御万军空溃走，北洋锁钥是重关。

湖山曰：近日祝捷作颇多，大抵不免一样文字。周峰君此作，逐次详记，别开一局面，老成手段。

翁诗真而实腴，清而不激，正如素练轻缣，雅宜时用。二十首可当一部战争实记读。此诗多用地名，学《峨眉山月歌》，因以见一举破敌咽喉也。宋人诗云“全师各有词”，绘小人情状千秋如见。不知金州旅顺败将，以何词饰其败乎？

宿世恩雠非偶然，郑生相见说因缘。辕门献物表归顺，明代遗民刘雨田。

刘雨田者，普兰店豪家子也。我貔子窝民政支厅长官郑永邦说之曰："卿明遗民也，我祖亦明遗臣也，归化在日本，今灭清机熟，宜协力以从事也。"雨田大喜，献财务，愿归化，大山将军许之。闻此诗流传军中，雨田喜甚，次韵有作云。噫！彼真可怜生哉！

盛京一带阵云屯，征雁声寒度塞垣。逐北归来占敌寨，日东骁将驻戎轩。

旅顺已陷，宋庆袭金州，亦为我军所破，而复州熊岳，而普兰店，直进深入，不见只骑，所谓"单于远遁逃"者，状景为可仿佛。"逐北"二字，用口头语，妙有关系，似使人知此语之所由来，奇甚。

关市无征地免租，军厅政略布皇谟。万家烟火赈民灶，玉黍炊香新版图。

我军陷敌城市，乃设民政厅，民皆归服，椎髻之妇，未龀之童，望我旗纛如慈父，长官之去，有泣涕不忍别者。"玉黍炊香"，足以见民安其堵之状。昔者桃太郎腰日本一黍团子，伐鬼岛，今王师依黍于敌，何等快事，呵呵。

箪 食

伊东栖霞

箪食壶浆一路迎，爷娘愿作圣人氓。旭旗朝出金州府，皆道天兵是我兵。

清军过处夺掠淫污，民视之不啻蛇蝎。余于《支那兵事》诗中辨之详，故于六师抚民，秋毫不犯时，民皆蠕养蠢食于化日光天之下，箪食壶浆相迎者固宜，然至直目皇军为我兵，则毫无忠义之念，亡国气风，终不可救药也。可怜哉，可怜哉！

花阪大尉素通支那语樊家台之战追清将某大声呼之曰降则助命彼遂逃去拳铳一弹不复穷追而大尉雄名啧啧于敌军中目以花大人畏之如虎

日下部鸣鹤

追敌连呼降则宥，弹丸声里有阳春。威名万里震胡地，清虏传称花大人。

闻十三四年前，黑龙江花将军，以善战得名，边疆为靖，众称"花大人"。而大尉姓偶相符。故土民亦称大人不名，曰新大人前大夫孙也。其用兵之法相似也，其善支那语者为之也。花大人云请养旗人子为嗣，不戏言也。花大人不穷追留将军者，良有以也。一人为说，万人相和，凤凰城中士民无不识花大人者，一日从大队长半田少佐，向摩天岭，土民斋供者，不之少佐而之大尉，众讶之，诘得其故云。花大人令闻啧啧，不可无诗，而文坛寂焉无闻。噫！有以待先生之拓诗境也。

柳树屯杂吟

堀彬如

关山踏破此征鞍，铁笛休吹行路难。白发将军抚刀笑，满城风雪不知寒。

彬如晦园长子，为余近姻，前年出教导团，奉职骑兵第一大队，后以事辞官归乡，及征清师起，奉命赴柳树屯。第二军兵站电信部，鞠躬从事，犹水隼伉猓，偶试击于太空，时寄书，皆自勉之语，不绝道及寒苦困厄，所谓"满城风雪不知寒"者，亦自道语也。彬如弟载如为野战炮兵，从长谷川旅团军，攻旅顺，又于役威海卫，一家二人，从军有功，晦园之喜可想矣。

乙未元旦口号

神原古石

盛京今日旭旗红，且庆六师声势隆。王化滋来千里外，穹庐到处偃仁风。

凤城一带彩云悬，寿色南山拱殿前。应仰扶桑红日丽，鸡林八道绝狼烟。

韩土赖我扶持，满州归我恩泽，壮哉我国！伟哉我兵！谁不三盏以祝乎！

新年口占

满州不是旧山河，旌旆堂堂瑞气多。想见皇风与春遍，大连鸥鹭浴恩波。

恩及鸥鹭，此知和气生春也。

迎　年

日野珠堂

春王正月喜何胜，鸡唱三声拜广陵。年少书生无一事，窗明机净赋灵鹰。

和雅春与，有太平气象。

旅顺口屯营元日偶作

大庭梦铁

故国回头路几千，马蹄驻处好迎年。一樽恩赐微臣泪，先拜东方日出天。

忠厚之至，读者亦下涕。前日君寄书云心云："旅顺之役，余奋斗二回，其一以少击众，四面皆敌，苦战久之，突围出，部下士伤三人耳。军刀鲜血淋漓，刃缺如锯，而不蒙一疮，真神佑也。"中尉奋勇，士愿效死，乃奏殊功而不自居，推为神佑，其谦抑可钦，不独诗思之忠诚也。

凤皇城新年

七里雪溪

节入新年梅返魂，凤皇山上旭光温。可怜朔北无名草，又浴东君雨露恩。

君为枫桥表弟，少游支那，视察形势，事起归朝，其所著《支那兵制论》，使洛纸一时生价，后补通译官，从立见旅团军，旅团入凤皇城，建民政支厅，仓辻少佐为其长官，君辅佐之，约法立制，大得民望，鄂士谦者，誉冠一城。赠诗于君云："从征凤郡路悠悠，智勇偏能借箸筹。闲阅韬书多萃福，频挥翰墨亦凝庥。音同金玉传莲幕，品励圭璋倚竹楼。文治武功姿策划，方知善政自风流。"五十六字，未免率意成章，然推重归服之情，可以见矣。此诗借无名草，写圣泽普及之状，旭光东君等文字，一不虚下，真占领地新年诗也。

咏　海

奥田抱生

朝宗万古众流输，匹似群夷仰圣模。威压沧溟百灵走，龙王亲献满干珠。

长见乾坤日夜浮，潮来汐往几千秋。搏桑红旭曈昽影，曾照鸡林入贡舟。

瀛东花木入青阳，禹贡生民徯我皇。天汉繇来归大壑，扶桑海是太平洋。

今兹新年和歌御题，为寄海祝，诗盖拟此而作也。溘漭淡泞，有腾波赴壑之状；濯汫濩渭，有荡云沃日之态。二十八字中，具万千气象。非吞云梦八九者，不能道只字。而多用本朝故事，结以太平洋，浑融入化，最得体裁。

时 事

多田松庄

阳春有脚洽遐方，到处黔黎皆祝庆。剩水残山节余地，莺花依旧被韶光。

此诗次古梅先生韵者，而稳押工捺，无些痕迹。作者以意运才，乃至此境，彼拘泥格调，自矫性情者，争得如此乎？谚云“死蛟龙不如活老鼠”是也。唐人谓宋璟为“有脚阳春”，言所至之处，如阳春煦物也。今以之拟皇军至仁，何等切实，不可移动。

陪陶庵文相望绿村庄春筵酒间率赋

大久保湘南

版籍辽东万里开，恩波先湛手中杯。杯中酒似鸭头绿，满引一江春水来。

槐南曰：绵渺中每含俊意，婉转外自见远神，笔情之洁，最不易到。

荡以逸情，瀹以灵气，“此江若变作春水”句，运用如此，使谪仙人听之，亦将惊落想之奇，不特裳川君为之低首也。

江上观梅花二首

潇洒风姿迥出尘，梅花江上早生春。一枝谁复寄相忆，万里辽阳征戍人。

晴雪吹香半树梅，可怜偏向白鸥开。关心一片陇头信，门外暮江潮又来。

种竹曰：风凋绵邈，带多少隽味。此非解人则不能道，亦不能会得者。个中三昧，多自新城得来。后首末句，暗寓新事，托兴有余，味之咀嚼不尽。

二首出陆凯“寄与陇头人”及“聊赠一枝春”句，各具时事于其中，而其句绘藻相宣，宫商叶应，苍凉伉壮之情，可得之于言外，即作者亦不自知其然也。

雪夜读书

太田香海

雪霁天寒山月明，读书窗外夜三更。故人今夜辽东阵，想见临风一槊横。

因雪想边塞，因书四诗句，有眼注此地，手写彼处之妙。

金州途上

松田学鸥

街头乱后少行人，新战场荒未觉春。蓦有长风吹卷地，金州城外月如银。

金银相映，用巧之至，是下谷吟社所喜也。学鸥又有一绝云："旷野茫茫雪满袍，奇寒彻骨利于刀。行三十里无人影，村店那边沽浊醪。"翕辟生趣，荒凉情景可想。

送素川生之山东

本田种竹

月照辕门凛剑矛，朔风吹满白毡裘。琅琊台上定回首，雪压山东二百州。

苍老悲凉，情纡郁而磅礴，不袭槎枒楂瘦之习，咀明格、嚼清韵者，才造此域，闻素川从第二军，上营城湾，入威海卫，崎岖山谷，蹂躏冰雪，其日乘，笔路畅达，笔力健警，山侪辈之右，非此诗则不以足壮其行色也。

寄友人从军在山东

长泽松雨

骁勇由来冠越三，杀人如草入雄谈。知君横槊平生感，春日山头不识庵。

越人骁勇，因杉霜台遗风者居多，越人追慕不已者，亦何足怪。此篇超超空行，不落一凡字，盖横槊军营，眼前妙悟，不用多费言语也。

闻定远轰沉报

长谷川城山

轰然一击势离支，海气昏昏漂积尸。浊浪滔天风卷起，可怜巨舰欲沉时。

镇远坐礁后，汝昌倚定远如长城，一旦失警，为我所轰沉，汝昌胆落，乞降次之，水雷艇队功积，于是为伟，转结记实书感，笔笔飞舞而下，如水趋壑。

纪　事

永阪石埭

战余败舰卧春潮，转使征人魂一消。血样草痕吹满地，刘公岛上碧萧萧。

“血样草痕”四字，何等新警，见者愕然，不知其咏何事。至读下句“碧萧萧”三字，始知先生锤炼过人矣。盖先生风度之闲雅，气韵之高秀，寻味于人所未能味，虽起乐莲裳于九原，恐无越之矣。

征清纪事原十二

金井金洞

忍将礼乐付蛮夷，九点齐州草木悲。但愿山东入王化，重陈笾豆祭先师。

隔岸辽山一带青，烟波何处吊英灵。天边白鹤空哀唳，犹有居民说姓丁。

种竹曰：十二首自鸡林进剿，以及威海失陷，言之有物，序列井然。特见词理明畅，韵格迥不犹人。二首全纪威海之事，引用妥当，斩新可喜。此诸家未道破处，使人爱诵不已。

山东省属古时齐鲁，文物蔚然，旧礼尚存，沧海先生戏云："山东若入王土，则称我国孔子，不亦快乎！"前首亦其意。后首借令威吊汝昌，同时用此典者不少，然以"隔岸辽山"导之，则属天外奇想，而稳而切。区区貌袭盛唐，皮传残宋，局自家所好之域者，未足语其妙也。

外征续纪

福原周峰

荣城县是古东齐，龙睡湾深海气迷。此处吾兵曾上岸，至今警语止儿啼。明嘉靖中，吾边民寇山东云。

以夷变夏昔闻之，蛮族今看化汉儿。开府山东复王政，禹汤文武想当时。

荣城湾有日本岛，威海卫有倭山庄，我边民奋斗旧迹，历历可征。或云：倭山庄七十士，海野养之助、黑田庄平、伊东仙藏为其魁。或云：明永乐三年五月二日，文登州将军玲周伯，攻日本岛不克，怒杀邦人在倭山庄者四十二人，前田传五郎等三人，遁至日本岛，相谋乞援于其乡，唐津乡人愤其亡状，誓与师复仇。山崎义信为将，马场儿重为副将，力士鹫岳、可儿川芳岭等为裨将，僧谦堂学博才多，推为谋主，总六百人，兵船四只，商船二只，渔舟六只，澜舟六只，永禄四年三月十七日入荣城湾，二十七日至刘公岛，义信藏船于百尺崖下，不使敌兵知之，独率谦堂，至赵北嘴营，问四十二人死状，并求其遗物，敌见其寡，嫚侮不应，义信怒云："不得之舌头，即得腕头耳！"言毕起，麾诸船攻百尺崖，敌诸营相集救之，义信分兵为二，使其一夺刘公岛，又遣几重将其一上竹岛，袭威海卫，拔之，斩其将契崇延，邵超逸仅以身免，义信乃求四十二人遗尸厚葬之。五月七日，奏凯扬帆。或云：邦人记录，龙睡湾为辰港，象形嘴为象鼻，竹岛为笹村。邦人骁勇，眼中无敌国，使后人想见其意气，可知彼土畏我如虎，借止儿啼者，由来已久也。而今天兵一下，荣城刘公，复为邦人所蹂躏，使义信等听之，则惊喜果何如乎？后首与"重陈笾豆祭先世"句，意趣相近。

挽大寺少将

长谷川城山

将军忠勇动乾坤，一死唯期报至尊。日暮青山人不见，梅花残雪吊英魂。

将军心地明亮，不独骁武无双，今品以梅花残雪，巧心浚发，咀嚼不尽，三复之余，使人低徊墓前不忍去。柏木城谷诗云："叱咤三军意气豪，想君马上倚长刀。谁知百尺悬崖顶，占得英名万古高。"是专咏将军骁武也。

春　寒

丸濑槐谷

将军关塞破楼兰，立马摩天冰雪残，铁笛一声山石裂，梅花三月又春寒。

是合浦吟社课题作也。而忽想及摩天岭上冰雪，梅花铁笛，字字皆响，真铁中铮铮者也。

军中口占录三

福岛平洲

蹂躏金州又盖州，征途谁梦大刀头。愿教边塞归王土，鸭绿溶溶万古流。

百万虎贲谁克当，楼船诸将也鹰扬。辽东风雪战酣日，羽檄遥传敌舰亡。

霜戟如林士气雄，天戈一指敌兵空。何时去上北京路，四百余州在掌中。

步兵第十五联队长河野大佐，以精锐勇武称，部下皆健勍无比。攻金州时，陷其正门，次以寡兵守金州，破宋庆援师，破旅顺败兵。今兹元旦，发金州，陷盖平，战太平山，破营口，拔田庄台，步兵少尉福岛泰藏君，为该联队所属，转战各地，遂进中尉，其勋迹之大，可想也。君诗悲壮慷慨，意到乃成，纯乎武人之语。自云："新篇自信满前后，好赋燕京满地春。"盖以诗拟丰公千瓢故事也。余得中尉诗于金井秋苹处，乃兹登撰，并志快人快事云。

寄怀儿开二在清国盛京省前日儿任军医，在第一军第三师团第二野战病院

室石田

飒飒寒风起塞关，几时明月照刀镮。传闻戎士寒陨趾，踏遍满州冰雪山。

惨烟凄雨拥征鞍，壮士何关苦与酸。期汝朝朝医病手，为他黎庶救饥寒。

意至笔随，笔至情随，情之所溢，语语挚实，言言真诚。前者道边塞之苦，后首更开拓一境，"医"字"救"字，错综成妙，七曲吟社本色语，由来如是。

寄怀广濑俊一次见似诗韵

本多井华

积雪连天旗影寒，王师今在水之干。密云冻合田庄府，立马营门月下看。

君家本素封，意致翛然，周旋明窗净几之间，而诗笔清峭，乃能使我辈五体投地。天放君为其支属，亦次此韵云："兵气峥嵘连幕寒，辽

河千里月阑干。和戎未识何消息，万众仰天东向看。”

送从弟山田源从军

山本云溪

花前何说别离情，四月春风好远征。山海关头冰解日，夕阳灭没是燕京。

第四师团，从军最后，余读其铙歌，其意谓狮子久眠牡丹花下，而今怒而起矣，一吼则百兽辟易，盖狮子与四师，邦音相遇，故托焉以唱也。师团士气之奋如此，则送者意气，自然轩昂。此诗清遒警挺，如钟撼空，鹤唳天，妙在纸背。

盖平城外即事

乃木希典

干戈朔北事纷纷，一望浑无不断魂。节及清明风物冷，垂杨绿浅劫余村。

此诗次“清明时节雨纷纷”韵者，声音悲壮，读者魂亦断矣。闻休战后，将军练兵盖平城外，时施大清洁法，终日不倦，戎马艰辛，真可下涕。吉田梅城次韵却寄云：“轻裘肥马暗尘纷，花月春城迷醉魂。朔北王师三十万，雪餐冰宿一村村。”则此诗余意，字字皆热血也。纸迷金醉，倚翠偎红者，宜愧死焉耳。

闻清国使臣来求和我首相奉诏会议马关春帆楼

依田学海

火轮百里海云昏，使节东来合断魂。带雨春潮晚来急，梅花零落古长门。

先生诗以性灵为主，亦能驱遣故实，故最长古体，绝句淡淡着笔，不敢用力，而声调气格，自然不犹人。第三句暗中紧接时事，第四句凄婉之至。此之于古诗中“海风残日吹长门”句，更属绝调。

闻媾和使至赋此述怀

砚野素堂

要问媾和成不成，任他胡俗失忠诚。使臣樽俎折冲日，阃外依然百万兵。

清廷狡诈为常，征之于英佛战时，其证历历。今我军战胜攻取，彼若失诚，则进薄北京，如探囊中鼠耳。少荃叩首乞和，不敢狡诈，则不愧国家元老矣。是所以君要问成与不成也。诗饶老气，堪霸一方。

金州次光斋诗韵

堀彬如

风雪关山一破裘，男儿此段不言愁，茫茫大野梅花未，三月春来凄似秋。

年之二月，余寄书彬如，封寄庭中梅花、瓶中海棠各一朵，彬如乃报以此诗。一读凄然，渔洋"十日雨丝风片里，浓春烟景似残秋"句，殆可唾弃。余未知光斋何人，其诗云："过雁数行启窗看，半轮春月影如秋。"亦能动人。

马关客舍寓目用石埭宁斋唱和韵

森槐南

眼看干戈玉帛仍，楼船拍拍浪花腾。何人酹酒斜阳外，水碧梅红寿永陵。

德璀璘先被斥，张荫桓复见逐，李少荃以家国柱石，万里来槎，与我全权大臣，折冲樽俎，马关一地，举国注目，先生在羽檄旁午、簿书醽酢之间，兴酣落笔，悠然神远，非胸有余裕，则争能至此。石埭先生原作云："禊饮风流故事仍，淋漓醉墨兴飞腾。奇诗须寄三千里，楼下春潮通广陵。"余次韵云："想见绣罗唐代仍，水边多丽转喧腾。燕京来日春词艳，更有谁人似杜陵。"共系禊饮席上所得。

甲午冬至前五日星社诸人集于竹磎幽居联句

消寒此夜筵，深杯我仍怯。宁斋。梅花腊中开，蓦看和气洽。东郭。五三六人朋，总无拘礼法。竹磎。高吟古人诗，清谈兴不乏。天心。世事埒云烟，诗书了净业。袖浦。酒酣更渐阑，轻篆袅金鸭。絅斋。想见胡月寒，秋水。照到金琐甲。宁斋。

槐南曰：尝读近代朱、查诸家集，雅筵联句，动辄盈幅。诸君韵事，庶足蹑其高踪。结末以景语切定时事，如荆卿匕首，芒角忽露，何等爽利之笔。

百草园联句三十韵园松连寺遗址，在武藏多摩郡

晨出府中驿，乘晴又曳筇。湘南。鸟啼祠树淡，麦秀陇烟浓。宁斋。小犬吠花影，遥山带画容。六石。春云移在帧，流水矫如龙。湘南。蜿蜒沙间径，萧闲物外踪。宁斋。一枝莲塔耸，三板野桥重。六石。琤讶青瑶响，訇闻古碓舂。湘南。人家疏绕麓，畎亩半依峰。宁斋。吹笛频呼犊，临岐屡问农。六石。荒村生百草，孤寺出连松。湘南。僧意悠然远，诗情偶尔钟。宁斋。苍苔埋断碣，碧沼泛新葑。六石。阪峻攀之字，庭幽摩北宗。湘南。何妨丘壑假，转使我侪悰。宁斋。登合天风爽，振衣林籁讻。六石。川原何窈窕，气象自葱茏。湘南。万里归双眼，千秋感满胸。宁斋。谁怜兵马地，时拾折残锋。六石。恩怨浪淘汰，干戈铁冶熔。湘南。膺惩宣凤诏，威武压尧封。宁斋。旭日照旗大，鲸涛当舰汹。六石。雷轰而电击，士顺以民从。湘南。箪食壶浆至，刍荛雉兔逢。宁斋。康衢催鼓腹，空谷听音跫。六石。降纳赢邦乞，辞传远使恭。湘南。东君方献颂，金羽似歌雍。宁斋。须见迁乔意，旋知闭户慵。六石。小游鸿爪印，迂路马蹄松。湘南。行乐欢儿女，追随抵蝶蜂。宁斋。携归夕阳外，六石。隔崦已昏钟。湘南。

霞庵曰：前半曲写途上及寺中光景，清远淡秀，使人神飞。后半

自古迹一转，忽入时事，句句灵妙，三君各擅其长，而工力相敌，真近时杰作。

大纛余光作者姓氏

森槐南，名大来，字公泰。通称泰二郎。尾张名古屋人。今在京都。

古泽介堂，名滋。土佐佐川人。今在奈良。

黑木钦堂，名安雄，字飞卿。赞岐高松人。

大庭云心，名景阳，字成大。长门长府人。今住东京。

岸泽醉经，名启秀，字士刚。通称计之助。武藏星宫人。

奥田大观，名淑，字季清。尾张名古屋人。

矶野素堂，名重述，字继甫。信浓木曾人。今住东京。

宫下碧云，名英。岩代会津人。今住东京。

堤学轩，名行，字土笃。通称增藏。丰前上田人。今住东京。

久保天心，名万，字曼寿，通称万寿吉。土佐高知人。

伊藤壶溪，名贤道。伊势香取人。今住东京。

堀晦园，名澹，字澹如。通称耕平。肥前谏早人。

阪口五峰，名恭，字德基，通称仁一郎。越后新潟人。

向山黄村，名荣，字欣夫。东京人。

田边松坡，名新，字子慎，通称新之助。肥前唐津人，今住东京。

森川竹磎，名键，字卿云，通称键藏，东京人。

岩溪裳川，名晋，字士让。丹波福知山人，今住东京。

川岛小泉，名忠平，字兆山，通称忠兵卫。飞弹高山人。

岩谷古梅，名修，字诚卿，近江水口人。今住东京。

矢土锦山，名胜之，字实夫。伊势松阪人，今住京都。

小室屈山，名重弘，字毅卿。下野宇都宫人，今住名古屋。

藤肋松轩，名善政，字子德。出云松江人。今住新潟。

松平破天荒，名康国，字猛卿。东京人。

富田鸥波，名久稼，字美卿，通称厚积，越前福井人。

小野湖山，名长愿，字侗翁，近江彦根人，今住东京。

牟田石香，名鳞，字公翼，通称逸马。肥前矢上人。

小林林塘，名淡，字志明，通称秀三郎。下总丰冈人。
河田贯堂，名熙，字伯缉，东京人。
金井秋苹，名雄，字飞卿。上野岛村人，今住东京。
冈本随轩，名宣成，字有孚，通称九米吉。近江彦根人，今住东京。
泽崎梨圃，名溪，字士涯，越前武生人。
本田种竹，名秀，字实卿，通称幸之助。阿波德岛人，今住东京。
户仓梅室，名稔，字米甫，通称有米太。美浓大迹人。
城井锦原，名国纲，字公立。丰前稗田人，今住东京。
永阪石埭，名周，字希庄，通称周二。尾张名古屋人，今住东京。
久保桧谷，名雅友，字士仁。摄津御领人，今住东京。
依田学海，名百川，字朝宗。下总佐仓人，今住东京。
高野竹隐，名清雄。尾张名古屋人，今住伊势。
佐藤六石，名宽，字公绰。越后新发田人，今住东京。
杉溪六桥，名言长，字信卿。京都人。
牧野静斋，名贱，字士恭，通称谦次郎。赞岐高松人，今住东京。
宇田沧溟，名友，通称友猪。土佐高知人。
冈田松窗，名英，字子俊。河内丹南人。
柳井䌹斋，名简，字文甫。通称录太郎。备中高梁人，今住东京。
土居香国，名通豫，字士顺。土佐佐川人，今住名古屋。
吉田梅城，名宽，字君栗，通称库三。长门萩人，今住东京。
落合东郭，名为城，字士应。肥后熊本人，今住东京。
长尾雨山，名甲，字子生。赞岐高松人，今在京都。
新田柑园，名义彦，字文卿。上总东金人，今在福山。
田边碧堂，名华，字秋谷，通称为三郎。备中长尾人。
岸上质轩，名操，字公德，下野宇都宫人，今住东京。
石田东陵，名羊，字士刚，通称羊一郎。陆前仙台人，今住东京。
杉浦梅潭，名诚，字求卿，东京人。
千贺鹤塘，名尚，字子志，通称种次郎，三河冈崎人。
长谷川三岳，名有，字子龙，通称有造，陆奥弘前人，今住青森。
何蠡舟，名礼之，字伯恭。肥前长崎人，今住东京。
田边莲舟，名太一，东京人。

渡印南，名充。下总佐仓人，今住东京。

石井梧冈，名彭，字铿期，通称荣三，尾张名古屋人。

海浦竹斋，名义观，陆奥深浦人。

吉川青州，名辰，越中渔津人。

蓝桥北，名亮，字有邦，上总川岛人，今住东京。

林无底湖，名隆，字子兴。周防山口人，今住东京。

市村梅轩，名谦，字士牧，通称水香。摄津高槻人，今住京都。

奥田抱生，名晋，字式斋，通称一夫。尾张名古屋人。

胜间田蝶梦，名稔，字子穰，长门萩人，今住仙台台。

佐藤碧海，名勤也，字精卿。三河碧海人，今住名古屋。

水野芦洲，名韫，字待甫，通称荣二郎，尾张名古屋人。

藤井紫水，名勋，字士功，尾张名古屋人。

铃木东溟，名虎，字七生，通称虎十郎。远江挂川人，战死于威海卫役。

清水秋村，名逸，字子骏，通称驹太郎。丰后四日市人，今住大阪。

田中青山，名光显，字扬卿。土佐佐川人，今住东京。

丸濑槐谷，名正果，字子毅，陆奥弘前人，今住青森。

斋藤积翠，名助，字士美，通称助作。陆奥弘前人。

生驹旭轩，名如保，字禄甫，陆奥弘前人，今住青森。

国分青崖，名高胤，字士美。陆前仙台人，今在海城。

入江雨亭，名为守，字士邦。京都人，今住东京。

根本穆堂，名定，字肃卿，通称定七，常陆水原人，今住东京。

野村欲庵，名靖，字子共，长门萩人，今住东京。

辻泽菖水，名玄，字默卿，越后新发田人，今住横滨。

大久保湘南，名达，字隽吉。佐渡相川人，今住东京。

土屋凤洲，名弘，字伯毅。和泉岸和田人，今住东京。

天野淞村，名为之。肥前唐津人，今住东京。

永久保春湖，名秀，字兰有，通称秀二郎。钏路采春人。

门胁黄鼎，名三德，字馨甫，播磨曾根人。今住金泽。

三谷畊云，名仲，字笃卿，通称仲之助。下总长仓人，今在盖平。

大矢梅洞，名稻，字士粲，通称稻太郎。相摸座间人。

高岛九峰，名张，字张甫，通称张辅。长门萩人，今住东京。

久保青琴，名大狂，字士奇，通称得二。东京人，今住仙台。

杉下耕云，名丰，字士康，通称太郎右卫门。飞驒国府人。

斋藤栗堂，名新，字又新，通称新一郎。陆奥弘前人，今住东京。

谏早鹰城，名家崇，字健甫。肥前谏早人，今住东京。

八木泽鸥汀，名彭，字久而，通称彰六郎。陆奥弘前人，今住青森。

松田学鸥，名甲，字忠信。岩代会津人，今在复州。

山内桂厓，名定国，字子家，尾张名古屋人。

雄山牧村，名郡君龙，越中牧野人。

片山芳湾，名辰，字拱卿，通称辰之助。备后松永人，今住尾道。

寺岛翠峰，名宜汉。纪伊田并人。

横山黄木，名又吉，土佐高知人。

土屋大梦，名元，字卧云，通称元作。丰后日出人，今在纽育。

本多天放，名章，字伯倬，通称阿伎良。肥前小滨人。

本多玄谷，名亲秋，字子谷。肥前小滨人。

宫尾竹亩，名惠空，字子迪，近江今川人。

若山江村，名辰，字环史，通称辰五郎。陆奥弘前人。

高田梅南，名有，字有秋，通称有秋。尾张名古屋人，今住横滨。

高岛篁川，名崇，字子登，通称静安。尾张鸣海人。

井上活泉，名文慈，字洞宾，通称文慈郎。播磨姬路人。今住东京。

釜泽桥北，名寅，字履卿，通称寅之助。陆奥三户人。

阪田听冰，名竣，字克明，通称英策。备中江原人，今住东京。

小野梅村，名胜，字贞卿，通称胜马。丰后玖珠人。

横川唐阳，名德，字有邻，通称德郎。信浓诹访人，今住东京。

手岛秋水，名鉴，字方诸，通称知德。伯耆根雨人，今住京都。

服部担风，名辙，字子云，通称久米之丞。尾张鯏浦人。

池田贯堂，名政晙，东京人。

井上绚堂，名要，通称要三郎。纪伊和歌山人。

渡边牧野，名雄，字雄三。肥前佐贺人，今住名古屋。

日向竹君，名良骏，字温华，羽前山形人，今住东京。

高桥牛山，名美露，字子德，通称巳之吉。飞驒高山人。

早川峡南，名龚，通称恭太郎。甲斐福井人，今在盖平。

原白山,名知信,越中人,今在渔隐洞。

草场金台,名谨,字士行,通称谨三郎。肥前多久人,今在金州。

新井虎南,名冽,通称由三郎。武藏熊谷人,今在缸瓦寨。

辻香坞,名顺宣,字维玉。京都人,今在东京。

加藤蕙畴,名一,字叔夫。美浓笠松人。

山田苹村,名弘,字大道,通称弘吉。播磨姬路人。

服部南村,名信,字好古,摄津喜连人。

岛田湘洲,名孝之,字维则。越中般若野人。

津田杉南,名英彦,字子慎。尾张名古屋人。

秋月必山,名新,字士新,通称新太郎。丰后日田人,今住东京。

关泽霞庵,名清修,字士节,羽后秋田人,今住东京。

栗田鹤渚,名矫,字强卿,通称胖藏。备后尾道人。

岩佐眉山,名秀,字士实,通称秀五郎。阿波德岛人,今住东京。

藤波千溪,名锹,字田器,通称锹太郎,东京人,今住冈山。

横山樱溪,名咏,字子洛,通称咏太郎。萨摩鹿儿岛人,今住京都。

白石紫洲,名诚夫,字淳卿。肥后熊本人,今住上野。

八木天川,名鹄,字仲举,通称郁二,播摩大盐人。

清水柏轩,名孝,字渐卿,陆奥弘前人,今住青森。

青柳秋堂,名烈,字肃卿,通称烈藏。羽后汤泽人,今住东京。

佐藤船山,名知敬,字子达。信浓小诸人。今住长野。

田中听雪,名清,字士缨,河内布忍人。

山本西湖,名秀夫,字士猛,大阪人。

吉田竹南,名暹,字阳甫。尾张名古屋人。

细田东乡,名谦,字子敬,通称谦藏。伯耆北谷人,今住东京。

阪田警轩,名丈,字夫卿,通称丈平。听冰父。

冈本黄石,名迪,字吉甫,随轩祖。

副岛沧海,名种臣,肥前佐贺人,今住东京。

柚木玉村,名方启,字子爰,通称梶雄。备中玉岛人。

西冈宜轩,名逾明。肥前佐贺人,今住东京。

大胁秋涯,名源,字子渊通称源藏。大隅人,今住丹波。

小岛董图,名忠康。东京人。

山县含雪，名有朋。长门萩人，今在京都。
大庭梦铁，名景一。长门长府人，今在旅顺。
弘田静溪，名洁巳，字子敬。土佐川北人。
柏木城谷，名万，字士邦。飞驒河合人。
金井金洞，名之恭，字子诚。秋苹父。
奈良善斋，名真胜，字有定，通称真志。陆中盛冈人，今住东京。
石井桐阴，名彬，字文质，通称源次郎。备中矢挂人。
楫取畊堂，名哲，字士毅，通称素彦。长门萩人，今住东京。
乃木希典，名希典。长门萩人，今在金州。
伊庭星岭，名彰，字士德。备中玉岛人。
蓝东洋，名邦，字彦之。桥北祖。
桥本鹿村，名文，字蔚如，通称文三。石见津和野人，今在金州。
本间香浦，名健，通称健四郎。越后寺泊人。
马渡汉阳，名俊猷，字士远。肥前谏早人，今住东京。
福原周峰，名亮，字公亮，通称公亮。周防山口人，今住京都。
伊东栖霞，名盘根。肥前岛原人，今住长崎。
日下部鸣鹤，名东作，字孟秩。近江彦根人，今住东京。
堀彬如，名晴，字日青，通称晴太郎。晦园子，今在金州。
长濑甲村，名荣，通称荣五郎。飞驒朝日人。
中岛姬山，名慎，通称慎一。肥前谏早人，今住藤枝。
广冈尾山，名有久，字士亲。加贺金泽人，今住冈山。
神原古石，名询，通称万峤，飞驒阪上人。
小林栗村，名弥，字韬堂，通称弥曾吉。下总长岛人。
日野珠堂，名居龙，字成器，美浓关町人，今住东京。
七里雪溪，名恭，通称恭三郎。越后新发田人，今在凤凰城。
多田松庄，名义廉，字子直，通称省一。备前冈山人。
太田香海，名斐，字君章，通称石之助。飞驒船津人。
长泽松雨，名范南，字惟卿。越后上馆人。
长谷川城山，名正直。伊势桑名人，今住东京。
福岛平洲，名泰，通称泰藏。上野高崎人，今在盖平。
室石田，名德，字士裕，通称德三。飞驒国府人。

本多井华，名亲昌，字伯兴，通称西难。肥前小滨人。

山本雪溪，名荣，字士秀。大阪人。

野田松斋，名宾，字益晴，通称益晴。肥前谏早人，今住大森。

阪本三桥，名钐，字百练，通称钐之助。尾张名古屋人，今住冈山。

谷枫桥，名虎，字士雕，通称虎六。越后新发田人，今住东京。

村山袖浦，名驹，字昂叔，通称驹之助。下总鹭沼人，今住东京。

（蒙显鹏选录）

五、《征清诗集》

《征清诗集》是柳井录太郎编录的一部汉诗集，内容主要与甲午战争有关，全书以诗体分类，共上、中、下三卷，收录作者170人，作品671首。由东京博文馆于明治廿八年(1895)出版，现藏东京国会图书馆。编者柳井录太郎，名筒，字文甫，即前文已见的柳井絅斋。甲午战争时，柳井曾参编《日清战争实记》，此刊物共50编，是当时影响最大的战争宣传机器之一，报刊摘录部分对其有详尽介绍。柳井主要负责其中第41至45编。明治廿九年(1896)又参与编著《万国战史》之《希腊独立战史》。另，柳井曾撰《日本农业家伊达邦成传》，沈纮译，清光绪二十七年(1901)由江南总农会出版。

序

挺身炮烟弹雨之中，驰舟狂澜怒涛之间，奋战健斗，碎坚垒，覆大舰，以扬我武于四海之外，是水陆军人尽忠报国之功也。然而，其事止于一时，传之天下后世，镝镝炳炳，荡人耳目，国光宣扬，与天壤无穷者，不可不由文人翰墨之勋。是尹召之所以作大小雅，韩柳之所以撰碑词雅章也。我明治天皇义援韩土孤弱，武惩清国骄慢。自甲午至乙未，未一载，海陆两军百战百胜，如快刀破竹，如疾风偃草，清帝慑伏，献地偿费以请和。于是国光发扬，如日月悬天，照明于四方万国，非区区周唐邦内武功之可比也。是以文人词客，争先讽咏以颂之，不啻汗牛充栋。我乡人柳井絅斋恐其散轶，拔萃其中，编成三卷，曰《征清诗集》，携来请余序。余读之，邦俗淳朴，不喜雕琢骈俪，是以篇篇据实直叙，写真不饰，使人如身在战场，耳聋炮雷，目逃剑电，而忠勇之气，凛然袭来，感激奋跃不能已。比之周雅唐词，浮夸泛溢，献谀一时，失信万代者，非同堂之论也，则使明治神武之功天长地久，传不朽也昭昭矣。虽然，功成而毁兴，利至而害伏，天数人事之所不免。矧四方万国，虎视眈眈，相窥衅隙，则皇武膺惩之举，将不止一东洋。为武人者，不宜不益警戒奋励，待有事，奏征清万倍之功。文人亦宜益研精翰墨，雄篇大作，宣扬国光，超越今日，而此集实为之嚆矢。余安得不扬眉鼓笔弁一言哉！

明治乙未夏五月，中洲老人三岛毅撰

序

诗者，心之声也。刚毅深沉者，其声也雄而阔；夸骄傲慢者，其声也嚣而浮；勇迈英拔者，其声也宏而壮；怯懦柔软者，其声也哀而怨。虽辞有工拙，章有瑕瑜，随手而成，冲口而发，可以见国势人情矣。若夫雕镂刻画，竞工争奇，剪裁粉饰，衒异弄巧者，未足以与谈诗也。征清师兴，兵结不解者，殆八九月。吾将士为国致命，临战轻死，战必克，攻必取，勇锐刚迈之气，震动天地矣。是以吾朝野之士，少解文字者，雄心郁勃，英气激昂，发于辞章而陈于声律。其载在新闻杂志者，无虑数千篇。又未著于世者，不可胜数。柳井絅斋恐其散逸，搜为一卷，名曰《征清诗集》。顾自兵兴以来，彼我交绝，彼文字除书檄外，无流传我者，不知成何语。然推其平生言之，无乃多嚣浮哀怨之辞乎？独至吾邦则不然，一言一句，莫不具雄阔宏壮之气象焉。盖其心声也。况于此集所载，皆金锵戛玉，可以代雅颂，荐于宗庙者乎！絅斋来求余一言，乃举所见以答之。书为序。

明治二十八年五月，学海居士依田百川撰

序

备中松山人柳井絅斋袖《征清诗集》三卷，来征余序。余尝赋《黄海鹰》，误为词林所激赏，则叙言之请，有不可辞者焉。夫周宣王称中兴，宏业赫著，然无吉甫、召穆之作，何以施诸后世？秦皇汉武号英雄，功烈尤伟，然非马迁班固之笔，何以传诸千古，则此编之著，岂徒然哉？况今上皇帝中兴伟业，征清神断，岂周宣汉武之比？吾曹事翰墨者，将大书特书，以雅以颂焉。是征清之诗所以不可无之也。独怪世之咏歌战捷者，咏歌之于牙山、平壤、九连、凤凰，而不知咏歌之于旅顺之大役。有咏歌旅顺者，而不知咏歌之于威海卫、牛庄口、田庄台。至李少筌来缔结条约，和议完成，则其诗寥寥如晨星，岂作者厚于始而薄于终耶？抑能歌于前而不能歌于后耶？又怪以夫文辞服职大学者，宪法发布、银婚大典，以至征清战捷、大纛凯旋，不闻其有能献雅颂以咏歌之者，岂以睿举大典为不美乎？其心曰：我教授也，以喉舌代俸金耳，至世之庆吊，不关于心云尔，则不敬莫大焉。而见世之善诗文者曰：彼文人耳，彼诗人耳。殊不知彼之所讲者六经，六经即文章，离文而无六经。雅颂者，诗也。离诗而无雅颂。而今之诗犹古之诗也，今之文岂异于古之文乎？孔子曰：不学诗，无以立。彼以为立乎？又曰：言之无文，行而不远。彼以为远行乎？柳子厚曰：思报国恩，独惟文章。彼以为报国恩乎？呜呼，武人鏖忾敌于前，文人传伟绩于后。文人三寸之笔，岂让于海陆十万之兵？今世非无复具马班之体而微者，惜哉人之不知也。此编固虽不及吉甫、召穆之什，而犹苍鹰之戢翼于樯头也，争先睹之为快。庶征清伟绩，由是传诸后世，足以羽翼明治中兴之光华，于是乎序。

明治二十八年六月，恕轩居士信夫粲撰

序

神后征韩邈矣，丰太阁文禄之役，兵连祸结，前后亘数年之久，才霁威于掷服裂册而已。客载朝鲜东徒之乱，清国渝盟，与我交战。平壤大捷，彼先寒胆，委械仗粮饷而遁走。我军海陆并进，连战克敌，席卷辽土，占领渤海，旅顺口、威海卫皆陷。彼竟势禁形格，遣使请和，约割壤偿饷。我皇许之，大诏班师，仁声义闻，籍甚宇内，称曰东洋盟主。初宣征战，进大营于广岛，将相扈从，参画帷幕，随行诸员，时赋戎兵。于是海内诗风，顿开生面。灵节韶光，变为干戈车革，华疏彩绘，更为崇功盛德。盖气运所会，不期然而然欤。顷者，柳井絅斋校刻《征清诗集》，来谒余序。或拟《车攻》、《吉日》，或仿《江汉》、《常武》，篇什之富，难更仆数，乃顾昔者丰公将征朝鲜，有劝儒生从行者，丰公不听，以乏其才之故耳。今也不然，三家村里，犹闻呫哔，号令一发，全国皆兵。所谓有文事者，必有武备，何须区区儒生，宜乎其功业伟烈，卓绝千古，而凌驾宇内也。人若疑余言，则盍读斯编。

明治廿八年龙集旃蒙协洽六月中浣，锦山矢土胜之撰

绪　言

征清以来，敌王攸忾，人有吟咏，此篇勉拔其萃，然间不保无玉石同架之憾，要观国民元气之所存耳，看官谅焉。篇次顺序，或以齿、或以爵、或以诗，标准不同，然其中未必无多少之分寸也。分诗体七：曰五古、曰七古、曰五律、曰五排律、曰七律、曰五绝、曰七绝，如夫长短句诸篇，多收于七古之部。篇中诗，单存批圈，尽省评语，恐烦褥也。

明治乙未孟夏王师凯旋之日，编者识

卷　上

五言古

拟　古

高野竹隐

明月不可拟，照我床头霜。离愁讵可说，夜夜瞻清光。客传一尺素，缄署新扶桑。远道日以近，畴昔梦异乡。相思即相见，忽在天一方。十三学琴瑟，十五织流黄。许身良家子，岂谓无刚肠。严冬瓶水冻，自脱罗襦裳。抽绵寄万里，君子幸周防。

春亩相国春和国[1]雅集，即席赋呈

关旭岩

韩北战正酣，万马饮鸭绿。天子亲莅营，此地建大纛。维我伊相公，帷幕参启沃。风云从指麾，鱼龙入检束。开议咨选良，诸士皆诚勖。敢不奉圣旨，誓欲济时局。两院无违言，军需补不足。经纶策已成，伟勋长可录。惟公余勇在，移檄诗战促。长流蘸暮霞，画堂爇银烛。政追金谷觞，词裁凤池曲。四坐涌吟声，平泉续芳躅。天地别成春，和气温似玉。

七言古

明治甲午旧中秋招同人赏月

冈本黄石

今年秋与常年别，依旧碧落冰轮洁。天兵十万今远征，又有鸾舆出宫阙。老夫此夕招同朋，桂花香里霏谈屑。杯中时见金波摇，海外定知剑光彻。斗接黄州捷报来，一座欣跃浩歌发。乾坤振古用兵时，肃杀金风玉露节。

野鹰来

向山黄村

野鹰来，自何处来？来自牧野从王师。飞扬跋扈集战舰，莫是刘表呼鹰台。君不见海东青产东海，金为拳爪铁为嘴。神气凛森异凡禽，一击狐兔立毙矣。

---

① 国：当作“园”。

顺德上皇御物歌并引

三岛中洲

御物四种：一短刀、一紫端溪砚、一扇、一珊瑚花瓶，皆上皇蒙尘中所爱玩。崩后，佐渡守护本间氏历世传之，子孙落魄，与御物俱转迁他州，不知所在。今兹甲午七月远孙太郎献之真野神社、神社行宫迹、祭皇灵处。其八月余偶来拜，社司示御物，且征诗。时闻我海陆军连破清兵，故及。

拔刀拟斩逆臣首，磨砚且草悲愤歌。悲愤其奈逆臣远，空在孤岛任逝波。挥扇遮断妖氛至，玉瓶聊娱白菊花。白菊，皇所爱。四物在御二十年，一朝遗弃上九天。传之者谁本间氏，子孙落魄物转迁。幸矣皇室复天禄，七百年后物亦复。御魂降临喜如何，纳之寝庙神威肃。况逢今日我武扬，外自三韩及禹疆。定知冥冥翼皇武，刀歼满奴耀国光。扇煽神风覆敌舰，大日本压大东洋。然后白菊花瓶下，磨砚应草凯歌章。

卷　中

五言律

岁暮杂吟

冈本黄石

三军咸勇奋，猛将各咆哮。西土古今变，东邦天地包。老龙应换窟，饥鹊欲逃巢。连捷岁寒节，北洋冰可敲。

野外散策

早川峡南

驱马野塘去，绕村春水温。牧童劳指点，蛮女叙寒暄。白骨葬阴

六、《征清词林》

《征清词林》为小林辰藏所编，由文教社于明治三十年(1897年)刊行，现藏于东京国会图书馆。小林辰藏，鸟取藩士，著有《老木の花》。小林是日本著名医学家伊藤隼三之父，生平见录于《鸟取藩史》第二卷之《御武器预并制造挂·小林辰三》。《征清词林》主要收录了与甲午战争有关的诗、文、碑、传等作品，其中分为汉文与日文两部分，以下仅在汉诗部分选录。

记浅川大尉勇战木村源松忠烈之事

常州结城郡大花羽村　华洲　渡边武助

皇军势堂堂，自背冲旅顺。旅顺险无双，防御撰豪健。前哨浅大尉，侦察冒险进。敌军俄然至，炮雷山壑震。大尉励其众，一气试突贯。精锐廿四骑，驰骋犯敌阵。满州骑兵强，攻击最疾迅。大尉陷危急，犹恃马骄悍。一丸伤右肩，二丸洞左腕。三丸马(奔)逸，众丸飞如霰。何况七八骑，合围挥铳战。大尉拔大刀，击刺气益奋。出没欺鬼神，刀光闪紫电。伤彼而毙此，余敌尽逃窜。大尉非铁石，身心殆困顿。胜败无由知，决意将自刃。属骑木村氏，壮烈而忠荩。突进破敌归，忽遇大尉认。氏乎惊愕甚，下马慰苦闷。重伤不可行，扶持上吾骏。右手扼吾创，左手执马绊。退却半里余，始能免危难。呜呼大尉勇，一骑能当万。呜呼木氏忠，足使士气振。忠勇士所贵，双美三军冠。天下传武功，啧啧雄名擅。

存轩曰：当时，画工画两氏奋战之图，以播江湖。余亦购之，揭楣间。今读此诗，益知两氏之忠烈。

从军行

香取郡古城村 苏峰 铃木亨

三千铁马气扬扬，将士明朝登战场。此夜征人无限梦，摩天岭上月如霜。

从军行

香取郡古城村 古桥卯之助

百战争功不惜躬，皇军向处潮路通。奋鞭跃马进骄虏，日东生气气吐虹。

从军行

香取郡中和村 双谷 菅谷常藏

队伍堂堂意气豪，塞云万里冷军袍。幕营霜白月明夜，照见腰间百炼刀。

从军行

香取郡中和村 佐野金一郎

意气堂堂节愈坚，皇军臻处仁如天。满清壮士无颜色，铁马渡江向九连。

闻旅顺陷落

香取郡中和村 佐野佐七

十万龙旗充海陆，清军死守扼关门。神州壮士何雄略，忽见旭章城上翻。

征清诗

香取郡大仓村　筱冢兼吉

十万貔貅整队行，既闻弹雨乱军声。摩天岭上山东里，旭日映辉几百城。

祝友人凯旋

同郡同村　镰形酉吉

一身恰是似鸿毛，班血铁衣气益豪。堪笑满清如犬马，凯歌声里张灵旆。

缸瓦寒激战

海上郡旭町　加濑忠次郎

缸瓦塞边雪渺茫，沙场万里闪刀光。炮丸弹处如雷雨，流血成川尸筑冈。

靖国神社构内观我军所用担架有感

香取郡八都村　竹盖金次郎

忍见当时战斗情，高勋义勇使人惊。请看神国男儿胆，鲜血班痕显赤诚。

拟威海卫占领前后舟中作

香取郡良文村　松园　向后金藏

江上巍巍威海城，不知明日为吾营。天边今夜肃肃月，应照胡兵十万情。

接朝鲜变报

香取郡　象水　山田荣三郎

皇道正兴百事盛，文明四海贺升平。电机忽报韩山变，自是一振海陆兵。

祝凯旋

香取郡神里村　宫崎平四郎

我皇诏敕本从天，海陆交兵百战全。一觉欧人三月梦，旭旗高从海东悬。

吊战死者

香取郡府马村　布施清作

几万天兵皆逸才，挥才驱逐气雄哉。阴云漠漠忠魂没，愿向故乡驾浪来。

征清诗

香取郡良文村　相川利助

致处山河战血红，丈夫出入死生中。谁知皇国男儿胆，更斩长蛇尽至忠。

吊松崎大尉

同郡同村　高木俊之亮

报国尽忠奋战余，此心至死不曾除。江流有尽名无尽，大尉勋功万岁誉。

征清军

香取郡常磐村　竹窗　秋山丑吉

海陆远征超险行，神兵所向敌争卧。龙孙子弟今何在，既伏辽东仁义征。

从军作

香取郡香取村　平山辰之助

十万天兵不省生，几千巨舰远从征。丈夫奉命追骄虏，一战蹂躏旅顺城。

送从军者

香取郡森山村　菅谷诚二郎

肃肃三军发帝京，英雄得意在此行。要知一夜曹彬泪，溅落江南几百城。

某亭小集谈及日清战争分韵得文

匝瑳郡丰灿村　讷轩　山崎峰太郎

鸡林内政乱纷纷，帝国友情拂瘴氛。威海湾头摧敌舰，太平山下殪豚军。由来清卒无名节，毕竟皇师有伟勋。彼我轻轩徒勿说，五州慧眼既明分。

拟从军作

无逸塾　高桥吉五郎

万里行军向北清，健儿期死远从征。衔收[1]肃肃渡鸭绿，占得金州旅顺城。

---

① 收：当作“枚”。

同

同　加濑胤雄

杀气连天百万兵，凛然期死发东京。腰间笑抚菊池剑，誓剪长鲸报圣明。

同

同　杉泽嘉三郎

十万生兵不省生，衔枚肃肃出京城。三军进退孙吴术，忽破胡军著勇名。

闻闵后见废

存轩　渡边操

权压外廷宠后宫，人生谁识似春丛。秋风忽到浑凋落，下苑荣华一梦中。

吉田延年曰：何等妙手，敬服敬服。

见从军者有感

存轩　渡边操

矫矫虎臣伴健儿，笑提长剑从王师。病夫肉瘦唯余骨，遗恨千秋忆壮时。

吉田延年曰：既有此意气，何愧从军壮者。

闻京城斗争

存轩　渡边操

大使欲酬韩帝言，平明整队入禁门。古来误国多和议，直斩顽儿谒至尊。

吉田延年曰：胆气吐霓，使人不觉按剑。又曰：如读唐贤《塞上曲》，妙妙。

闻大院君复位

存轩　渡边操

妖雾久笼云岘宫，更无日月照孤忠。旻天尚福韩家国，又起当年老太公。

自注：云岘官，大院君所居。

嘲袁世凯归支那

存轩　渡边操

炮声从响京城隈，八道清秋万岳哀。休谓汉人情尚厚，袁郎一去不还来。

吉田延年曰：恨不使袁郎读此诗。

接丰岛战捷

存轩　渡边操

遥识王师操纵工，丰洲一战奏奇功。三千清卒无颜色，落日牙山秋草中。

吉田延年曰：结句太佳。

（任雅芳选录）

一、《日清战争实记》

《日清战争实记》,共五十编,主编岛田薰、河村直,博文馆出版。博文馆是1887年成立的出版机构,名称取自于"伊藤博文",经营者为大桥佐平、大桥新太郎父子,作为明治时代影响较大的出版社,极力鼓吹富国强兵与国粹主义思潮。在日清战争开战后不久的明治二十七年(1894)8月,该社就派专员报导战事并发行相关新闻杂志。小川一真在杂志上采用了刚刚从海外带入的照片铜版印刷技术,反响极大。第八编封面标有"第七编迄印刷总量百廿八万部,第八编印刷廿四万部印刷"字样。在第十编以后,此后各编发行数都在二十万以上,总数达一千万部以上,成为战时最大的宣传机器,对于煽动战争的狂热作用甚大。每一编都设有文学专栏,前载汉诗,后为和诗文,本称《文苑》,后改称为《战争文学》。其中录有时人所作的战事相关汉诗,总数达千首以上。以下即据此而录。

闻家兄率兵将赴朝鲜赋此遥寄

云心　大庭景阳

敌王所慨何忠烈,箕子山川忽流血。炮车轰轰瞋百雷,疑是天崩地亦裂。宣战诏已出庙堂,转观国光益发扬。水犀十万蔽海下,六镇貔貅气激昂。君今练兵九州野,横槊看月辕门下。意气勃如不暂休,欲向沙场驱铁马。捷书忽报陷牙山,虏兵半没大同湾。凤纸佥名召相将,想见霁日浮龙颜。帷幄亲裁军国事,宵衣旰食劳圣意。四海谁不仰皇猷,苍生齐挥感恩泪。西望韩汉缈烽烟,杀声蹴沓落耳边。金鸦勋章入谁手,剑气光芒冲九天。羽书愈急将征战,商参相隔不相见。我应赠君百炼秋水刀,君亦与我一发神臂箭。人间若能得七生,与君世世为弟兄。同胞同心好殉国，鹡鸰原头一片情。战云横抹鸭绿水，知君勇跃拔敌垒。马革裹尸真丈夫，誓报万世一系之天子。

日本刀

每日新闻

日本刀，日本刀，日本刀利冠万国，紫气夜冲牛斗高。在陆屠虎豹，在海斩鲸鳌。想昔北条相摸守①，馘尽胡兵十万首。又想丰臣秀吉公，震荡三韩在只手。丰公以来久偃武，不向海外试击剖。无端鸡林踏危机，风云暗澹羽檄飞。好遇错蟠分利钝，手把宝刀挥一挥。呜呼日本刀之利冠万国，匣里龙鸣不可抑。

闻客谈鸡林近事杂然有作

五峰　坂口恭　新泻

五百年而李氏亡，果然劫运应红羊。临风空洒新亭泪，箕子山川半夕阳。

铁骑尘飞万岁楼，江山如此缺金瓯。独教惟敬参家国，遗恨君王忘叔舟。申叔舟，朝鲜名臣。成宗时与我修邻好，叔舟以书状往来。临没，成宗问所欲言，曰：愿国家毋与日本失和。后百余年，有壬辰之役。明遣沈惟敬讲和，变诈处中，和议遂破。

战鼓声中听奏筝，椒房情重国家轻。吕家产禄皆威福，大尉何时入柳营。

悬首东门事可哀，如今方要佐王才。千秋遗恨伍胥死，呜咽江头潮去来。

旰食犹传居世干，山河破碎战云寒。扶颠须赖友邦义，既见瓠公

① 北条相摸守：指日本镰仓时代政治家北条时宗（1251—1284），曾在“神风”的帮助下两次击退蒙古军队。“相摸”，现作“相模”。

西入韩。韩史:新逻王赫,自号居世干。时倭人寇边,有瓠公者,亦倭人,来辅国政。

独眼龙

每日新闻

鸭绿江边杀气浓,慨然蹶起望边烽。壮图曾想重瞳子,勇武今推独眼龙。弹雨焇烟多阅历,虎头燕颔见威容。将军勿失风云会,毕竟好机难再逢。

鬼上官[①]

每日新闻

半夜悲歌把剑看,挺身欲向古三韩。山河百战身犹健,威武应追鬼上官。

无英雄

每日新闻

想昔猿郎余威震海外,阿虎[②]亦遇云龙会。鸡林八道望风降,鸭绿江上扬旌旆。又想阿虎遭谗蒙谴时,一朝天怒撼地维。君臣露宿桃山殿,相视一笑解群疑。今日又有鸡林变,羽檄纷纷疾于电。艨艟破浪徒为耳,却使髯虏乘利便。更惊地轴忽轰然,满都恸哭声闻天。灾后人心犹恟恟,浮云蔽日望无边。呜呼谁抱猿郎略,谁养阿虎勇。久矣海内无英雄,满眼群儿似蠛蠓。

---

① 鬼上官:指日本安土桃山时代武将加藤清正(1562—1611),因其于万历朝鲜之役中的表现而得名。

② 阿虎:亦指加藤清正,清正幼名虎之助。据歌舞伎《增补桃山谭》,丰臣秀吉听信石田三成之"谗言",令加藤清正闭门思过。而后恰逢庆长伏见地震(1596 年 9 月 5 日),清正第一时间赶到伏见城并救出秀吉,君臣和好如初。

气吐虹

每日新闻

满地腥风八道中，挺身谁试剑雌雄。神功邈矣猿郎逝，空望西天气吐虹。

正多事

日本冥冥子

唇齿辅车国，沧波咫尺通。奸人常误事，刺客竟成功。虎豹千山月，旌旗八道风。鸡林正多难，拨乱要英雄。

东学党

冥冥子

悲歌东学党，闻道逼京城。运会千年变，威腾两国兵。官军连败绩，羽檄正纵横。昨夜艨艟发，风云黯大瀛。

决雌雄

日本河北陈人

鸡林远出师，八道蔽旌旗。疆土岂侵略，山川聊保持。百年分曲直，一战决雌雄。旷日非吾事，恐令兵气衰。

在一战

漠漠生

杀气阴阴日光黑，八道山河危机逼。旁观岂我义侠心，鸡林虽小亦一国。艋艟绝海奔京城，旌旗百里红旭明。彼何为者不自揣，欲挥螳臂试抗衡。民心激昂兵精炼，神龙堪乘风云变。宣扬国威此其时，百年大计在一战。

（以上录自 1894—1896 年博文馆刊《日清战争实记》第一期）

闻丰岛战捷纪喜

铃木仙坡

投笔慨然忆远征，壁间秋水戛有声。扼腕翘企日待报，鸡林风云何状情。闻说艨艟向丰岛，连发熕炮万雷轰。沉彼运舸夺彼舰，捕获八十系在航。余众匆惶皆奔窜，或逃牙山或遁清。吾军踊跃气益奋，飞电传捷到东京。君不闻树戈曾誓鸭绿水，新罗高丽咸输诚。又不闻雄略无双吞寰宇，蹂躏八道威震明。今日用武异往昔，厘革韩廷护长城。蠢蠢鞑虏何狗鼠，敢为蠹害沮神兵。神兵赫怒如风霆，战机一发占奇赢。义州追剿当有日，屠戮且莫逸长鲸。珍重阚如虎虓士，不负日本男儿名。

闻牙山捷报遥寄远征诸君

铃木仙坡

海军奏捷凯歌频，陆兵连战拔牙山。辫发狼狈弃兵仗，成欢洪州到处奔。虏兵二千七八百，死伤五百有余人。我军所损不盈百，呐喊穷追冒险前。吾闻兵法贵迅速，胜败之机一发间。利在急战不在久，客土屯营元艰难。忆昔武侯渡泸水，多年叱咤麾风云。魏军不出投巾帼，粮饷万里字欲殚。鞑虏元学仲达智，谲诈阴计出百端。虽然千军且覆没。自恃大国外示宽。彼云倭兵慓悍岂保永，我出羸卒暂争元。旷日弥久乘疲弊，一举豫期复全韩。李爷帐下兵五万，自夸精强能摧坚。持满蓄锐待他日，黠谋暗暗胸中存。寄语远征诸将校，着眼且莫轻轻看。不悔不骄坚我阵，努力兴起日本魂。

殊　功

每日新闻

万籁无声草木眠，东方未白月如弦。胡笳俄动安城渡，烽燧忽照牙山巅。我军呐喊破晓雾，士马奋跃如脱兔。敌兵残梦尚瞢腾，风声鹤唳亦恐惧。先登第一是何人，松崎大尉名直臣。鞍头叱咤挺身进，意气壮烈泣鬼神。手中宝刀锐且利，斫人如瓜何容易。紫电寒虹互陆离，头颅迭迭落委地。身立硝烟弹雨中，一死报国建殊功。沙场终洒淋漓血，染得旭旗红益红。想起当年鬼将军，至今英风俨乎在。名震鸡林止儿啼，熊城庙祀三百载。大尉桑梓亦熊城，与鬼将军有宿盟。九泉相遇共含笑，彼我功名试品评。

惊四夷

每日新闻

神州元气护皇基，敌忾一朝惊四夷。陇亩衰翁犹扼腕，狭斜少女亦扬眉。抚来白发频论战，典尽金钗欲犒师。请见蠢然豚尾国，人间羞耻不曾知。

安城渡①

依田学海

威海卫②

依田学海

绝　句

大藏大臣　渡边国武

公愤谁无答圣明，牙筹在手是神兵。天津桥上果何日，发作千军万马声。

---

①② 诗见第一部分依田学海。

苦热行

佐藤六石

赤日烁金石，火云势吐吞。居人苦炎热，行子追尘烦。当此三伏暑，千里劳戎轩。忽闻牙山捷，爽快何可言。苦寒飙卷叶，似大雨覆盆。居人踊三百，行子喜狂奔。纵有战死者，一笑瞑九原。我旗蔽山野，我槊横辕门。矧复我军律，赏亡兼及存。存者为感泣，转令亡者尊。

园居夏夜[①]

向山黄村

从军行送人于役朝鲜

森川竹磎

从军有苦乐，苦乐且休言。跨马搴旗不回首，赳赳武夫干城尊。海外远悬军，万里长征战。秋风饮马鸭绿江，扫尽玁虏夜开宴。人言从军苦，我言从军乐。从军之乐无人知，鼓吹嘈嘈马跃跃。马跃跃，气扬扬。征人忘苦不思乡，只乐灭胡报君王。

边　词

高须五湖

塞云边月梦魂惊，锦字回文犹未成。久矣韩山消息绝，寒蛩冷露亦关情。

① 诗见第二部分《大纛余光》卷二。

闻驻韩海军破清舰长句记喜

增田岳阳

丙午七月廿五辰，我舰千穗与秋津。丰岛炮击破清舰，沉没一千五百人。夺获先数操江船，大熕十五小铳千。一弹不发靖远走，风声鹤唳逃何边。当初鸡林萑苻起，日清官莅争经纶。衅端开处我有名，爱亲觉罗当风靡。胡尘黯惨牙山营，用我精兵须荡平。蔚山泗川碧蹄馆，数破明师先证明。吾皇圣武抚循恩，慰劳远戍赐醇樽。亦是勾践投醪意，将士感泣敌忾轩。犯此销金砾石暑，挥汗硝云丸雨中。视死如归不寸退，万里一战奏奇功。数节之后迎刃解，破竹之势不可收。呜呼日本刀日本胆，何不蹂躏四百州。

大旭红

台北陈人

羽书献捷九重宫，绝境山川虏塞空。应有千兵拔巢窟，岂无一战决雌雄。髑髅蔽野黄龙哭，旗旆连天大旭红。闻道白河冰结早，屯军勿使及秋风。

拍案一长息

荻原台西

久向天涯望军耗，兵鼓一挝气吐豪。京战小城真儿戏，笑夺铳炮任鼠逃。怪来豚虏久不动，旷日只恐军气挠。飞电忽接海战信，虏获一艘沉一艘。南阳湾头万雷轰，叱咤风云蹴怒涛。千五百兵葬鱼腹，宝刀元来不须膏。拍案不觉起呼快，倾尽血样赤葡萄。唯恨令此不蚤十年，老腕尚堪提日本刀。

笑丰公

台北老人

长风万里驾艨艟，徒使貔貅气独雄。此日胡尘静边上，何来战报满城中。将军帷幕干戈术，诸老庙堂刀笔功。自负文明泰西学，远征容易笑丰公。

评云：长风万里，忽驾艨艟。貔貅一万，意气独雄。干戈运术，刀笔策功。智谋学识，窃笑丰公。

上下皆怀报国诚，挺身争欲向京城，出师弥月成何事，○○韩山一万兵。

忌武功次韵台北老人

湖南壮士

风云一叱起艨艟，西海将军胆气雄。兵马有谋关塞外，折冲无○庙廊中。唐家礼乐流文弱，宋代衣冠忌武功。昨夜两邦相议破，战书惊杀牡丹公。

评云：喑哑叱咤，兹起艨艟。方顾将军，胆大气雄。世流文弱，人忌武功。优柔不断，吾惜○公。

勇士无由竭血诚，六旬扼○滞京城。当初若欠经纶策，何事韩山远出兵。

起凯歌

云龙隐士

昨日战海上，艨艟百尺摧洪破。今日战陆上，伏尸狼藉捕获多。炮烟蔽天万雷裂，日章旗底起凯歌。天兵到处孰敢敌，父老迎我壶浆过。十八省，皆倒戈。四百州，无山河。城下订盟在方寸，豚尾豚尾如汝何。

四百州

风雪居士

威震关河四百州，牙山一战气吞牛。奇兵应有冲虚策，旷日空传弥久谋。渤海波涛无堡障，燕京城阙是咽喉。长驱早晚惩顽凶，直使降旗出石头。

（以上录自 1894—1896 年博文馆刊《日清战争实记》第二期）

兵儿谣

大庭云心

将军饮马大连湾，刁斗无声月照关。叱咤风云亦容易，不教一敌出牙山。

大旗风急闪辕门，塞上烟尘万马屯。意气我军谁肯敌，欲横战骨报君恩。

不用筑城名受降，降兵悉致日东邦。锦旗所向无天险，长白山兼鸭绿江。

蒙蒙海雾乱军声，霹雳撼天天亦惊。怜汝艨艟竟无用，电光一击没千兵。

一胜教他敌胆寒，我军不动泰山安。捷书忽到紫阁里，知有至尊含笑看。

如此貔貅冠大东，十年海外足兴戎。红莲幕里多骁将，争竞先锋第一功。

深杯在手酒吹香，一任鲸吞气激昂。鼓乐奏来君代曲，韩山草木亦生光。

韩汉山川尽可娱，由来一敌眼中无。至尊遥赐南蛮草，仿佛香烟拜御炉。

虏骑胡兵没海空，凯歌声涌动苍穹。水军诸将多颜色，长画功名麟阁中。

东亚风云入战图，笑他帷幄倩谁扶。八旗兵勇如豚犬，回首咸丰有泪无。

苦热行[①]

高野竹隐

送人之朝鲜

斋藤栗堂

中夜闻鸡忽大呼，慨慷投笔上征途。星低瀛海潮声壮，云尽长天雁影孤。家国兴亡关历数，书生勋业在菰芦。可怜鸭绿江头月，空照三韩旧版图。

西望鹤林一水通，蓬弧有志与谁同。天寒泽国龙蛇蛰，日暮山城鸟雀空。八道关河仍寇盗，两班将相几英雄。何人只手扶危局，异域丰碑勒伟功。

南来烽火汉阳城，羽檄纷纷正苦兵。整顿乾坤应有策，蹉跎岁月岂无情。紫山北走连高丽，玄海西开控满清。长啸雄风空倚剑，秋天寥廓一鹏横。

《阳关》唱罢独登楼，决眦沧溟万里舟。神后余威振四裔，猿郎雄略足千秋。庙堂数失膺惩策，帷幄谁参王霸谋。横槊白头山下路，寒烟乔木使人愁。

绝塞秋高木叶凋，劫余城郭马萧萧。青磷带雨髑髅哭，白日当天豺虎骄。歌管楼台悲昨梦，典章文物想前朝。赋诗谁吊檀君庙，紫气千年久寂寥。

雄心磊磊易蹉跎，阅尽沧桑感奈何。哲妇曾危唐社稷，黄巾终祸汉山河。江连大漠龙湫暗，路入空村虎迹多。万里此行须自重，酒间击筑一长歌。

---

① 诗见第二部分《大纛余光》卷三。

秋　声

太田杨轩

满天风露月痕低，仿佛何声似鼓鼙。坠叶纷纷扑空砌，残蛩唧唧绕孤闺。初疑匣底双龙吼，又讶林间万马嘶。晓梦惊时传羽檄，王师昨夜到辽西。

听　虫

太田杨轩

促织促织声何急，如诉如悲鸣复涩。风经露纬秋草深，一星灯火光熠熠。征妇织衣衣未成，夜深独向西风泣。

从军行

福井学圃

古闻从军苦，今见从军乐。兵勇素养深，肝铭皇恩博。当怀髀肉叹，奉命咸踊跃。同胞敦友于，家室各有托。千里此长征，军容何俨若。旭日辉旌旗，秋霜凝剑锷。我舰破汪洋，我马嘶寥廓。绝海怒涛高，露营畏景铄。再战传再捷，欢声如雷作。何当扫清都，使彼肝胆落。

安城渡

杉浦梅潭

先登身死松大尉，凛凛日本男儿气。拔剑乱河铳丸贯，笑而瞑矣何勇迈。成欢驿，牙山营，碎炮垒，鏖虏兵。叱咤风云天为动，黄龙旗裂血纵横。将军一死得其所，兵士三军哭其灵。呜呼丈夫可无报国励世，乃知一死轻于鸿毛名千载。

八月十一日敕使从一位公爵九条道孝来奉币神宫奏告宣战谨纪[①]

高野竹隐

剑舞行送将官某赴朝鲜龙山军营

萩原西畴

剑舞行，吾借君剑为君舞。英雄常抱髀肉叹，今君际会何气数。裹尸马革今为时，英气轩轩溢眉宇。残敌今方聚平壤，一月三捷宁足赏。歼敌朝食是常事，前有奇货君可往。兵贵拙速嫌巧久，一日万金费可想。不然韩制亦虚文，一朝势变便纷纭。闻道李老已愁死，满清国事不足云。径须万骑冲天津，燕京城头奏奇勋。椎牛酾酒非今事，借箸谋成笑画地。万古快意当如斯，勿为徒尔玩凶器。剑舞行一阕且听，举三大白君勿避。

暑夕不寐有作

高云外

韩清捷报喜先闻，虎啸长风龙劈云。岂比村中老夫子，一盆松火破蚊军。

送人从军[②]

嵩古香

---

① 诗见第二部分《大纛余光》卷二。

② 诗见第二部分《征清诗集》。

丰岛海战图

柳井絅斋

旌旗林立欲起风，海泛几万之艨艟。云物凄惨波涛恶，丰岛之南渤海东。敌舰诈降树白旆，欲制奇胜竟怎奈。我舰操纵自有方，胡兵争得逞狡狯。炮门一发激万雷，天柱忽裂坤轴颓。硝烟弥空巨丸落，敌之一舰见击摧。转瞬沉没快寓目，此时胡兵放声哭。黄龙旗折任波漂，一千一百藏鱼腹。其余诸舰皆遁逃，一败涂地贻世嘲。我军凯歌忽振海，舵楼剑舞意气豪。想昔元寇恣猖獗，神风一起夷舰没。当时生还仅三人，胡帝胆落壮心歇。想彼思此意昂扬，国家威武万古光。胡国请降应非远，旭旗长悬大东洋。

闻王师连捷欣然有作

甲斐河西啸月

雄心誓欲斩鲲鲸，渤海湾头霹雳轰。箕子山川遭再造，胡家君相破邻盟。浪红丰岛晨鏖敌，月黑牙山夜斫营。伫望秋风传羽檄，长驱万里陷燕京。

龙尾山谒加藤肥州庙在朝鲜釜山浦

甲斐十二峰外史

龙尾山头古庙坛，忆起当年鬼上官。乌帽三尺髯八寸，英姿飒爽据金鞍。声似洪钟眼似电，妙法莲华旗一竿。所向无敌皆披靡，胡虏闻名肝胆寒。结发从军争驰突，贱岳七枪称第一。一声叱咤冲鸡林，擒二王子加抚恤。长驱直入兀良哈，天涯泣拜芙蓉雪。百战功成镇熊府，金汤百雉映天日。义烈何让关云长，勇武亦压王铁枪。二条城里护遗孤，怀中匕首凛于霜。满腹赤心向谁说，泪洒鲁论托孤章。大厦将倾梁木折，豹死留皮人留名。英雄已逝三百载，陈迹茫茫陵谷改。征韩诸将若云霞，至今庙祀唯公在。庙前松柏风飕飕，恍闻铿锵戛兜铠。须臾鞺鞳又澎湃，无乃长风卷东海。

船从全罗道沿海抵釜山四首节三

吉田静海

万里来争渔利多，轻舟几队截烟波。钓竿不是忘机具，到处令人忆甲螺。

舜臣报国有奇谋，南向全罗扼我喉。遗恨水师终不兢，碧波亭下暗潮愁。

浪卷旋涡鞺有声，群峦迭嶂伴舟行。青螺一点巨文岛，休把寻常诗赋评。

送森马太赴朝鲜

佐藤六石

堂堂两垂白，瘏痲长劬劳。愿儿战场利，汗血追旌旄。忽传西邻警，车马何绎骚。儿也决然起，意气凌时豪。四百州草木，三千里云涛。唾手可斫破，笑抚日本刀。但忧双亲老，暮景催鬓毛。儿去谁定省，切切委朋曹。祖帐皆感激，举觞侑葡萄。凯旋应不日，想尔功名高。归来高堂上，欢乐诚陶陶。莱衣更呈彩，鲜血滴战袍。

赋我所思却赠

大田静所

闻君征万里，寄我慷慨诗。往年战肥萨，百回不伏雌。胸中钤韬术，正中常出奇。风云供叱咤，鞭马阵头麾。尔来二十载，马革愿裹尸。一朝奉羽檄，投笔从王师。席卷在方寸，死生岂足期。自持正且直，大勇方在兹。平生交兰臭，临行寄所思。焚香正襟读，三复频展眉。噫我赵充国，平羌不弥期。凯歌振旅日，天颜喜可知。此生已耳顺，兵马欲随迟。虽然尝抱志，非君知者谁。清主本蛮族，古称獫狁夷。向我敢宣战，对韩逞制羁。王师仁与义，膺惩询相宜。逐虏渡鸭绿，直至燕云陲。割牛盟城下，且当截辫丝。与先王礼乐，复中国旧基。以立三代裔，千载此一时。

中佐书中有诗曰：关东征伐西肥乱，麑府[①]熊城几历难。一笑行军缘未了，将蹂四百四州山。

寄怀一户少佐从军在韩山

斋藤栗堂

夜月荒荒照大旗，胡笳吹断壮心悲。官廷谁诉苍生苦，戚里宁关大厦危。江上风云烽火急，城中草木羽书驰。沙场曝骨丈夫事，慷慨长歌酒一卮。

荒鸡喔喔梦难成，万里长空月照营。玉笛关山无限思，铁衣风露若为情。三军将士旌旗色，八道荆榛鼓角声。立马檀君祠外路，浮云西北是燕京。

铁骑何时入不毛，风云顾盼拥千旄。燕京城阙三更月，渤海艨艟万里涛。紫塞天寒雕影疾，黄河日落雁声高。思君夜夜篝灯底，笑踞胡床读豹韬。

日本刀歌

高桥午山

闻王师大捷，感喜不能措，乃赋之，亦是尚武之一微意耳。

日本男儿铁心肠，百炼凝成三尺霜。电光一闪射眼处，丑虏纷纷随手僵。神后杖之征三韩，冲其巢窟降其王。时宗提之惩胡元，十万浮尸漂激浪。更有丰公试大挥，蹂躏八道意气扬。呜呼日本刀兮日本刀，藉汝精灵耀国光。

---

① 即鹿儿岛。由“麑”字上下拆分而来。

祈请开白愿文

云照律师

金轮圣王，宝祚无疆。天神地祇，威福倍僧。十善德化，国威增辉。亲邻和善，降伏调顺。异教恶见，翻邪归正。正法恢兴，护国利民。万国服从，利益无穷。

（以上录自 1894—1896 年博文馆刊《日清战争实记》第三期）

战城南[①]

高野竹隐

八月晦日行

福井学圃

车声辚辚动禁陌，东西南北人络绎。西风槐柳秋气警，晴晖皛皛天宇阔。前者容壮雕盘天，道是应召从行役。日本男儿胆如斗，许国一身何足惜。后者政海奔兢人，中原之鹿谁能获。相逢无语公事急，差池帽影浮尘隔。

送　别

田中青山

铁鞭直指古三韩，今日何须髀肉叹。此去期君扫胡虏，平安道上报平安。

记事录五

嵩古香

大诏宣征伐，堂堂王者师。降旗知旦夕，咄彼满洲儿。

---

① 诗见第二部分《大纛余光》卷三。

铁舰前无敌，鱼龙护远征。国家元气壮，一士一长城。
六师连大捷，海陆耀皇威。管见与蠡测，从头狡计违。
黩武我何敢，伤邻彼厥初。宝刀夸日本，辫发付芟除。
早晚期旋凯，茫茫四百州。东山余地在，俘馘起新丘。

援朝鲜[①]

依田学海

景福宫[②]

依田学海

牙山行[③]

依田学海

骤　雨

佐藤六石

铁马檐头死，愁吟矮屋中。疾雷驱急雨，修竹战回风。淅沥新凉骤，凄清九夏空。正知丰岛捷，爽快与之同。

凯旋曲

佐藤六石

凯旋安城渡，凯旋牙山阿。凯旋敌皆詟，凯旋乐何多。剑鸣凯旋道，旗翻凯旋车。马嘶凯旋门，人唱凯旋歌。

---

① 诗见第二部分《大纛余光》卷二。
②③ 诗见第二部分依田学海。

成欢役

岸上质轩

胡兵三千皆善战，飞弹掠空纷如霰。安城渡边晓冥晦，唯见百道轰雷电。此时将军胆吞天，跃马阵头挥铁鞭。叱咤忽传掩击令，持满之弩向无前。呐喊之响撼乾坤，胡骑虽猛望风奔。黄龙旗折胡塞破，三千胡兵遂蹙蹲。熕炮旌旄刀枪戟，悉与伏尸乱狼藉。我军齐唱大捷歌，旭旆扬处旭光赫。成欢营，牙山城。王师所向无劲敌，奏凯振旅旋韩京。令严兵气肃，胡囚何觳觫。韩廷初见仁义师，韩民额手咸悦服。独憾松崎大尉讳直臣，奋进挺身委胡尘。今日凯旋君不见，凯旋门头空使几千貔貅歔欷频。

八月法宫引奉送山县大将军奉命出使朝鲜①

森槐南

秋　感

熊田晋香

烟涛滃渤夕阳中，想见王师势自雄。万里秋风嘶战马，一天杀气警征鸿。地连绝漠云沙黑，山控长城烽火红。捷报飞来知有日，传闻敌骑向辽东。

闻海陆捷报作长歌

富冈耿介

一战丰岛碎敌舰，再战牙山拔牙营。到处斩获不可算，流血漂杵百里赪。四亿苍生泣相吊，可怜尾大终不掉。李爷胆落胡帝悲，一败遂为天下笑。日本刀兮胜干将，紫气迷离百炼霜。日本魂兮冠万国，

---

① 诗见第一部分森槐南。

忠义填髓铁为肠。呜呼兵者凶器岂好事，汝自渝盟招祸耳。是膺是惩欲启蒙，其奈顽冥不知耻。石头明日立降旗，面缚乞怜悔已迟。君不见大阳一照众阴灭，旭旗高扬扶桑枝。

送朝长词兄之韩

川崎紫山

天风琅琅吹不止，我将歌矣君当醉。人生历落何须嗟，湖海犹存万里志。东邦近来益多艰，妖氛一夜暗韩山。扬我皇武只今日，不说折冲樽俎间。想君五尺负奇节，拂袂径入虎狼窟。兴来轩昂激悲歌，酒酣淋漓浇热血。君不见鸭绿之水天上来，鳌愁鼍愤沧溟开。嫖姚定远男儿事，不策奇勋安足称天下才。

时　事

山田新川

中兴天子仰英明，只恐平和策不成。此日初传宣战诏，使人一读励忠诚。

欺国负盟真不祥，神人弗助李中堂。数千兵卒皆涂地，果见牙山招败亡。

争乱年来朋党分，贪夫污吏亦成群。尽驱豺虎归边海，独有英雄大院君。

苦战曾经守海城，休言今日苟偷生。不知大鸟是何鸟，远向鸡林又一鸣。

闻鸡林边警①

本田种竹

（以上录自1894—1896年博文馆刊《日清战争实记》第四期）

---

①　诗见第二部分《大纛余光》卷七。

明治廿七年九月十三日车驾幸广岛恭赋十二韵

福井学圃

天祖英谟远，今皇盛德崇。惟文承圣统，元武总元戎。问罪师名正，征清诏语隆。使臣趋大庙，率土仰宸衷。钦若高秋节，亲劳万乘躬。雷霆威倏振，雨露气仍融。御跸山阳道，行营旧帝宫。翠华明晓日，仙仗肃西风。韬略旷千古，军容光九功。桓桓实貔虎，赳赳尽罴熊。潮势吞黄海，星文动大同。会当崩厥角，玉帛定朝东。

想　见

福井学圃

想见王师千里劳，满空秋气肃旌旄。将军临阵机筹密，候骑忘身意气豪。野控大同江势急，山连平壤地形高。星沉云裂知何日，决眦西天抚匣刀。

明治甲午九月十三日圣驾幸艺州恭纪盛事六韵

冈本随轩

凤驾辉朝旭，貔貅肃羽仪。神威千古仰，圣德万邦知。海陆齐雄将，风云整大师。独尊莲岳秀，延寿菊花披。战舰鸣金鼓，牙营闪锦旗。人和兼地利，元吉得天时。

新秋夜坐二首节一

吉田静海

林泉风淅沥，天地入秋声。缺月离边峤，闲烽烛汉城。峭凉生暮角，断雁度高旌。茕茕谁同感，画灰论用兵。

予有古红腥毡天倪居士适缺文具被请予驰瑶应命居士作长篇谢之不堪惭愧乃虽似鹦鹉步使韵布鄙调但和韵不和意其情见于词

久保田灵龟

世局将一变，恼杀我心城。成败虽有数，谁夙建功名。长星见前兆，何日天下平。秋风动杀气，时已过三庚。王师奋大戟，清军乱纵横。三韩城壁崩，异域传败兵。山僧疏韬略，不效城下盟。至诚迎神佛，恳祷碎衷情。天地岂无感，满堂妙音清。浴罢命晚酌，悠然坐凉棚。聊养浩然气，勃勃吟思生。时读居士简，听命忽经营。居士富学术，举世称文明。文坛折大敌，铁笔充铁枪。一蹶逐韩柳，更夺子长旌。报国文章在，著书近代英。微物何足谢，况敢比莪菁。

东门行[①]

高野竹隐

九月十三日皇上移跸广岛行营遥督海表军政恭纪廿四韵[②]

依田百川

日光山中赏月

谷口鹿洞

大雨洗来千迭山，远峰近峦皆改颜。雨晴夜色凉若水，天为骚人开别寰。况逢三五月尤好，新中秋是旧中元。山家祭先事已毕，饮福容光醉一般。将军庙前银烛列，亲王墓上球灯连。郁郁老杉不能撑，自在月回墨斗间。深丛虫鸣霜露下，古潭秋静鱼龙盘。此如良宵难

---

① 诗见第二部分《大纛余光》卷三。

② 诗见第一部分依田学海。

再得，携樽试叩山寺门。老僧出诗求和韵，韵险调高不可攀。一杯且倾仙浆去，放吟朗诵响云关。须臾夜老月愈苦，天籁方收万壑间。山影当窗天皎皎，溪流咽石水潺潺。忽想汉城远征士，横槊三更鸣剑镮。中天只有明月在，万里清光一样颁。闺中少妇愁鬓乱，堂上慈颜衰发班。身家事轻君命重，不陷清京誓不还。大将虬髯戟倒竖，瞻之使人肝胆寒。营外霜严猛虎啸，雄风早已压百蛮。上有明君下良将，优游赏月亦天恩。微臣不识军旅事，只愿王师速凯旋。论功行赏廊庙上，龙颜有喜旭光殷。四千万人均欢乐，甘露瀼瀼金茎班。老僧厌我发狂语，竹榻梦冷抱云眠。出寺度桥家尚远，松涛满耳如哀湍。

从军作

大阪佐藤舜川

出门一笑剑横腰，好挺微躯报圣朝。伟略千年班定远，长驱万里霍嫖姚。胡笳声急晓云裂，边月影高秋气骄。醉卧沙场何所梦，昆仑以外建铜标。

咏鸡林近事

石田东陵

伐鼓镗镗发六师，鸡林日夜羽书驰。邻邦空恃山河险，戚里谁忧社稷危。沙上黄云连曙动，城头画角带秋吹。我皇轸念膺惩策，不使边庭胡马窥。

送某大尉行箕封[①]

岩溪裳川

① 诗见第一部分岩溪晋。

喇叭行

苏芦渔隐

残月欲落牙山阳，满天星斗森光芒。万窍如眠万籁死，遽闻剑佩声铿锵。王师呐喊斫敌垒，胡兵四散都仓皇。喇叭裂云响浏亮，三军意气为轩昂。其初一声破混沌，声声入曲谐宫商。恍讶水底蛟龙啸，延平何代遗干将。又疑山中狮子吼，百兽股栗走且僵。我兵闻此勇气倍，争先铁骑齐龙骧。斩馘无数血漂杵，杀敌容易如屠羊。炮声轰雷硝烟黑，弹丸迸射如群蝗。忽闻喇叭声调变，晓风吹送何凄凉。孤猿哀哀绕老树，残蛩唧唧咽晨霜。乍断乍续细于缕，气息奄奄心犹刚。飞弹洞胸身已毙，淋漓鲜血滴成浆。喇叭在口吹未罢，裂帛一声断九肠。王师凯旋赖汝力，名垂竹帛千秋长。呜呼壮哉白神源次郎，呜呼烈哉白神源次郎。

次首七首并序

细田东乡

种竹山人，晚春台北闲居时，一出于世，和者累累不绝。予亦效颦，但予所赋者时事，不与闲居相涉。盖彼初夏，绿阴幽草胜花时时也；此新秋，万里烟尘昏戍楼时也。彼可以闲居，此不遑宁处。所谓彼一时此一时，请勿以不伦哂之则可。

天风涨妖氛，感时情转促。秋风度玉关，胡草吹残绿。

灭秦还毙项，只赖运筹深。如今名将在，未必说淮阴。

烟尘昏八道，谁复事风流。夜深乌鹊度，孤月照烟幽。

实实又虚虚，兵机真诡道。铁蹄谁蹂躏，四百余州草。

渤海阻风涛，鸭江知捷径。及江海未冰，旋凯奏全胜。

六师事征战，诸将尽忘家。风露鸡林野，纷纷拂剑花。

持久为非计，敝端君可知。电速兵家要，纵操莫失时。

闻海陆军捷报喜而赋

增村成堂

我武维扬旭旆明，满奴焉得敌天兵。艨艟奏捷才三日，又拔牙山第一营。

鼓进燕京一击摧，洗兵何日祲氛开。征清诸将悉忠勇，能体我皇神武来。

送大岛旅团长北征

朝鲜金川郡守任荣镐

金陵朝日送行人，一道长桥利涉津。满树蝉声秋色里，悄然归卧古槐春。郡守官邸名曰槐春。

次韵答金川郡守

参谋长冈少佐

挫强扶弱万千人，朝日金陵过大津。遮莫秋风在树后，与君共祝太平春。

近事杂咏十首

耕云山人

咄彼满奴关内政，韩廷鼎沸乱如丝。天涯警报传来骇，又向鸡林派六师。

谁奏西征第一勋，艨艟忽到散妖氛。沧瀛未待神飙怒，齑粉千余盛字军。

仪卫堂堂入禁宫，韩王又合羡英风。回澜全仗中流柱，何啻三军叱咤雄。

俄然大喊震牙山，四野横尸鲜血殷。几个残兵能鼠窜，日东健卒凯歌还。

笑倚辕门抚虎须，检来几百血头颅。明治役胜庆长役，又被韩人鬼将呼。

由来韬略轶孙吴，一战如期歼虏奴。想见韩城张夜宴，龙颜咫尺犒貔貅。

家国风云日夜愁，此间欣尔赋刀头。十年重入汉阳阙，簪笏依然赞庙猷。

南冠忽换旧衣冠，一揖天颜不耐欢。翻忆椒房闻涕泣，外家奸党胆先寒。

云屯万骑饮江时，处处谯楼暮角悲。西上明朝三百里，天津城下立皇旗。

忍闻妖雾锁皇州，横骨中原恰此秋。百岁誓酬圣恩重，宝刀未曾换耕牛。

感 怀

平田哲山

人生不得取封侯，只合沙场暴髑髅。马革裹尸元有志，虎头食肉岂无俦。胡笳遥响三韩月，铁骑高嘶万里秋。掷笔谁为百夫长，征鞭一路指边陬。

成欢之役喇叭卒死焉垂死不罢吹奏闻者无不感叹顷知其人即我乡豫备兵员白神源二郎也作新乐府一章

田边碧堂

我兵晓济安城渡，硕火万道迸光流。卒拔丸，将裹疮，呐喊而前气何壮，此时吹角声琅琅。行一步，奏一节，流丸忽洞健儿胸，健儿虽勇躯非铁。音与呼吸相短长，目眦既决唇亦裂。呜咽角何涩，碧涨一腔血。尚唱进军谱，意气凛不折。一军作势气益奋，健儿命与角声绝。血涴游魂招应还，英志长埋鸡林山。五月闻警起，行时期一死。

姓白神,名曰源,其职虽卑其死尊。吾既同乡党,闻健儿风意气轩。浅口郡,船穗村,健儿出,光闾门。

征清军

宫内大臣土方久元

龙车到处欢声沸,举国须知士气振。出战军人不顾死,四千万众一精神。

圣驾时停神户湾,金波万顷映秋山。无端思起征清士,赏月军营望敌关。

王师一击拔平城,山岳动鸣天地惊。满虏遁逃无只影,千秋不灭日兵荣。

闻牙山战捷即作

杉听雨

夜深无复敌谁何,狭巷衔枚肃肃过。忽纵奇兵奏全捷,淋漓鲜血死尸多。

甲午仲秋杂感

丁野丹山

鸡林八道望风收,豪气先吞四百州。白首青襟同调友,晚晴阁上作中秋。

此夕黄石先生招同社友于晚晴阁共作中秋披襟纵谈忽有传飞报者曰天兵既度大同江满坐称祝连倾太白呼快者数而丹翁移疾不来会殊为可憾

丁野丹山

妻女谈兵不说愁,团栾对月倚高楼。良人昨夜牙山役,三尺刀光贯斗牛。

暮色苍凉日没州，扶桑清影月光浮。王师早晚翻巢窟，一扫长城万里秋。

平壤大捷歌译横井氏作

平田哲山

波涛汹涌大同湾，峰峦重迭大城山。逾山渡水何容易，长驱百里不辞艰。乃知守险不如德，豚虏狼狈无颜色。我兵轻捷称无双，疑是貔貅悉生翼。仲秋既望天正高，明月光映日本刀。炮烟蔽地弹雨迸，平壤四面呐喊嚣。敌兵恃众不相协，训练无素皆震慑。一战难支四遁逃，恰似狂飙扫枯叶。邹叟之语汝勿疑，天下无敌王者师。名正言顺君子国，四百余州拜旭旗。三军乘胜益感愤，凯旋班师应在近。渤海之湾忽飞渡，北京之城忽韲粉。

戏题支那微尘糕

冈本随轩

何来捷报快精神，且好餐糕风味新。匹似满清州四百，天兵向处忽微尘。

平壤捷报至随轩词兄见赠支那微尘糕有诗次韵以谢

横田竹泉

微物随时妙入神，名称风味两清新。竟教禹域同他饼，一口并吞摧作尘。

平壤捷报至随轩词兄见赠支那微尘糕有诗次韵以谢

早川峡南

王师消息久关神，忽接征清胜报新。多谢贻吾吃茶伴，糕名好是号微尘。

支那微尘绝好名称三首固属一时游戏文字而忠勇之气跃然于行间余亦蒙佳贶次韵以谢云

福井学圃

宋子题糕笔有神，忽蒙分惠喜尝新。山河带砺成何事，粉碎霏霏一口尘。

平壤战后作

早川峡南

十万罴熊意气遒，寒笳千里动高秋。铁蹄蹈破忠清道，炮雨弹烟入义州。

（以上录自 1894—1896 年博文馆刊《日清战争实记》第五期）

偶　吟[①]

副岛苍海

明治二十七年甲午九月十四日旧中秋也招同人五六赏月分得节字[②]

冈本黄石

甲午九月十四日小集分韵得窗

冈本随轩

谁弄风前铁笛腔，放怀与客把杯缸。隔篱啾唧虫音百，出树翩翻鹊影双。丑虏已逃黄海道，悬军忽度大同江。中秋非复寻常宴，半夜谈兵月一窗。

---

① 诗见第一部分副岛种臣。

② 诗见第二部分《征清诗集》，题作《明治甲午旧中秋招同人赏月》。

中秋晚晴阁雅集分得斗字此夕闻我兵度大同江[①]

福井学圃

中秋晚晴阁雅集分得军字此夕闻我兵度大同江

籾山衣洲

尘尾玄谈夜欲分，凭栏只觉桂花芬。幽蛩作意如留客，明月何心尚恋云。此夜月光明灭。酒国吾徒据孤垒，座客概皆不饮。墨兵君已扫千军。随轩诗先成。无端想到韩山役，剿讨谁能奏伟勋。此日有平壤大捷之报。

甲午中秋杂感

早川峡南

兵气堂堂势不孤，男儿原野誓捐躯。未能杀贼先诸将，直欲冲关诛万夫。挥剑何时平虏地，从军明日上征途。月前引起天涯感，来岁归观果有无。

广岛行营杂吟节录[②]

股野蓝田

中秋夜坐效放翁军中杂歌体以排闷

高野竹隐

硝烟喷雾满川墟，战胜收兵月上初。一匹寒光撑露布，峰头立马怕难书。《淮南子》云：月之光唯能照物，不能书。

---

① 诗见第一部分福井学圃。

② 即第一部分股野蓝田《鲤城口占》之“投鞭横绝大同江”、“奏捷广陵大本营”、“长剑据鞍天厩良”、“鹘逐鸦群试远翔”四首，个别文字有异。

气吞西北觉罗州，弓背霞明落日收。闻说翠华新授战，千军额手始回头。

山川重按旧图经，诸将遗风尚典型。万马秋寒碧蹄馆，前军已取练光亭。

驻坡蓦涧马蹄轻，月暗森沉斥骑行。林菁风腥知有虎，不妨饮羽试平生。

震电风雷捧檄驰，正东万里是京师。鱼龙远避星躔动，广岛秋高日月旗。

磨刀霍霍笑揶揄，岂有加餐内舍书。讶见丝丝萦乙发，只从丰岛海湾渔。

风露中秋夜若何，将军弹剑和悲歌。秦时明月休惆怅，九月十三光较多。

九月十三日恭承皇上亲征赋七言八句

杉浦梅潭

山河满目六军屯，大纛今朝出国门。岂啻民夷仰鸿烈，应知将士泣殊恩。金鞍白马晓声动，铁爪皂雕秋气翻。遥指鲸波三万里，翠华先驻艺南村。

秋　感

杉浦梅潭

素餐身养感偏长，极目风云气激昂。古史评论钦伟略，宝刀拂拭笑疏狂。天连渤海雷霆奋，秋入鸡林草树荒。闻说边庭寒意早，万兵蹂躏满山霜。

灭耶灭谣五章[①]

依田学海

---

① 诗见第一部分依田学海，题作《灭耶灭讴五章》。

寄杨六谷在韩山

黑木钦堂

鸡夜鸣，是不恶声。杨生拔剑斫地歌且舞，星斗阑干光芒明。韩城风云惨天日，山河破碎鬼神泣。何物封豕逞贪婪，怒张馋口磨牙立。我皇仁德大于天，乃眷四顾邻邦急。堂堂王师度沧溟，用武有律归安辑。杨生意气雅不群，斗南久期策奇勋。半生侠骨定负公，投笔从戎气如云。上书北阙沥肝血，请缨慷慨压终军。投身豹房从卫霍，万里于役誓忠勤。朝辞帝王城，夕向虎狼穴。途过南海浔，家山入眼青巀嵲。健翮高排云，孤云影明灭。艨艟不暂止，落日寒潮咽。男儿非无泪，中肠亦百结。雄心窄八荒，岂做寻常女儿别。思汝平昔说勤王，明目戟手而胆张。乌乌醉唱从军行，出身夙羡羽林郎。六谷醉后喜诵王右丞"出身仕汉羽林郎"诗。思汝今日在殊域，喑哑驰骋百战场。铁骑深藏绿江雾，剑华高拂白山霜。近闻王师戡群丑，群丑蹭蹬远逃走。何日见汝归拜明光宫，肘后累累金印大如斗。

寄依田学海

杉浦梅潭

出师绝海事非轻，宜把文章推至诚。杨铁厓才能咏史，杜樊川老尚论兵。掀天恶浪巨鲸吼，卷地疾风群鸟惊。今日著书知有意，敢要草檄擅功名。向王师开战后，有诗文数篇，悉系兵事故□。

甲午八月赠门生某某等从军在三韩

蒲生褧亭

我直彼曲太分明，师直为壮壮气盈。我师堂堂乃有名，彼气阻丧那争衡。义兵向所鬼神惊，炮击舰碎如浮萍。牙山陆兵亦颓倾，铳炮旌旗弃纵横。天兵乘胜夺虏营，俘获如山难携擎。韩人始服我至诚，挫强扶弱义侠情。君臣感泣举国听，独立护得三韩城。我武维扬遍寰瀛，须乘此机事远征。在韩将士多儒生，曲直老壮谙兵情。腰间秋水战血腥，一挥千里不留行。直当长驱冲燕京，使彼遂为城下盟。吁嗟乎宣战诏已下天廷，侵攻如火勿暂停。

逸　题

秋月韦轩

弹雨硝烟韩海横，镇西人士跃将行。王师连胜载新纸，清虏无谋绝旧盟。伏枥多年志千里，剔灯草策夜三更。苏山深处读经日，匣里宝刀鸣有声。

时事有感

木村芥舟

出师本欲厚邻交，不向弱邦诛贡茅。但是当年盟约在，肯容饿虎独咆哮。

神兵所向似雷翻，饿虎贪狼骇且奔。事定衣冠相庆日，应知天地覆帱恩。

平壤行应制①

股野蓝田

纪事一首呈桦山将军②

古泽介堂

① 诗见第一部分股野蓝田。

② 诗见第二部分《大纛余光》卷一。

次　韵

小仓草山

兵船何必用甲铁，胜算唯在方寸决。盖世骁雄常服众，希代伟才能破瓮。炮烟蔽海海卷涛，鲸呿鳌掷须臾鏖。想见将军战罢后，舵楼横槊意态豪。

闻平壤之捷喜而赋

川北梅山

平壤之地山峥嵘，恃此乃为铁壁城。譬如紾赤子之臂，彼易与耳新募兵。外人注目视此役，皆云两军决权衡。我兵神勇目无敌，四面合围冲垒壁。彼已连败凶胆摧，望风而溃五万贼。昨夜捷书达大营，至尊欢悦赐赏敕。咨汝将士忠且武，一心报国奏伟绩。吁嗟乎自骄者败谁昔然，万尸相望何惨戚。

既而黄海之捷报亦至踊跃赋此

川北梅山

巨舰峨峨高于山，来抗我军黄海边。我军笑谈整且暇，一击覆之反掌间。南阳之辱岂不知，彼且不惩屡挫摧。名将运筹无遗算，多多益办来则来。闻说威远致远坚无比，用之无人何足恃。残舰敛迹远遁逃，天外飞书频送喜。得此连捷果何由，义之所在天锡祉。欢声如沸万众呼，旭旗高扬东京市。

松涛园在相州酒匂

落合东郭

百年松树拥楼台，倚槛长歌霁色开。岚翠欲飞如有雨，秋潮乍落响于雷。烟波岛屿峭帆去，云木关山孤鸟回。今日乾坤已多事，老龙应待羽书催。

海楼望月

落合东郭

大海遥生月一丸，清辉四发烂银盘。高楼好对中秋酒，百里当翻十丈澜。乌鹊南飞星影远，鱼龙出舞笛声寒。还思绝塞长征士，今夜陇头提剑看。

（以上录自1894—1896年博文馆刊《日清战争实记》第六期）

平壤大捷歌在大本营

失名氏

老惫黄龙已失云，尚拟障日腾妖氛。皇师赫怒挥神剑，万兵一跃逾天堑。闪电劈野雷撼山，激战十有三时间。踏尸而进喋血起，众皆惜名不惜死。拔寨陷垒又夺门，直使虏军扬素幡。呜呼大同江水或有竭，日本军誉终无歇。

黄海大捷歌在大本营

失名氏

飓风鏖寇岁月古，敌海今又扬我武。艨艟相遇旅顺东，龙攫虎拏势各雄。肉飞骨裂尚协力，不知一身唯知国。甲铁争及忠义坚，水雷亦避勇断前。瞬间百发吾射速，忽把万虏葬鱼腹。呜呼天佑终始在旭旗，何论悍鹫与狞狮。

逸　题[①]

伊藤总理大臣

大风吹起渤海浪，朝鲜八道战尘扬。可怜小邦困外侵，千里山河无城障。日东天子忧苍生，直发三军从远征。君不闻海洋岛外沉敌

① 此诗第一部分伊藤博文处题作《征清歌》，文字多有不同。

舰，又不闻平壤城头鏖敌兵。爱新觉罗彼何物，敢逞鸱张抗王师。早应燕京翻旭旌，永使东洋致缉熙。狞狮嗔目久忍饥，悍鹫张翼暗朵颐。铁火铸成日本胆，我武我文扬国威。

征清歌

嵩古香

爱亲觉罗胡为者，起乎鞑靼势一泻。四百余州唾手收，竟令朱明屋宗社。夏夷倒置二百春，子孙相承统丝纶。果然贪狼不知餍，近向鸡林伤善邻。吾王赫怒讨骄很，北京陷没期早晚。四亿万人休夸多，辫发解辫知非远。

送人从军[①]

嵩古香

甲午中秋

嵩古香

无边风物与心关，也识蟾宫容我顽。雨洒虫声秋半壁，烟消雁语月千山。庾楼密坐夜难过，韩海远征人未还。逢着国家多事际，醉吟何处独偷闲。

横槊塞边秋始半，捣衣砧上夜将阑。中天明月迹千里，留守出征愁一般。

逸　题

土方宫内大臣

威德兼全武与文，维新大业世惊闻。改良制度绍先圣，废止藩屏统六军。扶弱情如怜幼者，挫强势似逐羊群。空前绝后英明主，有此

① 诗见第二部分《征清诗集》卷下。

空前绝后勋。

时事有感

木村芥舟

冯夷打鼓雨师迎，奔电迅雷冲海城。想见羽书传警日，风声鹤唳撼燕京。冲威海卫。

十年窜逐忽生还，俯仰人间九折难，寸碧尺青皆故友，船头泣拜马韩山。朴泳孝。

漫将意气自驰驱，岂意神兵忽叱呼。空揭龙旗人不守，使臣宵遁屋栖乌。

绝　句

向山黄村

欲策奇勋慰老年，男儿岂有泪潸然。舵楼今夜中秋月，横槊遥知赋几篇。

日出扶桑海气红，满山草木偃东风。谢公折屐无完齿，捷报频来自战中。

三军暴露作长围，夜夜霜风透铁衣。为是圣明恩泽渥，一人未敢计生归。

危急如骑虎背驰，势难中下但嫌迟。欲冲鸭绿江头垒，须及坚冰未结时。

秋思穆如吟社课题

冈本随轩

其　一

人世原如寄，荣枯梦一场。池莲飘败叶，岩桂动幽香。可守安心道，何求辟谷方。徘徊野水畔，远雁度斜阳。

其　二

乾坤形势壮，筹策鬼神惊。合击翻东海，环攻逼北京。出师应有实，问罪岂无名。连战且连胜，只期城下盟。

其　三

亲阅张军气，安南翠辇停。安南，广岛地名。群臣参秘省，庶士翊明廷。九月廿二日有诏，以十月十五日，召集贵众两院议员于广岛。一水秋来碧，千山雨后青。日新王者德，宵旰赛盘铭。

其　四

国威振宇宙，应运庆云兴。蒙古真堪灭，鸡林亦可惩。唯宜卫薄雪，未及蹑坚冰。绝漠黄龙屈，东天大旭升。

游仙楼即事

岩谷一六

游仙楼上值中秋，豪饮好为观月游。新纸今朝传快报，王师一击败黄州。

松大尉[①]

依田学海

秋兴二首

岩溪裳川

一自箕邦入战图，山河八道忽长驰。败兵夜溃乌栖幕，飞将东来虎负嵎。史上功名钦我武，军中赏罪笑他愚。投鞭可断鸭江绿，万马秋肥草未枯。

尊俎之间定国猷，邻交世岁约重修。伤时有客论殷鉴，御侮何人抱杞忧。长剑倚天心贯日，短槎犯斗气横秋。兴亡千古无穷感，山海

① 诗见第一部分依田学海。

青苍划五洲。

名古屋欢迎员侑美酿曰胜军名甚佳赋一诗

陆军中尉三谷仲之助

王师振旅远西征，沿道欢声父老迎。倾尽一杯胜军酒，鼓将余勇入清京。

过关原

三谷仲之助

星霜三百古犹今，历历山河迹可寻。立马原头凭吊处，秋风摇落草虫吟。

观李鸿章写影有感

三谷仲之助

一朝庙算太蹉跎，奈此胡清末路何。云雾冥蒙州四百，余将战血洒山河。

闻黄海捷报作

藤泽南岳

手提捷书起狂呼，若此快战古来无。黄海秋高气惨肃，一击鏖杀索头奴。奴舰二十我十二，团如车轮张如翅。驰突奔迅疾于风，一退一进角神智。巨炮轰天天疑析，水雷激地地欲碎。洪涛怒起助势威，铳丸乱飞如雨坠。我军奋跃勇气倍，击破奴舰似扫地。近世兵家说一新，器械利钝胜败存。彼亦竞制甲铁舰，载将巨熕镇海门。定远来远及经远，并他四舰尤精坚。恃之傲然向大东，欲逞猛志展威权。何料三只沉没四只烧，自余艨艟尽败残。我军鼓舷又担槊，唱起奏凯歌一曲。烟收风死波涛静，星月皎皎海山绿。呜呼东西今古海战多，尤推英人特拉华尔牙[1]。试以比此战，艰易岂同科。铁舰勿言坚，巨熕且休夸。小大众寡不足算，制胜毕竟在人和。人和妙用不可测，威风宣扬无穷极。五千万民同一心，忠诚之士齐戮力。邦俗雄伟虽自古，教化实仰圣上德。从今宇内第一强勇名，归吾大东日出国。

恭读宣战大诏[2]

雄山牧村

松崎大尉

小林林塘

衔枚肃肃夜进兵，安城渡头天未明。月黑咫尺尚难辨，忽闻前岸起炮声。大尉决眦气如怒，将刀一挥乱流渡。士卒从者皆直前，敌军相遇只惊怖。炮声如雷烟如云，弹丸雨注何纷纷。两军一战胜败决，大尉挺身勇绝群。虏兵崩溃如群蚁，我军忽哭大尉死。大尉虽死尚如生，赫赫功名照青史。

逸题二首

西村醉处

万迭韩山追敌踪，战氛满地接飞烽。眼无鸭绿江头险，立马辽东第一峰。

风云叱咤策纵横，千里悬军事远征。蓦地貔貅破平壤，无端黄海毙长鲸。

---

① 即1805年英法特拉法加海战(Battle of Trafalgar)，此战英军击败法西联合舰队，但英方主帅纳尔逊阵亡。

② 诗见第二部分《大纛余光》卷六。

今兹甲午征清之役陆海二军连传战捷赋打虎捕鲸二篇以代凯歌

石桥云来

打虎行

有虎有虎来负嵎，猪豚狐兔为仆奴。暴戾无不至，时入里门趋。锯牙而钩爪，猛威百兽殊。何图冯妇睆在侧，一搏容易为所屠。何图庄生相寻至，再搏其族寡所余。呜乎雷威电目不可恃，暴虎冯河何足图。群虎毙处去吊迹，万岳风死月轮孤。

捕鲸行

有鲸有鲸聚海瀛，列队东西谩横行。其大如山岳，能使海若惊。其坚如城廓，能使波臣狂。捕之有术世所秘，讲究有得炼且精。炮熕相迫呐喊逐，运用巨舰四支轻。壮哉击从鲸头至鲸尾，忽被重伤忽沉沦。捕获事了天将夕，渔长告成一竿旌。

应召集到佐世保示军衙旧僚

黑原和友

万里熏风吹死灰，决然起拂铁衣埃。逢人却愧因诗瘦，减杀腰围几寸來。

唐津仙矶楼上作

黑原和友

山压楼檐水到门，萧条自是别乾坤。西风孤月望夫石，凄雨断鸿呼子村。距唐津三里许。怀抱半生人已老，雄图千岁迹空存。名古屋城址。客中作客征衣薄，无限秋寒起荻根。

夏日杂诗之二

泽崎梨圃

水纹六尺簟，适意横肱眠。赫日炎埃里，身世幸依然。回首枕戈客，韩山路三千。

丰岛摧敌舰，我武维扬扬。火云虽如毁，闻报忽觉凉。更传宣战诏，盥漱读数章。

快雨顿凉

石桥云来

雷鼓鸣休天宇清，夜来顿觉此心平。沛然雨过凉如水，快似神兵破敌兵。

拟从军行

吉阪耕岩

西征万里出天兵，闻已捷书传汉城。丰岛晓烟沉大舰，牙山雨夜破连营。

谁敌东方百炼锋，三军向处殄奸凶。调兵威海鲸惊浪，试炮牛庄月照峰。

朝鲜震响望风随，及见满清迎我师。豫识凯旋当有日，天津江上未冰时。

皇威远及满清营，期见北京城下盟。堪笑当年丰太阁，仅征高丽不征明。

新凉夜话

吉阪耕岩

未屠鸡林出我师，垂杨早已冷风吹。满城秋雨残灯下，细话牙山激战时。

甲午九月奉拜车驾亲征感激之余恭赋七律八章兼寄怀随銮锦山槐南二先生[①]

大久保湘南

平壤歌

吉田静海

平壤城，大同江，江深城峻谁能扛。十万师旅守天险，倨然可以制东邦。城何峻，江何深，一夜倏揭白旗降。漫僭大国兵，漫夸器械精，不问生者辱，那知死者荣。君不见东邦士心百炼铁，欢呼为国蹀鲜血。大同江，平壤城，千百载后传余烈。

时事杂感

稻垣衣白

我皇赫斯怒，舳舻冲满清。风霜凛杀气，旌旗压东瀛。少壮皆掷笔，功名争请缨。旭日翻大纛，飞龙移御营。涛高威海卫，云惨义州城。早期平胡虏，要作城下盟。

落木奉天戍，枯草长城烟。败走牙山卒，沉没丰岛船。我军马肥大，一举拔北燕。我军士气振，再举取赤县。赤县州四百，席卷直凯旋。踏海今已矣，彼无一鲁连。

（以上录自1894—1896年博文馆刊《日清战争实记》第七期）

得月楼送栗本碧水之朝鲜赓其留别韵席上卒作五首

土居香国

曾从文海掣鹏鲲，载笔此秋倚阵门。蒙古一州称勇武，鸡林八道转乾坤。眼中城垒多鸦影，鞋底蒿莱悉血痕。思句知君慷以慨，大同

① 诗见第二部分《大纛余光》卷六。

江畔月黄昏。

如崩厥角力难支，顺逆由来天地知。邦国谋治应有事，男儿成志是斯时。黄洋浪涌鱼应饱，平壤风腥鬼亦悲。露卧韩山营里月，梦魂早趁晓笳吹。

西空决眦黯烟尘，万里悬军捷报频。日夜双鞋孤所踏，江山一剑不知贫。他时视战论兵客，此夕赋诗倾酒人。鸭绿渡头秋肃杀，想君对月凛精神。

百杯且尽一宵欢，西出海门波渺漫。郁勃风云旗影动，阑干星斗剑华寒。功名只手英雄业，跋涉单身壮士肝。得月楼台丸样月，凤凰城里枕戈看。

日本男儿大有为，燕京攻陷夙心期。纪来战斗无双史，赋就凯旋得色诗。草树一春花寂寞，山河万里骨难支。知君自此壮文气，四百余州任所之。

青灯有味斋夜坐赋似从弟元田少尉

落合东郭

城头画角把杯听，意气轩昂酒未醒。风露中宵孤剑冷，江湖半屋短灯青。三生许国披肝胆，几度论兵见性灵。朔北妖氛羽书急，长天笑指斗牛星。

江楼即事

落合东郭

缥缈江干百尺楼，西南灏气浩难收。长天玉笛关山曲，明月桂花风露秋。国士眼中唯大局，将军帐里有奇谋。高歌拔剑婆娑舞，烟水阑前起白鸥。

送森槐南扈驾赴于大本营①

岩溪裳川

闻我陆海诸军大胜志喜

杉山千和

洋洋瑞霭罩行台，广岛城头气壮哉。想见天颜生喜色，西征诸将捷书来。

四百余州乱似麻，旭旗临处有谁遮。吃亏堪笑清天子，以国安危付李爷。

次韵二首

服部担风

六师齐上牡丹台，捷报飞来亦快哉。更有苍溟沉敌舰，凯歌声撼禁营来。

斩馘骄胡似刈麻，王师忽破杀气遮。谁图二百余年后，瞑目知他国姓爷。

寄向山黄村

杉山千和

忆君鹤发已如丝，新纸相传见好诗。凤子将兵破清舰，谢安高洁只围棋。

得黑原银台唐津信赋此以寄

福井学圃

戎轩投笔起，买炭峙军储。潮怒艨艟健，风高木叶虚。一行新雁字，千里故人书。报国仗长剑，莫言秋鬓疏。

---

① 诗见第一部分岩溪晋。

偶成次服部担风见寄诗韵

小栗栖莲船

大将提刀晓上台，三军勇气万雷开。虮儿不啻惊风鹤，梦里神兵卷地来。

申江客舍哭金玉均

斋藤栗堂

往事凄凉泪满襟，高楼此夕独沉吟。百年肝胆回天志，四海风尘捧日心。花落申江春雨冷，笛残吴市暮云深。不知魂魄归何地，月夜空听环佩音。

乱离亡命几春秋，一片丹心死未休。天下奇才怜薄福，袖中封事足深忧。青磷鬼哭杨花镇，白日枭啼铁马楼。痛绝仲宣何不遇，干戈落托赖荆州。

万里天涯一逐臣，苦将心事诉苍旻。北溟风雪穹庐夜，南岛烟波蜑户春。故国谁收三族骨，异乡空捐百年身。越王台上鹃啼血，何处青山荐藻苹。

卧薪吞炭十年余，容易春风出寓庐。白发衰亲伤俎肉，苍头旧仆哭灵舆。檀君庙畔妖氛暗，箕子城头紫气虚。大息雄图今已矣，山河八道竟何如。

三叠韵寄怀寺田望南游甲峡寓岩波氏

向山黄村

燕寝凝香画戟森，纤尘不动午帘深。读书久抱经时略，袖手空消过隙阴。塞外征兵飞羽檄，秋来杀气压鸡林。知君四十未叹老，慷慨成定梁父吟。

庚午九月丹陵草堂与衣洲夜坐用青莲"澹然咏高秋"句为韵获古体五首方今兵马倥偬词多感慨意少冲澹非偶然也

吉田静海

其 一

天地有大道,日月照幽暗。懿圣说王者,性格而情感。浩然无其形,触物易搜揽。偏恤彼西邦,生氓一何惨。浚膏涂干戈,社稷任摇撼。昏旺且蹒跚,卒尔抚虎颔。怀之起聘目,遥溟暮霭澹。

其 二

国势如建瓯,一泻为飞泉。奔滔数万里,洪波涨九天。五岳与四渎,汩没在那边。扆冕复旧邦,明堂拭腥膻。匡济赖允武,大纛方直前。虏廷将相空,惜死又爱钱。闻之谁相悯,寒鸦群哑然。

其 三

庙器告厥朽,盈仄不持正。骄慢侮强邻,戕害膺天命。师旅徒暴殄,隐蔽偷利柄。东郭墦间肉,妻妾亦忧怲。我得彼所丧,捷音因以证。上下同其心,一系临百姓。乐之浴余恩,小楼聊觞咏。

其 四

神州钟灵秀,男儿气雄豪。尚武守祖训,轻生如鸿毛。为扶西邻弱,往挫北虏骜。尸化辽燕土,血涨渤海涛。少妇解报国,卖剑换战袍。斯性有素养,列国知嚣嚣。欢之掀帘立,岳莲排天高。

其 五

皇威震禹域,紫气满西州。遐迩戢祸乱,千载建大猷。胡为抱谤木,漫说阋墙谋。甫赞议政府,宜能运牙筹。财帑兵马用,喜供国家求。折冲完其备,居肆致优游。歌之颂鼎运,乾坤入清秋。

甲午中秋作

福原周峰

依然明月满皇洲，何幸闲人此夕游。万里悬军边戍夜，九重移坐外征秋。霜澄白雁关山杳，云尽碧天河汉流。忽得羽书传战捷，长歌醉上最高楼。

九月十四日当阴历八月十五日是夜同海上胤平翁及吟社诸子赏月于汤岛正葩草堂赋七绝六首折二

山田新川

征清元帅即天皇，十乘戎车先启行。今夜住銮何所处，满天月色凛如霜。昨十三日车驾发东京，临广岛大本营。

坐与月轮俱作团，草堂置酒极清欢。却思万里鸡林外，应有征人掩泪看。征清将士进军于平壤，战期在近云。

秋　怀

藤川丰城

长安不见夕阳过，百感茫茫付醉哦。始信风流元有罪，未知烦恼定何魔。秋高渤海波涛恶，月黑韩山鼓角多。谁识羽书旁午日，破窗有客恨蹉跎。

寄怀锦山槐南两书记在广岛大本营①

本田种竹

① 诗见第一部分本田种竹。

中秋观月书怀

松田学鸥

亲征诏出九重天，玉辇今宵驻凑川。料识楠公碑上月，十分清影一层圆。

王师渡海在三韩，铁笛一声更欲阑。霜满行营风肃肃，白头山上月轮寒。

闻平壤大捷之报纪喜

水户市毛晦轩

大同江畔平壤城，冈陵起伏势峥嵘。谓是韩邦天险地，守易攻难不易争。来屯满清数万兵，拟驱韩民为编氓。骄贪之兵奚足较，矧复轻举师无名。王师堂堂直进征，旌旗拂天旭日明。名正言顺以义动，何物黠虏敢抗衡。师出以律丈人贞，巨舰蹴浪绝大瀛。号令严明禁侵掠，韩民箪壶争相迎。握中宝刀百炼精，芟刈鞑虏如劈荆。疾如风雨飘忽至，静若秋夜肃无声。丰岛之海牙山营，水陆鏖战一纵横。忽夺虏舰拔虏垒，凯旋汉城举巨觥。壮士报国一死轻，又向平壤期荡平。三面进击捷于电，炮烟涨空迅雷轰。须臾烟散山色晴，放眸一望秋天晶。虏兵舆尸何处遁，械仗死尸城中盈。一夜捷书到天京，朝野齐祝大功成。尚期进陷盛京省，海陆提挈直逼清。满清建国岁几更，历数应推社稷倾。一战挫衄气已夺，不知风鹤几回惊。赫赫神州规模宏，兵威雷动又风行。古来外战未曾挫，阖国士民尽忠诚。拯韩义声四海鸣，不似老猾擅私情。进冲巢窟应在近，北京城头翻日旌。使渠速为城下盟，四百余州归王正。殊方绝域仰皇威，永永万年保尊荣。

牛　岩

甲斐十二峰外史

距釜山数十町，巨岩俯海，形如铁牛，怒涛奔激，雪花四散。昔时小西摄州①系缆于此，直袭釜山城，击走守将郑拨②，得大捷。

整整之旗堂堂阵，艨艟蔽海一齐进。谁图贾竖谙兵机，拔釜山城唯转瞬。山擒猛虎水斩鲸，悬军万里擅英名。若微沈郎三寸舌，席卷鸡林陷燕京。我来吊古牛岩上，啮岸狂涛高十丈。散而为雾碎为珠，银峰崩处百雷响。不是小西摄州入海门，铁骑十万并辔奔。乃知丰臣太阁裂封册，大喝一声震乾坤。

送儿从军

武藏栗原霭山

清国何顽冥，懒眠梦未醒。唇齿辅车国，使嗾妨安宁。速不加斧锁，何以护皇室。慨然敌忾心，蹶起四海一。炮车轰山川，艨艟吐汽烟。举头望西隅，杀气惨相缠。想汝入兵籍，多年浴恩泽。一朝接飞警，身命何足惜。驱马衰草野，横槊明月下。意气勃不休，立功在苟且。陟岵正渺茫，倚门事已忘。行矣尸可曝，尚闻侠骨香。

山馆夜作

福原周峰

山馆近遭猿鹤邀，一灯淡对坐中宵。暮年心事同摇落，秋士襟期耐寂寥。绝壑云间生素月，空林叶走吼狂飙。时闻朔雁传边信，杀气阴森满九霄。

---

① 小西行长(1558—1600)，日本安土桃山时代武将，文禄之役作为日军先锋，攻陷釜山。其父为商人，故诗中有“贾竖”之语。

② 郑拨(1553—1592)，朝鲜武将，文禄之役时守釜山，力战身亡。

戎马长驱冲虏城，抵当麟阁绘功名。塞鸿月黑霾云气，岩树秋高变征声。异代貔貅抛浩劫，邻居樵牧列天兵。英雄心胆封侯骨，投老山栖梦远征。

明治二十七年秋偶感纪事

京都近田春耕

我军已渡大同津，忽见边沙卷战尘。一举推知威武壮，敌兵鏖杀几千人。

敌船一击海洋东，巨炮有声轰半空。十万胡兵鱼腹葬，硝烟卷起电光中。

饮马鞭过鸭绿流，六军将卒尽貔貅。何惟平壤牙山胜，一战蹂躏四百州。

敌兵何肯抗天兵，一战击摧平壤城。豫识凯旋应在近，谁乎麟阁画功名。

寄在韩人

近田春耕

雁语虫声两断肠，西风秋老转凄凉。遥思一片京城月，人卧兵营半夜霜。

十万吾兵尽勇豪，胡奴偏向义州逃。韩山霜白深宵月，照见扶桑百炼刀。

书怀二首

矶野素堂

庚午十月十四日属阴历中秋对月有感偶捡李青莲《问月》诗遂步其韵寄远征军人

志士报国是此时，远向鸡林踊跃之。八道人民悉畏服，为我驰驱共相随。大纛昨日出宫阙，数万军势益奋发。王师所向不可当，凛凛

闻平壤捷报

市邨水香

十万王师部队分，碎身报国立奇勋。一鞭横绝大同水，三面击摧平壤军。残帐裂旗空委地，羸兵弱卒散如云。我皇威武谁能敌，八道鸡林扫战氛。

平壤大捷歌

大竹蒋径

君不闻平壤之山大同江，古来要害称无双。彼何为者漫恃险，旌旗十万攒凶锋。时维甲午秋九月，我皇声罪六师发。神机如雷势如飙，山河震动云亦裂。虏将惊悸胆先寒，营垒破碎兵皆奔。炮声撼地黑烟卷，杀气冲天白日昏。此时我军气益壮，三面追击穷所向。快刀断尽万人头，尸积成丘几百丈。噫嘻乎神耶人耶功何伟，更有特笔殊可纪。三千俘虏总怀仁，君子国名良有以。

月下怀远征

林双桥

鲤鱼风老气萧森，对月今宵感转深。万里清光同一色，征人谁不起乡心。

月下怀远征

市邨水香

平安城上月婵娟，征战遥思向朔边。将士同心军十万，关山隔海路三千。夜营霜冷剑光闪，秋垒风高旗影悬。我亦慨然眠不得，中宵起望北京天。

月下咏怀寄在韩友人某

神田香岩

月照军营凛壮心，知君横槊坐更深。满腔意气冲牛斗，八道风尘感古今。霜仗霓旌秋疏肃，白山绿水夜萧森。箕邦何止能州景，应压当年越将吟。

秋 兴

斋藤栗堂

极目登临感不穷，酣歌倚剑醉颜红。寒砧木叶千家月，落日关河万马风。异域亲朋消息绝，故国兄弟壮心空。百年知己唯诗酒，寂寞江湖一断鸿。

万里悬军半岁过，回头松菊定如何。金闺夜雨机中锦。玉垒秋风塞上歌。白骨长城秦戍卒，苍烟乔木汉山河。一声浏亮悲笳动，月黑胡天霜露多。

闻牙山捷报

斋藤积翠

我军四面如潮涌，忽破牙山势不穷。欲为邻邦全友谊，非将私利衒奇功。黄龙战野夜啼雨，猛虎负嵎朝啸风。万岁三呼歌一曲，凯旋旗映旭光红。

读久米子城《史论》①

西冈宜轩

---

① 诗见第二部分《大纛余光》卷八。

次　韵

野口宁斋

秋风吹尽瓢儿菜，四百余州惯挫锋。此日时穷无节见，后凋空属大夫松。

金笳铁角树何勋，士有离心黯阵云。笑杀武臣钱亦爱，将肥兵瘦八旗军。

决眦中天太白高，萑苻无数几时鏖。闻言父老亦思乱，处处卖牛皆带刀。

互相掣肘计何迂，御侮无人策骏驹。徒重功名轻社稷，廷臣半似相风乌。

大漠荒荒龙旆寒，蒙尘天子几艰难。汗青自有前朝鉴，幼主今应掩泪看。

偶　成

松田湘雨

半老书生意气豪，檐前独曝古征袍。未忘虎变鹰扬志，一穗青灯读六韬。

从军行

平田哲山

丈夫何老一书生，意气如虹欲请缨。月黑秋高铙吹壮，沙飞石走马蹄轻。楼船百万连东海，练甲三千指北京。昨夜西风传捷报，王师旗帜益精明。

阴历九月十三夜对月

松林古陵

满天灏气转凄清，栏角凝眸易恼情。露冷长安砧韵急，风寒边塞雁声惊。偶倾杯酒谈前史，更展舆图话远征。想见牡丹台上月，将军横槊夜三更。

鸿雁来宾

冈本随轩

去住从时序，惊秋玉塞云。排行先作字，整阵忽成文。逸翮月中见，新声霜外闻。追随遵浅渚，饮啄集清渍。守义盟无变，临危翼不分。远来千里地，肃肃向初昕。

鹰

冈本随轩

眼类明星烂电光，雄姿横发飒高翔。剑翎金脚擒孩虎，铁爪钩锋攫野羊。喜武如亲迎日旆，怀仁乍止入云樯。从来搏击如无敌，万里秋风逸气昂。

甲午十月书事

土屋凤洲

烽火边城警，班生笔欲投。韩山杀气满，渤海战声遒。非奏膺惩绩，安宣大诏猷。今朝得快报，一举歼群酋。

次　韵

土屋凤洲

一代英雄果若何，丰公事业梦空过。卷来四百余州地，不学当年失计多。

古中秋滠上步月有感

辻泽菖水

碧云明月一天辉，今夜中秋星亦稀。凉露如流虫欲语，大江东去鹊南飞。征人万里定横槊，思妇千门空捣衣。拟与嫦娥较清影，桂花香里坐苔矶。

次 韵

野口宁斋

流水漫漫扬素辉，月明记我梦依稀。檀君山上欃枪闪，箕子庙前烽燧飞。今夜长江谁饮马，西风两岸飒吹衣。征清将士休回首，砧杵无声冷石矶。

黄海谣悼友人战死而慰其家眷也

历园主人

天子诏中语，威觉压黄海。父老泣拜恩，里闾生光彩。君不见千载日域多烈士，烈士身死名不死。

题郑成功乞援于日本书后[①]

岩溪裳川

黄海歌并引[②]

股野蓝田

将赴广陵赋此留别

手岛秋水

西望风云漠漠阴，广陵千里锦旗临。天高铁马夜嘶月，霜紧塞鸿秋促砧。国士经纶原缜密，羽林剑戟自严森。诗人要献征清颂，不负平生一片心。

---

① 诗见第一部分岩溪晋。

② 诗见第一部分股野蓝田。

送手岛秋水之广陵

入江雨亭

大牙悬旭日，双院耸秋云。海近征袗碧，山高落木纷。经纶任多士，词赋扫千军。蹇蹇匪躬是，别离何足云。

广岛杂吟[①]元作十首，四首已见于第六编

股野蓝田

甲午十月廿七日广岛大本营中志喜

横井古城忠直

捷书日日达牙营，想见我军旗帜明。鸭绿江西无劲草，皇风已到九连城。

时　事

山田新川

高高明月照城楼，忽见吾兵直绝流。总督不知防守术，徒能张宴作中秋。九月十四日，当阴历中秋，是夜清总督军门叶志超在平壤城，聚妓女赏月，时我兵渡大同江薄城。

平壤城空锁暮云，楼头无复角声闻。逃归叶聂皆号哭，不独当年李将军。十五日，平壤城陷落，叶志超、聂士成诸将被疮，弃军器逃去。

长天云尽雁行迟，正值中秋明月时。万里从戎谁氏子，凭高唱出

---

① 即第一部分股野蓝田《鲤城口占》之“鸡林风急轸宸忧”、“独力东方任折冲”、“万雷怒激劈山飞”、“堂堂旌旆卷秋云”、“富兵摩天国势隆”、“中堂毕竟假英雄”六首，文字稍异。

越公诗。十五日，此夕月色殊佳，有一年少，登本营后丘，歌上杉谦信七尾诗①。

炮声百里响雷霆，淅淅水风吹血腥。似为吾军助搏击，船头来集海东青。十六日黄海之役，有鹰止我战船上。

混成新结旅团兵，命若鸿毛一死轻。请看大同江水上，长留碑石表忠诚。平壤平后，大岛少将为战死兵卒立碑于大同江右岸。

二十五日朝鲜义州之报至曰昨二十四日晓我军渡鸭绿江击破清兵进向九连城

山田新川

捷报又来从义州，电机一线速于邮。吾军昨日侵清晓，鸭绿长江已断流。

貔貅团结几千兵，高挂旌旗旭日明。天险长江何足恃，进军直入九连城。

闻牙山捷报在东京

濑户含翠

辫发奴兮辫发奴，怜汝千年守古愚。东亚大势不肯识，谩振鼠尾触龙须。时是甲午七月天，锦旗渡海破蛮烟。一击破敌安城渡，我兵一千贼三千。铁马蹴风疾于电，将军来饮汉江边。炮声轰地响万雷，呐喊天撼敌胆摧。成欢一战城垒陷，牙山再战堞壁颓。血染江草月气腥，髑髅如山胡角哀。归来秣马龙山营，仿佛耳边闻杀声。九重恩命遥赐酒，六军感泣仰圣明。貔貅意气逾激烈，长驱欲冲北京城。请见百炼秋水日本刀，屠尽豚尾百万兵。

---

① 上杉谦信(1530—1578)，日本战国时代越后国大名。“七尾诗”即谦信攻陷能登国七尾城之际，所作著名汉诗《九月十三夜阵中作》。

丰岛海战图

瀬户含翠

巨舰如矢冲风涛，向我挑战真儿曹。仿佛牛刀割鸡肉，不要宝刀膻血膏。三军将士气豪英，蹶起风涛笑相迎。南阳湾头地轴裂，丰岛海中霹雳鸣。纵横突进几击攻，破碎高升擒操江。可怜豚尾千五百，齐为鱼饵葬海中。腥风激岸浪吹雪，惨雨卷烟日色蒙。拍案蹶起呼快绝，万里悬军奏奇功。呜呼神后迁化丰公逝，六师肃肃足扫戎。今对此图气勃然，中宵把酒赋诗篇。吟成提剑望碧落，大白光寒渤海天。

（以上录自 1894—1896 年博文馆刊《日清战争实记》第九期）

广岛舍营作[①]

陆军少将乃木希典

临发寄人[②]

乃木希典

军中作

海军少尉加藤重任

君不见日出之邦称神武，天日照临护斯土。建国二千五百年，金瓯不缺绝外侮。彼何为者辫发儿，敢向鸡林逞偷窥。皇帝赫怒降大诏，爰整其旅出六师。丰岛秋高海云黯，巨炮一击碎敌舰。牙山奋斗叱风雷，流血漂杵尸成堆。譬如锐利拉枯槁，威风偃尽八道草。呜呼

---

① 诗见第一部分乃木希典，题作《明治二十七年十月九日日清役出征途次广岛大本营》。

② 诗见第一部分乃木希典。

八道掌大不足与争衡，只合长驱略满清。一战拔旅顺，再战屠盛京。三战四战前无敌，旭日旗高顺天城。

平壤行应制

土方宫内大臣

恃险敌据平壤城，我兵四围争斫营。炮烟弹雨天日黑，山岳动鸣万雷轰。败兵杀伤不知算，残垒所所宛纵横。大同江水鲜血涨，顺安路上腥风生。咄乌合兵何得抗，我兵义愤出至诚。至诚所感鬼神避，黄海又闻毙老鲸。王师他日全胜后，永使东洋讴太平。

高丽鹰并序

矢土锦山

明治二十七年九月十七日，我海军舰队大破清国水师于黄海。此日有苍鹰来立我高千穗舰樯头。舰长某取而养之，及敕使劳军，具状进献，赐号高千穗。恭赋七古一篇，以纪灵瑞。

黄海战罢暮气凄，碧波万顷磨玻璨。欻见苍鹰半空至，砉然劲翮断虹霓。钩爪铁嘴凛其状，意气当敌万人将。来立千尺舰樯头，飞翔犹能知方向。皇上威德如日升，清乾夷坤荆舒惩。我武乃扬中外骇，天假灵鹰示明征。申王赤鹰漫夸健，决云儿名传闻远。唐申王有高丽赤鹰，玄宗赐号决云儿。孰若灵鹰自来仪，岂敢高丽责贡献。忆昔皇祖讨不庭，金鵄玉乌见炳灵。皇上英明绳祖武，大捷永期四海宁。

高丽鹰并引①

森槐南

① 诗见第一部分森槐南，题作《高丽鹰行》。

甲午十月廿一日春和园雅集分韵得山字口占一绝以示众宾①

伊藤春亩

十月廿一日沧浪阁老大会诗友于广岛春和园席上分韵得精字

土方秦山

军费一亿五千万，国民义愤表赞成。供给军需无掣肘，阃外诸将各励精。况有良相决大事，台鼎果见器量宏。风流今夕相公宴，绰绰余地筑诗城。

读《灵鹰记》

末松青萍

君不见日东天子握乾符，圣聪英武辉寰区。丕承伟烈绍神武，天下文明万象苏。维明治第二十七岁，蠢兹满清逞狼戾。傲然自居上国位，向我西邻弄诡计。挫强救弱世所称，圣天子岂忘膺惩。乃移大纛发六师，十万貔貅气棱棱。丰岛牙山儿戏耳，棘门灞上古如此。平壤天崄亦潢池，半日防战辄溃矣。连战连捷我武振，天兵所向避鬼神。遂至海洋岛一战，北洋舰队碎为尘。侍从武官奉帝敕，远犒王师赴绝域。归来御前捧苍鹰，天颜亦自有喜色。奏曰俊爽灵异气横秋，获之我军舰高千穗樯头。毛羽如洗放光泽，双眼炯炯摩琳球。不知此鹰出何地，吾非博物知未易。不是云霄便北极，杜诗曰："秋鹰整翮当云霄。"又曰："黑鹰不省人间有，渡海疑从北极来。"冰雪中养摩天翅。有时博九天，一道叆霞俱杳然。有时掠旷野，漫空飞霰相后先。今兹九月十七日，偶驱群禽驾风疾。海天淼漫道万里，大东沟外远横逸。忽见

① 诗见第一部分伊藤博文。

下界狂澜下，轰轰相冲几艨艟。走者逐者及沉者，修罗一场海变红。风云惨淡日欲没，战酣冯夷亦遁窟。勇怯刚柔顷刻定，壮观至此感何歇。谁其逐者是日军，旭旗翩翻气色分。万雷殷殷动坤轴，凝弹如雨飞缤纷。乃择一樯暂栖息，瞰下悠然敛双翼。囊视不省有人近，俄然身为舟中客。满船狂喜贺祯祥，佥曰帝德何洋洋。自非天意安如此，乃因天使上我皇。齐王金脚彼何者，唐王决云抑未也。奇瑞谁似此灵鹰，名声一朝洽天下。仁风吹浪黄海平，稳坐楼舰望蓬瀛。一帆容与入广岛，翩然垂翼大本营。天子即召侍臣传圣意，曰是我陆海将卒忠感之所致。因赐名命高千穗，养之御园记盛事。君不见神武大业高于高千穗峰，帝德巍巍长与天日中。方其东征拨乱日，军头金鸦赞神功。如今我皇事西讨，乃有灵鹰献灵兆。金汤不亏山不动，长向万国建仪表。

十月念一日春亩公春和园雅集即席赋呈

川田瓮江

六师逾海国光宣，圣断兼知辅相贤。为遣胸中闲日月，来游域外好林泉。融风和气小春节，绿酒红灯绮席边。此际未曾忘敌忾，诗军争欲着先鞭。

十月念一日春亩公春和园雅集即席赋呈

柴原靖庐

征清诏出震坤乾，千万貔貅尽竞先。旌旆绿江翻旭日，艨艟黄海卷云烟。谁图兵马军营地，设此风流翰墨筵。钦羡相公谈笑里，挤排百难胆如天。

春亩相国春和园雅集分席上所揭诸匾额字面为韵得洽字

岩谷古梅

亭馆华而宏，林泉景不乏。得所游池鱼，成群戏野鸭。相公雅量开文筵，只密交情疏礼法。侑醉况有如花人，春和园里春风洽。

醉中再用前韵

岩谷古梅

六师我武扬，万里粮不乏。所向已无前，鹰鹯驱鹅鸦。海摧巨舰陆坚城，威震英露惊普法。高歌一曲和萧铙，四百余州皇化洽。

春和园雅集分韵得琴字

重野成斋

一醉温温接德音，不知霜气满枫林。当筵领得前贤句，春入熏风和玉琴。

又一首奉次春亩相国诗韵

重野成斋

帷幄深筹见一斑，辽燕已落酒杯间。笑他僧相眼犹小，独为此州修海山。

分得风字

本田梅塘亲雄

兵马倥偬计驭戎，远征万里凛威风。英雄别有闲天地，欲策诗军第一功。

分得熏字

秋月古香种树

岂唯云武又夸文，笔阵争雄罴虎群。留得今宵杯酒气，春和园里四时熏。

分得春字

宍户秋坪玑

郊外夜开燕，风光近小春。红灯千百点，骚客廿余人。交态无城府，醉谈忘主宾。此中有真趣，清淡不留尘。

分得入字

楫取畊堂素彦

园署春和名实合，当筵先营欢情洽。公余日短卜清宵，已觉星芒侵座入。

又一首次春亩相公韵

楫取畊堂

老境何关头发班，犹存豪骨酒杯间。王师近日渡江去，应拔奉天千迭山。

春和园雅集分得落字

宫本鸭北小一

醉来不觉满头白，漫拟挥戈试飞跃。鸭绿江湾渤海山，风云和酒杯中落。

分得花字

柴原靖庐

又向文坛斗笔华，广陵秋色最堪夸。醉来休笑壮心动，去折天津桥上花。

分得文字

渡边清

仗剑悲歌酒亦醺，旌旗风扫九州云。东洋大势归皇德，我武维扬况我文。

我武维扬况我文，一堂诗酒有余醺。秋高宰相襟怀爽，眼界敢遮东亚云。

分得章字

三浦香澜安

大诏宣颁我武扬，捷书连奏日宵忙。此间招饮缘何事，欲赋灵鹰集舰章。

春和园雅集分得朋字

长与松香专斋

黄海冲涛惊海若，绿江饮马蹴坚冰。王师一扫风云后，更见东洋新好朋。

又一首即席奉呈

长与松香专斋

惩毖天戈奋，山阳进大旌。诞哉民父母，赳矣国干城。两院咨谋合，一堂和气平。捷音知在近，早有瑞鹰呈。

分得气字

冲九皋守固

秋老庭园清夜气，广陵美酒饶佳味。风流会此好林泉，谁识诗篇皆敌忾。

分得好字

川田瓮江

相公雅量大，爱才如爱宝。军国政有余，会客斗辞藻。池馆悬红灯，赏此夜景好。献酬省虚礼，醉谈吐怀抱。见来意气豪，莫谓我已老。他时若从军，跨鞍檄可草。

分得枝字

杉溪六桥言长

钿钗翠鬓映瑶卮，画里红灯挂绿枝。何时燕京开此燕，阴山同勒纪功碑。

分得音字

樱井锦洞能监

笑谈无复世尘侵，满堂春风蔼德音。可见调羹余暇在，美人名士伴清吟。

春和园雅集分得玉字

末松青萍

万里天风吹大纛，广陵秋色入遐瞩。绪余逸兴赋春和，塞上雄心思鸭绿。恩及殊邦帝德高，诗逢险韵吾才局。如斯胜会比来稀，二十余人尽如玉。

分得情字

小仓桑山信近

相公阅月在军营，想见胸中百万兵。此间绰绰存余地，招饮诗仙寄逸情。

又一首咏灵鹰

小仓桑山

爪如炼铁嘴如铜，早见决心收翼中。四百余州群燕雀，惊飞无复向威风。

相国雅燕予亦陪席末坐上青萍君诗成即依其韵赋五古一章①

关旭岩谦之

春和园吟集余有小恙辞焉今晨三浦京尹来示春亩首相诗实时赋一章次韵以呈

大给龟崖恒

云蒸霞蔚锦㶲斑，祝捷诗成尊酒间。指导灵鹰迎大旆，勒功碑合胜燕山。

又一首迭前韵

大给龟崖

大旗映日彩云斑，连胜碎坚谈笑间。我武维扬似鹰举，土崩禹贡九州山。

即事次三浦京兆韵

大给龟崖

皇军十万气扬扬，连战麾降献捷忙。功成请更开吟集，银烛光辉金鸦章。

---

① 诗见第二部分《征清诗集》，题作《春亩相国春和园雅集即席赋呈》。

送大山大将远征[①]

股野蓝田

闻大营诸文士赋鹰系黄海战捷中所获聊仿其颦作短歌

吉田静海

山飞水立坤轴颓，万道白虹映空开。硝烟倏收旗色秀，三军凯歌万岁雷。苍隼空搏狡兔伏，盘踞樯头气雄哉。张翼如睨敌遁逃，垂头似迎我徘徊。微物千岁征祥瑞，金鸦导师歼贼魁。黑龙长白新版籍，神子神孙敷化来。

偶 成

岩溪裳川

诗人岂可写空闺，千里韩山急鼓鼙。幽咽笑他哀别泪，石壕村吏老夫妻。

仓皇出垒弃军旗，风鹤一声秋满淝。败将功名赢得在，千秋艳迹美人衣。

百战归来笑据鞍，满天风露铁衣寒。中秋闲却一轮月，无复征人回首看。

将军奏捷到天家，败后残营乱雀鸦。遥忆征人枕戈卧，深山虎啸月如牙。

下瞰山城一笑催，明朝知落掌中来。将军此夜成何梦，万壑松涛鼾若雷。

阴云落日乞降来，一道江流激暮哀。守将败余封战鬼，牡丹台下髑髅台。

死守犹争背水军，连营鼓角惨风云。纵虽一败能相战，又是当场

① 诗见第一部分股野蓝田。

第一勋。

三军大局判输赢，儿戏犹将口舌争。鸭绿江南无只骑，战军已压凤凰城。

沈阳胡贼运终衰，兵制无人说八旗。待见陈生挥臂起，黄河又是一清时。

覆海阴云一拂虚，我皇忽下赏功书。樽前聊为邦家祝，贫士孤斟又有鱼。

闻平壤陷落次小林彀堂韵[①]

田中青山

甲午十一月三日作

山田新川

曈曈旭日上扶桑，韩使远来观国光。恰是今朝逢圣节，好将仙鹤祝天长。时朝鲜报聘使义和宫，以鹤八只，献大本营。

闻平壤大捷

嵩古香

平壤豚军忽一平，百千捕虏属神兵。捷闻不待捷书到，打电后先初雁声。

闻我军渡鸭绿江

嵩古香

着着进军驱辫奴，莫言难易古今殊。一鞭鸭绿如行坦，咄鬼上官颜色无。

---

① 诗见第二部分《大纛余光》卷四。

拟从军行

嵩古香

胜收全局事非难，赫奕皇威渤海澜。也识胡儿肠断断，角山一角角声寒。

奈此胡儿怯劣何，王师连日枉磨戈。逻骑依样今朝报，逃避前宵冢渡河。

逸　题

嵩古香

此际奇观并壮观，壤城之月海洋澜。蜻蜓[①]一触黄龙仆，四亿万人心胆寒。

船桥里[②]

杉浦梅潭

李老爷[③]

依田学海

灵鹰行

信夫恕轩

神武攻长髓，咫乌为启行。周武伐殷纣，白鱼表东征。物有前兆天有瑞，善知未萌是神智。神邪灵邪将瑞邪，樯头戢翼何奇异。黄海

---

① 日本有蜻蜓洲、蜻洲之别名，出自《日本书纪》卷三神武天皇语："妍哉乎，国之获矣。虽内木锦之真迮国，犹如蜻蛉之臀呫焉。"

② 诗见第二部分《大纛余光》卷三。

③ 诗见第一部分依田学海。

当日风云昏，鏖战数回日将曛。忽见神羽示胜瑞，逸气横生吊伟勋。舟师击舷呼，将军鼓腹贺。岂唯鸟鱼比，捕获献纛下。威武赫赫神州兵，陆斩象犀水蛟鲸。辫发奴辈皆辟易，四百余州梦始醒。君不见苍鹰驱群雀，云霄飞腾乍下攫。又不见摩天决云儿，侧目愁胡自殊姿。长侍禁苑洒毛血，倏旋光摘上林枝。

次韵种竹本田词兄见示诗并乞是正

田中青山

胡尘塞上昏，露布角声促。忽见红暾光，粲然射鸭绿。
千岁流芳志，菊花恩露深。秋风向何处，万里长城阴。
投鞭辽水上，可以断其流。将士胆如斗，已吞并与幽。
磨来日本刀，不许蛇横道。为告乞降书，虏庭无后草。
旗鼓太堂堂，已披豺虎径。将军坐树阴，百战不骄胜。
万里西征士，关山不忆家。一笑馘胡虏，刀尖血似花。
海外传连捷，凯旋期可知。快矣挥椽笔，燕然勒石时。

寄丸山君在朝鲜

本多天放

休道韩京暑若焚，男儿快事是从军。旌旗指处风雷动，号令定时欧露闻。雨抱万山吞渤海，天横一鸟入燕云。老夫衰疾难随得，为举大杯遥祝君。

绝句二首

本多天放

弹雨轰轰卷炮烟，虏营咫尺未明天。千山冲暗牙山路，横渡河流水过肩。

七月鸡林暑似焚，虏兵一击乱纷纷。夕阳奏凯牙山下，汗入新疮气入云。

平壤城凯歌

岸泽醉经

仁者无敌于天下，不降我其无宽假。王师进剿平壤城，已致群神且类祃。言言崇墉临清江，滔滔百里不系艭。其兵二万号四万，蠢尔蛮荆雠大邦。昨夜中秋玉兔跃，灏气欲流星错落。胡将醉赋丽人行，练光亭中丝竹乐。我军久叹髀肉生，陈师鞠旅冲敌营。百铳齐发交巨炮，振撼山岳雷霆轰。黎明直逼船桥里，呐喊几回敌魄褫。捍御不似平生怯，讶见彼亦陈背水。大岛少将意气扬，挺身挥剑寒锋芒。死报君恩正此日，大义励众何堂堂。突骑为之增勇武，一能当十马起舞。鼠尚变虎况貔貅，兴风卷雨蛟龙怒。叱咤追驰雄更雄，应丸辄殪当道熊。积尸成山血漂杵，大同江水流猩红。须臾雨来日亦暮，将军胸中有成数。徐徐退守水湾桥，篝火明灭警野戍。立见少将排塞云，指麾朔宁元山军。捣彼空虚出不意，势如破竹奏伟勋。牡丹台先落我手，箕子庙寻归我有。玄武门头树降旗，且约明旦致讯丑。胡虏何事食前言，昏黑乘雨关辕门。雄将之下无弱卒，攀壁启钥迎戎轩。野津中将富果断，诱敌船桥歼慓悍。夙成四面掩击谋，鱼在釜中谁能窜。维十六日霁晓烟，红暾粲上扶桑天。前后并进拔牙垒，唱出吾皇万斯年。满城无人乱剑戟，彩服花钿纷狼藉。自古恃险皆如斯，况侵邻疆逞横逆。额额平壤门洞开，旭旆翩翻牡丹台。此时遥传楼船捷，凯歌洋溢相和来。君不见隋伐勾丽亡社稷，周服辽东威楚国。王师明饮鸭绿江，膺惩此举全天职。

（以上录自1894—1896年博文馆刊《日清战争实记》第十期）

舌池门[①]

杉浦梅潭

---

① 诗见第二部分《大纛余光》卷三。

朱染亭

杉浦梅潭

野色荒凉乱晚鸦，模糊恨血委泥沙。三军驻马松都路，凄绝秋风荞麦花。

慨然挥泪岛将军，清奠招魂一纸文。朱染亭前秋草冷，血痕犹湿七新坟。

灵鹰歌春和园席上

秋月古香

香椎神托千载熏，神功皇后奉香椎宫神托征韩，有成功。战无不利征清军。攻破平壤及鸭绿，四百余州何足云。早扩神后以后烈，一振世界历史文。此无所顾虑，不战胜负分。内则有相公运筹之力，外则有将士忠勇之勋。相公将士有不及，天佑我皇开异闻。神鹰止舰是灵验，此时黄海天地焚。宛似神祖东征日，鵄发神光辟妖云。大哉我皇文武德，大纛所挥慑服辫发群。

灵鹰行

土方秦山

皇祖东征日，金鵄呈吉祥。征清今日事相似，黄海战酣苍鹰翔。忽来舰上戢健翮，风姿凛然眼放光。下瞰四百余州地，满清气运属衰亡。敌舰强半毁且没，我军勇鏖彼敢当。追击无奈暮烟黑，凯歌三唱我武扬。乃奏奇功献奇鸟，至尊赐名近御床。呜呼灵鹰与金鵄，今古符瑞皇运长。

舌池门[①]

依田学海

---

① 诗见第二部分《大纛余光》卷三。

孤山洋[①]

依田学海

梦从征清军

小林林塘

君命忽下从远征，孤剑在腰铿尔鸣。王师所向草木靡，鸡林八道无敌兵。饮马鸭绿江头水，长白山下踏破竹。旭旗赫赫照异域，一鞭直到北京城。震天动地炮声起，血流漂杵尸纵横。军中浏亮平蛮乐，彼哉甘修城下盟。一梦忽醒梦非梦，仿佛犹听笳角声。

用春亩相国原歌咏灵鹰

横田竹泉香苗

金眸铁爪锦毛斑，一片雄姿峨舰间。果是王师奏奇捷，大同江又大孤山。

又次香澜京兆韵

横田竹泉

十万貔貅气奋扬，海山连战奏功忙。微臣别有献芹意，拟把瑞鹰裁纪章。谓从军纪章。

春亩相公招同吟友以开盛燕余适当直不得趋陪赋此寄呈

股野蓝田

琼筵飞谈屑，无士不知名。风云入健笔，堪使鬼神惊。词锋自有屠龙锐，岂啻兵锋压满清。

吟坛诸宿将，意气欲凌云。笔阵整旗鼓，白战策伟勋。准拟平壤黄海役，龙拏虎攫鏖清军。

---

① 诗见第二部分《大纛余光》卷三。

闻黄海捷喜而赋[1]

绪方南湫

送栗本碧水从军时王师奏捷于海陆

奥田抱生

鹏程云黯剑横秋，气压支那四百州。碧血苔封城郭外，青磷鬼哭海洋头。谈兵许卧将军幕，听角应怜思妇楼。不是寻常分手恨，何须棘棘说风流。

闻海军海洋岛捷战有作

小室屈山

君不闻弘安紫海神风起，天事何必可期至。又不闻周郎赤壁烧北船，以古比今真儿戏。秋风渤海波涛惊，蛟龙宫殿哭有声。一击唯须歼丑虏，日东战舰大如城。霹雳劈空巨弹发，忽见虏船烧又没。烂者溺者追怒潮，鲸鳄腹中葬万卒。天兵破敌不误机，恰似大斧摧朽枝。百战百胜君休怪，仁义所存天助之。

灵鹰歌

土屋凤州

百千隐其轰海洋，群龙斗争血玄黄。鴥彼晨风来何处，耸身而立峨舰樯。君不见箱崎白鸠示灵异，化为苍鹰呈祥瑞。

近 作

胜间田稔

沈阳胡骑卷中原，四百余州化犬豚。今日燕京秋肃肃，衣冠谁复

---

① 诗见第一部分绪方南湫。

旧乾坤。

万里雄心空暮年，王师已入盛京天。敲门又有捷书到，半夜灯前起蹶然。

灵鹰行

三岛中洲

金眼铁嘴爪如铤，郁林雌伏独盘旋。一朝雄飞振健翮，翱翔茫茫黄海天。下见舰队角雌雄，炮丸乱射火涨空。须臾敌舰沉且遁，尸盖海面血浪红。鹰集樯头贺振凯，捕之驯从如有待。捷书并献大营前，天颜有喜军气倍。维昔神祖感灵鸟，戡定海内大统肇。苍鹰前身是金鸮，似开海外戡定兆。呜呼鹰也虽小气棱棱，一声虀粉九天鹏。

赠人从军

岩溪裳川

魂飞雪北又香南，一剑壮游何日探。绝域山河经劫几，他乡风雨送秋三。声非是恶听鸡舞，眼若无人扪虱谈。知有奇才余磊落，王郎今日酒犹酣。

永坂石埭自东京来同柳社诸子招饮鹤坞香雪轩用壁幅明人朱曰藩诗韵拟赠此日古重阳也

名古屋土居香国

登高不必碧山头，邂逅重阳是此州。交友依诗忘损益，人生有酒任沉浮。素梅春梦众星社，黄菊秋光香雪楼。万里悬军何处所，关心鸭绿水悠悠。今春与星社诸君会星冈茶寮。

灵鹰诗海洋岛之役，有一鹰来立我舰高千穗樯头，将士获之以献焉，上命饲养，恭赋五言六韵诗，以纪休征

福井学圃

铁爪凌寥廓，星眸射浩洋。悠悠随大旆，肃肃立牙樯。朔漠雄心远，风云劲翮藏。无猜看战捷，有向发休祥。狡兔奚遑窜，雏鹏莫肯当。玉阶宸眷渥，上苑永栖翔。

甲午十月念一春亩相公招饮有微恙不得赴有此作

平山竹溪成信

独养微痾客枕攲，清筵恨不得追随。邻邦报聘使来日，军国需资议了时。杀气方今蔽霄汉，欢声早已溢边陲。春和园里高人会，颂德定多金玉诗。

灵鹰诗应制

大给龟崖

炮烟蔽海万雷轰，焚碎艨艟鏖敌兵。奏捷兼将一鹰献，至尊含笑赐嘉名。

其　二

海洋岛战敌船奔，乃有灵鹰樯上蹲。不数来仪虞阙凤，神州武德充乾坤。

其　三

至仁援弱启衷诚，宣战交戈惩背盟。扬武终期为戢武，灵鹰祥瑞兆昌平。

灵鹰诗拟古并引

河野小石征

灵鹰颂征清功业也，事见于伊东内阁书记官长记文，今不敢赘。

灵鹰之羽，十二锋棱。横绝四海，俊气超腾。挫强制大，是汝所能。集我楼舰，助我膺惩。

昔有神鸟，神皇开国。今有灵鹰，威震殊域。千古一揆，神眷不忒。瑞物是兴，为羽为翼。

灵鹰徕止，远自朔边。俯仰阶墀，毛羽翩翩。天颜一笑，敛翼肃然。虔拜稽首，天子万年。

灵鹰三章，章八句

东山留别愚庵禅师二首

国分青厓

其　一

三旬君卧病，千里我从军。相遇情何切，无言手暂分。关河传鼓角，天地变风云。草檄辕门下，书生思策勋。

其　二

来访清水寺，山气夕氤氲。石径穿红叶，岩扉叩白云。焚香闲说法，看剑细论文。对坐寒灯下，西窗到夜分。

送国分青厓从军

愚庵禅师

孤剑三千里，书生报国心。将军新赐坐，草檄思陈琳。

灵鹰歌

川北梅山

疾风飒爽下青霄，双眸炯炯射波涛。翱翔万里浩荡际，不让鹏翼搏[1]扶摇。祖宗有灵侑大义，此物无乃表神意。不怖炮声如万雷，来

---

① 《逍遥游》"抟扶摇而上者九万里"，"抟"一作"搏"，说详章太炎、蒋锡昌诸家。《实记》于"抟扶摇"、"搏扶摇"等字样一如原貌，不加改动。

向檣头徐戢翅。君不见神州勇士锐于鹰，击尽狐兔无遗类。

近　作

大鸟如枫

扶弱制强果孰功，兵权掌握觉谈雄。请看八道文明素，在此弹丸一发中。

王师征清杂然赋诗

高岛箑川

邦徒龙大足贻讥，不似王师自有威。四百余州无劲草，疾风卷地断蓬飞。

渠侬拟我以儿童，争识儿童英且雄。事败痴龙逆鳞甚，李爷面色土相同。

沉他四舰烧三舰，千古殊功我武扬。从此九夷八蛮外，齐称日域海军王。

九月新霜满列营，一行雁阵掠边城。寄言万里远征士，不斩单于休洗兵。

甲午秋日记事①

杉溪六桥

从军乐有序

荻原西畴

清夜独座西畴精舍，天地无声，月星明概，唯闻秋风飒飒起于树间，若有驱万马来者耳。欣然对烛，翻杜工部古乐府，高吟数篇，气宇高爽，苍古无比，偶感时事，作《从军乐》，非曰效颦，亦触于情云尔。

---

① 诗见第二部分《大纛余光》卷二。

黄金宝刀马正肥，铁肠不用装铁衣。叱拨跨鞍出门去，三尺革鞭疾于飞。应哂随陆不知武，尽教儒生呼作腐。又嘲绛灌不读书，满腔豨勇眼无字。横槊诗成气方豪，磨盾檄罢人始高。只怕处死失其所，一死元来轻鸿毛。一朝清明战氛熄，万古永赖一将力。生为封侯死庙祀，麒麟阁上有颜色。君不见书生龌龊苦著作，蠹编无事破寂寞。慨叹赋命薄如纸，始信从军人云乐。

大鸟公使

青木芳梢

当年意气太雄豪，碧血痕存旧战袍。今日鸡林全使命，英名又与国威高。

远　征

村上鸿南

葛衣辞国已秋凉，深入满清驱犬羊。敏捷用兵凌李广，笑谈运策驾张良。一声雁叫边城月，极目草枯胡塞霜。仗剑谯楼望朔北，何时鞭马定辽阳。

送杉浦雪庵

吉田静海

君不见黄河之水如游龙，骧腾奔注渤海中。岱宗当前势抵阻，海水泛滥地拆东。医巫闾山又扼北，辽阳海城青郁葱。旅顺歪控成山角，漭漾图南鹏翼风。君今向此为何事，旗鼓百万从大帅。铁马金甲不争功，一笑翩翩旧书记。帷幄挥笔草羽檄，要使丕教化恩义。春秋深讳猥渝盟，王者固尊太平治。戎狄无心自招祸，锋镝伤生岂我志。又不见禹域千载阅兴亡，中枢膏腴浚边疆。征之简册总同辙，悍妻权臣尽不祥。庸才陋器曳长裾，夸诞矜恃弄纪纲。筹海防边等儿戏，徒使猛虎驱群羊。黄河之水手可塞，岱宗之山蹴可僵。噫嘻男儿报国在今日，宝剑啾啾泣脱室。送君浩歌空拊髀，满腔热血涌欲溢。君行吾止各应竭其分，俱期天皇乾德四海一。

过玄海洋口占

早川峡南

不是常寻羁旅行，请缨海外赋长征。三更横槊对明月，万里蹴涛追巨鲸。王者出师千古快，丈夫殉国一身轻。舵楼梦觉戎衣冷，起望妖云绕北京。

京城作

山县含雪有朋

出师万里奉皇猷，行路与吾不自由。期看天津桥上月，汉阳城里遇中秋。

春和园雅集分得水字

渡边无边国武

凤纶宣诏民思死，敢为阋墙违国是。匹似千溪万谷流，落为一碧长江水。

同分得草字

芳川越山显正

螳斧何当六师讨，威弧所指风加草。旭旗高扬凤凰城，龙舸深沉海洋岛。

寄岩古梅在广岛

西冈宜轩

载笔君闻游艺州，雍容去倚是何楼。文章休道终无用，值此相如谕蜀秋。

辫发毵毵向地垂，先明旧俗一靡遗。依君欲复衣冠美，自是东洋王者师。

风卷狂涛漂万尸，舻摧舶碎力难支。偷生犹带黄金印，汉纳根知不太痴。

捷下高冈又搴旗，丈夫许国死无时。杜陵吟客头将白，仍唱当年出塞诗。

山色苍茫夜几更，独翻书卷对青檠。岂能马上治天下，莫使刘公骂鲁生。

次韵二首

久米义堂

捷书在手泪先垂，见说周余靡孑遗。父老如知吊伐意，只应牛酒犒王师。

世机尘劫岁将更，千古兴亡三尺檠。时论回头多龌龊，里门何处着狂生。

次　韵

野口宁斋

严岛祠前是帝州，元龙百尺卧高楼。求田问舍非君志，正是我皇宵旰秋。

议政堂开千古垂，举贤惟要野无遗。如今方副苍生望，万岁声中送六师。

马革谁言好裹尸，戎俘怜见骨撑支。未知不杀是天意，疑死猜生空复痴。

去上艨艟飒将旗，苦思黄海掣鲸时。楼船王浚真儿戏，一笑刘郎怀古诗。

捷书夜报急朝更，起坐何人对短檠。功勒燕然山雪里，磨崖大笔要先生。

灵鹰行

多田东芜

艨艟沉，海水立，旌旗喷火黄龙急。膺惩满清我武扬，古三韩国加抚辑。高千穗船战正酣，大樯欻然灵鹰集。君不见橿原御宇东伐年，神鸟前导熊山巅。又不见香椎大后征韩日，夹船大鱼小鱼出。天意归向仁义师，禽鱼呈瑞今古一。军人瞻望樯顶高，灵鹰端趺刷锦毛。野村舰长欲捕之，劲卒跻攀捷于猱。奇眸灼烁金星光，逸气横生不回翔。云梯举臂拏六翮，一船欢呼为吉祥。依网屯仓阿弭古，戴角森森偶罗取。驯养者谁百济人酒君，难波始置鹰甘部。古有依网今野村，同捕此禽献至尊。广岛行营邀宸赏，鞲上托身受恩养。军门为获刚鸷禽，群臣佥曰皇师全胜有萌象。鸱张枭峙兴祸隙，于水于陆可攻击。满清君主山鹊之苗裔，皇师勇锐如鹰非尔山鹊敌。呜呼皇师勇锐如鹰非尔山鹊敌。

甲午十一月三日恭赋三十韵

冈本随轩

烈祖开浑沌，扶桑发暗瞢。邦基原有异，帝道孰能同。不拔金瓯固，联绵宝绪隆。惟皇宽法令，率土力农工。顺则人怀璞，敷文世启蒙。恩威逢主圣，献替见臣忠。条约遐方睦，交盟累译通。咸知仓廪实，屡奏讼廷空。久矣攘边寇，宜哉绝内讧。乂安犹铸剑，缵治已櫜弓。问罪济他厄，出师惩彼懵。折冲要秘策，御侮在深衷。拯弱即义战，摧强称德攻。六师分上将，万乘统元戎。奋进旌旗壮，长驱鼓角雄。咄嗟崩堡垒，容易碎艨艟。岂毋神加护，应因国协崇。勇鏖如泄窦，酣斗似奔洪。敌立颠墙下，兵行破竹中。犬群惊盛势，蛛网散灵风。赫怒征幽朔，徽猷靖大东。宵衣寒凛凛，旰食热爞爞。化辑民心妥，时和岁谷丰。牙营列仪凤，翠纛肃宾鸿。地久欢呼溢，天长喜气融。休祥仁普洽，景祚寿无穷。照耀重轮日，氤氲五彩虹。苍鹰征伟兆，白鹤扫氛雾。建造维新业，恢弘旷古功。千秋真一遇，四表忽光充。

朱染亭

依田学海

战后山川草木腥，将军下马吊英灵。何人不洒秋风泪，狼藉血痕朱染亭。我斥候七骑与虏战此，死后数日，大岛义昌为致祭焉。

睢阳气节即吾师，不义谕降敢屈辞。延颈从容甘一死，岂唯南八是男儿。闻西庄平见捕，辞不屈死之。

偶 感

三岛中洲

十岁无兵海内平，阋墙一任舌头争。不惭君子国中会，御侮同心胜弟兄。

仁义起兵非暴贪，操船发炮技尤谙。神洲真是折衷国，采汉取洋皆出蓝。

或是私兵或亡士，唐初明末非朝旨。《唐高宗纪》孙仁师破百济私兵耳。明末所谓倭寇，亦不过西海亡命士。堂堂日出处天皇，问罪支那今嚆矢。

曾御英兵今日兵，禽奔兽走竞求生。平壤独有殉难将，才继吴淞陈化成。

鹤唳风声敌恐惶，大兵无地试锋芒。兴亡机决两鏖战，北是平壤南海洋。

久矣骄横辫发奴，义兵何料起东隅。中原若有真男子，恢复衣冠旧版图。

曾乞援兵心事差，不图今日大军加。黄泉抃舞喜何若，明末遗臣国姓爷。

孔释皆论报国恩，支那印度负箴言。始知俚谚不欺我，照远灯台下暗昏。

远略应如食叶蚕，随攻随取国威覃。寄言当路诸君子，偿赀区区不足贪。

东西争霸略如何，蚕食须期土地多。国有富源威始立，英资印度我支那。

梦战旅顺并序

市口吉亭

今兹十一月十五日，有人来告，曰我军败于旅顺，清兵追击矣。会新闻纸号外不来数日，余不胜痛慨，夜倾太白，阅平壤黄海战记，一醉假寐，梦战于旅顺，得大捷焉，眠觉意豁然。然年过知命，蒙终身恩赐，欲从军，则非军规所允。因赋其梦长篇，欲以照他日新闻纸战记也，或所告信否，未得知焉。

一酌一读战捷书，醉来枕书眠草庐。风伯飘然驾我去，行认旅顺湾月虚。倏忽颉颃终不溺，梦里分明见炮击。已至山间雪堡头，欲堕不堕站又趯。火弹掠足如电轮，硝烟蒸眼似陶甄。我是风耶风是我，自疑我风为一身。想见万兵思皇室，同心孰不守天秩。天皇赫怒兴义兵，兴得鸡林独立实。遥拜大驾驻艺阳，欲酬天恩意气扬。裹尸马革寻常事，韲身粉骨不足伤。回风下身身不倒，直加战兵似霆扫。一齐扫得彼豚军，咄喊跳乘占敌堡。谁知弹伤与刀瘢，流血和雪凝一团。一团和胆不觉痛，勇气凛凛又压寒。多获金谷与府帑，又是舰炮兼船厂。旭旗立堡海天明，神兵齐思捷心爽。回顾征返海千更，清国以海上八十里为一更。鲸波如涌一眠惊。梦觉醉醒把书读，犹闻风籁带战声。

（以上录自 1894—1896 年博文馆刊《日清战争实记》第十一期）

鏖胡歌

秋月必山

茫茫禹域州四百，鞑虏何物卷如席。乘他内乱夺人国，肆然尊大不揣力。一朝向我动兵革，我皇震怒飞霹雳。陆屠海歼入穷北，北京君臣无颜色。忆昔蒙古忽必烈，灭宋骄气来作贼。天助我武神威赫，鏖其人而碎其舶。鞑蒙毕竟同一族，自称中华实蛮貊。我屡代天行殊殛，王者之师名义直。请看燕然山头勒石日，不知辫发胡雏何处去索食。无论汉唐宋明历代祖宗灵，五帝三王亦将以手加其额。

读《灵鹰记》恭赋

佐成芹川

皇统一系三千年，德辉四表仁如天。曾无外侮渎国体，金瓯无缺瓜瓞绵。爱亲觉罗彼何为，妄逞吞噬事谲欺。我皇扶弱重邻交，大义爰发膺惩师。六师所向前无敌，譬似群禽遇鹰击。黄海酣战尤快哉，如城铁舰忽陷溺。炮声万雷一时裂，疑天柱折地维缺。狗鼠震栗走仓皇，貔貅勇武势轰烈。此时有物倏抟风，樯顶敛翼不飞冲。天使携之献纛下，金眸玉爪逸姿雄。启彰昌运降休祉，喂养屡顾龙颜喜。金鵄瑞又苍鹰祥，双揭灵祥照青史。

纪时事

福井学圃

万里悬军近盛京，战云漠漠压长城。风沙扑面形骸黑，冰雪侵袍剑戟明。绝后空前恢远略，蠲租赐粟赈新氓。元知廊庙存成算，惟敬只今莫敢撄。

孤城落日结边阴，休道关门武卫森。穴蚁鼎鱼成底事，风声鹤唳亦惊心。连天荒树金州冷，打岸寒潮渤海深。扫荡比来频送喜，膺惩要使万方钦。

留　别

国分青厓

豪竹哀丝坐夜阑，松陵楼阁玉阑干。谈兵醉里闻风雨，说剑灯前见肺肝。绝域山川金鼓振，朔天霜雪铁衣寒。依然东海一轮月，明日凤凰城上看。

青厓山人将从军赴朝鲜路过三重县松坂诸子设饯于某楼山人席上赋七律一首其诗载在日本新闻余与山人交厚然此行以故不得面别因次韵赠之

山田新川

松陵饮别酒初阑，百尺高楼峻上干。感愤几年捐少壮，艰难此际露心肝。千秋太庙神威肃，万里长空杀气寒。明日从军将渡海，醉中把剑又频看。徐悱诗曰“危楼峻上干”，陆游感愤诗曰“志士虚捐少壮年”，李白诗曰“谁肯艰难际，豁然露心肝”①，又曰“杀气凌穹苍”，注《匈奴传》“处北地，寒，杀气早降”，杜甫诗曰“看剑引杯长”。

佐世保港送小川大主计赴军

铃木兰田

君国重任担在肩，岂将别泪对离筵。十年王事久磨剑，一片除书今上船。渤海烟波吹客梦，汉山草木入诗篇。豪然回首长风外，赤十旗头加日鲜。君任在病院船。

次铃木大主计送小川大主计韵

佐世保镇守府海军大机关士黑原银台

手弹别泪耸寒肩，一曲阳关向祖筵。白雁秋悲平壤垒，黄芦月冷鸭江船。匣中长短剑双口，海军士官用长短二剑。囊里纵横书几篇。莫道西风诗料少，满林枫叶历霜鲜。

早闻君相具鸾肩，且以离筵当贺筵。今夕暂同徐稚榻，明朝远送

① 当是杜甫《彭衙行》：“谁肯艰难际，豁达露心肝。”

李膺船。西风蟹紫酒添味，素月枫红诗满篇。沿道秋光看正好，吟囊想见总新鲜。

久听文章少比肩，平生恨未共词筵。寮窗常弄一枝笔，渤海今登千里船。奏捷应为三日饮，成功宜唱《大风》篇。不须诗赋纪君业，自有胸前勋绶鲜。

朝鲜国事日非慨然不能措次黑原大机关士唐津诗韵赋示且求和

铃木兰田

密密妖云压殿门，雨凄风惨小乾坤。庶民怠惰荒田圃，群盗横行寂市村。昔日忠良多鹢退，即今型典少羊存。庙堂聚首无奇策，利器何人解盘根。

兰田词兄次拙韵赋朝鲜国事被示且征和

黑原银台

一国政权归闵门，李家事物倒乾坤。寒鸦寂寂燹余树，冻犬寥寥兵后村。社稷更无王业振，衣冠空见古风存。东方幸有成汤义，誓为邻邦绝祸根。

叠送别韵寄小川大主计在军中

铃木兰田

孤剑天涯未息肩，怜君久是负词筵。笳声断续沙场塞，旌影依稀海上船。满腹经纶藏短牍，半生怀抱寄长篇。楼兰一扫应非远，想见戎衣血染鲜。

将从军赴朔方路过黄薇访田边秋穀于玉岛手岛子谦亦在坐酒间赋此留别

国分青厓

戎衣行万里，云海路芒芒。宝剑看秋水，金尊酌夜堂。论心多意气，报国足文章。草泽英雄志，从来在四方。

青厓山人将赴朔方第一军幕以十一月十一日来于广陵余同金门仙史把臂一笑欢甚乃共饯饮旗亭酒间纵谈戎事雄剑欲鸣率赋七律二章为贶①

森槐南

送青厓山人赴含雪将军幕

古泽介堂

其　一

国士逢知己，从军远度辽。平生高记室，夙识霍嫖姚。三省堪传檄，新民既免徭。须教契丹种，感戴圣明朝。

其　二

下马气昂然，云登破浪船。王师正开府，主将远征贤。骐骥行万里，功名仍少年。殷勤三笠月，照到九连圆。

访适堂兄于高圆寺

土屋凤洲

一林修竹鸟声清，此日村庄寻旧盟。翻忆西征人万里，腥风血雨凤凰城。

---

① 诗见第一部分森槐南。

国分子美将从军赴朔方路过黄薇访予庐酒间率赋送别

田边碧堂

动关诗笔自堂堂，异域从军气更扬。铜柱功名思汉将，长城霸业吊秦皇。平沙月白嘶胡马，边草秋荒散牧羊。坐啸辕门见牛斗，晓笳吹落一天霜。

肃慎风烟古锦州，东来紫气壮边秋。桑榆社稷萧然晚，松杏山河莽欲愁。降虏同心归帝德，残黎重译拜皇猷。北征赋就人传唱，子美名声居上头。

几人张胆壮君行，慷慨终军起请缨。落木无边连雁塞，断云作势压胡城。传烽晓角山头堠，转饷烟樯海上兵。自是文章堪不朽，如今宁愧一书生。

故人千里远从戎，此日青樽喜暂同。毡褐忧时头发短，烛枝照夜剑花红。窗前落月闻鸡起，栈外寒云倚马通。想见入关诗胆大，百蛮风色一鞭中。

海鹰诗

田边碧堂

钩爪沥红血，疑从酣战来。维扬黄海阔，一决朔云颓。健息樯头翮，轰闻水底雷。秋高遥献捷，锦绊上瑶台。

灵鹰行[1]

股野蓝田

---

① 诗见第一部分股野蓝田。

北京将军日本刀引送青厓子从军

高野竹隐

征清之岁仲冬月，青厓从军载史笔。却憾知音未识面，万里风雨来投谒。主人狂喜倒衣裳，扶客下车卸客装。相视未问何从去，宝刀烂烂明月光。郁郁重郁郁，将髯客未语。彼此苍苍莽莽气，直薄勾陈玄武暮。多年拂拭埃尘昏，早闻百万啼冤魂。青厓起舞徐开口，云有有明北京将军王翼之子孙。吾闻郑大木，留传热血书。鱼龙吹浪三山没，台湾七日哭包胥。及如朱舜水与蒋心越，知与将军孰后先。伟元不肯西向哭，海波一发仍戴天。人中之杰独眼龙，谓政宗。偶见将军悯龙钟。药笼可以居他日，俨乎百万拓提封。乾坤赌局拼一掷，百年宁容人局蹐。岂唯云梦八九胸中吞，沧海茫茫非禹画。呜呼将军真可哀，托身会待时机来。英雄壮图虽已矣，子孙犹得住仙台。此日将军真不死，千秋得托青厓子。此刀奚况日本刀，不须重磨呜咽水。不异脱赠直然诺，意将夸示囊半拆。杯底热迸血一眶，主人亟止客莫莫。绝域山川雨露匀，题咏随开风气新。青眼待尔归来看，宝刀岂在杀万人。

偶 作

石川鸿斋

肃杀秋风卷黑云，殷雷惊睡似征蕟。起来喜得传飞报，海陆神兵破满军。

国青厓将从军赴朔方路过备中宿田碧堂家余亦来在碧堂之处遂同醉联榻而寐青厓有诗乃次其韵以别

手岛秋水

云涛连渤海，雁语堕苍茫。诗笔从军旅，戎衣次草堂。秦城空万里，汉法止三章。应见皇风遍，行行天一方。

西冈宜轩读久米易堂史论作五绝句余亦不能无感因次其韵

关湘云

将皆羊质兵乌合，敢死谁能当我锋。平壤城空凤凰烬，毕生能事学如松。

九连飞檄奏奇勋，城上炮声频劈云。鸭绿江头土人语，仓皇终夜走清军。

王师德仁与天高，抚育生擒不用鏖。恇弱清军争溃散，一挥犹未血吾刀。

休道辽民顽且迂，款迎相率秣吾驹。安东千里布新政，早看天恩及屋乌。

摧破清军肝胆寒，要盟城下岂为难。皇威赫赫辉东海，好使欧人刮目看。

闻九月十六日朝我军陷平壤报

雄山牧村

呜呼日出处神兵，所向山河草木迎。饮马大同平壤陷，进军长白奉天倾。朝屠封豕真豪举，夜听荒鸡非恶声。从此燕京须直捣，待他城下好修盟。

时　事

荒木西岩

箕子山河入战图，我兵所向若摧枯。妖云散尽全无迹，明月当空照旧都。韩人指平壤曰旧都。

山连虎龙拥军营，鸭绿江流一道横。天险由来不足恃，神兵直入凤凰城。老龙山、虎儿山皆在盛京。

时事书喜五首

广田澹洲

战云漠漠暗长程，闻说王师更远征。鸭绿江头秋饮马，一鞭直蹴九连城。

九连城望凤凰城，路到奉天几日程。谁识觉罗坟墓地，山河早晚驻吾兵。

日东将帅气吞鲸，想得悬军万里情。长白山南横马望，浮云何处北京城。

第二王师又远征，东清形势海山倾。金州岛角风云变，恍听千里叱咤声。

传捷频频称说长，不知我武是寻常。西人眼孔小于豆，始信东邦第一强。

甲午天长节恭赋

广田澹洲

海外隆然扬国威，君王盛德自巍巍。西欧文物归收拾，东亚风云入指挥。宵旰百年劳政务，烟尘千里察军机。万民偕祝天长节，圣寿无疆到处祈。

送同窗平松理英师奉大法主之命从军布教

嵩古香

大教主大谷光莹，下命法臣平理英。授汝弥陀名号剑，从军往援我心兵。

谨奉命来辞宝坛，严程海路冒涛澜。誓全使节满肠热，此际向寒宁说寒。

傍旭章旗建法幢，扩吾王化向殊邦。海龙呵护前无敌，背指区区鸭绿江。

我武扬时我法扬，一袈裟混万戎装。炮烟中辟光明界，那处山河不道场。

二谛相资德不孤，安心立命即阴符。法螺吹破唐山月，斗战场归教版图。

梦里容光隔海霞，相思一片属天涯。也知此别是非久，王旅凯旋期咄嗟。

灵鹰篇

小野湖山

君不见黄海海上海战激，一战能奏万代绩。敌舰败残我舰全，我兵所向真无敌。何来灵鸟时回翔，寄止我舰最高樯。金眸玉爪屈铁嘴，敛翮四顾气昂昂。鸣呼天兵四征称天意，即是文明即仁义。国威从此耀九垓，灵鸟先呈天之瑞。

灵鹰歌

谷如意

灵鹰来自北洋，经黄海到扶桑。扶桑日照锦鞲上，金眸玉爪生辉光。闻说黄海酣战日，如山敌舰碎还没。海水群飞黑烟驰，我军弹炮风霆掣。此时灵鹰盘空来，就我樯头昂然立。问鹰就我果何心，鹰不能言答以臆。明治天皇具圣德，拯弱惩恶奉天职。百万敌兵血肉纷，有似众鸟遭挚杀。牙山平壤既摧残，丰岛黄海尽崩竭。甘雨回春朝鲜城，风鹤惊秋满清国。战罢海上波方收，鹰亦览德来托翼。樯头下瞰四百州，更有何物足搏击。鹰也愿学古时八咫乌，前导天兵奏灵绩。

灵鹰行

江马天江

海天惨淡怒涛恶，舰队相逼炮声作。雷轰电掣鼋鳌惊，须臾敌舰尽摧剥。樯折柁破方遁逃，有似鹰鹯逐燕雀。何来一鹰止舰樯，应为我军征休祥。侧目戢翼不敢去，饱饲远送上玉堂。野鹰卜胜古有例，义军起日集屋梁。《晋书》曰：虞潭，字思奥。会沈充等逼京师，潭起义军，至上虞，有野鹰飞集屋梁，众惧。潭曰：起大义而刚鸷之鸟来，破贼必矣。后如其言。君不见海陆几回经征讨，生擒就缚知多少。我皇仁慈恩恤覃，衣则与温食则饱。噫！彼若闻灵鹰来呈祥，应愧人而不如鸟。

灵鹰行

市村水香

金眸玉爪嘴屈铁，飒爽不受红条结。神俊原知摩天材，飞腾万里云可决。时维甲午九月秋，黄海渺漫兵气浮。巨炮忽轰天地裂，海面烟黑惊潜虬。敌舰数只彼何者，一击破之如破瓯。灵鹰何来九霄下，轩然立我舰樯头。如喜王师得大捷，余勇欲搏四百州。果知此物真绝类，狐兔逃窜百鸟避。九纮八极恣翱翔，逸气棱棱奋雄志。君不闻神祖东征宣武威，金鸦上弰不敢飞。天呈祥瑞同今古，令人万世仰光辉。呜呼我皇圣德文且武，鹰兮鹰兮知所归。

灵鹰行

大竹蒋径

我闻黄海海上战胜日，暮天黯澹月惨黑。忽见一鸟下船樯，就人待捕真奇获。玉爪金眸是灵鹰，神姿俊健气轩腾。鞲上锋棱十二翮，一举直可搏大鹏。君不见大日本国忠勇士，骨干气魄与汝似。连战所向如无人，四百余州风草靡。不怪灵鹰呈瑞来，吾皇威德与天开。亿兆臣服百神降，来归何唯鹰鸟而已哉。

送国分青厓从军赴辽东

杉浦梅潭

远别诗留玉版笺，轩昂仗剑朔云边。胡笳声绝暮风冷，战堡旗翻晨旭悬。磨盾军中多意气，将军幕下见豪贤。高歌一曲长城窟，饮马寒江到九连。

送青厓山人之清国

森川竹磎

太白山人飘然来，道我与君暂别离。长安落叶朔风大，借问山人去何之。吾为置酒山人啸，山人起指西天笑。山人意向吾能知，吾欲为歌难作调。雁塞九月风霜寒，千山苜蓿秋兰干。铙歌鼓吹从军乐，朔月边云行路难。相见笑谈莲幕里，老将军对老文士。文星将星灿烂光，四百余州草木靡。此日饮马长城窟，何时能断胡儿发。驱马北入燕京城，披襟金鳌桥上月。陈琳宁有草檄苦，王粲何敢叹非土。我歌未阕月西堕，太白山人飘然去。

记时事作

依田学海

不绝往来三百年，延平遗迹至今传。宝山咫尺在吾睫，莫使佛人先着鞭。闻近日佛与清人有违言，欲据台地以泊船舰，故及。

千里波涛界两邦，九连城接碧溶溶。盛京蹂躏知非远，万骑飞过鸭绿江。

渤海风涛莫遏行，谁乘不意用奇兵。五千精锐冲坚垒，一举攻降旅顺城。

次韵某时事有感

向山黄村

维昔征三韩，主圣而臣贤。奋斗甘玉碎，相顾愧瓦全。至今日东真男子，丹心报国只一死。海陆连战仍战胜，神功未得独专美。君不见衣冠会同鸣佩琼，景云暖绕行宫生。

逸　题

扶桑舰航海士广濑武夫

生于扶桑，死于扶桑。一死酬国，七生[①]护皇。

见大连湾炮台

广濑武夫

巍巍炮台拥塞垣，严然东海大关门。秋风落日剩空壁，今日谁怜汉纳根。

寄国分青厓在第一军山县大将幕

岩溪裳川

男儿壮志是蓬桑，剑气秋横百战场。义激诸军天所鉴，威凌异域武维扬。烽前城塞朔云黑，笛里关山边月黄。要见北征新乐府，五花汗血马腾骧。

怀柔有计免徭租，谕令一传民瘼苏。箕国祸机关盗贼，沈阳兵势属屠沽。笳声夜警三边戍，雁影秋悬八阵图。歌颂新颁鸭绿江[②]，天如帝德入嵩呼。将军作《鸭绿江曲》。

荒城白日古幽州，鼓角声沉惨淡秋。廊庙权臣危社稷，沙场战鬼悔封侯。悲歌四面重瞳楚，帝业三分大耳刘。绝叫九泉魂魄在，风云空自结奇愁。

居然形胜古今同，历历兴亡感慨中。想有山河争割据，知无天地出英雄。荒墟禾黍秋风乱，破庙松楸暮雨空。一败幽燕王气尽，蒙尘

---

① 据《太平记》，楠木正成（？—1336）在凑川之战失败后，留下遗言“惟愿七生转世为人，剪灭朝敌”自尽。“楠公”、“七生”等皆日人汉诗喜用典故，《实记》中亦不鲜见。

② “江”字平声，误。

何日演咸丰。咸丰十年,英佛两军攻北京,天子避乱于热河。

将赴韩地有作

延谷耶马

北风萧索雁悲鸣,决眦天边杀气横。关外乱山近匹马,陇头流水绕长城。浮云有恨迷箕庙,落日无光照虏营。闻说平沙月明夜,胡笳犹为断肠声。

拟谕清国军民

在新嘉坡丰岛真弓

王师西伐,告尔清民。五洲情况,今昔不同。西欧东亚,强弱相异,亚洲形势,岌岌乎危。越南朝灭,缅甸夕亡。苟安招祸,自取衰亡。须应省己,何必咎人。修文讲武,彼素为优。采长补短,我可殚精。维持局面,凌驾泰西。唯求我国,与尔清朝。殚思焦虑,诲尔淳淳。骄心傲气,听我藐藐。尔之官府,尊大为心。顽迷罔觉,德力不量。遂移玉帛,敢讼干戈。情不得已,我以兴师。旭旗所指,草木风靡。退奸进正,三韩保君。助弱防强,八道安民。兹移劲旅,征伐尔军。牙山破垒,丰岛掳船。大孤之役,平壤之军。七船沉海,五将就擒。一交旗鼓,二万歼兵。输赢如此,利钝斯明。尔如不悟,犹敢螳抗。我师临境,玉石俱烧。辕门伏罪,城下乞盟。为时已晚,脐可噬乎。尔之君主,肇基辽东。覆明宗社,亡尔祖先。兹持社稷,二百余年。偷安年久,积弊渐长。朝廷命吏,掊克伤民。厘金课税,浚剥残商。国家无事,舞弊任官。邦疆有警,不教驱民。取诸纨绔,以任阃寄。抽诸市井,以补戎行。兵不爱将,将靡怜兵。如鸟之合,如蚁之屯。犹不量力,敢与吾争。上官有罪,下民无辜。堪怜尔等,无罪罹难。王师兹发,救此生民。代天行道,仁义为怀。我非辉武,亦岂穷兵。操江捕虏,豢养加恩。平壤纳降,医药完生。不争城地,不杀无辜。于乎小子,其莫执迷。王师正正,言出行从。哀怜尔等,特谕招来。

（以上录自1894—1896年博文馆刊《日清战争实记》第十二期）

摧门行

森鸥村

岂料数万貔貅从二军，金州攻城破坚门。骁名啧啧噪世者，即我枥木县下人。姓小野口名德治，资性活泼自超群。那须原上友麋鹿，迎得二十余年春。一旦征兵为工卒，拔擢已列上等班。三年服务如一日，演武场中每桓桓。匹夫有志不可夺，从军心誓盖世勋。眇眇一身都是胆，勇敢不畏丧其元。海外随攻金州城，城门屹立宛似山。铁笼门扉厚数寸，监牢难破还难攀。四面合击均蚁附，切齿扼腕入无因。将军遽麾工兵队，欲将奇工摧其坚。受命挺进势脱兔，疾提爆药门下奔。万众瞠若不转眄，成否如何刮目看。弹丸雨注果伤臂，神色自若泰山安。譬之蹈白刃兮探虎口，呼吸一息死生分。咄嗟了事却走际，霹雳一声更轰然。山岳为震海水立，瓦石粉碎欻腾翻。高门坚扉茫无迹，我兵坌入呐喊频。辫奴失措争先溃，军需遗弃几万千。城中妇女追随走，母子骈毙三人身。玉石俱焚昆冈火，灾及池鱼真可怜。掩骼疗伤且拯饥，天恩普及敌国民。将卒奋斗非无功，先登第一孰比肩。信赏必罚军令严，金鸱勋章闪胸间。玄武开门原田氏，芳名千载不得独专。君不闻凡事有二必有三，古来俚谚今犹存。他日何人买余勇，北京城门摧坚关。

征清杂诗三十首倒押韵上下平韵

森鸥村

艨艟破浪舳舻衔，威海卫边扬锦帆。敌舰远逃无只影，果知清国海军凡。

藐他大敌吐威炎，局外人皆握汗瞻。一再膺惩犹未服，更磨日本宝刀铦。

举国由多巾帼男，虎狼逞欲每耽耽。天朝高义除其害，千载相传做美谈。

海战一番何快心，咄嗟炮击敌船沉。千余丑虏喂鱼腹，八十弱兵甘捕擒。

满清曾自失琉球，遗恨十年长忍羞。上下执迷终不悟，是非颠倒欲酬仇。

四海弟兄邻国朋，阋墙受侮反堪矜。一朝骑虎难中止，万里雄飞拟大鹏。

偶逢七夕更清泠，乞巧楼高耸户庭。海外从军人未返，空闺独有望双星。

师曲古来称老兵，自他胜败转分明。前知平壤鏖战后，直订北京城下盟。

征清未半向秋凉，交战偏忧岁月长。不若射人先射马，天津欲屠李鸿章。

从军万里各忘家，淹滞何时叹及瓜。一击挫来尊大气，自今不必诩中华。嗣编续出。

述怀二首

从军杂诗森贞吉

一朝傥或毙弹丸，膝下长违菽水欢。忠义臣为不孝子，人间万事两全难。

当此邦家有事时，满腔热血沥肝脾。诚忠一片无人会，只有皇天后土知。

从军淹广岛十数日偶逢旧历九月十三夜慨然有作

森贞吉

远征决死发东京，身滞山阳对月明。遥想先锋三万士，如今冲否九连城。

饮马长城窟行

高野竹隐

秦月何苍苍，饮马长城窟。借问啼沉冤，水寒未化骨。秦皇亦可人，不惜杀万卒。连云三千里，绝祸于未发。壮图贻后人，一旦胡尘没。禹画湮茫茫，高秋徒突兀。岂能知仁义，唯知恃凶悖。宸忧轸宇宙，劳师加挞伐。朝越渤海湾，暮驻山海关。别军已深入，震荡长白山。潜身夺代马，习骑飞蹄娴。投鞭北京阙，策应指顾间。悲歌笑示意，挑绝刀头环。旐头悬太白，卷沙风如墨。前徒呼后骑，努力且为国。远道愁绵绵，梦中关塞黑，君已奉天皇，胡为来妾侧。流水不归源，落叶会还根。流誉随旗常，凯旋一招魂。

看潮行[①]

向山黄村

次韵友人见寄

向山黄村

欲将笔阵扫千军，衰耄谁言久倦勤。早晚王师凯旋日，明光奏赋气凌云。

吊征清战殁兵士

冈本韦庵

维吉日良辰，盛会修明禋。非敢曰报德，愜心酒浆陈。狂夫敢一语，庶用华君身。人生皆有死，死何足害真。身同草木朽，心与太虚新。操节苟伏义，仇敌亦称仁。征清自大事，前古无伦比。一夫或逗挠，举国怀深愧。况乃乡县人，永为世骂詈。君自从征初，慨然决死

① 诗见第二部分《大纛余光》卷一。

志。山险与水阻，视之如平地。背负日神威，绝海叱魑魅。炮烟弹雨中，势若疾雷坠。剧战数十合，目中无万骑。羊群不必问，决眦夺豪帅。亭亭苍鹰峙，洌洌严霜至。何天之无情，杲尔不可忌。吁嗟乎哀哉，亲朋皆掩泪。他人相传闻，谁得不酸鼻。天兵石压卵，杀伤实过当。君以数奇毙，倍致军威张。行看屠冀北，生擒觉罗王。君实与有力，雄名千岁芳。皇人入殊域，各自报本国。或为鱼腹葬，或为鸟鸢食。骨肉从微尘，英灵万仞直。君折报国诚，万众齐感铭。如大传薪木，有何妨长生。想见霄汉上，赫赫秋阳朗。兹焉表寸丹，魂兮尚来飨。

时事杂吟十二首[①]

岩谷一六

冲口偶吟十首

川北梅山

一举直将冲北京，炮声动地万雷轰。挫强扶弱吾皇意，宇内何邦敌义兵。

募卒虽多气不振，一闻鼙鼓便逡巡。可怜白骨成山积，尽是平生不教民。

何物满奴顽且痴，驱如鸡犬不劳师。俘虏泣谢皇恩渥，死则瘗之疮则医。

男子心肠百炼刚，每逢大敌气逾扬。近闻战地医人话，我士曾无背后疮。

神兵到处见降旗，正是北京垂陷时。身率三军徒塞责，衰翁七十欲何为。

炮声一发万军惊，委地戈铤纵且横。不用更烦貔虎力，驱将风鹤

① 诗见第二部分《大纛余光》卷七。

作吾兵。

坚垒高城力不支，争先奔窜只嫌迟。四百余州徒大耳，曾无一个壮男儿。

筑造监牢万炮台，仅逢攻击便隳摧。三迁一夕无逃路，天上神兵呐喊来。

设置官衙下令新，四街告谕太殷勤。除顽贼外非吾敌，抚恤彼民如我民。

不夺民财不竞勋，吾唯一意戴吾君。谩将义战夸千载，徒尔欧洲十字军。

国家取泰西法养兵三十年于兹矣资皇国义勇之性其训炼之至也一用之海外于陆于海所向克捷诸塞不守将使彼为城下之盟每捷报至邦人欢舞齐唱万岁余亦欣悦不自堪乃赋古体一七绝句五以记之节录

丰岛洞斋

旭旗影一动，貔貅蹴怒涛。夺牙山为床，收黄海为槽。八道指呼定，九县望风逃。战是止救乱，不敢犯秋毫。矜夸乖义者，不宥日本刀。

天兵所向草靡风，席卷鸡林虎水东。四百余州自今后，应归日域版图中。

陆摧城垒海沉舟，兵力如神孰匹俦。走者无追降者纳，殊方万里布王猷。

偶感十绝

三島中洲

有礼是华无礼夷，何曾舆地定华夷。中华久失中华实，畴昔东夷今不夷。

几迭炮台遮大洋，何图略取似探囊。中原军旅应归顺，喜听港名

大厦独撑难。

扫荡东洋后日患，怀柔只在恤民艰。先锋已迫奉天府，别队欲冲山海关。王者膺惩仗仁义，文明战斗破冥顽。三军大举乾坤震，席卷燕京指顾间。

对　菊

福井学圃

百二山河我武扬，乾坤孰不仰徽章。金葩一样东篱菊，开到今年别有香。

十一月二十四日旅顺口捷报至有作

山田新川

二十五营皆击摧，炮声仿佛若闻雷。老夫得报喜何极，买酒炙牛倾一杯。旅顺口有二十五营。

次　韵

佐藤枝山

旅顺牛庄次第摧，我兵如火又如雷。看他山馆老夫子，说剑灯前引酒杯。

次　韵

永势赤虹

旅顺连营一战摧，大军向处势如雷。高堂今夜传飞捷，遥为天皇奉祝杯。

偶述三首

嵩古香

直壮以征佗曲老，进行敌地走盘珠。到头谁手抗王旅，旅顺口今残虏无。

王旅所需皆鬼策，胡军相抵尽儿嬉。降旗底事建其晚，加嘴铁牛蚊力疲。

武在止戈真美谈，吾皇寰宇圣恩覃。九连旅顺春随处，筑受降城不翅三。

书　感

嵩古香

一守一攻收手迟，鸦群鹭队孰安危。碧翁自有玻璃镜，照向人间看剧棋。

送吉泽彦助入营

嵩古香

入营期逼束装新，须记分襟是小春。我有赠言唯七字，莫将衣锦让枫人。

送佐藤丈征清行

太田谦堂

此行誓欲拂胡戎，气骨崚嶒意自雄。遥望辽东波万里，知君横槊赋秋风。

养得胸中百万兵，雄心睥睨北京城。春风三月凯旋日，满地欢声一样迎。

夜坐有怀

立松晴涛

幽怀扶梦倚危栏，碧落唯看月一丸。邻院灯残犹有影，篱花露重不胜弹。塞鸿传信羽书急，林树研霜剑戟攒。想到貔貅远征苦，凄风猎猎铁衣寒。

寄呈大鸟全权公使在韩城并陈慰问之意

中井南海

大和魂兮樱花美，日本之刀凝秋水。秀气所钟出伟人，赤穗古有大石子。而况今复见吾公，公之忠勇仰威风。折冲克全公使任，宣扬国威奏勋功。满清黠奴逞肘掣，一战败衄漂碧血。援弱挫强我武扬，皇威焕照何快绝。貔貅十万入韩城，巨舰蹴浪叱长鲸。君不见旭旗翻处草木靡，八道蛮民肃无声。公使赤穗城产，句中故及。

送小山军医远征节一

岩手县书记官松泽彦山

鸭绿送边长白迎，眼中来落北京城。庙堂自有东洋策，列国任他纵与横。

灵　鹰

斋藤鹤汀

至仁征暴护东洋，可识神冥佑我皇。奇瑞由来表奇捷，苍鹰祥似咫乌祥。

秋夜偶成

斋藤鹤汀

梧桐稍上月光团，促织吟蛩声转酸。想起韩山从军客，满营风露梦应寒。

送友人从军

斋藤鹤汀

握手了时还举觞，征鞍欲上气扬扬。送君唯恨破虏日，不见霜刀屠犬羊。

鸡 林

冈本随轩

既倒狂澜难挽回，多年朋党互疑猜。山河有影含余怨，草木无光锁剩衰。诸省重臣皆画饼，古邦黔首尽泥孩。式微王室任衰废，暮色凄其夕日颓。

盘根错节太艰屯，争得无为致革新。路塞先知老狐魅，天昏只听犯鸡晨。邻邦大义膺戎狄，与国深仁扫棘榛。星使原怀济时略，韩家初见转洪钧。

十一月廿一日敌军袭金州我兵击退之

冈本随轩

四面忽振鼙鼓声，乘虚蓦地袭坚城。危机岂有劳胜逸，诡计从来弱挫勍。风伯卷沙抛敌阵，海神驱浪护吾兵。寡能破众元天佑，铁郭依然旭旆明。

闻捷报有感

森松阴

一战拔牙山，再战屠平壤。诸城望风溃，败兵委粮仗。一军举凤凰，已向奉天进。一军略金州，今将取旅顺。辽东归我有，下令苛政蠲。箪食又壶浆，民如解倒悬。陆军绩伟大，海军岂让功。丰岛及黄海，奋斗挫艨艟。击沉或捕获，丑虏忽褫魄。残余几战舰，窜匿阒无迹。顺天者则昌，逆天者则亡。快捷固当然，我武大宣扬。宣战发六师，毫厘非有私。只在讲善邻，至公天地知。海军捣渤海，陆军逾长城。两军俱戮力，一击陷燕京。城下要盟日，令彼割山河。长奉我约束，百年保平和。我皇一赫怒，终使东洋宁。圣德如日月，万古照汗青。

寄怀斋藤曹长在清国

栗原霭山

振旅直冲四百州，满清草木忽悲秋。胡笳吹断三更月，寒雁落来万里楼。边塞硝烟增敌忾，铁衣风露发羁愁。命生有尽名无尽，莫惜关山孤髑髅。

（以上录自1894—1896年博文馆刊《日清战争实记》第十三期）

时　事

细川十洲

凤凰山下凤凰城，此处奈何无守兵。可悯来春永陵庙，谁将牲醴作清明。

月支情势要商量，故国由来未必强。记否汉人夸广大，有如前日夜郎王。

一江鸭绿水粼粼，长白山高雪似银。言是清家发祥地，何为容易付他人。

时　事

山田新川

万里出亲征，旅团新结兵。灵鹰止战舰，仙鹤上行营。今得此祥瑞，全因君圣明。何时回大纛，共奏凯歌声。

旅顺行十一月二十四日夜作

小野湖山

又闻捷报喜起舞，我军占领旅顺营。旅顺从来称危险，谁图一昼夜间归削平。想见黄金山上晓，红日旗旆凯歌声。连战连胜前无敌，进击将逼北京城。吁嗟乎神州将士真神勇，奋扬皇威耀八瀛。

秋　感

高岛箑川

西风草白马肥时，梦跨连钱边塞驰。匣里老龙鸣不止，镜中影鹤瘦如斯。早知今日请缨易，何悔十年磨剑迟。休道书生无血性，振衣去谒武尊祠。

从军行次韵

近藤柳塘

平明呐喊到黄昏，好奏伟勋酬圣恩。胆气凌他樊哙勇，自今谁复说鸿门。

赠官赠位及忠魂，枯骨犹应感盛恩。料识诸公瞑目日，北京城上素幡翻。

据鞍顾眄想英风，战罢将军气尚雄。酌酒辕门无下物，雕弧一箭射飞鸿。

黄龙狼藉倒旌旒，生子绝无孙仲谋。一弄干戈亡社稷，满廷豚犬总庸流。

临敌翻生恻隐心，黯然不觉泪沾襟。全军未见一男子，解甲骈头齐就擒。

胡家天子庙筹非，瞆瞆不知兵有机。明日蒙尘无所遁，阶前行酒着青衣。

堂堂倡义破骄兵，四百余州期廓清。一卒不伤频奏捷，九连城又凤凰城。

西征纪事二十首

本田种竹

一片纶麻出紫宫，貔貅十万拥元戎。东来鼓角风云壮，北望满山道路通。须向边庭持斧钺，且教丑类化沙虫。他时玉敦金盘好，沧海皆应仰会同。

王俭山川非附庸，契丹昆族尚狂蠢。中朝仁德期绥抚，外国干戈失折冲。肃肃旌旄悬日月，峨峨舴艋压鱼龙。羽林飞将从天下，休道崤函险几重。《后汉书》注：平壤，即王俭城也。《东国通鉴》云：东方初有神人，降于檀木下，立为君，是为檀君，国号朝鲜。《东史》云：坛君名王俭。

风尘边镇久无宁，骄虏频年犯小廷。铁甲如云连朔漠，天戈此日扫妖荧。牙山月黑鼓声死，海岛血红潮气腥。车骑绎骚亭障外，六师径合下龙庭。

惨憺龙蛇浿水前，乐浪城壁尽烽烟。河山襟带终何用，燕雀君臣转可怜。选将还同班定远，开边不数赵屯田。千年禹域茫茫是，极目风云是九连。《史记》注：俭城在乐浪郡浿水之东。《舆地胜览》云：大同江，一名浿江。

乌桓远接储胥外，辽海斜通睥睨前。突骑连营雷破壁，高城落日火烧天。襜帷有泪铙歌断，血肉无声沟壑填。一雨洗兵云物净，剑花霜色满长川。《广舆记》云：义州地方，古乌桓之属。储胥谓竹栅，睥睨谓城墙。

大艋峨舸势峥嵘，白日雷霆万熕轰。鳌掷鲸呿潮水怒，风声鹤唳虏军惊。论功岂比清淮战，歼敌何唯赤壁兵。海岱祲氛渐销歇，东南云尽斗牛明。

长风破浪叱鼋鳌，清淮将军胆气豪。肘后新悬都督印，腰间斜带赫连刀。水犀奋斗冲坚舰，封豕仓皇弃节旄。落日回头黄海上，左魂右魄哭烟涛。

塞上风烟何莽苍，神兵一下扫欃枪。卷天旌旆星河动，满野弓刀草树荒。铁骑秋嘶玄菟月，胡笳晓裂白龙霜。勋名谁勒燕然石，大纛高牙震四疆。玄菟郡名，在今之鸭绿江附近，见于《汉书》。白龙碛石，见于《盛京府志》。

悬军绝域涉陂陀，一路寒云乱棘多。辽代城楼荒白日，汉家封徼尽金河。笑擒都护安西马，醉唱阴山《敕勒歌》。九月沙场天欲雪，朔风毡帐枕雕戈。

眼中不置雁门豪，战罢河流笑洗刀。中使重来颁酒脯，天恩万里拜荣褒。黄榆塞关狼烟尽，白草川原马骨高。齐唱《安东平》一曲，瞳瞳日色照征袍。明时东征驻兵安东县，作《安东平》曲。

诸将忠良翊圣衷，严明约束此从戎。三千蕃部横戈外，百二秦关揽辔中。应有留侯帷幄策，可无萧相转输功。覆帱皆谓天王地，惠雨恩风万里通。

刁斗秋高太乙坛，何人誓拟斩楼兰。风沙卷幕黄云暮，雨雪连天紫塞寒。木叶山空胡骑走，松花江冷戍烟残。秦时明月依然在，知有将军横槊看。木叶山名、松花江名，俱在盛京省内，见于《府志》。

陇首秋风羽檄飞，分明蛇犬陷重围。天低雁碛悲芦管，秋满龙山冷铁衣。千烽照夜榆杨惨，万马嘶霜苜蓿肥。可怜他日辽东鹤，又见人民城郭非。

霜天角断凯歌还，酾酒椎牛且破颜。使者行辀推按部，将军开府号征蛮。今朝已拔蝓蠓塞，昨夜全收鸦鹘关。西北浮云何处所，黯然王气锁熙山。东边土人筑土塞，形似蠮螉状，因名，见于李白诗。鸦鹘关在辽阳，见《满洲源流考》。

风高笳急雁频惊，日落沙寒人不行。大漠云霾随战气，三秋草木入边声。江山要隘鹳鹅阵，棨戟森严骠骑营。四十九藩齐解甲，奉天城是受降城。清国外部，称为四十九藩。

安民恩令服诸蛮，自有春风入玉关。幕府投降容猃狁，朝廷抚恤遍恫瘝。牛蠓鹊血零残尽，铁岭金州指顾间。莫自李陵台上望，月明空照大刀环。牛蠓鹊血，皆夷族所用弓矢之料，原于梁简文诗。铁岭峰名、金州府名，见于《广舆记》等。

乱山回合白崚嶒，立马闾巫最上层。三省烽台秋日堕，二陵抔土暮云崩。皂雕风劲角弓响，红锈水寒胡血凝。此地由来邻五国，无人敢说旧金缯。闾巫山，在盛京省奉天府，即北镇所置。三省谓直隶、盛京、山东，二陵谓清祖之昭陵、福陵，在奉天府，俱详于《盛京府志》、《满洲源流考》诸书。边人呼水在草中如淖者曰红锈水，在于吴兆骞《长白山赋》中。五国城，宋徽宗故迹，亦在盛京省内。

闻道山河美哉固，居然形胜控辽东。风涛溟渤一何壮，锁钥关门空自雄。驱马朝冲青海戍，衔枚夜袭黑山戎。香南雪北皆惊震，压倒伏波铜柱功。

蔽海戈船一炬空，极天鸟道百蛮通，岩疆不守苍溟口，版籍新开碣石东。丁督护逃虚有泪，李将军老遂无功。幽燕此去三千里，大陆风云指顾中。李白《丁督护歌》有"拖船一何苦"、"心摧泪如雨"之诸句，今假谓水师提督丁汝昌。王维句云"李广无功缘数奇"，亦假谓直隶制军李鸿章。

居延关外摅延将，却月城边破月氏。蓟北州藩归节镇，山东父老拜王师。谁知玉马朝周日，会见金人辞汉时。朔雪炎风无远迩，嵩呼万岁祝皇鳌。

送国分青厓用留别韵

依田学海

炮声初罢角声阑，帐幕连天凛莫干。四海惊魂倾耳目，三军热血沥胸肝。露营草檄朔风急，霜堡吟诗边月寒。闻说同僚多俊杰，漫然休作竖儒看。

宿云半破晓星阑，告别知君到水干。洋酒三杯消客恨，军歌一曲激忠肝。天连渤海风涛壮，山接满洲霜雪寒。异域从今皇化遍，无边风物入吟看。

送青厓山人从军赴清国

服部担风

万里从军入混茫，一身是胆气轩昂。战云狼藉血痕赤，亡虏龙钟旗影黄。铁马饱秋边堠草，芦笳警夜戍楼霜。想君草檄莲花幕，太白庚庚映剑铓。

灵鹰高千穗歌并序

蒲生褧亭

甲午秋，黄海战胜之日，适灵鹰盘空而来，止于高千穗舰樯，兵士捕之，献于大本营，敕赐名高千穗，而蓄之云。

硝烟弹雨蔽黄海，旭旗翻翻放光彩。敌舰四只尽轰沉，战胜我军余勇在。追北海天日将曛，凯旋相集说劳勤。骨碎肉飞不畏死，诸子精忠真绝群。岂无皇天感义烈，忽见祥瑞下天末。坚舰高樯灵鹰止，睥睨八方不肯发。威风凛凛百鸟怖，剑翎钩爪眼光澈。兵士攀樯徐捕之，悠然不惊亦何奇。毋乃皇天祝大捷，如此祥瑞古来稀。吁嗟乎鹰兮鹰兮吾有望于汝，汝盍欻地化鸠去。不负高千穗嘉名，谷谷呼晴劝农鸣田墅。《礼记》曰：鹰化为鸠，一名布谷。

送堀口香坡盟兄赴任朝鲜

宫本潮来

万里征槎须策勋，东洋时事正纷纷。秋高黄海湾头月，八道山河笑邀君。

怀往事有感

福原周峰

身世沧桑且莫论，当年耆宿几人存。鲲鲸跋浪斗星动，豺虎当途祲气昏。奋武封疆扶社稷，回天战局赌乾坤。老躯慷慨感时事，笑抚金疮旧日痕。

观潮行

杉浦梅潭

君不见北洋潮万里来，汇入东海日几回。朔望与月为进退，朝来暮去不负期。偶尔冲突奔雷激，鳌背出没雪浪堆。怒潮飞腾三百尺，

时　事

山田新川

旌旗正正阵堂堂，先入边城定法章。何似清兵多暴横，夺人妇女掠人粮。

可识将军赞大谟，一心何必抱区区。政厅新置安东县，下令今年先免租。

我兵精锐一当千，所向无前能破坚。已取金州收旅顺，奉天争得保安全。

山海天津累卵危，清王遁去欲何之。露英米佛同盟国，日本兵威今始知。

千里山连带大河，古来天险误人多。可怜李相胆先落，欲倩外人来请和。

征清杂诗三十首嗣前

森鸥村

东洋其奈接干戈，互竞国权由失和。事体自违文禄役，韩民何意未讴歌。

渡海总戎贤且豪，三军抚循每投醪。登坛已拜阃外将，皇上尚亲征伐劳。

阁臣让步事容包，比岁得全邻国交。缘是小人难养得，无端戎马满韩郊。

鹰扬虎掷又龙跳，赳赳武夫西海超。战胜开帆凯旋日，国民欢抃埠头邀。

大江虽险曷须船，要断奔流投马鞭。督战将军余地在，视牛眼底自无全。

出师已过数旬间，士卒思家泪自潸。战没纵为殊域鬼，忠魂遥向故山还。

战阵休夸垒壁完，我兵一举陷成欢。牙山本据殊狼狈，奔窜无边发片丸。

输赢不是赌乾坤，欲振天戈断祸根。四百余州无抗敌，京城早晚树降幡。

邻国全交古未闻，日支果见事纷纭。幽明遥隔九原下，欲唤当年鬼将军。

东洋启衅果何因，知是国威争屈伸。扶弱远征真义战，称扬极口米欧人。

闻说朝鲜国未开，道途险恶马虺颓。几多辎重方延滞，莫奈行军费日来。

自尊匹似井中蛙，上下官民比比皆。以我果然为弱小，敢张螳臂力将排。

万马嘶风驱铁蹄，各兵距跃气如霓。知他敌国疲奔命，海陆进军东又西。

善邻自是事颠扶，扫殄偏期辫发奴。见义敢为知勇者，邦人相竞献军须。

满清犹讲六韬书，戎事比吾都不如。一败何知徒涂地，朝昏辚轹出兵车。

权利相争言有违，韩城早已炮丸飞。豫期海陆战全胜，五大洲中辉国威。

远向三韩出六师，山河转战好穷追。义兵到处皆风靡，东海主盟斯是时。

撤去津头多少艭，清军退扼大同江。风声鹤唳自溃败，破竹势中根本撞。

士卒自知千载逢，悬军万里喜相从。更张更始投机会，姑息何为事弥缝。

几队精兵皆匪躬，争先出发凛威风。荒山白骨抛身命，孰奏征清第一功。

炮战初收海景澄，谁知鹰也管膺惩。宛然猛气驱群雀，宜矣雄姿制大鹏。飞雾樯头眸凝锐，快风帆外翮舒棱。养之最好献天子，压倒当年师父称。

闻祝捷大会之举欣然有作

近藤柳塘

王师早已扼咽喉，十万貔貅满戍楼。鹿马难分怜二世，犬豚贻笑定千秋。长教亿兆脱胡俗，更见君臣为楚囚。旅顺城头横槊立，昆仑渤海寸眸收。

旭旆高扬照朔边，胡家社稷逼虞渊。淋漓血涨长城窟，黯澹云连万灶烟，瓦解土崩州四百，飙驰电扫路三千。羽书报捷无虚日，须举巨觞歌凯旋。

（以上录自1894—1896年博文馆刊《日清战争实记》第十四期）

乙未新正作

龟谷省轩

嘉辰向西拜，行在是山阳。辽海通舟楫，鸡林逐虎狼。羽书偏旁午，铁马益腾骧。应见风尘气，融为丽日光。

乙未新年作

鲈松塘

卅载都门结诗社，一枝毛颖度冬夏。春朝墨水柳拂车，夜月东台花驻马。矜花宠柳年复年，不知霜雪潜满颠。时约社友共游焉，虽无裨补亦寡愆。今年又值第一日，春风吹酒入诗律。吁嗟人生毕竟如寄耳，今我不乐将何恃。幸然诗酒足优游，百年行乐聊复尔。

乙未元旦口号[①]

森槐南

乙未岁朝书怀一百二十韵[②]

野口宁斋

乙未岁旦作

近藤柳塘

其　一

天鸡三唱晓曈曈，佳气郁葱瀛海东。城阙九重云缥缈，芙蓉千古雪玲珑。两阶干羽观威武，万国衣冠要会同。西望禁营遥肃拜，旌旗擎日彩霞融。

其　二

天子亲征驾六龙，云间玉仗肃威容。肯教胡虏逞凶毒，早已神兵占要冲。万里金州传羽檄，连宵铁岭望狼烽。圣朝谁奏《从军乐》，鸿业千秋难再逢。

其　三

旄钺煌煌凝晓霜，曈胧初旭照扶桑。开边何待赵充国，借箸定知张子房。胜算分明若龟卜，士心慷慨忽鹰扬。今朝况是山川改，万岁嵩呼歌颂长。

其　四

选良三百赞宏谟，杼轴万家勤转输。辽海无边回玉垒，春风第一入洪炉。箕封八道奉盟约，禹贡九州归版图。偃革须期旬月后，莺花历乱满皇都。

---

① 诗见第一部分森槐南，题作《元旦口号》。

② 诗见第二部分《大纛余光》卷五。

其　五

雨露均沾草木荣，微躯何幸遇升平。书生未必思投笔，诗史须期赋洗兵。塞上风云千里壮，日边葵藿寸心倾。才非李杜偏堪愧，输与雏莺婉转声。

灵鹰行并引

末松星舍

我军征清，海洋岛海战，苍鹰坐高千穗舰樯头，笼饵献大纛下，传以为捷瑞，诗文多纪之者。方冲大连湾时，复有一鹰止高千穗舰，实为神异，赋此以表祝意云。

霜旻肃肃风萧萧，佩剑鸣兮秋气高。大连湾口夜初白，直破模糊截海涛。维时明治二十七，十有一月某诘朝。快奔我舰高千穗，欲向湾头冲敌巢。一抟忽响决云翅，舰上来栖从九霄。今兹九月海洋役，两国艨艟互弹击。雷电百万掠水飞，海若丧魂龙夺魄。气吞大海神国军，贼舰焚残概沉溺。巨鳖几个葬龙宫，潮带腥氛黄海红。败余贼舰不堪用，海上之权归日东。樯头有物众皆讶，静止烟尘漠漠中。剑翎戟嘴尚含怒，一羽苍鹰何逸雄。将校兵卒等惊喜，珍重饵来孤竹笼。即知神使示奇瑞，遥献御前闻伟功。鹰祥一再何所据，果知神兵有神助。一弹不发占内湾，如是江山舍不顾。旅顺山海何足谋，期彼北京唾手收。嗟呼邦土山川徒老大，鸟雀无声四百州。

虾夷锦歌[①]

阪口五峰

---

① 诗见第二部分《大纛余光》卷一。

瑞鹰诗并引

阪口五峰

事具新闻中，天长节同人小集，以此命题。适有王师取凤凰城之报至矣，恭赋短古一章以纪盛事。

沧溟忽立雷电驶，我军鏖战即胜矣。鱼龙灭没峨舰沉，血流红变黄海水。一战余威震八荒，乃有神俊呈休祥。金眸玉爪何自至，倏然来立樯中央。西征军头获征鸟，事虽微细天意昭。汉武朱雁何足言，神祖金鵄或同兆。今朝万寿齐欢声，贺章拟献大本营。鹰扬我武向无敌，王师已定凤凰城。

旅顺行

川北梅山

海门隘束如囊口，绝壁危岩拥其后。更筑坚垒备炮门，一夫当之尚可守。我兵出没何其奇，借问督兵大将谁。独眼如电人辟易，何啻当年李鸦儿。将军临发笑语众，攻击唯要一饷时。步骑骁勇目无敌，赤心报国不顾危。闻说旅顺山河美，大亚洲中无其比。一遇我军忽击摧，吁嗟乎地利之不足恃乃如此。

高千穗行并引

小崎蓝川

甲午九月十七日，我军大破支那水师于海洋岛，有鹰来止高千穗舰樯头，舰长捕之，具状进献，赐名高千穗，洵是旷古灵瑞也。恭赋之长句八解，以纪盛事。

天孙维昔驾六龙，勘定海内留灵踪。高千穗峰何突兀，九州山岳争朝宗。取而名舰坚无比，峨然海上之城垒。鲸鳄逃避冯夷惊，倒翻万丈东瀛水。我皇英武壮帝猷，大纛亲征四百州。直教丑虏肝胆破，神武以外谁其俦。岁之九月十七日，海洋涛立战云密。粉摧甲铁如败鳞，鱼龙变灭雷电疾。倏有苍鹰意态雄，剑翎钩爪搏长风。盘旋乍下高樯上，似为我舰祝战功。共称奇瑞振古少，金鸦玉乌或同兆。尔来王师势倍长，譬如霜隼驱百鸟。万里进献白锦毛，天颜有喜为解绦。嘉名乃锡高千穗，灵峰峨舰同争高。大捷有日如龟卜，余威列国亦畏缩。想见我武长鹰扬，猛鹫犇翎狞狮伏。

时事有感

滨田静斋

旭日高悬照大东，八纮谁不仰皇风。千秋国体作双美，君是至仁民是忠。

神州万古秀灵钟，紫气氤氲绕九重。赫赫威棱辉四裔，云中八朵玉芙蓉。

咄咄髡奴气势庞，自夸强大本无双。顽冥眼界蔑公法，漫把鸡林呼属邦。

贼党如云起四陲，韩廷命运薄冰危。不知朝野臣民里，快断纷麻果是谁。

风云已熟革新机，国政由来日日非。闵族多年擅权柄，何图祸本在王妃。

国势委微叹有余，满清牵掣未能除。邻邦厚谊添威力，欲举千秋独立誉。

院君多智有英谟，复立朝堂握斗枢。今日邦家危急际，苍生不许老江湖。

神兵进在国都西，蓦地填然起鼓鼙。辫发从来非我敌，争衡到底是云梯。

魑魅横行八道皆，风云暗淡昼犹霾。吾军本有断邪剑，一击须歼浮暴侪。

胡奴向我战端开，忽有皇天激怒雷。甲午之年秋八月，出师纶诏日边来。

不负神州义勇民，敢将忠死答苍旻。同胞海内四千万，上下和衷如一身。

吾皇惟武且惟文，鸿业恢弘列祖勋。应变临机存胜算，大营建纛艺南云。

武夫赳赳压乾坤，日本刀仍日本魂，丰岛轰雷先奏捷，电光影里倒长鲲。

牙山已拔取成欢，平壤黄洋敌胆寒。一笑胡兵何怯弱，终无匹马驻三韩。

旅顺元胜百二关，金州城接大连湾。北门锁钥归吾手，不陷燕京不肯还。

灯下看剑三首

近田春耕

读书自慕古人风，半夜谁知感不穷。一片雄心三尺剑，寒光照出烛光中。

岂久藏匣底，慨然拂拭看。多年期报国，秋水一灯寒。

拭来三尺剑，凛凛映灯明。忽怪龙蛇起，匣中鸣有声。

甲午九月十六日正当阴历中秋与诸同人浮舟于衣浦赏月舟中分月明星稀乌鹊南飞为韵得鹊

长田积水

扁舟大海中，诗酒聊为乐。明月半长天，妖氛横绝漠。抛杯笑说兵，拍手乍惊愕。今夜远征人，辕门看乌鹊。

山县大将次大将韵

儿玉桂城

自拜节刀临战场，平安一击向辽阳。将军意气何豪壮，踏破盛京满地霜。

赠要塞炮兵某代人

久万简斋

要塞秋高过雁鸣，数声喇叭炮兵营。夜深露重铳枪冷，立看一天星斗明。

灵鹰引

市毛晦轩

皇上登极御万方，万方仰瞻日月光。至治二十有七载，文武并施皇猷昌。彼何为者辫发虏，侮小凌弱肆鸱张。皇上不赦虏无礼，诏行膺惩振乾纲。命将出师往问罪，貔貅万人齐龙骧。丰岛海战碎其舰，牙山平壤立扫攘。黄海之战更雄伟，击摧艨艟若摧苇。一举海氛悉肃清，水底空哭败死鬼。战罢波上日方沉，鼓舷洋洋凯歌起。时见苍鹰舞遥空，定知乘秋试利嘴。回翔来下千穗舰，倏见双翼樯头止。兵士捕之屹不动，似喜入我樊笼里。敕使渡海远犒师，详闻灵异惊且奇。携归行营供天览，钩爪逸翮凌霄姿。神武东征平群凶，时有金乌导军随。神功西伐服三韩，时有大鱼夹艀驰。天鉴盛德降祥瑞，昭示吉兆赞鸿基。王师仗义扶弱小，天意人心两不疑。大奋威武惩贪暴，恰似灵鹰搏枭鸱。尔时戢武敷文德，应观凤凰亦来仪。

送人从军之朝鲜

市毛晦轩

此去韩城程几何，酒酣剑舞发长歌。观兵原为但诛暴，奋武竟期能止戈。箕子封疆空燕雀，丰公伟略旧山河。秋风更向幽州路，跃马知君意气多。

冬日感怀①

依田学海

借喻时事变体三十令末句间用成语成句

橘江南

圣　德

矗字三直，木亟合成极。直直直，会其有极归其成极。成语。

其　二

矗字三直，古兀合成克。直直直，强弗友刚克燮友柔克。成语。

朴泳孝不遇

矗字三直，自心合成息。直直直，箕子之贞明不可息。成语。

其　二

森字三木，朿朿合成棘。木木木，营营青蝇止于棘。成句。

韩廷官人

森字三木，羽异合成翼。木木木，维鹈在梁不濡其翼。成句。

事大党

赑字三贝，目未合成昧。贝贝贝，以蠡测海奈尔蒙昧。

韩　王

晶字三日，士口合成吉。日日日，悔亡失得勿恤往吉。成语。

帝国出师

晶字三日，士口合成吉。日日日，师出以律丈人吉。

清国出师

晶字三日，口至合成咥。日日日，履虎尾涉春冰不溺见咥。

败将叶志超

犇字三牛，竹寿合成筹。牛牛牛，学否田单炬尾筹。

---

① 诗见第二部分《大矗余光》卷二。

叶志超妾

奸字三女，言吾合成语。女女女，金钱问卜羞开语。成句，叶尝牙山营中纳妓为妾。

平壤大捷

毳字三毛，纟高合成缟。毛毛毛，如虓虎驱群羊奔牛触鲁缟。

其　二

皛字三白，辟玉合成璧。白白白，降旗忽翻面缚衔璧。第二句以下一作：豆页合成头，白白白，一片降旗出石头。成句。

黄海大捷

鱻字三鱼，女口合成如。鱼鱼鱼，釜中假息竟何如。

其　二

淼字三水，火爵合成爝。水水水，如覆苍海注萤爝。成句。第二句以下一作：鱼京合成鲸，水水水，辽东海北剪长鲸。成句。

清国募兵

淼字三水，走已合成起。水水水，钓鲖以肫兵不以利不起。

清　主

磊字三石，辟玉合成璧。石石石，以胡称华如以碔砆为赵璧。

战死者诸氏

磊字三石，革力合成勒。石石石，埋骨不埋名其功可勒。

大院君飨我在韩文武官

麤字三鹿，目坴合成睦。鹿鹿鹿，呦呦食苹嘉宾燕敖修睦。

大院君意气

品字三口，老毛合成耄。口口口，老夫灌灌小子跻跻匪我言耄。成句。

某国○○○○

品字三口，口孔合成吼。口口口，忽闻河东狮子吼。成句。

失　题

品字三口，口孔合成吼。口口口，狸上狮头狮伏不敢吼。狮子伏狸事，见于《博物志》。

自九连城至旅顺口各地占领

品字三口，土竟合成境。口口口，食蔗自尾至本渐入佳境。成语。

海陆两军战略

聂字三耳，竹虎合成篪。耳耳耳，声气相应如埙如篪。

九连城及凤凰城清兵

聂字三耳，尸复合成履。耳耳耳，风声鹤唳胆落逃走不及履。

以下五事，以广岛城战捷祝贺会余兴异闻为题[①]。

狸猴将泣面图

聂字三耳，歹匕合成死。耳耳耳，败报接踵狸爷忧耆如病如死。

左篙战死图

轰字三车，人可合成何。车车车，螳臂搏辕其死可怜奈其愚何。

妖死长诀美人图

奸字三女，贝武合成赋。女女女，将军无勇唯学垓下虞兮赋。

妖死长诒获赏图

毳字三毛，衣包合成袍。毛毛毛，指鹿为马老贼饱褒赐金赐袍。

远世害吹法螺图

磊字三石，不见合成觅。石石石，压卵大败夫子自道自觅。袁致韩相闵泳骏书，有"天兵至日，与倭接仗，如以石压卵"等语。

（以上录自1894—1896年博文馆刊《日清战争实记》第十五期）

---

① 以下五首诗题中"狸猴将"等语，乃日人文字游戏，以日语中同音汉字代替原字。四人分别是：李鸿章（りこうしょう）、左宝贵（さほうき）、叶志超（ようしちょう）、袁世凯（えんせいがい）。

黄海之战有灵鹰来止我军舰樯上久而不去舰长野村贞捕获献广岛大本营群臣皆称其奇瑞各赋诗奉献教亦仿颦

石桥云来

允武允文堪奉扬，恩光何怪及遐方。艨艟破浪鲲鲸伏，炮铳裂云豺虎僵。天子威棱辉万国，将军忠勇动东洋。有鹰樯上来收翮，战胜分明呈瑞祥。

健鹰飞下大樯头，戢翼依依如有求。曾见神鸟示祥瑞，可无灵物感皇猷。韩山万里行军日，渤海一朝开战秋。闻说词臣多献咏，好传盛事遍诸州。

喜闻王师克旅顺

古泽介堂

大连旅顺坚无比，北洋锁钥实在此。费财巨亿不复惜，多年牢筑自矜恃。何识王师健如虎，陷阵搴旗呐喊起。宝刀乱斫炮火熄，虏兵奔逃半赴水。山海关开威海闭，大沽天津可直指。捷书频至天颜喜，欢声动地涌朝市。

十一月廿二日我军陷旅顺口

冈本随轩

天然形胜金汤钥，背面防御严垒壁。全世界中三要害，群山乱立如攒戟。北门咽喉砥柱漕，船渠筑造何坚牢。又设水雷备前面，黄龙跃海旌旗高。天兵夜平衔枚进，声援别有戎舰阵。野战攻城敷炮列，雷霆怒激乾坤震。骑队崩围陡击冲，步军突贯振霜锋。一日之间全陷落，彼狐彼鼠尸若墉。楼台多少繁华地，落日寒钟来远寺。俳优演技将军前，喜悲为溅数行泪。一大强国加尊称，六师意气十倍增。秋毫不犯号令肃，日出天子辉威棱。

送岩堀智道慰问征清诸军追吊战殁诸士

福井学圃

报国丹心动绀园，知君识拔意弥敦。真言宗长者高志僧正，拔智道及某某等充慰问使。玄冬飞锡寒云迴，万里浮槎积水昏。雪窖冰山犒行阵，黄沙白草吊忠魂。何关露宿风餐苦，住世应真不二门。

送人从军

蒲生褧亭

王师堂堂威严森，羡子部伍敌地临。丈夫只合立伟绩，快战斩虏又生擒。呜呼使我二十年少，从军草檄学陈琳。

外征杂记二十首[①]

福原周峰

新年杂诗

山田新川

战罢何时海宇清，翠华万里尚行营。新年不肯受朝贺，可识圣君深怆情。客岁十二月，宫内省告示曰，二十八年新年式总不施行。

一家相集共斟时，柏叶浮光酒满卮。阿妹远来还在座，今朝何用忆钟离。妹静窗客冬自北海道归。杜少陵《同谷县歌》曰“有妹有妹在钟离”，又曰“十年不见来何迟”。

小斋人静自萧然，终日瓶花对水仙。无复东坡嘲谑事，老夫已近古稀年。余今年六十九。苏东坡再谪惠州，一老举人年六十九为邻，其妻三十诞子，公与诗曰：“令阁方当而立岁，贤夫已近古稀年。”

---

① 诗见第二部分《大纛余光》卷八。

春初书怀

依田学海

至尊为悯远征苦，广岛行宫停贺正。惭愧小臣辇毂下，忍将杯酒说私情。

热嘲冷骂动猖狂，常恨兵权欠主张。从一辽东报奇捷，余威远震大西洋。

雪华如掌扑征鞍，踏破万山行路难。热得三军满腔血，戎衣虽薄不知寒。

次韵梅潭先生

依田学海

文章漫道片言轻，捞尽心肠吐血诚。赤手休嘲徒说剑，白头自笑尚谈兵。雁过辽海秋将老，梦落韩山夜屡惊。但藉楮毫排郁闷，岂以雕技博声名。

旅顺城

依田学海

属山东省，盖海角要地，置总兵官一员、参将数名，五千余兵守之。明毅宗崇祯六年二月，山东流贼孔有德、耿仲明等屡为明军所败，入海走旅顺。总兵黄龙、周文郁邀击之，有德几获而逸。七月，贼舟泊鸭绿江，龙发水师赴剿，有德侦知旅顺空虚，引清兵来袭。龙数战皆败，火药矢石俱尽。甲辰，语部将谭应华曰："敌众我寡，今夕城必破，若速持吾印送登州。"龙帅李维鸾等力战，围急知不能免，自刭死。项祚临、樊化龙等俱死之。今兹吾明治廿七年，与清国有违言，王师出征，辽东九连、安东、凤凰相踵归我。十二月廿一日拔旅顺，乃赋此志喜。

坚垒据天险，突兀旅顺城。闻说朱明末，烈矣黄总兵。流贼不得志，怀愤引满清。崇祯六年秋，两军战鼓鸣。力拒矢石尽，从容一死轻。部下有五将，相并皆舍生。距今三百岁，名与睢阳争。日东扶弱邦，海陆事远征。非报亡国雠，唯在责背盟。守将何怯懦，一败倒旆旌。莫乃政纲紊，治化违物情。全军无固志，遂具此败形。想见王师进，长驱入燕京。大旱望云霓，万民壶浆迎。

绝句二首

伊藤听秋

莽莽湿云晴不晴，倚门儿女枉关情。摇铃卒叫韩山信，昨夜已平平壤城。

创立民厅先免租，犬戎巢窟一时苏。山川满目随旗影，天日有光新版图。

移　居

伊藤听秋

三匝祠边居屡移，有如惊鹊未安枝。月明今夜秋无际，对酒当歌魏武诗。

寄题作阳藤宫

伊藤听秋

千里何须天马徕，中兴祥瑞是人才。松风萝月黄门锁，建武三年一劫灰。

闻青厓君在辽有此寄

伊藤听秋

只手燕云今有人，江山扫荡宋乾坤。凭君一盏黄龙府，为酹英雄未死魂。

天长节前一夜有梦觉后得七绝

陆军大尉十时虎雄

谁谓远征多杞忧，山川风物思悠悠。枕戈一夜寒村梦，咫尺天颜感渥优。

复州城侦察途上口占

十时虎雄

连战连胜未得全，疾驱追蹑普兰天。复州城外无残敌，三代遗民歌自然。

偶 成

陆军大尉十时虎雄

发挥皇运在斯行，誓破清军入北京。渤海冻冰厚几尺，不嫌深浅是天兵。

航海中口吟

步兵中尉福岛泰藏

百尺艨艟试远征，秋天风急怒涛鸣。此行不向鸡林地，直使三军向满清。

金 州

福岛泰藏

不唱从军行路难，宝刀誓欲斩呼韩。燕京去此犹千里，渤海风冷落日寒。

营中月夜

福岛泰藏

正是金州战胜时，徐旌刘帜夺为帷①。多情一片今宵月，偏向沙场照敌尸。

城上口吟

福岛泰藏

丹心报国在今秋，奋击纵横斩敌雠。战胜收刀城上憩，滴衣鲜血碧于油。

旅顺城

福岛泰藏

清兵三万散如尘，此日东关略得新。若使丰公今日在，从军甘作执鞭人。

民政厅

西川菊畦

民政厅成便免租，亦无侵害及无辜。这般快事绝千古，禹域先编新版图。

凯旋歌

栗原霭山

妖云坏，黄龙惫。皇军叱咤麾风雷，虏兵飘摇如尘芥。弹丸雨注一瞬间，血流成川尸作山。九连凤凰只一蹶，俘囚面缚系辕门。

豚尾蹶，豚毛毙。英鹫可喙，露狮可噬。赳赳武夫收兵戈，功成

---

① 指徐邦道、刘盛休二人。

名遂扬凯歌。呜呼义烈凛凛君子国，国威布遍燕山河。

（以上录自1894—1896年博文馆刊《日清战争实记》第十六期）

即　事

谷口蓝田

皇统连绵万世尊，我王神算八荒吞。礼干义甲师无敌，箪食壶浆民有恩。铁舰飞时冰海裂，日旗飘处雪山暄。春来豫识渠魁服，立马燕京第一门。

送青厓山人从军赴辽东三首

石田东陵

孤剑英雄志，那忧行路难。一身唯许国，到处且加餐。风急笳声裂，关高马色寒。回头凤城晓，云日是长安。

马驱幽燕北，风烟莽欲愁。山城云锁日，沙碛角吹秋。且草陈琳檄，不登王粲楼。文章唯报国，绝域布皇猷。

落木千山下，西风万里行。浮云连朔漠，大雪压边城。饮马河声激，追胡剑气鸣。递迢关塞晚，俯仰独含情。

书　感

西冈宜轩

浮槎昨夜涉天津，遥识群星拱紫宸。时事空掩盗铃耳，建筹借箸岂无人。

瑞鹰词

藤泽南岳

玉爪锐，锦毛氄。凌霄雄鸷姿，决云海东种。飞过黄海快战场，乃感将士悉忠勇。竟集樯头驯不扬，转入行营承御宠。此身虽微矣，聊愿报吉祥。济济将校皆吕尚，指挥六军气鹰扬。能使皇威震六合，辅翼帝德冠东洋。此身何多幸，万口呼作瑞。我邦三千年，祥瑞乃嘉穗。更有真瑞是士人，雄伟胸中存大义。义气浩荡洽两间，瑞物致瑞亦容易。金环华宠托此身，长为众人表隆治。

乙未元日

木村芥舟

柏酒团栾贺岁新，条风淑气遍城闉。定知十万貔貅士，遥拜东方祝令辰。

乙未新年作

福原周峰

吉语频来万岁呼，亲征驻跸广陵隅。穹庐毳帐春风动，大漠关山瑞霭敷。顽健尚禁寒彻骨，颓龄难免雪盈颅。天杯倾尽谱铙曲，如许新正前代无。天杯，谓吾家曾所赐之木杯。

代远征将士书怀用锦山槐南唱和韵

渡边东民

曾无一梦到家乡，视死如饴是我狂。旅顺已传千里捷，奉天犹蓄半旬粮。惠风恩雨新疆土，侠骨忠魂昨战场。感慨抚刀啸残夜，寒光和月凛于霜。

乙未新正作三首

岩谷古梅

神武扬光千古耀，皇风敷化万邦宣。颂斯隆运庆佳节，明治维新廿八年。

广陵西望五云飞，大本营头闪锦旗。一样家家旭旗影，今年殊见放光辉。

一自六师征朔方，壶浆箪食众庆相。新王土奉新王历，齐仰扶桑旭日光。

乙未新年作

川北梅山

明治乙未春，国家属多故。外征十万师，山野久暴露。雨雪已纷纷，恐乏防寒具。连捷虽可喜，其奈将士苦。吾辈独胡为，起卧得安处。敢诉陋巷贫，炉火防寒冱。窗窗影横斜，杲日扬红煦。举家贺新正，团栾具欢语。学步小女儿，一起且一仆。娇爱掌中情，对此慰迟暮。吾龄七十四，崎岖涉世路。唯幸樗栎才，终年免斧锯。何以效寸心，内省愧且惧。至尊在军营，宵旰劳圣虑。

乙未岁旦

高岛篷川

旭旗高揭凤凰城，万里遥传万岁声。北进皇军略胡地，安东县下祝王正。

一脉暗香浮砚池，轻磨麝墨染毛锥。诗成未示拜年客，已被梅花圣得知。

偶然土木奏功余，恰值檐梅索笑初。春酒一樽供两用，贺新年又贺新居。

辘轳鸦轧响清晨，白发照来银井新。一片童心依旧在，颓龄六十笑迎春。

乙未岁旦[①]

富冈耿介

① 诗见第二部分《征清诗集》卷上。

新　年[①]

富冈耿介

冬日感怀二首

依田学海

一战取旅顺，牛庄在指顾。辽阳与沈阳，命脉逼旦暮。想昔袁经略，辽城万骑驻。袁应泰守辽阳，清太祖奴儿哈齐天命六年攻取之。应泰督战不克，佩印自焚死。城陷身共亡，壁垒即坟墓。胡虏无百年，今日溢其数。何图大波澜，忽从东洋注。使彼烈士气，至此始一吐。惨淡摩天云，荒凉连山树。海城兵既溃，盖平守不固。锦州可瓦解，辽河堪飞渡。早撤尔守备，莫烦我攻具。尔马闻多白，尔车盍饰素。

通儒笛浦翁，尝与清人言。奈变汉唐俗，绿发从剪髡。岂无皇觉僧，复出发四边。尔来几星霜，未能蹑此论。日东扶弱小，大义振乾坤。禹域百万人，遗胤多犹存。何不揭义旗，逐虏出塞垣。何为见驱役，执兵敌吾军。秦乱起刘季，隋衰生李渊。世运有转变，谁为济时艰。吾将作文檄，以告彼中原。野田笛浦言，见得《泰船笔语》。

送某从军

横山黄树

拂空长剑白虹横，笑上西征万里程。卷帐惊沙连雁塞，漫天飞雪压龙城。八旗兵马蜉蝣影，十道风云鼓角声。战罢鞍头先一笑，玉门关外旭旗明。

---

① 诗见第二部分《征清诗集》卷中。

送青厓山人赴辽东

田边松坡

男儿方得意，投笔此西征。拔剑醉歌激，引杯肝胆倾。风高旗有响，河冻水无声。行路何难有，九州豪气横。

握手慨然久，山川何莽苍。风笳回朔雪，斗剑拂胡霜。谈笑参帷幕，恩威极大荒。横戈歌出塞，浩醉卧沙场。

举鞭晨冒雪，马汗结成冰。极塞星芒动，深山虎气腾。师行严号令，胡遁绝凭陵。草檄谕黔首，风霜文字棱。

金城所怀

石井大尉

渤海风涛逐日狂，貔貅几万恨偏长。金城一夜峭寒月，遍照辽东万里霜。

乙未元旦醉赋

三谷中尉

爆竹声交万岁声，杨家村里贺新正。屠苏酒代屠胡酒，好是明朝屠北京。

旅顺进军中作

三谷中尉

天戈已破几金汤，又取东关意气扬。紫塞晨霜营幕冷，戍楼夜月剑铓光。皇军忽度南华岭，虏舰遥逃北海洋。借问中堂有何计，清廷今日定周章。

征清杂诗

久万简斋

报国何辞百战劳，远征将士气雄豪。长城南畔野营夜，喇叭数声秋月高。

鸭绿江头寒雁横，九连城上旭旗明。定知不日北京陷，第二军团今出兵。

王师讨伐义尤明，胡帝当成城下盟。万里山河碎将尽，可怜乌合八旗兵。

海城城外雪纷纷，十万貔貅驱朔云。好是北京凯旋日，梅花香里宴三军。

牡丹台

鬼头玉汝

虎奋龙骧各争魁，满目硝烟轰百雷。忽地三军凯歌涌，一旗先树牡丹台。

鸭绿江

鬼头玉汝

千年鸭绿竟如何，饮马天兵笑洗戈。十二铜人今昔感，欲支帝业赖山河。

旅顺进军途上作

田中野战邮便部长

半生谁不思雄飞，伯乐未来骥马稀。今日何图旅顺路，弹烟硝雨满征衣。

广　岛

土屋义卿

大纛西移广岛城，宏谟绝代聿西征。骄兵必破义兵胜，偏待北京城下盟。

旅顺口战

土屋义卿

奋斗纵横策伟勋，偏期唾手扫燕云。天高旭日旗章丽，何数汉家都护军。

顷闻清国派媾和使因赋

濑尾雅太郎

欲向燕京竖大牙，懒闻浮说极纷哗。寄言台阁诸元老，莫把和亲误国家。

乙未新年

濑尾雅太郎

椒酒今朝酌几回，王师连捷势雄哉。至尊驻跸劳宵旰，遥拜行营捧一杯。

怀家弟

峰夏树

满城霜气晓星残，鼓角几营声自酸。遥思家弟征战处，朔风吹幕奈何寒。

清国八仙歌①

吐诗史

汝昌督军似隐船，如何胆落海冲眠。鸿章三度负朝天，途逢鞠使泪混涎，恨早病不向黄泉。志超卑怯驱万钱，逃如木叶流百川，忌败伪胜称为贤。宋庆笑止丑老年，举鞭白马跃雪天，危如灯火临风前。西太后祷绣佛前，梦中怏怏赏逃禅。铭传功名真一篇，芜湖湖上栗扬眠，天子呼来不上船，唯称臣是逃魔仙。依克三回逆击传，脱兜见背朝饭前，其御手际如云烟。汉纳今度聊慭然，排斥弹劾满四筵。

（以上录自1894—1896年博文馆刊《日清战争实记》第十七期）

乙未元朝口号

三岛中洲

国光万里耀云霄，亿兆欢声海岳摇。开历二千余岁际，有无如此好元朝。

乙未新年次梅山翁韵

三岛中洲

六旬有六回，迎新还送故。忆咋耽远游，戴星且侵露。绝岛发脑痾，忽失济胜具。三旬浴温泉，仅免麻痹苦。归家养残病，闲适安寝处。门谢拜年宾，拥炉忘雪沍。团栾倾椒酒，一家喜和煦。大儿远服商，为纺绩会社主管，在冈山县。寄书如对语。小儿尤孝顺，侍养扶颠仆。中儿助教授，循循朝至暮。更喜门下士，多就远征路。任武官者，不下数十人。天寒风似刀，地险石如锯。一心报君父，奋战不曾惧。

① 此八人分别是：丁汝昌、李鸿章、叶志超、宋庆、慈禧太后、刘铭传、依克唐阿、汉纳根。此诗乃游戏之作，多用和制词汇，如“笑止”、“朝饭前”、“手际”等。

素训聊有效，连捷慰老虑。

重读久米义堂《满清亡征论》

西冈宜轩

敢容夸大自称尊，漫以鸡林呼属藩。寄语当年袁世凯，欲收闵贼问何言。

望海穆如吟社课题

岩谷一六

放眼立长风，汪洋沧海水。安得抟扶摇，鹏飞九万里。

望海穆如吟社课题

横田竹泉

落日惊涛欲卷天，燕山渤海定何边。黑烟一抹白旗闪，无乃乞和清使船。

望海穆如吟社课题

冈本随轩

百尺缥缈之飞楼，万千气象攒双眸。拂拭一面玻璃镜，红暾照耀光倒映。鳌掷鲸呿相吐吞，东瀛日夜浮乾坤。晴雪喷山雷鼓响，有如万马蹴空奔。一衣带水连蒙古，铁舰所向尽略取。北洋已握航通权，征服民浴恩波普。由来要港锁钥坚，不容悍寇窥四边。渚柳汀梅近春立，白鸥泛泛风习习。

望海穆如吟社课题

福井学圃

地脉混茫外，浮天元气重。百蛮分眼目，巨浪拓心胸。日月疑吞吐，云霞乍淡浓。化流沾异域，何水不朝宗。

望海穆如吟社课题

滨田静斋

茫茫天地阔，独上水边楼。螺发迷云雾，鲸涛接斗牛。悬军三万里，落日一孤舟，朔漠何时定，风尘四百州。

乙未新年偶作

小室屈山

破敌若摧枯，讴歌满九衢。国威无佛鲁，王化及羌胡。文物开新运，风云入壮图。生逢今日盛，谁不致微躯。

游子不思乡，迎春且举觞。风云人未老，兵马气徒昂。称病门辞客，题诗墨吐香。国恩深似海，容我十年狂。

梦闻捷报

日下部鸣鹤

万里悬军岁欲阑，遥思朔北铁衣寒。中宵恍听辽阳捷，蹶起披图剪烛看。

乙未新年

横田竹泉

王师连战捷辽东，亿兆嵩呼颂圣功。早旦聊称国光盏，衣冠西望拜行宫。国光盏，客冬于大本营祝捷会所用，大勋位炽仁亲王题曰“宣扬国光”，予瑜藏焉。

金州营中杂吟

早川峡南

列戟森森气象豪，旌旗乱飐阵云高。伏尸狼藉填空壑，鲜血淋漓洒战袍。人散城边风凛烈，营荒野外月萧骚。宵深反侧难成梦，起剔

忠孝人。心逐鸥波回广岛，梦随旭旆席天津。遥知胡地花三月，熉火烽烟蒸作春。

元旦口号

森川竹磎

十二街头新有风，长安宫阙五云中。满城晓色鸡声壮，万里韶光旭气雄。

阊阖朝开瑞气浮，不看车马走长楸。君王驻驿山阳道，众庶瞻望天尽头。

举杯不乐感情多，此日三军塞上歌。十五万人悉回首，昨宵魂梦定如何。

可怜敌国岁将消，准备谁成《贺圣朝》。名曲。将士遁逃天子泪，燕京宫殿莽萧萧。

断笺零墨淡生涯，昭代无裨愧惭加。天下东风入杨柳，草堂春色在梅花。

乙未新年

增村成堂

圣谟邈矣岁三千，喜见皇威海外宣。雨露恩沾新版籍，烟霞春入旧山川。傍窗修竹如添绿，绕屋寒梅欲弄妍。闻说翠华犹驻跸，广陵城上五云连。

闻外征捷报

菊池九江

连云高垒簇朱旗，旅顺坚牢震虎威。壮矣天兵加一击，忽摧渤海铁门扉。

朔风卷雪草河涯，战罢露营冰在髭。此夜田单应一笑，防寒篝火走胡儿。

满江红贺皇军连捷

金井秋苹

落木天高，一阵阵，雁鸿嘹唳。念蓦地，讨蛮诸将，悬军万里。八阵按图城堕壁，三章约法民成市。料天兵直下陷燕京，期年里。
不能战，斯降耳；不能进，宜休矣。笑顽迷失错，其人姓李。举国虫沙因劫数，当年王谢空形似。贺万邦，齐仰旭旗光，从今始。

乙未岁旦试笔[①]

柳井䌹斋

乙未元旦

嵩古香

未遽东风净虏尘，梅唇苦笑柳眉颦。晴窗炙砚仍呵笔，思到边寒堕指人。

边寒堕指勇增加，着着进军无物遮。豫祝东风三月晚，牡丹让位向樱花。

原田重吉真宗信徒也，大谷法主赏其战功，而赐特典云

嵩古香

八尺之躯佛力熏，挺然殊域建殊勋。手持不坏金刚杵，碎铁门关启我军。

送某从军

嵩古香

故人此去向边城，十月初寒恰酽晴。欲赋一诗为送别，叶声卷雨

---

① 诗见第二部分《大纛余光》卷二。

也关情。

近事杂录

横山雪村

虏舰大，我舰小而坚。敌兵万，我兵仅数千。敌兵欲退我兵前。旭旗扬，虏逃避，未试日本刀锐利。海也海也悠然行，长驱只合冲燕京。

近事杂录

横山雪村

陆摧坚垒海艨艟，连捷报传旬日中。四百余州无立草，旭旗所向凛威风。

秋闺不眠

横山雪村

霜压蒹葭月色苍，所思人远在辽阳。初更雁语三更柝，闻到晨钟更断肠。

闻海陆军连捷喜赋

永松丰山

王师向处便成功，海陆频频捷报通。列国傍观惊且叹，神州威耀五州中。

征清绝句节录

近藤南崧

孤窗抚剑独伤情，劈耳松涛滃渤声。缅想韩山远征士，满天风雨拔胡营。九月十一日大风雨。

天兵北下扫胡腥，威势何殊水建瓴。今夜三军齐引满，练光亭又爱莲亭。

日域神兵势若雷，蓦然鏖杀牡丹台。可怜几炷榴弹雨，豚尾万头飞作灰。

昨朝平壤歼骄兵，今日海洋屠老鲸。高揭降旗知不远，凄风落日北京城。

锄暴扶孱是义兵，义旗所知孰能争。金州已拔大连陷，红旭高扬旅顺城。

连战连开新版图，王师所至祝来苏。安东今又传佳报，雪里店并道远铺。

斗牛光薄月痕高，壮士怀忠意气豪。明日将屠草河敌，朔风和雪夜磨刀。

立马连山第一关，将军意气厌夷蛮。汤河甜水复何有，不拔奉天死不还。

出师未半暮年光，剔烛寒窗感慨长，想见雪山人若虎，衔枚今夜夺辽阳。

兵事倥偬不带一书册客舍无聊兰田词宗贷《西厢记》

黑原银台

满窗明月白如霜，独对青灯苦夜长。恐引故山高士笑，戎衣倚剑读西厢。

（以上录自 1894—1896 年博文馆刊《日清战争实记》第十八期）

侧闻皇上元朝在行营思远征苦寒就着兵卒戎衣步阶前以试之诏将校勉抚恤其仁心不让一条帝感泣之余恭赋此

三島中洲

悬身万里震皇威，奈此寒天雨雪飞。今古圣仁同一揆，脱龙衣又着戎衣。

旅顺口陷落

石川鸿斋

渤海湾头北清之冲，旅顺炮台最坚重。三十年间竭精巧，几亿万金为销镕。貔貅十万备粮食，旌旗林立翻黄龙。英人惊兮佛人怕，窃夸五大洲中谁得撞。何计神州士，突如背后起。巨炮百雷震，崩坏千尺垒。满身坚于铁，对敌力倍蓰。豚儿逃无路，毙丸又没水。道路骸骨横，碧血染百里。一朝激战为我有，曦旗高揭黄金阜。二十余垒几军营，掌握海权置卫守。载祝战捷抚士民，苛政厘革宽政新。辫发剃去变满俗，箪壶迎兵结交亲。呜呼神皇立国三千载，数讨鸡林惩其罪。未渡鸭江到禹域，谁知满地树日棨。百战百胜前无敌，锐师所向尽瓦解。十有八省人虽多，不若神州武威冠东海。

威海卫占领

石川鸿斋

古齐之地山东之裔，北对辽东如连袂。群山拥翼势巉峻，堡台严构威海卫。轴舻相衔连艨艟，长炮臼炮极精锐。何计猛悍日州兵，一取陆路一海程。霹雳万轰逼颅上，华胥梦破陷火坑。硝烟卷地失遁路，彷徨携手奈卿卿。冠屦狼籍倒又起，已见曦旗翻荣城。巍然百尺崖，险矣刘公岛。水雷护海口，地雷绕城堡。食足兵亦足，战具尽坚好。地广湾亦阔，道是清国宝。更怪豚军懦而弱，恰如鹰鹯搏燕雀。舍旗弃剑脱垧去，或失魂魄或就缚。巨熕才发口，铁舰尽粉齑。勇将与怯卒，一齐肥鲸鲵。父子哭窗下，妻妾守空闺。唯由误国是，至极此惨凄。君不见魏国千里山河固，吴子不称尚讽谕。清人不用前贤诫，妄夸大邦姿骄倨。旅威两关皆亡失，北洋已绝运输路。呜呼多年修筑靡亿万财，一朝嫁他不待媒。念爱亲觉罗氏德既罄，世运至此亦命哉。

新年第三日偕乐园酒间次槐南韵

永坂石埭

谁占莺花无尽乡，春游肯让少年狂。自怜烂醉天为幕，翻笑长生石是粮。入目裙钗才隔座，随身竿木又逢场。故人朔北当酣饮，一曲军歌刮剑霜。

乙未新正试笔

大久保湘南

红旭扶桑出正圆，曈昽曙色入新年。恩波四海皆春水，瑞雪千秋有岳莲。敌国任教执降礼，梅花只合占春权。笑看万里版图大，拟结云游霞宿缘。

乙未新年作

石田东陵

龙旄仍驻艺南端，威德万邦齐仰看。绝域方开新版籍，九州将见古衣冠。春开上苑霞光迥，岳秀中天雪色寒。平定羌胡应在近，东风笑把酒杯宽。

新年有作

落合东郭

洪钧随律转，杼轴圣躬劳。今旦霞光丽，群山雪色高。登城闻鼓角，望海敞云涛。遥忆胡沙地，风尘满战袍。

乙未元旦有作

田边松坡

驻驾山阳此总戎，王师连捷古辽东。四千余万齐翘望，谁奏新年第一功。

老翁七十庙廊材，失败如今安在哉。山海关南黄雾锁，芙蓉岳麓丽霞堆。

辕门警角破眠时，朔北冰霜寒劈肌。十万征人忽回首，朝暾出海动旌旗。

羽林意气拂霜杓，此日衣冠櫜下朝。春动广陵城下水，直通渤海去来潮。

凤凰城上雪华开，貔子窝头曙色催。王化今敷新领土，群胡东首拜蓬莱。

咏时事诗五首

西村泊翁

壮士腰间宝剑鸣，快帆西指北京城。老来无复功名梦，卧听荒鸡叫五更。征清事兴。

漭漭大江劈地来，旌旗秋动牡丹台。忠魂一片凝为铁，石壁金城触则摧。平壤。

八道山河旬日降，西征将士勇无双。今朝电气传飞信，铁骑已过鸭绿江。入清境。

雷哑电盲万弹奔，浮尸败舰怒涛浑。明朝波面清如拭，黄海湾头旭日尊。海洋岛。

高城压海骇波臣，旅顺坚强冠四邻。一蹴谁能夺斯险，神州男子勇如神。旅顺口。

一月十九日穆如吟社玉川堂小集分老杜“侵凌雪色还萱草”句得色字

冈本随轩

昨夜地大震，人天意凄恻。茅屋多倒颠，高楼亦倾仄。残雪大寒前，新晴宣春力。莺啭修竹梢，冰融小桥侧。卷土胡兵来，海城之西北。孙吴属陈腐，我军战则克。开岁二捷传，言笑披中臆。满饮忽醺酣，文章生气色。一月十八日夜强震，又昨第二军陷盖平，仅有第一军海城防战之捷。

同得陵字

福井学圃

远岭含残雪，寒流带断冰。孤鸿斜日远，小阁暮天澄。不饮尚呼酒，淡怀常伴僧。苦吟人寂默，传捷气凭陵。隔竹市声沸，罩烟梅影凝。团栾有余好，须剪一宵灯。此夕闻海城捷。

寄铁肠居士

福井学圃

春回深巷井花温，服药闻君废酒尊。残雪忽明山入户，疏梅有影月临轩。半生陶冶诗逾老，满腹经纶舌尚存。造化小儿成底事，病中意气且腾骞。

病中次学圃词兄见寄韵

末广铁肠

重衾且喜一炉温，未得红灯对绿尊。多病十年亲药石，挺身何日事戎轩。功名毕竟为身累，富贵看来有命存。怜杀苍鹰铩毛羽，无由万里试飞骞。

将军行

岛田见山

澒洞风尘暗海山，边城遥望大涟湾。丈夫赌命报天子，不破燕京不肯还。第三成句。

跨海长刀意气豪，电光一击斫鲸鳌。猿郎雄略肥州武，不及诸公勋业高。

平壤陷落

岛田见山

海洋岛对大同湾，天将飞来破百蛮。叱咤风云千里急，不令一敌出燕山。

禹域茫茫四百州，天兵一战气横秋。长驱直捣幽燕地，带砺山河唾手收。

黄海役

岛田见山

一从飞将驾艨艟，十万鞑儿鏖海中。料识胡王须破胆，三军昨夜向辽东。

乙未元日浪华客舍次矼云来韵二律

土居香国

旭光旗帜正振振，冰雪朔方仍苦辛。毕竟耀兵因尚武，此时为政莫如仁。大营相将献良策，异域松筠遭圣辰。握手何嗟须发白，丰公城下赋新春。

江城曙色角声振，沿例头番盘上辛。丽日三竿消旧梦，稳波四海祝同仁。坚冰磨剑仍终夜，好雨洗兵应及辰。百万貔貅多少感，东风故国物皆春。

记浅川大尉勇战木村源松忠烈之事[①]

渡边华洲

① 诗见第二部分《征清词林》。

时事五首

广田澹洲

悬军到处望风披，又向山东翻旭旗。曾是春秋齐鲁地，千年战迹进天师。

炮声响渡北洋波，敌舰浮沉果奈何。旅顺拔来威海陷，水师要扼已无多。

使命元来何所依，辕门一日事空违。可怜万里请和客，两度东来两度归。

衣冠想象古中原，教化文章迹耐论。夷狄淆华年既久，腥风满地见群豚。

矼顽惩暴本吾诚，耐见无端邻好情。谁识百年东亚事，日清长计在同盟。

时事杂感节录

伊藤柳洲

权变成风唯重金，三坟五典莫由寻。谁回既坠虞渊日，禹域关河暮色深。

朔北长驱进作围，貔貅岂肯避寒威。红翻千片胡儿血，荞麦山头和雪飞。

剑北戍楼锁暮云，败余封豕乱纷纷。旌旗影落黄龙死，不见当年飞将军。

悼樱庭乾外没于朝鲜国棋津浦

外崎拙居

海外远传凶信来，党中乾外化为灰。暮云黯澹鸿声咽，秋色荒凉笛韵哀。

孤剑晓过安城路，短衣夜宿稷山隈。惜君志业空零落，不耐阴霖绕老槐。

再贺大胜时我陆海军略取威海卫，覆灭北洋舰队

柳泽信大

扼其咽喉击其顶门，所余虽多复无所以。《论》：子曰：视其所以。朱注：以，为也。仁义之师所向无前，曲老之军何敢得齿。我武维扬大侵之疆，杀伐唯取其残而已。其民佥曰悉为后我，王师所过民靡不喜。金城铁壁多归我有，北洋舰队今皆亡矣。既秉陆柄又握海权，是于亚洲便执牛耳。士无素养军无规律，凡百利器复何足恃。况又将怯先自逃窜，纵令士勇孰敢致死。失信而开此衅者谁，直隶总督鸿章姓李。媾和既晚唯是有降，厚颜犹抗为不知耻。旭旆飘摇光于四方，早已为万邦所仰视。威信愈重声价益贵，鸿业之基确立乎是。

（以上录自 1894—1896 年博文馆刊《日清战争实记》第十九期）

鲤城口占①

股野蓝田

呈山县大将②

股野蓝田

拔丁歌

古泽介堂

王师眼中久无丁，拔去径使胡尘清。一岛才许支十日，波头遂见降旗出。水师南北辽海口，意气当年复何有。可怜万里归降人，琼浦风光君记否。

---

①② 诗见第一部分股野蓝田。

乙未纪元节恭赋

冈本随轩

皇祖即位日，纪元凡三千。初举大典礼，明治中兴年。鸡林唇齿国，封豕常垂涎。独立成其美，我皇仁应乾。善邻却生衅，出师大诏宣。接战廿余度，奏捷各争先。时有瑞鹰兆，不数鱼入船。灵鸱止弓弰，今古征同然。安东开新府，群氓解倒悬。旅顺设镇守，航海已安便。再来乞和使，失措重悔愆。依违彼所长，许否在吾权。又略威海卫，一路通幽燕。敌邦益战栗，宛若临深渊。东风渐骀荡。梅柳含芳妍。化育雨旸顺，野草欲芊绵。霁雪芙蓉秀，元气表里全。春潮严岛晓，五色之缊烟。岁岁颂斯节，今岁嘉祥延。辉赫扬威武，东洋大变迁。广陵犹驻跸，观望万方虔。宇内未曾有，神州一统天。

乙未一月某日第二军及征清舰队陷威海卫二月略刘公岛

冈本随轩

微茫白雪青松间，寒波不动龙睡湾。往昔齐桓霸业地，雄区盛迹非羌蛮。刘公岛，威海卫，腹背炮击破竹势。左屠右剪扫胡兵，有似刚风散柔毳。镇远定远虽罗列，水雷一触忽摧裂。天地震动波涛腥，北洋舰队归全灭。瀛洲阁上望蓬瀛，长学山下吊康成。有日复出冥蒙界，旭旆高扬不夜城。略铁壁，斮香蚁，海陆浏亮军歌起。灯台耸立成山角，万丈光辉烛前史。瀛洲阁、长学山、不夜城，皆在登州府。汉郑玄字康成。

乙未春初石埭永坂君邀饮锦山槐南及余于偕乐园槐南有诗迭用其韵得七首录一

本田种竹

闻说王风洽獠乡，年头第一喜将狂。白山钲鼓参军幕，黄海帆樯大庾粮。万里关山传露布，二更冰雪忆沙场。诗成不觉须眉动，意气棱棱剑有霜。

送池香洲为某新报记者从军之清国赓其所见示韵

土居香国

云波奔荡欲无涯，载笔鹏帆期有为。弹雨硝烟春又好，山东杨柳入诗时。

髑髅磊砢野梅开，一路腥风莺舌哀。写取战场多少感，知君才笔又为魁。

奉挽故参谋总长宫

石桥云崖

朝野惊闻人断肠，将星昨夜有流芒。千秋伟德讴召伯，一代英风钦宪王。帷幄运筹扶社稷，盐梅调鼎理阴阳。彼苍底事无情太，不为皇家遗栋梁。宪王指后汉东平王苍。

执笔当年侍殿帷，台前咫尺不曾离。马头明月从辕夕，花下春风赐宴时。大讣初开哀欲绝，清容入梦寤犹疑。怆然独向灵宫拜，哽咽吞声涕泪垂。

征清杂诗

高岛箑川

提携相共向文明，何者鸡豚鸣不平。错节盘根知利器，金城铁壁奈羸兵。几人入梦沙场骨，千载流芳竹帛名。能使国光弥六合，斯身虽死尚如生。

奉敕三军向塞边，冻云黯与阵云连。雪花磨剑摩天岭，蹄铁敲冰饮马泉。缺月挂城胡角裂，疾风卷地虏旗颠。凯旋盛典豫堪拟，陷没燕京在眼前。

猛然勇进顺风船，万里冲撞渤海烟。虽悔前非何可及，倘知旧恶莫如悛。看吾铁骑精仍锐，悯汝金瓯缺不全。天险难凭真若许，一朝失却几山川。

堪笑清廷庙略疏，凤城早已属殷墟。率尔移他募兵檄，漫然寄我请和书。穷追竟捕入囊鼠，愚暗却怜游釜鱼。金陵王气如丝细，不日应迎青盖车。

齐口嵩呼万岁声，四民抃舞贺王正。比年待我何无状，曩日出师真有名。动地惊天飞霹雳，千军万马决输赢。捷书连到天颜喜，五色祥云绕大瀛。

送相良生从军

横山黄木

置酒论兵慨以慷，战尘漠漠压辽阳。旌旗晓卷长城雪，剑戟秋寒大漠霜。仁义所存天亦助，干戈一动武维扬。谁哉来日凯旋处，肘后新悬金鸦章。

出门一笑马蹄轻，万里从军事远征。大白当头烂如月，惊沙扑面利于兵。据鞍草檄风云气，横槊吟诗变征声。自是文章千古业，麒麟未必画功名。

十月六日将之广岛临发有作

岛田见山

大驾西征广岛秋，秋风千里夕阳愁。此行不是寻常事，谁与至尊分隐忧。

十月十五日宣敕开帝国议会于广岛大本营之下十七日大驾亲临举开院之典臣孝之亦与焉恭赋一绝

岛田见山

霓仗连云羽骑屯，天威咫尺拜纶言。我皇宵旰忧家国，翼赞宏猷答圣恩。

闻丁禹亭死虽我公敌不能不诗以吊之[①]

森槐南

新秋夜话

石桥云来

风止阶除灏气清，梧桐影里早凉生。斯间对话多豪快，昨夜神兵破海城。

秋　思

石桥云来

春风曾喜嫁英雄，夫死妾存悲岂穷。细雨深窗秋寂寂，强逢僚友说边功。

乙未岁旦二律

渡边华洲

大纛风翻自焕乎，贺正如此古今无。皇威光被旧寰宇，圣德普沾新版图。元为鸡林兴义战，敢征豚虏扩英谟。凯歌声里春方到，亿兆欣欣万岁呼。

绝域方知皇道亨，夷民欣抃奉王正。旭旗徐带仁风闪，铁马高含壮气鸣。圣上忧勤天地感，将军奋战鬼神惊。微臣聊述朝仪礼，遥拜征清大本营。

玄武门

渡边华洲

突贯三回极猛烈，玄武之门坚不拔。壮哉一将十五卒，挺进先登

① 诗见第一部分森槐南。

何勇决。弹丸两注豪不屈，数仞城壁直超越。纵横奋击血蹀血，剑锋触处尽斩杀。时见门扉忽开豁，全军呐喊齐驰突。虏兵狼狈御无术，揭旗表降免讨伐。姑息如彼虽求活，争免大城遂陷没。先登一队皆英杰，孰甲孰乙难优劣。中尉指挥最特绝，遗憾到此无毫发。开门者谁原重吉，舆诵已见赏杰出。先登之先无俦匹，村松明太功第一。

灵鹰行

橘青江

想昔神皇建国初，旗鼓堂堂征中都。贼魁时有长髓彦，六师征之或踊躇。金鸦一日止弓上，光照八荒难名状。深山不迷何其祥，似助天兵更鹰扬。连战连胜平群贼，统一长保邦家光。二千五百岁月驰，更张运向中兴期。神孙世具神祖勇，邻邦又出仁义师。鸡林小斗台湾役，锦旗所指一战夷。普天感化文教德，率土依赖武卫力。定宪法兮设议会，举贤才兮对海外。一利早兴一害随，节减论奈武备衰。圣主敢不排公议，敕损宫费补师资。六军闻之齐感泣，报效窃期有为时。明治甲午春将终，东洋波起一阵风。韩山盗贼黄巾哄，清廷干涉事不公。据仁成义王者道，扶弱遂征无道邦。民心激昂士气振，一死偏要百战功。牙山陷落谈笑间，丰岛捷战梦寐边。腥风飒飒平壤野，杀气殷殷黄海天。敌舰沉没敌船毁，敌兵生降敌将死。此时奇瑞可特笔，先圣后圣合符节。有鸟有鸟炮炮中，左回右旋故顽颉。疑是自高千穗峰，神托杳杳来告吉。捕之不动蓄之驯，呼称灵鹰又可悦。形容未见难曲说，想见凌空逸气烈。使臣携归献行营，睿感何止五位荣。普诏群下征诗赋，文章灿烂皆琼莹。金鸦勋章纳在府，灵鹰嘉祥宜膺惩。四百余州无保障，鸭绿天险遂不撑。机会之间不容发，九连城兮凤凰城。三十六策唯一走，胆落鹤唳与风声。唯恶其罪不恶人，慰谕长抚无辜民。秋毫不侵规律严，安东县民感泪频。战胜攻取真天幸，恍然如入无人境。骑虎之势破竹威，纵横驰骋十八省。日本之国兵精锐，旭旗赫赫照四邻。满清鸟雀噤无语，鹰兮一蹴下苍旻。

怀从军之苦中夜不寐慨然有此作

武智青莲

胡王旧国马尘香，落草寒烟自断肠。边月照眉残柝木，朔云侵鬓起辽阳。一声晓角剑花白，万里平沙弓影苍。忆到征人艰苦处，须髯半夜老如霜。

偶 成

武智青莲

貔貅百万阵堂堂，禹域山河我武扬。立马燕山应不远，春和旭旆入锋芒。

感喜弄笔

三国幽眠

旭旗高揭大洋东，万国一同迎瑞红。日本天然名副实，照临无限又无穷。

威海卫之捷

栗原霭山

满清灵沼渤海湾，北舰游泳绿波间。旅顺口兮威海卫，大险锁钥铁门关。旅顺一朝惊鸡鸣，守兵纷飞如蚊虻。孤立无恃威海卫，天兵如沸又忽烹。北洋数舰笼中禽，进退维谷死与擒。可怜定远与镇远，舳舻相衔共轰沉。呜呼神州海陆仁义军，皇天所佑役风云。貔貅上陆云漠漠，艨艟进击雪纷纷。不知顽冥辫发儿，风声鹤唳力难支。此时若无请和策，四百余州无孑遗。

（以上录自 1894—1896 年博文馆刊《日清战争实记》第二十期）

三读久米易堂《满清亡征论》

西冈宜轩

胶海南开鳌负坤，齐桓霸业迹犹存。山东自昇盛京地，曾有周时文物尊。

火牛奇计传千古，残垒萧条白骨寒。如有王师过即墨，且留铁马吊田单。

远向辽原屯六师，厌闻清卒苦寒饥。秦廷七日休为哭，亦已山东揭日旗。

乙未二月十四日江东探梅时有丁提督乞降之报

宫岛栗香

北洋舰队建降旗，此日天心喜可知。瑞霭满城春更好，梅花先放墨东枝。

二月十四日时有威海卫全陷丁提督率众乞降之报重用新年诗韵

岩谷古梅

夸说金城铁壁坚，横行万里武威宣。水雷　声忽齑粉，定远保名才几年。

震山翻海弹丸飞，舰首无端揭白旗。杀气收来怒涛静，旭光红放满天辉。

惩暴容降有义方，迎师何处不欣庆。四千辫发头低地，向我军门拜德光。

次北条鸥所韵三首

秋月必山

遥忆王师度漠沙，定军山下骇胡鸦。烛凝闺泪随砧响，月结边霜落剑花。苏武西来不持节，张骞东使忽回槎。可怜垂死少荃老，一木难支大厦斜。

偶　成

秋月必山

辕门狼藉校书衣，细柳森严彼一时。不怪拿来提督服，和他秋雨晕胭脂。

奸臣谲诈巧欺君，连上捷书焚败闻。先众遁逃蒙重赏，古今唯有叶将军。

炮声虢虢撼乾坤，鹄立舷头不眼昏。击碎艨艟纷若叶，不论当日涅儿孙①。

亿万臣民亿万心，知他祸本百年深。出师未战身先遁，谁使英雄泪满襟。

王师十万向燕都，义士未闻攘臂呼。休怪当年河北郡，如今十八省中无。

二月十七日闻旧知清国水师提督丁汝昌自杀之报我深感君之心中果决无私亦嘉从容不误其死期嗟叹数时作芜诗慰其幽魂

胜海舟

忆曾访我居，一剑表心里。委命甚义烈，懦夫为君起。我将识量大，万卒皆免死。心血溅渤海，双美熙青史。

---

① 即霍雷肖·纳尔逊(Horatio Nelson;1758—1805)，英国海军名将。

海舟胜伯见示慰丁汝昌之毅魄作即次其韵

冈本黄石

山鹊遂无灵，满清归手里。皇威震五州，东海大风起。虽非五百人，三将同时死。伯仲有田横，永辉千岁史。

吊大寺少将

福井学圃

叱咤生风草木惊，悬崖百尺炮声轰。千秋遗恨将星落，不见王师入北京。

广陵雪应制

股野蓝田

广陵驻跸十余旬，忽见寒光照古阊。嘉瑞唯应祝丰岁，盛时岂有泣饥民。山皆玉帽争呈寿，树尽琼花欲献春。却想雪崖冰海里，万艰剿敌远征人。

西征铙歌二十首节录

石田东陵

寥廓秋空河汉流，清霜肃肃拂华游。至尊亲决西征策，禹域风云掌上收。

紫骝嘶立御营傍，剑佩铮锵夜未央。画角何人吹出塞，广陵城外月如霜。

牡丹台上惨秋云，小泂江边血肉纷。震动胡庭胆应破，三韩重见鬼将军。

赫耀皇威六合宣，王师一出熄烽烟。胡人亦解怀柔意，面缚千群献马前。

将军誓欲戮长鲸，万熕轰空海若惊。十只艨艟三只碎，欢声雷动压潮声。

战罢平明唱凯歌，曈昽日色映金戈。鱼龙一夜遁无影，黄海从今不起波。

九连城笳筋声壮，鸭绿江寒树色稀。破虏将军秋度塞，不教胡马只蹄归。

玄菟云连榆塞遥，海天杀气古金辽。边城月落明烽火，金角霜飞高斗杓。

铁马金鞍百战场，西征万里度辽阳。一心唯报天皇德，边月秋风不忆乡。

凤凰山下雪花飞，塞马城头寒日微。忽听营门铙吹起，将军新破左贤归。

悲风猎猎马毛僵，七月胡天见白霜。日暮去窥骄虏阵。黄云一骑上高冈。

撼地熕声轰霹雳，白烟蔽日云如幂。十回转战十回赢，始信王师本无敌。

黑帽健儿元勇往，行营漠北金筋响。边冬寒日黯无光，雪片盘空大于掌。

时事二首

山田新川

乱来未必异亲疏，犹记当年识面初。成败兵常何用说，一封为赠谕降书。

炮亡舰破术将穷，孤堡才余海岛中。一死从容能殉国，汝昌毕竟是英雄。

山本梅崖至同柳社诸子邀饮于金城馆分罗句隐得春字时威海卫捷报荐至

土居香国

君正来时捷报频，如山敌舰碎成尘。仁兼煦日照天地，兵激急潮惊鬼神。三省风光供指顾，九州云物任横陈。百杯须尽金城酒，不是寻常花月春。

势海舟中分得海字卒赋似山本梅崖

土居香国

蓬岛风雷收，海曦织丽彩。相携晨上舟，远山雪皑皠。咸风吹颜寒，舟跃骇魄每。决眦望西瀛，风云世事改。藻浮疑龙旗，鱼腹不知馁。威海鏖战功，赫灼照千载。佳辰遭纪元，神威俨如在。盛事应须传，君才富词彩。泛槎曾误时，文章本无罪。君曾关朝鲜之事草檄文，罹缧绁之祸。威激势海波，奔腾连渤海。

冬夜偶成

杉山千和

雁阵摩空月一轮，严霜满地白于银。寒威彻骨眠难就，苦忆征西万里人。

雪中行军陆军中卫

大庭景一

平生尝尽苦兼辛，不厌寒威欲刺身。却喜此行堪试武，一鞭风雪度嶙峋。

征清杂句节录

近藤南崧

曾向犬羊恣老饕，一逢貔虎忽潜逃。黄龙无影清风死，渤海湾头旭日高。

华语扬扬久侮余，宁知积愤至今摅。世间何物有斯快，飞电连朝读捷书。

一死唯将报国恩，孤兵坚扼苏家屯。海援倏忽来天外，胡骑如麻争乱奔。

风饕雪虐耐思艰，岁聿暮兮人未还。屠敌边城枕弋睡，分明一夜梦家山。

遥捧屠苏拜紫宸，龙颜定识更加新。蜻洲并得满洲地，今岁春多去岁春。

威武今知驾米欧，艨艟十万足貔貅。劈头先试膺惩策，耸动清家四百州。

（以上录自 1894—1896 年博文馆刊《日清战争实记》第二十一期）

恭读大总督府前进之敕语

冈本随轩

明治廿八年，乙未春三月。恰当进剿时，大诏重焕发。天皇坐法宫，假王以节钺。大哉总督权，海陆统将卒。我军倍勇气，敌军逾震慑。如往无人地，征服速献捷。宣扬我国威，帝室栋梁杰。万邦所具瞻，千秋辉武烈。

征清纪事诗十二首

金井金洞

伟勋不复数丰公，八道山川指顾中。鸡犬不惊军令肃，檀君祠上旭旗风。

牙山一扫虏营空，笑指残兵控大同。何物健儿胆如斗，悬军万里向辽东。

三军咄喊响如雷，满目烟尘惨不开。明日平城城上望，旭旗高揭牡丹台。

黄海长风卷怒涛，硝烟惨澹炮声高。惜他敌舰归鱼腹，未试平生日本刀。

铁骑如云入敌邦，西风一笛忽边腔。马蹄所向坚冰裂，雪晓投鞭鸭绿江。

不能战又不能降，谁褫黄袍旧挂章。今日赠君巾帼在，英雄末路笑中堂。

十万王师压境临，虏廷危命日西沉。可怜祸起萧墙内，近日传闻杀福金。满洲语呼自国酋妻曰“福金”。

晓鸡腷膊唱朝曦，呼仆门前插国旗。昨夜新闻传号外，早知旅顺入王师。

忍将礼乐付蛮夷，九点齐州草木悲。但愿山东入王化，重陈笾豆祭先师。

下齐谋略在来苏，七十二城归版图。若使安平君尚在，不知能用火牛无。

隔岸辽山　发青，烟波何处吊英灵。天边白鹤空哀唳，犹有居民说姓丁。

极东新见勃兴民，百战威名震四邻。宛若蛟龙得云雨，无人无物触其鳞。

吊丁禹廷提督

宫岛栗香

荣城弃守敌兵奔，百尺崖头失炮墩。一矢投书通厚谊，果不卷旆出辕门。

铁锁涛头封海门，誓将一死答君恩。孤军固守刘公岛，战罪天亡毙大鹏。我水雷艇中有名小鹰者。

自知窘迫力难支，宁杀一身生众师。谁料怯懦清虏里，有斯似日本男儿。

一纸降书救万兵，英雄力尽不图生。刘公岛近田横岛，今古同传殉节名。

匹如燕将守聊初，防御力支旬日余。勇士由来甘殉难，不须一矢鲁连书。

殉难英雄独有君，敛尸送敌礼殷勤。感情不异彼兼我，吊炮声中泣两军。

弹丸雨注马奔驰，护妇怀孩免险危。面是夜叉心菩萨，记无日本好男儿。百尺崖攻战之际，有一艳妇逃而后，乞哀路左，又有乳母弃儿而走，我将校皆救护，送之敌境。

诸夏无君不若夷，谁知夷夏互推移。仲尼今日犹存在，的是乘桴浮海时。

丁汝昌乞降书中有华历文字①愤然有此作

三島中洲

古嘱斯文今不文，傲然自大事虚文。病根至死未除去，降服书中华历文。

西征铙歌二十首接前

石田东陵

巨舰长风海上驰，鹰扬意气倚刀时。天门未晓波光黑，太白高高北斗垂。

追胡万里入秦关，马革唯期裹尸还。横剑黄云迷雁塞，射雕白雪满燕山。

---

① 指丁汝昌降书中“请展限定于华历正月廿三日起”一句。

蕃军那得敌神兵，胜算无遗赖圣明。白马素车应有日，北京城是受降城。

安民令下政除苛，边土将闻击壤歌。只道德深真似海，春风无处不恩波。

车驾山阳亲统戎，赓扬圣德万方同。阴风朔雪羌蕃地，今在熙熙舜日中。

扶桑日照海门潮，覆载山川雨露饶。帷幄群臣总韩范，朔方诸将悉嫖姚。

一洗胡尘云物净，遐方正看敷仁政。崆峒山上更磨崖，须纪日东天子圣。

送元田少尉从军赴清国[1]

落合东郭

送相良生从军

横山黄木

拔剑高歌酒欲阑，有人誓拟缚楼兰。万里请缨多侠气，少年许国只忠肝。云低大漠胡天尽，雪压边城鞨鼓寒。举杯同赏东瀛月，来夕燕山横槊看。

送前野生从军

横山黄木

中夜闻鸡一笑呵，举杯自誓此山河。燧烽烟黑天狼灭，苜蓿秋肥胡马多。昨日将军赐征斧，如云猛士拥雕戈。生擒可汗亦容易，醉唱燕山敕勒歌。

苍莽风烟蛮貊通，乱山何处是居庸。三边杀气连玄菟，万里雄图

---

① 诗见第二部分《大纛余光》卷二。

烟蔽樊家台上天，一齐突贯陷中坚。临机作战开新例，从是兵书加一篇。

盖家屯对缸瓦寨，野阔山高白雪堆。竿折牙摧犹不悔，衰翁卷土又重来。

鱼雷深夜射潜虬，炮火轰然冲斗牛。威海卫兵齐解甲，降旗一片出樯头。

意气当年吞日星，重瞳运尽鬼燐青。刘公祠畔空残垒，身世我怜丁禹亭。

昨收旅顺今威海，黄渤重关归日东。赫赫国光耀禹域，幽燕天子哭途穷。

吊大寺将军

长谷川城山

钦君忠勇动乾坤，激战将身报至尊。薄暮青山寒月白，梅花残雪吊英魂。

赠立见少将

太郎馆耻亭

筹策不惭吴与孙，征南功业宁须论。大旗影闪虏魂悸，一剑光寒兵气轩。平壤风云鞭已着，海城冰雪指犹存。何唯截虎止啼比，称道东洋那破仑。

时 事

川井梅窗

代天诛暴吊黔黎，旅顺金州忽陷挤。半岛沙飞寒凛凛，连湾冰结气凄凄。旌旗映日千兵动，剑戟临风万马嘶。自此皇军向何地，直超渤海试银蹄。

秋闺怨

土屋琴坡

飘瞥年华又晚秋，天涯几度望书邮。霜砧捣断防寒布，冷剪裁成寄远裘。镜带晕昏尘漠漠，颜因愁疲夜悠悠。分明鸭绿江头梦，鞭马良人乱急流。

读野口宁斋词宗乙未岁朝书怀百二十韵以古体次之赋王师颂一篇

须知文孝

大有文明德，刚健以元亨。亚细旭日朗，宇内震雄声。国步何增进，天命代虚盈。风行千里疾，云密遽飘霙。授命业肃烈，金鞸响琮琤。谁以旧袍脱，荣似新衣萦。谦让渐既积，休征今方萌。悖义便夭折，顺仁应绍赓。彼哉谩遂非，不肯服周正。天子敕宣战，将军勒兵营。海战动龙威，陆斗震狮狞。王师最骁勇，国民举趯趯。鸷鹫搏燕雀，蜻蜓挫蚊虻。敌势皆鼠窃，不能敌天兵。社稷任盗臣，庙堂委聋盲。孽臣弄国柄，奸骄误指令。暴君施压制，污吏白昼行。将帅乏韬略，兵士欠忠诚。狼奔豕突勇，虎噬蛮食争。早忘同盟义，只务博功名。我兵轻一死，以身供牺牲。不决城下盟，争容媾和成。千军奋矫矫，万马骄彭彭。触火又入水，临死如接生。进击貔貅士，防御傀儡棚。胡垒拔来巧，敌情侦得精。黄海碎艨艟，水师何其狞。旅顺扼咽喉，辄自仆跛躄。鏖战陷牙平，长驱入满清。谋士案长策，文士慎笔耕。正直可以怀，邪曲可以征。犬羊枯声叫，豚彘烂舌鸣。战战伊独米，竞竞露佛英。威赫殆失术，阿瞒空误程。羡我祝大捷，慕我扬旭旌，勋归国粹诀，盍与庠序黉。连接报战胜，快于闻韶韺。万乘旨能称，黎首意自晴。佛国企革命，欧洲崄飓飚。乾坤遂扰所，日月为失明。同心骂假伪，戮力攘欃枪。干城髀肉瘦，虎贲面汗骍。构怨共怏怏，复仇互庚庚。战克奏凯歌，快极调筑筝。饮至列戚扬，舞蹈曷拟姪。冬冬革和柝，琅琅磬交钲。肃乎杀气销，蔼然和气横。过二九世纪，定六六争枰。尔来断轧轹，今尚保嘉平。野蛮仆基础，开明建栋甍。源源财势富，棱棱兵力砰。鸿业古今鸣，壮图天下轰。虎视争可抗，鸱张何敢振。独避三舍怯，英让数等惊。国威自鼎重，帝德于毛轻。蔑视张眦裂，阔步放訇訇。柱础既腐败，大厦殆铿鍧。豚奴溺鸦片，鳄鳞屠长鲸。蝼蚁集膻臊，苍蝇屯睛清。香饵轻易投，捕获重绝纮。利剑含蜂蜜，浚泞娠棘荆。制人在知几，卜雨应依柽。可恶彼虎狼，悲哉斯孤惸。二国甘刎颈，一朝诉弹抨。频年企窥窬，容易详候侦。游豚晒黑腹，劳鱼露赤赪。如牲俎上割，似鱼釜中烹。剑枪断辫发，鲜血衄冠缨。屈辱甘宗族，乞援赖外甥。何恃北京要，休夸满兵勍。流血赤河泽，伏尸蔽原坪。带甲咸股战，将帅亦眩瞠。天子走满州，紫宸为敌撄。穹庐尝心酸，行厨欠大羹。畏缩谁所似，哀喤宛稚猩。讲和依太弟，修好出帝兄。社稷复将倾，臣民救陷坑。众心几悾惚，只躯容坟茔。千钧辄难扛，一发谁得撑。杀伐气发金，大簇韵出笙。泛滥溢洪洪，蔓草秀菁菁。江南肆掠夺，金陵逞笞搒。革命为良货，王号附饥伧。兵多举胥靡，士或擢劓黥。叛将心减铁，贼魁胆压罂。满朝渐微弱，贼势愈胜赢。剽悍欺蛇豕，文弱齐嫈嫇。物皆有起伏，国岂无枯荣。南方殆颠覆，北部渐将倾。英岁寒君子，佛豫章女桢。博爱心煦煦，义侠志觥觥。金兰以相携，磁铁以相并。为他驱梼杌，布礼有大贞。由来博国誉，今尚喧品评。财产为国献，性命为君擎。我军持权衡，吾阵守墨绷。败绩遁虎口，血路迸狐麖。王师实仁义，仇敌尽私情。未借龙鳞扶，何须斩橘橙。奎运自天佑，圣明祥瑞呈。精兵伸铁钩，良将颁乳泓。英敏采微醺，谨严忌宿酲。朝餐屠铁壁，夕饮拔金城。朔北满冰雪，万里闪水晶。气慨冲九天，愤懑凌霄峥。组发断为衡，首馘搴为婴。堪嗤懵懵主，可怜蚩蚩氓。报德多以砝，酬仇曷须琼。将校咸木强，兵士总践更。军败甘俘虏，容款肯役平。向边皆顺民，到处是帝京。六龙疾出逆，大纛直入迎。敢与臣民谋，伏告神祇盟。香清白玉梅，调高金衣莺。瑞烟绕山阳，王化及鼲鼪。皇风特宣扬，德音大锵铿。重仁国安集，尊义肃公卿。平戎示国威，征远定八纮。正气凝为剑，神秀集为樱。富岳千秋雪，皓乎映蓬瀛。

（以上录自1894—1896年博文馆刊《日清战争实记》第二十二期）

饮马长城窟行[1]

向山黄村

送高杉君东一赴任支那金州

矢土锦山

意气将同横海鲲，扶摇九万卷乾坤。好斯块肉须珍重，中有英雄未死魂。

同　题

森槐南

鱼龙春浪泛晨光，照见高生鞍马装。貔虎三千聚威旅，英雄一半出防长。百年后死风云变，六尺遗孤名姓香。折赠梅花净冰雪，家门忠孝好传芳。君为东行先生嫡嗣，故云。

丁都护歌

高野竹隐

将军叱咤天晦蒙，精诚贯月气如虹。精卫不能敢驰骋，徒衔一木智何穷。雷辊电击蹉何及，惊波万丈海倒立。樯头夜黑汹呼号，万夫争命乌相集。临江节士死堪悲，魂遡东流冰裹尸。指我铃木少尉等。彼此惨淡天无色，东方将白白者旗。孤岛婴守旬日矣，元期舰碎人亡而后已。降表转为生灵谋，云吾事毕都护死。可有田横客穿隧，漫闻

---

① 诗见第一部分向山黄村。

鲁连书题矢。北洋从是无水师，赢得一死相终始。中堂失措持和战，朝廷含糊谁凭恃。会看素车白马出，洗兵玉蛛桥下水。吾歌都护歌，呜呼奈尔都护何。寡妻恸哭间殡敛，感激王师义气多。君不见士各为其主，望风奔窜真狐兔。亡命狡狯肯比数，无端棺剖尸值僇。吁嗟乎，丁都护。

奉寄怀家兄在旅顺屯营

大庭云心

扶桑日出拂祥烟，照到长城万里天。怜汝君臣眠不觉，梦中阅尽四千年。

铁马高嘶渡万山，任他飞雪拂刀环。敌兵防备真儿戏，蹴破居庸第一关。

社稷谁怜累卵危，谋臣何事见机迟。燕京天子蒙尘日，七十二沽花落时。

大队龙蛇我阵坚，辕门几日酒如泉。寒驼影没黄沙去，敌垒无人空暮烟。

大营咫尺簇艨艟，严岛波兼威海通。无复水师相奋斗，北洋旗色夕阳空。

碧血淋漓染战衣，一挥快剑破重围。归来唤酒边营夕，铁笛梅花趁月飞。

禹亭意气老来豪，仰见勋名一世高。豚犬军中快男子，笑将战骨葬鲸涛。

乱云带雪卷长空，铁甲寒穿半夜风。几处胡笳吹不断，二龙山上月如弓。

百里江山古镇台，山阳行在羽书催。乞降应有衣冠泪，闻说中堂逾海来。

与君须唱《大风歌》，剑气樽前可奈何。眼看累累丧家狗，连朝捕虏入京多。

哀提督

川北梅山

水师提督丁汝昌，身率万兵守北洋。大舰巨炮皆精制，威海更有天堑防。一战挫折虽曰命，成败之理悬在镜。临渴凿井见盗绹，驱逐生兵入陷阱。何况辎重备不完，因粮于民何酸辛。到处公然恣掠夺，人视兵士如仇怨。前徒倒戈血成海，日没天子岂无悔。哀哉一死代三军，毕竟取败果谁罪。君不闻文臣不爱钱武臣不惜死，武穆之言炳青史。

碧蹄馆

龟谷省轩

黑云四围平壤营，霹雳乱击山岳倾。旌旗无色鼓声死，诸将披靡婴京城。隆公慷慨胆如斗，直提孤军猛虎吼。长剑挥霍如疾风，碧蹄馆前万马走。君不见锐意立功李如松，痛苦彻晨忽敛锋。

蒙古来

龟谷省轩

吞赵宋，并高丽，一跃将折扶桑枝。斩使臣，挫凶焰，我有十万横磨剑。制角弓，造艨艟，彼若不来我往攻。果然蒙奴至，咆哮恣狼鸷，冯夷惊走鼋鼍避。防边将士悉勇趫，杀气冲天动猛飙，洪涛如灵山岳摇。戎舰摧，虏胆裂，海日曈眬妖氛绝。

丁将军歌

本田种竹

昔闻田横岛，五百壮士同伏刃。今见刘公岛，四千败卒降敌阵。统之者谁丁将军，腰佩黄金斗大印。古来天险称山东，如此江山拥雄镇。一朝天兵飞渡来，威海草木金鼓震。大炮小炮雷震轰，城壁亭障皆灰烬。经旬婴守弹丸地，退犹不能况复进。我兵知进不知退，由来鸿毛视生命。夜深月黑飞轻舸，一兵不语肃号令。铁锁半折沉寒沙，何物礌礌水底进。神机炸发火齐珠，跳踔凌厉天地震。但见坚舰如石砉然裂，山崩海立腾潮汛。天明城上出降幡，使者投函致款信。彤弧已泣通书谊，白马终呈喋血盟。此事似怯实不怯，捐躯直将代万姓。枪残弹竭其如何，幸免不敢愿私徇。一死报国而已矣，正襟从容遂自尽。呜咽百尺崖前流，三军恸哭送灵榇。噫戏四百余州四亿众，独有将军体忠荩。史上褒贬当待谁，落落燕齐古侠行。刘公丁公自千秋，其人其地相朗映。左望检关途，风沙厉以迅。右顾辽东云，落日一何晙。太息华表千年鹤来归，更无人唱丁令威。

雪晓偶成

野口宁斋

谁将六出花，昨夜人间种。枯木春亦回，莺舌时一哢。竹意仍凄寒，松姿自傲纵。冰柱垂垂危，冻渐瀌瀌壅。马耳无青山，鸱尾失画栋。呼杯一长啸，陋妆贫士巷。忽想朔北师，风尘长鸿洞。高高天子旌，翩下朝阳凤。惩彼封豕骄，救此黍离痛。六军惟一心，一剑日磨砻。天马势行空，中路不可控。雪窖冰天中，东风暖相送。恍然顺天府，受降仪礼重。素车城下迎，白马徐揽鞚。佥名谢道清，不用临风恸。作表老谯周，厚颜尚宾从。其余累累者，圣意全活众。仰瞻扶桑暾，九州永朝贡。黄龙何处逃，旗旐白无缝。普率额手庆，今见祯符降。一风旋复回，匝地云瞢瞢。纷如杨花飞，飒似落叶共。咫尺樱田门，死士惊驺哄。刀光粲陆离，杀声殷雷哄。刺相怜聂政，和戎说魏绛。茫茫四十年，恩仇空一梦。道是三月三，桃叶和雪冻。一花潮嫩红，偶似酒微中。

送人从军之清国

山口秋鹤

男儿岂可老蓬蒿，百战不辞汗马劳。月落辕门晨听角，篝寒斗帐夜看刀。千山大雪辽阳路，万里长风渤海涛。手斩楼兰应有日，棱棱侠气压人高。

送松井柏轩从军①

柳井絅斋

即兴十首寄饭田少尉在清国节二

平山漱石

斜阳饮马长城窟，半夜衔枚辽海涛。臣节只当期毙已，皇恩若许拜荣褒。鼓声撼地西风怒，剑气冲天北斗高。人在昌龄诗句里，黄沙百战见余豪。

旷野苍莽白日颓，朔天云物入悲哉。沙场漫曝封侯骨，廊庙终空公辅才。万里阴霾连雁塞，满天杀气锁燕台。可怜李老胆先落，只手倒澜难挽回。

书　感

铃木仙坡

貔貅渡海气吞清，老大如何髀肉生。空蓄龙光无所用，画中一剑暗为明。

送平守时君赴广岛引略②

西村天囚

---

① 诗见第二部分《大纛余光》卷六。

② 诗见第一部分西村时彦，题作《送平守时君诣广岛行营贺捷诗并引》。

闻丁汝昌死诗赋似牛道台

炮兵大尉石井忠利

陆路援兵不可求，孤岛婴守有谁救。船没人尽毙后已，炮声雷鸣梦悠悠。独怜六千生灵惨，将军胸宇万感浮。勇意赍书投我阵，答书宽厚亦一愁。恩仇交感肠寸断，杀身为仁第一筹。遂留遗书画后事，一宵断然他界游。呜呼社稷存亡此时急，将军心性不堪秋。我恰参事察实状，深怜孤忠感泪流。武人原是同情士，一诗聊为将军酬。

闻威海卫战捷喜赋

高桥午山

浩淼波涛六百程，艨艟巍峨蔽海行。非英非鲁又非独，堂堂神州王者兵。行柁自在如使指，直从渤海入荣城。陆海一齐整队进，旌旗相映旭日明。一团元气所磅礴，只知有死不知生。谁道百尺崖酷高，我军攀之砥途平。谁道刘公岛最险，我兵踏之地盘倾。拔五垒兮陷十垒，地雷劈地山岳轰。沉五舰兮获十舰，水雷卷水海若惊。虏尸累累陆又海，徒肥饿狗与饥鲸。可悯北洋丁提督，一死抛身供牺牲。战罢直入敌营中，满天星斗夜三更。营中有酒斟其酒，营中有羹啜其羹。醉来蹶起高歌舞，紫光陆离剑有声。寄语山东十八州，谁也一战来抗衡。好扼咽喉在吾手，明朝长驱冲北京。

吊丁汝昌

村上鸿南

巾帼军中一丈夫，从容守义遂捐躯。钦君公战辞私赠，惭杀晋时羊陆徒。

送大桥草轩从军二首

松林黄山

豪气已吞渤海云，期君异城策殊勋。功名毕竟惭人后，生缚贼魁献将军。

朔风凛冽惨于兵，万里悬军从远征。须蹴摩天峰顶雪，长驱直逼沈阳城。

牡丹台露营

陆军少将立见尚文

素是清将赵括流，漫持平壤不知谋。万雷忽过夜凄寂，月白牡丹台上秋。

九连城攻击途上

立见尚文

潜潜弹雨硝烟间，跃马一鞭过虎山。九连城畔暮云暗，悯察清将今那颜。

凤凰城中偶作

立见尚文

高丽之山鸭绿流，悬军长驱入满州。寒夜月明意自洁，凤凰城里断奇筹。

樊家台战斗

立见尚文

雪满山巅寒最强，几千将士气更刚。樊家台上战方炽，一剑麾攸毙犬羊。

凤凰城中偶作二首

立见尚文

胡雪霏霏侵革衣，朔风凛照纵寒威。退守进攻皆有范，闲休人马待时机。

留守风城四阅月，每闻捷报剑空鸣。难忍功名争竞念，梦魂一夜屠清京。

赏友安大佐所爱之梅花并述所感

立见尚文

同心戮力几回战，攻击何难沈与辽。功名莫意命令重，闲赏梅花倾瓠瓢。

征清阵中所感

立见尚文

小少才修六韬略，曾愆顺逆抗王师。皇上圣明不问罪，报恩雪辱在斯时。

偶　成

秋山大尉

数屠胡首血犹红，博得盛京第一功。半夜荒鸡破残梦，无情宝剑老英雄。

依田学海翁曾有支那《灭耶灭谣》五章，字句飞动音节极妙玩读数四不堪技痒今依灭耶灭三字获威海卫灭耶灭短古五首

中村秀太郎

名严威海卫，当此我所悦。陷落报一臻，清廷惊欲咽。国家祝大

捷，宇内仰壮烈。渤海关门失两扉，威海之名灭耶灭。

地险威海卫，当此我所悦。天险加人工，要害称只绝。一逢鬼将军，乾坤忽摧裂。可怜孤城噪雀鸦，威海之地灭耶灭。

兵重威海卫，当此我所悦。嗤彼豚尾郎，争敌人中杰。内心太怯懦，外面装威烈。马上将军叱一番，威海之兵灭耶灭。

炮大威海卫，当此我所悦。响如百雷轰，势似长堤决。红暾射黄龙，紫电愕巨鳌。奇兵突贯渠顿逃，威海之炮灭耶灭。

舰坚威海卫，当此我所悦。炼兵三十年，勇猛可断铁。湾内彼潜久，敌将胆先裂。定远来远两粉齑，威海之舰灭耶灭。

（以上录自1894—1896年博文馆刊《日清战争实记》第二十三期）

读战报次东坡正月廿日诗韵二首[1]

秋月天放

征清之役我军连战连捷快不可言赋之[2]

秋月天放

又次北条鸥所韵三首录一

秋月天放

遥忆王师度漠沙，定军山下骇胡鸦。烛凝闺泪随砧响，月照边霜拂剑花。苏武西来不持节，张骞东使忽回槎。可怜垂死少筌老，一木难支大厦斜。

---

① 诗见第一部分秋月天放。

② 诗见第三部分《日清战争实记》第二十一期。

外征杂记续篇

福原周峰

突击蕃军转斗来，暮云黯澹断鸿哀。黄榆白草照阴火，绝塞空营吹劫灰。

屠城战血蔑征袍，移帐边尘拭佩刀。手斫彘肩开夜宴，革囊乳酿劝葡萄。

乌合胡兵屡袭来，宋庆依克敌渠魁。出城奋击奚能抗，呐喊王师奏捷回。

雪扑毳衣冰结须，严冬护塞列前驱。夜深候骑传新警，又向辽阳逐鞑奴。

鏖战长驱大漠兵，胡儿白骨填边城。不须河畔冰开日，直突天津入北京。以上五首，系盛京省纪事。

膺惩此役大规模，骄虏难逃斧钺诛。万迭层波等平地，戈船蔽海运雄图。

荣城县是古东齐，龙睡湾深海气迷。此处吾兵曾上岸，至今警语止儿啼。明嘉靖中，吾边民寇山东云。

拔城陷阵直长驱，席卷中原归版图。岂止支那州四百，日东威武溢寰区。

淋漓战血祭军神，摧破海城当要津。敌舰岛阴排列处，水雷一击化烟尘。

以夷变夏昔闻之，蛮族今看化汉儿。开府山东复王政，禹汤文武想当时。以上五首，系山东省纪事。

岁暮行[①]

高野竹隐

---

① 诗见第二部分《大纛余光》卷三。

苦寒行①

高野竹隐

拟　古②

高野竹隐

金州营中杂吟

早川峡南

列戟森森气象豪，旌旗乱飐阵云高。伏尸狼藉填空壑，鲜血淋漓洒战袍。人散城边风凛烈，营荒野外月萧骚。宵深反侧难成梦，起剔残灯读《六韬》。

普兰店途上

早川峡南

北风猎猎动高旌，战迹万条取次迎。千灶人饿皆槁瘠，万家烟断似清明。塞云陇水绕原野，白草寒沙接塞城。一路黄昏驱马去，唯看泽雁趁吾鸣。

大寺少将

冈本随轩

眼中无敌蹴尸过，战略原兼胆力多。一死千秋崖百尺，伟勋标碣共嵯峨。

---

① 诗见第二部分《大纛余光》卷三。

② 诗见第二部分《征清诗集》卷上。

八重山舰决死队

冈本随轩

七士同心即一人，忠诚岂是念完身。舵楼啸月千层浪，勇敢唯应照万春。

水雷艇队

冈本随轩

暗夜冲涛入敌军，危机一发死生分。水雷轰辐沉峨舰，奇捷长传旷古勋。

赠内田中尉并引

冈本随轩

筑后人中尉内田二郎氏，令弟军曹三郎氏，从第一军，成欢役以来，交树殊勋。虎山之一战，三郎氏奋斗，终倒其职，死固所期；中卫则把其头骨一片入帽中，他日陷北京之时，欲慰其忠魂，友情可想矣。

孝子忠臣在鲤庭，弟兄雄猛是宁馨。多年联萼欣棠棣，今日孤飞羡鹡鸰。敌队皆惊风里影，吾军亦讶雾中形。帽藏头骨空千古，美事宜为友悌铭。

乙未三月十四日丁野丹山翁过访雪中对酌有感

冈本随轩

天公掷下水晶盐，平地须臾敷素缣。模糊难辨鹭鹚影，琪花玉树环茅檐。晚间偶有同调客，诗酒对床谈逾剧。古今兴亡如目睹，春雪照彻两心赤。蹂躏牛庄营口来，咄嗟攻取田庄台。苦寒不顾皮肉死，我军气势何壮哉。活火红炉煎绿茗，万籁无声夜清回。坡老白战聚星堂，不持寸铁穿溟滓。

读青厓山人手柬有作寄意

高云外

饭多沙砾旅衣单，海外从军眠不安。始信功名难领略，古来豪杰忍饥寒。

三月廿五日偶成予此日初度

野口宁斋

一啸书楼晓，东风满帝城。春先三日丽，阴历二月二十九日。人后百花生。斫地王郎舞，忧天杞国情。朅来飞雁急，对酒气难平。

霜关风肃肃，玄海水浪浪。转战干戈苦，折冲尊俎忙。保安何所警，御侮或传狂。昨夜观星象，旄头微有芒。

三月廿八日追怀金古筠有作①

野口宁斋

闻清军连败赋此

大桃岚汭

既失盛京半，燕都日渐危。祝三身已老，坤一策无奇。万里城空在，千军力已疲。又传山左败，天子欲何之。

送斋藤大尉从军

福井学圃

铁骑三春路，戎衣万里舟。丈夫怀壮志，征阵有奇谋。旭旆顺天府，东风遵化州。挺身期报国，正是立功秋。

---

① 诗见第二部分《大纛余光》卷六。

时事有感

田中枕琴

万里长征水陆军，貔貅职拟策殊勋。痕留麟血思酬国，身捧丹心欲献君。髯檠洪荒凛星斗，旌旗绝漠惨风云。凯歌齐入北京日，百鸟和鸣花气熏。

川原冥漠暮云横，杀气凄然压盛京。玄菟城荒鹰眼锐，白龙碛旷雁声惊。风寒蓟北晨调马，月黑辽阳夜进兵。鸦鹘蟠蠓悉降服，捷书直到大行营。

燕京行

吉田历园

燕京城楼彩砖高，午门昼锁鸱枭号。自古庙廊陈陋器，俱谋私计漫嚣嚣。关东千里祖业地，谁邀边功辟危事。测海负山蠡蚊徒，燕巢灶突错处置。垂白阿母说酸辛，傍有蹇蹇大叔亲。欲缀弊衣补衮黻，西宫帘内召老臣。正旗镶旗无统制，大白小白今何逝。碧眼狡儿逞揶揄，纳币遂仿赵家例。君不见神人捧持邪马台，天日忽照昏雾开。可怜合肥古稀翁，重掩涕泪渡海来。

新春感时事作

市毛晦轩

甘雨惠风和气熏，荒陲草木亦欣欣。入春先喜西戎服，东向讴歌徯我君。

红梅绽处鸟声圆，无限春光满四边。乘兴休催花下宴，征人雪里枕戈眠。

瞢腾谁复醉春风，当想远征劳战攻。圣主亲裁军国事，翠华尚驻广陵宫。

寄佐藤丈一郎在旅顺口

栅瀬北江

君与余有宿交，其应招从军也，慨然自期必死，预嘱后事于余。旅顺威海转斗千里，而身益健，气益豪，亦可谓壮矣。

唾手功名机可乘，满天鼓角阵云崩。三军呐喊山河裂，万里驰驱胆气增。边雪磨刀染鲜血，朔风鞭马破坚冰。想君横卧辕门下，毡帐梦寒篝火凝。

（以上录自1894—1896年博文馆刊《日清战争实记》第二十四期）

送须永犊斋游朝鲜

福井学圃

逸气棱棱侠骨奇，胸中水鉴析群疑。十年衣食扶孤客，八道烟霞趁夙期。星使牛刀割难日，故人鹏翼负天时。长风波浪云帆健，咫尺箕邦一剑随。

莽莽风云奈式微，善邻扶弱仰皇威。黄巾白马方歼灭，怨李恩牛孰是非。千里山河新日月，中兴社稷有光辉。知君满腹经纶策，说与故人先见几。

闻清国李爵相为媾和使来下关有此作①

依田学海

三月廿八日追怀金古筠有作②

野口宁斋

① 诗见第二部分《大纛余光》卷一。

② 诗见第二部分《大纛余光》卷六。

拟　古

石田东陵

胡地多厉风，漠漠烟尘黑。百鸟喑不鸣，边日惨无色。去年玄菟南，今年白狼北。军声振八荒，王师行讨贼。遄征日遥迈，归期不可必。岂不思故乡，顾身深自克。靡盬奉王事，推心申微力。昨夜穹庐梦，忽在阿母侧。抚我相见欣，梦觉心恻恻。时有尺素书，远道传绝域。长跪拆素书，一读激胸臆。上言忘室家，下言尽君国。

时事八首[①]

广田澹洲

艰难国步有谁支，使命果知无可辞。临别君臣悄相顾，北京宫阙夜深时。

经纶才略有雄名，何事终看国运倾。白发怜他余意气，星槎万里到东瀛。

乘他轿子倩人抬，老大形躯何壮哉。不怪雄名鸣一世，儿童亦唱李爷来。

老使敌邦何所期，故人当路事堪悲。春帆楼上相逢处，不是殷勤话旧时。

大义出师捷报频，敌人屈膝请和亲。何图此际凶儿在，白日街头伤使臣。

老清死命手中存，割土偿金何足论。订得两军休战约，日东天子有殊恩。

牛庄城又田庄台，千里辽东野色开。为见王师经过地，劳他父老赍粮来。

台湾咫尺接琉球，形势唯当域内收。此际军机何处好，风云先动

---

① 原作十首，缺二。

澎湖洲。

秋兴八首用杜甫原韵

长田积水

西天决眦望鸡林，莽莽乾坤万象森。黄海鱼龙吹毒雾，白山魍魉哭秋阴。电音连报边城警，剑气坐催男子心。今夜长安明月冷，数声何处捣寒砧。

箕子山川夕日斜，四边烽火警京华。鼎钟轻似翻风叶，社稷危于漂海槎。霜紧长沙嘶铁马，云连绝漠急芦笳。奈何贪虎姿吞噬，八道鸡林血染花。

神州皇武若朝晖，万里胡天烽影微。睥睨风云龙气动，号呼草泽凤书飞。出师西域名尤正，握霸东洋志岂违。黑水白山须席卷，吾兵髀肉久叹肥。

刘兴嬴蹶一枰棋，王气千年转可悲。汉代衣冠黄草里，胡家天子蒙尘时。窥疆狼族磨牙急，阖国豚奴着眼迟。百二山河空破碎，寒烟落日若为思。

形胜居然控海山，鲤城高耸泬寥间。运筹丞相参帷幄，振武将军压塞关。蓬岛紫云翻霓纛，扶桑红旭映天颜。六师奋起忠君志，麟阁功名思上班。

万丈狂波拍岸头，高楼置酒气横秋。海天寥廓盘雕疾，塞漠莽苍宾雁愁。伯乐长捐千里马，范蠡早逐五湖鸥。无端慷慨拔刀起，魂往茫茫古满州。

蓬发男儿未奏功，半生空卧故山中。枭声夜叫荒村雨，龙气秋腥绝壑风。岁月消磨灯焰黑，裘衣零落泪痕红。菲才愧我非廊庙，一饭思君怜杜翁。

蓬瀛山色碧逶迤，云涌龙池水满陂。蛮贡征祥鹤八只，秋光独秀菊千枝。蠲租苏北君恩洽，开厅安东皇化移。烂烂锦旗悬日月，天长地久万年垂。

送人从军之清国

长田积水

戎装含笑出门行，剑气冲天意气横。马革一朝期裹骨，铜标千岁勒勋名。星低瀛海光芒大，霜压汉关秋色清。知尔征途三万里，风云叱咤指蛮京。

时　事

长田积水

王师名义正，惩暴在善邻。降者与俘者，抚纳施恩仁。和战浑有礼，国威四海新。敌邦兵气尽，聘使请和亲。狂儿胡为者，一朝伤外臣。短铳一声响，耸动万国人。堂堂文明国，有斯不逞民。天子恼宸虑，亿兆双眉颦。或恐媾和际，吾意动因循。庙廊自有士，画策固绝伦。岂为一狂儿，辩论过国钧。

征清军歌节录

关场雨轩

黄　海

黄海摧坚舰，赤壁笑周郎。伟勋古未有，爀耀我武扬。维明治甲午九月十六日，天清风死波澜阔。我舰与敌各十余，纵军梯阵角死活。雷轰电挥，骨碎肉飞。西京舵坏能冲敌，赤城樯折犹脱围。操纵迅速有胜算，乘间奋击敌阵乱。四舰击碎三舰焚，败残又见远逃窜。收军归来夕阳残，凯歌起处海淼漫。敌舰不复出渤海，独有鹏翼自在抟。

旅顺口

王师十万入辽东，所至草木偃威风。大连湾溃金城破，才是半日费力攻。独有旅顺恃天险，铁壁况复夺天工。攻围谋定军令肃，东山待月度溪谷。白烟迸处战将酣，万雷轰时挫坤轴。我兵知死不知生，呐喊肉薄先登营。椅子山垒既陷落，背后连壁旭旗明。威海卫，旅顺口，渤海咽喉徒自负。主将怯懦先遁亡，天险利器归我有。呜呼利器何足需，运用无人有若无。呜呼天险何足恃，守御无人如坦途。

威海卫

渤海海门存半扉，赐第二军敕语有半扉之句。犹恃险阨张余威。铁锁百联绝海口，峨舰相拥坚垒围。神兵飞渡山东角，海陆夹攻多韬略。山背蹈雪进步骑，巨舰冲波舻接舳。百尺崖陷威海卫不支，海山月落雷艇窥。铁鱼倏跃蹴风浪，水烟迸处舰影欹。君不见丁提督独守孤岛，苦战十日不屈挠。一死元期报国恩，船没人尽吾事了。“船没人尽”四字，用丁汝昌乞降书中语。岂忍徒丧兵五千，来降乞命致兵船。颓势难支非汝罪，西向仰药真可怜。又不见我伊东中将哀彼死，一舰护柩归桑梓。深仁唯使泣敌军，英武扑灭北洋舰队来矣。不使涅儿逊独擅美名，功烈永照海战史。

赠佐久间将军

阿部奚疑

咄咄何堪髀肉生，六旬屯驻艺南营。一朝忽卷风云起，百尺崖头勒令名。

鹏程万里驾长风，转瞬之间奏伟功。行行若吊孔丘庙，为谢鲁邹移日东。

赠福岛艇长

阿部奚疑

电灯照水满湾红，蓦地冲波为夜攻。鱼雷一发沉雄舰，鼾睡弹丸雨注中。

偶　感

阿部奚疑

旌旗肃肃气桓桓，飙击晓过威海关。不怪皇军无敌手，牙山一败虏胆寒。

壮哉东北健男儿，叱咤风云是此期。艨艟落手十三只，威海镇门摧破时。

赠山地中将

阿部奚疑

日出之邦灵秀钟，鸿毛一死古来宗。牙旗指处无遗策，绝代功勋达九重。

朔北风云阴几重，辽东早已入新封。将军意气吞胡羯，笑杀当年独眼龙。

次佐藤大佐韵

阿部奚疑

正是男儿报国秋，长驱万里道途悠。羯狗胡虏何为者，铁马将军吞九州。

万里西征夏又秋，朔风卷雪路悠悠。将军向处前无敌，铁马蹍过古满州。

奉吊有栖川大将宫

阿部奚疑

一自兵氛蔽满洲，艺南扈驾不曾休。懿亲夙荷干城任，忠爱常存邦国忧。金鵄勋章功二级，幕营筹策迹千秋。将星半夜军中坠，奈此圣明宸悼愁。

（以上录自1894—1896年博文馆刊《日清战争实记》第二十五期）

女婿毛利军医寄缸瓦塞战捷诗次韵酬之

川北梅山

吾兵百练悉精英，一时呐喊斫敌营。伤者累累僵地上，半死半生转双睛。尸体如山血漂杵，万马蹴雪疾风生。垒上不见黄龙影，赫赫放光旭日旌。

寄怀槐南先生在广岛次留别诗韵

野口宁斋

密云黯惨几时开，城下盟修便举杯。书秘石渠残旧阁，瓦全铜雀有荒台。谁寻织女机中石，吊到昆明劫后灰。便说乘风千里兴，艺州西去莽涛堆。

寄怀国分子美在满洲

野口宁斋

觱篥声中霁色开，想君诗就又衔杯。梦醒求友空闻鸟，客久望夫何处台。旧域径当删禹贡，逸书谁似拾秦灰。春风吹满安东县，尚是千山雪一堆。

赠森槐南在大本营

金井秋苹

传家衣钵世人瞻，三李堂椽几尺添。今日骚坛推木铎，当年才笔赋香奁。广陵扈驿听潮信，秘阁抽毫报晓签。佳句能令公喜怒，参军赢得有森髯。

征西曲十二首

胜浦銮斋

东瀛秋气清，天兵入异域。震动禹山河，扶持李社稷。我皇赫斯怒，八道咸苏息。

八道咸苏息，欢迎见壶箪。袁郎邻谊冷，李相旧盟寒。非敢弄凶器，但计东洋安。

但计东洋安，岂日逞剿击。舰摧黄海涛，兵溃鸭绿壁。堂堂仁义师,胡虏何得敌。

胡虏何得敌,举邦赞出师。议会不吝费,国民皆献赀。负荆应不远,三军悉熊罴。

三军悉熊罴,帷幄运筹熟。突击如摧枯,长驱似破竹。一兵不掠抢,将军军令肃。

将军军令肃,俘虏沾天恩。盘洁食有肉,药良疮无痕。咄渠何悖戾,悬金募我元。

悬金募我元,残暴极硕大。进旆观威灵,出师征狡狯。名正将士忠,我武扬中外。

我武扬中外,功伟万□望。彼致亢龙悔,我招征鸟祥。维新三十载,皇猷何其昌。

皇猷何其昌,捷报海陆至。昭运难再遭,盛时得偶值。国威被八纮,举觥须一醉。

举觥须一醉,卒伍尚申威。捐生不放笛,冒死敢排扉。六军吏加餐,满州风土非。

满州风土非,堪想征途苦。卷沙铁岛风,漂轴金州雨。昨夜羽书来,古辽镇开府。

古辽镇开府,怀抚蚩蚩氓。示章三章法,成仁九伐兵。大纛旭光朗,东瀛秋气清。

纪时事

福井学圃

膺惩大义日星明,辽海燕山草木惊。庙算百年期荡寇,皇恩三省且休兵。金缯此际非修贡,樽俎之间合效诚。铜柱炎天铭未勒,征南诸将气纵横。

威海卫

亀山节宇

威海湾头我武扬，几樯敌舰失旗光。堪怜降伏丁提督，一死犹赢男子肠。

水雷艇

亀山节宇

水雷舰队不期生，月落潮高出没行。敌舰当前影仿佛，一机命中泰山倾。

丁提督

亀山节宇

一片白旗丁叟情，为兵为国掷其生。遗骸载过芝罘海，仁义吾军礼炮声。

归南短古七章节一①

宇田沧溟

西征杂咏

岛田湖洲

其　一

百万胡兵卷甲趋，蓟门重镇眼中无。辽阳草木沾鸿泽，渤海风云入壮图。未闻敌将殉宗社，行见王师入旧都。东洋大计运筹熟，知我皇威震八区。

---

①　诗见第二部分《大纛余光》卷二。

其　二

十万貔貅拥旆旌，鱼丽阵接塞云平。阴山飞将一鞭走，铁岭哨兵深夜行。海上波涛翻巨舰，天边勋伐压长城。诸公建业今如此，整顿乾坤答圣明。第二成句。

其　三

雷霆一击剪吞航，地裂山崩势莫当。威海湾头波澎湃，刘公岛畔月凄凉。可怜君相俱庸劣，所恃金汤亦坠亡。独有汝昌能殉节，忠魂毅魄万冰霜。

其　四

韮粉北洋坚舰无，长驱只合陷幽都。山河万里鼓声急，满汉八旗兵势孤。选士和衷扶庙算，率滨踊跃献军需。太平良策且休问，当有天人翊圣谟。

春闺怨

伊藤柳洲

戎马年期犹未平，关山万里忆长征。中宵帘幕冷如水，月落梅花笛一声。

胡奴顽钝未鞬弓，万里征人兵马中。欲寄春衣针线涩，不知何处是辽东。

埃宫怀古①

岸泽启秀

寒夜吟

凤凰城民政长官工兵少佐仓辻明俊

关山远，边月高。少妇晓啼梦，征人夜磨刀。借问黑龙依将军，

① 诗见第二部分《大纛余光》卷六。

干否血泪旧战袍。自注：一面山之役，依将军阵亡，其侄及孙某逃入辽阳，通宵放声恸哭，自是依将军兵气遂不振云。

未得出征命有感

陆军军医古川周二

髀肉徒肥一念违，何时战血洒征衣。谁怜夜夜阵中梦，独向北京城畔飞。

吊桦山中尉阵亡

高桥骑兵中尉

马革平生志，青山土一抔。招魂海城夕，入梦大同秋。往事与谁语，国恩今日酬。但哀中道止，未见破燕州。分袂箕城夕，终为永诀吟。黄沙留碧血，白雪印丹心。壮志谁相问，英魂不可寻。遗篇今在此，三复泪沾襟。

从军杂咏节录

森贞吉

冰河送去雪山迎，其奈前途万难横。自耐酸辛肠铁石，鸿毛报国一身轻。

跋山涉水几苦辛，露宿星行忘此身。风力如刀堪不得，恐他冻死负君亲。

锦州地接辽东湾，湾上咽喉是海关。万里长城果何用，天兵飞渡凯歌还。

炮声轰海骇蛟鼍，鏖战一番伤杀多。平原千里辽东雪，现出尸山兼血河。

神州威武万邦惊，虚喝何忧英露盟。偏迟辽湾冰解日，艨艟载我向燕京。

自属王师事远征，枕戈荷铳岁星更。阵中几月废汤沐，不怪满身虮虱生。

朔吹萧条孤雁鸣，雪华满地月痕清。温容亲拜宵宵梦，慰得天涯离别情。

征清杂诗节录

渡边华洲

出师使彼胆先寒，唱义由来在救韩。恰好战场名实适，凯歌沸处是成欢。

鸡林绎骚羽书驰，凭仗神州仁义师。斫破豚军何快绝，牙山牙垒夺牙旗。

驻跸鲤城宣大猷，仰瞻龙德与天侔。戡清岂啻呈嘉瑞，一跃登门卷五洲。

平壤城中感慨多，狡童何者破平和。秋风箕子台边路，日暮行吟麦秀歌。

不说鸡林道路艰，一鞭直突战尘间。据鞍顾眄示余勇，立马最高星□山。

豪气堂堂凌敌邦，将军传令试冲撞。深宵立马望胡垒，边月光寒鸭绿江。

堂堂入境是天兵，满目山河杀气横。奋进环攻真快绝，一呼击碎九连城。

绝域悬军酒正酣，良宵月白雁翔南。也知横槊衔杯际，想到当年不识庵[①]。

敌忾之心众庶同，临时国会表丹衷。军资一亿五千万，议决欢呼拍手中。

天长地久气含春，叆叇祥云绕紫宸。想见三军殊域外，凤凰城里祝佳辰。

---

① 上杉谦信斋号“不识庵”。

两军炮响万雷轰，惨憺硝烟压虏营。快认王师全胜状，黄金山上旭旗明。

淋漓鲜血滴鞍头，救护将军鞭紫骝。殿战有功曾不伐，孟之反后独其俦。

万里长征奏伟勋，用兵之妙叱风云。皇家若比汉家士，独眼龙真飞将军。

白雪霏霏扑战袍，将军跃马气雄豪。纵横奋击追胡虏，朔漠光寒日本刀。

孚侧闻皇上深虑远征苦寒废大本营暖炉其仁与醍醐帝均感泣之余恭赋此云

渡边华洲

远征军旅恼宸襟，奈此岁寒冰雪深。圣德后先其揆一，撤炉心是脱衣心。

（以上录自 1894—1896 年博文馆刊《日清战争实记》第二十六期）

明治二十八年三月平安神宫构造全成十五日奉安桓武帝灵位时征清之师海陆大捷振古未有之伟勋千载一时之盛典恰同其时诚是幽显齐欢人神同抃恭赋小诗以纪盛事[①]

小野湖山

送白岩通译官从军赴北地[②]

田边碧堂

①② 诗见第二部分《大纛余光》卷四。

联队旗歌送某联队旗手高桥少尉从军[①]

野口宁斋

访　山

第二军参谋长陆军少将井上光

战声既绝白鸦飞，一带长沙来往稀。马上访朋苏家屯，晚风归路拂征衣。

除　夜

第二军参谋长陆军少将井上光

悬军直入金州城，长驱又臻旅顺营。二十七年看欲尽，燕京从是几行程。

元　旦

第二军参谋长陆军少将井上光

戎衣阅年未成功，且敛军锋气更雄。皇化及民春一月，日章旗扬海州风。

拜太平神祠作

岩谷古梅

金碧光含瑞气多，太平神殿照山阿。千秋赫赫仰威德，万国熙熙庆协和。渤海风收静波浪，辽阳春暖息干戈。半天谡谡鸣松籁，似听皇军奏凯歌。

---

① 诗见第二部分《大纛余光》卷一。

澎湖岛

横田竹泉

渔翁遁走马公咙，圆顶似僧泥首降。地下成功应抃舞，故丘新属阿娘邦。

鞍山站

横田竹泉

欲传停战布深仁，白旆央央吹角频。清将冥顽不知礼，漫教兵勇射行人。

题自画富岳

菅原白龙

夜阅新闻第二回，我军已破牡丹台。老翁心胆不堪快，写出芙蓉晓色开。

攀山县大尉瑶韵

藤谷紫澜

铁马嘶风新战场，韩山横槊赋重阳。坚冰将到知思警，既履平安道上霜。

太平山进击马上得一诗

早川峡南

极目平原指顾间，纵横雪路往如还。先锋夕发飞云塞，猛士朝过青石关。战马蹴冰铁蹄热，戎衣拭剑血痕斑。行尽骑车绎骚里，一鞭直向太平山。

柳城吟社清集分韵赠屈山

土居香国

蓬莱岛北金城南，娜冶楼台惊坐谈。代议名士屈山子，会散归来春酣酣。莺声得意奏鼓吹，桃花杏花香醾醃。战克和成国之庆，胜军美酒螺甲涵。胜军，酒名。东亚新加新版籍，渤海台湾供奇探。寰宇照遍旆上日，百年庙算君所参。

次　韵

小室屈山

敢道鹏翼期图南，代议院中空论谈。归来柳城正春兴，吟社才俊诗酒酣。高楼赴约月之夕，钩帘花风送醾醃。振古勋业伏敌国，凯旋诗就毫尖涵。平生葵藿抱寸志，百年后图须讨探。伏惟皇猷甚远大，迂拙如我何以参。

休战中之作

豫备辎重兵某

朔风凛冽柳杨鸣，二月辽东未听莺。旅顺城边三尺雪，何时轻骑入燕京。

草河口

渡边华洲

云惨淡，埋旷野。鸟不飞，日将堕。炮雷轰，驱万马，胡军袭来烈于火。号令严，守备完。邀击有法战方阑，将军指挥最可观。伏尸纵横鲜血迸，茫茫白草涂朱丹。雪纷纷，风凛凛。肌龟裂，口冻噤。胡军远望忽惊奔，军营篝火万丈焰。

从军行

平松小霭

北征何处问前程，万里秋风旅雁鸣。立马摩天岭头险，白云望断奉天城。

胡虏遁逃一扫空，天兵所向靡威风。夕阳驻马义州路，平壤高城落眼中。

秋高霜气满军营，遥听浏亮胡角声。陷落燕京亦容易，一鞭已度九连城。

战云漠漠夜将央，仗剑辕门望雁行。铁马高嘶城上月，胡笳声冷一天霜。

饯大尉大村杨城君从军①

猪木熊山

东风二月杏花初，几度西征接捷书。今日送君真快事，一樽醉里笑谈余。

① 组诗前有藤泽南岳序云："横槊赋诗，士人常言，而亦难多获而已。杨城大村君，尾州人，以大尉在大阪镇台，而性嗜文雅，公暇则吟啸自遣，与优游吟社诸友交者久矣。客岁清人渝盟，六师征之。既陷旅顺，破威海，乃更进大旆，将有所直冲也，大阪兵士于是乎〇。实明治乙未〇月也。君亦将以〇〇日〇，先发三日，吟社诸友会于养新园以饯也，余亦与焉。园则逸身氏别业，梅芳苔色，池鱼林鸟，以劝杯酒，乃快饮高谈，意气奋然。君顾谓曰：'欲袖古今歌集一卷，如何。'志气可谓美矣。且此役也，连战连胜，成功可在近。然而战者死地，非锐于进急于成者所能辨也。夫唯胸宇不迫，神气旺盛，而后能制胜。故祭遵以雅歌投壶称，韦睿以竹如意博名，亦可为君之伍而已。诸友于是分韵赋诗。熊山、竹里先成，湖山翁激赏。诸友遂各有所作，余为之序。"

饯大尉大村杨城君从军

福本竹里

白马嘶风花乱飞，远征万里几时归。江山到处春应好，奏凯期君着锦衣。

饯大尉大村杨城君从军

绪方南湫

三军万里向天津，正是东风桃李辰。星使乞和和未就，燕京将属手中春。

饯大尉大村杨城君从军

山田松堂

西征万里陟崔嵬，别酒送行何说哀。战地未临先压敌，期君早破北京回。

饯大尉大村杨城君从军

山中愚庵

捷书频到自天涯，郁郁多年述素怀。今日送君无别语，锦衣期待上云阶。

饯大尉大村杨城君从军

座光寺半云

一剑辞家上远途，知君胸里秘雄图。举杯宜饮停杯听，不唱阳关万岁呼。

（以上录自1894—1896年博文馆刊《日清战争实记》第二十七期）

盖平城外作次樊川韵[①]

乃木希典

送横川唐阳从军入清

野口宁斋

想见诗成意气雄，一枝刀匕亦从戎。关河莽莽千屯月，草木萧萧万马风。鸿雪因缘何日了，烟雾瘤疾好相同。他时梦落燕山下，旌旆连天十字红。

四月十七日偕乐园小集席上分韵得回此日有日清和成李公使将归之报喜而作[②]

佐藤六石

出塞五首

石田东陵

羽檄从北到，边亭冥祲氛。中夜揽衣起，抚剑望朔云。男儿重功业，安能守故坟。慷慨从招募，奋身投边军。上堂别父母，父母辞殷勤。母曰莫相忆，父曰死报君。

夙龄怀忠义，少年气胆豪。干戈一朝动，朔北事征徭。塞上云日恶，胡霜凝战袍。疾风卷砂砾，铁马缩寒毛。何顾沙场苦，只期名节高。狂胡仍跳梁，临水磨宝刀。

王师远行迈，出塞万余里。荒漠颓日黄，浮云蔽城垒。霜气流千营，边马嘶不已。惊飙忽转蓬，层冰时坠指。盘根看利器，苦节知勇士。精忠当百难，鸿毛轻一死。所愿扫胡尘，聊报圣天子。

---

① 诗见第一部分乃木希典，题作《盖平城外偶成》。

② 诗见第二部分《大纛余光》卷六。

单于何为者，漫敢寇我壁。健儿猛如虎，出门忽邀击。斩人如斩麻，射马不失的。胡军十万骑，能逃我人得。

驱马晓上垒，积雪寒苍苍。云裂摇山色，落月久低昂。丑虏一战走，王师威武扬。遥望天子处，伏鞍拜朝阳。

太平山下帐中瞩目

早川峡南

光景悲酸战后村，牙旗投宿正黄昏。雪风吹拂烽烟绝，月照梅花到阵门。

野外散策[1]

早川峡南

送早川加纳两军医从军

户仓梅室

诏书忽下整征袍，笑上火轮乘怒涛。三尺霜光舷角冷，一鞭秋色马头高。英雄自古皆尝苦，男子方今何道劳。奇术愿医满奴清[2]，腰间别有活人刀。

朱染亭

柚木玉村

落日凄迷风意腥，将军挥泪吊英灵。当时流血无穷恨，野草野花朱染亭。

---

① 诗见第二部分《征清诗集》卷中。

② 此句疑误。

寄怀矢土锦山先生在大本营

岸泽醉经

秋风振鬣马长嘶，今日淮西动鼓鼙。谁策机宜助英断，裴公幕下有昌黎。

送某载笔赴军

高桥午山

毛锥笑比玉环刀，好把青衫代战袍。草檄陈琳才磊磊，论兵苏轼眼高高。气凌泰岳千秋雪，身踏杨江万里涛。右武左文其揆一，丹心报国莫辞劳。

从军作

清水秋村

荒城败栅化为烽，杀到秦关第几重。草树百蛮双睥睨，风云千载一遭逢。天低大野迷残日，地接长沙扼乱峰。决眦燕京何处是，三军热血沥肝胸。

时事杂诗

清水秋村

落木千山秋已残，瀼瀼风露铁衣寒。依然剩在秦时月，一夜三军横槊看。

居然形胜控辽东，旅顺城池空自雄。今日版图非夙昔，海天秋肃旭旗风。

百尺崖高扼海垠，风涛溟渤打秋旻。羌胡终乏防边策，如此江山坐付人。

闻皇师连捷有感

根本穆堂

昨陷九连今凤凰，胡奴降拜似群羊。统师天子英而武，献策将军忠且良。少妇献资思报国，征人卧雪不思乡。一心敌忾五千万，讵怪皇威辉八荒。

守国在人何在险，吴将军语不欺吾。三千幕僚皆巾帼，百万甲兵谁丈夫。铳剑虽精空委弃，金汤之固任驰驱。龙旗如带死灰色，半壁江山斜照孤。

从军苦

久保青琴

关塞天黑鸟飞绝，剑戟森森阵营列。太白苍苍秦月荒，冰山峥嵘北风烈。飒然吹入万幕翻，战袍争防奇寒彻。料峭沁骨如劈肌，一夜创痕尽坏裂。生命鸿毛元所期，为寒致命计何拙。何日快战劲敌当，日东男儿凛气节。跃然而起坐扼腕，一腔欲沸忠义血。壁间忽闻老龙吼，一条秋水三尺铁。独揭牙帐营外看，何处传警角声咽。胡天晓色不闻鸡，旌旗影冻万堆雪。

从军乐

久保青琴

笳嘈嘈兮角琅琅，马跃跃兮人扬扬。转战几处斩仇首，千山万水征途长。长白之山驰可踆，鸭绿之水鞭可绝。高城坚垒彼何物，挺身先登唾手扱。立马黄云城上秋，杀气天暗犹未收。英气勃然不能抑，眼中何曾有九州。洗兵牙帐夜开宴，拔剑起舞烛光眩。古来征戍笑残骨，国恩可酬爱征战。何日长驱平暴秦，燕京亦落马蹄尘。啸断锦鳌桥上月，饱赏太液池畔春。

广陵杂诗节录

德富苏峰

眼底燕京竟奈何，冰开渤海扬轻波。三军不发空磨剑，春色广陵城外多。

何时投笔请长缨，一片雄心万里情。渤海冰开应有日，春风吹入广陵城。

黄海舟中作

德富苏峰

济州鸟影没冥蒙，黄海漫漫水拍空。殄灭敌船何所处，舵头寺碧是山东。

一月六日星社小集诸什载在东京日日新闻金声玉振使一唱三叹余从军七阅月所过者尸山血海所见者炮烟弹雨乃借其韵赋从军行一首寄同社诸贤

陆军步兵中尉三谷仲之助

马上经年不望乡，激昂士气转如狂。三军旗鼓诈摧敌，千里舟车远馈粮。白草青磷迷野戍，哀鸿落月宿沙场。明朝河北应鏖战，剔烛营中扫剑霜。

大总督府舰队过马关海峡

陆军编修横井忠直

春波澹荡穴门头，锦旆高翻总督舟。祝炮忽轰军乐涌，惊他星使晓眠不。

黄海口占

横井忠直

貔貅百万指燕京，所向无前今日情。玄海遥连黄海水，纵横只有我船行。

征西船中作

末松青萍

乐声浏亮和潮声，谁谓斯行是远征。万里海洋平似席，春风护梦向燕京。

呈藤田中尉

森贞吉

三旬淹滞在盖平，其奈朝昏髀肉生。勃勃雄心冲斗汉，堂堂豪气压长城。阵中对月杯频举，郊外吟诗槊每横。此际英风谁得比，梦魂早已绕燕京。

闻我军连捷志喜

铃木瑞洲

时是明治甲午秋，义扶韩国发貔貅。皇军连战还连捷，蹂躏支那四百州。

（以上录自1894—1896年博文馆刊《日清战争实记》第二十八期）

明治二十八年四月清国事平天子还跸于西京臣滋伏睹盛事不胜踊跃谨赋皇武曲五章奉呈总理大臣伊藤公[①]

古泽介堂

---

① 诗见第一部分依田学海。

闻朝鲜大狱兴有此作

依田学海

昔者柴世宗，生父尝杀人。刑无杀父法，代为戮近臣。商鞅尚法律，首罪属王亲。按验罚保傅，并以黥刖论。又闻汉唐法，宽典议帝姻。凄凉汉城月，黯惨鸡林云。党锢互排陷，社稷将沉沦。明诏遣使臣，忠告导经纶。宿慝俄发露，连累及院君。或云废王位，欲代立爱孙。或云归满清，再谋称东藩。讹谣日百出，议论徒纷纭。奉周虽有例，事遐难准遵。英佛罚故主，旧史有成文。今日重民权，勇断孰因循。鸟啼哭末路，花谢惨余春。回首韩山杳，白云默不言。

靖国神社观担架有感

川北梅山

战士虽亡此物存，何人相见不惊魂。请看报国一心赤，洒作斑斑碧血痕。

田　家[①]

高野竹隐

大鹫行

福井学圃

北方大鹫不知饱，狰狞侧脑摩铁爪。黑鹫自西来相匹，腾骄岂莫心捧日。百合花白旌旗翻，突兀颉颃苍茫间。盲风怪雨黄龙哭，阴漫漫兮满大陆。君不见扶桑旭日何曈曈，万古天门虎豹雄。

① 诗见第二部分《大纛余光》卷二。

诗史照千秋。

时事森鸥村先生倒押上下平韵作三十首，余不顾菲才效颦云

矢野锦涯

因循姑息举朝咸，多岁弊根难扫芟。请见外戚专权势，苍生到处泣辛咸。韩廷失败

八道山河士气潜，匪徒蜂起逞威炎。纷麻乱草难除去，慷慨无人挥利镰。东徒作乱

妖云漠漠起韩南，事变于今已再三。早备不虞兵旅往，居留民仰圣恩覃。韩山出兵

咄咄豚奴纵欲心，谋将贱胫搅鸡林。挫强扶弱我皇在，不许横行为略侵。清国野心

艨艟几只过滩头，丰岛突然逢虏舟。笑杀辫奴敢开衅，丑名万古又千秋。丰岛之战

胡清骄暴合膺惩，征士上途勇气增。一击成欢先失守，牙山牙垒望风崩。成欢牙山

焕然大诏下天庭，为讨顽冥治不灵。须识我皇至仁德，东洋万古保安宁。大诏宣战

大纛摇摇出帝京，五云蓊勃广陵城。闻斯万里亲征报，感激三军拔敌营。进大本营

牡丹台上敌旗僵，平壤城头我武扬。自是千秋大同水，多情流丑又流芳。平壤之战

丹心誓欲报邦家，黄海几旬浮铁槎。一击已教胡胆落，即今何叹逸长蛇。黄海之战

胡家消息定如何，可怜兵舰已无多。皇天亦祝皇军捷，且教灵鹰伴凯歌。灵鹰戢翼

鸭绿江头秋正高，三军勇士抚长刀。一声何耐听胡角，跃马深宵入不毛。入清境

胡船潜窜一堪嘲，舰首唯听海水敲。上陆果知何处好，花园河口敌人抛。花园口

闻说神兵将向辽，胡儿逃窜似奔飙。凤凰城下无人影，街市劫余空寂寥。凤凰城

雷火装填忽爆然，门扉柱础欲冲天。须臾破碎金州固，忠胆坚于铁壁坚。金州城

征途不厌几间关，百战戎衣碧血斑。将士自从拜王命，唯期一死不期还。远征士气

炮口不曾飞一丸，胡儿毕竟悉偷安。可怜湾上几坚垒，徒为山河作壮观。大连湾

殷殷炮响撼乾坤，半日洞开渤海门。元是东洋无二险，一朝谁识旭旗翻。旅顺口

秀岩柝木奏奇勋，直拔海城飞将军。已据戍楼貔虎在，不教胡马向南云。据海城

将卒忘君偏爱身，炮声轰处窜奔频。胡王应痛清家末，征战中原无一人。清国无士

茫茫朔雪积成堆，此际胡奴计袭来。忽奏伟勋缸瓦塞，三军振旅海城回。缸瓦塞战

貔虎已驱当道豺，皇师忧乐与民偕。安东县又金州府，先见天恩无际涯。置民政厅

又见盖平遭粉齑，神兵奋迅势如猊。大军从是全联络，旦夕燕京闻战声。取盖平

清军军纪本来无，过处山川奈瘦癯。请见胡民慕皇德，遥遥具状说来苏。胡民徯我

炮击登州冲彼虚，荣城湾口上兵卒。胡儿愕胎殊狼狈，无奈皇军精锐如。荣成湾

炼精。战则大胜,恰如驱虻。牛庄营口,一举震惊。田庄台溃,谁能有撄。辽河冰雪,血染为赪。越迁蕃岛,大愕炮声。弃刀纷扰,逃垒趔趄。澎湖浪暖,台湾云晴。穆穆皇帝,惩罚暴清。节刀以授,夷凶敷英。于我亲王,威严筹宏。般飘大纛,亚渤海行。直进海陆,震荡燕京。于肃皇后,允恤苍生。辅翼帝德,皇业恢晶。手制绷带,怜疾输锄。亲巡病院,慰痛苦情。军兵感激,悲泪盈盈。皇威后德,讴歌八纮。清主惶怖,遂开心盲。递遣使臣,面缚乞盟。皇军所领,版图毕呈。永尊皇国,万古绝争。帝有恩诏,遏乱咨乡。体国垂制,东洋和平。爰改丑俗,大设教黉。克拓旷野,以教耦耕。衣冠礼乐,毕复王正。天地明朗,日月瑛瑛。四海风稳,水波泓泓。四维甸服,九译致亨。兹班皇师,功勋诞成。皇舸连海,金铃铮铮。宝纛蔽空,凯歌轰轰。千秋万岁,焕耀大名。士引爵贺,农谣敲钲。工兮踏舞,商兮献羹。于赫圣德,洽浃大瀛。生逢圣代,愚喜虫翃。葵倾难已,歌颂载赓。万福攸萃,国之祥祯。

偶成在旅顺

松井军医正

萧疏李白与桃红,一望赭山隔蓝空。拍岸涛声晚来急,故园不是落花风。

送桦山将军拜总督命赴台湾

宫岛栗香

金波楼上送君行,好向台湾赋远征。大将胸中有余裕,东山烟雨笑谈兵。

欧亚相呼才一间,南门锁钥是台湾。从今不复论生熟,遍布皇威化两蛮。

送僚友长崎君从大总督彰仁亲王殿下赴清国[①]

殷野蓝田

送陆军编修横井君从西征大总督之清国[②]

殷野蓝田

复州四十里堡元旦

陆军步兵少佐殿井隆兴

金瓯万世可无穷，圣德如今服远戎。异域迎年恩赐酒，阵头先祝国光隆。

盖平城战

殿井隆兴

雪中奋战五千军，弹雨硝烟望不分。旭日升时敌兵散，溃奔如乱雀鸦群。

博洛铺汉历元旦

殿井隆兴

壁头一幅画中梅，谁道新年今日来。门外风光何所见，峭寒如剑雪成堆。

同日新闻纸自本国到叠前韵

殿井隆兴

新闻时报杉田梅，背信未遑归去来。风物都无似乡国，旷原一白雪成堆。

---

①② 诗见第一部分股野蓝田。

十一月廿一日战于旅顺陷连山之诸炮台寻欲攻黄金山入市街时已黄昏败兵四散或潜民家射我我兵亦应战死尸垒垒狼藉街衢惨状不可得言偶有一妇人来阵头叩头乞哀且请余以拉之共避难不止言语不通然自含无量之情亦阵中之一奇事也

殿井隆兴

少女乞哀情堪怜，修罗场里一轮莲。武夫何事肠柔软，难断阵头纤手搀。

闻辽东还地有感

秋月古香

谁言日清为战争，我谓不过一习兵。敌军虽众善逃走，我师未足试我精。弹丸飞来不破裂，水雷驰至自覆倾。旅顺威海称坚固，我是一蹴忽荡平。海门占据无阻碍，长驰直拟入北京。北京狼狈俄议和，李伯持节悔渝盟。警报传播世界遍，万邦刮目推威名。此间何物频容喙，辽东割地异论生。我师从来出义举，岂是贪婪事私营。嘉纳友言遵公法，顾念苍生重光荣。呜呼我皇圣德天地大，我皇圣德日月明。不问其得不偿失，风波长稳大东瀛。

乙未初春盖平城中与早川峡南访隐士张文耕席上分韵

恩田刚堂

斗室清修绝俗缘，逍遥无虑恰如仙。公论千古泗洙蕴，苦学三冬班马篇。情入龙牙心若水，墨登云锦笔生烟。儒冠原是风流品，道业庐中自一天。

乙未初春与恩田刚堂访盖平隐士张文耕席上分韵

早川峡南

曲巷闲居谢俗宾，生涯澹泊养天真。笔耕心织多幽事，鼓瑟弹琴伴丽人。月冷书窗梅影乱，炉温砚席茗香新。操戈碌碌穷途客，下马庭前惭面尘。

泰平山下帐中吟

早川峡南

卧雪眠云行路难，干戈草草梦漫漫。一枝先报东风信，着个梅花伴岁寒。

纪王师凯旋十首

柳井絅斋

特笔须传乙未年，膺惩伟业固空前。王师廿万凯旋日，好□南薰解愠天。

父老相扶拥道周，天朝盛事足千秋。信知欢极无他语，只拜王师泪暗流。

干旄肃肃彩云斑，黎首欢呼天子还。旰食宵衣非一日，嵩呼如涌拜龙颜。

土阶三等是行宫，跓跸广陵亲总戎。云散今朝风日丽，武扬千古仰神功。

雅颂雄篇撰者谁，岳莲天半刻丰碑。平淮西事类儿戏，厌代尚留韩柳辞。

敌忾从军一命轻，武夫赳赳国干城。策勋幸遇凯旋日，不止里闾衣锦荣。

笑抚腰间百炼刀，少年意气有余豪。携归聊足酬乡党，碧血痕鲜新战袍。

王事靡盬事远征，生还今日若为情。高堂垂白久迟尔，又有当门稚子迎。

刀枪剑戟积成山，道是吾军捕获还。忆到一天纷雪里，急攻如火破重关。

奏凯只应惊五洲，书生谁识抱深忧。南荒今日仍戎马，未可桃林辄放牛。

远征途上作

国近鲁山

一夜朔风寒，边营鸿雁还。可怜远征士，梦落鲤城间。

五月十一日送须永镬斋航朝鲜

冈本随轩

大笑高歌得意颜，不须三迭唱《阳关》。经年重访同心友，万里初看未见山。社鼠城狐频作累，牝鸡老犬动生奸。宜于今日宣余力，行矣风云变态间。

送恩地士轨从军①

谷口蓝田

英气元如切玉刀，读书信道志逾高。壮哉三月沂川路，春服换来飘战袍。士轨有次韵诗，录此：七寸茅鞋三尺刀，昆仑之险不为高。春风四月金州路，一朵杏花映战袍。

（以上录自1894—1896年博文馆刊《日清战争实记》第三十期）

奉迎大纛凯旋并序

川北梅山

明治二十八年某月某日，清主遣全权办理大臣李鸿章、李经芳等来乞和。我大元帅陛下命伊藤总理大臣、陆奥外务大臣，带全权办理之任，商议订约。和遂成，于是悉彻征清之师。越五月三十日，大纛凯旋，洵为无前盛事。臣长颙效前日奉送诗体，再赋四言三十韵，以表微衷，其词曰：

---

① 诗见《日清战争实记》第三十二期，题为《次蓝田先生诗韵》，文字略异。

明治中兴，历年廿八。班师振旅，五月卅日。旭旗齐翻，绿门耸立。欢声撼地，万众迎谒。恭惟我皇，英武果决。义之所在，终始惟一。惩强扶弱，有序有秩。猗与我皇，夙夜宥密。受天眷命，弗敢懈逸。五条垂训，恳恳切切。养士有素，临事踔绝。如鹏之搏，如兔之脱。渤海汪洋，摩岭崒屼。岂惮百艰，一诚铭臆。外则骁将，内则良弼。筹划弗差，勋功弗伐。拔坚挫锐，殪彼蟊贼。旗鼓堂堂，出师有律。出师有律，皇威远迄。风草维偃，爝火维熄。猗与我皇，天资恻怛。民无彼我，遍沾恩恤。彼顽有悟，远持使节。献地请和，事归恬谧。国家万年，金瓯无缺。凿饮耕食，维谁之力。遭遇盛时，踊跃奋悦。谨撰斯诗，聊拟颂德。敢望尹召，臣词卑率。远驾周宣，圣德鸿烈。

题《征清战捷诗》后并引

石桥云来

王师渡海，海陆连捷，人皆称伟勋。余乃辑诗之系战捷者上梓，名曰《征清战捷诗》，顷致一本于宫内大臣土方君，遂蒙传献之荣。因思诗则闲文字耳，身则一小民耳，何幸得恩荣如此也！不堪感泣，恭赋一绝以纪恩。

君义臣忠冠四边，诗同伟绩可长传。何图乙夜蒙天览，欲把凯歌修次编。

明治廿八年五月卅日车驾还幸东京恭赋五言诗十八韵以纪盛事

福井学圃

大纛山阳道，天皇统六师。渝盟兹问罪，扶弱本无私。剑玺严纶诏，金汤壮帝基。和调询将相，感激及童耆。貔虎咸精锐，勋功即倍蓰。桩喉夺肝胆，拔角悯疮痍。扫荡凯应奏，远征年欲期。输诚三命使，割壤且偿赀。风雨开王会，乾坤举国维。辽东振旅后，黄海洗兵时。扬武威棱憺，敷文庶绩熙。恢图登往古，醎化普边陲。北斗拱双阙，南熏清九逵。云收佳气叆，门峻绿阴滋。曼衍鱼龙戏，经营江汉诗。雝雝回凤驾，雅雅闪鸾旗。踊跃迎仙仗，欢呀迎盛仪。光华悬日月，万物共葳蕤。

杂　感

杉山千和

国事将圆忽有魔，辽东半岛好山河。暂时落手又离手，难奈风云变态多。

同上次韵

近藤柳塘

镇日围棋逐睡魔，谁知意气卷黄河。慨然抛却烂柯癖，时局看来遗恨多。

从军诗录节录

关口岳南

明治廿七年十月六日，应试陆军省参谋本部，八日补通译官，隶大本营，十日急戒行李，将赴广岛，从弟大桥正义贶以短刀，且附诗。正义者，赠从四位正顺子，此刀实其所带云。诗曰："韩海风荒秋正高，慨然蹶起气逾豪。不须临别裁长句，笑赠传家日本刀。"因次其韵。

慨然忧世姓名高，真是儒门第一豪。泣拜先生遗爱物，愿将生死托斯刀。

廿一日，访外叔山田大机关士于军舰秋津洲号，因忆余曾游上海，观军舰扶桑号，赋长古一篇，有句云"日出旗翻日没处"①，清人以为佳句，而不知余寓意所在也。

---

① 按日人汉诗喜用"日出"、"日没"字，由隋时日本国书"日出处天子致书，日没处天子无恙"来，今已非僻典。本书中此类"佳句"实不少见。

睥睨茫茫渤海天，轮船蹴破路三千。无端想起当年句，日出旗翻日没边。

廿二日，与山崎羔游于江南山村，村隶平安道长连县，按平安道，古虞芮地云。

竹篱茅舍大江滨，虞芮遗风自朴淳。请见白衣与椎髻，胜他辫发剃头人。

颂德歌

释清潭

圣驾西下，甲午之年。圣驾东返，皋月之天。恭惟我后，遣师讨边。大纛何辍，艺城城前。甲夜乙夜，视事不眠。维德罔极，彼早折弦。降使相至，我后纳旃。诏书超海，六师凯旋。于赫辉烈，民其欲颠。臣在方外，岂胜欣然。一片颂偈，余意绵绵。

凯旋歌

铃木仙坡

洗兵和气镇氤氛，日丽宫城旗影翻。士庶欢迎声海沸，鸾舆徐过凯旋门。

和成两国意初闲，十万貔貅压海还。犹有余氛销不得，留将一半向台湾。

送东少尉率兵赴清国

雨城居士

一鞭叱马出乡关，我武维扬是此间。欲以功名垂竹帛，宜依仁义服夷蛮。千秋雪白摩天岭，万里涛高渤海湾。他日新悬金鵄印，待君能奏凯歌还。

同上次韵

江木冷灰

何唱《阳关》为出关，唯看孤剑动腰间。素期士业传千载，又愿皇威及八蛮。风雪北连大沽路，波涛南指澎湖湾。燕京城下盟无就，一去男儿死不还。

马关杂咏七首录三

江木冷灰

血雨腥风今那边，春帆影暖去来船。赤间关外玄洋水，一梦迢迢二十年。

公使远航何所求，昭光一到战云收。春帆楼畔烟波稳，付与东风来去舟。

红石山头梅乃房，玉肌香骨对春妆。老来仍觉风刀利，抚髯南窗呼一觞。

同上次韵三首录二

雨城居士

欲奉国书和议求，可知战地遂难收。龄遏七十称尊老，初上东洋万里舟。

好以梅花题此房，相公今日更新妆。接人得意巧谈笑，一捻疏髯唤一觞。

偶感

田岛守愚

威海云烟营口风，旭旗何事一朝空。南熏乍解辽东雪，不止春来鲜血红。

（以上录自1894—1896年博文馆刊《日清战争实记》第三十一期）

介堂明府招饮楼云台同向山黄村薄井小莲龟谷省轩矢土锦山森槐南国分青厓本田种竹诸先及桂湖村席上率赋四律呈政

大久保湘南

笑倚樱云百尺台，尊前容易喜追陪。只应觞政归耆宿，敢道诗军属隽才。浅水艇横双鹭下，绿阴琴响一蝉来。南熏镇日吹幽草，且有山花烂熳开。

恭闻赐燕凤皇宫，来自蓬莱云气中。归遗荣沾内廷馔，祖筵雄唱大王风。壮怜投笔班超志，炳见从军王粲功。便拟平蛮齐献颂，辞章争似使君工。介堂先生此日陪宫中燕，锦山、槐南、青厓三先生新自从军归，诗中故及。

夕阳闲上野僧楼，十二帝陵何处丘。金碧伽蓝兴废恨，苍凉云木古今愁。南朝山色鹃催雨，东寺钟声鹿带秋。想见诗成民俗化，何曾太守擅风流。

万里辽东奏凯还，囊中诗草未全删。百年征战输赢外，四海风云变化间。谁挽倒澜回肃慎，可教骇浪走台湾。知君不啻为吟苦，飒爽须眉冰雪斑。

同日席上作五律二章赠青厓

森槐南

与君广陵别，拂袂酒犹新。苦月穹庐夜，庆雷辇路春。簿书劳酒客，军幕檄诗人。各有当为事，归来情更亲。把酒重相见，风流刺史筵。嘉宾交舄履，逸兴惬林泉。笳鼓闻犹昨，竹丝纷涌前。慰君千里思，望海淼无边。

雨中京邸杂感

森槐南

绿阴幽草杜鹃时，烟雨东山有所思。处士漫谈天下事，美人肯失酒间期。百年功业归尊俎，万国英雄看弈棋。平地风波谁识得，春愁且简鬓边丝。

百 感

大久保湘南

百感填膺苦不胜，灯前酒后气飞腾。中人瘴疠伤南雁，动地风云疾朔鹰。磨爪几时劳睥睨，裹创当日记凌兢。攫狐逐兔何恩怨，机会宁容忽漫乘。

横井编修归自西征赋此以赠

秋月天放

义战堂堂动六军，遂教东海绝妖氛。迨今不早修良史，向后何缘传伟勋。大笔如椽谁是匹，奇才得斗独推君。九原寄语须瞑目，慰藉雄魂有妙文。

凯归后数日次秋月贤台见赠韵

横井古城

西征载笔远从军，忽见乾坤销战氛。渤海长收虏舰影，泰山欲勒王师勋。施劳侮弱无骄将，忧世安民有圣君。伟业煌煌光宇内，铺张何待我曹文。

送友人某从军

阪口竹崖

英雄未合老蓬蒿，寥廓苍苍斗气高。王者乘时劳斧钺，将军绝海斩鲸鳌。云红漠北三边火,月黑辽东百尺涛。今值至尊宵旰日,应将一死比鸿毛。

寄怀青崖山人在辽东

阪口竹厓

短衣渡海赋从军,一笑麒麟阁上勋。铁马窥边霜浩浩,征鸿度碛月纷纷。八千子弟沙虫化,百二关河鼙鼓闻。不怪胡儿胆皆落,幕中草檄变风云。

送平岩柳处从军

逸名氏

气凛腰间日本刀,十年淬励刃吹毛。秋风万里壮行色,一鹗盘空碧落高。

月下斥候大

胁秋厓

丹心报国即忠诚,决死单身近敌营。夜半寒风吹卷地,荒原胡月白于霜[①]。

送国分青崖从军赴清国

栗田鹤渚

棱棱意气欲凌空,大笑出关从远戎。朔北关河卷风浪,山东云物要英雄。龙沙明月积尸白,鸭绿夕阳流血红。往矣陈琳檄须草,将军迟尔愈头风。

---

① "霜"字意合韵不合,疑作"雯"。

过威海卫

权藤震二

降乎救人生何妨，战乎殉国死亦芳。英雄末路各所择，谁兼之者丁汝昌。艨艟破碎垒壁坠，时穷始见生平志。一身能死又能生，生则成仁死则义。锁海黑烟素幡开，乞降使去讣音来。义军为溅万解泪，肃肃吊炮送余哀。呜呼乎岱宗高耸古鲁国，万古名教所由出。

闻媾和成感赋

熊谷三村

烧舰摧营百万师，入怀穷鸟果何为。圣明非布无疆德，大厦宁能一木支。仰化民多归版籍，放降虏尽裹疮痍。在天宗祖灵应感，神武陵前凯奏时。

读《日清战记》

本宫津洲

日把新篇读几回，几回拍案气雄哉。朝曦初上东方丽，照破胡天妖雾来。

次蓝田先生诗韵

恩地学堂

七寸芒鞋三尺刀，昆仑之险不为高。春风四月金州路，一朵杏花映战袍。

次谷口鹿洞所寄诗韵却寄时在金州休战五旬

恩地学堂

谁言帷幄入英宾，蹇蹇只期致此身。三十年来无补世，八千里外岂求春。土床坐冷虫频嚼，恶路鞍高马自驯。耀武修文非我事，辕门倦卧学蠢民。

将赴台湾舟中赋赠樱所畏友

高良山人

蓑笠由来属我流，如萍身世任沉浮。皇猷为拓图南路，连翼还登万里舟。

送佐佐克堂之朝鲜

小久保城南

自古志士与仁人，常劳心思忍酸辛。不似朱门紫绶客，锦衣玉食徒爱身。

克堂意气固慷慨，伤时忧世见其概。鸟惊心兮花溅泪，不知三日寝食废。

曾方俗论满人寰，拟以赤手回狂澜。此时同盟亦无几，笑与子弟相盘桓。

物变星移世局改，气薄白日发光彩。平生铁案人皆推，名声自此遍四海。

一夜飞报鸡林传，道是宰相各争权。若无善后画良策，烟尘又压韩山川。

当年朴氏感知己，施政第一定国是。而今庙算何所参，或恐宿约失要旨。

决然又上万里舟，好以何辞送此游。醉中我拔王郎剑，莫哀一曲为君讴。

解缆方知期已促，明日送君水之曲。一声裂帛闻新鹃，烟雨空蒙四山绿。

访福岛大佐席上赋呈

永松丰山

远征万里不冯河，豪气堂堂压伏波。帷幄参谋君有力，频传战捷凯旋歌。

李鸿章来请和

永松丰山

四亿人中第一翁，败余来仰圣恩隆。卑辞厚礼请和议，不似平生傲慢风。

乙未六月王师凯旋有作

内田忘斋

百战百捷我武扬，以小伏大邦家光。自古我邦无此事，版图从兹益几疆。此朝凯旋云迎阵，一国若狂欢声震。将士名誉是锦衣，喇叭浏亮入六镇。堪笑满清称中华，暴慢不逊徒自夸。一朝开衅连败衄，上下如今乱如麻。我有圣明天子在，大统继承三千载。国民重义不重身，战捷磅礴元气倍。寄语欧洲碧眼徒，骄傲勿学辫发奴。请看日本男儿忠君爱国之志，五大洲中匹俦无。

乙未六月十八日拜陪御宴谨赋纪恩

横井古城

奏凯西陪大纛还，承恩又入紫宸关。微功未补兵机上，宠遇叨居武弁间。将相侯王同食卓，笑言饮啖近天颜。小人感激私吞泣，安得片羹泉下颁。忠直在官廿余年，得陪御膳之荣，实以今日为始，而双亲不在，转结故及。

同六月十六日谒故参谋总长有栖川亲王墓

横井古城

西征东伐几膺惩，皇武冯公势益腾。方在懿亲推大老，何唯王师辅中兴。殊勋首赐金鵄佩，令德遥追白鸟陵。今日青山空揽泪，牡丹花落雨瞢瞢。殿下尝爱牡丹，结句故云。

次王阮亭漫兴八首韵录五

望月桂香

其　一

一夜欃枪闪，苍茫四百州。谈兵皆赵括，运饷少酂侯。空洒君臣泪，谁任社稷忧。黄河千里水，滚滚向东流。

其　二

不知王气尽，恃大恣跳梁。吏酷嬴秦灭，兵骄石晋亡。流连忘社稷，聚敛满囷仓。鼓角东来急，烟尘望渺茫。

其　三

神将从天下，奔雷震鼓鼙。旌旗山左右，组练水东西。月苦孤城耸，秋高一雁迷。更闻黄海上，壮士戮修鲵。

其　四

士气流游惰，须眉愧木兰。不知降虏耻，偏感圣朝宽。渤海秋涛怒，燕山夕照寒。东瀛一轮月，举首几回看。

其　五

少妇掩红泪，沙场消息来。封侯不可觅，夫婿几时回。夜雨雁空叫，春风花未开。百年无乐毅，寂寞锁燕台。

平壤杂诗四首

野野口湖海

江山一幅画图开，缥缈仙乡亦美哉。涵岸涨痕鸥世界，漾波帘影月楼台。澹烟离树天逾远，孤笛咽云春亦哀。知否疏蓬人未寐，三更梦醒数归期。

桃花流水绕横塘，潋滟晴波漾夕阳。好抚瑶琴凭酒阁，谁抽彩笔写仙乡。数行红泪情浓澹，十载青灯梦短长。欲向黄昏卷帘子，恐他鹦鹉唤郎郎。

箕子旧封斜照愁，黍离千岁恨悠悠。闲斟客里三杯酒，不换人间万户侯。极目山河余涕泪，侧身天地几春秋。登临一夜肠堪断，泣对长江吊白鸥。

客里蹉跎百事休，少年绮梦忆曾游。春风寂寂花无语，往事悠悠水共流。半壁灯痕空抚剑，满身月影独登楼。腰缠十万今抛尽，欲买青山不自由。

凯旋途次船过辽东湾有感

陆军大佐佐藤正

水天仿佛耸云间，是此古战场里山。忆起兵丁轻死处，忠魂独驻不偕还。

甲午冬骤寒感怀十首

宫胁南海

夜来寒彻骨，想象北征人。仗义图开国，怀仁策善邻。老生因感激，壮者特吟呻。日本男儿勇，惜名不惜身。

夜来寒彻骨，想象北征人。自陆又从海，援韩兼伐秦。英风摇世界，壮气突天津。日本男儿勇，惜名不惜身。

夜来寒彻骨，想象北征人。夕伏辽山顶，朝冲渤海滨。履霜何觉切，追虏只思频。日本男儿勇，惜名不惜身。

夜来寒彻骨，想象北征人。破帽仅支额，冷餐聊到唇。朔风吹似刃，辽雪积如银。日本男儿勇，惜名不惜身。

夜来寒彻骨，想象北征人。掷命偏酬国，回头曷顾亲。麾军逾雪岭，挥剑冒烟尘。日本男儿勇，惜名不惜身。

夜来寒彻骨，想象北征人。铁马嘶霜月，旭旗闪雪晨。裹创装炮熕，忍渴薄城闉。日本男儿勇，惜名不惜身。

夜来寒彻骨，想象北征人。天冷衣犹薄，路遥饷每贫。草根焚取暖，木实啮尝辛。日本男儿勇，惜名不惜身。

夜来寒彻骨，想象北征人。苦战锋愈锐，悬军气益振。攻城频哄喊，会敌岂逡巡。日本男儿勇，惜名不惜身。

夜来寒彻骨，想象北征人。一枕沙场梦，三杯阵处春。偷生元所愧，效死亦何瞋。日本男儿勇，惜名不惜身。

夜来寒彻骨，想象北征人。临战而欺鬼，用兵也类神。咄嗟收禹域，叱咤役周民。日本男儿勇，惜名不惜身。

（以上录自1894—1896年博文馆刊《日清战争实记》第三十二期）

五月三十日纪事三首①

向山黄村

征清诗集题词

森槐南

锦纛亲征杲日临，排山倒海势骎骎。巷衢讴唱从军乐，皆是天皇宵旰心。

凯旋歌三章并序

土屋凤洲

客岁甲午六月，清国渝盟。皇帝赫怒，下诏亲征，驻跸广岛。六师所向，莫不克捷。今年清使屡来乞和，约纳地输币，四月和成。五月三十日，车驾凯旋东京云。

---

① 诗见第一部分向山黄村。

使节后先来乞盟，我军一举伟功成。祖宗明诏人皆记，要令皇威被八纮。

振旅扬扬奏凯旋，日旗光映海东天。钦他从驾锦衣士，绝代荣名担在肩。

绿门高声势穹隆，士庶欢迎玉骆骢。大捷古来如此少，会看麟阁绘元功。

赠青厓山人

堤学轩

万里戎装归自辽，归来斑马尚萧萧。铁蹄未蹴阴山雪，雄剑空磨渤海潮。不用从军说王粲，谁知投笔学班超。诗人至此无遗憾，已有涓埃答圣朝。

续外征杂纪十八首[①]

福原周峰

十万貔貅各作群，海城兵又盖平军。腥风血雨牛庄巷，鏖战无端到夜分。

相隔辽河战哨敷，从来呐喊惯驰驱。王师奏捷入营口，迎路碧臚皆面谀。

屠尽牛庄白骨多，田庄焦土又如何。度辽飞将从天下，直踏坚冰路在河。

破浪飙轮气象雄，图南万里驾长风。垂天鹏翼未全展，先戢澎湖群岛中。

进征流鬼以南天，炎毒熬蒸气候偏。百战健儿犹辟易，虎狼队里枕戈眠。邦人忽暴泻病，谓“虎狼痢”，军人所罹，皆此病也，因用虎狼字。

---

① 此十八首见于第一部分福原周峰《外征杂纪·五十绝》中，文字与注文均异。

九泉呼起郑成功，恢复如今汝旧封。樽俎折冲连捷后，台湾占据岂须锋。

敌相请和要会同，依然傲慢在其中。赵家富弼休相拟，盟约重申百计穷。

地划东西一区域，讵知皇汉是同胞。诈谋瞒着平和局，渝约由来误外交。

轿车一击耻文明，损我皇威罪不轻。燕北使臣狼狈甚，枉将狂竖比荆卿。

如豆负伤何足患，媾和事就获生还。李爷心事太痴绝，要拭硝瘢妆老颜。

包藏祸心恩化雠，东奔西走欲何求。国民悲愤激昂甚，盍迓外宾供膳羞。膳羞字，本山阳《兵儿谣》。

曾折花枝当酒筹，春风容易送归舟。北邻骄虏通声息，犹是包胥泪未收。

三国同盟借箸谋，平和两字割鸿沟。征人侧耳微闻语，啼血声迷古满洲。啼血谓杜鹃。

谁使外人肝胆寒，互论时事托毫端。葵心倾上新闻志，却惧危言害治安。

圣明天子永终誉，绥抚邻邦意自如。公义昨敷宣战诏，宽仁今下媾和书。

平和克复罢边屯，上将戎装朝至尊。鼓吹欢呼迎道左，嫖姚先入凯旋门。

欢迎到处犒三军，将士征袍染塞云。恭上捷书收战局，金鸮特赐赏殊勋。

嵩呼一路溢欢声，人马如云入玉京。欲纪外征希代绩，不须京观筑鲵鲸。

还辽东

森川竹磎

还辽东，获台湾。台湾不易获，辽东不如还。还辽东，万邦和。获台湾，千里贺。谁道辽东王师百战地，洒遍十五万人之血泪。帝德弥六合，国光洽九寰。自古胜败数，岂在取舍间。未闻伐胡有其地，君不见秦时明月汉时关。

上之回

森川竹磎

上之回，大纛靡。欢声涌，殷雷起。铙鼓壮，凯歌雄。皇烈烈，神武功。万邦和同圣明世，河清海晏千万岁。

与槐南先生夜话次其近制诗韵

佐藤六石

一醒一醉合随时，洛社风流我所思。春水白鸥欣境遇，美人香草许心期。读骚可欠杯中物，打劫何论局奕棋。赢得广文官独冷，诸公台省鬓成丝。

大洗海水浴题辞

永坂石埭

当海凯歌连帝京，便知澎湃是欢声。一编新著当新颂，大洗之潮可洗兵。

长风吹散发飘萧，醉墨满衫痕未消。绝叫三生黄仲则，危楼谁复续观潮。

槐南先生曩游大洗，有用黄仲则前后《观潮行》长歌二首。

饮马长城窟

田边松坡

天兵夜度汉时关，山月苍苍照人颜。水咸草枯长城窟，城边白骨堆成山。怨声迢递连万里，朔风冻结呜咽水。辛苦筑城防北胡，祸起萧墙阿房毁。铁蹄动地钟鼓鸣，单于夜战乘月明。万卒死为道傍土，一将得意功名成。频年开边大漠地，可怜美人嫁绝域。何物迂儒著美新，其如予何天生德。尔来千年流血翻，英雄兴蹶赌乾坤。百二重关竟不守，长教胡马躏中原。衣冠礼乐今安在，漠漠胡尘压四海。父老忽迎王者师，山河草木一时改。

乙未六月十九日樱云台雅集邀饮槐南青厓二君席上联句

田边松坡

风雨不阻诗人期，森槐南。绿樱云台黄梅时。永坂石埭。杜鹃啼血不管悲，古泽介堂。邂逅相逢先侑卮。吉田梅城。座有谈兵狂牧之，金井秋苹。今宵痛饮君莫辞。森川竹磎。快来唱出白雪词，大庭云心。好浮三白捻吟髭。广幡湖云。特地雄风云雾披，岩佐眉山。残虹横天日影迟。久保桧谷。造物狡狯怜小儿，田边松坡。夜游欲秉烛一枝。佐藤六石。高歌烂醉兴淋漓，本田种竹。个中酒权谁主持。大久保湘南。景星祥凤粲光仪，宫下碧云。诗赋从头循绳规。谷枫桥。呕心未妨各吐奇，柳井絅斋。雌黄元烦一字师。牧野静斋。大雅千载邈难追，石田东陵。谁向绝域文教熙。关泽霞庵。旁观何者覆弈棋，宫崎晴澜。千秋遗恨少人知。堤学轩。欢笑人间有如斯，三谷耕云。兴来聊拟柏梁诗。国分青厓。

（以上录自1894—1896年博文馆刊《日清战争实记》第三十三期）

送水野遵任民政长官赴于台湾

小室屈山

台湾新属我南荒，天外征帆鹏翼张。投海有文能徙鳄，化民之德欲无蝗。云连吕宋通潮道，雨度琉球送夜凉。边徼立功男子事，期君名姓百年芳。

船中似林政文

早川峡南

事业文章志未酬，与君同抱国家忧。杜陵《出塞》词锋健，王粲从军胆气遒。百尺波涛惊客梦，一天风雨锁羁愁。经纶谈罢眠船底，梦绕支那四百州。

有怀五首[①]

森槐南

渡韩船中偶成

佐佐克堂

非作人间第一流，何妨放浪伴沙鸥。骚人不管观风事，万里长风一叶舟。

豪游万里压荒陬，北马南船志未酬。偏爱碧波亭畔夜，淡烟和月送行舟。

自仁川入京城途中

佐佐克堂

欲向傍人问去程，到头言语不分明。荒村破驿雨余路，五柳洞边

① 诗见第一部分森槐南。

杜宇鸣。

残峰剩水几行程，满目江山未放晴。驿路萧条人不见，征袍冲雨入京城。

初夏感事

长谷川秋水

年光忽作梦中看，莺老燕雏花也残。雨意渐知梅夏近，病躯偏厌麦秋寒。谁将谠议排邪说，或惧浮言害治安。珍重诸公须努力，毋令圣主启忧端。

初夏感事

元田南丰

青青园里芑，可采作盘肴。党议终贻患，邦猷岂解嘲。蛇涎横野径，鹃血洒林梢。为拟风人意，新题推又敲。

西都迎銮曲

高野竹隐

欢声万户涌如雷，日照天门跌荡开。酣战归来赞帷幄，花承剑佩暂徘徊。

王师不战取台湾，落涂连天积气间。昨闻大将新承诏，九万抟风帆似山。

总督楼船奏凯回，便看佳气满蓬莱。郊迎龙马借天厩，建礼门开仙仗催。

苍苍陵寝御炉烟，车驾明朝告凯旋。从龙万马如云集，坐想迁都奠鼎年。

白虎苍龙相翼翚，应天太极复崔巍。将军山上多佳气，贻待燕孙畅国威。

乙未六月念一读日本新闻步纸上所录东京诸彦联句韵

藤泽南岳

风雨阴晴不可期，书窗昏冥梅熟时。一声渡水杜鹃悲，怅然痛饮酒千卮。偶得新报取读之，黠儿妄弄侮辱辞。即歌贺捷当日词，血泪万行横须髭。新报一掷又一披，挑尽青灯欲眠迟。四千余万丈夫儿，贵贱由来同本枝。假令世风就浇漓，岂无一人任维持。当战勿责人失仪，高琼一言真良规。必有陈平出六奇，必有莱公挫虏师。十年尝胆迹可追，不使犬羊妨雍熙。宇内形势亦弈棋，胜败倚伏谁得知。满肚愤闷只如斯，唱作同胞血盟诗。

六月十九日樱云台雅集分韵得支

古泽介堂

相逢复此把清卮，一任山风兼雨吹。何用徒伤老大日，只须共乐太平时。功名今日期高适，标格无人过项斯。莫使催归急上烛，乍明红影夕阳迟。

同题得虞赠槐南词宗

堤学轩

载笔遥随大纛趋，元知草檄捷才殊。词锋莕菡凌乔岳，砚海琵琶湛太湖。应有姓名传鲽域，岂无诗赋动燕都。欢迎宴里卅人集，可见先生德不孤。

锦山槐南自行宫青厓自辽东并归东京诸友宴诸樱云台百川亦与焉，赋此以赠

依田学海

文章关气数，盛衰同今古。李郭当廊清，雄才兴李杜。韩柳摩巨刃，元和振厥武。吾党三君子，文翰焕天府。尝蒙明相知，辞令挥萧

斧。大旆出北阙，临海征骄虏。或从在行营，或逝逾西土。刁斗驰文檄，炮石惊风雨。战酣唱破阵，功成歌铙鼓。正声赛雅颂，雷鸣笑瓦釜。庶使文墨士，一变洗庸腐。老夫伏草野，贱陋何所补。举世贵溢美，规讽乏危苦。诸公幸遭逢，晚年喜快睹。仰望回颓澜，中流屹砥柱。

《大纛余光》题辞[①]

森槐南

六月二十九日芝浦晴瞩亭小集分韵得歌[②]

森槐南

海楼分韵得真

末松青萍

快风吹酒拂红尘，眼看潮头接九旻。长啸何堪倚栏角，天南万里有征人。

柳社小集席上赋赠栗本碧水碧水昨归从辽东

小室屈山

王师去岁歌远征，赫赫威武雷霆惊。满清社稷不支得，割壤来结霜关盟。旄星忽见聚欧北，芒角万丈冲天横。啸于野者兕耶虎，负隅之势无敢撄。千秋勋业何限恨，一篑功缺全山倾。辽东碧血为谁溅，使人红泪流万行。可怜胡土望乡鬼，乱离白骨黄草萦。阴云雳幂风惨憺，夜哭空作啾啾声。君今远归自其地，匹马孤剑如何情。丈夫至是肠欲断，泣吊残垒仍荒城。归来张府春已老，嫩绿蒙雨新鹃鸣。不言千里道途苦，仗剑意气犹峥嵘。高楼且劝一樽酒，好是剪烛俱谈

---

①② 诗见第一部分森槐南。

兵。百年建策若相问，只合跨海屠长鲸。

六月十九日樱云台雅集分韵得删率赋呈青厓

森川竹磎

谁把佳期付等闲，者番天气好开颜。人来风雨满时路，楼在杜鹃啼后山。雅会今宵弃痛饮，沙场万里喜生还。剪灯话旧情无限，一醉陶然一坐间。

同题分韵得尤似青厓山人

金井秋苹

席卷雄图一旦休，空教壮士梦封侯。书生漫有治安策，上相宁无社稷忧。台北府边云漠漠，安东县外鬼啾啾。出师半岁成何事，可惜山人笔为投。

乙未晚夏与星社诸贤饮东台樱云台席上分韵得寒

大庭云心

无端把臂笑相看，一拂百忧胸地宽。好进奇兵冲酒垒，欲随名将笑词坛。满楼暮雨荷香远，当面青山鹃语寒。浴后轻衫凉味足，不妨醉去倚危栏。

谁复激昂回倒澜，辽东山水恨漫漫。干戈罢战乾坤静，翰墨缔交怀抱宽。风影雨声吹酒醒，松香竹气逼人寒。仙娥一笑来磨砚，展去云笺星眼看。

十一月十八日土城子战斗负伤越廿一日临旅顺阵有作

三谷耕云

自裹创痍气益雄，挥刀亦入贼围中。黄昏战罢收兵去，衣上淋漓鲜血红。

五月十二日凯旋到三十里堡望大和尚山有感

三谷耕云

九旬无暇扫征裘，今日南归心始休。云外笑看和尚面，金州城是小屏州。

夜过黄海洋

三谷耕云

樯折舰沉风浪狂，江天无月夜茫茫。篙师指点战争迹，鬼火吹腥黄海洋。

寄怀国分青厓

高野竹隐

南望匈奴涕泪斑，汉家闻说弃阴山。凭君落日长烟里，收拾沙场白骨还。

送横川唐阳之台湾

森川竹磎

澎湖岛上旭旗明，大冈山上铁猫鸣。兵不血刃版籍更，凌沧去试活人术。期汝别携一枝笔，瘴雨蛮烟莫轻出。

从军曲二首

太田芳洲

万里长征鼓角振，燕山风雪几酸辛。三军向处如无敌，忽见金汤碎作尘。

万马奔腾挥铁鞭，长驱馘尽敌三千。辕门忽涌凯歌响，铙吹穿云大纛鲜。

六月十九日樱云台雅集分韵得阳赠青厓兄

牧野静斋

黄梅时节会忍冈，细雨暗云自愁伤。青厓山人倜傥士，停杯听我叙心肠。东奥山川何苍莽，维昔独眼龙腾骧。升平久郁磅礴气，钟英籍尔吐灵煌。皇天不许一方宠，书剑飘然入帝乡。高蹈掉首不肯住，竿拂珊瑚啸南洋。回顾戏掬芙蓉雪，投之下界作文章。玲珑岂唯照车壁，金石掷地响铿锵。见者千人九百骇，有如荆棘栖鸾凰。辽沈八月胡笳急，将军奉诏赴战场。入幕烦尔草文檄，椽笔纵横观国光。惠日和煦秋霜肃，骄虏款关王化彰。呜呼明治戊辰中兴业，欲兼六合继祖皇。纷纷竖子徒误事，独以蛮触画封疆。忍冈遥连东奥野，血河骨山迹凄凉。岂不见往时乃主图南志，余烈千载震遐荒。况今圣帝御宇日，诗坛未容俊杰藏。何不挥尔天材美，黼黻盛世华庙廊。

芝浦晴瞩亭偶吟似柳塘词伯

河西啸月

海楼把酒晚风凉，醉倚栏干感慨长。万里南征人未返，水连天处望苍茫。

所 感

大久保霞城铁作

羽檄纷纷似乱麻，乾坤何日解干戈。古今无限英雄泪，偏向檀君庙畔多。

（以上录自1894—1896年博文馆刊《日清战争实记》第三十四期）

乙未六月在墨水别墅偶感时事作

依田学海

行诛非好杀，仗义岂贪地。咄哉彼三国，猜疑骋狡智。悄悄运密谋,汲汲图私利。圣明照区宇,远大蓄遐思。从容纳忠言,敌国优恩赐。莫言金牌名,遗恨燕云弃。战克将不骄,兵息邦有备。不见石晋时,乞邻护名器。一朝失强援,君臣徒垂泪。可笑李少荃,自夸帐中秘。不知藉他力,遂为百年累。白首老世途,烟霞入梦寐。时事动心胸,辗然笑攘臂。掷卷步江上,波山展双翠。南襄绿透树,清晓吐酸素。荡涤澄脑浆,峻楼当云路。闻说威猃狁,皇城返銮辂。魏阙集簪缨,周道簇鹓鹭。旧友妙文翰,雅颂驰时誉。又闻征不服,火轮南维骛。故人抱雄图,海岛旌节驻。羡彼并遭时,奇才辱殊遇。海内争颙望,士类咸欣慕。野性伏草莽,皓鬓娱晚暮。贤愚无等差,出处有好恶。功名属卿辈,万众容趋附。翠云围屋芦,掩映幽梦护。簿书得少暇,请幸枉一顾。

送横川唐阳以军医赴台湾①

森槐南

大纛自西都还感赋五首②

大桥豹轩

送横川唐阳赴台湾

野口宁斋

想见诗成意气雄,东宁今入版图中。关河莽莽千屯月,草木萧萧万马风。死士干城皆敌忾,书生刀匕又从戎。他时梦尔桄榔外,旌旆连云十字红。

---

① 诗见第一部分森槐南。

② 诗见第一部分铃木虎雄。

寄怀森鸥外在台湾

野口宁斋

炎风朔雪去来闲，奏凯凤城何日还。流鬼潮通天水外，大冤暑入鼓箢间。从军儿女文身地，立马英雄埋骨山。飒爽英姿酣战后，又挥健笔纪征蛮。

读赵翼《武功纪盛》有感台湾平定事赋一律即送松田学鸥赴总督府

野口宁斋

昔闻此地涨妖氛，羽檄经年犬一群。仑仔顶战，海兰察发矢殪贼，贼即披靡。笑曰："此一群犬耳，何畏。"鬼啸凤山昏日月，龙蟠鹿港惨风云。楼船东去海兰察，木笼北来林爽文。翼诗：木笼装囚语啾唧。指爽文也。今日武功谁纪盛，高歌聊复送从军。

水调歌头

金井秋苹

读史感今古，倚剑想纵横。嗟哉赵胜无智，上党构秦兵。四百余州疆土，二十万人豺虎，酣战似长平。倭子旧登岸，风鹤有先声。

冲威海，屠营口，陷燕京。王师所向摧朽，刻日举全清。要待雠廷俯首，岂许他人掣肘，意气擘鲲鲸。而后迄身毒，兴亚实随名。

森槐南先辈自广陵国分青厓先辈自海城并归与诸同人招邀诸樱云台酒间分韵得肴

岩佐眉山

一望青山万绿包，蒙蒙雨色接烟郊。三边已息风尘檄，四海须论诗酒交。浩落襟怀才吐凤，淋漓意气笔腾蛟。座中宾客尽名士，惟有鲰生愧斗宵。

忆昨西征奏鼓铙，广陵山色郁相交。军中豪气推高适，酒后寒吟笑孟郊。雪窖冰天仍绝塞，金戈铁马此同胞。与君高啸层楼雨，树暗千章走老蛟。

吟友某自辽东归赋此为赠

小室屈山

王师去岁歌远征，赫赫威武雷霆惊。满清宗社不支得，割壤来结霜关盟。旄星忽见聚欧北，芒角万丈冲天横。啸于野者兕耶虎，负隅之势无敢撄。千秋勋业何所见，一篑功缺全山倾。辽东碧血为谁溅，使人热泪流万行。可怜胡土望乡鬼，黄沙白草无人行。阴风惨淡榆柳暮，风雨时时闻哭声。闻君今归自此地，匹马孤剑如何情。丈夫心肠亦寸断，泣吊残垒仍荒城。归来柳城春已老，万绿烟雨新鹃鸣。不说千里道途苦，仗剑意气犹峥嵘。请君莫辞三杯酒，此夕把臂同谭兵。百年建策如相问，只合跨海屠长鲸。

乙未六月十九日樱云台雅集邀宴槐南青厓二君偶余归自战地邂逅旧社诸君宛有再生之感探韵即赋博诸君之粲

三谷耕云

一笑来陪名士筵，征愁如洗醉陶然。丽都歌舞逢今日，朔北干戈已昨天。细雨帘前新树暗，斜阳林外晚虹鲜。欣从杯底吟声涌，领得诸公金玉篇。

闻鸡林报

福井学圃

须知移突胜焦头，大势常牵志士忧。晋惠昏愚无果断，贾妃权诈误徽猷。未看平勃扶炎汉，空忆张崔讨武周。怜杀艰难锦陵尉，乾坤何处脱幽囚。

熊岳城驻军杂诗节一

早川峡南

吹面东风不觉寒，野塘春水绿漫漫。雨余柳荫听莺立，霞外桃花驻马看。归雁唤醒乡梦易，温泉洗去旅愁难。出门始识韶光老，岁月由来似转丸。

复州途上口占

早川峡南

东风不见酒旗摇，花落村墟太寂寥。一路青山三十里，绿芜芳草夕阳遥。

复州途上

早川峡南

飘零金粉夕阳斜，冷署何人扫落花。一代荣华空歇尽，侯门不及野人家。

春云漠漠雨凄凄，城廓荒凉落照迷。满目青山亡国恨，落花风里鸟空啼。

东风不见酒旗摇，花落村墟太寂寥。一路青山三十里，流莺声里绿迢迢。

杂　感

早川峡南

此中谁复问归期，行役连年痛别离。击筑空讴桑梓恨，寄书不作女儿悲。野桥风月秋迎塞，村店莺花春入诗。极目浮云鸿雁杳，故山返旆是何时。

（以上录自1894—1896年博文馆刊《日清战争实记》第三十五期）

送横川近卫军医赴台湾次宁斋韵

永坂石埭

铙歌相和海涛雄，小丑宁容妄启戎。既遣天兵回朔漠，径移仙橐趁炎风。囊中药物治痍易，幕内谁人草檄同。行看扶桑杲添影，枝南新擎日轮红。

东海道中

早川峡南

长枪大马向东还，尚见戎衣战血班。不是当年沦落客，凯歌声里度函关。函岭

红楼翠阁影相连，画里江山雨后天。绮梦及今须忏悔，落花时节过金川。金川

垂柳垂杨压短垣，白云流水绕田园。牧牛童子去何处，烟雨绿肥春一村。御殿场

曾向蛮陲赋壮游，少年意气不知愁。生还此日骏州路，笑上青山卖酒楼。岩渊

学海词兄示夏日书怀诗求余和即次韵二首

信夫恕轩

梅天日郁悠，孤窗堪翻籍。南风潜促暑，万籁自刻责。文章不值钱，顽节介于石。君才如马迁，笔下绕红碧。应有一部史，何辞翰墨役。邻徼频有警，肉食无奇策。朋党贪权威，祸机次第逼。丈夫志济民，谁讲安边画。呜呼吾老矣，徒耽蠹简册。

迭韵复迭韵，空素苦腹籍。骞袪痒吾伎，恐他汗韵责。汉楚亘兴亡，龙战传金石。征清忽凯旋，海陆辉绀碧。国家讳人才，大贤小贤役。文章博虚名，自知出下策。遭遇极间关，慷慨悱恻逼。苟得养残生，何须子孙画。微风燕子斜，细雨浥书册。

偶成

岩溪裳川

雨冥冥夜鬼啾啾，磷火碧迷边塞秋。眼见山河风物惨，无愁天子是无谋。

权谋一失悔渝盟，战苦黄龙云气惊。到底不知养兵术，长城以外有何城。

怒发冲冠骂敌时，壮容想见伟男儿。心丹血碧留遗烈，泪堕青山一片碑。

阴阴虎气瘴烟飞，万壑千峰雪打围。战罢征人犹有勇，一丸夜射大王归。

那边海岛是田横，青史长传殉节名。一死千秋媲双美，鱼龙夜哭咽涛声。

怜渠末路感何如，运尽苍黄百战余。知对风前残烛影，数行血写乞降书。

扫海殊勋绝古今，放降一断鬼神钦。风尘有色能相辨，即是将军天地心。

云霞出海曙光开，梅柳度江春色催，此日三军东望拜，嵩呼齐寿我皇来。

东来兵势压燕辽，积雪春消万马骄。若有闼宫经一劫，铜驼荆棘雨萧萧。

笳声一奏肃军容，来拜边城马鬣封。万里连山青若水，直将东海尽朝宗。

偶感

杉浦梅潭

纷纷世事易蹉跎，海外同盟竟奈何。笑通赵廷从老妇，憎闻石窟舞天魔。荻芦明水三秋迫，风雨青山六月多。宽猛谁今相济了，南溟未尚戢干戈。

将归乡之夕宁斋先生惠临卒赋请正

小室屈山

桥南话别一匆匆，此夕相看感慨同。大计如今关社稷，中原何处起英雄。纵谈世事诗无罪，且遣幽怀酒有功，西出都门三百里，乱山高下雨蒙蒙。

书　愤

濑尾蜻洲

决眦欧亚万里洋，千秋屈辱不能忘。男儿满腹淋漓血，欲为邦家洒战场。

得台湾信欣然有作

谷口鹿洞

台北城头建大旆，进兵讨贼善策机。食人蛟鳄须怀德，弄斧螳螂定悟非。密箐阴森遮热日，瘴烟溟漠湿戎衣。信书阅罢漏声静，梦向天边万里飞。

送友人某从大总督府之清国

陆羯南

壮心又作从军游，相送风云前路悠。倚剑唯当入燕市，请缨何用击羌酋。艨艟横海三千里，旌旆连空四百州。生遭戎马倥偬日，知尔功名笔欲投。

挽福原洞岩

牧放浪

胡服趋南国，敌情仔细寻。从容甘就死，慷慨悔为擒。草碧天涯骨，花寒地角心。游魂招不返，我亦感人琴。

挽福原洞岩次牧放浪韵

大村桐阳

侠士天涯死，游魂不可寻。苟能全国事，遮莫被人擒。肮脏英雄骨，轮囷忠义心。知音君已逝，谁为复弹琴。

七月一日于法庭等候室[①]

志贺矧川

好是帝都第一山，朝晖夕霭亦堪攀。风尘俗了诗人去，如许景光付等闲。

欲伴琴书避俗埃，机心怜我未全灰。辽东云色时时恶，又擘蕉笺草檄来。

英灵记得勒移文，得丧君家不可闻。□□做官□□吏，一杯谁酹生首坟。

梅雨时节雨初晴，半碗新茶一院清。寻常棋响琴声外，移榻绿阴听剑声。

缁尽青衫非我曾，也无风趣一分增。此间尤好领闲去，气味匹如退院僧。

寄某工兵少佐在占领地某行政厅

太田耻堂

四月稍融雪，山川古乐浪。未看桃李笑，何遭蝶蜂狂。骄虏逃无影，顺民怀有方。军中政成日，谁复赋甘棠。

---

① 原题为日文。

移大总督府于旅顺口因有此作

太田耻堂

陆驱兕虎海蛟龙，旭旆扬辉草偃风。万里山河添版籍，千年勋业几英雄。艨艟破浪先移镇，师旅安民后殪戎。别有天恩深不测，潮流犹许使船通。

从军行集句

铃木咬菜

将军大旆扫狂童，李商隐。铁券铭勋誓始终。朱弘祖。白首下帷复何益，李白。周郎少小立奇功。刘长卿。

闻皇军胜报八首

石桥汉南

雁碛秋寒烽火红，桓桓将士此从戎。胡笳叫月辽河北，铁骑嘶风渤海东。星斗森森辉地动，旌旗肃肃卷天雄。阵云万里燕京路，百二秦关指顾中。

十万王师联辔行，北风吹度拂空旌。云连龙塞榆杨暗，秋满朔方霜雪清。砂碛草凋悲胡角，关河日落赋边征。将军饮马长城窟，刁斗夜严天月明。

寒风胡角几沙场，我武维扬震四方。辽代残城今锁雪，秦时明月尚如霜。山河历历旌旄壮，泽国茫茫草树荒。勒马李陵台上晚，塞南烽火照天黄。

边月光寒照剑环，凯歌昨夜蹴冰还。契丹民族浴皇化，鞑靼君臣尚傲顽。铁马践蹂辽海岸，旭旗扬动满州山。北京从是指麾里，休说幽燕多险关。

大陆州藩羽檄飞，春寒霜雪满征衣。齐东父老颂皇德，河北屯营入帝畿。莫道山川襟带美，只看草木国人非。千年谁吊田横岛，莽莽风烟锁落晖。

层冰积雪夜凄寥，鸿雁西飞去自遥。朔漠雪沙风惨惨，边城杨柳马萧萧。天荒石破星河转，山裂海翻坤轴摇。从是昆仑八千里，何人先进建铜标。

霜满城楼月色寒，征人横槊气桓桓。关山笛里梅花落，骠骑营中胡角酸。千嶂烽扬虏军走，二陵风惨白杨残。燕然同勒神兵武，酿酒铙歌天地宽。

关山日暮马蹄轻，白草原头羯鼓鸣。长剑拂霜人未睡，胡笳入塞夜偏清。风声鹤唳非追击，虎掷龙拏几战争。谁道金城居万雉，受降只合到燕京。

（以上录自1894—1896年博文馆刊《日清战争实记》第三十六期）

寄斋藤大尉在台湾

福井学圃

版籍新开未建櫜，禁军遥压大冤涛。不容群盗妨皇化，暂以游魂贷尔曹。山拥鸡笼瘴烟黑，澳连鹿耳暗潮高。列营夜静桄榔雨，酾酒椎牛剑气豪。

寄广濑濠田在台湾

福井学圃

豫章百尺郁葱葱，夏暑指南天似烘。狔鸟蛮花排瘴雾，黄蕉丹荔熟天风。风云大木壮图古，耕凿红毛遗孽空。南北兵农皆慓悍，何时普仰圣恩隆。

送家兄唐阳之台湾

横川云波

又向台湾赋别离，偏由壮举几擎卮。直浮沧海尤关命，敢冒蛮烟不为诗。十字旌旗六军望，一枝刀匕万人嬉。愿军保重过三伏，笑伴王师奏凯时。

喜见从戎兴不孤，轩然意气出皇都。堂堂剑戟旧军旅，迭迭山河新版图。望里骋神千丈浪，囊中记事万言珠。功名何敢要轻弃，休负男儿六尺躯。

送井上公使再赴朝鲜

芳山越山

胸中自有屈人兵，万里重寻牛耳盟。风雨韩山犹黯惨，迟君霹雳一声晴。

乙未七月将赴台湾有作二首

松田学鸥

朔雪胡尘奏凯还，峭帆今日指台湾。琉球鼍鼓欢謡里，吕宋鲸涛睥睨间。南窜黑旗归剿抚，东来紫气压羌蛮。男儿本有四方志，休说征途万里艰。

吾生笔砚代干戈，万里从军鬓未皤。偏喜皇威开版籍，已听蕃部唱讴歌。澎湖淡水风云尽，新竹宜兰雨露多。圣世遭逢真快事，离筵杯酒亦恩波。澎湖、淡水、新竹、宜兰皆地名。

破阵乐闻早川峡南谈太平山之战赋

森川竹磎

朔天雁杳，龙堆雪满，平野千里。立马高丘一望，早虏阵旌旗迤逦。宵打严更，晨传号令，三军共起。看茫茫、一白乾坤净，被笳声吹替，修罗之地。战马嘶鸣，将军咄咤，匈奴奔矣。　犹记。战息人劳，风寒日暮，临毳帐，倾冷酏。只食些儿冰酪粥，强似玳筵酣醉。故人楼，初还日，今宵乐只。叹我长征随不得，郁胸中如山磊块，依君浇尽。我且为我豪乎，客能许未。

病中漫吟①

秋月天放

久雨叹②

秋月天放

送朴泳孝之米国

福井学圃

锦陵宫外天茫茫，中宵缇骑追捕忙。破帽烂衫以身遁，复看出日来扶桑。维厉之阶妇长舌，纷纷朋党颓纪纲。簪笄满廷羊头烂，琴弦已弛须更张。春秋列国事吞噬，彼眈眈者争贫强。合从连衡不可恃，山河八道思一匡。扶植独有邻邦在，千秋高义何堂堂。故人相迎情好笃，并州始信是故乡。王孙岂莫一饭报，范叔绨袍铭不忘。罪臣空俟乌头白，日夜辗转回中肠。海楼痛饮烧烛短，拔剑斫地歌激昂。峭帆西指华盛顿，北米文武兹观光。回瞻岳莲影渐远，鲸鱼跋浪开汪洋。碧血未化春申浦，行矣君子勤周防。

征台从军杂诗节三

森白洲

又从军旅向南洋，指点琉球海色荒。宫古岛边云幂幂，石垣山上月苍苍。吟诗长啸风神爽，对酒高谈意气昂。一剑何时加敌首，台湾千里望茫茫。

炮烟弹雨乾坤暗，死地置身生几回。月落千营旗影肃，笳鸣万里阵云开。铜标只合限南极，铁骑已看过北台。或笑清兵如蝼蚁，霜锋

① 诗见第一部分秋月天放，题作《七月病中作》，文字稍异。
② 诗见第一部分秋月天放。

闪处胆先摧。

劫后山河太寂寥，愁闻鼓角响中宵。故乡遥想春光丽，客地宁知乐事饶。万里梦寒江上雨，一痕月落岛边潮。枕头赖有残醪在，坐剪灯花尽半瓢。

代远征人赋

佐佐支岳

夜静阴云冷，胡笳一曲哀。腥风吹雨去，碧血化磷来。

征清战胜诗节一

佐佐支岳

血滴佩刀碧，山川旗影分。黄龙何处所，堕地失风云。

恭拜皇师凯旋卤薄赋一绝

藤谷紫澜

唐山韩水戢干戈，杀气痕收和气多。锦纛扬扬凯旋日，满城高唱大风歌。

征清战死者追吊会席上

藤谷紫澜

马革裹尸殊域天，长教麟阁姓名传。忠魂凛烈犹无死，应与皇军共凯旋。

日本刀歌

平山溦石

日本刀，锐何利。鸡林一挥之，魍魉魑魅争退避。日本刀，勇以豪，犬豚牛羊尽遁逃。义烈西征士，死生都任尔。朝拂绣岭云，夕断鸭江水。人鹰扬，马腾骧。胡兵十万齐慑服，此时此刀欻放光。六军丕绩长不灭，刀钦人也同殉节。呜呼日本刀用长，杀人剿马在寸铁。

出塞曲

平山漱石

王师征胡羯，志士从戎轩。祲氛遮海岱，天日惨以昏。寒飙吹白草，雪花扑马鞬。绝漠惊沙散，荒城胡骑奔。我今歌出塞，慷慨泪自繁。仰荷天子宠，俯思父母恩。岂谓归家国，誓期除祸根。一片丈夫骨，弗惜瘗郊原。

征清杂诗节录

高见爱洲

扶桑男子气豪雄，拔垒屠城半日中。三百余州无劲草，山河吹遍旭旗风。

略取清强势似霆，版图新辟布恩刑。军门别有快心事，大署标来民政厅。

驱逐胡兵刀不劳，皇威所及望风逃。一双赤手能擒敌，闲却腰间日本刀。

征清二十律和种竹本田君韵

松井友石

墨敕斜封出内宫，歼良又见叹蒙戎。歼良，见《诗·黄鸟》，付金玉均；蒙戎，见《诗·旄丘》篇，付朴泳孝。大梁谋托秦张相，张仪去秦仕梁实为秦，付袁世凯。小阁奸忧汉敬通。汉冯敬通有奸妻，付闵后。刘李儿孙恰豚犬，韩清得失笑鸡虫。杜诗“鸡虫得失无了时”。谁知洪范明夷国，虽有善谋聋聩同。

凌蔑东藩小附庸，卢胡海外博愚蠢。发蒙樽俎正彝宪，观武干戈折要冲。贪戾无休譬封豕，骄夸有悔见亢龙。太佳折翼陶公梦，犹剩天门最一重。

市道何须拜将坛，平生涵养臭如兰。一行敕符士心奋，半碗君恩颈血寒。德川清康以食碗赐酒，诸臣皆沾醉曰："今日之酒，吾辈颈血也。"猴阁伟谋今代举，鬼官战迹古城残。夜营谁赋辽东月，也作越山能景看。

惟圣皇天导帝衷，膺惩海外启元戎。盛京山谷方心里，渤海烟波双眼中。薄酒今宵劳旧倦，轻骑明晓计新功。城头月苦人难睡，军鼓声声了一通。

酒醒魂消生诀后，剑鸣神骋陛辞前。夜营虎啸风生地，晓角马嘶霜满天。慈刃杀人箴杵漂，残民发谷赈沟填。怜他兵祸冒城郭，前汉王商曰："无道之国，水犹不冒城郭。"舟楫依谁济巨川。

皇军向处捷书飞，靡草威风扇九围。茫渺天遥新领地，凄凌春浅旧征衣。败余村落炊烟瘦，战后城门荆棘肥。独不辽东归鹤感，用原诗丁令威事。故巢燕到主人非。

北地峭寒逼岁嵘，劲冰山裂响铿轰。荒林连幕晓猿骇，熕火焚天夜鹤惊。仁梃制来挞坚甲，神旗临处诫骄兵。何时洗雨霁风夕，《说苑》：武王伐纣，风霁而大雨。王曰："天洗兵也。"花拥城门春月明。

摩天笳鼓响穹苍，一击将歼十万枪。前甲后兵争败走，老魂幼魄免寒荒。圣恩沾似孤山地名雨，军纪肃如爷庙地名霜。鸿烈千年青史上，盛京省外拓封疆。

厅吏劳来乡曲豪，顺民买犊脱腰刀。三军纪律重臧否，万国评论任贬褒。破竹刃芒人马走，扫云剑气斗牛高。蛮儿犹记夏时服，想见仓皇避白袍。

穷阴凝闭雪连空，侵晓河冰万马通。朔北风声今败北，辽东鹤唳昨笼东。《北史》"笼东军士"，谓摧败也。将兵韩信多多辨，弄墨萧何大大功。齐唱凯歌还剑舞，彘肩斗酒一城中。

睥睨非常驾峻嶒，重重高绕半云层。人和不协三军溃，地利难凭九土崩。戎幕风灯红影乱，禁园朝露白华疑。即今汉帝思良将，屠狗遍寻至贩缯。汉将樊哙本屠狗，灌婴本贩缯。

异常物候士心惊，始识北清万里行。红火炮开龙旆影，白冰江锁马蹄声。先骑今夕放前哨，右队明朝突左营。攻击不须强弩力，皇风吹破水砂城。魏祖为马超所突，营不得立，娄子伯曰："今天寒，可起砂为城，以水灌之，一夜而成。"今敌城孱弱。

几回期死也生还，刀血拭来开笑颜。传酒雄谈劳将士，呼鱼谐语学戎蛮。郝隆谓鱼为"陬隅"，桓温曰："何为作蛮语?"隆曰："始得一蛮府，何得不蛮语。"积尸筑作鲸鲵观，丸土封成虎豹关。不逐胡兵西走路，辽东山是八公山。

鞭舞剑鸣骑突前，功勋第一绘凌烟。神州士马万邦震，亡国臣民众目怜。学士早图草降表，将军上略赋归田。金城坏矣铁舟覆，到处日章旗影连。

气斩长鲸掣大鳌，功名谁是最英豪。北洋水似吴江水，日本刀胜荆国刀。杜题画诗"焉得荆州[①]快剪刀，剪取吴松半江水"。剪断海门横巨舰，排开天阙建灵旄。烟台湾名望霁春如画，万里壮风涨绿涛。

到此君臣寝不宁，万邦何处哭墙廷。吴攻楚，申包胥往秦乞救，倚廷墙三日哭。千军勇士张虚势，一盏残灯保小荧。狼燧冲天晨月暗，龙旗仆海午潮腥。厓山战，元师期午潮上犯宋师，宋师俄一舟樯旗仆，已诸军大溃。吴公善谏今犹信，艰恃宫廷与洞庭。

锦袍灿烂映盘陀，骓也难前感慨多。谋略讲孙谈盖世，虚无说老辩悬河。即今胆落空蛮舞，此夜魂消只楚歌。自道中华文物国，胡为投笔事兵戈。

岂陷重围苦刘季，不须秘计诒阏氏。单于围刘季白登城，陈平出秘计诒阏氏得免。正功开国大君命，无咎有禽长子师。二句皆用《易·师》卦中字。蠢尔西戎违宪日，赫然南仲奉天时。用《诗·小雅》。汉威周德民人服，白帝城头拜帝厘。

争战以来无一败，将军面目返江东。项羽战败曰："我何面目复见江

---

① 当作"并州"，诗并误。

东父兄。”心肝磊落拔山势，意气崆峒盖世雄。玉帛受降纵民庶，版图画界别华戎。伟勋千古阿谁力，王浚凯旋不道功。西晋王浚受孙皓降，旋旆之日，口不言平吴功。

皇威照彻海西蛮，青盖使臣朝马关。大国拙谋招客笑，新厅宽政济黎寰。膺惩功奏干戈下，和睦盟成樽俎间。别有强秦试齐者，铁锥须断玉连环。秦王欲试齐后智，遗玉连环曰：“齐多智，解。”后引椎破之，谢秦使曰：“谨解之。”今以秦付英国。

黄海战代清人

松井友石

十只舰船近又远，见他船色都白灰，樯头红旗是日本。日本来儞勿仓皇，日船短小华舰大，华舰况又钢铁装。华熕先挑日炮应，飞电烧海龙门红，毒烟涨天白日暝。忽见数船沉又燃，燃者莫是日本舰，沉者莫是日本船。日船进矣华舰退，犹是得意夸战胜，归港传令捡舰队。捡舰队而耿其忧，岂图燃沉皆华舰，十年经营海上沤。

（以上录自1894—1896年博文馆刊《日清战争实记》第三十七期）

松浦伯爵公子鸾洲君得北海道所产良马见征拙诗赋呈

杉浦梅潭

松君爱马八尺余，长鸣向日惊群驴。黑鬣赤身何雄壮，雪白四蹄步舒徐。早遭伯乐识神骏，腹间旋毛果不虚。胆振州中新冠地，旷原九月严霜坠。龙种远从斯地来，盈槽白草啮所嗜。汝不闻去年朔北风惨烈，征人饮马长城窟。人马奔驰蹴银沙，千里关山雪渍血。将士愤战提白龙，荒原空埋棱棱骨。今日三军戢干戈，凯旋犹激壮士歌。骑出都门风物多，江东雨足长青莎。归来缓系垂柳下，解鞍收缰手抚摩。笑谓与汝功名期早晚，韎鞨天荒秋云远。

读《大纛余光》寄野口宁斋词宗

服部担风

雅有陈琳草檄才，不须髀肉叹空催。边城鼙鼓眼前震，绝海风涛笔底来。版籍文坛建铜柱，功名诗史绘云台。一篇直抵凯歌曲，恍瞻摇摇大纛回。

有怀赋三律

井伏素老

大诏宣来自紫宸，圣恩优及远邦民。三军所向如无敌，一剑能磨似有神。禽鸟羽仪奇瑞见，草莱风靡颂声新。微臣欲献南山寿，又遇澎湖岛陷春。

虎武龙威震万方，眼中无复觉罗王。三千里外山河覆，四百州余草木僵。天下壮观红字旆，阵中佳话白衣娘。当时也有灵鹰事，赋得新诗献我皇。

昨夜传闻到野居，挑灯时读讲和书。天机预觉予中夺，政策终归实里虚。锐意十年须雪耻，苦心千计不求誉。休言放弃辽东豕，举食豺狼尚有余。

甲午杂咏

宫内君浦

欲推牛后为鸡口，终见虎牙临鲽疆。兵气朝扬旭旗影，虏魂秋冷剑华霜。

峨冠头上有青天，飒爽英姿压百蛮。沙碛枯骸鱼腹骨，敢期马革到家山。

鹢首齐凌韩海潮，鹏程九万望云霄。雄飞聊试抟风翼，不许狂鲸跋浪骄。

绝海楼船鹳鹅翔，殷殷雄响送雷硠。鲎帆影散蛟氛断，虏鬼残魂泣海疆。

剑气压山山欲摧，战声撼地响如雷。天风吹散牙山雾，旗影遥迎出日开。

何怪军中气不扬，巫山娇梦易柔肠。可怜残垒传遗臭，零雨残云舞妓裳。

津云崖树震雄鸣，喇叭响高身后名。一管秋风吹抵死，死声犹奋进军声。

月苦寒山草木鸣，铮铮金铁虏魂惊。鞭声夜渡大同水，旗影晓扬平壤城。

将算谁窥虏帐深，群鸦翔集噪鸡林。三十六计走为上，宠赐重恩二万金。

远树班声边马嘶，残戈废炮散烟霏。虏兵知走不知死，风鹤声声惊魄飞。

鸭绿溶溶横眼前，率先谁着祖生鞭。横戈齐吐如虹气，一睨齐州九点烟。

雷炮霜戈略要津，三千苍兕气无前。舷摧楫折风霆激，腥雾秋沉骄虏船。

千舰吹烟万马鸣，九州稗海耐横行。关河不隔秦京道，直接素车迎子婴。

须永锼斋将航朝鲜营商业到马关罹虎列刺病受疗西京病院平愈而归访余曰摄养数月将复航因赋此以赠

三島中洲

夙赍大志航海外，欲矫韩市贸易弊。中途何料虎疫侵，暴吐剧泻身欲毙。扁针董药尽其术，一朝顿愈免危害。莫是天公借虎威，挫锐折锋示箴规。只合隐忍徐摄养，深谋远虑待好机。闻说外商多饕餮，不知永利在廉洁。虎视眈眈环四疆，恐吓欲歃鸡林血。对之有术柔制刚，坚忍不拔贯至诚。《易》曰履虎尾不咥人，祝君至竟夙志亨。

祝社员山中律凯旋引略

都筑九万

老幼欢迎各举卮，无论旧识与新知。不才身亦代诸士，为赋吾兄慰问诗。

诸将兼全武与文，知君重义远从军。维年乙未书披月，已及凯旋名又薰。

黄海鹰

都筑九万

几百海兵心益雄，暮烟堆里碎胡艨。苍鹰一见不如鸟，就我樯头祝战功。

心耿耿行拟骚体

陆军步兵少尉伊藤贞治

心耿耿兮去故乡，思报国兮情偏长。持利刀兮甘一往，天炎炎兮热难当。乘汽车兮如星速，搭汽船兮水汪洋。入朝鲜兮伸壮气，断鸡林兮虏远藏。风景殊兮居无惯，民寥落兮异古皇。驻我军兮临敌土，夜有梦兮吞满清。听鸡鸣兮难成寐，看床前兮月有光。于此地兮占领，向清国兮渡江。经山麓兮石险巇，越峻岭兮草微芒。枫重重兮缀紫，叶片片兮飘黄。光阴速兮无待，白雪零兮夜零霜。寒严冽兮侵骨，风淅淅兮透裳。踏蹯根兮志益奋，历错节兮气愈炽。二道河子兮一战，敌骑袭兮雪惊起。我军笑兮刀锷鸣，清兵惧兮争先遁。凭忠心兮战斗，受敌弹兮身不伤。弹丸飞兮衣为伤，伏义胆兮天降祥。析木城兮再战，敌将卒兮奔忙。陷海城兮迫北门，蹴积雪兮欢喜山。敌兵四袭兮尽挫折，敌将气夺兮心胆飞。抛铳器兮弃旌旗，将卒竞兮悉逃走。刀折失尽兮敢不迫，策穷力碎兮空逡巡。积雪没胫兮寒严烈，坚冰横须兮天凛烈。没胫横须兮敢不意,北方男子兮是健儿。凶贼毡毛兮我白袴,凶贼惊惧兮白袴队。天寒日暗兮乘未明,受任务兮深入敌地。飞雪纷纷兮咫不辨,轻装携剑兮望敌阵。烟台黯黪兮敌弹跃,破雪斫风兮我奋斗。生获敌兵兮十七人,从容归营兮全任务。石头山兮奄奄,乘暗夜兮突击。白刃灿兮寒月明,铳丸散兮火生花。喊声鼓勇兮攀山巅,硝烟涨天兮蔽白雪。敌兵惊惶兮悉遁逃,妖雾不散兮头河堡。铳声不尽兮西烟台,我军所向兮无劲敌。冲前后兮左右开,敌四散兮犹偷生。甘泉堡兮敌防战,蹴雪岭兮我迂回。窃胁侧背兮彼后顾,防守无效兮奔不遑。追击敌兵兮鞍山站,苍皇投窟兮沈阳城。再受任务兮笔管堡,自切电柱兮断军信。奉天牛庄兮今不通,牛庄城兮激战,忘死生兮终夜。死尸横道兮万犬吼,鲜血溅刀兮白雪红。将卒离散兮面缚降,吴大征兮今奈何。愿冲寒兮冒冷,任履雪兮踏霜。田庄台兮攻击,敌必死兮苦战。巨炮轰兮裂地,鲸涛沸兮崩山。我突喊兮齐肉薄,老将宋兮今何去。有寸胆兮须出战,击凶头兮为微尘。举河西兮一炬,见烟焰兮茫茫。倘清兵今来此,肝胆凛兮生栗。老大顽愚兮四百洲,姑息偷生兮伴食辈。割地偿金兮彼叩头,呜呼千古兮一快事。皇国威武兮宣四海,皇国光荣兮辉八纮。光风霁月兮天如洗,东海山川兮凌天卷地。

送西警部赴任台湾

嵩古香

以我文明讨彼顽,一身何避中多艰。飞霜珍重腰间剑,斩斫生蛮护热蕃。

寄怀森白洲在澎湖岛

嵩古香

殊区何敢说殊区,万里今归我版图。莫是岛云开寿域,澎湖回首是方壶。

逸题二首

吉原谦山

赫怒王师看凯旋，旭旗闪闪日东天。吾皇英武真无敌，博得威棱海外传。

弱者从来不敌强，收其战局卸戎装。国权伸矣兵威奋，圣德维樱万世香。

题《台湾画报》

有声子

不见雀鸦城上翻，风尘扫荡旧乾坤。惟教皇化随钧毂，万古金汤钥北门。

禁军兵势疾如霆，撼地喊声仿佛听。一片江山见图画，犹疑草木带余腥。

欢声载道竞壶浆，战胜王师鼓吹长。万户旌旗悬日月，洗兵一雨满城凉。

煌煌烈焰烂金山，狭巷短兵鏖战间。斩尽胡儿头一百，淋漓鲜血滴刀环。

云山历历望中明，落日溟门浪不惊。好此墩头看整旅，幢幢幡影指台城。

战苦营门滚血流，基隆城上落旄头。孤军婴垒犹坚守，一死吾怜张月楼。

马语萧萧堠火稀，金山树色迥依微。天兵夜度千岩月，凉露团团洒铁衣。

三貂岭崄削将成，溽暑皇孙下马行。极目通天唯鸟道，缘崖攀木是阴平。

郭外逦迤开翠嶂，郭中黮霸列高甍。胡兵不近重门锁，知是王师既入城。

将军南下战鏖开，鼓角无声有炮台。回首青山白云远，夕阳稳送钓船来。

（以上录自 1894—1896 年博文馆刊《日清战争实记》第三十八期）

读《大纛余光》赠野口宁斋

福原周峰

轮囷诗胆大于天，百尺选楼文旆悬。河岳英灵扶奏雅，风云戎幕绘筹边。圣谟神算古今亘，铙曲凯歌中外传。笔藻雄浑关战局，尽收心血入新编。

月下怀人

福原周峰

修箫有客说扬州，明月前身十二楼。缱绻交情怀旧雨，萧疏风味入新秋。蛮民未克沾皇化，贼匪居然逞诈谋。乌鹊南飞碧云远，替君一夜梦封侯。

寄人在台湾

斋藤栗堂

白旄黄钺羽林军，拟向殊方策伟勋。一战河山收版籍，百年天地壮风云。海南珠玉鼋鼍窟，台北荆榛虎豹群。一醉葡萄催剑舞，角声吹断夕阳曛。

日落辕门月似弓，旌旗满眼铁衣风。城中薜荔经年绿，海底珊瑚映日红。白马青丝怜草窃，丹墀黄阁想英雄。他时奏凯论诸将，谁是平蕃第一功。

群盗如毛杀气缠，台州草木惨风烟。班超异域方投笔，祖逖中原早着鞭。横海楼船鳌背外，乱山鼙鼓马蹄前。戍楼倚剑铙歌壮，铜柱云开大月悬。

回看扶桑望帝畿，丈夫报国岂思归。炎飙卷海鲸鲵吼，毒雾连天蟒蝎飞。草檄陈琳文藻在，谈兵杜牧壮心违。凤城月白砧声急，少妇空闺泪湿衣。

闻说朝廷策远谋，将军威信服蕃酋。劫余城郭鲛人泪，海上帆樯蜃气楼。坤轴南旋连吕宋，天河东注入琉球。侧身怅望空搔首，万里云涛莽欲愁。

原氏野毛山别墅题壁[①]

森槐南

凯旋歌十首次柳井䌹斋韵节录

内山东洋

千秋盛事凯旋年，万姓嵩呼銮辂前。富士峰头晨旭丽，百蛮遥仰海东天。

义战膺惩远赛周，笑他私斗鲁春秋。此间最见皇恩大，捕虏拜观还泪流。

戎衣尚染血痕斑，百战功成奏凯还。不见争功沙上语，相逢将士悉温颜。

决死将军从远征，马前流血不伤情。如今暗泪因何事，一队学童欢且迎。

美酒如泉肴似山，同闾群集贺生还。追思威海环攻日，啮雪深宵冲铁关。

海洋岛

和田松菊

霹雳轰天鲸鳄惊，艨艟粉碎怒涛鸣。于今海岛雨风夜，犹听啾啾鬼哭声。

---

① 诗见第一部分森槐南。

寄加藤少尉

和田松菊

胡地长征气倍豪，栉风沐雨几辛劳。牛庄城外试回首，铁笛一声寒月高。

满州遇春

和田松菊

旭旗闪闪翠微隈，战后胡人次第回。四月春风留马处，桃红李白一时开。

威海卫中佐芝直照

海门二月北风寒，满眼渺茫鸣碧澜。鸥鸟自知兴败事，波间收影夕阳残。

纪征清事以颂皇师凯旋四言一百八十八韵

森鸥村

朝鲜贫弱，独立尤难。三国同盟，乃日清韩。事大有党，自甘东藩。岁时聘问，为观国宾。人情守旧，政多因循。台鼎覆悚，牝鸡司晨。苞苴女谒，民庶诉冤。上下解体，已开祸源。朝野汹汹，国势日沦。东贼乘衅，反旗四翩。无赖白徒，蜂起蚊喧。商贾闭肆，农夫废耘。锄耰棘矜，反胜戈铤。贼势猖獗，官军逡巡。丧乱蔑资，国都将残。满清渝盟，援师占先。名托扶弱，实在并吞。一意排我，自绝和亲。圣上赫怒，治兵朝鲜。京城小战，知韩兵孱。牙山丑虏，进扼成欢。傍多河沼，水浸陌阡。松崎大尉，勇敢无伦。乱流挺进，是安城津。叱咤督战，被铳丸穿。玉碎第一，芳名何泯。一卒亦伤，创口不扪。犹手喇叭，吹奏接联。如恨如诉，声咽寒蝉。毙而后已，不耻王臣。阖军贾勇，究击呼欢。虏兵舆尸，溃走纷纭。牙山望风，兽遁禽奔。更据平壤，壁垒星陈。扼大同江，要害尤便。攻守难易，霄壤相悬。船桥里畔，战太苦辛。多丧我良，将帅伤身。佐藤大佐，发于元山。过无人境，至于顺安。突贯拔垒，合朔宁军。陷牡丹台，破玄武门。骁名啧啧，内外争传。野津将军，策略如神。四面合击，军令不愆。各队并进，奏不世勋。当时牙纛，出于紫宸。济济多士，扈从如云。战地捷报，偶达睿闻。天颜有喜，赏赐麻纶。山阳行在，殆三十旬。不营土木，不近妃嫔。服御常膳，减省几分。陋室容膝，忘万乘尊。议席临御，废一宵眠。圣德勤俭，亿兆涕涟。况是军人，常怀忠纯。匪躬蹇蹇，纪律胥遵。丰岛黄海，能犯狂澜。再度海战，每摧敌船。譬犹猛鸷，拷于鸟群。灵鹰呈瑞，固非偶然。或降或沉，维舟维人。北洋水师，全灭基旃。桦氏刚胆，为海军冠。水雷不避，以见本真。海陆连捷，兵气大伸。其势破竹，席卷九连。鸭江以外，扫荡妖氛。满洲之野，夙着先鞭。独眼将军，亦勇而贤。归拏卖邸，示不生还。万里相率，桓桓虎贲。海上无恙，上花园渍。旅顺炮台，与他不均。糜金几亿，竣工几年。拔之非易，摧肺析肝。攻自背后，不于眼前。先略金州，据以为根。直进一队，取大连湾。土城子役，交铳甚遄。众寡不敌，我兵丧元。或断手足，被割胸间。抉出肠胃，以砂土填。蹙頞酸鼻，始不堪看。于是乎知，支那野蛮。将卒愤慨，士气倍振。夙夜兼程，忘行路艰。椅子山上，炮垒尤坚。我三联队，先开战端。霹雳轰空，忽涨硝烟。耳聋目眩，漠漠殷殷。呐喊如雷，丑虏褫魂。万岁声里，旗旆翩翻。豚儿贞吉，亦凤翼攀。不奏微功，不负小瘢。幸耶不幸，徒得瓦全。老怀忸怩，忧喜相攒。各队戮力，攻击数番。仅仅两日，诸守悉拼。败虏奔窜，多匿市廛。杀戮无遗，流血成川。天道好还，此理妙玄。鞑虏虽蠢，或知其因。休息数日，金州回辕。各就冬营，发髀肉叹。先锋反之，寒暑无论。转斗千里，食匮衣单。流汗浃背，蒸热毁肩。积雪没胫，冰柱垂颜。足趾冻伤，行步蹒跚。原野萧条，山河渺漫。虎山之战，破敌数屯。其气沮丧，倒戈归跟。凤凰城下，空残燹痕。安东置厅，专抚土民。土民獉狉，动易怀仁。箪壶相迎，献豕献芹。上书颂德，其中有言。拨云见日，披雾看天。为政以德，星向北辰。行仁解愠，民仰南薰。运搬服役，每不辞勤。征发致物，毫不论钱。忘亡国憾，谢再生恩。讴歌击壤，表心肠丹。虐我则仇，抚我则君。古言有征，长垂后昆。岫岩析木，战况可观。缸瓦苦战，闻者悲酸。奉天在近，达连山关。北京犹远，滞海城边。败将宋庆，意气颇轩。老耄不揣，逆袭频频。乃木少将，金州来援。先略盖平，后太平山。山师团长，接踵而臻。从军步兵，亦尝苦寒。负重行远，短日渐曛。朔风挟雪，前途更昏。肌肤冻裂，手足瘃皲。气息将绝，性命才存。相逢佥道，过辽东原。当时困苦，生涯难谖。三军一致，势升朝暾。追冰不泮，遽鼓征蕿。牛庄营口，战血未干。蓦然烧尽，田庄台村。先是别军，攻威海滨。山路崎岖，海水湾环。层冰积雪，季节未春。百尺崖所，将星忽陨。欲屠炮台，以偿其怨。士气奋踊，势似鹏抟。各兵铁肠，打为一丸。坚垒爆碎，响震乾坤。水雷奏功，敌舰沉湮。北门锁钥，提督力殚。悉致残舰，且代众员。一死殉国，其情可怜。伊东海将，兵权自专。与舰载尸，送之海濒。将校暗泪，合掌香焚。人情至此，果见凉温。海陆二军，譬之车轮。已失其只，不转不迁。幡然悔悟，每逞傲顽。膺惩自招，天朝之嗔。屈膝请和，辞命殷勤。圣上仁恕，恩典极宽。割地偿金，所求有垠。且返侵地，事归圆满。圣德海大，遂得善邻。敌国人心，自是可悛。大纛指东，草木欣欣。府民奉迎，欢声满阓。建国三千，皇统联绵。旷古伟烈，永照史编。囊略澎湖，添版图新。方并台湾，更广幅帧。匪徒煽乱，讨伐自烦。潢池弄兵，不必大奸。不日镇定，何忧迁延。兵者凶器，好可洗湔。一战而胜，握东洋权。本朝威武，远西欧宣。六师振旅，扬扬凯旋。贱臣祝颂，不觉语繁。

（以上录自1894—1896年博文馆刊《日清战争实记》第三十九期）

观镇远舰引

土屋凤洲

双龙争玉势骄蹇，斗舰知是号镇远。其体坚牢且壮宏，东洋巨擘名赫烜。岁在乙未仲秋时，吾来目击叹雄姿。受弹四百八十四，其痕历历可辨知。忆昨黄海威海激战日，皇军突击雷电疾。墙折舷摧纷离披，此舰俨然独杰出。君不见东洋风云久含杀气，艨艟降附天岂无意。须知此舰从我天城及天龙，镇定远方遍布皇国之高义。

送水野遵君以政令部长官之台湾恭赋呈正

高田梅南

恩波南海渺无边，气象知君领万千。任重宁论道涂远，德高要使俗风迁。瑶琴台榭桄榔月，画檝烟波玳瑁天。竹马王侯岂儿戏，荣褒固不背当年。

功名只合勒铜标，去趁台湾万里潮。酋眷堂头优奏舞，蛮姬马上缓吹箫。乱山金石光云动，沃野稻粱膏雨饶。今日东来看紫气，瘴烟毒雾一时销。

送土居邮便提理赴台湾

古泽介堂

新官称意向天涯，万里遥乘八月槎。国姓犹思传我种，台湾遂见入皇家。炎方气候三收米，互市人民总制茶。自此书邮应计日，浮沉那畏海程赊。

横岙聚远楼雅集分韵得豪

大久保湘南

眼中人物尽英髦，宾位惭吾首独搔。此日遭逢前契在，万家烟雨一楼高。吟怜贾岛推敲苦，气压元龙湖海豪。睥睨连云峨舰影，雄风要截鄂罗涛。

军歌行为鸟居忱作

依田学海

平壤城，万炮裂云乱激射。敌有健将左宝贵，决死防战不少挫。数声鸣角和歌起，三军突前铁壁破。呜呼军歌作者谁，藤大佐。鸭绿江，千里长流波涛白。吾军欲渡暂踟蹰，水风裂肤如剑戟。一曲绝调万人唱，飞过直进拔敌栅。呜呼军歌作者谁，山县伯。清人畏我有三端，铳枪驰突爆裂弹。就中军歌最利害，兵锋未接肝胆寒。呜呼军歌述壮志，泣鬼神兮动天地。

奉呈山县含雪将军

二宫孤松

维新元老存几人，第一屈指唯有君。出入将相三十载，今回之事最绝群。出师万里奉诏敕，铁马蹂躏满洲云。制三韩者古已有，逾三江鸭绿江一名三江。者未曾闻。指挥一定向无前，未周年间歼妖氛。栉风沐雨虽得病，归来依然健在身。熊也[①]载笔在幕下，辕门草檄堪自欣。向来误蒙国士目，知己恩深酬无因。偏喜圣朝昨论功，果然推君第一勋。呜呼吾欲夸天下后世，近侍明治飞将军。

次　韵

大久保湘南

晓凉露泻碧花秋，破卯应添酒一筹。小盏浅斟银汉水，故人近作大荒游。文章云锦腾光采，版籍沧浪判浊流。七月天狼犹杀气，几时箕毕洗兵不。

---

① 二宫孤松(1865—1916)，名熊次郎，号孤松。

送山田贤台赴于朝鲜

成川堆碧

烽尘八道奈苍生，党籍功名蜗角争。济世无谋娴肉食，治民有术贵和羹。虚名自古多殃国，密法迨今尚悖情。临别劝君观大局，东洋风浪吼长鲸。

将之台湾留别诸词友五首

土居香国

秋涛八月笑登舟，直指天南美丽洲。葡人称台湾曰美丽洲。别辟桃源新版籍，金人避元，匿台湾，自比桃花源。却思森舍故城楼。森舍，郑成功少字。女耕男馌宜观俗，冬菊春荷可结俦。女耕南馌、冬菊春荷，皆蒋心余《台湾赏番》诗中字。聊挺幺么谋报效，休言载笔赋奇游。

世故劳劳五尺身，生无功业感怀频。橇舟北岭撑冰客，余官羽北□年。戎马南荒触热人。怜我妻儿偏惯别，期君诗酒永相亲。他时莫吝寄佳句，万里电通机若神。

醉迭《阳关》曲到三，东宁郑成功称台湾曰东宁国。山水共谁探。恩光合照番生熟，妖雾仍昏台北南。茜茂旧业疑血染，蔗开新境使心甘。猫兮美好仙兮悦，未嫁番女曰美好猫，已娶之番曰悦仙。荔子红肌映绿蓝。

万里山河眼界新，戎轩未可说甘辛。江湖满地谁知己，台阁如今自有人。犀甲蛇矛余草贼，鲲身鹿耳亦王臣。七鲲身、鹿耳门，台湾僻陬地名。南门锁钥俨然在，从是亚欧期善邻。

战鏖扬热肃旌旗，第一功勋果属谁。南国佳人迎笑未，东瀛仙客载来迟。紫槟榔缀香供馔，金髑髅横绿满卮。台北水楼他夜月，与君吟取寄相思。

哭阿弟川崎中尉阵没

川崎紫山

马革须裹尸，本是男儿事。军籍夙委身，深蓄万里志。恰逢满清衰，山河空遗弃。纵横按地图，经略驰梦寐。一朝妖氛恶，炮火激雷霆。阵云白日暗，杀气草木蔽。黄海与平壤，战胜有威灵。皇军破竹势，光威震四溟。戎装待号令，西望几决眦。腰间三尺剑，抚之自激励。艳阳三月春，从军旌旗丽。含笑谢阿母，斯身为国毙。君之将辞家也，顾阿母曰："以身殉国，武人之本分也，再会不可期。"因嘱后事而出。万舰破骇浪，叱咤指燕京。何图降使至，忽告平和成。漠漠黄沙路，漫漫行客情。空吊新战迹，鬼哭夜有声。南征向台湾，草莱期开辟。单身先士卒，驰驱纵斩馘。铳响摇山岳，枪弹似雨射。敌兵远奔窜，鲜血淋漓碧。追北入淡水，瘴疠正猖狂。况又痧疫起，将士骈尸僵。怜君刚健质，赍志溘焉亡。更深万籁寂，星斗凛光芒。庭训本忠孝，少小尤勇决。读书明大义，剑技入秘诀。绝域期勋名，慷慨肝胆热。一死报邦家，鬼神泣壮烈。忆昨壬辰夏，吾亦辞家门。君送出门外，其意挚且温。燕京重相会，临别唯一言。余之将从第一军赴战地也，君送出门外，握余手曰："于北京相会。"无一语及他事，而北京再会之语实为永诀之辞，岂不悲哉，噫！英姿何飒爽，至今不敢谖。吾病君终逝，幽冥何日遇。音容恍在目，哭来心血苦。王师未奏功，知君激余怒。千秋南溟月，长照埋骨墓。

送土居香国之台湾

山本梅崖

景色足供诗料不，江山千里任纵游。奇岩乱礁澎湖晓，凉月清风淡水秋。可使妖氛污胜境，合期王化洽荒陬。翰林吾亦弄文者，载笔他时上客舟。

独凭舷。

朝鲜海上

画美人楼主人

北风日暮激潮流，鼓舞诗情不暂休。月影碎银波万迭，朝鲜海上欲中秋。

宿高阳

画美人楼主人

碧蹄馆外草苍莽，晚宿高阳秋风爽。忽有电音从北来，王师今日取平壤。

顺　安

画美人楼主人

秋花狼藉过重阳，草露汚汚渐欲霜。营外月明人不寝，起看征雁两三行。

晓发嘉山

画美人楼主人

又策蹇驴破晓寒，嘉山北去路漫漫。芒花残月白如雪，身似从军陆务观[1]。

---

① 《后村诗话》："王景文乃云：'直翁未了平生事，不了山阴陆务观。'放翁见诗，笑云：'我字务观，乃去声，如何作平声押了？'""观"字在此读平读仄，目前学界仍存在争议。

龙川道中

画美人楼主人

北指龙川一路斜，马蹄尽日蹴干砂。眼中秋色无多子，满野西风白草花。

义州道中

画美人楼主人

笑倚征鞍意气雄，茫茫旷野草连空。秋风千里义州路，鸭绿江横咫尺中。

九连城即事

画美人楼主人

浩浩平砂塞草黄，风高过雁不为行。谁知一剑从军志，鸭绿江头倚夕阳。

读军歌《鸭绿江曲》赋奉含雪将军

画美人楼主人

月暗阵头吠夜龙，将军不寝对残缸。忽想万里渡河状，为赋一篇鸭绿江。

有感赋奉含雪将军

画美人楼主人

汝之天堑意如何，我架长桥夜渡河。别有将军素心惬，功高战骨亦无多。

凯旋诗题词滨野穆轩嘱

服部担风

明良值遇水鱼依，奏凯唯言仰圣威。久向山阳奉銮驾，夜营霜逗衮龙衣。

万岁嵩呼盛德隆，六军振旅自西戎。词臣争献洗兵颂，墨气腾成五彩虹。

金紫满肩飞将军，恩荣昨拜九重云。文章鼓吹升平调，谁是词坛第一勋。

铙歌筝阵选声新，颂到皇谟格调振。一洗绮纨文弱习，便看忠厚尚诗人。

（以上录自1894—1896年博文馆刊《日清战争实记》第四十期）

送土居香国赴官台湾①

森槐南

圣代诏敕全书题词

野口宁斋

庆云复旦光陆离，衔诏之凤朝来仪。兰台史臣正染翰，龙颜有喜天下知。中兴堂堂五事誓，大宪赫赫万世基。虎拜稽首武臣肃，菁菁者莪文教熙。曰和曰战惟圣断，万国仰瞻膺惩师。不辜不杀降者赦，穷毛编发雨露滋。黄麻千百纂一卷，昭代勋业俨在斯。皇祖皇宗经纶旨，尧典舜典润色词。平蛮当日亦千古，先臣早朝候凤池。香烟缭绕和墨暖，想到殿前停笔时。甲戌征台役，家君官史局，赋诗云："平蛮功业仰明主，也胜唐家伐蔡时。草诏殿前停笔久，愧无纪事继韩碑。"

---

① 诗见第一部分森槐南。

次土屋凤洲观镇远舰诗韵

三島中洲

大舰钝如驽马蹇，镇远名虚不镇远。迎吾舰队御近海，辟易皇旗旭日烜。最是威海苦战时，万炮击摧失元姿。获来远系东海滨，清虏丑辱天下知。唯恨万客纵观日，吾独闭户养老疾。偶阅高篇同目睹，句句况如吾口出。君不见神州二千年养士气，四千万一心奉天意。坚舷巨炮百艘镇远，不及民心一片忠义。

贺立见少将凯旋少将曾学于昌平黉既而佐幕府与官军战后归顺为法吏属余在新治裁判所西南之役自奋从军诗中故及

三島中洲

谁言书生不知兵，君以书生入军营。谁言俗吏不应变，君起俗吏善斗战。谁言降将不尽忠，君出降将立勋功。勋功自西南役始，奋勤王事不顾死。累进将校佩金牌，书生俗吏侧目视。更会征清义军兴，一跃跨海意气腾。慈如菩萨猛如虎，使用万兵同股肱。韩山既胜入辽阳，触处击破我武扬。最是奇勋名赫灼，牡丹台上放天香。

星冈茶寮送土居香国之台湾①

岩溪裳川

送香国土居书记赴任台湾

杉山千和

郁然四时绿，不见山骨癯。怒涛澎湃响，势似万马驱。乘嗟自远

---

① 诗见第一部分岩溪晋。次联夹注云：闻生蕃土人栖息于深林之中，时出寇；熟蕃土人畏之，尽伐林木备不虞。故生熟两蕃以林木有无其境界相分。

望，缥渺宛瀛壶。登岸就见之，鸡犬别一区。其田则上上，禾黍青毡铺。矧又诸山脉，产金银玉珠。呜呼我圣皇，英武万古无。如此天府地，一朝归版图。故人今奉命，八月上长途。不厌残炎苦，奋起助庙谟。邮信传遐迩，仁政抚寡孤。恰似甘雨下，勃然万象苏。有时吊古迹，徘徊海之隅。堂堂郑大木，其志不烈乎。有时采名胜，一瓢同友于。隆江月夜舟，足以供清娱。俟君长篇大作随手成，遥寄千里慰老夫。

读《每日新闻战记》寄津野联队旗手

永松丰山

年少从军辞凤阙，威风凛凛气勃勃。当选能护联队旗，奖励万兵每先发。进击长驱冒险艰，弹丸袭来贯胸间。僵而不屈仗旗起，鲜血淋漓草色殷。诸将劝去不肯退，裂衣蔽创且开颜。其身重伤总如忘，唯道恨未歼虏蛮。呜呼明治十年西南役，乃父为国身命掷。嗣志亦竭孝与忠，亲子功名垂竹帛。

田庄台进击纪事

早川峡南

满野旌旗照月明，萧萧人马彻宵行。非同访友游剡水，太似衔枚入蔡城。天以春寒增岳色，雪催冰结息涛声。晓来整阵难轻发，气压蛮胡十万兵。

盖平驻军杂诗

早川峡南

此中谁复问归期，行役通年痛别离。击筑空讴桑梓恨，寄书不作女儿悲。野桥风月秋迎塞，村店莺花夜入诗。极目浮云杳雁影，故山返旆是何时。

呈冲原陆军少将

早川峡南

臆昨天涯奏伟功，谁人不敢仰英风。机宜先决军常奋，韬略全谙气自雄。一片丹心推壮烈，双行热泪说忠诚。惭吾陪坐存狂态，赖有将军谅寸衷。

甲州途上送冲原将军之东京

早川峡南

空际回头天目山，萧萧暮色白云间。当年战迹那边是，应有将军抚剑看。

肥马金鞍向帝京，栈云峡雨杳征程。山河历历怆然感，廿四关荒鸟乱鸣。

奉祝大纛凯旋二首

前冢芳南

开得东洋新太平，战勘宽纳敌降情。余光遍及泰西国，岂翅皇威海岱清。

五十三亭即帝京，牙旗遥发广陵城。知它亿兆欢近里，丘亦应传万岁声。

贺征清军凯旋二首

前冢芳南

万里讨清威武扬，便经韩海入扶桑。快心想象班军地，悉昨连勘新战场。

威振八荒联队旗，阅年底绩六师归。谁言帽服破仍垢，即是耀乡红锦衣。

船田陆军步兵少尉挽词

森鸥村

讣音忽到自西方，亲戚交朋余恨长。死后纵教驰令誉，生前奈不佩勋章。美名千古留明世，灵骨一朝埋故乡。报国丹心同楠氏，遗言切至说勤王。闻少尉台湾某所役，不幸中敌弹，自知不起，嘱队长以俾二孤成长后，绍遗志向而奉职陆海军，能效匪躬节事，一言不及家，故及。

在熊岳城寄怀金荣贵在杨花店

早川峡南

曾向杨花店上行，寒梅树下见阿兄。幽情不背同心结，雅谊难忘割臂盟。狂逐雪风奔绝塞，怅逢花月隔重城。风流吾是依然在，欲寄相思赋未成。

寄冈本随轩余时在盖平

早川峡南

金石交游向有之，钦君潇洒好生涯。花前觅醉春携酒，月下寻朋夜斗棋。诗品清腴无俗调，性情孝友出天资。惭吾独作风尘客，塞外尘沙感鬓丝。

澎湖杂诗节二

森白洲

万里南溟杳渺间，征旆所指破群蛮。瘴烟疠雾一时散，旭日曈昽台富山。

晓角声寒月影流，满天风露望悠悠。横戈有个吟诗客，占得澎湖岛上秋。

寄森君白洲在澎湖岛

松林古陵

丈夫何敢老蓬蒿，万里从军意气豪。朔雪炎风经战伐，蛮烟瘴雾记勋劳。指呼河岳歌当酒，叱咤鲸鲵笑抚刀。篝火夜残戎幕雨，海天如墨黑潮高。

须永矱斋病起有诗次韵以赠

冈本随轩

刚健真如故，应因养气深。救人推厚谊，报国见微心。兴废忽怀古，死生方会今。忽忘流疫苦，尘世有浮沉。浩叹非望蜀，一篑只亏功。谁道海无浪，不知天有风。人民皆义勇，将士尽诚忠。鼓舞奉公志，何当安大东。

叠韵寄矱斋在鸡林

冈本随轩

云鹏搏万里，鳄浪远帆深。高尚磨奇骨，报难练侠心。维新已为昨，更革不如今。大厦危倾久，波澜欲陆沉。发奋酬初志，须成不朽功。变迁观国体，细大察民风。唯有李牛怨，未闻房杜忠。我邦余力在，似障百川东。

秋 怀

铃木咬菜

一衫沦落独长吁，其奈光阴似隙驹。阶砌月明鸣蟋蟀，池塘风飒战菰芦。犹余客气由年少，空慕故园非丈夫。回首王师连报捷，请缨何日缚天吴。

中宵置酒倚高栏，睥睨长空发浩叹。蛮洞风云天尚黑，边城草木血才干。宝刀今夜龙鸣起，雄心何时鹏翼抟。雨洗甲兵秋万里，仰看星斗影阑干。

书生落拓卧茅茨，奈此云龙际会时。无数英雄麟画阁，百年名姓豹留皮。家藏一剑果何用，身长万夫曾所期。秋入郊墟灯影淡，满阶风露暗蛩悲。

吊细井曹长

尾泽三省

抃舞辞家国，执戈从远征。多年期报效，此日失干城。梅雨萧萧响，榴弹扰扰鸣。狮球山下路，树石勒芳名。

吊细井曹长

铃木听泉

从诸将后督亲军，未策征台第一勋。谁识王师连捷处，狮球山下吊夫君。

寄陆军一等军医正藤田嗣章君在台湾

饭田信逸

毒雾瘴烟凝不流，天南水尽夕阳愁。想君手有活人术，一匕直应除万忧。

（以上录自 1894—1896 年博文馆刊《日清战争实记》第四十二期）

迎井上公归朝赋此奉呈

古泽介堂

井公高节凌古人，堂堂智勇留侯伦。高官大职视如土，解难排纷扶弱邻。平生有养谁得识，年过六十头犹黑。周年之间再使外，只看和气溢颜色。归来万里行装轻，风涛收迹秋天澄。只将谈笑代兵甲，此事如今谁复能。

送土居香国赴任台湾

田中青山

连天鼓角壮王师，正是男儿报国时。九万鹏程新版籍，三千鴃舌小蛮夷。军中消息置邮速，海外文章落笔奇。嘱汝羽书旁午里，野花为奠郑森祠。

八月二十八日星冈茶寮送土居香国赴台湾兼寄横川唐阳

关泽霞庵

蝉音送斜日，寮树茶烟清。劝此一杯酒，饯君千里行。东宁化未洽，匪徒尚纵横。总督已开府，六师连进兵。彼固鼎鱼耳，一燧应就烹。仁慈体圣意，怀柔容款诚。君今奉王命，蛮貊开邮程。猺鸟狁花路，瘴雾蛮烟生。吟躯须珍重，寝食休轻轻。忽想唐阳子，唐阳以军医，已在台湾。金匕在军营。相见话今昔，当证胶漆情。不知话别久，绿酒巡几觥。草虫咽阶砌，凉月当轩明。

梦登富岳

岩溪裳川

丘神授我丈余铁，飘飘敢学御风列。脚底薄激奔雷霆，仙凡两境一步别。盘空气象凌峥嵘，振衣直上险九折。云雾变换星摇动，峰头一喝石亦裂。此时奇景何处探，茫茫天地混沌穴。帝座咫尺呼吸通，不知人间六月热。三更日出扶桑枝，群阴四散魑魆灭。下界万里归双眸，是山是水没凹凸。异草有花香扑衣，赭鞭着处露颗缀。笑昔徐生留幽跫，秦代君臣共痴绝。镇护神州三千年，金瓯自古仰无缺。我皇昨起膺惩师，征讨诸将受旌节。貔貅百战齐挺身，沙场功名见汗血。孕灵毓秀难端倪，其气磅礴出英杰。平生我亦期一游，夜来枕上梦飘瞥。虚室生白天已明，肃然起敬太古雪。

丁禹庭

香川香南

百战捐身活万兵，从容就义姓名馨。茫茫四百余州里，一个男儿是禹庭。

从军行

香川香南

战胜三军势益豪，辕门置酒读龙韬。一声猛虎千峰月，秋满韩山剑气高。

都门秋思二首

城井锦原

寄迹都门二十年，秋风西望抚刀环。三人有姊皆为寡，一子从军尚未还。此夜顿生新白发，何时归卧旧青山。曾游搂指茫如梦，明月打鱼漶水湾。漶水，乡里之水名。

商飙策策度林皋，推户城头月正高。南国捷书投笔叹，诸生空论隔靴搔。迂疏难用樗材大，迟暮徒夸诗语豪。身住都门尘土底，锦江空忆浣花邀。末句放翁成句。

从军行八首

平山漱石

悬军万里入辽阳，秋凛腰间三尺霜。何日讨平胡虏尽，扶桑杲杲拜曦光。

锦旗高耀三韩野，铁骑横行万里城。只为王家期挞伐，不论麟阁画功名。

白草荒原入战尘，貔貅更向古天津。前军一队斗方急，昨夜生擒二万人。

胡笳吹歇肃军营，落落霜天雁影横。月下精兵三十万，一时横槊赋边征。

前旬已拔牙山垒，今日又屠平壤城。黄海漫漫无一敌，长风万里怒涛声。

棨戟如林绝海头，高吟笑倚月明楼。可知乌鹊南飞夜，正是将军横槊秋。

斩马杀人三尺刀，纵横驰突不言劳。归来笑见篝灯下，红血淋漓染战袍。

胡天秋老朔风寒，八道山河血未干。远上古城高处望，黄龙灭没暮云端。

读《大纛余光》寄野口宁斋诗宗

平山漱石

桓桓上将压幽燕，大纛高牙日月悬。举国臣僚皆敌忾，六军戎马偏行边。兵威四百州中震，皇化三千里外宣。旋见诗人敦厚意，更收雅颂入新编。

送人之台湾

平山漱石

危楼醉舞剑花纷，知尔豪怀添几分。羽檄交来遥道路，山河一望壮风云。沙场不惜埋奇骨，铜柱须期勒伟勋。睥睨乾坤捻髯笑，英雄竟合是终军。

赠大山大将在战地

秋月韦轩

远谋深虑在先天，功欲成边欲益坚。事是机观机常审，兵之势知势要圆。气吞四百余州地，思溯三千几世年。更立斯无穷国本，老狂难忘此良缘。

溯汉江

和田松菊

明月三更雁几双，秋风白露满篷窗。狂人此夜多乡梦，一片孤帆

日之夕。岩户虽设常不扃，猿鹤来往烟萝冥。卖薪沽酒醉而卧，山鬼私窥夜灯青。去年鸡林变乱起，僻乡旁午羽书至。抛斧把剑忽从军，掉头故山莽莽翠。沙场转战几处移，十里百里何所之。如何妻儿无消息，岁晚橡栗应疗饥。一朝感激气如虎，华萼诸王同艰苦。眼前敌垒列旌旗，山河震动急鼙鼓。蓦地大雪没人深，天色黯澹边日阴。奇寒沁骨指将堕，陇头已断流水音。多时酣战终凯捷，千尺烟尘压雉堞。纵横斩馘摧朽木，败兵奔窜纷落叶。却见伏尸血痕红，腥风满地来悲风。可怜游魂招不得，乡人殒命兵马中。生还今日变面貌，经年辛苦思朔北。紫绶金章何曾望，白云依旧在其侧。

台　湾

古泽介堂

台湾始蒙日月临，黑旗敢叛乃何心。土猺山獠我赤子，岂容鬼蜮逞荒淫。总戎亲王监哮虎，剪屠已到台中府。白马青丝能几时，如闻薤粉十月期。只须面缚冀万一，天子之恩汝不知。

送土居香国赴台湾

野口宁斋

兹游奇绝百篇诗，决眦南溟帆影迟。雨啸风呼毗舍国，神呵鬼护郑森祠。髑髅碧浸千年血，橄榄黄连十丈枝。此去苍茫天水外，故人书到是何时。

盂兰盆节书感在台湾

横川唐阳

征战谈酣剑气催，膝前此事梦低徊。戊辰岁，家君出征于北越，儿时屡闻其状。秋风铁马三千里，家祭兰盆十七回。先陇寒泉空宿草，南荒落日独登台。垂髫稚子今人大，也伴王师执戟来。

舰　宴

横川唐阳

蒲桃逢美酒，取次不停斟。四面秋涛健，中天皎月临。看星拌剑舞，横槊压龙吟。乌鹊南飞去，楼船夜色深。

七月二十六日慰问使中村侍从武官见临恭赋

横川唐阳

宸念纡炎陆，云涛远问寻。兵丁枕戈久，瘴疠毒人深。紫气随天使，薰风颁凤音。甘醇恩赐在，再拜向东斟。

八月十四日雷雨率赋

横川唐阳

雷雨南山气势奇，早期来日捷书驰。云中一道剑华紫，想见王师电击时。

寄怀家兄三松

横川唐阳

群盗如毛警尚传，关河迢递涨烽烟。炎云南地铄金日，故国西风湛露天。父老辛勤稻粱熟，王师踊跃鼓鼙阗。鹅湖山下应思我，黍酒香吹秋社前。

寄印月从弟

横川唐阳

西风回首忆曾游，地北天南道路悠。灯火艺窗消永夜，鼓鼙战垒警高秋。书生力学光阴贵，壮士从戎肝胆投。记否扁舟同出峡，橹声雁影一帆愁。

送土居香国赴任毗舍那次留别韵五首

津田杉南

铁版沙前蟒甲舟，先从梦里泊烟洲。三摩宝剑秋生座，一掷金觞月满楼。此去鸡笼连淡水，尔来猫盂是佳俦。安当附骥行千里，毗舍天南赋壮游。

蛮烟莽合七鲲身，到日君应感慨频。跨海已看新绣服，避元忽忆古金人。少寒多燠居偏易，午葛朝裘迭可亲。笔底径须收拾尽，狰狞牛鬼又蛇神。

与马飘游影作三，山红涧碧尽穷探。天阴云线桥之北，路阻铜锣塞以南。鸟翼文如存旧俗，糗餐团片有余甘。诗成题破芭蕉叶，泼墨如云散浅蓝。

骨健能禁风气新，嗤他蒲质说艰辛。使查录好携台海，丛笑篇将续裸人。夜月镇阴怀十勇，夕阳岬角吊孤臣。想君卜宅雍容处，竹壁茅檐作比邻。

闻说神兵剿黑旗，安民从此欲凭谁。荷花作意迎春笑，细菊含香度腊迟。麻达默移灯一烁，好猫娇劝酒千卮。未嫁蕃女曰美好猫。醉来犹讲抚摩策，何暇莼鲈费梦思。

送土居香国赴任台湾节录

高島箑川

男儿不可老江湖，万里天南应募趋。征蛮都督要能吏，海外拓开新版图。

离合浮生聚散云，《阳关三叠》易伤神。他宵文酒风流会，丽唱妍酬欠一人。

万里长风绝海船，青空蒙处水连天。知君明晓舵楼上，背指暾暾日出边。

诗境年来恨不宽，天涯载笔向台湾。此行不负平生志，欲以斯文化百蛮。

钓竿惯拂紫珊瑚，是岂寻常渔者徒。咳唾一喷千斛玉，多于渊客满盆珠。

题征清将士撮影帖

城井悔庵

开卷如对面，飒爽其英姿。凛然毛发动，想见战酣时。硝烟弹雨中，擒将救婴儿。呐喊震天地，斩敌夺马骑。旅顺称金汤，威海亦汤池。狼狈弃戍遁，乞降建白旗。吊民伐其罪，谁抗王者师。阅来书窗下，慷慨起雄思。撮影夺天工，真相千古垂。

（以上录自 1894—1896 年博文馆刊《日清战争实记》第四十四期）

送人之澎湖

大桥豹轩

别泪且衔鹦鹉杯，南方多难亦堪哀。瘴烟满地戍楼出，潮道通天蛮舶来。关外已飞司马檄，帐中新用伏波才。澎湖西望风波恶，要警边防备变灾。

送香国土居记室之台湾

柳井絅斋

寥廓秋风一雁还，楼船带月入台湾。洪涛万里连潦海，大木千年拥乱山。跋扈黑旗徒恃险，怀柔红帽宁辞艰。洗兵不日壮词赋，眼见讴歌生熟蕃。

寄水野大路在台湾

龟谷省轩

朔风卷地无立草，江河滔滔狂澜倒。诸将崩角将军门，谁能奋死婴城堡。郑公豪气横九州，直焚儒服着兜鍪。百战要复京华地，慨然击楫誓中流。朱火余烬吹不起，皇子都作南冠囚。台岛独奉明正朔，天兴开府三十秋。皇威今日加遐僻，斯地方入新版籍。使君奉命抚黔黎，应慰泉下忠义魄。愿磨悬崖十丈石，大书深刻表遗迹。

台北偶成在台湾

栗本碧水

满目山河烽燧惊,戎装万里又南征。慭沙江畔金笳动,乱棘原头铁马鸣。战士风姿浑卓落,词人意气尚峥嵘。临风一啸戍楼上,星斗阑干台北城。

纪韩山兵变

依田学海

秋风惨淡光化门,椒殿梦破惊香魂。宫闱预政本不祥,女祸乱国悲渊源。瑶阙不锁妖云裂,唐家韦后出一辙。宝刀如水雌龙死,芙蓉露污杜鹃血。东洋从此狂澜危,岂啻李姓衰亡悲。谁挥只手扫阴雾,天清日白知何时。

都门秋思

田边松坡

关河迢递雁呼群,满眼旌旗秋色分。捣月砧声催客泪,横天剑气动星文。烟尘未熄凤城戍,将相已论麟阁勋。愁对长风怀万里,海南孤岛暗祲氛。

咏松浦鸾洲公子爱马龙桥

田边松坡

雄姿伏枥感恩深,麟阁大功成一心。风入四蹄翻白雪,日辉双眼烂黄金。骄嘶顾眄铁鬐动,猛气骁腾天骨森。云物中原秋惨憺,何时蹴蹈贺兰岑。

秋　感

土屋皆梦

万里西风送塞鸿，何人长剑倚崆峒。秋寒大泽龙蛇蛰，木落荒原狐兔空。台府怀柔犹不易，金州措置未全终。中兴将相尽凋谢，每遇时艰感那穷。

秋日书怀

关旭岩

一寒换酒有青衫，只恨无才似贺监。聚散浮云眼徒瞥，是非世事口须缄。愁边伴侣呼红友，静里功夫讽碧岩。回首海南秋更惨，纷纷血雨带潮咸。

秋怀八首用杜甫秋兴韵

本间苍涛

钟声破梦响遥林，落木萧萧夜凛森。残月孤篷霜气冷，秋风一笛海天阴。故园松菊虽娱目，远寨干戈尚恼心。忆起边城征戍苦，五更欹枕听寒砧。

烟笼远树雁行斜，满目凄凉着鬓华。晨溅数行飞将泪，夕迷千里使臣槎。风腥渤海啼群鬼，月黑边城急暮笳。一片丹心无限感，中宵默坐剪灯花。

树色苍茫正落晖，长天目送一帆微。巨鳞卷浪蛟龙怒，健翮盘空雕鹗飞。暮四朝三谋不决，翻云覆雨事皆违。遥忆南征未归士，故国秋风鲈正肥。

看来世态一枰棋，昨日欢娱今日悲。敌国秋风马肥节，故园明月雁飞时。欲排妖雾志难就，又挽倒澜机已迟。回首将军犹在塞，暮云千里寄相思。

辽东万里好江山，夜夜犹来梦寐间。风急鼓声摇汉寨，秋高雁影度秦关。慷慨谁吊英雄迹,憔悴堪怜壮士颜。台阁论功何早早,一朝屠狗列鸳班。

伤心无限大江头,涕泪潸然落日秋。满地干戈留旧恨,连天草木入新愁。欲忘荣辱随黄鹤,懒把兴亡问白鸥。劫后悲风吹不尽,苍茫四百有余州。

辘轲何日奏微功,至竟人间醒醉中。半夜蛬蛩咽明月,满川芦荻战秋风。新愁客馆鬓丝白,旧梦酒楼灯影红。麟阁勒名非我事,烟蓑雨笠伴渔翁。

夕阳红没柳逶迤,景物凄凉万顷陂。暮色苍茫烟匝地,寒声淅沥叶辞枝。胡城月苦雁行乱,沧海秋高帆影移。枨触人间无限恨,残灯剔尽泪空垂。

时事杂感[①]

大桥豹轩

秋兴八首依杜甫韵和之

平山溆石

狂飙一夕响虚林,黄叶清霜秋渐深。寥廓长天含杀气,莽苍大陆散幽阴。偏怜少妇空闺意,却忆男儿许国心。回首远征人未返,月明万户乱寒砧。

一带暮山云影斜,茫茫何处是京华。高楼我酌巨觥酒,远道谁乘沧海槎。秋冷边庭号虎豹,夜深绝塞惨芦笳。豪来把剑婆娑舞,三尺霜光纷散花。

星斗阑干大月辉,瀼瀼白露湿征衣。汪洋溟渤鱼龙啸,迢递关山雕鹘飞。义士从军名益盛,书生投笔志何违。闻言台北寒犹晚,苜蓿秋高马正肥。

① 诗见第一部分铃木虎雄。

世局真成等弈棋，风云变化使人悲。长城霸业秦兴日，易水短歌燕灭时。自古运筹仍要早，于今振武尚愁迟。清家一败尽王气，四亿苍生果那思。

久矣商参隔海山，今朝相见酒杯间。到来故国日东地，归去殊乡台北关。慷慨知君余白发，风流笑我驻朱颜。平藩此后论功绩，不识何人占上班。有人归自台湾，此诗故及之。

意气元龙笑倚楼，髭髯飒爽欲横秋。云烟不尽文章色，岁月犹余社稷忧。名骥由来思伯乐，贤才毕竟抵封侯。无端肝胆热于火，望断天南美丽洲。

王师百战自多功，禹贡新归版籍中。湖北稻粱沾惠露，辽东父老仰威风。天戈拂地冰霜凛，霓纛连云暾旭红。今日南荒芟草贼，乾坤瘴疠一时空。

异域勋名人各期，此身三十所何为。规言讽世应谁笔，佳句惊天岂我诗。薄幸樊川犹落魄，多才王粲又流离。那时翻得银河水，洗尽妖氛清丑夷。

秋兴四首在美国

高木梅轩

黄榆白草夕阳空，谁把幽愁问碧翁。塞北贪狼窥锁钥，天南激浪撼艨艟。变迁未了悲歌里，争战浑归感慨中。料想鸭江明月好，何人横槊赋奇功。

极目山河杀气凝，悲秋情自客中增。仙槎重订登瀛海，大纛依然驻广陵。择宿灵禽辞恶木，从军勇士履坚冰。乾坤苍渺闻萧瑟，旅馆诗成午夜灯。

流血淋漓河水浑，画龙旗裂委荒原。灵鹰祥集高千穗，九月十六日黄海之役，有鹰来止我战舰高千穗上云。勇士宏开玄武门。平壤之役，原田重吉进开玄武门云。箕子山川禾黍秀，汉家城郭雾烟昏。喜闻奇策开蒙昧，整顿乾坤答圣恩。

江楼霜月夜光凝，酌酒高歌画槛凭。多感身兼秋共瘦，长贫心与水同澄。鱼龙浪静帆痕卷，星斗光摇剑气腾。知是皇天扶善国，高千穗上集灵鹰。

闻学友横田安治君从征台军奏伟勋感喜之余赋绝律各一首遥赠之

吉田耕云

一身衔命胆如天，直破万艰使节全。伟绩到边人尽识，名称安治姓横田。

剃落须髯膏面颈，辫头蛮服土人成。使任重似千钧重，生命轻于一发轻。尽力邦家侵虎穴，潜身山水过龙城。皇天素佑忠诚士，能奏奇功博伟名。

森白洲君从军在澎湖岛遥见寄一绝欣诵之余步其础却呈

吉田耕云

蛮月瘴风澎岛秋，想君横槊酿吟愁。荒凉到处感应切，不似今春在故邮。

伟绩羡君垂万秋，炮烟丸雨入新愁。分明昨夜幽窗底，梦绕马公城外邮。

刘永福逃走

永松丰山

戡定西藩我武扬，匪徒十万半空僵。败余刘老潜逃走，节义耻他丁汝昌。

山阳志士山口氏犒凯旋军队甚勉携诸将校所自署纪念旗来请诗仍赋似

永松丰山

三军齐奏凯歌还，志士相迎喜溢颜。兵气励来无昼夜，草鞋不解五旬间。

殷勤偏慰远征劳，左进清茶右进毫。诸将署名酬厚志，纵横书遍白旟旄。

（以上录自1894—1896年博文馆刊《日清战争实记》第四十五期）

哀辞七章①

森槐南

十一月十一日纪事

冈本随轩

万古天潢一派流，右文左武有神谋。金鸦耀世三千界，玉叶凋霜五十秋。乙未勋功传不朽，戊辰艰厄等浮沤。身虽已薨魂犹在，永劫唯当护帝州。

奉命君王冒险危，悬军万里日驱驰。堪钦突阵挥龙剑，可惜平蛮逸虎儿。疠雾瘴烟何惨毒，栉风沐雨太劳疲。凯旋未奏埋英骨，夜月无光鬼哭悲。

十月二十七日清国裕星使来访席上赋赠

三島中洲

箪瓢乐道尽优游，陋巷何图系紫骝。白发青山空叹老，黄花红叶又悲秋。休谈既往阋墙事，要听将来御侮谋。笑我旁观难袖手，草茅

① 诗见第一部分森槐南。

漫抱杞人忧。

次水心词兄韵

西岛帆外

元龙百尺倚高楼，海阔天空眼界幽。何处台湾战云乱，铿锵匣剑自鸣秋。

慨然拊髀独登楼，渺渺水天云外幽。千里艨艟轴舻接，南溟压下大涛秋。

海城偶吟

久保木敬轩

经年羽檄竟如何，重向旻天一浩歌。满目山川余涕泪，青山到处髑髅多。

杜鹃啼血夜萧条，回首故山天外遥。十万征人齐有泪，一声饶似一声饶。

偶　成

久保木敬轩

铁衣尚带战时尘，未向家山道苦辛。龙塞恨生吹月笛，沙场泪落曝尸人。阵中难觅青樽酒，梦里时逢白发亲。万里关山风物恶，征鞍空滞海城春。

次本宫逸村见寄诗韵

久保木敬轩

敢问凯歌振旅节，依然横槊边城月。铁衣久被曝风霜，鬓发鬅鬙白于雪。

海城箭楼子有一寒儒姓赵名赓渊字莲舫年齿五十二与我兵相狎笑谈不倦余时叩其门以慰无聊赋一律以赠

久保木敬轩

我是沙场百战兵，狼烟散后在荒城。戎袍曾破金汤固，绝域未闻歌吹声。善病相如身尚瘦，辞官元亮节逾清。温然如在春风座，怜尔三年曾不鸣。

乙未天长节恭赋

町田柳塘

皇威四照万邦安，阿阁归昌集凤鸾。《尚书》："凤凰止庭，巢阿阁。"①《说苑》："凤集鸣曰归昌。"李峤诗云："阿阁仁来翔。"张九龄诗云："赴节凤归昌。"参幕虎臣何赳赳，韩愈诗云："倾朝共羡宠光频，半岁迁腾作虎臣。"总戎龙种太桓桓。杜甫诗云"共说总戎鱼②鸟阵。"又云"高帝子孙尽隆准，龙种自与常人殊。"《尚书》云："桓桓，如虎如貔，如熊如貔③。"汉斧三军齐奏凯，《汉书·伏滔传》："众溃于一战，身脂于汉斧。"④尧钟万寿共陪欢。庾肩吾诗："千金登禹膳，万寿献尧钟。"明时称天子诞日曰万寿节。瑞雨交纷谁献颂，《汉书·虞寄传》云："大同中，尝骚雨殿前，往往有杂色宝珠，寄因上《瑞雨颂》。"⑤张九龄诗云："交纷瑞雨来。"禁园紫菊露成团。《拾遗记》云："背明国有紫菊，谓之日精，一茎一蔓，延及数亩，味甘，食者至死不饥渴。"

---

① 实出自《艺文类聚》引《尚书中候》。

② 杜甫《将赴成都草堂途中有作》作"云"。

③ 《尚书·牧誓》作"罴"。

④ 当出自《晋书》。

⑤ 此事出《陈书》及《南史》，与《汉书》无涉。《南史》："大同中，尝骤雨，殿前往往有杂色宝珠。梁武观之，甚有喜色，寄因上《瑞雨颂》。"

病中杂志五首

福井学圃

慵懒废盥栉，凄凉衣带宽。天高秋气厉，雀噪晚愁攒。蹇我无鸢骨，从渠重鹖冠。遥思大冤路，征戍尚艰难。

旭日灿金鸡，功高圣主知。乾坤战伐里，将相和调时。朔北须尝胆，南荒且察眉。炎风跕鸢处，旁午羽书驰。

幸免伯道叹，弄璋今日情。封侯寻骨相，英物验啼声。我被迂悬误，何时志业成。好翻坡老语，望汝一聪明。

天清捣练急，病久治生疏。渴甚频呼茗，医来罢读书。世情咬菜后，寒意授衣初。不必诧高卧，幽居是索居。

空阶虫咽草，白夜月悬钩。露气玉阶湿，风声琪树秋。耿耿不成寐，渺渺欲生愁。晞发阳阿去，灵修思若抽。

金泽保胤汇清国通行尺牍为一编求予引首会有所思乃赋四绝句代之题辞①

森槐南

西征纪事

日向竹君

玉斧堂堂我武扬，西征诸将尽忠良。潮高渤海艨艟没，风急韩山草树荒。万里戍烟寒有影，一群过雁夜成行。胡笳声罢军营肃，月冷九连城外霜。

巫闾山畔暮烟浮，立马遥望朔漠秋。乘晓苍皇奔猃狁，动天呐喊奋貔貅。风寒三省角声咽，雨冷残营鬼哭啾。勋业谁能建铜柱，满洲将见属神洲。

---

① 诗见第一部分森槐南。

从　军

斋藤积翠

岂是中原逐鹿曹，邻交义举事元豪。先锋影赫天中旆，连队光寒日本刀。击碎牙山如破竹，蹈翻渤海似平濠。边境只觉秋来早，行到开城霜满袍。

悬军万里前无敌，士气吞虹天可冲。血涨大同连似海，尸横平壤屹于峰。雷霆忽震韩西塞，风雨欲飞燕旧封。自是满清洲四百，北京立马叱黄龙。

风翻旌旗后前往，无数楼船蹴北溟。意气进扶邻社稷，精神偏保国安宁。云横岛屿迸弹雨，烟滚波涛轰炮霆。忽看黄龙泣黄海，冲天翅扬大蜻蜓。

拟从军作

清水栢轩

洗兵一雨溅韩京，战罢牙营月色清。霜白戈矛森有影，令严鼙鼓肃无声。遍颁圣诏军逾振，恳抚俘囚敌却惊。回看胡锋烛天走，乱山何处九连城。

儿贞吉依征清功叙勋八等赐瑞宝章及金恭赋三绝以志喜

森鸥村

从军不奏特殊功，转战辽东冰雪中。赏典拜来勋八等，湛湛恩典出宸衷。

满洲到处旭旗开，大小战经凡六回。自旅顺至田庄台交战六次。谁识老夫垂感泣，圣朝赏赉录涓埃。

宝章赏赐表微勋，战绩遍羞非出群。破格许他参拜事，紫宸深入九重云。今兹天长节，将行师团观兵式，以雨不果，因使叙勋兵士参拜贤所，盖特典云。

乙未中秋

嵩古香

良宵废宴却芳醇，老境感时徒怆神。明月未为圆满想，南征犹有未归人。

接森白洲台地凯旋之报卒尔赋此以寄

嵩古香

长笺细读释手迟，喜君凯旋及其期。绝海之地期年役，瘴疠幸免侵肤肌。想见欢迎沿道美，如花枫叶昼锦披。

新井民三郎见访喜赋

嵩古香

土城子战历艰辛，一发危机与鬼邻。相见瞠然无别语，音容只道再生人。

时　事

嵩古香

一是一非方面迷，每闻时事有余凄。残雪蔽影韩宫月，谁把牛刀割牝鸡。

台北府

松田学鸥

青山环郭碧流清，东来兵马满江城。我今一剑看形胜，返照明霞似西京。山襟水带真天府，铭传当日壮镇抚。眼前此地入版图，赫赫鸿业绝千古。督府百司意气雄，土民悦服如春融。大纛余光齐仰拜，无草无木靡皇风。足迹我印仍两日，极目风光意旷逸。更期从军到台南，王粲早绝登楼笔。

从新竹抵后垄途上

松田学鸥

晓来疏雨过，新竹一城凉。鸡语征装促，马声行路长。风涛连岸白，烟树满山苍。惨淡阵云里，微微认旭光。

八月二十二日后垄见生蕃二首

松田学鸥

被发文身太古风，腰横利刃手雕弓。不须更问陋成习，一种天然意态雄。

满清镇抚本无谋，蕃部多年恨未休。今日南天皇泽昔，辕门来拜仰皇猷。

后垄二首

松田学鸥

沙禽啼罢夕阳开，一角青山古棫台。回首海波风不起，轻帆容易送粮来。

郭南江水势如潮，兵马连营恨事饶。喜听土民消息好，天兵昨夜架长桥。

八月二十六日作即阴历七月七日余诞辰也

松田学鸥

严寒前日赴辽东，台岛今逢八月风。千里云涛思渺渺，一年乌兔去匆匆。诗怀历乱江山壮，官海苍茫画策空。堕地男儿三十二，南船北马竟无功。

赫赫炎云暑未收，何来爽气稍生秋。佳期天上双星晃，快事营头新月幽。铁笛三更客愁起，银河一道夜凉流。要知乌鹊南飞夕，洛下同人相忆不。

宿白沙墩

松田学鸥

喊声仿佛大涛翻，虏去不看兵马屯。树影婆娑羌笛冷，月明如昼白沙墩。

宛里客中有感

松田学鸥

扫荡妖氛意气刚，蛮烟瘴雾却难当。可怜赳赳貔貅士，前后呻吟卧病床。

从宛里抵太甲河水六十三激流奔荡溺死者不少九月十日过此雨后新涨二首

松田学鸥

河水纵横不可超，已无径路又无桥。脱衣几度着无暇，深没其身浅浸腰。

滔滔千里出山来，雨后狂流恶浪堆。无赖六十三派水，徒令行客叹奇灾。

彰化县

松田学鸥

八卦山高阵云屯，大肚溪涨浊浪翻。东有镇府曰台湾。西要港，曰鹿港。彰化扼险城郭尊。贼兵死守犹如昨，我来却觉转寂寞。皇军十万铁马嘶，武夫赳赳势欲跃。黑旗至竟乌合兵，一战溃走理固明。彰化已陷大势定，卜知台岛归治平。

彰化县罹风土热卧十日

松田学鸥

书剑相从绝域军，元期满地是妖氛。龙潜大泽千寻水，鹘举高峰万迭云。夜露毳裘沙上卧，晓风铙吹梦中闻。一朝瘴疠侵皮骨，无限愁怀不可云。

一卧光阴恨事稠，捡来瘦骨泪空流。阵中谁弄三更角，天外徒生万里愁。竹扫残扉风飒飒，虫鸣破壁夜啾啾。感多终夜眠难就，独挑残灯立枕头。

（以上录自 1894—1896 年博文馆刊《日清战争实记》第四十六期）

一月十一日故北白川宫殿下国葬仪恭赋

小室重弘

维昔日本武尊征东夷，八洲草木剑一挥。白鸟止处国之镇，英灵万古护皇基。今日北白川宫平蛮域，妖氛攘尽台南北。裸发之民欢虞如，我武桓桓振万国。何计大星忽陨营，舆榇夜阑入帝京。十道山河日光暗，海内苍黔齐吞声。国葬是日天亦泣，悲风满城秋雨急。路旁老壮惨无声，仗戟森严旆旌湿。呜呼碧云缥缈不可登，长见伟勋青史称．茫茫今古一千七百岁，丰岛之陵是能褒野陵。

将航朝鲜招饮诸老先生星冈茶寮
赋七律四章聊述鄙怀乞教正

须永馥斋

吾皇赫怒救屯难，仁义之师万国观。八道山河长好在，百年社稷殆平安。恩威并行能除弊，牛李多猜屡卷澜。圣德普覃新雨露，独携书剑入三韩。

蓬矢桑弧报夙期，满囊金玉送行诗。京城明日寻交谊，辇下今宵劝别危。岳雪海涛千里壮，鸟声花影十分奇。鸡林文士应惊叹，灿烂东瀛大雅辞。

一见由来胜百闻，胸中明镜是非分。虽无动地惊天策，尚有忧时慨世文。丰岛撑舟三月浪，牙山立马万重云。异乡风物待吾久，欣博逢场诗酒勋。

卧薪尝胆共酸辛，谁着先鞭拂毒尘。十岁远谋归画饼，一朝良友秉洪钧。棘猴岂啻感浮世，蕉鹿唯须知宿因。遗憾菲才无所用，枉将功业付他人。

乙未天长节抃歌八章

大久保湘南

万岁嵩呼动陌阡，和鸣鸾鹤韵瑶天。不容衔鬓微霜点，军国秋风又一年。

天子忧劳古未曾，居然鸿业见中兴。侧身西望云容壮，红树青山亩火陵。

此日群黎额手庆，聪明太子寿无疆。青山晨衔黄花殿，丽旭齐瞻晔晔光。

赐钺堂堂辞玉关，早教诸将唱平蛮。沧溟闻说鱼龙泣，明日亲王抱病还。

雨露恩深万里敷，炎荒草木一时苏。红蕉碧荔贡方物，秋早大南新版图。

论功行赏世争闻，跃马何人势绝群。珠玉罗胸纷璀璨，就中金鸮是殊勋。

高丽烟雾鄂罗涛，笑执铅刀一割劳。仙凤初鸣云五色，扶桑若木日轮高。

幸然生作太平民，只合讴歌帝业新。醉插黄花拚一笑，头衔枉署小诗人。

十月念四夜新桥平野楼小集重用阳韵书感索诸公和

高岛九峰

坠叶随风走暗廊，每闻时事几回肠。浓云宁料起肤寸，爝火何能近太阳。台岛烟尘归扫荡，韩山草木复悲凉。一枝只有东篱菊，清节依然立肃霜。

次　韵

胜间田蝶梦

传宣中使走长廊，尽使君恩铭肺肠。丹阙日迎新令节，黄花秋过古重阳。邻邦有警羽书急，绝海班师旗影凉。耿耿不眠夜将午，满天星斗月如霜。

乙未中秋同士让访霞举说诗轩分韵得庚赋七律八章

野口宁斋

阖闾八月月轮明，大地山河俯帝京。碧落风吹万家杵，红墙秋洗一年兵。瀼瀼零露沾琪树。耿耿繁星系凤旌。照到诗人交膝影，圣朝雅颂好相赓。

虎贲十万尚长征，杀气台湾空复情。野旷旌旗何处黑，天高瘴疠一时清。南溟要建伏波柱，八阵使观诸葛营。横槊谁吟断鸿外，居然视死羽毛轻。

燕都宫阙紫鸾笙，公燕知他庆息争。乌鹊南飞豪自许，霓裳新舞笑相迎。鬼燐遍野疮痍重，风鹤中宵烽燧惊。更有贤良祠畔月，焚香无语夜三更。

去年今夜赌奇赢，滚滚长江依旧横。逋客精神秋与健，归人笑语酒同倾。由来明月无私照，不信荒鸡是恶声。八道风云多变化，只应东望仰蓬瀛。

即今史笔赖先生，对月论心感慨并。身走行营知大局，诗经御览有余荣。郢中寡合才高曲，洛下难居是盛名。笑指青天无点翳，汝南底事欠公评。

士让风流压俊英，百端吟绪茧丝萦。句敲一字花生笔，影作三人月满觥。无树无烟望不尽，此宵此景画难成。嫦娥乞与空明气，便见诗中万象呈。许浑诗："广庭无树草无烟。"苏轼诗："此宵此景不长好。"皆中秋句也。

故人去上白云程，忆到弃姨天色晴。久露瀑悬飞异彩，屏风岩耸逗寒晶。名山弥觉光辉远，新著争传考据精。昔日英雄空割据，朗吟下瞰海津城。寄公绰。姨弃山，公绰近著《姨舍山考》一卷，考证精确，故及。

酒酣已往气峥嵘，喝月几曾教倒行。风动木樨蒸后苑，天低银汉带飞甍。悲哉莫说秋为气，假者何心虫以鸣。放眼栏前三万里。碧虚无影夜云平。

偶　题[①]

岩溪裳川

奉挽有栖川参谋总长宫

伊藤鸳城

敦谓丰功金石存，栋梁已折岂堪言。千秋忠示黎民则，五日裘烦天子尊。伯仲伊周安社稷，指挥管乐定乾坤。更深时拜空坛上，风雨灵旗征北门。

奉挽北白川近卫师团长宫

伊藤鸳城

布衣草莽记温存，风衔讣音恸失言。何料生蕃三伏热，伤残宫萼一枝尊。风悲吹竹绝千户，云惨陨星震九原。他日史官须持笔，亲王

① 诗见第一部分岩溪晋。

冒病伐南门。

寄津野少尉从军在台湾

永松丰山

年少从军辞凤阙，威风凛凛气勃勃。当撰能守联队旗，奖励万兵每先发。进击长驱冒险艰，弹丸飞来贯胸间。僵而不屈杖旗起，鲜血淋漓草色殷。诸将劝去不肯退，裂衣蔽创且开颜。身有重伤总如忘，唯道恨未歼虏蛮。呜呼明治十年西南役，乃父为国身命掷。嗣志亦竭孝与忠，父子功名垂竹帛。

闻眷兄相原仪三郎叙勋八等赐白色桐叶章赋此以表祝意

牧野精处

忆起去岁韩山荒，妖云纷纷送迎忙。奸人误国国将泯，八道草木悉枯僵。清国何意呈猖狂，恃大敢欲酿寇攘。属视友邦先负约，贪婪恰是似豺狼。我皇赫怒幸艺阳，于陆于海锦旗扬。救乱诛暴乃天吏，兵动有名谁能当。六师所向如龙骧，魑魅潜息魍魉藏。金城铁舰勿言坚，一败涂地血玄黄。请和求成谢不良，割地纳金更为偿。圣德仁恕如海大，容降还櫜威武扬。君亦从军辞家乡，慷慨凛然眼放光。马革裹尸本分耳，好挥手腕试锋芒。万丈之山千仞冈，狂风暴雨又雪霜。挺进几度冒危地，百战不挠气倍刚。振旅归来脱征装，全身何幸无微伤。入虎穴兮得虎子，佩得白色桐叶章。举族共祝万岁觞，妻儿欢呼声满堂。嘻乎天恩何优渥，玉旨长传荣名香。

老秋杂感

西冈宜轩

间行祇园里，木落夕阳残。堂古佛头瘦，松深僧语寒。诗闲寻绝诣，时事斥傍观。曾讲维摩诀，初知处世安。

王师征万里，彰化近如何。唯见乾坤改，犹恐瘴疠多。围山驱老虎，跨海斫玄鼍。且喜生蕃女，相迎听凯歌。

娥眉殪门外，白刃扫秋霜。风厉山河冷，云惊天地荒。事犹雕朽木，祸已在萧墙。须讲邻交术，休教国体伤。

咏黄海灵鹰

藤谷紫澜

铁爪磨来振劲翼，满清燕雀争逃匿。翰音时和凯歌音，祝得鹰扬六师克。

奉颂春亩相公盛德节二

饭冢春塘

辅弼多年侍玉墀，金汤社稷定洪基。堂堂威望重朝野，赫赫名声扬海涯。葵藿有心天日动，栋梁其器鬼神知。见机一掷辽东地，卓识如斯可比谁。

广陵扈跸半年留，樽俎春帆妙运筹。四海安危肩上担，万机理乱掌中收。如斯愿达应无比，自是勋名岂有俦。要答圣明知遇渥，挂冠未合志林丘。

（以上录自 1894—1896 年博文馆刊《日清战争实记》第四十七期）

奉哭北白川宫殿下

永田庄作

客馆当年承旨来，温颜咫尺绮筵陪。秋风一夜遥传讣，晚酌俄然手失杯。往年以事谒殿下，承陪宴之荣。

老夫痛哭泪淋漓，想见威灵镇远陲。梦里英姿空飒爽，斜阳落木暮风悲。

恭挽北白川亲王

依田学海

想昔延元际，亲王授斧钺。征西与征东，分镖事挞伐。吾王继前勋，英武有奇骨。夙尝率禁旅，宿卫护天阙。一朝奉明诏，驰突蛇蝎窟。瘴雾霾山河，炎风搅列缺。死寇何冥顽，敢欲抗显罚。卢循太凶猛，孙恩最狡黠。吾师冒险阻，意气正郁勃。诸葛伐南蛮，岂不伏孟获。伏波征交趾，跕鸢怯毒热。幸喜皇威张，蠡贼归荡灭。悲哉大功成，俄传将星没。六军举哀恸，至尊亦哽咽。儒臣铭贞珉，万言表尽节。永为宗室鉴，千秋悬日月。

乙未中秋赏月于草堂坐中有凯旋兵曹谈平壤之战酒阑作此歌

田边碧堂

明月晶晶碧虚寒，桂花有色秋方阑。风收烟散天如水，松影落地吹欲澜。谁道关山同一照，不如共在故乡看。村酿虽薄樽欲溢，且引杯中金波凸。流光入室如寻人，照尔须眉上我膝。酒阑闻尔谈沙场，指画山川声琅琅。去年今夜横槊望，大同江上月如霜。辕门烽消草有露，雁路无云夜色凉。个传破晓摩敌垒，　军无哗神激昂。忽闻隔江笛声起，浏亮吹摇落月光。水烟晓白船桥里，大城既在合围里。奇兵先陷牡丹台，敌将胆落醉不起。毡帐杯盘无人收，昨夜笛声入破死。古来远征少人回，尔今无恙我宽怀。可怜此夕杯中影，不向原头浸战骸。醉须为欢看达曙，盈手冰光赠何处。人生浮云无定准，与尔相赏更几度。一年何若今夜宜，举杯莫教明月去。却想台南暑热战未休，蛮烟迷离莫此好中秋。又想辽左秋寒兵未撤，雁声摇曳归心凄欲绝。

高良山人自台湾还有诗次其韵二首

町田柳塘

牙璋正向扶桑旋，轴舻千里连楼船。回首鸡笼青一发，波涛卷雪南溟天。横槊唱出平蕃曲，舷头大月秋团圆。意气轩昂突牛斗，海山影落双眸前。胡越一家喜何极，自今边塞无烽烟。高良山人性磊落，文章气节真双全。陈琳草檄何足道，辕门把笔成千篇。从军跋涉不毛地，瘴云疠雾茫无边。俯视鲸鲵如蝼蚁，一声叱咤摇坤乾。归来笑对长安酒，捧觞儿女争婵娟。

漆颐凿齿相盘旋，葡萄美酒盈觥船。白玉山头笑踞坐，耸肩突兀高于天。蔽地芭蕉翠凤舞，满盘薏苡明珠圆。众蕃亦预圣人德，稽首崩角将军前。来献都都糍团也。当箪食，羊酒钱布粉花烟。蒋藏园句。瘴疠悉消魑魅遁，怀柔绥抚神功全。山人磨盾意气壮，慨然新赋凯歌篇。掷笔醉眼烂于日，琉球吕宋知何边。赋新踏舞奏歌颂，赋新谓蕃妇。首饰雉翚锦连乾。画旗金戟森严下，含羞草名。草飐箭裙娟。

赠田鹤雄阿兄在清国盛京省金州营内

后藤照雄

昆仑之山高万丈，万丈昆仑蹴可翻。渤海之湾深千尺，千尺渤海何足吞。皇恩渺渺阔渤海，天威赫赫猛昆仑。皇恩难报填骨髓，天威难仰照乾坤。朝捧旭旗气弥猛，夕拜凤诏心益惛。大义山岳重九鼎，我身鸿毛轻草根。寸心知邦忘父母，一死知义不知存。阿兄知否军事乐，战斗壮快岂可谖。晨犯弹丸攀绝壁，夕排白雪伏血痕。一发覆之钢铁舰，一刀卷之黄龙幡。一气怒拔天险垒，一蹴笑缚辫发豚。阿兄勿愁小弟事，九州奇胆今犹存。九州男儿眼无字，向父母岂有一言。当铁丸有可跃气，向榴弹无可避魂。铁丸落来蹴可攫，榴弹飞散跃可扪。轰炮一发气更爽，喇叭数声心自温。忆昔神功征海外，我亦皇州神武孙。一突猛然挥长剑，欲缚李爷答天尊。万死一生表丹诚，欲对父母酬厚恩。

寄答从军弟照雄

后藤田鹤雄

昆仑之山高万仞，蹴之拔之在汝任。渤海之湾深千尺，跃之翻之存汝心。皇恩阔于渤海阔，天威猛于昆仑岑。请弟勿忘父母国，请弟勿忘天恩深。朝须向旭谢天威，夕须仰东拜紫宸。大义重于九鼎重，一身轻于一片尘。忆昔蒙古污我国，可恐当时恼宸襟。幸得天佑保我国，知之报雠存义民。忽必袭来几百岁，于今忍之徒呻吟。舍义忘耻若不报，神州清洁存何浔。皇祖开辟伟大业，无端骤然一时臻。三韩八道落掌上，四百四州亦接今。回首四海逞吞噬，弱肉强食灭人伦。英来南门张羽翼，露窥北门舐牙唇。英奴何物彼狡猾，露奴何物彼猃狁。彼来可味神州剑，彼来可拜日本神。欲毙一虎一狼显，天授壮快岂可禁。可见欧洲乘万眼，一意流涎东洋滨。男儿博名在今日，猛士偷功存今春。勿愁勿念父母事，膝下兄弟余四人。羡汝排弹丸轰击，血痕魂里蹈雪林。羡汝攀断严绝壁，叱咤突贯忘苦辛。形影浮心一丸下，黑焰涨天敌舰沉。想象画心一刀下，鲜血洗地胸腔新。堪乐得汝信之际，我身亦疑在敌阵。句如喇叭心更爽，语似炮声气弥振。何岁凯旋祭国祖，何日与汝举大醇。魂迷日日独磨剑，梦落夜夜缠汝身。请第一刀振猛气，须对天恩李爷擒。请弟一跃犯万死，须表功烈慰双亲。

闻台贼刘永福遁亡有感赋长歌

风流判事

汝何负汝主献地意，据我新版图掉螳臂。陷民水火相驱逐，干戈三月鼎汤沸。王师宽仁待汝悔，待而不悔益骄恣。将军激怒兵气振，势如泰山压虻蚊。海驰群舰凌风浪，陆驱万马度嶙峋。四面合围贼窟迫，坐见天诛在旦夕。汝何向勇今则怯，潜匿如鼠窜无迹。贼失首领尽归顺，全岛皞皞浴王泽。吁嗟丁提督左将军，因汝益高殉难勋。

明治二十八年十一月三日天长节作七言诗恭祝大日本国皇帝万寿无疆

台湾大甲王明珠扬议同

四顾辉煌旭日天，吹画奏乐喜争先。台民从此逢佳节，介寿称觞庆万年。

日照稻花似酒香，枝枝献穗表天长。掀髯俯首沾仁雨，四海讴歌庆寿觞。

万家户外竖旗光，奏鼓吹笙喜欲狂。亦是令官能调遣，军民今日尽朝阳。

嵩山献彩表中兴，寿祝无强久则征。但愿皇图延亿载，照临台地日方升。

凤记新颁到紫廷，彩云瑞日映山灵。欣声仪贯三千礼，和气祥征亿万龄。

海内已平惟省岁，天中丙见喜占星。嵩呼华祝人胪颂，载酒长歌仰帝型。

（以上录自 1894—1896 年博文馆刊《日清战争实记》第四十八期）

杂　感

西村素堂

折冲要在掣机先，一步蹉跎大势迁。潮没暗礁犹激浪，山藏活火会扬烟。化风仅及南溟池，瘴雾常笼北海天。当路诸公须猛省，国家休戚挂双肩。

男儿何老簿书间，惟武惟文岂等闲。勋业期他勒碑石，威名本要镇边关。一天秋迥冥鸿没，万里风高健鹘还。好我多年遭坎壈，犹言埋骨有青山。

磊落肠浇酒百杯，当年意气未全灰。疏狂嫌我立人后，轻佻憎他衒世才。自古黠奴多仗势，于今烈士易招灾。雄心赢得胆如铁，马耳风过群小猜。

沉沦何日达曾期，纸醉金迷彼一时。白面当冲悉巾帼，丹心许国几男儿。雁悲寒夜九天上，月挂霜松百尺枝。回首前踪堪大笑，多年我被读书欺。

休嘲游迹似浮萍，胆气夸吾冲斗星。袖里文章斑血泪，腰间宝剑走精灵。老龙望雨蟠深泽，巨鹫候风搏北溟。安得雄兵三百万，中军一哄起雷霆。

王师入台南之日见一堂宇金碧烂然壮丽无比扁曰明延平郡王祠祭郑成功也成功生我肥前平户及长尽力于明室明亡后据台湾奉永历正朔者二十年

山田新川

总督威名日益振，台南万里靖边尘。郑家一族皆吾出，归化先为版藉民。陆放翁诗曰："却作山阴版藉民。"

延平忠勇世无伦，一宇祠堂今尚新。应识英魂安地下，母公本是本邦人。母田川氏，为芝龙之妇，生成功。

朱明奉朔二十春，为待时清此寄身。却笑刘翁逃遁去，漫留题字表忠臣。成功曰："但收拾余烬，锁锋灌燧，待天下之清未晚也。"刘铭传题祠曰："赐国姓家破君亡，永矢孤忠，创基业在山穷水尽。"

杂诗迭韵五首答李陈叶林张五子见赠在台湾

土居香国

是蔗是樟仍是茶，果知良土发精华。莫教人杰栖岩穴，可见天时生草芽。男儿清交肝胆吐，女儿娇态步趋斜。讵妨风俗语言异，斯道炳然终不差。

原　作

李春生

蓬门辱顾品烟茶，积雨初晴睹物华。扶膺旧事人销肉，种念无成朽欲芽。从此长安消息灭，请看王谢燕归斜。寄语前途还珍重，循环虽幻道无差。

思君酒渴又呼茶，满腹诗书气果华。东坡句："腹有诗书气自华。"海北一春花洒血，日南再度稻舒芽。翩翾膝下莱衣灿，寂寞斋中陈榻斜。欲话平生多少感，兰交臭味莫相差。

原　作

陈淑程

未获清谈快品茶，谋猷卓著仰声华。才传梦笔花生管，技擅穿杨柳茁芽。捷报天山三箭定，奇探海峤一鞭斜。观风省俗輶轩采，政治箴铭总不差。

客中当酒岂无茶，逢此清秋对月华。爱抚王臣在安堵，扫除草贼要艾芽。卦山消息鸿来远，时王师驻屯八卦山下。淡水清光鱼跃斜。多谢故人怜寂寞，词葩烂熳俗情差。

原　作

叶挥五

谋面何曾到品茶，预将丽藻赏英华。论谈舌底莲生萼，操纵胸中竹有芽。投笔戎行尘北上，运筹鞭指影西斜。从兹海岛雄风振，武备修交定弗差。

货殖利民多蔗茶，人才辈出国之华。钦君烂灿心肠锦，惭我芜荒智慧芽。归隐考盘时尚未，保良鞅掌日环斜。林君现保良分局董事。百年成计须周到，毫厘怕他千里差。

原　作

林炳侯

未觇丰采与评茶，先挹风楼手笔华。望切云霓咸逐志，恩沾雨露渐萌芽。论文品赛南金重，讲武腰横北斗斜。伍子胥赠渔父剑曰：此剑有北斗星文。廉色廉财行善政，遄臻郅治信无差。武王伐纣，廉货财还廉女色，今日本有似者。

空把羁怀付酒茶，天涯秋色鬓增华。奇逢眉宇开明月，相忆心田长恨芽。白露满城横屋湿，银河残夜入楼斜。山河信美诗朋在，从此交游约不差。

原　作

张希衮

诗清都为饮多茶，一字一珠茂实华。绮丽端庄唐品韵，和平雅正汉萌芽。且看班振北风起，又喜剑冲南斗斜。到处望君如望岁，召棠郇黍颂无差。

迭韵二律酬刘黄二子在台湾

土居香国

玲珑明月仰青空，胸里文章绝世雄。玉屑论谈飞尘白，珠光咳唾照笺红。辛勤铭带化台北，欹侧挂帆从日东。相遇后图还有感，城楼满目郁云红。

原　作

刘廷玉

文举尊中酒不空，论交慷慨仰豪雄。梯航沧海烟波静，画壁旗亭夕日红。玉笋班齐联淡北，台北亦名淡北。金瓯业巩奠瀛东。行看洗甲天河水，早扫蚩尤化彩虹。昔黄帝灭蚩，血化为虹。此次全台削平，指日可待。

条蘖良材竟不空，当年大木是英雄。飞鸾台渺烟云白，打狗湾开海日红。澎湃潮声轰自北，蜿蜒山势走连东。知君慷慨如椽笔，战后诗成拂彩虹。

原　作

黄茂清

拔帜登坛剑跃空，将军幕府擅英雄。马蹄到处旗迎白，虎帐谈时酒饮红。奇略参谋先漠北，旷怀高唱大江东。一腔豪气冲虚处，化作经天万丈虹。

恭挽故陆军大将北白川宫

永松丰山

总督六军讨西戎，武尊征夷迹相同。悬军万里侵危险，锦旗向处畏威风。不厌炎氛瘴雾际，尝尽辛酸奏伟功。忽见将星飞坠地，英名赫赫日域中。

祝天长节

永松丰山

满天秋气带祥烟，户户旭旗相映鲜。海外施恩怀降虏，宫中开宴会群贤。金瓯不阙三千岁，圣寿无强几万年。遇此佳辰更堪喜，皇军齐奏凯歌旋。

吊丸山少尉并序

秋月胤经

明治二十八年五月王师讨台贼。功久不成。乃命第二师团赴援之。师团以十月十日上陆番仔仑。翌十一日有加冬脚激战。余再从弟丸山少尉奋战死之。

蠢彼小丑一何顽，黑旗成队拥雄关。王师精锐虽无比，弥久空屯瘴雾间。我皇赫怒决大策，一举将歼此舛逆。严令乃下第二团，即是东北健儿擘。孟冬旬日赫朝暾，师团方达番仔仑。仔仑东去加冬脚，此是台东三面门。虏不扼我于滨海，可知要冲守亦怠。乃派中队略其城，不料顽兵迎我待。城临渺渺旷野中，易于守而难于攻。上官已下进击令，于今何问地利穷。队长一呼分二队，先命前半冲贼塞。塞前扼我二重濠，堰水濠内为妨碍。健儿见之太激昂，奋然跃入濠一方。何图水底即深泥，泥深全没胸与吭。身胶泥中不得出，精兵虽猛施无术。垒上乱射弹雨飞，猛士空毙一又一。后半一队怒愤凄，呐喊赴援似虎犀。喊声忽止是何事，岂料后队亦陷泥。垒上见之射加激，泥中诸士空为的。欲进不可退亦然，头上如雨迸瓦砾。忽然挥剑麾者谁，金线一条飒爽姿。疾呼先登攀垒壁，意气冲天烈于狮。飞丸一戛来洞腹，泰然不屈愈攀矗。他弹再来又贯胸，气虽犹猛奈重衄。血迸创口无由支，忽见戎衣红淋漓。空饮暗泪坠垒下，我事毕矣复何悲。临终不觉长太息，曰恨不生歼残贼。士卒见之气百倍，势如猛虎争攀陟。是时恰会援兵来，一举攻击敌垒摧。丑虏巢窟拂无迹，台南瘴烟此全开。战报飞传到京府，争称少尉血战苦。身受二丸犹昂昂，使人凛然毛发竖。呜呼伟哉少尉忠，呜呼卓哉少尉功。樱兮才绽花一朵，可惜被吹一阵风。君生会津若松里，名称重吉丸山氏。于余同年又近亲，少时追随互忘已。忆曾同学家君庭，纺文绩学雪与萤。少壮夙志干城任，今岁业成名方馨。偶遇台贼抗王命，倏焉忽下出征令。临行寄予决意书，至诚之气笔端迸。少尉忠孝出天资，男儿报国此斯时。一身殉国轻于毛，部卒授命甘如荠。呜呼强将之下无弱卒，闻君伟绩气发越。一死不朽传大名，功烈千古赫日月。

征清从军诗三十韵节录

绵贯蹈海

蓬发垂盾貌已癯，军营按剑抚髭须。出师攻伐忘家政，胸里禅心一物无。自赞。

山野不毛生虎豺，匈奴不识洛阳街。今年战捷驻兵马，秋熟高粱处处皆。秋郊。

朔北迎春不见梅，今朝瑞气那边来。蛮夷献寿军营下，爆竹声中天地开。新年。

道说荆魏烈士多，又言燕赵发悲歌。当年气节今何处，战败君王三请和。清国使李鸿章作全权大使请和于我。

戎衣汗马不思家，律迫严冬风雪加。丑虏未亡岁云暮，今宵抚剑一长嗟。除夜。

塞上探春

绵贯蹈海

春暖题无影，唯看柳色新。行吟何处是，不似本朝春。

日清和成

绵贯蹈海

风暖山容笑，雪融春水深。干戈今日戢，复耐听啼禽。

友人加纳芳洲叙功七级赐金鵄勋章赋长歌一篇庆之

中川柳村

羽檄急自西北闻，渤海韩山满妖氛。男儿宁堪髀肉叹，宵宵提剑望朔云。距跃应召募，誓欲拂胡军。上堂别父母，父母辞殷勤。母曰厌寒暑，父曰报国君。路遥长短亭，梦破中宵鼓。一战再战志愈刚，势如破竹威如虎。鸭绿江又九连城，此险未足试我武。赤日沙场颜色黄，蜀山杜宇新战场。腥风凄雨野营夜，鬼啾啾处草苍茫。无定河边无限恨，梦魂转驰天一方。回头半岁入朔北，衣不给兮粮不续。肃杀秋风卷黑云，落叶树下被纱服。秦山飞将一鞭走，渭岭哨兵深夜行。侵攻如火不暂停，每进一军拔一城。拔城多垒几十百，捷报日夕达天廷。雪纷纷兮须发结，风凛凛兮肌肤裂。咄残敌夺田庄台，叱咤踏破三尺雪。烟漠漠而万雷轰，拂右拂左挺其躬。急斫坚垒覆敌窟，占得先头第一功。呜呼山可拔海可断，睥睨尚剩燕道畔。想昨绝塞呐喊响，今作故园凯歌声。万岁万岁万万岁，伟勋殊功世界鸣。

（以上录自 1894—1896 年博文馆刊《日清战争实记》第四十九期）

闻王师戡定台湾

吉田静海

其　一

威武吞三粤，王风度八荒。恩沾鳞介族，地辟瘴炎乡。峨舰排云现，牙旗拂雾扬。貔貅如猛虎，咆哮搏群羊。

其　二

脱网巨鱼逸，山河忽廓清。抚氓酬宿饷，放虏赦重生。櫜鞬将帅到，壶浆父老迎。盈盈东海水，洗濯永休兵。

其　三

紫气天南满，百蛮拜节旄。浮云过眼尽，白日照空高。金革震山谷，凯歌和海涛。斯氓皆赤子，安堵补秋毫。

其　四

朱火重难煽，郑森恨未终。何移羌狄俗，不复汉官风。闽浙迷蒙外，辽燕困梦中。瞳瞳天日上，真主照临东。

永夜耿耿读史不寐会有所感笔端将加朱率尔却作短歌时溢雨注屋阴气袭人灯火忽发爆竹之声

吉田静海

过美不善怕倾国，倾国何啻美眉目。贾后黧丑逞妒悍，金墉城外兵尘黑。刘氏除蠹木则僵，截脉拔瘤人竟亡。险奸当国等膏肓，汉丧常侍明大珰。敢斥钩戈遏其始，诸吕殷鉴炯青史。傍无平勃邻有寇，太公攘臂未可恃。噫嘻蹀血违其时，徒见惴惴樊补篱。千秋祸福终叵测，天门开辟能伏雌。《晋书》：义熙五年，始珪见贺太后妹美，请纳之。太后不可，曰："过美必有不善。"羽黑简堂评曰：乱国非过美，多系过宠。又曰：过丑如贾后，果不乱国哉？《左传·桓公》有"瘤蠹"字。《说文》曰："虫啮木中。"癖有若虫蚀，谓之蠹。汉武帝杀钩弋夫人，意遏外戚仿诸吕之行，为非北魏拓跋氏因建嗣以杀其母为例之类。末句用《老子·载营魄》章之成语。

十二月十七日恭纪事

冈本随轩

其　一

俨矣灵词五采幡，洁粢清酒祭忠魂。锐兵斫阵山轰动，巨炮擢船浪倒翻。已有功名垂竹帛，更观节义达天阍。士民咸激齐挥泪，遗烈千秋不可谖。

其　二

空前战捷广邦强，瞻仰龙威海外扬。富岳独尊钟众美，皇家万古发重光。衣冠鹓鹭森随仗，水陆貔貅肃列行。神也有灵应感泣，定从冥界护扶桑。

奉送土居递信书记官兼陆军局邮便部长赴任台湾

向山黄村

十丈光芒射斗牛，防身一剑气横秋。长征万里客中客，远略南方州外州。建立须烦标界柱，便宜为设置书邮。蓬桑毕竟男儿事，莫念平生马少游。

奉送土居递信书记官兼陆军局邮便部长赴任台湾

杉浦梅潭

故人蛮雾瘴烟间，露宿风餐不说艰。强域置邮传政令，边陬设校化冥顽。垂天鹏翼三千里，浮海鳌头万仞山。羡尔官游心迹壮，白云翠壁几跻攀。

奉送土居递信书记官兼陆军局邮便部长赴任台湾

田边松坡

舞剑长歌激越呼，男儿报国海南隅。顽愚部落古蛮貊，秀丽山河新版图。万里风云连吕宋，一天波浪涨澎湖。挂搓去督邮传事，化外于今仰圣谟。

奉送土居递信书记官兼陆军局邮便部长赴任台湾

井原天游

奔涛横荡八重洲，中有征人万里舟。风卷黑旗胡垒乱，地留鼻血瘴云愁。簿书堆里拈佳句，鼓角鸣时策妙筹。话别却思当日事，官游几滞古琉球。

（以上录自 1894—1896 年博文馆刊《日清战争实记》第五十期）

（何中夏选录）

二、《风俗画报》

《风俗画报》，日本东阳堂刊行于1889年，是日本最早的有图杂志。1916年3月停刊，共出版518册。主要内容涉及日本江户、明治、大正时期的社会风俗、世态、历史、文学等领域。以下选录自1894年10月28日《风俗画报》第八十号(《日清战争图绘第二编》)

闻丰岛牙山大捷赋此以祝

石川鸿斋

腥风怪雨压韩城，红旭高升姑放晴。开衅退潜东学党，误图空没北京兵。潮来丰岛鲸鲵餍，秋寂牙山蟋蟀鸣。笑杀老官眠未觉，齁齁隐几梦河清。巨炮轰天迸铁丸，百寻军舰没秋澜。传言瘫软朝臣倒，闻警狂奔商客叹。大厦将倾支弱木，老身临穴服仙丹。当时似道居公辅，末路难防众怨攒。圣言已腐蠹蝉生，弊政年加蠢蠢氓。暗王何知畿外报，谄臣滥赏败军兵。更怜猾豕号垧埚，可见铜驼卧荆棘。二百年间顽雾闭，曷时一扫化文明。

纪时事

山下莺陵

畏日砂石烂，南轩忆征夫。一语何及熟，簟筵未曾敷。急铎卖新报，门前倒屐沽。争来者拭眼，片纸贵于珠。所记真快绝，全家拍掌呼。昨见丰岛捷，碎舰似摧枯。一只归我手，获他八十俘。今闻牙山胜，突击快刀屠。军旗委在地，红血浸青芜。电报传再赢，风声无一输。四海颂歌涌，有如甘雨濡。从此更振旅，迅舰好长驱。旭旗所遍照，顽云影乍无。定知天津水，朝宗远向吾。慷慨齐抚刃，意气吞清都。军资不须征，进献及奚奴。仰钦圣明德，谁敢违鸿谟。皆言身可舍，不见一人懦。修绠汲深井，洗砚记雄图。余亦神州士，不奋何为乎。

闻成欢牙山大捷喜跃赋之

杀气蔽天天未明，暗中火发晴雷轰。将军叱咤号令急，挺进自比鸿毛轻。彼言安城身不保，我行即是成欢道。巨炮碎垒如拉朽，快刀屠敌似薙草。虎队豚群本不伦，果见狼狈奔窜频。流血浸鞋鞋底红，万块飞肉粘炮身。驱马直向牙山隩，空营无人鸟雀噪。龙旗委地风萧萧，叶聂遁志何处到。炮口烟收雷不驰，悠看秋水光流离。照山大旆高辉处，震地凯歌齐起时。扶小伐大义何直，悬军千里旌我德。已见牙山拔牙旗，应知北京兵败北。

（邵劼选录）

三、《国民新闻》

《国民新闻》，由日本思想家德富苏峰于1890年2月1日创刊发行。最初站在“平民主义”论及政治，后转变为“国家主义”立场并成为政府系报纸的代表。1942年9月30日停刊。以下选录自1894年11月《国民新闻》所载汉诗。

时事见立

杜玩亭主人

燕苍君臣空殿宇，草木连天人骨白。眼空江表衣冠族，汉恩自浅胡自深。富贵极来惟骥老，耆旧风流有几人。老臣衰革平生志，口吻排击含风霜。令严钟鼓三更月，致君尧舜事何难。将军已上取燕图，书生无地效孤忠。士在江湖道益尊。

议国家

楠木西洲

东洋谋已熟，●[①]议恐纷哗。警报从西至，人皆议国家。

无　题

信州小山让吾

万里悬军气益振，破摧清舰恰如神。东洋盟主邻交义，救得韩王急戾。

---

① ●为新闻审查后被删除文字

小早川隆景

高木信威

鸭绿大江若衢路，中流攀棹应飞渡。恰宜天寒健马肥，蹂躏丑类劳一顾。征韩诸将意如斯，挽回小挫有此时。咄咄惟敬彼何贼，巧弄黠策沮施为。文禄二年春正月，明兵大举果斫伐。摄州途败长政逡，诸将撤守会京阙。会京阙恐破经纶，破经纶诸将损神。损神失身辱何大，我于此役快一人，小早川隆景则是，怒言公等决去否。苟大同江之以南，筑塞相保有死耳。吾初受命未期还，不辉我武吾无颜。况也吾龄既颓矣，暴尸原野曷足患。秀家固是怯懦辈，遣使欲令隆景退。遣使三又遂不闻，大谷吉隆往劳徕。逡巡久之才纳言，仍距王城三里屯。于是乎，二奉行亦就而说，隆景愤然目眦裂。骂曰明兵曩至讨少惩，一时飞散易驱蝇。今日事只有决战，公等整列我后承。二十五日天未晓，励石山头残月跳。遥见明兵若潮生，步骑十万将心跻。隆景分队为七墉，立花宗茂作先锋。聚凡二万三千骑，咄嗟直驰疾风冲。明兵乱备频穷迫，碧蹄馆外草也赤。我军至此举鲸波，击刺如飞一当百。战酣宗茂急着鞭，横冲敌营破中坚。大将如松慌坠马，剑戟乱箭几靡肩。兹时奋进枪何锐，名井上五部兵卫。别将来援渐得闲，以身仅逃坡州际。斩馘万余尸成丘，临津之水为不流。隆景姗然笑称快，雄风至今二百秋。呜呼我读史而壮隆景，隆景意气讵勇猛。自此我军每战胜，不使明兵终出境。想今在韩诸将中，有百隆景咸罴熊。已拔牙山捷丰岛，着着进步策奇功。来矣大清千万乌合众，平壤地势佳如瓮。屠汝醢肉我劳无，好扫四百余州梦。吾皇貔貅等刚强，亦不许书生腾骧。试唱此歌起挥剑，剑光灿作邦家光。

（以上选录自 1894 年 8 月 8 日《国民新闻》）

偶成

吾不与斋迂叟

代谢新陈又日新，坤舆机运遇回春。昔时征伐因侵略，今世出师见侠仁。鸭绿乱流冲京省，旅顺蹴浪扼天津。请看城下盟成后，富岳喷烟掩四邻。

缺题

半生心事感谁同，断梗回头西又东。砚海潮连玄海黑，字关山控马关雄。千年古迹留寒月，万里新愁对晓风。最是胡清远征客，舵楼横架数宾鸿。

（以上选录自 1894 年 11 月 7 日《国民新闻》）

缺题

数行鸣雁月如霜，一片山河新战场。钦此芳名流不尽，大同江畔阵云忙。

（以上选录自 1894 年 11 月 10 日《国民新闻》）

缺题

一死奉公轻似毛，壮图自是气英豪。秋风碧水湾头路，腰下斜横日本刀。

金州城外凤凰厅下堪秋忆[1]

地近边秋杀气生，朔风猎猎马悲鸣。雕声大漠寒无影，冰裂长河夜有声。白茅衰如征发短，黄沙积与阵云平。洗兵一雨香烧湿，羊角觥鱼堠火明。

---

① 原题为日语。

直江津松叶馆即事

碧岛天晴映画楼，烟波浩荡直江头。主人能斫鲜劝酒，估客频担货载舟。五雨十风丰熟岁，东山北陆漫游秋。大鹏如贷以双翼，水击三千到满州

（以上选录自1894年11月25日《国民新闻》）

（邵勍选录）

四、《每日新闻》

《每日新闻》，由神奈川县知事井关盛良于1871年1月在横滨创办发行，初名《横滨每日新闻》，采用了当时先进的西洋活版印刷，是日本史上第一份具有近代报纸形式的日刊新闻，象征着日本近代报纸的诞生。甲午战争时期，该报于文学副刊中设“诗月旦”、“沧海拾珠”、“国民的声响”等汉诗专栏，每期都登载关于战事的汉诗，多无作者名或署以笔名、字号前缀于作者名前。以下汉诗即直录于当时《每日新闻》的副刊中。

狼狈情

警报频频梦忽惊，丛祠月黑有狐鸣。千金昨购于期首，八道今看陈涉兵。鼙鼓之声轰霹雳，廊庙何日斩鲵鲸。汉江波卷桃花血，相见君臣狼狈情。

丛祠狐鸣，鼙鼓动地。君臣仓皇，其状可想。汉江之水，血浪翻江。釜山之浦，妖云蔽日。

警懒眠

暗澹城中六月天，醒来残梦转茫然。阵云泼墨蔽千里，骤雨倾盆注百川。失箸英雄真可笑，护茔孝子亦堪怜。阿香也是忧时事，忽破迷蒙警懒眠。

议院解散，时事日非。鸡林内讧，警报频至。忽闻霹雳，如警懒眠。天意所在，盖非偶然。

（以上录自1894年6月6日《每日新闻》专栏《诗月旦》）

鸡林行十二支体

鼠贼跳梁不可制，卧牛山下张声势。几队虎贲亦逡巡，守株待兔笑拙计。龙斗于野血玄黄，常山之蛇何日毙。八道卷起马蹄尘，羝羊触藩脐堪噬。若使猿郎遇今日，征服鸡林威可霁。神后曾书日本狗，却拜豚尾称臣隶。

鼠贼跳梁，势欲吞牛。猛如乳虎，捷如脱兔。龙蛇免厄，马年却灾。力不及羊，智不及猿。鸡林君臣，将拜犬豕。

鸡林鼠

鸡林鼠贼尤猖獗，勿做虎皮羊质看。封豕常蛇危社稷，沐猴屠狗袭衣冠。赵高献马独专擅，丙吉问牛应慨叹。岂是兔毫策勋日，匣中龙吼剑光寒。

鸡林鼠贼，非风马牛。封豕长蛇，勇如猛虎。沐猴屠狗，怯如羸羊。兔毫无用，匣剑龙鸣。

（以上录自1894年6月7日《每日新闻》专栏《诗月旦》）

果谁罪

伟业中兴要有终，偏忧奏疏恼宸听。放言壮语果谁罪，内治外交夸我功。九仞期成唯一篑，百年误计在诸公。若排舆论为群议，朝野何时得协同。

中兴伟业，一篑欠功。百年大计，诸公任责。若示舆论，以为群议。议院宪法，两失其效。

（以上录自1894年6月8日《每日新闻》专栏《诗月旦》）

气吐虹

满地腥风八道中，挺身谁试剑雌雄。神功渺矣猿郎逝，空望西天气吐虹。

评云：割鸡何复用牛刀。

（以上录自 1894 年 6 月 9 日《每日新闻》专栏《诗月旦》）

宗五郎

八道山河正夕阳，风云暗澹接扶桑。宜哉苛政猛于虎，其奈污官贪似狼。直把犁锄为剑戟，终将血肉换饥粮。东徒毕竟义民耳，应比佐仓宗五郎。

评云：箕子流风今熄矣，神功远略亦悠哉。

（以上录自 1894 年 6 月 14 日《每日新闻》专栏《诗月旦》）

李中堂

四百余州随指挥，大言空博万邦嗤。羊头卖狗计何拙，鬼面赫貌心可知。今日颓唐非偶尔，昔年声望付徒为。李中堂似自由伯，耄耋由来不耐悲。

评云：耄耋堪怜自由伯，颓唐亦笑李中堂。

（以上录自 1894 年 6 月 19 日《每日新闻》专栏《诗月旦》）

无英雄

想昔猿郎余威震海外，阿虎亦遇云龙会。鸡林八道望风降，鸭绿江上扬旌旆。又想阿虎遭谗蒙谴时，一朝天怒撼地维。君臣露宿桃山殿，相视一笑解群疑。今日又有鸡林变，羽檄纷纷疾于电。艨艟波浪徒为耳，却使髯虏乘利便。更惊地轴忽轰然，满都恸哭声闻天。灾后人心犹汹汹，浮云蔽日望无边。呜呼谁抱猿郎略，谁养阿虎勇。久矣海内无英雄，满眼群儿似蠛蠓。

（以上录自 1894 年 6 月 22 日《每日新闻》专栏《诗月旦》）

夕阳沦

箕邦暗澹夕阳沦，戚族专权鼎镬陈。此辈清流须赴浊，当年甘露竟非真。借兵未灭萑苻盗，购首终屠社稷臣。黄雾蒙蒙凶谶在，铜驼或恐卧荆榛。

评云：黄雾四塞，君臣狼狈。借兵邻邦，土寇未灭。折冲御侮，两失其宜。铜驼荆棘，使人胆寒。

（录自1894年6月23日《每日新闻》专栏《诗月旦》）

太迟疑

山河百战恣驱驰，健卒如云随指麾，虾岛干戈才仿佛，鸡林羽毛正离披。星槎久佩黄金印，戎幕堪怜白法姿。意重销磨应自愧，折冲无策太迟疑。

斩将搴旗，昔称勇猛。折冲御侮，今失机宜。白发萧萧，无复故态。呜呼老哉，如枫先生。

警懒眠

老境颓唐真可怜，枉将白发向朝鲜，一人知己樱洲在，好赠新茶警懒眠。

新茶一斤，以警獭眠。知己好贶，价抵连城。

（以上录自1894年6月24日《每日新闻》专栏《诗月旦》）

日本刀[①]

评云：匣里深藏日本刀，一挥何日斩杀鲸鳌。西陲偶有风鱼警，决眦狂涛百尺高。

（以上录自1894年6月26日《每日新闻》专栏《诗月旦》）

旭旆扬

蒙蒙杀气蔽东洋，只认翩翩旭旆扬。庙算鸡窥藤内阁，兵机未熟

① 诗见第三部分《日清战争实记》。

飒爽奏功还。

评云：须知起死回生术，太胜搴旗斩将功。

（以上录自1894年7月3日《每日新闻》专栏《诗月旦》）

北京城

鸡林暗澹杀氛横，旗鼓堂堂试远征。再举何妨东学党，是驱应逼北京城。泰山浮海艨艟影，千里穿云喇叭声。十万健儿抚髀肉，梦挥冰剑斩鲲鲸。

评云：箕邦风雨遽惊梦，禹域君臣亦动心。

（以上录自1894年7月4日《每日新闻》专栏《诗月旦》）

反于尔

区区小朝廷，权柄归戚里。唯知有闵氏，不知有李氏。苞苴积如山，门前客成市。狗尾续貂蝉，阖族佩青紫。私怨漫论刑，血涨鸭绿水。陇亩投犁锄，八道皆蜂起。官兵何羸弱，百里失城垒。乞兵干邻邦，社稷千岁耻。进退两穷蹙，触藩羝相似。其罪可归谁，惠堂一人耳。窃访大院君，惴惴不仰视。又遭袁氏怒，唾沫洒衣履。有石飞入舆，一身受众毁。天人不可怨，出尔反于尔。

评云：苟狗权势，不忧国家。暂欺人心，终蒙天刑。出于尔者，必反于尔。可戒可惧，殷鉴不远。

（以上录自1894年7月6日《每日新闻》专栏《诗月旦》）

虎皮嘲

善邻策破狂呶呶，欲使鸡林免覆巢。千里旷原鞭汗马，满天腥雨斩腾蛟。谈兵至竟贵三要，读易无端感六爻。寄语元勋诸老辈，勿招羊质虎皮嘲。

评云：善邻策破，时局正艰。兵贵三要，易感六爻。祇应一举，宣威扬武。羊质虎皮，我所不取。

（以上录自1894年7月7日《每日新闻》专栏《诗月旦》）

天佑侠

悍然天佑侠,意气卷三韩。忽听雷霆响,谁知爆裂弹。善邻策终破,宣武事非难。利器怀抱久,何妨试错盘。

评云:骠悍无谋,虽可深戒。气之所激,亦不得已。狂乎侠乎,真乎伪乎?市有三虎,蜚语纷纷。

(录自1894年7月8日《每日新闻》专栏《诗月旦》)

洗髑髅

渺茫溟渤泛扁舟,航到蜻蜓洲尽头。千里版图推圣泽,百年边警抱殷忧。图南意气归灰烬,穷北风涛洗髑髅。四海同胞谁继志,世间多是似倡优。

评云:万里风涛,一苇飘荡。徐福求药,妄诞非匹。鲁连踏海,壮烈同伦。倾闻凶报,痛泪万斛。

(以上录自1894年7月10日《每日新闻》专栏《诗月旦》)

大清国

堂堂大清国,三军如寒蜩。典铳供馇粥,卖剑充袢袍。偶有鸡林警,满城忽喧嘈。购剑柜无米,诉饥妻子号。卖衣渐换铳,典铺频驿骚。裸虫空蠢蠢,何堪汁马劳。回首胆应裂,晃晃日本刀。

(以上录自1894年7月11日《每日新闻》专栏《诗月旦》)

奋雄心

五棱郭外夕阳沉,刀锯无刑圣泽深。当日捐身入虾岛,一朝抚髀望鸡林。任他白发乱如雪,只要丹心坚似金。闻说梁川中将邸,几多老骥奋雄心。

评云:五棱郭外,鲜血染雪。顺逆虽误,刀锯免刑。鸡林一举,将图报效。虽老亦壮,可嘉可赏。

(以上录自1894年7月12日《每日新闻》专栏《诗月旦》)

刘铭传

堂堂大清国，三军皆老废。蠢蠢如婴孩，碌碌同傀儡。长征乏粮粮，饿色青于菜。何似勇公战，夜夜泣相对。

廷议强起刘铭传，病羸无复堪咒铠。只眼有患君勿说，四亿头颅总瞶瞶。

（以上录自1894年7月14日《每日新闻》专栏《诗月旦》）

四百州

剑气迷离突斗牛，王师旷日奈稽留。辕门风急铁骑跃，边塞月残铜角愁。已踏危机才一发，谁垂伟绩抵千秋。九泉若恐猿郎笑，呐喊应惊四百州。

评云：危机一发，伟绩千秋。势已骑虎，气当吞牛。英断奏效，犹豫失机。旷日弥久，断非良策。

（以上录自1894年7月15日《每日新闻》专栏《诗月旦》）

猛于虎

苛政由来猛于虎，戚族专权当路虎。东党忽学咆哮虎，率彼旷野非兕虎。韩廷畏之甚于虎，浮言百出市三虎。我军振旅风从虎，直据京城负嵎虎。水斩蛟龙陆搏虎，义勇应继藤阿虎。莫比冯河与暴虎，今日形势已骑虎。清兵贪馋如饿虎，袁竖元非燕颔虎。唯借虚威狐欺虎，其质羊兮其皮虎。

评云：前狼后虎不堪多，善政何时虎渡河。

（以上录自1894年7月17日《每日新闻》专栏《诗月旦》）

罂粟花

回首西邻感转加，门颓垣倒夕阳斜。金风萧飒浃旬后，吹散满园罂粟花。

（以上录自1894年7月18日《每日新闻》专栏《诗月旦》）

阅沧桑

满目风尘欲夕阳，寇雠土芥阅沧桑。虎飞食肉班都护，豹死留皮王铁枪。秦帝并吞雄六国，汉皇约束法三章。史中人物皆枯骨，四百余州总犬羊。

（以上录自1894年7月19日《每日新闻》专栏《诗月旦》）

惜名节

虾岛鸡林功未收，慨然抚剑气吞牛。干戈东党尚夷俗，锁钥北门非杞忧。八道风腥云幂幂，千洲月黑鬼啾啾。丈夫毕竟惜名节，应向沙场暴髑髅。

（以上录自1894年7月21日《每日新闻》专栏《诗月旦》）

城下盟

我武维扬此远征，鸡林八道旭旗明。投机忽决千秋计，鼓勇应驱十万兵。直卷风云过鸭绿，偏期霹雳震燕京。悬车暴露望何事，敌国定为城下盟。

（以上录自1894年7月25日《每日新闻》专栏《诗月旦》）

同鸡肋

西海纷纷羽檄飞，王城四面健儿围。鸡林毕竟同鸡肋。枉把牛刀试一挥。

（以上录自1894年7月26日《每日新闻》专栏《诗月旦》）

王气尽

腥风满地阵云堆，顽梦难醒可悯哉。北阙投书终不悟，东门悬眼亦堪哀。奸臣久窃庙廊位，苛政终招兵革灾。五百星霜王气尽，虞渊落日有谁回。

评云：李氏乾坤，王气将尽。东邻高义，偏要扶植。只耐顽冥，难谕难服。螳臂当车，其愚可笑。

（以上录自 1894 年 7 月 27 日《每日新闻》专栏《诗月旦》）

护王都

自古鸡林我版图，何妨旭旆护王都。由来果断能成事，莫近沈郎石竖徒。

评云：果断成事，古来皆然。我当路者，不可不思。

（以上录自 1894 年 7 月 28 日《每日新闻》专栏《诗月旦》）

快也哉

快也哉，呜呼快也哉。捷报远自海西来，剑闪电，炮轰雷，阵云暗澹层浪堆。敌兵败，敌舰摧，旭旗高扬凯歌催。蠢愚如犬豕，尩弱如婴孩。十八省中无我敌，刮目而待王师振旅回。呜呼快也哉，快也哉。

（以上录自 1894 年 7 月 29 日《每日新闻》专栏《诗月旦》）

华胄人

八道山河卷暗尘，牝鸡何事漫司农。憎他社鼠城狐辈，逐此名门华胄人。万里波涛恨羁旅，一封文字说经纶。料知归国期非远，再见君臣鱼水亲。

（以上录自 1894 年 7 月 31 日《每日新闻》专栏《诗月旦》）

拜旭旗

邪正纷纷党锢滋，权归戚族众心离。苞苴致富国终乱，刀锯立威身亦威。昨日虎狼今日鼠，万人欢笑一人悲。强邻义侠安宗庙，八道苍生拜旭旗。

（以上录自 1894 年 8 月 1 日《每日新闻》专栏《诗月旦》）

颂太平

东瀛缥缈旭光扬，郁苍佳气是扶桑。朝秦暮汉非我俗，万世一系张乾纲。北门锁钥虽关意，郡司元是快男子。中途蹉跌且休叹，誓欲壮图成夙志。南蛮瘴毒能害民，我有扁华术通神。令誉全归两博士，五大洲中无比伦。西海狂涛何激越，敌国艨艟摧且没。弘安之役不足夸，凯歌震荡蛟龙窟。中有祥云拥凤城，圣恩如海遏苍生。金瓯无缺讴歌涌，亿万斯年颂太平。

（以上录自1894年8月2日《每日新闻》专栏《诗月旦》）

如破竹

天师如破竹，整整护韩京。丰岛波澜怒，牙山风雨惊。负嵎擒猛虎，踏海斩长鲸。积弊一朝改，政刑严且明。

（以上录自1894年8月3日《每日新闻》专栏《诗月旦》）

致清平

欲除群小志难成，或作拘囚或退耕。弱国安教封豕饱，乱阶元在牝鸡鸣。一朝重叙君臣谊，十岁相离父子情。白发苍颜心未老，自今献替致清平。

（以上录自1894年8月4日《每日新闻》专栏《诗月旦》）

紫凤诏

西海艨艟蹴怒涛，韩京忽见旭旗高。千秋启沃联樽俎，一旦膺惩动节旄。紫凤诏降兵益奋，黄龙旗倒敌皆鏖。牙山丰岛凯歌遍，万国争称日本刀。

（以上录自1894年8月5日《每日新闻》专栏《诗月旦》）

闻客谈鸡林近事杂然有作

五峰坂口恭新潟

五百年而李氏亡，果然劫运应红羊。临风空洒新亭泪，箕子山川半夕阳。

铁骑尘飞万岁楼，江山如此缺金瓯，独教惟敬参家国，遗恨君王忘叔舟。申叔舟，朝鲜名臣。成宗时与我修邻好，叔舟以书状往来。临没，成宗问所欲者，曰："愿国家毋与日本失和。"后百余年有壬辰之役，明遣沈惟敬讲和，变诈处中，合议遂破。

战鼓声中听奏筝，椒房情重国家轻。吕家产禄皆威福，大尉何时入柳营。

悬首东门事可哀，如今方要佐王才。千秋遗恨伍胥死，呜咽江头潮去来。

吁食犹传居世干，山河破碎战云寒。扶颠须赖友邦义，既见瓠公西入韩。韩史，新罗王赫自号居世干，时倭人寇边，有瓠公者亦倭人，来辅国政。

朝鲜近事，曩昔种竹山人以五绝七首咏之，今者五峰樵史以七绝五首叙之，简练精劲，相交匹敌，而彼拘于押韵，故时感隔靴，此则奔放自在，无所阻碍，所以具见性情。锦山评点

（以上录自1894年8月7日《每日新闻》专栏《沧海拾珠》）

惊四夷

神州元气护皇基，敌忾一朝惊四夷。陇亩衰翁犹扼腕，狭斜少女亦扬眉。抚来白发频论战，典尽金钗欲犒师。请见蠢然豚尾国，人间羞耻不曾知。

（以上录自1894年8月7日《每日新闻》专栏《诗月旦》）

龙尾山谒加藤肥州庙在朝鲜釜山浦

十二峰外史甲斐

龙尾山头古庙坛，忆起当年鬼上官。乌帽三尺髯八寸，英姿飒爽据金鞍。声似洪钟眼似电，妙法莲华旗一竿。所向无敌皆披靡，胡虏闻名肝胆寒。结发从军争驰突，贱岳七枪称第一。一声叱咤冲鸡林，擒二王子加抚恤。长驱直入兀良哈，天涯泣拜芙蓉雪。百战功成镇熊府，金汤百雉映天日。义烈何让关云长，勇武亦压王铁枪。二条城里护遗孤，怀中匕首凛于霜。满腹赤心向谁说，泪洒鲁论托孤章。大厦将倾梁木折，豹死留皮人留名。英雄已逝三百载，陈迹茫茫陵谷改。征韩诸将若云霞，至今庙祀唯公在。庙前松柏风飕飕，恍闻铿锵戛兜铠。须臾鞳鞳又澎湃，无乃长风卷东海。

肥州公威名振三韩，有“鬼上官”之目，一唱其名，止儿啼云。然擒二王子也，敬爱无所不至，使彼等君臣歔欷感泣谢其恩义。当时征韩之役，斩将搴旗虽不乏其人，仁慈之德，感孚夷虏者，独有公而已。其庙食百世不亦宜乎。此诗起手写风丰，次写武勇，次写忠诚，结尾俯仰低徊感怀系焉，作法极整整。

（以上录自1894年8月8日《每日新闻》专栏《沧海拾珠》）

一帆远

挺身其奈济时艰，局蹐多年涕泪潸。乱后俄开新政厅，客中久梦故乡山。谁怜臣辈寸心赤，料识君王双鬓斑。曾见鸡林妖雾霁，扶桑海上一帆还。

慰英灵

杨华镇上夜冥冥，惨矣遗骸蒙殛刑。末路堪怜好才子，中兴难致小朝廷。海门风怒胥涛白，林莽烟深鬼火青。今日风云渐相会，君臣何以慰英灵。

（以上录自1894年8月8日《每日新闻》专栏《诗月旦》）

无古今

四百余州亦陆沉，运倾何独一鸡林。东洋仰见扶桑国，无缺金瓯无古今。

（以上录自 1894 年 8 月 9 日《每日新闻》专栏《诗月旦》）

属胡种

清兵败报日频频，惊杀两班文武臣。袁竖狡才误樽俎，李爷耄耋失经纶。若知天子属胡种，谁恨山河卷劫尘。豚尾虽长有何补，危机一发系千钧。

（以上录自 1894 年 8 月 10 日《每日新闻》专栏《诗月旦》）

建殊功

万籁无声草木眠，东方未白月如弦。胡笳俄动安城渡，烽燧忽照牙山巅。我军呐喊破晓雾，士马奋跃如脱兔。敌兵残梦尚瞢腾，风声鹤唳亦恐惧。先登第一是何人，松崎大尉名直臣。鞍头叱咤挺身进，意气壮烈泣鬼神。手中宝刀锐且利，斫人如瓜何容易。紫电寒虹互陆离，头颅垒垒落委地。身立硝烟弹雨中，一死报国建殊功。沙场终洒淋漓血，染得旭旗红益红。想起当年鬼将军，至今英风俨乎在。名震鸡林止儿啼，熊城庙祀三百载。大尉桑梓亦熊城，与鬼将军有宿盟。九泉相遇共含笑，彼我功名试品评。

（以上录自 1894 年 8 月 11 日《每日新闻》专栏《诗月旦》）

坠木猿

朝鲜不产猿猴，我民尝畜猿扮俳优，航海开场，喝采如涌，缠头成堆。袁世凯闻之，禁韩人观剧，为场中阒寂无人，袁之权威一时如此，而今如何。

大狙小狙频掀翻，狙公驯养如儿孙。净旦生丑扮装巧，韩人聚观喝采喧。袁竖闻之惭且愤，悉撤观棚不复存。朝三暮四终误事，抱头奔窜李爷门。李爷亦是沐猴耳，不怪汝为坠木猿。

评曰：袁即猿也，其小黠大痴，跳梁得意，终致颠坠，不堪悯笑。李爷非优孟衣冠，乃沐猴之类耳。或以李爷为狸，亦可。

（以上录自 1894 年 8 月 12 日《每日新闻》专栏《诗月旦》）

凯旋门

驻韩六师，无坚不破，大捷于成欢，直拔牙山垒，八月五日韩廷君臣及我大鸟公使等盛举凯旋欢迎之典，於戏壮哉。

欢声如涌凯旋门，酣战经来铁骑屯。聊使孤豚污宝剑，何时利器试蟠根。日东诸将虎生翼，胡羯大臣羝触藩。四百余州须席卷，长驱万里旭旗翻。

评云：丰岛牙山，捷报频至。旭旗所向，胡兵奔窜。如太阳一照，魑魅魍魉藏形敛影。逾长城，陷燕京，应不出数旬。呜呼，胡羯僭称天子，二百年于兹，历数将尽，胜败之机不战而已决，诸将其勉旃。

（以上录自 1894 年 8 月 15 日《每日新闻》专栏《诗月旦》）

威海卫

八月十日我舰队进冲威海卫，敌兵坚守不出，时落日依微，晓雾苍茫，不见单舸只兵，其怯懦可知。

整整王师镇大瀛，顽冥怜彼负邻盟。风腥渤澥黄龙死，云散鸡林红旭明。千舰直冲威海卫，一鞭应指北京城。敌兵奔窜在何处，胡角吹残落月横。

评云：我皇赫怒，王师启行，讨鸡林不逞之徒，置其社稷于泰山之安，进问昆仑奴之罪。昨获牙山丰岛捷书，今接此快报，欢喜踊跃，不觉屐齿折也。

（以上录自 1894 年 8 月 16 日《每日新闻》专栏《诗月旦》）

我帝国干戈启端，连战连败，狼狈失措，而清廷诸卿愤然亦有弹劾之议，嗟乎末路，可怜。

贪权恋位竟招尤，七十年来无所酬。黠智欺君非一日，臭名流世定千秋。欲施羊质虎皮策，频会鸡鸣狗盗俦。闻说清廷亦弹劾，可怜内外悉仇雠。

评云：若使王莽死十年早，后世唯知其恭谦下士之德，而不知为悖德戾义弑君夺国之贼。李爷亦死于十年前，唯传芳而不流臭，呜呼，进退去就，生死之关于荣辱也大矣！青云得意之士，不可不鉴，不可不戒。

（以上录自1894年8月22日《每日新闻》专栏《诗月旦》）

一笑催

五大洲中，邦国棋布。横眉竖鼻，亿兆何限。而头上有尾，独豚虏□然耳。

呼为豚尾亦奇哉，辫发鬖鬖一笑催。华夷风俗互颠倒，周汉典章难挽回。恰似蒲鞭垂到地，或如螺壳卷成堆。最好辕门乞降日，不须颈上系绳来。

评云：鞑虏南侵，僭称天子。周汉遗制，荡然扫地。犹称中华，傲然自尊。抱豚忘臭，真个好笑。

（以上录自1894年8月24日《每日新闻》专栏《诗月旦》）

哥老会

明室遭倾覆，遗臣涕泪纷。鞑人终夺国，禹域久无君。谁复衣冠俗，而离犬豕群。寄言哥老会，蹶起起风雨。

（以上录自1894年8月25日《每日新闻》专栏《诗月旦》）

归东海

明治甲午秋八月某日，我帝国于大不列颠国寻盟交欢，重译修好。芙蓉峰之雪千秋呈瑞，提迷斯水百岁无波，呜呼隆哉。

两邦今见缔盟新，樽俎交欢玉帛沉。万里星槎破波浪，千秋日域静风尘。百川倾注归东海，列宿森罗拱北辰。何者冥顽不量力，好屠封豕慰黎民。

评云：我皇仁圣，泽溢四裔。泰西强国，犹修交谊。樽俎相见，玉帛会同。独有豚虏，冥顽难化。膺惩举典，吊伐兴师。凯旋策勋，在于旦夕。

（以上录自1894年8月28日《每日新闻》专栏《诗月旦》）

李爷狂

李爷狂，李爷狂，败报频至叹息长。李爷死，李爷死，一身何堪招众毁。曰狂曰死是讹言，讹言未必无根源。请见言行总狂妄，精神已死形骸存。呜呼李爷之死何足怪，四亿头颅腐且坏。

评云：箕子之狂，比干之死，义比金石，名垂竹帛。百世之下，凛有生气。而李爷耄耋狂妄，贪婪无耻，虽生悠死，亦可悯哉。

（以上录自1894年8月29日《每日新闻》专栏《诗月旦》）

闻王师连捷欣然有作

啸月　河西丰甲斐

雄心誓欲斩鲲鲧，渤海湾头霹雳轰。箕子山川遭再造，胡家君相破邻盟。浪红丰岛晨鏖敌，月黑牙山夜斫营。伫望秋风传羽檄，长驱万里陷燕京。

音节雄壮，笔力奔放，一读有吞胡羯之概。柳塘批

（以上录自1894年8月31日《每日新闻》专栏《沧海拾珠》）

慰两公

鞑虏肆然终僭号，明家社稷一朝空。堪叹礼乐圣贤域，总化腥膻夷狄风。踏海有人朱舜水，回天无力郑成功。谁知二百余年后，渐向黄泉慰两公。

（以上录自1894年8月31日《每日新闻》专栏《诗月旦》）

衣锦还

瘴烟毒雾满南蛮，相见当时憔悴颜。岂向他乡埋白骨，由来故国有青山。惊神妙术显灵处，压代令誉衣锦还。万死一生幸无恙，欢声八百八街间。

（以上录自 1894 年 9 月 2 日《每日新闻》专栏《诗月旦》）

功可成

王师何肃肃，万里伐骄清。剑影秋霜凛，旗章旭日明。辽东鏖大敌，朔北破长城。唾手燕云志，一朝功可成。

（以上录自 1894 年 9 月 3 日《每日新闻》专栏《诗月旦》）

知何处

人影参差灯影微，新桥夜气透征衣。鞭声肃肃谣传响，剑佩锵锵凛有威。渤海屠鲸波浪赤，长城猎虎雪花飞。将军一去知何处，万里秋高马正肥。

（以上录自 1894 年 9 月 6 日《每日新闻》专栏《诗月旦》）

蛾眉斧

月黑牙山垒，胡笳转凄凉。羸卒泣相语，旬月无刍粮。饥饿不能起，憔悴如病羊。只见提督营，笑语独洋洋。左酌兰陵酒，右拥邯郸倡。娇歌和羯鼓，慢舞飘霓裳。宛转蛾眉斧，已割提督肠。未及交剑戟，奔窜何仓皇。呜呼全军覆没果谁罪，臭名长于豚尾长。

评云：四面楚歌兵气挫，谁知虞氏是优倡。脱身狼狈颜如土，枉道风流似项王。

（以上录自 1894 年 9 月 7 日《每日新闻》专栏《诗月旦》）

从军作

佐藤舜川大阪

出门一笑剑横腰，好挺微躯报圣朝。伟略千年班定远，长驱万里霍嫖姚。胡笳声急晓云裂，边月影高秋气骄。醉卧沙场何所梦，昆仑以外建铜标。

何等慷慨，何等劲健，与“五更鼓角声悲壮，三峡星河影动摇”可并传。

（以上录自 1894 年 9 月 9 日《每日新闻》专栏《沧海拾珠》）

日本魂

日本魂，日本魂，锄可掷，鼻可焚。蹶然奋跃从戎轩，下则显父母，上则酬圣恩。朝拔平壤垒，夕逾山海关。昨陷奉天府，今烧圆明园。翻倒渤海水，可以洗妖氛。酿得昆仑雪，可以盈芳樽。勿言座无好下物，挥剑屠尽四百余州豚。

（以上录自 1894 年 9 月 9 日《每日新闻》专栏《诗月旦》）

照苍旻

穹庐下拜帝狂秦，怯懦堪怜四亿民。左衽移风三代德，西征问罪六师仁。赤心酬国在今日，青史垂名果几人。勿道黄河翻浊浪，须臾旭旆照苍旻。

（以上录自 1894 年 9 月 11 日《每日新闻》专栏《诗月旦》）

勿踟蹰

蠢然骈首望狼胡，新政何时定典谟。不独提撕醒陋俗，岂妨斧钺及顽夫。满朝都是辽东豕，八道终无冀北驹。控御有方君识否，手挥鞭策勿踟蹰。

（以上录自 1894 年 9 月 12 日《每日新闻》专栏《诗月旦》）

移凤辇

美哉君子国，寰海不扬澜。万古山河静，千秋社稷安。干城长御侮，缟纻互联欢。高丽兆衰乱，满清开衅端。出师秋九月，振旅古三韩。蔽海艨艟列，冲天剑戟攒。圣皇移凤辇，雄将跃龙鞍。意气吞蒙古，风云卷契丹。燕京殪封豕，禹域见翔鸾。用武除秦政，崇文复汉官。譬如云雾散，明月影团团。

（以上录自 1894 年 9 月 13 日《每日新闻》专栏《诗月旦》）

大象毙

英人雅慕士顿，驯养虎豹犀象诸兽，周游万里，到处开场演技，现寓我横滨，倾日其所畜巨象以病毙。

大象毙，大象毙，其生也庬然，蠢然四体肥，空被三尺小童制。其毙也形骸十丈如邱陵，毙臭纷纷何处瘗。呜呼老大无成皆如此，四百余州亦困弊。

（以上录自 1894 年 9 月 15 日《每日新闻》专栏《诗月旦》）

还多病

金气萧森透客衣，从征万里出王畿。古城今夜叹摇落，倦翼何时思奋飞。听到秋琴声淅沥，醒来春亩梦依稀。风流宰相还多病，客馆凄凉独焰微。

（以上录自 1894 年 9 月 16 日《每日新闻》专栏《诗月旦》）

平壤陷

平壤陷，平壤陷，王师整整，貔貅哮阚。二万辽东豕，摇尾蠢蠢尔。一朝屠尽无噍类，生而还者三人耳。刁斗声高奏凯歌，万里长城跃马过。虏廷君臣无颜色，秋寒四百州山河。

大忠臣

罢驽何事拟麒麟，碌碌偷名逾七旬。白发衰残连获罪，黄袍恩赐忽离身。风云已急三韩地，鹿马犹欺二世秦。满虏朝廷因汝灭，当称明室大忠臣。

（以上录自 1894 年 9 月 18 日《每日新闻》专栏《诗月旦》）

又向东

局蹐半生羁旅中，还家未得入王宫。蹉跎已失回澜力，落托难期济世功。社鼠城狐何日戮，天荆地棘十年穷。如今尚有苍蝇祸，一幅孤帆又向东。

无所敌

黄州平壤一朝陷，鸭绿江西惊众蛮。剑气凝霜秋欲老，马蹄生火路尤艰。三军电击奉天府，百里星驰山海关。请见王师无所敌，长驱直破北京还。

（以上录自 1894 年 9 月 19 日《每日新闻》专栏《诗月旦》）

山塞曲

枞堂　松本棱太郎石川

黄钺堂堂西入韩，从军猛士势鹏搏。穷庐信宿阴山下，铁马高嘶八月寒。长白山头落日红，男儿誓奏远征功。燕京自此三千里，宁还渔阳指顾中。冰刀电闪发新硎，战血淋漓草木腥。一夜燕京城外路，阴风吹雨鬼磷青。万里悬军北向胡，沙尘卷地跃龙驹。据鞍顾眄哑然笑，极日山河我版图。

豪放劲健，意气自昂。

（以上录自 1894 年 9 月 20 日《每日新闻》专栏《沧海拾珠》）

案山子

群雀无声望渺漫，大同江畔夕阳残，秋风吹倒案山子，笠破弓摧野水寒。

须田某

湘南山水归鱼樵，形胜依然霸气销。遗址历历更可征，前有源氏后北条。源氏武勇人皆仰，六十余州归只掌。丰公意气吞三韩，来此犹拜将军像。北条九代推太郎，胆大如瓮赞廊庙。十万胡兵葬鱼腹，四夷震摄我武扬。此地曾置师范黉，弦诵洋洋育俊杰。岂图校长须田某，顽冥渎职买臭名。征清将士皆忠勇，万里荷戈悉奋踊。报国忘身鸿毛轻，为君守义泰山重。书生卖书助军赀。弦妓典钗充犒资。何者傲然恣悔慢，不教只兵入门篱。贼夫人子在此辈，其俸可夺职可退。狗鼠亦不啖其余，有司何术惩蒙昧。

（以上录自 1894 年 9 月 20 日《每日新闻》专栏《诗月旦》）

偶 吟

战胜余威震朔河，秋高群雁乱行过。我兵所向摧枯叶，鞑靼胡王奈汝何。

笔力雄健，气吞长虹，有立马吴山第一峰之概。公胸中已吞震旦四百州，岂翅云梦八九而已哉，有此快文字非偶然也。

（以上录自 1894 年 9 月 21 日《每日新闻》专栏《沧海拾珠》）

海洋岛

征清诸将熟胜算，秋高剑气冲银汉。万马蹴波大同江，风声鹤唳敌鼠窜。半为俘虏半屠戮，平壤凯歌声未断。又闻黄海卷狂涛，我舰坚刚兵勇悍。操纵术巧臂使指，或开或阖聚又散。辫奴狼狈两目眩，积水淼淼无所逭。三舰已碎一舰烧，已见黄龙死且烂。伏尸随波夜沉沉，鱼腹空肥波拍岸。牙山平壤海洋岛，前鬼后鬼哭相唤。黑雾渐晴鸭绿江，旭日旗章影烂灿。

（以上录自 1894 年 9 月 21 日《每日新闻》专栏《诗月旦》）

感圣恩

昨宵平壤陷，捷报达天阍。万乘降优诏，三军泣圣恩。炮烟笼渤海，旗彰接昆仑。月黑胡笳急，秋高铁骑奔。南山时射虎，下物好屠豚。寄语貔貅士，捐躯报至尊。

（以上录自 1894 年 9 月 22 日《每日新闻》专栏《诗月旦》）

丁汝昌

可怜丁汝昌，六旬犹素餐。残骸如枯木，漫渎提督官。鸡皮鹤骨一老叟，岂有碧海掣鲸手。系缆品川湾，迎人劳应接。盛馔罗八珍，侑杯如婢妾。我邦今日何以酬，弹丸硝药是膳羞。琼浦赏月夕，酒楼聘名姝。艳色过红拂，曼声胜绿珠。桃娘秋波溺冶客，孰若黄海深前尺。临战先震慑，一败全军覆。艨艟委灰烬，残骸葬鱼腹。月黑风腥夜冥冥，海洋岛畔鬼火青。

（以上录自 1894 年 9 月 23 日《每日新闻》专栏《诗月旦》）

惟一心

东瀛六十州，金城铁壁同。西土四百州，如坐漏船中。四千万人惟一心，如金如石如胶漆。四亿万人四亿心，士民离畔非一日。桀纣是以败，汤武是以成，成败之数自分明。呜呼成败之数自分明。

（录自 1894 年 9 月 25 日《每日新闻》专栏《诗月旦》）

泪如雨

黄海汹涌□浪怒，盘涡旋□鲸鳄舞。少佐观之勇气倍，叱咤如雷压鼙鼓。一跃攀登百尺樯，指挥操纵皆中矩。硝烟蔽海天濛濛，咄嗟一击破豚虏。豚虏狼狈无所逃，峥嵘巨□醉如土。四百余州悉震慑，余威远及英佛鲁。五尺之身胜长城，慨然御得外夷侮。纵令鱼腹葬髑髅，名垂竹帛□寰宇。孤闺有人待捷报，天涯不诉别离苦。闻讣坦然如豫□，笑曰幸不辱乃祖。呜呼贤妇不作戯欷容，却使四千万人泪如雨。

（以上录自 1894 年 9 月 26 日《每日新闻》专栏《诗月旦》）

送某从军朝鲜

屈山　小室重弘尾张

满腹浑藏虎豹韬，笑看渤海激风涛。横秋长剑星华动，对酒高歌气象豪。雁影翻云催祖帐，枫光曝锦映军袍。从今屈指凯旋日，期尔功名出等高。

语健意壮，想见某一诵之余，不觉拔剑斫柱，戛然有声，满座皆惊。

（以上录自1894年9月27日《每日新闻》专栏《沧海拾珠》）

吊狡童

可怜满虏漫兴戎，二百星霜历数穷。兵甲纷纷环四境，欃枪烂烂射长空。辽东昨夜屠封豕，燕北明朝吊狡童。落日秋风顺天府，铜駱应立棘榛中。

（以上录自1894年9月27日《每日新闻》专栏《诗月旦》）

国运移

顽冥漫抗我王师，上下相欺国运移。宰相犹论钱子母，将军只问妓妍媸。苞苴以外无刑政，行阵之间有丝竹。社稷安危今日急，君臣瞶瞶不曾知。

（以上录自1894年9月28日《每日新闻》专栏《诗月旦》）

皆犬豚

怜尔君臣羝触藩，石头应见出降幡。干戈扰扰都乌合，旗鼓纷纷忽兽奔。鸭绿江边妖雾散，凤凰城畔阵云屯。景升今日有何悔，四亿万人皆犬豚。

（以上录自1894年9月29日《每日新闻》专栏《诗月旦》）

遭贬黜

虚名欺世复何为，狼狈如今无所施。老境唯忧身祸福，私心不顾国安危。奸谋一代过秦桧，祖系千年出李斯。闻说俄然遭贬黜，小人末路亦堪悲。

（以上录自1894年9月30日《每日新闻》专栏《诗月旦》）

时事有感

木村芥舟东京

出师本欲厚邻交，不向弱邦诛贡茅。但是当年盟约在，肯容饿虎独咆哮。

神兵所向似雷翻，饿虎贪狼骇且奔。事定衣冠相庆日，应知天地覆帱恩。

王师所向，虏兵奔窜，誓如振枯摧朽。韩廷君臣脱饿虎之口，入慈母之怀，而蚩蚩愚氓，相率为盗，亦可怜也。

（以上录自1894年10月2日《每日新闻》专栏《沧海拾珠》）

姓东端

单身按辔窥敌营，敌兵四骑相见惊。呐喊跃马来袭我，我挥冰剑一笑迎。格斗多时勇益奋，弹丸触剑戛戛鸣。我马已僵身徒跣，奔驰如电随风轻。敌蒙数创悉奔窜，叱咤声罢硝烟散。满山草木昼凄然，英风飒爽抚健腕。流血被面如鬼魃，剑光陆离蓬鬓乱。以寡当众人所难，却使敌兵肝胆寒。呜呼勇士勇士君须记，名是林平姓东端。

（以上录自1894年10月2日《每日新闻》专栏《诗月旦》）

不离身

牙山平壤几逡巡，泣裹疮痍卧棘榛。怯懦终招巾帼悔，贪污岂养腹心臣。貔貅呐喊胆先落，伉俪缠绵情独真。抵死相思劳梦寐，回文锦字不离身。

（以上录自1894年10月2日《每日新闻》专栏《诗月旦》）

时事有感

木村芥舟东京

久拥雄兵据上津，惜他功业委尘埃。一生手段无他事，徒假虚声欲吓人。李鸿章

一世功名属辨尾，据鞍顾眄是徒劳。穷途勿笑无奇策，掩败欺君学赵高。李鸿章

鬼面吓儿，狐媚欺人，其末路丑状悉露，跋胡疐尾，最堪悯笑。

曾吓小儿心自豪，利牙钩爪攫蟠桃。果然覆悚非无谓，命姓元来是老猱。袁世凯

小人恃势，欺骗韩廷，问鼎轻重，而不知自家亦致折足覆悚之祸，沐猴之智固不过如此耳。柳塘批

（以上录自1894年10月2日《每日新闻》专栏《沧海拾珠》）

上征途

闻言扶老上征途，末路安能免锧铁。耄耋堪怜不量力，阵头来授秃头颅。

评云：退回弹劾太急，汤镬将至，进则连战连败，股栗坠马，可怜七十白发一头颅，到底非自家之物。

（以上录自1894年10月4日《每日新闻》专栏《诗月旦》）

偶　成[①]

向山黄村

王师整整，所向无敌，捷报频至，屐齿悉折，不独谢公也。况翁令

① 诗见第一部分向山黄村，题作《闻牙山丰岛捷报》。

嗣现任松岛副舰长，舵楼摧剑，叱咤鼋鼍，终粉齑敌舰数艘乎。翁又有句曰："淮上功名付儿辈，乃翁长日只围棋。"襟度可想。此二首亦劲健直截，不负诗坛老将之名矣。

（以上录自1894年10月5日《每日新闻》专栏《沧海拾珠》）

破城门

誓以微躯报圣皇，岂许丑类逞跳梁。鸭绿江头云黯澹，牡丹台下血玄黄。满身都是百炼铁，阵头挺进何壮烈。跃然一蹴破城门，不数樊哙怒排闼。呐喊如雷数万兵，一战直屠平壤城。屈指待尔凯旋日，金鸦灿烂照勋名。

（以上录自1894年10月5日《每日新闻》专栏《诗月旦》）

汉纳根

碧眼朱髯汉纳根，三年寄食在天津。才将黠智欺蛮俗，又媚权门称幕宾。狼狈吠尧憎桀狗，仓皇漏网笑躬鳞。丈夫何事同娼女，只为黄金卖我身。

（以上录自1894年10月6日《每日新闻》专栏《诗月旦》）

秋晚夜雨次放翁雨夜感怀诗韵

屈山　小室重弘

萧萧檐滴送凄凉，思到远人魂易伤。忧国孤怀头欲白，对灯深感夜偏长。如今神策征蛮域，此夕王师入朔方。定识大同江畔雨，枕戈听彻露营傍。

悲壮感慨，笔墨苍劲，后联殊妙，先辈有句云"善谈风月善谈兵"，屈山氏有焉。

时事有感

木村芥舟

冯夷打鼓雨师迎，奔电迅雷冲海城，相见羽书传警日，风声鹤唳

撼燕京。冲威海卫

十年窜逐忽生还，俯仰人间九折难。寸碧尺青皆故友，船头泣拜马韩山。朴咏孝

忧时感事，百感横生，悉如韵语，可歌可哭，是亦诗史之遗。柳塘批

（以上录自1894年10月7日《每日新闻》专栏《沧海拾珠》）

清将三首

清将何怯懦，未战胆先寒。畏狗如猛虎，惜命如泰山。

清将何风流，军中聘妓女。一曲虞兮歌，千秋思暴楚。

清将何狡狯，掩败以为胜。虚报欺朝廷，恩赐三万锭。

（以上录自1894年10月7日《每日新闻》专栏《诗月旦》）

坤轴震

丰公一喝如雷霆，手中封册裂纵横。不独京畿地大震，韩王惊死明廷惊。

王师今日征胡羯，秋高马肥发万卒。投鞭晓渡大同江，衔枚夜过长江窟。

势如破竹敌披靡，捷报频频达天阙。君不知，昨夜蓦然坤轴震，天皇赫怒犹未歇。

（以上录自1894年10月9日《每日新闻》专栏《诗月旦》）

闻我陆海诸军大胜[①]

志喜　杉山千和美浓

胡帝之迂，李爷之耄，固非神兵之敌，宜其于陆于海连战连败也，二首笔力气格兼到，壮快无比。

---

① 诗见第三部分《日清战争实记》第八期。

附记黄菊子次韵二首

六师齐上牡丹台，捷报飞来亦快哉。更有苍溟沉敌舰，凯歌声撼禁营来。

斩馘骄胡似刈麻，王师忽破杀氛遮。谁关二百余年后，瞑目知他国姓爷。

寄向山黄村①

杉山千和美浓

谢安七字，绝好标榜，若移为作者自况，更觉一段之妙。

（以上录自1894年10月10日《每日新闻》专栏《沧海拾珠》）

报效时

誓扫妖氛戮丑夷，六龙西幸督王师。宵衣旰食劳宸念，正是诸公报效时。

闲日月

风流宰相笑衔杯，娘子军中谁占魁。想见英雄闲日月，羽书旁午校书陪。

（以上录自1894年10月10日《每日新闻》专栏《诗月旦》）

名千古哭中国新闻记者下山君熊喜

欲为英雄酣战姿，飘然仗剑到天涯。万篇文字名千古，八道山河笔一枝。箕子庙前魂仿佛，牡丹台下血淋漓。惜君早化边城土，不见燕京建旭旗。

（以上录自1894年10月11日《每日新闻》专栏《诗月旦》）

---

① 诗见第三部分《日清战争实记》第八期。

偶成次服部担风见寄诗韵

小栗栖莲舶

大将提刀晓上台，三军勇气万雷开。鞑儿不啻惊风鹤，梦里神兵卷地来。

词坛老将，笔阵横扫，其气其勇不可当，犹如神兵卷地来，壮哉。

（以上录自1894年10月12日《每日新闻》专栏《沧海拾珠》）

洗积弊

满朝皆碌碌，分党互相攻。不知鼎轻重，谁辨乌雌雄。改革空名耳，姑息废前功。纷纷又扰扰，有始而无终。旷日弥久非长计，雷霆一震定新霁。安得快刀断乱麻，再造乾坤洗积弊。

（以上录自1894年10月12日《每日新闻》专栏《诗月旦》）

中井翁

麟阁若论当日功，樱洲何让牡丹公。诙谐弄世东方朔，磊落惊人中井翁。天下不知廊庙器，世间漫目滑稽雄。驺牙欲出君先逝，未见骄胡朝紫宫。

《史记》曰：建章宫后合重栎中，有物出焉，其状似麋。以闻，帝往临视之。问左右群臣习事通经术者，莫能知。诏东方朔视之。朔曰：所谓驺牙者也。远方当来归义，而驺牙先见。其齿前后若一，齐等无牙，故谓之驺牙。其后一岁所，匈奴混邪王果将十万众来降汉。乃复赐东方生钱财，甚多。

（以上录自1894年10月13日《每日新闻》专栏《诗月旦》）

百害生

譬如病毒入膏肓，一害才除百害生。外戚专权招土寇，东邻借力攘胡兵。老牛舐犊忘公事，●●为●蔽主明。社稷濒危犹不悟，党同伐异事纷争。

评云：●●●●，祸几爰胎。老牛舐犊，国事再非。外戚伏诛，东邻仗义。社稷未安，党锢益炽。

（以上录自1894年10月14日《每日新闻》专栏《诗月旦》）

牛　岩

距釜山数十町，巨岩伏海，形如铁牛，怒涛奔激，雪花四散，昔时小西摄州。缆于此，直袭釜山城，击走守将郑拨，得大捷。

整整之旗堂堂阵，艨艟蔽海一齐进。谁图贾竖谙兵机，拔釜山城唯转瞬。山擒猛虎水斩鲸，悬军万里擅英名。若微沈郎三寸舌，席卷鸡林陷燕京。我来吊古牛岩上，啸岸狂涛高十丈。散而为雾碎为珠，银峰崩处百雷响。不是小西摄州如海门，铁骑十万并辔奔，乃知丰臣太阁裂封册，大喝一声震乾坤。

沈竖掉三寸之舌，丰公撤十万之师，呜呼，碌碌小人，亦能欺英雄，后人不可不鉴。

（以上录自1894年10月16日《每日新闻》专栏《沧海拾珠》）

有余勇

革弊无功奈斗筲，却招豕白头嘲。且叹鹏翼空垂地，谁使鸡林免覆巢。何日朝廷除党锢，百年樽俎重邻交。三猿居士有余勇，欲把快刀诛棘茅。

（以上录自1894年10月17日《每日新闻》专栏《诗月旦》）

明日死

七十衰翁姓称李，窃位碌碌懒于豕。骄心一旦渝邻盟，自招天诛不知耻。麾下将士何蚩蚩，毅字盛字如蝼蚁。丰岛牙山平壤城，威海海洋败报至。惊魂动魄颜色苍，气息奄奄不可起。形骸虽存与死同，欲倩谁手作铭诔。昨日死而今日生，今日生而明日死。流言百出人恟恟，一生一死无底止。呜呼一身生死不足论，一国存亡系于此。王师万里指燕京，四百余州无一士。胡帝蒙尘复谁尤，不忠不义招众毁。李奴李奴如尔何，出于尔者反于尔。

（以上录自 1894 年 10 月 18 日《每日新闻》专栏《诗月旦》）

修邻好

仗义兴师旭旆翻，胡兵土匪悉禽奔。百年唇齿修邻好，王子来庭谢圣恩。

（以上录自 1894 年 10 月 19 日《每日新闻》专栏《诗月旦》）

从军行

平田哲山

丈夫何老一书生，意气如虹欲请缨。月黑秋高铙吹壮，沙飞石走马蹄轻。楼船百万连东海，练甲三千指北京。昨夜西风传捷报，王师旗帜益精明。

俊拔雄劲之笔，亦如我王师，屠城夺垒，直往无前。

（以上录自 1894 年 10 月 21 日《每日新闻》专栏《沧海拾珠》）

追群雀

厉翮翱翔渤海秋，雄姿飒爽烂星眸。佳名宜命高千穗，嘉瑞频臻大八洲。何幸天厨饱膏肉，勿投林樾化雎鸠。凌霄想汝追群雀，恰似王师攘寇雠。

（以上录自 1894 年 10 月 21 日《每日新闻》专栏《诗月旦》）

非霜叶

决眦云涛落日颓，南蛮时事亦堪哀。天涯绝岛望难到，海外幽魂呼不回。魑魅跃身磷火迸，豺狼鼓腹髑髅堆。满溪红涨非霜叶，洒我同胞鲜血来。

（以上录自 1894 年 10 月 22 日《每日新闻》专栏《诗月旦》）

韩京杂咏节录

十二峰外史

万里回头感慨生，雨杉风笠入京城。浮云屡蔽鸡林月，不似扶桑旭日明。想昔真王降自天，依然带砺旧山川。近来何者传凶谶，李氏乾坤五百年。韩人传云：李氏之运五百年而尽矣。猛将当年破敌远，胡笳吹恨泪潸潸。归鸿影没兀良哈，残雪飞寒长白山。鸡林八道夕阳倾，举目苍茫暗自惊。双鹫隔云磨铁爪，满山鸟雀寂无声。双鹫，俄罗斯旗章。

君游韩京在数年前，危邦形势，写出如此，可谓知祸于未萌者。柳塘批

（以上录自1894年10月23日《每日新闻》专栏《沧海拾珠》）

霜枫色

十月艺城车马纷，禁营秋肃羽林军。天妃庙畔霜枫色，仿佛丹墀绕紫云。

翼赞皇猷感不禁，鞠躬应报圣恩深。天妃庙畔霜枫色，孰若诸公捧赤心。

万里远征师未还，何人暖酒问林间。天妃庙畔霜枫色，想见韩山战血殷。

（以上录自1894年10月23日《每日新闻》专栏《诗月旦》）

能扪虱

辫发鬅鬙且叩头，乞哀万里到神州。纵非景略能扪虱，岂有夷吾巧射钩。一败为擒犹未耻，三餐适口复何求。无辜怜汝随兵革，敌国感恩双泪流。

评云：三餐适口更充肠，此句诵来叹息长。身作楚囚贪饱暖，不知宗社逼危亡。

（以上录自1894年10月24日《每日新闻》专栏《诗月旦》）

旗未扬

英雄逐鹿孰登场，哥老白莲旗未扬。四百余州无定主，人心归处是君王。

鏖杀功

一败抛刀又折弓，绨袍敝尽感无穷。身为降虏贾余勇，奏得半风鏖杀功。

（以上录自1894年10月28日《每日新闻》专栏《诗月旦》）

二十五日朝鲜义州之报至曰昨二十四日晓我军渡鸭绿江击破清兵进向九连城

捷报又来从义州，电机一线速于邮。吾军昨日侵清晓，鸭绿长江已断流。貔貅团结几千兵，高揭旌旗旭日明。天险长江何足恃，进军直入九连城。

我兵名正言顺，攻必取，战必捷，其陷奉天，围顺天可期日而待，捷报踵至，不暇应接。而翁之词锋逾锐，多多益辨，亦诗国奇观也。柳塘批

（以上录自1894年10月30日《每日新闻》专栏《沧海拾珠》）

楚歌声

九连城又凤凰城，满地腥风白骨横。祖庙灰飞奉天府，唯闻四面楚歌声。

（以上录自1894年10月30日《每日新闻》专栏《诗月旦》）

天长节

所向无前王者师，金州昨夜羽书驰。黄龙烂死淋漓血，铁骑星奔肃杀时。铜角一声霜露咽，屯营千里斗牛垂。料知甲午天长节，旅顺

城头树旭旗。

（以上录自1894年10月31日《每日新闻》专栏《诗月旦》）

推乃公

行营今日仰英风，博学能文推乃公。一朵娇姿栽白菊，几樽醇酒醉红枫。心胸绰绰有余裕，鬓发斑斑如此雄。想见粉围香阵里，千军横扫奏奇功。

评云：军国多事，绰有余裕如此，雅量洪度有不可测者。

（以上录自1894年11月1日《每日新闻》专栏《诗月旦》）

寻旧盟代碧血会员赠大鸟公使

归顺一朝遭太平，钦差奉命出东瀛。韩山月黑胡兵走，渤海秋高老气横。碧血当年多感慨，白头今日占功名。故园松菊待君久，诗酒只应寻旧盟。

（以上录自1894年11月2日《每日新闻》专栏《诗月旦》）

万万岁

我皇圣寿万万岁，允文允武超百世。六龙西幸督天兵，宵衣旰食益精励。圣诞佳辰秋正霁，南国江山更佳俪。烂斑枫叶映丹墀，馥郁菊花熏衮袂。草莽微臣亦致诚，熏沐遥拜艺州城。讴歌声里凯歌起，定有捷书达禁营。起舞如狂风生袖，三倾太白祝圣寿。醉眼烂烂睨西天，四百余州小于豆。

（以上录自1894年11月3日《每日新闻》专栏《诗月旦》）

甲午十一月三日作

新川居士宣

曈曈旭日上扶桑，韩使远来观国光。恰是今朝逢圣节，好将仙鹤祝天长。时朝鲜报聘使义和宫，以鹤八只献本营。

黄鹤山樵曰：八只鹤，真天长节之好诗料。

（以上录自1894年11月5日《每日新闻》专栏《沧海拾珠》）

归灰烬

王师昨入凤凰城，今夜长驱举盛京。风卷雕毛秋风肃，旗连雁塞暮云平。呜呼七庙归灰烬，其奈九州皆甲兵。祖业应无恢复日，君臣震骇若为情。

（以上录自 1894 年 11 月 5 日《每日新闻》专栏《诗月旦》）

秋寂寥

凶报西来万里遥，群臣恸哭彻云霄。帝王犹欠长生药，三十六宫秋寂寥。

（以上录自 1894 年 11 月 6 日《每日新闻》专栏《诗月旦》）

都儿戏

一木难支大厦倾，降旗应出石头城。棘门灞上都儿戏，勿恃淮军十万兵。

遗臭名

恫吓漫言亲督兵，颓龄今日尚伦生。若教汝死十年早，身后应无遗臭名。

（以上录自 1894 年 11 月 7 日《每日新闻》专栏《诗月旦》）

王师征清杂然赋诗

高岛箑川

邦徒龙大足贻讥，不似王师自有威。四百余州无劲草，疾风卷地断蓬飞。渠侬拟我以儿童，争识儿童英且雄。事败痴龙逆鳞甚，李爷面色土相同。沉他四舰烧三舰，千古殊功我武扬。从此九夷八蛮外，齐称日域海军王。九月新霜满列营，一行雁阵掠边城。寄言万里远征士，不斩单于休洗兵。

以快笔写快事，宜使人快读也。诗之妙，则与他俗意俗格、大言壮语以徒自喜者，夐异其选，世固有解人，不须吾辈饶舌矣。紫阑人批

（以上录自1894年11月10日《每日新闻》专栏《沧海拾珠》）

仙迹杳

北欧东亚辟荆榛，威若雷霆仁若春。一夜骑龙仙迹杳，秋风满地哭声频。

登极日

哭声才歇涌欢声，愁雾俄开祥霭横。恰是新皇登基日，星轺万里到东瀛。

期百世

东瀛天子是神孙，尧舜禹汤何足论。玉帛修盟期百世，此间无复寸波翻。

（以上录自1894年11月10日《每日新闻》专栏《诗月旦》）

过玄海洋口占

峡南　早川恭山梨

不是寻常羁旅行，清缨海外赋长征。三更横槊对明月，万里蹴涛追巨鲸。王者出师千古快，丈夫殉国一身轻。舵楼梦觉戎衣冷，起望妖云绕北京。

余熟知峡南为人，年少气锐，慷慨善论，今以刀圭从军，偶与我社樱所生同船，其把臂快谈，口角喷沫，戟手拍案之状，可想见也。

（以上录自1894年11月11日《每日新闻》专栏《沧海拾珠》）

秋惨澹

鸡林一鹤独推君，雨血淋漓毛羽纷。八道山河秋惨澹，鸱枭得意舞青云。

毙斯人

玉钧冤死见忠纯，泳孝还乡尚隐沦。革政无功徒扰扰，更叹凶刃毙斯人。

（以上录自1894年11月11日《每日新闻》专栏《诗月旦》）

时　事

战血淋漓袍有痕，提刀笑入凯旋门。雄心须下酒三斗，昨日割鸡今日豚。走他胡虏足风尘，我武维扬不用兵。烽火蒸成云五色，旭旗高扬凤凰城。

自鸡豚凤凰字而着思，才之敏，笔之灵，可称双绝。柳塘妄批

（以上录自1894年11月13日《每日新闻》专栏《沧海拾珠》）

仁无限

明治中兴皇猷昌，左文右武扬国光。治具毕张奎运盛，优与泰西相颉颃。杏林亦见两豪俊，博士北里柴三郎。青山胤通并磐出，刀圭妙手倾青囊。负笈远游伯林府，多年苦学传禁方。早已出蓝凌前辈，何数扁鹊与太仓。死者能生骨者肉，望气听声论阴阳。维时甲午夏六月，远奉官命入南荒。南荒瘴毒凝成病，毙人猖獗如豺狼。朝丧父母暮丧子，兄弟姊妹归北邙。东邻西舍皆病客，骈首呻吟共联床。博士投身犯万死，赤道直下风如汤。流金铄石不少畏，执刀尝药救夭殇。病魔降兮瘴毒散，譬如饥者饱膏粱。石神冈田及宫本，追随刻苦姓名彰。何唯衣锦夸乡里，盛誉传播东西洋。恰似黄花红叶节，缙绅名士盛燕张。欢呼齐迎两博士，赞功颂德捧寿觞。萧鼓相谐杂笑语，和气蔼然满画堂。回首王师讨满虏，捷报频来自边疆。此活万人仁无限，彼杀万人武维扬。威惠兼施服万国，东瀛万岁讴歌长。

（以上录自1894年11月13日《每日新闻》专栏《诗月旦》）

死不还

九连城又大连湾，连战连胜岂知艰。王师堂堂不膏刃，金州已落指掌间。旭旗高扬旅顺口，马蹄踏破山海关。凤衔紫诏犒师旅，感泣谁复叹刀环。秋毫不犯号令肃，命若鸿毛义泰山。气宇已吞州四百，不破燕京死不还。

（以上录自1894年11月14日《每日新闻》专栏《诗月旦》）

匣底龙

中兴圣连应飞龙，君臣值遇庆云龙。岂图西方有痴龙，一朝阴霾化毒龙。

天上昨夜驱六龙，紫云叆叇绕衮龙。渤海艨艟跃群龙，人如猛虎马如龙。

悬军万里追游龙，势若燎原鞭火龙。敌旗狼藉仆黄龙，勇怯悬绝如猪龙。

骁悍更推独眼龙，意气直欲擒蛟龙。翻倒黄河惊老龙，笑视敌兵如土龙。

嗟我草庐学潜龙，三顾无人愧卧龙。枉道湖海凌元龙，空夸文章压士龙。

雕虫小技叹屠龙，衣鹑多年羡攀龙。深夜呜呜匣底龙，风云何日起蛰龙。

（以上录自1894年11月15日《每日新闻》专栏《诗月旦》）

莫渡河

我军进到鸭绿江，江阔水深，汹涌涵天，无舟筏可渡。偶有勇卒三原国太郎，跃身泅焉，溺死。军曹三宅兵吉愤慨挺进，与一卒相踵投水，遂抵前岸，测深浅，架桥梁，于是全军得济。

莫渡河，莫渡河，不渡何以进大牙。滔滔鸭绿水，极目无涯涘。汹涌卷盘涡，舟筏不得舣。日本男儿胆生毛，赴水直欲掣鲸鳌。手足冻兮不可动，身终溺兮波汹涌。莫渡河，莫渡河，不渡河以进大牙。奋然跃身两勇士，仿佛双龙戏于水。虹乎非虹是长桥，三军呐喊马蹄骄。胡虏相惊悉四散，恰如枯叶舞商飙。呜呼鸭绿之水有时竭，芳名千秋流不歇。

（以上录自1894年11月16日《每日新闻》专栏《诗月旦》）

时事原三

佐藤枝山，名复，字伯阳

占领地方敷德刑，辑宁思服几生灵。请看箪食壶浆处，先置安东民政厅。天皇赫怒行征诛，万里风云入壮图。山海奉天犹未陷，清廷早已议迁都。

太刀山人曰：三首皆用经语，尤见笔力。

（以上录自1894年11月17日《每日新闻》专栏《沧海拾珠》）

定远沉

黄海之役，松岛舰一卒被创而仆，气息将绝，副舰长向山某扶起之，卒问定远未沉乎，某答曰既沉，卒含微笑而逝矣。

艨艟争驰突，势压蛟龙窟。弹丸洞胸不可起。气息奄奄身将殁，定远未沉我不瞑。瞋眼如炬竖怒发，定远沉矣我始瞑。语罢炮烟空蓬勃。

（以上录自1894年11月17日《每日新闻》专栏《诗月旦》）

从军行九首节二

漱石　平山忠

棨戟如林绝海头，高吟笑倚月明楼。可知乌鹊南飞夜，正是将军横槊秋。前宵直拔牙山垒，今日又屠平壤城。更向海洋沉敌舰，长风万里怒涛声。

笔飞墨舞，亦足夺词坛赤帜。柳塘批

（以上录自1894年11月18日《每日新闻》专栏《沧海拾珠》）

无东西

日出处天子，圣德正龙飞。日没处天子，社稷叹式微。王师整整有谁御，四百余州悉包举。自是板图无东西，直自日出处至日没处。

（以上录自 1894 年 11 月 18 日《每日新闻》专栏《诗月旦》）

足以纪

敌营社地雷，以待我军至。我军未知之，相距才尺咫。有犬吠且走，如有所指示。火机忽轰发，犬驱既焚毁。我军免奇祸，一卒终不死。谁言豚犬愚，犬岂豚之比。杀身以成仁，其攻足以纪。

日本刀

九连城陷，敌将刘某营中日本刀一口在焉，剑斩吹毛，盖其遗弃云。

九连城外铜角号，秋鸿乱飞秋月高。九连城中晓寂寞，旗鼓狼藉委蓬蒿。中有白虹迸射斗，乃是百炼日本刀。将军购之果何用，弃而遗我身已逃。偷生求活须臾耳，汝之颈血先可膏。

（以上录自 1894 年 11 月 20 日《每日新闻》专栏《诗月旦》）

地雷轰

天雷一震地雷轰，不使王师损只兵。此理人间非所测，兴亡有数已分明。

敌未知

九连城下进牙旗，晓雾蒙蒙敌未知。呐喊一声先破胆，风声鹤唳有谁支。

（以上录自 1894 年 11 月 21 日《每日新闻》专栏《诗月旦》）

立荆棘

九连城陷敌兵奔窜，独留骆驼，盖供运饷之用也，疲羸困顿可甚怜云。

若不借汝力，何处得粮食。荷重且致远，觳觫难暂息。遁逃今日独溃汝，铁锁穿鼻何凄恻。谁知明日顺天府，应见铜驼力荆棘。

(以上录自 1894 年 11 月 22 日《每日新闻》专栏《诗月旦》)

及忠魂

赠官赠位及忠魂，枯骨犹应感圣恩。料识诸公瞑目日，北京城上素幡翻。

(以上录自 1894 年 11 月 23 日《每日新闻》专栏《诗月旦》)

恻隐心

临敌翻生恻隐心，黯然不觉泪沾襟。全军未见一男子，解甲骈头齐就擒。

(以上录自 1894 年 11 月 25 日《每日新闻》专栏《诗月旦》)

旅顺口

旅顺口，固以守，沧海绕其前，峻岭拥其后。炮垒突兀高于山，不许寸兵入西湾。岂图背后呐喊起，十万貔貅下自天。又见海雾微茫里，鳌背相连是楼船。难进又难退，狼狈有谁御。釜底鱼，囊中鼠，虏兵遭鏖歼。淋漓血漂杵，凯歌一声如惊涛。海门天霁旭旗高。旅顺口，落我手，扼喉以拊背，谁复制其肘。

(以上录自 1894 年 11 月 27 日《每日新闻》专栏《诗月旦》)

时　事

荒木西岩，名赞，字士囊

箕子山河入战图，我兵所向若摧枯。妖云散尽全无迹，明月当空照旧都。韩人指平壤为旧都。

山连龙虎拥军营，鸭绿江流一道横。天险由来不足恃，神兵南入凤凰城。老龙山虎儿山皆在省京。

太刀山人曰：前首调格雄大，后首龙、虎、鸭、凤映带妙。

（以上录自1894年11月28日《每日新闻》专栏《沧海拾珠》）

出天兵

堂堂整整出天兵，赳赳应扬赫赫名。战战兢兢胡帝哭，纷纷扰扰虏军惊。愿教蠢蠢蚩蚩俗，长作熙熙皞皞氓。鼙鼓殷殷云幂幂，威风凌凌逼燕京。

（以上录自1894年11月28日《每日新闻》专栏《诗月旦》）

无胡越

戎狄跳梁二百年，皇风今日扫腥膻。素车白马在于近，箪食壶浆须竞先。玉石俱焚悔何及，乾坤再造运将迁。一家天下无胡越，渤海昆仑旭旆连。

（以上录自1894年11月29日《每日新闻》专栏《诗月旦》）

近事杂咏

砚云　安部荣出云

胡儿相率望风降，好挫强邦扶弱邦。铁马长驱三百里，一鞭飞渡大同江。

旭旗翻处惨云开，其疾如风击若雷。喇叭声高顺安路，千军既上牡丹台。

冲从旅顺到天津，我武由来震四邻。想昔胡元兵十万，能生还者仅三人。

意既壮，笔自豪，生气勃勃于楮墨间。

（以上录自1894年11月30日《每日新闻》专栏《沧海拾珠》）

待。柳塘妄批

（以上录自 1894 年 12 月 7 日《每日新闻》专栏《沧海拾珠》）

两鬓华

满眼干戈乱似麻，一朝何事欲还家。已吟鸭绿江头月，盍咏燕京城外花。塞上蓬枯嘶铁马，辕门月苦咽霜笳。倩谁翻倒黄河水，洗尽将军两鬓华。

（以上录自 1894 年 12 月 7 日《每日新闻》专栏《诗月旦》）

双白鹤

翱翔双白鹤，误坠樊笼中。稻粱无一饱，空思翔苍穹。乘轩非所愿，何事伴狡童。笼外鼙鼓响，天兵来自东。海门一朝霁，矫首端气融。雌雄刷雪羽，贡到蓬莱宫。缥缈沧溟碧，曈昽旭日红。东海神仙境，杳杳一路通。想昔秦徐福，超然驾长风。汝亦逐其迹，养寿应无穷。

（以上录自 1894 年 12 月 8 日《每日新闻》专栏《诗月旦》）

皇军捷

皇军捷，皇军捷，骄勇悉奔窜，恰如扫枯叶。旅顺城头旭旗飘，凯歌如涌山岳摇。西风传羽檄，同胞皆雀跃。我武维扬五大洲，满地欢声轰霹雳。君不见燕京白日阴，狐兔昼啸荆棘深。

（以上录自 1894 年 12 月 9 日《每日新闻》专栏《诗月旦》）

时　事

十洲　细川润

凤凰山下凤凰城，此处奈何无守兵。可悯来春永陵庙，谁将牲醴作清明。

月支情势要商量，故国由来未必强。记否汉人夸广大，有如前日夜郎王。

一江鸭绿水粼粼，长白山高血似银。言是清家发祥地，何为容易付他人。

太刀山人曰：三首新奇，人未言及。

时　事

新川居士宣

万里出亲征，旅途新结兵。灵鹰止战舰，仙鹤上行营。今得此祥瑞，全因君圣明。何时回大纛，共奏凯歌声。

老鹤山樵曰：灵鹰仙鹤佳对。

（以上录自 1894 年 12 月 11 日《每日新闻》专栏《沧海拾珠》）

绮罗粉

满都士女笑欣欣，祝捷歌成到处闻。东叡山头萧鼓涌，小西湖畔绮罗粉。烟花万道翻星斗，旭旆千门绕景云。回首燕京战尘暗，君臣号哭对斜曛。

好消息寄朴永孝

天涯十岁作亡臣，归国犹忧谗口频。今日始传好消息，尔来应见大经纶。沉沦渐得云龙会，显达莫忘唇齿亲。群盗如毛犹未止，千金须爱栋梁身。

（以上录自 1894 年 12 月 11 日《每日新闻》专栏《诗月旦》）

时　事

新川居士　宣

旌旗正正阵堂堂，先入边城定法章。何以清兵多暴横，夺人妇女掠人粮。

可识将军赞大谟，一心何必抱区区。政厅新置安东县，下令今年

江州涂中

杉山千和

老幼相扶喜可知，水村山郭日章旗。欢呼万岁轰天地，皇子鸾车通御时。

虽是小品，亦足以抵一曲迎鸾。紫阑人批

（以上录自1894年12月16日《每日新闻》专栏《沧海拾珠》）

堪大息

朴氏归国久不得志，偃蹇于郊外，今渐将展骥足，而偶刺客行逆，虽幸脱毒手，其志有可怜者，向金玉均毙于刺客，今又闻此事，鸡林时局不堪愤慨。

小人排陷事纷纷，李氏乾坤正夕曛。长舌厉阶终误国，中流砥柱独推君。逐臣冤死凝妖血，刺客横行卷杀氛。时局艰难堪大息，孤忠何日奏殊勋。

（以上录自1894年12月16日《每日新闻》专栏《诗月旦》）

乞食儿

唐人《出军诗》云："龙绕旌竿兽满旗，翻营乍似雪山移。中军一队三千骑，尽是并州游侠儿。"戏拟其声调，得一绝。

虱满戎衣垢满肌，奔飞恰似逐螽斯。中军一队三千骑，尽是街头乞食儿。

（以上录自1894年12月18日《每日新闻》专栏《诗月旦》）

鬓皤皤

含雪大将获疾而还，其《安东县留别》诗云："马革裹尸元所期。出师未半岂容归。奈何天子召还急，临别阵头泪满衣。"其情可怜。

边尘满目鬓皤皤，万里归来感慨多。一夜旗连长白岭，明春马饮大黄河。呜呼病骨崚嶒矣，其奈圣恩优渥何。横槊赋诗风雪里，钦君意气未销磨。

（以上录自 1894 年 12 月 19 日《每日新闻》专栏《诗月旦》）

叱天吴

万里波涛若坦途，舵楼独立叱天吴。武尊大塔君休说，渤海长鲸一夜屠。

（以上录自 1894 年 12 月 20 日《每日新闻》专栏《诗月旦》）

王气盛

将相由来总腐儒，纷纷奏议奈迂愚。政谈尧舜鱼缘木，略讲孙吴兔守株。阙下仓皇心腹叛，辽东惨澹髑髅枯。祖业爰衰王气尽，会见燕京叫鹧鸪。

（以上录自 1894 年 12 月 21 日《每日新闻》专栏《诗月旦》）

养残年

鸡林一夜见烽烟，七十颓龄破懒眠。气脉让通东学党，梦魂犹绕北京天。李家社稷要扶植，渤海风云几变更。回首扶桑山水美，待君吟咏养残年。

（以上录自 1894 年 12 月 22 日《每日新闻》专栏《诗月旦》）

第八回

满街车马响如雷，议政厅开第八回。军国岂无经世士，党人谁是济时才。至尊旰食羽书至，猛卒长驱烽火催。恩怨相忘能御侮，阋墙何复事喧豗。

（以上录自 1894 年 12 月 23 日《每日新闻》专栏《诗月旦》）

斋藤国手开业于浪华赋之遥贺时征清军破牛庄

土居香国

名医名将本同方，针药良如筹策良。四袭病魔皆劲敌，俟君一起浇膏肓。

二竖亡灭，可得而期，呵呵。

（以上录自 1894 年 12 月 25 日《每日新闻》专栏《沧海拾珠》）

悉战兢

八道民心悉战兢，匪徒纷起似蚊蝇。人间往往鹿为马，世上频频鸠化鹰。戚族专权招外侮，邻邦仗义致中兴。一朝魑魅俄收影，东海瞳瞳旭日升。

哭鬼神送游韩某

黄　生

衣冠旧国久沉沦，眼见宫廷胡马尘。晋室貂蝉多白面，汉家寇贼即黄巾。劫余天地饥鸡犬，战后山川哭鬼神。扶桑残局凭谁力，唯是东方义愤人。

（以上录自 1894 年 12 月 25 日《每日新闻》专栏《诗月旦》）

杂　吟

无夷山人

黄龙碧血入悲哉，台破牡丹轰万雷。如此坚城支不得，骑兵一队自天来。

居然形胜占金汤，满目山河几战场。碧血淋漓枕骸遍，大同江畔月凄凉。

万里关山月照营，铁衣风露若为情。满胸韬略有余裕，白发将军赋远征。

玉笙金管奏中秋，不料天兵据上游。休笑曙卿韬略妙，军中拥妓亦风流。

不知何处试吾豪，闲却腰间日本刀。无数清兵豚犬耳，风声鹤唳望先逃。

欲往从之道路难，赛神念佛祷平安。无情一片燕京月，应有佳人掩泪开。

三韩草木偃威风，万里幽燕落掌中。车驾亲征劳睿虑，宵衣旰食在行宫。

我皇威武震燕京，辫发无人构寸兵。旗鼓堂堂如破竹，秋风万马度长城。

广岛客中

如枫　大岛圭介

海陆捷音电信传，唯忧冰雪阻山川。奉天旅顺战场梦，夜夜袭来惊可眠。

偶　感

匣剑龙鸣感几回，男儿报国此时哉。半霄蹴枕连呼快，梦跃单身夺炮台。

（以上录自 1894 年 12 月 26 日《每日新闻》专栏《剑华诗韵》）

悼某阵殁

孤云生

山河百战骨埋沙，仿佛魂迷天一涯。家有遗孤犹索乳，寒衾梦破唤爷爷。

一读酸鼻，不能再读。柳塘批

（以上录自 1894 年 12 月 27 日《每日新闻》专栏《沧海拾珠》）

太平春

连山积雪白于银，朔北惊飙卷战尘。谁向龙堆鞭汗马，预开麟阁待功臣。丹书铁券分茅土，玉卷金鱼朝紫宸。饮至策勋应在近，讴歌须颂太平春。

（以上录自1894年12月27日《每日新闻》专栏《诗月旦》）

雪嶙峋

朔方千里卷烟尘，大纛西临威益振。玄兔郡中云暗澹，白狼河畔雪嶙峋。羽书旁午似星火，征粟转输如电轮。正是宵衣旰食日，何人醉饱独迎春。

（以上录自1894年12月29日《每日新闻》专栏《诗月旦》）

乙未新正作[①]

省轩　龟谷行

乙未岁旦作[②]

柳塘　近藤源

（以上录自1895年1月1日《每日新闻》）

屠苏酒

屠苏酒，屠鬼且苏人，一醉回春色，扶桑天地新。扶桑本是日出国，万岁嵩呼歌圣德，六师整整征鬼方，辽东燕北民苏息。屠苏满酌亦恩波，恩波漾漾洗兵戈。预期万里边尘净，春风三月奏凯歌。

（以上录自1895年1月1日《每日新闻》专栏《诗月旦》）

---

①② 诗见第三部分《日清战争实记》第十五期。

乙未元旦恭赋[①]

锦山　矢土胜之

颔联雄壮，颈联典丽，而才气横逸，真不愧金门仙吏之作。柳塘妄批

（以上录自1895年1月3日《每日新闻》专栏《沧海拾珠》）

古宝刀

例向新年试兔毫，摹唐拟宋愧铺糟。人间岂事雕虫技，塞外遥思汗马劳。鸭绿长江回组练，燕山大雪压旌旄。砚尘三寸何须扫，拂拭传家古宝刀。

（以上录自1895年1月3日《每日新闻》专栏《诗月旦》）

乙未元旦次杉浦梅潭韵

依田百川

嵚崎历落白头翁，复遇新正气益雄。病骨百年意忧国，边云万里梦从戎。窗敲飞霰箭声急，瓶插寒梅猩血红。企望王师凯旋日，千门旗影动东风。

先生文坛老将，顾眄据鞍，雄视一世。“病骨边云”一联逸气横空，有老骥千里之概，下箭声猩血字处，意匠惨淡，而结以颂意，亦是大雅之遗音。

春初书怀[②]

韵语述时事，辄易流疏率，此篇独不然。惭愧小臣辇毂下，忍将杯酒说私情。殊见忠厚之旨。柳塘妄批

① 诗见第二部分《大纛余光》卷六。

② 诗见第二部分《大纛余光》卷四。

乙未岁旦口号

新川居士　宣

开窗跪坐拜朝曦，不似平生自起迟。七十今年才欠一，容颜虽老未全衰。呼杯频酌屠苏酒，试笔还书元旦诗。更命荆妻新换水，瓶中养得早梅枝。

老鹤山樵曰：一二写元朝起早，三四写年老身健，五六写其动作，七八写其养生，一字一句，格在其中。

（以上录自1895年1月5日《每日新闻》专栏《沧海拾珠》）

捧玺书

顷者，韩廷以李君埈镕任驻日公使，君为大院君所眷爱，或有莫须有之嫌，而今闻此报，百喙始息，缟纻之欢自兹可述。

正是东瀛日出初，鸡林和煦恰如嘘。老牛舐犊讥何顾，雏鹤冲天意自舒。宗室一人朝凤阙，使臣千里谒鸿胪。想君仙仗班鹓鹭，肃立阶前捧玺书。

（以上录自1895年1月5日《每日新闻》专栏《诗月旦》）

送某从军原三

横山黄树

拂空长剑白虹横，笑上西征万里程。卷帐惊沙连雁塞，漫天飞雪压龙城。八旗兵马蜉蝣影，十道风云鼓角声。战罢鞍头先一笑，玉门关外旭旗明。

遒劲明鬯之笔，悲壮慷慨之音，元遗山集中有此种作，与夫饤饾杂陈、獭祭自喜者，夐乎不同。

（以上录自1895年1月6日《每日新闻》专栏《沧海拾珠》）

皆翘首

奠鼎橿原圣德昌，佳辰岁岁忆神皇。金瓯无缺仰天业，旭旆高翻辉国光。快报应传从渤海，欢声定识涌扶桑。如今亿兆皆翘首，偻指三旬更觉长。

（以上录自1895年1月6日《每日新闻》专栏《诗月旦》）

新　年

耿介　富冈敬明

战尘遥接古朝鲜，乘势长驱沙卷烟。万姓欢呼迎上日，百蛮朝贡在今年。郁葱佳气笼东海，暗澹妖氛锁北燕。我武维扬何以颂，举杯先唱《大风篇》。

起句斗然，离题而起，以万姓欢呼一转入题意，暗澹妖氛与起手相应，悠然以雅颂结，作法之妙，不可思议。柳塘妄批

（以上录自1895年1月8日《每日新闻》专栏《沧海拾珠》）

乙未岁旦

高岛篷川

旭旗高揭凤凰城，万里遥传万岁声。北进皇军略胡地，安东县下祝王正。

一脉暗香浮砚池，轻磨麝墨染毛锥。诗成未示拜年客，已被梅花圣得知。

偶然土木奏功余，恰值檐梅索笑初。春酒一樽共两用，贺新年又贺新居。

辘轳鸦轧响清晨，白发照来银井新。一片童心依旧在，颓龄六十笑迎春。

腕健笔敏，一气呵成，各余结末，尤见才力，盖翁之诗，大声而能入俚耳，是为不易得。贺新年又贺新居，何等清福。担风批

余每阅公诗，窃叹服其雅丽富赡，而此四章以斩新奇警胜，盖腹笥便便，无物不入药笼中，因材作器，着手成春者。柳塘批

（以上录自1895年1月9日《每日新闻》专栏《沧海拾珠》）

送头颅

忽焉王气尽，一旦误庙谟。将帅悉巾帼，宰相总腐儒。百战无一捷，辽东万骨枯。神兵如破竹，不日入燕都。可怜胡天子，孤立有谁扶。一死殉社稷，万里送头颅。

（以上录自1895年1月9日《每日新闻》专栏《诗月旦》）

乙未新年

川上柳外远江

恩露惠风洗战尘，山河万里瑞云新。仰知皇德如天大，归服蛮清旧土民。

皇德如天，只此一句，即亿兆讴歌之声也。

乙未新年

牧年鱼尾张

年华忽改腊犹残，春雪梅花又晓寒。遥想九遍皇泽洽，东风吹入古三韩。

一结高古。担风批

外则王师连捷，威震百蛮，而内则文士彬彬辈出，鼓吹昭代如此，实千载一遇也。柳塘批

（以上录自1895年1月10日《每日新闻》专栏《沧海拾珠》）

乙未新年

长田偶得

十万貔貅逼北燕，我皇威武四邻宣。旭旗飘处妖氛散，春信通时捷报传。

朔漠无边新版藉，蓬瀛千古旧山川。史官谁把如椽笔，特记明治乙未年。

六龙西驻督元戎，节钺谁收第一功。已见铁骢冲朔北，旋闻牙纛卷山东。

巡□欲吊嫖姚迹，投笔须追定远风。且喜人心随岁改，八洲佳气郁葱葱。

句健意壮，开春第一，获此快文字，尔后三十□城亦奏捷于诗歌国必矣。柳塘批

乙未元试笔

漱石山人　忠常盘

熏沐新迎乙未年，捧觞遥拜艺南天。金州烽火欃枪闪，辽海楼船组练连。禹域山川归一扫，扶桑日月自双悬。生逢圣世真多幸，白屋犹吟华祝篇。

第六句自并悬日月照乾坤句来，融合点化之妙，可谓化工之笔。柳塘批

（以上录自 1895 年 1 月 11 日《每日新闻》专栏《沧海拾珠》）

已落晖

韩山已落晖，千里战尘飞。贼势犹猖獗，王家日式微。桓灵如木偶，莽操在宫闱。蜚语惊闾巷，潸然暗泪挥。

顽梦醒

羽书旁午日，星使出清廷。社稷危机逼，山河战血腥。膺惩功未半，修睦说何听。东海旭光丽，几时顽梦醒。

（以上录自 1895 年 1 月 11 日《每日新闻》专栏《诗月旦》）

盖平城

瑞霞红处拜新正，十万貔貅尚远征。千里鼓鼙摇海岳，满天风雪压屯营。降民悉奉太阳历，丑虏须除中国名。抵掌先浮三大白，王师

昨陷盖平城。

（以上录自1895年1月13日《每日新闻》专栏《诗月旦》）

广　岛

土屋义卿

大纛西移广岛城，宏谟绝代聿西征。骄兵必破义兵胜，偏待北京城下盟。

旅顺口占

奋斗纵横测伟勋，偏期唾手扫燕云。天高旭日旗章丽，何数汉家都护军。

顷闻清国派媾和使因赋

灏尾雅太郎

欲向燕京竖大牙，懒闻浮说极纷哗。寄言台阁诸元老，莫把和亲误国家。

金城所怀

石井大尉

渤海风涛逐日狂，貔貅几万恨偏长。金城一夜峭寒月，遍照辽东万里霜。

（以上录自1895年1月13日《每日新闻》专栏《剑华余韵》）

媾和使

弱宋南渡日，衰运逼虞渊。秦桧主议和，社稷付腥膻。况是我邦勇且武，势如旭日冲东天。连捷将举膺惩功，谁把樽俎误百年。媾和使兮媾和使，缘木求鱼亦可怜。

（以上录自1895年1月15日《每日新闻》专栏《诗月旦》）

如病者

清廷如病者，可怜憔悴颜。扁仓妙术无由救，气息奄奄逼西山。不死灵药今安在，欲向东瀛采仙丹。蓬莱缥缈望无限，或恐徐福一去不复还。

（以上录自1895年1月16日《每日新闻》专栏《诗月旦》）

缺　题

半生谁不思雄飞，伯乐未来骥马稀。今日何图旅顺路，弹烟硝雨满征衣。

（以上录自1895年1月17日《每日新闻》专栏《剑华余韵》）

冰破日

春风万里进天兵，旭影曈曈扬大旌。直隶湾头冰破日，星驰电击逼燕京。

新版图

可悯清廷势已孤，凯歌不日撼燕都。谁知四百余州地，亦是我皇新版图。

绿芜平

辽燕到处凯歌轰，铁骑如云细柳营。走马东风何处是，黄河南北绿芜平。

（以上录自1895年1月18日《每日新闻》专栏《诗月旦》）

雪没胫

彤云四合晓萧条，鹅毛缭乱舞回飙。东阡西陌遍种玉，满城一夜尘气消。坐想远征诸将苦，露营千里风力骄。坚冰在须雪没胫，汗马一鞭逐嫖姚。须待北京三月暮，樱桃烂熳春色饶。

（以上录自1895年1月19日《每日新闻》专栏《诗月旦》）

重读久米易堂《满清亡征论》

宜轩　西冈逾明

余曩读易堂《满清亡征论》，作五绝句，既而两国交战，我师每战每胜，而易堂史论愈出愈确，我胸中磊落之奇，为之发越。有倍乎前日，又作五绝句。

敢容夸大自称尊，漫以鸡林呼属藩。寄语当年袁世凯，欲收闵贼问何言。

久米易堂曰：日清干戈，以小敌大，举世危之，余因论清之必败，揭之报知新闻，宜轩所见，亦自契合，每论出指点判是非，莫不中肯綮。及战报至，果如其言，曩有五绝句，寻又续成五首，节短意长，情形跃然在目睫，犹短兵突贯，而旅顺陷，余之千万言，拥旗瞠若乎后，兵不要多，国不恃大，文亦不必尚长，惟精者胜，是诗以足喻是战矣。以朝鲜为清藩屏，是我起问罪师之原，而清人遂无悛心，罪之不服，亦何言和乎？盖清之租税官吏嘬尽，清主仰贡金与盐利，故不能护朝鲜，亦不能弃贡金。因嗾朝鲜权臣，阴逞贪婪颓颓之事，袁世凯鼓之，闵也和之，穷奇浑沌复出今日矣，前半讥刺，秋霜凛然，我师斯兴，二凶蓬累而窜于幽州，其御螭魅固得所矣。后半讱笑，绵里有针，近传闵奔于儋耳，果然则二凶分北南北，天网不漏，唐虞之典举矣。

休道成功万骨枯，只应脱甲作降虏，封侯岂是清人志，也见江山入战图。

易堂曰：唐僖宗己亥岁，黄巢自岭南趋襄阳，刘巨容拒之，至江陵不进，曰："国家喜负人，有急则存抚将士，不爱官赏，事宁则弃之，或更得罪，不若留贼以为富贵之资耳。"曹松作诗讥之曰：泽国江山入战图，生民何计乐樵苏。凭君莫话封侯事，一将功成万骨枯。至今脍炙在人口。今日辽泽之清军，稽留不进，将校徒资富贵，何相似之甚。

此诗翻案之以托比兴，甚适甚切，抉肉彻骨，亦足脍炙人口。

（以上录自1895年1月23日《每日新闻》专栏《沧海拾珠》）

奉天梅

远征诸将悉雄才，横槊辕门亦快哉。猛如苍鹰追燕雀，德如慈母抚婴孩。挥麾塞上风频怒，置酒辕门春正回。兵革余闲多好句，顺天桃李奉天梅。

（以上录自1895年1月23日《每日新闻》专栏《诗月旦》）

重读久米易堂《满清亡征论》承前

宜轩　西冈逾明

一木难支大厦颓，满廷将相尽庸才。纷纷徒议迁都地，更有欧人问鼎来。

易堂曰：一木盖喻李中堂，李果清之梁柱乎哉，抑治能臣而奸雄乎哉？膴视满廷，垂鞭发以縻利禄，无足言者。西欧诸国，生意频困，浮手趋利而至，见其中情怯，夤缘嚗之，犹蝇聚腐肉，交媒蘖之，以成此祸。顷者传，李褫荣章，泣曰："汉纳根、德璀琳等误我至此。"或当然，今也九鼎所归自定，乃问轻重亦何有益，我军皆言清非我敌，愿得第二清国，以较勇耳，乃问鼎之地，不在近而在远矣。

每战教渠肝胆寒，满清治运已衰残。王师所向真无敌，莫作中原逐鹿看。

易堂曰：满清之禄尽矣。今则外国亦知言之，全部从是土崩，前史证例，灼如观火。近传，清主告大臣曰：奉天若陷，朕将自尽。甚好，若燕京陷，属国贡金不入，国民日常之利不服，则将饿死于松柏间，君臣为盗，以图威福，皇军所向，将依顺行天职，以保佑民权，安容盗窃哉。彼自称文明国者，眼惟有私利，曰增关市埠头，曰割与良港，以调停其争，不知当底闲事，干戈一动，而国情暴露，治运之衰残，不啻满清也。

（以上录自1895年1月24日《每日新闻》专栏《沧海拾珠》）

弄机心

朱髯而碧眼，龌龊弄机心。一苇航千里，单身博万金。东洋狂浪吼，上海怪云深。休说媾和事，骄清奈陆沉。

（以上录自1895年1月24日《每日新闻》专栏《诗月旦》）

重读久米易堂《满清亡征论》

宜轩　西冈逾明

重读新编感最多，扶桑帝业果如何。笔端自觉祥云起，便是君家颂德歌。

易堂曰：余乏丽藻，不能作贺表祝文，常谓纵令清为我有，然颂功德，赋祥瑞，吃鸦片，余不肯作也。宜轩因作此诗，以勒之耳。虽然清兵溃走，而清主之前犹盈颂言，俘虏被拏，皆陈家有老亲，忠孝之教，入耳出口，优孟衣冠，笑齿不堪冷，我兵喋血而登敌垒，即呼天皇万岁，帝国万岁，是忠爱赤心之声，而两国之兴亡矣。文辞虽美，亦何有益乎？宜轩赞余论，曰祥云起，曰颂德歌，微意在此乎？因次韵答之曰：商山采药白头翁，汉业规模亦奈何。壮士四方犹未守，为君惟唱《大风歌》。

（以上录自1895年1月25日《每日新闻》专栏《沧海拾珠》）

天地惨

禁营一夜将星坠，举目凄凉万姓悲。绝代雄材鸾凤质，中兴伟业栋梁姿。锦旗日月辉千古，黄钺东西督六师。遗恨百年天地惨，燕山未勒纪功碑。

（以上录自1895年1月25日《每日新闻》专栏《诗月旦》）

送上冈清忠从军

横山黄木

倚天剑气白虹横，漫道封侯唾手成。苍茫口霁连大漠，输囷肝胆压长城。

满山草木旌旗影，万里关河风鹤声。从此勋名定千古，江湖毡褐老狂生。

崤涵休说旧金汤，猛士如云压大荒。投笔谁追班定远，搴旗应缚左贤王。

雕盘鞣鞨惊沙黑，山拥乌蛮冻日黄。百万胡兵齐解甲，受降城外月凄凉。

此时吾子气峥嵘，鸦鹘边关夜进兵。射幕狼星森有角，乱流铁骑惨无声。

涛奔辽海鱼龙啸，雪热燕山虎豹惊。战罢鞍头拼一笑。戎袍血洒老书生。

神采奕奕，自行间字里横溢而来。如胡月之峭，如霜角之俊，清忠获此，复胜锦袍厚贶，以缚左贤王，期而可待已。宇陀沧溟批

气吐虹霓，字有芒角，光怪陆离使人不得逼视，一诵之下，恍如闻兜铠相触声。柳塘批

送间助吉从军

横山黄木

流星烂射赫连刀，惨绿少年肝胆豪。寒月龙沙思马革，篝灯撬幕说戎韬。

荒城刁斗边声激，大陆风云杀气高。想汝丹心热于火，笑看朔雪压征袍。

碣石城头日月旗，东来紫气满边陲。昭陵抔土秋风冷，禹贡山川夕阳移。

一代貂蝉馀竖子，三勤撬褐拜王师。犬豚毕竟知机暗，不悔青衣行酒时。

一气奔注，如黄河溃决，黄木当行本色。仆见之于从军行，首首翘秀挺拔，置之张问陶集中，孰辨真假。沧溟迂弟妄言

骨力老健，声调激楚，空同、遗山复生不过如此。恨不使君载笔从军，铭勒燕然碣石。柳塘批

（以上录自1895年1月27日《每日新闻》专栏《沧海拾珠》）

威海卫

悬军万里羽书催，马革裹尸亦快哉。剑戟凝霜冲北斗，艨艟乘夜向东莱。冻云封岛黄龙睡，浊浪排天白日衰。霹雳昨轰威海卫，定知捷报自西来。

（以上录自1895年1月27日《每日新闻》专栏《诗月旦》）

委一炬

北洋舰队何处逃，逃在威海倒旌旄。风声鹤唳胆已落，况闻四面鼓鼙高。釜底鱼，囊中鼠，搤吭拊背谁复防。如山峨舰委一炬。呜呼快报快报来何迟，睥睨西天立多时。

非厥材赠张荫桓

鼓角东来响似雷，腥风满地髑髅堆。干戈开衅是谁罪，樽俎折冲非厥材。一苇星槎浮渤海，千金马骨上燕台。衰朝想汝归辕日，胡帝蒙尘落照催。

（以上录自1895年1月29日《每日新闻》专栏《诗月旦》）

闻外征捷

九江　菊池起

连云高垒簇朱旗，旅顺坚牢震虎威。壮矣天兵加一击，忽摧渤海铁门扉。朔风卷雪草河涯，战罢露营冰在髭。此夜田单应一笑。防寒篝火走胡儿。

奇思警语，夐不犹人，所以为老手也。柳塘批

（以上录自1895年2月1日《每日新闻》专栏《沧海拾珠》）

林泰曹

鹿角生

可怜林泰曹，误遭衰乱世。麾下皆犬羊，争敌我精锐。百战必百败，功名不可济。已弃旅顺口，将失威海卫。奉命犹逡巡，闻败益濡滞。进则葬鱼腹，退则受机系。俄然自伏刃，似察未然势。却笑李中堂，束手无一计。

（以上录自 1895 年 2 月 1 日《每日新闻》专栏《诗月旦》）

说何事

岂息干戈要会盟，唯应唾手陷燕京。张部一辈说何事，碌碌知渠无所成。

（以上录自 1895 年 2 月 2 日《每日新闻》专栏《诗月旦》）

天未晓

昨陷旅顺口，今破威海卫。渤海锁钥从是开，万丈鲸鲵掌上掣。鼓鼙轰兮海岳鸣，剑光闪兮炮烟横。辽东山东已蹂躏，奉天顺天共震惊。凯歌涌处波缥缈，锦旗高扬彩云绕。旭日杲杲扶桑巅，四百余州天未晓。

（以上录自 1895 年 2 月 3 日《每日新闻》专栏《诗月旦》）

寄怀今津将军在金州

久保木敬轩下总

我亦将军麾下兵，抱痾不得赴西征。燕山入梦心徒壮，辽海回头剑自鸣。暴露风霜浑白发，炼磨肝胆尽丹诚。急飙半夜沙尘涨，翻作千军万马声。

莽莽黄沙百战场，豪怀直欲捕蛮王。戎袍昨犯台湾雨，铁马今嘶鞅鞨霜。雁塞角残风惨淡，胡城壁破月荒凉。凯歌既夺金汤地，旭日旗增一段光。

意壮调激，朗吟一过，使入眉轩肉动。柳塘批

（以上录自1895年2月5日《每日新闻》专栏《沧海拾珠》）

不开唇

使臣相遇不开唇，想见胡廷狼狈频。今日终无一毛遂，铜盘啜血果何人。

使臣还

天兵将破铁门关，媾和难成事亦艰。城下订盟应在近，勿叹悄悄使臣还。

（以上录自1895年2月5日《每日新闻》专栏《诗月旦》）

咏老燕

老燕喃喃惜物华，圆明园里拖残霞。东风料峭泥犹冻，西苑凄凉日已斜。青帝恨深寒食节，白头肠断后庭花。画梁雕栋知何处，飞入寻常百姓家。

（以上录自1895年2月6日《每日新闻》专栏《诗月旦》）

泪痕新

东来鼓角震天津，其奈神兵逼四邻。须向辕门赠巾帼，有谁云阁画麒麟。拔山项羽空千古，踏海鲁连无一人。今日幽燕王气尽，君臣掩面泪痕新。

（以上录自1895年2月7日《每日新闻》专栏《诗月旦》）

寒月高悼大寺少将

镇西男子胆生毛，横槊舵楼叱怒涛。碧海屠鲸身亦毙，青磷照水鬼空号。龙王庙下暮潮咽，百尺崖头寒月高。想见英魂犹仿佛，胡兵十万望风逃。

（以上录自1895年2月8日《每日新闻》专栏《诗月旦》）

偶　成

越山　芳川显正

蝗斧谁当六师讨，威孤所指风加草。旭旗飞扬风关城，龙舸轰沉海洋岛。月照边营暮角哀，霜封关塞秋林枯。想看圣德遍夷蛮，额手春天凯歌章。

（以上录自1895年2月9日《每日新闻》专栏《剑华余韵》）

刘公岛

刘公岛，刘公岛。囊中之鼠，已绝粮道。四面楚歌，兵气全老。丁汝昌，丁汝昌。坚守孤岛，一死酬君，中情虽怯，漫放大言。其语未终怒涛吼，临战股栗忽露丑，如山巨舰皆轰沉，不知汝昌何处走。霹雳声收天正晴，刘公岛上旭旗明。

（以上录自1895年2月9日《每日新闻》专栏《诗月旦》）

三读久米易堂《满清亡征论》

宜轩　西冈逾明

日清交战，王师每战有利，易堂曾言，威海卫亦宜收，既收威海卫，泰山以东可期而收矣。既而捷报至，曰我军已收荣城，先锋队压威海卫而阵，如易堂所料，又作五绝句。

威海潜栖几老鲸，六师早已入荣城。古碑试扫苍苔读，马岛曾称日本名。

久米易堂曰：宜轩词源，如山下泉，余舌燥应酬，然至咏怀山东，亦不可蒙默，青营二州，辅□直依，故取旅顺及山东，实余宿论也。当时人胥言，次取奉天，兼取台湾，追师渐进，天渐寒，艨艟蔽海而上荣城，今则众口翕然，如豫期者。余之喜而后可知也，成山古之场谷，马岛亦有日本名，孔子欲居九夷，以为日本，因有君子国称，《汉书》以为山东诸夷，我之并此地，如二千年来有宿录，今日旗扬荣城，朗诵此诗，不胜愉快。

（以上录自1895年2月10日《每日新闻》专栏《沧海拾珠》）

纪元节

旅顺城头黄菊酒，刘公岛上白梅花。天长节又纪元节，万岁嵩呼和凯歌。

登极日

艨艟十万蹴鲸涛，胡虏望风皆遁逃。正是神皇登极日，山东一角旭旗高。

威海亦

鸭绿以西归板藉，辫奴连败多俘获。王师所向若无人，旅顺已摧威海亦。

祖龙庙

鼓角东来奏凯歌，泰山依旧独峨峨。一杯应酹祖龙庙，万里长城今若何。

（以上录自1895年2月10日《每日新闻》专栏《诗月旦》）

又南蛮

辽燕已略又南蛮，决眦云涛万里间。郑氏忠魂应霁恨，艨艟不日向台湾。

（以上录自1895年2月13日《每日新闻》专栏《诗月旦》）

将军行

见山　岛田孝之

澒洞风尘暗风山，边城遥望大涟湾。丈夫赌命报天子，不破燕京不肯还。

跨海长刀意气豪，电光一击斫鲸鳌。猿郎雄略肥州武，不及诸公勋业高。

猿郎大略，阿虎勇武，其是千古绝伦，然较征清一举，不过儿戏也。

平壤陷落[①]

造句雄劲，使辫奴一诵落胆。柳塘批

黄海役

一从飞将驾艨艟，十万鞑儿鏖海中。料识胡王须破胆，三军昨夜向辽东。

（以上录自1895年2月14日《每日新闻》专栏《诗月旦》）

遥寄大岛少将在朔北

淀桥　浅田吉太郎东京

干戈一动震三韩，何数当年鬼上官。蓟北山河归版籍，辽东父老拜衣冠。云横绝塞胡天尽，雪压行营大野寒。乘势须冲奉天府，将军叱咤据银鞍。

省轩曰：风格宏亮，弇州遗响。柳塘曰：雄劲有力，声调亦佳[②]。

时　事

松亭　舟津输助东京

天连沧海湿云通，地控旷原形势雄。如此江山人不守，王师一举

---

① 诗见第三部分《日清战争实记》第十九期。

② 以下均为近藤柳塘选，龟谷省轩评。

入辽东。

塞北开厅赞帝谟，怀柔蛮貊且除租。神功以后二千岁，再拓扶桑新版图。

禹域君臣集百忧，模棱欲画媾和谋。红毛漫效沈游击，未见当年小摄州。

柳塘曰：文字灵活，意境开阔。省轩曰：首首清圆，明珠走盘，红毛句嘲得妙。

纪　感

鬼哭啾啾胡角哀，髑髅堆上夕阳催。谁知万里空闺里，仿佛音容入梦来。

柳塘曰：凄怆之极，一读魂销。省轩曰：亦是无定河边骨，一读悲风四集。

接征清捷报卒赋书喜

梦谷　久保直躬赞岐

捷报传来到凤京，六龙此日试亲征。羽林军簇山阳道，大本营开广岛城。

不论地利与天时，独失人和何可支。平壤城中堆货粟，一朝定委敌邦资。

十万貔貅进锦旗，辫奴争得御吾师。九原应博丰公笑，鸭绿江头饮马来。结用小西行长语。

四海欢声祝捷闻，旭旗闪处绕祥云。国威皇德君看取，昨歼陆兵今海军。

甲午中秋适接平壤捷报

笑语叹声月满城，良宵偶听凯歌声。一输清影八浅户，定有家人思远征。

阴历九月十三夜作

誓扫清奴向北京，外征将士若为情。数行通雁三更月，鸭绿江头霜满营。

九连城

儿岛燕堂下野

万里长征夜勒兵，铁骢嘶尽肃牙营。风声鹤唳敌兵走，无复一人支九城。

从军行

芳园　八幡要治信浓

万里悬军不愿生，唯期竹帛纪功名。大同江畔露营夜，刁斗声高梦易惊。

（以上录自 1895 年 2 月 14 日《每日新闻》专栏《国民的音响》）

气益豪

老来汗马致勋劳，遮莫朔霜侵鬓毛。泽国秋风陪凤辇，边城夜雪讲龙韬。驱除二竖身逾健，叱咤三军气益豪。万里燕京频入梦，西征再欲着戎袍。

（以上录自 1895 年 2 月 14 日《每日新闻》专栏《诗月旦》）

闻丰岛牙山战捷喜赋

春塘　饭冢昌和越后

铁骑三千挥刀起，成欢敌兵尽披靡。伏尸横路晓风腥，长驱直拔牙山垒。又闻丰岛呐喊酣，风云惨淡杀气含。霹庐雳地天欲碎，敌舰遁逃西又南。王师乘胜势何锐，死士一齐起投袂。海陆连捷羽书来，三浮大白唱万岁。自尊是日莅绛宫，绝代快事达宸聪。天颜有喜遥慰劳，我武维扬由尔功。将士感激佥垂泪，誓掷生命竭王事。觉罗版图四百州，毕竟英雄用武地。想昔蒙贼来相侵，十万犬羊海底沉。又想丰公事远略，金瓢一麾压鸡林。古来神州金汤固，寸土未曾外夷污。自是诸将勇且仁，百蛮望风悉降附。一死报君何足悭，姓名须存天地间。慷慨寄语三军士，不陷北京死不还。嗟呼，不陷北京死不还。

柳塘曰：意到笔随，节奏亦妙。

秋兴八首节一

敬轩　久保木义夫下总

书生慷慨志难酬，诸将悬军尚滞留。绝漠风云数劳梦，连霄鼓角几惊秋。连粮自有萧何略，背水岂无韩信筹。百战长驱如破竹，铁蹄蹴破北燕州。

省轩曰：后联用典切实，洵不易得。

征清歌

越云　武田孙一郎后越

可膺可惩满清暴，一旦渝盟伤邻好。不膺不惩不改悛，夜郎自大何骄傲。义兵自古谁能抗，况彼羸弱如羊犬。期待北京城陷日，凯歌撼山旭旗扬。

乙未新年

哲窗　水野荒三郎伊豫

何时禹域得澄清，朔北风云列陈营。历入新年心更壮，屠苏一酌醉谈兵。

乙未新正作

白云堂　甘蔗栎堂美浓

辽东十万簇貔貅，慑服扶桑以外州。遥想禁营春色丽，海天鸣鹤颂千秋。

乙未新正

眠石　片山伊七郎美浓

岂啻恩波遍四边，凯歌声里拜新年。我皇威武开疆域，渤海湾头旭旆连。

偶　感

瘦仙　木村国藏东京

鸡苦樊笼何忍割，豚登鼎俎亦堪怜。宝刀未得试盘错，夜夜龙鸣惊我眠。

冬夜偶成

柳夫　百濑嘉弥太郎信浓

寒威凛冽砭肌肤，温酒拥炉心自娱。却忆西征诸将苦，满天风雪逐骄胡。

寄边衣

无底湖子　林隆周防

渺漠义州野，平芜接朔方。宠从摩天岭，要害控辽阳。胡天昨日传消息，秋风八月早飞霜。奉诏辞禁阙，荷戈征胡羯，健儿如虎马如龙，搴旗斩将气郁勃。翠闺有人夜凄泠，独对孤灯针不停，妾身何忍重褞袍，思郎辛酸涕泪零。寄衣万里通消息，望断塞外战尘黑，毕竟忠贞无二致，妾报郎恩郎报国。

（以上录自 1895 年 2 月 15 日《每日新闻》专栏《国民的音响》）

岁晚感怀

佛村越后

四壁萧森岁已残，腊梅香里酒杯干。嗟吾陋巷身仍病，回首边疆战正关。旅顺城荒篝火冷，安东县僻戍楼寒。深更独坐缘何事，一幅兴图剔灯看。

辞气壮劲，不堕粗豪。

围　棋

图山　丹羽省三

一奇一正互争功，胜败分明对局中。悟得千秋兴废里，掷更棋子笑英雄。

樱

伊东信山

东瀛灵秀地，终古绝腥膻。谁掬芙蓉雪，移来墨水边。芳菲冠万国，艳丽几千岁。元是神仙种，春风别作天。

锯山瞩目

黑川茂斋下越

海国多灵地，就中独擅名。峰如山佛状，潮似万雷声。飞鹘蹴云度，群帆沿岸行。苍茫斜照外，一发豆山明。

述　怀

七十身犹健，唯叹业未成。林间忘俗世，枕上动诗情。人世百年短，功名一羽轻。老来多感慨，剔烛到三更。

旅顺役

松亭　舟津输助东京

千古巍然金汤固，渤海关门辽左戍。高垒深堑守备严，巨炮利兵无不具。佛军当年夸英雄，犹畏天险称难攻。我国勇武冠万国，霆击欲著非常功。刁斗令严夜移檄，将军勒兵士气激。镇西精锐关东豪，人马衔枚齐袭敌。敌兵不支形势孤，更看巨舰扼海隅。窘穷何异囊中鼠，斩馘千级如摧枯。满虏何事挥螳斧，要害已陷无所怙。奔涛溟渤天一方，燕蓟风云任吞吐。

乙未岁旦

肥田克己东京

四海齐迎乙未春，版图万里曙光新。东风吹到燕山下，草木全苏雨露仁。

恭祝明治乙未廿八年佳辰

清水知喜东京

门前又见贺年人，椒酒辛盘依例新。万里山川初旭丽，纛光遥拜艺南春。

秋日忆远征

一出乡关不愿生，从军万里向辽城。遥思今夜辕门月，横槊何人赋远征。

鸡林近事

无山无水不神兵，鹤唳风声走敌兵。平壤以西不膏刃，铁骢踏破北京城。

（以上录自 1895 年 2 月 16 日《每日新闻》专栏《国民的音响》）

乙未禁营元日[1]

股野蓝田　琢

一六居士曰：二律皆出于触物，感情欲止不可止，使远征将士读之，其必有激昂勇奋，倍于前日者矣。又曰：一读肃然改容。读到结句，不觉感泣。柳塘批

（以上录自1895年2月17日《每日新闻》专栏《沧海拾珠》）

李陵降

北京城外望狼烽，满目烟尘奈乱邦。奉使终无苏武节，出师唯有李陵降。燕山草木皆披靡，渤海艨艟互击摏。末路君臣都失色，神兵明日遡长江。

（以上录自1895年2月17日《每日新闻》专栏《诗月旦》）

呈山县大将

股野蓝田　琢

大将督征清第一军，长驱到安东县罹病，上优诏还，特参帷幄。

万里提军入满州，山河震荡北云愁。拔城收土国威远，置县免租皇泽流。义激于心期毙已，恩深似海且回休。病余豪骨且珍重。特旨行营赞大猷。

一六居士曰：后联十四字，大将忠诚，陛下仁爱，叙来无遗憾，敬敬服服。

鲤城口占二首[2]

股野蓝田　琢

一六居士曰：实事实况，拈出有无限风趣，有无限情味。柳塘批

（以上录自1895年2月19日《每日新闻》专栏《沧海拾珠》）

---

①②　诗见第一部分股野蓝田。

征清杂诗

篂川　高岛崇尾张

提携相共向文明，何者鸡豚鸣不平。错节盘枝知利器，金城铁壁奈羸兵。几人入梦沙场骨，千载流放竹帛名。能使国光弥六合，斯身虽死尚如生。奉敕三军向塞边，冻云黯与阵云连。雪花磨剑摩天岭，蹄铁敲冰饮马泉。缺月挂城胡角裂，疾风卷地虏旗巅。凯旋盛典豫堪拟，陷没燕京在眼前。猛然勇进顺风船，万里冲撞渤海烟。虽悔前非何可及，倘知旧恶莫如悛。看吾铁骑精仍锐，悯汝金瓯缺不全。天险难凭真若许，一朝却失几山川。堪笑清廷庙略疏，凤城早已属殷墟。率尔移他募兵檄，漫然寄我请和书。穷追竟捕入囊鼠，愚暗却怜游釜鱼。金陵王气如丝细，不日应迎青盖车。齐口嵩呼万岁声，四民抃舞贺王正。比年待我何无状，曩日出师真有名。动地惊天飞霹雳，千军万马决输赢。捷书连到天颜喜，五色祥云绕大灏。

柳塘曰：篂川君平生所作，吹花嚼蕊，锦绮眩目，而此诗稍异其撰，所谓随材成器者。

送佐久间中将

浅田淀桥

绝海楼船蹴怒涛，风云叱咤气何豪。千山夜月悲胡角，万灶晨霜肃大旆。异彩陆离剑离匣，雄心磊落胆成毛。男儿报国在今日，莫忘至尊宵旰劳。

柳塘曰：前联苍劲雄拔，似读唐诗。

时　事

松亭　赤松玄吉赞岐

战后抚民皆晏然，秋毫不犯万人全。谁图今日神州外，诉状大书明治年。

平壤城中大旆扬，山鸣谷应凯歌长。重泉堪慰丰关白，古战场为新战场。

闻王师捷报赋一绝

桂山　上田又作后志

万里长驱势益加，斩馘敌兵如刈麻。三军饮马鸭江水，早向辽东建大牙。

西征杂诗

菊浦　泷川济磐城

桑麻谈罢更谈兵，伧父犹存敌忾情。得意倾杯迎客语，吾儿明日亦西征。

拟赠大岛公使作

紫海　五条赖毅东京

五陵城外战袍红，二十余年一梦空。昔日雄心何处在，堪怜圣代白头翁。

新年所感

椒香馥郁酌劳醪，却忆三军汗马劳。万里梦迷新版籍，十年人老旧蓬蒿。春风一动山川改，杀气渐消胡虏逃。建策借筹非我事，定知帷幄会英髦。

送山地将军

青溪　洼宽敏武藏

将军元是万夫雄，欲报天恩不惜躬。偏待燕京酣战日，先锋第一奏奇功。

书　感

石香　牟田鳞肥前

南极以南北极北，星界月宫一太阳。太阳出处日本国，眼看旌旆是旭光。余光照到朝鲜地，独立之实出我赐。何者满清徒自骄，暗中欲恣吞噬志。本朝今古唯一诚，明治天皇殊睿明。一笑春秋无义战，今日始见王者兵。膺之惩之气已压，秋来连战奈连捷。牙山平壤九连城，金州旅顺皆臣妾。锁钥此日夺北门，塞外积雪映朝暾。楚歌四面美人泪，燕京一夜风云昏。

（以上录自1895年2月19日《每日新闻》专栏《国民的音响》）

天渐暖

荷戈慷慨不期生，马革裹尸元所荣。欲把功名垂竹帛，须抛身命作牺牲。直从玄海翻黄海，远自韩京卷盛京。边塞如今天渐暖，春风万里凯歌声。

（以上录自1895年2月19日《每日新闻》专栏《诗月旦》）

送池香洲为某新报记者从军之清国赓其所见示韵①

土居香国

双首雄壮痛快之极，诗品亦不落宋以后之腔调，盖以不用意出之，而具一家本领如是，所以可贵。叹服。担风妄批

（以上录自1895年2月20日《每日新闻》专栏《沧海拾珠》）

时事杂吟三首

星轩　斋藤顺信浓

尧舜禹汤同是民，颠显刘蹶废兴频。东洋自有真天子，皇统二千

---

①　诗见第三部分《日清战争实记》第二十期。

五百年。

蔑如邻好背同盟，此际膺惩赖圣明。我武维扬非黩武，要教东海保和平。

王者出师多远谋，艨艟十万悉貔貅，大连旅顺频攻取，气压胡清四百州。

柳塘曰：一气呵成，笔力劲健，似读大槻盘溪诗。

征清军歌

久万简斋土佐

王师讨伐义尤明，胡虏当为城下盟。万里山河碎将尽，可怜乌合八旗兵。

海城城外雪纷纷，十万貔貅驱朔云。好是北京凯旋日，梅花香里宴三军。

征清杂诗

田多井雄作信浓

旅顺金州皆击摧，皇军向处势如雷。从军亦有风流士，立马原头看野梅。

闻旅顺口捷报

樱山　吉田代助安房

牙山平壤凤凰城，黄海艨艟旅顺营。我武维扬凯歌涌，救民涂炭是天兵。

乙未岁旦作

五行　宫下贞象信浓

貔貅十万气逾振，渤海湾头旭旆新。到处讴歌城市遍，贺正人悉说天兵。

岁旦试笔

梅南　居吉查肥前

渤海风云我武扬，满清草木仰春阳。今朝不啻新年乐，五大洲中耀国光。

代俘虏述志

栖霞　伊东盘根肥前

东海稽留非避秦，岂图终作楚囚身。祖龙生死君休问，笑拟蓬莱采药人。

（以上录自1895年2月20日《每日新闻》专栏《国民的音响》）

社稷危

二百余年社稷危，兴亡又数不须疑。大臣无复栋梁器，天子由来豚犬儿。白马订盟城陷日，青衣行酒国忘时。逆知劫后燕京路，禾黍油油空入诗。

（以上录自1895年2月20日《每日新闻》专栏《诗月旦》）

即兴二首

漱石　平山忠太郎常陆

肃肃千旄拥蓟城，铙歌四面簇强兵。百年谁恃长江险，独木难支大厦倾。禹域君臣空恸哭，燕山狐兔悉悲鸣。鼓鼙声死风无力，落日苍茫是北京。

禹域茫茫入战国，山河万里任驰驱。风寒铜角朔云裂，霜满玉关边草枯。貔子窝荒神鬼泣，凤凰城破鹧鸪呼。东南杀气渐销歇，夜月凄凉照北都。

柳塘曰：凄凉沉郁，少陵遗音。

新年口号

熏园　小岛廉武藏

我武维扬乙未春，国威赫赫与年新。皇州河岳浮佳气，禹域乾坤锁暗尘。松阅风霜呈劲节，梅凌冰雪足精神。六龙驻跸艺南地，唯欠凤宫朝贺人。

柳塘曰：笔力老成，自入佳调。

时事杂感

荻原耕云东京

秋来日夜羽书驰，怜彼王纲乱苔丝。尘压铁骢毛变色，霜凝佩剑锷生衣。献赀卜式遂忘国，转粟萧何却泣饥。定识髑髅吹白雾，黄旗委雨瘦龙悲。

时　事

祥卿　竿留龟吉常陆

大纛西临威益振，王师朔北卷烟尘。若求报国尽忠士，四百余州无一人。

乙未新年

旭堂　国村信义但马

迎正并祝国威张，满地祥烟绕旭章。兵气愈振新日本，炮声远响太平洋。庭前春暖鸟频语，窗外风和梅益香。呼客举杯讴万岁，今朝更览圣恩长。

从军行

独睡　儿玉卯作安艺

天兵进到大江渍，血战已鏖豚犬群。行尽胡沙三万里，铁蹄蹴破满州云。

送友人从军

福岛闲堂远江

轮船蹴浪势如神，旗鼓堂堂捷报频。马革裹尸丈夫事，须期勋业画麒麟。

寄海祝和欧敉讴

曈曈旭日海云开，潋滟春波望豁哉。至竟皇恩亦如许，此中何必说蓬莱。

乙未新年

积翠　斋藤助作陆奥

芙蓉峰下贺王正，瑞色连天雪始晴。谁谓坚冰封渤海，春风容易破燕京。

（以上录自1895年2月21日《每日新闻》专栏《国民的音响》）

十月六日将之广岛临发有作①

岛田见山

十月十五日，宣敕开帝议会于广岛大本营之下。十七日，大驾亲临举开院之典，臣孝之亦与焉，恭赋一绝。

先生出则赞鸿猷，入则讽咏述怀，而忠孝之旨意蔼然溢于楮表，读此诗而怩忸者，不独三百选良士也。柳塘妄批

---

① 诗见第三部分《日清战争实记》第二十期。

送相良生从军

横山黄木土佐

拔剑高歌酒欲阑，有人誓拟缚楼阑。万里请缨多侠气，少年许国只忠肝。云低大汉胡天尽，雪压边城鞨鼓寒。举杯同赏东瀛月，来夕燕山横朔看。

一气盘空而下，所谓大字摩崖，振袂千仞者乎。剑戟秋寒七字，及大白当头一联，使晴澜辈之心魂荡乎天外也，必传句自如此。宫崎晴澜批

豪放奔荡，如万马卷沙尘，自是黄木本色。柳塘批

（以上录自1895年2月22日《每日新闻》专栏《沧海拾珠》）

洒暗泪

辽东又山东，连战悉失利。烽火烧天接燕京，君臣失色皆惊悸。已降赵卒四十万，又陷齐城七十二。乌合之兵何以支，仓皇漫说迁都议。会见秋风满废墟，空使行人洒暗泪。

（以上录自1895年2月22日《每日新闻》专栏《诗月旦》）

三读久米易堂《满清亡征论》

宜轩　西冈逾明

胶海南渊鳌负坤，齐桓霸业迹犹存。山东自异盛京地，曾有周时文物尊。

易堂曰：齐桓创霸，与盐铁利以养国力，资山东与韩也。伐由戎以展国威，收盛京燕北也，乃惩荆楚，纠合诸侯，概见其规模，似启今日之鸿业。此诗抱负甚高，以诗论时事，杜子美诸将五首为创体，曰独使至尊忧社稷，诸君何以答升平；曰朝廷衮职谁争辅，天下军储不自供；曰炎风朔雪天王地，只在忠臣翊圣朝。今而诵之，莫不剀切，不可戒彼，亦可以自箴。宜轩效之，以绝代律。□般之诗，所以论不在

字句之巧拙，杜诗沉郁，不免衰世之慨，此诗曰霸迹存，曰周文尊，以想望中兴，泱泱乎兴国之气象。

火牛奇讨传千古，残垒萧条白骨寒。如有王师过既垒，且留铁马吊田单。

易堂曰：旅顺、威海，天堑之险，坚舰巨炮俘获亦多，然是军港耳。胶州湾南控上海，北呼应芝罘、牛庄，即测其浅深，以通商舶，他日养三军必有余福矣。垒在其东北，昔田单独守此，而复齐七十余城，火牛之计，甚奇甚伟，周问多寓言，或是喻赤心报国之兵也。今清军扰扰不异羊军，我兵所抵触，无不溃乱，谓之火牛否乎？齐为强国，亦文学地，过既垒而吊田单，以挽其古，此诗寓意亦深。

远向辽原屯六师，厌闻清卒苦寒饥。秦庭七日休为哭，亦已山东揭日旗。

易堂曰：申包胥之泪，洒为秦军，而存楚国，亦是寓言，血泪以喻赤诚血性也。今清廷之使臣则假泣耳，以欲欺独国而被拒，以欺英国而事不成，终瞒米国，赚一之甫氏，以送媾和使，盖不过欲缓我攻击，徐为后图，小黠大痴，其中情怯，灼如燃犀，诚之与诈，冰炭不容，瞒着之泪，岂有一点之血哉。失信义于天下，以续余息，丑辱已甚，申包胥若有知，则地下泣血，何啻一斛。

（以上录自 1895 年 2 月 22 日《每日新闻》专栏《沧海拾珠》）

由谁罪

百万貔貅环四境，庙堂无策几时戡。苍颜憔悴刘坤一，白发飘萧宋祝三。蓟镇烧云烽火急，辽城卷雪战声酣。全军覆没由谁罪，不独当年赵括谈。

（以上录自 1895 年 2 月 23 日《每日新闻》专栏《诗月旦》）

从军行

砚云 安部荣出云

三尺刀兮七尺驱，西征不复厌长途。败余边塞髑髅乱，焚后荒村鸡犬无。冰结须眉寒淅沥，风吹灰袂雪模糊。进兵明日由何路，半夜焚篝按地图。

柳塘曰：前联与“国破山河在”，同一感慨。

杂 吟

振旅堂堂义气雄，悬军万里讨胡戎。云蒸腥气白山黑，潮带血痕黄海红。八道既归盟约下，九州应属版图中。十年磨剑非徒尔，义烈能扬日本风。

柳塘曰：白山黑，黄海红，属对巧妙。

战后秋色

松堂 松原护石长门

丑虏三千一败空，腥风吹满破营中。天阴鬼气冷于水，战血染呈霜叶红。

乙未岁旦

霞山桑者 田岛定邦上野

山河草木一时新，抚恤流氓率土滨。圣德洋洋深似海，万邦齐颂太平春。

从军行

敬斋 矢部恭武藏

旗鼓堂堂此远征，貔貅呐喊似雷霆。旭旗飘处晓光丽，四百余州顽梦醒。

征清绝句一节

天谷　山内喜纳次东京

陆殪豺狼浪斩鲸，旭旗高闪凤凰城。王师所向谁能御，鹤唳风声动北京。

从军行

岚峰　大石三千穗陆奥

王师连捷势崩山，万里悬军岂厌鸡。鸭绿江头横槊望，黄龙旗倒夕阳寒。

乙未岁旦书感

龙水　冈崎正规但马

满地祥烟瑞色新，春风千里仰皇仁。请看旭日东天耀，照破溟蒙渤海滨。

乙未岁旦

北庵　箕轮半藏武藏

居诸代谢又新正，遥向西天拜大营。想见王师连战捷，旭旗高揭满州城。

祥云叆叇罩蓬瀛，战捷四疆传颂声。仰见今朝皇化洽，东风阳历入蛮清。

书　怀

足立鹿藏因幡

闻说辽东战正阑，满天风雪铁衣寒。慨然独坐书窗下，把剑灯前仔细看。

（以上录自1895年2月24日《每日新闻》专栏《国民的音响》）

读战报次东坡正月廿日诗韵

天放小史　秋月新太郎

仁义之师入北门，真成甘雨洗荒村。五字杜句。冰封绝壑明烽火，雪压平原殷血痕。中夜击鹅同李愬，何人揾虱谒桓温。吾钦将士胄锋镝，万古长留不死魂。

征清之役我军连战连捷快不可言赋之①

次北条鸥所韵三首②

偶　成

辕门狼藉校胄灰，细柳森严彼一时。不怪拿来提督服，和他秋雨晕胭脂。

奸臣谲炸巧欺军，连上捷书焚败闻。先众遁逃蒙重赏，古今唯有叶将军。

炮声虢虢撼乾坤，鹄立舷头不眼昏。击碎艨艟纷若叶，不论当日涅儿孙。

亿万臣民亿万心，知他祸本百年深。出师未战身先遁，谁使英雄泪满襟。

王师十万向燕都，义士未闻攘臂呼。休怪当年河北郡，如今十八省中无。

时事入诗，随手为调，不加雕琢，琅琅可称，非老手不能。柳塘批

（以上录自 1895 年 2 月 26 日《每日新闻》专栏《沧海拾珠》）

---

①② 见第三部分《日清战争实记》第二十一期秋月必山诗。

澎湖水

南蛮几万里，积水茫无涯。郑成功逝二百载，云物凄凉鬼夜悲。骄清今日历数尽，我皇赫怒远出师。南征北伐无所择，男子建功在此时，鸡笼之山澎湖水，好排瘴雾树旭旗。

（以上录自1895年2月26日《每日新闻》专栏《诗月旦》）

广陵雪应制

蓝田股野　琢

广陵驻跸十余旬，忽见寒光照古闱。嘉瑞唯应祝丰岁，盛时岂有泣饥民。山皆玉帽争呈祷，树尽琼花欲献春。却想雪崖冰海里，万艰剿敌远征人。

六师出境，万里传捷，而瑞雪纷纷，妆点山河，载笔陪禁营者，不可无此一番雅颂。柳塘批

悼大寺少将

濑尾雅太郎

誓抛身命报吾君，欲策征清第一勋。百尺崖头千古恨，潮响呜咽哭将军。

转结凄然动人。柳塘批

（以上录自1895年2月27日《每日新闻》专栏《沧海拾珠》）

时　事

杉山千和美浓

胜算已成帷幄中，堂堂胆略压丰公。悠然会客开吟宴，真是风流一世雄。

冬夜偶成

雁镇摩空月一轮，严霜满地白于银。寒威彻骨免难就，苦忆征西万里人。

柳塘曰：字句稳妥而感慨无限。

乙未新年

熙熙新日上帘旌，懒封梅花举翠觥。遥想征清人几万，雪天冰地战边城。椒酒吹香旭影新，又迎七十五回春。仙棋六品诗三上，我是清时一幸民。

柳塘曰：袁赵晚年之作。

秋夜书怀

春溪　渡边宪章横滨

八道山河杀气横，我皇轸念远亲征。南滨一夜秋风早，偏恐新寒入禁营。

偶　感

朝秦暮汉几推迁，一起一颠真可怜。请见日东君子国，金瓯无缺万斯年。

柳塘曰：首首流畅，笔笔圆活，而忠厚之意溢于楮表。

乙未元旦

三梁学人　新井彦太郎下野

红暾出海彩霞明，坐觉朝来佳气生。上苑梅花凌腊雪，御沟柳色弄春晴。

如斯伟业绝千古，应见国威辉八纮。生遇此时何幸福，一樽椒酒祝升平。

时事有感

泊如园主人伊豆

满天风雪乱纷纷，叱咤如雷破冻云。还到辕门人马肃，战袍带血谒将军。

送乡友从军

香邨　元吉和之上总

万事莫似从军好，何人痛哭敢拦道。弃躯报国真男儿，肝脑涂地所不辞。失意乃为百夫长，也胜书生老草莽。

清主末路

竹坞　田代信举盘城

胡兵似犬羊，一夜弃金汤。谈兵皆赵括，报国少天祥。辽城频失守，渤海亦难防。何处蒙尘地，厓山已夕阳。

时事有感

古椿　盐谷弘下野

皇军向处武威扬，四百余州欲夕阳。三月春风桃李节，北京城上旭旗扬。

从军行

锦石　阪本隆哉钏路

万里悬军震百蛮，长驱直破铁门关。艨艟蹴浪向何处，雪白祖龙烟骨山。

（以上录自 1895 年 2 月 27 日《每日新闻》专栏《国民的音响》）

孤立危

烟台旅顺势难支，已见燕京孤立危。今日勿谈樽俎事，不如面缚树降旗。

空来往

满眼莺花日载阳，广陵应见李中堂。星槎万里空来往，不识燕山旭旆扬。

（以上录自1895年2月27日《每日新闻》专栏《诗月旦》）

时事二首

新川　山田宣

乱来未必异亲疏，犹记当年识面初。成败兵常何用说，一封为赠谕降书。

炮亡舰破术将穷，孤堡才余海岛中。一死从容能殉国，汝昌毕竟是英雄。

汝昌心事真有可怜者，得此佳篇，定瞑目于地下。

寄人在旅顺口二首

鹿洞　谷口丰五郎

忠义焦心胆满身，一朝投笔战袍新。云含杀气晨磨剑，雪和边圣夜卧薪。鼓夺松关今尚在，泥封坐谷事空陈。可怜清将庸愚甚，如此江山坐付人。

蓝山曰：艰辛可想。

鞑虏防边漫费功，不知历数已将终。巍峨铁垒负山壮，突兀炮台邻海雄。三日干戈万兵走，百年锁钥一朝空。想君髀里复生肉，秣马春来待雪融。

劲健奇拔，后联殊妙。柳塘批

（以上录自1895年2月28日《每日新闻》专栏《沧海拾珠》）

紫禁城

白日无光紫禁城，金鳌玉蛛委榛荆。黑龙潭上腥风起，万岁山顶枯骨横。北京城一名紫禁城，金鳌玉蛛桥架太液池，黑龙潭在廓内，万岁山又名景山，多植奇草珍木，清主行乐之地。

（以上选录自 1895 年 2 月 28 日《每日新闻》专栏《诗月旦》）

（邵劼选录）

甲午除夕夜书感

鹤唫　相田弥二郎越后

人事匆匆岁欲更，宝刀深夜匣中鸣。关河一枕远征梦，风雨孤灯残夜情。不用作文送穷鬼，只当投笔向边城。定知明旦龙营下，百万貔貅奏凯歌。

柳塘曰：慷慨淋漓，剑气冲天。

从军行

赤木实肥前

慷慨披肝胆，悬军岂可休。剑佩参戎幕，貔貅满戍城。月黑牙山晓，风腥平壤秋。前进须攻取，干戈四百州。

夜　寒

光山　要藤助太郎越中

此夜寒飙太凛森，炉头独卧拥重衾。远征将士知何处，朔雪纷纷万马瘖。

偶　成

尚宇　新妻荣造盘城

仁义之师势凛然，天兵向处敌无前。丝毫不许他容喙，须握东洋

碧蹄馆[①]

省轩　龟谷行

笔锋犀利，无坚不破，悠小早川公长剑挥霍所向无前。柳塘妄批

三读久米易堂《亡清论》续

宜轩　西冈逾明

浮槎昨夜渡天津，遥识群星识北辰。时事如掩盗铃耳，建筹借箸岂无人。

国交主强之论，频年益旺，而政犹未协舆情。忽逢清开衅，朝野翕然兴勇，盖积愤之气，云蒸而致之也。今方乘连胜之势，如策马千峻坂，于是清送媾和使，我气受之，军人挥首，志士扼腕，意气激昂，而新纸御寂然，不似平生之讳，人或怪之，谓必有壅之者。宜轩笑曰："大势如此，小刀安断铁乎，不必过虑。"因赋此诗。余评之，未几而彼使被拒，茫茫然而归，事后见之，似小题大做，然当日有此沉着，非老成则不能也。久米易堂评

（以上录自1895年3月6日《每日新闻》专栏《沧海拾珠》）

乙未新年偶成

见山　岛田孝之越中

其一

禁城春色启昌年，我武维扬东海天。塞外风云随叱咤，辽阳父老乞哀怜。攻城便赖三军勇，宣战长归万乘权。自古和戎愆国是，庙谟愿使后图全。

---

① 诗见第三部分《日清战争实记》第二十三期。

其　二

崤函自昔地形雄，极目幽燕道路通。胡骑重来横朔北，神兵一下占山东。至尊仁德乾坤大，诸将勋庸山岳崇。四百余州皆震动，长期万国仰皇风。

其　三

渡海艨艟势似龙，荣城城外急狼烽。三更鼓角严军令，十万貔貅厉战锋。禹域山河看破碎，嵎夷草木入提封。折冲须举膺惩典，立马燕京第一峰。

省轩曰：格调鸿整，雄气磅礴其间。

读清韩从军记书感

吞泽　松冈守信肥前

十万元兵沉紫海，碧蹄大捷动朱明。输赢历历存殷鉴，何物胡儿漫抗衡。

屠城拔垒向无前，弹雨纷飞震九天。飙奔电击交兵处，薙人如草血成川。

应对恰看秦宓捷，词章不让陆机才。使臣英断觉顽梦，一变韩廷局面来。

省轩曰：笔锋犀利不可当。

乙未新年感怀三首节一

漆间履堂越中

扶桑日出照寰瀛，万象熙熙庆岁正。四海友邦申约信，普天臣子效忠诚。鸿图自昔多神功，善政而今体众情。樗栎亦通民献籍，愧无筹策答承明。

怀征清战士

信田敏修羽前

玄冬朔北不休兵，雪压屯营万马鸣。一夜前军传捷报，满天新雾旭旗明。

从军行

大泽渔者下总

雪光相映剑光清，不厌寒威压列营。星斗阑干满州野，烽烟狼籍盖平城。三军守令人无语，万马衔枚夜不鸣。应有将军奇策在，明朝鏖杀犬羊兵。

书　感

棱棱余侠骨，落魄卧荒山。云暗奉天府，梦遥山海关。劲风吹帐幕，寒月照刀环。万里西征士，应着凯旋还。

征清书感

皿峰　池上镇平冈山

不得戎衣赋远征，文章聊欲颂升平。满州关塞同枯朽，八道山河仰圣明。芳草入春遭雨露，梅花经雪缀琼瑛。菲才尚浴恩波渥，遥捧金觞拜广城。

（以上录自1895年3月6日《每日新闻》专栏《国民的音响（十四）》）

泪淋漓

旅顺口，威海卫，垒破舰沉人马毙。奉天府，山海关，齑粉亦在旬日间。少荃已耄禹亭死，天子蒙尘向何地。岂图鸟啼花笑时，君臣相顾泪淋漓。

（以上录自1895年3月6日《每日新闻》专栏《诗月旦》）

丁提督

省轩　龟谷行

城垒耸，鼓角鸣。控渤海，护燕京。惊见赤帜翻壁上，吾转我炮击我营。铁樯折，铁舰裂，臣力既尽臣心决。一死答军君休瞋，健儿脱死六千人。

劲健简古，直击西崑之垒，此诗向录于《日本新闻》，以转为倒，未妥。盖系于种竹君所改，而题下署熊谷省轩。先生曰：种竹改我诗及氏名乎。哑然失笑。柳塘妄批

（以上录自1895年3月7日《每日新闻》专栏《沧海拾珠》）

灵鹰行四言

泽启秀埼玉

皇帝扶韩，兄弟辑睦。加狼如羊，满清不淑。大纛出征，王师肃肃。佑亨莅止，士重约束。佑亨率止，艨艟冲舳。旗旆央央，掩映朝旭。翩翩者鸽，集于舰腹。战方始矣，惊飞绝躅。开我炮门，吹我铁角。发彼帆樯，坏其帷幄。或火或沉，轰轰爆爆。其望风逃，如爵逢鸾。皇祖在天，照临降谷。降谷下祥，灵鹰攸宿。金眸如电，利爪如镞。健翮横秋，俱歼凡族。载施绦镞，载与鲜肉。载献左右，言问其下。大人占之，群丑威伏。我武乃扬，式终诛戮。皇矣皇帝，配命怀福。王师所向，无思不服。微臣作歌，上赓黄鹄。敬究吉祥，乃代华祝。

省轩曰：骨力莽苍，骎骎逼古。

寄斋藤巴江

燕赵之间寄此生，悲歌未肯负狂名。萧萧易水风仍冷，矫矫平原绣未成。地绝英雄长寂寞，剑冲牛斗独峥嵘。夜深乱击渐离筑，寒月纷纷天地助。

省轩曰：激昂苍凉，源亦成变征声。

日本刀歌

古陵　松林熏武藏

君不见，日本刀之锐冠宇内，玉可切兮铁可碎。星飞电激光陆离，热水煅之寒水淬。又不见，日本魂之义感鬼神，五大洲中无比伦。仁且有勇不畏死，精气凝结几千春。琵琶深湛芙蓉峙，八朵之峰万顷水。山水双灵之所钟，焕发天壤双粹美。呜呼日本刀与日本魂，相须可以服百蛮。

乙未元旦

樱水　石川鹤治羽后

红旭曈曈丽曙光，千门祥旆带余庆。挫强扶弱皇谋远，挟电驱雷我武扬。松耐朔风知劲节，梅凌腊雪送寒香。年回大纛今何处，一片葵心向艺阳。

灵　鹰

山中孝德山形

飒爽横秋逸气雄，灵鸟之瑞恰相同。天颜有喜三军奋，大业比他神武功。

乙未新年作

田中正彝武藏

凯歌声里入新年，椒酒三杯气廓然。却想远征卧人雪，铁衣寒透夜难眠。

时事感怀

石译 和田昌孝伊豫

千尺大同水，涉之如踏砥。百雉平壤城，破之似裂纸。长江坚垒不足恃，何为其如此，彼偷生，我决死。

马家屯偶作

第二军军医鲑延良治

男儿决死是寻常，只思家国不思乡。汉月秦关人万里，宝刀三尺白虹长。枕戈听彻角声酸，霜压辕门篝火残。铁骑嘶时蹶然起，满天星斗剑花寒。

闻旅顺口大捷欣然赋此

逢麻 松村正一

龙骧虎斗万雷轰，咫尺蒙蒙旅顺城。云散雾收红旭出，凯歌如涌满屯营。

寄从兄小泽爱吉从军在支那

亚山 藤江要一郎东京

王师踏破几山川，酸雨凄风入北燕。忠勇健儿三十万，伟功谁是着先鞭。

乙未新年作

二峇 斋藤兼陆奥

万灶炊烟晓色苍，初暾出海映扶桑。娇音早有宫莺啭，嫩色先看官柳黄。壮士抚刀多意气，书生报国只文章。洪钧一转乾坤静，圣德讴歌好举觞。

最骁勇。今日王师入辽东，鞍头叱咤飒生风。长驱万里追穷寇，恰如猛虎慑群兽。捷书相踵达宸聪，天颜有喜录伟功。圣恩优渥拜大将，英姿应画麟阁上。唯恨兄弟隔幽明，不得连镳入燕京。

（以上录自1895年3月13日《每日新闻》专栏《诗月旦》）

即兴十首寄饭田少尉在清国节二①

漱石　平山忠

凄凉沉郁，老杜遗响。柳塘批

（以上录自1895年3月14日《每日新闻》专栏《沧海拾珠》）

何日休

花溅泪，鸟惊心，君王掩面坐夜深。长白山，鸭绿水，如此形胜付徒尔。怨牛党李何日休，黄尘四塞夕阳愁。

（以上录自1895年3月14日《每日新闻》专栏《诗月旦》）

李爷哭

李爷骄，藤伯恭。天下英雄君与我，天津桥上笑相逢。藤伯笑，李爷哭，马关料峭东风寒，老来其奈头颅秃。豫知彼我未订盟，鼓鼙如雷压燕京。

（以上录自1895年3月15日《每日新闻》专栏《诗月旦》）

甲午岁晚感怀

谷口鹿洞

丈夫生而不成名，死入东海骑长鲸。壮言误我三十岁，一事无成愧友生。我皇神武冠千古，十万貔貅兹远征。将军头上发复黑，志士腰间剑有声。已吞汉武未开地，欲夺秦皇所筑城。当此未曾有机会，

---

① 诗见第三部分《日清战争实记》第二十三期。

须出不世出俊英。冻月飞霜晨练剑，密云谈雪夜谈兵。寒灯如豆衾似铁，鼓角声中梦屡惊。休言措大竟无勇，感恩激义一身轻。却思纲常须扶植，建功不必在战争。誓为往圣继绝学，誓为万世开太平。不见松柏后凋色，安知俊杰先忧情。斯心一决介千石，直以血诚质神明。荒鸡膊膈蹴衾起，风雪打窗岁又更。何妨天下无知己，独对梅花守我清。

起首豪语惊人，层层转换，波澜起伏，一结悠然而止，建功不必在战争，是一篇骨子。

（以上录自 1895 年 3 月 16 日《每日新闻》专栏《沧海拾珠》）

何以酬

星使远来何以酬，马关春色惨于秋。赖翁诗句君知否，硝烟弹丸是膳羞。

（以上录自 1895 年 3 月 16 日《每日新闻》专栏《诗月旦》）

玉石焚

百战终无尺寸勋，可怜白发宋将军。燕京他日为焦土，定悔人间玉石焚。

（以上录自 1895 年 3 月 17 日《每日新闻》专栏《诗月旦》）

送高木政养君从军

山形县代议士秋保亲兼

独座其如敌忾情，东邻西舍寂无声。半宵拔剑对寒月，睥睨秦皇万里城。

次韵留别

第二军第二师团步兵第七联队附　高木政养

丈夫何说别离情，对酒高歌剑有声。明日远征过渤海，雄心已压

损李花

一帆东指海波遐，忽入扶桑五色霞。马关春色阑珊里，蓦地狂风损李花。

（以上录自 1895 年 3 月 31 日《每日新闻》专栏《诗月旦》）

（邵劼选录）

涌欢声

山河襟带自为城，博览场开仰圣明。岚峡樱花春烂熳，鸭川月色夏澄清。吴绫蜀锦美而巧，周鼎殷盘纵且横。回首王师连奏捷，凯歌声里涌欢声

（以上录自 1895 年 4 月 2 日《每日新闻》专栏《诗月旦》）

凌黑潮赠伊东海军中将

电击飙驰破寂寥，碧波相映旭旗飘。西惊龙窟卷黄海，南向鬼方凌黑潮。定识远征过赤道，须铭伟绩溅铜标。舵楼置酒将军笑，郑氏忠魂或可招。

（以上录自 1895 年 4 月 6 日《每日新闻》专栏《诗月旦》）

佐世保镇守府海军大佐中沟为雄君招饮赋赠

谷口蓝田

君乞余书佐世保镇守府六大字门额。

二十年前过此村，渔樵寂寞晚鸦翻。凿山埋壑神工速，排浪披云战舰屯。城府忽开新镇守，楼台高耸别乾坤。愧无笔力援兵势，醉墨淋漓题戟门。

（以上录自 1895 年 4 月 7 日《每日新闻》专栏《沧海拾珠》）

乙未新年作

谷口鹿洞

纛鳌庆云绕紫宸，且斟椒酒捧慈亲。我皇遥在广陵镇，独有宫梅先识春。草木均沾雨露仁，圣君恩泽及遐滨。想哉十万征清士，绝域山川未遇春。

忠厚之旨，蔼然感人。柳塘批

（以上录自 1895 年 4 月 9 日《每日新闻》专栏《沧海拾珠》）

悉归顺

决眦云涛渺渺间，王师万里入南蛮。岛如老蜃吐楼阁，舰似巨鳌载泰山。诸葛渡泸何足说，伏波辞阙几时还。土酋骈首悉归顺，旭旆影飘湾又湾。

（以上录自 1895 年 4 月 10 日《每日新闻》专栏《诗月旦》）

总督印

赠佐久间中将

朝出仙台夕烟台，鞍头叱咤驱风雷。春风万里任驰骋，凯歌奏罢呼快哉。如今亦佩总督印，遥拜圣恩酌绿醅。

（以上录自 1895 年 4 月 11 日《每日新闻》专栏《诗月旦》）

多瘴毒

垂天鹏翼搏扶摇，须奏奇功报圣朝。勿畏蛮中多瘴毒，图南万里建铜标。

（以上录自 1895 年 4 月 13 日《每日新闻》专栏《诗月旦》）

血难干

万里东风春色阑，燕山草木血难干。胡家岌岌如累卵，禹域滔滔一片指天津。

（以上录自1895年4月19日《每日新闻》专栏《诗月旦》）

西征杂咏

岛田湖州　孝之

其　一

百万胡兵卷甲趋，蓟门重镇眼中无。辽阳草木沾鸿泽，渤海风云入壮图。未闻敌将殉宗社，行见王师入旧都。东洋大计运筹熟，知我皇威震八区。

其　二

十万貔貅拥旆旌，鱼丽阵接塞云平。阴山飞将一鞭走，铁岭哨兵深夜行。海上波涛翻巨舰，天边勋伐压长城。诸公建业今如此，整顿乾坤答圣明。

其　三

雷霆一击剪吞航，地裂山崩势莫当。威海湾头波澎湃，刘公岛畔月凄凉。可怜君相俱庸劣，所恃金汤已坠亡。独有汝昌能殉节，忠魂毅魄厉冰霜。

其　四

齑粉北洋坚舰无，长驱只合陷幽都。山河万里鼓声急，满汉八旗兵势孤。选士和衷扶庙算，率滨踊跃献军需。太平良策且休问，当有天人翊圣谟。

森严雄壮，如名将使兵，部伍整整，所向无敌，词坛旗帜为之益觉精明。柳塘批

（以上录自1895年4月20日《每日新闻》专栏《沧海拾珠》）

此班师

修盟订约此班师，一路春风扬旭旗。辽北台南归板籍，普天率土属藩篱。排云欲勒磨崖颂，对月曾吟横槊诗。额手相庆凯歌涌，欢迎

十万健男儿。

（以上录自 1895 年 4 月 21 日《每日新闻》专栏《诗月旦》）

风浪息

白头强戴使臣冠，危局支持肝胆寒。漫道荆卿怀匕首，更无毛遂捧铜盘。不将旗鼓回衰运，才以金缯寻旧欢。渤海如今风浪息，归舟始得梦魂安。

（以上录自 1895 年 4 月 23 日《每日新闻》专栏《诗月旦》）

大院君

老残家国乱纷纭，老耄堪怜大院君。老狗贪功终致祸，老鸡争食却离群。老牛舐犊奈他笑，老骥化驽何足云。老在人间多耻辱，老骸唯合伴闲云。

小朝廷

檀君祠外髑髅白，箕子庙边磷火青。乱后民心犹未定，小人跋扈小朝廷。

（以上录自 1895 年 4 月 24 日《每日新闻》专栏《诗月旦》）

回牙纛

塞外阵云烽火残，偏欣樽俎再联欢。王师振旅回牙纛，父老讴歌拜玉銮。滋雨洗兵新日本，彩霞呈瑞古平安。千秋快事在今日，奏凯声中添伟观。

（以上录自 1895 年 4 月 25 日《每日新闻》专栏《诗月旦》）

玉銮和

剑戟光销簇绮罗，凯歌声里玉銮和。紫云叆叇山阳道，曳自严洲到鸭河。

鸭河涯

斗大勋章映彩霞，五花骢立鸭河涯。凯旋诸将风流在，应咏平安城里花。

（以上录自1895年4月28日《每日新闻》专栏《诗月旦》）

灵　鹰

久万简斋

灵鸟呈祥止舰旗，血翻黄海战酣时。可知敌国皆雌伏，万里应扬日本师。

（以上录自1895年4月30日《每日新闻》专栏《沧海拾珠》）

无遗策

战胜余威压四陬，连天鼓角响才休。外邦干涉市生虎，三国同盟蜃吐楼。闾巷漫传齐野语，庙堂谁抱杞人忧。折冲御侮无遗策，歌颂洋洋八大洲。

（以上录自1895年4月30日《每日新闻》专栏《诗月旦》）

不知死

甲午十二月十四日草河口之役，友安大佐麾下步兵前田浦太郎，奉命传令于前队，时战斗正酣，飞丸如雨，一军医危而止之，浦太郎不听，曰："我唯知传令耳，不知死矣。"终全使命而还。

王师呐喊来自东，胡骑十万争雌雄。枕骸狼藉草河口，硝烟弹雨天蒙蒙。将军命我传令使，不尽吾职我不止。咄扣我袖果何心，我知传令不知死。终全使命建殊勋，归来含笑谒将军。将军赐酒且优赏，醉眼睥睨边城云。

（以上录自1895年5月1日《每日新闻》专栏《诗月旦》）

降魔剑

下间凤城，长州获人，为本愿寺布教使，从军航于澎湖岛，为瘴疠所犯，病没。人皆悼之因赋挽诗一章。

南征万里鼓鼙震，谁料缟衣见此人。浊溟排来心胆壮，瘴烟开处板图新。欲挥三尺降魔剑，空作千秋入定身。闻说蛮足如鬼蜮，凭谁宝筏度迷津。

（以上录自1895年5月3日《每日新闻》专栏《诗月旦》）

意气多送山县大将赴旅顺

百战经来暂养疴，广陵春色等闲过。病余努力画边事，醉后慷慨闻凯歌。未许圣朝乞骸骨，且看滋雨洗干戈。重吟旅顺城头月，横槊将军意气多。

（以上录自1895年5月4日《每日新闻》专栏《诗月旦》）

双头鹫

战罢貔貅尚驻屯，和盟谁复挟违言。长天相睨双头鹫，只手将擒万丈鲲。千岛北门坚锁钥，九州西海守篱藩。料知廊庙无遗策，防侮折冲何足论。

（以上录自1895年5月5日《每日新闻》专栏《诗月旦》）

送二阶堂刚轩从军赴清地

谷口鹿洞

投袂从军意气昂，满天春雪落花香。一枝健笔力抗鼎，三尺宝刀锋挟霜。齐鲁将归皇版籍，幽燕定入帝要荒。北京城下缔盟日，先草凯旋歌几章。

前联遒劲有力。

（以上录自1895年5月12日《每日新闻》专栏《沧海拾珠》）

时局艰

貔貅十万向东还，百战勋劳付等闲。人会紫云摇曳里，梦迷黄海渺茫间。放牛归马庙猷熟，御侮折冲时局艰。何事布衣犹按剑，雄心郁勃睨燕山。

（以上录自 1895 年 5 月 14 日《每日新闻》专栏《诗月旦》）

生白发

春帆楼上笑裁诗，得意掀髯彼一时。昨夜无端生白发，个中消息有谁知。

老来何事滞京畿，安石出山心事违。知否沧浪高阁下，白鸥应待相公归。

（以上录自 1895 年 5 月 15 日《每日新闻》专栏《诗月旦》）

黄龙府

壮士徒磨百炼锋，谁言高义佑邻邦。一杯未酹黄龙府，万骑空过鸭绿江。膏血淋漓从地涌，髑髅号哭自天降。诸公瞑目知何日，睥睨边城泪满腔。

会盟容易划鸿沟，何料终遭敌手收。万骨空枯无寸效，天阴白日鬼啾啾。

低首归

克捷歌成庙算非，功名一念与心违。辽东再见黄龙影，塞北已收红旭旗。徒使边尘劳汗马，竭来血泪湿戎衣。道傍父老泣相吊，赳赳武夫低首归。

边城早已解重围，万马萧萧事总非。借问三军何所亿，北京城上梦魂飞。

（以上录自 1895 年 5 月 16 日《每日新闻》专栏《诗月旦》）

送僚友长崎君从大总督彰仁亲王殿下赴清国[①]

蓝田股野

送陆军编修横井从西征大总督之清国[②]

蓝田股野

（以上录自1895年5月27日《每日新闻》专栏《沧海拾珠》）

壅江河

世界乱如麻，志士慷慨多。操笔痛论触忌讳，发行停止不嫌多。欲御天下口，难于壅江河。堤益坚而水溢溃，滂涨横溢卷盘涡。庙堂诸公长太息，奈此滔滔一泻千里之势何。

一波才伏又千波，只手壅川功在么。天下滔滔如此耳，区区条令奈渠何。

总虚声

坠泪生驹込

瞒人壮语总虚声，其奈匣中龙剑鸣。借问风流谢安石，如今何面见苍生。

是英雄

唯论金币不论土，秘策夙存方寸中。谈笑忽收千里地，李爷毕竟是英雄。

（以上录自1895年5月27日《每日新闻》专栏《诗月旦》）

---

①②　诗见第一部分股野蓝田。

扼其吭

王师出境势鹰扬，转斗山河几战场。鼓鼙震天惩北虏，楼船破浪入南荒。偏忧瘴毒犹猖獗，更听蛮民太陆梁。毕竟优柔终误事，直应拊背扼其吭。

（以上录自 1895 年 5 月 28 日《每日新闻》专栏《诗月旦》）

送恩地士轨从军①

谷口蓝田

翻弄故事处，可见才学。

（以上录自 1895 年 5 月 29 日《每日新闻》专栏《沧海拾珠》）

迷何处

户户彩旗映红旭，六龙回跸貔貅簇。满都人拥凯旋门，满都人奏凯旋歌。闾巷有妇频歔欷，鬓毛鬖髿泪湿衣。小儿呱呱只索乳，中儿嬉戏求栗梨。大儿十岁才解语，泣问阿爷盍早归。呜呼阿爷埋骨边城土，幽魂今夜迷何处。

（以上录自 1895 年 5 月 30 日《每日新闻》专栏《诗月旦》）

似恶魔

万里南溟认翠螺，王师所向涌讴歌。恰如赤子归慈母，只奈蛮民似恶魔。蠢尔凭谁谋独立，顽然笑彼唱共和。自今长被文明泽，风不鸣柯海不波。

（以上录自 1895 年 5 月 31 日《每日新闻》专栏《诗月旦》）

---

①　诗见第三部分《日清战争实记》第三十期。

从军诗录节录

岳南　关口隆正

明治廿七年十月六日，应试陆军省参谋本部。八月补通译官，隶大本营。十日急戒行李，将赴广岛。从弟大桥正义赠以短刀，且副诗。正义者，赠从四位正顺子，此刀实其所带云。诗曰：韩海风荒秋正高，慨然蹶起气逾豪，不须临别裁长句，笑赠传家日本刀。因次其韵。

慨然忧世姓名高，真是儒门第一豪。泣拜先生遗爱物，愿将生死托斯刀。廿一日，访外叔山田大机关士于军舰，秋津洲号。因忆余曾游上海，观军舰扶桑号，赋长古一篇，有句云：日出旗翻日没处。清人以为佳句，而不知余寓意所在也。

睥睨茫茫渤海天，输船蹴破路三千。无端想起当年句，日出旗翻日没边。廿二日，与山崎羔游于江南山村，村隶平安道长连县，按平安道，古虞芮地云。

竹篱茅舍大江滨，虞芮遗风自朴淳。请见白衣与椎髻，胜地辫发剃头人。

不要些雕琢，而自成佳调，或补史乘，或裨地志，真非徒作。源批

（以上录自1895年6月1日《每日新闻》专栏《沧海拾珠》）

假威狐

狡才黠智假威狐，日日论评紫夺朱。万岁声中传怪说，大臣门下称佣奴。神州岂出虚无党，文界谁名御用徒。却笑呼人为佞者，纵横曲笔漫胡涂。

（以上录自1895年6月1日《每日新闻》专栏《诗月旦》）

杂　感

杉山千和

国事将圆忽有魔，辽东半岛好山河。暂时落手又离手，难奈风云变态多。

慨乎伤时，沉痛入骨，非是寻常闲文字，苟有血性者，不可轻轻独过也。担风批

（以上录自 1895 年 6 月 2 日《每日新闻》专栏《沧海拾珠》）

五月三十日纪事

半岁干戈定朔方，余威万里卷南荒。鱼龙怪幻洪涛远，车马平安古道长。此一联张船山句。已伐顽骄联玉帛，终扶弱小扫欃枪。金銮回跸欢声涌，草莽微臣亦捧觞。

船山句似为此诗预选设者，化陈为新，点缀之妙，使人不觉惊叹。源批

（以上录自 1895 年 6 月 4 日《每日新闻》专栏《沧海拾珠》）

奈冥顽

琉球南望怒涛间，群岛棋罗鳌负山。鬼气逼人髑髅室，腥风卷地牡丹蛮。排除瘴疠旭旗闪，抚恤疮痍纶旨颁。箪食壶浆盍归顺，由来土俗奈冥顽。

晒年吞恨郑成功，桑梓由来在日东。地下有知应感泣，遗坟归我版图中。苔藓深封孤拔墓，澎湖岛上夕阳愁。若教提督在今日，并力应屠四百州。

（以上录自 1895 年 6 月 4 日《每日新闻》专栏《诗月旦》）

亦销磨

当年利器亦销磨，八道山河荆棘多。末路英雄如此耳，乱邦形势奈渠何。隐居应复三猿号，衰老难驱二竖魔。一幅归帆向东返，回头韩海卷风波。

星槎奉命向韩廷，时局益艰颜色青。世外先生今老矣，百年安得姓名馨。想见幕宾修一郎，黄金时器夜煌煌。驻韩半岁所何获，遗恨余赀未满囊。

（以上录自 1895 年 6 月 5 日《每日新闻》专栏《诗月旦》）

水中月

议堂曾获中原鹿，登坛频抚便便腹。得意堪笑沐猴冠，漫夸山王多沐猴。朝三暮四不自量，失脚俄然误坠木。坠木之猿恨不禁，绕树三匝羡宿禽。无枝可攀空悲啸，一朝跃身入鸡林。身入鸡林计何拙，伸臂欲捉水中月。

妖星一夜向西流，坠地谁图化沐猴。水中捉月愚堪笑，伸臂悲鸣无所求。

评曰：此一绝拗体，盖所指系执拗刚愎之人矣。

（以上录自 1895 年 6 月 6 日《每日新闻》专栏《诗月旦》）

戏作三首

汤岛　梅园主人

羽檄飞来捷报频，相公夜宴又连晨。此时侑醉谁陪从，多是诗人与美人。

清簟疏帘午影迟，军机余暇好围棋。相公毕竟非高手，请看斗终收局时。

临阵不须叹鬓华，相公豪气老逾加。偿金二亿余赢在，窃买一枝黄菊花。

老鹤山樵曰：三首的切，相公如视当瞠若。一读喟然，诵独使至尊忧社稷，诸公何以答承平句，一笑亭主人亦有次韵三首，因兹附载。源批

行营征妓笑声频，低唱浅斟朝又晨。想否辽域风雪夜，苦寒堕指远征人。

相公何事见机迟，时局变迁如弈棋。满地牡丹风雨恶，多愁多恨落花时。

阿娇千里到京华，比旧痴情一段加。好事相公为底事，庭前移植

路傍花。

（以上录自 1895 年 6 月 4 日《每日新闻》专栏《沧海拾珠》）

如神仙

想昔海内干戈连，群雄割据争霸权。骁勇殊推伊达氏，独眼龙名天下传。就中文禄征韩役，鞍头叱咤一当千。谁知胸里有余裕，一枝梅移自朝鲜。每遇春风花若雪，英雄遗爱犹依然。明治中兴圣泽遍，辫奴何者弄戈铤。王师斯举膺惩典，貔貅十万满楼船。大山将军义气壮，据鞍顾眄入辽燕。山河百战功盖世，旗鼓堂堂赋凯旋。闻说兵马倥偬际，犹有风流继前贤。樱花一朵扶桑种，赍向海外犹芳妍。手向金州城畔植，自今谁称海棠颠。岁岁花开香馥郁，熏满四百余州天。呜呼两雄其揆一，星霜相隔三百年。钤韬余事风流在，胸襟洒落如神仙。

（以上录自 1895 年 6 月 7 日《每日新闻》专栏《诗月旦》）

奉颂大元帅陛下凯旋

青山苍峰甲斐

节旄千里拥元戎，猛士如云誓奉公。磨盾荷戈皆敌忾，栉风沐雨遂成功。鼓鼙震地版图拓，棨戟连天兵马雄。今日凯旋欢笑涌，六龙回跸五云中。

邻保某某等从军西征告捷归乡一夕设供帐招饮席上赋此为赠

忠肝义胆使人惊，一出乡关不愿生。雄戟久屯辽北地，降旗终出石头城。三千鼓角凯歌涌，二亿金缯和局成。万里还家豪气在，淋漓痛饮似长鲸。

二首气格声调，雄大森严，似读元遗山“燕辽部曲千夫长，楚汉风云百战身”句。源批

（以上录自 1895 年 6 月 8 日《每日新闻》专栏《沧海拾珠》）

凯旋歌

纶麻出阙讨骄顽，膺惩典举暮年间。螳臂当车真可悯，辫奴枕骸积如山。

平壤黄海旅顺口，山东辽东澎湖岛。海军陆军皆精锐，连战连捷风靡草。

皇威四照群妖消，天之所佑自昭昭。□之万卒忘寒暑，忠愤偏期报圣朝。

自今列邦若渝盟，斧钺立至讨其罪。我武维扬快矣哉，帝国万岁万万岁。

（以上录自 1895 年 6 月 8 日《每日新闻》专栏《诗月旦》）

基隆港

战捷余威谁比肩，旭旗千里扫蛮烟。王师已占基隆港，决眦南溟水接天。

捷报南来涌凯歌，好挥冰剑斫鼋鼍。桦将军勇冠千古，何数当年马伏波。

满人间

西征半岁鬓霜斑，一夜无端扈跸还。广岛流连斟绿酒，马关行乐伴红颜。路傍丧狗睡何处，枕上腐鱼堆似山。鲍市纷纷君勿厌，臭名早已满人间。

芙蓉山下泪淋漓，路上彷徨无所之。五十四年终不悟，何唯一夜作迷儿。广陵娼女独承颜，夕日追随不暂闲。地下渊明应太息，菊花放臭在人间。

（以上录自 1895 年 6 月 11 日《每日新闻》专栏《诗月旦》）

戟手骂

高轩驷马扬红埃，银烛灿灿琼筵开。将相来会一堂上，谈笑握手倾金罍。忽见将军戟手骂，醉颜如鬼声如雷。可怜矮驱黧面老，元非鼎鼐盐梅才。伴食半年犹未饱，又吃将军铁拳来。

黉缘何幸列三台，停止新闻日几回。鬼面吓人真可笑，将军一喝缩头来。

（以上录自1895年6月12日《每日新闻》专栏《诗月旦》）

夜泊马关

湖海　野口胜在韩

红灯绿酒恨缠绵，午夜歌残笑叩舷。玉佩遥闻波上路，霓裳恍舞月中船。春描杨柳依依影，梦到芙蓉滟滟边。岂料人间有仙境，欲餐三十六滩烟。

缥缈仿佛，水花镜月，欲就而不可近，可忘而不可亵。

平壤杂诗四首

江山一幅画图开，缥缈仙乡亦美哉。涵岸涨痕鸥世界，漾波帘影月楼台。澹烟离树天逾远，孤笛咽云春亦哀。知否疏蓬人未寐，三更梦醒数归期。

桃花流水绕横塘，潋滟晴波漾夕阳。好抚瑶琴凭酒阁，谁抽彩笔写仙乡。数行红泪情浓澹，十载青灯梦短长。欲向黄昏卷帘子，恐他鹦鹉唤郎郎。

箕子旧封斜照愁，黍离千岁恨悠悠。闲斟客里三杯酒，不换人间万户侯。极目山河余涕泪，侧身天地几春秋。登临一夜肠堪短，泣对长江吊白鸥。

客里蹉跎百事休，少年绮梦忆曾游。春风寂寂花无语，往事悠悠水共流。半壁灯痕空抚剑，满身月影独登楼。腰缠十万今抛尽，欲买青山不自由。

第一凄婉，第二哀艳，第三第四，悲壮而豪宕，要之笔墨舒畅，恐有江山之灵助之者。源批

（以上录自1895年6月13日《每日新闻》专栏《沧海拾珠》）

功臣传

际会风云赞庙谟，中兴伟业古来无。谁言台阁多屠狗，只见翰林半腐儒。春亩福堂心甚乐，甲东松菊骨全枯。鸣呼明治功臣传，直笔何人似董狐。

史笔由来事易讹，熏莸一器奈渠何。料知乞米立佳传，笑见人间陈寿多。

（以上录自1895年6月13日《每日新闻》专栏《诗月旦》）

次王阮亭漫兴八首韵[①]

望月桂香

（以上录自1895年6月14日《每日新闻》专栏《沧海拾珠》）

祝凯旋

祝凯旋，祝凯旋，府尹频奔走，如狂又如颠。凯旋虽可祝，何必糜酒肉。克捷虽可颂，何必用丝竹。君不知南征诸将犹未还，出入瘴烟疠雾间。

当年上院姓名扬，羊质虎皮怜假装。君子由来能豹变，大臣门下独彷徨。

（以上录自1895年6月14日《每日新闻》专栏《诗月旦》）

---

① 第三部分《日清战争实记》录前五首，《每日新闻》1895年6月23日录后三首。

次王阮亭漫兴八首韵承前

望月桂香

其　六

形势忘唇齿，兴师老壮殊。三军怜蝼蚁，一战落头颅。檠戟连东海，风云卷北都。蒙尘何处是，吞泪望苍梧。

其　七

降兵踵相接，恰似鸟投林。衰运一朝见，祸根千岁深。山川徒险要，社稷已销沉。群鬼昼犹哭，黯然天日阴。

其　八

渤海要冲破，燕京形势孤。干戈惩暴虏，樽俎屈骄夫。啼鸟梦才觉，落花春已徂。扶桑回首望，缥缈入虚无。

八律悲壮沉郁，格调颇高，与老杜"花溅泪"、"鸟惊心"句足并诵。阮亭诗中，"天心诛叛亟，国法受降宽"，"六师信神武，群盗敢枝梧"似颂我王者；"海内兵尘满，乾坤正气孤。数公明大义，一死激顽夫"似吊丁提督者；"五岭烽相照，三山瘴未开。冥冥炎海外，目极钓龙台"似言台湾事。读者相参照，则可知桂香次韵非偶然也。源批

（以上录自 1895 年 6 月 23 日《每日新闻》专栏《沧海拾珠》）

诉苍旻

多年草莽志难伸，法令繁苛束湿薪。处士抱忧何耿耿，文章遭厄又频频。鼠肝虫臂犹当路，羊质虎皮能吓人。天下经纶与谁议，慨然吞泪诉苍旻。

诸公何日绥黎元，只见纷纷法令烦。只手难防天下口，一人才默万人喧。

（以上录自 1895 年 6 月 23 日《每日新闻》专栏《诗月旦》）

不堪多

英雄末路终如此，台阁诸公近奈何。庙议纷纷无所定，斗筲才子不堪多。

三军奏凯半还家，两国订盟才息戈。犹向南荒剿蛮窟，瘴烟毒雾不堪多。

佣夫渡海荷干戈，战罢归来感奈何。爷裹疮痍娘卧病，鹄形菜色不堪多。

君王掩面涕滂沱，依旧深宫有伏魔。党李怨牛何日止，鸡林怪报不堪多。

勿言平地起风波，热血淋漓笔砚磨。今日新闻添气焰，发行停止不堪多。

眼如鹰隼形如狗，白昼吞声悄悄过。何处来兮何处去，满都侦吏不堪多。

菊儿名字遍天下，白发何图伴翠娥。想见浅斟低唱夕，相公艳福不堪多。

不堪多又堪多，社鼠城狐如此多。正是东洋多事日，士人慷慨不平多。

（以上录自 1895 年 6 月 27 日《每日新闻》专栏《诗月旦》）

铜臭伯

挂冠犹未隐青山，其奈东洋时局艰。世上尝呼铜臭伯，宫中暂直麝香间。几年调鼎老骸在，万里浮槎衰鬓斑。末路功名君勿说，麻邱只合养余闲。难向鸡林理乱丝，归来只道有余资。机心犹恋大藏省，不顾人间铜臭讥。

〇〇官高铜有臭，〇〇颜厚铁为皮。相公含笑缘何事，正是绅商得意时。

（以上录自 1895 年 6 月 28 日《每日新闻》专栏《诗月旦》）

从军行集句

铃木晈菜

将军大旆扫狂童，李商隐。铁券铭勋誓始终。朱弘祖。白首下帷复何益，李白。周郎少小立奇功。刘长卿。

点缀尤妙，化陈为新。

从军曲

太田芳洲

万里长征鼓角振，燕山风雪震酸辛。三军向处如无敌，忽见金汤碎作尘。

同

万马奔腾挥铁辫，长驱馘尽敌三千。辕门忽涌凯歌响，铙吹穿云大纛鲜。

笔锋犀利，无坚不破。

（以上录自1895年6月29日《每日新闻》专栏《诗月旦》）

暮春病中漫吟

耻堂　太田和

此日闻马关条约成，末句故及。

匆匆又是岁华迁，药饵驱人意惘然。三日皆阴花易老，五更竟雨梦难圆。饯春诗句奈无力，平虏天兵独有权。快事斯中何处得，吉音今自马关传。

三春卧病，沉绵难痊，无聊凄酸，得一吉报，有陈檄愈风之思，其念念不忘家国者历然可睹。源批

（以上录自1895年6月30日《每日新闻》专栏《沧海拾珠》）

漫纵横

板垣虽死自由生,一语当年见至诚。白发终斑华族列。青云未署大臣名。养他狗盗鸡鸣士,博得虎皮羊质评。末路奔兢成底事。长安车辙漫纵横。

北马南船六十州,苍颜憔悴不堪忧。张三李四偷相访,末路奔兢何所求。

(以上录自 1895 年 6 月 30 日《每日新闻》专栏《诗月旦》)

书　感

濑尾雅太郎

六龙肃肃幸行宫,渡海王师奏伟功。何事大臣误樽俎,千秋遗恨失辽东。

(以上录自 1895 年 7 月 3 日《每日新闻》专栏《沧海拾珠》)

中止声

锦辉馆上太纷争,警吏纵横佩剑鸣。掩耳盗铃真可笑,浇油灭火亦堪惊。经纶若及外交事,霹雳忽轰中止声。我舌虽存不能语,赤心何日答承平。

警官侦吏拥论坛,辨士昂然发突冠。今日庙筹谁解得,辽东一语害治安。

(以上录自 1895 年 7 月 4 日《每日新闻》专栏《诗月旦》)

吐赤心

告捷班师遗恨深,风尘依旧蔽鸡林。鲸鲵夜跃海涛怒,狐兔昼鸣天日阴。忧国热肠如炼铁,慨时痛泪欲成霖。料知红叶馆中会,满腹经纶吐赤心。

(以上录自 1895 年 7 月 7 日《每日新闻》专栏《诗月旦》)

先快意

楼船十万屹于山，横截云涛淼淼间。蝼蚁斗戈嗤尫弱，螳螂弄斧悯骄顽。须知伟业传千岁，已见鸿恩被百蛮。决眦南溟先快意，捷书昨到自台湾。

（以上录自 1895 年 7 月 9 日《每日新闻》专栏《诗月旦》）

咏　史

猿郎登高小天下，欲使明韩归王化。乍掉长臂麾群雄，群雄虎啸手各唾。藤肥州西摄州，擢为先锋叱貔貅。肥州忠勇无双士，自与贾竖异其俦。明之与韩如唇齿，攻明须先自韩始。摄州违约欲贪功，肥州震怒气吐虹。战必胜攻必取，鬼上官名怖于虎。深入敌地纵横驰，直探虎穴擒虎儿。金牌十二空回辔，七年苦战属儿戏。鸣呼八道山河百战功，喋喋何足称英雄。别有匕首光万丈，樽俎之间护幼冲。

金牌班师，不切于肥州，却切于今日，末段史眼燃犀，可知翁之读书，寻大意所在，以自裨益也。

（以上录自 1895 年 7 月 11 日《每日新闻》专栏《沧海拾珠》）

泪淋漓

扬扬大纛指天涯，绝代功名唾手期。铁骑三千遥渡海，金牌十二忽班师。却招●●果何事，终酿●●知是谁。善后经纶犹未讲，空教志士泪淋漓。

（以上录自 1895 年 7 月 11 日《每日新闻》专栏《诗月旦》）

祸益滋

蔓引株连祸益滋，衰朝独力苦支持。韦妃执炳唐家乱，吕后专权汉室危。哲妇倾城偏可悯，奸臣卖国最堪悲。只奈君王如傀儡，操纵由来在一丝。

（以上录自 1895 年 7 月 13 日《每日新闻》专栏《诗月旦》）

胭脂虎

庙堂无柱石，冠冕悉沙虫。扰扰多私党，纷纷酿内讧。优柔终误事，果断必成功。谁养胭脂虎，负嵎宫禁中。

鸟覆巢

得意青云上，东邻谢旧交。终无君子党，却致小人嘲。计拙鱼缘木，身危鸟覆巢。十年磨一剑，何日斩雌蛟。

（以上录自 1895 年 7 月 16 日《每日新闻》专栏《诗月旦》）

夏日书怀

依田学海百川

朝日阅新报，夜烛翻旧籍。幸遂烟霞愿，既辞素餐责。雄心存书剑，幽梦绕泉石。蔷薇吐鲜红，园柳摇嫩碧。清福足自娱，莫为利名役。养神有良猷，济世无奇策。朋党动鸡林，危机日相逼。不知当路人，何处施筹划。踊跃者谁子，功名照简策。

逐段变化，始如处女，终如脱兔，使人不觉奋起。源批

（以上录自 1895 年 7 月 17 日《每日新闻》专栏《沧海拾珠》）

小朝廷

呜呼小朝廷，祸源何处在。长舌为厉阶，忠臣悉酰醢。一双纤手操纵工，满潮袍笏同傀儡。

呜呼小朝廷，大臣无宁处。群小逞谗诬，曾母亦投杼。昨日庙堂叱百官，今朝奔窜为穷鼠。

呜呼小朝廷，前后起奇狱。王孙在囹圄，大臣遭戮辱。滥刑亡国古来然，秦始汉灵踵相续。

鸣呼小朝廷，衰运日危殆。封豕窥其右，猛鹫睨其背。东邻仗义启沃之，劳而无功是谁罪。

（以上录自 1895 年 7 月 17 日《每日新闻》专栏《诗月旦》）

时　事

源尾靖洲

百战奇功旷代无，媾和只恨千深谟。辽东千里好山水，不入我邦新版图。

二十八言立论正确，剀切时事，胜他滔滔数千言，所谓寸铁杀人者。阁臣读此，必无颜色。源批

（以上录自 1895 年 7 月 18 日《每日新闻》专栏《沧海拾珠》）

憎巧诈

朋党纷纷互阋墙，韩廷顾问半仓皇。有为君子只沉默，无赖少年终陆梁。赤手搏名憎巧诈，丹心忧国欠忠良。鸣呼狗盗鸡鸣辈，频耸双肩意气昂。

请见东陲无赖汉，飘零乞食到鸡林。一言虚诞动台阁，搏得内庭三百金。

（以上录自 1895 年 7 月 18 日《每日新闻》专栏《诗月旦》）

藏祸机

万里南征师未归，诸公底事尚依违。庸材得得虎生翼，俗吏扬扬狐借威。压制欲防天下议，模棱却致世间讥。韩山再见风云变，强鲁连衡藏祸机。

昨向边城侵朔雪，今冲蛮窟冒炎风。宰相不知征战苦，漫夸樽俎折冲功。

（以上录自 1895 年 7 月 20 日《每日新闻》专栏《诗月旦》）

逐臣行

五百年而李氏衰，凶谶有验何其奇。外戚专权国将乱，军聪壅塞人心离。慷慨发愤朴公子，欲清君侧张网维。时机未熟事忽破，流离颠沛天一涯。窜逐十年尝艰苦，思君忧国怀妻儿。形影相吊无人问，花前溅泪何淋漓。回首箕封益陆沉，长蛇封豕互相窥。闵族跋扈将国卖，骄清乘隙宗社危。苛敛诛求无底止，府库空虚民力疲。君臣相视如土芥，东徒煽乱胜赤眉。八道蜂起势猖獗，东邻仗义戡定之。挫强扶弱师何壮，驱逐胡虏安边陲。长使鸡林脱羁轭，王室中兴有所期。公子归国登显职，锐意欲开太平基。何料一身招众毁，曾母投杼君王疑。怨牛党李益纷扰，宫闱依旧栖枭鸱。书生偶语起大狱，锻炼罗织祸益滋。万里奔境伍子胥，千金购首樊于期。再为逐客踏东海，局天蹐地鬼神惊。呜呼大厦将倾覆，一木何以堪支持。

（以上录自 1895 年 7 月 21 日《每日新闻》专栏《诗月旦》）

兵马尘

冤死可怜金玉均，院君憔悴鬓如银。王妃跋扈香闺里，八道卷来兵马尘。

如弈棋

蜗角相争国益衰，朝廷分党斗群儿。请看金朴势消长，局面变迁如弈棋。

廷臣黑白有谁辨，党局输赢何日分。看到烂柯犹不悟，鸡林打劫只纷纭。

（以上录自 1895 年 7 月 25 日《每日新闻》专栏《诗月旦》）

叠韵四首再博学海先生一粲其三

町田柳塘

六师入南溟，拓开新版藉。师贞大人吉，岂有黩武责。赳赳干城士，肝胆炼铁石。旌旗映日红，沧海连天碧。我武耀四邻，全在此一役。戡定果奏功，怀柔应有策。何畏三国强，连衡漫相逼。成事唯在断，不须费赞书。时宗斩元使，秀吉裂明册。

学海曰：末四句殊妙，册字押得稳当，移转不得。

（以上录自1895年7月26日《每日新闻》专栏《沧海拾珠》）

定廓清

抚髀多年诉不平，如今得意驻韩京。好学虽非屠狗伍，参禅误致野狐评。若使胸中富机智，应期海外博功名。善邻何啻联唇齿，八道风云定廓清。

（以上录自1895年7月26日《每日新闻》专栏《诗月旦》）

先擒王

射人先射马，擒贼先擒王。闻说南蛮奴，虚势犹猖狂。何不直批背，一击扼其吭。贼魁刘永福，不过一老伧。讨之不费力，其余悉蚊虻。兵机贵神速，剑戟凛风寒。犹豫非良策，姑息笑庙廊。借问桦将军，何日解戎装。

（以上录自1895年7月31日《每日新闻》专栏《诗月旦》）

失调燮

淫雨萧萧不暂休，天当三伏冷于秋。南溟瘴疠胡为猛，外役创痍犹未瘳。请见阴阳失调燮，何时蛮贼致怀柔。庙堂诸老唯谈笑，美女如花酒似油。

（以上录自1895年8月1日《每日新闻》专栏《诗月旦》）

覆邦家

南蛮于役未戢戈，千里裹创堪咨嗟。黑云泼墨山阳道，狂风怒号雨如麻。浊浪鼓荡乾坤震，天吴海若相攫拏。咫尺晦冥不可辨，万雷齐响颠轮车。轮车之颠君勿说，唯奈利口覆邦家。

（以上录自1895年8月2日《每日新闻》专栏《诗月旦》）

麟阁开

凯歌千里六师回，饮至策勋麟阁开。菊花桐花相照映，侯爵伯爵互徘徊。雄姿自是干城将，大器真成柱石才。满眼貂蝉皆得意，谁言调鼎失盐梅。

居首班

奏凯声中扈跸还，风流宰相不知艰。何心冠带登麟阁，得意功名说马关。吐舌李爷怜白发，陪筵菊妓爱红颜。香围粉阵皆披靡，休怪叙勋居首班。

（以上录自1895年8月7日《每日新闻》专栏《诗月旦》）

征台从军杂诗节三

白洲森□在澎湖岛

又从军旅向南洋，指点琉球海色荒。宫古岛边云幂幂，石恒山上月苍苍。吟诗长啸风神爽，对酒高谈义气昂。一剑何时加敌首，台湾千里望茫茫。

炮烟弹雨乾坤暗，死地置身生几回。月落千营旗影肃，笳鸣万里阵云开。铜标只合限南极，铁骑已看过北台。或笑清兵如蝼蚁，霜锋闪处胆先摧。

劫后山河太寂寥，愁闻鼓角响中霄。故乡遥想春光丽，客地宁知乐事饶。万里梦寒江上雨，一痕月落岛边潮。枕头赖有残醪在，坐剪灯花尽半瓢。

从军万里，横槊赋诗，人间快事，何者过此。源批

（以上录自1895年8月9日《每日新闻》专栏《沧海拾珠》）

镇远号

丁提督，一死留英明。镇远号，万里航东瀛。湘南父老惊相告，昨夜海门死鲸横。

（以上录自1895年8月9日《每日新闻》专栏《诗月旦》）

暗风云

鸡林依旧暗风云，请见群宵恣蛊君。其奈狐狸重得志，可怜鹿马竟难分。国多亡兆有谁辨，野有怨声随处闻。姑息岂全扶植任，只应英断解纷纭。

（以上录自1895年8月10日《每日新闻》专栏《诗月旦》）

老大将

含雪老大将，忠诚见寸丹。客岁奉明诏，万里向燕山。起卧同卒隶，百战经艰难。讨逆威何猛，抚顺恩何宽。宽猛得其宜，英名震百蛮。今日论功绩，何妨居上班。圣恩叙侯爵，恭谦不自安。伏阙辞再四，感极泪泛澜。别有肉食者，得意凌千官。拥妓相嬉戏，兵马倥偬间。口舌有何功，不察敌国奸。骄慢邀重赏，呜呼奈厚颜。

（以上录自1895年8月11日《每日新闻》专栏《诗月旦》）

余豪骨

一声叱咤追群丑，鬼大佐名长不磨。论战果然犹踊跃，裹创何以叹蹉跎。英雄虽病余豪骨，父老相迎奏凯旋。勿恨归来无只脚，辽东蹂躏几山河。

（以上录自1895年8月14日《每日新闻》专栏《诗月旦》）

夸得意

三伏多淫雨，秋炎却困人。蛮夷蒸瘴疠，兵马卷风尘。勘定知何日，因循既几旬。相公夸得意，金紫满城关。

（以上录自 1895 年 8 月 16 日《每日新闻》专栏《诗月旦》）

纪铜标

台南台北旭旗翻，万里棱威震百蕃。土匪抗师愚蠢蠢，神兵告捷武桓桓。排戈列戟占天险，煮海铸山开富源。今日穷陬沾圣泽，铜标千古纪殊恩。

（以上录自 1895 年 8 月 17 日《每日新闻》专栏《诗月旦》）

乔洞岛

乳虎在陷阱，势与鼹鼠同。乞怜频摇尾，何时再呼风。惨淡乔洞岛，凄凉云岘宫。一朝离枷械，狂喜见乃翁。呜呼生杀之权在谁手，密旨昨来自宫中。

评云：大院君居国父之贵，兼英迈之资，而向者不能庇一王孙，待宫中密旨，而始救之于死地，噫。

（以上录自 1895 年 8 月 20 日《每日新闻》专栏《诗月旦》）

讨天骄

大人维吉讨天骄，万里妖氛忽地消。奏凯班师才昨日，论功行赏便今朝。金鵄灿烂荣无限，铁骑奔腾志未销。恰是南蛮酣战日，鲸鲵毙处卷红潮。

（以上录自 1895 年 8 月 22 日《每日新闻》专栏《诗月旦》）

紫夺朱

朝廷割玺又分符，仰见麒麟阁上图。肉食飞扬勘太息，布衣慷慨足长吁。庸材得势蝇随骥,俗论投机紫夺朱。南岛干戈犹未止,殷忧勿笑杞人愚。

(以上录自 1895 年 8 月 27 日《每日新闻》专栏《诗月旦》)

军歌行为鸟居忱作

依山学海

平壤城,万炮裂云乱激射。敌有健将左宝贵,决死防战不少挫。数声鸣角和歌起,三军突出铁壁破。呼呜军歌作者谁,藤大佐。鸭绿江,千里长流波涛白。吾军欲渡暂踟蹰,水风裂肤如剑戟。一曲绝调万人唱,飞过直进拔敌栅。呼呜军歌作者谁,山县伯。清人畏我有三端,铳枪驰突爆裂弹。就中军歌最厉害,兵锋未接肝胆寒。呜呼军歌述壮志,泣鬼神兮动天地。

悲壮之音,雄劲之笔,亦有泣鬼神动天地之妙。源批

(以上录自 1895 年 8 月 30 日《每日新闻》专栏《沧海拾珠》)

须髯白

叱咤三军震百雷,凯歌千里奏功回。相看休怪须髯白,带得辽东风雪来。

评云:立见少将暴露边城,殆一岁,执锐被坚,驰驱硝烟弹雨间,其须髯黑者旋白,其功劳可想,而辽东全土,再归彼手,才间余影于将军颐上耳,慨叹曷禁。

(以上录自 1895 年 8 月 30 日《每日新闻》专栏《诗月旦》)

失 题

百战山河一掷空,梦魂夜夜绕辽东。千秋遗恨无人解,谁道诸公功业崇。

春亩相公近制云:大纛摇摇去向东,凯歌载道万人同。二千五百年前事,孰若中兴伟业崇。与此首韵脚略同,亦艺苑一奇观。

(以上录自 1895 年 9 月 1 日《每日新闻》专栏《诗月旦》)

只瞳翁

安南交趾仰威风，转入台湾孤岛中。骁勇夙冠长发贼，老衰今见只瞳翁。勿夸蛮窟旌旗黑，应拜扶桑旭日红。麾下残兵知几许，千金购首亦英雄。

（以上录自 1895 年 9 月 3 日《每日新闻》专栏《诗月旦》）

彼何者

闵族彼何者，跋扈弄权威。欺上又虐下，玉食而金衣。终见煽祸乱，社稷踏危机。八道如鼎沸，无辜苦创痍。东邻侠且义，大厦才扶持。狗鼠遭驱逐，奔窜无所归。只奈君聪惑，群小再蔓滋。牝鸡漫司农，经纶百事非。天下无周勃，产禄污宫闱。

（以上录自 1895 年 9 月 4 日《每日新闻》专栏《诗月旦》）

黄雾壅

安得朝廷放四凶，城狐社鼠暂收踪。何图跋扈犹依旧，八道再看黄雾壅。

甚矣哉，外戚之蠹害国家也。蔓延株连，蕃衍滋息，非大英断之主与大刚毅之臣，不可除去焉，故有周勃而诸吕可灭，刘氏可安矣。有光武而五王可歼，汉业可复矣。今也朝鲜君无光武之英断，臣无周勃之刚毅，闵族以奔窜之余，再攀附宫闱，可堪慨叹哉。

（以上录自 1895 年 9 月 5 日《每日新闻》专栏《诗月旦》）

毒苍生

虎疫与闵族，浸淫毒苍生。再见鸡林野，妖氛郁不晴。终无医国手，病已入膏肓。骏羽遭大赦，二竖又跳梁。庙算无终始，中兴何日成。男呻与汝吟，将化号哭声。

二竖是朝鲜病根，非除之则羸惫自毙，谁挥快腕施妙术以奏起死回生之功，世无扁华，不堪叹息。

（以上录自 1895 年 9 月 6 日《每日新闻》专栏《诗月旦》）

哭阿弟川崎中尉阵没

川崎紫川

马革须裹尸，本是男儿事。军籍夙委身，深蓄万里志。恰逢满清衰，山河空遗弃。纵横按地图，经略驰梦寐。一朝妖氛恶，炮火激雷霆。阵云白日暗，杀气草木腥。黄海与平壤，战胜有威灵。皇军破竹势，光威震四溟。戎装待号令，西望几决眦。腰间三尺剑，抚之自激励。艳阳三月春，从军旆旗丽。含笑谢阿母，斯身为国毙。君之将辞家也。顾阿母曰：以身殉国武人之本分也。再会不可期，因嘱后事而出。万舰破骇浪，叱咤指燕京。何图降使至，忽告平和成。漠漠黄沙路，漫漫行客情。空吊新战迹，鬼哭夜有声。南征向台湾，草莱期开辟。单身先士卒，驰驱纵斩馘。铳响摇山岳，枪弹似雨射。敌兵远奔窜，鲜血淋漓碧。追北入淡水，瘴疠正猖狂。况又痧疫起，将士骈尸僵。怜君刚健质，赍志溘焉亡。更深万籁寂，星斗凛光芒。庭训本忠孝，少小尤勇绝。读书明大义，剑拔入秘诀。绝域期勋名，慷慨肝胆热。一死报邦家，鬼神泣壮烈。忆昨壬辰夏，吾亦辞家门。君送出门外，其意挚且温。燕京重相会，临别唯一言。余之将从第一军赴战地也，君送出门外，握余手曰：于北京相会无一语及他事，而北京再会之晤实为永诀之辞，岂不悲哉，噫。英姿何飒爽，至今不敢谖。吾病君终逝，幽冥何日遇。音容恍在目，哭来心血苦。王师未奏功，知君激余怒。千秋南溟月，长照埋骨墓。

燕京期再会，临别唯一言。字字心血，不忍多读。迂正拜

紫山以文章名，载笔从军，世之所壮也。今春余游水户偕乐园，与紫山兄某晤，诗酒清谈，半日极欢，而不一言及中尉，读此篇，始知中尉以身报国，并服某谦让矣。源批

（以上录自 1895 年 9 月 7 日《每日新闻》专栏《沧海拾珠》）

一万圆

樱痴居士笔如椽，才名躁世二十年。只惜颓唐失晚节，东依西托真可怜。前媚团洲后音次，院本稿成换酒钱。近闻藤侯有所嘱，一部战史一万圆。记到藤李会盟事，极力铺张成几编。得意知侯喜无限，笑呼菊儿侍绮筵。纤手捧杯切相劝，居士掷笔醉颠。

评云：一枝之笔能博一万圆，视之一百头颅换五万圆者，可谓不廉也。

（以上录自 1895 年 9 月 8 日《每日新闻》专栏《诗月旦》）

倚高楼

去年今夜倚高楼，睥睨幽燕四百州。刁斗裂云平壤晓，羽书飞电广陵秋。龙城猛士留枯骨，麟阁功臣悉列侯。只奈辽东千里野，天阴月黑鬼啾啾。

（以上录自 1895 年 9 月 14 日《每日新闻》专栏《诗月旦》）

丁禹庭

香川香南东京

百战捐身活万兵，从容就义姓名馨。茫茫四百余州里，一个男儿是禹庭。

获此一首，禹庭亦应瞑目。

从军行

战胜三军势益豪。辕门置酒读龙韬。一声猛虎前峰月，秋满韩山剑气高。

声调悲壮，龙虎二字映带妙。

（以上录自 1895 年 9 月 17 日《每日新闻》专栏《沧海拾珠》）

观　海

广吉秋涛东京

玄洋怒浪何汹涌，雪岳云峰欲撼天。百尺危崖遥决眦，青螺一发是朝鲜。

与山阳“鹘影低迷帆影没，天连水处是台湾”异曲而同工。

从军行

松下逸神户

戎衣何敢说辛酸，不厌秋风透创瘢。丑虏如今犹未殄，任他秋月几回团。

亦是不斩楼兰死不还之意。

（以上录自1895年9月20日《每日新闻》专栏《沧海拾珠》）

姓名传

黄山人

死后余荣谁比肩，千秋竹帛姓名传。鲸鲵喷血赤城舰，霹雳劈云黄海天。溟渤几时收战骨，边城今日散烽烟。须眉飒爽宫廷里，余像如生太俨然。

评云：忠勇无双，维干维城，报国以死，死有余荣，鸣呼伟哉，坂元少佐。

（以上录自1895年9月20日《每日新闻》专栏《诗月旦》）

观镇远舰引

盐谷青山

北有旅顺口，南有威海威，掎角天然好形势。防遏辽左护北京，扼要何啻重门闭。定远镇远几艨艟，巡缉常泛渤海中。十寸铁壁万斤炮，睨视东洋独称雄。无端去岁启衅隙，神兵天降谁能敌，千里河山割何易，一覆舰队杳无迹。今夏余游横贺湾，桅樯林立接市关。中有一舰深灰色，长鲸偃在碧浪间。旁人为说是镇远，万里新从黄海返。乃见弹痕满两舱，前舳后舻多伤损。想起威湾酣战时，腥风卷海雷霆驰。人马焚溺不知数，断查浮梗委水涘。可怜双舰号姊妹，妹兮仅存姊兮碎。铁锁木椿竟何用，大旆所指无滞碍。赤壁东风助汉图，厓门残日蹙赵孤。将军慷慨拼一死，献舰三军脱囚俘。云低刘岛鬼啾急，月黑双山青磷集。胜败乍判荣辱异，秦人歌舞赵人泣。君不见地利形便器械精，居逸待劳有余赢。只少一段人和在，奔亡无由救危倾。又不见东亚同文互唇齿，兄弟阋墙诗人耻。往日盘敦复旧谊，御侮要须互倚恃。还与辽东返虏囚，两国自此释怨雠。镇远镇远余欲更名汝以国宝，善邻修睦益恢对外之宏猷。

起手劈空，笔力雄建，中幅写飙驰电击之状，有声有色，状绝快绝，只憾结语无味，强弩之末不穿鲁缟。源妄批

（以上录自1895年9月22日《每日新闻》专栏《沧海拾珠》）

悉驽材

风尘满目寂燕台，门下寥寥无郭槐。堪笑相公筹划拙，黄金买马悉驽材。

评云：五万黄金，一百头颅，不知为何用，相公应悔心术之疏矣。

（以上录自1895年9月25日《每日新闻》专栏《诗月旦》）

澎湖杂诗节二

森白洲在澎湖

万里南溟杳渺间，征旌所指破群蛮。瘴烟疠雾一时散，旭日曈昽台富山。晓角声寒月影流，满天风露望悠悠。横戈有个吟诗客，占得澎湖岛上秋。

横槊赋诗，千古风流，何独曹阿瞒与不识庵乎。

寄森君白洲在澎湖岛

松林古陵琦玉

丈夫何敢老蓬蒿，万里从军义气豪。朔雪炎风经战伐，蛮烟瘴雾记勋劳。指呼河岳歌当酒，叱咤鲸鲵笑抚刀。篝火夜残戎幕雨，海天如墨黑潮高。

悲壮而雄健，有叱咤鬼神之慨。

（以上录自 1895 年 9 月 26 日《每日新闻》专栏《沧海拾珠》）

一轮月

白露横空夜气森，悄然无语抱忧深。良宵三五与谁赏，醇酒十千聊复斟。楼上捧杯心恋阙，樽前抚剑泪沾襟。清光万里一轮月，照到辽东天忽阴。

中秋今夜感无穷，绝代宏图一梦空。碧海青天三万里，梦随明月到辽东。

（以上录自 1895 年 10 月 4 日《每日新闻》专栏《诗月旦》）

是无能次古泽介堂迎井上公归朝诗韵

栋梁之器有几人，庸才休比留侯伦。沐猴而冠为底事，抚民失术况善邻。祸伏萧墙人未识，鸡林八道氛祲黑。内忧外患一时生，君王仓皇变颜色。狐鼠跳梁九鼎轻，汉江何日得清澄。浮槎两度功安在，三猿毕竟是无能。

介堂诗曰：井公高节凌古人，堂堂智勇留侯伦。高官大职视如土，解难排纷扶弱邻。又曰：只将谈笑代兵甲，此事如今谁复能。何称扬之至也。月旦子，代之以规，盖伯雅量过人，不喜谀言，斥彼而取此也必矣。

（以上录自 1895 年 10 月 5 日《每日新闻》专栏《诗月旦》）

白霓裳

天钟灵秀镇扶桑，高哉万仞摩穹苍。乌鹊桥边秋有雪，昨夜已着白霓裳。红洋黑漠天欲晓,九夷八蛮仰余光。只奈南溟杀气黑,台匪恃险犹猖狂。愿掬芙蓉八朵雪,洗尽甲兵靖疆场。

(以上录自1895年10月8日《每日新闻》专栏《诗月旦》)

再跳梁

君臣掩面泪沾裳,父老仓皇悉裹创。内竖专权招祸乱,东邻仗义免危亡。万机犹见由中贵,百岁终难得小康。八道荆榛何日辟,城狐社鼠再跳梁。

泳骏向以戚族窃政柄,终致祸乱,流离窜逐,固其所也。而今再入韩京,将侍宫闱登台阁。呼呜,庙略无终始,殆误国家,闻之谁不长太息。

(以上录自1895年10月9日《每日新闻》专栏《诗月旦》)

传警报

欃枪明灭云岘宫,一道妖光迸白虹。昨夜秋风传警报,黄雾四塞大蒙蒙。魑魅魍魉出复没,阙下蹀血人汹汹。君王仓皇泪如雨,不见一个嵇侍中。呜呼百年如此耳,满朝袍笏皆沙虫。

(以上录自1895年10月10日《每日新闻》专栏《诗月旦》)

鸡林天

时当肃杀泪潸然,西风传警搅愁眠。半宵蹴衾抚宝剑,欃枪明灭鸡林天。鸡林满目多狗鼠,或恐宗庙付禾黍。君王惴惴真可怜,强邻问鼎谁能拒。朵颐垂涎奈强邻,长蛇封豕互并吞。挫强扶弱无终始,笑我有司亦瓶藩。

(以上录自1895年10月12日《每日新闻》专栏《诗月旦》)

闵氏女

汉家有吕雉,唐氏有武后。哲妇必倾国,厉阶是簧口。殷鉴昭昭明，遗臭千岁后。可怜闵氏女，跋扈终得咎。当其专柄时，大臣如鼠狗。黜陟我所欲，操纵在纤手。一夜其狂飙，仓皇何处走。蹀血椒房内，罗绮委林薮。禁门鬼火青，满地阴风吼。

（以上录自1895年10月13日《每日新闻》专栏《诗月旦》）

勒功勋

乌合众，黑旗兵。螳臂何足恃，风鹤梦频惊。魑魅魍魉悉收迹，海南千里旭旗明。旭旗明，黑旗倒。面缚谁乞降，可怜渊亭老。溃兵四散不知处，风前枯叶唯一扫。桦总督，乌将军。百战身愈健，叱咤扫妖氛。拓开瘴烟疠雾地，铜标千岁勒功勋。

（以上录自1895年10月15日《每日新闻》专栏《诗月旦》）

仅二旬

山河八道尚兵尘，身驻韩京仅二旬。一夜雄风吹扫地，牝鸡何日再司晨。

（以上录自1895年10月19日《每日新闻》专栏《诗月旦》）

叹息久

岸上有猿猴，明月照溪流。静影如沉璧，捉之不自由。才伸右手缩左手，一伸一缩左又右。月印水心影依然，终无所获叹息久。左台湾，右朝鲜。征之抚之功未全。左顾右眄何多事，诸公焦躁亦可怜。

（以上录自1895年10月20日《每日新闻》专栏《诗月旦》）

送人之澎湖

大桥豹轩后越

别泪且衔鹦鹉杯，南方多难亦堪哀。瘴烟满地戊山楼，潮道通天蛮舶来。关外已飞司马檄，帐中新用伏波才。澎湖西望风波恶，要警边防备变灾。

后联用典妥切，声调亦壮，一诵三叹。

（以上录自 1895 年 10 月 22 日《每日新闻》专栏《沧海拾珠》）

时事杂感

大桥豹轩后越

将军细柳屯，奉诏事戎轩。慷慨去中国，艰难镇外藩。文章开幕府，笳角壮辕门。尔等徂王土，非为异域魂。炎风天子国，幸苦暮南征。橡樟深山合，龙蛇大泽横。云连吴越树，雾压汉夷城。急致蕃王缚，朝廷夙赐缨。射雕辽海月，饮马淡江流。转战三千里，回看四百州。令严寒柝重，梦冷夜刁幽。壮士中宵起，长天笑倚矛。塞北山河改，台南未洗兵。杀人嗟已惨，弃土一何轻。戍卒穹庐敝，功臣甲第成。幸逢贤宰相，万里谨横行。盗贼犹猖獗，黄麻下紫宵。旌旄齐就郡，侯伯灿罗朝。筹策岂其拙，干戈未敢骄。但看乘世乱，早已爵封饶。

字句声调，颇似少陵，然有稍涉支离者，作者彗眼，须有所顾也。

（以上录自 1895 年 10 月 24 日《每日新闻》专栏《沧海拾珠》）

不可追

蛮奴不量力，聚徒称黑旗。连败未归顺，半岁抗王师。贼魁刘永福，窘蹙无所之。乞降亦不纳，诈术无由施。昨夜浮孤艇，奔窜天亦涯。干戈自兹息，穷寇不可追。怀柔自有策，尽心抚创痍。千里瘴烟散，旌旗映红曦。

（以上录自 1895 年 10 月 24 日《每日新闻》专栏《诗月旦》）

何足畏

穹庐养势压诸羌，遗业空推比得王。鬼面吓儿何足畏，狼心逞欲亦难量。遥从北海掀风浪，欲向东洋拓土疆。骄慢由来招众怨，祸胎早已在萧墙。

（以上录自 1895 年 10 月 25 日《每日新闻》专栏《诗月旦》）

望欃枪

中兴未见股肱良，劫后生灵尚裹创。谁复丹心忧社稷，满将碧血蔑宫墙。小人专政国终乱，哲妇倾城身亦亡。不识妖氛何日散，西天夜夜望欃枪。

(以上录自 1895 年 10 月 26 日《每日新闻》专栏《诗月旦》)

南面尊

何者蔽聪明，君侧皆奸谲。牝晨为厉阶，朝廷无辅弼。中兴业未成，变起于急卒。剑戟围宫墙，椒房鲜血溢。可怜南面尊，垂泪且战栗。孰若寻常百姓家，夫唱妇随如琴瑟。

(以上录自 1895 年 10 月 27 日《每日新闻》专栏《诗月旦》)

系狱身

鸡林漠漠奈妖尘，八月秋涛送使臣。物外由来禅味熟，人间早已侠名振。谁知海上浮槎客，误作山阳系狱身。一片丹心犹耿耿，怀君千里泪沾巾。

(以上录自 1895 年 10 月 29 日《每日新闻》专栏《诗月旦》)

凯旋曲

讨逆王师势益振，怀柔有策抚蛮民。靡风草木欣沾露，恃险金汤碎作尘。已见台南屠鬼蜮，须期阁上画麒麟。满天箫鼓凯旋曲，剑戟光销日月新。

(以上录自 1895 年 10 月 30 日《每日新闻》专栏《诗月旦》)

猿坠木

权门呈媚笔一枝，由来欺世并自欺。无端唱道责任论，奴仆骂主事最奇。主人有时惩奴仆，俄然青天飞霹雳。御用新闻亦停刊，世人笑言猿坠木。猿坠于木不知愆，低首乞哀尚腼然。朝三暮四无所悟，小黠大痴真可怜。

（以上录自1895年10月31日《每日新闻》专栏《诗月旦》）

（邵劼选录）

略足千秋。庙堂数失膺惩策，帷幄谁参王八谋。横朔白头山下路，寒烟乔木使人愁。

绝塞秋高木叶凋，劫余城郭马萧萧。青磷带雨骷髅哭，百日当天豺虎骄。歌管楼台悲昨梦，典章文物想前朝。赋诗谁吊檀君庙，紫气千年久寂寥。

雄心磊磊易蹉跎，阅尽沧桑感奈何。誓归曾危唐社稷，黄巾终祸汉山河。江连大漠龙湫暗，路入空村虎迹多。万里此行须自重，酒间击筑一长歌。

宁斋曰：意气激昂，声调高亮，如登山而啸，如临风而哭，飒飒爽爽者，可以送渡韩之士也。顾韩城祸乱才定，革新机熟，近事有稍快人目者，然谈岂容易，是其所以万里此行须自重也，是为不徒作。

（以上录自 1894 年 8 月 13 日《邮便报知新闻》专栏《诗城》）

送某大尉行箕封

岩溪裳川丹波

浩歌拔剑白虹横，痛饮江楼酒百觥。马革多年期报国，龙韬一卷好论兵。秋高绝漠盘苍鹘，月黑空洋吼老鲸。铙吹声中行色壮，楼船破浪入韩京。

槐南曰：格老气苍，插入《秋兴八首》中，亦当居为最上。此种诗，作者平生所无，今诵五十六字，始信其才大无所不包也。

宁斋曰：君七律天授神诣，造绝穷微，其意至笔随者，亦能气格浑成。五十六字，无些懈怠，此种壮语，如出别手，而其中一意贯通，不失本色，是为可贵。君前日有《闻牙山捷报》二律，春容和雅，为诸先所激赏，然余宁舍彼而取此。

（以上录自 1894 年 9 月 12 日《邮便报知新闻》专栏《诗城》）

八月法宫引[①]

森槐南尾张

宁斋曰：先生以沉博绝丽之才，纪千古未有之事。其摇乎笔也，十指如电，揭云采以扬鲜，而疾舒高下，无一不宜。锦山先生评云：堂皇典则，使人有读《车攻》、《吉日》、《韩奕》、《常武》诸篇之思。此种题目，断非呫哔者流之所能，就近日所见论之，高竹隐八月十一日作，壮丽穆整，原本《列祖》、《玄岛》、《长发》、《殷武》诸篇，彼此对观，洵为联锦合璧，而兹篇最用意满洲地理掌故，是属特色，可谓知言。

即　兴

千贺鹤堂三河

飞报警传天一涯，宣扬威武在斯时。至尊宵肝亲谋议，赤县山川尽靡披。神国堂堂旭光遍，鸡林杳杳雁声迟。圣恩普及江湖客，犹且安栖乐赋诗。

宁斋曰：鹤堂诗格致翩翩，情思濯濯，如轻绡素，缣纤尘不着。此篇则意气激昂，如酒人剑客慷慨悲歌，然其容与不迫者，自不与他人同，"鸡林杳杳雁声"迟句，无限感慨，轻轻出之，而神味悠然。

读《北清日报》并序

富田鸥波越前

后周末，赵匡胤为殿前都点检，将兵御契丹，夕次陈桥驿。黎明，诸将披以黄袍，罗拜呼万岁，拥上马，南行入宫，遂即帝位，陈图南闻之，大笑坠驴云。顷日，清帝命直隶总督李鸿章御我日本军，而其施措缓慢，每战失机，大致败衅，清帝忿怒，褫夺尝所特赐黄色骑马袍，以谴罚之，何赵李得丧相反之甚也，予见之不觉绝倒几坠楼，为作一绝，以供同志一噱。

---

① 诗见第一部分森槐南。

清廷末路类周朝，主少国危强自豪。笑破殿前都点检，翻遭马上褫黄袍。

宁斋曰：褫黄龙袍，别无他异，乃以赵匡胤相比，以供笑骂之具，翁意气老而益壮，可知也。顾翁归休故国，诗词自喜，亦与图南高卧相似，坠马坠楼，序中相映，妙不可言。翁别有《闻牙山捷报》一绝，云“向日葵心似自夸，鸡冠相倚饴军茶。凌晨捧笑碧喔叭，瞿麦压他罂粟花”，盖用园中草木名也。其风流洒脱，是固华山道士之所不可企及也，呵呵。

(以上录自 1894 年 9 月 13 日《邮便报知新闻》专栏《诗城》)

成欢之役喇叭卒死焉垂死不罢吹奏闻者无不感叹顷知其人即我乡预备兵员白神源二郎也作新乐府一章[①]

田边碧堂备中

宁斋曰：白神某，一喇叭卒耳，而死不忘其职，一军士气为奋，是虽死犹生也。为勋实伟，闻同乡人为经理葬事，盛为赠赙，为得未曾盛事，良有以也。“其职虽卑其人尊”一句，断案如铁，不可移动，而叙其死节一解，音节奇古，声调悲壮，忠魂毅魄，忽焉在前，笔力真逼藏园。

(以上录自 1894 年 9 月 15 日《邮便报知新闻》专栏《诗城》)

丰岛海战图

柳井䌹斋备中

旌旗林立欲起风。万里破浪来艨艟。海气昏昏涛磬激，丰岛之南渤海东。敌舰诈降树白旆，欲制奇胜意怎奈。我舰操纵自有方，胡兵争得逞狡狯。炮门一开急万雷，天柱欲裂地轴颓。硝烟未散巨丸

① 诗见第三部分《日清战争实记》第五期。

落，敌之一舰见击摧。彼哉转瞬只笃目，胡将胡兵放声哭。黄龙旗折波漂摇，一千百人葬鱼腹。其余诸舰皆遁逃，不似平生强自豪。我无死者无伤者，振旅而旋凯歌高。想昔元寇恣猖獗，神风一起夷舰没。当时生还仅三人，胡帝胆落壮心歇。今览此图其激昂，国家威武万古光。殷舰不远在元寇，旭旗高悬大东洋。

宁斋曰：丰岛之战，捕获敌舰操江，击破高升，济远则降旗而逃，广乙则自焚，我水军将士之勇悍精锐，足可相见。“我无死者无伤者”一句，赞无遗憾。末以元寇为陪，人是豪兴飞腾，诗是森森芒角，可称杰制。顷者阅《点石斋画报》，有《海战捷音图》题云：我船统领方君，素娴韬略，亦即炮还桨，先第一炮，将倭船之将台击去，第二炮又将其船身击穿一孔，酣战至四点钟之久，倭水师提督歼焉，倭兵官知不能敌，急高挂龙旗乞降，并悬百旗，以求免击，其时方统领正麾兵夺取此船，忽有倭兵舰三号，冲波而至，遂将此船救出，济远乃折回威海云云。全然假设，以张虚势，真梦中哼呓也，录资笑柄。

（以上录自 1894 年 10 月 5 日《邮便报知新闻》专栏《诗城》）

恭读宣战大诏

雄山牧村越中

满清亡状罪盈科，赫怒吾皇岂有他。谁与邻邦生祸乱，素期全局保平和。神州讵少貔貅士，渤海乍扬鲸鳄波。宣战天言如皦日，怜看黩武弄干戈。

岐山曰：贯穿精绝，语有斤两，盖题目既大，势不得不小心就之也。

宽斋曰：大诏赫赫，诚如皦日，拜读臣民，谁有不感奋奂起，敌王所忾者哉。余又读所谓爱新觉罗氏战诏者，言没理，语语失真，以非为是，以曲为直，正是其愚不可及者也。“怜看黩武弄干戈”一句，断案如铁，余知鸿章辈读之，面必发赤如火也。

松崎大尉

小林林塘常总

衔枚肃肃夜进兵，安城渡头天未明。月黑咫尺尚难辨，忽闻前岸起炮声。大尉决眦气如怒，将刀一挥乱流渡。士卒从者皆直前，敌军相遇只惊怖。炮声如雷烟如云，弹丸雨注何纷纷。两军一战胜败决，大尉挺身勇绝群。虏兵崩溃如群蚁，我军忽哭大尉死。大尉虽死尚如生，赫赫功名照青史。

宁斋曰：决眦苍茫，声悲气壮，大尉决眦一解，写其奋斗之状，笔笔有致，如见大尉睁目厉声之状，不觉神飞肉动。“虏兵崩溃如群蚁，我军忽哭大尉死”二句，一气读之，则大尉之死，重于泰山者，了然言外，可称警绝。

（以上录自1894年10月7日《邮便报知新闻》专栏《诗城》）

九月十三日奉拜车驾西征感激之余恭赋七律八章兼寄怀随銮锦山槐南二先生

大久保湘南佐渡

六辔骖鸾万里翱，凤凰宫阙五云高。本朝天子音鸿诏，昨日将军赐节刀。雨露恩覃箕子国，鱼龙气压伍胥涛。宏猷振古无辞颂，载笔词臣泪满袍。

葛岁声中辇路遥，岳莲仙掌揖丹霄。天清鹤唳来三岛，日丽鸾音和就韶。神后亲征勋赫赫，猿郎故里草萧萧。双鱼城郭铙歌壮，猛士如云惨不骄。

行宫明月夜关情，兵库津头碧浪平。玉宇高寒蟾魄湿，秋旻寥廓雁程横。白河衰草霜无色，黄海雄风潮有声。想得万家砧杵绝，北京城是受降城。

锦旗晴卷海云头，莽苍风烟安艺州。仙岛龙蛇纷漾日，丽谯笳鼓凛生秋。辕门谁草愈风檄，军国亲容借箸谋。试上戍楼瞻北极，满天灏气夜悠悠。

乱声膈膊噪鸡林，啼向扶桑若木阴。与国千秋唇齿重，西风八道艾萧深。上书空溅逐臣泪，问鼎屡劳明主心。争拜艟艨东海日，余辉只愿扫妖祲。

旧邦礼乐久湮沦，叹息昆明劫后尘。嬴蹴刘显无定主，桃花流水有遗民。尽教吕后提钓檀，谁与田横倡义均。闻说中堂心独苦，欲将何貌画麒麟。

大同江北战云荒，渤海湾头鲸鳄狂。只合争功防蚌鹬，漫将挥臂笑螳螂。降魔兵恰自天下，迎刃敌皆如草僵。无数旌旗画龙影，可怜涂地血玄黄。

闾巷儿立唱凯旋，风池史宦笔如椽。友邦肯借调和力，皇帝亲持将帅权。一发风云制机早，三军士卒勒功全。汗青炳耀千秋后，长记明治甲午年。

宁斋曰：调高词丽，声壮意深，鸾驾出城也，铙歌载途也，行宫观月大纛横秋也，以至小朝廷之孱，骄政府之苦，无不次第分明，而自我军战胜，转至椽笔勒功，归重题位，离别八律，合则一篇，其情婉曲，不涉激昂，所谓味爽如菘韭者否耶。

（以上录自 1894 年 10 月 9 日《邮便报知新闻》专栏《诗城》）

送森槐南扈驾赴于大本营

岩溪裳川丹波

与君此夕欲分携，岂把寻常别话题。海国秋风初带雁，山阙晓月又闻鸡。传家诗笔期千古，绝世天才应上奎。屹立神州形胜壮，翻空大纛拂晴霓。

宁斋曰：一意白描，以传其神，非解人则不能知其趣。前联十四字，君一改再窜，三更四订，或未尤韵，或为文韵，而一定则有声有色，遂见尤韵文韵之不可及。苦哉君吟，炼哉君句，粗心人争得至此。

（以上录自 1894 年 10 月 10 日《邮便报知新闻》专栏《诗城》）

闻牙山捷报

斋藤积翠青森

我军四面如潮涌，忽破牙山势不穷。欲为邻邦全友谊，非将私利衔奇功。黄龙战野夜啼雨，猛虎负嵎朝啸风。万岁三呼歌一曲，凯旋旗映旭光红。

宁斋曰：前联将王师来由正说，语语真率，韩人读此，亦当首肯。后联黄龙猛虎作对，地是韩，敌是清，乃觉此句适切，而黄龙暗与末句旭章对映，妙不可言，盖如幽燕老将，气韵沉雄者。

（以上录自 1894 年 10 月 12 日《邮便报知新闻》专栏《诗城》）

成欢役

岸上质轩下野

胡兵三千皆善战，飞弹掠空纷于灵。安城渡边晓冥晦，仿佛迅雷与疾电。此时将军胆如天，跃马阵头挥铁鞭。叱咤忽传掩击令，持满之弩发无前。呐喊有声撼乾坤，胡骑虽猛望风奔。黄龙旗仆胡塞破，三千胡兵遂蹙蜳。烦炮旌旄刀枪戟，骸尸头颅乱狼藉。我军齐唱凯旋歌，联队旗丽旭光赫。成欢营牙山城，王师所向无劲敌。三日振旅旋韩京，令严兵气肃，胡囚何觳觫。韩廷初见仁义师，韩民额手咸悦服。独憾大尉松直臣，一死报君忠义身。凯旋门头君不见，貔貅亦作坠泪人。

宁斋曰：一意铺叙，能精能细，亦是一部有韵龙战虎争实记也。"熕炮旌旄刀枪戟，骸尸头颅乱狼藉"二句，录兵后状态，使人惨鼻，余最推其有古调。

（以上录自 1894 年 10 月 13 日《邮便报知新闻》专栏《诗城》）

书怀二首

砚野素堂东京

庚午九月十四日属阴历中秋对月有感，偶捡李青莲问月诗，遂步其韵寄远征军人。

志士报国是此时，远向鸡林踊跃之。八道人民悉畏服，为我驱驰共相随。大纛昨日出宫阙，数万军势益奋发。王师所向不可当，凛凛锐气何处没。我皇德泽若阳春，光辉赫赫洽比邻。维时中秋方三五，对月今夜感几人。大同江流浩浩水，闻说三军已渡此。直须突进陷北京，略去平壤在瞬里。

闻我陆海军连战捷报喜赋，时九月念一日也。

快报至矣快报至，五千万人举快意。丰岛成欢将牙山，况又平壤大捷利。海军同此尽丹心，数只敌舰忽击沉。此报昨今喧闾巷，闻是海洋岛之浔。陆海进军皆俊士，奋入战地不惜死。数回捷报达本营，可知龙须殊有喜。优渥诏敕下两军，益使各兵致精勤。感泣偏仰天恩渥，感奋谁不奏殊勋。君不闻北兵数万募，又不闻海湾可处固。彝兵虽多何足忧，海湾虽深何困渡。呜呼燕京之远谁难之，城下订盟元可期。进矣进矣我神武，大快报至在近时。

黄石曰：二篇琤琤有响，一读令人呼快，感服感服。

宁斋曰：闻君龄七十四，老而益壮，今见此诗，笔力刚健，真有足压少年者。廉颇马援，诗坛洵有其人，其或少时走马夺槊，而意气乃再耶。前首“我皇德泽”二句，后首“感泣偏仰”二句，波澜老成，全首皆活。

（以上录自1894年10月19日《邮便报知新闻》专栏《诗城》）

屈山闻黄海捷报有作和以一诗

千贺鹤堂三河

黄海浪稳如平地，艨艟十二先后至。敌舰蜂屯空催枯，直前一捷真儿戏。水雷爆然海若惊，榴弹何来天有声。烟焰百里白昼暗，我兵一人当一城。一一命中我丸发，操纵神出又鬼没。击破其四焚其三，敌之存着逃匆卒。莫是皇天佑妙机，灵鹰来止樯之枝。捷报忽达凤凰阙，天子亲诏曰嘉之。

宁斋曰：绝大伟勋，写来波澜顿挫，擒纵自在，亦犹猛将巧能使舰，海若瞠焉相视。"捷报"二句，悠然而收，尤推庄重，不见次韵痕迹。

（以上录自1894年10月23日《邮便报知新闻》专栏《诗城》）

闻牙山战捷有此作[①]

土屋凤洲和泉

宁斋曰：以鸡林八道起，以万国结，短篇中自有法度，盖自文章法来者。

（以上录自1894年10月26日《邮便报知新闻》专栏《诗城》）

寄丸山君在朝鲜

本多天放肥前

休道韩京暑若焚，男儿快事是从军。旌旗指处风雷动，号令定时欧露闻。雨抱万山吞渤海，天横一鸟入燕云。老天衰疾鸡随得，为举大杯遥祝君。

宁斋曰：骋其速藻，落笔如飞，而意深味长，是君长处也。此篇气魄雄大，骨力怒张，亦足据鞍顾眄。其绝句二首并附此。一云：弹雨轰轰卷炮烟，虏营咫尺未天明。千山冲暗牙山路，横渡河流水过肩。一云：七月鸡林暑似焚，虏兵一击乱纷纷。夕阳奏凯歌牙山下，汗入新疮气入云。

（以上录自1894年10月31日《邮便报知新闻》专栏《诗城》）

---

① 诗见第三部分《日清战争实记》第九期。

偶　成[1]

岩溪裳川丹羽

宁斋曰：首首陶冶性灵，沉酣今古，使人不觉为眼前事实。其间插谐语者，即所以白眼看时也。偶与沧溟论此诗所法，沧溟曰随园也，余曰子才也，作者以为何如。

（以上录自1894年11月1日《邮便报知新闻》专栏《诗城》）

平壤城凯歌

岸泽醉经埼玉

仁者无敌与天下，不降我其无宽假。王师进剿平壤城，已致群神且类祃。言言崇墉临清江，滔滔百里不系艭。其兵二万号四万，蠢尔蛮荆雠大邦。昨夜中秋玉兔跃，显其欲流星错落。胡将醉赋丽人行，练光亭中丝竹乐。我军久叹髀肉生，陈师鞠旅冲敌营。百铳齐发交巨炮，振撼山岳雷霆轰。黎明直逼船桥里，呐喊几回敌魄褫。捍御不似平生怯，讶见彼亦陈背水。大岛少将意气扬，挺身挥剑寒锋芒。死报君恩正此日，大义励众何堂堂。突骑为之增勇武，一能当十马起舞。鼠尚变虎况貔貅，兴风卷雨蛟龙怒。叱咤追驰雄更雄，应丸辄殪当道熊。积尸成山血漂杵，大同江水流猩红。须臾雨来日亦暮，将军胸中有成数。徐徐退守水湾桥，篝火明灭警野戍。立见少将排塞云，指麾朔宁元山军。捣彼空虚出不意，势如破竹奏伟勋。牡丹台先落我手，箕子庙寻归我有。玄武门头树降旗，且约明旦致讯丑。胡虏何事食前言，昏夜乘雨关辕门。雄将之下无弱卒，攀壁启钥迎戎轩。野津中将富果断，诱敌船桥歼慓悍。夙成四面掩击谋，雨在釜中谁能窜。维十六日霁晓烟，红暾粲上扶桑天。前后并进拔牙垒，唱出吾皇万斯年。满城无人乱剑戟，彩服花钗纷狼藉。自古恃险皆如斯，况侵

[1] 诗见第一部分岩溪晋。

邻疆逞横逆。额额平壤门洞开，旭旆翩翻牡丹台，此时遥传楼船捷，凯歌洋溢相和来。君不见隋伐勾丽亡社稷，周服辽东威楚国。王师明饮鸭绿江，应惩此举全天职。

宁斋曰：仁者无敌，黩武者败，其鉴不远也。起首之堂皇典雅，结尾之庄重伟宏，写前古无比盛事，洵无遗憾，中间叙事，次第分明，可当一部战纪。前日迟冢丽水归自平壤，谈当日战状，可决眦者，可酸鼻者，可大声呼快者，不一而足，恨不使君在坐，仔细纪之也，且录此诗，呼嵩者三，聊祝千秋令节云尔。

（以上录自1894年11月3日《邮便报知新闻》专栏《诗城》）

闻平壤城陷落次小林毂堂韵

田中青山土佐

月下思征战，樽前空酒杯。秋望霜鬓去，凉透铁衣来。丑虏残鸦散，孤城落叶摧。快哉飞电到，欢噱响如雷。

宁斋曰：轻俊清新，语近意远。意远者，胸中感慨自溢字间也；语近者，眼前比兴易入人耳也。惟其清新，故不用豪语，而写尽我武维扬之状；惟其轻俊，故彼此双咏，有手挥目送之妙。

（以上录自1894年11月5日《邮便报知新闻》专栏《诗城》）

送栗山碧水从军时王师奏捷于海陆

奥田抱生尾张

鹏程云黯剑横秋，气压支那四百州。碧血苔封城郭外，青磷鬼哭海洋头。谈兵许卧将军幕，听角应怜思妇楼。不是寻常分手恨，何须悚悚说风流。

宁斋曰：摇毫掷简，啸傲沧州，是其当行本色。破题二句，何等俊爽。前年王师征台蕃，先君寄诗高柳参谋云：立马龟山最上头，台蕃征戍入深秋。西溟落日烟波外，下瞰支那四百州。语意相似，录博一粲。

（以上录自1894年11月6日《邮便报知新闻》专栏《诗城》）

梦从征清军

小林林塘下总

君命忽下从远征，孤剑在腰铿尔鸣。王师所向草木靡，鸡林八道无敌兵。饮马鸭绿江头水，长白山下踏破竹。旭旗赫赫照异域，一鞭直到北京城。震天动地炮声起，血流漂杵尸纵横。军中嘹亮《平蛮乐》，彼哉甘修城下盟。一梦忽醒梦非梦，仿佛犹听笳角声。

宁斋曰：赵瓯北有《纪梦》一篇，谓梦中迁官，戴武弁，扙节专征，始而声威大振，号令自明，中而短兵近接，巨炮遥轰，割头敛尸，江由清晏，终而形容图阁，策分颁殿，自赞云“书生到此真足豪”云云。今君所梦，正复相符，而彼讨贼也，此征虏也，所关系之大小，则霄壤异焉。君比瓯北，更足以豪矣。

（以上录自 1894 年 11 月 7 日《邮便报知新闻》专栏《诗城》）

闻我兵陷平壤不堪欢喜乃赋五言长律一篇以纪之

小室屈山尾张

神洲君子国，亚细主冲盟。高义扶孤弱，崇文启楚荆。富强吾所任，顽憨彼何情。敢以犬羊卒，欲当虎龙兵。艨艟冲浪走，炮炮震天轰。丰岛朝沉舰，牙山夜斫营。满丘鲜血滴，蔽海伏尸横。既见圣轮发，旋闻大纛征。山河彩云丽，日月锦旗明。冠佩公卿扈，壶浆父老迎。神筹帷幄密，妙算部曹成。乃渡大同水，直冲平壤城。飙驰三道逼，电击万君惊。马毙弹丸雨，头飞剑戟声。委沙雕兽盾，仆地画龙旌。意气吞胡羯，风云睨满清。凯旋宁在远，攻略复谁争。闻此不堪喜，且斟三大觥。

宁斋曰：联韵镗镗，风骨颖秀，征清颠末，一百八十字略尽之，可谓壮矣。福井学圃最嗜长律，动作数百言，彼自缜密无遗，此则咄嗟辨之，二妙联壁，不可漫加轩轾也。

（以上录自 1894 年 11 月 14 日《邮便报知新闻》专栏《诗城》）

寄严古梅在广岛

西冈宜轩肥前

载笔君闻游艺州，雍容去倚是何楼。文章休道终无用。值此相如论蜀秋。

易堂曰："雍容"二字，自司马相如来，暗伏后半，琴心挑之也。落句之谕蜀之檄，忽发洪钟之声，堂宇尽震，相如《子虚赋》云，今齐列为东蕃，而外私肃慎，捐国逾限，越海而田，今金山已陷，登州必不支，如二千年前为我今日言者，其《谕蜀檄》益足嘉尚。我武维扬，文采未发，大纛之下，谁能为相如。古梅多艺，其倾一座犹能之，然老矣，能挥笔书檄欤哉？盖宜轩假此以自鸣尔。宁斋次韵：严岛祠前是帝州，元龙百尺卧高楼。求田问舍非君志，正是我皇宵旰秋。

辫发毵毵向地垂，先明旧俗一靡遗。依君欲复衣冠美，自是东洋王者师。

易堂曰：髡头辫发者，北胡之蛮俗，自晋代侵入中国，逮自满清，全地悉化野蛮矣，丑甚丑甚。汉人为辫发所縻，犹为满朝竭力，宜诵此诗知所自悛，我师动于不得已，义之尽，仁之至，故举国胥与，如忘疲劳，岂苟名谋利至能致此乎，必廓清西天，朗辉于东海而后已。是平正明白之举，故诗亦平正明白，使青莲、东坡赋之，亦不过如此。颂言似谀，规言似谤，不颂不规之处，自存颂规。"依君"二字，无限感慨，王者师重大责任，识者诵之，宜惕若自箴。因探枯肠，步韵相和，诗云：捷书在手泪先垂，见说周余靡孑遗。父老如知吊伐意，只应牛酒犒王师。

宁斋次韵：议政堂开千古垂，举贤惟要野无遗。如今方副苍生望，万岁声中送六师。

风卷狂涛漂万尸，舻摧舳碎力难支。偷生犹带黄金印，汉纳根知不太痴。

易堂曰：汉纳根者，独逸工兵将校，为李氏幕宾，筑堡购舰，经营甚力，深被信用，遂酿成此祸。丰岛之败脱还，乃为水师副提督，又挫衄于黄海，方病创，然而我邦之武威震于东西矣，偷生带印，既其事也。不破劲敌则无强名，满清禄终，中堂材朽，白蠹集蚀之，其利润西欧，而铳熕钢舰，混混东输，以扮饰清国，望肤相则厖然强大国也，然羊质虎皮，见草则悦，我师破之，如振枯叶，西人晦泰东之情，而辞于机械，昭之惊愕，始畏我武矣。汉之为清国谋则为故国所谋，而适为扬我威名，今也垂死不知所褒，宜轩“不太痴”三字，可诵绝妙好辞。清兵挫衄，西人稍知其情，近者苏国诸曼氏著《朝鲜论》，有言云：白人受贿赂，为清从军者，自今以后斥之，宜遇以义绝者，汉之禄将尽，而此论始出，谓彼不太痴非耶。宁斋次韵：马革谁言好裹尸，戎俘怜见骨撑支。未知不杀是天意，疑死猜生空复痴。

捷下高冈有搴旗，丈夫许国死无时。杜陵吟客头将白，仍唱当年出塞诗。

易堂曰：宜轩好诵李苏诗，每哂余诵杜诗，此诗前半摘杜出塞之句，英雄欺人，浪挟喙将为其所嗤，夫横槊赋诗，控弓赓歌，武人在戎马间，绰有余裕，其诗歌不巧，亦为可尚。牙山俘获多有诗集，犹是佳事，若乃文人，草檄露布，笔阵之效，有胜万军者，即在散闲，亦头白赋出塞，不可无此气概，若徒抽麟对凤，鼓吹太平，是阵中弃官妓衣之类，诗宜从里面窥其意。

宁斋次韵：去上艨艟飒将旗，苦思黄海掣鲸时。楼船王浚真儿戏，一笑刘郎怀古诗。

山色苍茫夜几更，独翻书卷对青檠。岂能马上治天下，莫使刘公骂鲁王。

易堂曰：九连不守，旅顺将陷落，草檄谕民，犹是马上之事。师入燕京后，不可以马上治，沙上偶语，雍齿为侯，拔剑击柱，叔孙通为绵蕞，此等之事，历代自有经验，至乃援出生灵于污水低，倾御裳濯川之流，澡浴祓除，以洗涤臭秽，今日为汉高佐命者，抑亦不容易也。宜轩援陆贾余因援郦食其，以次韵表同感诗云：世怜尘劫岁将更，千古兴亡三尺檠。时论回头多龃龉，里门何处着狂生。

宁斋次韵：捷书夜报急朝更，起坐何人对短檠。攻勒燕然山雪里，磨崖大笔要先生。

宁斋曰：古梅先生曩游信浓，偶临时议会召集令出，急驰赴广岛，是真王事靡盬，不遑启处者也。先生此时，借寄怀论及时宜，与读史论诗一揆，杜陵吟客一首，老气横秋，有烈士暮年，壮心不已之慨，联作中最推逡拔。次韵五首，亦准前例，其诗专系寄怀，而议会之何衷协同，与观俘虏观艨艟，皆广岛时事云尔。

甲午初秋记事

杉谷六桥京都

鹰来秋气高，明河一道白。王师航海行，箕邦黍离迹。救彼刍荛民，教彼治安策。我军如电驰，清兵乍局跻。黄海碎艨艟，牙山夺旗戟。百万忠义民，惟此一心亦。风冷惊梦魂，悲笳月之夕。何日唱凯旋，长城勒巨石。

宁斋曰：援韩征清，国家重事，语不苟下，以王师航海行始，以何日唱凯旋终，首尾相应，声调亦扬，属六桥君近业中杰作。

兵儿谣

蟹野空肠东京

战云蓦见压韩城，其疾如风是神兵。不知有生只知死，城下修盟事则已。九连凤凰之捷未足夸，北京城外早见降旗斜。

宁斋曰：语短而意长，句近而思远，是古谣正格也。六句，二句换韵，一韵一意，调促情急，而兵儿意中语，则帝国臣民意中语，其鼓舞人心者，岂山阳前后兵儿谣之比哉？爱国生者亦寄《闻捷》一绝，然匿姓隐名，例不得载，故附此扩传闻，诗云：山毙长蛇水斩鲸，征清将士气纵横，平城黄海皆连胜，直要长驱入北京。

（以上录自 1894 年 11 月 15 日《邮便报知新闻》专栏《诗城》）

闻九月十六日朝我君陷平壤报

雄山牧村越中

鸣呼日出处神兵，所向山河草木迎。饮马大同平壤陷，进军长白奉天倾。朝屠封豕真豪举，夜听荒鸡非恶声。从此燕京须直捣，待他城下好修盟。

岐山曰：何等快语，令人骨腾肉飞。

宁斋曰：豪迈雄俊，卓然可观，“封豕”、“荒鸡”一联，落笔不涉浅俚，最为可诵。一二两句，纵恣不羁，亦自绝伦。

（以上录自1894年11月21日《邮便报知新闻》专栏《诗城》）

僚友丰田别府二君将赴韩清忽率赠二首

松田学鸥

惨憺风雨满汉阳，弹丸雨下血玄黄。磨刀临敌勇而武，投笔从军慨以慷。霸略我推丰太阁，人才休说李中堂。旭旗向处辄无敌，此夕钦君快上航。

凌驾长风万里舟，碧空杳杳水悠悠。神兵去镇鸡林道，丑虏来屯鸭渡头。好捡山河评地利，须供帷幄补车筹。豪怀最忆西风里，蹂躏支那四百州。

宁斋曰：二子盖参谋本部派遣官吏，故后首后联，言其测地制图，可以补军筹也。前日有人对李中堂，以藤内阁，读者称其的对。前首以丰太阁拟之，亦足雁行，其余皆清秀俊爽，二子行色，其可以壮矣。

（以上录自1894年11月27日《邮便报知新闻》专栏《诗城》）

西冈宜轩读久米易堂《史论》作五绝句余亦不能无感因次其韵

关湘云越前

将皆羊质兵乌合，敢死谁能当我锋。平壤城空风凰烬，毕生能事学如松。

宜轩曰：余闻清将宋庆，昔年游学伯林，用心兵事，及归擢为旅顺军都督，乃就连凤凰二役，弃城而走，然则其他诸将可知耳。“学如松”三字，所谓寸铁杀人者。

九连飞檄奏奇勋，城上炮声频劈云。鸭绿江头土人语，仓皇终夜走清军。

宜轩曰：我兵围九连城，城上巨炮终夜有声，天既明矣，我兵进入城门，兵器狼藉，不见一人守营者。此诗借土人语描当时实况，轻妙可诵。

王师仁德与天高，抚育生擒不用鏖。恇弱清军争溃散，一挥犹未血吾刀。

宜轩曰：“王师”一句，可谓称赞得体也。

休道辽民顽且迂，疑迎相率秣吾驹，安东千里布新政，早看天恩及屋乌。

宜轩曰：领取之地，抚育生民，是目下之急务。易堂史论，亦详论之。辽民相率犒师，而天恩及屋乌，新政之下，恩威并行，岂可不谓美举乎。

摧破清军肝胆寒，要盟城下岂为难。皇威赫赫辉东海，好使欧人刮目看。

宜轩曰：欧人概谙于东洋事情，初日清开兵端，或曰清兵必胜，或曰初败后胜，及我兵每战每胜，辄转笔曰：日兵精锐，清兵岂能敌乎。若解见此诗，应唯唯服从也。

又曰：湘云兄胸中磊落之气，不能自捡束，故假毛颖子以发气天机耳，而拙诗得此次韵，顿生光辉，多谢多谢。

易堂曰：宜轩、湘云前后挂冠还京，砚尘未拂，征清师兴，宜轩拔痒先动，而湘云不能恬默。顷日诵此诗于某氏席，某氏顾侍儿进笔砚，乃不觉援笔书之。侍儿将去，其笺传至余，余拍手曰：清将善逃，故俘获如山，湘云轩昂之气，如趋蟄蛇，不能自退，却有此俘获，文坛添一佳话，使二子旗鼓相当，而余为袁世凯，不亦奇乎。明嘉靖中，王慎中、唐顺之唱论，洗剽窃之习，而李开先鼓和之，李何文集几乎遏，开先雅负经济，不屑文士，其诗不循格律，信手放笔，罢官归里，谓吾无用世之心，亦无名后之志，诗不必作，作不必工，借此以坐消岁月，暗老豪杰耳。其《塞上曲》曰：一春不见暖融天，自是要荒气候偏，落地雪花原是雨，漫天榆荚不成钱。湘云与余同庚同窗，其人其诗克似开先，自谓吾诗异时尚，不足以示世，岂其然乎。因书此以传同好。

宁斋曰：管子曰文事在左，武事在右。顾六师渡海，连战连胜，清廷胆落，清将魂褫，而诗国老将，相次登坛，智如吕向，勇如廉颇，有如范增，有如马援，旗帜鲜明，号令严肃，足使百蛮震慑，千夫辟易，北京陷落之日，渠亦降词坛者必矣，所谓武备者必有文事者是也，快哉快哉。前日所载《送僚友》二律失作者姓名，松田学鸥是也。

（以上录自1894年11月31日《邮便报知新闻》专栏《诗城》）

（邵劼选录）

次 韵

天龙渔夫

王师踊跃发神州，豪气堂堂万里舟。想得将军胸臆快，燕京横槊赋高秋。

（以上录自明治二十七年九月二十三日《万朝报》第五百四十二号）

平壤平

井上复斋

平壤平兮平壤平，平壤平将向北京。师出以律律整整，旭日旗章照天明。平壤平兮雪宿羞，羞杀当年西摄州。

活 蚋

井上复斋

舰如城兮舰如城，城而活蚋似有生。海洋岛畔万雷落，余响早已撼满清。如许奇功绝古今，人间谁复说纳森。

千首万吟

闻平壤捷报 北越一寒主

曝骨他邦不足忧，圣恩须以此时酬。又殚平壤连营敌，饮马大同江上秋。

次罔两子韵

群马 九日香史

貔貅百万入清州，蔽海林樯甲铁舟。城下订盟应在近，笑闻胡角响高秋。

次罔两子韵

金互隐士

可怜倨傲索头州，陆致生擒海致舟。豫知丛菊放香日，占得北京城内秋。

讨清大军月夜露宿

内田铁三郎

月轮光白大江边，零□□□湿雨肩。青草是毡天是幕，松间半夜枕戈眠。

维　诗

笑轩隐士

当年意气捲风涛，碧血痕存旧战袍。今日鸡林全使命，英名又与国威高。大鸟公使

蹉踬惜君倒敌丸，千秋遗恨在成欢。残念一语永留耳，忠勇想看烈士肝。松崎大尉

遮莫飞丸穿股来，短刀抉去意壮哉。成欢驿上恼强敌，忽见豚头死尸堆。时山中尉

（以上录自明治二十七年十月十九日《万朝报》第五百六十四号）

誓为先锋诗

枥木县都贺郡穗积

戎衣铁马剑如冰，豪气堂堂压大□。请兄燕京酣战夕，不容他士占先登。

（以上录自明治二十七年十月二十五日《万朝报》第五百六十九号）

无　题

清俘虏钱世忠

秋雨连绵夜达胄，回首故国数千遥。今遇大人恩德广，不想我主汗马劳。天皇陛下太平万岁万万岁，亦愿人人福寿双全，子孙万代。罪人钱世忠愧甚愧甚①。

（以上录自明治二十七年十月二十六日《万朝报》第五百七十号）

无　题

诸君航顺出东洋，交战劳兵实可伤。十万英雄施虎略，八千子弟作鹰扬。千年俎豆千年师，万里山河万里长。争地争城多容易，物归本主有天成。

无　题

霜满阵营秋气清，数行过雁月三更。连山并得金州景，遮莫家乡怀远征。

陷金州城

少尉福岛泰藏

乡壁金城一呼拔，皇军攘敌又无难。不知何处顺天府，渤海风涛落日寒。

---

① 录者按：此诗为被日本军队俘虏的丰桥分营内的清人钱世忠所作，附于《万朝报》第五百七十号之页面一角，诗前有日本人的解说文若干，诸如厚待清虏、清虏感念之语，云云。此类诗作在甲午汉诗中较为少见，虽非日本人之作，却可由之窥得当时汉诗文化一隅，故录之，以做参照。

金州战后所感

同

黄海波光灭又明，腥风一阵拂衣轻。堪怜战后金州月，夜半啾啾鬼哭声。

败金州之敌

中尉福岛泰藏

丹心一片报君秋，奋击纵横斩敌雠。战胜收刀登垒憩，滴衣鲜血碧于油。

从军行

同

十万清兵见似蝇，日东男子武威兴。外征消息人知否，屠敌搴旗夺马乘。

同

同

昨是金州今旅顺，攻防别日伐清兵。寒山一夜露营梦，尚叱三军战北京。

（以上录自明治二十七年十二月十九日《万朝报》第六百十三号）

发仙台阵营

汽笛一声向西天，窗车先别旧山川。有人埋骨问何处，笑答燕京城外边。

病中述怀

痼枕感深眠难就，寒灯影瘠夜三更。瘘身假令成幽鬼，一片忠魂屠燕京。

（以上录自明治二十八年一月五日《万朝报》第六百二十八号）

奉赠大日本陆军少尉赤松公门

万里从军少尉贤，洪阳城下冒腥烟。赤松家世真□在，韩□当年浪得传。

（以上录自明治二十八年二月三日《万朝报》第六百五十一号）

军人征途诗信

宫城县名取郡中田村

十一日午前六时自宇品发

死别元期生别时，今朝去国向天涯。男儿无奏非常业，恐惹英雄千岁嗤。

船泊长州与丰前之间

万里泊舟长丰间，一天如残白云关。征蓬此夕果何意，无限潮流载梦还。

十二日过马关见兵站仓库充积

海门中断丰长间，白浪水塞赤马关。十万貔貅齐接剑，一人敢莫欲生还。

十三日黄昏过丰岛冲吊海战遗迹

征樯万里思悠悠，航到战场暗殆愁。谁吊丰洋波底鬼，天阴雨湿哭啾啾。

十四日抵达大连湾

悲风捲雪捣船圜，黄海渺茫不见山。日本桥头天外水，暮时来泊大连湾。

十五日滞船夜色沉沉月光微

东望广街云路悠，天皇驻跸使吾愁。人间或有洒花泪，海外犹无观月游。边境风尘须负□，北门动静宁堪忧。貔貅十万按霜刀，此夜寒风满船楼。

（以上录自明治二十八年二月十日《万朝报》第六百五十七号）

恭贺贺年憬禧兼祝侍彩寿庆

献启者，往年义我感切铭肺，岁钥改新，迓祉茂膺，供虑万千耳。兹将拙作二诗副，期他日而摅，幸须雅正焉。

新年几得梦中看，读尽床书窗有月。一世论交四海宽，此心无处不安安。大局如棋点点看，政逢国手高开眼。时来机会不容宽，断然逢着泰山安。

朝鲜开国五百三年腊月廿二日，明治廿八年一月廿日，朝鲜京城宗桥愚弟李逸植拜贺高木益太郎阁下。

（以上录自明治二十八年二月十二日《万朝报》第六百五十八号）

海军少尉铃木虎十郎遗稿六首

舟蒲湾

片帆无恙入蒲湾，征客胸中犹未宽。慈母唯应待消息，尺书先直报平安。

发芝罘

背指崆峒万仞山，艨艟直向太沽间。黄云北接长城出，鹘影秋迷山海关。

发威海卫

渤海漫漫潮涌天，不知乡国是何边。征人背指南归雁，又上三韩万里船。

厦　门

蝶舞莺歌日影遮，春坡芳草弄游丝。厦门一月东风暖，万朵桃花

无题第二军骑兵第一大队第二中队附军曹远藤龙次

长啸独卧异乡夜，今岁已尽金城南。回着征鞍四阅月，底事未为金鸡勋。

叹北洋兵败北洋水师水雷艇长蔡廷干，时在广岛地俘虏营

渤海清兵势力微，日东军士向前驰。此败沙场君勿笑，他年再战决雄雌。

（以上录自明治二十八年三月十五日《万朝报》第六百八十五号）

无　题

稀有杨柳无竹梅，满洲春色又奇哉。飞云塞下尚冰雪，何日东风渡海来。

二月十三日吊关谷步兵大尉

伊豫人　仓辻生

君今为国死，可谓死有荣。最想英雄埋骨处，寒山云隔满州城。雪风来吊春之夕，寒鹈远树寂无声。丈夫一掬泪，岂无千古情。呜呼凤凤山兮草河水，长与君共传芳名。

（以上录自明治二十八年三月二十日《万朝报》第六百八十九号）

赠日本总医官佐藤

合肥李鸿章印

耄年秉节赴东瀛，愿化干戈见太平。盟约重申同富弼，休戎一击鄙荆卿。奇才医国君无敌，妙手回春我更生。待乞宝星邀上赏，绿章归去达通明。

（以上录自明治二十八年四月十七日《万朝报》第七百十三号）

从　军

下间凤城

忽辞净儿入兵尘，欲报鸿恩志先新。何啻阵头宣法快，养将余力化蛮人。

（以上录自明治二十八年五月四日《万朝报》第七百二十八号）

长甸堡风光

寂寞炊烟细似丝，山中避乱到今疑。偏怜氐地清和月，只在春光杨柳枝。

孔文蔚据此诗序文，知其乃自称孔子六十九代后裔之人，时为盛京省长甸堡村长**之和诗**

塞上莺花少，春光不到兹。山中多避乱，岂为大邦师。

（以上录自明治二十八年五月十四日《万朝报》第七百三十六号）

无　题

蔡庭干

顺水消遥逆水难，痴鲸何故戏沙滩。渔人早布天罗网，大海茫茫莫再还。

（以上录自明治二十八年七月十日《万朝报》第七百七十三号"清国水雷队福龙号艇长蔡庭干落胆"条）

（刘洁　选录）

七、《东京日日新闻》

《东京日日新闻》是当今日本报业巨头《每日新闻》的前身，于1872年在东京创刊，不久后得到明治政府的支持，迅速发展壮大，成为在十九世纪末至二十世纪中期东京影响最大的报刊之一，由于其立场偏向当时的明治政府，曾有“御用新闻”之讥。在1890年以后，《东京日日新闻》成为了森槐南主持的“星社”之重要文会平台，报刊中开辟的《文苑》专栏中收录了大量当时活跃在东京的汉诗人的作品，大部分作品都由化名“菊如澹人”的森槐南撰写点评。本书中收录《东京日日新闻》1894年6月到1896年3月之间关于甲午战争的作品，作品中有不少见于《日清战争实记》，为避重复，仅录标题和评语。因报纸印刷质量导致的字迹不清之处，录文中一概以“□”代替。因报刊校对质量产生的错字等，一概不改，以保留其原貌。

闻朝鲜变乱有作

云心　大庭景阳

汉家末路起黄巾，未见英雄策济民。争说贼军如破竹，将无天子或蒙尘。艨艟冲海风涛激，鼙鼓轰空云雾瞋。他日谁挥黍离泪，兔青鸭绿故城春。

(以上录自1894年6月13日《东京日日新闻》专栏《文苑》)

寄朴泳孝

耕云　三谷仲之助

又作冶长缧绁身，殷忧呵壁诉苍旻。盈廷恨未判邪正，一举凭谁剖伪真。万里江湖悲侘傺，百年家国叹沉沦。孤鸾却羡乌头白，痛绝金钱问卜人。夫人李氏在本国，思慕之余竟得病而亡，转结故及。

菊如澹人曰：五十六字，字字惊魂悸魄，朴氏黑盆奇冤，又罹鼓盆之痛，读此那得不心伤泪枯。

（以上录自1894年7月3日《东京日日新闻》专栏《文苑》）

五百年而李氏亡

屈山　小室重弘

五百年而李氏亡，休言谶语漫荒唐。震天鼙鼓略三道，破海艨艟侵四疆。箕子山河流血碧，汉家盗贼戴巾黄。日东健卒拊髀久，恰好长征试我强。

韩城麦秀夕阳前

湘江　吉城弥

韩城麦秀夕阳前，岁月由谁得苟延。东党进军犹据险，重臣献策漫防边。铙歌瀚海银涛壮，日帜鸡林练甲鲜。铁索连江那可恃，神州为尔独扶颠。

我军振旅忽西征

云心　大庭景阳

我军振旅忽西征，金鼓堂堂震大瀛。赤马关云晓迎阵，黑龙江月夜盈营。空谈勿误真机会，长策须期一战争。请看貔貅三十万，由来知死不知生。

玄菟云连鸭绿波

湖月　小西晃

玄菟云连鸭绿波，漫猜入室更操戈。可怜镜落花飞日，陡听青丝白马歌。满眼君臣空燕雀，谁家职贡此山河。替他整顿乾坤了，始信东方义愤多。

菊如澹人曰：韩山警急，人人眉扬肉跃，忽得四君子诗，訇铿炳朗，并可充圣朝铙吹歌辞。亟加登上，以长我兵气。

（以上录自1894年7月19日《东京日日新闻》专栏《文苑》）

平泽谣并引

铁生

朴某语人云：朝鲜古谶云清国与南朝鲜，战于忠清，一据平泽，一城牙山，接战旬日，牙山落，朝鲜独立，作《平泽谣》。

天何由，有蚩尤，地何由，有山川。蚩尤诡主兵，毒雾难掩天。山川虽设险，形势一变嗟何及。虽有豺虎蛟龙不如人心险，孤客忧患危涕集。为蜮则见，为鬼不测，鬼兴奸谋，森森相逼，睚眦取快，曾不念国。君不见水之险可飞而渡，山之险可割而据，外侮不可御，内溃何由瘉。不自立尚可，偷安诚可惧。诗书酿盗贼，鼎养悚奸蠹。南山岩岩，仁川沵弥，我民在者，兵往护之。飞蒭转谷不累彼一粟，天厨分赉士气感激军和怡。慎勿胡涂没大局，国有成算讵得知。平泽耶，牙山耶，扶弱锄强者仁者师耶。

菊如澹人曰：扶弱锄强，名正言顺，日东王者之师，万国具瞻，视厖然大国，虚张恫喝，徒以入援为名，而纵兵淫掠，涂毒生民者，相去何啻河汉。兹篇胎息汉魏，句铿字响，精采奕奕，亦夫使巳氏之徒，以李王伪古文字，强霸占文坛者，不得不屏气吞声逃形匿影，何快加之。

蚩尤旗

竹磎　森川键

蚩尤旗，光熙熙。亘天之中央，自东流向西。黄上白下荧惑精，天子征伐四方时。鸡林传警，一发祸机。我兵渡海，邻邦狐疑。蛮触真可厌，党同伐异将何为，天有变象纪以诗。岁甲午，皇明治。

菊如澹人曰：纪异即以纪事，韩昌黎“鸡三号，更五点”之亚也。“党同伐异”句，兼志牛李纷争之祸，尤简而古。

（以上录自1894年7月21日《东京日日新闻》专栏《文苑》）

兵儿谣

云心　大庭景阳

菊如澹人曰：丰岛沉舰，牙山拔垒。海陆之兵，连战连胜。每闻一捷报，直觉眉轰雷电，气夺风云矣。云心《兵儿谣》盖为水军突击而发，声调昂壮，足使满奴破胆，岂止鸡林八道，风靡草偃而已。

（以上录自1894年8月8日《东京日日新闻》专栏《文苑》）

苦热行

竹隐　高野清雄

菊如澹人曰，以苦热为题，而擒纵时事，洵是诗家本色，惧此匪忠诚一句，以百倍之精神，□□千钧之笔力，有此题来，□此奇构矣。世之□热□□者□□□下笔，即以为诗史，岂能知此乎□昨□□□□□□□依田学海先生《丰岛大捷》短古一篇，川田□□□□□□眼前有此好题目，而诸家喑默无声，不知□□以□名于都下者果如何云云，夫学海先生□□□□□□然而川翁一语，未免太轻视诗人也。

（以上录自1894年8月11日《东京日日新闻》专栏《文苑》）

闻家兄率兵将赴朝鲜赋此遥寄

云心　大庭景阳

菊如澹人曰：句法参差历落，写出悍然直往之态，生气勃发，神采奕如，直与国家耀武宣威，不独壮阿兄行色也。末幅以骨肉至情，转相奋励，可谓忠义孝悌出于一门矣。

宁斋主人曰：挽弓须挽强，用箭须用长。射人先射马，擒贼先擒王。我百万貔貅，慷慨渡海，意气昂然，真有如此者，诗笔酣酣嬉嬉，使人仿佛“英姿飒爽来酣战”之致。是可以送家国干城矣。读罢觉眉我神州发阐其良风美俗，不徒以出汉入魏，摹神揣貌为贵也。

（以上录自 1894 年 8 月 29 日《东京日日新闻》专栏《文苑》）

出师曲

竹磎　森川键

（以上录自 1894 年 8 月 31 日《东京日日新闻》专栏《文苑》）

八月十一日敕使从一位公爵九条道孝来奉币神宫奏告宣战谨纪

竹隐　高野清雄

菊如澹人曰：气局庄重典雅，琬琰成章，如此大题目，非真具如椽之笔者，固不容道其只字也。诗凡分八大段，第一段总领，"启诱"句逗入本题。第二段清军纵略，我朝出师。第三段丰岛轰击，第四段宣诏焕发，带叙牙山剿除。第五段义旅勇团，争请从戎，点用诏敕中字面，尤极灵活。第六段兼叙时令，随手写后妃赐绷之事，过峡更觉无痕。第七段即敕使奉币之正文，第八段即就自家身分上作结也。四瑚八琏，宗庙之器，天下才人，一齐颡首。

（以上录自 1894 年 9 月 1 日《东京日日新闻》专栏《文苑》）

凯旋曲

六石　佐藤宽

菊如澹人曰：以古《江南曲》为本，音节如《骤雨打新荷》。

送森马太赴朝鲜

菊如澹人曰：此则自杜之《后出塞》脱化，"笑抚日本刀"之句较诸"含笑看吴钩"英气更加一倍，其笔笔流畅，意到笔随，虽元白恐不能争胜。

（以上录自 1894 年 9 月 6 日《东京日日新闻》专栏《文苑》）

战城南

竹隐　高野清雄

菊如澹人曰:《战城南》古辞,本伤野战斗死者而作,故此作前半专叙牙山败兵之苦。“请乌且舍择肥肉,将军者安坐美食行威福。”叶、聂辈抱头鼠窜,可见董龙真是鸡狗也。“有何哲老公,衙门独坐屡大息”,合肥焦忧,想当如此。“汝不闻”以下,略写王师敌忾之日,以形其相去何啻霄壤。结用《九歌》招魂句法,松崎大尉诸人,庶可瞑矣。

(以上录自1894年9月7日《东京日日新闻》专栏《文苑》)

日光山中赏月

鹿洞　谷口丰五郎

菊如澹人曰:观晃山之月,而忆汉城之戎,立意颇新奇。“闺中少妇”以下数句,大有唐调,其押韵颇滥,音节亦未克谐,似不足为累也。

(以上录自1894年9月11日《东京日日新闻》专栏《文苑》)

送　别

青山　田中光显

菊如澹人曰:脱口轻快,意到笔随,平安道好地名,点来恰到好处,可谓神来之候。顷大来亦赋《八月法官引》,凡三百三十六言,以壮将帅之行,检阅官谓其有关军机者,一笔抹倒,不许揭载,顾以一诗人之私见,转与军国大事相干连,则余诗虽不能公诸于世,亦实有余荣矣。谨秘箧底,以券其当否于他日。

(以上录自1894年9月12日《东京日日新闻》专栏《文苑》)

题帝国之华冠首

望月半山

菊如澹人曰:纵手迅笔,淋漓尽致,趣死真如归,徇义即我族,大书特笔,为东方男子吐气,真所谓帝国之华也。

菊如澹人曰：瞿铄哉此翁，已抗酒敌，又破诗军，想见豪气直冲牛斗也。

同得元

吉田竹南

又遇秋三五，寻盟同倒樽。山川分镜影，风露湛皇恩。塞上雁传信，诗中人健魂。遥知大营月，照到七星门。

菊如澹人曰：山川镜影，风露皇恩，造语极其精微，一结清壮。

（以上录自1894年9月29日《东京日日新闻》专栏《文苑》）

平壤行应制

蓝田 股野琢

金门仙史曰：皇上睿圣，允文允武。日清启衅，进大营于广岛，亲裁军机，运筹如神，我兵所向，连战皆克。而平壤之战，最为快捷，蓝田秘书监载笔扈从，应制赋此，笔挟风霜，亦词坛雄将也。多士济济，折冲御侮，我邦有焉。

菊如澹人曰：应制诗不敢用应制体，落笔纵横，屈伸变化，无不如意。规规拘拘乎绳墨之下，不能挪移半步者，那可与语此。

纪事一首呈桦山将军

介堂 古泽滋

菊如澹人曰：纵手迅笔，势气飞腾，"破碎胡船如破瓮"一句，叙得大孤山奋战情状，真如亲睹，其用笔爽利，极似放翁少作。

次 韵

草山 小仓信近

兵船何必用甲铁，胜算唯在方寸决。盖世骁雄常服众，希代伟才能破瓮。炮烟蔽海海卷涛，鲸呿鳌掷须臾尘。想见将军战罢后，舵楼横槊意态豪。

菊如澹人曰："银瓶乍破水浆迸，铁骑突出刀枪鸣"，笔势亦复尔尔。一结不让空同"白日不动苍天高"也。

（以上录自1894年10月2日《东京日日新闻》专栏《文苑》）

中秋有三松堂清集分韵得寒承前

尾张　水野芦洲

庭前松树蟠，龙影上栏干。举酒追苏轼，赋诗怀阿瞒。南飞乌鹊尽，西转斗牛寒。定识韩山月，英雄横槊看。

菊如澹人曰：吐嘱自然，风调爽绝。

同得肴

藤井紫水

我原重仁义，何物破邻交。笳声传海角，蛩语咽堂坳。此夕倾樽尽，伊谁把句敲。秋高寒剑气，明月挂松梢。

菊如澹人曰：起得有力量，前联承接亦工。

同得豪

高柳快堂

爽凄秋肃杀，庭事乐陶陶。云敛杯浮月，风来松起涛。南楼欣快报，西境想辛劳。兴极还生感，骚游属我曹。

菊如澹人曰：写景精致，后半流走自在。

同得麻

土居香国

悬军秋万里，大纛接高牙。明月光方遍，银河影欲斜。诗人切忧国，将士不思家。捷报从平壤，铁衣芳露华。

菊如澹人曰：破题宛然老杜手笔，五六更觉毕肖。

同得庚用吴梅村虎丘中秋新霁韵

石井梧冈

闻道韩山信，风云气未平。我军多猛士，何日剿胡兵。今夜中秋好，当空大月清。四檐松籁起，似听凯歌声。

菊如澹人曰：四十位贤人，不容一屠沽儿，章法井然，水到渠成，尤非作手不能，可称此集压卷。

同得青

栗木碧水

也逢三五夕，风云洒闲庭。月白千山影，秋寒一剑灵。赋诗谁感慨，被酒客飘零。壮志何时展，笳声半夜听。

菊如澹人曰："秋寒一剑灵"五字沉练，所谓骨重神寒者。

同得覃

小室屈山

马肥秋正酣，整旅入韩南。剑气冲天发，兵机抵掌谈。剪灯诗可赋，对月感何堪。遥想长征士，枕戈唯死甘。

菊如澹人曰：明治廿七年八月十三日，车驾驻于柳城，其翌即为阴历中秋，土居香国招问柳社诸子于其三松草堂，是夜碧天如洗，明月皎洁，余亦在从军之列，遥想诸子诗征酒逐之盛，神驰曷胜。今阅此卷，更弗忍释手。

（以上录自 1894 年 10 月 3 日《东京日日新闻》专栏《文苑》）

东学行

沉默斋主人

菊如澹人曰：短章促谔，如读古歌谣，直以事实为其音节，是即诗史之遗。余辈在从军之列者，郄未有只字纪盛者，读此惭恧何胜。

（以上录自 1894 年 10 月 4 日《东京日日新闻》专栏《文苑》）

名古屋欢迎员侑美酿曰胜军名甚佳赋一诗

耕云　三谷仲之助

王师振旅远西征，沿道欢声父老迎。倾尽一杯胜军酒，鼓将余勇入清京。

观李鸿章写影有感

一朝庙算太蹉跎，奈此胡清末路何。云雾冥濛州四百，余将战血洒山河。

菊如澹人曰：天戈所指，势如破竹，三谷中尉乃于役万里，胆勇气壮，其垂名竹帛，盖可偻指而待。兹三章即其左券也，委读之下，不禁神动肉跃。

（以上录自 1894 年 10 月 7 日《东京日日新闻》专栏《文苑》）

甲午九月奉拜军驾亲征感激之余恭赋七律八章兼寄怀随銮锦山槐南二先生

湘南　大久保随

菊如澹人曰：高华鸿明，有辞有藻，有采有色，取精华于初唐，佐以近代钱、吴诸家得力之处。出师以来，以诗为史者，不胜偻指，窃谓湘南八律，庶可以传于后世矣。不知台阁文章，谁与此一才人争衡者。

金门仙吏曰：湘南容貌清秀，如美女子，而其挥诗笔立坛坫，才力纵横，入而避易，坚阵莫不拔，高垒莫不摩。余私称湘南，曰诗中木村长门也。本题八首，雄浑隽丽，不使□水铙歌专美，他日王师凯旋，为湘南者，宜赋洗兵马以□□大纛，为诗人吐气，果如何哉！

（以上录自 1894 年 10 月 9 日《东京日日新闻》专栏《文苑》）

得月楼送栗本碧水之朝鲜赓其留别韵席上卒作五首

土居香国

菊如澹人曰：运意自在，六辔在手，则纵送罄控，莫不一如己意。第二首尤妙，诵其后半，使人不觉栗肌。

青灯有味斋夜坐赋似从弟元田少尉

东郭　落合为诚

菊如澹人曰：东郭所谓三河年少顾影自赏者，此种虽非其本色，亦自有俊气。一结掉尾殊见力量。

江楼即事

菊如澹人曰：对法流水，语意自然曲折，是黄仲则所喜者。

（以上录自1894年10月12日《东京日日新闻》专栏《文苑》）

寄怀锦山槐南两书记在广岛大本营

种竹　本田幸

菊如澹人曰：先炼其意，次选其词，再整其格，更审其调，千磨百琢，镂心雕肝，而后始出以示人，是为种竹诗。此种工夫，正非此君不能领略也。出京二旬，实不成半句，虽出事体极大，轻难下笔，亦职由不得此一段工夫，今读古人寄怀之仕，忸怩不禁矣。

金门仙吏曰：种竹山人诗，以精练胜，亦皇军奏捷于平壤海洋诸战，仆与槐南从军在大营驻跸处，羽檄旁午，二人共□□笔叹赏。

（以上录自1894年10月17日《东京日日新闻》专栏《文苑》）

山馆夜作

周峰　福原公亮

甲午仲秋作

清光可爱满皇州，何幸闲人此夕游。万里悬军边戍月，九重移坐外征秋。宵深白露下如雨，云尽碧天凉欲流。奚况大荒传战捷，凯歌先唱酒家楼。大荒谓塞外，见左太冲《吴都赋》。

菊如澹人曰：风骨遒健，气格苍老，所谓烈士暮年壮心不已者，虽栖隐于岩窟之中，而其雄气勃勃，不可抑词者，自溢言表。

（以上录自1894年10月19日《东京日日新闻》专栏《文苑》）

黄海歌并引

蓝田　股野琢

古梅曰：未曾有之盛世，未曾有之盛举，不可无此杰作也。

瓮江曰：叙事痛快，详记奇功，笔阵堂堂，可以扫千军矣。

菊如澹人曰：天才敏绝，而好为精练，其落笔飞动，直有龙升潭底，虎啸林间之概。黄海一战，惊天动地，有此椽笔，方许垂诸千古。

（以上录自1894年10月26日《东京日日新闻》专栏《文苑》）

高丽鹰诗并序

锦山　矢土胜之

菊如澹人曰：灵祥嘉瑞，远超隆古，而锦山此篇，浑灏博雅，金相玉质，直与汉代《朱鹭》、《赤雁》之什媲美，虽起燕许手笔于今日，亦不能争胜。昔李汉序昌黎文，称其"诡然而蛟龙翔，蔚然而鸾凤跃，锵然而韶钧鸣"，吾诵此篇，则知诗文无二途也。

高丽鹰行并引

槐南　森大来

金门仙吏曰：曰鱼龙、曰鹞首、曰樯乌、曰愁胡、曰鸭江、曰鹰扬、曰虫沙、曰晾鹰台、曰白翎雀、曰鲸鲵、曰虎豹、曰鸾凤，多点禽兽鳞介，使人有纵观一大动物园之思，而措辞命意，匪夷所思。世动曰槐南宗吴梅村，而此却师王渔洋。盖槐南最善读清人集，集其善以大成者，嗟呼韪哉！

甲午十月廿一日春和园雅集分韵得山字口占一绝以示众宾

春亩　伊藤博文

菊如澹人曰：春和胜会，冠盖如云，军国多事之秋，绰有余裕如此，雅量洪度，真有不可测者。此章虽属一时兴会，而规模恢廓，自见素养。孙逖所云"海内文章伯，朝端礼乐英。一言兴宝运，三入济群生"，移以赠之，当非贡谀。其翌予独游二叶山，山一名向阳，眺瞩甚佳，即用原韵赋一绝，今附于后，以代赞辞。诗云："翠微仙仗五云斑，白马银涛指顾间。自是丹衷表葵藿，霜枫红遍向阳山。"

（以上录自1894年10月30日《东京日日新闻》专栏《文苑》）

十月廿一日沧浪阁老大会诗友于广岛春和园席上分韵得精字

秦山　土方久

菊如澹人曰：直抒胸臆，文从字顺，不可凑泊一句，此亦当是神来之候。

（以上录自1894年10月31日《东京日日新闻》专栏《文苑》）

读灵鹰记

青萍　末松谦澄

菊如澹人曰：磅礴奡兀，步武眉山，正昌黎所云"景星庆云，必有争先睹之为快者"。方今庙廊笔札，不得不首屈指此君也。

金门仙吏曰：雄文健笔，气魄吞象，以"日东天子握乾符"起，以"长向万国建仪表"结，庄雅典重中，挟许多叙事，笔力驰驱，而章法严谨，为近日雅颂巨擘。

十月念一日春亩公春和园雅集即席赋呈

瓮江　川田刚

六师逾海国光宣，圣断兼知辅相贤。为遣胸中闲日月，来游域外好林泉。融风和气小春节，绿酒红灯绮席边。此际未曾忘敌忾，诗军争欲着先鞭。

菊如澹人曰：文章大匠，巨刃摩天，尔乃出之容易，不露一些圭角，语平意完，无复遗绪。岂老杜所谓“顾视清高气深稳”者非耶。今人枯肠文字，动辄聱牙戟口，险觅狂搜，若辈何足言哉。

十月念一日春亩公春和园雅集即席赋呈

靖庐　柴原和

菊如澹人曰：通首清空，匪苦心搜索而得，席上之诗唯以平稳为主，此种当在上品。

春亩相国春和园雅集分席上所揭诸匾额字面为韵得洽字

古梅　岩谷修

醉中再用前韵

菊如澹人曰：兴会所到，淋漓挥洒，不复加修饰，而莽苍之气、遒折之力，断匪夷所思，后首尤觉磊落不群，真足称此道劲将也。

（以上录自1894年11月1日《东京日日新闻》专栏《文苑》）

春和园雅集分韵得琴字

成斋　重野安绎

菊如澹人曰：隔句映带，匠心独苦，词林枝叶，亦具见学海波澜。

又一首奉次春亩相国诗韵

菊如澹人曰：眼大神雄。起二句颇拓人胸宇，三四落想亦奇，是画家所谓背面涂粉法。

分得风字

梅塘 本田亲雄

菊如澹人曰：此人人意中所有，而未能道破者，其爽快喻麻姑瘙痒。

分得熏字

古香 秋月种树

菊如澹人曰：与古梅先生"春和园里春风洽"同意，二十八字，稳匀之至。

分得春字

秋坪 宍户玑

菊如澹人曰：词平气和，诗亦以清澹胜，此中岂容一屠沽儿耶。

分得人字

畊堂 楫取哲

又一首次春亩相公韵

菊如澹人曰：鞭驱险韵，能畅所欲言，酒间豪骨，只当如此。山字押得尤响。

（以上录自1894年11月2日《东京日日新闻》专栏《文苑》）

春和园雅集分得落字

鸭北 宫本小一

菊如澹人曰：落笔俊迈，具此种心胸，便觉豪语自然涌出，可谓才以气雄者矣。

分得花字

靖庐　柴原和

菊如澹人曰：此老风情，正复不浅，柏梁联句，郭舍人有“啮美人唇甘若饴”之句，何必忌语带谐谑乎。

分得文字

渡边清

菊如澹人曰：气宇壮阔，工不在字句，前首起语，殊觉逸响入云。

分得章字

香澜　三浦安

菊如澹人曰：是日以灵鹰命题，不过借此以颂圣功神武，是古风人比兴之义也。近阅东京某新闻纸舞文巧诋，隐逞讥刺，其意在含血喷人，若辈胸中，惟有一片毒气耳。夏虫不可与语冬冰，岂不信夫。

（以上录自1894年11月3日《东京日日新闻》专栏《文苑》）

春和园雅集分得朋字

松香　长与专斋

菊如澹人曰：归美当朝，庄重无比，春和雅筵，惟于六句一点，七八拓开到瑞鹰一边，章法尤完密，是得体之作。

分得气字

九皋　冲守固

菊如澹人曰：冲吻而出，转见思致。

分得好字

瓮江　川田刚

菊如澹人曰:"爱才如爱宝"一句是主,末幅用意乃胚胎于此,通首毫发无憾,波澜老成,文坛伏波,谁敢撄其锋。

分得枝字

六桥　杉溪言长

菊如澹人曰:六桥君所谓翩翩佳公子,出语婉约,自见才调,三四以壮语一振,刚柔相济,恰到好处。

分得音字

锦洞　樱井能监

菊如澹人曰:"满坐"七字,写尽春相风度,"美人名士伴清吟",能悉其平生者,必抵掌称妙。

(以上录自1894年11月6日《东京日日新闻》专栏《文苑》)

春和园雅集分得玉字

青萍　末松谦澄

菊如澹人曰:既俊且逸,落笔欲飞,皇甫湜诗"心语适相应,出句多分外。于诸作者间,拔戟成一队",君应无愧此誉。

分得情字

桑山　小仓信近

又一首咏灵鹰

菊如澹人曰:笔姿飞动中自有一种英爽之气,咏鹰短章,当以此篇为遒上。

相国雅谯予亦陪席末坐上青萍君诗成即依其韵赋五古一章

旭岩　关谦之

菊如澹人曰：君妙吻诙谐，风靡一世，人动目以滑稽之雄，不知其真本领固有如此者，并篇洋洋洒洒，词畅气流，其品断不在白陆之下也。

春和园吟集余有小恙辞焉今晨三浦京尹来示春亩首相诗即时赋一章次韵以呈

龟崖　大给恒

又一首迭前韵

大给龟崖

即事次三浦京兆韵

大给龟崖

菊如澹人曰：五光十色，彩绣粲烂，真不愧□□□□□语。“云蒸霞蔚锦绣斑”七字，亦可以充此集唱和总赞。

（以上录自1894年11月7日《东京日日新闻》专栏《文苑》）

灵鹰歌

古香　秋月种树

菊如澹人曰：落笔超绝，不袭他人牙后一字，其奇恣滂葩，自合乎韩苏矩矱，使山阳赖氏读之，必激节称快矣。

灵鹰行

秦山　土方久元

金门仙吏曰：气骨浑厚，有典有则，脱去排比之迹，绝无雕饰之痕，风格极高。

菊如澹人曰：事完意足，虽乏辞藻，亦自有骨法，金门称其风格之高，可谓允当。

（以上录自1894年11月8日《东京日日新闻》专栏《文苑》）

用春亩相国原韵咏灵鹰

竹泉　横田香苗

又次香澜京兆韵

菊如澹人曰：本色语殊觉可诵，龟崖君云：此诗当为奏议，兼呈陆海二阁相，洵然。

春亩相公招同吟友以开盛宴余适当直不得趋陪赋此寄呈

蓝田　股野琢

菊如澹人曰：秘监清切禁近，夙以词翰称，是日坐少此君，殊为慊焉。二诗典庄，当不负为蓬山雄笔。

（以上录自1894年11月9日《东京日日新闻》专栏《文苑》）

甲午十月念一春亩相公招饮有微恙不得赴有此作

竹溪　平山成信

菊如澹人曰：简而得要，中二联皆耳目间事，笔墨极其洁净。

灵鹰诗应制

亀崖　大给恒

菊如澹人曰：布词清稳，转见爽气，称题之作。

灵鹰诗拟古并引

小石　河野征

菊如澹人曰：君在广岛，夙以通儒称，三章雅正典则，风度有余，可见学有渊源。余虽未识君，而诵此向往不禁矣。

（以上录自 1894 年 11 月 11 日《东京日日新闻》专栏《文苑》）

春和园雅集分得水字

无边　渡边国武

菊如澹人曰：即落□□同□谷河□水之意，海阔天空，一波不起。以禅机言之，正是廓然无圣时候，不知侠禅于个里又参透几重公案也。

同分得草字

越山　芳川显正

螳斧何当六师讨，威弧所指风加草。旭旗高飙凤凰城，龙舸深沉海洋岛。

菊如澹人曰：尝闻之本田种竹，越山君心折李王，故于物服两家，多所规抚。初不甚信，今读兹章，见其气骨卓荦，济南流风，千秋未坠，始知种竹不我欺矣。

灵鹰行

东芜　多田好问

菊如澹人曰：铺叙中多用本朝典故，以为断案，句法章法，并极其参差历落，而英思壮采，触绪纷来，辄觉语语活变，毫不粘滞，是近代梦文子之亚。

(以上录自 1894 年 11 月 13 日《东京日日新闻》专栏《文苑》)

鏖胡歌

必山　秋月新太郎

菊如澹人曰：必山君健笔老腕，锐不可当，此作一气而成，颇有建瓴直下之势，一结出人意表，相见搦管得意时也。

(以上录自 1894 年 11 月 14 日《东京日日新闻》专栏《文苑》)

将从军赴朔方路过黄薇访田边秋穀于玉岛手岛子谦亦在坐酒间赋此留别

青厓　国分　高胤

菊如澹人曰：追琢工稳，维矢口成章，亦自一字不苟。在明人中，是嗣苏门高响也。

青厓山人将赴朔方第一军幕以十一月十一日来于广陵余同金门仙史把臂一笑欢甚乃共饯饮旗亭酒间纵谈戎事雄剑欲鸣率赋七律二章为赆

菊如澹人

送青厓山人赴含雪将军幕

介堂　古泽滋

菊如澹人曰：高三十五之赴哥舒翰幕，杜陵有言，“答云一书记，所愧国士知。人实不易知，更须慎其仪”。含雪大将，勋业彪炳，固非哥舒老将之比。而青厓倜傥不羁，亦实在常侍之上。则介堂一律，顿挫沉郁，岂复多逊浣花叟耶。“饥鹰未饱肉，侧翅随人飞。高生跨鞍马，有似幽并儿”，余请为青厓三复数句，以壮其行。

(以上录自 1894 年 11 月 18 日《东京日日新闻》专栏《文苑》)

读灵鹰记恭赋

芹川　佐成源

菊如澹人曰：前月芹川与余同到吴港，历览松岛、比叡诸舰，故其写海战之状，如出亲睹，勃有生气，前人所云“百闻不如一见”者，诵此益信其确。

（以上录自1894年11月20日《东京日日新闻》专栏《文苑》）

国分子美将从军赴朔方路过黄薇访予庐酒间率赋送别

碧堂　田边华

菊如澹人曰：碧堂近日诗境一变，由查初白而溯钱、吴，终优入空同、遗山之城，如四律即其左券也。所谓“天风海涛，金钟大镛，莫能拟其所到”者，此其仿佛得之矣

（以上录自1894年11月21日《东京日日新闻》专栏《文苑》）

海鹰诗

碧堂　田边华

菊如澹人曰：简整中饶见飞动之势，盖笔力斗健，辄觉句意流走也。此种五律，当是李义山嫡派。

灵鹰行

蓝田　股野琢

菊如澹人曰：叙次曲折，真是一篇《灵鹰记》，台阁文字，须此庄雅之笔。

（以上录自1894年11月22日《东京日日新闻》专栏《文苑》）

北京将军日本刀引送青厓子从军

竹隐　高野清雄

菊如澹人曰：竹隐诗町畦独辟，笔墨戛然异人。明代王将军，为独眼龙所识，今日青厓，乃受含雪将军之知，彼为亡国遗民，此为兴朝名士，主客相形，只觉日本刀光焰万丈矣。其转开承接，用笔如舌，真所谓有灵心无腐语者。

（以上录自1894年11月27日《东京日日新闻》专栏《文苑》）

国青厓将从军赴朔方路过备中宿田碧堂家余亦来在碧堂之处遂同醉联榻而寐青厓有诗乃次其韵以送别

秋水　手岛知德

菊如澹人曰：神□气阔，约而得要，与青厓原唱对照，殆难分瑜亮。

（以上录自1894年11月29日《东京日日新闻》专栏《文苑》）

饮马长城窟行

竹隐　高野清雄

菊如澹人曰：学李青莲，而得其神诣，善读白也诗者，必知个中消息，难与门外汉道也。今人开口杜韩，满篇汉魏，而不知已堕济南、太仓窠臼，若辈真不能免沧浪"下劣诗魔"之讥矣。

（以上录自1894年12月5日《东京日日新闻》专栏《文苑》）

送国分青厓从军之清国

竹磎　森川键

菊如澹人曰：飘然来，飘然去，传出太白山人性格，宛然如见。其章法简炼，刷去冗漫语句，尤为妥贴。竹磎此种笔墨，多从黄仲则得来，此却近岑嘉州。

（以上录自1894年12月8日《东京日日新闻》专栏《文苑》）

吉语诗十八首

香村　小菅揆

菊如澹人曰：其一至其五，综叙朝鲜古来治乱兴亡，以见今祸源有自。其六至其八，丰岛、成欢、牙山诸役历历如绘。其九广岛进橐之盛，其十韩廷革改之难。其十一至其十六，专叙第一军之功，而平壤黄海诸大战皆系焉。其十七临时议会，其十八灵鹰呈瑞。合而观之，洋洋洒洒，如火如荼，洵兼史家之长，岂独文苑之豪。

（以上录自1894年12月13日《东京日日新闻》专栏《文苑》）

鹰之徕

竹磎　森川键

菊如澹人曰：三言纪事，自饶古味，作乐府何必袭汉魏面目，唯能如此，亦可以追蹑马卿、缪袭也。

送早川军医于役清国

菊如澹人曰：一气峭拔，句健无前，短古此为极则，"临阵遮莫"以下，有杜之生彩，而无其粗豪，足使空同避席。

（以上录自1894年12月19日《东京日日新闻》专栏《文苑》）

灵鹰行并引

星舍　末松房恭

菊如澹人曰：黄海之鹰，咏者连篇累牍，而实未有赋大连之鹰者，鹰亦有幸不幸，此篇乃著其第一鞭，鹰而有知，可无憾矣。

（以上录自1894年12月20日《东京日日新闻》专栏《文苑》）

瑞鹰诗并引

五峰　阪口恭

金门仙吏曰：俊伟腾踔，声光罴熊，朱雁金鸡与夫凤凰，所在点缀，生许多异采，陆离耀人目。

菊如澹人曰：措词颇有生采，“鹰扬我武”，“寿无敌”，偶与拙诗复，仆岂敢悭兹一语，而致令金玉之章湮没不传耶。

（以上录自1894年12月23日《东京日日新闻》专栏《文苑》）

虾夷锦歌

五峰　阪口恭

金门仙吏曰：假古形今，典切浑成，有是□五峰诗名，早已籍甚江湖。读去读来，宛然如展张七襄锦绣。

菊如澹人曰：开阖变化，动荡无前，具尔许大本领，不□是锦心绣口，此时此篇何足惜以下，把本题掀翻一番，淋漓酣畅之极。

（以上录自1894年12月25日《东京日日新闻》专栏《文苑》）

高千穗行并引

蓝川　小崎懋

金门仙吏曰：精悍勇拔，颇称题目，而先演高千穗名义，层层叙下，笔力周到。此稿邮到广岛，余偶以事归京，故稽缓数日，即批移菊如澹人，非敢懈也。

菊如澹人曰：优有词藻，所以可贵。此种题目，人人命意大抵相似，惟顾其落笔之何如耳。语动涉雷同，非所为病也。

（以上录自1894年12月26日《东京日日新闻》专栏《文苑》）

黄海之役灵鹰止于高千穗舰□上舰员获以献之赐名高千穗群臣献诗文奉贺其嘉瑞臣升亦谨赋巴调二首以献

东民渡边升

眼光如电气如虹，劲翮秋高横大空。呈瑞波涛千里外，承恩殿阁九重中。彼凶已伏蛟龙旆，我武维扬旭日风。玉架金条敛余勇，五云深处护行宫。

炮烟万雷怒，天地杀气浓。伏尸埋波波可步，热血和潮黄海红。龙斗虎争天地暮，一舰月升高千雄。何来□□儿，樯头瑞气曳，宛同白鱼跃入船，又似神鸟止锦旆。凯歌声涌山欲裂，我皇万岁万万岁。

菊如澹人曰：一律一古，具见力量。

（以上录自1894年12月28日《东京日日新闻》专栏《文苑》）

小集星社诸子于草堂即用《湖海楼集》中冬至前五日余公佑石尚卿许子公召集巢民先生得全堂即席分得一东二首韵同赋

竹磎　森川键

小筵不负有诸公，忘却光阴渐逼穷。满地霜华明皎洁，一天月色若玲珑。高怀正寄酒诗里，暖律将回谈笑中。想到广陵千里外，倚楼人唱望江东。

高谈也作万夫雄，意气一尊今夜同。毡帐哀笳胡地雪，铁衣明月塞门风。三更战马高嘶处，十万征人回首中。黄海盛京连报捷，余威容易靡山东。

菊如澹人曰：今日是何等之时，而诸君高会纵饮，酒酣耳热，宜其诗有变徵之声也。后首一气浑成，可拍铜斗而歌之。

寄国分青厓在第一军幕

裳川　岩溪晋

菊如澹人曰：气苍莽，力遒劲，格雄健，调悲壮，以赠青厓，真所谓毫发无憾矣。其必传之句，难更偻数，然余所最爱诵者则惟十四字，曰“如此山河谁割据，知无天地出英雄”。

（以上录自1894年12月29日《东京日日新闻》专栏《文苑》）

乙未元旦口号

槐南　森大来

醉后搦管，成此变调，虽似颓焉自放，所祖实在青莲，且吟且饮，狂兴不禁，戏□全□，聊以自喜，句之工拙，固在不计也。知音君子，其笑而恕之。□春初吉，菊如澹人试笔。

（以上录自1895年1月1日《东京日日新闻》专栏《文苑》）

甲午除夕祭诗龛祭诗与星社诸君同赋辄次裳川首唱韵

石埭　永坂周

刀兵阅一劫，文章惭后尘。久被今人薄，仍独爱古人。谁冀毁后誉，似求幻中真。老来频局促，流景急飞轮。一年惜一刻，开龛又邀宾。聊具尊中旨，且劝盘上辛。祭诗弄古典，定遭岛佛嗔。筑台名避债，嫌其不雅驯。灯火二三点，青荧与竹邻。醉谈张虚势，贫极不言贫。交固在文字，无如同社亲。各自有所喜，而存一色醇。诸君富著作，已期到等身。此夕同为祭，珠玉何璘彬。忽念远征旅，攻略势若神。忠勇勒片石，冰雪凛不泯。悯渠漫恃大，难保国唇齿。食浆争载路，户户署顺民。彼险为我固，宜哉兵贵因。颂捷吾辈事，斗笔入青春。

菊如澹人曰：辞旨清捷，思若涌泉，一起已觉卓然超出时流之外，是曼陀矜尚处。“祭诗弄古典”以下，笔墨酣嬉，俊思横溢，末幅忽一提笔，逗入时事，以祝捷迎春作结，所谓神到气到笔到者。

甲午除夜玉池祭诗龛小集次岩溪裳川韵

槐南　森大来

旋从属重后，未卸征衣尘。不知岁云暮，笑睹游宕人。一龛诗作供，镜中花气真。忽惊鬓毛短，乌兔无亭轮。忆昨奉清跸，共事莲幕宾。传说宵旰切，岂不忘艰辛。官卑尚招谤，言好翻见嗔。众口金可铄，我性龙难驯。多谢故人谊，待我如交邻。不弃广文冷，常谅长卿贫。是夕俱泼散，莫非同调亲。灌佛以米汁，气味醇乎醇。画禅同一理，墨梅殊自珍。雪蕊照瓯盌，妙香吹帻巾。诗品最高绝，明月君前身。流葩骨亦韵，质玉文更彬。为君述闻见，天兵机若神。辽阳不日得，敢教弓箭泯。威风伏婺面，王化迨穿唇。苟识文字者，盍作扶桑民。醉言漏已下，明发灯相因。遥思帐殿曙，仙□□含春。

（以上录自1895年1月5日《东京日日新闻》专栏《文苑》）

佐伯安《舰队从军记》载天野田边唱和诗

（以上录自1895年1月6日《东京日日新闻》专栏《文苑》）

乙未岁朝书怀一百二十韵

宁斋　野口弌

菊如澹人曰：彬彬郁郁，一千二百言，钩□万有，开辟元化，凡出师以来，进营而后，大事不可不纪者，逐层分段，委曲详尽，虽陟泰华而见云霞峰峼之奇秀，泛溟渤而睹洪澜瑰宝之精丽，未足喻其万一。古今著作之府，岂有盛于斯者耶。开春第一，见兹鸿章巨篇，亦可以卜吾诗运，实与国同隆，兴念到此，予乃不觉手之舞之，足之蹈之。

（以上录自1895年1月9日《东京日日新闻》专栏《文苑》）

乙未元旦恭赋

锦山　矢土胜之

菊如澹人曰：结体雅典，吐属安和，极整丽中，偏能神纵气逸，故觉敲金戛玉，每句皆响，洵鸾台巨匠、凤阁伟才也。庸流学此，动落呆相，此惟可与知者言。

乙未上日

石埭　永坂周

菊如澹人曰：二联庄重，脱去平生面目，盖体制不得不如是也。然纯以一片隽气贯之，仍是玉池仙笔，夫胪陈万国衣冠、九天日月，徒书虚套，绝无生气者，岂得梦思耶。起结回映，章法尤飞动。

新正三日偕乐园酒间次槐南韵

森槐南原诗

六日草堂小集迭前韵

天地春风开乐乡，欲于何土寄吾狂。洗兵辽海星生角，牧马燕山雪作粮。对垒相持皆酒士，出门一笑是沙场。花前同作封侯梦，谁卧卢龙塞上霜。

酒酣放歌三迭前韵

芙蓉晴雪镇仙乡，草药难医是酒狂。三岛好翻秦故事，九州去觅禹余粮。人烟朔北新疆土，鬼火辽东旧战场。大笑董龙鸡狗耳，醉魂吓破蓟□霜。

（以上录自1895年1月10日《东京日日新闻》专栏《文苑》）

春初永坂君石埭偕乐园雅集招同槐南种竹及余槐南有诗迭次其韵同人唱和复始

锦山　矢土胜之

开拓春风诗酒乡，头番偕乐发清狂。曾从大驾叨簪笔，屡赴行宫不裹粮。霜雪拟赓吟百首，莺花豫约饮千场。建功边徼多军将，待诏金门二十霜。

只惜青厓客异乡，倒裳无复旧诗狂。春寒帐幕酒增债，战罢山河诗富粮。老将自能延隐士，高材争可老名场。何当与汝寻斯会，缕切銮刀饱脍霜。

（以上录自1895年1月11日《东京日日新闻》专栏《文苑》）

答人劝从军二首

宁斋　野口弌

菊如澹人曰：文章千古，得失寸心。其所自期许者如此，何必投笔从戎，磨盾草檄，始称豪耶？前首落笔，天外奇峰，不特其语似赵，神气骨力，宛然当年第二人也。

（以上录自1895年1月12日《东京日日新闻》专栏《文苑》）

清国八仙歌

吐诗史

（以上录自1895年1月20日《东京日日新闻》专栏《文苑》）

代远征将士书怀用锦山槐南唱和韵

东民渡边升

金门仙吏曰：东民先生材兼文武，其诗专主精神，兹篇颈颔联络，字字皆响，当推近业中翘楚。

菊如澹人曰：诗无闲语，笔有余勇，一结铿尔，如龙泉太阿啸鸣于宝匣中。

乙未新正作三首

古梅　岩谷修

金门仙吏曰：古梅先生，圣朝老词臣，吐嘱清新，不愧中兴雅颂。

菊如澹人曰：诗思敏绝，出以□□之笔，看似□□，而实不易到。

（以上录自1895年1月23日《东京日日新闻》专栏《文苑》）

元旦口号

竹磎　森川键

菊如澹人曰：调轻语俊，如读唐代歌谣，“天下东风入杨柳，草堂春色在梅花”，其高自位置，略可窥见。

（以上录自1895年1月25日《东京日日新闻》专栏《文苑》）

满江红·贺皇军连捷

秋苹　金井雄

菊如澹人曰：沉着无一虚响，秋苹平生酷嗜蒋茗生《铜弦》一集，读此词知得力有由。

（以上录自1895年2月3日《东京日日新闻》专栏《文苑》）

永遇乐·甲午除夕祭诗龛雅集赋

竹磎　森川键

爆竹声喧，祭诗人集，一年除夜。门柳□眉，瓶梅笑口，漏泻春光乍。流香绿蚁，分辉红蜡，贾岛佛前闲话。醉陶陶，逢场作词，不知外边塞也。　　可怜万里，从军塞上，载笔跨鞍行者。今夜思乡，明朝回首，定有边愁惹。谈何容易，杯方狼藉，玉漏点更三下。想人散、深龛静处，熹微牖罅。

菊如澹人曰：泼散筵上，甲谈乙笑，一阕足以尽之。换头数语，以青厓从军借作话头，当夜情况，唯此已思过半。

满江红·甲午岁晚填词三阙选一

凛凛凄凄，看卷地、北风何急。吹不尽、寒山枯木，动心惊魄。断雁叫过星欲冻，夜鸟啼断霜方积。怕长征、十五万人头，一时白。

关山月，空孤寂，陇头水，仍呜咽。问甚么荒秽。塞边风色。诸将忘生能斗战，君王宵旰无遑息。待凯旋时节击瓯歌，天皇德。

菊如澹人曰：淋漓铁板，神乎稼轩，中词□稍缓和，亦觉一片柔情如水，末阙即此腔本色。

（以上录自 1895 年 2 月 6 日《东京日日新闻》专栏《文苑》）

呈山县大将

蓝田　股野琢

鲤城口占

菊如澹人曰：赠大将一律，端庄得体。

（以上录自 1895 年 2 月 17 日《东京日日新闻》专栏《文苑》）

四用前韵寄一老兵君

半山子

今年海战胜去年，刘公敌舰几只全。司令长官何诙谐，嘲弄劝降书一篇。定远轰沉来□□，汝昌□玉□在天。败余残舰遁何处？深潜二千米奥渊。分别全无降□外，斯成果亦宿世缘。支那岂□舰队弱，山东陆兵蹶且颠。水路战争□大负，大国狼狈末路怜。媾和先破晒赤耻，更欲泣付无方便。清廷大臣多螺吹，以来谈判限□□。最早容易难满足，乞和条件不及穿。非屠北京降血雨，到底难觉此迄眠。胜者常依我慢强，请见□推首颈牵。战争亦不异此理，无二无三突贯专。休言军费或难支，有一亿五千万圆。追加豫算超此上，国家经济非难旋。最后须假近卫力，其时任君等腕前。况扣历历总大将，国家柱石有山县。帝础万代与岩坚，皇泽不尽亦如泉。战后恩赏应泽山。不要君贮金十钱。

散录子评：迭韵至四，笔力益劲，韵法益整。与皇军经百战，战法益熟同其观，何等快绝，何等壮绝。不知竹桥老将军，有再试应战之勇否。

（以上录自1895年2月19日《东京日日新闻》专栏《散录》）

时事杂感

岛玉山人

日东从此益繁昌，朔北唯今近灭亡。枪手遗方藤内阁，剑吞仕事李中堂。

清国欲亡无救方，英人难救是兹场。媾和申込真堪笑，千万愚痴并得长。

一亿万圆金可偿，加之领地任其望。诧言口上余程苦，泣语详谈成丈长。

已无肝玉又无肠，吓语毛唐人本场。其手桑名烧蛤蜊，甘过谈判巨盆枪。

评：四首浑成，无隙可击。藤内阁李中堂，作者得意巧对。

二月十四日清国水师提督丁汝昌请降之报至愉快何限乃赋雀跃歌志喜

明治二十有八年，二月吉日开运全。清国水师丁提督，神妙受纳劝降篇。兵器弹药皆投出，白纛差立命耶天。只愿兵士有浮濑，不问军舰沉深渊。所余仅仅四五只，能能日本似有缘。彼操江号仕合者，早因降参无此颠。旭旗高扬大得意，却怜提督迟乞怜。当其提督势未拔，偏恃海岸舟回便。吕顺威海大事港，纵令殒命何见捐。不厌此身铳剑刺，不厌此身弹丸穿。取棍一一定所向，枕戈六六难成眠。何事失败报频至，不耐臆病风遂牵。为贫为钝负粪烧，千万取越苦劳专。工夫工□今尽果，引込目栗玉偏圆。最初意气込何处，自乞慈悲赖周旋。流石降参御气毒，飞鸟欲落其以前。以前扨□自今后，都合却宜吾府县。文明空气十分吸，况有伊丹酒如泉。雀跃歌成恐悦极，诸君勿吝祝宴钱。

评：此篇系丁汝昌自杀未传时之作，然造句颇达者，不可沉之珍什，故采焉。

（以上录自1895年2月22日《东京日日新闻》专栏《散录》）

乙未元旦在松岛和松阴先生新年诗韵

梅城　吉田库三

观澜亭里值佳辰，盘有鲜鳞瓢有醇。蛮境拓图归帝土，边氓输贡即王民。朝晖射海波光净，夜雪洗枝松霭新。多幸身游名胜地，恭迎文缉政熙春。

菊如澹人曰：庄重称体。

（以上录自1895年2月27日《东京日日新闻》专栏《文苑》）

寄竹桥一老兵三迭韵

岛玉山人

战争引续及今年，我军海陆俱安全。支那大将气乐甚，出鳕目嘘八百篇。死一旦易生不易，棚饼在棚运在天。国之灭亡无据事，难换妻子沉泪渊。乍并体裁可不作，申译败北谓因缘。丰岛黄海些细负，牙山平壤鸟渡颠。示弱诱敌军极意，闻者称尤真可怜。口先虽甘了简秽，譬如寝床垂小便。武将之下弱虫涌，虻蜂不取命何捐。豚尻尾日本刀切，目栗玉村田铳穿。

思之昼夜大心配，食不通喉寝不眠。每闻号令身毛立，恰似屠所羊被牵。进退维谷诠方尽，四十八手欲逃专。忽为将军所捕获，更不隐立云圆圆。流石下郎口无性，白状及此宜凯旋。大将虽出瘦我慢，最早难缮上手前。尻挂帆走旅顺港，足于空逃安东县。北京落城在近日，分取如山又如泉。寄语竹桥一兵士，不须每月贮十钱。

散录子曰：前篇构思已妙，造语亦写寐惚之真。散录子十年前之境涯，却贫于此诗矣。后作虽出一气，不免些粗杂。

（以上录自1895年3月1日《东京日日新闻》专栏《散录》）

二月十七日更深有人叩门传黑田羽皋伯书披之有题《偶然有感》“刀折矢歼臣事毕，独留苦节水芳芬”句盖吊敌将丁禹廷水师提督之辞也予添数绝句亦聊致追悼之意云

栗香 宫岛诚一郎

七首如一串珠，顺序井然，自陆战及海战，论彼大败非战罪因天亡，终悼禹廷之末路，叙昔之交欢，无一凑漕，可谓诗史。

次韵二首

冈本黄石

一片降旗舰上翻，旬余炮击忽无痕。春波漾漾三千里，遥吊英雄未死魂。

芝山谈笑忆当时，砥柱中流空有诗。还恨千秋违宿志，孤衷唯使故人知。

乙未雨水节后三日于晚晴阁南窗。八十五顽仙黄石冈本迪妄批

（以上录自1895年3月5日《东京日日新闻》专栏《文苑》）

送高杉君东一赴任支那金州

锦山 矢土胜之

附森槐南同题诗

（以上录自1895年3月7日《东京日日新闻》专栏《文苑》）

乙未二月十八日奥氏欵乃村庄看梅筵上观明宁靖王梅花诗幅真迹并引

石埭　永坂周

王名卫桂，字天球，太祖九世孙，长阳王卫雅之弟也。当明社末运，督军屡溃，流寓四方，及朱成功取台湾，携家就凤山县之竹沪，垦田自赡。闻澎湖之败，又闻刘国轩议降，乃曰"吾事毕矣"。竟投缳而死。姬媵五人殉之。其临终也，环坐欢饮，赋五言绝句一首曰："艰辛游海外，总为几茎发，于今事已毕，祖宗应容纳。"详于《小腆纪传》。

十三陵树风雨荒，潞王琴碎福王亡。艰辛总为几茎发，衣冠独有宁靖王。鼓声惨咽澎湖水，回天无力唯有死。五个婵娟齐致身，凤山一角残日紫。想其引决投缳时，从容把酒又赋诗。祖宗有灵能容纳，仅仅廿字气淋漓。遗墨流传神所护，海东亦存梅花句。忠芬义芳凝未消，银钩铁画千载慕。奥君得之不示人，巾箱什袭深自珍。偶于时事有所感，展观欲拂堂壁尘。看梅订约爰邀客，捧出只幅如拱璧。一座观者忽肃然，花气袭人春灯白。昨夜登莱草木腥，北洋颓归泐轰霆。后三百年有今日，王也地下可以瞑。

菊如澹人曰：宁王殉节，是何等轰轰烈烈之事，梅花诗幅，偶见其风雅余绪，况有五姬捐躯，今借玉池哀丽之词，传芳千古。殆如待后三百年有此人此笔者矣。"忠芬义芳凝未消，银钩铁画千载慕"两句断案，庶乎不朽，结段影写时事，妙在言外。

（以上录自1895年3月8日《东京日日新闻》专栏《文苑》）

送元田少尉从军赴清国

东郭　落合为诚

菊如澹人曰：东郭，东野先生外孙，今送表弟从军，立意则以乃祖为本，通篇挚厚，极为得体。

（以上录自1895年3月9日《东京日日新闻》专栏《文苑》）

题富士山图送荒浪岳川赴朝鲜

野口宁斋

天地钟灵画里看，闻君携此赴三韩。千年雪净仙云润，八朵莲开瑞气攒。日出中宵朝万国，霞蒸大麓俯群峦。悬车曾向东方拜，说到当年鬼上官。

菊如澹人曰：富岳嵘峥，洵东洋之望，如彼岱宗，直不过一培塿耳。七八绝好典故，又切富山，又切朝鲜，如预为此诗而设者。

（以上录自1895年3月13日《东京日日新闻》专栏《文苑》）

九连城红螺杯歌赠云心居士

宁斋　野口弌

菊如澹人曰：□刻□形容，不□□□鼓，中幅新人一解，忽放异彩，亦所谓刚健中含婀娜者也。结处无□无波，妙在□尽霸□不尽，□□□□□中央□□□。

（以上录自1895年4月10日《东京日日新闻》专栏《文苑》）

寄怀槐南先生在广岛次留别诗韵

宁斋　野口弌

菊如澹人曰：予初出都，所自期实如此，然局势之变，不可豫测，今尚滞淫马关，川长水远，愁闻棹歌，醉后拍栏唱此诗，转不任神驰矣。

寄怀国分子美在满洲

菊如澹人曰：安东故人，杳无消息，闻近日种竹亦有意苇航，虽成否未卜，窃恐东都词坛自兹更加寂寞也。

赠森槐南在大本营

秋苹　金井雄

菊如澹人曰：溢美过誉，何以克当。但“三李堂椽几尺添”七字，知己之言，不敢不受。

（以上录自1895年4月11日《东京日日新闻》专栏《文苑》）

吊桦山中尉阵亡

高桥骑兵中尉

（以上录自1895年4月17日《东京日日新闻》专栏《文苑》）

赠日本总医监佐藤

少筌　李鸿章

耄年持节赴东瀛，愿化干戈见太平。盟约重申同富弼，休成一掷鄙荆卿。奇才医国君无敌，好手回春我再生。待乞宝星邀上赏，绿章归去达通明。

右合肥近制见于门司新报有人诵此即代佐藤总监依韵赋一章亦颇可观今录诸后

四环星屿护蓬瀛，杲日霞鲜海镜平。和局欲成思魏绛，节旄临秃悯苏卿。飞丸血渐樱花落，滋雨梦回春草生。自是东皇赐灵药，敢珍丹篆下通明。

明治乙未四月在马关春帆寓公识

（以上录自1895年4月18日《东京日日新闻》专栏《文苑》）

明治二十八年四月清国事平天子还跸于西京臣滋伏睹盛事不胜踊跃谨赋皇武曲五章奉呈总理大臣伊藤公

介堂　古泽滋

菊如澹人曰：绝句以太白为本，傅以北宋诸家肌理，故体制神气，俱臻极则，真雅典庄重文字也。是日予亦随首相扈跸，眼观盛仪，所以诵此愈弗忍释矣。

（以上录自1895年5月14日《东京日日新闻》专栏《文苑》）

恭奉贺征清皇军凯旋四言百六十韵

海浦竹斋

征清始末包罗于一千二百八十言中，板填不失之钝滞，牵凑不失之肤浮，惟其意所欲为，不古不今，自成一格，亦可谓大作鸿匠矣。乙未五月三十日金门仙吏手记

（以上录自1895年5月30日《东京日日新闻》专栏《文苑》）

雨中京邸杂感

槐南　森大来

吴梅村《鸳湖曲》云“君不见粘天波浪一叶危，收帆也怕转船迟。世间无限风波苦，输与江湖钓叟知。”天下之事，大约作如是观矣。顷扈跸驻都者三旬，南禅长乐，诗人埋骨之坟；三树月波，才士征歌之地。聚散如云，隆替同梦，以今况古，百端交集。茫茫心绪，乱不可理，则岂累千百言所能尽耶。故形诸词者，唯此五十六字。

（以上录自1895年6月8日《东京日日新闻》专栏《文苑》）

联队旗歌送叔父高桥少尉从军

宁斋　野口弌

天才隽拔，风格雄峭，尝与宁斋语，如入冰雪窖，令人冷畏，谁知

诗亦有之。兹篇用每句韵法，尤其自在，首句起至“总是英雄酣战姿”句，纯是一气盘旋，笔如风耳。菊如澹人批

（以上录自1895年6月11日《东京日日新闻》专栏《文苑》）

介堂明府招饮楼云台同向山黄村薄井小莲龟谷省轩矢土锦山森槐南国分青厓本田种竹诸先及桂湖村席上率赋四律呈政

湘南　大久保随

开阖动荡中，仍见凄□幽婉之气，若人才调，殆近时吴谷人矣。席上传观，种竹谓“骇浪”句颇肖余琉球旧制，不知余又曾有“东寺钟声西寺雨，南朝月色北朝花”句也。是日余作五律二章赠青厓云：“与君广陵别，坲袂酒犹新，苦月穹庐夜，庆雷辇路春。□□□酒客，军幕檄诗人。各有当为事，归来情更亲。”“把酒重相见，风流剌史筵。嘉宾交□□。□□□林泉。笳鼓闻犹昨，竹丝纷涌□。□□□□□，望海□□□。”菊如澹人

（以上录自1895年6月18日《东京日日新闻》专栏《文苑》）

凯旋歌并序

风洲　土屋弘

昨于《日本新闻》见黄村翁三律，庄雅典则，极有法度。三绝可以嗣响矣。菊如澹人

（以上录自1895年6月20日《东京日日新闻》专栏《文苑》）

偕乐园集赋似五峰四律选一

湘南　大久保随

和局春风忽告成，可无金石勒功名。澎湖日拜鱼龙影，渤海涛收霹雳声。自有奇才争磊落，狂拚醉骨独□□。卷帘行看浮云色，一阵黄昏雨洗兵。

才□气迈，笔健词雄。其中时见旖旎语，却又巧不伤雅。要之绝去依傍，另辟町畦，在晚唐则杜牧之□□□□则刘后村也。菊如澹人批

（以上录自1895年6月21日《东京日日新闻》专栏《文苑》）

大洗海水浴题辞

石埭　永坂周

笔墨飒沓，如听噌吰澎湃之声。此种绝句，爽快无前，谁不击节三叹。菊如澹人

（以上录自1895年6月22日《东京日日新闻》专栏《文苑》）

还辽东

竹磎　森川键

魏缪袭拟古铙吹歌，神理约略似之。结处别具一段见识，不是书生迂论。

上之回

亦能韵短意长，颂圣德于无穷，不容有松懈词也。菊如澹人

（以上录自1895年6月25日《东京日日新闻》专栏《文苑》）

有怀五首

槐南　森大来

六月十九日，同人张谯于樱云台，予偶为防风氏，有一达官，赋俳体揶揄，满堂哄然矣。率作一律解嘲，语意未足，后续成五首，改头换面，破费经营，以为惟此可出以示人。茫茫天地，亦何忧无知己乎，乃录。菊如澹人

（以上录自1895年6月28日《东京日日新闻》专栏《文苑》）

乙未晚夏与星社诸贤饮东台樱云台席上分韵得寒

云心　大庭景阳

云心胸襟磊落，故诗亦如光风霁月，字字天真流露，若使有半点芥蒂，便虽力作豪语，终不免伪性情矣。吾于是重之。菊如澹人

（以上录自1895年6月30日《东京日日新闻》专栏《文苑》）

六月二十九日芝浦晴瞩亭小集分韵得歌

槐南　森大来

是日小仓桑山警视作东，会者四人，末松青萍、矢土锦山、野出梅南及予，皆曾随豹尾在广陵者。桑、萍围棋，而萍随与锦、槐赌酒，而槐先颓然矣。拈韵赋此，相顾齿粲。

海楼分韵得真

青萍　末松谦澄

气象颇有明人"马首桓州又懿州"之概。二四初作"个里何堪倚栏望，天南万里远征人"。锦山谓"望"字与二句"眼看"相碍，因改以"角"字。既而青萍先去，如意其歉者，俄反车而至，大呼曰改"远"为"有"，结句之意始俪矣。一座惊其热肠，若"长啸"二字，则予所僭拟。菊如澹人

（以上录自1895年7月1日《东京日日新闻》专栏《文苑》）

《大纛余光》题辞

槐南　森大来

顷野口宁斋汇征清诸吟咏为一集，命曰《大纛余光》，披沙集腋，殚心搜罗，每首系以评语，亦皆动关时事，本末悉备，可作异日知人论世之资，洵必传之书也。即以《诗序》、《毛传》拟之，谁谓溢美耶？

水调歌头

秋苹　金井雄

昔金圣叹与其友斫山赌说快事，其一云：夏七月赤日停天，亦无风，亦无云；前后庭赫然如洪炉，无一鸟敢来飞。汗出遍身，纵横成渠。置饭于前，不可得吃。呼簟欲卧地上，则地湿如膏，苍蝇又来，缘颈附鼻，驱之不去。正莫可如何，忽然大黑，车轴疾澍，澎湃之声，如数百万金鼓，檐溜浩于瀑布，身汗顿收，地燥如扫，苍蝇尽去，饭便得吃。不亦快哉！当朝局纷纭，国论喧豗之时，试把秋苹此调，和铁绰板放声大唱，则其快亦当居此上。菊如澹人

（以上录自 1895 年 7 月 5 日《东京日日新闻》专栏《文苑》）

送横川唐阳之台湾

竹磎　森川键

情溢楮墨，真挚无比。菊如澹人

（以上录自 1895 年 7 月 7 日《东京日日新闻》专栏《文苑》）

寄国分青厓

竹隐　高野清雄

南望匈奴涕泪斑，汉家闻道弃阴山。凭君落日长烟里，收拾沙场白骨还。

气骨苍凉，意沉语郁，正是无可奈何之极。青厓得此，唯当斫地而歌矣。或疑第一句南望字，不知是以满廷拟匈奴耳。菊如澹人

（以上录自 1895 年 7 月 10 日《东京日日新闻》专栏《文苑》）

乙未六月十九日樱云台雅集，邀宴槐南青厓二君偶余归自战地邂逅旧舍诸君宛有再生之感探韵即赋博诸君之粲

畊云　三谷仲之助

昨阅新闻纸，得读君军中诸作，韬钤余事，讲此风流，宜有弓衣织句之誉。兹篇清楚，又适见其襟胸洒脱。菊如澹人

（以上录自1895年7月13日《东京日日新闻》专栏《文苑》）

送横川唐阳以军医赴台湾

槐南　森大来

太白《远别离》，正叙皇英别离之苦，而忽云“我纵言之将何补，皇穹窃恐不照余之忠诚，雷凭凭兮欲吼怒。君失臣兮龙为鱼，权归臣兮鼠变虎”。试想此数句，与尧二女，有何所交涉，则可悟借端发挥之理矣。顷读汪钝翁《黄鱼》诗，有言“自从洲岛阻兵燹，鲸鲵窜逸稽天诛。诏书尺一禁航海，渔师安敢帆扬浦。蛤蜊海母尚难致，况望此鱼供客需”，又云“庙堂日竢羽书捷，戈船诸将今何如”，盖是时郑成功据台湾，清师屡败，故亦借端发挥，沈归愚采入《别裁》中，谓“食物之细，传出东南兵防，纤小题觉大有关系”。余作是诗时，随手以南华点逗本意，非敢谓学之，聊记以志所向往。菊如澹人

（以上录自1895年7月16日《东京日日新闻》专栏《文苑》）

送横川唐阳赴台湾

野口宁斋

唐阳始释褐，辄万里从戎，鲛区蜃阙，奇气荡胸。犵花猺鸟，异观□目，可谓不负十年所学矣。兹篇刀匕二字，已切其人，一结映带，如睹心旌摇摇之状。

寄怀森鸥外在台湾

文章经济，本自一致，活国活人，亦岂异涂。博士抱负之大，世所倶仰，施诸新疆，不受他人羁勒，丈夫快心之事，蔑以加矣。读宁斋寄怀之作，予又曷胜见猎心喜乎。菊如澹人

读赵翼《武功纪盛》有感台湾平定事赋一律即送松田学鸥赴总督府

轩然而来，神足气完，所谓章法之妙，不见句法者也。七八意暗以今日之赵翼相期，为学鸥者，其可不勖哉。菊如澹人

（以上录自1895年7月19日《东京日日新闻》专栏《文苑》）

乙未七月将赴台湾有作二首

松田学鸥

封疆新拓，恩威兼施，小丑跳梁，不日殄灭。正李献吉所谓“越南海北霹雳动，蛮夷尽奉王正月”时也。诗亦格健神勇，不愧空同。菊如澹人

（以上录自1895年7月20日《东京日日新闻》专栏《文苑》）

送横川近卫军医赴台湾次宁斋韵

石埭　永坂周

格振气整，音响亦壮，是岂以句字摹杜律者之比耶。七八绝妙譬喻，特恐读者为采丽夺目，不能玩其立意之工耳。菊如澹人

（以上录自1895年7月23日《东京日日新闻》专栏《文苑》）

送家兄唐阳之台湾

云波　横川回

兄弟唱和，不让眉山二苏，手足关情，何减对床听雨。菊如澹人

（以上录自1895年7月30日《东京日日新闻》专栏《文苑》）

破阵乐·闻早川峡南谈太平山之战赋

竹磎　森川键

倚声填腔，乃能详叙战况，宛如目睹，毫不受音律之束缚，词至是而技神矣。前段尤酣畅。菊如澹人

（以上录自1895年7月31日《东京日日新闻》专栏《文苑》）

有怀赋三律

素老　井伏秋瓦

意义明鬯，语亦少疵累，第三首自能沉着，无喧呼叫呶、露　攘臂之恶态，诗家须此敦厚。菊如澹人

（以上录自1895年8月13日《东京日日新闻》专栏《文苑》）

送水野遵君以政令部长之官台湾恭赋呈正

梅南　高田有

二首气振格超，梅南君近业，是为杰制，闻君顷日枕葄梅村集，瑶琴酉眷诸联，仿佛得之矣。

（以上录自1895年8月28日《东京日日新闻》专栏《文苑》）

送土居邮便提理赴台湾

介堂　古泽滋

台地风土气候，建置沿革，以及新官泛槎，邮政就绪，无不罗缕于五十六字中。诗家清空一派，往往流于肤浅，才学如此君，而始可以不愧古人。菊如澹人

（以上录自1895年8月29日《东京日日新闻》专栏《文苑》）

送土居香国赴官台湾

槐南　森大来

（以上录自1895年8月31日《东京日日新闻》专栏《文苑》）

送土居递信记事赴任台湾

东郭　落合为诚

前半动荡，后半清壮，合而观之，洵为雄奇杰特之作。香国赴任，送别之什何啻盈轴，然求其确切难移者，此当居有数。菊如澹人

（以上录自 1895 年 9 月 1 日《东京日日新闻》专栏《文苑》）

横岙聚远楼雅集分韵得删

楼高心却小，烟雨满人寰。蛮岛有攸抗，王师遒未还。名臣列廊庙，志士老江山。愧对风光大，吴船吞半湾。

由望海而念及蛮岛抗命，小小文字，煞有关系。菊如澹人

（以上录自 1895 年 9 月 13 日《东京日日新闻》专栏《文苑》）

送香国土居书记赴任台湾

杉山千和

千和翁手谈神妙，海内无敌。诗亦陶写性灵，笔意俱到。其老而益壮，气不少衰，即此篇可以窥见，岂不可庆。菊如澹人

星冈茶寮送土居香国之台湾

裳川　岩溪晋

祖筵初遇酒杯间，掉首投荒鬓未斑。地入版图风偃草，蛮分部落树如山。闻生蕃土人栖息于深林之中，时出寇，熟蕃土人长之□伐林木备不虞，故生熟两蕃以林木有无，其境界相分。蛟潜潭水瘴氛黑，鬼哭野花猩血殷。君见碧天今夜月，虾蟆蚀处是台湾。

深刻中多见峭拔，诗亦犹如台地出山川欤。结处就目前指点，却未经人道。昔人云豫章善学杜少陵，裳川则可谓善学豫章矣。

（以上录自 1895 年 9 月 14 日《东京日日新闻》专栏《文苑》）

送土居香国赴任台湾

青山　田中光显

五十六字，神气流注，不容一懈辞，居然作手，与介堂赠别诗并诵，当分鲁卫已。菊如澹人

（以上录自1895年10月4日《东京日日新闻》专栏《文苑》）

八月二十八日星冈茶寮送土居香国赴台湾兼寄横川唐阳

霞庵　关泽清修

以目前景语起结，中幅忽叙顽民抗命，圣德怀柔之事，仍归到送别寄怀意，大段分明，意义舒畅，宜推杰特之作。

（以上录自1895年10月5日《东京日日新闻》专栏《文苑》）

闻台湾警杂诗

碧堂　田边华

少陵前后《出塞》、《秦中杂吟》等气格，碧堂乃以冥心刻骨，而力追其调，终诣其堂奥，毫发无遗憾矣。若以明清名家拟之，可谓有青邱之健举，而无梅村之衰飒，有卧子之沈丽，而无空同之粗豪。若其目前近事，传为诗史，读者一见知之，不必待我称道也。菊如澹人

（以上录自1895年10月11日《东京日日新闻》专栏《文苑》）

舰　宴

唐阳　横川德

一片灏气，使人眉扬神壮，二联俱抵盛唐。

七月二十六日慰问使中村侍从武官见临恭赋

沉厚得体，五句“紫气”二字，直贯到结末，章法更工。

八月十四日雷雨率赋

雷光磯碑，诗亦闪烁射人，真有迅雷不暇掩耳之势。

寄怀家兄三松

意到笔随，后半即其神来之候。

寄印月从弟

俯仰黯然，见笃挚之情。菊如澹人

(以上录自1895年10月12日《东京日日新闻》专栏《文苑》)

台　湾

介堂　古泽滋

黑旗顽抗，不知天命，直待惊风之扫干箨而尽就殄灭，悔之晚矣。一结而劲，具见王师恩威兼至。

(以上录自1895年10月15日《东京日日新闻》专栏《文苑》)

金泽保胤汇清国通行尺牍为一编求予引首会有所思乃赋四绝句代之题辞

槐南　森大来

末诗以人事推及国交，未知通否。“也无悔过窦连波”，黄山谷句，渔洋用此云“岂有鸩人羊叔子，曾无悔过窦连波”。然尝读明人诗集，有“岂有鸩人羊叔子，更无作赋贾长沙”之句，渔洋盖凑合两句已。菊如澹人附识

(以上录自1895年11月7日《东京日日新闻》专栏《文苑》)

乙未中秋赏月于草堂坐中有凯旋兵曹谈平壤之战酒阑作此歌

碧堂　田边华

绝好题目，"去年今夜横槊望，大同江上月如霜"，所谓截断众流句，以下精采奕奕，神气十倍。"忽闻隔江笛声起，昨夜笛声入破死"，一场大征战，系之一笛，着想妙甚，结处左右回顾，辽左秋寒，归雁断绝，句之悲壮亦如之。菊如澹人

（以上录自1895年11月28日《东京日日新闻》专栏《文苑》）

杂　感

素堂　西村美朋

书空咄咄，一肚皮不合时宜，此种诗所重在其一段不可磨灭之气，不得以迹类叫嚣为病。菊如澹人

（以上录自1895年12月6日《东京日日新闻》专栏《文苑》）

闻台湾警杂诗次田边碧堂韵

青峰　内田复

其　一

闻说东宁国，小儿谩弄戎，城荒旗色黑，刘永福所率兵称黑旗军。血□剑华红。天子颁恩诏，将军念战功。征人意跃跃，欲定潢池中。

其　二

秋露生戎幕，马肥兵气轩。王师如电疾，草贼似云屯。路远三千里，人知九五尊。沙场期暴尸，一语不归言。

其　三

金天腥杀气，白露战机摧。临阵亲王在，犒兵天使来。岛夷鸦片嗜，泽国犵花开。何日西征客，凯旋酬一杯。

其　四

尉佗谋独立，抗战夏连秋。万里腥氛涨，几场鲜血流。谁为棘门视，吾抱杞人忧。借问海南客，任嚣今在不。

其　五

南荒兵未罢，铁骑战尘中。蹴破羊肠路，何时马首东。瘴蒸潭水紫，露苦野花红。楚毒虽如此，三军意气雄。

其　六

万里征西域，桦公远督军。班超难比勇，马援亦输勋。鹏翼云涛杳，犬牙烟嶂分。南门形胜固，锁钥属斯君。

其　七

荒服新编籍，怀柔据典型。蟒蛇蟠地黑，樟树挟天青。带犊顺民宅，悬鱼廉吏厅。岛人知字者，寥落若晨星。

其　八

飞帆冲瘴雾，五月渡泸舟。地僻离瀛峤，兵连入素秋。蛇矛极顽抗，虎帐出奇谋。诸将忠而勇，奚惭古武侯。

其　九

密林苍莽黯，篝影认胡家。一剑还离国，半年不见爷。铁槎浮海角，铜柱建天涯。征客歌凝碧，□听边塞笳。

其　十

箪食壶浆至，男儿□陷城。贾人无转肆，农叟不休耕。汉约三章法，刘违两国盟。王师谁敢敌，到处抚苍生。

十章钩连关锁，章有章法，句有句法，优具唐人程式，碧堂原作，得此而加一倍精彩，岂非后劲之雄。菊如澹人

（以上录自1895年12月20日《东京日日新闻》专栏《文苑》）

赠小笠原海军大尉

宁斋　野口弌

大尉名长生，旧唐津藩主。唐津距名护屋不远，有望夫石遗址。

大尉乡近名护屋，征韩旧史夜深读。丰公一喝惊天吴，万马不嘶秋森肃。我武惟扬四百年，膺惩大诏今此宣。杀气昏昏夜烟合，中有蔽海之楼船。大尉决眦靺鞨北，南天何处是乡国。平生棨戟身早忘，同兵起卧同兵食。何来龙旆连天黄，劈云者炮雷硠硠。飞涛百尺皆血色，蛟鼍骇走剑有芒。彼哉一挫翻海势，鱼腹前后鬼不祭。夕阳灭没大孤山，急雪纵横威海卫。凤衔朝下帝念隆，按剑起舞心更雄。天意便锡灵鹰瑞，廷议亦论金鸮功。欃枪狂驱入烟瘴，乘风直破澎湖浪。往时徒窘李舜臣，水犀将士无此壮。旧封更说望夫山，独立苍茫云涛间。山头风雨石应语，会见大尉奏凯旋。

贯卿近日学植益富，诗骨渝苍，句出惊神，篇成泣鬼。若纵横恣肆，妙极自然，兹作盖居其尤。曰"夕阳灭没大孤山，急雪纵横威海卫"，曰"天意便锡灵鹰瑞，廷议亦论金鸮功"，直以事实为音节，沉郁顿挫之妙，可谓神且化矣。吾不欲泛举古人以为对比，唯其伟词独铸，力扫陈篇，自使人首肯。呜呼！谁谓宁斋遁于俳句乎。菊如澹人

（以上录自 1895 年 12 月 28 日《东京日日新闻》专栏《文苑》）

丙申岁旦书怀

菊如澹人

第一晨辉兵□呈，春风浩荡罢长征。顺民航海朝□□，□□如山铸甲兵。白战壮丁归部伍，中原父老拜勋旌。家家同把椒花酒，先□盛□早□平。

（以上录自 1896 年 1 月 1 日《东京日日新闻》专栏《文苑》）

满江红·乙未岁晚赋五阕选一

森川竹蹊

朔北征人，既奏凯和成于约。台湾岛，归吾版籍，伟谟恢廓。为是着奴犹抗我，又劳将士行教数。使迎来送往任其私，皇恩渥。

榛芜界，蛮荒落，马皆瘦，人如削。痛貔貅多半，骨埋荒漠。阴火游魂

长血污，獐花犵鸟空行乐。想岁晏，威海守兵情，还应恶。

（以上录自1896年1月8日《东京日日新闻》专栏《文苑》）

奉和春亩相国元日书怀瑶韵

锦山　矢土胜之

仁德怀柔宣庙略，善邻为实解危疑。未闻牧野出周武，岂可首阳存伯夷。擎日东方长建国，载春海外远班师。昨传草贼潢池蠹，除夜残灯焰欲衰。

丙申元旦赋一律

我皇隆运仰群龙，肃慎方收斥堠烽。颁众紫纶严武防，接疆赤道广边封。笑迎贺客诗名将，国分青厓来拜新年。喜载春樽酒正宗。末松□□赠□□□花□正宗一大尊。阳气何当金石透，臣民孰不力排冬。

按此诗末句用韩退之"淑气排寒冬"语，非杜撰趁韵者。昨日见日本诸报亦登兹篇，而评者并不提及，若罔然不解者，故特为注明。菊如谦

（以上录自1896年1月9日《东京日日新闻》专栏《文苑》）

丙申元日恭赋

云心　大庭景阳

我武维扬战鼓休，微臣何以颂嘉猷。日华映射双□□，云气飞回五凤楼。天壤无穷传玉玺，江山万古护金瓯。春风版籍三千里，吹自南边到北陬。

巍巍乎帝王之象，以诗格论，研练精切，媲美盛唐，止戈为武之休，舞羽敷文之盛，蔑以加矣。

（以上录自1896年1月12日《东京日日新闻》专栏《文苑》）

奉次春亩首相丙申元旦书怀芳韵

蓝田　股野琢

有断而行鬼避之，丈夫临事敢迟疑。襄赞和战镇邻境，宣布恩威抚岛夷。盖世伟勋谁是匹，济时雄略固无师。头童齿豁人将老，许国丹心未少衰。

春相诗一出，世皆哗然传诵，攀韵附和，指不暇偻。蓝田秘监一章，宜推翘楚，或疑诸作，往往过赞，然《国民新闻》已代我屡进傲辞，勿道有颂无规也。

（以上录自 1896 年 1 月 17 日《东京日日新闻》专栏《文苑》）

丙申元旦二首选一

芹川　佐成源

全捷班师赋櫜弓，旭旗高扬太平风。新颁丹凤张边防，早赐金鸦褒战功。旷古威名蛮域外，劫余草木圣辉中。微臣别有负暄悃，宝祚绵绵祈国隆。

（以上录自 1896 年 1 月 18 日《东京日日新闻》专栏《文苑》）

（徐俪成选录）

后记

2014年为甲午战争120周年,这段时间笔者与多位编者在日本九州大学任教、留学,九州地区与这一场战争关系甚大。元兵攻打日本,就是兵败于福冈博多湾,丰臣秀吉侵略朝鲜也是由九州出发,甲午战争中,日本海军联合舰队多数官兵都是原萨摩藩(九州鹿儿岛市)舰队传人,所以,九州福冈关于那场战争的遗迹甚多,还有一些小型博物馆专门收藏甲午战争中所得战利品。如定远馆,就是用北洋舰队定远舰残骸遗物制成的一个小型博物馆,坐落于九州福冈太宰府天满宫旁,是由当年天满宫神官、参议院议员小里隆助修造的,经年失修,残旧破落,我们几度游访于此,注目遗物仍能感受到北洋冤魂的怨气,陈列的旧报与文稿依旧散发着侵略者的血腥味。在这一特殊的日子,中日双方都举办了各种学术活动,出版了很多书籍、论文、电影与电视剧,其中也不乏稀见史料的揭密,但我们又感到由于两国立场不同,有一些史料被忽略了,其中最让我们关注的就是战争前后出现的大量的汉诗文。我们访问了《马关条约》签订处下关市的春帆楼,翻检其时参战者的留存之文稿以及当时各类报刊所载汉诗文,感慨甚多。日本史家多把日清战争作为明治维新成功的标志,并视为日本现代国民意识崛起的一个动源,下关各处有关甲午战争(日清战争)遗迹多有明治人物的颂碑。于中国而言,甲午战争是近代国耻之极,战争的结果充分暴露了专制王朝的腐朽与无能,直接催生了近代民主革命的兴起。战争之初,无论是海上舰队还是岸基炮群,清朝实力并不在日军之下,很多军官与日军一样都曾在英国受过训,总体财力也在日本之上，但结果却出人意料，海陆全败，多年经营的洋务军备也丧失殆尽。战前七年(1886)，李鸿章派北洋舰队定远号、镇远号到长崎炫示武力，然而愚昧的自大、涣散的军纪，不仅暴露了自身的落后，也激起了日本人奋起直追的决心。长崎事件后，日本上至天皇下到商贩，全民捐款造舰，仅用了六年，舰队总吨位就赶超了北洋舰队，而且新购之舰性能多是后来居上。而在这一段时间里，无论有识者如何呼吁，清廷不仅未加一艘新舰，而且还削减海军经费，连正常训练都难保证，多年未发一炮。很多待在现代军舰上的官兵，无现代科技观念，设备管理失序，临战全无章法。结果也是很沉重的，旅顺港最现代的岸防炮反被日军夺得用来炮击刘公岛的北洋舰队，远东最大的战舰定远号自沉，镇远号还被日军掳去。甲午完败的结局表明政治体制的顽疾，不是坚船利炮能够解决的，腐朽的制度才是国防最弱的地方，师夷之长，如果只取形式上的枪炮之长是无法制夷的。中日两国在向近代文明转型过程中产生的碰撞即体现这一点。而这一点在当时日本汉诗文中多有所表现，虽然，这些汉诗文多有蔑清之论，体现了窥视者因发现猎食对象弱点后而产生的自信满足，但也从另一层面暴露了清廷政治的落后，这对于我们总结这一段历史也是有参考意义的。因此，我们在清理这部分文献时，既多有国殇之痛与被辱之愤，也时时太息扼腕。如在这些诗中有多首吊悼丁汝昌的诗，其不惜一死而守节的壮烈感染了对手，使他们对这一败军之将多存敬意。但是，清廷上下却将战败全部归罪于这位前方将领，并由光绪帝下旨“籍没家产”，不许下葬。两相对照，反差甚大，这些诗作可从另一角度引人反思。揭开伤疤确让人痛，但它们可让人深度了解致伤的原因，总结历史教训。

十九世纪末，随着西人殖民扩张的加大，中、日两国都被推到了近代化门口，由于两国所走道路不同，近代化的步伐不一，中国的渐进式变化终被日本突变式的发展超越，东亚政治版图与文化地位也随之发生转变。在输入中国文化一千多年后，儒家化社会意识在日本已本土化了，明治政治人物多以儒家“修齐治平”的理念来推动日本近代化的转制，在其成功之后，又以华夷之辨来诠解西方的文明进化论。自明清易代之后，日本对清廷就存有轻蔑之意，视其为夷狄胡虏，这一时期，物质文明优势使其更加放大了这一意识，进而反客为主，以文明中心自居，为其弱肉强食的强盗逻辑进行包装。在这些汉诗中，多是赤裸裸地表现了这一侵略意识，同时它也表明，随着“中华帝国”在东亚中心地位的沦落，对以儒家文化为核心的东方文化的诠释也出现了多样化的走向。这一时期的东亚，出现了一种复杂的现象，一方面，借助现代交通与传媒工具，中、日、韩三国文人的交往与交流空前频繁，日本学人对中国文化开始有了抵近观察与体验的机会；另一方面，侵略与反抗的矛盾也有了从未有过的激烈，对某些日本文人来说，陶然于学与侵占经略之心是并存的，这种因战事而生的文化交流，其复杂性尚有待于文化学者的进一步研究，仅贴上“友好”或“侵略”的标签，实失之简单化。从这一角度看，今天，将之搜辑整理出来方便研究者使用，还是有一定意义的，可为我们了解这一时期文化运转提供一个具体史实，可避免因强调某一方面的因素，而脱离历史背景，误解相关文献。甲午战争对于东亚近代史影响甚大，我们这里所录的，只是相关史料中的一部分，假以时日，我们还想将中、日、韩三国相关汉诗文汇录一编。

作为主编，我尤其感谢我们这个编选团队的全体成员，他们是：何中夏（男，山东青岛人，山东大学研究生，日本九州大学交换生，现为上海古籍出版社编辑）、邵劼（男，浙江杭州人，日本九州大学研究生，现为浙江文艺出版社编辑）、蒙显鹏（男，广西人，日本九州大学博士生）、徐俪成（男，浙江杭州人，复旦大学博士生，日本国学院大学交换生）、李由（女，江苏徐州人，南京大学博士生，日本九州大学交换生）、刘洁（女，江苏连云港人，日本九州大学博士生，现为西南大学讲师）、任雅芳（女，山西太原人，复旦大学研究生，日本神奈川大学交换生，现为西北大学讲师），大家都在异邦留学，学务繁重，然多能抽出休息时间，到各图书馆查检资料，并不厌其繁，多次改动体例，尽己所能保证了本书的质量。其中任雅芳君、徐俪成君又参与了本书最后的编辑工作，费力尤多。笔者十多年前，就曾有编纂这类资料的想法，多年难成，幸遇这一批志趣相投的好学之士终得以迄，这是一次愉快而高效的合作，相信一定会给诸位留学生留下难忘的记忆。此有诗证，以下录之以资记忆：

读《大纛余光》感甲午事用《秋兴八首》韵

蒙显鹏

宰辅依然儒士林，狡谋列国自森森。凤城欲庆祥氛郁，虎落连开朔气阴。阃外燧烟凭孰手，日边牛李定何心。巨航一去沉荒海，寒女于谁问稾砧。

禹贡山河夕照斜，儒经曾不救中华。百年谁作苞桑策，万里俄飞炮火槎。岂有邯郸危鲁酒，可无卫霍止胡笳。梯航九译夸全盛，八道鸡林血沃花。

扶桑妖纛拂波晖，王气中原日已微。大梦应缘烂柯醒，小朝但欲负山飞。庙廊不有男儿在，吁咈竟因嫠妇违。坐看彤庭工聚敛，都供一战敌邦肥。

拟《实记》汉诗戏用蒙兄韵

何中夏

九重独陟望三山，缥缈风波云水间。烽火一朝焚海塞，天枪几度落河关。沐猴裂册帝王志，倚马作书奴婢颜。远渡依稀有童子，来航恨不是仙班。

连樯楼橹起龙头，醉里挑灯春复秋。忽祝颐和万岁喜，便添定远六军愁。月沉黑雨哭新鬼，风入碧波盟旧鸥。不见还归辽海鹤，虫沙戢戢满神州。